OEUVRES

COMPLÈTES

DE BOSSUET

PUBLIÉES

D'APRÈS LES IMPRIMÉS ET LES MANUSCRITS ORIGINAUX

PURGÉES DES INTERPOLATIONS ET RENDUES A LEUR INTÉGRITÉ

PAR F. LACHAT

ÉDITION
RENFERMANT TOUS LES OUVRAGES ÉDITÉS ET PLUSIEURS INÉDITS

VOLUME XXV

PARIS

LIBRAIRIE DE LOUIS VIVÈS, ÉDITEUR

RUE DELAMBRE, 9

1864

ŒUVRES COMPLÈTES
DE BOSSUET.

Besançon — imprimerie d'Outhenin Chalandre fils.

ŒUVRES
COMPLÈTES
DE BOSSUET

PUBLIÉES

D'APRÈS LES IMPRIMÉS ET LES MANUSCRITS ORIGINAUX

PURGÉES DES INTERPOLATIONS ET RENDUES A LEUR INTÉGRITÉ

PAR F. LACHAT

ÉDITION
RENFERMANT TOUS LES OUVRAGES ÉDITÉS ET PLUSIEURS INÉDITS

VOLUME XXV

PARIS
LIBRAIRIE DE LOUIS VIVES, ÉDITEUR
RUE DELAMBRE, 9
1864

ABRÉGÉ
DE
L'HISTOIRE DE FRANCE

REMARQUES HISTORIQUES.

Deux auteurs peuvent, à des titres divers, revendiquer cet ouvrage : le plus grand de nos écrivains et le fils du plus grand de nos rois.

Ecoutons Bossuet : « Nous lui avons enseigné, dit-il, en parlant du Dauphin, dans la Lettre à Innocent XI ; nous lui avons enseigné l'histoire. Et comme c'est la maîtresse de la vie humaine et de la politique, nous l'avons fait avec une grande exactitude : mais nous avons principalement eu soin de lui apprendre celle de la France, qui est la sienne. Nous ne lui avons pas néanmoins donné la peine de feuilleter les livres ; et à la réserve de quelques auteurs de la nation, comme Philippes de Commines et du Bellay, dont nous lui avons fait lire les plus beaux endroits, nous avons été nous-mêmes dans les sources, et nous avons tiré des auteurs les plus approuvés ce qui pouvoit le plus servir à lui faire comprendre la suite des affaires. Nous en récitions de vive voix autant qu'il en pouvoit facilement retenir : nous le lui faisions répéter ; il l'écrivoit en françois, et puis il le mettoit en latin : cela lui servoit de thème, et nous corrigions aussi soigneusement son françois que son latin. Le samedi il relisoit tout d'une suite ce qu'il avoit composé durant la semaine ; et l'ouvrage croissant, nous l'avons divisé par livres, que nous lui faisions relire très-souvent.

» L'assiduité avec laquelle a continué ce travail l'a mené jusqu'aux derniers règnes : si bien que nous avons presque toute notre histoire en latin et en françois, du style et de la main de ce Prince. Depuis quelque temps, comme nous avons vu qu'il savoit assez de latin, nous l'avons fait cesser d'écrire l'histoire en cette langue. Nous la continuons en françois avec le même soin ; et nous l'avons disposée de sorte qu'elle s'étendit à proportion que l'esprit du Prince s'ouvroit et que nous voyions son jugement se former, en récitant fort en abrégé ce qui regarde les premiers temps, et beaucoup plus exactemen cet qui s'approche des nôtres. Nous ne descendons pas néanmoins dans un trop grand détail des petites choses, et nous ne nous amusons pas à chercher celles qui ne sont que de curiosité : mais nous remarquons les mœurs de la nation bonnes ou mauvaises : les coutumes anciennes, les lois fondamentales : les grands changemens et leurs causes : le secret des conseils : les événemens inespérés, pour y accoutumer l'esprit et le préparer à tout : les fautes des rois et les calamités qui les ont suivies : la foi qu'ils ont conservée pendant ce grand espace de temps qui s'est passé depuis Clovis jusqu'à nous : cette constance à défendre la religion catholique, et tout ensemble le profond respect qu'ils ont toujours eu pour le saint Siège.....

» Mais afin que le Prince apprît de l'histoire la manière de conduire les affaires, nous avons coutume, dans les endroits où elles paroissent en péril, d'en exposer l'état et d'en examiner toutes les circonstances, pour délibérer, comme on feroit dans un conseil, de ce qu'il y auroit à faire en ces occasions : nous lui demandons son avis ; et quand il s'est expliqué, nous poursuivons le récit pour lui apprendre les événemens. Nous marquons les fautes, nous louons ce qui a été bien fait : et conduits par l'expérience, nous établissons la manière de former les desseins et de les exécuter [1]. »

Cet exposé si clair et si lumineux nous fait connoître, non-seulement l'objet et le contenu de l'*Histoire de France*, mais encore la pensée première et le double travail qui nous l'a donnée : nous n'ajouterons pas un mot. Seulement une remarque. Bossuet a corrigé, si nous en croyons nos impressions, les thèmes latins du Dauphin plus soigneusement, plus ponctuellement que ses récits françois : pourquoi cela ? Parce que le style de la partie françoise ne devoit pas, telles sont du moins nos conjectures, paroître dépasser la force d'un jeune élève, encore dans le cours de ses études : pourquoi encore ? Parce qu'on eut longtemps le dessein de publier l'*Histoire de France*, sous le nom du Prince : le titre du manuscrit porte en toutes lettres : Par M. le Dauphin, et lui-même se désigne dans plus d'un passage comme tenant la plume, par exemple au commencement du règne de Hugues Capet : « Comme je tire mon origine des Capévingiens, dit-il, j'ai dessein d'écrire leur histoire plus au long que je n'ai fait celle des deux races précédentes [2] »

Ainsi que le Prince vient de nous le faire entendre, l'histoire des deux premières races est tracée sommairement, en traits rapides ; mais l'histoire de la troisième race renferme d'intéressans détails et des réflexions profondes. Les traits lumineux qui éclairent tout l'ouvrage, bien qu'ils nous viennent comme à travers une ombre, nous révèlent

---

[1] *De l'Instruction de Monseigneur le Dauphin, au pape Innocent XI*, ci-dessus, vol. XXIII, p. 22. — [2] Dans ce volume, p. 44.

encore le maître qui a présidé à sa composition. Bossuet vouloit le conduire jusqu'à Louis XIV; il l'a fini avec le règne de Charles IX.

L'*Abrégé de l'Histoire de France* fut publié pour la première fois dans l'édition qui porte le nom de *Liége*, en 1767. On l'a reproduit ici d'après cette édition. Plusieurs éditeurs ne l'ont point donné avec les œuvres complètes.

ABRÉGÉ

DE

L'HISTOIRE DE FRANCE

LIVRE PREMIER.

PHARAMOND (an 420).

Honorius tenoit l'empire d'Occident; la puissance romaine étoit abattue par les guerres civiles, et par les irruptions des Barbares, et tout l'Etat tomboit en ruine par la foiblesse et la lâcheté de son chef, quand les François, nation germanique qui habitoit auprès du Rhin, tâchèrent de pénétrer dans la Gaule, où ils avoient eu depuis longtemps des établissemens. Ils étoient encore païens et la Gaule étoit chrétienne. Quelques-uns de nos historiens comptent Pharamond, fils de Marcomir, pour le premier roi des François, et disent que ce fut environ l'an 420, qu'ils l'élurent en l'élevant sur un bouclier, selon la coutume de la nation.

Les François étoient gouvernés par les lois saliques, ainsi nommées du nom des Saliens, la plus noble portion des peuples françois. Les rois suivans les ont augmentées et éclaircies; mais elles étoient dès lors en vigueur. Voici ce qu'elles portoient touchant les successions: *Dans la terre salique aucune partie de l'héritage ne doit venir aux femelles; mais il appartient tout entier aux mâles* [1]. Les terres saliques étoient celles qui étoient données aux Saliens, ou principaux d'entre les François, à condition du service militaire, sans aucune autre servitude; ainsi il n'est pas étonnant que les femmes en fussent exclues. Ceux qui savent nos antiquités ne doutent pas que cet article de la loi, touchant les terres saliques, ne vienne des anciennes coutumes de la nation, et n'ait été en usage parmi les peuples dès leur origine.

[1] Tit. LXII, *De Alode*, art. 6.

CLODION LE CHEVELU (an 428).

La partie des Gaules, voisine du Rhin, dont les François s'étoient emparés en 428, sous la conduite de leur roi Clodion, surnommé le Chevelu, leur fut ôtée par Aétius, général des Romains, qui, les ayant vaincus dans un combat, fit cependant un traité de paix avec eux l'an 431.

Mais six ans après, c'est-à-dire, en 437, ce même Clodion, dont on fait commencer le règne en 428, passa le Rhin, malgré Aétius, qui ne put l'en empêcher : il entra même bien avant dans la Gaule, où il prit Tournay, Cambray, avec tous les pays voisins de la Somme, et établit à Amiens le siége de son empire, selon l'historien Roricon. Il mourut vers l'an 447.

MÉROVÉE (an 447).

Clodion laissa deux fils qui se disputèrent la succession de leur père : l'aîné appela à son secours Attila, roi des Huns : le plus jeune se mit sous la protection d'Aétius, qui l'adopta pour son fils. Le rhéteur Priscus avoit vu ce dernier à Rome, et il nous apprend qu'il étoit encore à la fleur de son âge, et qu'une longue chevelure blonde lui flottoit sur les épaules. Ce jeune prince, comblé des présens de l'empereur et d'Aétius, revint dans les Gaules avec la qualité d'ami et d'allié du peuple romain.

Quoique Priscus ne nous dise point le nom de ce second fils de Clodion, on croit que c'étoit le même Mérovée qui étoit à la tête des François dans l'armée d'Aétius, lorsqu'il combattit contre Attila, comme son frère aîné étoit apparemment dans celle d'Attila, roi des Huns : car il est certain qu'il y avoit des François dans les deux armées. La dispute des deux frères fut le prétexte que prit Attila pour faire une invasion dans les Gaules.

Les Huns, peuples voisins du Pont-Euxin, conduits par leur roi Attila, qui s'appeloit le *Fléau de Dieu*, pour jeter la terreur dans l'esprit des peuples, passèrent toute l'Illyrie et la Germanie, comme un torrent qui se déborde; entrèrent en Gaule, et assiégèrent Orléans. Aétius, Mérovée roi des François, et Théodoric roi des Visigoths, s'unirent pour le repousser, et lui firent lever le siége d'Orléans : ensuite, ils le poursuivirent dans les champs *catalauniques*, comme parlent les historiens, c'est-à-dire, dans les plaines de Châlons en Champagne, où ils le défirent.

Les troubles qui arrivèrent dans l'empire romain en Occident, à l'occasion de la mort d'Aétius, tué par les ordres de l'empereur Valentinien III, et les meurtres de ce même prince, et de Maxime son successeur, donnèrent lieu à Mérovée d'affermir sa domination dans la Germanie première, et la seconde Belgique. Il mourut vers l'an 457.

CHILDÉRIC I (an 457).

Mérovée eut pour successeur Childéric, prince bien fait de corps et d'esprit, vaillant et habile; mais il avoit un grand défaut, c'est qu'il s'abandonnoit à l'amour des femmes jusqu'à les prendre par force, et même des femmes de qualité; ce qui lui attira la haine de tout le monde. Ainsi les François le chassèrent, et le contraignirent de se retirer en Allemagne, chez le roi de Thuringe : les seigneurs élurent en sa place Ægidius ou Gillon, maître de la milice romaine. Mais le roi, en partant, laissa à la cour Guyeman, son intime confident, qui, s'étant mis dans les bonnes graces de Gillon, lui conseilla de charger le peuple, et de maltraiter les seigneurs, principalement ceux qu'il savoit être les plus grands ennemis de Childéric. Il espéroit par ce moyen ramener les peuples en faveur de Childéric et les disposer ensuite à chasser Gillon. Les choses étant ainsi préparées, Guyeman renvoya à Childéric la moitié d'une pièce de monnoie qui devoit être le signe de son retour. Basine, femme du roi de Thuringe, le suivit en France, et il l'épousa, sans se mettre en peine des droits du mariage, ni de la fidélité qu'il devoit à un roi qui l'avoit si bien reçu. Après son retour, il s'avança jusqu'à la Loire, et donna un combat auprès d'Orléans; il prit ensuite la ville d'Angers, comme nous l'apprenons de Grégoire de Tours. L'auteur de la *Vie de sainte Geneviève* dit qu'il étoit maître de Paris : mais cependant il y a lieu de douter que Childéric ait étendu sa domination si loin, étant mort à Tournay, et les Romains étant encore maîtres de Soissons.

CLOVIS I (an 481).

Childéric eut de Basine un fils nommé Clovis, ou Louis; car ces deux noms sont la même chose, puisque l'empereur Louis le Débonnaire, en parlant de ce premier roi chrétien, dit qu'il portoit le même nom que lui. Clovis n'étoit âgé que de quinze ans lorsque son père mourut. On ne voit pas que ce prince ait entrepris aucune guerre avant sa vingtième année. On dit qu'il employa ce temps de repos à s'instruire, à rendre la justice au peuple, à manier les armes, à monter à cheval. Enfin étant à l'âge de vingt ans, il envoya défier à une bataille Syagrius, fils de Gillon, qui faisoit sa résidence à Soissons, et que Grégoire de Tours appelle roi des Romains ou Gaulois, qui vivoient au milieu des peuples barbares, cantonnés en différentes parties des Gaules. Clovis s'étant joint avec Ragnacaire son parent, vint attaquer Syagrius, qui fut défait, et se réfugia chez Alaric roi des Visigoths. Mais Clovis menaça Alaric de lui faire la guerre, s'il ne lui livroit Syagrius; lorsqu'il l'eut en sa puissance, il le fit mourir. La dixième année de son règne, il entreprit une expédition contre les Thuringiens, qu'il soumit, et les rendit ses tributaires. Il songea ensuite à se marier.

La réputation de Clotilde, nièce de Gondebaud roi des Bourguignons, s'étoit répandue bien loin : la renommée publioit que cette princesse, illustre par sa beauté et par sa vertu, demeuroit malgré elle en Bourgogne; qu'elle haïssoit fort son oncle, qui avoit fait mourir son père, et qu'elle en étoit elle-même fort maltraitée. Gondebaud étoit arien, et la princesse étoit catholique. Clovis, selon le moine Roricon, touché de ses belles qualités et de sa réputation, envoya Aurélien, illustre Gaulois, son confident, pour la demander en mariage. Celui-ci ayant appris l'extrême bonté qu'elle avoit pour les pauvres, s'habilla en pauvre lui-même, et en cet état, se mêla parmi ceux à qui elle devoit faire ses libéralités à la sortie de l'église. La princesse étant venue à lui, il prit cette occasion de lui découvrir en secret les ordres qu'il avoit de son maître. Elle se rendit volontiers à ses désirs, touchée de la passion que lui témoignoit un si grand roi, dont le nom faisoit tant de bruit; et de l'adresse extraordinaire avec laquelle il faisoit sonder ses intentions : c'est ainsi que Roricon raconte cette ambassade, qui a bien l'air d'une historiette; mais, quoi qu'il en soit, il vint des ambassadeurs (491) pour faire la demande de Clotilde. Gondebaud n'osa la refuser, par la crainte qu'il eut de déplaire à Clovis.

Ainsi fut conclu ce mariage, d'où Dieu avoit résolu de faire naître tant d'avantages pour le roi et pour toute la nation. Clotilde ayant eu un fils, obtint de Clovis la permission de le faire baptiser; l'enfant mourut après son baptême, et cet accident éloigna beaucoup Clovis du christianisme, que sa femme tâchoit de lui persuader de tout son pouvoir. Il ne laissa pas de lui permettre encore de faire baptiser son second fils. Aussitôt l'enfant fut attaqué d'une si grande maladie, que tout le monde croyoit qu'il alloit mourir, et Clovis commençoit de s'emporter fort violemment contre la reine; mais comme elle obtint de Dieu la santé de cet enfant par ses prières ardentes, elle remit l'esprit de son mari.

Dieu préparoit de plus grandes choses en faveur de la nation françoise et de ses rois, qu'il avoit destinés pour être les protecteurs invincibles de son Eglise et de la religion chrétienne (496). Une multitude effroyable d'Allemands s'étant jetés dans les Gaules pour s'en emparer, Clovis fut à leur rencontre à Tolbiac dans le pays des Ubiens (ce sont ceux de Cologne). Il se donna là une sanglante bataille; et comme l'armée de Clovis commençoit à plier, voici le vœu qu'il fit : « O Dieu de Clotilde, si vous m'accordez la victoire, je vous promets que j'embrasserai la religion chrétienne, et que j'y attirerai tout mon peuple. » Il n'en dit pas davantage, et incontinent le combat fut rétabli ; ses troupes reprirent cœur, et mirent l'ennemi en fuite. Le roi ayant obtenu ce qu'il demandoit, fit venir saint Remi, archevêque de Reims, homme célèbre en son temps par sa piété et par sa doctrine, qui, l'ayant instruit dans la foi et dans les préceptes de la religion, le baptisa le propre jour de Noël.

La sœur de Clovis et plus de trois mille François suivirent l'exemple du roi. Dès ce temps, la piété de la nation commença d'être célèbre par toute la terre ; la foi toujours pure des rois de France, depuis ce commencement jusqu'à nos jours, leur a mérité l'honneur d'être appelés très-chrétiens, et fils aînés de l'Eglise, par la commune voix de toute la chrétienté : et comme ils ont été les premiers à recevoir la foi catholique, ils l'ont aussi toujours fidèlement conservée. Après cela, Clovis fit la guerre à Alaric roi des Visigoths ; il le tua de sa main dans un combat, défit toute son armée, et chassa les Visigoths de cette partie de l'Aquitaine qui est entre la Loire et la Garonne, en se rendant maître de Bordeaux, de Toulouse et d'Angoulême. Le bruit d'une si grande victoire obligea l'empereur Anastase à donner le consulat à Clovis ; après quoi il marcha toujours en longue robe selon la coutume des Romains, et il prit le diadème et le nom d'Auguste.

Théodoric roi d'Italie, beau-père d'Alaric, entreprit de venger la mort de son gendre, et de défendre le royaume d'Amalaric son petit-fils, que Clovis s'efforçoit de chasser des Gaules, et qu'il vouloit renfermer dans les Pyrénées. Il fit passer, à ce dessein, une grande armée dans la Gaule Narbonnoise, et défit Clovis, jusque-là victorieux, qui perdit alors trente mille hommes dans une seule bataille. Etonné de cette perte, il fut contraint d'abandonner cette province : son esprit s'étant aigri par cette défaite, il devint cruel sur la fin de sa vie ; de sorte que non-seulement il dépouilla tous ses parens, mais encore il les fit mourir d'une manière barbare. Ce sont des taches à sa mémoire, si contraires, non-seulement à l'esprit du christianisme, mais encore aux sentimens d'humanité, qu'il est impossible de les excuser, et l'on ne peut s'empêcher d'être surpris de voir Grégoire de Tours, après avoir rapporté quelques-unes de ces actions sanguinaires, qui procurèrent à Clovis des richesses immenses et encore plus de pouvoir, faire cette réflexion : Que c'étoit ainsi que Dieu le faisoit prospérer, parce qu'il marchoit droit devant ses yeux.

Au reste, on ne peut disconvenir qu'il n'ait été un prince brave, courageux, habile, que l'on doit regarder comme le fondateur de la monarchie françoise. Il est étonnant qu'étant mort dans un âge peu avancé, c'est-à-dire, à quarante-cinq ans, il ait laissé à ses enfans un Etat aussi étendu, et aussi formidable à tous ses voisins. Il a corrigé, dans les lois saliques, ce qui étoit contraire à la religion chrétienne. Il établit à Paris le siége de son empire, et ayant conquis presque toute la Gaule, il fut cause que dans la suite elle fut appelée du nom de France : ce qui arriva, ou sur la fin de son règne, ou dans le commencement du règne de ses enfans. On appela dans la suite en particulier Austrasie, le pays d'entre le Rhin et la Meuse ; Neustrie le pays depuis la Meuse jusqu'à la Loire, et le pays d'au delà de cette dernière rivière conserva son ancien nom d'Aquitaine.

THIERRI, CHILDEBERT I, CLOTAIRE I, CLODOMIR
(AN 511).

Après la mort de Clovis, son royaume fut partagé par le sort entre ses quatre enfans. Thierri, né d'une concubine avant son mariage, fut roi de Metz ; Childebert, de Paris ; Clotaire, de Soissons ; et Clodomir, d'Orléans. Sous ces rois, les lois saliques furent rédigées en un seul corps par l'ordre de Childebert, et furent augmentées et corrigées dans les règnes suivans. Clodomir fut tué étant à la guerre contre les Bourguignons (524), et laissa trois fils, Thibauld, Clotaire et Clodoalde, dont les deux premiers furent égorgés de la propre main de leur oncle Clotaire : après quoi ce prince barbare partagea leur royaume avec son frère Childebert, qui avoit consenti, quoiqu'à regret, à ce crime. Mais Clotaire ayant réuni en sa seule personne les royaumes de ses frères qui étoient morts sans héritiers (ce qui étoit l'unique objet de ses vœux), Dieu voulut le punir de la cruauté qu'il avoit exercée sur ses neveux, et permit que Cramne, son fils aîné, se révoltât deux fois contre lui. La première, il obtint sa grace ; mais s'étant révolté une seconde fois, il se retira dans un château, où le roi l'attaqua, et demanda à Dieu qu'il lui fît justice de son fils, comme il avoit fait d'Absalon à David. Sa prière fut exaucée, et l'armée de Cramne ayant été mise en déroute, il fut brûlé, par ordre du roi, avec sa femme et ses enfans, dans le château où il s'étoit renfermé. Après cette expédition, il commença à ressentir de la douleur d'avoir fait mourir ses enfans d'une mort si inhumaine. Il fit un an de pénitence, abattu de tristesse, et il mourut (561), et laissa quatre enfans.

CHILPÉRIC I, CHEREBERT, GONTRAN, SIGEBERT
(AN 570).

Le royaume fut partagé entre eux de cette sorte : Chilpéric fut roi de

Soissons ; Cherebert, de Paris ; Gontran, d'Orléans ; et Sigebert de Metz. Le royaume de Paris vint à Chilpéric après la mort de son frère Cherebert. Sigebert épousa Brunehaut, fille d'Atanagilde roi des Visigoths, qui habitoient l'Espagne. Chilpéric épousa Frédégonde, femme de basse naissance, belle à la vérité, et d'un grand esprit, mais très-méchante, et qui n'oublia rien pour régner. Il s'éleva une guerre cruelle entre Chilpéric et Sigebert, où le dernier ayant eu l'avantage, Frédégonde prit des mesures pour s'en défaire, afin de rétablir par ce moyen les affaires de son mari. Chilpéric ayant donc été obligé de se renfermer dans la ville de Tournay, avec sa femme et ses enfans, la reine Frédégonde gagna deux assassins qui, étant allés à Vitry, maison royale située entre Douay et Arras, où Sigebert recevoit les hommages des François, sujets de Chilpéric, et ayant demandé à parler à ce prince, le tuèrent de deux coups de couteau au milieu de ses principaux domestiques (575).

Ensuite, pour assurer le royaume à ses enfans, elle fit mourir ceux que Chilpéric avoit eus de son premier mariage. Elle en perdit aussi quelques-uns des siens. Enfin peu de temps après la naissance de Clotaire, c'est-à-dire, ce prince ayant à peine quatre mois, Chilpéric fut tué en revenant de la chasse (584). Quelques historiens, mais fort éloignés de ce temps, ont écrit que cet assassinat avoit été fait par ordre de Frédégonde, parce que Chilpéric avoit découvert ses amours avec Landri. Au reste, les anciens historiens, et Grégoire de Tours lui-même, n'ont marqué ni l'auteur ni les causes de ce meurtre, et je ne veux point donner pour certain ce qui ne l'est pas.

CLOTAIRE II (an 584).

Clotaire II, encore enfant, succéda à son père Chilpéric, et Frédégonde sa mère fut régente du royaume. Childebert, roi d'Austrasie, fils de Sigebert, n'eut pas plutôt appris la mort de son oncle Chilpéric, qu'il songea à s'emparer de Paris. Mais Gontran le prévint, et eut en sa puissance Frédégonde avec son fils ; mais elle sut bientôt gagner par ses caresses ce vieillard facile. La guerre se continua entre Clotaire et Childebert, et les armées étant en présence, on dit que Frédégonde porta son fils de rang en rang, et que par ce moyen elle anima tellement les soldats, qu'ils mirent les ennemis en déroute. Frédégonde, non contente de ce succès, envoya sous main deux clercs pour tuer, par trahison, Childebert et Brunehaut. Ce n'est qu'avec horreur qu'on lit dans Grégoire de Tours les discours que Frédégonde tint à ces deux hommes pour les engager à commettre ces crimes sans crainte. Je ne crois pas que le Vieux de la Montagne, si fameux dans nos histoires des croisades, en dût tenir d'autres aux assassins dont il se servoit. Les deux émissaires de Frédégonde furent découverts, et Childebert les fit mourir au milieu des supplices qu'ils avoient bien mérités ; et il ne resta à cette barbare princesse que la honte d'avoir manqué son coup. Elle régna plusieurs années après tant de crimes. Clotaire, son fils, recueillit la succession de tous ses parens (590), et réunit toute la France sous son empire ; car son oncle Gontran mourut sans enfans. Childebert, son cousin germain laissa deux fils, Théodebert roi d'Austrasie, et Théodoric roi de Bourgogne, sous la tutelle de leur aïeule Brunehaut. Ils eurent entre eux une grande guerre, où Théodebert fut tué avec son fils. Théodoric mourut peu de temps après, et laissa quatre enfans.

Brunehaut, leur bisaïeule, songeoit à mettre Sigebert (614), qui étoit l'aîné, sur le trône de ses pères. Mais cependant les seigneurs d'Austrasie, s'ennuyant d'être gouvernés par une femme, et gagnés par les artifices de Clotaire, lui livrèrent la reine avec trois de ses enfans. Le seul Childebert s'échappa, et on ne sait ce qu'il est devenu. De ceux qui furent remis entre les mains de Clotaire, il en fit mourir deux, c'est-à-dire, Sigebert et Corbe : on dit qu'il pardonna à Mérovée, dont il étoit parrain ; mais depuis on n'a plus entendu parler de lui. Il fit ensuite faire le procès à Brunehaut, qui fut condamnée à mort. Cette malheureuse reine, attachée par un pied et par un bras à la queue d'un cheval indompté, fut traînée dans des chemins pierreux et pleins de buissons, où son corps fut mis en pièces. Plusieurs soutiennent qu'elle étoit innocente ; mais que Clotaire la chargea de plusieurs grands crimes, pour diminuer l'horreur d'un attentat si odieux, et d'un traitement si indigne fait à une reine. C'est ainsi qu'il se rendit maître de toute la Gaule. Il gouverna mieux ce grand royaume qu'il ne l'avoit acquis ; car il rétablit les lois en leur ancienne vigueur, il rendit très-soigneusement la justice au peuple, et soulagea ses sujets surchargés en diminuant les impôts. Mais il eut toujours de la peine à gouverner les Austrasiens, qui vouloient avoir un roi chez eux ; de sorte qu'il leur envoya Dagobert, son fils aîné (622), sous la conduite de Pepin, qui fut appelé l'Ancien.

DAGOBERT I (an 628).

Clotaire II étant mort l'an 628, Dagobert retourna en Neustrie, pour prendre possession du royaume de son père, et ramena Pepin avec lui, en apparence pour se servir de ses sages conseils, mais en effet de peur qu'il ne détournât les seigneurs d'Austrasie de son service, à cause du crédit qu'il avoit dans ce pays. Il ne donna aucun partage à son frère Aribert : cela parut fort étrange et tout à fait opposé à la coutume de la famille royale ; de sorte que les seigneurs firent donner à ce prince une partie de l'Aquitaine et de la Septimanie, pour la posséder à titre de royaume. Il y vécut avec éclat, et sut très-bien soutenir l'honneur de la royauté. Pour Dagobert, il fut fort adonné à ses passions ; car outre un grand nombre de concubines, il eut encore en même temps, comme en mariage légitime, trois femmes qu'il appela reines, et ses excès furent poussés si loin, que les historiens ont eu honte de les rapporter. Outre cela il accabla le peuple d'impôts, et n'épargna pas même les biens des églises. Au milieu de tous ces désordres, il ne laissoit pas de faire beaucoup de bien aux pauvres et aux monastères ; telle étoit la dévotion de ce prince. Son frère Aribert étant mort, et le fils de ce prince ayant aussi fort peu vécu, il retira les provinces qui lui avoient été données. Il donna à son fils Sigebert le royaume d'Austrasie, où il l'envoya demeurer, en retenant cependant auprès de lui Pepin qui en étoit maire. Il destina à Clovis, son second fils, le royaume de Neustrie avec celui de Bourgogne. Sur la fin de sa vie, il prit une meilleure conduite. C'est lui qui a bâti et enrichi le fameux monastère de Saint-Denis, où les rois de France sont enterrés, et où il a été inhumé lui-même. Ce fut en 635 que Judicaël, roi de la petite Bretagne, vint lui faire hommage à Clichy, et promit de lui être toujours soumis ainsi qu'à ses successeurs.

SIGEBERT, CLOVIS II (an 644).

Dagobert laissa ses deux fils fort jeunes. Ce fut en ce temps-là que commença le déclin de la maison royale, par l'énorme autorité qu'usurpèrent les maires du palais. Car, comme ils gouvernoient tout durant la longue minorité de ces jeunes princes, ils les élevèrent dans l'oisiveté, sans leur inspirer aucuns sentimens dignes de leur rang et de leur naissance. Ainsi ils les tinrent toujours dans leur dépendance ; et c'est ce qui donna commencement à la fainéantise des rois. Sous Clovis il y eut deux maires du palais, Ega et Erchinoalde, d'où les maisons d'Autriche, de Lorraine, de Bade, et plusieurs autres se disent descendues. Pepin eut la même charge sous Sigebert. Clovis fut tellement dépendant des commandemens plutôt que des conseils d'Erchinoalde, maire du palais, que, par son autorité, il épousa une esclave nommée Bathilde, femme très-vertueuse et de grand courage, que les François avoient prise dans une irruption qu'ils avoient faite au delà du Rhin, et que l'auteur de sa vie dit avoir été d'une naissance illustre parmi les Saxons.

Sigebert, plein de religion, mais peu actif, laissa tout faire à Pepin, dont l'autorité fut si grande, que sa maison s'éleva bientôt au-dessus des autres, de sorte que son fils Grimoalde eut assez de crédit pour conserver cette grande charge après la mort de son père. Elevé à un si haut point, il crut encore pouvoir aspirer à la royauté, et obtint de Sigebert, tant il avoit de pouvoir sur son esprit, qu'encore qu'il fût fort jeune, et marié depuis peu, il adoptât son fils Childebert. Depuis cette adoption, Sigebert eut un fils nommé Dagobert, qu'il recommanda en mourant à Grimoalde, et le laissa en sa garde. Mais, quand ce prince fut un peu grand, Grimoalde le fit enlever et conduire en Irlande, que les auteurs de ce temps-là nommoient *Scotia*. Et, comme il étoit maître des affaires, il plaça son fils sur le trône (653). Les seigneurs austrasiens ne purent souffrir cet attentat; ils dépossédèrent ce nouveau roi Childebert, que Grimoalde avoit voulu établir, et le menèrent lui-même à Clovis, qui le fit enfermer en prison à Paris, où il mourut. Ils ne rappelèrent pourtant pas Dagobert, fils de Sigebert; mais ils se soumirent à Clovis, qui, par ce moyen, eut le royaume de France tout entier.

CLOTAIRE III (an 656).

Clovis laissa trois fils; Clotaire, Childéric, et Thierri. Le premier succéda d'abord seul aux Etats de son père; mais en 660, Childéric fut élu roi d'Austrasie; ces princes étoient encore en bas âge, et le troisième, nommé Thierri, qui étoit au berceau, n'eut point de partage. Bathilde, mère des rois, gouvernoit avec beaucoup de prudence et de justice. Ebroin fut maire du palais en Neustrie; c'étoit un homme adroit et vaillant, qui sut cacher son ambition et sa cruauté naturelle, par la crainte qu'il avoit de déplaire à la reine; il répondoit parfaitement à ses desseins, et servoit très-bien sous ses ordres. En ce même temps, Sigebrand fut appelé à la cour, et élevé à l'épiscopat par la protection de la reine, dont il avoit gagné les bonnes graces par la sagesse de sa conduite.

Ebroin, qui se conformoit à l'humeur et aux inclinations de cette princesse, fit semblant d'être ami de Sigebrand, jusqu'à ce que la vanité de cet homme fît qu'il laissa mal interpréter la bonté que la reine avoit pour lui. Ebroin se servit de ce soupçon pour la ruine de l'un et de l'autre. Sigébrand fut tué par ses ennemis, dont Ebroin se déclara le protecteur. Ceux-ci allèrent ensuite à la reine, et lui conseillèrent de se retirer dans l'abbaye de Chelles qu'elle avoit fondée avec une magnificence royale. Elle entra sans peine dans ce dessein : Ebroin devint le maître de tout; et ses vices, mal couverts, commencèrent alors à se déclarer. Haï de tout le monde, il éloigna de la cour tous les seigneurs, et leur défendit d'y venir sans être mandés. Clotaire III étant venu à mourir sans enfans, Ebroin appela au royaume Thierri, sous le nom duquel il prétendoit régner. Il fit ce choix lui seul, sans appeler les seigneurs à la délibération, et il renouvela les défenses de venir à la cour sans ordre. Les seigneurs de Neustrie se joignirent à ceux d'Austrasie pour mettre Childéric sur le trône, et ayant pris Ebroin au dépourvu, ils le firent moine dans le couvent de Luxeuil, et jetèrent Thierri dans celui de Saint-Denis.

CHILDÉRIC II (an 670).

Childéric s'étant aperçu, au commencement de son nouveau règne, que la puissance des maires du palais l'emportoit sur l'autorité royale, fit une loi, par laquelle il défendit que les enfans succédassent à leurs pères dans leurs charges ; mais les seigneurs, estimant que cette loi étoit faite pour abattre leur trop grande puissance, trouvèrent le moyen de le plonger dans les plaisirs, et par là dans la fainéantise. De la mollesse il passa, comme il est assez ordinaire, à des cruautés inouies, ce qui le rendit odieux à tout le monde. Bodile, un des seigneurs qu'il avoit fait battre de verges, l'assassina, et tua avec lui sa femme, et un petit enfant qu'il avoit. Il en resta cependant un autre nommé Daniel, que nous verrons roi, sous le nom de Chilpéric II.

THIERRI III, DAGOBERT II (an 674).

Après la mort de Childéric, les Neustriens firent revenir Thierri, que nous avons dit avoir été mis dans un monastère. Thierri étant rétabli, Ebroin se persuada qu'il avoit trouvé un temps favorable pour reprendre le gouvernement ; il sortit du monastère, et se mit à la tête de ceux qui haïssoient Childéric. Il surprit et tua Leudésie, maire du palais. Mais comme Thierri l'avoit pris en haine, et ne vouloit point lui laisser reprendre l'autorité, il eut l'audace de supposer un fils à Clotaire, fils de Clovis II, qu'il fit reconnoître roi d'Austrasie, sous le nom de Clovis III. Thierri en ayant pris l'alarme, consentit à la volonté d'Ebroin, qui abandonna aussitôt ce fils supposé ; et ce fut alors que les Austrasiens rappelèrent Dagobert, fils de Sigebert, à qui Grimoalde avoit ôté le royaume, et qu'il avoit fait conduire en Irlande. Mais Dagobert n'eut qu'une partie du royaume d'Austrasie. C'est ainsi que les maires du palais se jouoient des princes ; ils les faisoient, ils les ôtoient, ils les rétablissoient, de sorte qu'ils sembloient plutôt un jouet de la fortune, que des rois. Dagobert II roi d'Austrasie, et son fils Sigebert étant morts en 680, Thierri III se vit encore le maître de toute la monarchie françoise.

PEPIN, MAIRE DU PALAIS (AN 681).

Il y avoit en ce temps en Austrasie un fils d'Anségise, qui avoit été principal ministre du roi Sigebert : ce fils s'appeloit Pepin, et étoit fort recommandable en vertu et en prudence. Il descendoit du côté paternel de saint Arnoul, évêque de Metz, et du côté maternel de Pepin le Vieux. Il avoit tout pouvoir en Austrasie, et s'étoit tellement acquis tous les cœurs, que Dagobert étant mort, on ne mit point de roi en sa place dans ce royaume qu'il gouverna (680) sous le nom de prince. Il s'y conduisit si bien, que les Neustriens le choisirent pour être maire du palais, après qu'Ebroin, haï par ses cruautés, eut été tué par Hermenfroy. Ainsi Pepin eut toute la France en son pouvoir, ou sous le nom de Prince, ou sous celui de maire.

CLOVIS III, CHILDEBERT III (AN 691).

En 690, arriva la mort de Thierri, dont les deux fils, Clovis III et Childebert III régnèrent l'un après l'autre, le premier étant mort sans enfans (695).

DAGOBERT III (AN 711).

Dagobert succéda à son père Childebert. Pepin, maire du palais, mourut en 714. Il avoit eu deux fils, Grimoalde de Plectrude, et Charles Martel d'une concubine qui s'appeloit Alpaïde. Grimoalde ayant été tué en 714, avoit laissé un fils nommé Théodoald, que Pepin fit maire du palais de Neustrie : Charles fut prince d'Austrasie. Plectrude, après la mort de Pepin, se saisit de Charles, qu'elle retint prisonnier à Cologne, pour être maîtresse en Austrasie, comme elle l'étoit en Neustrie, par le moyen de son petit-fils Théodebalde ou Théodoald. Mais les seigneurs de Neustrie, ennuyés du gouvernement d'une femme, vinrent à Dagobert, qui avoit alors dix-sept ans, et l'excitèrent à la guerre. Ils lui dirent qu'il étoit temps qu'il tirât la dignité royale, depuis tant de temps avilie, du mépris où elle étoit; qu'il falloit enfin qu'il s'éveillât, et qu'il prît la conduite des affaires. Animé par ces discours, il leva une armée, avec laquelle il s'avança contre les Austrasiens qui ramenoient Théodebalde, et leur donna bataille auprès de Compiègne, où il les défit. Le carnage fut horrible, et Théodebalde eut peine à se sauver. Le jeune prince ne sut point profiter de sa victoire, et laissa créer un maire du palais en Neustrie. Reinfroi fut nommé à cette charge, à laquelle, comme les soldats et les capitaines avoient accoutumé d'obéir, le roi fut compté pour rien, et mourut peu de temps après, en 716, laissant un fils nommé Thierri. Reinfroi le trouva trop jeune pour le faire roi ; ainsi il éleva à la royauté Daniel, fils de Childéric II, que Bodile avoit tué, et le nomma Chilpéric.

DANIEL ou CHILPÉRIC II (an 715).

Ayant ainsi disposé les choses, Reinfroi mena le nouveau roi dans le royaume d'Austrasie : son dessein étoit de l'ôter à Plectrude, et d'abattre la puissance de cette femme emportée. Il avoit fait alliance avec Radbode, duc de Frise, qui devoit le secourir dans cette entreprise. Plectrude demeuroit à Cologne, où elle avoit transporté tous les trésors de Pepin : ses richesses la rendoient extrêmement fière. Cependant Charles Martel s'étant échappé de prison, et ayant assemblé quelques troupes, commença à examiner par quels moyens il pourroit défendre, tant contre Plectrude que contre Reinfroi, l'Austrasie que Pepin lui avoit laissée. Il résolut de commencer par Reinfroi, et de l'attaquer avant qu'il se fût joint avec Radbode. Le combat fut long et opiniâtre ; Charles, qui l'emportoit par la valeur, fut cependant contraint de céder au nombre. Reinfroi victorieux marcha à Cologne ; Radbode l'attendoit aux environs, et tous deux ensemble devoient faire le siège de cette ville ; mais Chilpéric et son maire Reinfroi s'en étant approchés, Plectrude détourna cet orage, en leur donnant de l'argent et des présens, après quoi ils ne songèrent plus qu'à se retirer. Charles, dont le courage n'avoit point été abattu dans la défaite de son armée, en ramassa les débris, et poursuivit l'ennemi dans les défilés des Ardennes. Reinfroi, étant sorti de cette forêt, étendit ses troupes dans une vaste campagne, et vint camper à Amblef, près de l'abbaye de Stavelo. Charles n'osa rien entreprendre, parce qu'il n'étoit point en forces.

Comme il étoit dans cette peine, un soldat s'approcha, et lui promit de mettre en désordre l'armée ennemie, s'il lui permettoit de l'attaquer seul. Charles se moqua de sa témérité, et lui dit qu'il pouvoit aller où le poussoit son courage. Aussitôt qu'il eut reçu cette permission, il alla droit au camp de l'ennemi, où il trouva les soldats couchés, les uns d'un côté, les autres de l'autre, sans crainte et sans sentinelles, et se mit à crier d'une voix terrible : *Voici Charles avec ses troupes;* en même temps, l'épée à la main, il perce tous ceux qu'il rencontre. Toute l'armée fut saisie d'une si grande frayeur, que Charles s'étant avancé, sur l'avis qu'il eut du désordre, et n'ayant avec lui que cinq cents hommes au plus, cette poignée de gens parut aux ennemis alarmés une multitude effroyable : on les voyoit, tremblans, courir de différens côtés ; ils prirent enfin la fuite avec une si étrange précipitation, que Reinfroi et le roi même eurent peine à s'échapper. Charles, maître du camp et du bagage, ne poursuivit pas les fuyards, de peur qu'ils ne reconnussent le peu qu'il avoit de forces, et qu'ils ne songeassent à se rallier. Le bruit de cette victoire rendit son nom illustre par toute la France, et le fit redouter de ses ennemis.

Reinfroi, accompagné de Chilpéric, eut peine à joindre Radbode, et n'osa jamais attaquer Cologne. Mais Charles, au sortir du quartier d'hiver, ayant assemblé une armée considérable, vint attaquer Chilpéric et Reinfroi, qui étoient alors campés à Vincy, près de Cambray. Ce fut là que se donna la sanglante bataille de Vinciac ou Vincy, que nos historiens ont comparée à la bataille de Fontenay, par le grand carnage qui s'y fit. Charles y remporta une victoire complète, et poursuivit Chilpéric et Reinfroi jusqu'à Paris. Mais il ne voulut pas laisser ralentir le courage de ses soldats victorieux dans l'attaque de cette ville. Il tourna toutes ses forces contre Plectrude, qu'il effraya tellement, qu'elle lui ouvrit les portes de Cologne, et lui remit les trésors de Pepin. Ainsi il fut maître de l'Austrasie, où il se fit reconnoître pour prince; il marcha ensuite en Neustrie pour s'y faire élire maire du palais, et mit en 718 sur le trône Clotaire IV, fils de Thierri III, pour l'opposer au roi Chilpéric. Cependant Reinfroi avoit appelé Eude duc d'Aquitaine. Celui-ci agissoit comme souverain, et ne vouloit point reconnoître le roi ni le royaume de France. Reinfroi lui ayant accordé ce droit, qu'il avoit déjà usurpé, il lui amena un grand secours; mais Charles les défit sans peine, tant la terreur étoit grande dans tous les esprits. Chilpéric s'enfuit en Aquitaine, et Reinfroi à Angers. Charles trouva Paris abandonné et s'en empara; il gouvernoit tout en qualité de maire du palais. Clotaire IV vécut fort peu, n'ayant régné qu'un an, et Charles ne fit point de roi durant quelques mois, pour sonder les dispositions des François. Comme il vit que les Neustriens demandoient un roi, il leur donna Chilpéric, qu'il rappela d'Aquitaine. Tout étant paisible au dedans, il alla réduire les Saxons. Pendant ce temps Chilpéric mourut en 721, et Charles fit roi Thierri IV, dit de Chelles, fils de Dagobert III.

THIERRI IV, dit de CHELLES (an 721).

Sous ce prince, Charles défit Reinfroi, à qui il voulut bien laisser Angers, après qu'il eut demandé pardon. Ensuite il dompta les Saxons, les Suèves et les Allemands, qui s'étoient révoltés. Il subjugua les Bavarois qui avoient donné retraite à Plectrude. Il défit les Sarrasins, nation arabique, qui avoient conquis l'Espagne, et tâchoient de se jeter dans les Gaules, dont ils prétendoient que la partie qui avoit appartenu aux Visigoths devoit leur revenir. J'ai cru qu'il étoit à propos d'insérer ici par où commença l'empire de cette nation barbare, et comment il s'étendit dans l'Espagne.

L'an 622 de Notre-Seigneur, sous l'empire d'Héraclius, et du temps de Clotaire II roi de France, Mahomet, capitaine des Arabes, inventa une nouvelle religion, brutale à la vérité, et pleine de fables ridicules et prodigieuses, mais accommodée au génie de cette nation farouche et ignorante, et inventée par son auteur avec un merveilleux artifice pour la politique et pour la guerre; c'est-à-dire, non-seulement pour établir un empire, mais encore pour l'étendre. Cette pernicieuse superstition, sortie d'un tel commencement, prit force en peu de temps. Mahomet se rendit maître de l'Arabie et des pays voisins, en partie par adresse, et en partie par force. Ses successeurs, appelés califes, c'est-à-dire vicaires de Dieu, prirent en peu de temps la Palestine, la Perse, la Syrie, l'Egypte, et toute la côte d'Afrique. Il leur étoit aisé de passer de là en Espagne, et voici l'occasion qui leur en donna le moyen.

Du temps du roi Rodrigue, le comte Julien avoit une fille d'une très-grande beauté, et d'une égale vertu. Le roi en devint éperdument amoureux, et comme elle étoit invincible à ses caresses, il s'emporta jusqu'à la prendre de force. Elle fit incontinent savoir à son père l'outrage qu'on lui avoit fait. Le père, brûlant du désir de se venger, employa tout contre Rodrigue (724). Quand ce malheur arriva, Julien étoit ambassadeur près des Maures, c'est ainsi qu'on appeloit ordinairement les Sarrasins d'Afrique. Il fit son accord avec eux, et revint à la cour, dissimulant son dépit, et feignant qu'il vouloit profiter de la faveur de sa fille comme un habile courtisan; mais après qu'il eut attiré à son parti ceux qu'il vouloit, il pria le roi de lui permettre d'envoyer sa fille auprès de sa femme, qu'il avoit laissée en Afrique, sous prétexte qu'elle étoit malade; il obtint son congé peu après, et suivit lui-même sa fille; il fit en passant une ligue avec les seigneurs des environs de Gibraltar, et lorsque tout fut disposé, il appela les Maures, qui remportèrent d'abord de grands avantages.

Le roi partit de Tolède pour aller à leur rencontre dans l'Andalousie, et les empêcher d'entrer dans cette province. Il se donna une bataille générale sur le bord du fleuve Guadalète (725), auprès d'une ville qui s'appeloit Cæsariana, située vis-à-vis de Cadix. Les chrétiens furent taillés en pièces et le roi étant contraint de prendre la fuite, se noya (à ce que l'on dit) dans ce fleuve. Par ce seul combat la conquête fut achevée, et cette défaite des chrétiens fit la décision de toute la guerre, car les Maures, aussitôt après, ravagèrent sans s'arrêter toute l'Espagne, prirent Séville, Cordoue, Murcie, Tolède, et contraignirent une partie des chrétiens, qui ne purent pas supporter le joug de ces infidèles, de se retirer en Galice, en Biscaye, et dans les Asturies, où, défendus par les montagnes, ils fondèrent un nouveau royaume, sous la conduite de Pélage, dont les rois de Castille sont sortis. Les Maures tenoient le reste de l'Espagne, et de là s'étoient déjà répandus dans les Gaules, du côté du Languedoc, qu'ils avoient conquis jusqu'au Rhône.

Eude (728) songea à se fortifier de leur secours contre la puissance de Charles. Il s'étoit déjà accommodé avec les Gascons et les Bretons; mais pour s'affermir davantage, il avoit donné sa fille à Munuza, Sarrasin, gouverneur de Cerdagne. Comme ils étoient voisins, ils promirent de s'entre-secourir dans tous leurs desseins. Eude vouloit se conserver l'Aquitaine, et Munuza songeoit à se faire souverain de Cerdagne. Abderame, gouverneur général de toutes les Espagnes, n'ignoroit pas leurs complots; ainsi il se jeta dans la Cerdagne, où il arrêta Munuza, dont il envoya la tête au calife; il entra ensuite dans l'Aquitaine, où il passa la Garonne, et prit Bordeaux. Eude épouvanté de ces progrès, fut contraint d'appeler à son secours Charles Martel, à qui auparavant il préparoit une guerre si cruelle.

Ce prince revenoit de Bavière, où il avoit remporté plusieurs victoires. Quoiqu'il n'ignorât pas les mauvais desseins du duc d'Aquitaine, il sacrifia ses mécontentemens particuliers au bien de l'Etat, et résolut de s'opposer aux Sarrasins. Cependant Abderame, qui ne trouvoit point de résistance, étoit entré bien avant dans les Gaules, et ayant traversé tout le Poitou, il alloit tomber sur Tours, quand Charles vint à sa rencontre. Là, s'étant joint avec les troupes du duc (735), il passa environ six jours à de légères escarmouches; après quoi on combattit un jour tout entier : il se fit un grand carnage des Sarrasins, et Abderame lui-même fut tué. Les Sarrasins ne laissèrent pas de tenir ferme, et de combattre en leurs rangs; de sorte que la mort de leur général ne fut en aucune sorte connue ni remarquée par nos troupes. La nuit sépara le combat.

Le lendemain Charles fit sortir son armée du camp, et demeura longtemps en bataille; et sur le rapport qu'on lui fit que les Sarrasins s'étoient retirés à la faveur de la nuit, il entra victorieux dans leur camp, et y fit un grand butin. Après avoir mis ordre aux affaires d'Aquitaine, il fit heureusement d'autres expéditions contre ceux de Frise; puis retournant en Aquitaine, où Eude avoit renouvelé la guerre, il le contraignit à prendre la fuite. Eude étant mort, Charles mit à la raison son fils Hunauld qui refusoit d'obéir; il réduisit les Bourguignons rebelles; il battit les Maures de Septimanie, et les chassa de cette province, qu'il unit à la France, au lieu que jusqu'alors elle avoit appartenu à l'Espagne. Il vainquit les Saxons qui recommençoient la guerre, et fut cause par ses victoires qu'une multitude innombrable de peuples embrassèrent la religion chrétienne. Il prit Lyon et Avignon, et dompta la Provence révoltée.

Par tant de grandes actions, il mérita d'être appelé duc des François après la mort de Thierri, arrivée en 737, et gouverna quelques années le royaume avec un pouvoir absolu, sans qu'on fit aucun roi. Il fut tellement redouté par ses voisins, qu'étant malade, et épuisé de vieillesse et de travaux, il réprima par sa seule autorité, sans y employer la force de ses armes, Luitprand roi des Lombards, qui tourmentoit l'Eglise romaine et le pape Grégoire III. Etant près de mourir il assembla les seigneurs, et partagea le royaume de France entre ses trois enfans. Carloman eut l'Austrasie, Pepin la Neustrie, la Bourgogne et la Provence; Grifon, né d'une autre mère, n'eut qu'un petit nombre de places, et fut facilement dépouillé par ses deux frères, peu après la mort de Charles Martel.

CHILDÉRIC III (an 743).

Carloman et Pepin eurent l'autorité absolue : cependant, pour contenter les seigneurs qui demandoient un prince de la maison de Clovis, ils firent roi, en 743, Childéric III, que l'on croit fils de Thierri IV : ensuite ils battirent le duc de Bavière, et rangèrent à son devoir Hunauld, toujours infidèle, et le contraignirent de leur donner des otages. Ils soumirent aussi les Saxons; et ces peuples s'étant révoltés dans la suite, Carloman les réduisit, aussi bien que les Allemands qui ne pouvoient s'accoutumer à porter le joug. Au milieu de tant de victoires, ce prince, dégoûté du monde, se retira dans un monastère, et laissa tout le royaume à Pepin son frère, qui eut alors un fils nommé Charles, qui devoit être un jour l'honneur de la France. Pepin alla en Saxe, d'où il chassa son frère Grifon qui commençoit à brouiller. Chassé de ce pays, il se réfugia en Bavière, où il fut battu; Pepin lui accorda le pardon qu'il lui demandoit, et pardonna aussi aux seigneurs qui l'avoient suivi. Après un si grand nombre d'exploits, il vit quelque apparence de se faire roi, et de prendre le nom d'une dignité dont il avoit déjà toute la puissance. Il comptoit que par ce moyen il seroit paisible, parce qu'il ne resteroit aucune espérance à Grifon, ni aux enfans de Carloman.

Mais il avoit à combattre l'amour naturel des François pour la maison royale; d'ailleurs ces peuples étoient retenus par le serment qu'ils avoient prêté à Childéric. Pepin s'appliqua à gagner la noblesse et le peuple par une douce et sage administration. On ne pouvoit plus supporter la folie de Childéric, qu'on appeloit l'*Insensé*, et Pepin avoit l'estime et les inclinations de tous les François. Dans cette conjoncture, il leur proposa de demander au pape Zacharie, si le serment qu'ils avoient fait les obligeoit d'obéir à celui qui n'avoit que le nom de roi, ou à celui qui en avoit l'autorité. Le Pape leur conseilla d'abandonner un homme inutile, et d'obéir à celui qui faisoit les fonctions de roi et en avoit la puissance. Les ayant délivrés, par cette réponse, de l'obligation de leur serment, ils firent Pepin roi tout d'une voix, et ce fut par lui que commença la seconde race.

Le règne de Pharamond, que l'on regarde communément comme le premier roi des François, commença environ l'an 420 de la naissance de Notre-Seigneur, ainsi que nous avons dit auparavant. La première race finit en l'an 752. Ainsi elle dura trois cent trente-deux ans, dont il y en eut cent vingt occupés par les rois fainéans, princes qui, n'ayant que le nom de rois, tombèrent dans le mépris, et furent enfin tout à fait chassés.

LIVRE II.

PEPIN LE BREF (an 752).

Ce fut donc en l'an 752 de Notre-Seigneur, et le 332e après l'établissement de la monarchie françoise, que Pepin fut couronné à Soissons, du consentement de tous les seigneurs, et qu'il reçut, suivant la coutume des François, l'onction sainte par les mains des évêques des Gaules. L'état des affaires étoit assez incertain : on craignoit toujours quelque révolte, parce que Grifon vivoit encore, et que les seigneurs n'étoient pas accoutumés à obéir. Il y en avoit même quelques-uns qui se moquoient de Pepin et de sa petite taille; il le sut, et il résolut d'établir son autorité par quelque action hardie à la première occasion qui se présenteroit. Il arriva que le roi et toute la cour assistoient à un combat d'un lion avec un taureau, à l'abbaye de Ferrières près de Montargis. Déjà le lion furieux avoit renversé le taureau, quand Pepin, se tournant vers les seigneurs, leur demanda s'il y avoit quelqu'un qui se sentît assez hardi pour les aller séparer. Personne ne répondant rien, Pepin, qui n'ignoroit pas le naturel de ces animaux qui ne lâchent jamais prise, quand ils ont une fois enfoncé les dents ou les griffes quelque part, se jeta au milieu de la place, coupa la gorge au lion, et sans perdre de temps, abattit la tête du taureau. Il retourna ensuite aux seigneurs, et remontant sur le trône, il leur demanda s'ils le trouvoient digne de leur commander. Il les pria en même temps de se souvenir de David, qui, étant si petit, avoit renversé d'un coup de pierre un géant si fier, et qui faisoit des menaces si terribles. Tous demeurèrent étonnés de la hardiesse du roi, et s'écrièrent qu'il méritoit l'empire du monde. Ainsi, par sa valeur et par sa prudence, il vint à bout de l'orgueil des seigneurs françois.

Son autorité étant affermie, il marcha contre les Saxons qui s'étoient révoltés; et les ayant battus, il les contraignit de payer un tribut annuel de trois cents chevaux. Cependant Grifon fut tué auprès des Alpes, pendant qu'il passoit en Italie pour mettre dans ses intérêts Astolphe, roi des Lombards. Ce roi traitoit fort mal les Romains, et avoit contraint le pape Etienne II de se réfugier en France. Pepin profita de cette conjoncture pour se faire sacrer de nouveau, et avec lui la reine Bertrude, et ses deux fils, Charles et Carloman. Ce pape excommunia les seigneurs qui songeroient jamais à faire passer la royauté à une autre famille. Ensuite, pour attirer plus de respect et de considération à Pepin, il le déclara patrice romain. Ainsi la grandeur et la majesté de la famille royale reçut un nouvel éclat par l'autorité d'un si grand pontife, de sorte que par la suite elle passa pour sacrée.

Astolphe, craignant pour ses Etats, envoya en France Carloman, frère de Pepin, qui, s'étant fait moine, comme nous avons dit, demeuroit en Italie au mont Cassin, c'est-à-dire, dans le principal monastère de l'ordre de Saint-Benoît. Le roi des Lombards se servit de lui pour amuser Pepin par diverses négociations. Mais Carloman partit sans rien conclure, et fut conduit à Vienne, où il mourut peu de temps après. Pepin, ayant passé les Alpes, mit Astolphe à la raison, et revint en France. Il passa de nouveau en Italie (754), parce que Astolphe renouvela la guerre. Il le réduisit enfin tout à fait, et donna plusieurs de ses villes à l'Eglise romaine. Il en restoit quelques-unes qu'Astolphe retenoit contre les traités, et il sembloit qu'il cherchoit encore un prétexte de brouiller; il avoit même assemblé une nombreuse armée dans la Toscane, sous le commandement de Didier, son connétable. Au milieu de ces entreprises, il tomba de cheval étant à la chasse, et se blessa tellement qu'il en mourut peu de jours après. Didier sut se prévaloir de la faveur des soldats pour envahir le royaume; mais comme quelques seigneurs s'opposoient à ses desseins, il s'accorda avec le Pape, et promit non-seulement de rendre les places qu'Astolphe avoit retenues contre les traités, mais encore d'y en ajouter d'autres. Le Pape, content de ce procédé, porta Pepin à réprimer par son autorité les ennemis de Didier, qui, par ce moyen, jouit alors paisiblement du royaume.

Pepin retourné en France défit Gaifre, duc d'Aquitaine (756), qui refusoit de lui obéir, et comme il essaya encore de secouer le joug, il lui fit de nouveau la guerre, et le battit. Gaifre, obligé de s'enfuir, se cacha pendant quelque temps dans la forêt de Ver en Périgord, d'où étant sorti avec une nouvelle armée qu'il avoit trouvé le moyen de rassembler, il vint à la rencontre de Pepin qui s'étoit avancé jusqu'à Saintes, et ayant été encore vaincu, il fut tué quelque temps après par ceux de son parti qui s'ennuyoient de cette guerre : par cette mort Pepin resta paisible possesseur de toute l'Aquitaine.

Les troubles d'Italie rappelèrent alors le roi en ce pays. Comme il se préparoit à ce voyage, il fut surpris d'une maladie. Sentant approcher sa dernière heure, il partagea son royaume entre ses enfans. Il donna la Neustrie à Carloman son cadet, et laissa à Charles, avec l'Austrasie, les Saxons, et les autres peuples fiers et indomptables qu'il avoit nouvellement soumis; peut-être dans le dessein de laisser au plus courageux les nations les plus belliqueuses. Pepin fut vaillant, juste, prévoyant, grand en paix et en guerre : il fut le premier roi des François qui posséda les Gaules dans toute leur étendue; et il eût pu passer pour le plus grand roi du monde, si son fils Charlemagne ne l'avoit surpassé lui-même.

CHARLES I, dit CHARLEMAGNE (an 768).

Après la mort de Pepin, les seigneurs assemblés, sans se mettre en peine du partage qu'il avoit fait, donnèrent la Neustrie à Charles, et l'Austrasie à Carloman. Hunauld, père de Gaifre, qui s'étoit fait moine, après avoir cédé ses Etats à son fils, étant sorti de sa retraite, crut que le commencement d'un nouveau règne lui seroit une occasion de recouvrer l'Aquitaine. Mais Charles, qui avoit eu cette province dans son partage, marcha contre lui en diligence, et le chassa d'Aquitaine. Il contraignit ensuite Loup, duc des Gascons, chez qui Hunauld s'étoit réfugié, de le livrer, et de se livrer lui-même avec tout ce qu'il avoit.

Charles exécuta toutes ces choses avec autant de bonheur que de promptitude, quoique son frère Carloman, qui s'étoit engagé à le secourir, se fût retiré avec ses troupes à moitié chemin. Didier brouilloit cependant en Italie, et amusoit non-seulement le Pape, mais Charles lui-même par diverses propositions. Au milieu de ces mouvemens Carloman mourut, et laissa Gerberge sa femme avec deux enfans. Aussitôt après sa mort, les Austrasiens se soumirent à Charles, ce qui contraignit Gerberge de se réfugier chez Didier, roi des Lombards, où Hunauld, échappé de sa prison, s'étoit aussi retiré.

Environ dans le même temps (773), le pape Etienne mourut, et Didier pressa fort violemment Adrien I, son successeur, de sacrer les enfans de Carloman. Sur son refus, Didier prit les armes, et marcha pour assiéger Rome. Il n'abandonna son dessein que par la crainte qu'il eut d'être excommunié. Adrien, se défiant de ses forces et des intentions de Didier, envoya des ambassadeurs à Charles, qui étoit alors en Saxe, puissant et victorieux, après y avoir fait de grandes actions.

Ce prince, voyant qu'il n'avançoit rien par diverses ambassades qu'il faisoit faire à Didier, marcha en Italie, où Didier vivoit en repos, croyant s'être assuré des Alpes, dont il faisoit garder les passages. Cependant Charles s'étant ouvert une entrée par où Didier l'espéroit le moins, tomba sur lui à l'improviste, mit son armée en fuite, et assiégea Pavie, où il s'étoit retiré. Après avoir formé le siége de cette place, il laissa son oncle Bernard pour garder les lignes, et poursuivit Adalgise, fils de Didier, qui s'étoit renfermé dans Vérone, où Gerberge l'avoit suivi avec ses enfans : Vérone se soumit, et Charles victorieux retourna au siége de Pavie, d'où il fit divers détachemens, par lesquels il se rendit maître de plusieurs places en deçà du Pô. Pendant ce siége il alla à Rome, où le clergé et le peuple romain lui firent de grands honneurs, et le déclarèrent patrice. Il revint au siége de Pavie, qui étoit tellement pressé par la famine, que les femmes désespérées assommèrent à coups de pierres Hunauld qu'on regardoit comme la cause de la guerre. La ville fut bientôt remise avec Didier, sa femme, sa fille et ses trésors, entre les mains de Charles, qui envoya Didier en France dans un monastère : son fils Adalgise se sauva à Constantinople.

Ainsi finit, l'an 774, le règne des Lombards en Italie, après avoir duré plus de deux cents ans. Voilà les changemens des choses humaines. Charles fut couronné roi de Lombardie, ou d'Italie, dans un bourg nommé Modèce, auprès de Milan. Le royaume d'Italie s'étendoit depuis les Alpes jusqu'à la rivière d'Ofante. Le reste, savoir la Calabre et la Pouille, demeura à l'empereur avec la Sicile. Charles confirma à l'Eglise romaine la possession des pays et des villes que son père lui avoit données, y en ayant même ajouté d'autres qui n'étoient pas moins considérables. Il fit Aregise, gendre de Didier, duc de Bénévent; Hildebrand, duc de Spolète; et Rotgaud, duc de Frioul. Tel fut le succès du premier voyage d'Italie.

Le second fut entrepris contre Adalgise, qui, en sortant de Vérone, s'étoit réfugié à Constantinople, où l'empereur l'avoit fait patrice, et lui avoit donné une armée navale, avec laquelle il devoit aborder en Italie : il avoit attiré à son parti Rotgaud, duc de Frioul. Mais Charles, étant parti de Saxe au cœur de l'hiver, arriva en Italie comme on y pensoit le moins : il empêcha Adalgise d'y entrer, et ayant surpris Rotgaud, il lui fit couper la tête. Henri, à qui Charles se fioit beaucoup, fut fait duc de Frioul, pays de grande importance, parce qu'il tient en sujétion l'Allemagne, l'Italie, et la mer Adriatique. Il fit un troisième voyage en Italie pour amener à Rome son fils Carloman, et le faire baptiser par le pape Adrien, son intime ami. On lui donna le nom de Pepin, et il fut sacré roi d'Italie le jour de Pâques, 15 avril 781, avec son frère Louis, qui fut aussi couronné roi d'Aquitaine par le Pape.

Le quatrième voyage fut entrepris contre Aregise, duc de Bénévent, qui de concert avec Tassillon, duc de Bavière, commençoit à brouiller en Italie. Charles alla droit à Capoue : Aregise effrayé se soumit, et donna son second fils pour otage. Tassillon fut obligé de prêter un nouveau serment; mais ayant pris ensuite de mauvais conseils, il excita les Huns contre Charles (788). Ce prince aussitôt alla en Bavière, et défit Tassillon avec son fils Theudon ; puis ayant assemblé les plus grands seigneurs de Bavière, il remit à leur jugement le châtiment de ces rebelles. Les seigneurs, après avoir mûrement examiné l'affaire, condamnèrent Tassillon à mort d'un commun consentement ; mais Charles qui étoit clément, et nullement sanguinaire, changea cette peine en une plus douce : car l'ayant fait raser, il le mit dans le monastère d'Olton. Il réunit le duché de Bavière à la couronne de France, et après plusieurs combats, il emporta enfin un si beau fruit de sa victoire.

Cependant les capitaines de Pepin, que Charles avoit fait roi d'Italie, prirent Adalgise qui faisoit la guerre dans les mers de ce pays, et le firent mourir (800). Charles alla une cinquième fois en Italie, contre les peuples du duché de Frioul, qui avoient tué leur duc Henri, et pour venger l'affront fait au pape Léon III. Il avoit été élu à la place d'Adrien, et avoit envoyé, aussitôt après son élection, des légats à Charlemagne, pour lui porter l'étendard de la ville de Rome, avec des présens, et le prier d'envoyer de sa part quelque grand seigneur pour recevoir le serment de fidélité du peuple romain. L'élection de Léon III avoit été faite au grand déplaisir de Pascal, primicier, qui étant parent de ce pape, avoit peut-être espéré de lui succéder. Léon s'acquittoit saintement, et selon les règles, de son sacré ministère, également agréable au clergé et au peuple.

Pascal tenoit toujours sa haine cachée, et ayant engagé dans ses desseins Campule son parent, avec d'autres scélérats, il fit une secrète conjuration contre le Pape. Tous ensemble s'accordèrent à gagner des assassins, qui devoient l'attaquer par surprise à la première occasion. Comme il alloit à cheval au lieu où le clergé étoit assemblé par son ordre, pour aller avec lui en procession, les conjurés excitèrent une sédition. En même temps parurent les assassins, qui jetèrent d'abord le Pape à bas de son cheval ; et sans respect pour une si grande et si sainte dignité, ils tâchèrent de lui crever les yeux, et de lui couper la langue. Le peuple étonné s'enfuit de côté et d'autre. Pascal et Campule, qui avoient accompagné le Pape comme par honneur, firent semblant de le vouloir défendre, et le jetèrent tout effrayé dans l'église de Saint-Sylvestre, où ils s'efforcèrent eux-mêmes de lui arracher les yeux, pendant qu'avec de grands cris il appeloit Dieu à son secours. Enfin, tiré de leurs mains par la protection divine, et l'adresse de son camérier, il vint à Spolète, auprès du duc Vinigise, qui avoit succédé à Hildebrand. De là il se rendit auprès de Charles à Paderborn.

Ce prince très-bon et très-religieux fut touché des malheurs du Pape, et des violences qu'il avoit endurées. Il résolut d'envoyer à Rome des prélats et des comtes, pour être informé au vrai de ce qui s'étoit passé, et des crimes dont on accusoit Léon. Car Pascal et Campule s'étoient plaints les premiers, par une requête qu'ils avoient envoyée au roi; et avoient chargé le saint pontife de plusieurs grands crimes. Les ambassadeurs arrivèrent à Rome, et y amenèrent le Pape, qui fut reçu de tout le monde avec une joie extrême. Ayant reconnu la vérité, ils assurèrent Charles de l'innocence de Léon, et firent arrêter Pascal et Campule, qu'ils lui envoyèrent sous bonne garde, comme coupables de plusieurs grands crimes.

Le roi fut touché, comme il devoit, de l'horreur de leurs attentats, et de l'importance de la chose : il alla à Rome en personne, et y fut reçu avec une grande affection de tout le peuple romain. Après, il assembla le clergé et les seigneurs des deux nations, dans l'église de Saint-Pierre, et là il prit connoissance de toute l'affaire. Il entendit tout ce que Pascal et Campule avoient à lui dire, tant pour leur justification, que contre le Pape. Enfin ayant reconnu qu'ils étoient des calomniateurs et des méchans, et après que le Pape se fut purgé lui-même par serment devant tout le peuple, à la manière portée par les canons, en mettant la main sur les Evangiles, et en protestant devant Dieu qu'il étoit innocent des crimes dont on l'accusoit, Charlemagne, qui fut quelque temps après élu empereur, prononça son jugement, en déclarant innocent le pape Léon, et en condamnant ses ennemis à la mort, qui fut changée en exil à la prière du Pape.

Pendant que ces choses se passoient à Rome, l'empereur Constantin[1] s'attira par sa conduite la haine de tout le peuple de Constantinople. Ce prince avoit répudié sa femme, et en avoit épousé une autre. Cette action déplut aux religieux, qui commencèrent à reprendre publiquement l'empereur. Lui, de son côté, trouva fort mauvais qu'ils eussent eu cette hardiesse, et les maltraita. Le peuple en fut indigné : on murmuroit contre l'empereur, et peu s'en falloit qu'on ne criât hautement que c'étoit une chose injuste et insupportable de persécuter de bons religieux, pour avoir pris la défense de l'impératrice innocente, ou plutôt de la loi de Dieu. L'empereur se trouva exposé par là à la haine publique, sans pourtant vouloir changer de résolution.

L'impératrice Irène, sa mère, qui le haïssoit et le craignoit, il y avoit longtemps, parce qu'il avoit voulu l'éloigner absolument des affaires, se servit de cette occasion pour reprendre le gouvernement, qu'elle avoit quitté à regret. Elle flattoit en apparence la passion de son fils, et avoit pour lui d'extrêmes complaisances; mais sous main elle excitoit le zèle de ces religieux, et fomentoit la haine du peuple. Enfin la chose fut poussée si loin, que par les secrets artifices de cette femme ambitieuse, son fils eut les yeux crevés, et en mourut peu de temps après. Irène en diminuant les impôts, et en faisant beaucoup d'actions d'une piété apparente, sut si bien gagner le peuple et les religieux, qu'elle envahit par ce moyen l'empire vacant, et en jouit paisiblement.

[1] Les éditions précédentes portent Constantin *Pogonat :* mais c'est une faute; ce prince étant mort en 685. (*Edit. de Vers.*)

Quand cette nouvelle fut portée à Rome, les citoyens de cette grande ville ne pouvant se résoudre à vivre sous l'empire d'une femme, se ressouvinrent de l'ancienne majesté du peuple romain, et crurent que l'empereur devoit plutôt être élu à Rome qu'à Constantinople.

Tout le monde avoit les yeux sur Charles : le Pape, le clergé, toute la noblesse, et le peuple même, commencèrent à le demander pour empereur. Il ne vouloit pas accepter cette dignité, soit par sa modération naturelle, soit qu'étant déjà engagé en tant de guerres, il craignît de se jeter dans de nouveaux embarras; mais le jour de Noël, comme il étoit à l'office, prosterné devant la Confession de Saint-Pierre (c'est ainsi qu'on appeloit le lieu où reposoit son corps), le Pape lui mit sur la tête la couronne d'empereur, et en même temps tout le peuple se mit à faire des acclamations, s'écriant à cris redoublés : « Vive Charles, toujours auguste, grand et pacifique empereur, couronné de Dieu, et qu'il soit à jamais victorieux! »

Après cette cérémonie, le Pape rendit ses respects au nouvel empereur, à la manière qu'on les rendoit autrefois aux autres empereurs, et il data ses lettres des années de son empire. Ainsi l'empire romain repassa en Occident, d'où il avoit été transféré, et les empereurs qui sont aujourd'hui viennent de cette origine. Voilà ce que nous avions à dire des voyages et des guerres de Charlemagne en Italie; voyons ce qu'il a fait en Saxe.

Après que la mort de Carloman l'eut rendu maître de toute la France (782), il alla contre les Saxons rebelles; et son dessein principal étoit d'établir la religion dans leur pays. Ils s'avancèrent contre lui jusqu'à Osnabruck en Westphalie, où ils furent taillés en pièces. Charles prit un château très-fort, que les Saxons avoient défendu de tout leur pouvoir, où il brisa l'idole de leur dieu Irmensul. Ensuite, sans s'arrêter, il les poursuivit au delà du Véser.

On remarqua dans ce voyage que les eaux ayant manqué dans l'armée, soit que les fontaines eussent été épuisées par les troupes, soit qu'elles se fussent taries par quelque autre accident, on vit sortir du pied d'une montagne une source qui servit à abreuver toute l'armée; ce qui fut regardé comme un miracle. Quoique Charles eût vaincu les Saxons, qu'il eût pris des otages d'eux, et qu'il eût construit des forts sur le bord du Véser et de l'Elbe, pour retenir les rebelles dans le devoir, ils ne laissèrent pas de se révolter en son absence, pendant qu'il étoit occupé à d'autres affaires, ce qui fit qu'il ne les assujettit tout à fait qu'au treizième voyage.

Ces grandes guerres des Saxons se firent principalement sous la conduite du fameux Vitikind. Il avoit été d'abord obligé de prêter serment de fidélité à Charles; mais comme quelque temps après ce prince tint à Paderborn une assemblée de la nation pour en rétablir les affaires, Vitikind, au lieu de s'y trouver, comme il en avoit ordre, se retira en Danemark, d'où il revint cependant aussitôt après le départ de Charles, pour soulever de nouveau la Saxe (785). Charles, occupé à d'autres affaires, envoya ses lieutenans avec une grande armée en ce pays-là, avec ordre de ne combattre que ceux de Souabe. Ils combattirent les Saxons contre son ordre, et furent honteusement battus. Alors le roi marcha en personne, et contraignit Vitikind de se retirer encore une fois en Danemark. On lui livra quatre mille Saxons des plus mutins, à qui il fit couper la tête, pour servir d'exemple aux autres. Mais à peine fut-il retourné en France, que Vitikind partit de Danemark pour exciter les Saxons à reprendre les armes. Charles étant retourné sur ses pas, il y eut une sanglante bataille, dans laquelle les Saxons furent défaits, et Vitikind pris avec Albion, l'autre général des rebelles. Au lieu de les faire mourir, Charles leur pardonna : ce qui les toucha tellement, et principalement Vitikind, qu'il se fit chrétien, et demeura toujours fidèle à Dieu et au roi. Ainsi ce fier courage, qui n'avoit pu être abattu par la force, fut gagné par la clémence, et garda une fidélité inviolable.

Les Saxons ne laissèrent pas de se révolter encore, et Charles, pour les observer de plus près, fit son séjour à Aix-la-Chapelle. De là il alla souvent contre les rebelles, qui, quoique toujours vaincus, ne cessoient de reprendre les armes, et furent même assez hardis pour tailler en pièces les troupes auxiliaires que les Sclavons, peuples d'Illyrie, envoyoient à Charles contre les Huns. Alors il les abandonna à la fureur des soldats, qui firent un carnage épouvantable. Ces peuples opiniâtres ne laissèrent pas de se révolter avec un courage obstiné, sous la conduite de Godefroi roi de Danemark, qui leur avoit amené un grand secours. Il fut pourtant contraint de s'enfuir à la venue de Charles, qui alors étoit empereur : à ce coup il subjugua entièrement les Saxons; et de peur qu'ils ne se révoltassent encore, il les transporta en Suisse et en Hollande, mettant en leur pays les Sclavons et d'autres peuples qui lui étoient plus fidèles. Après cette victoire il poussa ses conquêtes bien avant, le long de la mer Baltique, sans que personne lui résistât.

Il ne dompta pas avec moins de vigueur les Huns (772), nation farouche qui ne vivoit que de brigandages : ces peuples n'habitoient point dans les villes; mais ils se renfermoient dans leurs vastes camps, qu'ils appeloient ringues, entourés de fossés prodigieux, où ils portoient tout leur butin, c'est-à-dire, les dépouilles de tout l'univers. On ne croyoit pas que jamais on pût les forcer dans ce camp, tant ils y étoient fortifiés de toutes parts, et tant étoient innombrables les fossés qu'ils avoient creusés les uns autour des autres, et les retranchemens dans lesquels ils se retiroient. Charles néanmoins les enfonça, se rendit maître de tout leur butin, et enfin dissipa leurs armées qui s'étendoient de tous côtés pour piller. Il fut secondé dans cette entreprise par Charles, son fils aîné, qui chassa les Huns du pays qu'ils occupoient.

Sa réputation étoit si grande, qu'Abderame même, roi des Sarrasins, chassé par les siens, et poursuivi jusqu'en Espagne, où il s'étoit retiré, implora son assistance : il envoya pour cela Ibnalarabi son ambassadeur, dans le temps qu'il tenoit à Paderborn l'assemblée dont nous avons parlé. Ce prince douta d'abord si ces infidèles méritoient qu'il allât à leur secours ; mais il espéra qu'à cette occasion il pourroit procurer quelque avantage à la religion et aux chrétiens. Dans cette pensée, il fit marcher ses troupes en Espagne, prit Pampelune, capitale du royaume de Navarre, après un long siège, et ensuite Saragosse, ville située sur l'Ebre, capitale du royaume d'Aragon. Il procura aux chrétiens l'exemption du tribut qu'ils payoient aux Maures ; mais comme il retournoit, après avoir établi les affaires de la religion, autant qu'il avoit pu, les Gascons qui habitoient dans les Pyrénées, nation accoutumée au brigandage, s'étant mis en embuscade dans la valée appelée Roncevaux, surprirent dans ces lieux étroits une partie de son arrière-garde, et tuèrent plusieurs François illustres, entre autres ce fameux Roland, neveu de Charles, si renommé par ses exploits.

Voilà ce que j'ai cru devoir toucher légèrement des actions militaires de Charlemagne, sans suivre l'ordre des temps, et rapportant seulement les choses à quelques chefs principaux, pour plus grande facilité. Je passe exprès plusieurs guerres considérables, parce que si j'entreprenois de tout raconter, je m'étendrois davantage que le dessein de l'ouvrage que j'ai entrepris ne me le permet ; au reste, sa réputation s'étoit répandue si loin, qu'Aaron même, calife ou prince des Sarrasins (que nos historiens ont appelé roi de Perse), quoiqu'il méprisât tous les autres princes, lui envoya des présens, et rechercha son amitié (772). Presque tous les pays et les rois mêmes d'Occident lui étoient soumis, et il eût pu facilement se rendre maître de cette petite partie d'Italie qui reconnoissoit l'empire d'Orient ; mais il n'y toucha pas, quoique souvent attaqué par les empereurs de Constantinople, soit qu'il l'ait fait par modération, soit qu'il espérât d'unir bientôt sous sa puissance l'Orient et l'Occident tout ensemble, par le mariage proposé entre lui et l'impératrice Irène, qui se traitoit par des ambassades envoyées de part et d'autre.

Nicéphore ayant chassé Irène, et s'étant fait empereur, rompit ce dessein, et l'empire romain fut partagé entre Nicéphore et Charles, d'un commun consentement ; Nicéphore ne se réserva en Italie que ce qu'il y possédoit ; le reste fut abandonné à Charles avec l'Illyrie. Mais Nicétas, patrice d'Orient, prit sur lui, quelque temps après, cette partie de la côte de la mer Adriatique, qu'on appelle Dalmatie, et chassa de Venise les seigneurs qui tenoient le parti de Charles. Pepin, roi d'Italie, ne se trouva pas en état de reprendre la Dalmatie, parce qu'il étoit occupé par une grande guerre contre les Sarrasins qui couroient la mer de Toscane.

Le règne de Charles fut extrêmement heureux : il fut toujours victorieux quand il conduisit ses armées en personne ; et rarement fut-il défait, même lorsqu'il fit la guerre par ses lieutenans ; mais jamais aucun homme mortel n'a eu un parfait bonheur, et les plus grands rois sont sujets aux plus grands accidens. Il perdit ses deux ainés, Charles et Pepin, lorsqu'ils étoient dans la plus grande vigueur de leur âge, et de leurs belles actions. Charles avoit fait des choses merveilleuses en Allemagne, et avoit conquis toute la Bohême : Pepin (810) avoit poussé les Avares, qui tenoient l'Illyrie, au delà de la Save et du Drave, et porté ses armes victorieuses jusqu'au Danube.

L'empereur perdit deux fils de ce mérite en une même année : le seul Louis lui resta, qui étoit moins avancé en âge que les autres, et ne les égaloit pas en vertus politiques et militaires. Charles mourut quatre ans après la mort de ses enfans (814) : la fièvre le surprit comme il travailloit sur l'Ecriture sainte, et en corrigeoit un exemplaire qu'on lui avoit donné.

Aussitôt qu'il fut malade, il assembla les grands du royaume, et de leur avis, déclara son fils Louis roi de France et empereur : et confirma à son petit-fils Bernard, fils de Pepin, roi d'Italie, le don qu'il lui avoit fait du royaume de son père, à condition qu'il obéiroit à Louis ; alors Louis se mit par son ordre la couronne impériale sur la tête. Charles mourut âgé de soixante-douze ans, après en avoir régné quarante-huit, et tenu l'empire quatorze. La première de ses grandes qualités, étoit sa piété singulière envers Dieu : il convertit à la foi presque toute l'Allemagne, et même la Suède, où il envoya des docteurs, à la prière du roi. La religion fut le principal sujet des guerres qu'il entreprit : il protégeoit avec beaucoup de zèle le Pape et le clergé, et fut grand défenseur de la discipline ecclésiastique. Pour la rétablir, il fit de très-belles lois, et assembla plusieurs conciles par tout son empire. Il combattit les hérésies avec une fermeté invincible, et les ayant fait condamner par les conciles et par le saint Siége, il employa l'autorité royale pour les détruire tout à fait. Il donna ordre que l'office divin fût célébré avec respect et bienséance dans tous ses Etats, et principalement à la cour. Il ne manquoit jamais d'y assister, et y étoit toujours avec beaucoup d'attention et de piété : il lisoit fort souvent l'Ecriture sainte et les écrits des saints Pères, qui servent à la bien entendre. Par là il devint très-bon aux pauvres, attaché à la justice et à la raison, grand observateur des lois et du droit public. A toute heure il étoit disposé à donner audience, et à rendre la justice à tout le monde, croyant que c'étoit là sa plus grande affaire, et le propre devoir des rois. Il employoit ordinairement l'hiver à disposer les affaires du royaume, auxquelles il vaquoit fort soigneusement, avec beaucoup de justice et de prudence. Il a fait, selon les mœurs différentes des nations sujettes à son empire, des lois essentielles pour l'utilité publique : on les a encore à présent pour la plupart ; quelques-unes ont été perdues.

Sa bonté étoit extrême envers ses sujets, et envers les malheureux : il envoyoit de grandes aumônes en Syrie, en Egypte et en Afrique, pour soulager les misères des chrétiens. On l'a vu souvent s'affliger des malheurs de ses sujets jusqu'à verser des larmes, quand les Normands et les Sarrasins couroient l'une et l'autre mer, et ravageoient toutes les côtes. Charles visita en personne tous les pays ruinés, pour remédier à ces désordres, et réparer la perte des siens. Nous avons déjà parlé de sa clémence envers Vitikind et Albion. Quant au reste des Saxons, il est vrai qu'il les traita rigoureusement ; mais ce ne fut qu'après avoir vu qu'il ne pouvoit les gagner ni par la raison ni par la douceur. Il ne fut pas seulement habile à agir, mais encore à parler ; aussi avoit-il eu d'excellens maîtres : il avoit appris la grammaire de Pierre de Pise, et d'Alcuin les autres sciences ; il parloit le latin avec autant de facilité que sa langue naturelle, et entendoit parfaitement le grec. Il composa une grammaire, dans laquelle il tâcha de réduire à de certaines règles la langue tudesque, qu'il parloit ordinairement. Il se faisoit lire à table, tantôt les ouvrages de saint Augustin, tantôt l'histoire de ses prédécesseurs, et cette lecture lui paroissoit le plus doux assaisonnement de ses repas. Il avoit entrepris d'écrire l'histoire de France, et avoit soigneusement ramassé ce qui en avoit été écrit dans les siècles précédens. Il étoit si attaché à l'étude, que la nuit le surprenoit souvent comme il dictoit ou méditoit quelque chose. Il se levoit même ordinairement au milieu de la nuit, pour contempler les astres, ou méditer quelque autre partie de la philosophie. Il seroit inutile de raconter les biens immenses qu'il a faits aux églises et aux pauvres, puisqu'on trouve des marques éclatantes de sa magnificence par toute l'Europe. Enfin, ce qui est le comble de tous les honneurs humains, il a mérité, par sa piété, que sa mémoire fût célébrée dans le Martyrologe ; de sorte qu'ayant égalé César et Alexandre dans les actions militaires, il a sur eux un grand avantage, par la connoissance du vrai Dieu, et par sa piété sincère. Il s'est acquis par toutes ces choses, avec raison, le nom de Grand : et il a été connu sous ce nom par les historiens de toutes les nations du monde.

LOUIS I (AN 814).

Louis, appelé le Débonnaire, fils de Charlemagne, acquit d'abord une grande réputation de piété, en exécutant ponctuellement le testament de son père ; mais il se fit aussi beaucoup d'ennemis, en voulant réformer certains abus que Charles, trop occupé à la guerre, n'avoit pu corriger. Il réprima, entre autres choses, les trop grandes familiarités que quelques courtisans de l'ancienne cour avoient eues avec ses sœurs ; ce prince en chassa quelques-uns et fit mourir les autres. Il tint, en 817, une assemblée à Aix-la-Chapelle, pour réformer la discipline ecclésiastique ; et ce fut dans cette assemblée célèbre qu'il associa à l'empire Lothaire, son fils ainé. Il le désigna pour être après sa mort l'héritier de tous ses royaumes, de la même manière qu'il les avoit reçus lui-même de Dieu, par les mains de son père Charlemagne : car quoique Louis le Débonnaire eût donné en même temps avec le titre de roi, l'Aquitaine à Pepin, et la Bavière à Louis, ses deux autres fils, ceux-ci devoient être dans la dépendance de Lothaire, leur ainé, et ne devoient rien entreprendre que par ses ordres ; mais cette sage subordination fut détruite dans la suite par les intrigues de l'impératrice Judith, comme on le verra. Cependant Bernard, roi d'Italie, fit la guerre à son oncle, disant pour ses raisons, qu'il étoit fils de l'ainé, et qu'à ce titre l'empire lui appartenoit. Il s'avança avec une grande armée jusqu'à l'entrée des Alpes ; mais ses troupes se débandèrent aussitôt qu'on sut que l'empereur venoit en personne. Bernard se voyant abandonné, vint se livrer lui-même, dans la ville de Châlons-sur-Saône, à l'empereur qui lui fit crever les yeux. Ce jeune prince en mourut quelque temps après, et Louis expia depuis cette action par beaucoup de larmes, et par une pénitence publique.

Il avoit eu trois fils de son premier mariage avec Ermengarde, morte en 818, Lothaire, Pepin et Louis : il épousa en secondes noces Judith, fille du comte de Welphe, dont il eut Charles, à qui il donna aussi un très-grand partage (819). Cela causa beaucoup de jalousie et de mécontentement à ses autres enfans. Dans le même temps, ce qui restoit des amis de Bernard, et les parens de ceux que Louis avoit chassés ou fait mourir, ayant uni leurs forces ensemble, formèrent un grand parti contre lui, et persuadèrent à Lothaire de se mettre à leur tête. Ils lui alléguèrent pour raison, que Judith gouvernoit absolument son mari qu'elle avoit gagné par ses sortiléges, et donnoit tout le crédit à Bernard, comte de Barcelone, son amant. D'un autre côté, Lothaire indigné de voir qu'on ne mettoit plus son nom et son titre d'empereur avec ceux de son père, à la tête des lettres qui étoient adressées aux grands de la nation, et animé d'ailleurs par les murmures de plusieurs d'entre eux, qui lui faisoient entendre que l'on vouloit détruire tous les arrangemens si sagement pris à Aix-la-Chapelle, du consentement de tout l'empire françois, pour conserver sous un chef principal et unique, les royaumes et les provinces de la monarchie, qui seroient démembrés par les nouveaux partages que méditoit l'impératrice Judith ; Lothaire, dis-je, persuadé par toutes ces raisons, et par son propre intérêt, arma contre son père en 830, et le prit au dépourvu. L'impératrice Judith tomba entre ses mains, et fut enfermée dans un monastère. Elle promit, pour en sortir, qu'elle porteroit l'empereur à se faire moine, et on lui donna la liberté à cette condition. En effet, Louis se mit dans un monastère à sa persuasion ; mais un moine de Saint-Médard l'empêcha de se faire raser, et attira à son parti Pepin et

Louis, ses enfans, qui contraignirent Lothaire à lui demander pardon. L'autorité royale et paternelle ayant reçu cette atteinte, ses enfans ne lui rendirent plus une parfaite obéissance ; Pepin ne s'étant pas trouvé à une assemblée où il l'avoit mandé, il le fit arrêter, et comme il s'échappa de prison, son père lui ôta le royaume d'Aquitaine, qu'il donna à Charles.

Tout cela se fit à la sollicitation de l'impératrice, qui vouloit accroître la puissance de son fils des dépouilles des autres enfans de Louis. Les trois frères maltraités se réunirent ensemble, et contraignirent enfin l'empereur à se dépouiller de ses Etats : il quitta le baudrier devant tout le monde (833), et les évêques factieux l'ayant habillé en pénitent, le déclarèrent incapable de régner. Le peuple, ému de l'indignité de ce spectacle, détournoit les yeux, ne pouvant voir déshonorer une si grande majesté ; Louis et Pepin eurent pitié de leur père ; et Lothaire, qui seul demeura inflexible, fut contraint de s'enfuir en Bourgogne. Louis, rétabli par les évêques et par les seigneurs, le poursuivit ; et comme il assiégeoit quelques places, ses troupes furent repoussés par les capitaines de Lothaire ; mais lorsque Lothaire, enflé de ce succès, commençoit à reprendre cœur, Louis et Pepin le contraignirent de venir demander pardon à l'empereur. L'impératrice toutefois, au lieu de porter son mari à témoigner de la reconnoissance à ses deux fils qui lui avoient été si fidèles, s'accorda avec Lothaire à leur préjudice, et persuada à l'empereur de ne laisser à Pepin et à Louis, que leur ancien partage de l'Aquitaine et de la Bavière, en partageant tout le reste du royaume entre Lothaire et Charles. Ainsi cette marâtre emportée mit la division dans la maison royale, pour l'intérêt de son fils, sans avoir égard à la raison et à l'équité. Quelque temps après, Pepin étant mort, l'empereur ôta le royaume d'Aquitaine à ses enfans, pour le donner à Charles, et en même temps il porta la guerre en ce pays, pour y établir le nouveau roi. Louis, roi de Bavière, qui, après avoir pris les armes contre son père, avoit été d'abord contraint de lui demander pardon, se révolta de nouveau à l'occasion de la guerre d'Aquitaine ; et comme son père irrité marchoit pour le mettre à la raison, il en fut empêché par la maladie dont il fut attaqué au palais d'Ingelheim près de Mayence, et dont il mourut le 20 juin 840.

LOTHAIRE, empereur,
LOUIS, roi de Germanie,
CHARLES II, dit LE CHAUVE, empereur (an 840).

Aussitôt après la mort de Louis I, Lothaire se mit en possession de l'Austrasie, et Charles de la Neustrie. Lothaire, en même temps, se mit dans l'esprit, qu'étant l'aîné, il devoit être le seigneur et le souverain de ses frères. Il fut flatté dans cette pensée par Pepin son neveu, qui avoit besoin de son secours pour conserver quelques restes du royaume d'Aquitaine ; mais Charles défit Pepin en bataille rangée, et l'auroit entièrement chassé, s'il n'eût appris que Lothaire étoit entré en Neustrie, et que les seigneurs s'étoient rangés de son parti. Cette nouvelle imprévue le fit retourner en diligence dans son royaume. Les deux frères s'accordèrent qu'on tiendroit un parlement à Attigny, pour terminer les affaires, et en attendant on fit un accommodement très-désavantageux à Charles. Il alla ensuite à Attigny, où Lothaire ne daigna pas se rendre, croyant tout emporter par la force contre ses deux frères, qu'il ne croyoit pas capables de lui résister.

Charles cependant, ayant appris que Louis étoit en état de se soutenir, pour peu qu'il fût secouru, se joignit à lui avec de très-belles troupes que l'impératrice sa mère lui avoit amenées. Lothaire fut d'abord étonné de la jonction de ses deux frères ; mais il se rassura quand il vit que Pepin, roi d'Aquitaine, étoit venu à son secours : et après qu'il eut amusé quelque temps ses frères par diverses propositions d'accommodement, il fallut enfin décider les affaires par une bataille. La victoire, longtemps disputée, demeura enfin pleine et assurée à Charles et à Louis. Lothaire, qui faisoit tant le fier, fut contraint de prendre la fuite avec Pepin son neveu. Tel fut l'événement de cette célèbre bataille de Fontenay, la plus cruelle et la plus sanglante que l'on ait jamais vue. Il y avoit une multitude presque infinie de soldats et on vit quatre rois commander en personne leurs armées : il n'y périt pas moins de cent mille François. Charles et Louis ne voulurent pas poursuivre Lothaire, tant à cause qu'ils eurent pitié de son malheur, que pour épargner le sang des François. Quelque temps après on conclut la paix, et le partage des trois frères fut fait ainsi (842) : Charles eut la Neustrie avec l'Aquitaine et le Languedoc ; Louis, appelé le Germanique, eut toute la Germanie jusqu'au Rhin, et quelques villages en deçà ; Lothaire, qui avoit déjà l'Italie, eut de plus tout ce qui étoit entre les royaumes de ses frères, c'est-à-dire, ce qui est compris entre le Rhin et la Meuse, la Saône et l'Escaut : c'est ce qu'on appela le royaume de Lothaire, et par succession de temps, la Lorraine, dont les ducs de Lorraine ont eu une petite partie, qui à la fin a retenu le nom du tout. A un si grand Etat on joignit encore la Provence, qui touchoit au royaume d'Italie.

Mais la paix ne demeura pas longtemps assurée entre les frères, tant étoit violente la passion qui les possédoit d'étendre leur domination. Louis, qui jusque-là avoit été fort uni à Charles, écouta les propositions des Aquitains, qui voulurent l'élire roi, ce qui fut le commencement d'une grande guerre entre les frères (855). Lothaire se joignit à Charles, et proposa de tenir un parlement, pour régler les affaires des trois royaumes. Louis, qui se fioit à ses propres forces et à la faveur des Aquitains, rejeta cette proposition. Cependant Lothaire sérieusement converti à Dieu, ayant associé son fils Louis à l'empire, s'en dépouilla quelque temps après, et se retira dans un monastère; mais auparavant il fit le partage entre ses trois fils. Il donna à Louis l'Italie, avec la qualité d'empereur ; à Lothaire, la Lorraine ; et à Charles, la Bourgogne et la Provence. Il mourut quelques mois après dans le monastère, après y avoir donné de grands exemples de piété, et avoir expié par beaucoup de larmes le sang que son ambition lui avoit fait répandre.

Cependant les Normands firent de grands ravages en France, trouvant le royaume divisé par les guerres des frères, et épuisé de forces, par la perte prodigieuse de la bataille de Fontenay. Louis, roi de Germanie, fut le premier qui entra les armes à la main dans les terres de son frère, pendant qu'il étoit occupé à faire la guerre aux Normands. Les sujets de Charles, mécontens de ce qu'il avançoit les étrangers à leur préjudice, se rangèrent du parti de Louis, et l'introduisirent dans le cœur du royaume; mais malgré les bienfaits dont ce prince les combla, ils ne furent pas longtemps sans changer de conduite, en rentrant dans l'obéissance qu'ils devoient à Charles. Louis fut contraint de prendre la fuite, et les évêques firent quelque temps après l'accommodement des deux frères, dont on ne sait pas les conditions.

Après la paix, Baudouin, comte de Flandre, enleva Judith, fille de Charles, et veuve d'Etelulphe, roi d'Angleterre, et l'épousa malgré son père. Les évêques du royaume excommunièrent le ravisseur, qui s'adressa au pape Nicolas I, dont il ne put obtenir que des lettres de recommandation auprès du roi. Ce grand Pape ne crut pas qu'il lui fût permis de lever, contre les canons, une excommunication prononcée par tant d'évêques; il l'avoue lui-même dans la lettre qu'il écrivit à ce sujet aux évêques assemblés à Senlis. Cependant Baudoin ayant témoigné dans la suite un grand repentir de sa faute, le roi s'apaisa et consentit au mariage de sa fille, à la prière du Pape. Le jeune Lothaire, roi de Lorraine, quitta sa femme Teutberge pour épouser Valdrade, dont il devint amoureux.

Le pape Nicolas I l'ayant retranché de la société des fidèles, il promit à diverses fois d'abandonner cette femme impudique, sans néanmoins exécuter ce qu'il promettoit. Il alla ensuite en Italie pour secourir son frère Louis, qui étoit attaqué par les Sarrasins, et il songea en même temps à se réconcilier avec le Pape. Il fut reçu à la communion, à condition que lui et les seigneurs de sa suite jureroient, en la recevant, qu'il n'avoit pas approché Valdrade depuis les dernières défenses du Pape (869). Tous ceux qui jurèrent moururent dans l'année; Lothaire fut bientôt attaqué lui-même d'une fièvre qui devint mortelle, et tout le monde attribua la mort de tant de personnes, à la punition de leur faux serment. Charles, roi de Provence et de Bourgogne, son frère, étoit mort en 863, sans laisser de postérité.

Cette nouvelle fut portée à Charles le Chauve, comme il tenoit son parlement à Pistes, auprès du Pont-de-l'Arche. Ce prince crut ne devoir point négliger une si belle occasion de s'agrandir, en s'emparant de son royaume, et ne fit aucune attention au droit que l'empereur Louis prétendoit avoir sur les Etats de son frère Lothaire. Le pape Adrien II prit le parti de l'empereur, et envoya deux évêques ses légats, à Charles le Chauve, et aux grands de son Etat, pour leur enjoindre, sous peine d'excommunication, de laisser au légitime héritier le royaume de Lothaire; et défendit en même temps aux évêques de France de prêter les mains à une si condamnable témérité, leur déclarant qu'il les regarderoit comme des pasteurs mercenaires, et indignes des postes qu'ils occupoient, s'ils ne s'opposoient pas de toutes leurs forces aux desseins de Charles. Mais, malgré les menaces du Pape, ce prince exécuta son projet et renvoya les légats, après les avoir amusés de belles promesses.

Au reste, il n'étoit pas question dans cette dispute de savoir si le royaume de Lorraine étoit héréditaire; chacun en convenoit, et de plus, dans un traité conclu à Mersen en 847, les trois fils de Louis le Débonnaire étoient convenus que les partages des pères resteroient aux enfans : mais les peuples du royaume de Lorraine soutenoient qu'on ne pouvoit les obliger à reconnoître un roi si éloigné d'eux, tel qu'étoit l'empereur Louis, qui demeuroit en Italie, surtout dans un temps où ils étoient sans cesse exposés aux ravages des païens, c'est-à-dire des Normands : ils disoient que Charles, oncle de Louis, étoit aussi héritier de ce royaume; que par sa proximité il étoit plus capable que Louis de les gouverner, et qu'ainsi c'étoit visiblement ce prince que Dieu leur destinoit.

Ce furent ces raisons qui déterminèrent l'évêque de Metz et les autres évêques du même royaume, à couronner Charles en 869; mais l'année suivante il fut forcé d'en céder la moitié à Louis le Germanique, son frère, qui étoit sur le point de lui déclarer la guerre. Charles le Chauve, d'un caractère vain et ambitieux, et qui songea toujours plutôt à troubler le repos de ses voisins, qu'à faire régner la paix et la tranquillité dans ses Etats, livrés pendant tout son règne aux cruelles dévastations des Normands, n'eut pas plutôt appris la mort de l'empereur Louis, son neveu, arrivée au mois d'août de l'an 875, qu'il partit pour l'Italie, dans le dessein de s'y faire couronner empereur.

Ce fut inutilement que Louis le Germanique envoya ses deux fils pour s'y opposer : le pape Jean VIII lui donna la couronne impériale le jour de Noël 875, de l'avis des évêques d'Italie, assemblées alors en concile, et de celui du sénat et de tout le peuple romain, à qui le Pape demanda auparavant leur consentement et leur suffrage, comme on le peut voir dans les capitulaires de cet empereur. La mort de Louis le Germanique, arrivée au mois d'août 876, fut encore un sujet de guerre entre ses trois enfans; Carloman, Louis, Charles, et l'empereur leur oncle.

Aussitôt que Charles le Chauve eut appris la nouvelle de cette mort, il voulut envahir la portion des Etats du royaume de Lorraine, qu'il avoit cédée à Louis, sous prétexte qu'il avoit rompu la paix qui étoit entre eux. Louis, son neveu, ne put l'apaiser, ni par ses prières, ni par les ambassades qu'il lui envoya; au contraire, il tâcha de le surprendre, pour ensuite lui faire crever les yeux. Louis s'étant échappé des piéges qu'il lui tendoit, le défit en bataille rangée, et l'obligea de s'enfuir honteusement en France, après quoi les trois frères firent paisiblement leurs partages. Carloman eut la Bavière; Louis eut la Germanie; Charles, qu'on appela le Gras, eut la Suisse et les pays voisins.

Pendant tout ce règne, les Normands avoient fait d'épouvantables ravages par toute la France. Charles leur avoit opposé quelques seigneurs braves et courageux, entre autres, Robert le Fort, tige de la maison royale qui règne si glorieusement aujourd'hui. Il étoit, selon quelques auteurs, fils de Conrad, frère de l'impératrice Judith, et par conséquent, petit-fils du duc Velphe de Bavière. Charles le Chauve l'avoit fait duc et marquis de France, comte d'Anjou, et abbé de Saint-Martin, lorsqu'il fut tué en 866, en combattant les Normands, à Brissarte en Anjou. Sa mort releva le courage et l'espérance de ces barbares, qui ne songeoient qu'à se prévaloir de la division des rois, comme faisoient aussi dans la Méditerranée les Sarrasins, qui tourmentèrent alors beaucoup l'Italie. Le Pape épouvanté envoya demander du secours à Charles. Ce prince y accourut en personne : l'impératrice Richilde sa femme, fut couronnée à Rome par le Pape.

Pendant l'absence de ce prince, les seigneurs, et principalement Boson, son beau-frère, qui avoient ordre de l'aller joindre, se révoltèrent : cette rébellion, jointe à la nouvelle de l'arrivée de Carloman en Italie, l'obligea de s'enfuir honteusement; mais ayant été attaqué d'une maladie violente, après avoir passé le mont Cenis, il mourut dans un village nommé Brios, le 6 octobre 877, après un règne malheureux de trente-sept ans, qui fut l'époque fatale de la décadence de la maison carlovingienne. Haï de ses peuples, parce qu'il les chargeoit d'impôts, et qu'il les abandonnoit à la fureur et au ravage des Normands; méprisé des grands, qu'il ne sut jamais récompenser ni punir à propos; toujours occupé de projets d'acquisitions, qui, en agrandissant ses Etats, ne le rendirent pas plus heureux, et ne lui permirent pas de remédier aux maux intérieurs du royaume que son père lui avoit laissé.

Voilà quel fut Charles le Chauve, dont le foible gouvernement donna lieu aux révoltes fréquentes de ses propres enfans, et des seigneurs, qui commencèrent sous son règne à perpétuer dans leurs familles les grands gouvernemens, qui, sous les règnes précédens, n'étoient que de simples commissions, qu'il ne fut pas au pouvoir des rois suivans de retirer des mains de ceux qui les possédoient. C'est là l'origine du nouveau système de gouvernement que nous verrons sous la troisième race, et qui dura jusqu'à ce que les rois, par acquisitions, mariages, et confiscations sur leurs sujets rebelles, réunirent enfin à leur domaine les grandes provinces qui en avoient été comme démembrées.

LOUIS II, dit LE BÈGUE (an 877).

Louis le Bègue, fils de Charles, ayant été déclaré roi par le testament de son père, fut couronné à Compiègne par Hincmar, archevêque de Reims. A peine Charles fut-il mort, que le comte de Spolète mit le Pape en prison, pour l'obliger de couronner roi d'Italie, Carloman roi de Bavière, fils de Louis le Germanique. Le Pape s'étant sauvé, vint se réfugier en France, où il alla trouver le roi qui étoit à Troyes. Il se fit une entrevue entre lui et son cousin Louis, roi de Germanie, où ils partagèrent la Lorraine, et convinrent de partager l'Italie. Louis le Bègue ne survécut pas longtemps, et mourut empoisonné (à ce qu'on croit), après un règne de peu d'années (879).

LIVRE III.

LOUIS III et CARLOMAN (an 879).

La maison de Charlemagne, déjà abaissée dès le temps de Charles le Chauve, tomba peu à peu dans les règnes suivans. Louis le Bègue, prêt à mourir, et laissant sa femme enceinte, recommanda l'enfant qu'elle portoit aux grands du royaume, principalement à l'abbé Hugues, frère de Robert le Fort, qui dès le temps de Charles le Chauve avoit une grande autorité, et les pria que si la reine avoit un fils, ils le missent sur le trône de ses ancêtres. Peu après la reine accoucha d'un prince qu'on appela Charles; mais les seigneurs françois ne purent se résoudre à donner le nom de roi à cet enfant, quoique quelques-uns semblassent le vouloir favoriser : ainsi ils firent rois Louis et Carloman, l'un de Neustrie, et l'autre de Bourgogne et d'Aquitaine, et les firent sacrer et couronner à l'abbaye de Ferrières, par Ansegise, archevêque de Sens. Ils étoient à la vérité enfans de Louis le Bègue;

mais d'un mariage qui avoit été rompu, parce qu'il avoit été fait sans le consentement de son père.

Boson, que Charles le Chauve avoit élevé à une haute puissance, et qui s'étoit révolté contre lui, comme nous l'avons remarqué en son lieu, se fit déclarer roi de Bourgogne. Ce fut à Mantale, auprès de Vienne, qu'il reçut la couronne, par les mains de vingt-deux prélats, tant archevêques qu'évêques, parmi lesquels étoient les archevêques de Vienne, de Lyon, d'Aix, d'Arles, de Tarentaise et de Besançon, et les évêques de Grenoble, de Marseille, de Mâcon, de Viviers, d'Usez, de Lausane, et autres. Hugues, fils de Lothaire et de Valdrade, ravageoit aussi la Lorraine, qu'il prétendoit être à lui. Il fut d'abord vaincu en bataille rangée par les deux frères, et par les lieutenans de Louis roi de Germanie. Boson ayant été ensuite défait par Louis et Carloman rois de France, et par Charles le Gras, se retira à Vienne, ville considérable sur le Rhône, qui aussitôt fut attaquée par ces trois rois.

Pendant qu'on assiégeoit cette ville (881), Charles le Gras alla en Italie, où il avoit déjà été couronné roi de Lombardie, et fut couronné empereur par le pape Jean VIII. Ensuite son frère Louis le Germanique étant mort sans laisser de fils, il retourna en Germanie, pour se mettre en possession de son royaume. Louis, roi de Neustrie, quitta aussi le siége de Vienne, pour s'opposer aux Normands, qui faisoient des courses dans la France, et ayant remporté une grande victoire, il mourut quelque temps après. Ainsi les deux royaumes, c'est-à-dire, celui de Bourgogne aussi bien que celui de Neustrie, furent en la puissance de Carloman. Il laissa au siége de Vienne Richard, frère de Boson, son lieutenant, et marcha contre les Normands.

Comme il étoit à Autun, Richard, victorieux et maître de Vienne, lui amena la femme et la fille de Boson : celui-ci néanmoins trouva moyen de rentrer dans ses Etats, dont il fit hommage en 882 à Charles le Gras, et mourut à Vienne en 887. Quant à Carloman, tourmenté aussi bien que l'empereur son cousin, par les courses des Normands, ils rachetèrent par beaucoup d'argent le pillage de leur pays. Carloman ne vécut pas longtemps après, ayant été tué en 884 à la chasse, dans la forêt d'Iveline, par un sanglier, ou à ce que disent quelques-uns, par un des chasseurs qui tiroit contre la bête; il fut enterré à Saint-Denis.

CHARLES III, dit LE GRAS (an 885).

Il sembloit que le jeune prince Charles devoit être appelé à la succession du royaume, après la mort de ses frères; mais comme il n'étoit pas encore propre aux affaires, à cause de son bas âge (car à peine avoit-il sept ans), les grands mirent le royaume entre les mains de l'empereur Charles le Gras, qui se vit par ce moyen en possession de tout l'empire de Charlemagne. Le jeune Charles cependant demeura sous la conduite de l'abbé Hugues, à qui l'empereur Charles confirma le gouvernement de cette partie de la France qui est entre la Seine et la Loire, et qu'on appeloit le duché de France, dont Paris étoit la capitale. Charles le Gras, prince d'un génie médiocre, ne sut point tirer parti de la possession de tant de royaumes, pour faire quelque action digne de la puissance dont il étoit revêtu.

Si on loue son zèle pour la religion, sa doctrine et quelques autres bonnes qualités, on raconte aussi de lui quelques actions honteuses, auxquelles il se laissa aller par de mauvais conseils; car Godefroy, général des Normands, et ensuite Hugues, fils de Lothaire et de Valdrade, étant venus le voir sur sa parole, Henri, duc de Saxe, lui persuada de faire mourir l'un, et de mettre l'autre dans un monastère, après lui avoir crevé les yeux. Les Normands irrités, attaquèrent Paris en 886, et firent tous leurs efforts pour s'en rendre maîtres. Ce siége, qui dura près d'un an, donna le temps à l'empereur de venir au secours des Parisiens, qui ne durent leur salut qu'à la bravoure du comte Eudes, qui fut roi peu de temps après, et au courage de l'évêque de Paris Gozelin, et de plusieurs seigneurs qui s'y étoient renfermés. Charles, au lieu de les seconder, aima mieux obliger les Normands à lever le siége, moyennant sept cents livres d'argent qu'il leur fit accorder, avec la liberté d'aller ravager une partie de la Bourgogne, dont il étoit mécontent, jusqu'au mois de mars 887, qu'ils devoient s'en retourner chez eux.

Ainsi ce prince, méprisé partout, étant retourné en Allemagne sur la fin de l'an 886, la souveraine puissance lui fut ôtée, et donnée par l'assemblée des seigneurs allemands à Arnould, bâtard de Carloman roi de Bavière, que son père avoit fait duc de Carinthie. Charles ne fut pas moins méprisé en France : ainsi, destitué de tout secours, manquant de toutes choses, et même de celles qui sont nécessaires pour la vie, il obtint à peine d'Arnoul quelques villages pour sa subsistance; et un si grand empereur mourut enfin peu de temps après, accablé de pauvreté et de douleur, au mois de janvier 888.

EUDES (an 888).

L'empereur Charles le Gras étant mort sans enfans, il ne restoit plus de la race de Charlemagne aucun mâle, né en légitime mariage, que Charles, fils de Louis le Bègue. Les Neustriens cependant, que dans la suite on appela absolument les François, de peur de se soumettre à un enfant, aimèrent mieux élire pour roi Eudes, fils de Robert le Fort. Cependant Guy comte de Spolète, et Bérenger duc de Frioul, descendus par femmes de la maison de Charlemagne, se rendirent maîtres de l'Italie, l'un comme empereur, l'autre comme roi des Lombards. Bérenger chassé par Guy, se retira chez Arnoul roi de Germanie, et l'Italie demeura à Guy fort peu paisible. L'autorité d'Eudes n'étoit pas mieux établie en France ; car le royaume fut partagé sous ce prince ; la plupart des ducs et des comtes, et même les évêques de quelques villes, qui étoient puissans, se regardoient dans leurs départemens comme princes souverains, en rendant seulement hommage au roi.

Les Normands, quoique souvent réprimés, se jetoient en France en plus grand nombre, et avec une plus grande hardiesse ; les sentimens des seigneurs étoient partagés ; peu étoient obéissans au roi, parce que Charles, qui étoit déjà devenu grand, en attiroit la plupart dans son parti. Enfin, comme ils étoient sur le point de le mettre sur le trône de ses ancêtres, Eudes partagea avec lui (893), de son bon gré, le royaume dont il retint une partie, qu'il commanda même, en mourant, qu'on lui rendît tout entier.

CHARLES IV, dit LE SIMPLE (an 898).

L'autorité des grands, qui s'étoit augmentée plus qu'il ne falloit sous les règnes précédens, s'accrut jusqu'à un tel point durant le règne de Charles, qu'elle abattit presque entièrement toute la puissance royale : Charles avoit fortement attaqué le royaume de Lorraine, et avoit déjà porté jusqu'à Worms ses armes victorieuses, lorsque les grands du royaume, ayant peur qu'il ne les mît à la raison, s'il remportoit la victoire et n'affoiblît la puissance qu'ils vouloient non-seulement conserver pour eux, mais encore laisser dans leur famille, prirent les armes contre lui.

ROBERT (an 922).

Ils firent roi Robert, frère d'Eudes, et ôtèrent le royaume à Charles. Ils se plaignoient qu'il étoit tout à fait livré à Aganon, homme de basse naissance, qui les traitoit avec mépris. C'est le prétexte qu'ils donnèrent à leur rébellion. Hervé, archevêque de Reims, demeura seul fidèle, et Charles fut bientôt rétabli par son assistance ; mais il ne se soutint pas longtemps : car Hugues, fils de Robert, demanda au roi l'abbaye de Chelles, que ses ancêtres avoient tenue, et le roi la donna à Aganon, au préjudice de Hugues. De là il s'éleva de nouveaux troubles, et les guerres civiles se rallumèrent. Enfin, le parti contre le roi fut si puissant, que Robert fut couronné roi à Reims, par ce même Hervé, qui avoit rendu à Charles de si grands services. Le roi, qui étoit alors en Lorraine, ayant appris ces nouvelles, retourna promptement en France. On donna une grande bataille, où Robert mourut percé d'un coup de lance, en combattant au premier rang, et, comme quelques-uns disent, de la propre main de Charles. La puissance du parti ne fut pas ruinée par la mort de Robert.

RAOUL (an 923).

Hugues son fils se mit à la tête des rebelles; et si la jalousie des grands l'empêcha de prendre lui-même le nom de roi, il eut assez de crédit pour élever à la royauté Raoul duc de Bourgogne, qui avoit épousé sa sœur Emme. Charles fut abandonné des siens, et contraint d'implorer le secours de Henri l'Oiseleur, roi d'Allemagne, en lui offrant le royaume de Lorraine. Henri, attiré par cette espérance, lui envoya un secours considérable. Raoul, Hugues et les autres seigneurs n'étant pas assez puissans pour sortir de ce péril par la force, s'en tirèrent par la tromperie. Hébert, comte de Vermandois, qui étoit le principal soutien du parti, homme capable d'imaginer et de conduire une fourberie, alla trouver Charles, et lui promit de lui livrer Péronne, place forte sur la Somme, comme un gage de sa fidélité.

Charles, qui ne soupçonnoit rien, n'y fut pas plutôt entré, qu'on l'arrêta; de là on l'emmena prisonnier à Château-Thierry. Ogine sa femme s'enfuit chez son frère Aldestan, roi d'Angleterre. Raoul, par ce moyen, demeura le maître en France; mais le traître Hébert demanda Laon pour la récompense de son crime. Raoul lui refusant cette place, il fit semblant de délivrer Charles, et le mena de ville en ville, le montrant au peuple comme libre. Enfin, Laon lui fut donné, et il remit ce pauvre prince en prison, où il mourut accablé de douleur; roi très-malheureux, qui ne manqua point de cœur, ni de résolution à la guerre; mais qui eut le nom de Simple, à cause de son excessive facilité.

Sous ce prince, Rollon, duc de Normandie, illustre en paix et en guerre, très-équitable législateur de sa nation, prit Rouen, et se fit instruire de la religion chrétienne par Francon, qui en étoit archevêque: il obtint premièrement une trêve, ensuite une paix solide, et cette partie de la Neustrie qu'on appelle maintenant Normandie, dont il fit hommage au roi. Charles lui donna sa fille Gisèle en mariage, et lui accorda que les ducs de Normandie recevroient l'hommage de la Bretagne, à condition de le rapporter à la couronne de France.

Il faut dire maintenant en peu de paroles ce qui arriva aux restes de la maison de Charlemagne en Allemagne et en Italie, durant le règne de Charles le Simple. Nous avons dit que l'Allemagne, dès le vivant de

Charles le Gras, s'étoit soumise au pouvoir d'Arnoul, bâtard de Carloman roi de Bavière, et que Bérenger, chassé d'Italie, s'étoit réfugié auprès de lui.

Arnoul entreprit de le protéger, et alla en Lombardie, d'où il chassa Guy, qui s'en étoit rendu le maître, et rétablit Bérenger. Ayant repassé en Allemagne, il tint une assemblée à Worms, où Zuintibolde, son bâtard, fut déclaré roi de Lorraine. Rappelé une seconde fois en Italie par le pape Formose, il prit Rome, et un lièvre fut la cause d'une prise si considérable : car s'en étant levé un devant le camp, tous les soldats se mirent à le poursuivre du côté de la ville, où il s'enfuyoit. Ceux qui gardoient les murailles crurent que toute l'armée venoit à l'assaut et à l'escalade : la terreur les ayant pris tout à coup, ils mirent bas les armes, et laissèrent la ville sans défense, à la merci des Allemands, qui montèrent de tous côtés sur les murailles. Arnoul, maître de Rome, fut couronné empereur par le pape Formose, l'an 896. Ensuite il tenta vainement de reprendre la Lombardie que Lambert, fils de Guy, avoit recouvrée, et de se défaire de Bérenger par trahison : l'horreur que l'on conçut de cette dernière action le fit chasser d'Italie.

Lambert, après sa retraite, fut déclaré empereur, et Bérenger fut longtemps en guerre avec lui. Il fut fait empereur lui-même, après que Lambert fut mort ; et régna jusqu'à la dernière vieillesse, dans une grande diversité de bonne et de mauvaise fortune. Enfin il finit sa vie par une mort malheureuse, et fut tué par les siens. Après sa mort, l'Italie, agitée de guerres civiles, et envahie par des rois qui se chassoient les uns les autres, fut également ravagée par les victorieux et par les vaincus.

Cependant Arnould étant mort en Allemagne (899), Louis, son fils, âgé de sept ans, fut couronné et mis en la garde d'Othon, duc de Saxe, son beau-frère. Il eut ensuite non-seulement le royaume d'Allemagne, mais encore celui de Lorraine : car Zuintibolde, adonné à ses plaisirs et à la débauche, se laissoit gouverner par les femmes, et donnoit à leur gré les charges aux personnes de la plus basse naissance, au grand mépris de la noblesse. Par là il s'attira la haine publique ; ses sujets lui firent la guerre, et il fut abandonné par les siens. Il s'en vengea en ravageant tout par le fer et par le feu, avec une haine implacable. Ceux dont il avoit ruiné les terres et brûlé les maisons, poussés au désespoir, appelèrent Louis, et prirent les armes de toutes parts. On en vint à une grande bataille, où Zuintibolde fut vaincu et tué.

Louis fut maître du royaume, et mourut lui-même un peu après, âgé de près de vingt ans, sans laisser aucun enfant mâle. De deux filles qu'il avoit eues, l'une fut mariée à Conrad duc de Franconie, et l'autre à Henri, fils d'Othon duc de Saxe. Par le conseil de cet Othon, Conrad fut déclaré roi d'Allemagne, d'où Henri, fils d'Othon, entreprit de le chasser. Conrad, défait et vaincu dans cette guerre, y reçut dans une bataille une blessure mortelle, et fit porter les marques de la royauté à Henri son ennemi, surnommé l'Oiseleur.

Ainsi la ligne masculine de Charlemagne manqua en Allemagne aussi bien qu'en Italie, et même les derniers restes d'une maison si puissante y furent éteints peu à peu. D'autres occupèrent les royaumes vacans, et les séparèrent en plusieurs parties. Mais il faut reprendre le fil de notre histoire.

Charles le Simple étant mort (929), Raoul régna un peu plus tranquillement, et il remporta même une grande victoire sur les Normands. Toutefois son autorité ne fut pas assez grande pour empêcher les guerres sanglantes que les seigneurs se faisoient les uns aux autres. Il eut une peine extrême à mettre d'accord Hugues et Hébert, et mourut peu de temps après.

LOUIS IV, D'OUTREMER (an 936).

Les affaires étoient en tel état, que Hugues auroit pu faire roi celui qu'il auroit jugé à propos : la jalousie des grands l'empêcha de se le faire lui-même. Ainsi il fit revenir d'Angleterre Louis, qui pour cette raison fut appelé d'*Outremer*, afin d'avoir un roi qui fût tout à fait dans sa dépendance. Ce prince, fils de Charles le Simple, voulut recouvrer la Normandie par de très-mauvais artifices : car Guillaume, duc de Normandie, fils de Rollon, ayant été assassiné par Arnoul, comte de Flandre, et ayant laissé son fils Richard encore en bas âge, Louis l'emmena à Laon, sur l'espérance qu'il donna aux Normands de le faire mieux élever qu'il ne le seroit dans son pays. Il se préparoit, disent quelques auteurs, à lui brûler les jarrets, afin qu'étant estropié et boiteux, il fût jugé incapable de régner et de commander les armées; mais son gouverneur en ayant été averti l'emporta à Senlis, dans un panier couvert d'herbes, chez Bernard son oncle maternel. Louis entra à main armée dans la Normandie; les Normands allèrent à sa rencontre, et les deux armées s'étant trouvées en présence, il y eut une grande bataille dans laquelle le roi fut battu et fait prisonnier.

Hugues convoqua aussitôt le parlement, où il dit en pleine assemblée beaucoup de choses en faveur de l'autorité royale : il fut résolu, par son avis, que le roi seroit tiré de prison en donnant son second fils pour sûreté, que le jeune Richard seroit rétabli dans ses Etats. La condition fut acceptée par les Normands, et Hugues reçut Louis de leurs mains : mais il ne le voulut jamais mettre en liberté qu'il ne lui donnât auparavant la ville de Laon. Il fut contraint de le faire; mais il la reprit peu de temps après, par le moyen des grands secours qu'il avoit fait venir d'Allemagne. Il fit ensuite la guerre très-longtemps contre Hugues, dont il ne put abattre la puissance, quelque effort qu'il fît pour cela.

Sa mère Ogine épousa Hébert comte de Troyes, fils de ce Hébert comte de Vermandois, qui avoit trompé Charles le Simple par une trahison honteuse, et qui, troublé dans sa conscience du remords d'un si grand crime, mourut comme un désespéré. A l'égard du roi, il fit la paix avec Hugues, après beaucoup de combats. Il ne jouit pas long-temps de ce repos : car il tomba de cheval étant à la chasse, pendant qu'il poussoit après un loup à toute bride, et mourut peu de temps après, brisé par cette chute.

LOTHAIRE (an 954).

Hugues, en la puissance duquel étoient les affaires, aima mieux élever à la royauté Lothaire, fils aîné de Louis, qui étoit encore enfant, que d'exciter contre soi la haine des grands, en prenant le titre de roi, qui lui eût attiré l'envie ; mais il n'en demeura pas moins pour cela maître du royaume, et Gerberge, mère de Lothaire, n'étoit pas en état de lui refuser ce qu'il souhaitoit. Il possédoit les plus belles charges, et avoit les gouvernemens les plus considérables : il étoit duc de France et de Bourgogne, et obtint encore le duché d'Aquitaine. Il mourut dans les premières années du règne de Lothaire. On dit de lui qu'il régna vingt ans sans être roi : il fut appelé le Blanc, à cause de son teint ; Grand, à cause de sa taille et de son pouvoir ; et Abbé, à cause des abbayes de Saint-Denis, de Saint-Germain des Prés, et de Saint-Martin de Tours, qu'il possédoit.

Hugues son fils succéda à sa puissance et à ses charges, dont il fit hommage au roi, et il augmenta encore en richesses et en nouveaux titres d'honneur. En ce même temps il s'alluma une furieuse guerre entre Othon roi d'Allemagne, et Lothaire. Ce dernier, ayant avancé ses troupes jusqu'à Aix-la-Chapelle, pensa surprendre Othon, comme il étoit à table : il s'échappa en prenant la fuite avec les seigneurs qui l'accompagnoient. Othon à son retour courut presque toute la France avec une grande armée, et s'approcha de Montmartre, montagne auprès de Paris, où il vouloit, disoit-il, chanter un *Alleluia*. Il fit porter cette parole à Hugues Capet, qui ne perdit pas de temps, et marcha contre ce prince, qui le menaçoit. Il lui tua une grande quantité de soldats, et le mit en fuite. Peu après Lothaire mourut, et laissa son fils Louis, âgé de dix-neuf ans, sous la conduite de Hugues. Charles son frère étoit regardé comme l'ennemi du royaume de France : car le roi Othon ne l'avoit créé duc de Lorraine, que pour défendre cette frontière des Allemands contre les François.

LOUIS V, DIT LE FAINÉANT (AN 986).

Aussitôt que Lothaire fut mort, son fils Louis, qui avoit été couronné du vivant de son père en 979, et marié avec Blanche, fille d'un seigneur d'Aquitaine, fut reconnu roi par tous les grands de l'Etat (989); mais son règne ne fut pas long : il fut empoisonné, à ce qu'on dit, par sa femme Blanche, après avoir régné un an et quatre mois. Lorsque Louis V mourut, il ne restoit plus de princes de la race de Louis le Débonnaire, que Charles duc de Lorraine, frère du roi Lothaire : Charles étoit haï des seigneurs françois, parce qu'il passoit sa vie en Allemagne au mépris de la France, et qu'il avoit mieux aimé faire hommage au roi Othon, pour cette partie du royaume de Lorraine qu'il possédoit, qu'au roi Lothaire son frère, contre qui il fut souvent en guerre, et dont il ravagea plusieurs fois les Etats.

Hugues Capet profitant donc habilement de ces sujets de haine, s'étoit préparé un chemin pour parvenir à la souveraine puissance, à laquelle son grand-oncle Eudes et son grand-père Robert avoient été élevés par les suffrages des grands de la nation.

J'ai déjà remarqué que depuis le règne de Charles le Chauve, les seigneurs avoient commencé à faire succéder leurs enfans dans les duchés et comtés dont ils étoient possesseurs; et cela étoit passé en coutume, lorsque Hugues Capet parvint au trône.

Ce prince, neveu par sa mère de l'empereur Othon I, étoit le plus puissant seigneur du royaume de France, qui comprenoit alors tous les pays renfermés entre l'Océan et les rivières de l'Escaut, de la Meuse, de la Saône, et du Rhône, et s'étendoit au delà des Pyrénées; la Catalogne et le Roussillon en formoient aussi une partie. Il possédoit en propre toutes les terres du duché de France, qui avoient d'abord été données à Robert le Fort son bisaïeul; aussi Hugues le Grand étoit-il appelé prince des François, des Bourguignons, des Bretons et des Normands, parce que ce grand gouvernement comprenoit dans son origine toutes ces provinces. Les successeurs de Robert le Fort, qui possédèrent le duché de France, conservèrent un droit de prééminence sur ceux qui furent ducs ou comtes immédiats de ces pays : c'est pour cela que les ducs de Normandie, quoiqu'ils n'aient jamais fait hommage qu'aux rois, appeloient cependant les ducs de France leurs seigneurs, comme fit Richard I duc de Normandie, à l'égard de Hugues Capet, avant même l'élévation de ce prince au trône des François. La Haute-Bretagne étoit aussi dans la mouvance de ce duché, comme on le voit par la donation que les ducs Robert et Hugues le Grand firent de ce pays aux Normands de la Loire. Quant à la Bourgogne, elle étoit alors possédée par Eudes-Henri, frère de Hugues Capet : le roi Robert, neveu d'Eudes-Henri, s'en empara après sa mort comme d'un bien héréditaire; enfin, les comtés d'Anjou et de Chartres relevoient aussi du duché de France.

Hugues Capet jouissant donc d'une si haute considération dans le royaume au milieu duquel étoient situés ses Etats, il n'est pas étonnant qu'ayant déjà eu un grand-oncle (Eudes) et un grand-père (Robert) rois de France, on eût jeté les yeux sur lui pour le faire roi, à l'exclusion de Charles duc de Lorraine.

Au reste, son élévation par les grands n'étoit pas un fait nouveau; on en avoit vu auparavant plus d'un exemple dans la vaste monarchie de Charlemagne : plusieurs princes qui n'étoient point de la race de ce grand empereur avoient pris le titre de roi dans l'Italie et dans l'Allemagne.

On a vu que Boson, beau-frère de Charles le Chauve, avoit été déclaré roi de la Bourgogne cis-jurane ou d'Arles, par les évêques et les seigneurs de ce pays. Rodolphe, fils de Conrad comte de Paris, parent de Hugues Capet, s'étoit établi dans la Bourgogne trans-jurane, et avoit pris le nom de roi : il auroit fait la même chose dans le royaume de Lorraine, si l'empereur Arnoul ne s'y étoit opposé : ainsi lorsque les grands du royaume de France se choisirent un nouveau roi dans la personne de Hugues Capet, cela ne parut pas si étrange qu'il nous le paroît aujourd'hui [1] : ce fut aux mêmes conditions qu'ils avoient choisi les rois de la première et de la seconde race, c'est-à-dire, à condition que la couronne passeroit à leurs descendans en ligne masculine, conformément au système de leur gouvernement. Car, comme le disoit Foulques, archevêque de Reims, à l'empereur Arnould, c'étoit une chose connue à toutes les nations, que la couronne de France étoit héréditaire, et que les enfans y succédoient à leurs pères.

Telle est l'origine et la splendeur de la maison de Hugues Capet, dont la postérité règne depuis sept cents ans dans la monarchie des François, et qui a donné des rois à l'Italie, à la Pologne, à la Hongrie, à la Navarre, et des empereurs à Constantinople.

LIVRE IV.

HUGUES CAPET (an 987.)

Comme je tire mon origine des Capévingiens, j'ai dessein d'écrire

[1] On sait que chacune des trois races des rois de France n'avoit aucun droit à la couronne, avant l'élection des rois qui en sont les chefs. Mais, dès là que les François la leur ont mise sur la tête, ç'a toujours été à condition qu'elle passeroit

leur histoire plus au long que je n'ai fait celle des deux races précédentes.

Hugues Capet, chef de cette dernière race, fut couronné à Noyon, par l'archevêque de Reims, l'an 987. Six mois après, il associa son fils Robert à la royauté; mais les premières années de ce règne ne furent point paisibles, soit parce que plusieurs seigneurs d'au delà de la Loire refusèrent de reconnoître la royauté de Hugues, soit parce que Charles duc de Lorraine, outré de douleur de se voir privé du royaume, leva des troupes, et se rendit maître de Laon et de Reims. Hugues marcha d'abord contre les seigneurs de l'Aquitaine, qu'il obligea de reconnoître sa souveraineté; Borel, comte de Barcelone, lui rendit aussi ses hommages. Hugues tourna ensuite ses armes contre Charles, qui d'abord le défit et l'obligea de s'enfuir; mais ce prince, n'ayant point su profiter de ses avantages, se renferma dans la ville de Laon, dont le roi Hugues gagna l'évêque; ce traitre, nommé Ascelin Adalberon, lui livra Charles, qui fut conduit à Orléans, où il mourut quelque temps après : il laissa trois enfans, qui se réfugièrent en Allemagne. Quoique Hugues fût puissant par lui-même, son autorité étoit cependant affoiblie par celle que les seigneurs s'étoient arrogée dans leurs provinces, et ce prince soutenoit le nom de roi et la majesté du trône plutôt par adresse et par prudence, que par force et par empire. Il mourut après un règne de dix ans, et fut enterré à Saint-Denis. Il laissa le royaume à son fils unique Robert, qui commença à abaisser l'orgueil de quelques seigneurs.

ROBERT (an 997).

Ce prince avoit épousé Berthe, veuve d'Eudes, comte de Blois, et sœur de Rodolphe III, roi de Bourgogne; mais comme elle étoit sa parente, et qu'il ne lui étoit pas permis de l'épouser, le pape Grégoire V, dans un concile de Rome, tenu en 998, déclara qu'il seroit excommunié, s'il ne la quittoit; le roi se soumit, quoique avec peine. Henri, frère de son père, ayant laissé par testament le duché de Bourgogne à Othe-Guillaume comte de Bourgogne, Robert prétendit que ce testament avoit été suggéré, et quoique ce comte eût mis dans ses intérêts plusieurs seigneurs françois, le roi, aidé de Richard duc de Normandie, se rendit maître de la Bourgogne, comme d'un héritage qui lui appartenoit, et obligea Othe-Guillaume à se contenter de son comté, situé au delà de la Saône.

Robert, après avoir répudié Berthe, qui ne laissa pas de continuer

à leurs descendans, en ligne masculine, conformément au système de leur gouvernement, comme on l'a vu dans les deux premières races, et comme on le verra encore dans l'histoire des successeurs de Hugues Capet.

à prendre le titre de reine, songea à contracter une nouvelle alliance, et épousa Constance, fille de Guillaume I comte de Provence, femme altière et impérieuse, jusque-là qu'elle se servit des assassins que lui avoit envoyés Foulques comte d'Anjou, pour tuer Hugues de Beauvais, comte palatin, premier ministre du roi, parce qu'elle ne pouvoit pas en disposer. Robert dissimula cette injure pour éviter de plus grands inconvéniens. Il mit à la raison, en partie par son autorité, et en partie par la force de ses armes, quelques seigneurs qui faisoient du bruit dans les provinces, et violoient les droits de l'Eglise.

Comme il avoit eu quelques démêlés avec l'empereur Henri II, après que les choses furent accommodées, on résolut, pour affermir l'amitié entre ces deux princes si illustres par leurs vertus, de les faire trouver l'un et l'autre à une entrevue : ils s'avancèrent sur les bords de la Meuse qui séparoit leurs Etats. Il y avoit des bateaux prêts, pour les porter au milieu de la rivière, où ils devoient parler ensemble : car c'est ainsi que les choses avoient été réglées. L'empereur ayant passé le premier à l'autre bord de la rivière, fut reçu par le roi avec toute sorte de magnificence et d'honneur. Le lendemain le roi alla aussi voir l'empereur, qui lui fit un traitement semblable à celui qu'il avoit reçu.

On remarque dans le roi Robert plusieurs vertus admirables, entre autres sa piété et sa clémence. Il fit communier quelques personnes qu'on accusoit d'avoir conspiré contre lui : et après il ne voulut pas qu'on les recherchât de ce crime, disant qu'il ne pouvoit se résoudre à se venger de ceux que son maître avoit reçus à sa table. Il étoit fort charitable envers les pauvres, il en avoit même deux cents à sa suite, qu'il servoit en personne; et nos historiens remarquent qu'il en avoit guéri quelques-uns par son attouchement. Son soin principal étoit de faire que les seigneurs rendissent la justice à leurs peuples, et il employoit à cela toute son autorité.

Il avoit eu un fils aîné nommé Hugues, qu'il avoit fait couronner de son vivant, et que la mort lui enleva à l'âge de vingt-huit ans, en 1026. Enfin, après un règne de trente-quatre ans il mourut à Melun en 1031, et laissa trois fils, Henri, Robert et Eudes : le premier fut son successeur, et le second forma la tige des anciens ducs de Bourgogne.

HENRI Ier (AN 1031).

Constance, déjà indignée de ce que Henri avoit été fait roi du vivant de son mari en 1027, au lieu de Robert son cadet, qu'elle favorisoit, recommença ses brigues lorsqu'il fut monté sur le trône : elle attira dans son parti quelques seigneurs, et obligea le roi de se retirer en Normandie, lui douzième : il en revint à la tête d'une puissante armée, avec laquelle il réduisit Robert; il traita de même son autre frère

Eudes, qui lui avait aussi déclaré la guerre. Ces troubles apaisés, il gouverna ensuite paisiblement le royaume : néanmoins les dernières années de son règne, il eut du désavantage dans la guerre qu'il fit à Guillaume le Bâtard, duc de Normandie, qui avoit succédé à Robert II, son père, mort en Asie, dans la ville de Nicée, à son retour d'un pèlerinage qu'il avoit fait dans la Palestine.

Ces pèlerinages commencèrent d'être à la mode, surtout parmi les seigneurs normands, qui donnèrent l'exemple aux autres. Foulques, comte d'Anjou, qui avoit fait assassiner Hugues de Beauvais, fit à Jérusalem une pénitence publique de ses fautes : il voulut qu'un de ses domestiques le traînât par les rues la corde au cou jusqu'au saint sépulcre, pendant qu'un autre le frappoit avec des verges ; il demanda hautement pardon à Dieu, avec beaucoup de larmes.

Le roi Henri, après avoir fait sacrer en 1059 son fils Philippe, âgé de sept ans, mourut l'année suivante à Vitry (1060), château situé dans la forêt de Bièvre ou de Fontainebleau.

PHILIPPE Ier (an 1060).

Philippe eut pour tuteur, pendant son enfance, Baudouin comte de Flandres, son oncle maternel. Les Gascons s'étant révoltés au commencement de son règne, ce prince leva une grande armée pour les réduire ; mais, ayant dessein de les surprendre, il fit semblant de vouloir porter la guerre en Espagne, contre les Sarrasins, et s'étant avancé dans le pays sous ce prétexte, il vint fondre sur eux dans le temps qu'ils ne s'y attendoient pas, et les obligea de se soumettre.

Guillaume, duc de Normandie, appelé le Conquérant, ayant subjugué l'Angleterre, s'en fit couronner roi : comme il avoit promis le duché de Normandie à son fils Robert, sans le lui avoir donné, Robert lui déclara la guerre. Il se donna une grande bataille, dans laquelle le père et le fils se rencontrèrent. Le fils, sans connoître son père, le jeta par terre d'un coup de lance ; on cria aussitôt que c'étoit le roi. Le jeune prince étonné descendit de cheval, et se jeta aux pieds de son père. Guillaume touché de ses larmes, lui pardonna, et lui donna le duché qu'il demandoit.

Guillaume étoit gras et replet : Philippe demanda un jour, en se moquant, quand il accoucheroit : le prince ayant été informé de cette raillerie, lui fit dire que cela ne tarderoit pas, et qu'aussitôt qu'il seroit relevé il iroit lui rendre visite avec dix mille lances au lieu de cierges ; en effet, il fit peu après bien du ravage dans le royaume : voilà ce qu'opèrent ordinairement les railleries des princes ; elles excitent des haines cruelles, et souvent des guerres sanglantes.

Ce fut sous le règne de Philippe (1096), que Pierre l'Hermite prêcha la croisade, c'est-à-dire, une ligue contre les mahométans, qui tenoient en servitude les chrétiens de la Terre-Sainte, et ceux de presque tout l'Orient. Le pape Urbain II vint en France, d'où l'on attendoit le plus de secours, et ayant tenu un concile de trois cent dix évêques à Clermont en Auvergne, il anima les princes et les peuples à cette entreprise. Trois cent mille hommes se croisèrent, qui composèrent trois grandes armées, dont l'une qui étoit conduite par Pierre l'Hermite, mais qui n'étoit composée que de gens ramassés, fit des ravages affreux dans la Hongrie par où elle passa : ces troupes indisciplinables commirent les plus grands désordres, pillant les biens de leurs hôtes, ravissant leurs femmes et leurs filles, et mettant le feu partout; ils disoient que c'étoit ainsi qu'ils se préparoient à traiter les Turcs. Les Hongrois en tuèrent un grand nombre, et le reste ayant passé le détroit de Constantinople, fut entièrement défait auprès de Nicée, dans l'Asie Mineure, par Soliman, soudan de Nicée.

Les deux autres armées, composées de l'élite de la noblesse, se joignirent dans le même pays, où Hugues le Grand frère de Philippe, et Robert duc de Normandie, quoiqu'ils fussent de naissance royale, cédèrent le commandement à Godefroi de Bouillon, duc de la basse Lorraine, à cause de sa valeur et de son habileté à faire la guerre.

Comme ils continuoient leur marche, Soliman s'y opposa, et fut défait. Les croisés prirent Nicée, capitale de son royaume, et taillèrent en pièces une armée de cent mille hommes, que les alliés des Turcs envoyoient à leur secours. L'armée victorieuse parcourut la Lycie, la Pamphylie, et la Cilicie, et s'attacha à Antioche, qui soutint le siége sept mois. Les chrétiens, après l'avoir prise, assiégèrent Jérusalem, dont ils se rendirent maîtres. Godefroi en fut élu roi; mais comme on lui voulut mettre la couronne royale sur la tête, il dit qu'il ne vouloit pas être couronné en roi, où son maître, traité en esclave, et couronné d'épines, avoit souffert tant d'opprobres et d'indignités.

Quelque temps après le sultan d'Egypte envoya une armée de quatre cent mille hommes de pied, et de cent mille chevaux, pour assiéger Jérusalem. Godefroi ne craignit point de marcher contre cette multitude innombrable, avec une armée de quinze mille hommes de pied, et de cinq mille chevaux. Il retourna victorieux de ce combat, et prit toute la Palestine, à la réserve d'un petit nombre de villes. Dieu, irrité contre les chrétiens, ne permit pas qu'un si grand roi leur demeurât longtemps. Il mourut dans la même année qu'il avoit été couronné, et laissa un regret extrême à tout le monde. Il fut encore plus recommandable par sa piété et par sa justice, que par sa valeur; et il étoit seul capable de soutenir les affaires des chrétiens en ce pays-là.

Baudoin son frère lui succéda, mais il n'eut ni la même autorité ni le même bonheur ; trois cent mille hommes se croisèrent pour aller à son secours. Alexis, empereur d'Orient, en fit périr par tromperie cinquante mille qui passoient dans ses Etats; ceux qui étoient à leur tête, comme Hugues le Grand, qui faisoit un second voyage en Palestine avec le comte de Blois, eurent peine à se sauver en Cilicie. Ainsi cette grande armée fut ruinée, et malheureusement dissipée. Hugues, frère du roi, mourut des blessures qu'il avoit reçues, et fut enterré à Tarse.

Pendant que toute l'Europe s'occupoit à de si grandes actions, Philippe passoit sa vie parmi les plaisirs. Il étoit devenu éperdument amoureux de Bertrade sa parente, et femme de Foulques Rechin, comte d'Anjou; il l'avoit même épousée, après l'avoir enlevée à son mari. Le Pape ayant déclaré que ce mariage étoit nul, il excommunia le roi. Ce prince se moqua de l'excommunication, et longtemps après, il réussit à faire approuver son mariage, qui fut confirmé par un légat apostolique dans un concile.

Philippe continuant à mener une vie molle et paresseuse, ne méditoit rien qui fût digne d'un roi. Sa fainéantise fit espérer à Guillaume le Roux, roi d'Angleterre, fils du Conquérant, qu'il pourroit se rendre maître de la France. Il commença par la Normandie, dont il voulut s'emparer en l'absence de son frère Robert, qui étoit à la Terre-Sainte. La chose arriva comme il l'avoit pensé : mais Robert étant revenu, le chassa de Normandie, et le repoussa en Angleterre.

Les guerres continuèrent longtemps entre ces deux frères, et se terminèrent enfin par la prise de Robert, à qui, selon quelques auteurs, son frère fit perdre la vue, en lui faisant mettre devant les yeux un bassin de cuivre enflammé; mais d'autres auteurs ne parlent point de cette cruauté. Pendant ce temps-là le jeune prince Louis, fils de Berthe, que Philippe avoit répudiée, étant devenu grand, paroissoit capable de gouverner les affaires. Aussi le roi son père lui confia-t-il toute son autorité, dont il se servit avec autant de prudence que de justice.

Il empêchoit, ou par adresse, ou même par la force des armes, que les seigneurs n'opprimassent leurs sujets, et particulièrement les gens d'Eglise. Sa fermeté le fit craindre et respecter par tout le royaume; mais comme il employa quelquefois sa puissance à protéger des actions indignes, les seigneurs lui déclarèrent qu'ils ne le reconnoîtroient plus, s'il ne changeoit de conduite : tant il est vrai que la justice est le véritable appui de l'autorité des princes.

Henri V empereur, qui avoit eu l'audace de mettre Henri IV son père en prison, contraignit aussi le pape Pascal II de se réfugier en France. Le roi et Louis son fils se prosternèrent devant lui, et la paix fut faite par leur entremise entre le Pape et l'empereur. Ce pape ayant tenu un concile à Troyes, déclara nul le mariage accordé entre Louis et la princesse Luciane, fille de Guy, comte de Rochefort; ce qui causa, entre Louis et le comte, une guerre dont Louis sortit victorieux.

Ce prince avoit été longtemps malade du poison que sa belle-mère Bertrade lui avoit fait prendre, pour faire tomber le royaume entre les mains des enfans qu'elle avoit eus de Philippe ; mais il recouvra la santé, et succéda à son père, qui mourut quelque temps après en 1108, au château de Melun, après un règne de quarante-neuf ans. Il fut enterré à l'abbaye de Saint-Benoît-sur-Loire.

LOUIS VI, dit LE GROS (an 1108).

Aussitôt que Louis eut été couronné à Sens, il fit avancer ses troupes contre Guy, comte de Rochefort, qui lui faisoit la guerre avec quelques autres de ses alliés. Il prit leurs plus fortes places ; mais ils trouvèrent moyen de continuer la guerre à l'occasion du démêlé qui survint entre la France et l'Angleterre.

Louis prétendoit que Henri I, roi d'Angleterre, en lui rendant hommage de la Normandie, lui avoit promis de démolir Gisors. Henri disoit le contraire : Louis soutenoit fortement ce qu'il avoit avancé, et envoya défier le roi d'Angleterre à un combat seul à seul, voulant prouver par là, selon la coutume du temps, que ce qu'il avoit dit étoit véritable. Henri refusa ce combat ; de sorte qu'il fallut venir à un combat général, dans lequel les Anglois furent vaincus. Les seigneurs ligués ne laissèrent pas de se joindre au roi d'Angleterre ; et même Philippe, frère de Louis, se confiant au crédit de sa mère Bertrade, se mit du même parti. Le roi s'en étant douté, se saisit d'abord des deux places qu'il avoit, qui étoient Mantes et Montlhéry.

Dans ce temps Louis protégea Thibauld comte de Chartres, contre Hugues seigneur du Puiset, qui ravageoit son pays ; mais le comte ingrat osa bien défier Louis à cause d'un château qu'il continuoit de fortifier sur la frontière de son pays, quoique le roi lui eût défendu d'achever cet ouvrage. Louis accepta le combat, et donna son sénéchal pour se battre contre le chambellan du comte ; les seigneurs, par respect pour le roi, ne voulurent pas indiquer de lieu pour ce combat ; de sorte que Thibauld lui déclara la guerre. Il se joignit au roi d'Angleterre et aux autres ligués ; mais le roi ne laissa pas de l'emporter sur les rebelles, dont il prit les châteaux qu'il fit raser.

Pour abattre le roi d'Angleterre, et faire diversion de ses forces, Louis engagea Guillaume, neveu de ce roi, à revendiquer la Normandie qui avoit appartenu au duc Robert son père, que le roi d'Angleterre tenoit encore en prison ; mais la guerre que Louis entreprit à cette occasion, n'eut pas un succès favorable pour Guillaume, qui demeura simple particulier jusqu'en 1128, que le roi Louis le fit reconnoître comte de Flandres.

Le dessein du roi en cela, étoit d'opposer un adversaire puissant au roi d'Angleterre ; ce prince chercha à s'appuyer du comte d'Anjou, pour faire diversion, et conclut avec lui le mariage de sa fille Mathilde, avec Geofroy, surnommé Plantagenet, fils du comte. La princesse Mathilde étoit veuve de l'empereur Henri, mort en 1124.

C'est ce même empereur, qui cette année-là étoit venu fondre sur la France, avec une armée formidable, à l'instigation du roi d'Angleterre. Louis leva une armée de deux cent mille hommes, des seules provinces de Champagne, Picardie, Bourgogne, des territoires d'Orléans, d'Etampes, de Nevers et de l'Ile de France; ce qui ayant épouvanté ses ennemis, ils n'osèrent pas même attaquer son royaume, qu'ils espéroient auparavant de détruire.

Ce prince agit toujours vigoureusement dans la paix et dans la guerre : il signala sa valeur dans tous les combats où il se trouva, et même il y reçut des blessures honorables. Fatigué de tant de guerres et de tant d'affaires, il crut qu'il étoit temps de se reposer sur Philippe son fils, d'une partie de ses soins, et il le fit couronner à Reims, en 1129; mais comme le prince passoit dans un des faubourgs de Paris, un pourceau, qui s'embarrassa entre les jambes de son cheval, le fit tomber, et Philippe fut accablé par sa chute; tant il est vrai que la mort ne pardonne ni à la dignité ni à l'âge. Le roi ne survécut guère à Philippe, il mourut en 1137, après avoir fait couronner son second fils Louis, qu'on a appelé dans la suite Louis le Jeune, et l'avoir marié à Aliénor, fille et héritière de Guillaume duc de Guyenne.

En ce temps, Philippe, fils du roi, archidiacre de Paris, donna un exemple mémorable de modestie, lorsqu'ayant été élu évêque de Paris, il céda son évêché en faveur de Pierre Lombard, qui est celui qu'on a appelé le Maître des Sentences, comme plus capable que lui par ses talens de remplir cette dignité.

LOUIS VII, dit LE JEUNE (an 1138).

Entre plusieurs choses qui ont rendu le règne de Louis le Jeune célèbre, on peut compter la multiplication des communes ou sociétés bourgeoises, dans un très-grand nombre de villes des différentes provinces du royaume. On avoit déjà vu quelques exemples de ces établissemens sous les deux règnes précédens. Louis comprit combien il en pouvoit tirer de secours pour abattre la trop grande puissance des seigneurs qui maltraitoient leurs sujets. Ceux-ci, pour se mettre à l'abri de la vexation, songèrent à former des corps de communauté, qui avoient leurs lois particulières, selon lesquelles ils se gouvernoient : ils se retirèrent par là en quelque façon de la domination de leurs seigneurs naturels; aussi prétendoient-ils ne devoir être soumis qu'au roi directement, à qui ils accordoient des troupes pour le servir dans ses guerres. C'est pour cela que Louis et ses successeurs accordèrent si facilement leur consentement à l'établissement des communes, que leurs vassaux faisoient eux-mêmes dans les terres de leur dépendance.

Louis, par son mariage avec Aliénor, étoit devenu maitre de la Guyenne et du Poitou, et étoit par là en état de faire respecter davantage son autorité, comme il fit en plusieurs occasions.

Le siége archiépiscopal de Bourges étant vacant, le pape Innocent II, sans avoir égard à celui que le clergé avoit élu, donna cette prélature à Pierre de La Chastre. Louis voulut l'empêcher de faire ses fonctions, et fut excommunié par le Pape ; mais comme il crut que Thibauld, comte de Champagne, l'avoit excité contre lui, il entra dans le pays de ce comte, où il ravagea tout, sans épargner les églises, et il en brûla une entre autres dans laquelle treize cents hommes s'étoient réfugiés. Il fut extrêmement troublé de cette inhumanité ; et quoi que pût faire le célèbre saint Bernard, il ne put jamais le rassurer, dans la crainte qu'il eut que Dieu ne lui fît jamais de miséricorde.

Pour expier son péché, il résolut de se croiser, et d'aller au secours du royaume de Jérusalem, qui étoit entre les mains d'un jeune enfant, nommé Baudouin, sous la conduite de sa mère. L'empereur Conrad prit en même temps une pareille résolution, et sortit de ses terres avec soixante mille hommes (1147). Le voyage du roi fut retardé, parce qu'Eugène III, chassé par les Romains, fut contraint de se retirer en France. Le roi le reçut, selon la coutume de ses ancêtres, avec toute sorte de respect. Ensuite étant près de partir, il alla recevoir en cérémonie à Saint-Denis, l'étendard royal qu'on appeloit l'Oriflamme, dont les rois avoient accoutumé de se servir dans leurs guerres. Il laissa son royaume entre les mains de Raoul comte de Vermandois, et de Suger abbé de Saint-Denis. Il trouva à Nicée l'empereur Conrad, à qui Emmanuel, empereur d'Orient, avoit fait périr cinquante mille hommes.

Pendant que Louis se pressoit d'arriver à Jérusalem, Raimond, prince d'Antioche, oncle de sa femme, le pria d'arrêter en ce pays, pour l'aider à agrandir ses Etats : ce que le roi ayant refusé, parce qu'il ne vouloit pas retarder son principal dessein, Raimond persuada à Aliénor qui avoit accompagné son mari en Asie, de l'abandonner, sous prétexte qu'il étoit son parent. Louis cependant contraignit sa femme de le suivre dans la Palestine ; il alla à Jérusalem ; ensuite il assiégea Damas, que la trahison des chrétiens du pays l'empêcha de prendre. Déchu de cette espérance, il ne songea plus qu'au retour. Comme il revenoit par mer il rencontra l'armée navale des Grecs, qui faisoient la guerre à Roger, roi de Sicile ; il fut fait prisonnier ; mais Roger étant survenu, battit l'armée grecque, et délivra Louis.

A son retour en France, il quitta sa femme (1150), soit par scrupule, soit par jalousie, soit par quelque autre raison : il assembla à ce sujet un concile à Baugency. Elle épousa Henri, duc de Normandie, comte d'Anjou, et héritier du royaume d'Angleterre : elle lui apporta en dot le duché d'Aquitaine, et le comté de Poitiers. Ce fut un grand sujet de douleur pour Louis de voir si fort agrandir en France la puissance et le domaine des rois d'Angleterre ; c'est de là aussi que vinrent les guerres sanglantes qui ont duré près de deux cents ans, et par lesquelles la monarchie a pensé être renversée de fond en comble. Cependant Louis maria sa fille au fils aîné du roi d'Angleterre, et comme si ces rois n'eussent pas été assez redoutables en France, il donna pour dot à la princesse la ville de Gisors, qui étoit très-considérable en ce temps-là.

Il y eut pendant ce règne beaucoup de guerres entre la France et l'Angleterre, sans qu'il y eût de part et d'autre aucun avantage considérable. Louis protégea contre Henri II roi d'Angleterre, Thomas, archevêque de Cantorbéry, son chancelier, homme très-saint et très-courageux, que ce roi avoit chassé de ses Etats, parce qu'il refusoit de consentir à des lois contraires aux libertés ecclésiastiques. Louis le reçut honorablement en France, et fit sa paix avec le roi d'Angleterre; mais les premiers démêlés ayant bientôt recommencé, des scélérats, croyant faire plaisir à Henri, qui avoit témoigné qu'il souhaitoit d'être défait de ce prélat, le tuèrent dans son église, au milieu de son clergé, dans le temps qu'il assistoit à l'office.

Ce n'est pas ici le lieu de rapporter comment Henri fut excommunié pour ce meurtre sacrilége, ni la satisfaction publique qu'il fit devant le tombeau du saint archevêque ; mais il ne faut pas omettre qu'après cet acte de piété et de pénitence, les enfans du roi, qui s'étoient révoltés contre leur père, de l'aveu de la reine Aliénor leur mère, et sous la protection de Louis, furent bientôt rangés à leur devoir, moitié de gré, moitié de force. Thomas fut mis au nombre des martyrs, et fut extraordinairement honoré par les Anglois; le roi Louis passa en Angleterre pour honorer ses reliques.

Ce prince fut fort pieux ; et la protection qu'il donna aux papes en est une grande preuve. Il reçut avec toute sorte de témoignages de respect et d'amitié Eugène III dont nous avons déjà parlé, et ensuite Alexandre III, chassé de Rome par la faction de l'empereur Frédéric II, et de Victor antipape. Louis mourut à Paris le 18 septembre 1180. Il fut enterré dans l'église de l'abbaye de Barbeau qu'il avoit fondée.

PHILIPPE II (AN 1181).

Philippe, appelé Auguste, le Conquérant, ou Dieu-Donné, âgé d'environ quinze ans, et couronné à Reims en 1179, du vivant de son père, fut sous la tutelle du comte de Flandres, et commença son règne par des actions de justice et de piété : il ordonna des peines contre les blasphémateurs, ce qui depuis a été suivi par ses successeurs à leur avénement à la couronne. Il chassa les comédiens, qui corrompoient les mœurs par des représentations déshonnêtes; et ce qui se donnoit auparavant aux comédiens, commença à se distribuer aux pauvres.

En ce temps il se fit une sainte ligue, qu'on appela la Trêve ou Paix de Dieu, où les seigneurs jurèrent que ceux qui se feroient la guerre les uns aux autres, ou qui se battroient en duel, seroient punis très-rigoureusement. Pour cela on établit des commissaires dans les provinces, afin de terminer toutes les querelles, et ceux qui ne vouloient point se soumettre, étoient poursuivis jusque dans les églises qui servoient d'asile aux autres. Il s'est fait quelque chose de semblable durant le règne de Louis XIV, qui non-seulement imite, mais même surpasse les belles actions des rois ses prédécesseurs.

Philippe entreprit ses premières guerres, à l'exemple des rois ses ancêtres, en protégeant les ecclésiastiques et les autres sujets opprimés contre leurs seigneurs qui les accabloient; mais il eut outre cela deux grandes guerres dont il est bon de rendre compte en particulier, l'une dans la Terre-Sainte, et l'autre contre l'Angleterre. Il reçut solennellement une ambassade envoyée de Jérusalem, pour lui apporter les clefs de cette ville, et lui demander sa protection. Il résolut d'aller en personne pour la défendre avec une nombreuse armée; mais différentes affaires l'ayant empêché d'exécuter ce dessein, cette ville fut prise par Saladin, roi de Syrie et d'Egypte. Ainsi périt le royaume de Jérusalem, après avoir duré quatre-vingt-huit ans. Le roi fut fort affligé de cette perte, et dans une entrevue qu'il eut avec le roi de Castille, ils résolurent l'un et l'autre de se joindre ensemble pour sauver les restes de ce royaume abattu, et reconquérir Jérusalem.

Philippe fit aussi la paix avec Richard I, roi d'Angleterre, pour l'engager à cette guerre (1190). Ces deux rois arrivèrent en Sicile, où les dissensions qui s'élevèrent entre eux furent cause que Philippe relâcha beaucoup de ses droits, afin de n'apporter aucun retardement à leur pieuse entreprise. Richard néanmoins ne songeoit pas à partir, et Philippe étant monté en mer, aborda auprès d'Acre, deux mois avant lui. Ace ou Acre, nommé Acon par ceux de Palestine, et par les Grecs Ptolémaïde, ville située sur la mer, entre la Phénicie et la Terre-Sainte, étoit assiégée, il y avoit près de deux ans, par les chrétiens. Frédéric, fils de l'empereur Frédéric Barberousse I, étoit venu au camp avec sa flotte; mais l'espérance qu'il donna aux chrétiens fut de peu de durée; ce jeune prince mourut peu de temps après son arrivée.

Les Allemands qui étoient venus avec lui se voyant sans chef, s'en retournèrent. On désespéroit de prendre la place, à cause de la vigoureuse résistance des assiégés, quand on vit paroitre Philippe. Les belles troupes qu'il amenoit, et les nouvelles machines de guerre qu'il avoit pour renverser les murailles, rendirent l'espérance aux assiégeans. On commença aussitôt à faire de nouveaux travaux, et à les pousser jusqu'aux murailles : on fit des forts dans le camp, pour en défendre l'entrée; on éleva des tours; on les avança, on dressa des batteries, pour y poser des machines qui jetoient une si grande quantité de pierres, que ni dessus les murailles, ni dans les rues on n'étoit pas en sûreté; enfin, par le moyen des béliers on ébranla si violemment les murailles, qu'on fit une grande brèche par où l'on pouvoit prendre la ville d'assaut; mais Philippe ayant su que Richard abordoit avec son armée, voulut lui faire le plaisir de l'attendre, pour partager avec lui la gloire de l'entreprise.

Ce prince étant parti de Sicile, fut jeté par la tempête dans l'île de Chypre, où commandoit un Grec, nommé Isaac, qui, au lieu de le soulager, et de lui envoyer des provisions, fit tout ce qu'il put pour le faire périr. Richard irrité s'empara de l'île, emmena avec lui le Grec et sa femme, enchaînés de chaînes d'or. Aussitôt qu'il eut mis son armée à terre, il s'éleva de nouvelles dissensions entre les deux rois, parce que Richard répondit mal aux honnêtetés de Philippe, et qu'il refusa même de partager le butin comme on en étoit convenu : cela retarda longtemps la prise de la ville; mais les habitans qui ne savoient pas ce qui se passoit dans le camp, demandèrent à capituler. Les conditions furent qu'ils rendroient avec leur ville la vraie croix, et tous les prisonniers chrétiens.

Pendant qu'on capituloit, les Allemands qui étoient venus avec le duc d'Autriche, entrèrent par la brèche, et plantèrent leur étendard sur la muraille; mais les François et les Anglois étant accourus, l'ôtèrent bientôt, ne voulant pas que les Allemands s'attribuassent la gloire d'avoir emporté la ville. Les assiégés mirent aussitôt les armes bas, et se rendirent à discrétion (1191) : les prisonniers et le butin furent partagés entre les deux rois. Philippe distribua ce qui lui appartenoit du butin avec une magnificence royale. Richard fit mourir sans exception cette partie des habitans qui lui étoit échue en partage : il se conduisit ainsi, parce qu'il étoit irrité de n'avoir pas pu trouver la vraie croix.

La ville étant prise, Philippe songea à s'en retourner, et quoiqu'il prit pour prétexte sa maladie et celle de l'armée, il fut blâmé de tout le monde, d'avoir abandonné l'entreprise sans avoir profité de la glorieuse conquête qu'il venoit de faire; Richard s'opposa autant qu'il put à ce départ, craignant que Philippe ne se prévalût de son absence, pour conquérir les terres qu'il avoit en France; mais il le rassura, en lui promettant de ne rien entreprendre contre lui que quarante jours après que Richard seroit retourné en son royaume. Il laissa à ce prince dix mille hommes de pied avec six cents chevaliers sous la conduite de Hugues duc de Bourgogne.

Philippe passa par l'Italie, et ayant salué le Pape à Rome, il prit la route de France. Cependant Richard ayant fait l'échange du royaume de Chypre avec celui de Jérusalem que Gui de Lusignan lui céda, poussa si loin ses conquêtes, qu'il réduisit presque toute la Palestine sous sa puissance.

La terreur de son nom avoit saisi tous les esprits : et on remarque que les mères qui vouloient faire peur à leurs enfans, les menaçoient du roi Richard ; mais au milieu de ces bons succès, la crainte continuelle où il étoit que Philippe ne lui manquât de parole, et ne s'emparât de ses terres, l'obligea à tout quitter. Comme il repassoit par l'Autriche, le duc, qu'il avoit offensé au siége d'Acre, le fit arrêter, et le remit entre les mains de l'empereur Henri VI. Tel fut le succès de cette croisade.

Pour entendre la suite des guerres que Philippe déclara à l'Angleterre, il faut reprendre les choses de plus haut. Philippe, avant la croisade, avoit fait la guerre à Henri et à Richard, rois d'Angleterre, sur lesquels il avoit eu des avantages considérables ; mais par les traités de paix qui furent faits, il rendit la plupart des villes qu'il avoit prises, et surtout il se relâcha beaucoup dans le dernier traité, parce qu'il souhaitoit avec ardeur de voir bientôt commencer la guerre de la Terre-Sainte.

Richard ayant été arrêté en Allemagne, ainsi qu'il a été dit, Philippe fit durer sa prison autant qu'il put, et entra cependant à main armée dans ses terres, comme si, par la détention de ce prince, il avoit été délivré de la parole qu'il lui avoit donnée en se séparant d'avec lui à Acre. Richard avoit un frère qu'on appeloit Jean-sans-Terre, parce que son père ne lui avoit point fait de partage. Philippe l'excita à faire la guerre à Richard, et à s'emparer de l'Angleterre. Pendant que Jean travailloit à se rendre maître de ce royaume, Philippe entra dans la Normandie, prit Evreux, qu'il donna à Jean, et assiégea Rouen, qu'il ne put prendre. Cependant Richard sortit de prison fort en colère contre Philippe, et résolut de se venger à la première occasion ; mais comme ses finances étoient épuisées par la rançon qu'il avoit été contraint de payer, il se vit dans l'impossibilité de fournir aux frais de la guerre. Ainsi on fit bientôt la paix, par laquelle on rendit ce qui avoit été pris, à la réserve du Vexin, qui demeura à Philippe.

Il s'éleva encore entre ces deux rois une guerre cruelle ; mais sans avantage considérable de part ni d'autre. Ils firent une trêve de cinq ans, par l'entremise du Pape, pendant laquelle Richard attaqua un château du Limousin, qu'on appeloit Chalus, où il y avoit des trésors que le seigneur du lieu avoit trouvés et qu'il y avoit renfermés. En reconnoissant la place, il fut tué d'un coup d'arbalète, qui étoit un instrument qu'il avoit inventé lui-même. Comme il mourut sans enfans, la succession appartenoit à Artus, fils de Geofroy, son second frère, qui étoit comte de Bretagne ; mais Jean s'étant saisi de l'argent, gagna les soldats, et se rendit maître du royaume d'Angleterre.

Cependant Artus s'empara du Maine, de la Touraine et de l'Anjou, dont il rendit hommage à Philippe. Jean étant accouru en diligence avec une armée nombreuse, reconquit bientôt ces provinces. Philippe protégeoit Artus, et la guerre alloit se rallumer fort violemment, lorsqu'elle fut heureusement terminée par l'entrevue des rois, qui se fit sur les confins des deux Etats. Par l'accord qui fut fait alors, Blanche, fille d'Alphonse roi de Castille, et d'Aliénor sœur de Jean, fut donnée en mariage à Louis fils de Philippe.

Les guerres dont nous avons parlé jusqu'ici n'étoient encore que peu de chose : il va s'en élever de plus importantes, qui sembleront devoir décider de la fortune des deux royaumes. Voici en peu de paroles quelle en fut l'origine. Jean roi d'Angleterre, ayant répudié sa femme, enleva Isabeau, fille d'Aimar comte d'Angoulême, qui avoit été promise à Hugues comte de la Marche. Les deux comtes lui firent la guerre, et il saisit aussitôt les terres qu'ils avoient de sa mouvance. Ils s'en plaignirent à Philippe, comme à leur souverain seigneur. Philippe fit ajourner le roi d'Angleterre à la cour des pairs, et comme il ne comparut pas, il fut condamné par contumace, et Philippe entra alors à main armée dans ses terres.

Pendant le cours de cette guerre, Jean apprit que sa mère avoit été assiégée dans un château, par Artus, son neveu, comte d'Anjou et de Bretagne, qui étoit du parti de Philippe. Il vint à son secours avec tant de diligence, qu'il surprit Artus dans son lit, et le mit dans une prison d'où il ne sortit jamais. Son oncle le fit mourir en cachette, et fit jeter le corps dans la rivière. Aussitôt Constance sa mère remplit de ses plaintes toute la cour de Philippe, et lui vint demander justice. Philippe ordonna que Jean fût appelé de nouveau à la cour des pairs, où il ne comparut non plus que la première fois ; de sorte qu'il fut condamné à mort par contumace, et les biens qu'il avoit en France furent confisqués au profit du roi.

Philippe, en exécution de cet arrêt, entra dans la haute Normandie, et l'envahit presque toute. L'année suivante, il prit Rouen, et toute la basse Normandie ; ainsi le duché de Normandie, qui avoit eu douze ducs depuis Rollon, et qui avoit demeuré environ trois cents ans sous des princes particuliers, fut réuni à la couronne de France (1203). En même temps un nommé Guillaume des Roches, qui avoit quitté le parti de Jean, pour se donner à Philippe, prit l'Anjou, le Maine et la Touraine. Henri Clément, maréchal de France, se rendit maître du Poitou, à la réserve de Thouars et de La Rochelle ; et le roi lui-même prit Loches, avec d'autres places de la Touraine ; les deux ou trois années suivantes n'eurent rien de mémorable. Il se fit ensuite une trêve de deux ans par l'entremise du pape Innocent III, qui menaça d'excommunier celui qui refuseroit de s'y soumettre.

Cependant une guerre plus considérable s'éleva du côté d'Allemagne : l'empereur Othon IV, duc de Saxe, qui avoit été longtemps soutenu par le Pape, s'étant enfin brouillé avec lui, se joignit au roi d'Angleterre, et espéroit venir ravager la France, après avoir subjugué l'Italie. Le Pape l'ayant excommunié et privé de l'empire, Philippe, de concert avec lui, fit élire un autre empereur, qui fut Frédéric II, âgé de dix-sept ans. Ensuite il envoya son fils Louis au-devant de Frédéric, et les deux princes se virent dans le village de Vaucouleurs, sur la frontière de Champagne. Cependant Jean étoit fort embarrassé dans son royaume, parce que le Pape, irrité de ce qu'il avoit pris le parti d'Othon, l'avoit excommunié, et que d'ailleurs ses sujets, qu'il avoit fort tourmentés pour soutenir cette guerre, s'étoient révoltés contre lui ; mais ce qui le pressoit davantage c'est que Philippe avoit équipé une grande flotte, qui étoit à l'embouchure de la Seine, toute prête à passer en Angleterre.

Dans ces circonstances, Jean promit de satisfaire le Pape, et offrit de rendre son royaume tributaire du saint Siége. Le Pape apaisé, voulut par son légat empêcher Philippe de continuer son entreprise ; mais il persista dans sa résolution : toutefois avant que de passer la mer, il vouloit terminer tout ce qui pouvoit exciter du trouble dans son royaume. Il falloit pour cela mettre à la raison Ferdinand, comte de Flandre, fils du roi de Portugal, qui ne vouloit point suivre Philippe en Angleterre, jusqu'à ce qu'il lui eût rendu Aire et Saint-Omer, qu'il soutenoit être à lui, quoiqu'il les eût cédés auparavant par un traité à Louis, fils aîné de Philippe.

Le roi avoit déjà pris quelques villes sur ce comte, et il étoit au siége de Gand, lorsqu'on lui vint rapporter que la flotte du roi d'Angleterre avoit surpris la sienne. Il partit en diligence pour aller au secours ; il rencontra sur sa route une partie des soldats de la flotte d'Angleterre, qui, ayant fait une descente, ravageoient la côte. Il les attaqua et les défit ; mais voyant qu'il auroit peine à sauver sa flotte, il y mit le feu, après en avoir retiré tous les équipages. Ensuite il retourna en Flandre, où il prit quelques places qu'il démantela, et entre autres Lille.

Pendant ce temps-là, Jean s'étant réconcilié avec les seigneurs de Poitou, entra dans cette province par intelligence, et s'avança même jusqu'en Anjou, avec une grande armée. Philippe envoya le prince Louis pour s'y opposer : ce prince poussa si vigoureusement le roi d'Angleterre, qu'ayant pris l'épouvante, il lui abandonna toutes ses machines de guerre, avec une partie de ses troupes. Philippe étoit demeuré en Flandre, pour faire tête à Othon, qui marchoit contre lui avec une armée de cent cinquante mille hommes, accompagné de Ferdinand comte de Flandre, et de Renauld comte de Boulogne. Les deux armées se rencontrèrent à Bovines, village situé entre Lille et Tournay.

Il y avoit déjà quelque temps que le roi tâchoit en vain d'attirer Othon à une bataille (1214) ; mais lui, se tenant toujours dans des lieux de difficile accès, ne se mit jamais en état de pouvoir être combattu.

Ainsi Philippe ne pensoit plus au combat, et songeoit seulement à se rendre maître de Tournay, qu'il prit en effet comme en passant, sans que personne lui résistât. Alors l'empereur faisant semblant de marcher du côté de Lille, fit passer à gué à ses troupes une rivière qui coule au milieu de la plaine. Philippe croyant qu'il avoit dessein de lui couper le chemin de Lille, ordonna aux siens de passer le pont pour le prévenir. Othon, qui avoit fait cette fausse marche pour séparer l'armée de Philippe, voyant qu'une grande partie des troupes françoises étoient en deçà, et l'autre au delà de la rivière, voulut prendre son avantage, et donna le signal pour faire promptement avancer les siens au combat.

Cependant Philippe dormoit tranquillement au pied d'un arbre où il s'étoit mis au frais, environ vers le midi : on l'éveilla aussitôt, et dès qu'on l'eut informé de la situation des affaires, il se leva et entra dans une chapelle de Saint-Pierre, où ayant fait sa prière, il sortit plein de confiance : « Courage, dit-il, la victoire est à nous ; que ceux » qui ont passé la rivière la repassent promptement, et qu'ils prennent » les ennemis par derrière, pendant que nous les attaquerons de » front. » Othon, qui se vit enveloppé et pris par ses propres finesses, se retira sur une hauteur qui étoit proche, où Philippe l'ayant suivi, fit tourner son armée de sorte qu'il mit le soleil aux yeux de son ennemi.

Ce fut là que commença la bataille : on voyoit d'un côté une multitude innombrable de soldats, et de l'autre moins de troupes à la vérité, mais la fleur de la noblesse de France, conduite par son roi, et par un roi autant habile que vaillant. Othon avoit donné l'aile droite à Ferdinand comte de Flandre ; Renauld comte de Boulogne conduisoit la gauche, et l'empereur en personne menoit le corps de bataille. L'aile droite de Philippe étoit commandée par Eudes duc de Bourgogne ; la gauche par Gauthier comte de Saint-Paul, et Philippe avec la bataille marchoit contre Othon. L'ordre étoit dans l'armée d'Othon de laisser à part tous les autres pour s'attacher à Philippe, parce qu'en l'abattant lui seul, toute l'armée seroit défaite ; ainsi tout l'effort de l'ennemi tourna contre lui. On enfonça son escadron, qui étoit remarquable par la bannière royale, semée de fleurs de lis. On dissipa ses gardes, enfin on le porta par terre ; pendant qu'un de ses chefs soutenoit l'effort du combat, un autre nommé Tristan le remit sur son cheval.

Les François à leur tour donnèrent contre Othon, et l'environnèrent de toutes parts : il auroit été percé de coups sans sa cuirasse ; enfin son cheval, quoique blessé, le débarrassa, et l'emporta si loin, qu'on ne le vit plus durant tout le reste du combat. Les Allemands prirent la fuite, et furent vivement poursuivis par les François ; cette déroute fut très-meurtrière, et l'on ne voyoit partout que des monceaux de morts. Ferdinand cependant faisoit le devoir de soldat et de capitaine, partout où il voyoit les siens pressés il y accouroit, il rallia plusieurs fois les fuyards, et même son cheval ayant été tué sous lui, il combattit longtemps à pied avec toute la bravoure possible ; mais accablé par la multitude, il fut contraint de se rendre. Il eût été aisé à Renauld de se sauver en fuyant; mais il aima mieux être pris que de recevoir un pareil déshonneur. Ainsi les principaux chefs furent pris, et Philippe remporta une pleine victoire. C'est ainsi que se passa cette célèbre bataille de Bovines, qui se donna dans la plus grande chaleur de l'été, le 27 juillet 1214, depuis midi jusqu'à la nuit.

Le roi entra ensuite triomphant dans Paris, traînant après lui le comte de Flandre lié, et faisant porter devant lui les étendards, et principalement celui d'Othon, où il y avoit un aigle qui tenoit un dragon avec ses serres. Cette bataille assura les affaires de la France ; Othon comptoit tellement sur la victoire, qu'il avoit déjà partagé ce royaume entre lui et ses alliés. Mais Dieu en disposa autrement ; et en reconnoissance d'un si grand bienfait, Louis, fils de Philippe, fit bâtir près de Senlis un monastère qu'on appela *Notre-Dame de la Victoire*, pour être un monument éternel de la victoire de Bovines.

Philippe, après la victoire, entra dans le Poitou, où tout se soumit à lui ; et même il y eût pris Jean, s'il n'eût été obligé par le légat du Pape de consentir à une trêve. Quelque temps après, il arriva de nouveaux troubles en Angleterre ; tout le monde s'y souleva contre le roi ; ce prince s'étoit rendu odieux non-seulement aux ecclésiastiques et à la noblesse, mais même à tout le reste du peuple, par le mauvais traitement qu'il leur faisoit. Pour comble de maux, il fut excommunié et privé de son royaume par le Pape, parce qu'il avoit dépossédé par force l'archevêque de Cantorbéry (1216). Alors les seigneurs d'Angleterre offrirent la couronne à Louis, fils de Philippe, qui se rendit aussitôt à Londres, où il fut couronné.

Jean, accablé de tant de maux, fut contraint de se soumettre au Pape, et de rendre effectivement son royaume tributaire du saint Siége, comme il l'avoit offert auparavant. Le Pape apaisé leva l'excommunication prononcée contre Jean, et excommunia Louis. Cependant Jean étant mort, les Anglois, qui n'avoient pas contre les enfans la même haine qu'ils avoient eue contre le père, reconnurent Henri son aîné, pour leur roi, et quittèrent le parti de Louis. Ce prince repassa en France, pour prendre conseil et demander du secours au roi son père, qui, par respect pour le Pape, ne voulut pas le voir, parce qu'il étoit excommunié.

Etant donc retourné en Angleterre, il perdit une grande bataille auprès de Lincoln, et fut ensuite assiégé à Londres, d'où il ne sortit qu'à condition qu'il feroit rendre aux Anglois par le roi son père, ce qu'il avoit pris en France, ou qu'il le rendroit lui-même à son avénement à la couronne ; mais Philippe ne se mettant point en peine des promesses de son fils, refusa de rendre ces pays conquis, qui lui avoient été adjugés par un jugement de la cour des pairs ; et les Anglois, fatigués de tant de guerres, ne se mirent point en devoir de les redemander par les armes. Ainsi la trêve étant continuée, les deux royaumes furent en repos tout le reste du règne de Philippe.

Pendant ces divisions entre la France et l'Angleterre, la guerre s'alluma dans le pays de Toulouse, au sujet de l'hérésie des albigeois (1210), que Raimond, comte de Toulouse, protégeoit. Le Pape l'excommunia, et ayant exempté ses sujets du serment de fidélité, il fit prêcher une croisade contre lui. Un grand nombre de seigneurs françois se croisèrent, et l'on mit à leur tête Simon comte de Montfort. Il prit d'abord quantité de villes importantes, et s'étant rendu maître de l'Albigeois, il alla assiéger Toulouse.

Raimond, assisté de ses alliés, vint au secours de cette ville avec cinquante mille hommes. La longueur du siége, et la disette des vivres, fit que presque toute l'armée de Montfort se débanda, et qu'il fut contraint lui-même de se retirer dans un château avec trois cents hommes : il s'y défendit si vigoureusement, qu'il ne put être forcé, et contraignit Raimond à lever le siége; ensuite ayant rallié ses troupes, il se rendit maître de Toulouse, où il fut bientôt assiégé par Raimond, à qui Pierre roi d'Aragon avoit amené cent mille hommes.

Simon ne perdit pas courage, quoiqu'il n'y eût que douze cents hommes dans la place. Pendant que Pierre dînoit, on le vint avertir que Simon faisoit une sortie : il ne daigna pas se lever de table, méprisant un ennemi qu'il croyoit si foible; mais Simon ayant exhorté les siens à combattre vigoureusement contre ces hérétiques, excommuniés par le saint Siége, entra à l'improviste dans le camp, où l'épouvante se mit de telle sorte, que les soldats se renversèrent les uns sur les autres, et prirent la fuite. Pierre vint trop tard au secours des siens, et ayant été renversé par terre, il fut égorgé par un soldat. Ainsi cette grande armée fut dissipée sans que Simon perdit plus de huit des siens.

Les évêques s'étant ensuite assemblés en concile, lui donnèrent premièrement la garde, et après la souveraineté du comté de Toulouse, dont il fut investi par Philippe, à qui il en fit hommage en 1219 : mais Simon ayant ordonné aux habitans des villes d'abattre leurs murailles, et ayant fait de grandes levées sur ses sujets, le pays se révolta, et Raimond rentra dans Toulouse, où Simon l'assiégea; mais il fut tué à ce siége d'un coup de pierre jetée du haut des murailles.

Amaulri son fils lui succéda (1219), et ne s'étant pas trouvé en état de soutenir les conquêtes de son père, il les voulut remettre au roi, qui les refusa; il prévoyoit sagement qu'elles l'engageroient dans une guerre dont il ne verroit point la fin, et dont Louis son fils ne pourroit soutenir le poids à cause de la délicatesse de sa complexion. C'est ce qui fit que, dans une assemblée tenue à Melun en 1219, on rejeta la proposition du comte Amaulri. Quatre ans après, en ayant convoqué une autre à Mantes, où il se rendit, il y mourut en 1223, après un règne de quarante-deux ans.

C'étoit un prince religieux, mais non jusqu'à avoir envie de se faire moine, comme l'on dit quelques auteurs; grand en paix et en guerre; sévère vengeur des crimes; juste et bienfaisant, et qui étoit toujours prêt à écouter les plaintes de ses sujets; ce qui fit que Paris commença de son temps à se peupler extraordinairement, et qu'il fut obligé d'agrandir cette ville, comme il avoit eu soin de l'embellir. Au lieu que ses prédécesseurs ne faisoient la guerre qu'en appelant leurs vassaux, et des milices qu'on licencioit à la fin de la campagne, il fut le premier à avoir des troupes réglées et entretenues. Cela fut cause qu'il fit des levées extraordinaires sur son peuple et même sur les ecclésiastiques; mais on avoit du moins la consolation qu'on savoit que les finances étoient bien employées, et ménagées avec une sage économie. De son temps le connétable et les maréchaux de France commencèrent à avoir le principal commandement sur les gens de guerre.

La première charge du royaume étoit celle de sénéchal, dont l'autorité étoit si grande, que Philippe songea à la supprimer après la mort de Thibauld comte de Blois, mort au siége d'Acre en 1191. C'est ainsi qu'il fortifioit l'autorité royale; mais en même temps il la faisoit servir d'asile et de protection aux foibles contre la violence des grands. Voilà ce que nous avions à dire de l'histoire de Philippe-Auguste.

Quoique ce prince n'ait point eu de part à la translation de l'empire de Constantinople entre les mains des François, il ne faut pas oublier une action de cette importance, qui se passa de son temps, et qui fut exécutée par les siens. Il y avoit un bon prêtre nommé Foulques, curé de Neully-sur-Marne, homme recommandable par sa piété, à qui le pape Innocent III adressa ses ordres pour prêcher la croisade; il le fit avec tant de zèle et si utilement, qu'il persuada à plusieurs seigneurs françois de se croiser, entre autres à Baudoin comte de Flandre, et à Louis comte de Blois.

Tous ces seigneurs s'étant assemblés, envoyèrent des ambassadeurs aux Vénitiens, pour obtenir du secours, et s'assurer de vaisseaux pour un certain prix. Le chef de cette ambassade fut Geoffroy de Villehardouin, homme de grande prudence et de grand courage, fort éloquent pour ce siècle-là, et qui a même très-bien écrit cette histoire.

Les François ayant obtenu des Vénitiens ce qu'ils désiroient, ils se rendirent à Venise, où le bon duc Henri Dandole, quoique fort âgé et aveugle, promit de se croiser avec eux. Les François n'ayant pas pu donner au jour convenu l'argent qu'ils avoient promis, les Vénitiens prolongèrent le terme du paiement, à condition qu'on les aideroit à reprendre Zara, place forte que le roi de Hongrie leur avoit enlevée dans la Dalmatie. Ils le promirent volontiers, et donnèrent aux Vénitiens la satisfaction qu'ils avoient espérée.

A leur retour, ils apprirent un étrange événement, qui avoit troublé l'empire de Constantinople. C'est qu'Alexis, frère de l'empereur Isaac, voulant envahir l'empire, fit crever les yeux à ce vieillard, et fit mettre Alexis, fils de ce prince, en prison, d'où s'étant sauvé, il se vint réfugier chez Philippe son beau-frère, roi d'Allemagne. Philippe envoya des ambassadeurs aux seigneurs qui s'étoient croisés, pour les engager à prendre les intérêts d'Isaac et de son fils Alexis. Ils y consentirent, à condition que ces princes, étant remis sur le trône, soumettroient l'Eglise grecque au saint Siége, et les aideroient à la conquête de la Terre-Sainte.

Ce traité ayant été conclu, ils partirent du port de Venise sous la conduite de Boniface, marquis de Montferrat, qu'ils avoient choisi pour général de toute l'armée. Les Vénitiens étoient conduits par leur duc Henri Dandole, que la perte de sa vue ni son grand âge ne purent empêcher de marcher en personne. Ils arrivèrent tous ensemble par une heureuse navigation à Constantinople, dont ils admirèrent la grandeur extraordinaire, aussi bien que la situation avantageuse : elle commande à deux mers ; et à voir sa position entre l'Asie et l'Europe, elle semble être faite pour les tenir toutes deux dans sa dépendance.

Aussitôt qu'ils eurent abordé, l'empereur Alexis leur envoya une ambassade, pour leur dire que l'empereur étoit fort étonné qu'ils voulussent entrer dans ses terres sans son ordre : il leur fit demander pourquoi ils faisoient la guerre à des chrétiens, puisqu'ils ne s'étoient croisés que contre les infidèles ; et il ajouta que s'ils vouloient continuer leur voyage en Syrie, il leur promettoit du secours ; mais que s'ils avoient un autre dessein, ils devoient craindre sa puissance et la force de ses armes.

Conon de Béthune répondit aux ambassadeurs au nom de tous les seigneurs, qu'ils ne reconnoissoient point pour empereur celui qui les avoit envoyés ; qu'ils avoient leur véritable empereur dans leur armée ; qu'ils devoient le reconnoître d'eux-mêmes, sinon qu'ils étoient résolus de les y contraindre par la force. Les confédérés, après cette réponse, se préparèrent à agir et à faire leur descente. Aussitôt Alexis envoya de la cavalerie, pour les empêcher de prendre terre ; cependant la descente se fit toujours, et avec une telle impétuosité, que les Grecs effrayés lâchèrent pied d'abord ; les François attaquèrent aussitôt la tour de Galata, qu'ils emportèrent, et s'étant par ce moyen rendus maîtres du port, ils commencèrent à battre les murailles de la ville avec leurs béliers ; mais comme ils avançoient peu, ils prirent le parti d'en venir à l'escalade : cela fut exécuté, comme on l'avoit résolu dans le conseil de guerre, où l'on avoit réglé que les Vénitiens attaqueroient par mer, pendant que les François feroient leur attaque du côté de la plaine.

Les premiers ayant appuyé leurs échelles dessus leurs vaisseaux, montèrent sur les murailles, et prirent vingt-cinq tours, où s'étant enfin logés, ils se jetèrent dans la ville. Alexis épouvanté, au lieu de songer à repousser ses ennemis avec la multitude innombrable de peuple et de soldats qu'il avoit, se sauva la nuit, et abandonna la ville. Isaac, ravi de recouvrer tout ensemble la liberté, l'empire et son fils, par un secours si inespéré, confirma le traité qui avoit été fait avec les François.

Le jeune Alexis, associé à l'empire par son père, voyant que ses affaires n'étoient pas encore rétablies, les pria de remettre leur voyage à l'année suivante. Enfin, quand il eut tout à fait reconquis l'empire, et qu'il crut pouvoir se passer de leur secours, il ne s'appliqua plus qu'à chercher des prétextes pour s'en délivrer. Les François, mécontens de son procédé, lui envoyèrent reprocher son ingratitude, et lui firent déclarer la guerre jusque dans le palais des Blaquernes, qui étoit la demeure ordinaire des empereurs.

Cependant ceux des Grecs qui étoient mécontens du jeune Alexis, voyant qu'il avoit rompu avec les François, et qu'il avoit perdu un si grand secours, songèrent à se révolter contre lui. Alexis Murtzufle, parent du prince, et son principal favori, se mit à leur tête. Ce perfide, ayant trompé les sentinelles et les gardes pendant la nuit, surprit Alexis dans son lit, et se saisit de sa personne. Quand Isaac eut appris cette malheureuse nouvelle, il tomba malade et mourut de regret. Murtzufle se revêtit de la pourpre royale, et se fit proclamer empereur. En même temps il fit empoisonner le jeune Alexis, mais le poison n'ayant rien fait, il donna ordre qu'il fût étranglé.

Les François, indignés d'une si noire perfidie, entreprirent avec tant d'ardeur la prise de Constantinople, qu'ils l'emportèrent d'assaut. Ils croyoient que Murtzufle, se retrancheroit dans quelque partie de la ville; mais ils apprirent qu'il s'étoit sauvé à la faveur de la nuit. Ainsi étant maîtres de Constantinople et de tout le pays, ils résolurent de faire un empereur, et élurent Baudouin comte de Flandre. Il ne vécut pas longtemps après; car ayant assiégé Andrinople, que les Bulgares avoient prise, il fut attaqué dans son camp : il repoussa d'abord vigoureusement l'ennemi; mais comme il le poursuivoit avec trop d'ardeur, il s'engagea dans des lieux étroits, où les fuyards s'étant ralliés, vinrent fondre sur lui de toutes parts. Là, voyant le comte de Blois blessé à mort, et ne voulant pas l'abandonner, il fut pris lui-même; cette prison lui fut funeste, et il n'en fut délivré que par la mort.

Je n'ai pas besoin de parler des empereurs qui lui succédèrent, pendant que l'empire de Constantinople demeura entre les mains des François; mais il ne faut pas oublier la mort du perfide Murtzufle, qui, après s'être enfui de Constantinople, poussé de tous côtés par les François, fut contraint de se réfugier à Messinople, ville de Thrace, où le vieux Alexis s'étoit retiré il y avoit déjà longtemps. Arrivé près de cette ville, il fit dire à l'empereur Alexis qu'il lui donneroit ses troupes, et qu'il lui seroit éternellement soumis, s'il vouloit le recevoir en ses bonnes graces. Alexis fit semblant de se fier à ses promesses ; mais l'ayant attiré dans la ville, où il entra sur la parole de ce prince, il lui fit crever les yeux.

Murtzufle trouva moyen quelque temps après de se sauver des mains d'Alexis ; mais la justice divine le poursuivant toujours, il tomba entre les mains des François, qui, l'ayant mené à Constantinople, le condamnèrent à mort, et le jetèrent du haut d'une colonne, où même on dit qu'on voyoit gravé un homme habillé en empereur, à qui on faisoit souffrir un pareil supplice. Mais il est temps de reprendre le fil de notre histoire.

LOUIS VIII (AN 1225).

Henri, roi d'Angleterre, ne voulut pas se trouver au couronnement de Louis VIII, qui se fit à Reims le 6 août 1223 (il y étoit cependant obligé en qualité de duc de Guyenne) ; au contraire, il l'envoya sommer de lui rendre la Normandie. Le roi, au lieu de lui rendre des provinces justement confisquées par le jugement des pairs, lui ordonna de quitter les autres pays qu'il avoit en France ; mais les affaires de cette nature ne s'achèvent point par des paroles, et il en fallut venir aux armes.

Louis entra dans le Poitou, où d'abord il défit l'armée angloise, et se saisit de plusieurs places. La Rochelle se défendit longtemps ; mais enfin elle se rendit, ayant attendu en vain le secours d'Angleterre. La Guyenne épouvantée, fut prête à suivre cet exemple, et les Anglois eurent peine à la conserver. Ils ne purent empêcher que le vicomte de Thouars, qui étoit le plus grand seigneur de Poitou, ne se soumît au roi. Ce prince vaillant et guerrier, qu'on appela Lion, à cause de la grandeur de son courage, étendit ses conquêtes jusqu'à la Garonne. Il s'étoit déjà mis en possession du comté de Toulouse, qui lui avoit été cédé par Amaulri, et augmentoit tous les jours le royaume par de nouvelles conquêtes.

Il arriva aux environs de ce temps-là de grands troubles dans la Flandre : un imposteur, qui ressembloit à Baudouin empereur de Constantinople, disoit qu'il étoit le vrai Baudouin, et qu'il s'étoit sauvé des prisons des Bulgares. Il avoit déjà attiré à lui beaucoup des sujets de la comtesse Jeanne, fille de Baudouin. Louis ayant appris une nouvelle si surprenante, le fit venir sur sa parole, et voyant qu'il soutenoit opiniâtrément qu'il étoit Baudouin, lui fit ces interrogations : « Parlez, lui dit-il, quand est-ce que le roi mon père d'heureuse mémoire, vous a donné l'investiture de la Flandre? dans quelle chambre vous a-t-il fait chevalier? devant qui? de quelle couleur étoit le baudrier qu'il vous donna? quelles pierreries étoient dessus? car le vrai Baudouin ne doit point ignorer ces choses. » L'imposteur, qui ne s'étoit préparé qu'à des choses plus générales, se coupa, et fut obligé d'avouer sa fraude. Le roi le renvoya, parce qu'il lui avoit donné sa parole; mais il tomba entre les mains de Jeanne, qui le fit pendre.

Louis, ayant assuré ses conquêtes contre les Anglois, tourna, dans le comté de Toulouse, ses armes victorieuses contre les Albigeois. Comme il voulut passer en Provence, Avignon lui ferma les portes : il résolut de prendre cette place, quoique la peste se fût mise dans son camp. Avignon se rendit le 12 septembre 1226.

Louis mourut en revenant du siége (1226); prince digne d'une plus longue vie, et recommandable par sa piété autant que par sa valeur; au reste, quand il n'auroit point été illustre par ses grandes actions, il auroit une gloire éternelle parmi les hommes, pour avoir été père de saint Louis. Sa mort arriva le 8 novembre 1226, au château de Montpensier en Auvergne, d'où son corps fut transporté à Saint-Denis, où il fut enterré auprès de son père. Son règne ne dura que trois ans et quatre mois.

LIVRE V.

SAINT LOUIS IX (an 1226).

Louis VIII, ayant bien prévu qu'il arriveroit de grands troubles sous le règne de son fils aîné, qu'il laissoit âgé d'onze ans et demi, avoit fait jurer aux évêques et aux seigneurs qu'incontinent après sa mort ils le feroient couronner. Ils lui tinrent parole, et après avoir reconnu pour roi le jeune Louis, ils le mirent sous la tutèle de la reine Blanche sa mère, parce que plusieurs seigneurs témoignèrent que le roi en mourant l'avoit déclarée régente. A peine le roi avoit-il été sacré à Reims, le 29 novembre 1226, que la reine fut avertie de la conspiration que plusieurs princes avoient faite en Bretagne contre l'Etat. Elle ne leur donna point le loisir de se fortifier, et les ayant surpris au dépourvu, elle dissipa leur entreprise. Ensuite, pour donner ordre aux affaires du royaume, elle tint un parlement à Chinon, d'où étant partie, elle fut informée que les seigneurs attendoient le roi à Corbeil, pour se saisir de sa personne.

Ce fut Thibauld, comte de Champagne, qui lui donna cet avis. Si l'on en croit quelques auteurs, il étoit épris de la beauté de la reine dès le vivant du roi défunt, et loin de s'en cacher, il prenoit plaisir au contraire à déclarer sa passion. Il fit même pour la reine des vers tendres, qu'il eut la folie de publier; nous les avons encore aujourd'hui. La reine se fâcha d'abord, et ensuite ne fit plus que rire, et se moqua devant tout le monde de la folie du comte. Mais les brouilleries étant survenues, cette princesse, aussi habile que chaste, résolut de se servir de la passion de ce seigneur pour les intérêts du roi.

Thibauld, en partie par la légèreté de son esprit, en partie parce qu'il étoit mécontent de la reine, s'étoit mis dans le parti des princes ligués; mais comme ensuite elle l'exhorta avec douceur à prendre de meilleurs conseils, il fut tellement touché des façons de cette princesse, qu'il lui découvrit tous les desseins de la ligue. Ainsi étant si bien avertie, elle s'arrêta à Montlhéry, où les Parisiens par son ordre vinrent prendre le roi, et le ramenèrent triomphant à Paris.

Les troubles recommencèrent quelque temps après. Ce fut Henri III roi d'Angleterre qui souleva les mécontens. La reine trouva moyen de les apaiser, principalement le roi d'Angleterre et le comte de Bretagne; puis, voyant qu'il ne restoit plus dans le parti que le seul Raimond comte de Toulouse, elle en vint facilement à bout, en tournant contre lui toutes les forces du royaume. Il fut obligé de rendre presque toutes ses places, et de donner en mariage sa fille unique, qui étoit son héritière, à Alfonse, frère du roi (1228). Cette princesse fut remise aussitôt entre les mains de Blanche, pour être élevée sous sa conduite. Les troubles ne cessèrent pas pour cela. Les seigneurs, excités par Robert comte de Dreux, renouvelèrent bientôt la guerre, sous prétexte qu'ils ne pouvoient souffrir que l'Etat fût entre les mains d'une femme étrangère, et d'un cardinal étranger.

Cet étranger, tant envié, étoit le cardinal Romain, Italien, dont la reine écoutoit les conseils. Ils commencèrent à exciter les villes, à soulever les peuples par de faux bruits, à répandre des médisances contre la reine, et à lever des soldats de tous côtés. Ils engagèrent même dans leur parti Philippe comte de Boulogne, frère du roi défunt, en le flattant de l'espérance de le faire roi, et ils demeurèrent d'accord qu'une partie des seigneurs, après s'être rangés d'abord sous les étendards de Louis, passeroient tout d'un coup du côté des princes, dans l'instant qu'on donneroit la bataille. Par cet artifice, Louis seroit tombé inévitablement entre leurs mains, si Thibauld comte de Champagne ne fût venu à son secours avec trois cents chevaux qui le dégagèrent.

La reine ayant appris que les princes ligués vouloient faire roi Enguerrand de Coucy, le fit savoir à Philippe comte de Boulogne, qu'elle détacha par ce moyen de leur parti. Ces seigneurs, brûlant néanmoins du désir de se venger de Thibauld, sous prétexte des démêlés qu'il avoit avec Alix, reine de Chypre, résolurent entre eux que le duc de Bourgogne attaqueroit la Champagne de son côté, pendant qu'ils y entreroient du côté de la France. Mais Blanche ne l'abandonna pas à leur fureur, et n'oublia pas les services qu'il avoit rendus à l'Etat. Elle alla à son secours avec le roi, suivi des meilleures troupes de France.

Dès que l'armée parut, les princes envoyèrent prier le roi de ne point exposer sa personne; mais il leur fit savoir que les soldats ne combattroient pas qu'il ne fût à leur tête. Etonnés de cette réponse, ils l'envoyèrent prier d'accommoder l'affaire. Il répondit qu'il n'entreroit en aucun traité qu'ils ne fussent hors de la Champagne. Sur cette réponse, ils se retirèrent en désordre, en sorte que leur décampement ressembloit à une fuite. Le roi les ayant poussés bien loin hors de la province, termina le différend entre Thibauld et Alix, avec la satisfaction de l'un et de l'autre.

Quoique Louis eût de grandes obligations à la reine sa mère, de ce qu'elle avoit si bien soutenu son autorité, il lui en avoit encore beaucoup plus du soin qu'elle prenoit à le faire élever dans la crainte de Dieu. Elle le faisoit instruire par les personnes de la plus grande piété du royaume. Il entendoit tous les dimanches la parole de Dieu; mais ce qui faisoit une plus grande impression sur son esprit, c'est que la reine lui répétoit tous les jours, que quelque tendresse qu'elle eût pour lui, elle aimeroit mieux le voir mort, que de lui voir commettre un péché mortel.

Ce sentiment demeura si profondément gravé dans son cœur, que non-seulement il le conserva pendant tout le cours de sa vie; mais encore qu'il l'inspiroit aux autres. Il demanda une fois au sire de Joinville, un des principaux seigneurs de sa cour, et qui a écrit son histoire, lequel des deux il aimeroit mieux, ou d'être lépreux, ou d'avoir commis un péché mortel : il répondit qu'il aimeroit mieux en avoir fait mille. Le roi le reprit sévèrement de cette parole, lui répétant plusieurs fois qu'il n'y avoit point de pire lèpre que le péché, qui souilloit l'ame, et la rendoit odieuse à Dieu pour toute l'éternité : cette pensée lui fut toujours présente dans tout le cours de sa vie. C'est ainsi qu'il faut instruire les princes, parce que rien ne demeure plus intimement dans le cœur des hommes que ce qu'ils y ont reçu dès l'enfance.

Par ces devoirs de piété, Blanche s'attira tellement la protection du Ciel, qu'elle réduisit tous ses ennemis, jusqu'à contraindre Pierre, appelé Mauclerc, comte de Bretagne, qui avoit soulevé tous les autres, à venir demander pardon au roi.

Louis, ayant pris lui-même le gouvernement de l'Etat (1234), épousa Marguerite, fille aînée de Raimond comte de Provence, femme très-chaste et très-courageuse, avec laquelle il vécut en grande concorde, et avec beaucoup d'innocence et de sainteté. Béatrix sa sœur cadette épousa Charles comte d'Anjou, frère du roi. Raimond étant mort sans enfans mâles, Charles eut le comté de Provence, en vertu du testament de son beau-père, qui institua héritière sa fille Béatrix. Presque toutes les provinces vouloient avoir leurs seigneurs particuliers, les voir, leur faire leur cour, et ne se laissoient point unir à un plus grand empire.

Louis publia de très-saintes lois, par lesquelles il établissoit le respect qui étoit dû aux choses sacrées, mettoit un bon ordre dans les jugemens, et réformoit tous les abus. On pouvoit venir à lui à toute heure, pour lui demander justice, même pendant qu'il étoit à la promenade ; et on montre encore à Vincennes, les endroits où il jugeoit, étant assis sous un arbre.

Pendant les voyages de la Cour, il envoyoit toujours un prélat et un seigneur, pour informer des dégâts, et les réparer. Il donnoit les bénéfices avec une grande circonspection à ceux qu'il trouvoit les plus savans et les plus pieux, afin que les peuples fussent édifiés par leur vie et par leur doctrine. Combien auroit-il été plus soigneux dans la distribution de telles graces, s'il eût eu à donner les évêchés et les grandes dignités de l'Eglise ? Il favorisoit le clergé, sans laisser affoiblir l'autorité de ses officiers. Il conservoit soigneusement les anciennes coutumes du royaume ; et quoiqu'il fût très-attaché et très-soumis au saint Siége, il ne souffroit pas que la cour de Rome entreprît sur les anciens droits des prélats de l'Eglise gallicane.

On admiroit sa sagesse, et il paroissoit en tout le plus sage et le plus sensé de son conseil, encore qu'il y appelât les plus habiles gens du royaume. Il terminoit sur-le-champ avec une netteté et un jugement admirables les choses qui demandoient une prompte résolution ; dans tout le reste il écoutoit l'avis des personnes sages, qu'il digéroit en lui-même durant quelques jours, sans dire mot, et puis il prenoit sa résolution avec beaucoup de maturité et de prudence.

Il étoit doux et bienfaisant, d'un abord facile à tout le monde : il faisoit manger avec lui les grands personnages de son royaume ; il aimoit mieux gagner les esprits par la douceur, et les exciter par la récompense, que de faire tout par autorité. Il étoit doux à ses ennemis, et ne poursuivoit pas toujours son droit par les armes ; mais il préféroit les conseils de paix, et relâchoit du sien autant que sa dignité et la sûreté publique le pouvoient souffrir.

Ainsi Louis aimoit la paix, et ne fuyoit point la guerre quand elle étoit nécessaire ; mais il la faisoit courageusement, et s'y montroit vigoureux, et dans les conseils et dans l'exécution. Enfin, on voyoit paroître dans ses actions et dans ses paroles, la justice, la constance, la sincérité, la douceur pour l'ordinaire, et aussi la sévérité, quand les conjonctures le demandoient. La France se trouvoit heureuse de l'avoir tout ensemble pour roi et pour père.

Pendant qu'elle étoit en cet état, Grégoire IX avoit excommunié et privé de l'empire l'empereur Frédéric II : ensuite il envoya des ambassadeurs à Louis, et lui demanda Robert comte d'Artois, son frère, pour le faire empereur. Les grands seigneurs du royaume, et le conseil du roi, répondirent qu'ils ne voyoient aucune raison d'attaquer l'empereur qui ne faisoit aucun mal à la France ; que le roi ne vouloit faire la guerre à aucun prince chrétien qu'il n'y fût forcé ; qu'au reste, les rois de France, qui tenoient un si grand royaume par une succession héréditaire, étoient au-dessus des empereurs, qui n'étoient élevés à ce rang que par l'élection des princes; et que c'étoit assez d'honneur au comte d'Artois d'être frère d'un si grand roi.

Telle étoit la modération et la sagesse des conseils de ce prince, et telle la majesté de la monarchie françoise ; car les rois de France, appelés les grands rois par excellence, ont été regardés dans tous les temps avec les empereurs, comme les deux plus illustres princes parmi les rois de l'Europe. Ils avoient des vassaux puissans, qui les reconnoissoient pour leurs seigneurs, par rapport aux terres qu'ils possédoient en France, et qui même, lorsqu'ils étoient revêtus de la royauté, ne dédaignoient pas de fléchir le genou devant eux, en leur rendant hommage. Tels étoient, par rapport à la France, les rois d'Angleterre et les rois de Navarre.

L'ingrat empereur Frédéric, nonobstant l'obligation qu'il avoit à Louis, lui avoit préparé des embûches, sous prétexte d'une conférence qu'il lui proposa ; mais Louis se contenta de les éviter, sans songer à se venger de ce prince, ni à se joindre à ses ennemis. Le même empereur lui écrivit pour le prier de défendre avec lui la majesté des rois, violée en sa personne par le Pape, ou de juger la difficulté qu'il soumettoit à son jugement, ou d'accommoder l'affaire en qualité d'arbitre et d'ami commun. Louis ne voulut point confondre avec les droits de l'empire, les droits beaucoup plus constans du royaume de France, ni se mêler dans la querelle d'autrui ; voyant d'ailleurs que les choses se poussoient avec trop d'aigreur, pour pouvoir être décidées à l'amiable par les règles de la justice.

Après une longue paix, il s'éleva une grande guerre du côté des Anglois (1242). Le sujet de cette guerre fut la révolte de Hugues comte de la Marche, que sa femme Isabelle avoit porté à secouer le joug. Comme elle avoit été reine d'Angleterre, et qu'elle étoit mère du roi d'Angleterre, cette princesse fière et orgueilleuse, ne pouvoit se résoudre à céder à la comtesse de Poitiers, à quoi néanmoins elle se voyoit obligée ; car le roi avoit donné à Alphonse, son frère, le comté de Poitiers, duquel celui de la Marche relevoit. Une telle sujétion étoit insupportable à cette femme orgueilleuse ; elle attira son mari dans ses sentimens, qui fit entendre au roi d'Angleterre son beau-fils, que s'il entroit dans le Poitou, tous les seigneurs du pays se joindroient aussitôt à lui. Cette raison l'obligea à jeter en France une armée nombreuse.

Louis n'oublia rien pour faire une paix raisonnable (1243); mais comme le roi d'Angleterre, par son orgueil naturel, rejeta toute sorte de propositions, lui de son côté porta toutes ses pensées à la guerre. L'armée d'Angleterre jointe à celle du comte de la Marche, étoit de moitié plus forte que celle de France. Louis ne laissa pas d'attaquer les places les mieux fortifiées du comte : il les prit et les fit raser. Isabelle, effrayée de ces progrès, tâcha de le faire empoisonner. Cet attentat exécrable fut découvert, et le roi ayant rendu graces à Dieu, qui l'avoit délivré d'un si grand péril, fit la guerre avec plus de confiance contre des méchans et des impies.

Les deux armées s'étant rencontrées auprès du pont de Taillebourg, en sorte qu'il n'y avoit que la Charente entre deux, Louis fit passer la rivière à gué à une partie de ses troupes, et passa lui-même sur le pont, après avoir forcé ceux qui le défendoient; ensuite par sa valeur extraordinaire, il anima le courage des siens, et paroissant à leur tête l'épée à la main, il mit les ennemis en déroute, sans leur donner le temps de se rallier. Aussi la victoire fut-elle attribuée à sa valeur.

Le lendemain nos fourrageurs en petit nombre rencontrèrent quelques escadrons des ennemis : chacun étant venu au secours des siens, les deux rois y accoururent, et on se trouva engagé à une bataille générale. Les François pleins de courage sous la conduite de leur roi, et animés par la victoire du jour précédent, pressèrent si vivement les Anglois, qu'ils ne purent soutenir une attaque si vigoureuse. Henri oublia son ancienne fierté, et prit le premier la fuite. Il se renferma dans Saintes, et ne s'étant pas même trouvé en sûreté dans ses murailles, il s'enfuit durant la nuit.

La crainte de Louis, et de ses armes victorieuses, lui fit repasser la Garonne, et abandonner le comte de la Marche, qui fut bientôt mis à la raison, une partie de ses terres fut confisquée, et il fut rétabli dans l'autre : Isabelle obtint aussi sa grace. Ainsi Louis fit la guerre avec autant de vigueur qu'il avoit eu de désir de faire la paix; et Henri, qui avoit paru si fier et si orgueilleux lorsqu'il s'étoit engagé dans l'entreprise, se trouva, comme il arrive ordinairement, lâche et paresseux dans l'action.

La guerre étant achevée, Louis tomba dans une si grande maladie (1244), qu'il fut désespéré des médecins. La consternation fut extrême dans toute la cour, et surtout on ne peut exprimer la douleur de la reine sa femme et de la reine sa mère. Il eut une si grande défaillance, qu'on le crut mort durant plusieurs heures. Pendant ce temps la reine sa mère n'espérant plus aucun secours des remèdes humains, lui appliqua la vraie croix de Notre-Seigneur, et la lance qui lui avoit tiré du côté du sang et de l'eau. Il revint aussitôt à lui; mais il n'eut pas plutôt repris ses sens, qu'il résolut la guerre de la Terre-Sainte, et qu'il se croisa.

Blanche, effrayée de cette résolution, engagea l'évêque de Paris à se joindre à elle pour l'en détourner : cependant il persista dans son dessein, et sur ce qu'on lui remontroit qu'il ne se possédoit pas encore, lorsqu'il avoit pris la croix, après avoir ôté celle qu'il avoit prise, il se croisa une seconde fois pour montrer qu'il n'avoit rien fait par foiblesse, mais par un dessein formé de soutenir la religion contre les infidèles.

Avant que de partir, il fit publier par tout le royaume, que si lui ou ses officiers avoient fait tort à quelqu'un, on s'en vînt plaindre, et qu'il le feroit aussitôt réparer. Les affaires survenues l'empêchèrent de partir avant le lendemain de la Toussaint. Il arriva heureusement en l'île de Chypre, où il séjourna jusqu'à l'Ascension. Sa flotte parut sur la côte d'Egypte le jour de la Pentecôte de l'an 1249.

Comme il étoit prêt à descendre, son armée fut battue de la tempête, et plusieurs vaisseaux jetés çà et là, ne purent suivre leur route. Cela ne l'empêcha pas d'exécuter la résolution qu'il avoit prise de mettre son armée à terre, parce qu'il craignit que le retardement ne diminuât le courage des siens, et n'enflât celui de ses ennemis. Six mille Sarrasins s'étant avancés pour s'opposer à sa descente, il fit approcher son vaisseau le plus près qu'on put; mais comme il ne laissoit pas d'y avoir encore beaucoup d'eau à passer, le roi plein de courage se jeta dans la mer jusqu'aux épaules, l'épée à la main, tant il avoit de désir d'aborder promptement à terre.

Aussitôt qu'il y fut, il vouloit se jeter tout seul sur les ennemis, sans être étonné d'une si grande multitude. Ceux qui étoient auprès de lui, l'obligèrent d'attendre le reste de l'armée. Toutes les troupes s'étant jointes, il chargea les ennemis si vigoureusement, qu'il les mit d'abord en déroute; puis il alla en diligence à Damiette, qu'il trouva abandonnée par les Sarrasins. Il y laissa la reine, qui jusqu'alors n'avoit pas voulu le quitter, et qui montra un courage merveilleux dans toute la suite de cette guerre. Le soudan mourut dans ce même temps, et cette mort mit les Sarrasins en grand désordre. Le roi tint conseil de guerre, pour résoudre s'il iroit assiéger Alexandrie, ou le grand Caire, que nos historiens ont appelé Babylone. Il résolut de s'attacher à cette dernière ville, parce que c'étoit la capitale de tout l'empire, et qu'ayant celle-là, on auroit facilement toutes les autres.

Pour exécuter ce dessein, il falloit passer un bras du Nil, fort profond, que nos historiens appellent Rexi. On n'avoit point encore pu trouver de gué; on travailla à construire une chaussée au travers de la rivière, pour faire passer les troupes. Afin que les soldats pussent travailler et avancer l'ouvrage à couvert, le roi fit faire une grande galerie, et comme il ne se trouvoit point d'arbres aux environs, il fit prendre le bois des vaisseaux.

A mesure que le travail avançoit, l'eau et les ennemis le détruisoient: outre cela les Sarrasins jetoient une si grande quantité de ces feux d'artifice qu'on appeloit des feux grégeois, que le bois de la galerie, qui étoit fort sec, prenoit feu de tous côtés, et une infinité d'hommes étoient brûlés : car ils avoient des machines par lesquelles ils jetoient de ces feux gros comme un tonneau. Ainsi l'ouvrage n'avançant pas, on désespéroit de pouvoir passer la rivière, lorsqu'un homme du pays s'offrit de montrer au roi un gué assez commode, qu'on fit sonder aussitôt, et l'on résolut de passer.

Les ennemis étoient à l'autre bord de la rivière, résolus de disputer le passage à notre armée. Elle avoit à combattre avec la profondeur, la rapidité des eaux, et les traits innombrables que jetoient les Sarrasins. Les coups d'épée succédoient contre ceux qui avoient passé, et ils étoient si pressés, qu'ils étoient prêts à céder, lorsqu'ils virent avancer le roi, dont la vigueur incroyable soutenoit partout le combat. On le voyoit partout l'épée à la main. Il fondoit sur les plus épais bataillons des ennemis, et alloit de tous côtés secourir ceux qu'il voyoit pressés. Le choc fut si furieux, que le comte d'Artois, frère du roi, fut tué. Le roi même pensa être pris, et déjà six infidèles l'emmenoient; mais à coups d'épée et à coups de masse il se délivra de leurs mains, et fit de si grandes actions, que toute l'armée crut devoir la victoire de ce jour à sa valeur.

Cependant, comme on lui vantoit son courage, et qu'on lui disoit que ce passage du Nil égaloit ce que les plus grands capitaines avoient jamais fait de plus illustre, il imposoit le silence à tout le monde, et disoit qu'il falloit rendre gloire à Dieu de ce bon succès, puisque lui seul donnoit les victoires. Voilà ce qui se passa à la journée de la Massoure. La mort du comte d'Artois fit répandre au roi beaucoup de larmes; mais, parmi ses douleurs extrêmes, il se sentoit consolé, parce qu'il étoit mort pour soutenir la religion.

On apporta le corps du comte au nouveau soudan, qui, l'ayant vu habillé à la royale, fit croire à ses soldats que le roi avoit été tué, et qu'il falloit promptement charger l'armée, qu'ils déferoient facilement, parce qu'elle étoit sans chef. Le roi, averti par ses espions du dessein de l'ennemi, se tint en défense, et marqua à chacun le poste qu'il devoit garder. Le soudan commença l'attaque par celui de Charles comte d'Anjou, qui d'abord fut pris par les infidèles, en combattant vaillamment à pied, à la tête des siens. Le roi étant accouru le dégagea. Il ne put pas délivrer de même Alfonse comte de Poitiers, son second frère, qui, étant abandonné des siens, tomba entre les mains des infidèles. Louis ne laissa pas de repousser l'effort des ennemis, qui furent contraints de se retirer avec grande perte. Aussitôt qu'il vit les ennemis se retirer en désordre, et qu'il étoit maître du champ de bataille, pour ne point laisser engager ses gens en quelque embuscade, il fit sonner la retraite, et ordonna que toute l'armée rendit graces à Dieu des deux victoires qu'il lui avoit accordées.

Les Sarrasins ne perdirent pas courage pour tant de pertes. Le soudan assembla autant de troupes qu'il put, tant de son pays que de ses alliés, et désespérant de surmonter les François par la force, il résolut de leur couper les vivres. Pour cela il occupa toute l'étendue de la rivière jusqu'à Damiette, et s'étant rendu maître de toutes les avenues, il réduisit notre armée à une extrême nécessité. Pour comble de maux, il survint dans le camp une maladie alors inconnue parmi les François, c'étoit le scorbut : cette maladie pourrissoit et desséchoit les jambes jusqu'à l'os, et ulcéroit les gencives, en sorte que les chairs tomboient par lambeaux. Elle étoit causée, tant par l'intempérie de l'air, que par la mauvaise nourriture ; et Dieu se servoit de ce moyen pour châtier les débauches et les violences des François, qui s'emportoient à toute sorte d'excès, malgré les exemples, les ordres, et même la sévérité du saint roi.

Ce prince se trouva obligé de rejoindre le reste de l'armée, qu'il avoit laissée sous la conduite du duc de Bourgogne, pour garder l'autre côté de la rivière. Comme on la repassoit, les Sarrasins attaquèrent l'arrière-garde, qui fut sauvée par les soins et par la valeur de Charles comte d'Anjou. Lorsque le roi eut rejoint les troupes, il résolut de s'en retourner à Damiette; mais son armée, déjà affoiblie par la maladie et par la disette, fut encore accablée par la multitude des Sarrasins. Lui-même qui étoit malade, n'ayant plus auprès de sa personne qu'un seul écuyer pour le défendre, fut contraint de se rendre à eux. Dix mille hommes furent pris le même jour.

Les historiens assurent que le roi auroit pu se sauver, s'il n'eût mieux aimé s'exposer à toute sorte de périls, que d'abandonner son peuple (1250). Dieu permit qu'il fût battu et pris, pour lui montrer que les plus grands capitaines ne sont pas toujours victorieux, et qu'il faut mettre sa confiance en lui seul, puisqu'il est le maître absolu de tous les événemens. Ces malheurs servirent aussi à perfectionner et à éprouver la patience de saint Louis, et à lui faire mépriser les choses du monde, dont les retours sont si soudains. En effet, au lieu de se plaindre, ou de se laisser abattre à la douleur, dans les plus grandes extrémités il avoit incessamment à la bouche les louanges de Dieu, et lui rendoit graces des maux qu'il avoit à souffrir pour son service : rien ne l'affligeoit que les misères des siens.

La longueur de sa prison n'abattit point son courage, et ne changea point ses sentimens. Un si grand roi se voyoit lié comme un esclave; on le menaçoit tantôt de lui serrer les pieds entre deux planches de bois nommées bernicles par Joinville ; tantôt de le faire mourir : au milieu de ces menaces, il montroit toujours la même douceur et la même fermeté, de sorte que sa constance étoit admirée même des infidèles. Comme on lui eut rapporté que le vaisseau sur lequel la reine sa mère envoyoit une grande quantité d'or et d'argent pour sa rançon, étoit submergé, il dit sans s'étonner, que quelque malheur qui lui arrivât, il demeureroit toujours soumis et fidèle à Dieu. Enfin, après plusieurs menaces et plusieurs propositions déraisonnables qui lui furent faites, il offrit de lui-même huit cent mille besans, qui font environ quatre millions de notre monnoie d'aujourd'hui, avec la ville de Damiette, tant pour sa rançon que pour celle de ses gens.

Le soudan, touché de sa générosité et de sa franchise, accepta la condition, et même lui remit, selon quelques historiens, cent mille livres. A ces conditions la trêve fut conclue pour dix ans, et le roi alloit être délivré ; mais on tua en sa présence le soudan avec qui il avoit traité. Celui qui avoit fait cette exécution, vint au roi avec son couteau sanglant, lui disant qu'il avoit tué son ennemi, qui avoit résolu sa mort. Les historiens racontent qu'il y eut des infidèles qui eurent envie de le faire leur empereur ; tant sa réputation étoit établie parmi eux. Cependant on lui vint dire que le nouveau soudan avoit mis en délibération dans son conseil s'il ne le feroit point mourir avec tous les François ; mais Dieu, en qui il avoit mis sa confiance, tourna tellement les cœurs, qu'enfin il fut résolu qu'on exécuteroit le traité. Ainsi le roi fut délivré, après avoir été prisonnier environ un an.

Dans le paiement les Sarrasins s'étant mécomptés d'une somme considérable, il leur renvoya ce qui manquoit, croyant qu'il falloit garder la foi, même aux infidèles. Ils n'eurent pas la même fidélité envers lui ; car ils ne rendirent ni toute l'artillerie, ni tous les prisonniers, comme ils l'avoient promis. Le roi étant délivré demeura quelque temps dans la Terre-Sainte, où il reçut une ambassade des chrétiens de ce pays-là, qui le supplioient de ne les point abandonner dans leur extrême désolation. Il mit la chose en délibération, et d'abord presque tous crioient d'une même voix qu'il falloit aller en France.

L'avis de Joinville fut de demeurer en Palestine. Il disoit qu'il étoit digne du roi de soutenir les chrétiens abandonnés. Louis fut quelques jours sans déclarer ses intentions ; puis il dit à ce seigneur qu'il ne se repentiroit pas d'avoir donné un si bon conseil : après quoi il déclara à tout le monde qu'il y demeureroit, parce que la France, étant sous la conduite de la reine sa mère, ne manqueroit pas de secours, au lieu que les chrétiens de la Terre-Sainte n'avoient d'espérance qu'en lui.

On a une lettre de saint Louis, qui explique ce qui s'est passé dans la Terre-Sainte, et les raisons pour lesquelles il y étoit demeuré. Il dit entre autres choses, que les Sarrasins n'avoient pas gardé la trêve, et qu'il ne pouvoit pas abandonner plus de douze mille prisonniers qu'ils avoient retenus contre le traité. Il ajoute, que le bien de la chrétienté demandoit qu'il profitât de la guerre qui étoit entre le soudan d'Alep, et celui de Babylone.

Pendant le temps de son séjour, il fit des biens incroyables : il rebâtit presque à neuf plusieurs villes importantes, fortifia celles de Tyr et de Sidon, et refit les murailles d'Acre, qui étoient toutes ruinées, en élevant de tous côtés de grandes tours. Il se préparoit à faire de plus grandes choses, lorsqu'il apprit la mort de la reine sa mère (1252), qui lui causa une extrême douleur, et le contraignit de retourner en France.

Comme il étoit à la hauteur de l'île de Chypre, il vint un coup de vent si furieux, que son vaisseau en fut presque submergé : et il alloit être brisé sur un rocher, s'il n'eût été arrêté sur un banc de sable, dont on eut peine à le retirer. En cet état il appela Joinville, et lui dit : « Voyez la puissance de Dieu ; un seul de ses quatre vents qu'il a lâché contre nous a pensé faire périr le roi, la reine de France, et presque toute la maison royale. » Il ajouta que des accidens pareils étoient autant d'avertissemens que Dieu donnoit aux pécheurs, afin qu'ils se corrigeassent, et que lorsqu'ils refusent d'en profiter, il les change en châtimens rigoureux. C'est ainsi qu'il tiroit du profit, et pour lui et pour les autres, de tous les accidens de la vie.

Les nautonniers voulant lui faire craindre de passer sur ce vaisseau, parce qu'il étoit fort ébranlé, il leur demanda ce qu'ils feroient s'ils avoient à passer des marchandises : « Nous les passerions sans doute, répondirent-ils ; mais on n'oseroit hasarder une vie si précieuse. » Alors il dit qu'il y avoit six cents hommes dans le vaisseau qui aimoient autant leur vie qu'il faisoit la sienne : et qu'il leur ôteroit tout moyen de retourner en France, s'il abandonnoit ce vaisseau. Ainsi, ne trouvant pas digne de lui de laisser à l'abandon tant de ses fidèles serviteurs, il continua son voyage sur le même vaisseau sans s'étonner, et arriva heureusement en France.

Lorsqu'il eut abordé à Roanne (1254), un religieux de l'ordre de Saint-François lui fit un excellent sermon sur la justice, disant qu'elle étoit l'appui des Etats, que les royaumes tant des chrétiens que des infidèles ne périssoient que faute de la bien rendre, et que les princes y étoient obligés par-dessus tous les autres hommes, puisque Dieu leur avoit confié le genre humain, qui lui est si cher, pour le gouverner et le conserver en son nom. Le roi fut tellement touché de ce sermon, qu'il vouloit retenir auprès de lui celui qui lui avoit donné des instructions si salutaires. Mais ce saint religieux, loin de vouloir suivre la cour, répondit d'une manière grave et sérieuse, que la retraite étoit son partage, et même qu'il craignoit beaucoup pour le salut des religieux qu'il voyoit autour du saint roi.

Quoique ce prince fût assez porté de lui-même à faire justice, cette prédication l'y excita encore davantage. Comme il voyoit que ses sujets aimoient mieux souvent quitter le royaume, et abandonner leurs biens, que d'être persécutés comme ils étoient par ses officiers, il les soulagea avec un succès si heureux, que même en diminuant les impôts il fit doubler son revenu. S'il avoit du bien d'autrui, il étoit exact à le rendre à ceux à qui il étoit, et il avoit soin que les siens fissent de même. Thibauld comte de Champagne et roi de Navarre, fils de cet autre Thibauld dont il a été tant parlé, et gendre du roi, faisoit de grandes aumônes aux frères prêcheurs. Louis l'avertit sérieusement que s'il avoit des dettes ou du bien d'autrui, il ne crût pas en être quitte par ces pieuses libéralités, et que Dieu n'agréoit pas les aumônes qui se faisoient de rapines.

Il revint de la Terre-Sainte si dégoûté des plaisirs, qu'il n'en étoit plus touché. On ne l'a jamais vu se plaindre des viandes qu'on lui servoit, quelque mal apprêtées qu'elles fussent. Il pratiquoit de grandes austérités, et portoit ordinairement le cilice; mais il n'en étoit pas pour cela plus triste, ni d'un accès plus difficile; et quoiqu'il tirât de grands avantages de ces mortifications, ce n'étoit pas là qu'il mettoit la perfection chrétienne, sachant bien que la charité et la justice enferment les devoirs essentiels de la religion.

Il étoit toujours habillé fort simplement, et alléguoit à ceux qui l'en blâmoient, l'exemple du roi son père, et du roi son grand-père. Quoiqu'il fût d'une grande simplicité dans sa parure ordinaire, cependant dans les parlemens ou assemblées des grands de la nation, et dans les cérémonies, il paroissoit avec plus de hauteur et de magnificence que les rois ses prédécesseurs. L'état de sa maison étoit magnifique, et il étoit fort libéral envers ses officiers; mais il l'étoit principalement envers les pauvres, et demandoit à ceux qui lui reprochoient ses grandes aumônes, s'il ne valoit pas mieux employer son argent au soulagement des misérables, qu'à la vanité. Outre les aumônes qu'il faisoit avec tant de libéralité, il tenoit encore tous les jours derrière sa table une autre table destinée aux pauvres, qu'il servoit souvent en personne, croyant honorer en eux Jésus-Christ.

On peut juger de son zèle à étendre le culte de Dieu par les belles lois qu'il a faites pour la piété; par les châtimens rigoureux qu'il faisoit des impies et des blasphémateurs, à qui il faisoit percer la langue; et enfin par les églises, par les hôpitaux, et par les communautés d'hommes et de femmes consacrées à Dieu, qu'il a magnifiquement fondées. Il ne faut point oublier la célèbre maison de Sorbonne, que Robert Sorbon, son confesseur, bâtit avec l'approbation et la faveur du saint roi (1254).

Les seigneurs de son royaume se ruinant souvent les uns les autres par de cruelles guerres, ses ministres lui conseilloient de les laisser faire, parce qu'après il en seroit plutôt le maître, soit pour les accorder, soit pour les assujettir. Mais il répondit que Jésus-Christ avoit dit: *Bienheureux les pacifiques, parce qu'ils seront appelés enfans de Dieu;* qu'au reste s'il entretenoit malicieusement les querelles, il soulèveroit à la fin tout le monde contre lui, et ne feroit pas le devoir d'un bon roi. En effet, en pacifiant les troubles, et réconciliant les esprits, il s'acquéroit tous les seigneurs, et se donnoit tant d'autorité, que non-seulement les princes qui étoient ses sujets, mais encore ses voisins, entres autres le duc de Lorraine, soumettoient leurs différends à son jugement (1269).

Cet amour de la paix le porta à s'accorder avec le roi d'Angleterre.

Les conditions de cette paix furent, qu'outre l'Aquitaine que Henri avoit déjà, Louis lui rendroit, entre autres provinces que son grand-père avoit confisquées sur les rois d'Angleterre, le Périgord, le Quercy, et le Limousin, sauf l'hommage à la couronne de France ; et que le roi d'Angleterre de son côté, abandonneroit ses prétentions sur la Normandie, le Poitou, l'Anjou, le Maine et la Touraine. Ainsi le royaume fut en paix, et de très-grandes provinces peu soumises à la France, et presque toutes affectionnées aux Anglois, furent unies pour toujours à la couronne, par un traité solennel.

Louis, après avoir donné ordre aux affaires de son royaume, et en avoir laissé la régence à Matthieu abbé de Saint-Denis, et à Simon comte de Neelle, résolut de passer en Afrique avec une armée de soixante mille hommes. Il crut qu'il étoit plus sûr de se rendre maître de cette côte, et ensuite de l'Egypte, que d'entrer d'abord dans la Palestine; il fut encore porté à cette entreprise, parce que Charles d'Anjou, son frère, avoit été fait roi de Sicile, d'où il pouvoit avoir facilement du secours.

Aussitôt qu'il eut mis son armée à terre (1270), il assiégea et emporta d'abord Carthage avec son château. Il fut cinq semaines devant Tunis, sans avancer beaucoup. La dyssenterie se mit dans son armée avec une fièvre pestilente, dont il fut lui-même attaqué. Il se fit mettre sur un lit couvert de cendres comme un pécheur, pour recevoir les sacremens. Prêt à mourir, il répondoit à tous les versets, et faisoit ses prières avec une foi et une ferveur dont tous les assistans étoient touchés. Enfin ayant appelé Philippe son fils ainé, et l'ayant exhorté à la crainte de Dieu et à la justice, et de vive voix et par écrit d'une manière admirable, il rendit à Dieu tranquillement son ame bienheureuse.

Ainsi mourut le prince le plus saint et le plus juste qui jamais ait porté la couronne, dont la foi étoit si grande, qu'on auroit cru qu'il voyoit plutôt les mystères divins qu'il ne les croyoit. Aussi lui entendoit-on souvent louer la parole qu'avoit prononcée Simon, comte de Montfort, lorsqu'invité par les siens à venir voir Jésus-Christ, qui avoit paru dans la sainte hostie sous la figure d'un enfant : « Allez-y, dit-il, vous qui ne croyez pas. Pour moi, je crois, sans voir, ce que Dieu a dit : c'est l'avantage que nous avons par-dessus les anges; s'ils croient ce qu'ils voient, nous croyons ce que nous ne voyons pas. » Il rapportoit souvent cette parole, et l'avoit fortement gravée dans son cœur. Jamais il ne commençoit une action ou un discours, sans avoir auparavant invoqué le nom de Dieu. Il avoit appris cette leçon de la reine Blanche sa mère, et l'avoit soigneusement retenue.

Il faisoit aussi tous ses efforts pour inspirer à ses enfans les mêmes sentimens de piété. Tous les soirs il les appeloit pour leur apprendre la crainte de Dieu, et leur racontoit les châtimens que l'orgueil, l'avarice et la débauche des princes attiroit sur eux et sur leurs peuples. Dans une maladie qu'il eut, il fit venir Louis son fils ainé, qui mourut dans la suite avant lui. Il l'exhorta à se faire aimer de ses peuples, à rendre bonne justice, à protéger les malheureux et les oppressés, et lui dit que s'il négligeoit ses avis, il aimeroit mieux que son royaume fût gouverné par un étranger que par lui.

Il n'y a rien de plus mémorable que les préceptes qu'il donna à Philippe, son fils et son successeur. Il les avoit dès longtemps médités et rédigés par écrit; mais sentant approcher sa dernière heure, il le fit venir pour les lui donner et pour lui en recommander la pratique avec toute l'autorité paternelle.

Il l'avertit avant toutes choses de s'appliquer à aimer Dieu ; d'éviter soigneusement tout ce qui peut lui déplaire, et de choisir plutôt la mort avec toute sorte de tourmens, que de faire un péché mortel : il ajouta que si Dieu lui envoyoit quelque adversité, il devoit la souffrir patiemment, et croire qu'il l'avoit méritée, et qu'elle tourneroit à son bien ; que si au contraire il lui envoyoit du bonheur, il falloit l'en remercier, et prendre bien garde d'en devenir plus méchant, ou par orgueil, ou par quelque autre vice, parce qu'on ne doit pas faire la guerre à Dieu par ses propres dons. Il lui ordonna ensuite de se confesser souvent, et de choisir à cet effet des confesseurs prudens et sages, qui sussent lui enseigner ce qu'il devoit faire et ce qu'il devoit éviter : il lui recommanda de se comporter de manière que ses confesseurs et ses amis pussent sans crainte le reprendre de ses fautes ; il lui enjoignit ensuite d'entendre dévotement le service de l'Eglise, d'éviter les vaines distractions, et de prier Dieu de bouche et de cœur, en pensant saintement à lui, particulièrement à la messe, dans le temps de la consécration. Il lui recommanda aussi d'être doux et charitable envers les pauvres, sensible à leurs malheurs, et prêt à les secourir de tout son pouvoir.

A l'égard des chagrins inséparables de l'humanité, il l'avertit de découvrir promptement à son confesseur, ou à quelque homme sage, les peines qu'il pourroit ressentir; qu'il falloit pour cela qu'il eût toujours auprès de sa personne des gens sages, soit religieux ou séculiers; qu'il leur parlât souvent, et qu'il éloignât de lui les méchans; qu'il écoutât volontiers les discours de piété, et en particulier et en public ; et qu'il se recommandât souvent aux prières des personnes pieuses; qu'il aimât tout le bien, et qu'il haït tout le mal ; qu'il ne souffrît pas que personne fût si hardi, que de dire en sa présence quelque parole qui pût porter au crime; qu'il ne fût point médisant, et ne blessât la réputation de personne, ni publiquement, ni en secret; qu'il ne permît point qu'on parlât peu respectueusement en sa présence, ou de Dieu, ou de ses saints ; qu'il rendît graces à Dieu des biens qu'il recevroit de sa bonté, et qu'il méritât par là d'en recevoir davantage ; qu'il fût ferme à rendre la justice, sans tourner ni à droite ni à gauche, mais toujours selon la raison et le droit; qu'il soutînt la querelle du pauvre contre le riche, jusqu'à ce que la vérité fût découverte; qu'il fût aussi toujours porté pour ceux qui auroient procès contre lui, jusqu'à ce que la vérité fût reconnue, parce qu'ainsi ses conseillers rendroient plus hardiment la justice; que s'il avoit du bien d'autrui qui eût été usurpé par lui ou ses officiers, ou même par quelques-uns de ses prédécesseurs, et que cela fût bien avéré, il le rendît sans retardement; que si la chose étoit douteuse, il s'en fît informer soigneusement par des personnes sages et de probité; qu'il devoit mettre tout son esprit à faire que ses sujets vécussent en paix sous son autorité, sans se faire tort les uns aux autres; qu'il fût loyal, libéral, et ferme en parole à ses serviteurs, afin qu'ils le craignissent et l'aimassent comme leur maître; qu'il maintînt les franchises et les libertés dans lesquelles ses ancêtres avoient maintenu les villes de son royaume; qu'il les protégeât et favorisât, parce que par la richesse de ses bonnes villes, ses ennemis et ses barons craindroient de lui déplaire.

Il l'exhorta ensuite sérieusement à protéger et favoriser les ecclésiastiques; et il lui raconta sur cela que le roi Philippe, son aïeul, averti par ses officiers, que les ecclésiastiques entreprenoient sur ses droits, et les diminuoient, ce bon prince avoit répondu, qu'à la vérité il le croyoit ainsi, mais que quand il considéroit combien il étoit obligé à Dieu, il ne pouvoit se résoudre à faire des difficultés à son Eglise. Il lui apprenoit, par cet exemple, à aimer les ecclésiastiques, à conserver leurs terres, et à leur faire du bien, principalement ceux par qui la foi est prêchée et exaltée.

Il l'avertit encore qu'il donnât les bénéfices avec bon conseil, et à des personnes capables, qui n'eussent aucun bien d'Eglise; qu'il se gardât de faire la guerre sans y bien penser, principalement à des chrétiens, et que s'il y étoit obligé, il préservât de tout dommage les ecclésiastiques et ceux qui n'auroient fait aucun mal; qu'il apaisât, le plus tôt qu'il seroit possible, les guerres et les dissensions entre ses sujets; qu'il prît soin d'avoir de bons juges; qu'il s'informât souvent de leur conduite et de celle de ses autres officiers; qu'il travaillât à déraciner les crimes, principalement les juremens; qu'il exterminât les hérésies de tout son pouvoir; qu'il fît prendre garde que la dépense de sa maison fût raisonnable et réglée; enfin il lui demanda qu'il fît dire des messes pour son ame après sa mort, et finit en lui souhaitant toute sorte de bénédictions. « Dieu, dit-il, vous fasse la grace, mon fils, de faire sa volonté tous les jours, en telle sorte qu'il soit honoré par votre moyen, et que nous puissions être avec lui après cette vie, et le louer sans fin. »

Voilà ce que le saint roi dit et laissa en mourant, à Philippe son successeur. Ce qu'il écrivit à sa fille Isabelle, reine de Navarre, n'est pas moins mémorable. Voici comme il parle : « Ma chère fille, je vous conjure d'aimer Notre-Seigneur de tout votre pouvoir; car sans cela on ne peut avoir aucun mérite; nulle chose ne peut être aimée si justement : c'est le Seigneur à qui toute créature peut dire : *Seigneur, vous êtes mon Dieu, et vous n'avez que faire de mes biens*; c'est le Seigneur qui a envoyé son Fils en terre, et l'a livré à la mort pour nous délivrer de l'enfer. Si vous l'aimez, ma fille, le profit en sera pour vous; et la mesure de l'aimer, c'est de l'aimer sans mesure. Il a bien mérité que nous l'aimassions; car il nous a aimés le premier. Je voudrois que vous pussiez comprendre les œuvres que le Fils de Dieu a faites pour notre rédemption. Ma fille, ayez grand désir de savoir comment vous lui pourrez plaire davantage, et mettez votre soin à éviter tout ce qui lui déplaît. Mais particulièrement ne commettez jamais aucun péché mortel, quand même vous devriez voir tout votre corps mis en pièces, et qu'on vous devroit arracher la vie par toute sorte de cruautés. Prenez plaisir à entendre parler de Dieu, tant dans les sermons, que dans les conversations particulières; évitez les entretiens trop familiers, si ce n'est avec des hommes d'une grande vertu. »

Il n'est pas nécessaire de rapporter ici plusieurs choses qu'il ajoute, parce que ce sont les mêmes qu'il a recommandées à son fils. Mais il ne faut point omettre la fin de ce discours, dont voici les paroles : « Obéissez, ma fille, à votre mari, à votre père et à votre mère dans ce qui est selon Dieu; vous le devez faire ainsi, tant pour l'amour d'eux, que pour l'amour de Notre-Seigneur, qui l'a ainsi ordonné. Dans ce qui est contre la gloire de Dieu, vous ne devez d'obéissance à personne. Tâchez, ma fille, d'être si parfaite, que ceux qui entendront parler de vous, et vous verront, y puissent prendre exemple. Ne soyez pas trop curieuse en habits et en parures; mais si vous en avez trop, employez-les en aumônes; gardez-vous aussi d'avoir un soin excessif de votre ajustement. Ayez toujours en vous le désir de faire la volonté de Dieu, purement pour l'amour de lui, quand même vous n'attendriez ni châtiment ni récompense. »

C'est ainsi que ce prince instruisoit ses enfans; c'est ainsi qu'il vivoit lui-même. L'amour de Dieu animoit toutes ses actions, et il louoit beaucoup la parole d'une femme qu'on avoit trouvée dans la Terre-Sainte, tenant un flambeau allumé d'une main, et un vaisseau plein d'eau de l'autre, qui, étant interrogée de ce qu'elle en vouloit faire, répondit qu'elle vouloit mettre le feu au paradis, et éteindre le feu de l'enfer, afin, disoit-elle, que dorénavant les hommes servent Dieu par le seul amour.

C'est par cet amour de Dieu que ce grand roi fut élevé à un si haut point de sainteté, qu'il mérita d'être canonisé, et proposé à tous les princes comme leur modèle. C'est pour cela que je me suis attaché à raconter non-seulement ses actions, mais encore à transcrire les préceptes qu'il a laissés à ses enfans, qui sont le plus bel héritage de notre maison, et que nous devons estimer plus précieux que le royaume qu'il a transmis à sa postérité.

LIVRE VI.

PHILIPPE III dit LE HARDI (an 1270).

Le jour que mourut saint Louis, Charles son frère, roi de Sicile, étoit venu à son secours avec une grande flotte. Il fut fort étonné qu'on ne donnât dans le camp aucune marque de joie à son arrivée ; mais il apprit bientôt avec beaucoup de douleur le malheur public, et l'extrême désolation de tous les François.

Quoique la ville fût si pressée, qu'elle ne pouvoit tenir longtemps, le nouveau roi impatient de venir prendre possession de son royaume, fit une trêve pour dix ans avec le roi de Tunis, à condition qu'il paieroit les frais de la guerre ; qu'il permettroit aux chrétiens qui habitoient Tunis, d'exercer et de prêcher leur religion ; qu'il leur laisseroit le commerce libre et sans impôts ; qu'il paieroit à Charles, à cause de son royaume de Sicile, le même tribut qu'il avoit accoutumé de payer au Pape, et qu'il relâcheroit tous les prisonniers sans rançon. Voilà les conditions que Philippe accorda au roi de Tunis.

Ce prince très-religieux, et en cela grand imitateur de saint Louis, crut avoir pourvu par ce traité au bien de la religion, et avoir mis à couvert l'honneur de la France. Après il se mit en mer où il fut si cruellement battu de la tempête, qu'il perdit une grande quantité de ses vaisseaux avec toutes les richesses qu'il avoit apportées. Sa flotte fut dispersée çà et là, et la reine sa femme qui étoit enceinte, tomba de cheval à Cosence où elle mourut. Alphonse son oncle mourut à Sienne (1271). Jeanne, femme d'Alphonse, fille de Raimond comte de Toulouse, ne survécut pas longtemps à son mari ; et Philippe, aussitôt qu'il fut arrivé en France, prit possession du comté de Toulouse.

En ce même temps Grégoire X tint un concile général à Lyon, où il fut résolu entre autres choses, que les cardinaux ne sortiroient point du conclave, qu'ils n'eussent élu le pape ; ce qui fut ainsi ordonné, parce qu'ils avoient été deux ans à élire Grégoire lui-même. Les princes d'Allemagne résolurent d'élire toujours pour empereur un Allemand, et ils élurent Rodolphe, comte de Hapsbourg, en Suisse. C'est de lui qu'est venue la maison d'Autriche, et il fut le premier empereur de cette maison. On raconte de lui cette action d'une mémorable piété, qu'étant à cheval à la chasse, il rencontra un prêtre qui portoit le Saint-Sacrement pendant la pluie, et au milieu de la boue à la campagne : il descendit aussitôt, et ayant fait monter le prêtre sur son cheval, il accompagna le Saint-Sacrement à pied jusqu'à l'église. Le prêtre touché de cette action lui donna mille bénédictions, et lui prédit que Dieu récompenseroit sa dévotion. En effet, on attribua à cette pieuse action son élévation à l'empire, qui depuis a été souvent, et est encore à présent dans sa maison.

A l'égard de Philippe, il eut de grandes guerres contre l'Espagne, dont voici le sujet (1276). Henri le Gras, roi de Navarre, mourut, et laissa une fille au berceau, nommée Jeanne, qu'il mit sous la tutèle de sa femme, et ordonna qu'elle fût élevée auprès du roi de France; mais les seigneurs du pays donnèrent d'autres tuteurs à la petite princesse. Les rois de Castille et d'Aragon qui avoient des prétentions sur la Navarre, tâchèrent de s'emparer de la fille et du royaume. Ce qui obligea Philippe d'y envoyer Eustache de Beaumarchais qui lui soumit toute la Navarre.

Il arriva encore une autre querelle entre la France et la Castille. Ferdinand prince de Castille étant mort, Sanche son frère se porta pour héritier de la couronne, quoique Ferdinand eût laissé deux fils de Blanche, fille de saint Louis, et qu'il fût dit par le contrat de mariage de cette princesse, que ses enfans succéderoient à la couronne, quand même Ferdinand mourroit avant son père Alphonse. Comme Sanche persécutoit Blanche, et qu'Alphonse le favorisoit ouvertement, jusqu'à refuser à sa belle-fille les choses nécessaires pour la vie, elle fut contrainte de se réfugier chez le roi son frère. Elle trouva la cour fort brouillée. Pierre Desbrosses, autrefois barbier de saint Louis, ayant été depuis élevé par Philippe à une puissance extraordinaire, avoit entrepris de décréditer auprès de lui la reine Marie sa femme, afin qu'il n'y eût plus d'autorité qui fût au-dessus de la sienne. Pour cela il lui suscita un accusateur, qui soutint qu'elle avoit fait empoisonner Louis, fils aîné de Philippe, qu'il avoit eu de son premier mariage, et qui mourut en 1276.

Le duc de Brabant envoya un chevalier pour défendre l'innocence de la reine sa sœur, par un combat singulier; mais l'accusateur l'ayant refusé, il fut pendu. Philippe, qui étoit foible et crédule, ne laissa pas de consulter des imposteurs, qui, par une fausse piété, s'étoient mis en réputation d'avoir le don de prophétie. Il envoya même l'évêque de Bayeux à une béguine (c'étoit une espèce de religieuse), qu'on tenoit instruite par révélation des choses les plus secrètes. L'évêque, qui étoit allié de Pierre Desbrosses, ne voulut jamais rien dire à la décharge de la reine, quoique la béguine l'eût justifiée; mais comme il ne parloit pas franchement, le roi renvoya un autre évêque, qui lui rapporta la vérité que l'évêque de Bayeux lui avoit cachée. Ce rapport rétablit le crédit de la reine, et diminua celui de Pierre Desbrosses, parce que Philippe connut que son ministre agissoit avec artifice, et s'entendoit avec d'autres pour le tromper.

Il envoya ensuite des ambassadeurs à Alphonse, roi de Castille, pour l'obliger de faire justice à Blanche et à ses enfans. Mais n'ayant pu l'obtenir, il s'avança jusqu'aux Pyrénées, avec une armée si puissante, qu'elle eût accablé toute la Castille, si Alphonse n'eût trouvé moyen de l'amuser par diverses négociations, pendant lesquelles il manqua de vivres, et fut obligé de s'en retourner, sans avoir fait autre chose que d'affermir le pouvoir de Beaumarchais dans la Navarre. Pierre Desbrosses fut soupçonné d'avoir été d'intelligence avec Alphonse, pour faire perdre à Philippe l'occasion d'avancer ses affaires. Un jacobin apporta un paquet au roi où il y avoit une lettre cachetée du sceau de Desbrosses. On ne dit pas ce qu'elle contenoit; mais après que le roi l'eut lue, Desbrosses fut arrêté et pendu.

En ce même temps, il arriva de grands mouvemens en Sicile, dont il faut ici reprendre les causes de plus haut, et dès le temps de saint Louis. Frédéric II, empereur et roi de Sicile, avoit laissé ce royaume à son fils Conrad (1263), après la mort duquel Mainfroi, fils bâtard de Frédéric, l'avoit usurpé, abusant du bas âge de Conradin son neveu, fils de Conrad. Urbain IV, ayant résolu de chasser cet usurpateur, qui l'incommodoit, lui et toute l'Italie, crut qu'il lui appartenoit de disposer d'un royaume tenu en fief du saint Siége, et le donna à Charles duc d'Anjou, frère de saint Louis. Clément IV son successeur couronna Charles roi de Sicile (1265), à Saint-Jean de Latran, lui donnant en même temps la qualité de sénateur romain, de vicaire de l'empire en Italie, et de protecteur de la paix.

Mainfroi se prépara à se défendre; les deux armées ennemies se rencontrèrent près de Bénévent. Il se donna un grand combat, où Mainfroi, abandonné des siens, fut battu et tué (1266). Ainsi Charles demeura possesseur des deux Siciles, c'est-à-dire, de l'île et du royaume de Naples; il releva les Guelfes, qui étoit le parti du Pape en Italie, et abattit les Gibelins, qui étoit celui de l'empereur. La guerre pour cela ne fut pas finie; le jeune Conradin, duc de Souabe, vint avec une grande armée pour reprendre le royaume de son père, se plaignant que Mainfroi son oncle le lui avoit enlevé par violence, et soutenant que le Pape n'avoit pu en disposer à son préjudice. Il étoit accompagné de Frédéric, duc d'Autriche, son cousin.

Aussitôt que Charles eut appris que ces jeunes princes étoient entrés en Italie, il alla à leur rencontre, et les combattit dans l'Abruzze, auprès du lac de Célano (1269). Ils ne purent résister à un capitaine si expérimenté, ni à ses vieilles troupes si aguerries. Les princes contraints de prendre la fuite, et appréhendant d'être découverts, se déguisèrent en palefreniers. En cet état, ils arrivèrent à Asture, ville d'Italie, située sur le bord de la mer. Ils traitèrent avec un nautonier qui leur promit de les passer à Pise, ville qui leur étoit affidée; mais lui ayant donné une bague pour gage de son paiement, il soupçonna que c'étoit des personnes de qualité, et il en donna avis au gouverneur, qui aussitôt les fit arrêter. On ne fut pas longtemps à reconnoître les deux princes. Charles leur fit faire leur procès sur la plainte des communautés ; et sans respect ni pour leur naissance, ni pour leur innocence, ni pour leur valeur, il les fit condamner à avoir la tête tranchée.

Pendant qu'on les menoit au supplice, leur jeunesse, leur innocence et leur fermeté, tiroient les larmes des yeux de tous les spectateurs. Frédéric fut le premier exécuté. Conradin relevant sa tête la porta à son sein, et adressant la parole avec beaucoup de soupirs à ce cher parent : *C'est moi*, dit-il, *qui vous ai causé une mort si malheureuse*. Ensuite protestant qu'il mouroit innocent, et qu'il avoit un droit légitime sur la Sicile, il jeta son gantelet au milieu du peuple, ce qui étoit en ce temps la marque ordinaire du défi : et après avoir recommandé son ame à Dieu, il présenta courageusement la tête au bourreau. Ce gant fut relevé par un gentilhomme, et porté à Pierre roi d'Aragon, héritier de Conradin. Quant à Charles, il crut assez expier son crime en faisant mourir le bourreau qui avoit coupé la tête aux deux princes ; mais cela servit au contraire à faire voir combien son action étoit détestable, puisqu'il crut qu'il ne devoit pas laisser la vie à celui qui n'avoit fait qu'exécuter ses ordres.

Ce prince, ayant soumis tous ses ennemis dans la Sicile, songea aussi à se rendre maître de l'empire de Constantinople. Il avoit épousé la fille de Baudouin empereur latin, et ainsi étant entré dans ses droits, il faisoit fortement la guerre à Michel Paléologue empereur grec. Il avoit encore acheté le titre de roi de Jérusalem, de Marie, fille de Jean de Brienne, qui se disoit héritière de ce royaume, et il avoit dessein de le conquérir. Nicolas III (1278), voyant l'ambition et la puissance de ce prince, conçut de la jalousie contre un voisin si formidable. En vain Charles, pour diminuer les défiances du Pape (1281), quitta les titres de sénateur romain et de vicaire de l'empire, Nicolas persista toujours dans le dessein de le perdre ; il fut confirmé dans sa résolution, sur ce que Charles avoit refusé de donner une de ses filles au neveu de ce Pape, jugeant cette alliance indigne de lui.

Dans cette disposition d'affaires, Jean, autrefois seigneur de Prochite, ennemi de Charles et de sa maison, homme entreprenant et artificieux, résolut de faire une conjuration contre les François, sous prétexte de leurs violences et de leurs débauches ; et ayant découvert son dessein aux trois plus grands ennemis de Charles, qui étoient le Pape, Michel empereur grec, et Pierre roi d'Aragon, il les trouva très-disposés à y entrer. Par leur crédit, et par l'argent que l'empereur grec fournissoit abondamment, il avoit déjà gagné une infinité de personnes, lorsque le pape Nicolas mourut. Mais quoique Martin IV, qu'on avoit élu à sa place (1282), favorisât le roi Charles duc d'Anjou, la partie étoit si bien faite et le dessein si avancé, qu'il eut son effet. Ainsi le propre jour de Pâques, au premier coup de vêpres, qui étoit le signal qu'on avoit donné aux conjurés, les François furent égorgés à Palerme et dans toute la Sicile. Pour les reconnoître, on leur faisoit prononcer une certaine parole italienne; et s'ils la prononçoient avec un air étranger et autrement que les naturels du pays, on les massacroit aussitôt, sans distinction d'âge, ni de condition, ni de sexe.

Durant cette sanglante exécution, Charles étoit en Toscane, occupé à de grands préparatifs contre l'empereur d'Orient. Quand il sut ce qui s'étoit passé en Sicile, irrité d'une action si barbare, il vint avec une puissante armée pour châtier la perfidie des Siciliens; et il pressa si fort Messine, qu'elle alloit se rendre, si Pierre d'Aragon n'eût trouvé moyen de l'amuser. Ce fourbe lui proposa de terminer toute la querelle par un combat entre eux deux. Charles, qui étoit un prince vaillant, accepta le défi. On choisit le champ du combat en Guyenne, auprès de Bordeaux. Pierre par cet artifice éloigna l'armée qui pressoit si vivement la Sicile (1283); Charles se trouva au rendez-vous au jour donné; mais Pierre n'y étant venu que le lendemain, s'en retourna aussitôt, et dit pour excuse que son ennemi s'étoit avancé avec une puissante armée, qui l'avoit obligé de se retirer. Charles, indigné de ce qu'on s'étoit moqué de lui, vint en Provence, d'où il partit avec une grande armée navale pour retourner en Sicile.

Charles le Boîteux son fils n'eut pas la patience de l'attendre (1284), et donna un combat contre les lieutenans de Pierre d'Aragon, où ce jeune prince fut défait et pris, et mené ensuite à Palerme; les Siciliens excitèrent Constance, fille de Mainfroi, et femme de Pierre, à venger sur ce jeune prince la mort de Conradin son cousin. Déjà il étoit condamné à mort, et on l'alloit exécuter, lorsque Constance touchée de compassion lui pardonna; cette princesse se rendit autant recommandable par sa clémence, que Charles d'Anjou s'étoit rendu détestable par sa cruauté. Le jeune prince ne fut pas délivré pour cela. Il demeura quatre ans en prison, et n'en fut tiré que sous le règne de Philippe le Bel, aux conditions que nous rapporterons. Charles d'Anjou mourut peu après la prison de son fils, et laissa pour successeur de ses Etats ce malheureux captif.

Ce fut à peu près en ce temps-là, que Philippe maria Philippe son fils aîné, qui étoit fort jeune, avec Jeanne, reine de Navarre et comtesse de Champagne, encore plus jeune que lui. Il leva en même temps une grande armée, pour mettre Charles de Valois, son second fils, en possession du royaume d'Aragon, que le pape Martin lui avoit donné, après avoir excommunié Pierre. Il emporta d'abord, comme en passant, le comté de Roussillon, puis entrant dans la Catalogne et dans l'Aragon, il prit et pilla beaucoup de villes et de forteresses. Il s'attacha au siége de Gironne (1285), que Pierre tâchoit de secourir de toutes ses forces. Raoul de Néelle, connétable de France, qui commandoit l'armée de Philippe, ayant appris que Pierre s'étoit mis en embuscade avec quinze cents chevaux, et deux mille hommes de pied, et jugeant qu'un homme accoutumé à n'agir que par finesse, ne se résoudroit jamais à combattre à forces égales, s'avança avec trois cents chevaux, qui étoient l'élite de la noblesse de France.

Les François brûlant du désir de venger leurs compatriotes qui avoient été massacrés en Sicile, se mêlèrent avec les Aragonois qui avoient plié dès le premier choc ; mais ayant repris cœur, ils se soutinrent un peu jusqu'à ce qu'ils virent leur roi blessé. Ce prince ne laissoit pas d'animer les siens en combattant vaillamment malgré sa blessure, et nos soldats de leur côté étoient résolus de mourir, plutôt que de ne point immoler les Aragonois aux François indignement massacrés ; mais enfin la mort de Pierre assura la victoire aux nôtres. Le gouverneur de Gironne, qui jusqu'alors avoit fait une vigoureuse défense, ayant vu son maître mort, se rendit. La peste s'étant mise aussitôt après dans notre armée, et y faisant d'étranges ravages, Philippe fut contraint de se retirer. Il avoit renvoyé la flotte étrangère qu'il tenoit auparavant à sa solde, et Roger amiral d'Aragon l'ayant ramassée, il attaqua nos gens dans tous les ports avec ce secours. Les soldats les chassoient à coups d'épées, et les habitans à coups de pierres. Poussés de toutes parts, ils se retirèrent auprès du roi, et environnèrent sa litière.

Ce prince quoique malade et presque mourant, ne laissoit pas d'encourager les siens de geste et de parole. Enfin les Aragonois furent repoussés, et notre armée ayant passé les monts Pyrénées, le roi arriva à Perpignan, où il mourut quelque temps après. Toutes ses conquêtes furent perdues, excepté le Roussillon, qui fut laissé à Jacques, roi de Majorque, à qui son frère Pierre l'avoit enlevé : aussi ce roi de Majorque avoit-il été le conducteur des François dans cette expédition. Le règne de Philippe fut de quinze ans. Ses entrailles furent enterrées dans l'église de Narbonne, et ses os furent rapportés à Saint-Denis le 3 décembre 1285.

PHILIPPE IV, dit LE BEL (an 1285).

Philippe IV, son fils aîné, surnommé le Bel, ramena l'armée et se fit sacrer à Reims, où Jeanne sa femme, reine de Navarre et comtesse de Champagne, fut couronnée avec lui. Il tint un parlement au commencement de son règne, où Edouard I roi d'Angleterre se trouva en qualité de duc d'Aquitaine. Il demanda plusieurs choses tant pour lui-même, que pour le roi d'Aragon, au fils aîné duquel il avoit donné sa fille en mariage ; n'ayant pu rien obtenir, il alla à Bordeaux, où il reçut les ambassadeurs des rois de Castille, d'Aragon et de Sicile. Cela donna lieu à Philippe de croire qu'il lui vouloit faire la guerre ; mais ce n'étoit pas son dessein, il ne pensoit qu'à traiter de l'accommodement de Charles le Boiteux.

Enfin ce jeune prince, après avoir été prisonnier quatre ans, fut relâché à ces conditions, qu'il paieroit vingt mille livres d'argent; qu'il feroit en sorte que le Pape investiroit l'Aragonois du royaume de Sicile; et que Charles de Valois se désisteroit des prétentions qu'il avoit sur le royaume d'Aragon. Quand il fut en liberté, il ne se crut point obligé à tenir les promesses qu'on avoit extorquées de lui pendant sa prison; au contraire il se fit couronner roi de Sicile par le Pape, et obligea Charles de Valois son cousin à soutenir ses droits contre la maison d'Aragon.

La guerre dura longtemps; mais enfin, après plusieurs négociations, Alphonse roi d'Aragon étant mort sans enfans (1291), la paix fut faite avec Jacques roi de Sicile, son frère, à condition que la France lui abandonneroit l'Aragon, et qu'il laisseroit à la maison d'Anjou tout le royaume de Sicile. Jacques tint si fidèlement son traité, que Frédéric son frère s'étant fait élire roi par les Siciliens, il se joignit avec Charles le Boiteux pour le réduire. La guerre continua quelque temps; par le traité qui fut fait ensuite, la Sicile de deçà le Phare (c'est le royaume de Naples), demeura à Charles, et celle de delà le Phare, c'est-à-dire l'île, fut laissée à Frédéric.

Charles le Boiteux mourut fort regretté des siens à cause de sa bonté et de sa justice. Charles Martel son fils aîné fut roi de Hongrie, à cause de Marie sa mère, sœur de Ladislas IV, et héritière de ce royaume; il mourut avant son père. Après sa mort (1299), son fils Charles II, appelé vulgairement Carobert, lui avoit succédé au royaume de Hongrie, et son grand-père Charles le Boiteux étant mort aussi, il voulut prendre possession de celui de Naples. Robert son oncle, troisième fils de Charles le Boiteux, le lui disputa, et l'emporta contre lui. Par cette branche d'Anjou, la maison de France a régné longtemps en Hongrie et à Naples.

J'ai voulu représenter tout de suite en peu de paroles les affaires des princes d'Anjou et de la Sicile, afin de raconter sans interruption celles de Philippe le Bel. Il eut une grande guerre contre le roi d'Angleterre (1293), dont les commencemens furent très-petits. Deux mariniers, dont l'un étoit Normand et l'autre Anglois, eurent querelle ensemble. Chacun d'eux engagea ceux de sa nation dans sa querelle, et enfin les deux rois s'en mêlèrent. A l'occasion de cette guerre, on mit de nouveaux impôts qu'on appela subsides, et qui firent beaucoup crier les peuples.

Raoul de Néelle, connétable de France, entra dans la Guyenne, prit plusieurs places, et même Bordeaux. Edouard, pour se soutenir contre Philippe, engagea dans son parti l'empereur Adolphe, et Gui de Dampierre comte de Flandre, en lui faisant espérer qu'il marieroit le prince de Galles, son fils aîné, à la fille de ce comte. L'empereur envoya défier Philippe avec hauteur; mais le roi, pour lui marquer le mépris qu'il faisoit de ses menaces, lui envoya pour toute réponse un papier blanc.

A l'égard du comte de Flandre, Philippe l'ayant invité à le venir trouver à Paris, il le fit arrêter avec sa femme et sa fille; il renvoya quelque temps après le père et la mère, et garda la fille. Comme Edouard lui suscitoit beaucoup d'ennemis, lui aussi de son côté souleva contre Edouard ses sujets de Galles, et lui mit sur les bras Jean de Bailleul, roi d'Ecosse. Quant à l'empereur, Philippe l'embarrassa de tant d'affaires en Allemagne, qu'il ne put jamais rien entreprendre. Quelques-uns ajoutent qu'il l'apaisa en lui faisant donner de l'argent sous main.

Le roi d'Angleterre n'eut pas beaucoup de peine à mettre ceux de Galles à la raison; il défit aussi le roi d'Ecosse en bataille rangée, et l'ayant fait prisonnier, il le contraignit de lui rendre hommage de son royaume; mais il ne put résister aux François en Guyenne, ses troupes y furent toujours battues, et il perdit presque toutes ses places, en ayant à peine sauvé quelques-unes des plus importantes, où il y avoit bonne garnison.

Nos affaires n'alloient pas moins heureusement en Flandre (1297). Robert comte d'Artois, général de l'armée de France, prit Lille, et défit une armée de seize mille hommes. Le comte de Bar, sollicité par le roi d'Angleterre, entra dans la Champagne. La reine qui avoit un courage héroïque, marcha en personne pour défendre son pays. Le comte effrayé lui demanda pardon, et se rendit son prisonnier. Aussitôt elle envoya ses troupes en Flandre, au roi son mari, qui, fortifié de ce secours, prit Furnes et Bruges. Il donna ensuite le commandement des troupes qui étoient en Flandre à Charles de Valois son frère, un des plus renommés capitaines de son temps, qui poussa plus loin les conquêtes, et acheva de subjuguer tout le pays. Le comte se retira à Gand, n'ayant plus que cette place, où Charles le pressa si fort, qu'il le contraignit de se remettre entre ses mains, lui promettant toutefois de faire sa paix avec Philippe; mais il n'en put rien obtenir.

La Flandre ne demeura pas longtemps soumise. Les peuples fatigués des mauvais traitemens que leur faisoit le gouverneur que le roi leur avoit donné, se révoltèrent, et mirent à leur tête un boucher et un tisserand borgne qu'ils avoient tiré de prison. Sous de tels chefs, ils conjurèrent contre les François et les massacrèrent. Pour réduire ces rebelles, Philippe leva une armée de quatre-vingt mille hommes; mais le roi d'Angleterre trouva moyen de rendre un si grand appareil inutile, en disant à sa femme, que si Philippe son frère hasardoit un combat, il seroit trahi, sans toutefois lui découvrir par qui. Cet avis ayant été communiqué à Philippe, ce prince entra en défiance de tous ses chefs, et revint sans avoir rien fait.

Charles d'Artois [1] alla ensuite (1302) commander en Flandre avec

---

[1] Il y a ici une erreur de nom. Le comte d'Artois qui périt à Courtray, s'appeloit Robert, deuxième du nom, et étoit fils de Robert I, frère de saint Louis, tué

Raoul de Néelle, connétable de France. Les Flamands avoient assiégé Courtray, et s'étoient comme enterrés dans de profonds retranchemens, résolus de se bien défendre. Charles d'Artois ne laissa pas d'entreprendre de forcer leur camp. Raoul de Néelle s'y opposoit; mais Charles le traitant de traître et de lâche, marcha aux ennemis avec plus d'emportement que de prudence. Le connétable combattant vaillamment fut tué. Charles porta aussi la peine de sa témérité, étant demeuré sur la place avec douze mille François. Les rebelles furent bientôt châtiés par l'heureux succès de la bataille de Mons-en-Puelle, où les François remportèrent une victoire complète sur les Flamands, qui y perdirent vingt-cinq mille hommes. Leur opiniâtreté indomptable ne se rendit point pour cela. Le roi y retourna en personne, et fut surpris dans son camp; mais s'étant mis aussitôt à la tête du peu de monde qui étoit autour de lui, les autres se rassemblèrent de tous côtés à son quartier, et les Flamands furent repoussés avec grande perte.

Cependant le roi d'Angleterre, qui, pressé par les François, avoit d'abord fait une trêve, l'ayant renouvelée et prolongée plusieurs fois, conclut enfin la paix. On lui rendit les places qu'on lui avoit prises en Guyenne; il abandonna les Flamands, et remit en liberté Jean de Bailleul roi d'Ecosse, que ses sujets ne voulurent plus reconnoître, le jugeant indigne de régner, comme un homme qui avoit ployé le genou devant le roi d'Angleterre, et lui avoit fait hommage.

Quant aux Flamands, quoique battus en tant de rencontres, ils furent si opiniâtres, qu'ils envoyèrent prier le roi (1304), ou de leur donner encore un dernier combat, ou de leur accorder la paix, en leur conservant leurs priviléges. Philippe aima mieux accepter cette dernière condition, que de hasarder une bataille contre des hommes désespérés. Il relâcha le comte de Flandre, et la paix fut faite à condition que les places qui sont au deçà de la Lys demeureroient aux François, avec Lille et Douay, en attendant que le comte se fût entièrement accommodé avec Philippe, et que les Flamands lui eussent payé huit cent mille livres. Ce fut en ce temps qu'éclatèrent les inimitiés qui avoient commencé depuis longtemps entre Boniface VIII et Philippe le Bel.

Comme ce Pape parvint au pontificat avec une adresse extraordinaire (1294), il faut ici raconter les commencemens de son élévation. Il étoit cardinal sous le pape saint Pierre Célestin; on le tenoit très-habile dans les affaires, et autant homme de bien que savant. Mais son ambition ternissoit l'éclat de tant de belles qualités, et comme il avoit une grande réputation, il savoit bien qu'on le feroit Pape, si Célestin quittoit la place. Ce bon Pape étoit plus saint qu'il n'étoit habile; Bénédict Cajétan l'aborde (c'étoit le nom du cardinal), il lui représente qu'il n'avoit pas les qualités nécessaires pour soutenir le fardeau des

en Egypte. Voyez l'*Art de vérifier les dates,* et les autres historiens. (*Edit. de Vers.*)

affaires ecclésiastiques, et qu'il feroit chose plus agréable à Dieu de retourner dans sa solitude d'où il avoit été élevé à la papauté. Persuadé par ces raisons, il abdiqua le pontificat, et on fit Pape le cardinal qui prit le nom de Boniface. Comme il s'étoit élevé par ambition à une charge si haute et si sainte, il en faisoit les fonctions avec un orgueil extrême. Mais si ce pape étoit hautain, Philippe n'étoit pas endurant. C'est ce qui fit naître entre eux de grandes haines, dont il n'est pas aisé de marquer des causes déterminées; il arrivoit tous les jours des choses qui aigrissoient l'esprit du roi.

Dans le temps que Philippe avoit, comme nous avons déjà dit, délivré de prison le comte de Flandre, en y retenant sa fille, le Pape, choisi pour arbitre par les deux parties, ordonna que la fille du comte lui seroit rendue, et prononça la sentence avec beaucoup de faste en plein consistoire. Le roi en fut offensé, parce qu'il crut que le Pape s'étoit voulu donner de l'autorité et de la gloire, au préjudice de la majesté royale. D'ailleurs les Sarrasins profitant de nos divisions, avoient pris Acre, c'est-à-dire la seule place importante qui restoit aux Latins dans la Syrie. Le Pape fut touché, comme il devoit, de la perte de cette ville, et il crut qu'il étoit de son devoir d'exciter les chrétiens à la reprendre. Mais par sa fierté naturelle il le fit d'une manière trop impérieuse. Il ordonna aux rois de France et d'Angleterre qui étoient alors en guerre (1296), de faire d'abord une trêve, et ensuite de s'accorder, pour tourner leurs armes contre les ennemis de la foi; il ajouta de grandes menaces s'ils n'obéissoient; ce que Philippe trouva très-mauvais, parce que, dans les affaires politiques, le Pape doit traiter avec les rois par voie d'exhortation et de conseil, et non par commandemens et par menaces.

Le Pape, non content de cela, envoya en France Bernard de Saisset, évêque de Pamiers, qui, prenant l'esprit de celui qui l'avoit envoyé, traitoit Philippe son souverain, d'une manière fort hautaine. Le roi, ayant ouï dire que cet évêque parloit de lui en termes injurieux, le fit arrêter (1301). Le Pape convoqua tous les évêques de France à Rome, pour résoudre dans un concile les moyens de s'opposer aux entreprises que faisoit Philippe contre l'autorité ecclésiastique. Le roi leur défendit de sortir du royaume, et défendit aussi d'en transporter de l'or et de l'argent. En même temps, à la prière du clergé, il remit l'évêque de Pamiers entre les mains de l'archevêque de Narbonne, son métropolitain. Le clergé et la noblesse assemblés, écrivirent au Pape, que dans le temporel ils ne reconnoissoient que le roi pour souverain. Mais comme on se lassoit d'avoir querelle avec un pape (1303), quelques-uns soutinrent que Boniface ne l'étoit pas, parce qu'il étoit simoniaque, magicien et hérétique; ce qu'ils offrirent de prouver devant le concile général, et le roi promit d'en procurer au plus tôt la convocation.

Cependant il déclara qu'il appeloit au saint Siége, qu'il prétendoit vacant, et au concile universel, de tout ce que le Pape avoit ordonné ou ordonneroit contre lui. Le Pape, qui de son côté avoit déjà excommunié le roi, préparoit de plus grandes choses ; il songeoit à publier une bulle par laquelle il le privoit de son royaume, et le donnoit au premier occupant, ce qu'il espéroit faire exécuter par l'empereur Albert d'Autriche. Mais ce grand dessein fut sans effet ; car s'étant retiré à Anagni, qui étoit son pays, et où il croyoit être plus en sûreté pendant la publication de sa bulle, Guillaume de Nogaret, gentilhomme françois, joint avec les Colonnes (c'étoient des seigneurs romains d'une noblesse fort ancienne, que le Pape avoit bannis et maltraités), gagna les Anagniens par argent, et entra dans le palais du Pape avec les soldats que lui et Sciarra Colonne avoient ramassés.

Le Pape ayant appris cette nouvelle, se fit revêtir de ses habits pontificaux, et parut avec beaucoup de constance et de majesté. D'abord qu'il vit Nogaret : « Courage, dit-il, sacrilége ; frappe le pontife, suis l'exemple de tes ancêtres les Albigeois : » car Nogaret étoit descendu de parens infectés de cette hérésie. Quoiqu'il eût résolu de se saisir de la personne du Pape pour le mener, disoit-il, au concile général, cependant retenu par sa présence, et par le respect de sa dignité, il n'osa pas mettre la main sur lui, et se contenta de le faire garder. A peine s'étoit-il retiré, que les Anagniens se repentirent de leur perfidie, et relâchèrent le Pape, qui, étant retourné à Rome, mourut trente jours après. Benoît XI lui succéda, et ne tint le siége que huit mois. Il révoqua quelques bulles de son prédécesseur, injurieuses à Philippe.

Bertrand Got, archevêque de Bordeaux, fut élu à sa place, et prit le nom de Clément V (1305). On le croyoit ennemi de Philippe ; mais ce prince le ménagea si bien, qu'il l'obligea de s'arrêter en France. Il se fit couronner à Lyon, et tint le siége à Avignon, où ses successeurs demeurèrent fort longtemps, ce qui causa de grands maux à l'Eglise et au royaume. Il tint un concile général à Vienne (1311), où le roi assista à la droite du Pape, mais sur un siége plus bas. Clément refusa d'y condamner la mémoire de Boniface VIII, quelque instance que le roi lui en pût faire ; il cassa seulement toutes les bulles qu'il avoit données contre la France, et ordonna qu'on ne remueroit jamais rien contre le roi, pour la violence faite à Boniface ; et Nogaret se contenta de l'absolution qui lui avoit été donnée, à condition qu'il iroit à la guerre contre les infidèles.

Dans ce même concile, à la poursuite de Philippe, on condamna les templiers. C'étoient des chevaliers de noble extraction, qui faisoient profession de faire continuellement la guerre contre les infidèles, et la faisoient en effet avec beaucoup de valeur et de succès. On les accusoit de crimes énormes, qu'ils avouèrent à la torture, et qu'ils nièrent au supplice. Cependant on les brûloit vifs à petit feu, avec une cruauté inouïe, et on ne sait s'il n'y eut pas plus d'avarice et de vengeance, que de justice dans cette exécution. Ce qui est constant, c'est que ces chevaliers, par trop de richesses et de puissance, étoient devenus extraordinairement orgueilleux et dissolus. Cet ordre fut éteint par l'autorité du concile de Vienne. Leurs trésors furent confisqués au roi ; leurs terres, et les biens qu'ils avoient en fonds, furent donnés aux hospitaliers de Saint-Jean de Jérusalem, qu'on a appelés depuis les chevaliers de Malte. Ceux-là, après la prise d'Acre, se retirèrent premièrement en Chypre, et ensuite ayant pris sur les Turcs, Rhodes, cette île célèbre, ils la défendirent vaillamment contre eux, avec le secours d'Amédée V duc de Savoie. Cette action fut de grand éclat, car la puissance des Turcs commençoit en ce temps à devenir plus redoutable que jamais. Ce fut vers l'an 1300, qu'Osman ou Othoman, leur premier empereur, ayant fait de grandes conquêtes, établit le siége de son empire à Pruse, ville de Bithynie. De là est sortie cette superbe maison othomane, qui étend tous les jours le vaste empire qu'elle possède en Asie, en Afrique, et en Europe.

Un peu avant le concile de Vienne, Louis, fils aîné de Philippe, fut couronné roi de Navarre à Pampelune, ce royaume lui étant échu par la mort de la reine Jeanne, sa mère, décédée le 2 avril de l'année 1304. Cette princesse fut renommée par sa vertu, et tellement favorable aux gens de lettres, qu'elle fonda dans l'université de Paris un collège célèbre, qu'on appelle le collège de Navarre, d'où il est sorti un grand nombre de personnes illustres en toutes sortes de sciences, et principalement en théologie. Cet exemple doit porter les princes à aimer et à protéger les lettres, puisque même on voit une femme prendre tant de soin de les avancer.

La guerre de Flandre se renouvela (1312), parce que le comte Robert prétendoit qu'on lui devoit rendre Lille, Douay et Orchies, et que les habitans du pays refusoient de payer les sommes à quoi ils s'étoient engagés par le traité de paix. Philippe fit des levées extraordinaires d'hommes et d'argent pour cette guerre. Elles furent inutiles, parce qu'Enguerrand de Marigny, qui avoit le principal crédit auprès du roi, gagné à ce que l'on dit par argent, le fit consentir à une trêve. Philippe avoit trois fils de Jeanne sa femme, Louis, Philippe et Charles. Leurs femmes furent accusées d'adultère en plein parlement, le roi y séant. Marguerite, femme de l'aîné, et Blanche, femme du troisième, furent convaincues ; on les renferma dans un château, où Marguerite mourut quelque temps après. Jeanne, femme du second, fut renvoyée de l'accusation, ou par sa propre innocence, ou par la bonté, ou par la prudence de son mari. Les galans furent écorchés tout vifs, traînés à travers les champs, et enfin décapités.

Au reste, le règne de Philippe fut plein de séditions et de révoltes, parce que le peuple et le clergé furent fort chargés ; à cause aussi qu'on haussoit et baissoit les monnoies à contre-temps, et même qu'on les fabriquoit de bas aloi, ce qui causoit de grandes pertes aux particuliers, et ruinoit tout le commerce. Le roi alla en personne en Languedoc et en Guyenne, pour apaiser les mouvemens de ces provinces; ce qu'il fit en caressant la noblesse et en traitant doucement les villes.

Les révoltes des Parisiens furent poussées plus loin ; car ils pillèrent la maison d'Etienne Barbette, trésorier de Philippe. Ils osèrent bien l'assiéger lui-même dans sa maison, et l'environnèrent avec de grands cris. Les ministres du roi trouvèrent moyen d'apaiser ces mutins, et après on châtia les plus coupables. Philippe réunit à la couronne la ville de Lyon, et érigea en 1307 la seigneurie de cette ville, qui n'étoit qu'une baronie, en comté, qu'il laissa avec la justice à l'archevêque et au chapitre de Saint-Jean. C'est là l'origine du titre de *comtes de Lyon* que prennent les chanoines de cette église. Les comtés d'Angoulême et de la Marche lui furent aussi cédés par Marie de Lusignan ; et il érigea, en 1297, la Bretagne en duché-pairie. On a cru que c'étoit lui qui avoit rendu le parlement de Paris sédentaire, l'ayant établi dans son palais, où il rend encore la justice, quoique quelques autres attribuent cet établissement à son fils. Il fut le premier qui environna de murs le palais, et qui ajouta des bâtimens au Louvre, qui a depuis été rebâti et augmenté par ses successeurs avec tant de magnificence. En mourant il recommanda à son fils de ne point charger les peuples comme il avoit fait lui-même. Mais ces avertissemens, que les princes donnent souvent à l'extrémité de la vie, ont peu d'effet, parce qu'ils ne réparent point les désordres passés, et qu'ils ne sont plus en état d'empêcher les maux à venir. Il mourut à Fontainebleau en 1314.

LOUIS X, dit LE HUTIN (an 1314).

Quoique Louis, dit Hutin, c'est-à-dire opiniâtre et vaillant, eût commencé à prendre connoissance des affaires dès le vivant de son père, Charles de Valois son oncle avoit presque l'autorité toute entière. Il entreprit d'abord Enguerrand de Marigny, qu'il avoit haï dès le règne précédent, parce que dans un grand procès survenu entre deux familles très-considérables, il avoit pris parti contre ceux que Charles protégeoit. Il commença par lui faire rendre compte du maniement des finances, et lui demanda devant le roi ce qu'étoient devenues ces grandes sommes d'argent qu'on avoit levées sur le peuple ; et il lui répondit qu'il lui en avoit donné la meilleure partie. Charles lui ayant dit qu'il avoit menti, Enguerrand eut la hardiesse de répondre que c'étoit lui-même.

Cette réponse ayant aigri la haine de Charles, Enguerrand fut arrêté dans sa maison à Paris, et mis en prison dans le château du Louvre, dont il étoit gouverneur. On différa le jugement, parce qu'on n'avoit pas de quoi le convaincre. Cependant, on trouva chez sa femme plusieurs images de cire par lesquelles elle prétendoit, sur la foi des magiciens, qu'elle pourroit faire mourir le roi. On la prit et on l'étrangla. Enguerrand fut condamné au même supplice, et les statues qui lui avoient été dressées furent abattues.

Quelque temps après, Charles fut attaqué d'une grande maladie, qu'il prit pour un châtiment de ce qu'il avoit fait mourir Enguerrand de Marigny, soit qu'il le crût innocent, soit qu'il sentît qu'il l'avoit poursuivi plutôt par vengeance que par justice. Ainsi il n'oublia rien pour faire satisfaction à sa mémoire. En ce temps la trêve de Flandre étant finie, pendant que le comte de Hainaut ravageoit le pays situé le long de l'Escaut, Louis attaqua Courtray. Mais les pluies continuelles le contraignirent de lever le siége. Après ce siége levé, il mourut en 1316, et laissa sa femme Clémence, grosse environ de quatre mois. Il avoit eu de sa première femme, Marguerite de Bourgogne, une fille nommée Jeanne, qui fut reine de Navarre : les parens maternels de cette princesse soutenoient que la France devoit être à elle, si la reine accouchoit d'une fille.

JEAN Ier (AN 1316).

En attendant les couches de la reine, Philippe, frère du roi défunt, fut déclaré régent du royaume. Clémence au bout de cinq mois accoucha d'un fils nommé Jean, qui ne vécut que huit jours, et après un règne si court, malgré les prétentions de Jeanne, Philippe fut reconnu pour roi par le commun consentement des pairs et des seigneurs, qui, selon la loi Salique, et la coutume ancienne, toujours observée depuis Mérovée, jugèrent que les femelles n'étoient pas capables de succéder.

PHILIPPE V, DIT LE LONG (AN 1361).

Philippe, pour apaiser Eudes, duc de Bourgogne, qui avoit appuyé le parti de Jeanne, lui donna en 1318 sa fille en mariage, et retint le royaume de Navarre, dont Jeanne étoit héritière. Enfin, après plusieurs trêves, la paix de Flandre fut faite par l'entremise du Pape, à condition que les Flamands paieroient au roi cent mille écus d'or, en vingt paiemens égaux : Lille, Orchies, et Douay demeurèrent entre les mains des François, pour sûreté du paiement. En ce temps les villes de Flandre s'étoient rendues fort puissantes, et le comte y avoit peu d'autorité.

Quelque temps après il s'éleva en France (1320) une grande peste, et la corruption étoit si universelle, qu'on mouroit auprès des fontaines aussitôt qu'on avoit bu de leurs eaux. Les Juifs furent accusés de les avoir empoisonnées, et on crut trop facilement ce qui se disoit contre une nation odieuse, quoiqu'il fût avancé sans preuve. Ils avoient été chassés du temps de Philippe le Bel, et rappelés pendant le règne de Louis Hutin. Sous Philippe le Long on les fit mourir par toutes sortes de supplices; et ils en furent si effrayés, que plusieurs d'entre eux qui étoient en prison se résolurent à se tuer les uns les autres. Celui qui resta le dernier, ayant rompu un barreau, attacha un cordeau à la fenêtre, où ayant passé sa tête, il se laissoit aller pour s'étrangler; le cordeau ayant manqué, il tomba dans le fossé encore vivant, de sorte qu'étant repris, il fut pendu. Le règne de Philippe fut court; il mourut sans enfans mâles en 1321, et quoiqu'il laissât plusieurs filles, le royaume ne fut pas disputé à Charles le Bel son frère, qui prit aussi le titre de roi de Navarre.

CHARLES IV, DIT LE BEL (AN 1322).

Au commencement de son règne, il épousa Marie de Luxembourg, qui ne vécut pas longtemps, ayant répudié Blanche, sa première femme, convaincue d'adultère, ainsi qu'il a été dit. Il déclara la guerre à Edouard II roi d'Angleterre, parce qu'il voulut protéger son sénéchal, qui faisoit fortifier un château sur les frontières de Guyenne, malgré les défenses du roi, souverain seigneur de ce pays. Il envoya Charles de Valois en Guyenne (1325), qui la prit toute, excepté Bordeaux, et contraignit le gouverneur d'abandonner presque toute la province. Isabelle, reine d'Angleterre, et sœur de Charles, vint en France pour accommoder l'affaire, et la traita si adroitement, qu'elle obtint du roi son frère l'investiture du duché d'Aquitaine pour son fils; ainsi elle s'en retourna avec beaucoup de satisfaction. Charles de Valois mourut, après avoir fait justifier Enguerrand de Marigny, et avoir obtenu son corps, qu'il fit enterrer honorablement.

Cependant les affaires se brouilloient étrangement en Angleterre (1326) : Hugues Spencer le Jeune, favori du roi Edouard, gouvernoit absolument ce prince; et son père, de même nom que lui, avoit toute l'autorité. Il persuada au roi que les seigneurs vouloient entreprendre contre sa personne, de sorte que dans un seul parlement, il fit prendre vingt-deux barons, et les fit tous décapiter sans connoissance de cause. Les mêmes Spencers semèrent aussi la division entre le roi et la reine, ce qui obligea Isabelle de se réfugier auprès de Charles son frère. Au commencement il lui promit tout ce qu'elle pourroit désirer; mais Spencer répandit tant d'argent, qu'il gagna ceux qui avoient le plus de pouvoir à la cour, et fit si bien que le roi défendit à tout le monde de secourir sa sœur. Chassée de France, elle passa en Hainaut, où Jean, frère de Guy comte de Hainaut, s'offrit de l'accompagner en Angleterre avec beaucoup de noblesse. Avec ce secours elle repassa la mer, et les seigneurs se joignirent à elle.

Le roi étoit à Bristol, ville très-considérable par ses fortifications, par sa citadelle, et par son port. Spencer le père étoit dans la ville avec le comte d'Arondel. Le roi et Spencer le fils s'étoient renfermés dans le château. La reine assiégea la ville, et comme les habitans demandèrent à capituler, elle ne les voulut recevoir qu'à condition qu'ils lui livreroient Spencer. Elle lui fit faire son procès, et ce vieillard décrépit, âgé de quatre-vingt-dix ans, fut décapité à la porte du château, en présence de son fils et du roi même. Comme ce prince voulut se sauver dans un esquif avec son favori Spencer, ils furent pris tous deux, et mis entre les mains de la reine. On arracha le cœur à Spencer, ce qui est en Angleterre le supplice ordinaire des traîtres; son corps fut mis en quatre quartiers : le parlement fut assemblé ; et le roi, ayant été accusé de plusieurs crimes, fut déclaré indigne de régner. On l'enferma dans un château, où il étoit servi honorablement, mais sans avoir aucune autorité. On mit à sa place son fils Edouard III, qui a tourmenté la France par tant de guerres.

Charles cependant continuoit à gouverner le royaume avec beaucoup de prudence et de vertu. De son temps les lois et les lettres florirent dans le royaume. Il fit exercer la justice avec beaucoup d'exactitude et de sévérité; et c'est ce qui l'obligea à faire punir un allié de Jean XXII, nommé Jourdain, seigneur de l'Ile, en Aquitaine, parce que lui ayant pardonné beaucoup de fois, à la recommandation du Pape, il retomboit toujours dans les mêmes crimes; mais parmi tant de bonnes actions, il fut blâmé de ne prendre pas assez de soin de soulager ses sujets, qui étoient chargés d'impôts, et de ce qu'ayant empêché une imposition que le Pape vouloit faire sur le clergé de France, il y consentit enfin, à condition qu'il en auroit sa part.

Ce prince mourut trop tôt (1328), et laissa sa troisième femme, Jeanne d'Evreux, grosse de quatre ou cinq mois. C'est ainsi que finit la postérité de Philippe le Bel, elle passa comme une ombre ; ses trois fils qui promettoient une nombreuse famille, se succédèrent l'un à l'autre en moins de quatorze ans, et moururent tous sans laisser d'enfans mâles. En attendant les couches de la reine, Philippe de Valois, cousin germain du roi défunt, eut la régence du consentement de tous les pairs et barons du royaume, qui n'eurent aucun égard à la demande qu'en fit Edouard III roi d'Angleterre. La reine étant accouchée d'une fille le 1er avril 1328, Edouard prétendit encore que le royaume lui appartenoit du côté de sa mère Isabelle, parce qu'il étoit mâle, et le plus proche parent du défunt. Les pairs et les seigneurs jugèrent que le royaume de France étoit d'une si grande noblesse, que les femmes ne pouvant y avoir de droit, ne pouvoient aussi en transmettre aucun à leurs descendans. Edouard acquiesça au jugement, et Philippe fut reconnu roi.

LIVRE VII.

PHILIPPE VI, DE VALOIS (an 1328).

Philippe rendit le royaume de Navarre à Jeanne, fille de Louis Hutin, qui avoit épousé Philippe comte d'Evreux, petit-fils de Philippe III, et il commença son règne par une action aussi éclatante que juste. Les Flamands s'étant révoltés contre leur comte, il entreprit de les mettre à la raison. Il leur donna une bataille à Cassel, où il en tua douze mille, et rétablit l'autorité du comte. Elle ne se soutint pas longtemps, et les Flamands faisoient tous les jours de nouveaux désordres (1329). Au retour de cette guerre, Philippe ordonna à Edouard de lui venir rendre hommage pour la Guyenne et les autres terres qu'il tenoit de lui. Il étoit alors à Amiens, avec les rois de Bohême, de Navarre, et de Majorque.

Edouard obéit à son commandement, et fut étonné de voir à la cour de France tant de magnificence et de grandeur. Il fut aussi admiré des rois, à cause de son grand esprit et de son grand cœur. Il avoit fait, peu de temps auparavant, une action qui le rendoit fort considérable. Roger de Mortemer, favori de la reine sa mère, gouvernoit le royaume fort paisiblement avec le comte de Kent, oncle du roi. La jalousie s'étant mise entre eux, Roger, aidé par la reine, et de concert avec elle, persuada au roi que le comte le vouloit empoisonner. Edouard, trop crédule, et accoutumé à déférer à sa mère en tout, fit mourir son oncle ; mais il ne fut pas longtemps à découvrir la fourberie et la méchanceté de Roger. La reine avoit la réputation de n'être pas fort chaste ; et même on la soupçonnoit d'être grosse de son favori, qui l'avoit engagée dans ses intérêts par une liaison si honteuse.

Le roi ayant découvert ces choses, irrité contre ce méchant, qui avoit fait mourir son oncle, corrompu sa mère, souillé la maison royale en tant de manières, abusé de la jeunesse de son roi, et surpris sa facilité par tant d'artifices, punit ses crimes par une mort ignominieuse. Pour la reine il la fit garder dans un château, avec l'honneur qu'on devoit à sa dignité, mais sans avoir aucune part aux affaires ; et il commença lui-même à les gouverner avec beaucoup de prudence.

Philippe, après avoir reçu son hommage en grande magnificence, alla à Avignon pour voir le Pape, accompagné des rois de Bohême et de Navarre. Ils y trouvèrent le roi d'Aragon, et tous ensemble se croisèrent après une prédication fort touchante, que le Pape leur fit un vendredi saint. Philippe engagea dans la même ligue les rois de Hongrie, de Sicile, et de Chypre, avec les Vénitiens. Il avoit lui seul assez de vaisseaux pour porter quarante mille hommes, et depuis Godefroi de Bouillon, jamais la chrétienté n'avoit été si puissamment armée, ni n'avoit fait de si grands apprêts contre les infidèles; mais l'ambition d'Edouard, et les guerres d'Angleterre rendirent inutile un si grand dessein.

Nous entrons dans les temps les plus périlleux de la monarchie, où la France pensa être renversée par les Anglois, qu'elle avoit jusque-là presque toujours battus. Maintenant nous les allons voir forcer nos places, ravager et envahir nos provinces, défaire plusieurs armées royales, tuer nos chefs les plus vaillans, prendre même des rois prisonniers, et enfin faire couronner un de leurs rois dans Paris même (1331). Ensuite, tout d'un coup, par une espèce de miracle, nous les verrons chassés et renfermés dans leur île, ayant à peine pu conserver une seule place dans toute la France. De si grands mouvements eurent, comme il est ordinaire, des commencemens peu considérables.

Robert d'Artois, à qui Philippe avoit la principale obligation de son élévation à la couronne, prétendoit que le comté d'Artois lui appartenoit, et comme il manquoit de preuves, il fabriqua de faux actes pour établir son droit. Philippe avoit agi d'abord par les voies de la douceur pour ramener Robert, qui, ayant été cité quatre fois devant la cour des pairs, refusa de comparoître : il y fut condamné comme il le méritoit, et sortit du royaume en faisant des menaces contre le roi. Sa femme, propre sœur du roi, fut arrêtée avec ses deux enfans; et Robert, pour se venger, passa en Angleterre, et persuada à Edouard de déclarer la guerre à Philippe.

Ce prince ne voulut pas s'engager à une si difficile entreprise sans s'être fortifié par de puissantes alliances (1336); et pour cela il envoya des ambassadeurs dans les Pays-Bas, qui se faisoient respecter par la magnificence extraordinaire avec laquelle ils vivoient. Ils attiroient et les villes et les princes dans le parti d'Angleterre, par les grandes libéralités qu'ils faisoient. Edouard vint lui-même à Anvers pour tâcher de gagner le duc de Brabant, et les autres princes de l'empire. Ils ne voulurent point se déclarer que l'empereur n'y eût consenti. Mais ils donnèrent à Edouard le moyen de l'engager à cette guerre, qui fut de lui représenter qu'au préjudice des traités faits entre les empereurs et les rois de France, Philippe avoit acquis plusieurs châteaux dans l'empire et même la ville de Cambray. L'empereur y donna les mains, et déclara Edouard vicaire de l'empire, avec ordre à tous les princes de lui obéir.

Edouard ayant tenu une solennelle assemblée (1337), y fit lire ses lettres de vicariat en grand appareil, et envoya des hérauts déclarer la guerre à Philippe, tant en son nom qu'en celui de plusieurs princes de l'empire. Il assiégea ensuite Cambray (1338), qu'il ne put prendre, après quoi ayant passé l'Escaut, il entra dans le royaume de France. Là il envoya un héraut demander à Philippe un jour pour combattre; il le donna, et déjà les deux armées étoient en présence. Philippe avoit dans la sienne un grand nombre de princes, avec toute la noblesse de France. Tous étoient prêts à combattre, et le roi même le désiroit avec ardeur; mais son conseil jugea qu'il ne falloit pas hasarder tout le royaume contre le roi d'Angleterre, qui de son côté ne hasardoit rien (1340). Ainsi on se sépara sans combattre, quoique le roi y résistât fort, et se fâchât contre ses conseillers; mais les armées navales s'étant rencontrées à la hauteur de l'Ecluse, il y eut un furieux combat.

Les Normands, qui composoient la flotte françoise, étoient plus forts en hommes et en vaisseaux que les Anglois; outre cela ils avoient l'avantage du soleil et du vent. Les Anglois prirent un grand tour pour avoir l'un et l'autre à dos. Alors les Normands se mirent à crier que les ennemis s'enfuyoient et qu'ils n'osoient les attendre; mais ils furent bien étonnés quand ils les virent tout d'un coup retomber sur eux. On se jeta de part et d'autre une infinité de traits; les vaisseaux s'accrochèrent, et on en vint aux mains: Edouard exhortoit les siens en personne, et combattoit vaillamment. Nos vaisseaux furent pris en partie, en partie coulés à fond, et presque tous les François noyés.

Les Anglois perdirent la plus grande partie de leur noblesse; le roi même eut la cuisse percée d'un javelot, et vengea sa blessure sur le général de l'armée françoise, qu'il fit pendre à un mât. Il alla ensuite assiéger Tournay avec six vingt mille hommes, dont les Flamands faisoient une partie considérable. Il les avoit gagnés par le moyen de Jacques d'Artevelle, leur capitaine. C'étoit un brasseur de bière, factieux et entreprenant, qui ne trouvoit rien difficile; il étoit fin et de bon conseil, aussi hardi dans l'exécution, qu'habile à haranguer le peuple. Par ces moyens il sut si bien mener les Flamands, qu'il en étoit le maître. Il avoit des hommes apostés dans toutes les villes, qui exécutoient tout ce qu'il vouloit, et tuoient au premier ordre tous ceux qui s'opposoient à ses desseins; de sorte que ses ennemis n'étoient en sûreté en aucun endroit du pays, et que le comte lui-même osoit à peine paroître.

Edouard le voyant tout-puissant en Flandre, n'oublia rien pour le gagner. Artevelle y consentit facilement, parce qu'il cherchoit un appui à sa domination, dans la puissance étrangère contre la puissance légitime; mais comme les Flamands disoient qu'ils ne pouvoient se déclarer contre le roi de France, qui étoit leur souverain, et à qui ils devoient de grandes sommes, Artevelle proposa à Edouard de se déclarer roi de France, ce qu'il fit, et ayant donné sa quittance en cette qualité, les Flamands s'en contentèrent.

Depuis ce temps-là ils furent toujours attachés aux intérêts d'Edouard; mais avec tout ce secours le siège de Tournay n'avançoit pas, quoique la ville fût assez pressée, y ayant dedans beaucoup de soldats et peu de vivres. Cependant le roi d'Ecosse voyant le roi d'Angleterre occupé à un siége si difficile, sut profiter de l'occasion, et reprit les places qu'Edouard lui avoit prises. Philippe alla avec une grande armée au secours de Tournay, dont le siége fut enfin levé par une trêve, qui fut ensuite prolongée jusqu'à deux ans, pour donner le loisir de faire la paix.

La guerre fut recommencée à l'occasion des affaires de Bretagne (1341). Jean III duc de Bretagne, étant mort sans enfans, laissa le duché à sa nièce, fille de son second frère qui étoit mort avant lui. Il l'avoit mariée à Charles de Blois, fils d'une sœur de Philippe, afin de procurer par ce moyen à sa nièce la protection de la France. Il avoit un troisième frère, sorti d'un autre mariage, c'étoit Jean comte de Montfort, qui soutenoit que le duché lui appartenoit, au préjudice de sa nièce. D'abord il se rendit maître de Nantes et de Rennes, dont les habitans se déclarèrent pour lui ; il prit ensuite Hennebon et Brest, et pour s'assurer d'un protecteur, il rendit hommage du duché de Bretagne au roi d'Angleterre. Le roi ordonna qu'il comparoîtroit devant la cour des pairs. Il y vint avec un nombreux cortége de noblesse.

Aussitôt qu'il se fut présenté à la chambre des pairs, le roi se tourna vers lui, et lui demanda pourquoi il avait envahi le duché de Bretagne sans sa permission, et pourquoi il en avoit fait hommage au roi d'Angleterre, puisqu'il savoit que ce duché relevoit de la couronne de France ? Il répondit, sans s'étonner, qu'il n'avoit point rendu cet hommage, et que ses ennemis avoient fait de faux rapports au roi ; mais pour ce qui regardoit le duché, qu'il lui appartenoit légitimement, parce qu'il étoit le plus proche parent mâle du défunt, étant son frère.

Le roi lui défendit de s'en emparer jusqu'à ce qu'il eût ouï son jugement, et lui ordonna de demeurer à Paris sans en sortir ; mais comme il appréhendoit qu'on ne l'arrêtât, il se sauva et retourna en Bretagne malgré les défenses ; le parlement donna son arrêt, et adjugea le duché à Charles pour deux raisons : la première, parce qu'il avoit épousé la fille de l'aîné ; la seconde, parce que Montfort étoit coupable, tant à cause de l'hommage qu'il avoit rendu au roi d'Angleterre, qu'à cause qu'il avoit désobéi au roi, se retirant sans son congé. Charles partit aussitôt après pour se mettre en possession du duché. Il prit Nantes, et Jean de Montfort, qui étoit dedans. On le mit en prison dans la tour du Louvre, d'où il sortit en 1343, après avoir juré de ne prétendre jamais rien au duché. Cependant il passa en Angleterre pour y chercher du secours, et à son retour il mourut au château d'Hennebon.

Sa femme ne perdit pas courage : elle animoit ceux de Rennes, avec lesquels elle étoit, leur montrant un petit enfant qu'elle avoit, nommé Jean comme son père, en leur disant : « Voilà le fils de celui à qui vous étiez si fidèles ; voilà votre prince qui vous récompensera, quand il sera grand, du service que vous lui aurez rendu dans son enfance. »

Elle ajoutoit, qu'il ne falloit point se laisser abattre par la mort d'un homme, mais regarder l'honneur et la fortune de l'Etat qui étoit immortelle.

Toutes ces exhortations n'empêchèrent pas qu'il ne fallût céder à la force. Charles de Blois assiégea Rennes, et la ville fut contrainte de se rendre. La comtesse se réfugia à Hennebon, où elle ne fut pas plutôt arrivée, qu'elle y fut assiégée par le comte. Cette ville, située sur la rivière de Blavet, étoit très-considérable en ce temps, parce que la ville de Blavet qui la couvre et qui est à l'embouchure de la rivière, n'étoit pas encore. La comtesse, se fiant aux fortifications de cette place, résolut de se bien défendre. Elle montoit tous les jours au haut d'une tour d'où elle voyoit les combattans; elle remarquoit ceux qui faisoient bien, et les encourageoit d'en haut. Au retour du combat elle leur donnoit des récompenses, les embrassoit et les élevoit jusqu'aux cieux par ses louanges. Ainsi elle animoit tellement tout le monde, que les filles et les femmes étoient toujours sur les murailles, fournissant des pierres contre les ennemis.

Elle fit quelque chose de plus surprenant : elle se mit à la tête des siens qui firent une vigoureuse sortie, et repoussèrent les François; mais s'étant avancée un peu trop loin, elle fut coupée de telle sorte, qu'elle ne put plus rentrer dans la place. Ceux de dedans furent fort en peine de ce qu'elle étoit devenue : mais quelques jours après, à la pointe du jour, elle vint de Brest avec un renfort de six cents chevaux, enfonça un des quartiers, et entra en triomphe dans la place, au bruit des trompettes, et au milieu des acclamations de tout le peuple. Ainsi par sa valeur elle sauva la ville, qui ne put être forcée. Elle ne se conduisit pas moins vaillamment à la fameuse bataille navale de Grenesey, où les historiens remarquent qu'avec une pesante épée elle faisoit un grand carnage de ses ennemis; mais tout d'un coup, comme le combat étoit fort opiniâtre de part et d'autre, il vint une si grosse pluie, et des nuages si épais, qu'à peine se voyoit-on, et que les vaisseaux furent dispersés de çà et de là dans la mer.

Robert d'Artois, qui commandoit la flotte angloise, prit terre auprès de Vannes, et se rendit maître de cette place. Charles de Blois la reprit bientôt; et même dans une sortie qui fut faite par les assiégés, Robert d'Artois fut blessé. Comme il voulut se faire porter en Angleterre, l'air de la mer, et l'agitation du vaisseau causèrent de l'inflammation dans ses plaies, de sorte qu'étant arrivé à Londres, il y mourut.

Edouard passa lui-même en Bretagne pour assiéger Vannes. Jean, duc de Normandie, fils aîné de Philippe, alla au secours. Les deux armées furent souvent prêtes à combattre, sans qu'il s'exécutât rien de considérable. Il se fit enfin une trêve de deux ans par l'entremise du Pape. Pendant les guerres de Bretagne, le roi d'Ecosse reprenoit les places que le roi d'Angleterre avoit prises sur lui. Il assiégeoit le château de Salisbury, où la comtesse se défendoit vigoureusement; elle passoit pour la femme la plus belle et la plus sage d'Angleterre. Comme elle étoit fort pressée, elle demanda du secours à Edouard. Elle sut si bien se servir de celui qu'il lui envoya, qu'elle fit lever le siége. Edouard vint la visiter, touché de sa réputation. Il en fut épris en la voyant; et comme il commençoit à lui découvrir sa passion, elle lui dit : « Vous ne voudriez pas me déshonorer, ni que je déshonorasse mon mari qui vous sert si bien; vous-même, si je m'oubliois jusqu'à ce point, vous seriez le premier à me châtier. » Elle persista toujours dans sa résolution, et sa chasteté fut en admiration à toute l'Angleterre.

La trêve dont nous avons parlé ne dura pas longtemps, parce que le roi d'Angleterre, cherchant une occasion de la rompre (1344), envoya défier Philippe, pour avoir fait couper la tête à quelques seigneurs de Normandie et de Bretagne qu'on accusoit de trahison. Il fit partir en même temps le comte de Derby, qui reprit quelques places de Gascogne, que les François avoient prises, entre autres la Réolle, située sur la Garonne. Derby ayant poussé la mine bien avant sous le château, les assiégés se rendirent à condition d'avoir la vie sauve avec la liberté : les François cependant ne demeurèrent pas sans rien faire, et le duc de Normandie vint assiéger Aiguillon, place d'Agénois, avec cent mille hommes.

Environ ce temps arriva la mort de Jacques d'Artevelle (1345), qui, ayant proposé de mettre la Flandre en la dépendance de l'Angleterre, par cette proposition, encourut la haine des Gantois. Tout le monde crioit qu'il étoit insupportable qu'un tel homme osât disposer du comté de Flandre. Avec ces cris on s'attroupoit autour de sa maison, et on lui redemandoit compte des deniers qu'on l'accusoit d'avoir transportés en Angleterre; quoiqu'il soutînt, et avec raison, que cette accusation étoit fausse, personne ne l'en vouloit croire. Comme il tâchoit d'adoucir le peuple avec de belles paroles, les haranguant par une fenêtre, on enfonça sa maison par derrière, et il fut assommé, sans que jamais il pût fléchir ses meurtriers. Ainsi mourut ce chef de la sédition, tué par ceux qu'il avoit soulevés contre leur prince.

Le siége d'Aiguillon continuoit, et donna lieu à Godefroy de Harcourt, grand seigneur de Normandie, de donner à Edouard un conseil pernicieux à la France. Ce seigneur avoit été favori du duc de Normandie, et ensuite disgracié, sans avoir fait aucune faute, par la seule jalousie et intrigue des courtisans; il se réfugia en Angleterre; et pour se venger de la France, il conseilla à Edouard d'y entrer par la Normandie, l'assurant qu'il trouveroit les ports dégarnis, et la province sans défense, parce que toute la fleur de la noblesse étoit avec le duc devant Aiguillon. Edouard crut ce conseil, et trouva la Normandie dans l'état que Godefroy lui avoit dit (1346). Il y fit de grands ravages, et prit plusieurs places, entre autres Caen, qu'il pilla. Il s'avança même jusqu'à Poissy, brûla Saint-Germain en Laye, et de là il alla en Picardie, et il mit tout à feu et à sang. Toutefois Beauvais résista, ou donna le loisir à Philippe d'assembler ses troupes. Il fit garder tous les passages de la Somme pour tâcher de renfermer et d'affamer Edouard. Mais ce prince ayant promis récompense à ceux qui lui montreroient le gué, un des prisonniers le lui découvrit; il força la garde que Philippe y avoit mise, et passa la rivière. Philippe le suivit, et les armées se rencontrèrent à Crécy, village du comté de Ponthieu.

Lorsqu'elles furent en bataille (26 août), Edouard alla de rang en rang, inspirant du courage à tout le monde, plus encore par sa contenance résolue que par ses paroles. Les Anglois étoient en petit nombre, et les François étoient bien plus forts; mais il y avoit parmi eux beaucoup de confusion, et beaucoup d'ordre parmi les ennemis. La bataille commença du côté de Philippe par les arbalêtriers génois; quoique fatigués de la pesanteur de leurs armes, et de la longue marche qu'ils avoient faite ce jour-là, ils ne laissèrent pas de faire leur décharge vigoureusement. Cependant les Anglois demeurèrent fermes sans tirer; après quoi ils s'avancèrent un pas, et tirant à leur tour, ils percèrent les Génois à coups de traits. Ceux-ci prirent aussitôt la fuite, et se renversèrent sur le reste de la bataille. Philippe voyant qu'ils troubloient les rangs, et mettoient tout en désordre, ordonna qu'on les tuât; de sorte qu'on fit main basse sur eux.

Le prince de Galles, fils aîné du roi d'Angleterre, qui à peine avoit seize à dix-sept ans, étoit au combat, et commandoit une partie de l'armée. Les François firent un si grand effort du côté où étoit ce prince, que ses troupes étoient ébranlées. D'abord on envoya dire à Edouard que son fils étoit fort pressé. Il demanda s'il étoit mort ou blessé; on lui dit qu'il n'étoit ni l'un ni l'autre, mais qu'il étoit en grand péril. « Laissez combattre ce jeune homme, reprit-il; je veux que la journée soit à lui; et qu'on ne m'en apporte plus de nouvelles qu'il ne soit mort ou victorieux. » Cette parole ayant été rapportée où étoit le prince, anima tellement tout le monde, que les François ne purent plus soutenir le choc. Philippe eut un cheval tué sous lui en combattant vaillamment; et dans le temps qu'il vouloit encore opiniâtrement retourner au combat, le comte de Hainaut, son cousin, l'emmena malgré sa résistance, lui disant qu'il ne devoit pas se perdre sans nécessité; qu'au reste, s'il avoit été battu cette fois, il pourroit une autre fois réparer sa perte; mais que s'il étoit ou pris ou tué, son royaume seroit au pillage, et perdu sans ressource. Philippe se laissa enfin persuader, et un si grand roi arriva, lui cinquième, pendant la nuit, à un petit château où il se retira.

Il y eut dans cette bataille de notre côté un grand nombre de princes pris ou tués; entre autres le roi Jean de Bohême, fils de l'empereur Henri VII, y périt en combattant vaillamment : la France y perdit trente mille hommes. Le jeune prince de Galles s'étant présenté à Edouard sur le champ de bataille, ce bon père l'embrassa en priant Dieu qu'il lui donnât la persévérance : le prince en même temps fit une génuflexion, témoignant un désir extrême de contenter le roi son père. Edouard, pour profiter de sa victoire, alla assiéger Calais ; mais après avoir reconnu la place, il jugea qu'il ne pouvoit pas la prendre de force ; de sorte qu'il se résolut de l'affamer. Il fit tout autour comme une autre ville de charpente, et bâtit sur le port un château, de peur qu'il ne vînt des vivres par la mer.

Le gouverneur ayant chassé toutes les bouches inutiles, Edouard qui vit approcher tant de vieillards, d'enfans et de femmes éplorées, en eut pitié ; et au lieu de les faire rentrer, comme c'est la coutume en pareille rencontre, il les laissa passer, et leur fit même de grandes libéralités. Quelque temps après il fut informé que le duc de Normandie avoit levé le siége d'Aiguillon, et que David, roi d'Ecosse, ayant voulu entrer en Angleterre, avoit été repoussé et pris prisonnier. Il apprit aussi que Derby avoit pris Poitiers d'assaut, ce qui n'avoit pas été fort difficile, parce que les bourgeois, quoique résolus de se bien défendre, ne se trouvèrent pas en état de résister : ils n'avoient ni chefs pour les commander, ni soldats pour les soutenir. Il apprit dans le même temps que Charles de Blois, malgré la protection des François, avoit été pris dans un combat, et envoyé prisonnier en Angleterre.

Cependant (1347) la ville de Calais étant serrée de près, Philippe s'avança en vain pour la secourir. Les Anglois lui fermèrent si bien les avenues qu'il ne put jamais approcher, de sorte que la ville fut contrainte de demander à capituler. Edouard étoit si fort irrité de la longue défense des habitans, que d'abord il ne les vouloit recevoir qu'à discrétion ; et il destinoit les plus riches à la mort et au pillage. Enfin il exigea qu'on lui livrât six des principaux bourgeois pour les faire mourir, et ne voulut jamais se relâcher qu'à cette condition, tant il étoit inexorable. Une si dure proposition étant rapportée dans l'assemblée du peuple, tous furent saisis de frayeur. En effet, que faire ? à quoi se résoudre dans une si cruelle extrémité ? qui seront les malheureux qu'on voudra livrer à une mort certaine ? Comme ils étoient dans ce trouble, ne sachant à quoi se déterminer, le plus honorable et le plus riche de tous les habitans de la ville, nommé Eustache de Saint-Pierre, se présenta au milieu du peuple, déclarant qu'il se dévouoit volontiers pour le salut de sa patrie. Cinq autres bourgeois suivirent cet exemple ; et comme on les eut amenés au roi, ils se jetèrent à ses pieds pour implorer sa miséricorde ; il ne voulut point les écouter. En vain tous les seigneurs de la cour intercédèrent pour eux. Ce prince toujours inflexible avoit déjà envoyé chercher le bourreau pour exécuter ces misérables ; et ils étoient sur l'échafaud prêts à recevoir le coup, lorsque la reine arrivant dans le camp intercéda pour eux. Le roi leur pardonna à sa considération.

Ensuite, après avoir fait une trêve de deux ans, dont pourtant la Bretagne fut exceptée, ce prince victorieux repassa en Angleterre; quelque temps après, Godefroy de Charny, qui commandoit l'armée de Philippe sur la frontière de Picardie, conçut le dessein de reprendre Calais par intelligence. Pour cela il tâcha de corrompre Emery qui en étoit gouverneur, croyant qu'étant Lombard, il se laisseroit plus facilement gagner, que ne feroit un Anglois. En effet il consentit de lui livrer la place, moyennant vingt mille écus.

Edouard, qui étoit vigilant et bien averti, découvrit bientôt tout le complot. Il envoya ordre au gouverneur de se rendre auprès de lui, et lui parla en cette sorte : « N'avez-vous point de honte, vous à qui j'avois confié la place la plus importante que j'eusse, de m'avoir manqué de fidélité ? n'étois-je pas assez puissant pour récompenser vos services ? et n'aviez-vous point d'autres moyens de faire fortune, que de vendre votre foi à mes ennemis ? » Le gouverneur surpris nia d'abord la chose; mais enfin étant convaincu, il se jeta aux pieds du roi, et lui demanda pardon. Edouard se souvenant qu'il avoit été nourri auprès de lui, se laissa fléchir, et lui pardonna; mais en même temps il lui commanda de retourner promptement, d'achever son traité avec les François, et même de prendre leur argent; enfin, d'agir avec eux avec tant d'adresse, qu'ils ne se doutassent de rien; qu'au reste il le suivroit de près, et se trouveroit à Calais pour punir leur tromperie par une tromperie plus sûre et plus juste.

Le gouverneur s'en retourna bien instruit des volontés de son maître, qu'il exécuta ponctuellement. Edouard, averti de l'état des choses, partit quand il fut temps, et se rendit à Calais incognito, sous le drapeau d'un de ses capitaines. Les François s'avancèrent au temps qui leur étoit assigné, et s'approchèrent des portes au milieu de la nuit, croyant qu'elles leur seroient bientôt ouvertes. On les ouvrit en effet; mais ce fut pour les charger. Les Anglois vinrent fondre de toutes parts sur eux comme ils y pensoient le moins; en sorte qu'ils furent tous tués ou prisonniers. Il arriva pendant la mêlée que le roi d'Angleterre, inconnu qu'il étoit, se trouva aux mains seul à seul, avec un chevalier, nommé Eustache de Ribaumont.

Ce seigneur se battoit vigoureusement, et donnoit au roi de si rudes coups, que deux fois il lui fit plier le genou jusqu'à terre. Cependant le roi fit si bien et par adresse et par force, qu'il lui fit rendre l'épée, et le fit son prisonnier. Il donna un festin magnifique à tous les prisonniers, et ayant démêlé parmi les autres Eustache de Ribaumont : « Chevalier, lui dit-il, n'ayez point de honte de votre combat; voici le combattant à qui vous avez eu affaire. » En même temps il lui donna un cordon de perles fort précieuses pour mettre à son chapeau, et le renvoya sans lui demander rançon.

Environ ce temps, Humbert, dauphin de Viennois, touché de la mort de son fils unique, résolut de se faire Jacobin (1349), et mit en délibération s'il vendroit le Dauphiné au Pape, ou s'il le donneroit aux rois de France. Mais sa noblesse et ses peuples obtinrent qu'il le donnât plutôt à la France, parce qu'ils espéroient plus de protection de ce côté-là dans les guerres continuelles qu'ils avoient avec la Savoie. Ainsi ce beau pays vint aux rois de France, dont les fils ainés ont pris la qualité de Dauphins. Cette nouvelle acquisition fut une espèce de consolation des pertes que [Philippe venoit de faire. Il ne vécut pas longtemps après, étant mort en 1350 : il laissa pour son successeur Jean son fils ainé.

JEAN II (an 1350).

Au commencement de ce règne, Raoul, comte d'Eu, connétable de France, qui avoit été pris prisonnier, et corrompu pendant sa prison par les Anglois, à son retour fut accusé de trahison, et s'étant mal défendu, eut la tête coupée. Jean donna sa charge à Charles d'Espagne, qui étoit de la maison royale de Castille. Charles II, dit le Mauvais, roi de Navarre, gendre du roi, conçut de la jalousie et de la haine contre le nouveau connétable, parce qu'il étoit dans les bonnes graces du roi son beau-père, qui lui avoit donné le comté d'Angoulême, que le roi de Navarre prétendoit. Il suborna des gens qui le tuèrent dans son lit; il osa même soutenir hautement une si horrible action; et s'étant retiré au comté d'Evreux, qui étoit à lui, il écrivit de là aux bonnes villes du royaume, qu'il n'avoit fait que prévenir un homme qui avoit attenté contre sa vie. Le roi fut indigné, autant qu'il devoit, d'une action si noire, et ordonna au roi de Navarre de comparoître à la cour des pairs.

Plusieurs personnes s'entremirent pour accorder le beau-père et le gendre. Charles refusa de comparoître, jusqu'à ce que le roi lui eût donné un de ses fils pour otage. Comme il eut comparu en plein parlement, le roi y séant, il s'excusa, disant que le connétable avoit attenté contre sa personne, et qu'on ne lui devoit pas imputer à crime ni à manque de respect, s'il avoit mieux aimé le tuer que d'être tué lui-même (1351). En même temps, les deux reines veuves, l'une de Charles le Bel, l'autre de Philippe de Valois, dont la première tante du roi de Navarre, et la seconde sa sœur, avec Jeanne sa femme, se prosternèrent devant le roi, pour le prier de pardonner à son gendre. Le roi pardonna, en déclarant que si quelqu'un dorénavant entreprenoit une aussi méchante action, fût-ce le Dauphin, il ne la laisseroit pas impunie.

Cependant comme il connoissoit son gendre d'un esprit brouillon et méchant, bien averti des intelligences qu'il entretenoit de tous côtés contre son service, il prit occasion d'un voyage qu'il fit en Avignon, pour saisir et mettre sous sa main les places fortes qu'il avoit en Normandie, sous prétexte qu'il étoit sorti du royaume sans sa permission. Un petit nombre tint ferme pour le roi de Navarre, et la plupart se rendirent.

Ce prince aussitôt se prépara à la guerre, et fit lever sous main des soldats, dans les terres qui lui restoient en Normandie. Mais Charles dauphin fit sa paix, et le ramena à la cour. Il n'y demeura pas longtemps tranquille. Les mouvemens des Anglois contraignirent le roi de demander de l'argent aux trois états pour faire la guerre. Ils firent ce qu'il souhaitoit; mais le roi de Navarre n'oublia rien pour les en empêcher (1355). Jean, irrité d'un si étrange procédé, le fit arrêter au château de Rouen, comme il étoit à table avec le Dauphin, et fit arrêter avec lui Jean de Harcourt, qui étoit tout son conseil, et le ministre de ses mauvais desseins. Ce seigneur eut la tête coupée; le roi de Navarre fut soigneusement gardé, et toutes ses places saisies.

Cependant (1356) le duc de Glocester partit d'Angleterre, et descendit en Normandie avec une armée. Jean marcha contre lui, avec beaucoup plus de troupes; mais il apprit en même temps que le jeune prince Edouard de Galles, sorti d'Aquitaine, entroit dans le royaume pour faire diversion, et qu'il ravageoit le Berry. Quoique ce prince eût déjà pris beaucoup de places, Jean ne doutoit pas qu'il ne les reprît facilement, et même qu'il ne défît tout à fait l'armée ennemie, si inférieure à la sienne. Il la rencontra auprès de Poitiers, et il crut déjà l'avoir battue, parce qu'il avoit soixante mille hommes contre huit mille.

Plusieurs lui conseilloient de faire périr les ennemis par famine en leur coupant les vivres de tous côtés, comme il lui étoit aisé; mais l'impatience françoise ne put s'accommoder de ces longueurs. Le cardinal de Périgord, légat du Pape, fit plusieurs allées et venues pour négocier la paix. Le prince de Galles proposa de rendre toutes les places qu'il avoit prises, et tous les prisonniers qu'il avoit faits pendant cette guerre, et promit que durant sept ans l'Angleterre n'entreprendroit rien contre la France. Le roi ne voulut pas seulement écouter ces propositions; tant il tenoit la victoire assurée, se fiant en la multitude de ses soldats. Il poussa la chose bien plus loin, et méprisa tellement le prince, qu'il lui proposa de se rendre prisonnier de guerre, avec cent de ses principaux chevaliers.

Le prince et les Anglois, préférant la mort à une si dure condition, et à un accord si honteux, se résolurent ou de périr ou de vaincre. Edouard alloit de rang en rang avec une vivacité merveilleuse, et représentoit aux siens, que ce n'étoit pas dans la multitude que consistoit la victoire, mais que c'étoit dans le courage des soldats et dans la protection de Dieu. Les François cependant, pleins d'une téméraire confiance, alloient au combat en désordre, comme s'ils eussent cru qu'ils n'avoient qu'à se montrer pour mettre leurs ennemis en déroute. Mais ils étoient attendus par des soldats intrépides; car ils trouvèrent en tête les archers anglois, qui, sans s'étonner du grand nombre de leurs ennemis, firent une décharge effroyable où la bataille étoit la plus épaisse, et ne tirèrent pas un coup qui ne portât. L'aile où étoit le Dauphin, avec quelques-uns des enfans du roi, fut fort endommagée par ces coups, ce qui fit que les gouverneurs de ces princes prirent l'épouvante, et les emmenèrent d'abord. Ils firent marcher les lanciers qui étoient destinés à leur garde; de sorte que ce qu'il y avoit de meilleures troupes se retira sans combattre. L'épouvante se répandit partout, et cette aile fut mise en fuite avec grand carnage. Jean Chandos, qui gouvernoit le prince de Galles, tourna alors tout l'effort de la bataille contre Jean, et y mena le jeune prince. Là le combat fut fort opiniâtre; mais les Anglois enflés du succès poussèrent cet escadron avec tant de vigueur, qu'ils l'enfoncèrent bientôt.

Le roi cependant se défendoit vaillamment avec fort peu de monde qui s'étoit ramassé autour de lui; et quoiqu'on lui criât de tous côtés qu'il se rendît ou qu'il étoit mort, il continuoit à combattre. Enfin ayant reconnu au langage un gentilhomme françois, qui lui crioit plus haut que les autres qu'il se rendît, il le choisit pour se mettre entre ses mains.

Ce gentilhomme, sorti de France pour un meurtre qu'il avoit commis, avoit pris parti parmi les Anglois. Philippe, quatrième fils de Jean, se rendit aussi avec lui, ne l'ayant jamais quitté, et l'ayant même couvert de son corps. Ainsi fut pris le roi Jean, après avoir fait le devoir plutôt d'un brave soldat, que d'un capitaine prévoyant.

Jean Chandos, voyant la victoire assurée, fit tendre un pavillon au prince pour le faire reposer; car il s'étoit fort échauffé dans le combat. Comme il demandoit des nouvelles du roi de France, il vit paroître un gros de cavalerie, et on lui vint dire que c'étoit lui-même qu'on amenoit prisonnier. Il y courut, et le trouva en plus grand danger qu'il n'avoit été dans la mêlée, parce que les plus vaillans se disputoient à qui l'auroit, en le tirant avec violence: on avoit même tué quelques prisonniers en sa présence, parce que ceux qui les avoient pris aimoient mieux leur ôter la vie, que de souffrir que d'autres les leur enlevassent. D'abord que le prince aperçut le roi, il descendit de cheval, et s'inclina profondément devant lui, l'assurant qu'il seroit content du roi son père, et que les affaires s'accommoderoient à sa satisfaction.

Le roi en cet tat ne dit jamais aucune parole, et ne fit aucune action qui ne fût convenable à sa dignité et à la grandeur de son courage. Le prince lui donna le soir un festin magnifique, et ne voulut jamais s'asseoir à sa table, quelque instance que le roi lui en fît; mais voyant sur son visage beaucoup de tristesse parmi beaucoup de constance : « Consolez-vous, lui dit-il, de la perte que vous avez faite. Si vous n'avez pas été heureux dans le combat, vous avez remporté la gloire d'être le plus vaillant combattant de toute votre armée; et nonseulement vos gens, mais les nôtres mêmes rendent ce témoignage à votre vertu. »

A ces paroles, il s'éleva un murmure de l'assemblée qui applaudissoit au prince. Aussitôt que la nouvelle de cette bataille fut portée à Paris et par tout le reste de la France, la consternation fut extrême. On voyoit une grande bataille perdue, la fleur de la noblesse tuée, le roi pris, le royaume dans un état déplorable, sans force au dedans, et sans secours au dehors; le Dauphin, âgé de dix-huit ans, jeune, sans conseil et sans expérience, qui alloit apparemment être accablé du poids des affaires.

Dans cette extrémité, on assembla les trois états, pour délibérer sur le gouvernement du royaume. Charles, dauphin, y fut déclaré lieutenant du roi son père, et prit le titre de régent, environ un an après; pour le bonheur de la France, il se trouva plus habile et plus résolu qu'on ne l'eût osé espérer d'une si grande jeunesse. On lui donna un conseil composé de douze personnes de chaque ordre. Etienne Marcel, prévôt des marchands, y avoit la principale autorité, à cause de la cabale des Parisiens. Il eut la hardiesse de proposer au Dauphin de délivrer le roi de Navarre. Ce prince lui répondit qu'il ne pouvoit point tirer de prison un homme que son père y avoit mis.

Environ dans ce même temps, Godefroy de Harcourt, qui avoit suscité des troubles dans la Normandie, fut battu et aima mieux mourir que de se rendre (1357). Ainsi ce malheureux, traître à sa patrie, fut puni de sa trahison dans la même province qu'il avoit donnée à ravager aux Anglois. Cependant le roi étant transporté en Angleterre, on fit une trêve, en attendant qu'on pût conclure la paix; mais la France étant un peu en repos contre la puissance étrangère, se déchira elle-même, et fut presque ruinée par les dissensions intestines.

L'autorité étant foible et partagée, et les lois étant sans force, tout étoit plein de meurtres et de brigandages. Des brigands, non contens de voler sur les grands chemins, s'attroupoient en corps d'armée pour assiéger les châteaux, qu'ils prenoient et pilloient, en sorte qu'on n'étoit pas en sûreté dans sa maison. Le prévôt des marchands vint faire ses plaintes au Dauphin de ce qu'on ne remédioit pas à ces désordres; et comme il parloit insolemment, le prince lui dit qu'il ne pouvoit y remédier, n'ayant ni les armées ni les finances, et que ceux-là y pourvussent qui les avoient en leur pouvoir. Ce prince parloit des Parisiens, qui en effet se rendoient maîtres de tout.

Le discours s'étant échauffé de part et d'autre, les Parisiens furieux s'emportèrent jusqu'à tuer aux côtés du Dauphin trois de ses principaux conseillers, de sorte que le sang rejaillit jusque sur sa robe. La chose alla si avant, que, pour sauver sa personne, il fut obligé de se mettre sur la tête un chaperon mi-parti de rouge et de blanc, qui étoit en ce temps la marque de la faction.

Quoique le parti des Parisiens se rendît tous les jours plus fort, le prévôt des marchands crut que ce parti tomberoit bientôt, s'il ne lui donnoit un chef. Ainsi il trouva moyen de faire sortir de prison le roi de Navarre à fausses enseignes, et en supposant un ordre du Dauphin. D'abord qu'il fut en liberté, il vint à Paris. Comme il étoit éloquent, factieux et populaire, il attira tout le peuple par la harangue séditieuse qu'il fit en plein marché, en présence du Dauphin, se plaignant des injustices qu'on lui avoit faites, et vantant son zèle extrême pour le royaume de France, pour lequel il disoit qu'il vouloit mourir. Mais le fourbe avoit bien d'autres pensées.

Dans ce même temps il s'éleva autour de Beauvais une faction de paysans qu'on appela les *Jaques* ou la *Jacquerie*, qui pilloient, violoient et massacroient tout avec une cruauté inouïe. Ils étoient au nombre de plus de cent mille, ne sachant la plupart ce qu'ils demandoient, et suivant à l'aveugle une troupe d'environ cent hommes, qui s'étoient assemblés d'abord à dessein d'exterminer la noblesse. Le roi de Navarre aida beaucoup à réprimer et à dissiper cette canaille forcenée, dont il défit un grand nombre. Cependant comme son crédit s'augmentoit tous les jours dans Paris, le Dauphin ne crut y pouvoir être en sûreté; ainsi il sortit de cette ville résolu de l'assiéger (1358). Les autres villes du royaume se joignirent à lui, ne pouvant souffrir que les Parisiens voulussent dominer tout le royaume. Le Dauphin avec ce secours se posta à Charenton et à Saint-Maur, et se saisit des passages des deux rivières pour affamer les Parisiens. Le roi de Navarre se mit à Saint-Denis; le pays se trouva alors ravagé des deux côtés. Pour décréditer ce roi dans l'esprit des Parisiens, le Dauphin l'engagea à une conférence avec lui, et dès lors on soupçonna qu'ils étoient d'intelligence. Enfin la paix fut conclue par l'entremise de l'archevêque de Sens. Par cette paix, il fut accordé qu'on livreroit au Dauphin le prévôt des marchands et douze bourgeois pour les châtier à sa volonté.

Etienne Marcel, ayant été averti de ce traité, résolut de tuer dans Paris tous ceux qui n'étoient point de sa cabale : mais il fut prévenu par un nommé Jean Maillard, chef du parti du Dauphin, qui le tua près la porte Saint-Antoine, et rendit si bonne raison au peuple de son action, que tous députèrent pour se soumettre au Dauphin. Ensuite, à la très-humble supplication de tout le peuple de Paris, ce prince y vint demeurer.

Comme il faisoit son entrée, il vit lui-même un bourgeois séditieux qui tâchoit de soulever le peuple contre lui. Loin de se mettre en colère, il arrêta ceux de sa suite qui alloient l'épée à la main à cet emporté, et se contenta de lui dire que le peuple ne le croiroit pas. Le roi de Navarre, indigné de ce qu'on avoit tué le prévôt des marchands, qui étoit entièrement à lui, renouvela bientôt la guerre, et leva des troupes avec l'argent que les Parisiens avoient confié à sa garde pendant qu'il étoit à Saint-Denis; mais le Dauphin, sans perdre de temps, assiégea Melun, où le roi de Navarre avoit jeté ses meilleures troupes, avec les trois reines, sa sœur, sa tante et sa femme; en voyant que le Dauphin serroit de près cette place, il fit la paix, en promettant de se soumettre à sa volonté.

Cependant on traitoit aussi en Angleterre de la paix et de la délivrance de Jean. On lui proposa de tenir le royaume de France à hommage du roi d'Angleterre; il répondit qu'il aimoit mieux mourir, que d'accepter une si honteuse condition; et il le dit avec tant de fermeté, qu'on n'osa plus la lui proposer : mais on tint un conseil secret, où il n'y eut que les deux rois, le prince de Galles, et Jacques de Bourbon, connétable de France. Jean y fit la paix à la vérité; mais en cédant aux Anglois tant de provinces, que toute la France fut effrayée quand elle en apprit la nouvelle.

Le Dauphin fut fort embarrassé s'il accepteroit ces conditions. D'un côté il souhaitoit de revoir le roi son père; de l'autre il voyoit que s'il exécutoit ce traité, le royaume seroit perdu, et le roi lui-même déshonoré, pour avoir préféré une trop prompte délivrance à sa gloire et au salut de l'Etat, pour lequel il n'avoit pas craint d'exposer sa vie. Enfin il se résolut de refuser les conditions, et d'attendre du temps les occasions de délivrer le roi d'une manière plus honorable. Jean, qui s'ennuyoit dans la prison, le trouva fort mauvais; et il se fâcha fort contre son fils, qui s'étoit, dit-il, laissé emporter aux mauvais conseils du roi de Navarre. Edouard le fit resserrer, et résolut de passer lui-même en France avec une puissante armée (1359). Il vint à Calais ravagea la Picardie, assiégea Reims d'où il fut chassé; mais il ne laissa pas de piller la Champagne et l'Ile de France, et de se loger au Bourg-la-Reine, à deux lieues de Paris. Le Dauphin ne voulut jamais sortir pour le combattre. Il voyoit qu'en risquant la bataille il hasardoit aussi tout l'Etat. Ce prince songea donc seulement à incommoder l'armée ennemie en détournant les vivres, autant qu'il pourroit, et en attendant l'occasion de faire quelque chose de mieux.

Il envoya cependant des ambassadeurs pour traiter de la paix. Le duc de Lancastre la conseilloit fort au roi d'Angleterre. Il lui représentoit qu'il avoit une grande armée à entretenir dans un pays ennemi, sans avoir aucune ville, et que si les François reprenoient cœur, il perdroit plus en un jour qu'il n'avoit gagné en vingt ans. Edouard ne voulut jamais se rendre à ces raisons, s'imaginant déjà être roi de France; mais enfin les ambassadeurs du Dauphin étant venus pour traiter avec lui à l'ordinaire, comme il demeuroit toujours fier et inflexible, un accident imprévu le fit changer de résolution.

Il s'éleva tout à coup un orage furieux avec un tonnerre et des éclairs effroyables, et une si grande obscurité, qu'on ne se connoissoit pas les uns les autres. Edouard épouvanté prit cela pour un avertissement du Ciel qui condamnoit sa dureté, et le duc de Lancastre, étant survenu, prit si bien son temps, qu'il le fit enfin résoudre à la paix. Elle fut conclue à condition que le roi de France cèderoit au roi d'Angleterre la ville de Calais avec le comté de Ponthieu, le Poitou, la

Saintonge, La Rochelle et ses dépendances, le Périgord, le Limousin, le Quercy, l'Angoumois, l'Agénois et le Bigorre, et qu'il en quitteroit le ressort aussi bien que celui d'Aquitaine.

Le roi d'Angleterre de son côté céda la prétention qu'il avoit sur le royaume de France (1360), avec la Normandie, l'Anjou, le Maine, la Touraine, et la souveraineté de la Flandre, qu'il avoit disputée. Ce traité cependant ne devoit avoir son entier accomplissement que lorsque les deux rois auroient envoyé à Bruges, à un certain jour marqué, les lettres de leur renonciation réciproque, condition qui ne fut point exécutée; et jusqu'à ce jour le roi Jean promettoit de ne point user, sur les provinces cédées, de son droit de souveraineté, qu'il se réserva toujours. Outre cela on promit trois millions de francs d'or pour la délivrance du roi, et les deux rois se soumirent au jugement de l'Eglise romaine pour l'exécution de la paix. Voilà ce qui fut conclu à Bretigny, hameau situé près de Chartres en Beauce.

Quelque temps après, les rois en personne jurèrent la paix sur les saints Evangiles et sur le corps de Notre-Seigneur. Ils passèrent ensuite à Calais, où on traita en vain de l'accommodement de la Bretagne. Le roi sortit enfin, laissant pour otage Philippe d'Orléans son frère, et Louis d'Anjou, son fils, avec beaucoup de seigneurs et de bourgeois des principales villes. Les seigneurs que le roi vouloit soumettre aux Anglois, le prièrent de ne les point donner à un autre maître, et soutenoient qu'il ne le pouvoit. Les habitans de La Rochelle le supplièrent de les garder, et lui écrivirent qu'aussi bien, si à l'extérieur ils étoient forcés d'être Anglois, ils seroient toujours François de cœur, et ne quitteroient jamais leur patrie. Il leur répondit à tous qu'il ne vouloit pas manquer de parole, qu'ils eussent à obéir, et qu'ils gardassent fidélité à leurs nouveaux maîtres.

Comme on lui donnoit des expédiens pour rompre le traité qu'il avoit fait par nécessité étant en prison, il dit cette belle parole, que « si la vérité et la bonne foi étoient perdues dans tout le reste du monde, on les devroit retrouver dans la bouche et dans la conduite des rois. » Son premier objet, après son retour, fut de délivrer le royaume des grandes compagnies de brigands qui le ravageoient. Les soldats licenciés s'attroupoient, et tout ce qu'il y avoit de gens perdus se ramassoient avec eux pour piller. Le roi fit marcher contre eux Jacques de Bourbon, connétable de France, qui, s'étant engagé mal à propos dans des lieux étroits, fut défait et tué dans une grande bataille près de Lyon. Ces brigands étant devenus insolens par cette victoire, prirent le Pont-Saint-Esprit, et pillèrent juxqu'aux portes d'Avignon.

Le roi y alla quelque temps après pour voir le pape Urbain V (1362), et il prit la résolution de se croiser; soit qu'il voulût accomplir ce que Philippe son père avoit promis, soit qu'il songeât par ce moyen à faire sortir du royaume les gens de guerre qui ravageoient tout. Il envoya inviter le roi d'Angleterre à cette croisade: mais ce prince s'excusa sur son grand âge. Jean prit la résolution de retourner en Angleterre : on rapporte divers motifs de ce voyage. Ce qu'il y a de plus certain, c'est que le duc d'Anjou, un des otages, s'étant sauvé d'Angleterre, le roi son père voulut montrer qu'il n'avoit point de part à l'évasion et à la légèreté de ce jeune prince.

Avant de partir, le roi établit le Dauphin régent du royaume. Il donna le duché de Bourgogne à Philippe son cadet, pour le service qu'il lui avoit rendu dans la bataille de Poitiers et dans sa prison. Ayant ainsi disposé les choses, il partit, et mourut à Londres peu de temps après (1363), laissant le soin de rétablir le royaume à un fils dont la sagesse s'étoit déjà manifestée en plusieurs circonstances.

LIVRE VIII.

CHARLES V, dit LE SAGE (an 1364).

A peine le roi Jean étoit-il parti de France, que le roi de Navarre commençoit à remuer en Normandie ; mais il n'avoit pas fait d'assez grands préparatifs pour résister aux forces ni à la sagesse de Charles : car ce prince prit d'abord les places qui étoient les plus importantes du côté de la France, c'est-à-dire, Mantes et Meulan, situées sur la rivière de Seine; puis il partit pour Reims afin de s'y faire sacrer.

Il chargea Bertrand Du Guesclin du commandement des troupes qui marchoient contre les Navarrois. Dès que le général françois se vit près des ennemis, il fit semblant d'avoir peur, pour les attirer au combat, et se retira en bon ordre devant eux, ayant toujours sur les ailes des gens pour considérer leurs mouvemens. Aussitôt les Gascons se mirent à crier que les François étoient en fuite, et allèrent sur eux en désordre. Alors Bertrand Du Guesclin fit faire halte, et ordonna qu'on tournât contre eux. Le captal de Buch, qui commandoit l'armée ennemie, se mit en bataille le mieux qu'il put, et fit ouvrir le front de ses troupes, afin que les archers pussent tirer. Les François ayant essuyé cette décharge, donnèrent vigoureusement; le combat fut fort opiniâtre, et dura longtemps : à la fin les François firent un si grand effort, que les Gascons ne le purent soutenir.

Trente François voyant les ennemis ébranlés, s'attachèrent au captal ; ils fendirent les escadrons, et ayant poussé jusqu'à lui, ils l'enlevèrent de dessus son cheval, et l'emmenèrent prisonnier. Les Gascons coururent vainement pour délivrer leur général, ils furent repoussés.

L'étendard du captal fut pris, déchiré, et jeté par terre. Les Gascons découragés prirent la fuite, et presque tous les Navarrois furent tués : tel fut le succès de la bataille de Cocherel, qui fut suivie quelque temps après de la paix entre les deux rois.

Bertrand Du Guesclin ne fut pas si heureux à celle d'Auray, où les Blésois et les Montfortiens combattant avec toutes leurs forces, les Blésois furent battus, le comte de Blois tué, Du Guesclin lui-même pris prisonnier, de sorte que Jean de Montfort demeura maître du duché de Bretagne, sans que personne le lui contestât. Les barons de Bretagne obtinrent du roi qu'il le reconnoîtroit pour duc, à condition de lui faire hommage, à quoi ce sage roi condescendit, de peur que Montfort ne reconnût l'Angleterre. Bertrand Du Guesclin ayant payé sa rançon, alla en Espagne ; et pour délivrer sa patrie des voleurs dont nous avons déjà tant parlé, il emmena plusieurs compagnies au secours de Henri de Transtamare, qui avoit été fait roi de Castille.

Pierre, prince impie et inhumain, avoit fait des cruautés inouïes, qui lui avoient fait donner le nom de Cruel ; il avoit même fait mourir sa femme Blanche de Bourbon. Le pape Urbain V, sur les plaintes de ses sujets, le priva de son royaume, et le donna à Henri, son frère bâtard. Ce fut à ce Henri, que Bertrand Du Guesclin mena les François ; et Jean de Bourbon, comte de la Marche, se mit à leur tête, pour venger la mort de sa cousine. Ils se joignirent au roi d'Aragon, qui fut bien aise d'avoir cette occasion de reprendre avec ce secours des places que le roi de Castille avoit prises sur lui. Tous ensemble attaquèrent Pierre, qui d'abord se moquoit d'eux ; mais étant abandonné des siens, il fut contraint de prendre la fuite, et se réfugia chez le prince de Galles, qui séjournoit alors à Bordeaux, parce que le roi son père lui avoit donné le duché d'Aquitaine.

Le prince douta s'il le recevroit sous sa protection, à cause de ses cruautés (1368). Il résolut enfin de le rétablir sur son trône, non pour l'amour de lui, mais pour venger la majesté royale, qui avoit été violée en sa personne. Il ne voulut pourtant pas entreprendre cette affaire sans la permission du roi son père. Après avoir reçu ses ordres, il employa jusqu'à sa vaisselle d'or et d'argent pour lever des troupes. Il marcha en même temps au travers du royaume de Navarre avec le consentement du roi.

Bertrand Du Guesclin, que le roi Henri avoit fait connétable de Castille, lui conseilloit de ne point donner de bataille, mais de se rendre maître seulement des détroits et des défilés par où il falloit entrer dans son pays. Le roi ne voulut pas croire un si bon conseil, et alla attendre le prince de Galles auprès de Navarette, où se donna une sanglante bataille, au commencement de laquelle le prince fit cette prière à haute voix : « Vrai Dieu, Père de Jésus-Christ, qui m'avez créé, vous voyez que je combats pour remettre dans ses Etats un roi indignement chassé, donnez-moi donc la victoire dans une cause si juste. » Ses prières furent exaucées, et il remporta une pleine victoire. La jalousie des Espagnols, qui jamais ne voulurent soutenir les François, fit perdre la bataille, et tout le monde jugea que s'ils eussent fait comme Du Guesclin et les siens, ils eussent défait l'ennemi.

Après cet avantage, Pierre dit au prince qu'il devoit tout à sa valeur; mais celui-ci l'avertit de tourner son esprit à Dieu, parce que c'étoit de là que lui venoit la victoire. Bertrand Du Guesclin fut pris, et Henri se retira en Aragon : Pierre voulut faire mourir tous les prisonniers, et le prince eut peine à l'en empêcher. Il s'en retourna à Bordeaux, fort mécontent de ce que le roi de Castille ne lui avoit point tenu les paroles qu'il lui avoit données. Sa santé étoit aussi fort altérée par le chaud excessif d'Espagne.

Telle est la condition des choses humaines : ce voyage, où il acquit tant de gloire, lui causa la mort; et jamais depuis ce temps il n'eut de santé. Du Guesclin, qui étoit son prisonnier, sortit de ses mains par adresse et par esprit. Le prince lui parloit souvent avec beaucoup de familiarité, et lui demanda un jour comment il se trouvoit de sa prison : il lui dit qu'il s'en trouvoit bien, mais que toute la France disoit qu'il ne le vouloit pas relâcher, à cause qu'il l'appréhendoit. Le prince se piqua d'honneur, et lui dit que pour lui montrer combien peu il le craignoit, il étoit prêt à le renvoyer en payant cent mille francs. Il ne croyoit peut-être pas qu'il pût payer une si grande somme : mais l'autre le prit au mot, et offrit de la donner.

Les conseillers du prince lui ayant remontré qu'il ne falloit pas délivrer un prisonnier de cette importance dans les conjonctures présentes, il se repentit d'avoir donné si légèrement sa parole ; mais il ne voulut jamais s'en dédire, et Du Guesclin fut mis en liberté. D'abord il alla retrouver Henri chez le roi d'Aragon, où nous avons dit qu'il étoit, et tous ensemble renouvelèrent la guerre. Pierre continuoit ses cruautés, et les peuples se soulevoient contre lui de toutes parts. La ville même de Burgos, qui étoit la capitale de Castille, se soumit à Henri. Bertrand eut avis de la marche de Pierre, et résolut de l'aller surprendre. Il fit une longue marche, de sorte que les gens de Pierre le croyant fort loin, il tomba tout à coup sur eux et les défit. Pierre fut contraint de se réfugier dans un château où il fut pris; et comme son frère le fut venu voir, il le voulut tuer. Henri ayant mis l'épée à la main, les deux frères se battirent, et Pierre fut tué lui-même ; c'est ainsi que quelques auteurs racontent cette mort.

Pendant que ces choses se passoient en Espagne (1369), le prince de Galles, pour soutenir les excessives dépenses de la guerre et de sa maison, chargea l'Aquitaine de nouveaux impôts; ce qui aigrit contre lui tous les esprits. La noblesse outre cela étoit irritée de ce qu'elle n'avoit point de part aux charges, et qu'on donnoit tout aux Anglois, dont ni eux ni les peuples ne pouvoient souffrir la fière et orgueilleuse domination. Ces raisons les obligèrent à porter leurs plaintes à Charles, et à le prier de remédier, comme leur souverain seigneur, aux vexations que le prince leur faisoit. Ils ajoutèrent que les Anglois ayant fait tant d'infractions à la paix de Bretigny, il n'étoit pas obligé de la tenir.

Charles, résolu de ne pas se déclarer jusqu'à ce qu'il eût fait les préparatifs nécessaires, leur répondit qu'à la vérité le prince avoit tort, mais qu'il ne vouloit pas rompre la paix.

Cependant il ne les rebuta pas, il leur donna au contraire beaucoup d'espérance, et entretint honorablement à Paris leurs députés. Comme il vit que tout étoit en état, et que les Gascons étoient engagés, jusqu'à lui dire que s'il ne leur faisoit promptement justice, ils la chercheroient par d'autres moyens, il envoya citer le prince de Galles à la cour des pairs. Ce prince lui répondit qu'il y comparoîtroit comme il avoit fait à Poitiers.

Charles cependant négocioit toujours avec Edouard, et lui faisoit de nouvelles propositions ; puis tout d'un coup en plein parlement il déclara le roi d'Angleterre et le prince désobéissans, et confisqua les terres qu'ils avoient en France. En même temps il envoya en Angleterre déclarer la guerre à Edouard, par un simple valet, et fit publier un manifeste pour expliquer les raisons de cette rupture, qui étoient que les Anglois avoient rompu les premiers, parce qu'ils n'avoient point encore rendu les places qu'ils devoient rendre par les traités, et qu'ils avoient toujours fait une guerre ouverte au royaume de France, y exerçant divers actes d'hostilité.

Edouard fut bien étonné, quand il vit qu'on lui avoit déclaré la guerre, et encore d'une manière si méprisante ; mais il le fut bien davantage, quand il apprit qu'Abbeville et tout le comté de Ponthieu s'étoient soumis à Charles. Le roi cependant fit faire des jeûnes et des prières publiques par tout le royaume, afin qu'il plût à Dieu d'avoir pitié de la France, qui étoit affligée depuis si longtemps. Il alloit lui-même à pied aux processions, et avoit des prédicateurs qui prêchoient la justice de sa cause, particulièrement sur les frontières des pays tenus par les Anglois. Ces prédications faisoient deux bons effets : l'un que les provinces sujettes portoient plus patiemment les frais de la guerre, étant persuadées qu'elle étoit juste ; l'autre que les pays qui obéissoient à l'Anglois étoient disposés par ce moyen à retourner à la France.

En effet, l'archevêque de Toulouse prêcha si utilement, que Cahors se rendit à Jean, duc de Berry, frère de Charles. Il avoit aussi envoyé Du Guesclin en Allemagne, qui attira à son parti plusieurs princes de l'empire. Pour empêcher le comte de Hainaut de prendre le parti des Anglois, il gagna son sénéchal, qui avoit tout pouvoir sur son esprit, espérant que par ce moyen il pourroit disposer du comte. Edouard de son côté n'oublioit rien pour se fortifier, et avoit obtenu de Louis comte de Flandre, qu'il donnât sa fille unique et son héritière à son second fils. Charles, qui n'omettoit rien pour traverser ce mariage, fit si bien auprès du Pape, qu'il le détermina à refuser la dispense qui étoit nécessaire pour contracter cette alliance, parce qu'il y avoit de la parenté entre les parties; ensuite il trouva moyen de faire épouser cette princesse à Philippe son frère, duc de Bourgogne.

Après ces arrangemens, Charles fit fortement la guerre, et avec beaucoup de succès. Les Anglois furent fort affoiblis par la perte qu'ils firent de Jean Chandos, grand capitaine, qui avoit fait ce qu'il avoit pu pour empêcher le prince d'établir ces impôts, qui lui révoltèrent toute l'Aquitaine, parce qu'il en prévoyoit la suite. Comme il vit que ses conseils n'étoient pas suivis, il se retira de la cour. Cependant, voyant le prince embarrassé dans une guerre considérable, il se rapprocha et reprit le commandement des troupes; il s'y appliqua avec d'autant plus de soin, que ce prince, qui étoit hydropique, n'étoit pas en état de les conduire lui-même.

Ce général, ayant été informé que les François étoient au pont de Lansac, vint à eux avec un grand mépris, et ne doutoit point qu'il ne les battît comme il avoit toujours fait. Il aborda criant qu'il étoit Chandos, persuadé que son nom seul leur donneroit de l'effroi. En même temps, comme la terre étoit humide et glissante à cause de la rosée, et qu'il combattoit à pied, il s'embarrassa dans son habit qui descendoit jusqu'à terre, et fit un faux pas : dans ce moment un écuyer françois, nommé Jacques de Saint-Martin, lui donna un coup dans le visage, qui le fit tomber, et dont il mourut quelques heures après sans parler.

Charles, pour faire une diversion, mit en mer une grande flotte qu'il vouloit faire passer en Angleterre. Ce dessein fut arrêté par l'arrivée du duc de Lancastre, qui descendit à Calais avec beaucoup de troupes, et à qui il fallut s'opposer. Philippe, duc de Bourgogne, le tint long-temps assiégé dans des places d'où il ne pouvoit s'échapper, et s'il ne se fût point impatienté, il eût pu faire périr cette armée. A la fin de la campagne les finances du roi étant épuisées, tant par les frais de la guerre, que par les sommes immenses qu'il avoit fallu donner à ses alliés, il assembla les trois Etats pour demander de nouveaux subsides. On le payoit volontiers, parce qu'on savoit que ce n'étoit que pour subvenir aux urgentes nécessités de l'Etat; et d'ailleurs les finances étoient gouvernées avec une si sage administration, que personne n'avoit regret à ce qu'il donnoit pour le bien public.

Aussitôt qu'on put mettre les troupes en campagne, le roi tint conseil avec ses trois frères; il fut résolu que le duc d'Anjou attaqueroit l'Aquitaine du côté du Languedoc, pendant que le duc de Berry y entreroit du côté d'Auvergne. Le duc d'Anjou à qui Du Guesclin s'étoit joint, prit plusieurs places importantes. Le duc de Berry alla droit à Limoges, où le prince de Galles étoit, de sorte qu'il fut contraint de sortir de cette ville. Elle fut livrée aux François par l'évêque, qui étoit intime ami du prince. Pour se venger de cette perfidie, il fit marcher son armée à Limoges dans la résolution de punir l'évêque et les habitans; et tout malade qu'il étoit, il se fit porter au siége. Il ne fit faire ni travaux, ni attaque, ni escarmouche, il fit seulement miner bien avant sous la muraille; les assiégés contreminoient de leur côté; mais tous leurs efforts furent inutiles. Les mineurs du prince firent si bien, que leur mine fut en état de faire effet : enfin on y mit le feu, elle renversa un grand pan de muraille, par où la ville fut prise d'assaut. On tua tout indifféremment, hommes, femmes et enfans. L'évêque fut pris lui-même; mais il fut rendu au Pape, qui le demanda.

Dans l'intervalle des deux siéges de Limoges, Charles fit venir Bertrand Du Guesclin; et Moreau de Fienne, connétable de France, s'étant démis de cette charge, le roi en pourvut Du Guesclin; il la refusa longtemps, disant qu'il n'appartenoit pas à un si petit gentilhomme que lui de commander aux princes du sang, et même aux frères du roi. Mais Charles lui commanda de l'accepter, et en même temps il l'envoya poursuivre l'armée du duc de Lancastre qui avoit déjà passé en Aquitaine, il avoit seulement laissé trente mille hommes sous la conduite de Canolle, fameux capitaine anglois.

Quoique cette armée ravageât toute la campagne jusqu'aux portes de Paris, Charles défendit à Du Guesclin de hasarder un combat. Son ordre étoit seulement de suivre les Anglois de près, et de prendre son temps pour les incommoder sans rien risquer. En exécution de cet ordre, le connétable se mettoit toujours en queue de ce général, tantôt lui enlevant un quartier, tantôt donnant sur l'arrière-garde et sur le bagage, surtout dans les défilés, et dans les passages des rivières, et lui coupant les vivres de toutes parts. Enfin il sut si bien profiter de l'avantage des lieux, qu'il fit presque périr toute cette armée.

Cependant le prince se trouvant réduit à l'extrémité par son hydropisie, il crut que son air natal apporteroit quelque soulagement à son mal. Ainsi il se fit porter en Angleterre, et laissa le gouvernement de Guyenne au duc de Lancastre son frère. Les affaires commencèrent à aller de plus en plus en décadence. Le duc de Lancastre ne demeura pas longtemps dans le pays; car ayant épousé Constance, fille ainée de Pierre le Cruel, il prit la qualité de roi de Castille, et tourna toutes ses pensées de ce côté-là. Cela fut cause que les Castillans se joignirent avec la France contre l'Angleterre.

Henri arma une grande flotte, et en donna le commandement à Yvain de Galles. Cet Yvain étoit fils de celui à qui appartenoit la principauté de Galles, qu'Edouard lui avoit ôtée avec la vie. Il conduisit la flotte sur les côtes de La Rochelle, contre Pembroc, qui commandoit la flotte angloise. Là il lui donna un grand combat, pendant lequel le gouverneur de La Rochelle excitoit les Rochellois à aller au secours de la flotte angloise; mais ils ne voulurent jamais lui obéir. Cette flotte ayant été entourée de toutes parts, fut presque toute coulée à fond, et Pembroc lui-même fut pris.

Cependant le connétable faisoit de grands progrès dans la Gascogne et dans le Poitou. Il prit Saint-Sever par composition, et Poitiers par intelligence; ensuite Saintes, Angoulême, Saint-Jean d'Angely, et tout le reste de cette contrée se rendit à lui. La Rochelle avoit envie d'en faire autant; mais le château l'en empêchoit. Le maire, dont l'inclination étoit françoise, s'avisa de supposer une lettre du roi d'Angleterre, qui portoit ordre au capitaine de faire faire une revue générale aux soldats du château, avec les bourgeois de la ville. Ce capitaine, qui ne savoit pas lire, voyant le sceau du prince, se mit en état de lui obéir; mais aussitôt qu'il eut fait sortir les soldats de la garnison, les bourgeois, conduits par le maire, se rendirent maîtres du château.

En même temps ils dépêchèrent à Charles, pour lui dire qu'ils étoient prêts à se soumettre à lui, pourvu qu'il lui plût de leur accorder la conservation de leurs priviléges, et la démolition du château. Le roi l'accorda facilement, et ainsi La Rochelle revint sous la domination de la France, qu'elle avoit toujours désirée. Ces nouvelles étant portées en Angleterre, Edouard en fut fort ému, et disoit en s'étonnant que jamais roi ne s'étoit moins armé, et que cependant jamais roi n'avoit fait de si grandes choses.

En effet, la santé de Charles toujours foible le mettoit hors d'état de supporter les fatigues de la guerre. On dit que ses infirmités lui étoient venues de ce qu'il avoit été empoisonné dès sa jeunesse par le roi de Navarre : au reste il travailloit beaucoup dans son cabinet, tant pour les affaires de la guerre, que pour celles de la justice, qu'il rendoit et faisoit rendre exactement par tout son royaume. Il étoit libéral et charitable, principalement envers la noblesse, et donnoit en secret des sommes considérables, tant aux pauvres gentilshommes qu'aux demoiselles qui n'avoient pas de quoi se marier. Il protégeoit les gens de lettres, et parmi tant de guerres il fit fleurir les sciences comme en pleine paix, autant que ce siècle le pouvoit permettre. Il prenoit surtout plaisir à écouter Nicolas Oresme, évêque de Lisieux, homme célèbre en son temps, qui avoit été son précepteur, et de qui il avoit appris la piété avec les lettres.

Tout le temps que les affaires lui laissoient, il le donnoit à la lecture, principalement à celle de l'Ecriture sainte. On a même une Bible qu'il fit mettre en françois, parce que certains hérétiques, qu'on appeloit les Vaudois, l'avoient fait traduire à leur mode. Ainsi parmi les affaires de la guerre il s'attachoit aux sciences et aux beaux arts. Il gouvernoit sa famille avec beaucoup de prudence et de douceur; il parloit souvent avec honnêteté aux hommes de probité et de vertu; il gagnoit, et par ses discours et par ses bienfaits, ceux qui avoient quelque talent. Enfin on voyoit paroître dans toutes ses actions beaucoup de magnificence et beaucoup d'ordre; de sorte que sa sagesse étoit renommée partout.

On s'étonnoit de lui voir regagner si vite, sans sortir de son cabinet, ce que ses prédécesseurs avoient perdu ayant les armes à la main.

Pour empêcher ces progrès, Edouard équipa une grande flotte, et résolut de passer en France malgré son grand âge : mais les vents furent si contraires, qu'il ne put jamais aborder. Cependant le connétable prit Thouars, et ayant gagné auprès de Niort la bataille de Siret contre les Anglois, il acheva de conquérir tout le Poitou.

Edouard étant retourné en Angleterre, le prince de Galles, qui se sentoit défaillir, et croyoit mourir le premier, lui demanda que son fils Richard fût déclaré héritier du royaume ; cela fut proposé au parlement, qui y consentit. Le duc de Bretagne, jaloux des progrès de la France, se joignit à l'Angleterre, et mit dans quelques-unes de ses places des garnisons angloises pour intimider ses sujets. D'abord que Charles eut appris cette nouvelle, il envoya le connétable en ce pays.

Les barons et les villes voyant que le duc avoit manifestement manqué de fidélité, refusèrent de lui obéir. Ainsi abandonné des siens, il fut contraint de se réfugier en Angleterre. Le connétable fut reçu presque dans toutes les places. Hennebon estimée imprenable fut prise par force. Nantes se rendit à condition qu'on la remettroit entre les mains du duc, quand il seroit rentré dans les bonnes graces du roi. Brest capitula, à condition que s'il lui venoit du secours dans un certain temps, la capitulation seroit nulle. Le secours étant venu, cette place demeura au duc de Bretagne.

Ce fut à peu près en ce temps que Charles fit une loi qui portoit que les rois seroient sacrés (1375), couronnés et déclarés majeurs à l'âge de quatorze ans ; ce qui a depuis été suivi.

Edouard voulut faire passer en France la flotte qui avoit été repoussée par les vents, et avoit dessein de la commander en personne ; mais comme il se trouva trop foible, il en donna le commandement au duc de Lancastre. Le duc ayant mis son armée à terre, il commença à ravager tout le plat pays, comme les Anglois avoient alors accoutumé. Charles envoya aussi selon sa coutume des compagnies de cavalerie pour le suivre en queue, avec ordre de ne lui point donner de combat, mais de le harceler et de l'incommoder autant qu'il lui seroit possible. Ce qui fut si bien exécuté, que Lancastre qui avoit commencé de marcher avec une armée de trente mille hommes, à peine en amena six à Bordeaux.

Le duc d'Anjou cependant prenoit beaucoup de places en Guyenne, et subjuguoit tout le pays. Ses conquêtes furent arrêtées par la trêve que le pape Grégoire XI fit conclure entre la France et l'Angleterre, en attendant qu'on pût faire la paix. Le prince de Galles mourut à Londres ; et son père abattu par la douleur et par les travaux ne vécut pas longtemps après. Richard II, encore enfant, fut reconnu pour roi, et le duc de Lancastre son oncle pour régent. Ceux qui traitoient de la paix se séparèrent sans avoir rien fait, parce que Charles demandoit que Calais fût démoli ; c'est ce qu'on ne put jamais persuader aux Anglois, par quelque considération que ce fût, quoique les François payassent bien cette ville, par celles qu'ils leur rendoient en grand nombre.

Charles se servit de la trêve pour recommencer la guerre avec plus de vigueur. Il avoit cinq armées, dont la première devoit agir dans l'Artois, la seconde du côté de Bourges, la troisième en Guyenne, la quatrième en Bretagne : il se réservoit la cinquième à lui-même, pour se joindre à ceux qui auroient le plus besoin de secours. Outre cela il prenoit grand soin d'être le plus fort sur mer. Le comte de Salisbyry empêcha la flotte envoyée en Angleterre d'y faire rien de considérable.

Les armées de terre réussirent mieux; mais ces bons succès pensèrent être troublés par une entreprise contre Charles. Le roi de Navarre ayant envoyé ses deux fils à la cour de France, il les avoit fait accompagner par un de ses chambellans, nommé Jacques de Rue, qui avoit ordre d'empoisonner le roi. Il fut découvert et condamné à avoir la tête tranchée, avec Pierre du Tertre, secrétaire du roi de Navarre, convaincu aussi de ce détestable dessein. Le roi envoya une armée en Normandie, qui prit toutes les places du roi de Navarre, excepté Cherbourg, que le roi de Navarre avoit livré aux Anglois, qui y firent entrer des vivres et des munitions.

Il ordonna aussi au duc d'Anjou de se saisir de Montpellier, qu'il avoit donné au roi de Navarre en échange de quelques-unes de ses places. Les habitans s'étoient d'abord soumis, mais ensuite s'étant révoltés, ils s'exposèrent à un rigoureux châtiment, qui fut néanmoins adouci par le duc d'Anjou, à la prière du Pape. Ce prince prit encore Bergerac sur les Anglois, après avoir gagné à Aimet une bataille où presque tous les barons de Gascogne du parti anglois furent pris. Il emporta de force la ville de Duras; pour encourager ses troupes, il avoit promis cinq cents francs au premier qui entreroit dans la place. Toutes les villes sur la Dordogne et sur la Garonne se rendirent, de sorte qu'il ne restoit plus aux Anglois que Bayonne et Bordeaux. Les divisions qui étoient en Angleterre, pendant la minorité du roi, facilitèrent beaucoup les conquêtes de Charles. Ce prince, quoique très-habile à profiter des conjonctures, ne perdoit cependant jamais de vue les règles de la justice et des changemens ordinaires des choses humaines; il étoit toujours disposé à faire la paix à des conditions équitables; mais les Anglois en ce temps ne surent ni faire la guerre, ni traiter la paix à propos.

Pendant que le duc d'Anjou faisoit de grands préparatifs pour assiéger Bordeaux, Charles fit assiéger Bayonne pendant l'hiver par les Castillans. La maladie s'étant mise dans leur armée, ils furent contraints de lever le siége. Dans le fort de la guerre, l'empereur Charles IV vint en France, tant pour négocier la paix entre les deux couronnes ennemies, que pour procurer l'empire à son fils Venceslas par le moyen de la France. On le reçut magnifiquement, sans pourtant lui donner aucune marque de souveraineté. On ne le mit pas sous le poêle, quand il fit son entrée dans les villes ; on ne lui permit pas d'y entrer sur un cheval blanc, parce que cela passoit pour une marque de souveraineté ; et même on étoit soigneux de lui marquer expressément dans les harangues qu'on lui faisoit, que c'étoit par ordre du roi qu'on lui rendoit des respects.

Quand il arriva à Paris, le roi fut au-devant de lui, accompagné des princes du sang ; l'entrée fut magnifique ; le roi rentra dans la ville monté sur un cheval blanc, marchant entre l'empereur et le roi des Romains son fils. L'empereur, pour répondre aux bons traitemens qu'il recevoit, fit le Dauphin vicaire de l'empire dans tout le royaume d'Arles, dont le Dauphiné faisoit partie. Depuis ce temps les empereurs n'ont exercé aucun pouvoir sur le Dauphiné, ni sur la Provence, en qualité d'empereurs et de rois d'Arles.

Il arriva alors un schisme déplorable qui dura environ quarante ans. Grégoire XI, après avoir tenu quelque temps le siége à Avignon, comme avoient fait ses prédécesseurs, crut qu'il falloit le remettre à Rome où saint Pierre l'avoit d'abord établi. Le duc d'Anjou, envoyé par Charles pour le détourner de ce dessein, ne put rien gagner sur son esprit. Il arriva à Rome où il fut reçu avec une joie incroyable, et ainsi le siége y fut rétabli soixante et onze ans après qu'il en avoit été éloigné.

Le Pape y mourut quelques années après. Les cardinaux, qui étoient presque tous françois, s'assemblèrent aussitôt dans le conclave. Les Romains, appréhendant que s'ils faisoient un pape françois, il ne transférât de nouveau le siége à Avignon, entourèrent le lieu où ils étoient assemblés, et leur crioient avec beaucoup de menaces qu'ils élussent un pape italien, sinon que jamais ils ne le reconnoîtroient. Touchés de ces menaces, ils élurent l'archevêque de Bari (1378), qui se nomma Urbain VI ; mais ils prirent le temps qu'il étoit allé à Tivoli, et se retirèrent à Fondi, place que Jeanne reine de Naples leur avoit donnée, où ils firent une autre élection, disant qu'ils n'avoient élu le pape Urbain que par force, et en attendant qu'ils en pussent faire un autre avec une pleine liberté de leurs suffrages. Ils élurent le cardinal de Genève, évêque de Cambray, qui fut appelé Clément VII.

Les deux papes se firent quelque temps la guerre en Italie. Le parti d'Urbain étant le plus fort, Clément fut contraint de revenir à Avignon. Charles aussitôt assembla le clergé et l'université de Paris, avec les barons, pour décider lequel des deux on reconnoîtroit. Les prélats jugèrent en faveur de Clément, et le roi ordonna qu'on lui obéît par tout son royaume. Tous les alliés des François approuvèrent ce décret de l'Eglise gallicane, et reconnurent Clément. Les autres, et principalement les Anglois, avec ceux de leur parti, obéissoient à Urbain, qui avoit pour lui la plus grande partie de l'Eglise.

Dans le temps que Clément passoit par Marseille pour aller à Avignon, il y fut visité par le duc d'Anjou, à qui il donna l'investiture du royaume de Naples, que Jeanne II avoit cédé à ce prince. Charles cependant continuoit de faire la guerre aux Anglois avec sa vigueur accoutumée. Pour les attaquer dans leur île, il avoit suscité les Ecossois, qui avoient remporté quelques avantages sur eux avec son secours. Il envoya un ambassadeur au roi d'Ecosse, pour concerter avec lui comment il pourroit faire entrer une grande armée dans l'île, par quelqu'un de ses ports.

Comme cet ambassadeur passoit par la Flandre, le comte le fit arrêter, et le duc de Bretagne, qui s'étoit retiré en ce pays, dit en sa présence des paroles injurieuses à tout le conseil du roi. L'ambassadeur étant de retour s'en plaignit à Charles, qui trouva fort mauvais que le comte de Flandre eût osé retirer un de ses ennemis dans ses terres. Il lui envoya un ordre précis de le faire sortir de ses Etats. Charles étoit un prince fort absolu, et qui savoit se faire obéir. Le comte hésita pourtant s'il déféreroit aux ordres du roi; mais le duc, pour ne point donner occasion à la guerre, se retira de lui-même auprès du roi Richard, dont il fut fort bien reçu. Il avoit bien vu que le comte ne lui pourroit pas donner beaucoup de secours, à cause des troubles de son pays. Ils avoient été occasionnés par la haine de deux familles de Gand, dont l'une avoit pour chef Jean Lion, et l'autre Giselbert Matthieu.

Ces deux familles se haïssoient de tout temps, et quoiqu'elles parussent bien vivre ensemble, elles couvoient une inimitié irréconciliable. Jean Lion étoit un homme hardi et artificieux, dont le comte s'étoit servi pour se défaire d'un homme qui lui déplaisoit, et ensuite il lui avoit fait beaucoup de bien. Il l'avoit même fait nommer maître des bateliers de Gand, qu'on appelle doyen ; c'étoit de toutes les charges de la bourgeoisie celle qui donnoit le plus d'autorité parmi le peuple. Giselbert Matthieu conçut aussitôt le dessein de le déposséder, et de se mettre en sa place.

Pour y réussir, il conseilla au comte de mettre un impôt sur les bateaux, lui faisant entendre qu'il lui en viendroit un grand profit, sans charger le peuple, parce qu'il n'y auroit que les étrangers qui paieroient l'impôt; qu'au reste tout dépendoit de Jean Lion, créature du comte, et que s'il vouloit on n'éprouveroit aucune difficulté. Le comte y ayant consenti, fit savoir ses volontés à Jean Lion, qui trouva l'affaire difficile; mais il promit de la proposer, et d'y servir le comte. Giselbert suscita sous main des difficultés par le moyen de ses frères et de ceux de sa cabale. Cependant il fit insinuer au comte que Jean Lion n'agissoit pas de bonne foi, et que s'il étoit à sa place, l'affaire s'achèveroit facilement. Il gagna les conseillers du comte, et fit si bien que ce prince, ayant dépossédé Jean Lion, lui donna sa charge.

Giselbert fit cesser ensuite les difficultés dont lui et ses frères étoient les auteurs. Jean Lion se retira plein d'une colère implacable; il crut cependant devoir dissimuler jusqu'à ce qu'il se présentât une occasion d'éclater. Un des frères de Matthieu s'en douta bien, et lui proposa de se défaire d'un si dangereux ennemi. Matthieu eut horreur de ce crime, et dit qu'il ne falloit point tuer un homme qui n'étoit point condamné. Cependant ceux de Bruges ayant entrepris de faire un canal, qu'ils avoient dessein de conduire depuis la rivière de Lys jusqu'à eux, pour faciliter le transport des marchandises, ceux de Gand en furent fort fâchés, parce que cela diminuoit beaucoup leur commerce. Ils commencèrent à regretter Jean Lion, et à dire que s'il étoit encore en charge il rabattroit bien l'orgueil des Brugeois : ils l'envoyèrent prier de venir les joindre; mais le fourbe fit semblant de refuser pour se faire presser davantage.

A la fin il consentit, mais à condition qu'on rétabliroit la vieille faction des blancs chaperons, et qu'on le mettroit à leur tête. Il n'y fut pas plutôt, que les Brugeois abandonnèrent leur entreprise. Il commença à parler du comte avec beaucoup d'artifice : il disoit que c'étoit un bon prince, dont il falloit gagner les bonnes graces par toutes sortes de services ; qu'à la vérité il étoit mal conseillé, et qu'il favorisoit ceux de Bruges ; mais qu'il falloit lui député pour lui demander la décharge de l'impôt, la conservation des priviléges, et la restitution des prisonniers que son bailli retenoit contre les lois du pays.

Jean Lion fit mettre adroitement à la tête de la députation Giselbert Matthieu, afin de le décréditer auprès du peuple s'il parloit pour les intérêts du comte, ou auprès du comte, s'il parloit pour les intérêts du peuple. Giselbert persuada au comte d'accorder aux Gantois toutes leurs demandes, pourvu seulement qu'on ôtât les blancs chaperons. Jean Lion vit bien que c'étoit à lui qu'on en vouloit, et se tint sur ses gardes. Il fit entendre au peuple par ses émissaires qu'en ruinant les blancs chaperons, on détruiroit les priviléges qui n'avoient été conservés que par leur moyen.

Cependant le bailli arriva accompagné de gens de guerre, avec ordre d'aller prendre Jean Lion jusque dans sa maison. Il alla d'abord à la place publique, pour y rassembler les bourgeois de son intelligence, sous le grand étendard du comte. Les factieux allèrent droit à lui, et l'ayant choisi parmi tous les siens, ils le tuèrent sans avoir blessé aucun autre. Ils mirent l'étendard en pièces, et pillèrent les équipages des Matthieu. Les riches bourgeois songeoient à députer au comte, pour lui demander pardon, et Jean Lion fut le premier à dire qu'il le falloit apaiser.

Le comte étoit prêt à leur pardonner, lorsque Jean Lion fit la revue des blancs chaperons, qu'il trouva au nombre de dix mille, capables de porter les armes. Lorsqu'il les vit assemblés, il leur montra en passant la maison de plaisance du comte, assez proche de la ville, leur disant que le comte faisoit fortifier ce château, et qu'il incommoderoit un jour la ville de Gand. Il n'en fallut pas davantage pour les engager à y aller, et pour piller la maison. Dans le temps qu'ils y étoient, on vit le feu s'y prendre tout d'un coup. Jean Lion, qui avoit donné ordre de l'y mettre, en parut plus étonné que les autres ; mais il ressentoit cependant une joie secrète d'avoir engagé plus que jamais les factieux dans la révolte par le nouveau crime qu'ils venoient de faire, et d'avoir rendu les affaires irréconciliables.

Cette nouvelle étant apportée au comte, il ne voulut plus voir les députés, et sans leur sauf-conduit il leur auroit fait couper la tête. Aussitôt la guerre commença, et le comte marcha contre les Gantois. Jean Lion les prépara à la défense, et leur conseilla d'attirer ceux de Bruges à leur parti. On leur envoya des députés, à qui les Brugeois répondirent qu'ils tiendroient conseil sur leur proposition ; et cependant ils fermèrent leurs portes. Jean Lion à cette nouvelle dit qu'il ne falloit pas leur donner le temps de se reconnoître. Il y alla lui-même, suivi des Gantois en armes, et les Brugeois surpris furent contraints de les recevoir. Il se rendit maître du marché et des places publiques.

Tout alloit bien pour les Gantois, et même Jean Lion avoit préparé un souper magnifique aux dames de la ville ; mais au milieu du festin, comme il buvoit fort gaiement, il se sentit frappé subitement ; tout d'un coup on le vit enfler, et peu d'heures après il mourut. Il y en eut beaucoup qui crurent qu'il avoit été empoisonné. Les Gantois, sans perdre cœur, élurent à sa place quatre capitaines, sous la conduite desquels ils allèrent attaquer la ville d'Ypres, et la prirent facilement, en profitant de la division qui régnoit alors entre la noblesse et les corps de métiers. Ils assiégèrent ensuite Oudenarde et Terremonde, où étoit le comte, et ne prirent ni l'une ni l'autre.

Le duc de Bourgogne fit faire la paix, et obtint de son beau-père le pardon des Gantois, qui vinrent aussitôt le prier de rentrer dans leur ville. Ce prince y consentit, et lorsqu'il fut entré, il parut dès le lendemain à une fenêtre, avec un tapis de velours devant lui, et il les harangua. Il fut fort bien écouté, jusqu'à ce qu'il vînt à parler des Blancs-Chaperons, disant qu'il falloit détruire à jamais cette faction, si long-temps abattue, que le seul Jean Lion avoit fait revivre. A ces mots, ils commencèrent à rire d'une manière insultante, ils se moquèrent du comte ouvertement, et il fut contraint de sortir de Gand plus irrité que jamais. La guerre se renouvela, et les Gantois prirent Oudenarde, dont ils ruinèrent les murailles. Le comte l'ayant reprise les rétablit, et il fit décapiter un des capitaines des Gantois, qu'il y avoit fait prisonnier.

Comme il paroissoit avoir dessein de venir assiéger Gand, les Gantois envoyèrent demander au roi sa protection. Il les favorisoit secrètement, parce que, se défiant du comte, il étoit bien aise qu'il eût des affaires chez lui, de peur qu'il ne secourût le duc de Bretagne, avec qui il étoit en guerre. Comme le duc avoit reçu dans ses places les ennemis de l'Etat, le roi le fit déclarer rebelle par le parlement, et confisqua la Bretagne.

Les Bretons fidèles au roi, pourvu que ce fût sous l'autorité de leurs princes particuliers qu'ils vouloient toujours conserver, voyant le dessein de Charles, qui étoit de se rendre maître absolu de ce duché, se joignirent au duc. Le roi gagna cependant une partie de la noblesse, et Nantes lui demeura toujours fidèle.

Au commencement de la guerre de Bretagne, Bertrand Du Guesclin mourut fort regretté par le roi. Ce prince le fit enterrer au pied du tombeau qu'il avoit fait faire pour lui-même à Saint-Denis, afin de laisser un monument éternel de la valeur, de la prudence et de la fidélité d'un si grand homme, aussi bien que des services immortels qu'il avoit rendus à l'Etat, et aussi pour faire connoître à la postérité l'amour que son prince avoit pour lui. Cependant le comte de Buckingham étoit entré dans la France avec une grosse armée, et le roi le fit poursuivre avec le même ordre qu'il donnoit toujours. Ainsi, quoiqu'il ravageât le plat pays, on lui ruina presque toute son armée. Il acheva de la perdre au siége de Nantes.

Durant ce siége, le roi s'aperçut qu'une fistule qu'il avoit, s'étoit séchée. C'étoit une marque assurée d'une mort prochaine, et un savant médecin l'en avoit averti. Ce médecin l'avoit traité dans son jeune âge d'une maladie inconnue, qui lui faisoit tomber les cheveux et les ongles. On le crut empoisonné par le roi de Navarre, et le médecin lui avoit dit qu'aussitôt que cette fistule cesseroit de couler, il devoit se préparer à la mort. Il profita de cet avis, et sentant approcher sa dernière heure, il donna ordre aux affaires de sa conscience et de son Etat.

Il envoya chercher ses frères de Berry et de Bourgogne, avec son beau-frère le duc de Bourbon. Il ne fit pas venir le duc d'Anjou, parce qu'il se méfioit de son ambition. Il leur fit connoître l'état des affaires et l'humeur de son fils, et leur dit que c'étoit un jeune enfant d'un esprit léger, qui avoit besoin d'avoir auprès de lui des gens habiles, qui lui apprissent de bonne heure l'art de gouverner les peuples, de peur que sa foiblesse ne les portât à se soulever contre lui; il leur recommanda de lui choisir une femme dans une maison assez puissante pour que le royaume en profitât; il leur fit surtout observer de bien prendre garde au duc de Bretagne; que c'étoit un esprit brouillon, artificieux, et anglois d'inclination; que le moyen de le réprimer étoit de gagner, comme il avoit fait, la noblesse et les bonnes villes de Bretagne, et d'entretenir les alliances qu'il avoit faites avec l'Allemagne et avec l'empire, et que cela seroit de grand secours au royaume. Ensuite, après avoir désigné Clisson, connétable de France, il mourut fort chrétiennement en 1380, laissant un regret extrême à tous les siens.

On ne se lassoit point de louer un prince si rempli de sagesse et de toute sorte de vertus, qui, ayant trouvé les affaires du royaume désespérées, les avoit relevées par sa prudence, et portées au plus haut point. La France avoit en ce temps d'excellentes troupes, et de très-grands capitaines pour les commander, outre qu'elle étoit abondante en toute sorte de biens. Le roi avoit si sagement ménagé ses finances, que malgré tant de dépenses qu'il avoit été obligé de soutenir, il laissa dix-huit millions d'argent dans ses coffres ; de sorte qu'il n'y avoit rien que la France ne pût entreprendre, et exécuter, si la mort trop prompte d'un si grand roi ne lui eût fait perdre de tels avantages.

LIVRE IX.

CHARLES VI (an 1380).

Aussitôt après la mort de Charles, le duc d'Anjou vint à la cour. Comme l'aîné des trois frères, il se rendit d'abord maître des affaires, et prit la qualité de régent, ce qui occasionna des brouilleries entre ce prince et les ducs de Berry, de Bourgogne et de Bourbon ; mais après qu'elles eurent été assoupies, ils convinrent que Charles VI, qui n'avoit encore que douze ans, seroit sacré et couronné, quoiqu'il n'eût pas l'âge porté par l'ordonnance du roi son père, et qu'il auroit l'administration de son royaume, lequel seroit gouverné en son nom, par l'avis de ses oncles. Les ducs de Bourgogne et de Bourbon, à qui le roi défunt avoit particulièrement recommandé l'éducation de ses enfans, en furent chargés.

Ce prince fut sacré à Reims selon la coutume : le duc de Bourgogne prétendit que dans cette cérémonie où les pairs avoient le premier rang, il devoit, comme premier pair, précéder le duc d'Anjou. On jugea en sa faveur, et le duc d'Anjou ayant pris la première place, nonobstant le jugement, le duc de Bourgogne se vint mettre au-dessus de lui, d'où quelques-uns disent qu'il fut appelé Philippe le Hardi.

Pendant ce temps le siége de Nantes continuoit. Les Nantois se défendoient vigoureusement, et faisoient de fréquentes sorties, dans lesquelles les Anglois perdoient beaucoup de soldats. Le duc de Bretagne ne leur put donner le secours qu'il leur avoit promis, à cause que ses barons, que Charles V avoit gagnés, ne voulurent jamais servir contre la France. Ainsi le comte de Buckingham, après s'être longtemps opiniâtré à ce siége, et y avoir perdu la plus grande partie de son armée, fut enfin contraint de se retirer fort mécontent du duc de Bretagne.

Peu de temps après les barons ménagèrent la paix entre le roi et le duc, à condition que ce duc rendroit hommage au roi, et que le roi lui rendroit les villes que les François avoient prises. Cependant le comte de Flandre assiégeoit Gand. Les Gantois avoient quatre-vingt mille hommes sous les armes, et ils étoient si peu pressés, qu'étant assiégés ils prirent Alost, qu'ils pillèrent, et emportèrent d'assaut Terremonde. La saison étant fort avancée, ils contraignirent le comte de lever le siége. Il ne laissa pas de leur faire la guerre, et gagna une grande bataille contre les Gantois, où un de leurs capitaines fut tué. Cette nouvelle étant rapportée aux Gantois, les découragea fort, et ils étoient déjà prêts à se soumettre, lorsque Pierre du Bois, un de leurs chefs, homme de sens et de résolution, rétablit leurs affaires. Il leur proposa pour capitaine général, Philippe d'Artevelle, fils de Jacques, qui avoit si longtemps gouverné la Flandre; soit pour relever leur courage par un nom qui étoit en estime parmi eux, soit qu'il fût bien aise d'éloigner de lui le péril d'un commandement si odieux, en le donnant à un autre. Philippe étoit un homme bien fait, agréable au peuple, qui ne manquoit pas d'ambition; mais qui n'ayant pas d'occasion de la satisfaire, ne songeoit qu'à passer doucement la vie. Pierre du Bois l'alla trouver, et lui demanda si la gloire de son père ne le touchoit pas, et s'il avoit assez de courage pour vouloir succéder à sa puissance. Il répondit qu'il le voudroit fort, mais qu'il ne savoit aucun moyen d'y arriver. « Et moi, lui répondit-il, je vous en ferai trouver les moyens; mais vous sentez-vous le cœur assez hautain et assez cruel pour ne vous point soucier de la vie des hommes? car c'est ainsi que le peuple de Gand veut être mené. »

Comme il vit qu'il étoit prêt à tout, il lui expliqua ce qu'il avoit à faire, et le pria de le seconder dans l'occasion. Ensuite il assembla le peuple, et leur dit qu'en l'état où il voyoit les affaires, il leur falloit choisir un chef qui fût homme de résolution, dont le nom fût de bon augure à la Flandre. Il parla de manière à leur faire entendre qu'il avoit quelqu'un dans l'esprit. Pressé de le nommer, il proposa enfin Philippe d'Artevelle, et à ce nom tout le peuple fit de grandes acclamations, et l'envoya chercher aussitôt.

Le fourbe, instruit par Pierre du Bois, et de concert avec lui, répondit qu'il ne vouloit point d'un commandement si dangereux, ni se mettre au hasard d'être traité comme son père, qu'ils avoient récompensé de ses services par une mort cruelle. Il se fit beaucoup prier; et enfin il accepta le commandement, après s'être fait accorder par le peuple toutes les choses nécessaires pour établir son autorité.

Le comte ayant de nouveau assiégé Gand, deux des principaux bourgeois s'entremirent secrètement de la paix, et rapportèrent au peuple que le comte pardonneroit tout, pourvu qu'on châtiât quelques-uns des auteurs de la rébellion ; ce qu'il souhaitoit, parce que si on ne réprimoit les séditieux par quelque exemple, jamais il n'y auroit de paix dans la ville. Du Bois jugea bien qu'il ne seroit pas des derniers à être puni, comme étant le chef de la sédition; il avertit Artevelle de leur commun péril, de sorte que, sans consulter davantage, ils tuèrent en pleine assemblée les deux bourgeois comme traîtres, et après cette exécution on ne parla plus de paix.

Dans ce même temps il s'éleva des séditions et des tumultes populaires en plusieurs royaumes. En Angleterre un mauvais prêtre persuada aux paysans qu'ils ne devoient pas souffrir d'être traités comme serfs par leurs seigneurs, parce que Dieu avoit fait tous les hommes égaux, et qu'il n'y auroit point de paix en Angleterre, jusqu'à ce que toute la noblesse fût abolie, et que toutes les conditions fussent égales : cet ignorant ne savoit pas que la différence des conditions étoit établie pour le repos du monde, par l'ordre exprès de Dieu. Ils s'attroupèrent plus de soixante mille, et envoyèrent demander au roi qu'il les affranchît.

Le roi alla leur parler dans un bateau sur la Tamise, et leur accorda ce qu'ils demandoient; car il n'y avoit pas moyen de leur résister. Ils ne se contentèrent pas de promesses, et pour obtenir les lettres patentes qui leur étoient nécessaires, ils allèrent à Londres, entrèrent dans le palais, et pillèrent la chambre de la princesse mère du roi ; ils prirent même l'archevêque de Cantorbéry avec quelques autres du conseil à qui ils coupèrent la tête. Le roi fut contraint de leur parler, et de leur promettre qu'on expédieroit les patentes qu'ils demandoient.

Ils revinrent encore une fois, et s'étant tenus un peu à l'écart, ils envoyèrent quelques-uns des leurs pour retirer ces patentes : ils étoient auparavant demeurés d'accord que si on ne les contentoit pas, au premier signal de leur député ils s'avanceroient et tueroient tout, excepté le roi, qui étoit, disoient-ils, un jeune homme qu'il falloit sauver, et ensuite l'instruire à leur mode. Leur envoyé ayant parlé insolemment, le maire de Londres le tua par l'ordre exprès du roi. Les mutins s'échauffèrent à ce spectacle, et devinrent forcenés. Le roi les voyant courir avec fureur, marcha droit à eux sans s'étonner; il commença d'abord par leur demander fièrement où ils alloient, à quoi ils pensoient, et s'ils croyoient avoir un autre chef que lui qui étoit leur roi. Epouvantés par ces paroles et par la résolution du roi, ils se retirèrent en désordre; on prit les chefs de la sédition, et on les châtia selon leur mérite.

Dans le même temps l'avarice du duc d'Anjou fut cause que les Parisiens s'émurent aussi. Ce prince, voulant exécuter son entreprise de Naples, mit la main dans les coffres du roi, dont il épuisa le trésor; il fit mettre ensuite des impôts considérables sur Paris : le menu peuple se révolta et tua ceux qui les levoient. Les rebelles enfoncèrent les prisons, et en tirèrent Hugues Aubriot, prévôt de Paris, homme entreprenant, dont ils vouloient faire leur chef; mais il étoit trop adroit pour se mettre à la tête d'une multitude insensée; il s'échappa d'abord qu'il fut libre.

Charles ayant fait châtier quelques-uns des rebelles, le reste du peuple obtint son pardon, en promettant de payer tous les ans une certaine somme, dont toutefois les receveurs établis par le peuple même devoient faire le maniement. Ceux de Rouen furent entraînés à la sédition par une semblable fureur; et ils en vinrent à un tel excès d'emportement, qu'ils osèrent bien élire pour roi un marchand. Charles y étant allé, réprima les séditieux par une sévérité mêlée de clémence. Il en châtia quelques-uns, et pardonna aux autres; mais la plupart rachetèrent leur vie en donnant de l'argent.

Quoique les troubles fussent apaisés, on ne crut point que le roi fût en sûreté à Paris, ou dans les grandes villes; de sorte qu'il demeuroit à Meaux ou à Senlis : en effet, le bas âge du prince rendoit son autorité si peu respectable, qu'on lui désobéissoit ouvertement; et même lorsqu'il envoyoit demander de l'argent aux receveurs pour quelques nécessités de l'Etat, ils refusoient de le faire, jusqu'à ce que les Parisiens y eussent consenti. Cependant le duc d'Anjou se fit donner cent mille francs, après quoi il partit pour aller à Naples. Il se rendit maître avec peine de la Provence, d'où il continua son voyage dans le royaume de Naples. Il y mourut misérablement, réduit à un extrême besoin, et perdit une grande armée avec des sommes immenses.

Cependant ceux de Gand, fatigués de la guerre, songeoient à faire la paix avec leur seigneur, et à regagner ses bonnes graces. Philippe d'Artevelle, pour amuser le peuple, alla lui-même à l'assemblée où se devoit traiter la paix, et vint ensuite faire son rapport au peuple en plein marché. Il leur fit entendre que le comte étoit extraordinairement aigri, et qu'il vouloit que tout le peuple, excepté les prélats et les ecclésiastiques, vinssent à lui hors la ville, en chemise, pieds nus, et la corde au cou, pour être châtiés à sa volonté, sans être en état de se défendre : « Ainsi, conclut-il, il nous faudra tous périr honteusement. »

A ces mots il s'éleva un gémissement effroyable, et Philippe ayant demandé un peu de silence, reprit en cette sorte : « Dans l'extrémité où nous sommes, nous avons à choisir de trois choses l'une; ou de nous renfermer dans les églises, confessés et repentans, résolus de mourir comme des martyrs, pour la liberté de notre pays, ou d'aller au-devant du comte, comme il le souhaite, la corde au cou, et nous mettre à sa merci. Il n'aura peut-être pas le cœur si dur, qu'il n'ait pitié de son peuple; et moi je serai le premier à m'exposer pour ma patrie. Que si ces choses vous semblent trop dures, comme elles le sont en effet, il y a encore un autre parti à prendre, c'est de choisir six mille des plus résolus d'entre nous, et d'aller attaquer le comte à

Bruges ; si nous sommes tués, nous mourrons du moins en braves gens, et peut-être que Dieu nous donnera la victoire. »

Tout le peuple s'écria que c'étoit là ce qu'il falloit faire ; ils résolurent de marcher, et que s'ils étoient battus, ceux qui resteroient dans la ville y mettroient le feu, et réduiroient tout en cendres. Avec cette résolution ils allèrent droit à Bruges, d'où le comte sortit en même temps avec quarante mille Brugeois. Quand il eut observé la contenance des Gantois, qui marchoient faisant de grands cris, comme des gens désespérés, il jugea bien que ce peuple nombreux, mais peu aguerri, qui le suivoit avec confusion, ne pourroit pas résister à leur fureur. Ainsi il se retira, et fit ce qu'il put pour ramener les Brugeois dans leur ville. Ceux-ci, se confiant à leur grand nombre, s'obstinèrent à vouloir combattre.

Philippe encouragea les siens, en leur disant qu'il falloit tout oublier, femmes, enfans, biens, pays; mais seulement penser à vaincre ou à mourir. Après les avoir ainsi exhortés, il leur commanda de donner, leur recommandant sur toutes choses de marcher serrés, sans reculer, ni quitter leurs rangs, quoi qu'il arrivât. En même temps ils firent un tour pour mettre le soleil aux yeux des Brugeois, et fondirent sur eux tous ensemble avec tant de vigueur, que les autres ne purent soutenir le choc. Ainsi ils prirent la fuite dans un extrême désordre. Les Gantois entrèrent dans la ville pêle-mêle avec les fuyards, se saisirent des places publiques et des avenues, et mirent partout des corps de garde. Il étoit nuit, et tout étoit plein d'horreur et de crainte. Le comte ayant ramassé quelques soldats, voulut aller au marché pour s'en rendre maître; mais les Gantois l'avoient prévenu, et on lui vint rapporter qu'il ne seroit pas en sûreté, s'il s'engageoit plus avant.

Comme on lui faisoit ce rapport, il vit éteindre ses flambeaux. En même temps il prit la fuite, et, couvert de la casaque de son écuyer, il cherchoit de rue en rue une retraite assurée. Enfin, il entra dans la maison basse et enfumée d'une pauvre veuve, et lui demanda quelque endroit pour se cacher. Elle le fit monter dans la plus haute chambre par une échelle, et lui dit qu'elle ne pouvoit le mettre que sous le lit de ses enfans. Les Gantois, qui avoient ordre de suivre le comte, vinrent à la maison où il étoit, et demandèrent à la maîtresse où étoit l'homme qu'on y avoit vu entrer un moment auparavant. La femme, sans s'étonner, répondit que personne n'étoit entré qu'elle-même, et qu'ils pouvoient, s'ils vouloient, regarder en haut.

Un d'eux y monta, et ayant mis la tête par une ouverture, et n'ayant vu que des enfans endormis, sans regarder davantage, il assura aux autres qu'il n'y avoit personne. Le comte sortit de la maison, et dès la pointe du jour s'étant échappé de la ville, il alloit à pied, et seul, par des sentiers inconnus. Lassé et fatigué, il se cacha pour se reposer derrière un buisson, où il entendit une voix qui l'effraya, mais par bonheur celui qui parloit étoit un de ses domestiques, qui lui donna un cheval sur lequel il s'en alla à Lille.

Cependant toutes les villes, à la réserve d'Oudenarde, se rendirent à Philippe; il commença à vivre en prince, et l'état de sa maison étoit égal à celui du comte. Tout le peuple plein d'espérance s'attachoit à lui. Le comte désespéré n'attendoit plus de secours que de la protection du roi, qu'il prétendoit obtenir par le moyen du duc de Bourgogne son gendre. Artevelle mit le siége devant Oudenarde, et la pressoit vivement avec de grosses pièces de canon; car ces machines foudroyantes, inventées quelques années auparavant, commençoient alors à être fort en usage. Le comte, qui ne savoit comment secourir cette place, alla trouver à Bapaume le duc de Bourgogne, et convint avec lui de ce qu'il avoit à faire pour son rétablissement.

Le duc étant revenu à la Cour, communiqua l'affaire au duc de Berry; et le roi les trouva un jour comme ils en parloient ensemble. Il revenoit de la chasse, et avoit un oiseau sur le poing. Il vint à eux avec un visage gai, et demanda curieusement ce qu'ils disoient. Ils répondirent qu'ils parloient de choses qui le touchoient fort, et comme il les pressa pour apprendre ce que c'étoit, ils commencèrent à lui exposer comment le menu peuple de Flandre s'étoit révolté contre le comte, et ajoutèrent qu'il étoit de son intérêt de protéger son cousin et son vassal, d'autant plus que la révolte des Gantois donnoit un mauvais exemple à ses propres villes.

Le roi, qui avoit à peine quatorze ans, témoigna qu'il désiroit, plus que toute chose, de prendre bientôt les armes, et qu'il étoit ravi que cette occasion s'en fût présentée pour ne demeurer pas plus longtemps oisif. On remarque que dès sa première enfance il avoit fait paroître une humeur guerrière; et que lorsque le roi son père lui présentoit plusieurs choses, dont il lui donnoit le choix, il mettoit toujours la main sur les armes, ce qui lui avoit attiré l'amour de sa noblesse. On assembla les seigneurs, pour délibérer de la guerre de Flandre. Le roi impatient se fâchoit de la lenteur de cette assemblée, et disoit souvent à ses oncles : «A quoi bon tant de conférences ? cela ne sert qu'à perdre le temps, et à avertir les ennemis de se tenir sur leurs gardes. » La guerre fut résolue et entreprise sans délai, quoique l'hiver fût fort proche, de peur que les rebelles n'eussent encore ce temps-là pour se fortifier. Le roi y voulut aller en personne, et on fit marcher l'armée au pont de Comines, bâti sur la Lys au-dessus de Courtray.

Artevelle, qui continuoit le siége d'Oudenarde, envoya Pierre du Bois pour défendre ce passage. Quand Pierre sut que le roi approchoit, il rompit les arches du pont, et garda l'autre bord de la rivière avec beaucoup de troupes. Quelques seigneurs françois s'avisèrent d'envoyer chercher des bateaux pour passer avec leur suite. Le connétable ayant appris que déjà une grande partie de la noblesse avoit passé sans ordre, envoya le maréchal de Sancerre pour retenir le reste;

car il ne voyoit pas comment ils pourroient résister à Pierre du Bois, beaucoup plus fort qu'ils n'étoient : mais le maréchal, au lieu de les empêcher de passer, passa lui-même. Clisson étant survenu, fut effrayé du péril de tant de braves gens, et les appelant par leur nom, disoit tout haut : « Ah Rohan ! ah Laval ! ah Rieux ! ah Beaumanoir ! faut-il que je vous voie périr ? ah maréchal ! quelle folie vous a empêché d'exécuter mes ordres ? il vaut mieux moi-même mourir, que de voir périr tant de noblesse. »

En même temps il fit faire une attaque du côté du pont, et ordonna qu'on jetât beaucoup de dards et de bombardes pour amuser les Flamands. Il fit en même temps apporter des poutres et des planches pour raccommoder le pont, et y fit travailler avec une diligence extraordinaire. Cependant il passoit toujours de nos gens sur les bateaux ; et quand ils se virent en nombre suffisant pour attaquer l'ennemi, ils se mirent en bataille. En cet état ils marchèrent résolument contre Pierre du Bois qui ne s'y attendoit pas. Ils chargèrent si rudement, que toute cette populace fut d'abord ébranlée. Pierre du Bois fut lui-même blessé, et les nôtres ayant rétabli le pont, passèrent dessus et mirent toute l'armée ennemie en déroute. Le roi étoit logé à l'abbaye de Marquette où il apprit cette agréable nouvelle ; il en sortit aussitôt, accompagné de ses oncles, et vint loger à Comines.

Peu après on lui rapporta que les Parisiens s'étoient soulevés, et qu'ils entreprendroient toutes choses, s'il ne s'opposoit promptement à leur rébellion. Il tint conseil sur cela, et il y fut résolu qu'après avoir passé si heureusement la rivière, il ne falloit pas abandonner une victoire assurée qui donneroit même de la terreur aux Parisiens. Ainsi Charles fort joyeux continua sa marche contre les Flamands sans être détourné par ces troubles. Ceux d'Ypres ayant tué leur gouverneur se soumirent à lui. Artevelle étoit cependant au siége d'Oudenarde, où il apprit en même temps toutes ces fâcheuses nouvelles, et ce qui ne l'affligea pas moins, il sut que les ambassadeurs qu'il avoit envoyés en Angleterre, pour demander du secours, s'en revenoient sans rien faire. Quoique ces nouvelles lui fissent beaucoup de peine, il ne perdit pas courage, et laissant quelques troupes pour garder les lignes, il résolut de marcher contre le roi avec soixante mille hommes : il s'arrêta en chemin, et campa dans un lieu fort commode, où il se retrancha pour y attendre le roi. S'il eût persisté dans cette résolution, nos gens eussent été obligés de combattre avec beaucoup de désavantage ; mais se sentant égal en nombre, la vanité lui fit prendre son parti, et il résolut de donner bataille. Il crut qu'il auroit aussi bon marché des François, qu'il avoit eu de ceux de Bruges, et que, pour vaincre, il n'avoit qu'à se tenir serré comme il avoit fait au premier combat. Il ne songeoit pas qu'il avoit affaire à des gens qui savoient combattre, et non à un peuple peu exercé à la guerre.

Clisson, ayant remarqué la disposition des Gantois, vint dire au roi qu'il ne craignît rien. « Ces rebelles, dit-il, sont à nous, et la victoire nous est assurée. » En même temps il étendit deux ailes de l'un et de l'autre côté du corps de bataille, afin que quand les Flamands s'avanceroient, on les enveloppât de toutes parts. Les François se mirent à pied, excepté cinq cents chevaux, qui restèrent auprès du roi. Les Gantois donnèrent les premiers, et contraignirent le corps de bataille où étoit le roi de se retirer deux pas. Mais les deux ailes marchèrent sans s'étonner, et entourèrent bientôt les ennemis. Cependant la bataille s'étant raffermie, ils se trouvèrent environnés de toutes parts. Ils étoient tellement poussés les uns dans les autres, qu'à peine pouvoient-ils s'aider de leurs armes et de leurs bras. On en fit un grand carnage ; mais il y en eut plus d'étouffés que de blessés par les armes ; car comme ils étoient fort serrés, on les voyoit tomber en tas les uns sur les autres, et s'étouffer.

A la fin du combat, comme le roi s'informoit avec beaucoup d'empressement de ce qu'étoit devenu Artevelle, un capitaine flamand fort blessé marqua l'endroit où il l'avoit vu parmi les morts. Son corps ayant été trouvé, on le fit pendre, et pour ce qui est du capitaine, le roi voulut le faire guérir : il le refusa obstinément, disant qu'il vouloit mourir avec les autres, et que la vie lui étoit odieuse, après la perte de ses citoyens. Cette bataille fut donnée à Rosebèque, sur la fin du mois de novembre (1382).

Le duc de Bourgogne eut beaucoup de peine à empêcher le roi de se mettre à la tête de son armée, et de se jeter au milieu des ennemis. Après la victoire gagnée, le comte de Flandre vint se jeter aux pieds du roi, pour le remercier d'avoir mis ses sujets rebelles à la raison. Le roi lui répondit qu'il avoit bien voulu lui faire ce plaisir ; qu'au reste, il n'ignoroit pas qu'il avoit toujours été porté pour les Anglois, qu'il falloit changer de conduite, s'il vouloit mériter son amitié. La nouvelle de la victoire étant portée au camp d'Oudenarde, les Gantois épouvantés levèrent le siége. Ceux de Courtray ouvrirent leurs portes, et le roi fit raser leurs fortifications.

Les François, en haine de l'ancienne bataille gagnée par les Flamands, auprès de Courtray sur le roi Philippe le Bel, brûlèrent une partie de la ville, afin que ses habitans ne pussent jamais se glorifier de cette victoire. Ceux de Bruges se rendirent aussi, et donnèrent six vingt mille livres pour éviter la destruction de leur ville. Les Gantois, étonnés de leur défaite, songèrent aussi à se rendre ; Pierre du Bois leur demanda ce qu'ils pensoient faire, insensés qu'ils étoient, qui ne voyoient pas que l'hiver faisoit pour eux, et alloit contraindre le roi à se retirer. Il ajoutoit que cependant il leur viendroit du secours d'Angleterre ; et qu'au reste ils ne devoient pas perdre courage, pour voir le reste de la Flandre sous la puissance du comte, puisqu'ils avoient toujours été plus forts sans les autres Flamands qu'avec eux ; qu'ils laissassent donc les pensées de paix, puisque, dans l'état des affaires, ils ne la pouvoient jamais faire qu'avec honte et désavantage, et qu'ils pensassent plus que jamais à la victoire. Les Gantois, rassurés par ces discours, furent si éloignés de rien rabattre de leur ancien orgueil, qu'on les vit au contraire, après tant de pertes, plus fiers et plus opiniâtres qu'auparavant.

Le roi ne tarda pas à s'en retourner du côté de Paris, afin de châtier les rebelles, et s'arrêta à Saint-Denis, pour rendre graces à Dieu de sa victoire, selon la coutume ancienne. Le prévôt des marchands et les députés de Paris vinrent pour lui rendre leurs respects, et l'assurer de la soumission parfaite des Parisiens, et de la joie qu'ils auroient de revoir leur souverain dans leur ville. Comme il approchoit de la ville, il vit de loin les Parisiens qui étoient tous assemblés, et sous les armes. On crut d'abord qu'ils étoient armés contre le roi; mais ce prince ayant envoyé des hérauts pour reconnoître leur dessein, ils répondirent qu'ils étoient là pour paroître devant le roi, afin qu'il connût combien il avoit de milliers de fidèles serviteurs prêts à le servir en toutes rencontres.

Le roi les fit retirer et marcha en bataille droit à Paris, après avoir divisé son armée en trois corps, commandés par le connétable et par les deux maréchaux de France. Pour entrer dans la ville, on rompit les barrières, on renversa les portes, et on passa par-dessus. Le roi entra seul à cheval au milieu de l'élite de sa noblesse, affectant une contenance fière et menaçante. Le peuple regardoit cette entrée avec frayeur, et les esprits étoient troublés de la crainte du dernier supplice. Charles traversa toute la ville en cet équipage, jusqu'au château du Louvre, où il alla loger. Le connétable fit publier des défenses aux gens de guerre de faire aucun désordre. Ce qui fut si sévèrement exécuté, qu'il fit pendre deux soldats aux fenêtres de la maison qu'ils avoient pillée. Le roi fit châtier les principaux auteurs de la sédition, et on coupa la tête à douze qu'on disoit les plus factieux, parmi lesquels il y en eut qui furent plutôt condamnés par la haine des ducs, que pour avoir manqué contre le service du roi.

Il y avoit entre autres un vieillard nommé Jean des Marais, avocat du roi au parlement de Paris, homme de grande réputation en son temps, qui souvent avoit arrêté le peuple furieux, et durant les troubles avoit accommodé les affaires au gré de la Cour. Il étoit haï des ducs dès le temps du duc d'Anjou, dont il avoit pris le parti contre ses frères. Comme on le menoit au supplice, il tiroit les larmes des yeux à tous les spectateurs, par sa piété et sa constance. On voulut l'obliger de demander pardon au roi : il répondit qu'il avoit servi le roi son père, le roi son grand-père, et le roi son bisaïeul, sans que jamais ils se fussent plaints de lui; que celui-ci ne s'en plaindroit pas non plus, s'il étoit en âge de connoissance; qu'au reste il ne lui savoit pas mauvais gré de sa mort; mais que pour lui demander pardon, il ne le pouvoit, puisqu'il ne l'avoit jamais offensé.

Après qu'on eut fait ces exécutions, on fit dresser un échafaud orné de tapisseries au haut des degrés de la cour du palais, où tout le peuple étant assemblé, Charles y parut sur son trône, au milieu de ses deux oncles, accompagné de son frère, des princes de son sang, et des autres seigneurs. Alors le chancelier d'Orgemont se levant par ordre du roi, fit une harangue fulminante, où il reprochoit aux Parisiens les séditions qu'ils avoient faites, tant sous le feu roi, que sous celui qui régnoit alors; puis, relevant les victoires et la puissance du roi, que ce peuple turbulent avoit irrité, il leur inspira tant de frayeur, qu'ils n'attendoient plus que la mort. Alors les ducs de Berry et de Bourgogne, avec les princes du sang, se jetèrent aux pieds du roi; en même temps les hommes et les femmes toutes échevelées, fondant en larmes, se prosternèrent contre terre, et se mirent tous ensemble à crier miséricorde avec une voix lamentable. Le roi, suivant ce qui avoit été résolu auparavant dans son conseil, prononça qu'il leur pardonnoit, et qu'il changeoit leur peine de mort en peine pécuniaire.

Il alla aussi à Rouen, où on fit la même chose, aussi bien que dans la plupart des bonnes villes de France. On leva par ce moyen des sommes immenses; et ce qui mit tout le peuple au désespoir, c'est qu'il n'en entra que fort peu dans les coffres du roi, tout ayant été dissipé par les ducs, ou plutôt par leurs ministres. Cependant le comte de Flandre réduisoit ses villes, et avoit mis la paix dans les principales. La France étoit aussi en repos du côté de l'Angleterre, par le moyen de la trêve qui avoit été continuée; mais une nouvelle guerre s'alluma sous prétexte de religion. Urbain, qui tenoit le siège pontifical à Rome, avoit envoyé en Angleterre une bulle, qui enjoignoit de lever de l'argent et des hommes pour faire la guerre aux sectateurs de Clément, et il avoit commis l'évêque de Norwick à l'exécution de cette bulle.

Ce prélat ayant levé beaucoup d'hommes et d'argent, passa la mer avec Hugues de Caurelée, fameux capitaine anglois, qui avoit sous lui le principal commandement de ces troupes. Il entra à main armée dans la Flandre, qu'il crut plus ouverte à ses armes, et plus en état d'être pillée à cause des guerres civiles. Ceux de Gand se joignirent à lui. Quoiqu'il sût que le comte et les Flamands suivoient le parti d'Urbain, il ne laissa pas de prendre plusieurs places, entre autres Bourbourg et Gravelines, où il amassa un grand butin. Il tenta de prendre Ypres par assaut; mais ceux de dedans se défendirent depuis le matin jusqu'au soir, et enfin le repoussèrent. Cependant le comte avoit eu recours à son protecteur, c'est-à-dire à Charles : il marcha à Arras avec toute son armée, et contraignit d'abord les Anglois à lever le siège d'Ypres. Ils se réfugièrent à Bourbourg où le roi les assiégea. Comme ils virent qu'on alloit combler le fossé avec des fascines pour les emporter de force, ils capitulèrent. Charles les reçut à condition qu'ils rendroient Gravelines, et leur permit de se retirer la vie sauve, avec ce qu'ils pourroient emporter.

En ce même temps Oudenarde fut prise et reprise d'une manière surprenante (1382). François Atremen, capitaine des Gantois, s'avança de nuit avec des soldats près de cette place; une vieille femme ayant entendu le bruit, et vu ensuite les soldats, avertit le corps de garde. Les soldats attachés au jeu regardèrent assez négligemment autour des portes, et n'ayant rien découvert, continuèrent à jouer sans se mettre en peine de rien. La femme revint criant encore avec plus de trouble, que l'ennemi étoit à la porte. Les soldats se moquèrent d'elle. Cependant les Gantois s'étant approchés, se coulèrent dans le fossé qui étoit à sec, parce qu'on l'avoit pêché depuis peu, et escaladèrent la place. Ainsi elle fut pillée, et les malheureux habitans furent égorgés dans leur lit, sans avoir le loisir de se reconnoître. Elle fut reprise aussi facilement qu'elle avoit été perdue, mais en plein jour. Un capitaine françois y envoya quatre soldats des plus résolus, déguisés en charretiers. Ceux-là étant à la porte, y firent de l'embarras avec leurs charrettes. En même temps ils mirent l'épée à la main, ils tuèrent ceux qui gardoient les portes, et, ayant fait entrer les troupes qui s'étoient approchées pour les soutenir, ils chassèrent les Gantois qui étoient en garnison dans la place. Entre la prise et la reprise d'Oudenarde, Louis, comte de Flandre, mourut, et laissa son Etat au duc de Bourgogne son gendre.

On proposa de marier Charles à Isabeau, fille du duc de Bavière; et le mariage fut résolu, pourvu que la princesse plût au roi. Elle vint inconnue à Amiens, où le roi alla aussi sans être connu. Il prit du goût pour elle, et le mariage fut conclu et célébré à Amiens avec grande solennité. Celui de Louis, frère unique du roi, avec Marguerite, héritière de Hongrie, fut conclu en même temps. Comme il étoit sur le point de partir, il apprit qu'un autre prince l'avoit enlevée. Ainsi on le maria avec Valentine, fille de Galéas duc de Milan, et d'Isabelle, fille du roi Jean.

Les Gantois, fatigués de la guerre, et persuadés de la bonté du duc de Bourgogne, crurent qu'ils auroient meilleure composition de lui, qu'ils n'avoient eu de son prédécesseur, et songèrent à leur accommodement. Pierre du Bois fit tout ce qu'il put pour les en empêcher, et même se préparoit à agir à force ouverte par le moyen des Anglois, que ceux de Gand avoient reçus dans leur ville. Mais les bons bourgeois ayant résolu la paix, elle fut conclue. Le duc pardonna à ses sujets, et fit confirmer leur pardon par le roi. Pierre du Bois, frustré de son attente, fut contraint de se retirer en Angleterre.

Charles brûloit du désir de passer en ce royaume et d'y faire quelque grand exploit. Pour cela il équipa la flotte la plus magnifique et la plus considérable qu'on eût vue en France depuis plusieurs siècles. La noblesse fit des dépenses extraordinaires. Tous les vaisseaux étoient peints et dorés; les gens de guerre et les officiers étoient tout couverts d'or : le rendez-vous de l'armée étoit à l'Ecluse, où le roi devoit s'embarquer. Le connétable eut beaucoup de peine à y arriver de Bretagne, les vents étant contraires. On n'attendoit plus que le duc de Berry; mais il venoit à fort petites journées, parce qu'il n'étoit pas d'avis de ce voyage. Il s'en expliqua hautement, et d'abord qu'il fut à la cour, il soutint qu'il ne falloit pas faire une telle entreprise au cœur de l'hiver. Cependant, pour faire sa cour à Charles, il s'offrit à entreprendre le voyage avec le reste de l'armée; mais il déclara qu'il ne souffriroit pas que la personne du roi fût exposée. Le roi de son côté répondit que personne ne partiroit sans lui; de sorte que tout fut remis au mois de mai de l'année suivante. Plusieurs blâmoient le duc d'avoir rendu inutiles de si grands préparatifs; mais plusieurs soutenoient aussi qu'il avoit vu plus clair que tous les autres, et qu'ayant mieux connu le péril de l'entreprise, il avoit bien fait de la rompre.

Charles revint à Arras, où il apprit que le parlement avoit ordonné que deux gentilshommes, Jean Carrouge et Jacques le Gris, qui étoient tous deux domestiques du comte d'Alençon, se battissent à outrance. Le sujet de ce combat est remarquable. Carrouge étant revenu de la Terre-Sainte, sa femme se jeta à ses pieds en pleurant, et lui dit que Jacques le Gris l'étant venue voir, elle l'avoit reçu comme ami, qu'elle l'avoit mené elle-même par tous les appartemens du château, comme on fait aux hôtes qu'on veut traiter honnêtement; mais qu'enfin étant arrivée avec lui au donjon, dans le lieu le plus retiré, il l'avoit violée, et s'étoit retiré si vite, qu'elle n'avoit pas pu le faire arrêter; au reste qu'elle avoit caché sa honte jusqu'à ce qu'il fût de retour pour la venger d'un tel affront (1386). Ainsi elle l'exhortoit à entreprendre l'affaire, et à faire recevoir à ce perfide ami le châtiment que méritoit une si noire action.

Carrouge touché de cette plainte, comme il étoit juste, alla au comte lui exposer la chose et lui demander justice. Le comte aussitôt fit venir Jacques le Gris, qui nia constamment le fait; il prouva même très-bien qu'il avoit été à quatre heures du matin dans la maison du comte, et qu'il avoit été aussi à neuf heures et demie à son lever. Ainsi, que bien loin d'avoir fait le crime dont on l'accusoit, il n'auroit pas même eu le temps d'aller et de venir, puisqu'il faudroit pour cela avoir fait vingt-trois lieues en moins de cinq heures. Le comte demeura persuadé qu'il étoit innocent, et défendit aux deux cavaliers de se rien demander davantage l'un à l'autre. Carrouge ne laissa pas de porter sa plainte au parlement, qui, ne voyant aucune preuve, ordonna que les deux parties se battroient à outrance; c'étoit la coutume de ce temps, et on étoit persuadé que Dieu donnoit la victoire à l'innocent; mais c'étoit le tenter que de croire qu'il fît toujours des miracles qu'il n'avoit point promis.

Le roi ayant su cet arrêt, ordonna qu'on sursit le combat jusqu'à son retour. D'abord qu'il fut arrivé, on assigna le champ mortel (c'est ainsi qu'on appeloit le lieu du combat), et le roi s'y trouva avec toute sa Cour. Les combattans y vinrent armés de toutes pièces, Carrouge accompagné du comte de Saint-Paul, et Jacques le Gris conduit par les gens du comte d'Alençon. Carrouge avant le combat s'avança la lance à la main à un chariot paré de deuil où étoit sa femme, et lui dit : « Vous voyez, madame, que je hasarde mon honneur et ma vie sur votre parole, vous savez si la cause est juste ; prenez donc garde de ne m'exposer pas à une mort infâme. Allez, lui répondit-elle, combattez sans crainte : la cause est bonne, et Dieu est pour vous ; car il est le vengeur des crimes, et le protecteur de la pudeur violée. »

Ensuite les deux combattans se rangèrent de part et d'autre aux deux extrémités de la carrière, d'où ayant poussé leurs chevaux, ils joutèrent fort bien, et en braves gens, sans néanmoins se blesser, ni se renverser l'un l'autre. Ils mirent incontinent pied à terre, et ayant tiré l'épée, ils se portèrent plusieurs coups l'un à l'autre. Carrouge fut blessé à la cuisse. Quand ses amis virent couler son sang avec abondance, ils firent un grand cri, et l'exhortèrent à prendre courage. Sa femme effrayée redoubla ses vœux ; car l'arrêt étoit terrible pour elle, et le parlement avoit ordonné que si son mari étoit vaincu, il seroit pendu après sa mort, et elle brûlée vive. Mais Carrouge, irrité par son sang et par sa blessure, fondit sur son ennemi, le porta par terre, et le perça de son épée. Il expira sur l'heure, en protestant, à ce qu'on dit, qu'il étoit innocent. L'exécuteur s'en saisit, et le mena à Montfaucon.

Carrouge victorieux courut à sa femme, et tous deux traversèrent Paris comme en triomphe, pour aller rendre à Dieu leurs actions de graces à Notre-Dame. Quelques historiens assurent que Jacques le Gris en effet étoit innocent de ce crime, et qu'un autre homme en mourant s'en étoit avoué l'auteur. Cependant ces mêmes écrivains louent extrêmement la vertu et la bonne foi de cette dame, et ne la soupçonnent pas d'avoir inventé la chose par malice, mais ils disent qu'elle avoit pris Jacques le Gris pour un autre : ce qui paroît fort difficile, pour ne pas dire impossible.

Quoi qu'il en soit, cette manière de décider les choses douteuses par le combat, étoit très-pernicieuse, et les papes, aussi bien que les conciles, ont eu raison de la réprouver dès qu'elle fut introduite ; enfin elle a été tout à fait abolie, et les duels entrepris par les particuliers ayant succédé, Louis XIV, vraiment grand, a été choisi pour mettre fin à ces détestables combats. Charles, touché de l'action de Carrouge, le retint pour être de sa chambre, et lui donna une pension considérable.

En la même année 1386, Charles II roi de Navarre mourut d'une manière fort étrange. Comme il étoit abattu, plus par ses débauches que par son âge, la chaleur naturelle étant presque éteinte, les médecins ordonnèrent de le coudre dans un drap trempé dans l'eau-de-vie pour le réchauffer. Le valet de chambre qui le servoit s'avisa, faute de ciseaux, de brûler le bout du fil avec une bougie, qui fit prendre le feu à la toile. On eut beaucoup de peine à l'éteindre, et ce prince mourut quelques jours après avec des douleurs insupportables, mais, à ce que dit un auteur de ce temps-là, avec des sentimens de pénitence : c'est lui qu'on a appelé Charles le Mauvais, à cause de ses perverses inclinations et de ses actions détestables.

Le printemps étant venu, Charles brûloit d'envie d'accomplir contre l'Angleterre l'entreprise qui avoit été remise en cette saison. Il en espéroit d'autant plus de succès, qu'il y avoit de grands troubles en ce royaume, non plus comme autrefois, entre les peuples et les seigneurs, mais entre les seigneurs eux-mêmes, parce que les oncles du roi haïssoient son favori Robert de Véer, qu'il avoit fait duc d'Irlande ; ce qui divisoit toute la Cour, et même le conseil. Ainsi tout sembloit favoriser la France, et mettre l'Angleterre en proie. Tout se préparoit à la guerre, et le connétable étoit en Bretagne pour disposer l'armée navale (1387).

Le duc de Bretagne, qui étoit Anglois d'inclination, étoit fort fâché de cette entreprise, et faisoit sous main tout ce qu'il pouvoit pour la rompre. La seule autorité du connétable l'empêchoit d'être maître en son pays, et il craignoit que ses barons mêmes ne le livrassent au roi, s'il entreprenoit quelque chose contre son service. Comme il étoit dans cette pensée, il s'avisa de faire un grand festin à Vannes, dans son château de l'Hermine, où il invita tous ses seigneurs, et le connétable lui-même. Jusque-là il n'avoit jamais pu l'obliger à le venir voir, quelques promesses qu'il lui eût faites, et quelques sauvegardes qu'il lui eût promises. Mais enfin il y vint alors.

Après le repas il mena les conviés par tous les appartemens, et comme ils vinrent au donjon où étoit la principale tour, il pria Clisson d'y entrer pour considérer quelque ouvrage qu'il avoit fait faire, sur lequel il désiroit, dit-il, d'avoir son avis, comme d'un homme consommé dans cette science. Clisson y étant entré de bonne foi, sans rien soupçonner, vit fermer tout à coup la porte sur lui, et se trouva environné de gardes. Beaumanoir, ami du connétable, fut aussi arrêté. Pour Laval son beau-frère, le duc lui dit qu'il pouvoit se retirer ; il répondit qu'il n'abandonneroit pas son beau-frère. Le duc étoit résolu de faire mourir Clisson, qu'il regardoit comme son ennemi capital. Laval lui représenta l'indignité de cette action : « Que pensez-vous faire? dit-il ; vous serez le prince le plus déshonoré de tout l'univers. Quoi! en sortant de votre table, répandre le sang d'un homme que vous avez invité en votre maison ! ne songez-vous pas que vous allez devenir odieux à vos sujets, et attirer sur vos bras toutes les forces de France ? »

Le duc étoit fort agité : d'un côté, la haine qu'il avoit contre Clisson le portoit à le faire mourir ; d'autre part il étoit ébranlé par les raisons de Laval. Dans cette perplexité Laval le pressoit toujours vivement qu'il se souvînt qu'il étoit prince, et qu'il avoit donné sa parole ; que si Clisson avoit des places qui l'incommodassent, il pouvoit les prendre, aussi bien que son argent, mais qu'il devoit épargner la vie d'un si grand homme, et son propre honneur. Mais la fureur du duc étoit poussée à l'excès, et il avoit ordonné à Bavalen, capitaine du château de l'Hermine, de jeter la nuit le connétable dans la mer. Bavalen fut assez sage pour prévoir le repentir du duc, et n'exécuta pas un ordre si barbare. En effet, le lendemain, ce prince rendu à luimême remercia Bavalen de lui avoir désobéi en cela. Quelques jours après, ayant reçu un ordre du roi de remettre le connétable en liberté, il se pressa de conclure un traité qu'il avoit commencé avec Laval, par lequel il en coûta au connétable beaucoup d'argent, et ses châteaux pour sortir de prison.

Le roi et toute la Cour se préparoient à passer en Angleterre, lorsqu'on apprit l'emprisonnement de Clisson, et le voyage fut rompu par cette nouvelle. Tous les seigneurs en furent indignés, excepté les oncles du roi, qui, jaloux du crédit de Clisson, blâmoient plutôt sa simplicité que la perfidie du duc. Le connétable arriva sur ces entrefaites, et s'étant jeté aux pieds du roi, lui remit l'office de connétable, comme un homme qui se tenoit déshonoré et indigne d'un si grand emploi, jusqu'à ce qu'on lui eût fait justice. Le roi répondit qu'il tenoit cet affront comme fait à sa personne, et qu'il assembleroit les pairs pour aviser à ce qu'il y auroit à faire pour en tirer raison.

On résolut de citer le duc, qui n'obéit pas ; et comme le roi se préparoit à l'y forcer par les armes, le duc de Gueldres eut la hardiesse de l'envoyer défier par une lettre, où il osoit bien appeler le roi, simplement Charles de Valois. Il le faisoit pour favoriser les prétentions de l'Angleterre sur le royaume de France. Sur cela il y eut une grande délibération dans le conseil, si le roi iroit en personne châtier l'orgueil du duc de Gueldres. Le duc de Berry disoit qu'un si petit prince ne méritoit pas que la France fît tant d'efforts pour le réduire, et qu'il n'étoit pas digne de la majesté d'un grand roi de faire un si long voyage pour un sujet si léger. Le duc de Bourgogne soutenoit au contraire qu'il falloit châtier l'insolence du duc de Gueldres, afin que ce châtiment servît d'exemple aux autres princes de l'empire, et qu'il étoit important de tenir l'Allemagne dans le respect.

Les conseils de ce duc avoient un motif plus caché ; car comme il étoit duc de Brabant, il souhaitoit de montrer sa puissance à ses voisins, et de s'en faire craindre : mais il couvroit ce dessein du prétexte de la gloire de Charles. Le jeune roi, qui ne respiroit que la guerre, et ne songeoit qu'à s'acquérir de la réputation, ébloui par cette belle apparence, se porta sans peine au sentiment du duc de Bourgogne.

Le duc de Bretagne espéroit profiter de ce voyage, et se fortifier contre le roi, pendant son absence, en faisant entrer les Anglois dans son pays. Il perdit cette espérance, en partie par les exploits de Clisson, qui lui prit quelques places en son pays, en partie par la résistance des barons, qui ne vouloient point de guerre; de sorte qu'après plusieurs paroles données, et plusieurs négociations dont il avoit amusé les ducs, il fut enfin contraint de venir demander pardon au roi, et de rendre les places avec l'argent du connétable.

Charles partit ensuite pour son entreprise de Gueldres. Comme il étoit en chemin, le comte de Juliers, père du duc, vint lui demander pardon pour son fils. Pour le duc il persista dans sa fierté, jusqu'à ce qu'il vit l'armée de France auprès de ses terres. Alors la chose fut mise en négociation. Le duc désavoua les lettres de défi qu'il avoit écrites; mais il ne voulut jamais se départir de l'alliance qu'il avoit avec l'Angleterre.

Cependant le duc de Bourgogne obligea le roi à lui pardonner et à retirer ses armées du pays (1388). Tout le monde le blâma d'avoir fait faire au roi un si grand voyage, pour s'en retourner chez lui sans avoir fait autre chose que de recevoir un compliment. Après que le roi fut de retour, on tint un grand conseil à Reims, touchant le gouvernement, où le cardinal de Laon représenta, avec beaucoup d'éloquence, le misérable état du royaume, et le désordre des affaires qui dépérissoient tous les jours, parce que ceux qui les gouvernoient ne songeoient qu'à s'enrichir, ou à avancer leurs créatures : il fit voir que le seul moyen de rétablir le royaume étoit que le roi en prît lui-même la conduite, puisqu'aussi bien il étoit dans sa vingt-unième année. Charles suivit ce conseil, et remercia ses oncles. Il commença ensuite à s'attacher aux affaires, et à gouverner lui-même son Etat presque ruiné.

LIVRE X.

CHARLES VI (an 1389).

On étoit en repos du côté de l'Angleterre, par une trêve de trois ans qui avoit été conclue. Les Anglois étoient divisés entre eux. Richard, inquiété par ses oncles les ducs d'Yorck et de Glocestre, avoit été obligé de chasser le duc d'Irlande son favori. Le duc de Lancastre son troisième oncle étoit attaché à la guerre de Castille, prétendant que ce royaume lui appartenoit, à cause de sa femme, fille de Pierre le Cruel. Comme cette guerre attiroit beaucoup de soldats anglois de ce côté-là, les forces de l'Angleterre étoient partagées, de sorte qu'étant occupée ou chez elle-même ou en Espagne, elle laissoit la France en repos.

Cependant Charles s'attachoit à réformer son royaume, et avoit établi un conseil, par lequel le peuple avoit commencé de sentir du soulagement. Il avoit reçu les plaintes que les provinces de Languedoc et de Guyenne lui avoient faites, contre les extorsions épouvantables du duc de Berry leur gouverneur, et avoit promis d'y pourvoir au retour du voyage qu'il méditoit à Avignon, où le Pape l'avoit invité d'aller. Cependant il résolut que la reine feroit son entrée à Paris. Il se déguisa, se mit en croupe derrière Charles de Savoisy, l'un de ses gentilshommes, et se mêla parmi le peuple, pour voir cette cérémonie. Le soir, étant de retour, il fit des plaisanteries sur les coups qu'il avoit reçus dans la foule. On en rioit avec lui par complaisance; mais au fond on étoit fâché de lui voir ravilir la majesté royale par de telles légèretés.

Il alla ensuite à Avignon, où il salua le Pape avec une grande soumission. Le Pape lui fit aussi tous les honneurs possibles, et lui donna un siège auprès de lui; mais un peu au-dessous du sien. Là le jeune Louis, fils aîné du feu duc d'Anjou, fut couronné roi de Sicile par les mains du Pape, quoiqu'il ne possédât rien dans ce royaume, et que sa mère lui eût à peine conservé la Provence.

Le roi partit d'Avignon pour aller en Languedoc, où voulant faire justice des vexations du duc de Berry, il lui ôta son gouvernement. Il fit aussi arrêter pour ses malversations Bétissac, trésorier du duc, qui fut condamné à mort et à de grandes restitutions. Charles donna si bon ordre aux affaires de cette province, que le bruit s'en répandit partout. Ce prince gagnoit tous les cœurs par cette conduite, et il étoit reçu par toutes les villes où il faisoit son entrée, avec une admiration et un applaudissement incroyable. Il étoit bien fait de sa personne, vif et agréable, extrêmement doux et libéral. C'est ce qui lui fit mériter le titre de Charles Bien-Aimé; et malgré tous ses malheurs, il eut toujours le cœur de ses sujets jusqu'à la fin de sa vie.

Pendant qu'il étoit en Languedoc, il fut touché du désir d'aller voir un prince aussi renommé qu'étoit Gaston Phœbus, comte de Foix. Il en fut reçu avec toute la politesse et toute la magnificence possibles. Le comte proposa plusieurs sortes d'exercices pour le divertissement de la Cour. Le roi, adroit en tout, remporta le prix dans ces différens exercices, même en celui de lancer le javelot, qu'il n'avoit jamais appris. Mais se contentant de l'honneur, il donna à un autre la couronne d'or promise au victorieux. Le comte lui fit hommage du comté de Foix, et on dit que ce comte en assura au roi la succession après sa mort, car il n'avoit point d'enfans légitimes, et il avoit perdu son fils unique par la plus triste aventure qui fût jamais.

Ce jeune prince étoit allé voir sa mère qui étoit brouillée avec son mari, et qui s'étoit retirée auprès du roi de Navarre son frère. C'étoit

Charles, qu'on appela le Mauvais, et qui étoit digne de ce nom. Il haïssoit fort le comte de Foix; et voyant le jeune prince sur le point de s'en retourner auprès de lui, il le tira à part pour lui témoigner la douleur qu'il avoit de ce que le comte étoit si aliéné de sa femme, ajoutant qu'il falloit chercher toute sorte de moyens pour ramener cet esprit superbe et opiniâtre. En même temps il lui mit en main un petit sachet, et lui dit que s'il trouvoit une occasion de faire prendre à son père ce qui étoit dedans, il se réconcilieroit aussitôt avec sa femme, et qu'elle seroit en plus grand crédit que jamais auprès du comte.

Gaston (c'étoit le nom du jeune prince) fit de grands remercîmens à son oncle, et s'en alla ravi du trésor qu'il croyoit remporter. Il avoit un frère bâtard, nommé Yvain, de même âge et de même taille que lui. Leurs valets changèrent un jour leurs habits, et donnèrent ceux de Gaston à Yvain, qui, étonné de trouver dans le pourpoint de son frère le sachet qu'il y tenoit toujours attaché, suivant les ordres de son oncle, demanda curieusement à Gaston ce que c'étoit. Gaston, sans rien répondre, se fâchoit, s'impatientoit, et redemandoit son sachet avec une ardeur extrême. Quelque temps après, comme les deux frères jouoient à la paume, ils eurent un démêlé, et Gaston irrité donna un soufflet à l'autre. Aussitôt Yvain irrité lui reprocha le sachet qu'il cachoit avec un soin si particulier, et fit tant de bruit que la chose vint aux oreilles du comte.

Comme son fils le servoit à table selon sa coutume, il aperçut le sachet, qu'il arracha en demandant ce que c'étoit. Le jeune prince fut fort interdit; et le comte ayant fait donner à un chien ce qui étoit dedans, l'animal mourut incontinent. Sur cela le comte fut transporté d'une colère extraordinaire, et les seigneurs eurent peine à l'empêcher de faire mourir son fils. Il le fit mettre en prison, et le malheureux enfant étoit plongé dans une si profonde mélancolie, qu'on ne put jamais le faire manger. Le comte en ayant été informé, il s'approcha de lui en le menaçant, et, ayant levé le bras, comme s'il eût eu dessein de le frapper fort rudement, il lui donna un petit coup à la gorge, d'un fer dont il venoit de nettoyer ses ongles. Il sortit de cette piqûre quelques gouttes de sang, et le pauvre enfant, abattu de chagrin et de désespoir, qui ne mangeoit ni ne dormoit depuis fort longtemps, fut tellement saisi, qu'il expira un moment après. Je n'ignore pas que quelques historiens n'aient voulu dire que son père lui avoit fait couper la tête; mais j'ai suivi les plus fidèles et les mieux instruits.

Charles, étant parti de chez le comte, revint à Paris avec une diligence incroyable, sans aucune nécessité; car étant arrivé à Montpellier, il fit une gageure avec son frère le duc de Touraine, à qui arriveroit le premier à Paris.

Ils partirent accompagnés chacun d'une seule personne; savoir le roi, du sire de Garancières, et le duc, du seigneur de la Vieuville, et firent le chemin partie à cheval, et partie en chariot, lorsqu'ils vouloient se reposer. Le duc ne fut que quatre jours et huit heures à venir de Montpellier à Paris ; et le roi n'y arriva que quatre heures après, s'étant reposé huit heures de nuit à Troyes [1] en Champagne ; ainsi il perdit la gageure, qui était de cinq mille francs d'or : il fut blâmé de faire tort à sa dignité par cette conduite inconsidérée : mais on excusoit sa jeunesse, et l'ardeur qu'il avoit pour les grandes choses sembloit couvrir ses défauts.

On ne parloit en ce temps que de Bajazet, empereur des Turcs, de sa valeur et de ses conquêtes. Charles, touché de sa réputation, avoit un désir extrême de lui faire la guerre, et de le rencontrer seul dans un combat. Dans cette vue il fit ce qu'il put pour faire la paix avec l'Angleterre. Le duc de Lancastre vint en France pour la traiter, on se sépara sans la conclure ; mais on fit une trêve de quelques années, qui étant souvent prolongée, donna aux deux royaumes une tranquillité semblable à la paix (1391).

A la cour on se plaignoit fort du duc de Bretagne, qui ne déféroit ni aux arrêts du parlement, ni même aux ordres du roi. Charles s'étant avancé à Tours, il eut ordre de s'y rendre, et il y donna peu de satisfaction au conseil et à Clisson, qui avoit la principale autorité. Il étoit appuyé secrètement des deux ducs qui étoient revenus à la cour, mais avec beaucoup moins de crédit qu'auparavant, et qui envioient le grand pouvoir de Clisson, dont le duc de Bretagne avoit de son côté juré la perte.

Il employa à ce dessein Pierre de Craon, homme de qualité, méchant, artificieux, et hardi à entreprendre aussi bien qu'à exécuter. Il avoit été à Louis d'Anjou, roi de Sicile, qui dans son extrême besoin l'avoit envoyé d'Italie, où ses affaires étoient ruinées, pour demander de l'argent à sa femme. Mais Pierre ayant appris en chemin que son maître étoit mort, il garda la plus grande partie de l'argent. Fatigué de procès par la reine douairière de Sicile, il trouva moyen de s'insinuer dans les bonnes graces du duc de Touraine, qu'on avoit fait duc d'Orléans en 1392. Il se donna à lui, et devint le confident de tous ses secrets, et même de ses amours. Mais comme il lui manqua de fidélité, il le congédia de sa maison, et le fit bannir de la cour. Chassé de toutes parts, il recourut au duc de Bretagne, et se joignit à lui dans le dessein de perdre Clisson, à qui il attribuoit sa disgrace. Il avoit une maison à Paris, où il envoyoit de temps en temps en secret des hommes affidés. Quand ils furent trente ou quarante, il s'y rendit en personne. Un soir, sur le point de l'exécution, on vint avertir le duc de Berry que Pierre de Craon avoit assemblé du monde dans sa maison, et qu'il en vouloit au connétable. Le duc répondit qu'il ne vouloit pas aller inquiéter le roi à l'heure qu'il étoit, et qu'il lui diroit la chose le len-

---

[1] Pendant que le roi dormoit, le duc descendit la Seine dans un bateau, depuis Troyes jusqu'à Melun.

demain. Cette même nuit, pendant que le connétable se retiroit fort tard de chez le roi, logé alors à l'hôtel de Saint-Paul, près les Célestins, il vit tout d'un coup les siens attaqués, ses flambeaux éteints, et sa personne environnée. Il ne soupçonna d'abord autre chose, sinon que c'étoit le duc d'Orléans, qui se jouoit avec lui à son ordinaire; mais bientôt il entendit une voix qui le menaçoit de mort. Lui, comme un homme de guerre, demanda résolument qui étoit celui qui lui parloit de la sorte : *C'est*, dit-on, *Pierre de Craon*; et en même temps il se sentit frapper à la tête, et tomba de cheval à la renverse, dans une porte entr'ouverte de la rue Culture-Sainte-Catherine, où le maître du logis étant accouru, le retira dans sa maison. Pierre de Craon, et les meurtriers le laissèrent pour mort, et prirent la fuite. On donna aussitôt l'alarme au roi; toute la Cour fut troublée, le roi accourut, et les médecins ayant visité la plaie, l'assurèrent qu'elle n'étoit pas mortelle. Charles, touché de cet attentat, comme s'il eût été fait à sa personne, manda au duc de Bretagne qu'il remît entre ses mains Pierre de Craon, qu'on savoit s'être réfugié chez lui. Il nia la chose; et Charles, irrité au dernier point de cette réponse, se prépara à faire la guerre avec une ardeur extrême. Cependant le parlement condamna Pierre de Craon par contumace, confisqua ses biens, fit démolir sa maison, et punit de mort quelques-uns de ses complices. A peu près dans le même temps, Charles rendit au duc de Berry son gouvernement.

Aussitôt que le connétable se porta bien, le roi, accompagné de ses oncles et de lui, marcha au cœur de l'été à grandes journées en Bretagne, sans se donner de repos ni jour ni nuit, et ne pensant qu'à la vengeance. Il avoit la tête continuellement agitée de l'insolence du duc de Bretagne, et de l'attentat fait sur Clisson, qu'il réputoit fait à lui-même. Enfin le travail excessif et la chaleur de la saison lui donnèrent la fièvre, et il fut contraint de s'arrêter au Mans. Il se servit de ce temps pour envoyer demander une seconde fois le criminel avec des ordres encore plus pressans et plus rigoureux que les premiers.

Le duc, sans s'étonner, ne songeoit qu'à gagner ses barons, et quoiqu'il les trouvât peu disposés à le soutenir contre le roi, il ne put se résoudre à obéir. Charles, irrité plus que jamais de sa désobéissance, et ne pouvant plus souffrir de retardement, pressoit le départ sans vouloir écouter ni ses oncles, ni les médecins, et quoiqu'il pût à peine manger, tant il étoit foible et dégoûté, il soutenoit qu'il se portoit bien, et que rien ne lui donneroit du soulagement, que de marcher. En cet état il alloit à cheval en plein midi, pendant une chaleur excessive, dans un pays sec et sablonneux. Tous ceux de sa suite, accablés de chaud, alloient deçà et delà par des chemins séparés, pour éviter la poussière. Il arriva que le roi passant par un petit bois, un grand homme pâle prit la bride de son cheval, et lui dit : *Arrête, ô roi, tu es trahi !* On le prit pour un insensé, et depuis on n'entendit jamais parler de lui.

Le roi continuoit son chemin, ayant la cervelle remplie de la parole de cet homme; et à quelques pas de là, un page qui portoit sa lance s'étant endormi, la laissa tomber sur le casque de son camarade qui étoit auprès du roi. A ce bruit, Charles, affoibli d'esprit et de corps, s'imagina quelque attentat contre sa personne, et mettant l'épée à la main, il commença à poursuivre à toute bride ces deux pages qui s'enfuyoient. Son frère l'ayant abordé familièrement à son ordinaire, il le voulut tuer comme les autres. Tous les siens fuyoient devant lui, et ce prince les poursuivoit avec de grands cris, jusqu'à ce que fatigué, et n'en pouvant plus, on le saisit et on le ramena au Mans, si aliéné et si éperdu, qu'il ne connoissoit ni les autres ni lui-même. On soupçonna d'abord qu'on lui avoit donné quelque breuvage empoisonné, et on interrogea les officiers qui lui présentoient à boire ; on les trouva innocens, et le duc de Bourgogne disoit hautement que les mauvais conseils étoient le seul poison que le roi eût pris. Ce discours regardoit le connétable, qui en échauffant le roi contre le duc de Bretagne, lui avoit, disoit-il, troublé le cerveau, et avoit accablé d'affaires et des soins d'une grande guerre, l'esprit déjà trop ardent de ce jeune prince. On pourvut aux affaires du royaume, et on rendit le gouvernement aux deux oncles du roi, parce que le duc d'Orléans étoit encore trop jeune. On donna aussi à la duchesse de Bourgogne la conduite de la maison de la reine, et la principale autorité auprès d'elle ; ce qui causa beaucoup de jalousie à la duchesse d'Orléans.

Les nouveaux régens commencèrent d'abord à attaquer Clisson. Comme dans le temps de sa blessure il avoit fait un testament, où il disposoit de sommes immenses, le duc de Bourgogne l'accusoit d'avoir diverti les fonds destinés à la guerre, dont il avoit la disposition en qualité de connétable. Il sentit bien le péril où il étoit, et un si grand homme, après avoir rendu à l'Etat des services si importans, fut contraint de se retirer en Bretagne, c'est-à-dire dans le pays de son plus grand ennemi. Le parlement le condamna par contumace à un bannissement perpétuel, à payer cent mille marcs d'argent pour ses extorsions, et à perdre son office de connétable.

Le duc d'Orléans ne voulut pas se trouver à ce jugement, et il témoigna toujours beaucoup d'amitié au connétable. En même temps ceux qui avoient eu part aux affaires furent arrêtés, le duc de Berry vouloit en particulier venger la mort de Bétissac, sur les seigneurs de la Rivière et de Noviant; mais adouci par les remontrances de la duchesse sa femme, il ne seconda pas le duc de Bourgogne, qui avoit aussi juré la perte de ces deux ministres.

Cependant le roi fut guéri par un fameux médecin, qui recommanda fort qu'on ne chargeât pas d'affaires son esprit encore infirme, ordonnance que ses oncles suivirent très-volontiers. La trêve avec l'Angleterre fut prolongée pour deux ans, par le moyen du duc de Lancastre, qui, occupé des affaires qu'il avoit en Espagne, ne vouloit point de guerre avec la France. Comme tout le peuple étoit alors dans un ravissement extrême de la santé du roi qui se fortifioit tous les jours, la joie publique fut troublée pour une occasion assez légère.

Au mariage d'une des filles de la reine, qui se fit à l'hôtel de la reine Blanche, on proposa un ballet, où devoient danser six hommes déguisés en sauvages, ou satyres, du nombre desquels le roi voulut être. Le duc d'Orléans, qui ne le savoit pas, entra dans l'assemblée avec ses légèretés ordinaires, et fit approcher un flambeau de l'un des sauvages, pour découvrir quel étoit ce masque. Mais le feu prit aux habits, et comme tous les sauvages étoient liés les uns aux autres, la flamme les gagna tous. Les uns se jetèrent dans une cuve pleine d'eau, les autres secourus trop tard, furent blessés par le feu, et moururent quelque temps après, comme Yvain, bâtard du comte de Foix. On eut peine à sauver le roi, et il alla quelques jours après à Notre-Dame, remercier Dieu au milieu des acclamations de tout le peuple, qui fut ravi de le voir délivré de ce péril.

Cependant Clisson se défendoit vaillamment contre le duc de Bretagne qui lui faisoit la guerre ; et son crédit étoit si grand parmi les seigneurs de cette province, que le duc ne put jamais obtenir d'eux qu'ils l'assistassent contre lui. A la cour, le roi et le duc d'Orléans son frère l'avoient demandé avec ardeur, malgré la résistance de leurs oncles, qui ne purent jamais obtenir qu'on lui donnât un successeur dans la charge de connétable; mais Clisson ayant reçu un ordre du roi de revenir à la cour, il refusa d'y obéir, jugeant bien qu'il n'y auroit point de sûreté pour lui, l'esprit du roi étant si foible, et la haine de ses oncles si implacable; et ce fut sur ce refus que les ducs de Berry et de Bourgogne le firent déclarer rebelle et déchu des honneurs et prérogatives de la charge de connétable, comme on vient de le dire.

Charles voulut d'abord faire connétable Enguerrand de Coucy, homme célèbre en ce temps, qui avoit déjà refusé cette grande charge à la mort de Bertrand Du Guesclin, et avoit conseillé de la donner à Clisson, comme au plus digne. Il refusa encore de prendre la place qu'un si grand homme remplissoit si dignement ; et Philippe, comte d'Eu, prince du sang, que les oncles du roi supportoient, fut fait connétable le 31 décembre 1392. Quelque temps après, Clisson, par l'entremise des seigneurs Bretons, se réconcilia avec le duc de Bretagne; et ce duc fit aussi sa paix avec le roi Charles, dont la fille Jeanne fut donnée au fils du duc.

Ce qu'il y eut de plus remarquable en cette occasion, c'est que le duc venant à la cour pour ces mariages, laissa le gouvernement de son Etat à Clisson; l'amitié étoit alors solidement rétablie entre eux; et d'ailleurs ce grand homme s'attiroit beaucoup de considération et de confiance. Le roi retomba dans son mal avec d'autant plus de douleur de tous les siens, que le médecin qui l'avoit guéri étoit mort. Il s'emportoit jusqu'à la fureur contre tous ceux qui s'approchoient de lui. Il ne pouvoit endurer qu'on le traitât en roi, et rompoit les armes de France partout où il les trouvoit dans sa maison. Il ne se souvenoit ni de sa femme, ni de ses enfans, ni de lui-même, et ne souffroit ni ne connoissoit personne, que Valentine duchesse d'Orléans.

Plusieurs croyoient qu'il avoit été ensorcelé, et attribuoient le maléfice à la duchesse. On passa même jusqu'à cet excès, de chercher les magiciens pour lever les charmes; et quelques-uns d'eux ayant trompé même la Cour, par des promesses insensées, furent punis de leurs impostures. Mais les personnes sages ne doutoient pas que la cause d'une maladie si étrange, ne fût la fatigue et les inquiétudes que l'affaire de Bretagne avoit causées au roi, et les désordres de sa jeunesse. On accusoit le duc de Bourgogne de lui avoir laissé suivre ses inclinations par un excès de complaisance, et de l'avoir nourri dans la mollesse, afin qu'il lui abandonnât le gouvernement et les affaires : conseils pernicieux, dont on a peine à soupçonner un si grand prince.

En ce temps la Hongrie étoit presque toute ruinée par la puissance et par les victoires de Bajazet. Le roi Sigismond, frère de Venceslas, roi des Romains, envoya demander du secours à Charles avec grande instance. Il avoit de temps en temps de bons intervalles, et il reçut très-favorablement cette ambassade. Touché des maux de ce royaume, il résolut d'y envoyer le connétable avec une grande armée. Jean, comte de Nevers, fils du duc de Bourgogne, âgé de vingt-deux ans, souhaita de la commander, et obtint facilement cette grace par le moyen de son père. Coucy se joignit à lui avec beaucoup d'autres seigneurs.

Etant arrivés en Hongrie, ils y eurent d'abord quelques bons succès, et assiégèrent Nicopolis, ville de Thrace, assise sur le Danube, qui se défendoit vigoureusement. A ce siége Coucy défit vingt mille Turcs avec une poignée de gens, et le connétable jaloux le blâma d'avoir trop hasardé. Cependant Bajazet approchoit à grandes journées avec une armée nombreuse, et un extrême désir de combattre. Le roi de Hongrie envoya (1375) proposer aux François de laisser combattre l'avant-garde des Turcs à ses troupes, plus accoutumées à leur manière de faire la guerre que les François : il leur dit qu'il espéroit la battre sans beaucoup de peine, qu'ensuite ils attaqueroient tous ensemble le corps de bataille, qui étoit le fort de l'armée, et le déferoient aisément après le premier désordre. Coucy dit d'abord que le roi leur donnoit un très-bon conseil, et qu'il falloit le suivre.

Le connétable, irrité de ce qu'il avoit parlé le premier, contredit son sentiment par jalousie; il disoit que les Hongrois vouloient avoir la gloire de la journée, et qu'il étoit honteux aux François d'être venus de si loin pour recevoir un tel affront. « Combattons donc, conclut-il, et n'attendons pas les Hongrois; nous avons assez de courage et assez de force pour vaincre l'ennemi tout seuls. » Sur cela nos gens animés donnèrent sans attendre, et d'abord ils tuèrent une grande quantité de

Turcs ; mais ils ne purent pas conserver longtemps leur avantage, et ils furent enfin accablés par la multitude.

Sigismond se mit à crier que la témérité des François avoit tout perdu, et en même temps il vit ses troupes, au nombre de soixante mille hommes, prendre la fuite sans avoir combattu. Presque tous les François furent tués ; mais ils ne le furent pas impunément, car on voyoit vingt ou trente Turcs renversés auprès de chacun des nôtres. Jean comte de Nevers, Philippe d'Artois, Coucy, et plusieurs autres personnes de marque furent prisonniers. Bajazet vouloit faire mourir le jeune comte. On dit qu'un de ses devins l'eh empêcha, disant qu'il feroit lui seul plus de mal à la chrétienté, que Bajazet avec toutes ses forces ; mais ces sortes de prédictions se répandent ou plutôt s'inventent ordinairement après coup ; et ce qui sauva le comte, fut l'espérance qu'eut Bajazet de profiter de sa rançon. Il sauva aussi la vie au connétable, à Coucy et à quelques autres. Il fit venir le reste des prisonniers, les uns après les autres, pour leur faire couper le cou en sa présence, malgré les gémissemens de tous les François, qui ne purent le fléchir.

Tel étoit l'état de nos affaires du côté de la Hongrie. En Italie la ville de Gênes se soumit au roi, ne pouvant plus soutenir les divisions des citoyens, ni l'oppression et les violences de ses voisins. En Angleterre il y avoit de grands troubles. Richard souffroit beaucoup de l'humeur séditieuse de ses peuples, et de leurs mouvemens continuels, fomentés par le duc de Glocestre. Ainsi il songea à se fortifier par une alliance avec la France, et demanda en mariage Elisabeth, fille de Charles, qui n'avoit encore que sept ans. Les oncles des deux rois, c'est-à-dire, le duc de Bourgogne, et le duc de Glocestre traitoient la paix ensemble ; et quoique le dernier reçût les présens magnifiques que le roi lui faisoit, il n'en étoit pas pour cela plus traitable. Il disoit que les François étoient trop subtils, et qu'ils enveloppoient tellement les choses par des paroles ambiguës, qu'il n'y avoit dans les traités que ce qu'ils vouloient.

A la fin Richard, fatigué d'une si ennuyeuse négociation, et voulant absolument avoir la princesse, résolut de mettre fin à tant de longueurs, et comme on ne put s'accorder sur les articles de paix, il conclut une trêve pour trente ans. On convint aussi d'un lieu où les deux rois se verroient, et où Charles meneroit sa fille à Richard. Cette entrevue se fit à Ardres, en 1396, avec beaucoup de magnificence et de cordialité entre les deux rois. Charles, qui en ce temps-là se portoit bien, parut fort honnête et fort sensé à Richard et aux Anglois ; et il en reçut tous les honneurs possibles, ayant eu partout la première place, que Richard refusa constamment, même dans le logis de Charles, lorsqu'il le visita.

Cependant les prisonniers de Hongrie, ayant payé leur rançon, revinrent en France. Il n'y eut que le connétable qui mourut à Micalizo en Natolie. Sa charge fut donnée à Louis de Sancerre, maréchal de

France, et Boucicaut fut fait maréchal. Le comte de Nevers raconta à Charles et à toute la cour le discours que Bajazet lui avoit tenu en le renvoyant. « Je sais, lui disoit-il, que vous êtes grand seigneur et fils de grand seigneur. La honte d'avoir été battu vous portera quelque jour à renouveler la guerre ; mais je ne veux point vous demander votre parole de ne rien entreprendre contre mon empire ; allez, et dites partout que Bajazet attend de pied ferme ceux qui oseront l'attaquer ; et qu'enfin il est résolu de subjuguer tous les Francs (c'est le nom que donnent les Orientaux aux chrétiens d'Occident), et de faire manger son cheval sur l'autel de saint Pierre. »

Voilà les menaces que faisoit Bajazet : insensé, qui ne prévoyoit pas le malheur qui lui étoit préparé par Tamerlan, roi des Tartares, qui, étant entré dans son pays, le défit, le prit prisonnier, et l'enferma (si nous en devons croire quelques auteurs qui ont écrit cette histoire) comme une bête farouche, dans une cage de fer : il le menoit ainsi de ville en ville, et ce prince mourut enfin de chagrin et de désespoir. Le jeune comte racontoit encore que Bajazet leur avoit beaucoup parlé des divisions de la chrétienté, qui la perdoient sans ressource, et qu'il se moquoit de la folie des chrétiens, qui souffroient depuis si longtemps ces deux papes, dont les querelles causoient de si grands troubles à l'Eglise.

En ce temps Charles et les autres princes s'appliquoient sérieusement à mettre fin à ce schisme, et les discours de Bajazet animèrent le zèle de toute la cour ; mais il n'y avoit aucune espérance de guérir un si grand mal, si on n'employoit des remèdes extraordinaires. Car depuis que Clément VII, élu à Fondi contre Urbain VI, eut transporté le siége à Avignon sous le règne de Charles V, ces deux papes étant morts, les successeurs qu'on leur donna soutinrent les deux partis. Boniface IX fut mis en la place d'Urbain, et Benoît XIII en celle de Clément, à condition toutefois qu'il renonceroit à la papauté, si les cardinaux de son obédience le jugeoient nécessaire au bien de l'Eglise. Cependant les deux partis faisant toujours de nouveaux papes, le schisme se perpétuoit par ces élections, et on n'y voyoit aucune fin.

Charles, pour remédier à un si grand mal, fit assembler le clergé de France, et cette assemblée résolut qu'on obligeroit les deux papes à céder le pontificat pour faire une nouvelle élection, du consentement des deux partis. La France, qui embrassa ce décret, attira d'autres royaumes dans le même sentiment. Venceslas, roi des Romains et de Bohême, vint à Reims communiquer avec le roi des moyens de mettre la paix dans l'Eglise. Charles alla à sa rencontre, en chassant jusqu'à deux lieues de la ville, et l'y reçut magnifiquement.

Ce prince, adonné au vin, n'avoit d'ailleurs aucune inclination digne de sa naissance et de sa grandeur ; il fut peu estimé en France. Charles néanmoins fut content de lui, parce qu'il s'attachoit fort à procurer la paix de l'Eglise, promettant que non-seulement l'Allemagne et la Bohême, mais encore son frère le roi de Hongrie suivroient les sentimens de la France. Le roi le renvoya avec de magnifiques présens, contre l'avis du duc de Bourgogne, qui disoit que toutes ces libéralités étoient inutiles, et qu'il ne falloit pas espérer que les Allemands tinssent leur parole. Le roi d'Angleterre entra dans le même dessein; mais quelque instance que pût faire Charles auprès des deux princes par ses ambassadeurs, il ne put jamais en tirer que des paroles sans exécution, quoique les cardinaux des deux partis se fussent rangés à ses sentimens.

Comme on vit que ces moyens ne servoient de rien, la France en vint enfin à cette extrême résolution de soustraire l'obédience à l'un et à l'autre pape. Mais cela même étant inutile, le maréchal de Boucicaut, qui étoit à Avignon, eut ordre d'user de la force contre Benoît qui paroissoit le plus opiniâtre, et de se rendre maître de la ville. Le peuple abandonna Benoît, et le contraignit de se retirer dans le château, où Boucicaut l'assiégea, et le réduisit à d'étranges extrémités, sans que jamais il voulût fléchir.

Durant ce temps le duc de Glocestre avoit excité de nouveaux troubles en Angleterre (1398—1399). Il décrioit, autant qu'il pouvoit, le roi son neveu, disant qu'il n'étoit point propre à régner, et qu'il ne se soucioit point des affaires de son royaume, pourvu qu'il fût avec des femmes, et dans ses plaisirs; que loin de faire la guerre aux François, comme ses prédécesseurs, il s'étoit laissé gagner par leur argent, et que ses favoris avoient été corrompus par les mêmes voies pour leur livrer Calais. Par ces discours il animoit tous les peuples contre Richard, principalement ceux de Londres, et il avoit même conçu le dessein de mettre un autre roi à sa place.

Richard, ayant découvert ce complot, fit arrêter le duc à Londres, et l'ayant ensuite fait transporter à Calais, il le fit mourir. Cette action indigna tout le monde contre Richard. On disoit que si le duc de Glocestre par un si grand attentat contre le roi avoit mérité la mort, il ne falloit pas le perdre sans lui faire son procès : que ne devoient pas craindre les particuliers, si le sang et la dignité d'un oncle du roi n'avoient pu le mettre à couvert d'une mort injuste et précipitée; et que falloit-il attendre après cela d'un prince si violent, sinon qu'il fit mourir les bons et les mauvais à sa fantaisie?

Les ducs de Lancastre et d'Yorck, quoiqu'ils improuvassent les desseins de leur frère, furent fort irrités de sa prison, et s'emportèrent au dernier point, quand ils apprirent sa mort. Mais Richard soutint la chose avec tant de force et si hautement, qu'ils furent contraints de plier; ainsi leur autorité étant abattue, le roi commença à régner plus impérieusement que n'avoient fait ses prédécesseurs. Le peuple en fut indigné; ceux de Londres principalement se plaignoient que les anciens droits du royaume étoient abolis; et que tout tendoit à la guerre, si les séditieux eussent trouvé un chef.

Les affaires étant en cet état, Henri, comte d'Erby, fils du duc de Lancastre, maltraité par le roi, et chassé du royaume pour une querelle particulière, se retira en France. Les Londriens, qui l'aimoient passionnément, souffrirent son éloignement avec une extrême impatience. Le duc de Lancastre étant mort, Richard se saisit de ses biens, ce qui acheva d'aigrir contre lui ceux de Londres et tous les Anglois. De là il se forma une faction pernicieuse au roi et à l'État. Ceux qui avoient le principal crédit dans ce parti, pendant l'absence de Richard, qui étoit occupé à dompter quelque partie de l'Irlande, rappelèrent secrètement Henri, qui avoit pris le nom de duc de Lancastre. Aussitôt qu'il fut arrivé en Angleterre, tous les seigneurs et tous les peuples se joignirent à lui.

Cependant Richard avoit achevé la conquête d'Irlande, et revenoit avec une armée victorieuse, persuadé qu'à son arrivée les séditieux seroient dissipés. Le contraire arriva, et son armée s'étant débandée, il fut contraint de se retirer dans un de ses châteaux. Lancastre s'y présenta, et comme on n'osa lui en refuser l'entrée, il emmena Richard, qu'il renferma dans la tour de Londres, où le duc de Lancastre fut déclaré roi, sous le nom de Henri IV, du consentement unanime des seigneurs et du peuple. Le seul duc d'Yorck s'y opposa, comme prétendant avoir droit à la couronne, ce qui causa dans la suite de longues contestations entre ces deux maisons. Tout cela se passa si promtement, que Charles ne put donner aucun secours à Richard.

A peu près en ce temps, l'empereur Venceslas fut déposé par décret des électeurs, comme un prince fainéant et incapable de gouverner. On mit en sa place Robert de Bavière. Les nouvelles de la prison de Richard étant portées en France, le roi, touché du désastre de son malheureux gendre, retomba dans son mal plus violemment que jamais. Mais il apprit un peu après qu'il avoit été tué, soit que Henri l'eût ordonné de la sorte, soit qu'il l'eût seulement permis et dissimulé. Ceux de Bordeaux, qui aimoient Richard, furent vivement touchés de ses malheurs; ce qui fit craindre en Angleterre qu'ils ne se rendissent aux François; mais ils demeurèrent dans l'obéissance, parce qu'on les traitoit doucement, et qu'ils voyoient leurs voisins, qui dépendoient de la France, maltraités par leurs gouverneurs.

Henri qui aimoit la guerre, et qui méprisoit les forces de la France sous un roi imbécile, ne laissa pas toutefois de prolonger la trêve, ne voyant pas ses affaires encore assez établies. La jeune reine d'Angleterre fut renvoyée au roi son père avec ses joyaux, et tout ce qu'elle avoit eu en dot. Le duc de Bretagne mourut, et le duc de Bourgogne alla dans cette province, d'où il amena en France le nouveau duc, gendre du roi, après avoir mis garnison françoise dans toutes ses places.

Il vint une ambassade de la reine de Danemark, qui demandoit une fille du sang de France pour son fils, croyant procurer un avantage extraordinaire à la maison de Danemark, par une alliance qui en feroit descendre les princes d'une race si grande et si héroïque. Le duc de Bourbon promit sa fille, qui mourut cependant avant que le mariage pût être accompli. Manuel, empereur de Constantinople, vint en France en 1400, pour demander du secours contre les Turcs. Charles alla au-devant de lui, et ils entrèrent à Paris à côté l'un de l'autre. L'empereur fut reçu avec une magnificence digne de la grandeur des deux princes; mais si on lui fit beaucoup d'honneur, on n'étoit pas en état de lui donner un grand secours, parce que la France n'étoit pas alors en bon état : la jalousie s'étant mise entre les ducs de Bourgogne et d'Orléans, et la querelle en étant presque venue aux dernières extrémités, l'affaire fut différée plutôt que terminée par l'entremise de leurs amis.

Après cette paix, le duc d'Orléans, qui ne désiroit que de se signaler par quelque action hardie, pour venger la mort de Richard, envoya défier le roi d'Angleterre à un combat de cent hommes contre cent hommes. Henri répondit assez fièrement qu'il ne recevoit de défi que de personnes de son rang; que les rois ne se battoient point par ostentation, et qu'ils ne faisoient rien que pour l'utilité publique ; qu'au reste il souhaitoit que le duc fût aussi innocent envers le roi son frère, que lui l'étoit envers le roi Richard. Ensuite pendant l'absence du duc de Bourgogne, le duc d'Orléans prit son temps pour se faire donner par le roi le gouvernement de l'Etat (1406), ce que les gens sages désapprouvèrent, parce qu'encore qu'on aimât ce jeune prince, qui étoit bien fait, agréable et plein d'esprit, on ne lui trouvoit pas le jugement assez mûr pour une si grande administration.

En effet, aussitôt qu'il eut l'autorité absolue, il se conduisit avec beaucoup d'emportement, et fit des dépenses extraordinaires, pour contenter son ambition et l'avarice des siens. Il voulut même établir de nouveaux impôts, alléguant le consentement de ses deux oncles; mais le duc de Bourgogne l'en désavoua par un écrit public, et l'édit fut révoqué. Depuis ce temps-là le duc d'Orléans fut toujours de mauvaise humeur contre son oncle, poussé par Valentine sa femme, et par les jeunes gens qui le gouvernoient.

Parmi ces divisions arriva la mort du duc de Bourgogne, qui fut fort regretté de tous les gens de bien, parce qu'encore qu'il eût ses défauts, il soutenoit les affaires par son autorité et par sa prudence. Jean son fils aîné lui succéda. La même inimitié qui avoit été entre l'oncle et le neveu, demeura entre les deux cousins. Jean, d'un naturel altier, hardi, ambitieux, qui vouloit tirer à lui toute l'autorité, affoiblit d'abord le crédit du duc d'Orléans, et établit puissamment le sien par un double mariage, donnant sa fille au Dauphin, et ménageant pour son fils une des filles du roi. Il gagnoit le cœur de tous les peuples, parce qu'il s'opposoit publiquement à tous les impôts que le duc d'Orléans vouloit établir.

Le grand crédit du duc de Bourgogne augmentoit la jalousie que le duc d'Orléans avoit contre lui, de sorte qu'il songea à se fortifier, en s'unissant étroitement avec la reine. Charles étoit dans un état qui auroit même fait compassion à ses ennemis. Quelquefois on le voyoit comme furieux; mais le plus souvent il étoit dans une stupidité et une insensibilité prodigieuse, le corps tout plein d'ulcères et de vermines, chose qu'on ne peut penser sans horreur, et il se falloit servir de la force pour le mettre proprement. Il revenoit quelquefois, et gouvernoit son Etat comme il pouvoit, mais toujours fort foiblement.

La reine et le duc d'Orléans, voulant se rendre maîtres des affaires, prirent le temps que le duc de Bourgogne étoit éloigné, pour emmener le Dauphin à Melun, et gouverner sous son nom pendant la foiblesse du roi. Comme ils étoient en chemin, survint le duc de Bourgogne bien accompagné, et il ramena à Paris le jeune prince. Cette action brouilla les deux ducs au dernier point. Ils armèrent de part et d'autre, et les troupes firent des désordres épouvantables autour de Paris, principalement celles du duc de Bourgogne. Mais enfin ils se remirent au jugement du duc de Berry, du roi de Sicile et des autres princes; et l'affaire fut accommodée, sans que les esprits fussent calmés.

Ces brouilleries domestiques furent suivies de la guerre avec les Anglois. La trêve étant expirée, les François attaquèrent vigoureusement la Guyenne. Comme le connétable d'Albret, qui avoit été élevé à cette charge en 1402, après la mort de Louis de Sancerre, s'étoit rendu célèbre par quelques avantages qu'il avoit remportés dans cette province, le duc d'Orléans avide de gloire voulut y aller commander. Sa négligence fit qu'il laissa passer la saison propre pour la guerre, et les personnes sages lui conseillèrent de remettre l'entreprise à l'année suivante; mais ce prince léger préféra à leurs sentimens le conseil des jeunes gens de son âge.

Etant arrivé en Guyenne, il épouvanta ceux de Blaye, qui ayant promis de se rendre, à condition que le duc prendroit aussi la ville de Bourg, il crut que rien ne lui seroit difficile. Mais il trouva de la résistance à Bourg, il y souffrit de grandes incommodités, par les pluies continuelles : on étoit dans la boue jusqu'à la ceinture; la maladie se mit dans le camp, et tous les gens de guerre se moquoient du prince qui s'étoit engagé si mal à propos dans cette entreprise.

Leur mépris se tourna en haine quand ils virent qu'on ne les payoit point, et que le duc jouoit publiquement leur argent. Alors, ne sachant que faire, il tenta vainement de gagner par argent les assiégés. Il fut enfin contraint de lever le siége avec beaucoup de confusion, et demeura exposé à la risée de ses ennemis, principalement du duc de Bourgogne.

Ce duc, d'un autre côté, ayant voulu assiéger Calais, et les choses nécessaires lui ayant manqué, il en accusa le duc d'Orléans. Ainsi l'aigreur et la haine que ces deux princes avoient l'un pour l'autre s'augmentoit de jour en jour, et leur réconciliation ne fut jamais sincère Souvent, par l'entremise des princes, ils se donnèrent la foi l'un à l'autre, ils s'envoyèrent mutuellement leurs ordres de chevalerie, selon la coutume du temps, comme une marque d'amitié inviolable. Ils jurèrent même la paix sur le Saint-Sacrement en communiant ensemble (1407); mais tout cela ne servit de rien.

Le duc de Bourgogne, par un attentat horrible, résolut de se défaire du duc d'Orléans, et aposta pour cet effet des assassins qui le massacrèrent, le 23 novembre 1407, à huit heures du soir, dans la Vieille-Rue-du-Temple, à Paris, comme il sortoit peu accompagné de chez la reine, logée alors à l'hôtel Barbette, dont il reste encore une porte dans cette rue. Aussitôt qu'il vit paroître des hommes armés l'épée à la main, il crut les arrêter en criant qu'il étoit le duc d'Orléans. Ils répondirent que c'étoit à lui qu'ils en vouloient, et ce prince fut ainsi assassiné de la manière du monde la plus cruelle. La cour et la ville furent effrayées d'un si horrible assassinat, et le prévôt de Paris eut ordre de faire dans tous les hôtels des princes une exacte perquisition des meurtriers.

Le duc, troublé des remords de sa conscience, ayant trouvé chez le roi le duc de Berry et le roi de Sicile, les tira à part, et leur avoua que c'étoit lui qui avoit fait cette méchante action. Son crime leur fit horreur, et ils lui dirent de se retirer. La duchesse d'Orléans vint se jeter aux pieds du roi avec ses enfans, pour lui demander justice, et remplit toute la cour de ses plaintes.

Cependant le duc de Bourgogne étoit arrivé à Lille, où ayant appris que quelques-uns avoient témoigné de la joie de la mort de Louis, bien loin de demander grace, il osa soutenir l'action. Il vint lui-même à Paris, pour ce dessein, et dans l'assemblée des princes, où le Dauphin représentoit le roi, qui étoit malade, il fit soutenir par Jean Petit, docteur en théologie de Paris, que le duc d'Orléans étoit un tyran, ennemi déclaré du roi et de l'Etat, qu'aucun homme de bien ne devoit laisser en vie; et lui, moins que personne, attaché au roi à tant de titres, puisqu'il étoit de son sang, étant deux fois pair et doyen des pairs, car il étoit comte de Flandre, et premier pair de France en qualité de duc de Bourgogne.

Le docteur, pour prouver ce qu'il avançoit, accusa le duc d'Orléans et sa femme d'avoir ensorcelé le roi; et il étoit véritable que ce prince, dans sa jeunesse, par une curiosité criminelle, consultoit souvent ceux qui se disoient devins et sorciers. Petit ajoutoit que Louis avoit fait empoisonner le Dauphin, qu'il avoit pillé le royaume, et le vouloit envahir. Il n'oublia pas même le malheureux ballet des sauvages, ni le feu mis à leurs habits par l'imprudence du duc, qu'il qualifioit une malice et un attentat. Par ces fausses raisons il soutenoit que cet infâme assassinat méritoit une récompense, et se tourna ensuite du côté du duc de Bourgogne pour être avoué.

Jean approuva hautement le discours, comme prononcé par son ordre. Une si horrible impudence, et du prince et de son docteur, fit frémir tous les gens de bien ; et cependant le roi étant revenu de son mal, accorda la grace au duc ; tant sa foiblesse étoit déplorable, même dans ses bons intervalles, et tant le duc de Bourgogne s'étoit rendu redoutable aux autres princes de la maison royale.

Après cela Jean alla à Liége pour défendre l'évêque Louis de Bourbon, son parent, contre les Liégeois. La reine, pendant son absence, fit venir Valentine de Milan pour demander justice. Le roi révoqua la grace accordée au duc de Bourgogne, et ordonna qu'il fût procédé contre lui selon la rigueur des lois ; mais quand la nouvelle vint qu'il revenoit victorieux, et tournoit droit à Paris avec son armée, Charles, voyant les Parisiens portés pour le duc, alla à Tours avec la reine et le Dauphin.

Jean entra dans Paris au milieu des acclamations de tout le peuple, et aussitôt il envoya des ambassadeurs à Tours. Ils y furent fort bien reçus, et le roi commençoit à souhaiter que l'affaire s'accommodât. La duchesse d'Orléans mourut, déplorant la misère où elle laissoit ses enfans, et ne plaignant pas moins que ses enfans propres, Jean, bâtard de son mari, en qui elle avoit toujours remarqué beaucoup d'esprit et un grand cœur ; elle disoit qu'il étoit seul capable de venger la mort de son père. Ce fut ce célèbre comte de Dunois, d'où est venue la maison de Longueville, illustre par les services qu'elle a autrefois rendus à l'Etat ; elle est depuis peu tout à fait éteinte [1].

Les jeunes princes n'eurent plus la force de poursuivre leur affaire depuis la mort de leur mère (1409). Le roi s'avança à Chartres. Jean s'y étant rendu, le supplia de lui pardonner ce qu'il avoit fait pour le bien de sa personne et de son Etat : c'est ainsi qu'il parloit de son exécrable action. Le Dauphin et sa femme fille de Jean ayant intercédé pour lui, Charles ordonna qu'une des filles du duc de Bourgogne épouseroit Philippe, comte de Vertus, second frère du jeune duc d'Orléans ; et au surplus leur défendit de se rien demander les uns aux autres. Les jeunes princes, voyant la foiblesse du roi et la leur, furent obligés pour lors d'acquiescer à cette sentence ; et ainsi la cour agitée par les dissensions des princes goûta un peu de repos.

En ce temps on tint un concile à Pise pour remédier au schisme. Benoît, étroitement assiégé et pressé par Boucicaut dans le château d'Avignon, comme nous avons déjà dit, souffrit avec un courage invincible le triste état où il se vit réduit, et s'étant enfin échappé, il se retira en Aragon, où il étoit reconnu. Il y rétablit ses affaires, et ramena beaucoup de peuples à son parti. Il fut même de nouveau reconnu par les François, qui commencèrent à avoir du scrupule de leur soustraction.

A Rome, Boniface IX étant mort, Innocent VII, et ensuite Gré-

---

[1] Charles Pâris d'Orléans, dernier duc de Longueville, fut tué au passage du Rhin en 1672. Il avoit un frère aîné, qui étoit prêtre ; il mourut en 1694.

goire XII, furent élevés au pontificat. Après diverses négociations entre Grégoire et Benoit, comme il n'y avoit aucune espérance que ni l'un ni l'autre voulût renoncer à la papauté, quoiqu'ils l'eussent souvent promis, la plupart des nations chrétiennes leur refusèrent l'obéissance. Les cardinaux des deux colléges s'assemblèrent à Pise, où d'un commun consentement, et de l'autorité du concile, ils déposèrent les deux papes comme schismatiques, et élurent Pierre de Candie, cordelier, archevêque de Milan, et docteur en théologie de l'université de Paris, qui fut appelé Alexandre V. Ils crurent par ce moyen remédier au schisme, mais au contraire le mal augmenta; au lieu de deux papes on en fit trois, et ainsi la chrétienté fut divisée en trois partis, avec une aigreur plus grande qu'auparavant.

Pendant ce temps-là la ville de Gênes se révolta contre le roi. Boucicaut en étoit gouverneur, et s'étoit acquis beaucoup d'autorité sur les citoyens, et parmi ses voisins. Etant sorti de la ville pour secourir le duc de Milan et le comte de Pavie, qui s'étoient mis sous la protection du roi, le marquis de Montferrat, leur ennemi, pour faire une division des forces de France, vint assiéger Gênes, où il entra par intelligence avec les Doria et les Spinola, deux puissantes maisons de cette ville. Tous les François furent égorgés. Le sénat envoya demander pardon au roi, et rejeta la faute sur la populace, qui avoit, disoit-il, été poussée à cette violence par la tyrannie de Boucicaut. Il est vrai qu'il tenoit la main un peu ferme aux Doria et aux Spinola, qu'il connoissoit portés à la révolte. Au reste, comme il n'étoit pas moins sage que vaillant, il gouvernoit les affaires avec beaucoup d'équité. Mais quelques autres François, par leur conduite emportée et licencieuse, rendoient toute la nation odieuse aux Lombards.

En France, les querelles des princes se renouvelèrent (1410), Charles confia à la reine le gouvernement du royaume, et lui donna pour conseils les ducs de Berry et de Bourgogne. Il mit aussi le Dauphin entre les mains du dernier, qui crut que par ce moyen il alloit être le maître absolu du royaume, à quoi il avoit toujours aspiré. Le duc de Berry et le duc de Bourbon en eurent tant de jalousie, qu'ils se retirèrent de la cour. Les princes d'Orléans espérèrent de trouver quelque appui dans cette division, et se joignirent au duc de Berry. Le duc de Bretagne et le comte d'Armagnac embrassèrent le même parti. On l'appela le parti des Orléanois, que les Parisiens nommoient Armagnacs, à cause que le comte d'Armagnac avoit beaucoup de troupes auprès de Paris, qui faisoient de grands dégâts.

Les princes ligués écrivirent en commun une grande lettre au roi contre le duc de Bourgogne. On arma puissamment de part et d'autre : le duc de Bourgogne avoit autour de Paris grand nombre de gens de guerre, qui pilloient tout le pays, sans que le duc en fît aucune justice. Le roi commanda aux Orléanois de poser les armes et de licencier leurs troupes. Ils n'obéirent pas à cet ordre; mais l'hiver étant proche, le comte de Savoie prit ce temps pour négocier la paix, et accommoda l'affaire, à condition que tous les princes demeureroient chez eux, et ne viendroient point à Paris ni à la cour, si le roi ne les y mandoit par lettres patentes.

Cet accord fâcha le duc de Bourgogne, qui avoit toujours dans l'esprit le dessein de gouverner l'Etat. Un peu après, le roi en changea le gouvernement, et le donna à des évêques et à quelques seigneurs. Ils étoient d'avis de le remettre au Dauphin ; mais le duc de Berry s'y opposa, à cause de l'extrême jeunesse du prince. La paix ne dura pas longtemps. Les princes d'Orléans se plaignirent de ce que le conseil étoit composé des partisans du duc de Bourgogne, et demandoient qu'on les éloignât. Cette demande renouvela les inimitiés. Ils envoyèrent défier Jean à un combat particulier. Il répondit fort insolemment, à son ordinaire, en soutenant toujours son assassinat. La guerre se ralluma, et le duc de Berry y entra avec les mêmes princes qui l'avoient suivi la première fois. Charles ordonna qu'on obéit au duc de Bourgogne, qui leva une grande armée, avec laquelle le roi en personne, accompagné du Dauphin, alla assiéger les princes dans Bourges.

Pendant ces guerres civiles l'étranger n'entreprenoit rien, et la trêve continuée avec les Anglois mettoit l'Etat en repos de ce côté-là. Mais cette considération n'empêcha pas le roi d'Angleterre d'envoyer du secours au duc de Berry, qui lui en avoit demandé. Peu de temps après la paix se fit, malgré le duc de Bourgogne, qui faisoit d'étranges menaces à ceux de Bourges : car ayant d'abord brûlé leurs faubourgs, il destinoit toute cette ville au feu et au carnage ; et déjà il commençoit à réduire en poudre par ses batteries les maisons et les murailles ; mais on fit entendre au Dauphin qu'il ne devoit pas souffrir qu'il ruinât une ville qui seroit un jour son héritage, parce que le duc de Berry n'avoit point d'enfans mâles. Il témoigna assez aigrement ses pensées au duc de Bourgogne, et se plaignit hautement de lui, comme de l'auteur des guerres civiles. Le duc étonné n'osa passer outre, et on commença dès lors à parler d'accommodement. Il se fit une entrevue entre les ducs de Berry et de Bourgogne, séparés l'un de l'autre par une barrière.

Ce fut un spectacle mémorable, d'y voir le duc de Berry, âgé de soixante et dix ans, armé de toutes pièces ; qui d'abord qu'il vit son neveu, lui dit que son père et lui n'avoient pas accoutumé de se voir avec ces précautions : « Il n'y avoit point, dit-il, de barrière entre nous, et nous avons toujours vécu en parfaite intelligence. » Lorsqu'on fut entré en matière, il dit que ni lui ni les siens n'étoient point rebelles envers le roi, qui n'étoit pas en état de rien commander ; que s'il eût été en bonne disposition, il n'auroit pas laissé la mort de son frère impunie ; qu'au reste cette guerre ne regardoit pas le roi ; que c'étoit une querelle particulière entre les princes, où l'Etat n'avoit point de part ; qu'il leur étoit permis d'assembler et de faire marcher leurs troupes sous leurs ordres particuliers, sans que cela troublât la paix du royaume; c'est ainsi que se défendoit le duc de Berry. Il ajouta que la seule faute qu'il avoit commise étoit d'avoir fermé les portes de Bourges au roi et au Dauphin, et qu'il leur en demandoit pardon très-humblement.

Après quelques conférences la paix fut faite, à condition que le traité de Chartres seroit exécuté. Ce qu'il y eut de changé, fut que le duc d'Orléans devoit épouser lui-même la fille du duc de Bourgogne, parce que Isabelle sa femme, fille du roi, étoit morte en couches en 1409. Cependant l'autorité royale étant affoiblie par l'infirmité du roi, les bouchers, fomentés sous main par le duc de Bourgogne, excitèrent des troubles à Paris, et une grande partie du peuple se joignit à eux (1411).

On fit beaucoup de bruit d'une grande requête que présenta l'université, touchant les désordres de l'Etat. Cette compagnie se mêloit en ce temps trop avant dans les affaires, à cause de la foiblesse du gouvernement, et de la considération qu'on avoit pour un si grand corps.

Un peu après le roi d'Angleterre eut une grande maladie (1413). Etant tombé en foiblesse, son fils crut qu'il étoit mort, et prit la couronne qui étoit sur son lit (car c'étoit la coutume, les rois la portoient toujours, ou du moins ils l'avoient auprès d'eux). Le roi, revenu de sa défaillance, demanda sa couronne, qu'il ne vit plus auprès de lui. Henri, son fils ainé, lui dit franchement que comme il le croyoit mort, il l'avoit prise comme en étant le légitime héritier. « Comment y auriez-vous droit, répondit le roi, puisque vous savez que je n'y en ai jamais eu moi-même ? » A ces mots le fils répondit : « Vous l'avez gagnée par les armes, et c'est aussi par les armes que je prétends la conserver. Dieu en jugera, dit le roi, et je le prie de me faire miséricorde. » Il expira en disant ces mots. Henri, V du nom, entra en possession du royaume, et se fit couronner à Londres.

A Paris, les bouchers et les autres factieux vinrent trouver le Dauphin, et lui demandèrent insolemment quelques-uns de ses gens qu'ils vouloient faire châtier. Ils les appeloient traîtres à leur patrie, et les accusoient de tous les désordres de l'Etat. On fut contraint de les livrer à cette furieuse faction; tant le peuple fut emporté, ou la cour effrayée. Le Dauphin en rejeta la faute sur le duc de Bourgogne, et lui dit de faire cesser les séditieux. Il fut étonné de voir tous ses secrets éventés, et le Dauphin irrité contre lui. Sa crainte augmenta encore, quand il vit que ce prince, qui jusque-là étoit gardé par les Parisiens, se mit à la garde des Orléanois.

Les factieux ne laissoient pas de se fortifier tous les jours, et ayant pris un chaperon blanc, pour marque de la faction, le roi et le Dauphin furent contraints de les imiter. Ils revinrent quelque temps après au nombre de douze mille. Celui qui étoit à leur tête, et qui portoit la parole, reprocha publiquement au Dauphin ses mœurs corrompues et sa mauvaise éducation. Il eut même la hardiesse de lui donner une liste de soixante personnes qu'on destinoit au supplice, comme traîtres à l'Etat. On leur en livra vingt, entre lesquels étoit Louis de Bavière, frère de la reine, et l'archevêque de Bourges, son confesseur. Le Dauphin les redemanda avec larmes, et principalement le duc de Bavière, mais ses instances furent inutiles.

L'université de Paris, voyant que les choses se poussoient trop loin, et qu'il n'y avoit plus de mesures, se sépara d'avec les rebelles. Ils furent si puissans qu'ils firent approuver leur attentat par lettres patentes. Mais enfin les gens de bien, ennuyés de tant de troubles, s'étant réunis avec le Dauphin, il se rendit maître dans Paris, et délivra les prisonniers. Comme le duc de Bourgogne vit son parti ruiné, il entreprit d'enlever le roi, sous prétexte d'une promenade à Vincennes, où il l'avoit engagé. Mais ayant manqué ce coup, et voyant toutes ses menées découvertes, il se retira en Flandre.

Après sa disgrace, le duc d'Orléans espéra qu'on lui feroit quelque justice de la mort de son père, et quitta le deuil qu'il avoit porté jusqu'alors, quoiqu'il y eût six ans que son père fût mort. Jean duc de Bretagne vint à la cour. Il y eut une dispute pour la préséance entre lui et le duc d'Orléans. Ils étoient ducs l'un et l'autre, et tous deux de la maison royale; mais le duc d'Orléans étant plus proche du roi, le premier rang lui fut adjugé. Le comte d'Alençon, prince du sang, fut fait duc, pour lui donner le pas devant le duc de Bourbon, lequel, quoique plus éloigné que lui de la couronne, avoit droit de le précéder par sa qualité de duc.

Le duc de Bourgogne écrivit au roi sur les faux soupçons qu'il disoit qu'on avoit de lui, et aux bonnes villes, sur ce qu'on maltraitoit la Dauphine sa fille, et sur ce qu'on tenoit le Dauphin en servitude. Comme il vit que le peuple étoit ému par ces lettres, il marcha à Paris avec son armée, et dit partout que le Dauphin l'avoit mandé. Plusieurs personnes le croyoient ainsi; mais soit que la chose fût fausse, ou que le prince eût changé d'avis, il ordonna à son beau-père, de la part du roi, de poser les armes. Il refusa d'obéir, et le roi envoya contre lui ses déclarations par tout le royaume.

On recommença plus que jamais à poursuivre le meurtre du duc d'Orléans, et on lui fit un service, ce qu'on n'avoit pas encore osé faire, parce qu'on craignoit le duc de Bourgogne. Le roi y assista dans un oratoire, sans être vêtu de deuil. L'oraison funèbre fut prononcée avec un applaudissement universel, par Jean Gerson, chancelier et docteur célèbre en l'université de Paris, homme fort éloquent pour ce siècle, et très-opposé au duc de Bourgogne, parce qu'il ne pouvoit souffrir l'audace avec laquelle il soutenoit son crime.

Le duc de Berry fit prévôt de Paris Tanneguy du Châtel, autrefois fort ami du duc de Bourgogne, et alors son ennemi déclaré, homme d'une extrême hardiesse, et qui avoit fait de grandes actions à la guerre. D'abord il désarma les Parisiens, et leur ôta les chaînes des rues. Ceux du parti du duc de Bourgogne, qui avoient tant tourmenté les Orléanois, furent à leur tour durement traités. Le roi de Sicile renvoya avec mépris Catherine, fille du duc de Bourgogne, que son fils devoit épouser.

Charles donna au Dauphin le gouvernement du royaume. Le duc de Berry le trouvant mauvais, à cause de la jeunesse du prince, en porta ses plaintes au parlement. Cette compagnie répondit que cette affaire ne la regardoit pas, et que c'étoit au roi d'en ordonner par l'avis de son grand conseil : c'est ainsi qu'on appeloit le conseil du roi.

Charles marcha ensuite avec le Dauphin contre le duc de Bourgogne, et prit en passant Soissons qui tenoit pour le duc. Il prit aussi Bapaume; et comme il assiégeoit Arras, la comtesse de Hainaut, sœur du duc de Bourgogne, vint trouver le roi, gagna le Dauphin, et fit la paix. Elle fut peu avantageuse au duc, qui fut obligé de rendre Arras, et dans le pardon accordé à ceux de son parti, cinq cents furent exceptés; mais elle fut glorieuse au roi, et nécessaire à l'Etat, parce qu'on avoit sujet de craindre les Anglois. La trêve avec l'Angleterre étant près d'expirer, Henri envoya une ambassade à Paris, pour demander en mariage, Catherine fille aînée du roi, et faire des propositions de paix. Charles se trouva obligé par là à envoyer l'archevêque de Bourges ambassadeur en Angleterre (1415), pour témoigner qu'il seroit bien aise que le mariage de sa fille servît à unir les deux couronnes. Lorsque Henri donna audience au prélat, il chargea l'archevêque de Cantorbéry de déclarer de sa part qu'avec la fille du roi il vouloit avoir en pleine souveraineté la Normandie, la Guyenne et tout ce que les Anglois avoient autrefois possédé en France, sinon que la guerre seroit immortelle, et qu'il n'y mettroit jamais de fin, jusqu'à ce qu'il eût chassé le roi de son royaume. La division de nos princes et de leurs haines irréconciliables inspiroient cette fierté aux Anglois.

L'archevêque répondit qu'il étoit étonné qu'on lui fît de si étranges demandes; que le roi son maître vouloit la paix, mais qu'il ne craignoit pas la guerre, et que Henri, qui le menaçoit de le chasser de son royaume, se verroit lui-même chassé de toutes les terres qu'il possédoit dans la domination françoise. Après avoir fait cette réponse, il demanda son congé, et s'en retourna.

Le roi d'Angleterre descendit en Normandie avec une grande armée, et après un long siège il prit Harfleur, place forte à l'embouchure de la Seine, qui par cette situation étoit comme la clef de la Normandie. Charles convoqua sa noblesse, et donna rendez-vous à toute l'armée à Rouen, où il alla avec le Dauphin. Il manda aussi au duc de Bourgogne d'envoyer ses troupes. Ceux qui gouvernoient ne pouvoient souffrir qu'il fût appelé lui-même, ou qu'il approchât du roi, de peur que sa puissance ne nuisît à leur crédit; d'ailleurs on avoit lieu d'appréhender les mauvais desseins d'un prince si turbulent et si dangereux. Il répondit qu'il étoit prêt de venir conduire lui-même ses troupes à l'armée royale, mais non pas de les envoyer.

Cependant il venoit de tous côtés au roi des gens de guerre, et les Anglois, épouvantés de voir marcher contre eux une armée beaucoup plus grande que la leur, ne songeoient qu'à gagner Calais; mais les défilés les embarrassoient, et ils manquoient de toutes choses. Ils n'étoient pas moins en peine comment ils feroient pour passer la Somme. Nos gens gardoient le passage de Blanquetaque avec tant de troupes, qu'il n'y avoit aucune apparence qu'on pût les chasser, mais eux-mêmes s'imaginant que les Anglois avoient passé en un autre endroit, abandonnèrent leur poste, et leur laissèrent la rivière libre.

Les deux armées se rencontrèrent à Azincourt, dans un endroit fort serré. Les François alloient dispersés deçà et delà sans aucune précaution, méprisant le petit nombre des Anglois; mais dans des lieux si étroits, ils étoient incommodés par leur multitude. Notre gendarmerie étoit tellement serrée, qu'à peine pouvoient-ils mettre l'épée à la main. Ils étoient aussi très-fatigués d'avoir passé à cheval toute la nuit, et d'être pesamment armés. Les archers qui étoient au nombre de dix mille, et qui eussent fait un grand effet dans un espace plus considérable, ne pouvoient alors s'étendre pour tirer.

En cet état, le roi d'Angleterre chargea: la cavalerie en désordre se renversa sur l'avant-garde, et celle-ci sur l'arrière-garde. Toute l'armée fut ébranlée, chacun abandonna son rang, sans être retenu par la honte ni par le respect des chefs; ainsi en un moment tout fut en déroute. Le connétable d'Albret et les deux frères du duc de Bourgogne, l'un duc de Brabant, et l'autre comte de Nevers, furent tués avec beaucoup d'autres princes et de grands seigneurs. Henri fut en grand péril dans ce combat; car comme le duc d'Alençon alloit tuer le duc d'Yorck, qu'il avoit blessé et porté par terre, Henri accourut au secours de son oncle, le duc d'Alençon le frappa sur la tête et lui abattit la moitié de sa couronne. En même temps les gardes se jetèrent sur lui, et comme il vouloit se rendre il fut percé de plusieurs coups. Plusieurs seigneurs de marque périrent dans le combat; mais il y en eut beaucoup davantage d'égorgés ensuite.

Henri voyant, après la déroute, quelques gros des nôtres qui faisoient mine de vouloir renouveler le combat, commanda que chacun tuât ses prisonniers. Là il se fit un grand carnage de nos gens désarmés, qui imploroient en vain la pitié et la bonne foi des victorieux. Les Anglois, après que la victoire leur fut assurée, en dépouillant les morts, trouvèrent le duc d'Orléans fort blessé, et à demi mort. Le roi d'Angleterre ayant vu les prisonniers à Calais, leur déclara qu'il croyoit devoir sa victoire aux châtimens que Dieu avoit voulu faire de tous leurs excès; car ils n'avoient épargné ni les choses saintes ni les profanes, et il n'y avoit aucune sorte de crimes qu'ils n'eussent commis.

Le duc de Bourgogne apprit à Dijon la mort de ses deux frères, dont il parut se consoler par la prison du duc d'Orléans, par la mort du connétable, et celle des autres princes, dont la plupart étoient ses ennemis. Il offrit cependant de se joindre à Charles avec trente mille hommes, pour venger leur mort et l'affront de la France; mais ceux qui gouvernoient les affaires, firent renouveler, pour l'éloigner de la cour, les défenses faites aux princes de s'approcher de Paris; et comme il hésitoit s'il obéiroit, le Dauphin en vint contre lui jusqu'aux menaces: ce qui ne l'empêcha pas de venir ravager les environs de Paris, et de piller la ville de Lagny. Mais les troupes du roi l'obligèrent de se retirer honteusement dans son comté d'Artois. Etant ainsi retiré de France, il fit défier le roi d'Angleterre à un combat particulier, et lui envoya son gantelet, selon la coutume du temps.

Henri fit tout ce qu'il put pour le calmer (1416), et répondit que ce n'étoit point ses gens qui avoient tué ses deux frères, qu'il s'en prît plutôt aux François, par les mains desquels ils étoient morts; qu'au reste, il ne s'enorgueillissoit point de la victoire que Dieu lui avoit donnée, et qu'il ne vouloit en rien se comparer à un aussi grand prince que le duc de Bourgogne. Ainsi par de douces paroles, il entretenoit les divisions de la France, et apaisoit la colère de ce prince, qui, possédé d'un esprit d'ambition, et du désir de la vengeance, conclut quelque temps après un traité avec l'Angleterre. Cependant le dauphin Louis mourut en 1415, fort peu regretté des François, parce qu'ils le voyoient toujours s'enfermer dans les lieux les plus retirés du palais, avec quelques-uns de ses domestiques, comme s'il eût évité la société et la vue des hommes; et que d'ailleurs ils craignoient ses débauches, sa fierté, son humeur particulière, et son esprit rude et difficile.

Pendant ces troubles, l'empereur Sigismond travailloit à mettre fin au schisme, avec le secours des rois et principalement de Charles. Pour cela il se tenoit un concile général à Constance. Jean XXIII (1414), qui avoit succédé à Alexandre V, et que la plus grande partie de la chrétienté reconnoissoit, avoit convoqué solennellement cette assemblée, et avoit promis de s'y soumettre. L'empereur y assistoit en personne, et avoit entrepris de finir cette affaire. Il craignoit que par l'élection d'un nouveau Pape, les divisions des chrétiens ne s'accrussent, comme il étoit arrivé à Pise. Afin donc d'avoir le consentement de toutes les nations chrétiennes, il fit un voyage en Aragon, pour obliger le roi à se soumettre au concile et au Pape qui y seroit élu, en abandonnant Benoît à qui il obéissoit.

Il passa par la France, où il fut reçu avec tous les honneurs dus à un si grand prince (1416). Il alla au parlement de Paris, où le roi voulut bien qu'il tînt sa place, ce qui cependant fut trouvé fort mauvais. Ce jour-là il s'agissoit d'une terre que personne ne pouvoit posséder, s'il n'étoit chevalier. Comme un gentilhomme qui la demandoit ne l'étoit pas, et qu'il alloit perdre son procès, Sigismond le fit approcher, et l'ayant fait chevalier en pleine audience, il lui fit ensuite adjuger la terre.

Le conseil du roi trouva cette action trop hardie : on disoit que c'étoit faire un acte de souverain, ce que l'empereur ne devoit pas entreprendre dans un royaume étranger, et on blâma le parlement de l'avoir souffert; mais ceux qui parloient ainsi ne faisoient pas réflexion que ce n'étoit pas le roi seul qui faisoit des chevaliers, et que dans son royaume les princes françois, ou ceux qui étoient à la tête des armées, et quelquefois même les reines donnoient l'ordre de chevalerie; aussi fut-on attentif à ne pas permettre à l'empereur de faire des actes de juridiction impériale sur les terres de France. Lorsqu'il voulut à Lyon créer duc, Amé comte de Savoie, les officiers du roi s'y opposèrent, et l'obligèrent d'aller faire cette cérémonie à Chambéry.

Sigismond, ayant demeuré quelque temps à la cour de France, alla ensuite à Calais pour traiter avec le roi d'Angleterre de la paix des deux royaumes. Les François rejetèrent ses propositions, et ne voulurent pas même consentir à une trêve. Ils n'en veillèrent pas pour cela avec plus de soin aux affaires de la guerre, et perdirent l'occasion de reprendre Harfleur, qui manquoit de toutes choses. Cependant le duc de Bourgogne, suivant ses premiers desseins, avoit toujours dans l'esprit de se rendre maître de Paris, de la personne du roi, et des affaires. Comme il méditoit ces choses, il se présenta une occasion de soutenir les Parisiens, qui penchoient déjà beaucoup de son côté. On mit de nouveaux impôts, par lesquels les esprits des peuples furent irrités plus que jamais contre le conseil du roi.

Les esprits étant aigris, le duc fit si bien par ses émissaires, que ceux de sa faction résolurent de se saisir de la personne du roi, de tuer la reine, le duc de Berry, le roi de Sicile, et enfin tous ceux qui gouvernoient. Ils choisirent le vendredi saint pour exécuter ce détestable projet, tant le respect des lois et de la religion étoit anéanti dans leur esprit. Dieu en ordonna autrement; l'entreprise fut découverte, et les auteurs de la sédition furent punis. Peu de temps après, Jean, duc de Berry, mourut, et donna lieu au duc de Bourgogne de prétendre plus ouvertement au gouvernement de l'Etat. Il alla à Calais, sous prétexte d'y visiter l'empereur, et de lui rendre hommage du comté de Bourgogne; mais son dessein étoit de faire un accord secret avec le roi d'Angleterre. En même temps, pour ne rien oublier, il fit sa paix avec Jean, devenu Dauphin par la mort de Louis, son frère aîné; il necomprit pas dans ce traité le roi de Sicile, avec qui il ne vouloit aucun accord, se ressouvenant toujours de l'injure qu'il lui avoit faite de lui renvoyer sa fille.

Sigismond, voyant qu'il ne pouvoit venir à bout de faire la paix entre les deux rois, continua son voyage, et retourna à Constance. Ce fut alors qu'en passant par Lyon il y voulut faire duc le comte de Savoie, comme nous l'avons remarqué. Le dauphin Jean mourut, et les mesures du duc de Bourgogne furent rompues. Ses espérances étant ruinées de ce côté-là, il se prépara de nouveau à faire la guerre. Il écrivit des lettres aux villes, par lesquelles il s'obligeoit, si on se joignoit à lui, à modérer les impôts, à rétablir le commerce, à réformer les abus, et à toutes les autres choses qu'ont accoutumé de promettre ceux qui veulent faire servir le prétexte du bien public à leurs intérêts. Châlons, Reims, Chartres, Troyes, et beaucoup d'autres villes importantes se rendirent à lui. Ses partisans faisoient des séditions et des meurtres partout; il n'y avoit point de ville qui ne fût troublée par des divisions cruelles; tout étoit permis à ceux qui se déclaroient Bourguignons, et sous le nom d'Armagnacs, chacun se défaisoit de son ennemi. C'est ainsi que la France déchiroit elle-même ses entrailles.

Sur ces entrefaites, Louis, roi de Sicile, mourut, et la puissance du duc fut augmentée, parce qu'il n'avoit plus de concurrent dans la famille royale. Toute l'autorité étoit entre les mains du comte d'Armagnac, homme de résolution, mais très-odieux au peuple, à cause des impôts excessifs qui se levoient. Toutes les villes autour de Paris se rendirent au duc de Bourgogne, qui déclara alors que le gouvernement appartenoit à lui seul, à cause de l'empêchement du roi (car c'est ainsi qu'on parloit de sa frénésie), et du bas âge de Charles dauphin, qui avoit à peine quatorze ans.

Les Anglois voulant profiter des divisions de la France, descendirent en Normandie avec cinquante mille hommes. Les François alors furent fort fâchés d'avoir laissé échapper l'occasion de faire la paix, et voulurent y travailler par toute sorte de moyens; mais les Anglois, voyant que la France se détruisoit elle-même de ses propres mains, ne se contentèrent plus d'une partie du royaume, et croyoient déjà posséder le tout. Ils prirent Honfleur et Caen, avec quelques autres places de Normandie.

Le comte d'Armagnac les laissoit faire, et ne résistoit qu'au duc de Bourgogne, qui de son côté ne songeoit ni à repousser l'ennemi, ni à défendre sa patrie, mais à gagner des villes, à fomenter les séditions, et à augmenter, autant qu'il pouvoit, les forces de son parti. Dans ce dessein il se joignit à la reine; Charles l'avoit reléguée à Tours, et avoit fait noyer un gentilhomme avec lequel on prétendoit qu'elle avoit plus de familiarité qu'il ne convenoit. Jean donna à cette princesse le moyen de s'échapper des mains de ses gardes; il favorisa sa retraite, et la conduisit à Chartres. Il tâcha ensuite d'entrer par force dans Paris, mais il n'étoit pas aisé d'abattre le comte d'Armagnac, qui savoit se défendre, et qui avoit pour lui le nom et l'autorité du roi. Ainsi le duc fut repoussé et se retira à Troyes, d'où la reine écrivit aux bonnes villes, comme régente du royaume. Elle fit connétable Charles, duc de Lorraine, et se saisit de tous les revenus du roi. Parmi ces divisions, les Anglois, qui ne trouvoient rien qui s'opposât à leurs conquêtes, prirent Evreux, Falaise, Bayeux, Lisieux, Avranches, Coutances, et quelques autres villes.

Cependant l'empereur, comme nous venons de le dire plus haut, étoit retourné à Constance, et avoit si bien fait reconnoître partout l'autorité du concile, que tous les chrétiens étoient d'accord de s'y soumettre. Les choses étant en cet état, les Pères élurent pour pape Martin V, et ce schisme déplorable et scandaleux, qui durant l'espace de quarante ans avoit causé tant de maux à la chrétienté, fut heureusement fini. Comme les François avoient beaucoup contribué à la paix de l'Eglise (1418), le Pape voulut aussi contribuer à celle de la France, et envoya deux cardinaux pour traiter l'accommodement entre le roi et le duc de Bourgogne. Le traité fut conclu, et la paix publiée, malgré le comte d'Armagnac qui s'y opposa pour son malheur. Le parti du duc de Bourgogne se fortifioit tous les jours, et enfin on lui ouvrit une porte, par laquelle ayant fait entrer ses gens, il se rendit maître de Paris.

Les factieux allèrent droit à l'hôtel de Saint-Paul, où le roi logeoit, et l'emmenèrent au Louvre, où ils mirent bonne garnison. Ils se seroient assurés du Dauphin, si Tannegui du Châtel ne les eût prévenus, et n'eût pris ce jeune prince entre ses bras tout endormi, pour l'enlever hors de Paris. Le peuple mutiné fit un carnage effroyable des Armagnacs : on ne vouloit pas même leur donner la sépulture; c'étoit, disoit-on, des excommuniés, parce que le connétable avoit suivi le parti de Benoît XIII. Pour lui il se réfugia chez un bourgeois.

Lorsqu'on eut publié à son de trompe un ordre, à quiconque le recèleroit, de le rendre sur peine de la vie, celui chez qui il s'étoit caché le découvrit : il fut tué aussitôt après, avec Henri de Marle, chancelier de France. La reine entra dans Paris accompagnée du duc de Bourgogne, et envoya inviter le Dauphin de venir demeurer avec elle. Il répondit qu'il lui rendroit toute sorte de respects ; mais qu'il ne pouvoit se résoudre à rentrer dans une ville souillée de tant de crimes, et encore toute sanglante du meurtre de tant de grands personnages. Le duc de Bourgogne lui-même n'étoit plus le maître du peuple qu'il avoit ému. C'est ainsi qu'une populace qui a une fois rejeté le frein de l'obéissance, s'emporte comme un cheval indompté, et devient redoutable même à ceux qui l'ont excitée.

Le duc de Bourgogne, qui s'étoit chargé de gouverner l'Etat, demeura à Paris avec le roi et la reine. Le Dauphin de son côté s'étant retiré à Tours, résolut de faire la guerre au duc de Bourgogne, par le conseil de Tannegui du Châtel, et il prit la qualité de régent. Les Anglois continuoient la conquête de la Normandie, et assiégèrent Rouen. Ceux de dedans étant fort pressés, envoyèrent demander du secours au duc de Bourgogne, et faute d'être assistés, ils songèrent à capituler. Comme le roi d'Angleterre ne les voulut recevoir qu'à discrétion, ils résolurent de faire une brèche à leurs murailles, de sortir ensuite de la ville avec leurs femmes et leurs enfans, et de passer au travers du camp ennemi après avoir mis le feu dans leur ville. Henri étant averti de cette résolution désespérée, les reçut à composition, avec des conditions honnêtes.

Après la prise d'une ville si fameuse (1419), les Anglois se persuadèrent qu'ils pourroient faire une paix aussi avantageuse qu'ils voudroient. On négocia une entrevue des deux rois. Le roi d'Angleterre devoit s'avancer à Mantes, et celui de France à Pontoise ; Meulan, qui est entre ces deux villes, fut choisi pour être le lieu de la conférence. Charles ne s'y put point trouver, à cause qu'il étoit malade, et la reine vint en sa place. Elle eut toujours le premier rang, en quelque lieu qu'elle fût, même chez elle.

Henri souhaitoit avec ardeur d'avoir en mariage Catherine, dont la beauté l'avoit touché. Les François offrirent de remettre les affaires au même état qu'elles étoient par le traité de Bretigny. Les Anglois ne voulurent point recevoir ces offres, et firent de si injustes propositions, que le duc de Bourgogne ne pouvoit plus supporter leur orgueil. Il fut impossible de rien conclure, à cause principalement que beaucoup de places que les Anglois demandoient, et qu'on leur offroit, étoient entre les mains du Dauphin. Ce prince, voyant qu'on traitoit de la paix avec l'Angleterre, pour empêcher l'accommodement, fit aussi faire des propositions de sa part au duc de Bourgogne, et lui envoya Tannegui du Châtel, pour l'inviter à une conférence. Elle se fit en pleine campagne, et les deux princes jurèrent une paix éternelle.

Peu de temps après la conférence de Meulan, les Anglois prirent Pontoise. Le Dauphin envoya Tannegui du Châtel à Troyes, pour inviter le duc de Bourgogne à une nouvelle conférence à Montereau-faut-Yonne. Jean hésita longtemps s'il iroit, mais enfin il s'y résolut. Comme il en approchoit, il rencontra quelques-uns de ses gens, qui lui dirent que tout étoit trop avantageux pour le Dauphin, au lieu de la conférence, et qu'ils ne lui conseilloient pas de s'y exposer. Il s'arrêta et tint son conseil, où les uns étoient d'avis qu'il passât outre, et les autres l'en détournoient. Il ne savoit à quoi se résoudre ; enfin il s'écria qu'il ne pouvoit croire qu'un Dauphin de France, héritier d'une si grande couronne, fût capable de manquer de parole, et de faire une méchante action. Il ajouta que quand il devroit périr, il aimoit mieux la mort, que de donner lieu par ses défiances à renouveler les divisions du royaume.

La dame de Giac, qu'il aimoit, et qui étoit en sa compagnie, l'encourageoit fort, et le pressoit d'aller à la conférence. Enfin étant arrivé à Montereau, on lui livra le château pour sa sûreté. Après y avoir laissé la plus grande partie de sa suite, il continua son chemin avec peu de monde. Aussitôt qu'il eut passé la première barrière, Tannegui vint à lui et lui dit avec un visage riant que Monseigneur l'attendoit, tout prêt à le recevoir. Il passa une autre barrière, et l'ayant vu fermer à clef, il eut peur. Il dit alors, regardant les siens, et touchant sur l'épaule de Tannegui : « Voilà en qui je me fie. » Lorsqu'il se fut approché du Dauphin, il le salua fort profondément, et se mit à genoux devant lui selon la coutume.

Le Dauphin le regarda avec mépris, ne lui dit rien que de dur; un gentilhomme lui cria rudement : « Levez-vous, vous n'êtes que trop respectueux. » Comme il se releva, il ne trouva pas son épée à son gré, et y ayant mis la main, quelqu'un s'écria encore : « Quoi! l'épée à la main devant Monseigneur? » En même temps Tannegui donna le signal, et lui abattit le menton d'un coup de hache; les autres l'achevèrent. Archambaud de Foix, sieur de Noailles en Bigorre, et frère du captal de Buch, voulut défendre le duc, et fut tué avec lui. Ainsi mourut un méchant prince, par une méchante action, qu'on doit regarder comme un effet de la justice de Dieu, qui avoit différé jusqu'à ce temps la punition du détestable assassinat commis douze ans auparavant en la personne du duc d'Orléans.

On dit qu'il avoit été trahi par sa propre maîtresse; ce qui donne lieu à ce soupçon, c'est qu'elle avoit été trouver le Dauphin quelque temps avant la mort du duc, et s'étoit retirée auprès de lui après sa mort. Ce qui doit apprendre aux princes, combien peu ils doivent se fier à ces sortes de personnes. Après une si horrible perfidie, le Dauphin, pour se justifier, écrivit aux villes que le duc lui avoit parlé insolemment, et qu'il avoit même voulu mettre l'épée à la main en sa présence; ce qui avoit obligé ses gens à le tuer.

Quelque soin que l'on prit de déguiser une si mauvaise action, elle fut détestée de tous les peuples. On eut en horreur les conseillers du Dauphin, qui avoient abusé de sa facilité et de sa jeunesse pour lui faire violer la foi publique par un meurtre si abominable, lui que sa naissance obligeoit plus que personne à la respecter. Le roi, poussé par sa femme, condamna par un édit le crime de son fils, et défendit à toutes les villes de lui obéir.

Philippe (1420), appelé le Bon, fils et successeur de Jean, vint demander justice au roi, et eut permission de s'accommoder avec le roi d'Angleterre, pour venger la mort de son père. Après avoir fait son accommodement particulier, il fit celui de la France avec l'Angleterre, avec le secours de la reine, en moyennant le mariage de Henri avec Catherine. Par cet accord, Charles déclara le Dauphin indigne de sa succession, à cause de l'assassinat qu'il avoit commis; il établit le roi d'Angleterre régent du royaume, et lui donna le gouvernement des affaires, dont son empêchement ordinaire ne lui permettoit pas de prendre le soin; enfin il le reconnut pour successeur, laissant aussi la couronne à ses enfans, quand même il n'en auroit point de Catherine.

On ne peut ici s'empêcher de déplorer la condition de la France. Son roi appelle les étrangers, anciens ennemis du nom françois, et les rend maîtres du royaume, au préjudice de son fils. Le duc de Bourgogne, prince du sang, qui avoit un droit si proche à la couronne, ôte ce droit à sa maison, pour le donner à une maison étrangère, et procure lui-même la confirmation authentique de l'injustice qu'on lui faisoit. Au reste, les bons François, qui savoient les lois anciennes de la monarchie, ne furent point ébranlés par cette disposition du roi. Ils savoient qu'il n'avoit pas le pouvoir de disposer de son royaume en faveur des étrangers, contre les lois fondamentales de l'Etat ; et d'ailleurs il paroissoit très-déraisonnable que Charles, qui n'étoit pas en état de gouverner son royaume, fût en état de le donner.

Après le mariage accompli, on vit le roi et la reine abandonnés de tout le monde, et n'ayant auprès d'eux que quelques vieux domestiques pour les servir, pendant que tout le pouvoir et tout l'honneur de la royauté étoient entre les mains du roi et de la reine d'Angleterre, et que les villes venoient tous les jours leur rendre hommage. Le Dauphin fut appelé à la table de marbre, pour le meurtre du duc de Bourgogne, et déclaré par arrêt du parlement incapable de succéder au royaume. Il appela de cet arrêt à la pointe de son épée, c'est-à-dire, qu'il prétendoit soutenir son droit par les armes.

Henri passa en Angleterre (1421) pour en ramener des hommes et de l'argent. Le duc de Clarence, son frère, qu'il avoit laissé gouverneur de Normandie, s'étant avancé en Anjou pour combattre les Dauphinois, fut battu et tué avec le duc de Sommerset, et beaucoup d'autres seigneurs. Philippe, duc de Bourgogne, combattit plus heureusement; les Dauphinois eurent d'abord l'avantage ; mais le duc ayant rallié cinq cents chevaux, rétablit le combat, et mit les ennemis en déroute, après avoir pris deux chevaliers de sa propre main.

Henri, à son retour d'Angleterre, avec vingt-quatre mille archers, et quatre mille chevaux, prit Meaux après un long siége. Catherine sa femme accoucha d'un fils (1422) ; mais ce roi si fortuné et si glorieux, tomba malade peu de temps après, au grand regret de tous les siens, mourut au milieu de ses victoires, et dans la force de son âge, pendant qu'il songeoit à conquérir les restes de la France, qu'il tenoit déjà presque toute. Lorsqu'il sentit approcher sa dernière heure, il ordonna du gouvernement des deux royaumes, et recommanda sur toutes choses à ceux à qui il laissoit l'autorité, de ne fâcher jamais le duc de Bourgogne, et de ne rompre avec lui, pour quelque considération que ce fût, parce que toute la guerre de France dépendoit de l'amitié et de la fidélité de ce prince.

La mort de Henri fut bientôt suivie de celle de Charles. Il mourut à Paris le 21 octobre 1422, aussi malheureusement qu'il avoit vécu. Dans l'abandon où il demeura, il ne conserva aucun reste de sa première majesté. Charles, son fils et son successeur légitime, étoit éloigné ; sa pompe funèbre fut déplorable en tout : on n'y vit point paroitre les princes du sang en deuil, suivant la coutume. La plupart étoient prisonniers en Angleterre ; les autres étoient dispersés deçà et delà, ayant en horreur la domination étrangère. On voyoit en leur place un prince étranger, c'est-à-dire, le duc de Bedfort, frère du roi d'Angleterre défunt, qui se disoit régent du royaume.

A la fin du service de Charles, on entendit avec douleur crier au hérault : « Dieu fasse paix à l'ame de Charles VI, roi de France ; Dieu donne bonne vie à Henri VI, roi de France et d'Angleterre, notre souverain seigneur ! » Tous les bons François gémissoient d'entendre nommer un étranger au lieu du légitime héritier de la couronne, comme si on eût enterré avec le roi toute la maison royale. Chacun avoit l'esprit occupé des malheurs où la France étoit plongée, et les maux qui la menaçoient paroissoient encore plus grands que ceux qu'elle avoit soufferts.

LIVRE XI.

CHARLES VII (AN 1422).

Charles VII apprit au château d'Espailly, près du Puy en Velay, la mort du roi son père ; et quoiqu'il l'eût déshérité, il ne laissa pas de le pleurer beaucoup. Il se fit couronner à Poitiers, jusqu'à ce qu'il pût, selon la coutume, se faire sacrer à Reims, qui étoit en la puissance de ses ennemis. Il étoit allé quelques jours auparavant à La Rochelle, où le plancher de la chambre dans laquelle il tenoit conseil étant fondu, il pensa être accablé ; mais par une protection particulière de Dieu, il ne fut que légèrement blessé.

Ce prince n'avoit en son pouvoir que la Touraine, le Berry, le Languedoc, le Lyonnois, le Forez, le Dauphiné, une partie de la Guyenne, le Poitou, la Saintonge, le pays d'Aunis où La Rochelle est située, et quelques autres provinces d'au delà de la Loire. En deçà il possédoit quelques châteaux, et le reste du royaume étoit tenu par les Anglois. Les ducs de Bourgogne et de Bretagne étoient unis contre lui avec le duc de Bedfort, qui se disoit régent du royaume. Ce dernier avoit épousé Anne, sœur du duc de Bourgogne, et leur union étant affermie par cette alliance, ils faisoient de grands préparatifs contre leur ennemi commun.

Il se donna d'abord beaucoup de petits combats, où l'avantage fut tantôt d'un côté, et tantôt d'un autre ; mais il y eut ensuite une grande bataille auprès de Verneuil, où les François furent battus. Le comte de Boukham, connétable de France, fut tué ; le duc d'Alençon fut pris avec beaucoup d'autres seigneurs. Le roi perdit dans ce combat quatre à cinq mille hommes. Artus, comte de Richemond, frère du duc de Bretagne, et beau-frère du duc de Bourgogne, dont il avoit épousé la sœur, veuve du dauphin Louis, fut fait connétable. Dans un état si malheureux des affaires de Charles, la querelle qui survint entre Philippe duc de Bourgogne, et Hainfroy, duc de Glocestre, lui donna quelque espérance, parce qu'il crut que ce seroit une occasion à Philippe de se détacher des Anglois (1427).

Jaqueline de Bavière, comtesse de Hainault, de Hollande et de Zélande, femme hardie et impérieuse, après la mort du dauphin Jean, son premier mari, avoit épousé Jean duc de Brabant, cousin du duc de Bourgogne, homme foible d'esprit et de corps, qu'elle méprisa bientôt, le trouvant indigne d'elle, et se souvenant de son premier mariage. S'étant donc séparée de lui, elle épousa le duc de Glocestre. Philippe avoit pris le parti du duc de Brabant son cousin, et le duc de Bedfort n'avoit pu accommoder cette affaire. Charles prit ce temps pour faire parler de paix au duc de Bourgogne ; mais il ne voulut rien entendre qu'on n'eût éloigné Tannegui et les autres qui avoient eu part à l'assassinat de son père.

Richemond fit ensuite diverses propositions, qui ne réussirent pas alors, parce que Philippe avoit encore le cœur trop ulcéré et trop occupé du désir de la vengeance. Le connétable fut plus heureux à faire la paix du duc de Bretagne son frère ; et cette réconciliation fut d'une grande utilité pour le service du roi. Richemond servoit très-bien ; mais il vouloit être le maître des affaires. Après l'éloignement de Tannegui, Giac avoit pris le principal crédit auprès de Charles. Le connétable eut la hardiesse de l'enlever dans son lit d'entre les bras de sa femme, et de le mener dans une de ses terres, où l'ayant fait juger par son juge, il le fit noyer. Le roi, quoique fort indigné de cette action, n'en fit pas le châtiment qu'elle méritoit, ou par foiblesse, ou plutôt à cause du misérable état de ses affaires.

L'année suivante 1428, les Anglois assiégèrent Orléans, ville très-considérable sur la rivière de la Loire, par où ils pouvoient entrer dans les pays que le roi possédoit. Au commencement du siége, le comte de Salisbery, qui y commandoit pour les Anglois, étant sur une petite hauteur pour reconnoître la place, un de ses capitaines lui dit : « Voilà votre ville que vous voyez toute entière. » Pendant qu'il écoutoit ces paroles, il fut emporté d'un coup de pierre qu'un canon lança contre lui. Le siége ne laissa pas de continuer, et la ville étoit tellement pressée, qu'elle offroit au duc de Bedfort de se rendre au duc de Bourgogne, à condition qu'il la garderoit au duc d'Orléans, prisonnier en Angleterre (1429). Bedfort refusa la proposition, et voulut avoir la place pour lui. En même temps il envoya sous la conduite de Fastol, chevalier anglois, un grand convoi pour ravitailler le camp. Les François, commandés par les comtes de Clermont et de Dunois, s'étant avancés pour le défaire, furent eux-mêmes défaits avec grande perte auprès de Rouvray-Saint-Denys. Cette bataille s'appela la bataille des Harengs, à cause des provisions de carême qu'on portoit au camp des Anglois, durant ce temps d'abstinence. Telle étoit la piété de nos ancêtres, qui même durant la guerre ne se dispensoient jamais du jeûne prescrit par l'Eglise.

Orléans étoit à l'extrémité ; les troupes du roi étoient ruinées et découragées par tant de pertes ; il n'y avoit plus d'argent pour en lever d'autres, et tout paroissoit désespéré, lorsqu'il vint à la cour une jeune fille âgée de dix-huit à vingt ans, qui disoit que Dieu l'avoit envoyée pour tirer la France des mains des Anglois ses anciens ennemis.

Cette fille, nommée Jeanne d'Arc, native de Domremy, petit village près de Vaucouleurs, sur les frontières de Champagne et de Lorraine, avoit été servante dans une hôtellerie, et gardoit ordinairement les moutons. Tout le pays d'alentour rendoit grand témoignage à sa piété. Il y avoit déjà deux mois qu'elle pressoit Baudricourt, capitaine de Vaucouleurs, de l'envoyer promptement au roi ; et on raconte que le propre jour de la bataille des Harengs, elle le pressa plus que jamais, l'assurant que le roi souffroit beaucoup ce jour-là, et que le retardement qu'il apportoit à l'envoyer auprès de lui portoit grand préjudice à ses affaires. Le gouverneur, après s'être longtemps moqué de ses visions (c'est ainsi qu'il les appeloit), fléchi, ou par l'importance de l'affaire, ou par l'importunité de cette fille, lui donna enfin des gens pour la conduire à Chinon, où le roi étoit alors. A la cour, tout le monde se moqua d'elle, et on la regarda comme une folle.

Cependant la nouveauté de la chose porta le roi à la voir ; mais, pour l'éprouver, dans le temps qu'elle l'aborda, il se mêla dans la foule des courtisans, et ordonna à l'un d'eux de paroître à sa place. La Pucelle l'alla démêler parmi tout le monde, se mit à genoux devant lui, et le saluant comme auroit pu faire une personne nourrie à la cour, elle lui dit ces paroles avec une assurance surprenante : « Dieu m'a envoyée ici pour faire lever le siège d'Orléans, pour vous mener sacrer à Reims, et pour vous annoncer que les Anglois seront chassés de votre royaume. »

Quoiqu'elle parlât avec une confiance qui étonnoit tout le monde, on fut longtemps sans ajouter foi à ses paroles ; mais comme elle continuoit à assurer qu'on perdroit tout, faute de la croire, le roi résolut enfin de la faire examiner par des docteurs. Elle leur rendit fort bonne raison de sa conduite. Lorsqu'ils lui demandèrent pourquoi elle étoit habillée en homme, elle répondit qu'elle y étoit obligée, parce qu'elle étoit envoyée pour faire la guerre, et que devant être avec des soldats, elle se défendroit mieux de leur insolence avec cet habit. Ainsi elle gagnoit croyance peu à peu. Lorsqu'elle fut appelée au conseil, elle parla aussi pertinemment de la guerre que les capitaines les plus experts. On lui voyoit manier les armes et conduire un cheval fougueux avec tant d'adresse, qu'on l'eût prise pour un cavalier consommé dans ces exercices. Dans tout le reste, elle étoit d'une simplicité extraordinaire.

Le roi, touché de ces choses, se résolut à lui donner les troupes qu'elle demandoit pour secourir Orléans, et de la faire accompagner par quelques-uns de ses capitaines. Comme elle approcha de la ville, ses gens, épouvantés de tant de forts qu'il falloit emporter, lui disoient que son entreprise étoit impossible. Elle les exhortoit à avoir confiance en Dieu, et à commencer par se confesser : elle les assura que les Anglois ne feroient aucune démarche pour empêcher leur passage. En effet, ils abandonnèrent sans combat le fort qui étoit du côté où les François abordoient. Elle entra glorieusement avec le convoi, et remplit toute la ville de joie et de courage.

Peu après, comme le comte de Dunois amenoit un second convoi, la Pucelle fit une sortie pour aller au-devant de lui, et le conduisit dans la place. Dès le même jour elle prit un des forts des ennemis. Le lendemain elle en emporta un autre, et montra dans ces deux actions, avec la valeur d'un soldat, la conduite d'un capitaine. Elle coucha la nuit devant le rempart, avec résolution d'attaquer le jour suivant un troisième fort qui étoit au bout du pont, où tous les Anglois s'étoient ramassés. A la pointe du jour elle commença son attaque. Sur le midi elle fut blessée dans le fossé, et ne laissa pas de continuer. Sur le soir elle cria tout d'un coup qu'on donnât, et que le fort seroit emporté. Alors tous les soldats, animés comme par un mouvement divin, entrèrent de tous côtés.

Les Anglois repoussés levèrent le siége le 8 mai 1429. Nos gens qui avoient à peine perdu cent hommes dans des attaques si périlleuses, rendirent grâces à Dieu, et célébrèrent la Pucelle avec une joie extrême; et quoique le comte de Dunois et les autres capitaines eussent dignement servi, ils n'étoient cependant pas fâchés que le peuple et les soldats donnassent toute la gloire à la Pucelle.

L'armée françoise prit quelques places, et le connétable, à qui le roi n'avoit pas voulu accorder la permission de le venir joindre, alla en Normandie faire la guerre aux Anglois. La Pucelle après cela déclara qu'elle étoit avertie d'en haut que les Anglois, anciens ennemis des François, ramassoient leurs forces pour les combattre. Elle exhorta nos gens à marcher contre eux avec courage, leur promettant une victoire assurée. La chose arriva comme elle l'avoit prédit. La bataille fut donnée à Patay en Beauce, où les Anglois furent battus, avec peu de perte de notre côté; et Talbot, capitaine célèbre parmi les Anglois, fut pris dans ce combat.

La Pucelle étant retournée auprès du roi, lui conseilla d'aller à Reims se faire sacrer. Tout le conseil y résistoit, parce que Reims et toutes les places d'entre deux étoient au pouvoir de l'ennemi. L'avis de la Pucelle l'emporta, et le roi se prépara au voyage. Cependant le nom de la Pucelle d'Orléans voloit par tout le royaume, et remplissoit de courage les François, qui accouroient de toutes parts à l'armée du roi. Les Anglois, au contraire, étoient abattus, et plusieurs villes épouvantées se rendirent sur le passage. On approcha de Troyes, qu'on trouva fort bien fortifiée, et où le duc de Bourgogne avoit une puissante garnison de Bourguignons et d'Anglois.

Notre armée souffrit beaucoup à ce siége, par la disette des vivres, et on étoit presque réduit au désespoir. Avant de consentir à abandonner son entreprise, le roi fit venir la Pucelle, qui demanda encore deux jours, et assura que dans ce terme la ville seroit rendue. Charles, qui s'estimoit heureux si on pouvoit en six jours achever une entreprise si difficile, voulut qu'on attendît, malgré l'extrémité où il voyoit les affaires. La Pucelle en même temps fit dresser une batterie qui obligea la ville à capituler. La garnison sortit, et Troyes se rendit au roi.

La réputation de tant de victoires réveilla dans tous les François l'amour de leur prince : en croyoit qu'il étoit invincible, et que s'opposer à ses progrès, c'étoit s'attaquer à Dieu, qui se déclaroit pour la justice de sa cause. L'évêque de Châlons vint à la tête de tous les bourgeois de sa ville, apporter les clefs au roi, et Reims ouvrit aussi ses portes avec joie. Charles y étant entré, se fit sacrer le lendemain 17 juillet 1429, selon la coutume de ses ancêtres; et ce que la Pucelle avoit prédit, fut accompli contre l'attente de tout le monde.

Ensuite elle vint au roi (1430), lui demander son congé, disant que puisque les choses qui lui avoient été commises d'en haut étoient achevées, il étoit temps qu'elle retournât dans sa retraite, et qu'elle quittât la vie militaire qu'elle avoit prise par ordre de Dieu. Le roi ne voulut pas l'écouter, et lui commanda de demeurer à sa suite. Après avoir pris Beauvais, Senlis et Saint-Denis, il assiégea Paris par le conseil de la Pucelle. Les Parisiens, attachés à la maison de Bourgogne, se défendoient avec opiniâtreté. La Pucelle, ayant pris la contrescarpe du côté de la porte Saint-Honoré, faisoit jeter des fascines pour combler le fossé, et ne cessa de continuer son entreprise, quoiqu'elle eût la cuisse percée, jusqu'à ce que le duc d'Alençon l'emmena de force.

On fut contraint peu de temps après de lever le siége avec quelque perte. Les Bourguignons ayant assiégé Compiègne, la Pucelle se jeta dans la ville. Dans une sortie où les siens ne purent pas résister aux ennemis qui fondoient sur eux de toutes parts, elle fit sonner la retraite, pendant laquelle, comme un bon capitaine, elle se mit à la queue pour faire la retraite. Son cheval s'abattit sous elle, et les Bourguignons l'ayant prise, la livrèrent aux Anglois.

Ceux-ci, au lieu d'admirer une si rare vertu, qu'ils devoient estimer dans un ennemi, la mirent entre les mains de l'évêque de Beauvais pour la juger. Ce prélat, affectionné au parti anglois, la condamna comme magicienne, et pour avoir pris l'habit d'homme. En exécution de cette sentence, elle fut brûlée toute vive à Rouen en 1431. Les Anglois firent courir le bruit qu'elle avoit enfin reconnu que les révélations dont elle s'étoit vantée étoient fausses. Mais le Pape, quelque temps après, nomma des commissaires. Son procès fut revu solennellement, et sa conduite approuvée par un dernier jugement que le Pape lui-même confirma. Les Bourguignons furent contraints de lever le siége de Compiègne.

Le jeune roi d'Angleterre vint de Rouen à Paris, où il fit son entrée par la porte Saint-Denis, le 2 décembre 1431, et se fit couronner roi de France à Notre-Dame, plutôt à la manière d'Angleterre, qu'à la nôtre. Cependant le comte de Dunois fit une entreprise sur Chartres, par le moyen de deux marchands qu'il avoit gagnés. Ils avoient accoutumé de mener des vivres dans la ville, et le comte leur ayant donné quelques soldats habillés en charretiers pour se saisir des portes, il en envoya d'autres par divers chemins, qui avoient ordre de se rendre auprès des charretiers, dans le même temps qu'il y arriveroit lui-même. Il s'entendoit aussi avec Jean Sarrasin, célèbre prédicateur jacobin, qui, averti par quelle porte on devoit entrer, invita ses auditeurs à un sermon à l'autre extrémité de la ville, au jour et à l'heure marqués pour le rendez-vous de nos gens.

Tout le peuple y étant accouru à son ordinaire avec grande ardeur (1432), le prédicateur fit un long sermon pour donner lieu à l'entreprise. Cependant les marchands entrèrent, et amusèrent ceux qui gardoient les portes, en leur donnant du vin et quelques poissons. En même temps nos gens se saisirent de la porte, et le comte de Dunois survenu entra avec ses soldats. Le peuple sembloit prêt à poser les armes, lorsque l'évêque Jean de Fétigny survint. Comme il étoit un des chefs du parti des Bourguignons, il anima tout le monde au combat. Il y périt malheureusement, et la ville fut pillée.

Pendant que les affaires de la guerre réussissoient si heureusement, la cour fut troublée par un accident étrange arrivé à La Trimouille, favori du roi. Bueil, et quelques autres personnes affidées à Charles d'Anjou, comte du Maine, et frère de la reine, le prirent et l'enlevèrent. Le roi, étonné de cette nouvelle, crut qu'on en vouloit à sa personne ; mais enfin il se laissa apaiser, ou par crainte, ou par l'adresse du comte son beau-frère, et il approuva la chose en pleine assemblée des états généraux, qui se tenoient alors à Tours. Le comte eut la principale autorité, mais Bueil et ses compagnons furent bientôt disgraciés. Le comte de Richemond travailla à la paix du duc de Bourgogne (1435). Les deux princes étoient en bonnes dispositions; et il s'étoit déjà fait quelque temps auparavant une trêve qui fut bientôt rompue par les intérêts des Anglois.

En ce temps-là la femme du duc de Bedford, qui étoit sœur du duc de Bourgogne, et qui unissoit ces deux princes, étant morte, leur amitié s'étoit beaucoup refroidie, et on s'aperçut qu'ils pouvoient être désunis. Les rapports qu'on leur faisoit de part et d'autre aigrissoient leurs esprits; quelques-uns travailloient aussi à les réconcilier, et leurs amis communs les amenèrent pour ce sujet à Saint-Omer; mais la chose réussit si mal, qu'ils se retirèrent sans se voir, parce que le duc de Bourgogne prétendit que c'étoit au duc de Bedford à lui rendre la première visite : ils furent plus aliénés que jamais ; et le connétable se servit de cette occasion pour disposer Philippe à la paix. Elle fut conclue par l'entremise d'Eugène IV, et du concile général qui se tenoit alors à Bâle.

Les conditions furent que Charles désavoueroit le meurtre commis en la personne de Jean, duc de Bourgogne, comme une action indigne, qu'il auroit empêchée, s'il avoit été en âge de le faire; que Philippe de son côté prieroit le roi de n'avoir aucune haine contre lui, et que désormais les deux princes vivroient en bonne intelligence, sans se souvenir des inimitiés passées; que si on pouvoit découvrir les auteurs d'un si horrible assassinat, le roi les feroit punir selon leurs mérites; si on ne pouvoit les prendre, qu'ils seroient bannis à perpétuité du royaume, sans jamais pouvoir espérer de pardon : qu'à Montereau-faut-Yonne, où le duc avoit été tué, et aux Chartreux de Dijon, où il étoit inhumé, il se feroit une fondation pour le repos de son ame aux dépens du roi; et que pour dédommagement, il céderoit à Philippe les comtés d'Auxerre, de Mâcon et de Bar-sur-Seine, avec Arras, Péronne, Montdidier et Roye, pour les tenir en pairie, la souveraineté réservée au roi, et le ressort au parlement de Paris : qu'il lui engageroit encore Amiens, Corbie, Abbeville, et tout le comté de Ponthieu, avec quelques autres places sur la Somme, rachetables pour quatre cent mille écus d'or : que durant la vie du duc, il ne rendroit point d'hommage au roi de toutes les terres qu'il tenoit de lui : que le roi le défendroit contre les Anglois, s'il en étoit attaqué, et qu'il ne feroit point de paix avec eux, que du consentement du duc.

Quoique ces conditions fussent rudes, et semblassent peu convenables à la majesté royale, le roi fut obligé de les accepter, et aima mieux s'y soumettre, que de ruiner ses affaires, sous prétexte de conserver un vain honneur. La reine Isabeau de Bavière, mère du roi, après avoir expié par une longue misère la haine injuste qu'elle avoit contre son fils, mourut le 24 septembre 1435, également méprisée des Anglois et des François, et insupportable à elle-même.

Les Anglois, mal satisfaits du duc de Bourgogne, tâchèrent de soulever la Hollande contre lui; ce qui obligea ce prince à leur déclarer la guerre. Les Parisiens voyant Pontoise, Corbeil, Saint-Denis, et les autres villes d'alentour en la puissance du roi, et que le duc de Bourgogne, pour l'amour duquel ils étoient attachés aux Anglois, avoit fait sa paix, songèrent aussi à rentrer dans leur devoir. Le connétable, averti de ces bonnes dispositions, s'avança à Pontoise avec le comte de Dunois (1436), et leur fit savoir que s'ils vouloient s'affranchir du joug des Anglois, il viendroit à leur secours.

Sur cette déclaration, les bourgeois s'assemblèrent à dessein de se jeter sur les Anglois. Ceux-ci, pour les empêcher, voulurent se rendre maîtres de la porte de Saint-Denis; mais les bourgeois tendirent les chaînes, et les assommoient à coups de pierre et de plâtras, de dessus les toits et par les fenêtres. Cependant Richemond s'étant rendu maître de la porte de Saint-Jacques, à l'aide des bourgeois qui la gardoient, ses gens se répandirent de tous côtés dans la ville, et par cette porte, et par-dessus les murailles. Les Anglois effrayés se retirèrent à la Bastille; et ceux de leur parti, ne se trouvant pas assez forts, mirent les armes bas.

Le *Te Deum* fut chanté en action de graces de la réduction de la ville avec une joie extrême de tout le peuple. Le soir, Richemond mit le siége devant la Bastille, et le lendemain il se saisit du pont de Charenton. La Bastille fut obligée de capituler, et les Anglois se retirèrent vie et bagues sauves.

Le duc de Bourgogne assiégea Calais sur la parole de ceux de Gand, qui par leur légèreté et insolence naturelle le contraignirent d'abandonner l'entreprise en le menaçant de le tuer. Les Anglois cependant ne demeurèrent pas sans rien faire. Ils reprirent Pontoise pendant l'hiver d'une manière surprenante. Comme les fossés étoient pris de glace, et que la terre étoit toute couverte de neige, ils s'habillèrent de blanc, et étendirent des draps de toile sous lesquels ils se glissèrent jusqu'au pied de la muraille; à un certain signal ils se levèrent tout à coup et commencèrent l'escalade. Les bourgeois se défendirent fort bien, et envoyèrent chercher du secours à Saint-Denis; mais avant qu'il fût venu, la ville fut prise.

Le connétable de son côté prit Meaux et quelques autres places, malgré la résistance des Anglois. Pendant que l'autorité du roi se rétablissoit par la force et les bons succès de ses armes, elle pensa être ruinée en 1439, par les divisions domestiques. Les ducs d'Alençon et de Bourbon avec quelques autres princes et seigneurs, fâchés de n'avoir point de part au gouvernement, se liguèrent entre eux, et entreprirent la guerre contre le roi, sous prétexte qu'il se laissoit gouverner par de très-mauvais ministres. Ils envoyèrent le bâtard de Bourbon au dauphin Louis, pour l'attirer dans le parti.

Ce prince, dès sa première jeunesse, avoit toujours montré beaucoup d'esprit et de vivacité; mais il étoit inquiet, ambitieux et ennemi de la dépendance. Il avoit dix-sept ans, et il étoit marié depuis un an avec Marguerite, fille du roi d'Ecosse. Depuis ce temps il avoit quitté les bagatelles qu'on aime trop à cet âge, et croyoit qu'on lui faisoit tort de ne pas l'employer dans les affaires, et il murmuroit secrètement contre le roi, qui ne l'y appeloit pas. Le bâtard lui représentoit l'état des choses, les forces et les desseins du parti; que les princes ne se proposoient que le service du roi et le bien de l'Etat; qu'il y alloit de son intérêt de pourvoir aux nécessités du royaume désolé, et qu'il n'y avoit plus que l'autorité du Dauphin qui en pût empêcher la perte totale. Ce jeune prince, attiré par ces raisons, entra dans la ligue, et se déroba de la cour.

Charles déclara les ducs d'Alençon et de Bourbon, et les autres qui lui avoient enlevé son fils, criminels de lèse-majesté. Les villes où le Dauphin se présenta lui déclarèrent que le roi seroit toujours le maître absolu, de sorte que le jeune prince sentit bien qu'il n'y avoit aucune espérance de réussir dans ses prétentions, surtout après que le duc de Bourgogne, à qui il avoit demandé retraite dans ses États, lui eut répondu qu'il l'y recevroit volontiers; mais qu'il ne devoit point s'attendre qu'il lui donnât aucun secours contre le roi. Il fut donc obligé de venir demander pardon au roi; les affaires y forçoient le Dauphin, et le duc ne cessoit de l'y exhorter.

Après que le roi lui eut pardonné, le jeune prince ayant dit assez fièrement qu'il falloit aussi pardonner aux autres, Charles, irrité de ce discours, répondit qu'il ne recevoit point la loi de ses sujets, moins encore de son fils, et refusa cette grace. Sur cela le Dauphin ayant réparti qu'il falloit donc qu'il s'en retournât, et qu'il l'avoit ainsi promis aux princes, le roi, se moquant des paroles que son fils avoit données sans son ordre, ajouta enfin que s'il s'ennuyoit d'être auprès de lui, la porte étoit ouverte, et qu'il pouvoit aller où il voudroit : à ces mots, il commença de sentir la puissance royale et paternelle, et se mit tout à fait dans son devoir.

Ensuite le roi de lui-même pardonna aux princes (1439); mais il ôta au duc de Bourbon, auteur de l'entreprise, toutes les places dont il avoit le gouvernement. Pour le bâtard de Bourbon, il fut par son ordre cousu dans un sac, et jeté dans la rivière à Bar-sur-Aube. Le roi changea tous les domestiques du Dauphin, excepté son confesseur et son médecin, et mit auprès de lui des personnes affidées. Il fut ensuite à Troyes, où désirant remédier aux désordres que faisoient les gens de guerre, il fit un fonds pour leur subsistance; et pour cela il imposa la taille, qui depuis ce temps-là a été perpétuelle.

Après de longues querelles la paix fut conclue entre la maison d'Orléans et celle de Bourgogne. Charles d'Orléans, qui étoit prisonnier en Angleterre depuis la bataille d'Azincourt, fut relâché par l'entremise de Philippe duc de Bourgogne, en payant toutefois une grosse rançon; et il épousa Marie de Clèves, fille d'Adolphe duc de Clèves, et de Marie sœur du duc de Bourgogne, ainsi qu'il l'avoit promis dans sa prison. Le mariage fut célébré avec beaucoup de magnificence. Philippe envoya à Charles la Toison d'Or, qui étoit la marque de l'ordre qu'il avoit institué depuis peu. Il reçut aussi de lui le collier de son ordre. Les deux ducs s'étant unis par ces témoignages d'amitié mutuelle, vécurent dans une étroite correspondance.

Beaucoup de noblesse s'attacha au duc d'Orléans, qui venoit à la Cour avec une grande suite. Le roi, qui avoit été souvent trahi, et qui pour cette raison étoit toujours en défiance, eut du soupçon contre lui, de sorte qu'il lui fit dire que s'il vouloit venir à la Cour, il y vînt moins accompagné. Le duc de Bourgogne lui avoit bien prédit que cette magnificence ne plairoit pas, et que les ministres du roi ne souffriroient pas qu'il se mêlât des affaires. Ce prince, après avoir rendu ses respects au roi, se retira chez lui, où il vécut paisiblement.

Cependant le roi avec le Dauphin assiégea Pontoise : Talbot ravitailla deux fois cette place. Richard, duc d'Yorck, régent du royaume, et gouverneur de Normandie, ayant fait d'un côté du camp une fausse attaque, passa la rivière de l'autre, et entra dans la place avec son armée (1441). Charles ne laissa pas de continuer le siége, et ayant pris l'église de Notre-Dame, qui commandoit à la ville, les Anglois ne purent tenir plus longtemps. Les princes se révoltèrent pour la seconde fois. Ils s'assemblèrent à Nevers, d'où ils envoyèrent leurs plaintes au roi. Ils se plaignoient principalement de deux choses, la première de ce qu'on ne faisoit point de paix avec l'Angleterre, et la seconde de ce qu'on chargeoit trop le peuple. C'est le prétexte qu'ils donnoient à leurs desseins ambitieux.

Charles, pour apaiser les esprits émus, et ôter aux princes tout sujet de plainte, répondit que les Anglois faisoient des propositions si insupportables, et qu'ils demandoient tant de provinces en pleine souveraineté, que s'il leur accordoit ce qu'ils demandoient, les princes eux-mêmes s'opposeroient à sa trop grande facilité; qu'à l'égard des impôts, on savoit combien ils étoient nécessaires pour soutenir les dépenses de la guerre, et qu'autant qu'il avoit pu, il n'avoit rien levé sans le consentement des états généraux; mais que les principaux des états lui ayant représenté que ces assemblées ne se pouvoient faire sans qu'elles fussent une augmentation de charges pour le peuple, qui payoit les députés, il faisoit les impositions selon le besoin de ses affaires, et faisoit porter l'argent dans ses coffres par les élus des paroisses avec le moins de frais qu'il se pouvoit.

Cependant les Anglois assiégèrent Dieppe : le Dauphin qui ne demandoit qu'à se signaler, entreprit de faire lever le siége de cette place. En même temps le roi alla en personne avec seize mille chevaux au secours de la ville de Tartas, qui devoit se rendre, si une armée royale ne venoit à son secours avant un certain temps. L'armée étant venue, la ville demeura au pouvoir de Charles. Il prit Saint-Sever, et quelques autres places dans la Gascogne.

Le Dauphin, qui avoit suivi le roi, fut renvoyé en Normandie sur les instances réitérées du comte de Dunois, pour s'opposer au général Talbot, qui assiégeoit la ville de Dieppe; et ayant forcé le camp des Anglois, il ravitailla Dieppe, et fit lever le siége. Cependant le duc de Bourgogne s'empara du duché de Luxembourg, comme héritier d'Antoine de Brabant, et de Jean de Bavière ses oncles. La trêve fut accordée entre les deux rois, en attendant qu'on pût conclure la paix. Henri, roi d'Angleterre, épousa Marguerite (1444), fille du roi de Sicile, femme habile et courageuse qui auroit été capable d'inspirer de grands desseins à son mari, si elle eût rencontré un courage semblable au sien. Le Dauphin, pendant la trêve, fit la guerre aux Suisses qui s'étoient révoltés contre l'empereur. Cette guerre lui réussit mal, et un peu après, ennuyé de l'état où il se trouvoit, il se retira dans le Dauphiné.

Son humeur impérieuse n'étoit pas contente du peu de part qu'il avoit au gouvernement. Il se plaignoit des amours du roi, et des mauvais traitemens que recevoit la reine sa mère. Son esprit inquiet et chagrin, incommode au roi et à lui-même, couvroit son ambition sous ces vains prétextes.

L'Eglise avoit été troublée vers ces temps-là par les grands mouvemens qui arrivèrent à Bâle. Eugène IV fit un décret pour transférer le concile à Ferrare, où les Grecs, séparés depuis si long temps de l'Eglise romaine, devoient s'assembler pour travailler à la réunion. Les Pères du concile crurent que le Pape ne pouvoit changer le lieu du concile que de leur consentement, et continuèrent leurs séances. Le Pape cassa le concile et ses décrets. Le concile de son côté déposa le Pape, et résolut d'en élire un autre.

Amédée, duc de Savoie, vivoit alors dans un ermitage nommé Ripaille, où il étoit retiré du monde et des affaires ; et quoique plein de vigueur, il avoit laissé ses Etats à son fils Louis, à condition toutefois que s'il ne gouvernoit pas comme il devoit, le père reprendroit le commandement. Ainsi on lui parloit des affaires les plus importantes, et du reste il passoit sa vie avec assez de repos et de douceur, et il avoit même conservé quelque splendeur et quelque dignité. Ce fut lui que les Pères de Bâle choisirent pour pape ; il prit le nom de Félix V.

La France respectoit l'autorité du concile ; cependant on y demeura soumis à Eugène ; mais une assemblée de prélats tenue à Bourges en 1438, par ordre du roi, reçut la plus grande partie des décrets des Pères de Bâle. La résolution de cette assemblée fut confirmée par le roi ; et c'est ce qui s'appela la *Pragmatique-Sanction*, dont le principal objet étoit de conserver aux chapitres l'élection des bénéfices qu'on nomme consistoriaux. Ce sont les évêchés et les abbayes, qu'on appelle de ce nom, à cause qu'on a coutume, quand ils sont vacans, de les proposer devant le Pape en plein consistoire.

Cependant Eugène mourut, et les cardinaux élurent Nicolas V. Ceux de Bâle et leurs adhérens soutenoient Félix V, et l'Eglise étoit menacée d'un schisme aussi fâcheux que celui dont elle venoit de sortir, si Charles n'eût apporté promptement un remède convenable à un si grand mal. Il envoya des ambassadeurs aux deux papes, et fit tant par ses négociations, que Félix renonça au pontificat, à condition qu'il demeureroit cardinal et légat *à latere* perpétuel en Savoie et aux environs. Alors le concile, qui s'étoit de lui-même transféré à Lausanne, reconnut Nicolas et se sépara.

Il arriva dans ce même temps une grande sédition à Londres. Le maire, ennemi de l'évêque d'Excester, garde des sceaux d'Angleterre, sous prétexte des impôts qu'on mettoit sur le peuple, se mit à leur tête, entra dans la maison de cet évêque et le tua. Enhardi par son crime, il attaqua Suffolk, qui avoit le principal crédit auprès du roi. Henri, pour contenter le peuple, le fit mettre en prison ; quelque temps après il le rappela à la Cour. Les cris du peuple se renouvelèrent, et le roi, pour dérober son favori à la fureur des séditieux, le fit évader. Il se sauva en France, où il fut pris et décapité à Rouen par les ordres du comte de Sommerset.

Les séditieux, que le succès de leurs entreprises rendoit forcenés, eurent l'audace de demander au roi ceux de son conseil qu'ils disoient auteurs de l'évasion de Suffolk. Il fut assez foible pour les livrer; et les rebelles leur firent couper la tête. Les troubles étant apaisés pour un peu de temps au milieu de la trêve, les Anglois songèrent à la guerre, et surprirent Fougères, place importante du duc de Bretagne, entre la Bretagne et la Normandie. On se plaignoit encore de ce que les Anglois se masquoient pour piller les terres de France, et de ce qu'ils avoient maltraité les Normands attachés au roi, qui avoient été visiter leurs terres pendant la trêve. Sur ces nouvelles le roi prit la défense du duc son vassal, et redemanda Fougères, que Henri ne voulut pas rendre, ni réparer les dommages qu'avoient fait ses troupes.

* Charles prit ce refus pour une infraction de la trêve, et se prépara à entrer dans la Normandie (1449), selon les desseins qui avoient été pris dans le conseil de guerre. François I, duc de Bretagne, devoit entrer d'un côté avec le comte de Richemond son oncle, et le comte de Dunois de l'autre. Il prit d'abord Pont-Audemer et Lisieux, et ensuite il alla assiéger Mantes. Ceux de dedans ayant demandé de conférer avec lui, il leur parla éloquemment, et leur remontra la perfidie des Anglois, qui avoient rompu la trêve en prenant Fougères, et en ravageant la France ; ce qui avoit obligé le roi à recommencer la guerre avec des perfides qui avoient violé les traités ; et il ajouta qu'il étoit résolu de les chasser, non-seulement de la Normandie, mais encore de toute la France : il les exhortoit à se souvenir de l'amour qu'ils devoient à leur roi et à leur patrie, et à n'attendre pas les dernières extrémités. Touchés des raisons du comte, ils se soumirent, et Evreux suivit leur exemple avec Vernon.

Cependant le duc de Bretagne et son oncle prirent Saint-Lo et Carentan ; le duc d'Alençon prit aussi sa ville, et les habitans de plusieurs autres places chassèrent les garnisons angloises ; mais Verneuil, ville sur les confins de la Normandie et du Perche, que l'on tenoit imprenable, fut mise au pouvoir du roi par intelligence. Un meunier fut cause de cette conquête. Comme les Anglois l'avoient maltraité pour avoir mal fait son devoir étant en sentinelle, il résolut de se venger, et de rendre la ville au roi. Pour cela il amusa les bourgeois qui devoient monter la garde ; ceux qu'ils devoient relever étant las, et faisant négligemment leur devoir, ou abandonnant leurs postes, les troupes du roi en furent averties, et elles entrèrent dans la place. Ensuite on se prépara à une entreprise plus considérable, qui fut le siége de Rouen.

Le roi s'arrêta au Pont-de-l'Arche, assez près de cette ville, et le comte de Dunois l'ayant bloquée, fit d'abord sommer les Anglois. Ils chassèrent les hérauts en se moquant d'eux, et le comte commença ses travaux ; mais l'attaque de la place étant difficile, il songea à couper les vivres : les habitans résolurent alors de livrer au comte deux tours par lesquelles il pouvoit entrer dans la place. Déjà il y montoit avec des échelles, lorsque Talbot accourut, repoussa ses gens, et fit main-basse sur les bourgeois qui avoient voulu rendre ces deux tours : c'est ce qui fut cause que les Anglois perdirent la ville ; car les habitans appréhendèrent d'être pris d'assaut, et abandonnés à la discrétion des victorieux. Ils vinrent donc tous ensemble autour de la maison du duc de Sommerset leur gouverneur, et lui demandèrent permission de capituler. Il fut contraint de céder aux cris du peuple, et encore plus à la famine qui pressoit la ville.

L'archevêque fut député pour inviter le roi à entrer dans la ville de Rouen, dont on lui apporta les clefs aussitôt qu'il approcha. Sommerset se retira dans le palais, dont il étoit le maître. Il y fut assiégé par l'armée du roi, et reçu à composition, en promettant une grande somme d'argent, et de faire rendre Arques, Caudebec, Honfleur, et quelques autres places fortes. Talbot fut laissé pour otage ; et l'artillerie des Anglois demeura au pouvoir du roi. Il fit son entrée solennelle dans Rouen, établit la police, et empêcha soigneusement les désordres des soldats. Fougères se rendit au duc de Bretagne. Charles alla assiéger Harfleur, qu'il eut bientôt prise, parce qu'il pressoit lui-même le siége, et avançoit les travaux qu'il alloit reconnoître. Le comte de Dunois prit de force Honfleur, que Sommerset s'étoit obligé de faire rendre.

L'armée fut ensuite séparée en deux, pour achever plus facilement la conquête de la Normandie. Thomas Quiriel amena d'Angleterre trois mille hommes qui abordèrent à Cherbourg (1450), et les joignit aux anciennes troupes de la même nation. Cette armée, qui incommodoit la province, fut rencontrée et défaite par le comte de Clermont ; ce fut le dernier effort des Anglois pour défendre la Normandie. Le duc de Bretagne prit Avranches (1451) ; le comte de Dunois s'empara de Bayeux ; et le roi ayant lui-même attaqué Caen, l'obligea bientôt à se rendre.

Le connétable assiégea ensuite Cherbourg, seule place de la Normandie qui restât aux Anglois. Dans ce siége, Gaspard Bureau, grand maître de l'artillerie, trouva une invention pour empêcher que les canons, dressés en batterie sur le bord de la mer, ne fussent mouillés par la marée, qui passoit dessus deux fois le jour. Il avoit des peaux graissées, dont il couvroit le canon, qui malgré le flux de la mer, étoit en état de tirer aussitôt que l'eau s'étoit retirée. La place fut enfin rendue, et toute la Normandie fut réduite. La conquête d'une si grande province se fit en un an et six jours.

Un peu de réflexion sur la prodigieuse rapidité de ces conquêtes du roi, et sur les causes qui les avancèrent, ne sera pas inutile. Il tira son principal secours de sa bonne foi et de son équité; car la justice qu'il faisoit rendre fort exactement attiroit les villes à se remettre sous l'obéissance d'un prince si juste. Quand elles se rendoient, il empêchoit les désordres des gens de guerre, et non-seulement il tenoit exactement les capitulations, mais encore il accordoit quelquefois plus qu'il n'avoit promis. Les troupes ne faisoient aucun ravage dans la campagne, parce qu'en les faisant bien payer, il avoit soin aussi de les faire vivre dans l'ordre. Il avoit fait de beaux règlemens pour la gendarmerie et pour toute la milice. Ces règlemens leur prescrivoient de quelles armes chacun devoit se servir tant pour l'attaque que pour la défense, de quelle manière ils devoient combattre, et quel ordre ils devoient garder en toutes choses. Rien ne manquoit dans les sièges, ni les vivres, ni la poudre, ni l'artillerie. Il donnoit ordre qu'elle fût très-bien servie; et afin que tout fût prêt à point nommé, il faisoit payer ponctuellement tous ceux qui devoient agir. Ainsi les sièges avançoient avec une incroyable diligence. Ce prince s'appliquoit aussi à avoir de très-habiles et très-vaillans capitaines pour commander ses armées, entre autres le comte de Dunois et le connétable, sans parler de ceux qui avoient accoutumé de servir sous eux.

Parmi les hommes illustres de ce siècle, on compte avec raison Jacques Cœur, habile dans le commerce et dans le maniement des finances, dont la fortune brillante fut renversée par une intrigue de Cour. On remarque aussi les deux frères, Jean et Gaspard Bureau, excellens dans l'art des fortifications, et dans la conduite de l'artillerie. Ils rendirent de signalés services dans la conquête de la Normandie. Mais dans les affaires importantes le roi agissoit lui-même; et pour animer les siens, il ne craignoit ni les travaux, ni d'exposer sa personne.

Cependant Henri son adversaire menoit une vie assez innocente du côté des mœurs, mais molle et paresseuse, et pouvoit à peine contenir les siens, loin de donner de la crainte à ses ennemis. La conquête de la Normandie ayant été achevée au mois d'août, le roi trouva à propos de mener sans retardement en Aquitaine son armée victorieuse et animée de tant de succès : ainsi ayant laissé pour gouverneur dans la province conquise le comte de Richemond, il s'avança dans le Périgord, où il prit Bergerac et Sainte-Foi.

Au printemps de l'année suivante (1452), le comte de Dunois, gouverneur de Guyenne, assiégea Blaye par mer et par terre, prit la ville d'assaut, et le château par composition. Il prit ensuite les forts châteaux de Bourg et de Fronsac, après quoi il assiégea Bordeaux, qui fut réduite à se rendre, si elle n'étoit secourue dans le vingtième de juin : quand ce jour fut arrivé, un héraut sortit de la ville pour appeler l'armée d'Angleterre au secours de Bordeaux, déclarant que faute de ce secours la ville se rendoit. Comme le héraut eut rapporté qu'il ne paroissoit aucune armée, les habitans ouvrirent les portes. Le comte y étant reçu, fit admirer son équité, sa bonne foi, et son sage gouvernement, et tint en paix toute la province.

Il ne restoit plus que Bayonne en la puissance des Anglois. Les comtes de Dunois et de Foix la battirent fort violemment. On a dit qu'il avoit paru en l'air une croix blanche qui avoit servi d'avertissement aux habitans de quitter la croix rouge, qui étoit l'étendard Anglois, pour prendre la croix blanche, qui étoit celui de France. Quoi qu'il en soit, ils se rendirent à des conditions raisonnables. Ainsi l'Aquitaine fut réduite en dix mois de temps à l'obéissance du roi, où elle revint trois cents ans après que Henri II, roi d'Angleterre, l'eut unie à sa couronne, et deux cents ans après que saint Louis eut rendu à Henri III ce que son aïeul Philippe-Auguste y avoit conquis.

Le pape Nicolas V, comme père commun, envoya ses légats avec ordre de traiter la paix entre les deux rois. Charles se montra facile à cette proposition, tant pour épargner le sang chrétien, que pour unir les forces de la chrétienté contre l'ennemi commun, c'est-à-dire, contre le Turc. Le roi d'Angleterre reçut fièrement la légation, et répondit que quand il auroit autant d'avantage sur la France, que cette couronne en avoit sur lui, il commenceroit alors à entendre parler de paix : mais c'étoit en vain qu'il espéroit de recouvrer les provinces qu'il avoit perdues; il en fut bien empêché par les troubles de son royaume, et par les divisions des maisons d'Yorck et de Lancastre.

Nous avons déjà observé qu'elles avoient commencé dès le temps que Richard II fut contraint de céder la couronne à Henri duc de Lancastre. Richard, duc d'Yorck, prétendit que le royaume lui appartenoit ; de là ces inimitiés irréconciliables entre ces deux maisons ; de là les factions de la Rose blanche et de la Rose rouge, qui donnèrent lieu à tant de guerres; Richard, duc d'Yorck, les commença. Ce prince, grand homme de guerre, et entreprenant, crut que la mollesse de Henri VI lui donneroit le moyen de faire valoir les prétentions de sa maison. Il souleva secrètement la province de Kent, dont Cantorbéry est la capitale. Jean Kad, chef de la révolte, à l'instigation du duc, entra dans Londres, suivi d'une infinité de peuple, et demanda au roi quelques-uns de ses conseillers, pour les punir, disoit-il, des désordres qu'ils causoient dans le royaume.

Henri s'étant moqué de cette demande, Kad entra dans la maison du grand trésorier, qu'il fit mourir. Peu après il fut pris et décapité lui-même, et la sédition fut dissipée. Richard, sans se rebuter du peu de succès qu'avoient eu ses premiers desseins, en conçut encore de plus grands, et prit lui-même les armes. Il témoignoit qu'il n'avoit que du respect pour le roi, et qu'il n'en vouloit, disoit-il, qu'au duc de Sommerset, qui opprimoit la liberté du pays, et chargeoit le peuple d'impôts. Le roi cependant marcha contre lui, avec une armée plus forte que la sienne.

Le duc d'Yorck, se voyant peu en état de résister, représenta qu'il ne falloit pas répandre tant de sang pour défendre Sommerset, et que pour lui il étoit prêt à poser les armes, si on l'éloignoit des affaires. En effet, il commanda à tous ses gens de mettre les armes bas, et entra plein de confiance dans la tente du roi. Henri avoit fait cacher Sommerset derrière la tapisserie, pour entendre ce que Richard auroit à dire. Celui-ci, après avoir témoigné au roi le profond respect qu'il avoit pour lui, se mit à invectiver contre Sommerset, l'accusant de tous les désordres du royaume, et répétoit souvent que c'étoit un traître et un ennemi de l'Etat.

A ces mots, Sommerset ému sortit de derrière la tapisserie ; et s'adressant à Richard, il lui soutint que c'étoit lui-même qui étoit un traître ; puis il se mit à représenter toutes les entreprises de ce duc contre le roi et contre l'Etat. Il demandoit au roi s'il étoit utile pour son service de laisser vivre un homme qui prétendoit ouvertement à la royauté. Il ajoutoit que c'étoit de là que venoient les séditions et les guerres civiles, et que jamais le roi n'auroit de repos, jusqu'à ce qu'il se fût défait d'un esprit si remuant.

Henri, persuadé par ces raisons, fit arrêter Richard. L'affaire fut portée au conseil, où le duc de Sommerset persista dans son sentiment, qu'il falloit punir de mort celui qui prétendoit au royaume, et assurer le repos public par le supplice d'un seul homme : mais plusieurs raisons portèrent à prendre un parti plus modéré.

Premièrement on craignoit le peuple, qui étoit porté pour Richard, dont on estimoit la valeur. Chacun étoit touché de la confiance avec laquelle il avoit posé les armes ; et on regardoit cette action comme un témoignage qu'il n'avoit point de mauvais desseins. Outre cela on savoit que son fils Edouard, comte de la Marche, s'avançoit avec une armée considérable, ce qui tenoit le roi en crainte ; et enfin il ne trouva pas à propos de commencer une guerre civile, ni de diviser l'Angleterre, dans un temps où il y avoit quelque espérance de recouvrer la Guyenne.

En effet, ceux de Bordeaux l'avoient fait assurer qu'ils lui livreroient leur ville, s'il leur envoyoit du secours, soit qu'ils eussent conçu ce dessein, parce qu'ils avoient été maltraités de leurs gouverneurs, comme dirent quelques-uns ; soit, ce qui est plus véritable, qu'ils eussent été poussés à ce changement par l'ancienne inclination qu'ils avoient pour les Anglois, ou par la légèreté naturelle de leur esprit.

Sur cette proposition, Henri leur envoya Talbot, ce fameux capitaine, qui avoit fait, vingt-quatre ans durant, la guerre aux François, et que Charles, qui estimoit la vertu, même dans ses ennemis, après l'avoir tenu prisonnier, avoit renvoyé sans rançon.

Talbot, étant arrivé dans le pays de Médoc (1453), s'empara de quelques places ; il s'avança ensuite vers Bordeaux qui lui ouvrit ses portes, et fit prisonnière la garnison françoise. De là il fit des courses dans la Guyenne, où il se saisit de plusieurs forteresses, et entre autres de celle de Castillon en Périgord.

Charles, vivement touché de cette nouvelle, ne perdit point le temps à des regrets inutiles, et songea d'abord au remède. Il partit aussitôt de Tours, et envoya devant lui une grosse armée pour assiéger Castillon. Les deux frères Bureau avoient la conduite du siége. Ils firent leurs tranchées, et dressèrent leurs batteries avec une quantité de canons si prodigieuse, qu'il sembloit que la ville alloit être mise en poudre. Talbot vint au secours de la place. Ceux de dedans ne l'eurent pas plutôt aperçu, qu'ils se mirent à crier que les François trembloient, et fuiroient dès le premier choc. Il marcha sur cette assurance, croyant trouver nos gens en désordre, et prêts à prendre la fuite, s'il tomboit tout d'un coup sur eux ; mais loin d'être étonnés, ils s'étoient mis en bataille derrière leurs retranchemens, et reçurent Talbot avec vigueur.

Cependant notre artillerie faisoit un bruit si effroyable, que la terre en étoit ébranlée. Le cheval de Talbot fut tué, et lui-même, étant tombé, fut percé de coups par un franc-archer. La ville, effrayée des ruines que le canon causoit de tous côtés, demanda à capituler, et se rendit. Charles, accompagné de beaucoup de noblesse, marchoit en diligence pour joindre l'armée, où il ne fut pas plutôt arrivé, qu'il attaqua Cadillac, et après l'avoir emportée, il alla droit à Bordeaux. Il fit sa tranchée autour de la ville ; il en ferma toutes les entrées, et se rendit maître de la Garonne, où il plaça sa flotte. Celle des Anglois y vint aussi, et les deux flottes se trouvèrent en présence, ayant chacune leur fort du côté de la terre.

Les Anglois étoient disposés à nous attaquer, s'ils eussent pu ; mais quoiqu'il y eût dans la place huit mille hommes de guerre, outre les troupes qui étoient sur les vaisseaux, les ennemis n'osèrent rien tenter, durant trois mois que dura le siége. Tous les jours le roi visitoit le camp, encourageoit les soldats, et tenoit tout le monde dans le devoir. La garde se faisoit exactement dans l'armée, et tout y étoit en abondance. Ainsi ceux de dedans, après avoir vainement espéré d'être secourus, se rendirent faute de vivres. Charles fit bâtir deux châteaux pour tenir le peuple en bride ; mais sa justice et le bon accueil qu'il faisoit à tout le monde, servirent plus que toute autre chose à le rendre maître paisible de la ville et de la province. Bordeaux étant repris, à peine resta-t-il aux Anglois aucune place considérable, de sorte qu'ils furent chassés, non-seulement de toute l'Aquitaine, mais encore de tout le royaume, excepté de Calais, qu'on regardoit comme imprenable.

On apprit en même temps la triste nouvelle de la prise de Constantinople par Mahomet II. Ce jeune prince, âgé de vingt-trois à vingt-quatre ans, ne respiroit que la guerre et les conquêtes. Touché de cette passion, il assiégea Constantinople par mer et par terre avec une armée innombrable, et une grande quantité de canons, qu'il sembloit vouloir en un moment foudroyer cette grande ville. Avec tout cet appareil, il étoit prêt à lever le siège, à cause de la vigoureuse défense des assiégés, et on dit qu'il avoit résolu d'élever une colonne, pour écrire dessus qu'aucun de ses successeurs n'attaquât plus cette place, qu'il n'étoit pas possible de forcer : mais un de ses bachas s'opposant à ce lâche conseil, lui représenta la honte qui rejailliroit sur lui et sur toute la nation, de s'en retourner sans avoir rien fait, se trouvant à la tête d'une armée si nombreuse.

Mahomet résolut donc de donner un dernier assaut : il le fit faire pendant la nuit avec un effort extraordinaire. Les chrétiens se défendirent longtemps ; mais Jean Justinien, noble vénitien, et capitaine célèbre en ce temps, qui seul soutenoit le combat, s'étant retiré, peut-être trop tôt, à cause d'une blessure qu'il avoit reçue, les assiégés commencèrent à se ralentir, et ensuite ils lâchèrent pied tout à fait. Les Turcs de leur côté les poussèrent, et renversèrent tout ce qui se présenta devant eux; enfin ils remplirent la ville de viols, de sang et de cris.

L'empereur Constantin fut étouffé parmi la foule, et évita par ce moyen les mépris de son superbe vainqueur. Ainsi cette ville royale, bâtie par Constantin le Grand, pour commander à tout l'univers, fut mise en servitude sous un empereur du même nom. Mahomet y fit sa demeure ordinaire ; et ses successeurs ayant suivi son exemple, à la honte de la chrétienté, y ont établi depuis le siège de leur empire.

Après la reprise de Bordeaux, les guerres civiles se renouvelèrent en Angleterre. Richard recommença à brouiller, et le roi qui marcha contre lui fut battu dans un grand combat, où le duc de Sommerset fut tué, et lui-même blessé d'une flèche à la gorge. Après cette victoire, Richard défait de son ennemi, et ayant affaire à un roi foible, eut l'autorité absolue, et commença à penser à la guerre de France. Il y fut sollicité par un prince françois.

Ce fut Jean, duc d'Alençon, qui, outre qu'il étoit prince du sang, étoit encore allié fort proche du roi, ayant épousé sa nièce, fille d'Isabelle sa sœur, et du duc d'Orléans son cousin. Ce méchant prince, perfide à son roi et à sa patrie, envoya un homme au duc d'Yorck, pour lui donner avis que la Normandie étoit dégarnie de chefs et de soldats, et que tout lui seroit ouvert, s'il y descendoit promptement avec une armée. Pour l'encourager à cette entreprise, il lui représenta que Charles étoit en Guyenne avec toutes ses troupes, et trop éloigné de la

Normandie pour pouvoir la secourir; que la France étoit tourmentée en toutes manières, et prête à se révolter; que le Dauphin étoit hors de la Cour, très-mécontent du roi son père et du gouvernement; que le roi se disposoit à aller lui faire la guerre, ce qui feroit une grande diversion des forces de France; et que le Dauphin étoit résolu à se joindre aux Anglois, s'ils entreprenoient quelque chose; ainsi que tout étoit disposé à faire réussir la conquête qu'il lui proposoit; mais que pour la faciliter encore davantage, il offroit de recevoir les Anglois dans toutes les places qu'il avoit dans la Normandie.

Richard, touché de ces raisons, entra dans tous les desseins du duc d'Alençon, dont la fille devoit épouser son fils, pour sûreté de l'alliance qui devoit être entre les deux princes; mais le crédit du duc d'Yorck ne dura pas assez longtemps pour entreprendre cette affaire. Marguerite excita tellement la jalousie du roi son mari contre la trop grande autorité du duc d'Yorck, que Henri ne songea plus qu'à lui ôter tout crédit, de sorte qu'il fut contraint de se retirer de la Cour.

Le duc d'Alençon persista toujours dans ses desseins, et fit auprès du roi d'Angleterre les mêmes instances qu'il avoit faites auprès du duc d'Yorck. Il n'y avoit rien qu'on ne lui promît; mais l'état des affaires rendoit l'exécution difficile. Pendant cette négociation le Dauphin, qui demeuroit depuis dix ans dans le Dauphiné (1457), fort mécontent du roi son père, et du peu de part qu'il lui donnoit aux affaires, eut avis qu'il étoit irrité contre lui plus que jamais. Charles, ennuyé de sa conduite fâcheuse, et des violences qu'il exerçoit dans le Dauphiné, avoit eu la pensée de le faire prendre, et de donner la couronne à Charles son second fils.

Louis, troublé de ces nouvelles, abandonna secrètement le Dauphiné, et sous prétexte d'aller à la chasse, il se déroba des gens qui l'observoient, pour se retirer auprès du duc de Bourgogne. Ce duc n'étoit pas content du roi, qui, après tant de victoires, voyant son autorité établie, le traitoit avec empire. Ainsi il étoit bien aise de se servir des mécontentemens du Dauphin pour ses intérêts, et de l'avoir en sa puissance. Dans cette espérance, il envoya donc ordre de le recevoir en Brabant, avec les honneurs dus au fils de son souverain.

Lorsqu'il y fut arrivé, il lui assigna une pension convenable à sa dignité, et en même temps il envoya au roi pour lui faire ses excuses. Il disoit qu'il n'avoit pas pu lui refuser l'entrée de son pays; qu'il l'avoit trouvé fort effrayé, principalement de ce qu'on lui avoit ôté tous ses gens, sans lui avoir seulement laissé un seul domestique, à qui il pût se fier; qu'il supplioit le roi son père, que s'il ne pouvoit espérer de gagner ses bonnes graces en demeurant dans le royaume, il lui permit du moins d'aller faire la guerre aux Turcs. Le duc exhortoit le roi à envoyer le Dauphin à cette guerre, et s'offroit d'y servir sous lui avec ses troupes, pourvu que le roi de son côté donnât à son fils ce qui étoit nécessaire.

Charles répondit que le Dauphin avoit eu tort de se retirer de la Cour; que son plus grand avantage étoit d'être bien dans les bonnes graces de son père et de son roi, dont il dépendoit en tout; qu'il ne lui avoit donné congé que pour quatre mois, et qu'il avoit demeuré plus de dix ans en Dauphiné; que cependant il avoit perdu l'occasion de l'assister dans la conquête de la Normandie et de la Guyenne, en quoi il s'étoit fait grand tort à lui-même, et en avoit fait au roi, parce que la gloire d'un père est que ses enfans fassent de louables actions.

A l'égard de ses domestiques, Charles dit qu'il n'avoit garde de lui laisser des personnes qui lui donnoient de mauvais conseils; et quant à ce qu'il proposoit d'aller faire la guerre au Turc, que ce n'étoit qu'un vain prétexte pour s'absenter, et que la prudence ne permettoit pas de dégarnir le royaume de noblesse et de soldats, pendant qu'on avoit la guerre contre les Anglois : il ajouta cependant que si on faisoit la paix, ou une longue trêve, aucun prince chrétien ne seroit plus porté que lui à se déclarer contre l'ennemi commun; ce qu'il feroit toutefois avec le conseil du Pape. Toutes ces lettres ne produisirent aucun effet. Le père et le fils ne se réunirent jamais depuis, et le Dauphin demeura auprès du duc de Bourgogne jusqu'à la mort du roi.

Un peu après la retraite du Dauphin en Brabant, la conspiration du duc d'Alençon fut découverte. Henri le ménageoit tant qu'il pouvoit, pour profiter dans l'occasion de ses avis et de son secours; mais comme l'affaire tiroit en longueur, Charles, ayant eu avis de ce qui se tramoit contre son service, fit arrêter le duc d'Alençon. Il fut longtemps en prison, après quoi Charles se résolut de lui faire faire son procès.

Comme il étoit pair de France, il fallut pour cela convoquer les pairs. Charles les assembla à Montargis, où le parlement fut aussi mandé, et où le roi devoit se rendre avec son conseil; mais depuis, l'assemblée fut transportée à Vendôme. Il ne s'y trouva aucun des pairs laïques; il y avoit une raison particulière pour le duc de Bourgogne, parce que dans le traité d'Arras il étoit stipulé qu'on ne pourroit le contraindre de se trouver dans les assemblées des pairs, nonobstant sa qualité de premier pair : mais il envoya ses ambassadeurs à Vendôme. Le connétable de Richemond, devenu duc de Bretagne par la mort de Pierre son neveu, la femme et les enfans du duc d'Alençon y vinrent aussi, et demandèrent inutilement grace pour ce malheureux prince. Le roi n'y voulut point entendre, et pour procéder au jugement, il établit des pairs à la place des absens.

Les pairs ecclésiastiques, avec plusieurs autres évêques assistèrent à l'interrogatoire, où le duc avoua les trahisons dont il étoit accusé, et se reconnut criminel. Le roi donna arrêt, par lequel de l'avis des seigneurs de son sang, des pairs, et tenans en pairie de sa cour de parlement, suffisamment garnie de pairs, et de son conseil, il déclara le duc d'Alençon criminel de lèse-majesté, le priva de la pairie, et le condamna à mort. Ce jugement étant prononcé, le roi ordonna que l'exécution en seroit différée jusqu'à son bon plaisir. Le criminel fut envoyé en prison à Loches. Alençon et quelques autres terres furent réunies à la couronne. Le reste avec ses biens meubles fut conservé à sa femme et à ses enfans, à la prière du duc de Bretagne son oncle. Le roi d'Angleterre envoya ensuite une ambassade solennelle, pour traiter avec Charles de paix ou de trêve. Loin d'écouter les propositions, il refusa même de voir les ambassadeurs. Les complots avec le duc d'Alençon portèrent le roi à témoigner de l'indignation aux Anglois, dont les affaires d'ailleurs étoient dans un état à leur attirer ce mépris.

Le comte de Varvick, intime ami de Richard, avoit recommencé la guerre civile, et marchoit pour se joindre à lui avec Trolop, fameux capitaine anglois, à qui il n'avoit pas dit son dessein; mais celui-ci, ayant reconnu qu'on vouloit l'employer contre le roi, se rangea de son parti avec tous les siens; ainsi le duc d'Yorck fut défait, et contraint de s'enfuir en Irlande, pendant que Varvick se retira dans son gouvernement de Calais; mais il n'y demeura pas longtemps en repos; et il ramassa des troupes de tous côtés, dont enfin il composa une grande armée. Richard se mit à leur tête, où il combattit quelque temps après, avec une résolution désespérée, comme un homme déterminé à vaincre ou à mourir. Il emporta une pleine victoire, et prit le roi, qu'il enferma dans une prison; alors il déclara hautement que le royaume lui appartenoit; mais le parlement le pria de laisser achever la vie de Henri, et de prendre en attendant le gouvernement, avec assurance de la couronne après la mort de ce prince, même à l'exclusion d'Edouard son fils.

La reine Marguerite ne le laissa pas jouir longtemps du pouvoir que le parlement lui avoit donné. Elle assembla une armée pour délivrer le roi son mari, et le prince son fils. Richard s'avança avec ses troupes, et déjà les armées étoient en présence. En cet état on vint rapporter à Richard qu'Edouard son fils aîné marchoit à grandes journées pour se joindre à lui, et que s'il attendoit cette jonction, la victoire seroit infaillible; il répondit fièrement qu'il ne seroit pas dit que le duc d'Yorck, tant de fois victorieux en France et ailleurs, eût peur d'une femme; ainsi il mit son armée en bataille. La reine en fit autant, et alla elle-même de rang en rang, exhortant les soldats à combattre vaillamment pour la liberté de leur roi; elle fit ensuite donner le signal du combat, et gagna la bataille, dans laquelle Richard et Edmond son second fils furent pris. La reine les fit décapiter, et ordonna qu'on portât leurs têtes au bout d'une lance; elle fit mettre par dérision une couronne de papier sur celle du duc d'Yorck. Cette princesse marcha en même temps contre Varvick, qui venoit de défaire Pembroc, royaliste; et l'ayant battu lui-même, elle délivra le roi. Ensuite, sans perdre de temps, elle alla poursuivre les restes du parti vaincu, et trouvant les troupes bien disposées, elle les mena contre Edouard, fils de Richard.

Ce prince avoit passé à Londres, où tout le monde voulut le reconnoître pour roi ; mais il répondit avec fierté qu'il ne recevroit aucun honneur qu'il n'eût défait la reine, et vengé la mort de son père. Dans ce dessein il étoit sorti rapidement de la ville, roulant dans son esprit la honte de sa maison, et le supplice honteux de son père et de son frère, auquel on avoit joint la dérision et la moquerie. Il sentoit bien que la reine lui destinoit un pareil sort, et trouvoit insupportable qu'une femme eût battu tant de braves gens. Rempli de ces pensées, il marcha contre l'ennemi avec une diligence incroyable.

La bataille se donna près d'Yorck, et fut disputée durant dix heures, avec une extrême opiniâtreté. Comme Edouard remarqua que ses gens étoient ébranlés, il fit crier par toute l'armée, que ceux qui auroient peur pourroient se retirer ; que s'il y en avoit d'assez résolus pour vouloir vaincre ou mourir avec lui, il leur donneroit de grandes récompenses, et en promettoit de pareilles à ceux qui tueroient les fuyards. Sur cela il se jeta le premier au milieu des ennemis, et suivi de tous les siens, il tailla en pièces l'armée de la reine (1460). Henri fut contraint de se retirer en Ecosse, et Marguerite en France. Ce roi malheureux, s'étant déguisé quelque temps après, pour rentrer dans son royaume, afin de voir s'il pourroit rétablir ses affaires ruinées, fut reconnu et mis en prison, où Edouard le tint dix ans. Il se fit couronner à Londres sous le nom d'Edouard IV.

Dans ce même temps on rapporta à Charles que le Dauphin vouloit l'empoisonner, de sorte qu'étant entré en méfiance, il ne voulut plus manger ; et quoi qu'on lui dit, il s'opiniâtra durant plusieurs jours dans cette résolution. Comme les siens, qui le voyoient s'affoiblir, lui remontrèrent en pleurant quelle folie c'étoit de se faire mourir, de peur de mourir ; touché de leur douleur, il fit effort pour manger, mais trop tard : ses boyaux étoient desséchés et rétrécis, de sorte qu'il fallut mourir. Son règne fut glorieux, en ce qu'il chassa les Anglois de France, et recouvra l'empire de ses pères. Il faut imputer à son bonheur qu'il se soit trouvé sous son règne de grands hommes en toutes sortes de professions, et à sa prudence d'avoir su s'en servir, ce qui fait qu'on l'a appelé le Victorieux et le Bien-Servi. Il mourut à Mehun sur Yèvre, le 22 juillet 1461, âgé de soixante ans, après un règne de près de trente-neuf ans.

LIVRE XII.

LOUIS XI (an 1461).

Après la mort de Charles, plusieurs seigneurs du royaume et officiers du parlement de Paris, allèrent trouver Louis en Hainaut, où il étoit avec le duc de Bourgogne. Il confirma les uns, et remit à décider ce qui regardoit les autres, jusqu'à ce qu'il fût à Paris. Ensuite il alla se faire sacrer à Reims, où il fut fait chevalier par le duc de Bourgogne, chose nouvelle, et qui n'avoit point encore été pratiquée, dit Monstrelet, parce qu'on croyoit que les fils de roi naissoient chevaliers. Cependant Charles VII avoit aussi été fait chevalier à son sacre par le duc d'Alençon.

Le jour de son sacre, le duc de Bourgogne le supplia de pardonner à ceux qu'il soupçonnoit d'avoir aigri le roi son père contre lui, ce qu'il promit, à la réserve de sept, qu'il ne nomma point. Ce duc lui fit hommage de toutes les terres qu'il tenoit de la couronne, c'est-à-dire, du duché de Bourgogne, et des comtés de Flandres et d'Artois, en l'assurant de son parfait dévouement. Louis alla ensuite à Paris, où il fut accompagné du duc, et de Charles comte de Charolois son fils.

Il entra dans la conduite de ses affaires avec un esprit de vengeance contre les serviteurs du roi son père, et de mépris pour tout ce qui s'étoit fait sous son règne. Il établit un nouveau conseil, et éloigna les anciens ministres, qui savoient le secret et la suite des affaires, par les services desquels Charles avoit recouvré et affermi son royaume. Il délivra le duc d'Alençon (1462), qui avoit si honteusement trahi l'Etat, sans songer qu'un esprit si pernicieux ne pouvoit lui causer que des brouilleries. Le peu de cas que ce prince faisoit de tout ce qui avoit été réglé sous le règne précédent, fut cause qu'il consentit à casser la Pragmatique-Sanction, que les gens de bien du royaume regardoient cependant comme le fondement de la discipline de l'Eglise gallicane.

Le pape Pie II fit de grandes instances auprès du roi pour cette affaire, et se servit du ministère de Jean Gefroy, évêque d'Arras, homme artificieux et intrigant, qui par le succès qu'il eut dans cette entreprise, se fit cardinal, et le plus riche bénéficier du royaume. Le roi, plus curieux de faire tout ce qu'il voudroit dans son royaume, que d'en conserver les anciennes lois, fut bien aise en cette occasion de ménager la cour de Rome, et de disposer par ce moyen des bénéfices de son royaume, que le Pape donnoit à sa recommandation.

Cependant la Pragmatique ne fut pas entièrement abolie, parce que le Pape avoit différé l'exécution de ce qu'il avoit promis, qui étoit de tenir un légat en France pour y donner les bénéfices, sans qu'il fût besoin de porter de l'argent à Rome pour l'expédition. Le roi aussi de son côté ne fit point passer au parlement la déclaration qu'il donna ; ainsi la Pragmatique subsistoit encore en quelque façon : mais à Rome on la tint pour abolie, et en France elle perdit beaucoup de sa force.

Louis, en éloignant ceux qui lui avoient déplu du vivant de Charles VII, parut vouloir témoigner aussi qu'il se souvenoit de ses amis. Il donna une grosse pension au comte de Charolois, et le fit gouverneur de Normandie, où il ordonna qu'il fût reçu comme sa propre personne. En même temps qu'il traitoit si bien le comte, il fut sur le point de se brouiller avec le duc son père. Il avoit résolu de défendre dans la Bourgogne de donner du secours à Édouard, parce qu'il soutenoit Henri VI, qui avoit épousé Marguerite d'Anjou sa parente. Il vouloit aussi établir la gabelle en Bourgogne ; le duc, averti de ses desseins, lui envoya le seigneur de Chimay, pour lui en faire ses plaintes (1463). Le roi fut longtemps sans vouloir lui donner audience ; mais enfin Chimay le rencontra dans un passage, et lui fit les remontrances de son maître.

Le roi lui demanda si le duc étoit d'une autre espèce que les autres princes, pour ne lui pas obéir : Chimay reprenant la parole : « Oui, Sire, pour vous, lui dit-dit ; car il vous a soutenu contre le roi votre père, ce que pas un autre n'a fait, ni n'eût osé faire. » Le roi témoignant qu'il étoit fâché d'une réponse si hardie, Chimay repartit que s'il l'avoit oubliée, il seroit revenu de cinquante lieues pour la lui faire, et rappeler en sa mémoire ses anciens amis, qu'il sembloit avoir oubliés.

En ce temps, Marguerite, reine d'Angleterre, travailloit à mener du secours au roi Henri son mari, qui s'étoit échappé de sa prison, et avoit été reçu en Ecosse. Louis donna à cette princesse deux mille hommes d'armes, commandés par Pierre de Brezé, seigneur de la Varenne, qui avoit le principal crédit auprès du roi Charles. On dit qu'il lui avoit donné cet emploi pour le faire périr ; cependant il fit d'assez grands progrès ; mais le secours qui devoit venir d'Ecosse ayant manqué, la reine fut obligée de se sauver, avec Édouard son fils, et la Varenne. Comme ils s'étoient égarés dans une grande forêt, ils furent pris par des voleurs, qui pillèrent tout ce qu'ils avoient. Ils étoient même près de les tuer, sans la querelle qui survint entre eux, pour le partage du butin ; cela donna lieu à la reine de s'échapper de leurs mains, et de se cacher dans le fond de la forêt, où ne sachant comment emmener son fils, elle dit fort résolument à un voleur qu'elle trouva à l'écart :

« Tiens, porte et sauve le fils de ton roi ; » ce qu'il fit sans difficulté. Ensuite elle aborda dans les terres du duc de Bourgogne, qui la reçut avec respect, lui donna deux mille écus, et la fit conduire auprès du roi René son père. Pour Henri, l'impatience l'ayant fait sortir d'un château où il s'étoit caché quelque temps, il fut pris, et de nouveau renfermé dans la tour de Londres.

Cependant Louis songeoit à retirer les places de la rivière de Somme, et les autres qui étoient engagées à Philippe pour quatre cent mille écus d'or, par le traité d'Arras : pour cela il faisoit le plus d'épargne qu'il pouvoit, et se retranchoit toutes choses, excepté la dépense de la chasse, qu'il aimoit avec passion. Il étoit vêtu fort simplement, et aimoit à voir tout le monde vêtu de même. Il emprunta de l'argent de tous côtés, pour faire cet important rachat, et après avoir trouvé la somme dont il avoit besoin, il se rendit à Hesdin, où Philippe le reçut avec le respect qu'il lui devoit, et lui rendit de bonne foi toutes les places.

Pendant qu'on travailloit à ce traité, Louis avoit fait un voyage vers les frontières d'Espagne, pour terminer la guerre qui s'étoit élevée entre les rois de Castille et d'Aragon, au sujet de la Navarre. Le roi d'Aragon, qui avoit besoin d'argent, engagea alors à Louis XI les comtés de Roussillon et de Cerdagne pour la somme de trois cent soixante mille écus d'or, à faculté de rachat; et Louis, étant arrivé à Bayonne, fut choisi pour arbitre des différends des deux rois; mais son jugement ne fut agréable ni à l'un ni à l'autre.

La conférence qu'il eut ensuite sur les bords de la rivière de Bidassoa, avec Henri IV roi de Castille, ne fit que donner naissance à la haine et à la jalousie des deux nations françoise et espagnole, si étroitement unies jusqu'à ce temps. La pompe et la magnificence des Castillans excita la jalousie des François, et la simplicité de ceux-ci n'inspira que du mépris aux Castillans. Car Louis, qui, selon Comines, *se mettoit si mal, que pis ne pouvoit*, et qui ne sentoit pas assez combien l'éclat extérieur dans les jours de cérémonie rehausse la grandeur des princes aux yeux de la multitude, sembloit encore avoir affecté ce jour-là plus de simplicité qu'à son ordinaire.

Le roi de Castille passa la rivière de Bidassoa, qui séparoit les deux royaumes, et vint trouver le roi Louis, au château d'Urtubie, sur les terres de France. Les Castillans, qui avoient étalé ce jour-là toute leur magnificence, ne purent s'empêcher de témoigner leur surprise de trouver Louis et toute sa Cour dans une simplicité qui les révolta. Car le roi étoit vêtu d'un méchant habit court, ce qui étoit indécent alors, et avoit un chapeau qui n'étoit remarquable que par une Notre-Dame de plomb qui y étoit attachée (1464). Mais si Henri et ses courtisans furent choqués du peu de splendeur qui accompagnoit le roi de France, celui-ci ne le fut pas moins de la mine basse et du peu de génie de Henri, dont il s'aperçut bientôt, dans le peu de temps qu'ils conversèrent ensemble. Ainsi les deux rois se séparèrent l'un de l'autre, avec un égal mécontentement.

Le comte de Charolois fut très-fâché du rachat des villes de Picardie, et s'en prit à Croy, qui avoit, disoit-il, donné un si mauvais conseil à son père. Il se servit de ce prétexte pour l'éloigner de la Cour, au grand déplaisir du duc, qui ne pouvoit souffrir que son fils entreprît de lui faire la loi; mais étant vieux et caduc, il fut contraint de céder. Le roi eut avis que Louis de Luxembourg, comte de Saint-Pol, avoit traité contre lui avec le duc de Bretagne, et quelques autres princes, avec lesquels on soupçonnoit que le comte de Charolois s'entendoit. Sur cela le comte de Saint-Pol fut ajourné au parlement, où il ne comparut qu'au troisième défaut, après avoir ménagé sa paix avec le roi, sans jamais lui vouloir promettre d'abandonner les intérêts du comte de Charolois.

Une affaire plus importante brouilla tout à fait ce comte avec le roi. Le bâtard de Rubempré étant débarqué en Hollande, avec quarante ou cinquante hommes, gens déterminés, fut arrêté par Olivier de la Marche, gentilhomme du comte de Charolois, qui étoit alors dans ce pays. On disoit que Rubempré avoit des ordres secrets pour mener le comte au roi, mort ou vif. Le roi envoya Morvilier, chancelier de France, au duc de Bourgogne, pour lui redemander le bâtard, et l'obliger à livrer la Marche, qui avoit répandu des bruits préjudiciables à son honneur. Le duc répondit assez fièrement que la Marche étoit du comté de Bourgogne, qui ne relevoit pas du roi, et que le bâtard avoit été arrêté dans la Hollande, qui n'étoit pas moins indépendante. Le comte de Charolois ayant voulu parler, Morvilier lui dit que ce n'étoit point à lui qu'il avoit affaire, et qu'il étoit envoyé pour demander justice du manque de respect dont il étoit coupable envers le roi. Le comte demanda au duc son père la permission de se justifier, et l'ayant obtenue, il parla longtemps un genou en terre fort judicieusement, et sans passion, ce qui plut fort au duc.

Morvilier étant prêt à se retirer, le comte lui dit avec fierté que le roi lui avoit bien fait laver la tête; mais qu'il s'en repentiroit avant qu'il fût un an, et qu'il vouloit bien l'en avertir. On vit bien en cette occasion que l'aigreur seroit irréconciliable entre les deux princes, et qu'elle ne finiroit que par la mort de l'un ou de l'autre. On croyoit cependant que le caractère doux et modéré du duc de Bourgogne réprimeroit, tant qu'il vivroit, l'impétuosité de son fils.

François, duc de Bretagne, étoit très-lié alors avec le comte de Charolois, ce qui déplaisoit infiniment au roi, qui résolut de l'en faire repentir, et de chercher une occasion d'attaquer la Bretagne. Il se plaignit que ce duc dans ses lettres s'intituloit, *duc, par la grâce de Dieu*. Le roi regarda ces termes, qui sembloient exclure toute dépendance, excepté de Dieu, comme une innovation préjudiciable à son droit de souveraineté sur la Bretagne, et dont il n'avoit été permis de se servir à aucun duc ou comte feudataire de la couronne de France.

En effet, Charles VII son père avoit défendu en 1442 au comte d'Armagnac de se dire comte d'Armagnac par la grâce de Dieu ; et si le duc de Bourgogne, pendant les troubles de son royaume, avoit employé la même formule, il avoit obtenu pour cela, en 1449, le consentement du même roi, pour continuer de le faire, et avoit déclaré qu'il ne prétendoit pas par là donner aucune atteinte à la souveraineté que nos rois avoient sur le duché de Bourgogne, et sur ses autres Etats, mouvans de la couronne de France.

Le roi étant donc allé à Tours où les seigneurs étoient assemblés par son ordre, il leur proposa les justes sujets de plainte qu'il avoit contre le duc de Bretagne, qu'il accusa d'avoir conspiré contre l'Etat, et les obligea à le suivre dans la guerre qu'il entreprenoit contre lui : mais le duc avoit pris ses sûretés ; il s'étoit ligué avec le comte de Charolois et le duc de Bourbon. Cette ligue fut appelée la *ligue du Bien public*, parce que les princes ligués publièrent d'abord un manifeste (1465), par lequel ils déclaroient, selon la coutume ordinaire des rebelles, qu'ils ne prenoient les armes que pour le bien de l'Etat et le service du roi, dans le dessein d'éloigner d'auprès de lui ceux qui lui donnoient de mauvais conseils ; à cela ils ajoutoient cette plainte si commune en ces occasions, que la noblesse étoit opprimée, les peuples ruinés par de nouveaux impôts, et enfin tout le royaume accablé.

En effet, la France étoit pleine de mécontens, à cause que le roi innovoit beaucoup de choses contre les coutumes anciennes, et faisoit des exactions extraordinaires, et même ce qu'il avoit ordonné sur la Pragmatique, si chérie par le clergé, par les parlemens et les universités, n'avoit pas peu contribué à lui aliéner les esprits. Il se fit une secrète négociation, par laquelle les ligués attirèrent à leur parti Charles, duc de Berry, frère du roi, qui, outre qu'il étoit jeune, et facile à persuader, à cause de la légèreté de son esprit, étoit encore mal satisfait du petit apanage qu'il avoit, et du mauvais traitement qu'il prétendoit recevoir du roi son frère.

Dans ces dispositions, la Cour se trouvant à Poitiers, il s'échappa, sous prétexte d'aller à la chasse, et se retira chez le duc de Bretagne. Plusieurs seigneurs accoururent pour se joindre à lui, principalement les vieux serviteurs du roi son père, que Louis avoit maltraités, c'est-à-dire les plus accrédités du royaume, et les plus versés dans les affaires. Il fut fort étonné, quand il apprit cette nouvelle, et commença à sentir le tort qu'il avoit d'avoir écouté sa colère, qui lui avoit fait perdre tant de braves gens, que leurs longs services sous le roi son père lui devoit faire considérer. Il songea d'abord à Paris, où il envoya des personnes affidées, et entre autres, Jean de la Balue, nommé évêque d'Evreux, qui avoit beaucoup de pouvoir sur son esprit. Mais voyant que, parmi les princes rebelles, le duc de Bourbon étoit tout ensemble le plus malicieux et le plus foible, il résolut d'entrer dans ses terres, pour le faire servir d'exemple, et jeter la terreur dans tout le parti.

Après avoir ravagé le Bourbonnois, il vint assiéger le duc dans Riom, place de la basse Auvergne, où il étoit avec plusieurs autres princes. Alors on lui rapporta que le comte de Charolois se préparoit à entrer dans ses terres. Il avoit trouvé moyen d'attirer le duc son père dans le parti, et sans qu'il entrât dans le fond de l'affaire, ni se doutât qu'elle dût aller aux dernières extrémités, il ne laissa pas de dire à son fils, qu'il allât hardiment, et qu'il ne demeureroit pas, faute de cent mille hommes.

Le comte, plein de confiance, marchoit droit à Paris, se disant lieutenant du duc de Berry, et publiant partout qu'il ôteroit les impôts ; lui et les siens ne parloient que du bien public, qui étoit le prétexte de leur ligue, appelée pour cette raison, comme je l'ai dit, *la ligue du Bien public*. Le roi n'avoit garde d'abandonner la capitale du royaume, dont l'exemple auroit entraîné les autres villes. Ainsi il reçut à composition le duc de Bourbon, et les autres princes, sous promesse qu'ils ne serviroient jamais contre lui, et marcha sans retardement contre le comte.

Il alla d'abord à Paris pour y mettre l'ordre nécessaire. Le comte de Saint-Pol, qui commandoit l'avant-garde du comte de Charolois, avoit paru en bataille auprès de cette ville, pour intimider les esprits. Louis, après avoir ordonné à Paris ce qu'il trouva bon, alla au-devant de l'ennemi, résolu de ne point combattre, parce qu'il étoit le plus foible. Mais les deux armées s'étant rencontrées à Montlhéry, Brézé, sénéchal de Normandie, qui commandoit l'avant-garde, engagea le combat, sans se soucier de la défense du roi, et paya par sa mort la peine de sa témérité.

La gendarmerie du comte de Charolois voulut combattre à la manière des Anglois, et mit pied à terre. Elle ne réussit pas de cette manière, et remonta à cheval ; mais ayant perdu du temps, elle fut repoussée, et retomba sur les archers, qu'elle mit en désordre. D'un autre côté les Bourguignons chargèrent en flanc les troupes de Louis, qui attaquoient l'artillerie, et en tuèrent beaucoup. On fuyoit des deux côtés avec une vitesse incroyable ; et on peut dire que ce qui parut le plus de part et d'autre, dans cette bataille, ce fut la terreur.

Les deux princes combattirent fort vigoureusement. Le roi étoit partout, soutenant et encourageant les siens ; le comte fut blessé de plusieurs coups, pris et dégagé. L'effroi fut si grand dans son armée, qu'on eût pu très-aisément la défaire ; mais il n'y avoit personne pour l'attaquer. Toute la perte des deux côtés fut environ de trois mille hommes.

Le roi perdit plus de cavalerie, c'est-à-dire, plus de noblesse que de soldats, et au contraire, le comte plus de soldats que de noblesse. Les princes demeurèrent sur le champ de bataille, tâchant de rallier leurs gens; beaucoup de ceux du parti du comte étoient d'avis de recommencer le combat. Le comte de Saint-Pol étoit d'un sentiment contraire, ne trouvant point d'apparence de hasarder l'armée entre le roi et les Parisiens, qui pourroient venir en très-peu de temps.

Comme on étoit dans ce doute, on apprit que le roi s'étoit retiré à Corbeil, ce qui répandit beaucoup de joie dans cette armée; et tel qui mouroit de peur auparavant, commença à crier plus haut que tous les autres qu'il falloit donner. Le comte, voyant que le roi s'étoit retiré, publia que la victoire étoit à lui, et dès ce temps toutes ses inclinations furent changées. Il commença à aimer la guerre, qu'il n'aimoit guère auparavant; il se crut le plus grand capitaine de l'univers; il n'écouta plus de conseil que par manière d'acquit, et ne suivoit que son propre sens.

Cette pensée fut la cause de sa ruine; ce qui arrive ordinairement à ceux qui ont si bonne opinion d'eux-mêmes. Le comte entra dans Montlhéry, et il y vécut avec beaucoup d'ordre, pour ne point irriter les peuples. Cependant les princes abordoient de toutes parts, entre autres le duc de Berry, le duc de Bretagne, et ce perfide duc d'Alençon, que Louis s'étoit tant hâté de délivrer. Dès les premiers entretiens que le comte eut avec le duc de Berry, il s'aperçut qu'il trembloit, et qu'il étoit homme à l'abandonner; de sorte qu'il résolut de s'accorder avec Edouard, roi d'Angleterre, quoique par son inclination il fût plus porté pour Henri VI. Mais le roi, qui étoit venu à Paris, voyant que les ennemis étoient plus forts que lui, tâcha de gagner le peuple, en confirmant les priviléges de la ville, et en diminuant les impôts.

Il écouta Guillaume Chartier, évêque de Paris, qui lui remontra qu'il devoit établir un bon conseil; et pour contenter les Parisiens, il y appela six bourgeois, six conseillers du parlement, et six personnes de l'université. Cependant il ne laissoit pas de faire de grands emprunts sur les officiers, et les contraignoit au paiement avec assez de violence; mais ses affaires le demandoient, et il les apaisoit d'ailleurs. Il alloit même dans les assemblées particulières des dames, tant de la Cour que de la ville; il se trouvoit à leurs festins, où il disoit ce qui s'étoit passé à Montlhéry, et comme il y avoit été abandonné; il le racontoit d'une manière si touchante, qu'à peine ceux qui l'écoutoient pouvoient-ils retenir leurs larmes: mais en même temps il ajoutoit qu'il mettroit bien le comte à la raison, et qu'il alloit pour l'exterminer.

Ainsi, dans l'état fâcheux de ses affaires, il flattoit tout ensemble et encourageoit le peuple. Le roi, après avoir mis le meilleur ordre qu'il put dans Paris, alla en Normandie, que le duc de Bourbon tâchoit de révolter contre lui. Sa présence rassura les villes et la noblesse; il sut cependant que les princes qui avoient sommé Paris de se rendre au duc de Berry, avoient écrit à la ville et à tous les corps, pour les inviter à des conférences pour traiter la paix, et qu'ils avoient nommé des députés pour cela. Il étoit indigné de ce qu'ils vouloient faire la paix indépendamment de lui; de sorte qu'il résolut de venir à Paris, et s'il ne pouvoit y entrer, de se retirer chez les Suisses, ou chez Francisque Sforce, duc de Milan, son ami particulier; tant étoit grande l'extrémité où il se trouvoit réduit.

Il avoit conclu un traité avec ce duc, avant la guerre du *Bien public*, en le reconnoissant duc de Milan, au préjudice des droits légitimes de Charles duc d'Orléans, qui étoit fils de Valentine de Milan, sœur du dernier duc de Milan Philippe-Marie : celui-ci n'avoit laissé qu'une fille bâtarde, que Francisque avoit épousée. Louis, pour l'engager encore davantage dans ses intérêts, lui avoit cédé l'Etat de Gênes, à condition qu'il en feroit hommage à la France.

Le roi étant enfin entré dans Paris, rompit d'abord les conférences, et chassa cinq ou six des députés. Mais ensuite il renoua lui-même les traités, et il eut une entrevue avec le comte de Saint-Pol, qui eut la hardiesse de lui demander des otages, et de le faire sortir de la ville pour lui parler dans la plaine. Il se résolut même de parler en particulier au comte de Charolois. Pour cela il alla le long de la rivière en bateau, et approchant du côté de Conflans, où il avoit son quartier; aussitôt qu'il l'eut aperçu, il lui tendit la main, et lui demanda s'il y avoit sûreté; le comte lui donna toutes sortes d'assurances. Le roi descendit à terre, et en abordant le comte, lui dit qu'il le reconnoissoit pour gentilhomme, et de la maison de France; le comte demanda pourquoi : le roi reprit aussitôt : « C'est, dit-il, que quand ce fou de Morvilier vous parla si hautement de ma part, quoique sans mon ordre, vous lui dites qu'assurément je m'en repentirois avant que l'an fût passé : vous m'avez tenu parole, et j'ai sujet en effet d'être fort fâché de tout ce qui se fit alors. »

Il sentit que ce discours flattoit le comte, et en même temps il ajouta, que c'étoit avec de telles gens qui savoient tenir leur parole qu'il vouloit avoir affaire, et que pour cela il étoit venu traiter lui-même avec lui. Les princes commencèrent ensuite à s'entretenir fort librement entre eux de la paix. Charles demandoit pour le duc de Berry la Normandie, pour lui-même les places de Somme, et encore quelques autres, et pour le comte de Saint-Pol la charge de connétable. Il ajouta quelque chose sur le bien public, mais seulement pour la forme, et pour sauver en quelque façon le prétexte de leur ligue.

Le roi trouvoit ces propositions fort rudes ; mais surtout il ne pouvoit se résoudre à donner la Normandie, province si voisine et si importante, à son frère, qui avoit l'esprit si léger, et sous le nom duquel il pouvoit se faire des cabales si dangereuses. Il se retira sans rien accorder, mais cherchant toujours en lui-même les moyens de faire la paix. Le comte n'en étoit pas éloigné, tant à cause que les vivres commençoient à lui manquer, qu'à cause aussi que les Liégeois, anciens ennemis de sa maison, avoient fait alliance avec le roi, et qu'il désiroit se venger des outrages que lui avoient faits ceux de Dinant, quand, au temps de la bataille de Montlhéry, on leur eut rapporté qu'il avoit été défait.

Pendant les négociations le roi fut informé que le château de Rouen avoit été livré au duc de Bourbon par trahison, que la ville s'étoit rendue, et que toute la Normandie demandoit un duc. Aussitôt qu'il eut cet avis, il retourna au comte, et lui dit que la paix étoit faite. Il lui raconta ce qui s'étoit passé en Normandie, et conclut enfin que, puisque les Normands vouloient un duc, il vouloit bien leur donner son frère. Ainsi la paix fut arrêtée aux conditions que le comte avoit proposées.

Le roi s'appliqua plus que jamais à détacher d'auprès du duc les anciens serviteurs du roi son père, qui s'étoient attachés à lui. Il entendoit mieux que personne de telles négociations; il connoissoit parfaitement tout ce qu'il y avoit de personnes considérables, non-seulement dans son royaume, mais encore parmi les étrangers; il étoit instruit de leurs talens, de leurs humeurs et de leurs intérêts, et savoit se servir d'eux dans l'occasion. Son frère lui rendit hommage de son nouveau duché, et le comte de Saint-Pol, de l'office de connétable. Le comte de Charolois alla prendre possession des villes qui lui avoient été cédées, et le duc de Normandie alla à Rouen avec le duc de Bretagne.

Ils n'y furent pas plutôt arrivés, que la division se mit entre eux pour le partage du butin, et ils pensèrent même en venir aux mains. Aussitôt que le roi le sut, il entra dans la Normandie, tant pour profiter de la division, que pour l'entretenir et pour l'augmenter; car il étoit un excellent maître dans ces sortes d'artifices. Il eut d'abord une conférence avec le duc de Bretagne; comme ils ne songeoient qu'à se tromper mutuellement, ils firent un traité que ni l'un ni l'autre n'entendit: mais comme Louis étoit le plus fort, et qu'il savoit mieux prendre ses avantages, plusieurs places se remirent sous son obéissance. Ensuite s'étant avancé jusqu'au Pont-de-l'Arche, Rouen même se rendit, et le nouveau duc fut contraint de prendre la fuite.

Cependant le comte de Charolois, qui faisoit la guerre aux Liégeois (1466), étoit fort fâché de voir que le roi reprit la Normandie; mais il ne pouvoit secourir le duc de si loin, pendant l'hiver, d'autant plus que lui-même avoit été battu par les Liégeois. Ainsi, quelque dessein qu'il eût, il fut prévenu par la diligence du roi, qui, à la réserve de quelques places qui devoient demeurer au duc de Bretagne, occupa toute la province, et en donna le gouvernement au connétable. Il se servit beaucoup du duc de Bourbon dans cette conquête. Alors les deux ducs s'aperçurent de la faute qu'ils avoient faite, et se réconcilièrent, mais trop tard.

Charles se retira auprès du duc de Bretagne, où il fut sans considération, parce que le roi son frère avoit débauché tout ce qu'il y avoit d'habiles gens auprès de lui, et se les étoit assurés. Le comte de Charolois poursuivoit toujours sa pointe contre ceux du pays de Liége; il assiégea Dinant. Le duc son père l'avoit assiégé quelque temps auparavant; mais comme il étoit vieux et cassé, il se lassoit bientôt des fatigues de la guerre; ce qui donna moyen à ceux de Dinant de le gagner par argent, et lui faire abandonner l'entreprise. Il n'en fut pas de même de son fils, qui pressa tellement la ville, qu'elle fut emportée de force, et mise au pillage.

Ceux de Liége arrivèrent le lendemain au secours, et le comte se préparoit à les combattre; on n'en vint pourtant point aux mains; les deux armées étant en présence, la paix fut conclue, et les Liégeois donnèrent au comte trois cents otages, pour sûreté de la fidélité inviolable qu'ils lui promettoient.

Environ dans ce même temps, le roi, qui, comme nous avons déjà dit, avoit promis à Pie II d'abolir la Pragmatique-Sanction, pressé par Paul II, et sollicité par Jean de la Balue, évêque d'Evreux, donna ses lettres à un légat pour achever cette affaire; elles passèrent sans contradiction au Châtelet. L'évêque d'Evreux fut envoyé par le roi pour les porter au parlement pendant les vacations; mais il y trouva Jean de Saint-Romain, procureur général, qui s'y opposa vigoureusement, et soutint avec force la nécessité des élections canoniques.

Ce prélat l'ayant menacé que le roi lui ôteroit sa charge, il lui répondit que le roi étoit le maître, mais que pour lui, jamais il ne feroit rien contre sa conscience, ni contre le bien de l'État. Il reprocha même à Balue qu'étant évêque, il se rendoit le promoteur d'une affaire si pernicieuse à l'Eglise. Le recteur, et l'université de Paris se présentèrent devant le légat, pour lui déclarer qu'ils appeloient au futur concile de tout ce qui s'étoit passé. Ainsi les choses demeurèrent encore en suspens, et l'évêque ne laissa pas d'être élevé au cardinalat qui lui avoit été promis.

Le roi, après avoir réduit la Normandie, songeoit à battre le duc de Bretagne et le nouveau duc de Bourgogne, Charles, comte de Charolois, qui avoit succédé à son père Philippe, mort à Bruges, le 15 juin 1467. Mais ce dernier étant trop puissant, il résolut d'attaquer l'autre, comme le plus foible; et il crut qu'il trouveroit d'autant plus de facilité, que les Liégeois avoient rompu leur traité, et avoient exercé des hostilités contre le duc de Bourgogne : ce prince mit en délibération dans son conseil s'il ne feroit point mourir leurs otages; enfin, malgré l'avis de plusieurs de ses conseillers, il prit un parti plus doux, et leur pardonna. Il n'en étoit pas moins résolu d'exterminer cette ville, qui lui avoit tant de fois manqué de parole.

Dans cette conjoncture, le roi lui envoya pour ambassadeurs le cardinal de la Balue, et le connétable de Saint-Pol, afin de l'obliger à abandonner le duc de Bretagne : il lui fit dire que s'il persistoit à le secourir, il donneroit aussi secours aux Liégeois; si au contraire il l'abandonnoit, il abandonneroit aussi les Liégeois, quoiqu'ils fussent ses alliés. Le duc refusa la proposition, et marcha contre les Liégeois, qu'il défit dans une grande bataille, après laquelle ils furent contraints de lui ouvrir les portes de leur ville. Il fit payer aux Liégeois une grande somme d'argent, en fit mourir cinq ou six des plus séditieux, et rasa leurs murailles.

Le roi voyant ces progrès, s'avança de son côté avec une grande armée vers les terres du duc de Bretagne, à qui le duc d'Alençon se joignit, et lui offrit toutes ses places. Louis faisoit la guerre assez mollement, il ne prit que quelques châteaux; et il aimoit mieux finir les affaires par la négociation, qu'en hasardant des combats. D'ailleurs, il craignoit beaucoup le duc de Bourgogne; ainsi il tournoit tout son esprit à détacher le duc de Bretagne d'avec son frère.

Il y réussit, de sorte que le duc de Normandie fut obligé de se contenter de soixante mille livres de rente, que le roi devoit lui faire payer, jusqu'à ce que son apanage eût été réglé par des princes à qui il devoit s'en rapporter. Les deux ducs envoyèrent donner avis de ce traité au duc de Bourgogne, qui en fut extraordinairement surpris. Louis, qui appréhendoit qu'il ne traversât ses desseins, s'appliquoit à le gagner par toute sorte d'adresse. Il lui accorda six vingt mille écus d'or, dont il paya la moitié comptant; et comme il espéroit le faire entrer dans ses desseins, pourvu qu'il parlât lui-même, il lui envoya demander une conférence à Péronne. Le duc ne put la refuser, et lui envoya le saufconduit qu'il demandoit.

Sur cette assurance il se rendit à Péronne (1468), sans faire réflexion que les ambassadeurs qu'il avoit envoyés aux Liégeois pour les exciter contre le duc, pouvoient avoir terminé cette affaire avant qu'il eût fini les siennes avec lui : en effet les ambassadeurs de Louis réussirent si bien auprès des Liégeois, que ceux-ci avoient pris les armes, et enlevé Tongres au duc de Bourgogne. A cette nouvelle, le duc entra en fureur, fit arrêter le roi, et le renferma dans un logis, d'où il voyoit la tour où le comte de Vermandois avoit tenu en prison un roi de France (c'étoit Charles le Simple) jusqu'à la mort. Il faisoit continuellement des plaintes très-violentes contre le roi, en parlant toujours avec menaces, et le traitant rudement, de sorte que s'il eût trouvé de la complaisance parmi les siens, il y avoit apparence qu'il se seroit porté jusqu'à entreprendre sur sa vie.

Le roi sentit bien le péril où il étoit, et ne s'oublia pas lui-même dans une occasion si importante : il n'épargna ni les promesses ni l'argent, pour gagner ceux qui approchoient de Charles. Ce fut en ce temps que Philippe de Comines se détacha de ce prince, pour entrer dans les intérêts du roi, dont il a été depuis un des principaux confidens, et dont il a si sagement écrit l'histoire. Nous avons encore des lettres patentes de Louis XI, par lesquelles il reconnoît que ce sage gentilhomme lui avoit rendu de grands services dans le danger où il étoit alors, lui donnant les avis de tout ce qui se passoit, et de ce qu'il y avoit à faire. D'un autre côté, le cardinal de la Balue, que le roi avoit élevé si haut, s'entendit avec le duc contre un si bon maître.

Enfin il se fit un traité honteux pour Louis, par lequel entre autres choses, il devoit donner pour apanage à son frère, la Champagne et la Brie, et fut contraint de suivre contre les Liégeois ses alliés, le duc qui alloit les accabler. Le duc alla assiéger la ville, menant après lui Louis, qu'il conduisoit comme en triomphe, et à qui il faisoit faire tout ce qu'il vouloit. Les assiégés, indignés de ce que le roi les avoit abandonnés, résolurent de le tuer, lui et le duc de Bourgogne; pour cela ils sortirent de nuit au nombre de six cents hommes, et par des chemins détournés, ils approchèrent fort près du quartier des princes.

Le bruit qu'ils firent en s'amusant à tuer ceux qu'ils trouvoient endormis sur leur passage, réveilla les archers de la garde du roi, qui les repoussèrent dans la place. Ils se défendirent assez bien, pour des gens qui n'avoient point de chefs. A la fin ils furent pris d'assaut; la ville fut pillée et brûlée, et le duc eut bien de la peine à sauver l'église de Saint-Lambert, qui étoit la cathédrale.

Le roi, pendant tout le siége, ne faisoit que louer le duc de Bourgogne, présent et absent; il admiroit sa hardiesse, et le mettoit au nombre des plus grands capitaines qui eussent jamais été. Cinq ou six jours après la prise de Liége, le roi dit au duc qu'il ne l'épargnât pas, s'il avoit encore affaire de lui, et qu'il le suivroit volontiers partout; mais que s'il ne lui étoit plus utile en rien, il seroit bien aise d'aller à Paris, pour faire publier la paix au parlement.

Le duc l'ayant accordé, il lui demanda ce qu'il donneroit à son frère, en cas que l'apanage dont il étoit convenu ne lui plût pas; il lui répondit qu'il s'en rapporteroit à ce qu'ils feroient ensemble, pourvu que le duc de Normandie fût content.

Le roi qui avoit connu la trahison du cardinal de la Balue, songea à l'éloigner des affaires (1469), et commença à lui en parler avec beaucoup de réserve et de froideur. Celui-ci sentit bien qu'il étoit perdu, s'il ne trouvoit moyen de brouiller, pour se rendre nécessaire. Les affaires de Charles, frère du roi, lui en fournirent bientôt l'occasion.

Louis ne désiroit rien avec tant d'ardeur que de l'empêcher d'avoir la Champagne et la Brie, provinces si voisines du duc de Bourgogne, duquel il pouvoit tirer de si grands secours, et tomber si facilement sur lui; mais plus il le désiroit, moins il le faisoit paroître. Il tâchoit par toutes sortes de moyens de gagner ceux qui gouvernoient son frère, et lui faisoit sous main offrir la Guyenne, province beaucoup plus grande et plus considérable que la Champagne et la Brie.

Charles étoit assez porté à l'accepter; mais le duc de Bourgogne travailloit secrètement à l'en détourner, et le cardinal entra dans cette affaire. Il y avoit à la cour un prélat que le roi y avoit attiré. C'étoit l'évêque de Verdun, qui se vantoit de gouverner le duc de Normandie; mais comme il avoit promis plus qu'il ne pouvoit tenir, le roi en fai-

faisoit peu d'état. Le cardinal le fut trouver, et lui proposa de faire entre eux une parfaite union, lui faisant voir que s'ils pouvoient mettre la division entre les deux frères, ils trouveroient moyen de se faire valoir, et rétabliroient leurs affaires.

Dans ce dessein, ils écrivirent à Charles qu'il se gardât bien de condescendre à la volonté du roi, qui lui offroit la Guyenne; que le roi ne craignoit rien tant que de le voir voisin du duc de Bourgogne, et qu'il trouveroit mille moyens de le perdre, s'il s'éloignoit d'un ami qui lui étoit si nécessaire. Au reste, que le roi ne demandoit rien tant que sa perte, et qu'encore, depuis peu de jours, ayant appris que le roi d'Espagne avoit perdu son frère, il avoit dit qu'il ne manquoit qu'une pareille fortune à son bonheur.

Les lettres furent surprises, et le roi, sans perdre de temps, fit arrêter le cardinal et l'évêque. Il envoya deux conseillers du parlement pour les interroger. Le cardinal avoua le fait, et dit qu'il avoit espéré de rentrer dans les affaires par ces brouilleries. Louis donna aussitôt avis à son frère de ce qui s'étoit passé : il lui fit dire qu'il lui étoit indifférent qu'il prît la Champagne ou la Guyenne; mais qu'il regardât seulement de quelles gens il se servoit. Charles accepta la Guyenne, et délivra le roi d'une grande crainte.

Les deux frères se virent ensuite sur une rivière d'Anjou, une barrière entre deux. Le duc demanda pardon au roi, à genoux; et le roi lui ayant fait remarquer combien sa conduite étoit contraire à ses véritables intérêts, et à ceux du royaume, ajouta qu'il lui pardonnoit d'autant plus volontiers, qu'il n'avoit pas agi par son mouvement.

A l'égard du cardinal et de l'évêque, Louis envoya à Rome deux conseillers du parlement, pour y maintenir le droit qu'il avoit de prendre connoissance d'un crime de cette qualité, même contre un cardinal. Cependant il le fit enfermer dans une cage de fer, dont l'évêque de Verdun avoit été l'inventeur, et il ne fut délivré qu'après onze ans de prison, à la prière du Pape.

Après l'accommodement du duc de Guyenne, tout étoit paisible dans la France; car le roi ne vouloit point de guerre contre le duc de Bourgogne, ni lui prendre tantôt une place et tantôt une autre; mais soulever tout d'un coup, s'il eût pu, tous ses Etats contre lui.

Cependant le connétable (1470), qui voyoit la diminution de sa charge dans le temps de paix, et qui savoit d'ailleurs que si le roi étoit en repos, il tourneroit son esprit à humilier les grands, fit tout ce qu'il put pour l'engager dans une guerre difficile : pour cela il vint lui représenter le mauvais état des affaires du duc de Bourgogne; il l'assura qu'il lui prendroit aisément Saint-Quentin, parce que cette place étoit au milieu de ses terres, et qu'il lui révolteroit outre cela une grande partie de ses villes, où il avoit des intelligences.

Le roi, dont les desseins cachés étoient conformes à cette proposition, se laissa persuader, et pour déclarer la guerre avec plus de solennité, il assembla les Etats généraux, et représenta à cette assemblée les sujets de mécontentement qu'il avoit contre le duc. On résolut, du commun consentement des Etats, qu'il seroit ajourné pour comparoître au parlement; le roi savoit que le duc répondroit avec hauteur, et que ce seroit un nouveau sujet de plainte. Le duc n'y manqua pas, et aussitôt le connétable entra dans ses terres.

Il prit d'abord Saint-Quentin, dont il reçut le serment pour le roi; peu après il s'empara de Montdidier et de Roye; l'armée vint ensuite devant Amiens, le duc n'étoit point encore entré dans cette ville, parce qu'il ne vouloit y entrer que le plus fort, ce que les bourgeois n'avoient jamais voulu permettre; ainsi, comme ils flottoient entre le roi et le duc, quand ils virent l'armée du roi si près d'eux, ils se rendirent à lui.

Cependant le connétable, qui ne vouloit point donner à Louis une victoire entière sur son ennemi, mais balancer les choses, afin de se maintenir entre les deux princes, porta le duc de Guyenne à demander Marie (1471), fille unique et héritière du duc de Bourgogne, et tâcha de faire entendre au dernier qu'il n'avoit que ce seul moyen pour rétablir ses affaires.

Le duc n'avoit garde de la lui donner, parce qu'il vouloit la proposer à tous les princes de l'Europe, pour tâcher par ce moyen de les attirer à son parti; cependant il entretenoit le duc par de belles paroles qui n'aboutissoient à rien. Durant ces négociations, l'armée du roi défit en Bourgogne celle du duc, qui de son côté prit Péquigny, fort château de Picardie. Il vint ensuite se poster entre Amiens et Dourlens, où il se retrancha selon sa coutume, dans un poste avantageux. Il y fut environné par notre armée, et tellement pressé, qu'à la fin il eût été obligé de se rendre à discrétion. Dans cet état il écrivit au roi, pour lui demander une trêve d'un an; et le roi qui n'aimoit pas les longues affaires, l'accorda volontiers, au grand déplaisir du connétable, qui haïssoit le duc de Bourgogne, parce qu'il n'avoit point donné sa fille au duc de Guyenne.

Au milieu de tant de guerres civiles, la France eût pu recevoir de grandes incommodités du côté de l'Angleterre; mais les troubles du dedans les empêchèrent de rien entreprendre au dehors. Un peu après la déroute de la reine Marguerite, dont nous avons parlé, Edouard, voyant que Louis seul étoit capable de rétablir la maison de Lancastre, songea à s'accommoder avec lui : il lui envoya à cet effet le comte de Varvick, pour demander en mariage Bonne de Savoie, sœur de la reine de France.

Pendant que le comte travailloit à cette négociation et à l'union des deux rois, Edouard, qui donnoit tout à sa passion, épousa une demoiselle d'Angleterre, dont il devint amoureux. Varvick fut si indigné de ce qu'il s'étoit ainsi moqué de lui, que dès lors il résolut de le perdre, quand il en auroit l'occasion. Louis tâcha en vain de renouer avec

Edouard, de peur qu'il ne se joignît au duc de Bourgogne; mais Edouard se déclara pour ce duc, qui même épousa sa sœur; et quoique son inclination le portât pour Henri, comme nous avons dit, son intérêt l'unit avec Edouard.

Dans la suite des temps, il se fit une émeute considérable dans la province de Galles, qui donna lieu à Varvick d'exécuter son dessein, et de se venger d'Edouard. Il se mit à la tête des séditieux, et s'étant déclaré pour le roi Henri, il défit Pembroc, un des généraux d'Edouard. Il donna une seconde bataille, où il défit Edouard lui-même, et le prit prisonnier; mais ce prince s'échappa de sa prison, et ayant rassemblé des troupes, il chassa Varvick d'Angleterre.

Ce comte ayant voulu se retirer à Calais, dont il étoit gouverneur, Vaucler, son lieutenant, lui ferma la porte. Il vint en France, où Louis lui promit du secours pour rétablir ses affaires. Cependant Edouard passoit sa vie à la chasse, dans les jeux, et parmi les femmes, sans songer que Varvick dût revenir, malgré les avertissemens que le duc de Bourgogne lui donnoit continuellement; de sorte que Varvick l'ayant surpris, se rendit maître de l'Angleterre en onze jours, contraignit Edouard de se réfugier chez le duc de Bourgogne, et remit Henri sur le trône.

Dès le temps de la déroute d'Edouard, le duc avoit déclaré qu'il n'avoit pas besoin de lui pour maintenir la paix avec l'Angleterre, parce qu'il avoit eu la précaution de faire mettre dans le traité, qu'il étoit fait avec le roi et le royaume. Il ne laissa pourtant pas de le recevoir, et lui donna du secours, non pas à la vérité autant qu'Edouard en espéroit, mais autant qu'il put dans la nécessité de ses affaires; car la guerre étoit alors fort échauffée contre Louis, qui venoit de lui enlever Saint-Quentin et Amiens.

Edouard avec ce secours retourna à Londres, où il fut fort bien reçu, pour trois raisons. La première, parce qu'il avoit un fils fort aimé des peuples; la seconde, qu'il devoit beaucoup aux marchands, qui craignoient de perdre leurs dettes; à quoi on ajoute que les femmes qu'il avoit aimées lui avoient gagné leurs maris. Il marcha contre Varvick, et lui donna bataille le jour de Pâque. Là, le duc de Clarence abandonna Varvick, ce qui mit le trouble dans son armée; le combat ne laissa pas d'être opiniâtre, mais à la fin Varvick fut vaincu.

Il restoit encore à vaincre Henri et la reine, qui avoient une grande armée; Edouard victorieux les défit: leur fils Edouard, prince de Galles, périt dans cette occasion; le roi et la reine furent pris, et leur armée mise en fuite. Edouard envoya Marguerite en France, et remit Henri dans la tour de Londres, où il le fit mourir quelque temps après. Ainsi il demeura paisible, et recouvra en vingt jours le royaume qu'il avoit perdu en onze.

Cependant le duc de Guyenne sollicitoit toujours son mariage avec la princesse de Bourgogne; et, poussé par le connétable, il le pressa si vivement, qu'il fut contraint de la lui promettre. Il avoit néanmoins fait la même promesse au duc de Savoie, au duc de Lorraine, et au duc Maximilien d'Autriche, fils de l'empereur Frédéric, à qui la princesse avoit écrit par ordre de son père, et lui avoit envoyé un diamant : ce dernier l'eut à la fin ; mais ce ne fut qu'après la mort du duc, qui durant toute sa vie ne songeoit qu'à trafiquer de sa fille, et non à la donner à qui que ce soit.

Le mariage du duc de Guyenne avec une si grande héritière inquiétoit Louis, qui ne craignoit rien plus que de voir son frère si puissant. Edouard n'étoit pas moins embarrassé, parce qu'il voyoit que ce duc seroit trop redoutable à l'Angleterre, s'il venoit au royaume de France après l'avoir augmenté de tant de provinces. Il avoit tort de se tourmenter à chercher des difficultés dans ce mariage, où le duc en cherchoit plus que tous les autres ensemble.

C'étoit la coutume du roi d'entretenir la paix avec ses ennemis, tandis que son intérêt le demandoit, et il en avoit un alors qui l'obligeoit de s'accommoder avec le duc : leur accord enfin fut résolu, à condition que le roi rendroit au duc Amiens et Saint-Quentin, et lui abandonneroit le connétable ; et Charles aussi de son côté devoit abandonner les ducs de Guyenne et de Bretagne. L'accommodement n'eut point son effet, par la mort inopinée du duc de Guyenne. On soupçonna le roi de l'avoir fait empoisonner (1472). Quelques historiens rapportent qu'on l'avoit entendu parler à une petite Notre-Dame (Notre-Dame de Cléry), qu'il honoroit superstitieusement, et lui demander pardon du traitement qu'il avoit fait à son frère ; « mais, ajoutoit-il, c'étoit un brouillon, et qui eût troublé le royaume tant qu'il eût vécu. »

Aussitôt après la mort du duc, le roi, sans perdre de temps, alla en Guyenne, et s'en rendit maître. Il fit aussi avancer une grande armée du côté de la Bretagne, pour tenir le duc en crainte. A l'égard du duc de Bourgogne, Louis se soucia fort peu de la paix faite avec lui. Charles, qui étoit hautain et colère, voyant que le roi parloit froidement de la paix, entra dans une fureur extrême, et brûla tout le pays voisin de ses terres. Il assiégea Beauvais, qu'il pensoit emporter d'assaut, et résolut d'y mettre le feu ; étant repoussé, il brûla tout le pays jusqu'aux portes de Rouen, et prit quelques places, qu'on reprit facilement pendant l'hiver, quand il se fut retiré.

Cependant le roi gagna Lescun, homme de qualité et de mérite, qui avoit été au duc de Guyenne, et qui gouvernoit le duc de Bretagne, non qu'il estimât ce duc, qui avoit peu de sens et de vertu ; mais un si puissant prince, manié par un tel homme, étoit à craindre. La paix fut conclue entre les deux princes, moyennant une grosse pension, que le roi accorda au duc, qui de son côté renonça à l'alliance d'Angleterre et de Bourgogne.

Lescun eut pour récompense un gouvernement, et le comté de Cominges. Le duc reçut avec respect l'ordre de Saint-Michel, institué par le roi, qu'il avoit refusé un peu auparavant. Aussitôt que le duc de Bourgogne vit que le duc de Bretagne avoit fait son accommodement avec le roi, il fit aussi une trêve, durant laquelle il y eut de grands pourparlers pour perdre le connétable. Le roi le haïssoit et le craignoit; et le duc n'étoit pas moins son ennemi, quoiqu'il lui fît toujours bonne mine, et qu'il s'entretînt avec lui, dans l'espérance de retirer Saint-Quentin.

Il se tint une assemblée à Bouvines, pour convenir des moyens de le perdre (1474). Il en fut bientôt averti, et pour prévenir le mal qui le menaçoit, il fit représenter au roi combien il pouvoit lui être utile contre les desseins ambitieux du duc de Bourgogne. Sur cela Louis trouva à propos d'interrompre les conférences de Bouvines : mais le traité étoit achevé, quand l'ordre arriva de surseoir, et on étoit convenu que le connétable seroit déclaré ennemi des deux princes, avec tous ceux qui lui donneroient du secours, et que le premier qui pourroit le prendre, seroit tenu de le faire mourir dans huit jours, ou de le remettre à l'autre. On donnoit au duc Saint-Quentin, Ham et Bohain et tous les meubles du connétable, et on devoit se joindre pour l'assiéger dans Ham, où il avoit accoutumé de se retirer.

Voilà ce qu'on avoit arrêté, quand les ordres du roi arrivèrent; mais les ambassadeurs étoient de si bonne intelligence, qu'ils ne firent aucune difficulté de se rendre les uns aux autres les traités signés. Le connétable demanda au roi une entrevue qui devoit se faire en pleine campagne, une barrière entre deux, et des gardes de part et d'autre. Il prenoit pour prétexte la malice de ses ennemis, dont il disoit qu'il avoit tout à appréhender. La proposition étoit hardie pour le connétable, et honteuse pour le roi; mais croyant la chose utile pour ses intérêts, il s'y résolut malgré toutes ces considérations.

La conférence se fit comme elle avoit été projetée. Ce spectacle étonna tous ceux qui y assistèrent : un si grand roi paroître avec son sujet et son officier, chacun ayant ses gendarmes, de même qu'il se pratique entre deux souverains; c'est ce qui choquoit tout le monde, et le connétable en eut honte. Il passa du côté du roi, mais sans rien rabattre de sa fierté; il croyoit le roi timide, et il ne se trompoit pas; mais il devoit considérer que ce prince, craintif et circonspect de son naturel, savoit bien quand il falloit craindre, et que hors de là il ne manquoit point de prendre ses avantages.

Le connétable lui parla assez longtemps, et ensuite publia partout, ou par persuasion, ou par artifice, qu'il étoit le mieux du monde dans les bonnes graces du roi. Il ne songeoit pas ce que c'étoit que de faire craindre son maitre, et traiter d'égal avec lui. Dans ce même temps, Louis maria Anne, sa fille aînée, à Pierre de Bourbon, comte de Beaujeu. Le duc de Bourgogne se mit alors en possession du duché de Gueldres, et voici comment il lui vint. Arnoul, duc de Gueldres, avoit un fils nommé Adolphe, qui, trouvant que son père régnoit trop longtemps, entreprit de le déposséder, et fut assez inhumain pour l'enlever par force, et le faire marcher après lui cinq lieues d'Allemagne, à pieds nus, dans un temps froid ; il l'enferma ensuite dans un cachot.

Toute la chrétienté eut horreur de cette action ; le Pape et l'empereur obligèrent le duc de Bourgogne à entreprendre la délivrance d'Arnoul, ce qu'il fit à peu près dans le même temps que le roi reprit Amiens. Il ne laissoit pas de favoriser sous main Adolphe, et pour lui faire plaisir, il proposa que le père auroit la ville de Grave pour sa retraite, avec six mille florins, et le titre de duc, et que le fils auroit le commandement sous le nom de gouverneur.

A cette proposition, ce fils dénaturé répondit (j'ai horreur de le rapporter), que plutôt que d'y consentir, il aimeroit mieux avoir jeté son père dans un puits, la tête la première, et y être jeté après lui ; au reste qu'il y avoit quarante-quatre ans que son père régnoit, et que c'étoit à présent son tour.

Après une réponse si brutale, Adolphe, ne pouvant souffrir le regard des hommes, se sauva, et ayant été repris où il s'étoit caché, il fut mis en prison, et Arnoul rétabli dans ses Etats, qu'il laissa par testament au duc de Bourgogne, ne voulant pas laisser impunie l'énorme ingratitude de son fils. Pour Adolphe, il fut en prison durant toute la vie du duc de Bourgogne, après quoi il fut tué à Tournay, et fut aussi malheureux qu'impie et méchant.

Le duc de Bourgogne, glorieux de sa nouvelle acquisition, ne songeoit plus qu'à s'en mettre en possession. La trêve avec la France alloit expirer, et plusieurs conseilloient au roi de ne la pas continuer, et de ne permettre pas à son ennemi d'augmenter sa puissance et ses Etats, en y joignant le duché de Gueldres : on lui représentoit qu'il avoit pour prétexte que le fils vivoit encore, et qu'il n'étoit pas juste que pour son ingratitude le duché passât dans une autre maison.

Ceux qui connoissoient mieux l'humeur du duc de Bourgogne donnoient bien d'autres conseils. Ils disoient au roi que ce duc étoit d'un esprit ambitieux, vaste et immodéré, qui concevoit des desseins au delà de ses forces et de sa vie ; qu'il falloit le laisser engager dans les affaires d'Allemagne, dans lesquelles il ne manqueroit pas de se jeter à la première occasion, sous prétexte de la proximité de ses Etats ; que cela le mettroit insensiblement dans des embarras extrêmes ; et qu'enfin, le plus grand mal qu'on pouvoit lui faire dans les occurrences actuelles, étoit de le laisser agir à sa volonté. Le roi suivit ce dernier avis, et il lui réussit.

Une contestation, s'étant élevée au sujet de l'archevêché de Cologne, entre un prince de la maison de Hesse, et un palatin du Rhin, le duc de Bourgogne ne manqua pas de s'y mêler, et il prit le parti du palatin. Il s'imaginoit déjà avoir subjugué Cologne, et tout le Rhin, jusqu'en sa comté de Hollande ; car il n'espéroit rien moins, et dans ce dessein il assiégea Nuits. Cependant ceux de Cologne et les autres villes voisines, secoururent Nuits d'hommes et d'argent, et coupèrent les vivres au duc, qui, avec la plus belle armée du monde, se trouva par ce moyen fort embarrassé.

Lorsque le roi le vit engagé, et qu'il commençoit à s'opiniâtrer au siége de cette place, il remontra à l'empereur et à tous les princes de l'empire la nécessité qu'il y avoit de la secourir, et leur promit vingt mille hommes pour les y exciter davantage; cependant il n'avoit pas trop envie de les donner.

L'empereur employa sept mois à lever une armée; car il lui fallut ce temps pour remuer tous les électeurs et tout le corps de l'empire. Il s'alla ensuite poster devant Nuits, avec beaucoup plus de forces que le duc n'en avoit, et il envoya demander au roi les vingt mille hommes qu'il avoit promis; autrement qu'il feroit son accommodement.

Le roi l'entretint d'espérance, et pendant ce temps-là il traitoit de paix ou de trêve avec le duc, pour empêcher les Anglois d'entrer dans le royaume, pendant que le roi d'Angleterre, qui étoit prêt à passer la mer, le sollicitoit à abandonner une si vaine entreprise, pour se jeter sur la France. Le duc, contre l'avis de tous ses amis, s'obstinoit à continuer un siége qui lui faisoit perdre l'occasion d'entreprendre des choses plus utiles à ses desseins. Le roi, au contraire, profitoit du temps; et pendant que le duc consumoit inutilement ses forces, il lui suscitoit de tous côtés des ennemis.

A sa sollicitation, René, duc de Lorraine, lui envoya déclarer la guerre jusque dans son camp, et entra en même temps dans le duché de Luxembourg. Il unit aussi contre lui les Suisses et les villes de dessus le Rhin, et procura encore un traité entre Sigismond, duc d'Autriche, et les Suisses, pour retirer le comté de Ferrète. C'est un canton de la haute Alsace, dans le voisinage de Bâle, qui étoit alors engagé au duc pour cent mille florins.

Le gouverneur ayant été surpris par une attaque inopinée, les Suisses lui firent trancher la tête, et soumirent tout le comté au duc d'Autriche. D'un autre côté ils prirent Blamont, et Louis entra dans la Picardie après la fin de la trêve. Il l'auroit volontiers continuée, parce qu'il aimoit à faire les affaires à coup sûr, et à voir agir les autres, plutôt que d'agir lui-même; mais comme il ne vit aucune apparence que le duc continuât la trêve, il prit Montdidier, Roye et Corbie (1475), et, ce qui fut indigne d'un si grand roi, il les fit brûler contre la capitulation.

La terreur de ses armes se répandit aussitôt dans les pays du duc de Bourgogne, et tout étoit prêt à lui céder. Le connétable eut peur de ces grands progrès; et comme il voyoit sa perte assurée, s'il laissoit ruiner le duc, il donnoit au roi divers faux avis, qui ne tendoient qu'à l'amuser. Tantôt il lui faisoit entendre que l'empereur étoit d'accord avec le duc de Bourgogne, et que tous deux s'étoient ligués contre lui; tantôt il l'avertissoit que le roi d'Angleterre alloit descendre en

Normandie. Il lui donna même l'alarme si chaude, que le roi alla promptement dans cette province, où il trouva tout tranquille, et nulles nouvelles des Anglois.

Cependant l'empereur se décourageoit devant Nuits, et Louis pour le raffermir lui envoya proposer de confisquer sur le duc de Bourgogne, les terres dépendantes de l'empire, pendant qu'il confisqueroit celles qui dépendoient de la France : de sorte que la dépouille d'une si puissante maison se partageroit entre eux deux. L'empereur n'étoit pas si habile que Louis ; mais une longue expérience lui avoit appris à régner. Il répondit par une fable, à celui que le roi lui avoit envoyé.

Quelques débiteurs, lui dit-il, avoient dit à leur créancier, qui les pressoit, qu'ils alloient tuer un grand ours qui ravageoit tout le pays, qu'ils le paieroient de sa peau, et de ce qu'on leur donneroit pour récompense ; ensuite, étant allés à la chasse, et ayant trouvé l'ours plus tôt qu'ils ne s'y étoient attendus, l'un étoit monté sur un arbre, l'autre s'en étoit enfui du côté de la ville, et le troisième avoit fait le mort, parce qu'il savoit que cet animal laissoit les corps morts sans y toucher. L'ours ayant tenu longtemps son museau sur le visage et autour des oreilles de ce prétendu mort, passa son chemin, et le laissa. Les deux fugitifs revinrent, et demandèrent à leur compagnon ce que l'ours lui avoit dit en lui parlant si longtemps à l'oreille : « Il m'a dit, répondit-il, qu'il ne falloit point marchander de la peau de l'ours avant que de le tenir. » Il ajouta que le roi n'avoit qu'à envoyer ses vingt mille hommes, et quand on auroit pris les terres du duc, qu'alors il seroit temps de les partager.

Cependant le connétable, qui se défioit également de Louis et de Charles, traitoit avec tous les deux : quand il avoit peur du roi, il promettoit à Charles de rendre Saint-Quentin ; et quand sa crainte étoit passée, il se moquoit de ceux à qui il avoit promis de rendre la place.

D'un autre côté, le roi lui ayant mandé d'assiéger Avesnes, il s'y détermina avec beaucoup de peine ; mais aussitôt après il leva le siège, et dit au roi pour excuse, qu'il n'étoit pas en sûreté de sa personne, et qu'il savoit que Louis avoit donné des ordres pour l'assassiner. Cette parole donna du soupçon au roi, et lui fit voir que quelqu'un avoit trop parlé.

Quoi qu'il en soit, il n'est que trop vrai que ce prince étoit capable de pareilles entreprises, et qu'il craignoit étrangement le connétable. Tous les jours il en recevoit ou lui envoyoit quelques messages ; et quoique souvent trompé, il s'attachoit à le ménager, dans la crainte où il étoit qu'un homme si dangereux ne fortifiât le parti de ses ennemis, en leur donnant quelques places.

Le duc de Bourgogne n'étoit guère moins embarrassé devant Nuits. Il se piquoit d'honneur d'emporter cette place, et aimoit mieux voir périr son armée, que de lever le siége. A la fin, pressé d'un côté par le roi, qui étoit entré dans la Picardie, et de l'autre par le roi d'Angleterre, il se résolut à la retraite, après avoir été plus d'un an devant Nuits ; et pour sauver son honneur, il consentit que la place fût remise entre les mains du légat du Pape, qui étoit alors auprès de lui, pour traiter de l'accommodement. S'il eût attendu quinze jours, les habitans eussent été contraints de se rendre à lui, la corde au cou. Le duc se vantoit partout que la plus belle armée que l'empire eût jamais faite, ne l'avoit pu obliger à lever le siége.

En ce même temps le roi d'Angleterre aborda à Calais, d'où il envoya déclarer la guerre à Louis, par un héraut, qui lui apporta une lettre, par laquelle il lui mandoit qu'il lui rendît le royaume de France, sinon qu'il étoit résolu de le recouvrer par les armes.

Louis prit le héraut en particulier, et lui dit, qu'il savoit bien qu'Edouard ne lui avoit point déclaré la guerre par son propre mouvement, mais qu'il y avoit été porté par le duc de Bourgogne ; qu'il s'étonnoit fort qu'il se joignît à un prince qui venoit de ruiner ses forces devant Nuits, et qu'à l'égard du connétable, sur qui il se fioit tant, il étoit aisé de voir qu'il ne chercheroit que les moyens de le tromper. Après lui avoir dit ces paroles, il lui fit donner de l'argent, et lui en promit davantage, s'il trouvoit moyen de jeter quelques propositions de paix.

On le vit ensuite sortir de son cabinet avec un visage content ; ce n'est pas qu'il ne sentît de grandes inquiétudes, car il se voyoit assailli de toutes parts. Il savoit que le duc de Bretagne avoit promis de se joindre au roi d'Angleterre, et que le connétable souleveroit le plus de monde qu'il pouvoit contre lui ; mais il craignoit encore plus du côté de son Etat, qu'il connoissoit disposé à la révolte, que du côté de l'ennemi. Parmi tant de fâcheuses pensées, il parut avec un air libre, tirant à part, selon sa coutume, tantôt l'un et tantôt l'autre, et leur parlant gaiement, pour ne point effrayer la Cour et les peuples.

Il est bon de considérer pour quelle raison il craignoit si fort ses sujets, et pourquoi on lui voyoit rechercher la paix par des manières qui sembloient si basses. Il savoit qu'il étoit haï des grands ; son humeur jalouse le portoit naturellement à les humilier, et de plus il n'ignoroit pas les cabales formées par le duc de Bourgogne et le connétable. Il n'étoit pas plus aimé du peuple, qu'il chargeoit extraordinairement, parce que l'argent qu'il répandoit pour avoir partout des intelligences, et les armées prodigieuses qu'il entretenoit, l'obligeoient à des dépenses infinies. Car comme il appréhendoit le hasard des combats, surtout depuis la journée de Montlhéry, il faisoit ses armées si fortes, qu'à peine pouvoient-elles être battues.

Ce prince étoit même haï de ses domestiques, quoiqu'il fût très-libéral à leur égard ; mais ils ne pouvoient avoir de confiance en lui, à cause de son esprit défiant et variable. Enfin, il préféra d'être craint à être aimé; et il craignoit à son tour que ses peuples ne cherchassent l'occasion de se soulever contre lui. C'est pourquoi, mal assuré du dedans, il évitoit, autant qu'il pouvoit, d'avoir des affaires au dehors.

Aussitôt que le duc de Bourgogne eut appris que le roi d'Angleterre avoit passé la mer, il l'alla trouver sans aucunes troupes; car il avoit envoyé son armée pour se rafraîchir dans le Barrois, et aussi pour se venger du duc de Lorraine, qui s'étoit déclaré son ennemi de gaieté de cœur. Les Anglois trouvèrent son procédé fort mauvais; car ils s'étoient attendus à lui voir commencer la guerre trois mois avant leur arrivée; et ils pensoient que par ce moyen ils auroient meilleur marché du roi qu'ils trouveroient affoibli. Ils croyoient du moins que le duc seroit en état de les joindre à leur descente avec des troupes. Au lieu de cela ils voyoient, qu'après avoir perdu tant de temps à Nuits, il amusoit encore les restes de son armée dans le Barrois, et laissoit passer le temps d'agir.

Telles étoient les causes du mécontentement des Anglois; mais il augmenta beaucoup dans la suite. Le connétable envoya dire au duc de Bourgogne qu'il n'avoit pu lui rendre Saint-Quentin jusqu'alors, parce qu'il auroit perdu toute considération en France, et qu'il auroit été incapable de gagner personne au parti; mais que la guerre alloit alors commencer tout de bon, et que le roi d'Angleterre étoit arrivé, qu'il étoit prêt à faire ce qu'il voudroit. Sur ces paroles le roi et le duc s'avancèrent vers Saint-Quentin.

Les Anglois s'attendoient qu'on sonneroit les cloches à leur arrivée, et qu'on viendroit les recevoir en cérémonie; mais ils furent bien surpris d'être reçus à grands coups de canon, et avec de rudes escarmouches à pied et à cheval. Ils se retirèrent fort confus, et le duc alla rejoindre ses troupes. Le roi d'Angleterre ayant fait réflexion sur le mauvais état des affaires, sur l'imprudence du duc de Bourgogne, et sur le peu de troupes qu'il avoit, parut disposé à faire la paix, parce que d'ailleurs la saison étoit fort avancée.

Sur ces entrefaites les Anglois prirent un valet d'un gentilhomme de la maison du roi; on le mena au roi d'Angleterre, qui le renvoya après l'avoir interrogé. Deux seigneurs anglois, l'un appelé Havart, l'autre Stanley, le prièrent de les recommander au roi son maître, s'il pouvoit lui parler. Lorsqu'il fut arrivé à Compiègne, où le roi étoit, il demanda à lui parler, pour affaire d'une extrême conséquence, et lui dit ce qu'on lui avoit commandé.

Le roi douta d'abord de sa fidélité, parce que le frère de son maître étoit en Bretagne, bien traité du duc. Il se souvint cependant que le héraut en partant lui avoit conseillé d'envoyer à Edouard, et de s'adresser aux deux seigneurs qui avoient parlé à ce valet. Il commença à rêver profondément sur ce qu'il avoit à faire, et se mit à table fort pensif, comme il lui arrivoit souvent.

Après être demeuré quelque temps en cet état sans rien dire, il appela Comines, à qui il fit connoître ses intentions, et lui commanda de lui amener un certain valet qu'il lui marqua. Son dessein étoit d'envoyer ce valet en habit de héraut au roi d'Angleterre.

Comines ayant fait sa commission, vint rapporter à Louis qu'il lui avoit trouvé fort mauvaise mine, et de là prit occasion de lui représenter qu'il falloit envoyer un homme de plus grande qualité; mais le roi ne voulut point y entendre, et instruisit ce valet, dont il avoit connu le bon sens, pour lui avoir parlé une seule fois par hasard.

Il prit donc un habit de héraut, et s'adressa à Havart et à Stanley, selon l'ordre qu'il en avoit. Etant présenté au roi, il lui fit d'abord les excuses de Louis, au sujet de la protection qu'il avoit donnée à Varvick; il assura qu'en cela son maître avoit eu dessein de s'opposer non à Edouard, mais au duc de Bourgogne; qu'au reste ce duc n'avoit engagé Edouard dans cette guerre que pour son propre intérêt, et pour faire plus facilement son accord avec Louis; que les autres vouloient aussi aller à leurs fins, et abandonneroient le roi d'Angleterre, aussitôt qu'ils auroient fait leurs affaires; qu'enfin, si Edouard vouloit, son maître enverroit des ambassadeurs pour faire la paix à des conditions qui contenteroient lui et son royaume.

Ainsi le valet exécuta prudemment ce que le roi lui avoit commandé; il lui rapporta aussi de bonnes paroles, et l'assura qu'il pouvoit envoyer des ambassadeurs pour la paix, quand il lui plairoit.

Les armées n'étant qu'à quatre lieues l'une de l'autre, les conférences furent commencées dès le lendemain. Les affaires furent réglées presque dès le premier jour; le roi d'Angleterre demandoit qu'on lui donnât soixante et douze mille écus comptant; qu'on décideroit le mariage du dauphin Charles, encore enfant, avec la fille du roi d'Angleterre; que Louis donneroit la Guyenne, pour l'entretien de la future dauphine, ou cinquante mille écus qui seroient envoyés chaque année à Londres pendant neuf ans : qu'au bout de ce terme, le Dauphin et la Dauphine jouiroient paisiblement du revenu du duché de Guyenne; et que le roi seroit quitte de ce paiement envers le roi d'Angleterre : c'est ainsi que Philippe de Comines parle de ce traité.

Quand le roi eut entendu ces propositions, il conçut de grandes espérances; il savoit que le roi d'Angleterre, prince adonné à ses plaisirs, se lasseroit bientôt de la guerre; il étoit d'ailleurs au fait de ses justes mécontentemens, de sorte qu'il ne doutoit point de la paix. Il en parla à son conseil, et leur témoigna qu'il feroit toutes choses pour l'avoir, excepté de donner des terres; mais que plutôt que d'en venir là, il mettroit tout au hasard.

Cependant il continuoit d'envoyer au connétable pour l'adoucir, et aussi de peur qu'il ne livrât aux Anglois quelques-unes de ses places. Le connétable, de son côté toujours inquiet, et se souvenant de Bouvines, lui envoyoit tous les jours quelqu'un des siens en grand secret.

Le roi prit alors la résolution de se servir de ses envoyés, pour le faire mieux connoître au duc de Bourgogne.

Il avoit auprès de lui le seigneur de Contai, intime confident du duc, qu'il avoit pris prisonnier, et qui alloit souvent sur sa parole porter les propositions du roi à son maître, et de son maître au roi. Il appela Contai, et le fit cacher derrière une tapisserie, pour entendre les propositions que lui feroient les envoyés du connétable.

Ils lui dirent que le duc étoit en fureur contre le roi d'Angleterre, et qu'ils avoient été envoyés pour le prier non-seulement d'abandonner les Anglois, mais même de les piller. Là-dessus ils se mirent à contrefaire le duc, à frapper comme lui du pied contre terre, à le faire jurer par saint George, et dire à Edouard mille injures, l'appelant borgne, et y ajoutant toute sorte de moquerie; enfin ils n'oublioient rien pour représenter son humeur violente et impétueuse.

Le roi cependant éclatoit de rire, et feignant d'être un peu sourd, les obligeoit à répéter et à parler plus haut, afin que Contai entendit tout, et comme on se moquoit de son maître : eux qui ne demandoient pas mieux, recommençoient volontiers, augmentant toujours quelque chose, pour mieux divertir le roi.

Au milieu de leur discours, ils dirent au roi que le connétable lui conseilloit de faire une bonne trêve avec les Anglois, et de leur donner quelques petites places pour passer l'hiver. Il s'imaginoit par ce moyen les consoler du refus qu'il leur avoit fait de Saint-Quentin, et les apaiser aux dépens du roi.

Louis ne leur répondit rien, et après les avoir fait assez discourir, il les renvoya, en leur disant qu'il feroit savoir ses intentions à son frère. Il appeloit ainsi le connétable, parce qu'il avoit épousé la sœur de la reine Charlotte de Savoie. Aussitôt il accourt, en riant, à Contai qu'il trouva dans la disposition qu'il souhaitoit, c'est-à-dire, fort irrité de ce qu'on se moquoit de son maître et des traités. Il le dépêcha en diligence au duc de Bourgogne, avec sa créance et son instruction.

Quand les envoyés du connétable eurent proposé au roi de donner quelques places aux Anglois, pour passer l'hiver, il ne leur fit aucune réponse; mais après il fut fort embarrassé; et de peur que le connétable ne troublât la paix, il offrit lui-même aux Anglois Eu et Saint-Valery; la trêve fut conclue pour neuf ans, aux conditions proposées par les Anglois. Il fut résolu que l'entrevue entre les deux rois se feroit à Péquigny, pour jurer la paix, et que le roi d'Angleterre, après avoir reçu l'argent qu'on devoit lui donner, retourneroit dans son royaume.

Le duc de Bourgogne n'eut pas plutôt entendu les premières nouvelles du traité, qu'il partit en diligence, lui seizième, et vint demander à Edouard en quel état étoient les affaires; il lui répondit qu'il avoit fait un traité, où lui et le duc de Bretagne seroient compris s'ils vouloient.

Alors le duc s'emporta au dernier point, disant au roi d'Angleterre qu'il se souvînt de la gloire et des grandes actions de ses ancêtres; qu'il ne l'avoit pas fait venir pour ses intérêts propres, mais pour lui donner le moyen de recouvrer ses Etats perdus; et qu'au reste il avoit si peu besoin de lui, qu'il ne feroit de trêve avec Louis, que trois mois après qu'Edouard auroit repassé la mer.

Tous ces discours ne servirent qu'à irriter davantage le roi d'Angleterre contre le duc de Bourgogne. Le connétable ne réussit pas mieux; il offrit de l'argent à Edouard, pour l'empêcher de faire un accord désavantageux. Il lui dit qu'il feroit bien de prendre toujours Eu et Saint-Valery, et qu'après il tâcheroit de le loger mieux; tout cela sans lui donner aucune assurance, et espérant de l'amuser de belles paroles.

Le roi d'Angleterre répondit qu'il avoit fait la paix, et que les infidélités du connétable l'y avoient obligé. Quand il sut une réponse si sèche, il fut au désespoir, et ne douta presque plus de sa perte. Cependant le temps de la conférence étant proche, les Anglois vinrent à Amiens, où le roi ordonna qu'on les reçût magnifiquement, et défendit de rien prendre d'eux aux hôtelleries; tout se faisoit aux dépens du roi, qui avoit fait disposer des tables dans les rues, pleines de toutes sortes de vins et de viandes exquises.

Les Anglois, attirés par cette réception, entrèrent en si grand nombre, qu'on commença à s'en alarmer, et qu'il fallut enfin avertir le roi, quoique ce fût une des fêtes où ce prince, plutôt superstitieux que religieux, regardoit comme un malheur, si on lui parloit d'affaires.

Le roi ne s'obstina point, et ayant compris la conséquence de la chose, il fit armer secrètement des gens de guerre; il monta ensuite à cheval, assez bien accompagné, et fit porter son dîner à la porte de la ville, où il invita à dîner une partie des seigneurs de la cour d'Edouard. On reconnut bientôt que les Anglois ne songeoient qu'à boire et à faire bonne chère.

Le roi d'Angleterre, honteux du désordre que causoient ses gens, envoya supplier le roi d'y apporter le remède. Il s'en excusa, et Edouard fit lui-même garder les portes, pour empêcher les siens d'entrer; tout étoit préparé à Péquigny pour la conférence : il y avoit un pont sur la rivière en un endroit qui n'étoit point guéable; une barrière sur le pont, où il y avoit des treillis pour passer les bras; et enfin les autres choses nécessaires pour une entrevue si solennelle.

Le roi arriva le premier au lieu destiné, et le roi d'Angleterre peu de temps après. Etant assez proche du roi, il se découvrit, et fit une révérence en fléchissant le genou jusqu'à demi-pied de terre; ayant abordé le roi, il en fit encore une plus profonde. Les deux rois s'embrassèrent à travers les treillis, et commencèrent à parler ensemble. Louis dit d'abord à Edouard qu'il n'avoit rien tant désiré que de le voir, et qu'il louoit Dieu de ce qu'ils étoient assemblés pour un si bon dessein. Edouard lui répondit en assez bon françois, et avec une pareille démonstration d'amitié.

Après quelques semblables discours, Louis, qui gardoit toujours la supériorité dans cette assemblée, fit signe à tout le monde de se retirer, et qu'il seroit bien aise de parler au roi d'Angleterre : il lui demanda ce qu'il feroit, si le duc de Bourgogne ne vouloit point entendre à la paix; il lui répondit qu'il pouvoit agir avec lui comme il le jugeroit à propos. Il fit la même question sur le duc de Bretagne; mais Edouard le pria de ne lui point faire la guerre, à quoi il repartit : « Que ferai-je, s'il ne veut pas accepter la paix? Si vous lui faites la guerre, reprit Edouard, je repasserai la mer pour le défendre. »

Cette réponse fâcha le roi; mais comme il étoit habile, il ne voulut point faire paroître son chagrin, et rappela la compagnie avec un visage gai. Alors il demanda à Edouard s'il ne vouloit point venir à Paris, et qu'il auroit soin de l'y divertir. Sur cela la conversation se tourna en plaisanteries, et les princes se retirèrent avec des témoignages de bienveillance mutuelle.

Le lendemain de l'entrevue, le connétable envoya au roi ses députés, qui parloient fort humblement, et faisoient bien voir que leur maître avoit perdu toute espérance. Il s'excusoit envers le roi, sur ce qu'on l'accusoit d'avoir intelligence avec ses ennemis, et que les effets avoient bien fait voir le contraire. Au reste il lui offroit d'engager le duc de Bourgogne à se jeter sur les Anglois, et à les piller.

Le roi ne répondit rien; mais il lui manda seulement, par une lettre qu'il lui écrivit, ce qui s'étoit fait la veille, et qu'il étoit bien d'accord avec les Anglois; qu'il ne laissoit pas toutefois d'avoir encore de grandes affaires, et qu'il avoit grand besoin d'une aussi bonne tête que la sienne.

Les envoyés s'en retournèrent fort contens de cette parole, et d'abord qu'ils furent sortis, le roi montra la lettre à Havart, et lui dit que ce n'étoit que de la tête qu'il avoit besoin, et qu'il se soucioit peu du reste du corps. C'est ainsi qu'après avoir assuré les affaires, il railloit à son aise.

Le même Havart, étant à table avec lui, dit qu'on trouveroit moyen de faire venir le roi d'Angleterre à Paris. Le roi, qui n'écoutoit pas cette proposition avec plaisir, changea de discours, et éluda ce voyage sous prétexte des affaires qu'il avoit avec le duc de Bourgogne. Il dit à Comines en particulier, qu'Edouard étoit un homme de plaisir; qu'il trouveroit à Paris quelque femme qui lui plairoit, et qui lui donneroit envie de revenir encore une fois; que cela ne l'accommoderoit pas, et que les Anglois n'avoient que trop été en France.

Il ressentoit une joie extrême d'avoir fait une paix si avantageuse, et d'avoir rendu inutile par son adresse et par son argent un armement si redoutable. Il se moquoit en son cœur du roi d'Angleterre; et comme il étoit porté à la raillerie, il avoit une peine extrême à se retenir; mais la crainte de fâcher les Anglois, nation délicate et prompte, lui fermoit la bouche. Un jour qu'il étoit avec deux ou trois de ses plus familiers courtisans, il rioit des bons effets de ses présens. Il aperçut tout d'un coup qu'il avoit pu être entendu d'un marchand gascon, établi en Angleterre, qui étoit venu lui demander quelques graces. Aussitôt il donna l'ordre qu'on lui fit quelque gratification ; et pour l'obliger au secret, il prit un soin particulier de sa famille.

Ce prince avoit accoutumé de dire que sa langue lui rendoit de mauvais offices par sa promptitude, et aussi qu'elle lui en rendoit souvent de bons; mais que quand elle avoit manqué, c'étoit à lui à réparer les dommages qu'elle lui causoit. Il n'étoit pas seulement soigneux de s'empêcher lui-même de parler, mais encore d'empêcher les autres de réveiller les Anglois par leurs discours.

Comines lui rapporta qu'un Gascon qui étoit au roi d'Angleterre, lui avoit dit que les François s'étoient bien moqués des Anglois dans ce traité, et qu'Edouard, après avoir gagné neuf grandes batailles, envenoit de perdre une dixième contre Louis, qui avoit effacé la gloire des autres. Le roi dit aussitôt qu'il falloit faire taire ce méchant plaisant; en même temps il le fit venir, et tâcha de l'attirer à son service. Comme il s'en excusa, il promit de prendre soin de ses frères, et le renvoya avec de riches présens, l'invitant à entretenir la correspondance entre les deux royaumes.

Le roi d'Angleterre, après avoir reçu son argent, se retira à Calais, et conformément au traité, laissa des otages jusqu'à ce qu'il fût repassé dans son royaume. Il remit aussi à Louis deux lettres que le connétable lui avoit écrites, et lui en fit une autre, où il expliquoit toutes les propositions qu'il lui avoit faites.

Aussitôt que le roi sut son arrivée à Douvres, il vint à Vervins, où les ambassadeurs du duc de Bourgogne conclurent la trêve avec lui pour neuf ans, comme les Anglois; mais la publication en fut différée jusqu'à trois mois, à cause de ce que le duc avoit dit à Edouard : ainsi le roi sortit avec avantage d'une guerre très-périlleuse, par son adresse et sa patience.

Le roi commença alors à tourner tout son esprit à la perte du connétable. Il avoit tant d'envie de se défaire d'un esprit si pernicieux, que pour obliger le duc de Bourgogne à conjurer sa ruine avec lui, il consentit de lui donner Saint-Quentin, et généralement tout ce qui lui avoit été autrefois offert à Bouvines.

Le connétable s'aperçut bientôt qu'il se tramoit quelque chose de funeste, et ne voyoit aucun moyen d'éviter sa mauvaise destinée. Il savoit qu'Edouard avoit remis ses lettres à Louis, et n'espéroit pas de pouvoir fléchir l'esprit irrité de ce prince. Il n'avoit pas moins offensé le duc de Bourgogne, de sorte qu'il ne savoit plus à quoi se résoudre. Tantôt il songeoit à s'enfuir en Allemagne, et à y acheter quelques places sur le Rhin : tantôt il pensoit à tenir bon dans le château de Ham, très-fort de sa nature, et qu'il avoit muni de toutes choses. Mais quelle place pouvoit-il trouver, qui le pût mettre à couvert de la puissance d'un roi de France, si puissamment armé? et comment pouvoit-il espérer de se défendre à Ham, où il n'avoit personne qui ne fût au roi ou au duc, et qui ne pût être aisément gagné?

Ainsi un homme si puissant, si riche, si habile, d'une si illustre naissance, et si hautement allié, qui prétendoit faire la loi à un si grand roi, et à un prince qui n'auroit jamais voulu céder aux rois, se trouve par son ambition réduit à un tel état, qu'il ne sait que devenir. A la fin le désespoir le contraignit de se jeter entre les bras du duc de Bourgogne, qu'il crut plus aisément pouvoir engager par son intérêt à le protéger contre Louis.

Après avoir obtenu de ce duc un sauf-conduit, il se rendit à Mons en Hainaut, où il fut gardé par ordre du duc. Le roi envoya aussitôt quelques troupes, qui se présentèrent à Saint-Quentin, dont on leur ouvrit les portes sans balancer. Il fit savoir cette nouvelle au duc de Bourgogne, de peur qu'il ne renouât quelque traité avec le connétable, pour ravoir de lui cette place; et en même temps le somma de lui rendre le prisonnier, conformément au traité.

En ce temps-là, le duc étoit occupé à la conquête de la Lorraine, qu'il avoit déjà toute prise, excepté Nancy, qu'il assiégeoit. Il craignit d'être traversé dans son entreprise par le roi, qui étoit puissamment armé, et qui avoit auprès de lui le duc de Lorraine; ainsi il promit de rendre le connétable, et l'envoya à Péronne, avec ordre à ses gens de le remettre entre les mains du roi, dans un certain temps. Il espéroit pendant ce temps de prendre Nancy, et alors il y a beaucoup d'apparence qu'il n'eût pas exécuté le traité, sans faire de nouvelles propositions; mais comme le siège tira en longueur, et que le roi pressoit vivement, il fallut enfin remettre le connétable entre ses mains. Pendant qu'il pensoit à manquer de parole à ce malheureux seigneur, il se vit lui-même trahi par un de ses favoris.

Ce fut Nicolas de Campobasche, gentilhomme napolitain, que le duc avoit élevé d'une extrême pauvreté à la plus haute considération, et à qui il avoit donné sa confiance particulière. Dès ce premier siège de Nancy, il avoit commencé de trahir son maître. Ce fut lui qui traîna ce siège en longueur, en faisant de foibles attaques, et en avertissant ceux de la place de ne pas se rendre. Ce méchant passa encore plus avant, et offrit au roi de le défaire du duc; ce qui lui étoit fort aisé.

Louis eut en horreur sa perfidie, et comme il soupçonna qu'il avoit dessein de le tromper, il découvrit la trahison au duc, à qui il étoit bien aise de donner cette marque d'amitié et de bonne foi. Ce prince, qui n'agissoit que par caprice, quoique les marques de trahison que Louis lui découvrit fussent certaines, s'alla mettre dans l'esprit que si la chose eût été véritable, Louis n'auroit eu garde de l'en avertir, et qu'il vouloit par cet artifice lui donner de la défiance d'un fidèle serviteur ; de sorte qu'il s'attacha plus que jamais à ce traître.

Le roi fit mettre le connétable à la Bastille, et on lui fit son procès, où furent produites ses lettres au roi d'Angleterre, et celles qu'il écrivoit au duc de Bourbon, pour l'exciter à la révolte, avec d'autres pièces qui le convainquoient. Son procès étant achevé, le chancelier qui avoit présidé au jugement, le fit venir au palais, où on lui redemanda le collier de l'ordre, et l'épée de connétable. Ensuite le premier président lui déclara qu'il étoit convaincu de crime de lèse-majesté, et condamné à avoir la tête coupée dans le jour.

Quelque criminel qu'il fût, il ne s'attendoit pas à cette sentence, tant les hommes sont accoutumés à se flatter. Il fit témoigner au roi le déplaisir qu'il avoit d'avoir manqué à son devoir, et après qu'il eut pensé à sa conscience, il fut mené au supplice, donnant de grandes marques de repentir.

Le roi donna au duc de Bourgogne, selon le traité, Saint-Quentin et les autres places promises, avec l'argent et les meubles du connétable. Cependant le duc acheva de se rendre maître de la Lorraine ; mais comme il ne donnoit aucunes bornes à son ambition, et qu'il ne prétendoit rien moins que de se faire roi par ses conquêtes, il se jeta dans de nouvelles entreprises.

Ce prince se sentoit redouté de tous les princes voisins. Le duc de Milan avoit renoncé à l'alliance du roi, pour prendre la sienne ; le roi René de Sicile, oncle du roi, vouloit donner à Charles sa comté de Provence, et l'avertissoit de tout ce qui lui étoit proposé de la part de Louis. La duchesse de Savoie, propre sœur du roi, ne l'écoutoit plus, et elle étoit absolument au duc de Bourgogne.

Se voyant donc si puissant, il crut qu'il viendroit facilement à bout des Suisses, à qui il déclara la guerre, tant à cause de la comté de Ferrète, que pour protéger contre eux le comte de Romont, à qui ils avoient fait quelque injustice. Le roi écrivit au duc pour le détourner d'attaquer les Suisses, avec qui il n'y avoit rien à gagner, et il l'engagea à venir plutôt à une conférence, pour terminer leurs affaires, et conclure une bonne paix. Les Suisses lui députèrent pour lui dire qu'ils étoient prêts de lui faire rendre le comté de Ferrète, et de donner au comte de Romont une satisfaction entière ; qu'au reste, un si pauvre pays que le leur ne méritoit pas qu'il le conquît ; qu'ils le supplioient de les laisser en repos.

Par une seconde ambassade (1476), ils lui offrirent de renoncer à toutes leurs alliances, même à celle du roi, qui leur étoit si avantageuse, et de plus de fournir six mille hommes contre lui. Il refusa toutes ces offres, entra dans leur pays, où, après avoir pris quelques petites places, il assiégea Granson, qui se rendit à discrétion, et où le duc fit pendre cinq cents Allemands qui étoient en garnison dans la place.

Les Suisses vinrent trop tard au secours, et ne laissèrent pas de marcher, pour empêcher l'ennemi de passer outre. Le duc, au lieu de les attendre dans son camp qui étoit parfaitement bien fortifié, s'obstina, contre l'avis de tous les siens, à marcher contre eux, et les alla attaquer à l'entrée des montagnes. Il avoit d'abord envoyé ses gardes pour occuper les passages ; mais par le feu effroyable que firent les Suisses, ses gardes furent repoussés, et l'armée en fut si épouvantée, qu'elle prit la fuite dans un extrême désordre, quoiqu'il n'y eût eu que sept hommes de tués.

Le camp de Charles fut pris et pillé, toutes les tentes, tous les équipages de ses officiers, et les siens, furent en proie avec ses trésors immenses, et ses pierreries d'une prodigieuse grosseur, aussi bien que d'un prix inestimable. Les Suisses grossiers, qui n'en connoissoient pas la valeur, les vendoient pour rien, de sorte qu'en fort peu de temps toute l'Allemagne fut pleine des dépouilles du duc et de son armée.

Cette victoire donna beaucoup de réputation aux Suisses, qui jusqu'alors n'avoient pas été fort considérés. Plusieurs villes et princes d'Allemagne se joignirent à eux. Ils reprirent Granson, et firent pendre tous les Bourguignons qu'ils trouvèrent dedans.

Cependant le roi, qui s'étoit avancé à Lyon, pour observer les démarches que feroit le duc, et la suite de cette guerre, reçut bientôt cette nouvelle, et sentit d'abord que la face des affaires alloit changer. Le duc lui envoya des ambassadeurs, qui lui parlèrent fort humblement, et qui lui demandèrent pardon de la part de leur maître de ce qu'il avoit manqué à l'entrevue. Le roi leur fit bon visage, leur répondit qu'il n'avoit rien à craindre, qu'il entretiendroit la trêve, et qu'il n'y feroit nulle infraction.

En effet, quelques villes d'Allemagne l'ayant prié de se déclarer contre le duc, il se garda bien d'écouter une telle proposition, non pour faire plaisir au duc ; au contraire, comme il savoit que s'il se fût déclaré, il l'auroit arrêté tout court, il le laissoit s'engager dans des entreprises où il savoit qu'il périroit.

Cependant la duchesse de Savoie envoya à Comines, pour tâcher de faire son accommodement avec le roi son frère. Le duc de Milan lui fit offrir une grande somme d'argent, s'il vouloit promettre de ne faire ni paix ni trêve avec Charles. Le roi répondit en peu de mots qu'il n'avoit que faire de son argent, et qu'il en avoit plus que lui ; que pour la guerre et la trêve, il en feroit comme il entendroit ; du reste, que s'il vouloit être de ses amis, comme auparavant, il le recevroit. L'accord entre les deux princes fut publié incontinent, comme Louis l'avoit proposé.

Quant au roi René, aussitôt que Louis eut appris la défaite du duc, il envoya des troupes en Provence, où étoit René, et lui fit dire qu'il le prioit de le venir trouver, sinon qu'il le feroit venir de force ; il obéit, et fut très-bien reçu. René lui fit parler par son sénéchal, qui lui dit qu'il étoit vrai que le roi son maître étoit entré en traité avec le duc de Bourgogne pour sa comté de Provence ; que ses plus fidèles serviteurs, et lui entre autres, lui avoient conseillé de le faire ; que ce qui l'y avoit obligé étoit le mauvais traitement que Louis lui avoit fait en lui prenant son château de Bar et celui d'Angers ; qu'au reste, il n'avoit jamais eu dessein d'exécuter ce traité, et qu'il n'en avoit fait courir le bruit que parce qu'il étoit bien aise qu'il vînt à la connoissance de Louis, afin qu'il lui fît justice, et qu'il se souvînt qu'il étoit son oncle.

Le roi reçut fort bien ce discours, et traita magnifiquement à son ordinaire, le roi de Sicile, et les siens. Il n'est pas croyable combien le duc de Bourgogne fut accablé de son malheur ; il étoit abattu et mélancolique, insupportable aux siens et à lui-même, et jamais depuis ce temps-là il n'eut plus l'esprit si net ni si bon qu'auparavant. Il s'échauffa plus que jamais contre les Suisses, et pour s'en venger, il envoya demander des secours d'hommes et d'argent à ses villes des Pays-Bas. Elles répondirent, d'un commun accord, qu'elles étoient prêtes à donner leurs biens et leur sang pour sa défense ; mais qu'elles étoient résolues de ne pas l'aider à continuer une guerre injuste. Il est aisé de juger combien une telle réponse devoit irriter un prince de son humeur, et combien il lui fut fâcheux de sentir son pouvoir affoibli, même parmi ses sujets. Il ne laissa pas, malgré leur refus, de lever une grande armée, presque toute composée d'étrangers, parce qu'il se défioit de ses sujets, et ne croyoit pas qu'ils pussent prendre confiance en lui, depuis la trahison qu'il avoit faite au connétable.

Avec cette armée il alla camper devant Morat ; le duc de Lorraine, qu'il avoit dépouillé de ses Etats, se joignit aux Suisses, avec quelque peu de troupes. L'armée de Charles fut mise en déroute dès le premier choc ; mais il n'en arriva pas comme à la première bataille, où le duc ne perdit que sept hommes, parce que les Suisses n'avoient point de cavalerie : ici, où ils avoient quatre mille chevaux et de fort bons hommes, ils poursuivirent vivement les fuyards, et en mirent dix-huit mille sur la place. René II duc de Lorraine mena aussitôt l'armée victorieuse dans son duché, où il prit en passant quelques places, et alla mettre le siége devant Nancy.

Charles, plongé dans la douleur, se renferma durant six semaines, ne pouvant supporter la vue des hommes, et croyant que la lumière même du soleil lui reprochoit sa défaite ; il vit à cette fois qu'il alloit être abandonné de tous ses amis. La défiance qu'il avoit de la duchesse de Savoie l'obligea à la faire prendre chez elle, et à l'envoyer prisonnière dans un château auprès de Dijon.

Cependant il donnoit des ordres pour lever de nouvelles troupes, mais assez nonchalamment, et il sembloit qu'il ne fît plus rien que par obstination. Au lieu de tourner son cœur à Dieu dans son affliction, il se livra au dépit et au désespoir ; sa colère devint plus que jamais impétueuse et terrible. Aucun des siens n'osoit l'avertir des choses nécessaires, et à peine pouvoit-on approcher de lui ou lui parler. Ses chagrins affoiblirent sa santé, il tomboit dans des défaillances fréquentes, et il fallut faire des remèdes extraordinaires, pour lui rappeler la chaleur et le sang au cœur.

Le duc de Lorraine pressoit cependant Nancy, et Charles, abandonné à ses déplaisirs, perdit l'occasion de secourir cette place. Le capitaine Cohin, qui y commandoit les Anglois, homme de basse naissance, mais de grande vertu, ayant été tué d'un coup de canon, sa mort fit perdre le courage à ses soldats, qui peu entendus au siége, se mirent à murmurer contre le gouverneur, et le contraignirent à parlementer; s'il eût eu la force de leur parler comme il devoit, il les auroit réduits, et n'auroit pas capitulé, comme il fit, très-mal à propos.

Deux jours après le traité, le duc de Bourgogne arriva avec son armée, et trouvant la place rendue, il résolut de la r'assiéger; il eût mieux valu pour lui qu'il ne se fût pas obstiné à ce siége malheureux, il auroit pu facilement, en prenant les petites places d'alentour, tenir Nancy à l'étroit, et comme bloqué ; par ce moyen ses troupes ne se seroient point fatiguées, et il eût fait périr la place sans rien hasarder; mais, comme dit à cette occasion Philippe de Comines, « Dieu prépare de tels vouloirs extraordinaires aux princes, quand il veut changer leur fortune. »

Environ dans ce même temps, la duchesse de Savoie, qui étoit assez négligemment gardée, envoya demander au roi des gens pour la délivrer. Il ne voulut pas manquer à sa sœur dans un besoin si pressant; elle fut tirée de sa prison, et vint trouver Louis au Plessis-lès-Tours, où il s'étoit retiré à son ordinaire, ne jugeant plus sa présence nécessaire à Lyon, après l'affaire de Morat. Il alla au-devant de la duchesse, qu'il aborda en riant, et l'appela Bourguignonne ; à quoi elle répondit qu'elle étoit fort bonne françoise, et lui témoigna beaucoup de reconnoissance : elle fut très-bien reçue, et ils traitèrent leurs affaires avec une commune satisfaction. Les historiens remarquent qu'elle étoit vraie sœur du roi, et qu'elle n'étoit pas moins artificieuse que son frère. Ils se connoissoient trop pour se plaire ensemble, et pour se fier l'un à l'autre; ils s'embrassèrent mutuellement, et se séparèrent bientôt avec de grands complimens, fort contens de ne se plus voir.

Cependant le duc de Lorraine levoit des troupes en Suisse et en Allemagne, pour secourir Nancy. Le roi favorisoit ces levées, et par ses ambassadeurs et par son argent; un grand nombre de gentilshommes françois prirent parti dans ces troupes par sa permission. René II vint loger à Saint-Nicolas, auprès de Nancy, avec cette armée; et le roi avoit la sienne dans le Barrois, pour observer ce qui se passoit, et prête à agir au premier ordre.

Au second siège de Nancy, Campobasche continua ses pratiques, et encourageoit toujours ceux de dedans. Il fit dire au duc de Lorraine et aux gens que le roi avoit dans son armée, que le propre jour de la bataille il se rangeroit de leur parti avec les siens, et en laisseroit quelques-uns, tant pour commencer à prendre la fuite, et mettre la terreur dans toute l'armée, que pour suivre de près le duc, et le tuer dans la confusion.

Pendant que ces choses se tramoient, les Bourguignons prirent un gentilhomme provençal, qui menoit secrètement cette affaire, et portoit toutes les paroles : il fut surpris entrant dans Nancy, et Charles ordonna qu'il fût pendu, suivant les lois rigoureuses qui se pratiquoient alors en quelques pays, mais non pas en France. (Elles sont maintenant universellement abolies).

Comme on le menoit au supplice, il dit qu'il avoit un avis à donner à Charles, qu'il achèteroit d'un duché, puisqu'il y alloit de sa vie ; mais Campobasche, qui s'étoit rendu auprès du duc pour empêcher qu'il n'eût égard à ce récit, éloignoit ceux qui vouloient parler, et les prévenoit en disant que le duc ordonnoit qu'on expédiât promptement cet homme, qui fut exécuté, et Charles ne sut pas la conjuration.

Nancy étoit fort pressé, et commençoit à manquer de vivres, ce qui obligea le duc de Lorraine à donner bataille ; il délogea de Saint-Nicolas dans ce dessein, et marcha droit au duc de Bourgogne. Alors, contre sa coutume, Charles prit un peu de conseil ; là on lui remontra le mauvais état de ses troupes deux fois vaincues, qui n'étoient que de quatre mille hommes, dont à peine y en avoit-il douze cents en état de combattre ; que pouvoit-il espérer contre une si grande armée, qui alloit fondre sur lui, et contre celle du roi, qu'il voyoit en si bon état dans le voisinage ? Sur ce fondement, on lui conseilloit de se retirer pour un peu de temps, parce que, disoit-on, les Allemands, après avoir ravitaillé la place, ne tarderoient pas à se retirer ; qu'au reste, le peu de vivres qu'ils feroient entrer à Nancy seroit bientôt consommé dans une si grande ville, et qu'alors il rassiégeroit cette ville, qui ne pourroit plus lui échapper.

Malgré un si bon conseil, ce prince s'opiniâtra au combat, où il falloit qu'il mourût. Le jour de la bataille, qui se donna au cœur de l'hiver, le 5 janvier 1477, Campobasche ne manqua pas d'exécuter son dessein ; mais comme il se rangeoit parmi les Allemands, ils le chassèrent, en criant qu'ils ne vouloient point de traîtres parmi eux.

Les troupes du duc, effrayées des deux batailles perdues, et de la défection de Campobasche, prirent bientôt la fuite. L'infanterie fut mise en déroute par la furieuse décharge des Suisses, et après cela la cavalerie ne tint guère ; Campobasche se saisit d'un pont par où ils pouvoient s'échapper, de sorte qu'il en fut fait un carnage épouvantable. Le duc fut tué des premiers, par une multitude de gens qui ne le connoissoient pas, à ce qu'on disoit alors ; mais il y a beaucoup plus d'apparence que ce fut par les soldats de Campobasche, ainsi que ce traître l'avoit projeté. Quoi qu'il en soit, on le trouva parmi les morts, percé de plusieurs coups, et entre autres d'un coup de hallebarde qui lui fendoit la tête.

Ce duc avoit de bonnes qualités, et beaucoup plus de mauvaises ; il avoit l'esprit vif et pénétrant, et la conception merveilleuse ; il aimoit à donner, mais il donnoit à chacun médiocrement, pour faire durer ses libéralités, et les étendre à plus de personnes. Il étoit agissant, laborieux, ambitieux et hardi au delà de toute mesure, et avide de faire parler de lui après sa mort, comme on parle de ces fameux conquérans si renommés dans l'histoire; orgueilleux, incapable de suivre un conseil, ni de démordre de ses premières résolutions, quelque téméraires qu'elles fussent ; jamais de retour à Dieu, ni en prospérité, ni en adversité, et croyant devoir sa grandeur à lui-même et à son bon sens. Il périt enfin malheureusement, dans la force de son âge, par son opiniâtreté, et par une infâme trahison, justement punie de celle qu'il avoit faite au connétable.

Environ dans ce même temps, le duc de Milan parlant à un ambassadeur dans une église, fut assassiné par trois gentilshommes ; il avoit enlevé les femmes des deux premiers, et avoit fait à l'autre quelque injustice au sujet d'une abbaye.

Cependant Louis attendoit avec grande impatience, au Plessis-lès-Tours, des nouvelles de Nancy. Il avoit fait dans tout son royaume l'établissement des postes, si utiles au bien public et particulier, et qui font la correspondance de toutes les parties de l'Etat. Par ce moyen, il étoit bientôt averti de tout ce qui se passoit, et faisoit des présens considérables à ceux qui lui apportoient les nouvelles importantes.

Le comte du Lude, après avoir pris les paquets des courriers, vint en diligence au Plessis, éveilla le roi, comme à peine il étoit jour. Il lui raconta la défaite et la fuite du duc de Bourgogne, car on n'avoit point encore de nouvelle de sa mort. Cette nouvelle réjouit beaucoup le roi ; mais il eut peur que, s'il tomboit entre les mains des Allemands, comme il avoit beaucoup d'argent, il ne fît son accommodement avec eux, et ne les gagnât contre lui avec son argent ; c'est ce qui le fit penser à se rendre maître des terres qui dépendoient de la couronne; ce qu'il pouvoit très-facilement, parce que le duc avoit perdu la fleur de ses troupes dans ses trois batailles. Il prétendoit mander au duc qu'il s'étoit saisi de ses terres, comme seigneur souverain, pour les lui garder, et empêcher que les Allemands n'occupassent une partie si considérable du royaume.

Aussitôt qu'il se fut levé, les seigneurs vinrent en foule à leur ordinaire pour lui faire leur cour. Il les entretenoit de ce qui s'étoit passé et montroit une grande joie ; la plupart ne répondoient pas, et paroissoient étonnés ; ils appréhendoient que le roi, débarrassé de ses ennemis, ne tournât tout son esprit à les abattre. Plusieurs d'entre eux avoient été de la guerre du *Bien public*, ou du parti du duc de Guyenne ; et ils savoient bien que Louis n'étoit pas d'humeur à oublier ces menées. Il fit dîner avec lui, selon sa coutume, plusieurs grands seigneurs, avec son chancelier et ceux de son conseil.

Comines remarqua dans ce festin que la plupart, troublés de leurs affaires, mangèrent fort peu, et ménageoient leurs paroles devant un prince si soupçonneux. Louis envoya ensuite Comines sur la frontière de Picardie, pour négocier avec les villes qui appartenoient à la maison de Bourgogne, et les obliger à se rendre à lui. Il eut ordre en partant d'ouvrir tous les paquets adressés au roi.

Dans le premier qu'il ouvrit, il apprit la mort du duc : en approchant d'Abbeville, il trouva cette place disposée à se soumettre. Il alla ensuite à Arras qu'il invita à se rendre ; les habitans répondirent, avec beaucoup de respect, qu'ils étoient à la duchesse Marie, fille de leur duc, et qu'il n'en étoit pas d'eux comme de ceux d'Abbeville, et des autres places de Somme ou du comté de Ponthieu, qui devoient retourner au roi par le traité d'Arras, faute d'hoirs mâles ; au lieu que la Flandre et l'Artois pouvoient être tenues par des filles, témoin Marguerite, fille et héritière de Louis, comte de Flandre, qui avoit apporté en dot ces pays à Philippe le Hardi, et à la maison de Bourgogne.

Comines rendit compte de cette réponse à Jean de Rohan, amiral de France, qui commandoit pour le roi dans ces quartiers. Louis, naturellement actif et vigilant, n'eut pas plutôt appris la mort du duc, qu'il résolut d'aller en personne sur la frontière, croyant que sa présence avanceroit les affaires. En effet, Ham, Bohain, Saint-Quentin et Péronne se rendirent aussitôt. Il avoit pris le dessein de réduire sous sa puissance tous les Etats de la maison de Bourgogne, et d'en dépouiller l'héritière. Pour cela il prétendoit mettre sous sa main la Bourgogne, la Flandre et l'Artois, dépendant de la couronne, et de partager entre les princes d'Allemagne les terres qui relevoient de l'empire.

Le dessein étoit bien conçu, mais il n'étoit pas fondé sur la justice ; car, excepté les places de Somme et du comté de Ponthieu, et le duché de Bourgogne, qui, ayant été donné à Philippe le Hardi, comme un apanage de fils de France, devoit retourner à la couronne, faute d'hoirs mâles, le reste appartenoit légitimement à la fille du duc de Bourgogne : ainsi le roi eût mieux fait de ménager cette affaire par un mariage ; ce qui lui étoit aisé.

Il avoit dit souvent, du vivant du duc, que si ce prince venoit à mourir, il marieroit le Dauphin avec sa fille ; mais il changea de langage aussitôt après sa mort, soit qu'il eût conçu d'autres desseins, ou qu'il vit la chose impossible, à cause que le Dauphin n'avoit que neuf ans, et que la princesse en avoit plus de vingt ; aussi la dame d'honneur de la princesse disoit-elle qu'elle avoit besoin d'un homme, et non

d'un enfant, parole qui fut mal interprétée, et son intention étoit de
dire que l'État ébranlé avoit besoin d'un homme fait pour le rétablir.
Le roi eût pu la marier avec le comte d'Angoulême, père de François Ier, roi de France; car la princesse désiroit avec ardeur, ou le
Dauphin, ou quelque prince de France, touchée ou de l'éclat de cette
auguste maison, dont elle étoit sortie, ou de quelque autre raison particulière; mais le roi ne voulut jamais ce mariage, parce qu'il craignit
qu'il n'arrivât le même inconvénient où la France étoit tombée par
l'excessive puissance de la maison de Bourgogne; joint que ce prince
vindicatif, par la haine qu'il avoit contre cette maison qui avoit fait tant
de maux à lui et à l'État, ne songeoit qu'à la ruiner de fond en comble.

Il commença ses pratiques par ceux de Gand, dont il connoissoit
l'humeur. C'étoient des peuples toujours portés à la révolte, qui aimoient l'abaissement de leurs princes, et avoient un chagrin particulier contre la maison de Bourgogne, sous laquelle ils avoient perdu
leurs privilèges. Il destina à cette ambassade Olivier le Dain, son barbier, homme fort peu capable, et indigne d'un si grand emploi; mais
le roi en étoit entêté. Olivier faisoit le grand seigneur, et se faisoit appeler comte de Meulan, parce qu'il étoit capitaine de cette ville. Son
ordre étoit de proposer à la princesse de se mettre entre ses mains
durant les troubles, promettant de rendre aux Gantois tous leurs privilèges.

A l'audience qu'il eut de la princesse, en présence de son conseil, on
lui demanda ses lettres de créance, il refusa de les montrer, et répondit qu'il avoit ordre de ne parler qu'à la princesse seule. Elle et son
conseil trouvèrent ce procédé fort singulier; les peuples, qui connoissoient sa basse naissance et son peu de capacité, se moquoient de lui;
le mépris s'étant tourné en indignation, il fut contraint de prendre la
fuite. S'il avoit si mal réussi, il ne falloit pas lui en attribuer la faute,
mais à celui qui l'avoit chargé d'un emploi qui passoit ses forces; et le
roi s'étoit trompé en croyant la chose trop aisée.

Cependant Olivier, en se retirant, réussit assez bien à Tournay, qu'il
mit dans les intérêts du roi. Ce prince cependant assiégeoit Arras, et
reçut dans ces entrefaites une ambassade de la princesse pour traiter
de la paix. Les ambassadeurs étoient le chancelier Hugonet et le seigneur d'Imbercourt, qui, ayant été toujours en autorité sous le duc,
désiroient de s'y conserver: ils rendirent au roi une lettre de la part
de la duchesse, par laquelle elle lui mandoit qu'il pouvoit prendre
toute confiance en ceux qu'elle lui envoyoit, que c'étoient ses plus fidèles serviteurs, sur qui elle se reposoit de ses principales affaires, et
que tout ce qu'ils accorderoient seroit exécuté.

Le roi ne leur voulut point donner d'audience, qu'il ne leur eût parlé
en particulier, pour tâcher de les faire entrer dans ses idées; ils répondirent avec beaucoup de soumission, mais sans jamais s'engager. Ils
lui proposèrent toujours le mariage du Dauphin, à quoi il ne voulut

point entendre ; enfin, pour lui donner quelque satisfaction, dans ce foible état où ils sentoient les affaires de leur maîtresse, ils consentirent à lui faire rendre la cité d'Arras, par laquelle il pouvoit aisément se rendre maître de la ville.

Le seigneur des Cordes, qui étoit gouverneur de la cité, lui conseilla secrètement de la demander, et la lui rendit, après qu'il eut reçu sa décharge des ambassadeurs. Il se donna ensuite tout à fait au roi, qui le fit gouverneur de Picardie, comme il l'avoit été sous le duc de Bourgogne ; il servit à prendre Hesdin, dont il avoit été gouverneur ; il y avoit même encore plusieurs de ses gens.

Cambray ouvrit ses portes à Louis ; Ardres, le Quesnoy, Bouchain et Boulogne se rendirent peu de jours après. Le roi vint ensuite assiéger la ville d'Arras, qui ne résista pas longtemps, tant à cause que la ville fut rudement battue, qu'à cause des intelligences que des Cordes y avoit conservées.

Pendant le siége d'Arras, il arriva près du roi des envoyés des trois états du pays dont les Gantois disposoient ; ils étoient maîtres de tout, parce qu'ils avoient la princesse en leur pouvoir. En proposant des conditions de paix, ils dirent, pour s'autoriser, que leur princesse ne feroit rien sans la délibération et le conseil des trois états de son pays.

Le roi s'arrêta à cette parole, et leur dit qu'il étoit sûr que la duchesse vouloit se conduire par d'autres personnes, de sorte qu'ils se trouveroient désavoués de ce qu'ils auroient avancé. Sur cela étant bien aise de mettre la division parmi ses ennemis, il leur fit montrer la lettre que Marie venoit de lui écrire ; on la leur donna pour les mieux aider à brouiller, et ils ne furent pas fâchés d'en avoir une si belle occasion. Quand ils furent retournés à Gand, ils lui reprochèrent en plein conseil, et en présence du chancelier et d'Imbercourt, que loin de se reposer sur les avis de ses trois états, comme elle l'avoit promis, elle avoit mandé le contraire au roi. Elle fut surprise d'abord ; mais ne pouvant se persuader que le roi eût donné sa lettre, elle soutint qu'elle n'avoit jamais écrit rien de semblable. Ils lui montrèrent la lettre en original, et ces insolens sujets couvrirent publiquement leur princesse de confusion. Les Gantois arrêtèrent le chancelier et Imbercourt, à qui ils firent faire le procès. Ils furent condamnés à mort ; et quoiqu'ils en appelassent au roi, souverain seigneur du comté de Flandre, et à son parlement, ces peuples séditieux les traînèrent au supplice. La duchesse éperdue accourut à la place publique, où étoit dressé l'échafaud, et là, toute échevelée et fondant en pleurs, comme elle ne voyoit parmi ses peuples aucun respect pour son autorité, elle demanda avec d'humbles prières le pardon de ses deux fidèles serviteurs. Plusieurs furent émus du mépris indigne qu'on faisoit de leur duchesse, et se déclarèrent pour elle. Les deux partis furent quelque temps piques baissées l'un contre l'autre, et prêts à combattre ; mais enfin il fallut que le parti le plus foible cédât au plus fort ; et les séditieux étant demeurés les maîtres, ces deux malheureux furent immolés à leur fureur.

En France, on avoit aussi exécuté Jacques d'Armagnac, duc de Nemours. Ce seigneur, après avoir promis au roi de ne point entrer dans la *ligue du Bien public*, avoit manqué à sa parole, et ce prince avoit toujours conservé le désir de s'en venger : il lui accorda cependant le pardon de cette faute, dans le temps qu'il fit la même grace à d'autres seigneurs; mais son caractère brouillon l'ayant jeté dans différentes intrigues, il osa projeter de livrer le roi et le Dauphin au duc de Bourgogne. Le roi, résolu de l'en punir, donna ordre à Pierre de Bourbon-Beaujeu de l'aller assiéger dans son château de Carlat en Auvergne, où il s'étoit retiré. Il se rendit à condition qu'il auroit la vie sauve, ce qui lui fut promis; mais le roi ne s'embarrassa point de tenir la parole donnée par Beaujeu; il le mit entre les mains du parlement, qui le condamna à avoir la tête tranchée ; ce qui fut exécuté le 4 août 1477. Le roi voulut que les deux fils de ce seigneur, qui n'étoient encore qu'enfans, fussent sous l'échafaud, afin qu'ils fussent teints du sang de leur père.

Cependant les armées du roi, commandées par le seigneur de Craon, faisoient de grands progrès dans le duché et dans le comté de Bourgogne. Louis y envoya le prince d'Orange, né sujet de la maison de Bourgogne, mais qui avoit abandonné le duc Charles, pour quelque mécontentement. Il crut que ce prince, qui avoit de grandes terres en ces pays, lui serviroit à les réduire; mais toute sa confiance étoit en la conduite de Craon, qui se servit du prince d'Orange pour réduire Dijon et tout le duché, avec le comté d'Auxerre. Il prit aussi plusieurs places dans la Franche-Comté, et les autres se trouvèrent fort ébranlées.

En Angleterre, on regardoit avec beaucoup de jalousie les conquêtes que Louis faisoit dans les Pays-Bas; on favorisoit la duchesse, et les sujets d'Édouard lui représentoient qu'il ne devoit pas souffrir que le roi de France se rendît si puissant sur la côte ; qu'il avoit déjà pris Ardres, Boulogne, et autres places considérables le long de la mer.

Louis avoit à lui toute la cour d'Angleterre, et une grande partie du conseil, par les grandes pensions qu'il continuoit d'y donner. Il se servoit de tous ces moyens pour retenir Édouard, qui de son côté aimoit ses plaisirs, et n'étoit pas agissant; ainsi avec les neuf batailles qu'il avoit gagnées, il s'étoit rendu méprisable. Ce prince étoit propre à réussir dans les guerres civiles d'Angleterre, qui se décidoient en peu de temps; mais il ne se sentoit pas assez de constance pour soutenir les affaires de France, que l'expérience lui avoit fait trouver longues et pénibles. De plus les cinquante mille écus qu'il recevoit tous les ans du roi, lui touchoient le cœur, et enfin lui et sa femme craignoient de se brouiller avec la France, par la passion extrême qu'ils avoient d'accomplir le mariage du Dauphin avec leur fille Elisabeth, qu'ils appeloient déjà *madame la Dauphine*.

Louis n'avoit nul dessein d'accomplir ce mariage, et ne songeoit qu'à amuser le roi d'Angleterre, dont il connoissoit l'humeur. Quand il en recevoit des ambassadeurs, il ne leur donnoit jamais de réponses positives; mais après des paroles générales, il promettoit d'envoyer quelqu'un pour dire sa résolution. Il savoit cependant gagner par de grands dons, et par toutes sortes d'agrémens, les ministres qu'Edouard lui envoyoit, de manière qu'ils rapportoient des merveilles à leur maître des bonnes dispositions de la cour de France. Louis envoyoit ensuite des gens pour faire des propositions, qui avoient en apparence de grands avantages, mais au fond beaucoup de difficultés. Il changeoit souvent de ministres, afin que si les premiers avoient fait quelques ouvertures, les autres ne pussent pas les suivre, et qu'ils fussent souvent obligés à demander de nouveaux ordres; ainsi il gagnoit du temps, et la saison se passoit.

Si Marie avoit voulu épouser le comte de Rivière, frère de la reine d'Angleterre, elle auroit eu un grand secours de ce pays-là; mais elle ne voulut pas regarder un si petit comte, et méprisa une alliance si peu sortable. Frédéric III empereur la fit demander solennellement pour son fils Maximilien, duc d'Autriche. La chose avoit déjà été proposée et comme conclue du vivant de Charles, comme nous l'avons remarqué; elle fut enfin résolue, et Maximilien vint à Gand pour accomplir le mariage. Il étoit peu fourni d'argent, et mal accompagné, par l'avarice de son père Frédéric. Les Gantois, accoutumés à la maison de Bourgogne, si riche et si magnifique, le méprisèrent, lui et ses Allemands, qui leur parurent grossiers. Ce mariage n'empêcha pas les progrès de Louis, et il acheva de conquérir le pays d'Artois; mais il abandonna presque en même temps, au grand étonnement de tout le monde, le Quesnoy, Bouchain et les autres places de Hainaut, et remit en main tierce Cambray, ville impériale. Quelques historiens rapportent que ces villes se rendirent d'elles-mêmes; mais Comines, meilleur auteur, raconte que le roi les quitta volontairement, pour ne point manquer aux traités, par lesquels les rois de France s'étoient obligés à n'avoir aucunes terres dans l'empire.

Environ dans ce même temps, Georges, duc de Clarence, frère du roi d'Angleterre, entreprit sans sa participation d'aller secourir la Flandre en faveur de la duchesse douairière leur sœur, et de lui mener des troupes. Pour cette raison, suivant que le disent nos historiens, ou pour quelque autre considération plus cachée, il le fit condamner, comme traître à l'Etat, à une mort inhumaine. Il adoucit la peine, à la prière de leur mère commune, et lui donna le choix de sa mort. Ce malheureux choisit de périr dans une pipe de Malvoisie; et Edouard, aussi barbare que son frère étoit brutal, lui accorda ce supplice, digne de la vie qu'il avoit menée.

Du côté de la Franche-Comté, Louis trouva un peu de résistance; il avoit promis au prince d'Orange de lui rendre certaines places qui appartenoient à sa maison, et que le duc Charles avoit adjugées à ses oncles. Craon, fort attaché à ses intérêts, après les avoir prises, refusa de les remettre entre les mains de ce prince, quelque ordre qu'il en eût du roi, qui, le croyant fort nécessaire à son service, ne vouloit pas le mécontenter. Le prince irrité quitta le roi, et révolta plusieurs villes. Il n'eut pas beaucoup de secours de Maximilien, qui fut abandonné des siens mêmes, et de Sigismond, duc d'Autriche, son oncle, que le roi avoit mis dans ses intérêts, en gagnant quelques-uns de ses serviteurs, par qui il se laissoit gouverner.

Cependant le prince d'Orange, ayant levé à ses frais dans le voisinage quelques troupes allemandes et suisses, incommodoit l'armée de France, et soutenoit un peu les affaires. En ce temps Craon assiégea Dole, qu'il méprisoit, parce qu'elle étoit fort dégarnie; mais il fut battu dans une sortie, et contraint de lever le siége, après avoir perdu quelques-uns de ses gens, et une grande partie de son artillerie. Le roi déjà irrité des pilleries qu'il faisoit dans la province, se servit de cette occasion pour lui en ôter le gouvernement, qu'il donna à Charles d'Amboise, seigneur de Chaumont. Il fit avec les Suisses une nouvelle alliance, qui tient encore aujourd'hui, et n'épargna rien pour ôter au prince d'Orange tout le secours qu'il avoit. Comme l'argent manqua bientôt à ce prince, ses Allemands et ses Suisses aimèrent mieux prendre le parti du roi, qui en donnoit largement.

Le nouveau gouverneur assiégea Dole (1478), qu'il emporta de force, et qu'il rasa, après l'avoir mise au pillage. Auxonne, ville très-forte, fut rendue par intelligence. Louis faisoit un bon parti à ceux qui vouloient entrer dans ses intérêts; ainsi Beaune, Semur, Verdun, avec les autres places révoltées, et enfin toutes les deux Bourgognes, moitié par force, moitié par adresse, furent réduites à son obéissance. La valeur et la sagesse du gouverneur achevèrent cette conquête, et le roi eut grand soin de le récompenser de ses services.

Dans ce même temps, Mahomet II, empereur des Turcs, qui avoit pris Constantinople, fut repoussé généreusement de devant Rhodes, par le grand-maître d'Aubusson, homme des plus illustres de son temps. L'armée turque prit terre à Otrante, qu'elle pilla, et l'archevêque fut scié par la moitié du corps.

Il se fit une assemblée à Orléans, où présida Pierre de Beaujeu, gendre du roi. Elle se tint pour rétablir la Pragmatique-Sanction, et pour empêcher l'argent d'aller à Rome. On y renouvela aussi les décrets du concile de Constance, et particulièrement celui qui décide que les conciles généraux tiennent leur pouvoir immédiatement de Dieu. Mais cette assemblée, qui fut continuée à Lyon l'année suivante, n'eut point de suites, le roi ne l'ayant fait tenir que pour intimider le pape, qui avoit pris le parti des Fazzis contre les Médicis de Florence, que la France soutenoit.

Comines étoit en Bourgogne pendant ces conquêtes; on lui rendit pendant son absence de mauvais offices auprès du roi, et ce prince soupçonneux éloigna pour un temps un si fidèle serviteur, dépositaire de ses secrets, et à qui il faisoit écrire sous lui ses dépêches les plus particulières, parce qu'on lui rapporta qu'il avoit épargné dans les logemens, quelques bourgeois de Dijon. Il lui ordonna d'aller à Florence, au sujet des démêlés survenus entre la famille des Médicis et celle des Pazzis.

Côme de Médicis avoit gouverné absolument la république de Florence; Laurent son fils, homme magnifique et de grand esprit, avoit succédé à son pouvoir. Les Pazzis, jaloux d'une si grande puissance, qui devenoit comme héréditaire dans cette maison, s'appuyèrent du pape Sixte IV, et de Ferdinand roi de Naples. Ils tuèrent Julien de Médicis, frère de Laurent, dans la principale église de Florence, durant la grand'messe, et Laurent même fut blessé. Les Pazzis, qui croyoient être maîtres de tout, firent monter leurs gens au palais, pour assassiner les gouverneurs de la ville, qui y étoient assemblés; et cependant ils crioient au milieu de la place : *Liberté*, et *Vive le peuple!* Mais ils ne furent point suivis, et les magistrats ayant repris l'autorité, firent pendre aux fenêtres du palais, Francisque et Jacques de Pazzi. Un ministre du Pape, fauteur des séditieux, fut aussi exécuté, avec quinze ou seize personnes des plus considérables de la ville, qui étoient de la conspiration, parmi lesquelles fut compris François Salinat, archevêque de Pise. Le Pape excommunia les Florentins, et fit marcher contre eux son armée, avec celle du roi de Naples.

Comines fut envoyé pour soutenir les Florentins; ce qu'il fit par son adresse plutôt que par ses forces, qui étoient petites. Au bout de l'an il fut rappelé. En passant à Milan il reçut au nom du roi l'hommage du duc Jean Galéas, pour le duché de Gênes, et revint à la cour aussi bien traité qu'auparavant de son maître, parce qu'il avoit obéi ponctuellement et sans murmurer.

Il étoit venu un légat du Pape pour négocier la paix entre Louis et Maximilien (1479), et pour les unir contre le Turc. Il n'y put pas réussir, et il s'étoit fait seulement une trêve d'un an par son entremise : avant qu'elle fût expirée, Maximilien entra en France avec une grande armée, et assiégea Térouanne.

Le seigneur des Cordes, ou des Querdes, car c'est le même nom, gouverneur de Picardie, alla au secours. Le duc s'avança pour le combattre, et les deux armées se rencontrèrent à Guinegate; d'abord la cavalerie françoise rompit celle de Maximilien; mais ce jeune prince qui avoit à peine vingt ans, se mit à la tête de son infanterie, déjà ébranlée, et la fit combattre vigoureusement; deux cents gentilshommes à pied soutinrent le combat, et les Flamands poussèrent si bien les nôtres, que le champ de bataille leur demeura.

Cependant Maximilien y perdit plus de monde que nous, et ne put achever son siége; mais Louis qui savoit de quel poids étoit la réputation dans les affaires de la guerre, fut touché au dernier point de cette affaire. Il répugnoit naturellement à hasarder; c'est pourquoi il n'épargnoit rien pour gagner les gouverneurs des places ennemies, et pour s'en rendre maîtres par intelligence. Lorsqu'il étoit obligé de les attaquer de force, il faisoit de si grands efforts, qu'il les emportoit en peu de temps, et ensuite les munissoit si bien, qu'elles devenoient imprenables; son artillerie étoit toujours en bon état; et quant à ses armées, nous avons déjà remarqué qu'il les faisoit si grosses, qu'à peine pouvoient-elles être attaquées. Il connoissoit combien les combats étoient hasardeux, et rebuté par ce dernier accident, il donna ordre que dorénavant il ne se donnât plus de batailles sans son commandement exprès; il résolut même de faire la paix, mais à des conditions avantageuses.

Ce qui le portoit encore plus à faire la paix, étoit le désir qu'il avoit de policer le royaume, et de remédier aux longueurs des procès. Ce prince avoit dessein de régler sa cour de parlement, non en diminuant le nombre ou l'autorité de ses officiers, mais *en les bridant*, dit Comines, *sur certaines choses qui lui déplaisoient*. Il voyoit aussi avec peine cette prodigieuse diversité de coutumes, qui causoit une si grande confusion dans les jugemens et dans les affaires. Il avoit dessein de les réduire à une seule, et de faire aussi que les poids et les mesures fussent uniformes dans tout le royaume; ce qui auroit été très-utile pour le commerce.

Enfin Louis commençoit à être touché des misères extrêmes de son peuple, qu'il avoit accablé plus que tous les rois ses prédécesseurs, sans jamais vouloir exécuter ce qu'on lui remontroit sur ce sujet-là, à cause des dépenses infinies auxquelles l'engageoient les intelligences qu'il avoit partout, les grandes armées qu'il entretenoit, et sa manière de prendre les places, plutôt par argent que par force. Toutes ces raisons le portoient à faire la paix, et il en cherchoit les moyens pendant la trève qu'il y avoit entre les deux partis.

Dans les deux premières années de son mariage, Marie de Bourgogne avoit eu un fils nommé Philippe, et une fille nommée Marguerite, avec laquelle Louis songeoit à marier le Dauphin. Par ce moyen il prétendoit retenir les comtés de Bourgogne, d'Auxerrois et de Mâconnois, et de rendre le comté d'Artois, en réservant Arras en l'état où il l'avoit mis.

Au milieu de ces grands desseins, il lui survint une maladie qui le menaça de mort (1481). Etant allé dîner dans le voisinage du Plessis-lès-Tours, il lui prit un éblouissement au sortir de la table; il perdit tout à coup la parole et la connoissance, sans qu'il parût aucune cause d'une si grande défaillance. Quand il fut un peu revenu, il se traîna à la fenêtre pour prendre l'air, et ses gens l'en arrachèrent de force par ordre du médecin; peu après il se sentit assez fort, et voulut s'en retourner à cheval chez lui, pour ne point étonner les peuples.

A peine pouvoit-il parler, et personne ne pouvoit l'entendre, excepté Comines, si bien qu'en se confessant, il eut besoin de cet interprète, sans quoi sa confession n'auroit pas été entendue. Il s'enquit avec grand soin de ceux qui l'avoient ôté de la fenêtre, et les chassa tous, tant les grands officiers que les petits; il avoit toujours blâmé ceux qui avoient forcé le roi son père à manger dans le temps qu'il craignoit d'être empoisonné, et il affectoit de témoigner sur ce sujet plus de colère qu'il n'en avoit.

Il étoit bien aise qu'on sût qu'il ne vouloit être maîtrisé en rien; et il craignoit que, sous prétexte d'imbécillité d'esprit, on ne lui ôtât le gouvernement. Il se fit lire toutes les dépêches qu'on avoit écrites durant le fort de son mal; et quoiqu'il eût encore peu de connoissance, il faisoit semblant de les entendre; il les prenoit en main comme pour les lire lui-même, et faisoit signe de ce qu'il vouloit qu'on fît; mais on ne faisoit pas beaucoup d'expéditions; car, comme disoit Comines, « c'étoit un maître avec qui il falloit charrier droit, et le servir à son goût. »

Au bout de quinze jours sa santé revint, mais fort foible; on le voyoit toujours en danger de retomber, et les médecins ne croyoient pas qu'il dût vivre longtemps. Après avoir été un an dans une extrême foiblesse, il se trouva assez fort pour entreprendre un voyage à Saint-Claude, en Franche-Comté, où quelques-uns de ses gens l'avoient voué pendant le fort de son mal. Il étoit si changé et si défait, qu'il n'étoit plus reconnoissable; et Comines qui l'alla trouver à Beaujeu, par son ordre, comme il revenoit, s'étonna de ce qu'il avoit entrepris un si grand voyage; mais son courage le soutenoit parmi ses maux.

Il apprit à Beaujeu la mort de Marie de Bourgogne (1482), à la cinquième année de son mariage, et dans sa quatrième grossesse. Cette princesse étant à la chasse, son cheval la jeta par terre; elle cacha son mal autant qu'elle put, pour ne point affliger son mari; mais le mal prévalut bientôt, et peu de jours après elle mourut. Le roi fut fort aise de cette nouvelle; car quand quelqu'un mouroit, il étoit ravi; et au lieu de songer que lui-même il alloit mourir, il ne tournoit son esprit qu'à tirer ses avantages de la mort des autres.

Le crédit de Maximilien tomba tout à fait, dans les Pays-Bas, depuis la mort de Marie; ces peuples avoient encore un peu de respect pour elle, comme pour leur princesse naturelle. Aussitôt après sa mort, les Gantois se saisirent des petits princes, et firent la loi plus que jamais; ce qui faisoit penser au roi qu'il feroit tel accommodement qu'il voudroit, par le moyen de *Messeigneurs de Gand*; car il les appeloit toujours ainsi, parce qu'il en avoit besoin.

En revenant au Plessis, il alla voir au château d'Amboise son fils, qu'il n'avoit point vu depuis plusieurs années; il lui donna beaucoup de sages avertissemens pour la conduite de sa personne et de son royaume; mais ce qu'il appuya le plus, fut la faute qu'il avoit faite d'être entré au gouvernement de ses affaires avec un esprit de vengeance, et d'avoir éloigné tous les serviteurs du roi son père; il lui remontra que cela lui avoit attiré la *ligue du Bien public*, et tous les autres malheurs qui lui étoient arrivés; et il lui dit qu'il lui défendoit avec toute l'autorité d'un père et d'un roi, de changer les officiers qu'il trouveroit établis. Il le fit retirer à part pour aviser avec les siens à ce qu'il avoit à lui dire; et un peu après, le jeune prince lui promit de lui obéir. Après qu'il s'y fut engagé par serment, le roi fit rédiger ses ordres et les promesses de son fils, dans une déclaration qu'il envoya au parlement de Paris et aux autres cours du royaume. Ensuite il retourna au Plessis, où il se renferma d'une étrange sorte. On voit encore les grilles de fer qu'il fit attacher de tous côtés aux murailles. Il faisoit garder le château comme s'il eût été au milieu de ses ennemis, et personne n'osoit y entrer sans son ordre exprès, excepté son gendre et sa fille, qui encore n'approchoient qu'en tremblant.

Au reste, il n'avoit auprès de lui, outre ses domestiques nécessaires, que quatre ou cinq personnes de basse naissance et de mauvaise réputation; ainsi ces cruels soupçons par lesquels il tourmentoit tout le monde, lui tournoient à lui-même en supplice. Les choses étranges qu'il inventoit et exécutoit tous les jours pour se faire craindre, faisoient penser à quelques-uns qu'il étoit dénué de sens; mais ceux qui en jugeoient de la sorte, ne connoissoient pas assez l'humeur défiante et impérieuse de ce prince, qui savoit qu'il étoit haï des grands, et peu aimé des petits, quoique alors il songeât souvent à soulager les pauvres peuples; mais il étoit trop tard.

L'année précédente 1481, Charles d'Anjou, comte du Maine, mourut sans enfans, après avoir fait un testament, par lequel il laissoit Louis, Charles dauphin, et leurs successeurs, rois de France, héritiers de son comté de Provence, de ses droits sur le royaume de Naples et de Sicile, et de tous les autres pays qui lui appartenoient. Il avoit ces terres par le testament de René, roi de Sicile, son oncle, qui l'avoit préféré à ses propres filles. Louis avoit ménagé cette disposition dès le temps du roi René, et après la mort de Charles, il entra en possession de la Provence.

Cependant le chagrin du roi augmentoit avec son mal, et tous les jours il devenoit plus soupçonneux. Il changeoit souvent ses valets et ses autres officiers, disant, selon les termes d'un proverbe vulgaire de mauvais latin, que la nature se plaisoit au changement. Tous les jours on entendoit quelque chose de nouveau de sa part; il cassoit et rétablissoit les gens de guerre; ôtoit ou diminuoit les pensions des uns et des autres, et disoit à Comines qu'il passoit le temps à faire et à défaire. Il aimoit à faire parler de lui, et au dedans du royaume et au dehors, de peur qu'on ne le tint pour mort; et afin de paroitre plus vivant et plus agissant que jamais, il avoit des ambassadeurs sous divers prétextes par toutes les cours, où il faisoit faire des propositions, et donnoit de grands présens.

Dans toutes les foires, il faisoit acheter pour lui ce qu'il y avoit de plus rare ; on lui achetoit des chiens pour la chasse, des chevaux de grand prix, et des pierreries dans les pays éloignés, où il vouloit qu'on le crût sain, et il payoit tout plus qu'il ne valoit, faisant retentir toute l'Europe du bruit de sa curiosité.

Il envoyoit de tous côtés chercher des lions, et autres bêtes singulières, qu'à peine regardoit-il quand on les avoit amenées (1483) ; il lui suffisoit d'avoir fait parler de lui. Il pensoit ainsi étourdir le monde, et étouffer les bruits qui se répandoient de sa maladie. Mais ce qu'il y avoit d'étrange et d'insupportable dans sa conduite, c'est que ses soupçons le portoient à des cruautés inouïes ; on l'accuse d'avoir fait mourir beaucoup de gens sans qu'on sût seulement pourquoi. Enfin, plus il étoit foible et craintif, plus il vouloit se faire craindre ; et jamais en effet il n'avoit été tant redouté, tant de ses sujets que de ses voisins.

Mais toutes ses précautions ne guérissoient pas les inquiétudes dont il étoit tourmenté ; il craignoit jusqu'à ses enfans. Il ne voyoit point son fils, et ne le laissoit point venir à la Cour, il le tenoit en petit état, étroitement gardé au château d'Amboise, où personne ne lui parloit sans ordre exprès. Quoiqu'il fût encore enfant, il appréhendoit qu'on ne lui mît la rébellion dans l'esprit, ou qu'on ne fît quelque cabale sous son nom. Il se souvenoit de quelle manière il s'étoit soulevé lui-même contre le roi Charles son père, et prenoit de loin des mesures pour empêcher que son fils ne lui en fît autant à lui-même. La défiance qu'il eut de Pierre de Beaujeu son gendre, l'obligea à rompre un conseil où il présidoit par son ordre, de peur que ce prince ne s'autorisât plus qu'il ne vouloit. Ainsi toutes les affaires particulières demeuroient, parce qu'on n'osoit parler au roi que de celles où il y alloit des grands intérêts de l'État. Tout le monde se plaignoit de n'avoir point d'expéditions, et quelques-uns avoient projeté, sous ce prétexte, d'entrer dans le Plessis, sans ordre du roi, pour y faire dépêcher les affaires ; mais ils n'osèrent exécuter ce dessein, et le roi, averti de tout, y avoit donné bon ordre.

Un prince si absolu, devant qui les plus grands seigneurs trembloient, se laissoit maltraiter par son médecin ; il lui donnoit des sommes immenses, sans compter les autres graces dont il combloit lui et les siens, comme si, accoutumé qu'il étoit à tout emporter à force d'argent, il eût voulu encore acheter la santé à quelque prix que ce fût ; mais malgré ses excessives libéralités, il étoit contraint de souffrir de son médecin insolent, des paroles non-seulement rudes, mais outrageuses. Le malheureux prince s'en plaignoit souvent, sans oser le changer, parce qu'il lui avoit dit avec une audace incroyable qu'il s'attendoit bien d'être chassé comme les autres, mais, ajoutoit-il avec serment : *Vous ne vivrez pas huit jours après.* Cette parole fit trembler le roi ; et ce prince, qui trouvoit dans tous les autres une sujétion si aveugle, étoit réduit à flatter cet homme, qu'il regardoit comme maître de sa vie et de sa mort.

Il vouloit absolument que Dieu fît des miracles en sa faveur, et pour cela il faisoit venir une infinité de reliques de tous côtés, jusques à la sainte Ampoule, dont on sacre les rois, ne songeant pas que Dieu qui nous appelle à une vie éternelle, n'aime pas ceux qui ont tant d'attache à cette vie périssable.

Il entendit dire qu'il y avoit en Calabre un saint homme, qui depuis l'âge de douze ans, jusqu'à celui de quarante-trois, avoit passé sa vie sous un roc dans une extrême austérité, sans manger ni chair, ni poisson, ni laitage, employant tout son temps à la méditation et à la prière. Il s'appeloit François d'Alesso, et il a été depuis canonisé sous le nom de saint François de Paule. Il n'étoit pas homme de lettres; mais en récompense il étoit plein d'une sagesse céleste, et paroissoit en tout inspiré de Dieu; c'est ce qui lui attiroit le respect des plus grands princes, auxquels il parloit avec autant de simplicité que de prudence, et ne paroissoit non plus embarrassé en leur compagnie, que s'il eût été nourri à la Cour.

La réputation de sa sainteté, répandue par toute la terre, obligea le roi à l'inviter de le venir voir, dans l'espérance qu'il eut de recouvrer sa santé par les prières du saint. Il vint en effet en France, après qu'il en eut obtenu la permission du Pape et de son souverain. Quand il fut arrivé au Plessis-lès-Tours, le roi se prosterna devant lui, et le pria de lui rendre la santé. Ce saint homme rejeta bien loin une telle proposition, lui disant que c'étoit à Dieu à la lui rendre, qu'il se tournât vers lui de tout son cœur, et qu'il songeât à la santé de l'ame plutôt qu'à celle du corps. Le roi fit bâtir dans son parc un couvent de l'ordre des Minimes, dont ce saint homme étoit l'instituteur. Il se faisoit souvent porter dans ce monastère pour parler à l'homme de Dieu, qui n'interrompoit point pour cela ses exercices ordinaires, après lesquels il venoit entretenir le roi, l'exhortant à songer à sa conscience, et à mépriser cette vie mortelle, dont il le voyoit si étrangement occupé.

Cependant le caractère dominant du roi se faisoit apercevoir. Parmi toutes ces foiblesses il conservoit toujours la même présence d'esprit, et la même habileté dans les affaires. Il proposa alors à Maximilien de conclure le mariage du Dauphin avec sa fille. Environ dans ce même temps Aire fut rendue pour de l'argent à des Cordes, par le commandant : la reddition d'une place si forte et si importante, qui étoit l'entrée de l'Artois, mit le trouble et la terreur dans tout le pays. Tout le monde y souhaitoit le mariage que le roi avoit proposé, comme l'unique moyen de faire la paix. Il se tint une assemblée à Alost, où étoit le duc d'Autriche et les députés des Etats de Flandre et de Brabant. Le duc étoit sans conseil, aussi bien que sans crédit, et n'étoit environné que de jeunes gens comme lui, qui n'entendoient pas les affaires; ainsi les Gantois se rendirent les maîtres de l'assemblée.

Après avoir ôté d'auprès du prince Philippe ceux que le duc son père y avoit mis, ils lui déclarèrent que les peuples étoient las de la guerre, et qu'il falloit assurer la paix par le mariage. Ainsi l'affaire fut résolue, et il fut arrêté que les comtés de Bourgogne, d'Artois, d'Auxerrois, de Mâconnois et de Charolois, seroient donnés en dot à la princesse. Louis n'en avoit jamais tant espéré ; mais les Gantois voulurent que tous ces pays lui fussent cédés, et ils auroient volontiers ajouté les comtés de Namur et de Hainaut, tant ils avoient envie de diminuer l'autorité de leur prince. Après la paix conclue, il vint des ambassadeurs au Plessis pour la faire jurer à Louis. Il eut peine à se montrer en l'état où il étoit, sentant sa foiblesse extrême, qu'il craignoit de faire paroître ; mais enfin il s'y résolut, et après avoir juré la paix, la princesse fut mise à Hesdin, entre les mains de des Cordes, suivant le traité.

Le mariage fut célébré avec beaucoup de solennité, quoique le Dauphin n'eût que douze ans, et la princesse que trois. Quand cette nouvelle fut portée en Angleterre, Edouard en fut vivement touché : il sentoit bien en lui-même qu'il y avoit longtemps que Louis le méprisoit ; mais la peine d'entreprendre une grande guerre, et cinquante mille écus qu'il ne vouloit pas hasarder, faisoient qu'il se flattoit toujours de l'espérance du mariage proposé de sa fille avec le Dauphin.

Quand il le vit tout à fait rompu, la honte et le mépris qu'on avoit pour lui, tant au dehors qu'au dedans de son royaume, le jetèrent dans une si profonde mélancolie, qu'il en mourut quelque temps après. Ce ne fut pas le seul malheur de sa famille ; il laissa deux enfans mineurs, sous la tutelle de son frère Richard, duc de Glocestre ; ce méchant oncle tua ses deux neveux, et s'empara du royaume.

Louis ne dit rien du tout sur la mort d'Edouard, et n'en témoigna ni douleur ni joie. Il craignoit toujours de choquer par quelque parole indiscrète une nation glorieuse, et qui vouloit être ménagée. Quant à Richard, aussitôt après qu'il se fut fait couronner, il écrivit en France en qualité de roi d'Angleterre ; mais Louis ne voulut point recevoir ses lettres, ni son ambassade, ni avoir communication avec un si méchant homme. Richard ne jouit pas longtemps du royaume qu'il avoit usurpé ; et il périt sous un ennemi dont la foiblesse extrême ne lui auroit jamais pu donner aucun soupçon, comme nous le remarquerons en son lieu.

Louis, après avoir conclu le mariage qu'il avoit tant désiré, avoit élevé sa puissance au plus haut point ; il voyoit les Flamands dans sa dépendance, et la maison de Bourgogne, qui lui avoit donné tant d'inquiétudes, foible et impuissante ; le duc de Bretagne qu'il haïssoit, hors d'état de rien entreprendre, et tenu en bride par le grand nombre de gens de guerre qu'il avoit sur sa frontière ; l'Espagne en paix avec lui, et en crainte de ses armes, tant du côté du Roussillon, qui lui avoit été donné en gage, que du côté du Portugal et de la Navarre, qui étoient dans ses intérêts; l'Angleterre affoiblie et troublée en elle-même; l'Ecosse absolument à lui; en Allemagne beaucoup d'alliés; les Suisses aussi soumis que ses propres sujets; enfin, son autorité si établie dans son royaume, et si respectée au dehors, qu'il n'avoit qu'à vouloir pour être obéi.

C'étoit au milieu de tant de gloire qu'il défailloit tous les jours, et il ressentoit une crainte de la mort, pire et plus insupportable que la mort même. Il tomba dans une foiblesse où il perdit la parole; lorsqu'elle lui fut un peu revenue, il jugea qu'il alloit mourir, et il résolut d'envoyer chercher le Dauphin, qu'il n'avoit point vu depuis son retour de Saint-Claude, c'est-à-dire depuis environ trois ans. Il fit appeler Pierre de Bourbon son gendre, et lui ordonna d'aller chercher le roi (car il appela ainsi le Dauphin), en lui déclarant qu'il avoit nommé par testament Anne sa fille, pour être sa gouvernante pendant son bas âge.

Quand ce jeune prince fut venu, il lui répéta ce qu'il lui avoit dit à Amboise, touchant les maux qui lui étoient arrivés pour avoir changé tous les officiers du roi son père, et lui défendit encore de faire de tels changemens, qui lui seroient ruineux. Il lui représenta l'état du royaume, et lui ordonna de soulager le peuple, épuisé par tant d'exactions. Il lui recommanda aussi de vivre en paix, du moins pendant cinq ou six ans, parce que le royaume, épuisé par tant de guerres, avoit besoin de ce repos, et qu'il étoit dangereux de rien entreprendre avant qu'il fût dans un âge plus mûr.

Il déclara qu'il avoit fait avec des Cordes une entreprise secrète sur Calais; mais il défendit de l'exécuter, parce qu'il ne falloit pas émouvoir les Anglois dans les commencemens d'un nouveau règne, surtout sous un roi si jeune. Après qu'il eut renvoyé le Dauphin, il ordonna au chancelier d'aller le trouver avec son conseil, et de lui porter les sceaux; tous ceux qui venoient lui parler d'affaires, il les renvoyoit à son fils, qu'il continuoit d'appeler le roi, les exhortant de le bien servir, et lui faisant dire des choses pleines d'un grand sens, par tous ceux qu'il lui envoyoit.

Cependant il espéroit toujours revenir, et ne cessoit de représenter au saint ermite de Calabre, qu'il ne tenoit qu'à lui de lui prolonger la vie. Enfin pour l'obliger à ne songer plus qu'à sa conscience, on résolut de lui dire que sa mort étoit prochaine et inévitable. Il avoit toujours appréhendé une pareille sentence, et avoit souvent ordonné que, lorsqu'il seroit en cet état, on lui dît seulement de parler peu, et de songer à se confesser; mais qu'on ne lui prononçât jamais cette funeste parole de mort. Il écouta pourtant patiemment ces paroles; mais il ne put s'empêcher de dire qu'il espéroit que Dieu lui rendroit la santé, et qu'il se portoit mieux qu'on ne pensoit. Il ne laissa pas aussitôt après de demander les sacremens; il faisoit des prières convenables à chaque sacrement qu'il recevoit. Il parla toujours de grand sens jusqu'au dernier soupir. Il ordonna lui-même de sa sépulture, qu'il choisit à Notre-Dame de Cléry, et nomma tous ceux qui devoient assister à ses funérailles, en prescrivant ce que chacun avoit à faire. Il attendoit en cet état l'heure de sa mort, et disoit toujours qu'il espéroit que la sainte Vierge qu'il avoit particulièrement honorée durant sa vie, lui obtiendroit la grace de mourir au jour qui lui étoit dédié. La chose arriva ainsi, et il mourut le samedi 30 d'août, comme il l'avoit désiré.

Il avoit toujours dit qu'il ne croyoit point passer soixante ans, et que depuis longtemps aucun roi de France n'avoit été au delà. Il mourut en effet à sa soixante et unième année, et fut enterré au lieu où il l'avoit ordonné. Il est certain qu'il avoit l'esprit d'une grande étendue, prévoyant, actif, pénétrant, supérieur aux affaires, et très-habile à les démêler, quelque embarrassées qu'elles fussent, adroit à connoître et à ménager les humeurs et les intérêts des hommes. Il avoit montré beaucoup de valeur à la bataille de Montlhéry; et s'il craignoit les combats, ce n'étoit pas manque de courage, mais par la connoissance qu'il avoit des hasards de la guerre, auxquels il ne vouloit point exposer son Etat.

Ce prince étoit naturellement libéral, et il eût été seulement à souhaiter que dans les dons qu'il faisoit, il eût plus considéré la nécessité de ses peuples accablés. Il savoit admirablement se faire obéir, et il étoit plus disposé à pousser trop avant l'autorité, qu'à la laisser affoiblir. Il n'étoit pas sans lettres, et il avoit plus d'érudition que les rois n'ont accoutumé d'en avoir. Il augmenta la bibliothèque royale, que les rois ses successeurs, et principalement Louis le Grand, ont tellement enrichie, que le monde n'a rien de plus curieux ni de plus beau.

Ce prince favorisoit les gens de lettres, qu'il attiroit avec soin des royaumes étrangers; et il recueillit généreusement ceux qui s'étoient sauvés de la Grèce après la prise de Constantinople. Il eut soin des études publiques, et réforma l'université de Paris. Il a beaucoup augmenté le royaume par l'acquisition de la Provence, et la réunion de la Bourgogne avec l'Anjou, et presque toute la Picardie. Cela est grand et illustre, mais d'avoir tourné la religion en superstitions, de s'être si étrangement abandonné aux soupçons et à la défiance, d'avoir été si rigoureux dans les châtimens, et d'avoir aimé le sang, sont des qualités d'une ame basse et indigne de la royauté.

LIVRE XIII.

CHARLES VIII (an 1483).

Aussitôt après la mort de Louis, on tint les Etats-généraux à Tours, afin de pourvoir au gouvernement de l'Etat, durant la jeunesse de Charles VIII, qui n'avoit encore que treize ans et deux mois. Louis avoit nommé par son testament, Anne sa fille aînée, gouvernante du jeune roi; Louis, duc d'Orléans, prétendoit à cette place, comme premier prince du sang; et Jean, duc de Bourbon, frère aîné du seigneur de Beaujeu, et beau-frère d'Anne de France, la lui contestoit, soutenant que ce prince, qui n'avoit que vingt-trois ans, étant lui-même mineur et en tutèle, n'étoit pas capable de lui disputer la principale autorité dans le gouvernement.

Le roi fut reconnu majeur dans les Etats, suivant la déclaration de Charles V, qui, comme nous avons dit en son lieu, fixa la majorité des rois à quatorze ans commencés. On établit un conseil, où il fut résolu que le roi présideroit, le duc d'Orléans en son absence, et à son défaut le duc de Bourbon, qui fut aussi fait connétable. Anne, sœur de Charles, eut le gouvernement de la personne du roi, suivant la disposition du roi défunt.

Le duc d'Orléans (1484), très-mécontent de la résolution des Etats, voyoit avec regret croître le pouvoir d'Anne, sœur du roi. Cette princesse, sous prétexte du gouvernement de la personne de Charles, se rendoit maîtresse des affaires et des conseils. Cette jalousie l'obligea à rechercher l'amitié de François II duc de Bretagne.

Les Etats de ce duc, dès le temps de l'assemblée de Tours, étoient dans une grande agitation. Il avoit élevé un nommé Landais, homme de la plus vile extraction, et s'abandonnoit aveuglément à ses conseils. Les barons de Bretagne qui haïssoient ce favori, s'étoient révoltés contre leur duc.

Le duc d'Orléans, plein d'ambition, et dégoûté des affaires de France, se mit dans l'esprit d'épouser Anne, fille aînée et héritière du duc de Bretagne, et songeant à se servir de Landais dans ce dessein, il alla en Bretagne pour le soutenir. Les rebelles de leur côté eurent recours à la gouvernante, qui embrassa leur protection, par opposition pour Louis. Après la fin des Etats, Charles avoit été mené à Reims pour y être sacré, et ensuite à Paris, où il fit son entrée solennelle.

Cependant Olivier le Dain, chirurgien et confident du roi défunt, convaincu de crimes énormes, fut condamné à être pendu. Jean Doiac, homme de basse naissance, un des favoris du même prince, qui l'avoit fait gouverneur d'Auvergne, fut fouetté par la main du bourreau, et eut les oreilles coupées. Ainsi les méchans, qui abusent de la faveur des rois, et leur donnent de mauvais conseils, ou se rendent les instrumens de leurs passions, trouvent à la fin le juste supplice de leurs crimes.

Le jeune roi faisoit paroître de belles inclinations, et se plaisoit à la lecture des bons livres; il se mit même à étudier le latin, que le roi son père avoit négligé de lui faire apprendre. Comme il avoit été nourri loin du commerce des honnêtes gens, et renfermé au château d'Amboise, avec peu de personnes de basse naissance, une si mauvaise éducation l'avoit accoutumé à se laisser gouverner par ses valets. Il s'abandonna entièrement à leur conduite, et Anne de France, sa sœur et sa gouvernante, fut contrainte de se servir d'eux pour maintenir son crédit. Les favoris de Charles qui voyoient le duc d'Orléans ennuyé du gouvernement présent, cherchèrent quelqu'un qui pût les appuyer contre lui.

Dans ce même temps, René, duc de Lorraine, petit-fils, par sa mère Yolande d'Anjou, de René roi de Sicile, étoit venu à la Cour (1485); il se plaignoit de ce qu'on lui retenoit son duché de Bar, et il prétendoit avoir droit sur la Provence du côté de sa mère, fille de ce roi. On n'avoit aucune envie de lui donner cette province, où le roi avoit un droit si certain; mais on lui rendit son duché de Bar, et pour ce qui concernoit la Provence, on l'entretint toujours d'espérance, dans le dessein de l'opposer au duc d'Orléans, qui, excité par François, comte de Dunois, autant hardi qu'habile, gagnoit à Paris les peuples et les grands.

La gouvernante, avertie de ses desseins, résolut de le faire arrêter; il le sut et se sauva. Le duc de Bourbon, connétable sans autorité, se joignit à lui avec d'autres princes, et Landais engagea son maître dans ce parti. La gouvernante, sans perdre temps, assiégea le duc d'Orléans dans Beaugency, place de son domaine, où il s'étoit retiré, et le pressa si fort, qu'il fut contraint de rechercher les voies d'accommodement. La paix fut négociée et conclue par l'entremise du duc de Lorraine, et de Jean de Châlons, prince d'Orange, fils d'une sœur du duc de Bretagne. Le traité en fut fait à Beaugency; mais le duc de Bretagne ne voulut pas y être compris. Par cet accord, le comte de Dunois, fort redouté par la gouvernante, fut obligé de se retirer à Ast, où il ne demeura guère; cette ville appartenoit au duc d'Orléans, et avoit été donnée en dot à Valentine sa grand'mère, lorsqu'elle épousa Louis son aïeul.

Après la paix, le duc d'Orléans envoya ses troupes au duc de Bretagne. Le roi marcha contre le dernier avec son armée, et continua à protéger les barons contre Landais, qui les alloit perdre. Ils obligèrent le chancelier de Bretagne à faire informer contre ce favori, et à le demander au duc pour lui faire son procès. Le duc fut contraint de le livrer, en exigeant cependant qu'on lui sauvât la vie, et déclarant qu'il lui donnoit grace, quelque crime qu'il eût commis; ce qui n'empêcha pas que peu après il ne fût condamné et pendu. Par ce moyen les barons firent leur paix avec leur duc.

La gouvernante ayant appris que le duc d'Orléans faisoit de nouvelles entreprises (1486), le manda à la Cour, et envoya du côté d'Orléans le maréchal de Gié, de la maison de Rohan, avec des troupes pour l'obliger à venir. Il n'avoit garde de se livrer entre les mains de son ennemi; il amusa le maréchal, en lui promettant qu'il seroit plus tôt que lui à la Cour, et sous prétexte d'aller à la chasse du vol, il se retira en Bretagne. Il y fut très-bien reçu par le duc, et se lia d'une amitié très-étroite avec Guibé, neveu de Landais, qui commandoit la gendarmerie.

Cependant le comte de Dunois ayant quitté Ast, avoit engagé plusieurs princes dans le parti de Louis. René, duc de Lorraine, fatigué des remises dont la gouvernante le payoit, se joignit à eux. Les seigneurs abordoient de tous côtés en Bretagne, les uns par amitié pour Louis, et les autres dans l'espérance d'épouser Anne, fille et héritière du duc de Bretagne. Les Bretons entrèrent en jalousie contre le duc d'Orléans et contre les François, qu'ils voyoient si puissans dans leur pays. Les seigneurs qui s'étoient révoltés craignirent que leur duc ne voulût se servir de Louis pour les châtier, et se jetèrent entre les bras de la gouvernante, qui les assura de la protection du roi.

Le comte de Rieux, maréchal de Bretagne, étoit à leur tête. Il se fit un traité par lequel le roi pouvoit entrer en Bretagne pour se rendre maître des princes rebelles avec quatre mille hommes de pied et quatre cents lances. Le roi de son côté promit d'en sortir aussitôt que le duc d'Orléans et ses associés en seroient dehors. Cependant les comtes d'Angoulême et de Dunois, avec quelques amis des ducs d'Orléans et de Bretagne, excitèrent de grands mouvemens dans la Guyenne; le roi marcha contre eux en diligence; les amis que le duc d'Orléans avoit à la Cour firent un complot pour l'enlever. Quelques évêques, et Comines, entrèrent dans ce dessein, qui fut découvert, et les complices furent arrêtés.

Ils disoient pour excuse que le roi, las d'être gouverné par sa sœur, avoit consenti à leur complot; et la chose n'est pas sans apparence. L'autorité de la gouvernante fit qu'on ne laissa pas de leur faire leur procès, et ils furent convaincus par leurs lettres d'avoir eu intelligence avec le duc d'Orléans. Comines, après avoir été tenu huit mois dans les cages de fer, de l'invention de Louis XI son maître, fut condamné par arrêt du parlement à perdre une partie de ses biens, et à être dix ans sans paroitre à la Cour. A l'égard des évêques, la difficulté qui se trouva à les juger fit qu'on les tint deux ans en prison, après quoi on les relâcha à la prière du Pape.

Le roi s'avança ensuite en Guyenne ; à sa présence toutes les villes se rendirent, et la province se soumit. Il tourna du côté de la Bretagne, et en passant il prit Partenay en Poitou, où étoit le comte de Dunois ; il partagea son armée en quatre, pour entrer dans la Bretatagne, et s'arrêta à Laval, où il attendoit l'événement. Ses troupes étoient beaucoup plus fortes qu'on n'étoit convenu ; et les seigneurs, étonnés de voir une si grande puissance, s'aperçurent trop tard qu'ils avoient appelé leur maître. Le roi avoit déclaré que la Bretagne lui appartenoit par une cession des héritiers de Penthièvre, faite en faveur de Louis XI, et quelques seigneurs étoient bien aises de cette prétention, dans la confusion où étoient les affaires de Bretagne.

L'armée royale prit d'abord plusieurs places importantes, entre autres Vannes et Dinan. Le duc fut assiégé dans Nantes, où, pressé par un ennemi si puissant, il demanda du secours à Maximilien, fait depuis peu roi des Romains, à qui quelques historiens disent qu'il avoit promis sa fille ; et envoya le comte de Dunois en Angleterre.

Henri VII, comte de Richemont, descendu d'une fille de Lancastre, y régnoit alors. Il avoit été longtemps prisonnier en Bretagne, où la tempête l'avoit jeté, après la dernière défaite de Henri VI. Le duc le garda soigneusement durant tout le règne d'Edouard. Après sa mort, il fut relâché, et entreprit quelque chose contre Richard. Son parti fut battu, et il retourna en Bretagne, où Landais, gagné par Richard, résolut de le livrer. L'ayant su, il se sauva en France, où Charles le reçut très-bien, et lui donna trois ou quatre mille hommes des plus méchantes troupes qu'il eut, avec lesquelles ayant joint quelques Anglois fugitifs, il eut le courage de repasser en Angleterre. Avec ces troupes ainsi ramassées, Richard fut défait, et périt dans le combat, et Henri fut reconnu roi (1487), comme chef de la maison de Lancastre.

Le duc se persuada que les progrès de Charles causeroient de la jalousie au roi d'Angleterre, et que son intérêt le porteroit à secourir la Bretagne ; mais le comte de Dunois, qu'il lui envoyoit, ayant été repoussé par la tempête, ne put jamais aborder en Angleterre, et fut jeté sur les côtes de Basse-Bretagne. Il n'y demeura pas sans rien faire, car ayant ramassé les communes au nombre de soixante mille hommes, il alla à Nantes, où il jeta du secours, et obligea les François à lever le siége.

Quant à Maximilien, il étoit trop occupé dans les Pays-Bays, pour être en état d'assister ses alliés. Les maréchaux des Cordes et de Gié lui avoient enlevé par intelligence Saint-Omer et Thérouanne. Ils gagnèrent aussi sur lui une bataille rangée ; et ce prince, dépourvu d'hommes et d'argent, fut réduit à faire ses plaintes à Charles, qui n'en fit pas beaucoup d'état.

Environ dans ce même temps, ceux de Gand se révoltèrent contre lui, parce qu'il leur avoit ôté son fils, qu'il avoit mené à Malines. Plusieurs villes de Flandres suivirent cet exemple : Maximilien lui-même fut arrêté prisonnier à Bruges, par le peuple soulevé, qui fit mourir plusieurs de ses créatures. Malgré les menaces de l'empereur son père, ils le vouloient livrer au roi leur souverain seigneur; il ne s'en défendit que par ses larmes, et par les sermens qu'il fit de tout oublier.

Aussitôt qu'il fut en liberté, il se retira en Allemagne, et donna le gouvernement, tant de ses terres que de Philippe son fils, à Albert, duc de Saxe. Ce fut alors, selon quelques historiens, que l'empereur Frédéric III, ou IV selon d'autres, érigea l'Autriche en archiduché, pour relever par ce titre la dignité de son petit-fils, qu'on appela dès lors l'archiduc Philippe ; mais d'autres auteurs disent que son père Maximilien en avoit été décoré auparavant.

Cependant le roi joignit contre les rebelles les procédures de justice à la force des armes. Séant en son parlement, il fit ajourner les ducs d'Orléans et de Bretagne avec les seigneurs de son parti, contre lesquels les défauts furent pris selon la coutume. C'étoit un nouveau titre pour autoriser la saisie de la Bretagne (1488), dont il avoit raison de priver un vassal rebelle et contumace. Quand les Bretons virent qu'il alloit beaucoup au delà qu'il ne lui étoit permis par le traité, ils l'envoyèrent supplier de retirer ses armes, et lui offrirent en même temps de faire sortir de leur pays le duc d'Orléans; mais la gouvernante, fière du succès des armes françoises, répondit que le roi étoit le maitre, et qu'il ne prétendoit pas s'arrêter en si beau chemin.

Cette parole fit un mauvais effet; le maréchal de Rieux, suivi de la plupart des seigneurs, fit son accord avec le duc, et reprit plusieurs places, entre autres Vannes. Ceux de la maison de Rohan demeurèrent attachés au roi, qui se servit des prétentions qu'ils avoient sur la Bretagne pour avancer ses affaires. La Trimouille, qu'on appeloit *le chevalier sans reproche*, entra en Bretagne avec l'armée du roi, dont il avoit le commandement. Il prit, entre autres places, Fougères, regardée alors comme une des plus importantes de Bretagne, et Saint-Aubin du Cormier. Le duc d'Orléans s'avança avec son armée pour reprendre cette dernière place, et contre l'avis du maréchal de Rieux, résolut de donner bataille.

Son armée étoit composée de douze mille hommes. La Trimouille n'en avoit pas davantage, mais ses troupes étoient supérieures en courage et en discipline; ainsi dès le premier choc les Bretons prirent la fuite, et il en demeura six mille sur la place. Le duc d'Orléans et le prince d'Orange, combattant vaillamment à pied, furent faits prisonniers. La gouvernante mit en liberté le prince d'Orange, qui avoit épousé la sœur de son mari. Ensuite de cette bataille, Dinan et Saint-Malo se rendirent; le duc, abattu de tant de pertes, envoya des ambassadeurs au roi, avec des lettres fort humbles, où il l'appeloit son souverain seigneur, et se qualifioit son sujet.

Les ambassadeurs avoient ordre de demander pardon au roi avec beaucoup de soumission. Charles, qui avoit alors dix-sept à dix-huit ans, répondit de lui-même résolument, qu'encore que la rébellion du duc méritât d'être punie, et qu'il lui fût aisé d'en faire le châtiment, il vouloit bien, par pure bonté, lui pardonner. On entra ensuite dans les propositions d'accommodement, et la trêve fut résolue, à condition que le duc ne pourroit disposer de ses filles, que du consentement du roi, et que les places prises par les François leur demeureroient.

Cet accord demeura sans effet par la mort du duc. Ce prince, que son grand âge et ses malheurs avoient extraordinairement affoibli, mourut à Nantes d'une chute de cheval, laissant ses deux filles, Anne et Isabeau, en la garde du maréchal de Rieux. Après sa mort, le duc de Lorraine se réconcilia avec le roi, dans l'espérance d'en retirer quelque secours pour conquérir le royaume de Naples.

La noblesse de ce royaume s'étoit révoltée contre le roi Ferdinand : l'insupportable tyrannie de ce prince avoit occasionné ce désordre. Il ne se contentoit pas d'accabler son peuple d'impôts, sans en avoir aucune pitié; mais il exerçoit lui-même le trafic avec toutes sortes d'injustices et de violences. Il contraignit ses sujets à lui vendre les marchandises pour rien, et à les acheter fort cher, quand même le prix avoit baissé.

Il avoit la plus dangereuse colère qu'homme ait jamais eue, couvrant sa haine d'un beau semblant, et faisant mourir ses ennemis, lorsqu'ils se croyoient le plus assurés. Il ne refusoit rien à ses désirs, et il alloit jusqu'à la force, pour assouvir la brutale passion qu'il avoit pour les femmes. Il n'avoit pas même gardé les apparences de la religion, mettant à l'enchère les abbayes et les évêchés, jusque-là qu'il vendit celui de Tarente à un Juif, pour son fils, que le père disoit être chrétien. Un prince qui méprise Dieu ne peut guère se conserver de respect parmi ses peuples; et quand il renonce si publiquement à la protection divine, il s'ôte lui-même ce que la puissance royale a de plus invincible. Tous les seigneurs s'élevèrent contre ce roi cruel et impie; la plus grande partie du peuple les suivit, et tous ensemble appelèrent René, duc de Lorraine, descendu de la maison d'Anjou, et du roi René de Sicile, pour le faire leur roi.

Le pape Innocent VIII étoit entré dans son parti, et ses galères l'attendirent longtemps au port de Gênes; mais il espéroit en vain du secours de France. Les favoris disoient que René vouloit ôter au roi la gloire de conquérir un royaume, que Charles d'Anjou, dernier roi titulaire de Sicile, lui avoit laissé par testament. A la fin le Pape et les seigneurs du royaume de Naples s'accommodèrent avec Ferdinand (1489); les derniers se remirent à sa bonne foi, dont ils se trouvèrent mal, il les mit tous en prison; le seul prince de Salerne ne voulut jamais se fier à ce roi perfide, et se retira à Venise.

Durant ce temps on traitoit du mariage de la duchesse de Bretagne, avec Jean d'Albret, et le maréchal de Rieux portoit cette affaire avec ardeur. La princesse y avoit une extrême répugnance, et trouvoit peu sortable ce mariage, avec un seigneur, illustre à la vérité par sa naissance, mais dont le roi avoit saisi toutes les places et toutes les terres en Gascogne. Le comte de Dunois, qu'elle écoutoit beaucoup, l'affermissoit dans cette pensée, et songeoit à la marier au duc d'Orléans. Par le secours de ce comte, elle se tira des mains du maréchal, et se retira à Rennes, où plusieurs seigneurs se joignirent à elle ; les autres étoient avec le maréchal de Rieux à Nantes, dont Albret étoit gouverneur. Le roi recommença la guerre plus vivement que jamais du côté de la Basse-Bretagne, où il prit Brest, et quelques autres places importantes.

Il se fit alors quelques propositions d'accommodement. Les intérêts des deux partis furent remis à Maximilien et au duc de Bourbon ; ces deux arbitres ordonnèrent quelque chose par provision, qui ne fut point exécuté ; Maximilien devant cet arbitrage négocia son mariage avec la princesse, et l'épousa par procureur. La chose fut quelque temps tenue secrète. Enfin, soit que Charles l'eût découverte, ou qu'il fût porté par d'autres raisons à reprendre les armes, il continua ses conquêtes ; Maximilien envoya un foible secours. Le roi d'Angleterre, obligé à Charles, et mal satisfait des Bretons, ne vouloit point les aider ; mais, à la sollicitation de ses sujets, il envoya six mille hommes de pied, que la duchesse mit dans ses places.

Ce secours ne fit autre effet que d'exciter Charles à attaquer la Bretagne avec plus de forces. Il l'envahit de toutes parts, et il lui auroit été aisé d'en achever la conquête, s'il n'en eût été empêché par les remontrances de Gui de Rochefort, chancelier de France. Il lui représenta qu'il n'étoit ni juste ni glorieux pour lui de dépouiller une princesse encore en tutèle, sa vassale et sa parente, et qu'il pouvoit avoir la Bretagne plus honnêtement et plus sûrement, en épousant l'héritière (1490). Marguerite, fille de Maximilien, donnée pour femme à Charles, étoit encore trop jeune pour accomplir le mariage ; et Anne n'ayant épousé Maximilien lui-même que par procureur, on crut la chose faisable.

La gouvernante, qui espéroit joindre à son domaine quelque partie de la Bretagne, fut fort fâchée du discours du chancelier, mais son crédit étoit bien tombé, et quelques officiers du roi s'étoient emparés de son esprit. Cependant Isabeau, sœur de la duchesse de Bretagne, mourut, et le mariage du roi avec Anne parut encore plus avantageux. Il s'avançoit toujours du côté de la Bretagne ; Albret, frustré de sa prétention par le mariage de Maximilien, rendit Nantes au roi. Tous es seigneurs se réunirent pour presser la princesse d'épouser le roi : c'étoit le seul moyen de donner la paix au pays. Elle seule ne vouloit point y consentir, parce qu'elle ne vouloit ni épouser Charles, qui l'avoit si maltraitée, ni manquer de foi à Maximilien, qui lui avoit toujours témoigné de l'amitié.

On fit connoître au roi que le duc d'Orléans avoit beaucoup de pouvoir sur elle, et que s'il le délivroit, ce prince généreux et reconnoissant lui rendroit de grands services dans une affaire si importante. Aussitôt Charles alla lui-même à la tour de Bourges, à l'insu de la gouvernante, et délivra Louis, à qui il découvrit ses intentions. Ce prince alla en Bretagne, où le comte de Dunois et le prince d'Orange travaillèrent avec lui très-utilement à persuader la princesse. Elle céda à leurs raisons, et aux prières de ses Etats, qui regardoient ce mariage comme leur salut, et ayant été conduite à Langeois en Touraine, où étoit le roi, ce prince l'y épousa au mois de décembre 1491.

Par le contrat ils se cédoient l'un à l'autre leurs prétentions sur la Bretagne en cas de mort sans enfans. Le roi fit un traité avec les Etats pour la conservation des priviléges du pays. Mais Maximilien remplit toute l'Europe de ses plaintes; il disoit que c'étoit une chose indigne, que son gendre chassât sa propre femme, et ravît celle de son beau-père. Le roi d'Angleterre, jaloux d'un si grand accroissement de la France, vint à Calais, et assiégea Boulogne, où il fut mal secouru de Maximilien (1492) : les factions qui s'élevèrent alors contre lui dans son royaume l'ayant rappelé, il prit de l'argent du roi, et fit sa paix.

Cependant Maximilien se rendit maître d'Arras, et prit Saint-Omer par intelligence. Il pensa aussi surprendre Amiens, où ses gens étoient entrés pendant la nuit. Une femme les découvrit, et encouragea les habitans, qui repoussèrent les ennemis avec beaucoup de vigueur. Maximilien fit une trêve d'un an avec Charles, au nom de l'archiduc Philippe son fils, où il ne voulut point être nommé.

Ce qui arriva alors en Espagne mérite d'être rapporté. Ferdinand, roi d'Aragon, avoit épousé Isabelle, reine de Castille, et leur puissance étoit devenue fort considérable par l'union de ces deux royaumes. Ils joignirent à un si grand pouvoir beaucoup d'habileté et de prudence. Ils résolurent de chasser d'Espagne les Maures qui n'y avoient plus que le royaume de Grenade; mais la capitale de ce royaume, et qui lui donne son nom, étoit extrêmement fortifiée. Elle fut prise après huit mois de siége, et ainsi finit en Espagne le royaume des Maures, qui avoit duré plus de sept cents ans. En mémoire d'une conquête si avantageuse à la chrétienté, Ferdinand et Isabelle reçurent du Pape la confirmation du titre de *Catholiques*, déjà porté par quelques rois des Espagnes et de Castille.

En même temps, pour mettre le comble à la gloire et à la puissance de Ferdinand, Christophe Colomb, par une heureuse navigation, découvrit le nouveau monde, et le soumit à ce roi, qui à peine avoit pu se résoudre à lui donner trois vaisseaux pour une si belle découverte. Alexandre VI, né à Valence en Espagne, et sujet du roi d'Aragon, donna à Ferdinand et à Isabelle, et à leurs successeurs, tant les terres découvertes, que celles qu'on pourroit découvrir au delà d'une ligne imaginaire tirée d'un pôle à l'autre, à la charge d'y envoyer des gens pieux et savans pour établir le christianisme dans ces vastes régions. Les armes d'Espagne firent valoir cette donation du Pape.

En France, on songeoit beaucoup à la conquête de Naples. Le prince de Salerne et plusieurs seigneurs de la faction d'Anjou, étoient venus à la Cour pour exciter le roi à cette entreprise ; mais celui qui agit le plus efficacement pour l'y engager, fut Ludovic Sforce, qui fut duc de Milan. Il songeoit à usurper ce duché sur Jean Galéas son neveu, dont il s'étoit fait tuteur par force, après avoir chassé Bonne de Savoie, sœur de la reine Charlotte, femme de Louis XI, et mère de Charles VIII. Elle étoit décriée pour ses galanteries, qui la rendirent méprisable, et donnèrent moyen à Ludovic de la chasser.

Jean Galéas son neveu étoit homme de peu de vertu ; Ludovic l'enferma dans un château, et s'empara du duché. Maximilien, alors empereur (car son père Frédéric venoit de mourir), lui donna l'investiture pour une grande somme d'argent, et entra dans une si étroite liaison avec Ludovic, que même il épousa Blanche sa nièce ; mais il restoit à Jean Galéas une grande protection dans la puissance du roi de Naples, dont il avoit épousé la petite-fille, qui étoit fille d'Alphonse son fils aîné : cet intérêt le poussoit à abaisser cette maison. Pour cela il excita l'ambition de Charles, et comme il étoit fort adroit, en gagnant son conseil, il lui remplit l'esprit de cette conquête.

Ferdinand, roi d'Aragon, toujours attentif à ses affaires, sut se servir de cette conjoncture pour retirer les comtés de Roussillon et de Cerdagne engagés à Louis XI par le roi Jean son père. On prétendoit au conseil du roi qu'on n'étoit plus obligé de recevoir le remboursement, après que Jean avoit manqué aux conditions du traité en reprenant Perpignan ; mais Ferdinand trouva le moyen de surmonter cet obstacle.

Comme il se faisoit ordinairement un jeu de faire servir la piété à ses intérêts, il sut gagner deux religieux, l'un prédicateur du roi, et l'autre de la duchesse de Bourbon ; c'étoit la gouvernante, dont le mari étoit devenu duc de Bourbon, par la mort de son frère aîné, décédé sans enfans. Ces deux religieux soutinrent que le roi ne pouvoit pas en conscience retenir ces deux comtés. Louis, cardinal d'Amboise, qui avoit été précepteur du roi, entra dans ce sentiment ; il fut même d'avis qu'on fît à Ferdinand la grace entière, en lui rendant ces comtés sans demander de remboursement, et en se contentant d'exiger de lui qu'il ne donnât aucun secours au roi de Naples son parent, comme il le pouvoit aisément par le moyen de son royaume de Sicile. Il promit tout ce qu'on voulut ; mais il n'étoit pas si religieux à garder sa parole, qu'habile à ménager ses intérêts.

Cet accord fut suivi quelque temps après de celui de Maximilien (1493) : car après qu'il se fut beaucoup emporté contre Charles, il vit qu'il avoit plus de colère que de force, et qu'il ne pouvoit rien contre la France. Après la mort de Frédéric son père, il trouva beaucoup d'affaires en Allemagne, qui l'obligèrent à désirer la paix. Elle fut conclue par l'entremise des princes d'Allemagne et des Suisses. Le roi rendit les places qui lui restoient en Artois, dont il devoit garder les châteaux pour quatre ans, c'est-à-dire, jusqu'au temps que l'archiduc Philippe seroit majeur; on lui rendit aussi le comté de Bourgogne, et les autres terres qui avoient été données pour dot à Marguerite sa sœur. Cette princesse fut remise entre les mains de Maximilien; tout fut paisible en France, et le roi ne pensa plus qu'aux affaires d'Italie.

Ce pays, autrefois maître du monde, étoit en ce temps sous la domination de plusieurs puissances. Le Pape y tenoit le premier rang, plus par la dignité de son Siége, que par l'étendue de ses terres, beaucoup moindre qu'à présent. La foiblesse des pontificats précédens avoit été cause que les gouverneurs de la Romagne s'étoient fait une principauté de leurs gouvernemens, où le Pape n'étoit reconnu que par cérémonie.

La république de Venise, outre qu'elle étoit maîtresse de la mer Adriatique, avoit beaucoup de pays aux environs de cette mer, tant en Italie que sur la côte opposée. Elle avoit aussi plusieurs îles dans l'Archipel et ailleurs, entre autres celle de Chypre, dont elle s'étoit emparée depuis peu. Une si grande puissance tenoit en jalousie toute l'Italie, et sembloit être en état de la soumettre, si les autres Etats ligués ensemble ne l'avoient tenue en bride. Elle étoit gouvernée, comme elle l'est encore, par la noblesse et par le sénat.

Il y avoit en Italie une autre république fort puissante, c'étoit celle de Florence, ville fort marchande et fort riche, qui tenoit toute la Toscane, et avoit conquis depuis peu la ville de Pise. Cette république, toute populaire dans son origine, avoit laissé gagner un pouvoir presque suprême aux Médicis; l'entreprise des Pazzi contre Laurent de Médicis n'avoit fait qu'affermir son autorité, qu'il avoit laissée toute entière à Pierre son fils aîné; et celui-ci, jeune et impétueux, l'exerçoit avec beaucoup de hauteur.

Le duc de Milan, maître de la Lombardie, pays étendu et riche, avoit de grandes forces par lui-même, et en avoit encore plus par ses alliances. Les Bentivoglie, seigneurs de Bologne, étoient ses principaux amis. Il tenoit en hommage de nos rois la principauté de Gênes, dont toutefois les habitans ne lui étoient pas tout à fait soumis.

Il y avoit enfin le royaume de Naples, qui comprenoit, depuis l'Abruzze jusqu'à la mer, toutes les terres au deçà et au delà de l'Apennin, pays agréable, plein de belles villes, et abondant en toutes choses. Plusieurs autres petits princes, et quelques républiques moins considérables, se conservoient en s'alliant tantôt à l'une et tantôt à l'autre de ces puissances principales.

Alexandre VI tenoit alors le saint Siége, et y étoit entré par argent; c'étoit un homme décrié par sa mauvaise foi, par son peu de religion, par son avarice insatiable, et par ses désordres, et qui d'ailleurs sacrifioit tout au désir immense qu'il avoit d'agrandir ses enfans bâtards. Ferdinand, roi de Naples, l'avoit mis dans ses intérêts, en donnant sa fille naturelle avec une grande dot, à un des fils de ce Pape.

Les Vénitiens souhaitoient l'affoiblissement des rois de Naples, dont la puissance les empêchoit de s'accroître; mais ils craignoient de s'attirer le reproche d'avoir appelé le roi de France en Italie ; ainsi ils résolurent de le laisser faire, et de profiter cependant du temps et des occasions.

C'est pourquoi, quand Charles les sollicita d'entrer dans ses desseins contre Ferdinand, à cause de l'ancienne amitié entre la couronne de France et la république de Venise, ils s'excusèrent sur la crainte qu'ils avoient des Turcs, quoiqu'ils fussent en paix avec eux, et que Bajazet II qui régnoit alors fût un prince fort peu à craindre.

A Florence le peuple étoit naturellement porté d'inclination pour la France, et d'ailleurs intéressé par son commerce avec les François ; mais les liaisons que Pierre de Médicis avoit contractées avec Ferdinand pour se maintenir, le faisoient pencher de son côté; de sorte qu'étant pressé par les ministres du roi de se déclarer en sa faveur, il se contenta de répondre qu'il enverroit des ambassadeurs pour lui porter sa réponse.

Il n'y avoit donc pour le roi que le seul duc de Milan, et nous avions affaire à des ennemis qui étoient en réputation d'entendre la guerre. Cependant le duc, poussé par l'intérêt que nous avons dit, ne cessoit de l'exciter à une entreprise si périlleuse, et pour enflammer le courage de ce jeune prince, il ne lui montroit pas seulement l'Italie déjà vaincue, mais la puissance ottomane soumise par ses armes.

Les plus sages têtes de France s'opposoient à ce voyage, où l'on voyoit de si grandes difficultés ; mais Etienne de Vesc, homme de basse naissance, un des chambellans du roi, qu'il avoit fait sénéchal de Beaucaire, et Guillaume Briçonnet, son trésorier général, depuis devenu cardinal, qui le gouvernoient, firent résoudre la chose. Il se fit un accord entre le roi et Ludovic, par lequel ce dernier promettoit au roi de lui prêter deux cent mille ducats d'argent, de lui donner le passage sur ses terres, et cinq cents gens d'armes ; et le roi de son côté devoit maintenir Ludovic dans le Milanez, et lui donner la principauté de Tarente, après la conquête.

Sur le bruit de cette alliance et des préparatifs de Charles, Ferdinand faisoit bonne mine, et témoignoit qu'il se tenoit assuré sur le bon ordre de ses affaires ; mais il faisoit secrètement ses efforts auprès du roi pour le détourner de son dessein, jusqu'à lui offrir hommage et un tribut annuel. Charles, sans l'écouter, prit la qualité de roi de Jérusalem et des deux Siciles, et ensuite déclara la guerre (1494). A cette nouvelle Ferdinand mourut de chagrin ; Alphonse son fils, aussi méchant et aussi haï que lui, commença son règne en faisant égorger tous les seigneurs qui, comme nous avons dit, s'étoient remis à la bonne foi de son père.

Cependant Charles faisoit équiper une flotte assez considérable à Gênes, où il avoit envoyé le duc d'Orléans avec quelques troupes. Il s'avança à Lyon, et depuis à Vienne, pour apprendre les nouvelles, et donner ses ordres de plus près. Il envoya dans la Romagne Aubigny, seigneur écossois de grande considération, avec deux cents hommes d'armes françois, et cinq cents Italiens, que Ludovic, suivant le traité, lui avoit joints sous le commandement du comte de Cajazze son confident. Les hommes d'armes françois devoient avoir avec eux chacun deux archers, et chaque archer un valet monté à cheval. Aubigny avoit outre cela quelque infanterie.

Alphonse songeoit à se bien défendre; et d'abord il s'appliqua à gagner le Pape, qui, pour l'obliger à faire ce qu'il voudroit, feignit quelque penchant vers la France. Il trouva bientôt moyen de le radoucir par les avantages qu'il fit à ses bâtards, de sorte qu'il lui donna l'investiture qu'il avoit refusée à Charles, et fit avec lui une ligue défensive. Il n'y avoit rien qu'il ne remuât contre les François; il faisoit tous ses efforts pour émouvoir les Vénitiens, et ne pouvant en venir à bout par lui-même, il obligea le Turc à leur déclarer qu'il leur feroit la guerre, s'ils ne la faisoient aux François.

Alexandre étoit avec lui en grande intelligence, à cause de Zizim son frère, que le Pape avoit entre ses mains. Les malheurs de ce jeune prince font un des plus remarquables événemens de l'histoire de ce temps. Après s'être révolté contre Bajazet son frère, qui le battit, il se jeta entre les bras des chevaliers de Rhodes, les plus grands ennemis de sa maison. Il fut après mené en France, où il demeura longtemps en la garde de ces chevaliers. Les papes obligèrent Pierre d'Aubusson leur grand-maître à leur livrer ce malheureux prince, dont ils vouloient se servir, ou pour faire la guerre au Turc, ou pour lui faire peur et négocier avec lui ce qu'ils voudroient.

Bajazet ne craignoit rien tant que son frère, parce qu'il étoit aimé des peuples. Alexandre recevoit une grosse pension pour le bien garder, et vivoit par ce moyen avec Bajazet en grande correspondance. Il employa son crédit pour exciter les Turcs contre les François, qui menaçoient, disoit-il, l'empire ottoman, après s'être rendus maîtres de l'Italie. Avec toutes ces remontrances, il ne tira de Bajazet que de l'argent; car les menaces qu'il fit aux Vénitiens de leur déclarer la guerre ne les émurent pas.

Cependant Alphonse avoit équipé une armée navale, qu'il tenoit dans le port de Pise, sous la conduite de son frère Frédéric, et envoya dans la Romagne l'armée de terre, commandée par Ferdinand son fils. Le duc de Milan faisoit presser le roi d'aller en personne à cette conquête. Le cardinal de Saint-Pierre-aux-Liens, ennemi du Pape, et ami du duc, vint lui offrir son service, et l'assura qu'il seroit le maître d'Ostie, dont il étoit gouverneur, aussi bien qu'évêque. Charles, flatté de tant d'espérances, avoit une ardeur extrême de se mettre en campagne; mais le duc et la duchesse de Bourbon, et tout ce qu'il y avoit en France d'habiles gens, faisoient ce qu'ils pouvoient pour l'en empêcher; ils lui trouvoient trop peu de forces pour aller lui-même à une entreprise si hasardeuse. Ses finances avoient été épuisées à équiper une flotte qui demeura inutile; d'ailleurs ceux qui le gouvernoient n'avoient ni capacité ni expérience. Ce triste état des affaires faisoit trembler tout le monde; souvent même les favoris étoient ébranlés. Le voyage se rompoit un jour, et puis se renouoit le lendemain; Briçonnet, alors évêque de Saint-Malo, vaincu ou par la raison ou par la crainte, n'étoit plus d'avis de le faire. Le sénéchal fut seul à le soutenir; et Charles, qui d'un côté étoit attaché à ses volontés, et de l'autre aisé à mener aux siens qui le savoient prendre, se détermina à partir. La ville de Paris députa pour l'en détourner, mais il n'y eut point d'égard; rien n'étoit capable de retenir ce jeune prince, et ce fut en vain que le Pape, trop partial, le menaça d'excommunication, s'il entroit en Italie. Il partit pour y aller sur la fin d'août, après avoir laissé la régence du royaume à Pierre duc de Bourbon.

Il avoit seize cents hommes d'armes, qui avec leur suite faisoient environ dix mille hommes de gendarmerie. Les deux cents gentilshommes ordinaires de sa maison, trois ou quatre cents chevaux armés légèrement, six mille hommes de pied gascons (car l'infanterie françoise étoit composée ordinairement de cette nation) et six mille Suisses. Il n'avoit que vingt-deux ans, et beaucoup de jeune noblesse qui l'accompagnoit n'en savoit pas plus que lui. Durant sa marche, Frédéric, qui commandoit la flotte de Ferdinand, croyoit surprendre la nôtre dans le port de Gênes, et soulever cette ville par le moyen de plusieurs bannis qui le suivoient. Il se posta à Rapalo près de Gênes; mais pendant qu'il y attendoit ce que feroient ses intelligences, le duc d'Orléans, quoique plus foible, le battit dans son poste où il s'étoit fortifié, et l'obligea à se retirer.

Au bruit de cette victoire, le jeune Ferdinand fut étonné. Le Pape effrayé retira ses troupes, qui devoient entrer avec lui dans la Romagne; ainsi Aubigny y demeura seul maître de la campagne, et le roi apprit à Ast ces bonnes nouvelles. Il y reçut les respects du duc et de la duchesse de Milan, qui le vinrent saluer avec une grande suite. Malgré ces bons succès, les appréhensions se renouvelèrent, l'argent manquoit à Charles, qui étoit réduit à en emprunter de tous côtés, jusque-là même que la duchesse de Savoie et la marquise de Montferrat, fort affectionnées à la France, engagèrent leurs joyaux pour lui en prêter.

Il demeura longtemps à Ast, où on ne savoit presque à quoi se résoudre. Mais Ludovic rendoit tout facile, et prêta encore de l'argent. Avec ce secours le roi se préparoit à partir; mais il en fut retardé par la petite vérole, dont il pensa mourir. Le mal ne fut pas long, et Charles fut en état de marcher au commencement d'octobre; il envoya Comines, qui étoit rentré dans ses bonnes graces, ambassadeur à Venise, et pour lui il alla droit à Pavie. Là commencèrent les soupçons entre lui et le duc de Milan.

Ce duc ne vouloit pas qu'il entrât dans le château où il tenoit Jean Galéas son neveu étroitement renfermé. Mais le roi voulut y loger, et il fallut lui obéir; il fit même renforcer le guet durant la nuit, et Ludovic étonné demandoit si on se défioit de lui. Personne, ni le roi lui-même, ne vit Jean Galéas, il tiroit à sa fin d'un poison lent que son oncle lui avoit donné. Les François étoient indignés que ce méchant homme eût amené Charles pour voir mourir son cousin germain par un attentat si exécrable. On apprit bientôt après qu'il expiroit, ce qui obligea Ludovic à retourner promptement à Milan, où il acheva d'établir son autorité, après la mort de ce malheureux, au préjudice d'un fils, qu'il laissa âgé de cinq ans.

A mesure que le roi avançoit, l'Italie se remplissoit d'étonnement et de terreur : en ce pays, l'art de se servir de l'artillerie n'y étoit pas entendu, au lieu que la nôtre étoit belle et bien conduite; cela, joint à la réputation de la valeur des François, faisoit trembler tout le monde; mais ces François si redoutés craignoient eux-mêmes; peu s'en fallut qu'étant à Plaisance, ils ne retournassent sur leurs pas. On commençoit à manquer de tout, et plusieurs de ceux qui avoient conseillé le voyage, étoient sur le point de perdre courage.

On voyoit le Pape qui remuoit tout contre nous. Le roi recevoit aussi des avis fâcheux contre Ludovic, dont il commençoit à se défier. L'autorité du duc étant affermie, il craignoit plus les François, qu'il n'avoit besoin de leur secours; ainsi tout étoit à craindre d'un esprit si dangereux.

D'ailleurs le roi ne savoit quel parti prendroient les Florentins. Les ambassadeurs de la république, choisis par Pierre de Médicis, avoient trahi celui qui les envoyoit, et avoient donné à Charles les moyens de gagner le peuple, dont le trafic ne souffroit pas qu'il se brouillât avec la France; mais Pierre, toujours ami d'Alphonse, roi de Naples, qui avoit succédé à son père en 1494, étoit le maître dans la ville, où il ne paroissoit pas que personne osât lui résister.

Quoique le roi parût fort résolu, il fut cependant déconcerté par tant de fâcheuses conjonctures, et lui-même, auparavant si déterminé au voyage, songeoit au retour, lorsqu'il eut avis que la division étoit grande dans Florence. Sur cela il fut arrêté qu'on iroit droit à cette ville, afin de l'engager au parti de la France, pendant qu'elle étoit ébranlée; ou pour la prendre de force, pendant qu'elle étoit affoiblie par ses dissensions.

Pierre n'ignoroit pas qu'il ne se fît contre lui de secrètes pratiques dans la ville, où il sentoit son pouvoir mal assuré. Lors donc qu'il vit approcher le roi, il se résolut d'aller au-devant de lui, et fut d'abord contraint de lui mettre entre les mains, par forme de dépôt durant la guerre, Serezane, la plus forte place des Florentins. Il fallut ensuite lui rendre Livourne, port célèbre, Pise, Pietra-Santa, et Serezanelle, aux mêmes conditions, et promettre de plus que les Florentins prêteroient deux cent mille ducats. Il accorda toutes ces choses sans en communiquer avec ceux que la cité lui avoit donnés pour conseillers, et ils furent fort étonnés qu'il eût livré si aisément aux étrangers toutes les forces de l'Etat.

Cependant Aubigny prit le château de Mardano dans la Romagne, et par cette prise, mit dans son parti le comté d'Imola et la ville de Forli. Ludovic, effrayé des progrès des François, vint demander Serezane et Pietra-Santa, comme places dépendantes de la principauté de Gênes. Elles lui furent refusées; il se retira mécontent, sous prétexte de ses affaires, et ne revit plus le roi. Le voyage ne laissa pas de continuer avec la même fortune; le roi fut reçu à Pise avec grand applaudissement; mais Galéas, comte de Saint-Séverin, confident de Ludovic, qu'il avoit laissé auprès du roi, inspira aux Pisans de demander leur liberté. Ludovic espéroit qu'il arriveroit quelque sédition, et qu'il trouveroit moyen dans le trouble de se rendre maître de la ville. Les peuples accoururent autour du roi, criant : *Liberté !* et le maître des requêtes, qui marchoit devant lui à l'ordinaire, pour recevoir les placets, lui dit qu'il devoit leur accorder leur demande. Le roi le fit sans examiner ce qu'il donnoit, et sans savoir autre chose, sinon que les princes d'Italie traitoient fort mal leurs sujets.

En même temps que ceux de Pise s'émurent pour leur liberté, il se fit à Florence un grand soulèvement contre Pierre; ses ennemis se servirent du traité qu'il avoit fait avec le roi, pour le rendre odieux au peuple, comme un homme qui avoit trahi sa patrie. Aussitôt qu'il fut de retour, il se présenta au conseil, pour rendre compte à la Seigneurie de ce qui s'étoit passé; on ferma la porte à sa suite, et il sentit bien qu'il étoit perdu. Il se retira en grande frayeur, et il entendoit de tous côtés sur son passage le peuple criant : *Liberté!* Ainsi désespérant de ses affaires, il s'enfuit à Bologne, d'où il passa à Venise. Par décret de la Seigneurie, il fut banni de Florence avec tous les Médicis. Sa maison, qu'il avoit préparée pour y recevoir le roi, fut pillée avec son argent et ses joyaux les plus précieux.

Le roi s'arrêta proche de Florence pour laisser apaiser le tumulte, et pour donner le temps à Aubigny de le joindre, selon l'ordre qu'il lui en avoit envoyé. Aux approches du roi, les Florentins avoient grand sujet d'appréhender, parce qu'ils avoient banni Pierre pour avoir traité avec lui; mais comme ils n'étoient pas les plus forts, ils furent contraints d'ouvrir leurs portes, et le roi entra dans leur ville, armé et la lance haute, comme victorieux. Il avoit le corps petit et foible, la mine peu relevée ; mais sa puissance et ses grands succès le faisoient regarder avec respect par tout le peuple.

La Seigneurie députa des personnes de considération pour traiter avec lui; on leur fit, de la part du roi, des propositions exorbitantes. Pendant qu'on en faisoit la lecture, un des députés les arracha d'entre les mains de celui qui les lisoit, et dit au roi en les déchirant, puisqu'il leur faisoit de telles demandes, qu'il fît sonner ses trompettes, que pour eux ils alloient faire sonner leurs cloches; sur cela il fallut se radoucir, et l'accommodement fut fait à des conditions plus équitables. Les Florentins s'engagèrent à prêter au roi une grande somme d'argent, dont ils payèrent une grande partie comptant. Il les reçut sous sa protection, et leur promit par serment de rendre leurs places quatre mois après la conquête de Naples, et même plus tôt, s'il retournoit en France. Il fut convenu qu'il leur laisseroit un ambassadeur, sans lequel ils ne pourroient nommer un capitaine général, ni rien résoudre sur les affaires présentes.

Ce prince tâcha de faire la paix de Pierre, et en attendant il obligea la Seigneurie à lever le ban des Médicis avec certaines restrictions. Tant de succès inopinés surprirent les Vénitiens, qui s'étoient longtemps moqués de l'entreprise de Charles, qu'ils croyoient impossible. Le Pape, le roi de Naples et Ludovic prirent grand soin de les exciter. Maximilien, naturellement ennemi de la France, craignoit d'autant plus ses progrès, qu'on lui faisoit entendre que Charles avoit dessein de se faire empereur à sa place, et que déjà il en avoit fait la proposition au Pape, chose qui n'étoit pas véritable. Ferdinand, roi d'Aragon, craignant pour la Sicile et pour la Sardaigne, se joignit aux ennemis de Charles, malgré les obligations qu'il lui avoit, et les promesses qu'il avoit faites de ne point troubler ses desseins dans l'Italie.

Les ambassadeurs de ces princes étoient à Venise, et Comines, qui les y voyoit assemblés de tant d'endroits, avoit soupçonné ce qui arriva. Ceux du duc de Milan tâchoient de l'amuser, en lui demandant ce que faisoient à Venise ces ministres de l'empereur et du roi d'Espagne. Ils lui disoient que pour eux ils y étoient venus au sujet des ambassadeurs que la république avoit envoyés à leur maître, et qu'au reste il vouloit toujours entretenir bonne correspondance avec le roi; mais Comines, qui savoit toute l'intrigue, résolut de s'en expliquer avec les ambassadeurs du duc et la Seigneurie. Ceux-là nièrent le fait; et pour la Seigneurie, sur ce que Comines leur représenta que par les traités faits entre les rois de France et les Vénitiens, l'un ne pouvoit pas soutenir les ennemis de l'autre, il lui fut répondu par le doge, au nom du sénat, que, loin de faire aucune confédération contre le roi, ils ne songeoient qu'à en faire une avec lui contre le Turc; que le roi et eux contraindroient les autres princes à y entrer, et que s'il falloit de l'argent, la Seigneurie en fourniroit.

Cependant ils proposoient un accommodement pour les affaires de Naples, par lequel ce royaume seroit tenu de Charles à hommage, que ce prince y retiendroit trois places, et qu'il auroit de l'argent autant qu'il voudroit. Comines répondit qu'il n'avoit point d'ordre d'écouter ces propositions, et qu'il en écriroit au roi son maître. Il les prioit cependant de tenir tout en surséance, et de lui dire s'ils avoient quelque sujet de plainte. Le duc lui dit que la république avoit grand sujet de s'étonner que le roi ayant témoigné qu'il ne vouloit en Italie que le seul royaume de Naples, et après tourner ses armes contre le Turc, il ne parloit plus du Turc, et qu'il obligeoit cependant les Florentins à lui mettre en main leurs meilleures places ; mais qu'encore que ce procédé leur donnât un juste sujet de méfiance, ils tiendroient les choses en état, jusqu'à ce qu'ils eussent appris ses réponses.

Le roi durant ce temps étoit encore à Florence, où Comines lui donna avis de toutes ces choses ; mais son conseil, que tant de succès remplissoient de confiance, y fit peu de réflexion. Cependant l'affaire de l'alliance traînoit en longueur. Le Pape étoit irrésolu, et les Vénitiens, naturellement assez lents dans leurs délibérations, ne se pressoient pas, espérant qu'à Viterbe, ou du moins à Rome, Charles trouveroit de la résistance ; mais ce prince marchoit toujours, et Sienne lui ouvrit ses portes.

Environ dans ce même temps, l'armée du Pape se joignit avec Ferdinand, fils d'Alphonse, roi de Naples, pour disputer à Charles le passage de Viterbe ; Charles y avoit déjà pourvu. Par son ordre le cardinal de Saint-Pierre-aux-Liens étoit retourné à Ostie, d'où il coupoit les vivres aux ennemis ; et les Colonnes, gagnés à la France, couroient toute la Romagne. Ainsi Ferdinand, fils d'Alphonse, se trouva trop foible pour rien entreprendre, et le roi occupa Viterbe sans peine. Toutes les places des environs se rendirent ; le Pape effrayé envoya pour traiter d'accommodement, et le roi lui renvoya à même dessein la Trimouille, un de ses chambellans, qui avoit grande part à sa confiance.

Dans cette négociation, comme le Pape faisoit diverses propositions d'accommodement, tant pour lui que pour le roi de Naples, Charles dit nettement qu'il écouteroit ce que le saint Père proposeroit pour ses propres intérêts ; mais que pour Alphonse, il ne lui donnoit aucune autre condition que de lui céder le royaume. Au milieu du traité, le Pape résolut tout à coup de faire entrer dans Rome Ferdinand avec son armée, et sembloit se préparer à se défendre. Charles arriva à Ostie, et en même temps vingt brasses de murailles tombèrent. Cela étonna tout le monde, et fit dire, plus que jamais, que Dieu s'en mêloit.

Toute l'Italie étoit pleine de cette pensée ; il y avoit longtemps que Jérôme Savonarole, jacobin, prêchoit à Florence que Dieu vouloit se servir du roi de France pour châtier les tyrans d'Italie et réformer par l'épée les abus de l'Eglise ; que rien ne seroit capable de s'opposer à ses armes, et qu'il feroit la conquête du royaume de Naples sans résistance (1495). En effet, le roi s'avançoit du côté de Rome par les terres des Ursins, qui lui étoient entièrement dévoués. Le Pape, désespérant de pouvoir résister, fit ouvrir les portes.

Pendant que le roi entroit d'un côté, Ferdinand sortoit de l'autre. Il resta peu de cardinaux auprès du Pape, qui se renferma au château Saint-Ange, tous les autres vinrent au-devant du roi avec les magistrats, et toute la ville y accourut avec des cris de réjouissance. Il entra armé, et la lance haute, comme le maître, dans cette ville, qu'on peut appeler la capitale du monde chrétien. On ne parloit que de déposer le Pape, comme simoniaque et scandaleux; deux fois les batteries furent dressées, et le canon prêt à tirer contre le château Saint-Ange, qui ne pouvoit pas tenir. Le respect de la dignité pontificale, quoique dans un sujet indigne, arrêta le roi. La paix fut faite à condition que le Pape donneroit au roi jusqu'à son retour de Naples, Terracine, Viterbe, Civita-Vecchia et Spolette ; mais la dernière place ne fut pas livrée.

Le Pape fit deux cardinaux à la prière de Charles, Briçonnet, évêque de Saint-Malo, et l'évêque du Mans, de la maison de Luxembourg. Il fut aussi arrêté que le cardinal Valentin, fils du Pape, suivroit le roi, comme légat en apparence, et en effet pour servir d'otage. Outre cela Charles, qui avoit dessein, aussitôt après la conquête de Naples, d'aller attaquer le Turc jusque dans Constantinople, obligea le Pape à lui livrer Zizim; il le livra, mais empoisonné d'un poison lent, et en état de mourir bientôt après. Bajazet avoit écrit au Pape par son nonce qu'il feroit bien de faire passer Zizim de cette vie malheureuse à une meilleure, et qu'en lui en envoyant le corps, il le paieroit d'une grande somme d'argent.

Cependant les affaires de Naples tomboient dans un grand désordre. Alphonse, qui voyoit approcher le roi, et que tout lui étoit ouvert, n'osa s'opposer à sa marche, quoiqu'il passât pour courageux et homme de guerre; mais, comme remarque Comines, jamais homme cruel ne fut vaillant. Il étoit dans une grande appréhension, et se croyoit nuit et jour poursuivi par les François. Enfin, se sentant persécuté par la haine implacable de ses sujets, il résolut d'abandonner le royaume à son fils Ferdinand, que le peuple aimoit. Aussitôt qu'il eut fait cette cession, il ne songea plus qu'à partir avec un empressement extrême ; il lui sembloit, disoit-il, que les arbres et les pierres mêmes crioent : *France*; et si peu qu'on le retardât, il menaçoit de se jeter par la fenêtre, tant il étoit saisi de frayeur. Sa retraite fut en Sicile, où son plus grand soin fut de porter des vins délicieux.

Dès que Ferdinand se fut mis en possession du royaume, toutes les haines furent oubliées, et ses sujets commencèrent à reprendre cœur; mais les affaires étoient déjà en mauvais état. Charles avoit envoyé des troupes sur la frontière, et toute l'Abruzze s'étoit révoltée. Pour défendre la terre de Labour, Ferdinand occupa le poste de Saint-Germain, qui étoit à l'entrée du royaume. Il s'y campa avantageusement avec une armée de mille chevaux et de six mille hommes de pied, ayant devant lui la rivière du Gariglian, d'un côté des montagnes escarpées, et de l'autre un grand marais. Il attendoit en ce lieu l'armée françoise; Charles partit de Rome, et lorsqu'il fut à Vellétri, le cardinal Valentin s'échappa, ce qui fit connoître les mauvais desseins du Pape.

Le roi, en continuant son chemin, prit de force Montefortin et Mont-Saint-Jean, deux châteaux très-considérables, dont le dernier étoit fort d'assiette, et de plus muni de toutes choses. Dans toute la conquête il n'y eut que ces deux seules occasions où il fallut tirer l'épée. Le bruit de la prise de ces places mit une telle épouvante dans l'armée de Ferdinand, qu'elle prit la fuite, et ce prince fut contraint d'abandonner son canon à ses ennemis. Il se retira, outré de douleur, à Capoue, où il reçut de nouveaux déplaisirs; les habitants le laissèrent entrer, et fermèrent la porte à sa suite. Etant entré, il apprit que Naples s'étoit soulevée. Il fut contraint d'y aller en diligence, après avoir exhorté ceux de Capoue à lui demeurer fidèles. Il ajouta des promesses de revenir dans peu de jours pour les défendre; mais à peine fut-il parti, que Jean-Jacques Trivulce, gouverneur de la place, la rendit à Charles.

Ferdinand, après avoir un peu apaisé les mouvemens de Naples, retournoit à Capoue. Il n'en étoit qu'à deux milles, lorsque les habitans lui mandèrent qu'il n'avoit que faire d'approcher, et que la ville étoit aux François. Désespéré de cette nouvelle, il revint à Naples, où, résolu à la retraite, il fit auparavant assembler les citoyens pour les haranguer avant son départ. Il leur témoigna qu'à son avénement à la couronne il avoit eu un désir extrême de leur faire oublier par ses bons traitemens les maux qu'ils avoient soufferts de ses ancêtres; que pendant qu'il étoit dans cette espérance, il s'en trouvoit empêché par les François, auxquels il étoit contraint de céder; qu'il les exhortoit aussi de se soumettre à eux en attendant qu'il vînt les tirer de l'oppression, ce qu'il espéroit faire bientôt, pourvu qu'ils demeurassent fidèles à leur prince naturel, qui les aimoit si tendrement. Les peuples parurent touchés de ce discours; mais Ferdinand ne fut pas plutôt retiré, qu'on vint lui dire qu'ils pilloient ses écuries. Il sortit indigné de l'audace et de l'inconstance de ce peuple, qu'il chassa des environs du château. Quand il y fut rentré, il s'aperçut que cinq cents Suisses, qu'il y avoit mis pour le garder, vouloient l'arrêter; et il ne trouva aucun autre moyen de se délivrer de leurs mains, que de leur ouvrir ses trésors.

Pendant qu'ils les partageoient, il mit en liberté les prisonniers que son père avoit renfermés dans le château, et se sauva à Ischia, petite île près de Capri, à l'entrée du golfe de Naples. Le gouverneur le reçut lui seul; mais bientôt, par son courage et son industrie, il se rendit maître de la forteresse.

Charles arriva à Naples un peu après que Ferdinand en fut parti. Il marchoit avec tant de diligence, depuis l'affaire de Saint-Germain, qu'il arrivoit ordinairement le soir à l'endroit que ses ennemis avoient quitté le matin. Averse, qui étoit en son chemin, se rendit à l'exemple de Capoue; et ce fut là que les députés de Naples vinrent assurer le roi de leur obéissance. Il leur accorda de grands priviléges, et arriva enfin à Naples, où il n'est pas croyable combien toute la ville témoigna de joie. Le peuple, si maltraité par les princes d'Aragon, se crut délivré d'une tyrannie insupportable quand il les vit chassés. Tous les partis sembloient réunis, et les Aragonois montroient encore plus de zèle que les autres. Charles alla descendre à l'église cathédrale, et de là loger au château appelé Capuano.

Le château Neuf et le château de l'Œuf, où il y avoit garnison, étoient encore entre les mains des ennemis, et le marquis de Pescaire tenoit le château Neuf pour Ferdinand. La flotte que Charles avoit équipée à si grands frais, jetée par la tempête aux environs de l'île de Corse, parut aux côtes de Naples un peu après que le roi y fut entré. Les deux châteaux furent bientôt réduits, moitié par intelligence et moitié par crainte. On trouva dans le château Neuf une quantité prodigieuse de vivres, que le roi donnoit au premier qui les demandoit, et ces grandes provisions se dissipèrent.

Les villes du royaume se rendoient à l'envi les unes des autres à ceux que Charles envoyoit pour les prendre. Les seigneurs du pays, à la réserve du marquis de Pescaire, et de deux ou trois autres, vinrent avec empressement lui rendre hommage. L'Europe regardoit avec étonnement une conquête si rapide; il sembloit que l'Italie se fût trouvée tout à coup sans action, par une espèce d'enchantement. Le Pape disoit que ce n'étoit pas une guerre que le roi avoit faite, mais un voyage paisible, où il n'avoit pas eu besoin d'envoyer des capitaines pour prendre les places, mais seulement ses fourriers pour lui marquer son logis. Si on eût envoyé d'abord un petit corps à Ischia avec quelque artillerie, en l'état où étoient les affaires, le château se seroit rendu; mais aussitôt qu'on fut maître de Naples, on ne songea qu'à la bonne chère, à des joutes et à des plaisirs. Nos gens méprisoient les Italiens, qu'ils avoient vaincus si aisément, et à peine les croyoient-ils des hommes.

Etienne de Vesc, que Charles créa duc de Nole, et connétable de Naples, faisoit à la vérité tout ce qu'il pouvoit pour la conservation de ce royaume; mais il se chargeoit de plus d'affaires qu'il n'étoit capable d'en porter; ainsi le désordre étoit extrême. Charles manqua Brindes qui vouloit se rendre, mais il n'y envoya pas ses troupes assez tôt; la même chose lui arriva à Reggio, place importante sur le détroit de Sicile, pour avoir voulu donner à un des siens cette ville qui ne vouloit être qu'à lui. Le château de Gallipoli dans l'Abruzze fut pareillement négligé avec quelques autres places. A la fin le roi envoya l'armée navale à Ischia, qu'elle trouva en trop bon état pour être attaquée. Ferdinand se retira cependant en Sicile. Il ne se parla guère des Turcs, qui trembloient à Constantinople, au bruit des conquêtes du roi. On en eût eu bon marché sous un prince aussi peu vaillant que Bajazet; mais quelques intelligences qu'on avoit en Grèce, du côté de Thessalie, furent découvertes, et, à ce qu'on croit, par les Vénitiens. Zizim mourut, et avec lui le principal fondement de l'espérance des François fut renversé.

Ces malheurs rebutoient le roi, qui d'ailleurs commençoit déjà de s'ennuyer à Naples, et ne respiroit que la France, aussi bien que la noblesse qui l'accompagnoit. Cependant ses ennemis ne s'endormoient pas, et la ligue se formoit. Les Vénitiens, qui s'étoient flattés de l'espérance qu'il trouveroit beaucoup de résistance sur son passage, furent étourdis quand ils le virent à Naples. Ils mandèrent pourtant Comines, pour lui témoigner la joie de la république sur les progrès du roi, ajoutant qu'il trouveroit plus de difficulté dans le château. Ils ne pouvoient croire que les places se prissent si vite, et les grands succès des François leur apprirent à se fortifier.

Quand la nouvelle de la prise fut arrivée, ils ne purent s'empêcher de témoigner leur douleur. Le doge ne laissa pas de faire à Comines, avec un visage gai, les complimens ordinaires; mais les autres donnoient des marques de leur extrême déplaisir. Comines continuoit d'avertir le roi de ce qui se machinoit contre lui, l'exhortant à renforcer son armée, et à demeurer à Naples, ou à partir promptement, avant que les confédérés eussent conclu leur traité, ou qu'ils eussent eu le loisir d'assembler leurs troupes. Il donna en même temps les avis nécessaires au duc d'Orléans qui étoit à Ast, et au duc de Bourbon, régent de France.

Peu après on acheva le traité de la ligue. Comines fut mandé au sénat, où le doge lui déclara qu'au nom de Dieu la république avoit conclu une ligue avec le Pape, l'empereur, les rois d'Espagne et de Naples, et le duc de Milan; qu'il pouvoit le faire savoir au roi son maître, et que pour eux ils avoient rappelé leurs ambassadeurs. Comines fut touché de ce discours, dans l'appréhension qu'il eut pour le roi, qui méditoit son retour. Mais il répondit fort doucement qu'il savoit leurs desseins, il y avoit déjà longtemps; qu'il en avoit donné avis au roi et en France, et qu'ils trouveroient les affaires mieux préparées qu'ils ne pensoient.

Ils répondirent que leur ligue n'étoit point contre le roi, mais contre l'ennemi commun, et en particulier pour la défense de l'Italie; qu'au reste ils n'avoient pas dû souffrir que le roi abusât le monde davantage, en disant qu'il vouloit attaquer le Turc, pendant qu'il ne songeoit qu'à envahir l'Italie, en ôtant les places au Pape et aux Florentins. A quoi Comines répondit que les rois de France étoient accoutumés à faire du bien au saint Siége, et qu'en cela le roi son maître surpassoit ses prédécesseurs.

Pendant que ces choses se disoient de part et d'autre, les sénateurs paroissoient avec un visage fier. La ligue fut publiée avec beaucoup de solennité. Le soir on fit des feux de joie; on voyoit partout des flambeaux allumés, et des marques de réjouissance publique. Le sénat voulut qu'un ministre de Bajazet, qui étoit alors secrètement à Venise, fût témoin de cette fête; et eux, qui se plaignoient tant de ce que Charles laissoit les Turcs en repos, ne songeoient qu'à les satisfaire.

Cependant les Napolitains commençoient à se dégoûter des François. Quoique l'on gardât soigneusement au peuple ses priviléges, on ne le traitoit pas avec la douceur nécessaire pour accoutumer de nouveaux sujets à une domination étrangère. La noblesse eût pu retenir les peuples dans le devoir; mais elle étoit elle-même mécontente de ce qu'elle se voyoit exclue des gouvernemens et des charges, que Charles donnoit toutes aux François. Ceux qui avoient été attachés à la maison d'Anjou n'étoient pas mieux traités que les Aragonois, et tous étoient également rebutés. Les ministres du roi ne songeoient qu'à s'enrichir, et prenoient de l'argent de tous ceux qui avoient des affaires, pour leur faire obtenir leurs expéditions.

Les choses étant en cet état, la nouvelle de la ligue conclue disposa à la révolte l'esprit de ce peuple, naturellement changeant. Otrante, qui avoit arboré l'étendard de France, l'ôta, et reprit celui de Ferdinand. Le roi, résolu de partir, voulut auparavant faire ses efforts, afin que le Pape se détachât de la ligue. Il reçut des réponses peu satisfaisantes, et précipita son départ. Il nomma pour vice-roi Gilbert de Montpensier, prince de la maison de Bourbon, à qui il laissa deux mille Suisses, avec cinq cents hommes d'armes françois. Il ordonna à l'armée navale de se rendre à Livourne, et à Aubigny de demeurer dans la Calabre, où Ferdinand avoit repris quelques places peu importantes.

Le nouveau duc de Nole eut ordre de demeurer quelque temps auprès du vice-roi, pour diriger les conseils, et gouverner les finances; mais Charles ne laissa pour tout argent au royaume, que le courant des revenus. Pendant son séjour d'un mois à Naples, il fit frapper une monnoie où il s'intituloit roi de Sicile et de Jérusalem. Après quoi il fit son entrée solennelle dans cette ville avec beaucoup de magnificence, et en habit impérial, comme empereur de Constantinople. Il avoit une couronne d'or sur la tête, et tenoit de la main droite une pomme d'or, et le sceptre de la gauche.

Le roi partit aussitôt après ces cérémonies, sans avoir soin de munir les châteaux de Naples, ni les autres places du royaume, qui pouvoient tenir le peuple en bride. Il avoit neuf cents hommes d'armes, y compris sa maison, et deux mille cinq cents Suisses, avec l'infanterie françoise. Il pouvoit y avoir quinze cents hommes de défense à la suite de la Cour, et tout cela faisoit environ neuf mille hommes. Voilà quelle étoit l'armée avec laquelle Charles devoit traverser toute l'Italie, pleine de potentats armés contre lui.

Lorsqu'il approcha de Rome, le Pape laissa le château Saint-Ange bien gardé, et se retira à Orviette. Quoiqu'il se fût ligué avec les ennemis de Charles, ce prince religieux n'exerça aucune hostilité sur les terres de l'Eglise; il rendit même les places qui appartenoient au saint Siége. Il ne fit que passer à Rome, et tira droit à Sienne, où Comines avoit eu ordre de se rendre. Aussitôt que le roi le vit, il lui demanda, comme en se moquant, si les Vénitiens ne viendroient pas au-devant de lui. Les jeunes gens de la Cour, qui s'imaginoient qu'il n'y avoit qu'eux capables de tirer l'épée, écoutèrent en riant cette parole. Comines répondit au roi avec un air aussi sérieux que la chose le méritoit, que le sénat lui avoit fait dire qu'il trouveroit quarante mille hommes sur son passage, et l'exhorta à passer vite, avant qu'ils eussent le loisir d'exécuter leurs desseins.

Il vint des ambassadeurs de Florence, qui proposoient d'ajouter une grande somme d'argent à celle qu'ils avoient promise au roi, et de le faire accompagner par trois cents hommes d'armes, pourvu qu'il lui plût leur rendre leurs places, principalement Pise, qu'il avoit injustement affranchie. Jérôme Savonarole, qui avoit tant prêché la venue du roi, se joignoit à eux dans cette demande. Il parla hardiment à Charles, l'avertissant des périls extrêmes de son passage, et que Dieu l'en feroit sortir glorieusement; mais que pour avoir manqué d'obéir à ses ordres, touchant la réformation de son Eglise, et pour avoir souffert les pillages et les violences de ses gens, il y avoit une sentence donnée contre lui, et qu'il auroit bientôt un coup de fouet; qu'au reste il ne pensât pas s'excuser, en disant qu'il ne faisoit point de mal, parce qu'il étoit coupable de celui qu'il n'empêchoit pas; mais que s'il avoit pitié du peuple, et remédioit aux désordres, Dieu révoqueroit ou adouroit sa sentence.

Le roi fut touché de ce discours, et l'autorité d'un homme d'une si grande réputation le portoit à faire justice aux Florentins. Tous les gens sages lui conseilloient d'accepter leurs offres, en retenant seulement Livourne, jusqu'à ce qu'il fût à Ast; mais la jeunesse lui mit autre chose dans l'esprit, surtout le comte de Ligny, de la maison de Luxembourg, son cousin germain, qui lui étoit fort agréable. Ce jeune seigneur se persuada qu'il pourroit devenir prince de Sienne, parce que le peuple le demandoit.

Comines remontra au roi qu'il falloit profiter du temps, sans s'amuser des mouvemens populaires, qui n'auroient que quelques jours de durée. Malgré ces sages conseils, le roi, arrêté par des affaires si légères, et par ses plaisirs, passa huit jours à Sienne, où il laissa trois cents hommes. Il mit aussi des garnisons en d'autres places peu nécessaires à garder, et diminua ainsi une armée déjà trop foible.

Cependant le duc de Milan, qui s'étoit chargé de lui fermer le passage, et de prendre Ast, y envoya Galéas de Saint-Séverin. Il fit au duc d'Orléans des propositions déraisonnables; mais le duc, dont la place était bien munie, sortit avec ses troupes sans faire réponse, et obligea Saint-Séverin à se retirer. Par les avis que Comines avoit donnés en France, il en venoit tous les jours des troupes aux François. Le duc avoit ordre de ne rien entreprendre contre Ludovic, et de venir au-devant du roi pour faciliter son passage; son intérêt et les prétentions qu'il avoit sur le duché de Milan, du côté de Valentine, son aïeule, le portèrent à assiéger Novare, qu'il prit par intelligence. S'il eût marché droit à Milan, où il avoit ses pratiques, le trouble où cette prise jeta Ludovic, et la haine de tous les peuples contre cet usurpateur, l'en auroient rendu le maître; mais cinq jours qu'il perdit, donnèrent le temps à Saint-Séverin de lui couper le passage.

Après la prise de Novare, le roi résolut de partir de Sienne. Il évita de passer par Florence; mais lorsqu'il fut à Pise, les Florentins firent de nouvelles instances pour ravoir cette ville, et le cardinal de Saint-Malo appuya leur juste prétention. Les Pisans firent de si grandes clameurs, et sollicitèrent si puissamment leurs hôtes, qu'ils émurent toute la Cour et toute l'armée, jusqu'aux Suisses, qui menaçoient le cardinal de le tuer, s'il faisoit rendre la ville; ce qui porta le roi à les laisser en liberté sous sa protection.

Dans la suite de son voyage, il vint à un passage auprès de Pietra-Santa, appelé le Pas-de-Biche, où une charrette jetée de travers avec deux pièces d'artillerie, auroient arrêté toute son armée. Les ennemis l'attendoient en d'autres endroits, et ne pouvant se persuader qu'il osât aller si mal accompagné par les grands chemins, ils ne songèrent pas à les garder, de sorte qu'il passa sans résistance, quoique les Vénitiens et Ludovic eussent déjà assemblé deux mille cinq cents hommes d'armes, huit mille fantassins, et deux mille chevau-légers. Presque toutes ces troupes appartenoient aux Vénitiens, qui en avoient donné le commandement au marquis de Mantoue. Celles du duc de Milan, en très-petit nombre, étoient sous la conduite du comte de Cajazze. Au reste, les Vénitiens disoient qu'ils ne prétendoient point par là déclarer la guerre au roi, mais seulement secourir Ludovic leur allié.

Le cardinal de Saint-Pierre vint joindre le roi à Screzane, et lui proposa des moyens pour faire révolter Gênes. La chose examinée dans le conseil, on jugea qu'à la veille d'une bataille que le roi seroit forcé de donner, il ne falloit point affoiblir l'armée; qu'au reste, si on gagnoit la bataille, Gênes se donneroit d'elle-même, et que si on la perdoit, on n'en auroit plus besoin, puisqu'il n'y auroit plus qu'à abandonner les affaires d'Italie.

Le roi, contre cet avis, ne laissa pas de donner quelques troupes; mais l'entreprise manqua, par les précautions du duc de Milan. Cependant le maréchal de Gié fut envoyé avec l'avant-garde qu'il commandoit pour se saisir du château de Pontremoli, assez fort, mais mal gardé. Il l'emporta aisément, et la ville fut pillée, à l'occasion d'une querelle arrivée entre les habitans et les Suisses ; ce qui mit le roi en colère contre les derniers.

Au sortir de Pontremoli, l'armée souffrit durant cinq jours une extrême disette de vivres. En entrant dans l'Etat de Milan, Jean-Jacques Trivulce proposa de faire lever l'étendard au nom du jeune duc, fils de Jean Galéas, que Ludovic avoit fait mourir à Pavie. Le roi ne voulut pas donner ce chagrin au duc d'Orléans, ni blesser ses prétentions. Après l'affaire de Novare, ce duc, faute d'être allé assez diligemment à Pavie, qui vouloit se rendre, manqua cette ville. L'armée ennemie et la sienne se rencontrèrent à Vigévano, et furent longtemps en bataille, l'une en présence de l'autre. Le duc d'Orléans, quoique plus fort, ne voulut pas hasarder le combat, à cause de la mésintelligence qui étoit parmi ses officiers. Ainsi il se retira à Novare, où il fut assiégé par Galéas.

Cependant le roi arriva à l'Apennin, où il se trouva très-embarrassé pour transporter quatorze pièces de gros canon, par un chemin où jamais charroi n'avoit passé. Les Suisses offrirent de les passer à force de bras, et ils en vinrent à bout. Il y a au bas de l'Apennin, auprès de Parme, un petit village nommé Fornoue, que les ennemis avoient occupé, et s'étoient rangés en bataille dans une plaine un peu au-dessous, résolus d'y attendre le roi pour le combattre.

Le maréchal de Gié étant arrivé dans ce village avec l'avant-garde, pressoit le roi d'avancer, parce qu'il étoit à peine à un mille des ennemis, et hors d'état de leur résister s'ils l'attaquoient. Ils n'en firent rien cependant, parce qu'ils attendoient encore des troupes, et que, sur le faux rapport d'un capitaine allemand qu'ils avoient pris, ils crurent le maréchal plus fort qu'il n'étoit. Le roi arriva enfin à Fornoue le 5 juillet, trois jours après l'avant-garde : dès le lendemain au matin, Comines le trouva à cheval, qui donnoit ses ordres. Malgré sa petite taille, et la timidité *qui lui étoit toujours demeurée, pour avoir été nourri en grande crainte parmi de petites gens,* Comines dit qu'à la vue de l'ennemi, et au moment d'une si grande bataille, l'ardeur de combattre lui avoit animé la physionomie, et lui avoit donné le ton de commandement.

Il envoya Comines à une conférence qui avoit été résolue avec les Vénitiens, pour traiter la paix ; et cependant tout se préparoit pour la bataille. L'armée des ennemis étoit composée de trente-cinq mille hommes ; ils étoient extrêmement forts en cavalerie, dans laquelle les Estradiots étoient ceux qui se faisoient le plus redouter. C'étoient des Grecs, sujets des Vénitiens, qui combattoient à la turque, aussi bien à pied qu'à cheval. Ils avoient une parure extraordinaire, un grand cimeterre à la main, et leur contenance étrange avoit donné l'alarme à nos gens dès la journée précédente.

Le roi n'avoit de troupes que ce qui étoit venu de Naples, à la réserve de quelques petits corps qui l'avoient joint sur le chemin. Entre les deux armées couloit la rivière du Tare, qu'on passe aisément à pied, mais qui s'enfle souvent, et cette nuit même, elle s'étoit accrue considérablement par les pluies. Charles n'avoit pas dessein de donner la bataille, mais seulement de passer devant l'armée ennemie. Le cardinal de Saint-Malo, qui raisonnoit de la guerre sans y rien entendre, lui inspiroit ce dessein. Comme on vit que cela étoit impossible, on se résolut au combat, et sans attendre le succès des conférences, le roi passa la rivière.

En même temps les Estradiots la passèrent d'un autre côté, et se jetèrent sur le bagage, qu'ils mirent fort en désordre. Le comte de Cajazze étoit opposé à notre avant-garde, qui s'étoit avancée près des ennemis. Le roi ayant cru pour cette raison que la bataille commenceroit de ce côté-là, y avoit jeté ce qu'il avoit de meilleures troupes. Mais le marquis de Mantoue étoit venu en bon ordre par derrière du côté gauche, ce qui obligea le roi, qui étoit au corps de bataille, à tourner le dos à son avant-garde, assez éloignée de lui, et à se rapprocher de l'arrière-garde. Ainsi il étoit entouré de toutes parts, et si quelque endroit eût plié, il n'y avoit point de ressource pour lui.

Aussitôt qu'il eut passé la rivière, toute l'armée ennemie donna ensemble. Le marquis de Mantoue, après qu'on eut rompu les lances, attaqua vigoureusement l'épée à la main. Le roi se trouva des plus engagés, et le bâtard de Bourbon qui le menoit, fut pris vingt pas devant lui. Notre arrière-garde ayant pris l'ennemi en flanc, le choc fut rude de part et d'autre, et le grand nombre devoit nous accabler; mais il arriva que quinze cents Estradiots, voyant le désordre que leurs camarades faisoient dans le bagage, se détachèrent pour avoir leur part du butin, et laissèrent l'armée affoiblie.

D'un autre côté, les Italiens accoutumés à combattre selon la manière de leur pays, bataillon à bataillon, et fort lentement, étoient étonnés de la manière brusque et vive des François. Ainsi cette aile étoit en déroute, pendant qu'un grand corps de réserve attendoit encore le signal que devoit donner Ridolphe de Mantoue, oncle du marquis; mais comme il fut tué, il n'y eut point de signal, et ce corps ne combattit point.

Le roi, qui voyoit les siens après les fuyards, ne jugea pas à propos de les poursuivre avec eux, et ne voulant pas aussi joindre son avant-garde, qu'il croyoit voir reculer, il demeura seul avec un valet de chambre. En cet état il fut aperçu par des soldats, qui en fuyant pensèrent le prendre. Il se défendit quelque temps; et par son courage, et par la bonté de son cheval, il évita ce péril.

Ce prince s'étoit trompé en croyant son avant-garde ébranlée : le contraire étoit arrivé. Le maréchal de Gié, voyant le grand nombre de ses ennemis, se tint serré, et les Italiens qui l'attaquoient, se rompirent d'eux-mêmes au premier choc. Aussi étoit-ce de méchantes troupes, que le duc de Milan, qui ne songeoit qu'à l'épargne, avoit ramassées, comme si c'eût été seulement pour faire nombre. Les valets de l'armée les tuoient à grands coups de hache avec une peine extrême, parce qu'ils étoient tellement armés, qu'on ne savoit par où les percer.

En même temps nos gens qui suivoient les ennemis, ne sachant où étoit le roi, se mirent à crier de tous côtés qu'il falloit aller à lui, et se souvenir de Guinegate. On n'avoit pas oublié cette bataille du temps de Louis XI, où notre armée victorieuse avoit été défaite pour s'être amusée au butin. Le roi fut bientôt dégagé par l'arrivée des siens, et on vit les ennemis fuir de toutes parts. Ils perdirent trois mille cinq cents hommes ; et la déroute eût été entière, si le comte de Pétillane, échappé, pendant la bataille, de notre camp, où il étoit prisonnier sur sa parole, n'eût été rassurer les Italiens tremblans : mais il ne put jamais les ramener au combat.

Cependant on tint conseil autour du roi, pour aviser si on chargeroit les ennemis qu'on voyoit paroître. Notre armée étoit entière, puisque nous avions à peine perdu deux cents hommes. L'armée ennemie, outre sa perte, étoit consternée et en désordre; Trivulce, et Francisque Secco, gentilhomme au service des Florentins, âgé de soixante et douze ans, qui connoissoient les manières des Italiens, assuroient, à voir leur contenance, que la terreur étoit parmi eux, et conseilloient de donner.

Leur conseil salutaire ne fut pas suivi; les habiles gens de l'armée n'étoient pas écoutés, et tout se décidoit par des étourdis, que la témérité ou la crainte portoient toujours aux extrémités. Si on eût su se servir d'un avantage si considérable, le Milanez se fût révolté contre Ludovic, et les Vénitiens n'eussent su où ramasser des troupes. Au lieu de cela on ne songeoit qu'à passer. Le lendemain fut occupé à des conférences inutiles pour la paix, et dès le jour d'après, sans en attendre l'événement, notre armée décampa en aussi grand désordre que si elle avoit été battue. Les ennemis, assurés par sa retraite, la suivirent lentement pourtant, et le roi enfin arriva à Ast.

Il y apprit l'état déplorable des affaires de Naples. Ferdinand, quoique battu d'abord, et presque pris par Aubigny, n'avoit pas perdu cœur, et s'étoit retiré en Sicile, où il avoit formé une flotte avec toute la diligence possible. Elle étoit mal équipée, et encore plus mal fournie de gens de guerre. Sa diligence ne laissa pas de lui servir, et ayan paru vers Salerne, toute cette côte se révolta contre les François. Il alla à Naples, où le peuple étoit pour lui ; mais les François avoient donné si bon ordre à tout, qu'il fut contraint de se retirer à Ischia. Si Montpensier l'eût suivi, il eût pu aisément dissiper cette flotte si mal en ordre.

Les Napolitains rappelèrent Ferdinand, qui vint se poster à un mille de la ville. Les François étant sortis tous ensemble pour le chasser, trouvèrent à leur retour la porte fermée, et tout le peuple soulevé. Ils voulurent rentrer par une autre porte, mais Ferdinand les prévint, et tout ce qu'ils purent faire fut de se renfermer avec Montpensier dans le château Neuf, où il y avoit peu de vivres pour tant de monde. Ferdidinand les y tint étroitement assiégés.

Quand Alphonse son père le vit maître de Naples, il voulut reprendre le royaume qu'il avoit quitté. Son fils lui répondit qu'il attendit donc qu'il lui en eût assuré la possession, de peur qu'il ne fût contraint de s'enfuir une seconde fois. Ce malheureux roi mourut quelque temps après. Capoue et Averse se rendirent à Ferdinand à l'exemple de Naples. Les Colonnes, comblés de biens par Charles, tournèrent avec la fortune, et affoiblirent beaucoup le parti.

Les François étoient fort pressés, et presque affamés dans le château. Pour comble de malheur, une flotte que le roi envoya à leur secours, prit l'épouvante à la vue de celle de Ferdinand, qu'elle trouva auprès de Corse, et se retira à Livourne, où tous les soldats se débandèrent.

Cependant le duc d'Orléans étoit réduit dans Novare avec son armée à de grandes extrémités. Galéas de Saint-Séverin, avec vingt-deux mille homme, le tenoit bloqué de toutes parts, et s'étoit si bien retranché dans tous ses postes, qu'il n'y avoit rien de plus difficile que de le forcer. Pour encourager les assiégeans, Ludovic étoit venu au siége en personne. La place étoit si pressée, que deux mille hommes y périrent de faim. Le duc même, tombé malade, parmi tant d'incommodités, pressoit le roi de venir à son secours. Il étoit à Verceil, place fort propre à cette entreprise, que la duchesse de Savoie lui avoit prêtée pour en faciliter le succès. Mais il ne vouloit pas hasarder un combat avant la venue des troupes qu'il attendoit de France, et de dix mille hommes qu'il faisoit lever en Suisse.

Ludovic, qui ne craignoit rien tant que d'être forcé à combattre, avoit grande envie de s'accommoder; mais il ne vouloit pas en faire les premières ouvertures. Le hasard voulut qu'un de ses officiers se trouvât à Casal, pendant que Comines y étoit de la part du roi; et Comines, sollicité par ses officiers, engagea les Vénitiens, avec qui il avoit conservé beaucoup de correspondance, à s'entremettre de cet accommodement; par leur moyen il se fit d'abord une trêve de dix jours. Le duc d'Orléans eut permission d'aller trouver le roi à Verceil, à condition de se renfermer dans la place, si la paix ne se faisoit pas. La trêve fut continuée; on convint que le roi retireroit la garnison de Novare, et que la ville seroit mise entre les mains des habitans, pour se rendre à celui dont les deux partis conviendroient.

En ce même temps les Florentins obtinrent des ordres pour la restitution de leurs places. Ils donnèrent une grande somme d'argent, dont le roi se servit pour faire venir les Suisses. Il en vint plus qu'il ne vouloit; dix mille arrivèrent à Verceil, et dix autres mille entroient d'un autre côté : on en renvoya une infinité, qui accouroient avec leurs femmes et leurs enfans, aussitôt qu'ils virent de l'argent. On craignoit qu'ils ne se rendissent les plus forts, et pour la même raison, on sépara soigneusement ceux qu'on retint.

Quand ces troupes furent venues, le duc de Milan fut trop heureux de faire la paix. Elle fut conclue à ces conditions, que Novare lui seroit rendue; qu'il seroit obligé d'envoyer des troupes au secours du château de Naples; et qu'en cas que le roi y retournât, le duc seroit obligé de le suivre en personne dans cette guerre. On donnoit deux mois aux Vénitiens pour accepter la paix s'ils vouloient; et s'ils la refusoient, Ludovic étoit obligé à se joindre contre eux avec le roi. Ainsi le traité de paix commencé par l'entremise des Vénitiens, sembla à la fin tourner contre eux; mais ils savoient bien que Ludovic n'avoit pas dessein de tenir l'accord, et qu'il vouloit seulement faire sortir d'Italie l'armée de France.

Après la paix, Charles licencia les Suisses, qui exigèrent le paiement d'un quartier entier, quoiqu'ils n'eussent point servi, et ils avoient même résolu d'arrêter le roi, que cette raison obligea de partir promptement de Verceil. Il envoya Comines à Venise, pour proposer l'accommodement aux Vénitiens. Mais ils répondirent qu'ils n'avoient pas besoin de faire la paix avec le roi, avec lequel ils n'étoient point en guerre, et qu'ils ne croyoient pas avoir rompu avec lui, en secourant leur allié qu'il attaquoit. Au reste, ils promettoient d'obliger Ferdinand à tenir de Charles le royaume de Naples, à lui payer en reconnoissance un tribut annuel, et à lui laisser la principauté de Tarente avec quelques autres places. Comines, en revenant rendre compte au roi, passa par Milan, pour faire ressouvenir le duc des troupes qu'il avoit promises; il continua de promettre, et trompa Comines, qui se fia trop à ses paroles. Celui-ci vint à Lyon, où il trouva Charles, uniquement occupé de ses plaisirs, et lui fit les propositions des Vénitiens, que le roi approuvoit assez, à cause du triste état des affaires; mais le cardinal de Saint-Malo n'étant point de cet avis, la chose ne se fit pas.

Environ dans ce même temps, le Dauphin mourut. Le roi parut d'abord touché de cette perte autant qu'il devoit; mais il fut bientôt consolé : ce prince étoit si foible, qu'il commençoit déjà à prendre de la jalousie contre ce jeune prince, qui, dès l'âge de trois ans, montroit de la fierté et de l'audace. La reine étoit inconsolable; et l'histoire, qui ne pardonne aux princes aucune de leurs foiblesses, ne dédaigne pas de remarquer que le roi, pour divertir sa femme affligée, lui amenoit des violons, ce qui augmentoit sa douleur. Peu de temps après il eut la nouvelle de la prise du château de Naples, que Montpensier défendit longtemps, malgré la disette extrême où il étoit. Ces nouvelles fâchoient le roi, qui vouloit assez que les affaires allassent bien, mais qui ne vouloit pas se donner la peine d'y pourvoir.

En ce temps les places des Florentins commençoient à causer beaucoup de trouble en Italie (1496). Le comte de Ligny étoit gouverneur de la plupart, et en avoit donné le commandement à Entragues. Celui-ci ne se contenta pas des ordres qu'il avoit reçus du roi pour rendre ces places, il voulut avoir ceux de Ligny ; après les avoir reçus, il appela les Florentins ; mais soit qu'il eût eu secrètement quelque contre-ordre du comte, ou qu'il se fût ravisé de lui-même, il se moqua d'eux, et vendit la citadelle aux Pisans, qui la rasèrent aussitôt. Les autres gouverneurs ayant suivi cet exemple, vendirent leurs places aux Vénitiens, aux Génois et aux Luquois.

Quoique le roi fût fâché de ces honteuses désobéissances, le comte de Ligny ne perdit pas pour cela ses bonnes graces, et Entragues en fut quitte pour être quelque temps banni de France : telle étoit la foiblesse du gouvernement. Ludovic, qui avoit excité la révolte des Pisans, la fomentoit autant qu'il pouvoit, espérant toujours qu'avec le temps il trouveroit occasion de s'emparer de cette place. Il obligea les Vénitiens à en prendre la protection ; ce qu'ils firent par décret public.

Montpensier cependant avoit réuni un petit corps d'armée, avec lequel il se maintenoit le mieux qu'il pouvoit. Ferdinand étoit si foible, qu'il fut contraint d'engager quelques places aux Vénitiens, pour en tirer du secours. Il venoit assez lentement, et si les affaires de France n'avoient été tout à fait abandonnées, elles pouvoient se soutenir ; mais le cardinal de Saint-Malo qui les gouvernoit, agissoit si mollement, que les secours ne venoient jamais à propos. On faisoit languir les troupes, dans l'attente de l'argent que Montpensier demandoit. On en envoyoit à la fin, mais trop tard. Ainsi on faisoit la dépense, et on n'en avoit pas le fruit.

Cette lenteur faisoit soupçonner quelque intelligence des ministres du roi avec l'ennemi ; on en accusoit le cardinal, et même le duc de Bourbon. Le duc de Nole, arrivé à Lyon, réveilla le roi parmi ses plaisirs ; il lui prit une envie soudaine de repasser en Italie. En même temps il résolut d'envoyer Trivulce à Ast avec des troupes, de faire suivre le duc d'Orléans, et ensuite d'aller en personne ; il disoit que Dieu l'y obligeoit. Peut-être sa conscience lui reprochoit-elle qu'il n'avoit pas fait ce qu'il devoit pour réprimer les scandales d'Alexandre VI, et remédier aux maux de l'Eglise et de l'Italie.

Ensuite, comme devant bientôt partir, il alla en poste à Tours, au tombeau de saint Martin, et ensuite à Saint-Denis, accomplir un vœu qu'il avoit fait à la bataille de Fornoue. Aussitôt qu'il fut revenu, il se mit à presser le cardinal, ajoutant souvent aux paroles des menaces et des injures. Ce prélat n'en étoit pas plus ému, sachant bien que pour apaiser le roi, il n'avoit qu'à tout promettre, sans se mettre en peine de l'exécution. Il s'étoit écoulé plus d'une année parmi de semblables amusemens.

Le mois de mai étant venu, on croyoit que le roi, qui témoignoit tant d'ardeur, alloit enfin partir dans une saison si favorable. Il s'avisa qu'il falloit aller prendre congé en cérémonie de Saint-Martin et de Saint-Denis. Il ajoutoit qu'allant à Paris il vouloit obliger cette grande ville à lui faire quelque prêt, et à porter les autres par son exemple à lui donner un pareil secours; mais le sujet du voyage n'étoit en effet que le dessein d'aller voir une fille de la reine qu'il aimoit.

Cependant Ferdinand, roi de Castille, commença à faire agir ses forces du côté de France. Il avoit déjà envoyé au secours de Ferdinand, roi de Naples, Fernand Gonçalès, appelé Gonsalve, qui mérita dans la suite de cette guerre le nom de grand capitaine. Mais pour faire une plus grande diversion des troupes françoises, il fit entrer un grand corps de cavalerie en Languedoc.

Le comte de Saint-André, qui y commandoit pour le duc de Bourbon, repoussa les ennemis, quoique plus forts, et en dix heures de temps, il leur enleva d'assaut Salces, qui incommodoit la province. Durant ces mouvemens, Charles fit enfin partir Trivulce pour Ast, avec une poignée de gens. Quant au duc d'Orléans, qui voyoit le roi devenir infirme par ses excès, il reculoit autant qu'il pouvoit à sortir du royaume, dont la succession le regardoit.

Cependant le comte de Montpensier, quoique oublié du côté de la France, se défendoit courageusement contre Ferdinand. Peu s'en fallut qu'il ne le défît à Frangette : il étoit venu au secours de cette place, que Ferdinand assiégeoit, et la trouva prise; mais il lui étoit aisé de tailler en pièces l'armée ennemie, dispersée et occupée au pillage. Persi, capitaine françois, qui avoit fait de belles actions dans cette guerre, ou mécontent des chefs, ou gagné par l'ennemi, intimida les soldats. Dès ce temps les affaires furent sans remède; la division s'augmenta parmi les chefs; les soldats, et surtout les Suisses, ne cessoient de demander séditieusement de l'argent. Les vivres manquoient, et pour en trouver, Montpensier étoit contraint de décamper presque tous les jours. Il espéroit aussi par ce moyen engager à une bataille Ferdinand qui le suivoit : ce prince au contraire, sans hasarder de combat, vouloit que notre armée pérît d'elle-même.

Elle fut enfin bloquée à Atelle ; les Suisses, faute de paie, se donnèrent à l'ennemi. Gonsalve joignit Ferdinand avec six mille hommes, et ce renfort obligea Montpensier à se rendre, après avoir tenu un mois. Par la capitulation il devoit retourner en France avec son armée, et les Italiens devoient se retirer dans leurs maisons pour y vivre en sûreté. Mais Gonsalve ne tint rien de ce traité; Montpensier fut si longtemps retenu, sous divers prétextes, aux environs de Naples, qu'à la fin il y mourut, et de cinq mille François, à peine en retourna-t-il cinq cents en France.

Virginio Ursin, toujours fidèle au roi, et qui n'avoit jamais quitté Montpensier, fut arrêté au château de l'OEuf, où il mourut peu de temps après, non sans soupçon de poison. Nous avions encore Aubigny dans la Calabre, et Gratien de la Guerre dans l'Abruzze. Ce dernier, pressé par Gonsalve, se retira dans Gaëte, où Frédéric, oncle de Ferdinand, l'assiégea.

Ferdinand, roi de Naples, mourut alors, et les affaires n'en allèrent que mieux sous Frédéric, à qui les barons se fioient, de sorte qu'ils furent bientôt parfaitement réconciliés avec lui. Une place maritime de la conséquence de Gaëte, qui donnoit entrée aux François dans le royaume de Naples, méritoit bien d'être secourue. Le roi y avoit fait passer six vaisseaux. Il équipoit une grande flotte à Marseille pour y envoyer un plus grand secours; mais le cardinal fit tant, par ses longueurs, que les confédérés eurent le loisir de se poster aux Pomègues, îles voisines de Marseille, et d'arrêter notre armée navale.

Aubigny se défendit encore avec beaucoup de valeur contre Gonsalve; mais voyant qu'il n'avoit plus de secours à attendre du roi, il se rendit, à condition qu'en abandonnant la Calabre, il auroit la liberté de se retirer en France.

Les Vénitiens prirent Tarente (1497), qu'ils rendirent quelque temps après au roi de Naples, et sur les bruits qui coururent du retour de Charles en Italie, ils s'accordèrent avec Ludovic d'y faire venir l'empereur. Il y vint avec de vastes desseins, mais peu de forces; il y fut aussi sans crédit. Ludovic, suivant toujours son dessein de se rendre maître de Pise, conseilloit aux Pisans de se mettre entre les mains de Maximilien, d'où il espéroit les tirer, plutôt que de celles des Vénitiens; mais ils le refusèrent.

Ce prince ne voulant pas que son voyage fût inutile, assiégea Livourne; mais il fut contraint de lever le siége, et retourna en Allemagne sans avoir rien fait. Les autres confédérés réussissoient mieux. Frédéric obligea Gaëte à capituler, et Gonsalve reprit la forteresse d'Ostie, qu'il remit entre les mains du Pape. Ainsi les François et leurs amis perdirent tout ce qu'ils avoient en Italie. Cependant Baptiste Frégose se servit des divisions qui étoient à Gênes, pour la mettre entre les mains du roi. Le cardinal de Saint-Pierre-aux-Liens travailloit aussi pour le rendre maître de Savone, d'où il étoit. Les deux entreprises manquèrent; mais Trivulce prit quelques places dans l'Etat de Gênes, et sur Ludovic.

Cependant il se traitoit une trêve avec Ferdinand, roi d'Espagne, qui faisoit parler à Charles, pour le dégoûter de la ligue, et il le prioit d'oublier ce qu'il avoit entrepris contre lui, tout cela pour l'amuser, et pour donner le temps aux confédérés d'achever leurs affaires en Italie. A la fin la trêve fut conclue, et malgré la répugnance de Charles, Ferdinand obtint que les princes de la ligue d'Italie y seroient compris; mais comme la trêve ne devoit commencer en Italie que cinquante jours après qu'elle avoit été arrêtée pour la France et l'Espagne, il arriva durant ce temps que les François se relâchèrent, et les confédérés se servirent de cette occasion pour reprendre toutes les places que Trivulce leur avoit prises.

Il se fit ensuite une autre trêve entre les deux rois, où leurs alliés ne furent point compris. Ferdinand passa plus avant, et au lieu de continuer sa protection à son parent, il songea à le dépouiller. Il prétendoit avoir droit sur le royaume de Naples, conquis sur la maison d'Anjou, par Alphonse son oncle, avec les forces du royaume d'Aragon; sur ce prétexte, il proposoit à Charles de faire conjointement, et de partager avec lui cette conquête. Les autres confédérés avoient chacun leurs desseins, et la mésintelligence se mit bientôt parmi eux, aussitôt qu'ils n'eurent plus affaire aux François.

Le Pape, les Vénitiens et Ludovic, qui tous vouloient faire la loi et étendre leur domination sur leurs voisins, ne pouvoient se supporter les uns les autres. Ainsi il se formoit de nouveaux partis en Italie, et le Pape envoyoit souvent des messagers pour traiter secrètement avec le roi. Il avoit perdu Louis Borgia, duc de Candie, son bâtard, par un accident tragique. Le cardinal Valentin, frère de Louis, jaloux de la grandeur où le Pape l'élevoit comme l'aîné, le tua, et résolut de prendre l'épée. Il entra dans ce dessein une autre sorte de jalousie, parce qu'ils aimoient tous deux la même personne.

Alexandre, touché de ce malheur, témoignoit qu'il vouloit se convertir, mais sa nature perverse éteignit bientôt ces sentimens de piété. Il tourna toutes ses pensées à établir le cardinal Valentin, et demanda pour lui en mariage, Charlotte, fille de Frédéric roi de Naples, avec la principauté de Tarente, ce que le père refusa. Le Pape devint dès lors son implacable ennemi, et se tourna du côté de la France, où la princesse avoit toujours demeuré, même avant les guerres de Naples, depuis que Ferdinand son grand-père l'y avoit envoyée pour épouser le roi d'Ecosse; mais ce mariage n'eut pas lieu.

Toutes ces choses relevoient les espérances de Charles, qui pensa plus que jamais aux affaires de Naples. Il parloit de ses fautes avec connoissance et avec douleur, et la honte de les avoir faites lui donnoit un désir extrême de les réparer. Il commençoit à s'appliquer sérieusement aux affaires, et à régler ses finances. Il donnoit à ceux qui se présentoient, principalement aux pauvres, de longues et fréquentes audiences, où il s'expédioit à la vérité peu de choses; mais elles ne laissoient pas d'empêcher beaucoup de désordres, par la crainte qu'on avoit que le roi n'en fût averti.

Ce prince pensa alors à faire partir pour Naples une armée puissante, dont il donnoit le commandement à Aubigny, et au marquis de Mantoue, qui, maltraité des Vénitiens, s'étoit donné à lui (1498). Toutes les mesures sembloient bien prises; mais quand on n'a pas su se servir du temps, on ne le retrouve pas toujours quand on veut. Charles fit un voyage à Tours et à Amboise, où il élevoit le plus magnifique bâtiment qu'on eût vu jusqu'alors en France. Là, en allant voir jouer avec la reine une partie de paume, il se donna un coup assez léger à la tête, et quelque temps après il tomba en apoplexie. On le jeta sur une paillasse, où il mourut en sept ou huit heures, le 7 avril 1498. Il s'étoit réveillé un moment durant son mal, et avoit fait connoître qu'il pensoit à Dieu. Il s'étoit confessé deux fois, la semaine de sa mort; et la dernière parole qu'il avoit dite en santé, fut qu'il espéroit, avec la grace de Dieu, de ne faire jamais de péché mortel, ni même de véniel s'il pouvoit.

Le lendemain de sa mort, Savonarole, dont le crédit s'étoit affoibli par la ruine des affaires de France, après avoir perdu à Florence ses principaux protecteurs, dans un mouvement populaire, fut pendu comme un faux prophète et un imposteur, par ordre d'Alexandre VI, dont il avoit repris publiquement la conduite scandaleuse.

LIVRE XIV.

LOUIS XII (an 1498).

On auroit cru que Louis, venant à la couronne, témoigneroit du ressentiment contre beaucoup de ministres, qui l'avoient assez maltraité dans le règne précédent; mais il jugea ces vengeances particulières indignes de la royauté; et on rapporte de lui cette parole mémorable, que ce n'étoit pas au roi de France à venger les querelles du duc d'Orléans. Ainsi, sans distinction, il déclara d'abord qu'il maintiendroit tous les officiers dans leurs charges, tant à la Cour que dans les armées et dans la justice.

Ce prince conçut d'abord le dessein de recouvrer le duché de Milan sur Ludovic, doublement usurpateur; mais avant d'entreprendre cette guerre, il voulut régler le dedans de son royaume. Il diminua de beaucoup les impôts dont le peuple étoit chargé, et il les eût diminués davantage, sans les grandes guerres qu'il eut à soutenir; mais ce qui est remarquable, c'est que malgré les dépenses qu'elles lui causèrent, son économie fut si grande que jamais il n'augmenta les charges du peuple.

Pour cela il retira et prit soin de faire valoir son domaine, que ses prédécesseurs avoient négligé, fondant principalement toute leur dépense sur les tailles et les levées extraordinaires. Il empêcha les désordres des gens de guerre, qui, dans les deux derniers règnes, couroient impunément toute la France, et dans une nuit de séjour, coûtoient plus à une paroisse, que les tailles de toute une année. Louis, touché des maux de son peuple, et considérant aussi que l'Etat se ruinoit par ces désordres, y remédia en faisant que les troupes fussent exactement payées, et du reste les tenant toujours dans la discipline.

Il régla aussi les monnoies, car les bonnes et les mauvaises avoient cours indifféremment dans le royaume; il réprima cet abus, et rétablit la fidélité dans le commerce. Pour réformer la justice, il choisit les plus sages et les plus expérimentés de son parlement : par leurs conseils il fit, pour l'abréviation des procès, des règlemens salutaires que la malice des chicaneurs a rendus inutiles; mais Louis n'oublia rien pour en tirer le profit qu'il en avoit attendu, et pour cela il résolut de donner toujours les charges de judicature aux gens du plus grand mérite; ce qu'il pratiqua constamment durant tout son règne. Après avoir ainsi disposé les choses, il tourna toutes ses pensées contre Ludovic.

La situation des affaires d'Italie étoit favorable à ses desseins : les Florentins faisoient la guerre pour ravoir leurs places, que les Vénitiens et le duc de Milan tâchoient d'envahir, et principalement la ville de Pise; par là les Vénitiens étoient disposés à se joindre avec Louis. Pour le Pape, il ne souhaitoit à son ordinaire que des brouilleries, dont il espéroit profiter pour élever son fils, à qui il vouloit faire une principauté de toutes celles de la Romagne; sous prétexte de les réunir au saint Siége, dont elles avoient été démembrées, il mettoit la division entre les seigneurs de ces pays, et faisant semblant de les accorder, il entretenoit leurs querelles.

Au reste, il suivoit les négociations du côté de la France, et ménageoit Louis, pour en obtenir Charlotte, fille de Frédéric, que son père continuoit à lui refuser pour le cardinal Valentin : il avoit un beau moyen d'obliger le roi, qui souhaitoit rompre son mariage avec Jeanne, fille de Louis XI, que ce prince violent lui fit épouser par force, aussitôt qu'il eut quatorze ans, et qu'on jugeoit incapable d'avoir des enfans.

Il avoit dessein d'épouser Anne (1499), veuve de son prédécesseur, qu'il avoit autrefois aimée, et qui lui apportoit la Bretagne; pour cela il avoit besoin de la dispense du saint Siége. Le Pape, résolu de lui donner satisfaction, envoya le cardinal Valentin pour lui porter la bulle, où il lui donnoit trois commissaires tels qu'il les souhaitoit dans l'affaire de son mariage; il portoit aussi un chapeau de cardinal à Georges d'Amboise, que le roi estimoit fort, et qui avoit été son précepteur.

Le mariage fut déclaré nul, et Louis donna le Berry à Jeanne, pour sa retraite, avec une pension convenable à sa dignité : elle étoit laide et contrefaite, mais d'une rare vertu; loin de témoigner de la douleur de se voir ainsi éloignée, elle en témoigna de la joie, et passa sa vie dans une grande sainteté.

Le roi promit au cardinal Valentin la fille de Frédéric, et lui donna le Valentinois, érigé en duché, d'où il se fit appeler le duc de Valentinois; il commença alors à déclarer ses hautes pensées. On l'a nommé le cardinal Valentin, à cause de l'archevêché de Valence en Espagne, qu'il possédoit : il se fit depuis appeler César, et fit mettre à ses étendards cette devise ambitieuse : *Ou César ou rien*. Louis par un traité s'engagea de fournir au Pape, après la conquête du Milanez, autant de troupes qu'il lui en falloit pour assujettir la Romagne. Le mariage ne s'accomplit point, parce que la princesse s'obstina à ne le point faire, si Louis ne faisoit la paix aux conditions que son père proposoit, et le roi donna au duc une autre Charlotte, fille d'Alain, seigneur d'Albret.

Les Florentins, pressés par les Vénitiens, eurent recours au roi; mais comme il ne leur donnoit que des paroles, ils se jetèrent entre les bras de Ludovic : il remporta quelques avantages sur les Vénitiens, ce qui les obligea à faire une ligue avec le roi, par laquelle il devoit avoir tout ce qui étoit au deçà de l'Adde, et eux, tout ce qui étoit au delà. Le traité fut si secret, que Ludovic n'en eut nouvelle que longtemps après, et le Pape même, tout allié qu'il étoit des François, ne le savoit pas.

A la veille d'une grande guerre, Louis, avant toutes choses, s'accommoda avec ses voisins, et premièrement avec le roi d'Angleterre : il continua la trêve avec Ferdinand et Isabelle, qui retirèrent leurs troupes de l'Italie, et rendirent à Frédéric les places qu'ils avoient dans son royaume. Louis rendit aussi à l'archiduc Philippe les places d'Artois, selon le traité fait avec Charles VIII, et envoya à Arras Gui de Rochefort son chancelier, qui reçut en son nom, assis et couvert, l'hommage pour les comtés de Flandre, d'Artois et de Charolois, que l'archiduc lui rendit découvert et sans ceinture. L'archiduc voulut plusieurs fois se mettre à genoux; mais le chancelier tenant les mains de l'archiduc dans les siennes, lui dit qu'il suffisoit de sa bonne volonté.

Louis, pour être paisible de toutes parts, fit une trêve avec Maximilien, qui de son côté étoit occupé dans une guerre contre les Suisses; cette trêve le détermina à commencer l'entreprise de Milan, un an plus tôt qu'il n'avoit résolu. Il envoya une armée de vingt-trois à vingt-quatre mille hommes, commandée par Trivulce, par le comte de Ligny, et par Aubigny. Ils prirent d'abord la forteresse d'Arazzo, sur le Tanaro, et celle d'Anon.

Galéas de Saint-Séverin, que le duc avoit envoyé pour s'opposer à leur passage, étonné de la prise de ces places, plus prompte qu'il ne pensoit, se retira à Alexandrie, où nos gens le poursuivirent, et cependant Valence sur le Pô, avec son château, leur fut rendue par le gouverneur; plusieurs places considérables suivirent cet exemple; Alexandrie abandonnée par le comte de Cajazze, que le duc avoit envoyé au secours de Saint-Séverin son frère, fut prise et pillée : le comte, indigné de ce que Ludovic avoit donné le principal commandement à son cadet, s'étoit accommodé avec le roi.

Les François ayant passé le Pô, Pavie se soumit à eux, pendant que les Vénitiens, ayant de leur côté passé l'Adde, s'étendirent jusqu'à Lodi. Au bruit d'une conquête si rapide, l'épouvante et le tumulte se mirent dans Milan, et le duc, effrayé lui-même de tant de pertes inopinées, eut recours aux derniers remèdes des désespérés : il commença à flatter le peuple, en diminuant les impôts, et s'excusant de les avoir mis, sur la nécessité des guerres. Il vit pourtant bien qu'il ne seroit pas le maître du peuple, et se retira chez Maximilien avec ses enfans et ses trésors. Le comte de Cajazze lui vint déclarer sur le chemin que puisqu'il abandonnoit ses Etats, il se croyoit être quitte du service qu'il lui devoit, et prit en même temps le parti de France.

Aussitôt que le duc fut retiré, ceux de Milan appelèrent les François, et sur l'espérance qu'ils eurent en la clémence du roi, ils se rendirent sans capituler. Huit jours après, le château, quoique muni de toutes choses, se rendit sans qu'on tirât un coup de canon. Le gouverneur qui le trahit ne jouit pas longtemps de sa récompense, parce que sa trahison l'ayant rendu odieux à tout le monde, et méprisable aux François mêmes, il mourut de regret quelque temps après.

Cependant les Frégoses et les Adornes, à l'envi l'un de l'autre, portèrent Gênes à se soumettre; enfin toutes les places du duc de Milan furent réduites, et la conquête en fut faite en moins d'un mois. Cependant le roi étoit à Lyon, où il achevoit son mariage avec Anne. Sitôt qu'il eut reçu cette nouvelle, il entra avec l'habit ducal dans Milan, où il reçut les complimens de tous les potentats d'Italie, à la réserve de Frédéric; et comme il pensoit dès lors à la conquête de Naples, les Florentins s'engagèrent à l'y assister, à condition qu'il les aideroit à ravoir leurs villes, dont ils ne pouvoient venir à bout, surtout de Pise, dont ils avoient été obligés de lever le siége.

Le duc de Valentinois, avec le secours des François, prit d'abord Imola, et se voyoit en espérance de réduire bientôt les autres villes de la Romagne, qui avoient des seigneurs particuliers. Le roi voulut faire connoître aux Milanois qu'ils ne s'étoient point trompés dans l'opinion qu'ils avoient de sa bonté; il soulagea le peuple de la plus grande partie des impôts, et prit plaisir d'obliger la noblesse, assez durement traitée par Ludovic; il avoit trouvé le moyen de gagner les cœurs, et de s'affermir dans une nouvelle conquête.

Mais Trivulce, qu'il laissa pour gouverneur en s'en revenant, ne suivit pas la même conduite; il étoit fier et hautain; et les gentilshommes ne pouvoient souffrir d'être traités orgueilleusement par celui qu'ils avoient vu leur égal. Il avoit beaucoup d'ennemis, parce que l'envie est toujours plus grande contre un homme du pays qu'on voit tout à coup élevé. Les Milanois étoient irrités de la trop grande familiarité que les François vouloient avoir avec leurs femmes.

Les dispositions étant contraires (1500), il se fit une sédition au sujet de ce peu d'impôts que Louis avoit laissés, et Trivulce, déjà odieux, se le rendit davantage en tuant de sa propre main quelques-uns des séditieux.

Aussitôt le duc de Milan, qui étoit aux écoutes, vint en diligence avec une armée d'Allemands et de Suisses, qu'il avoit levée à ses dépens; car il n'avoit aucun secours de Maximilien. Côme se rendit à lui, et en même temps les habitans de Milan se soulevèrent; Trivulce avoit peu de monde, parce qu'on avoit donné la fleur des troupes au duc de Valentinois : aussi, après avoir pourvu à la sûreté du château, il sortit de la ville, où Ludovic fut reçu avec de grandes acclamations du peuple changeant.

Il alla ensuite assiéger Novare, pour couper les vivres à Trivulce, qui étoit au-dessous de Mortare. D'Alègre amena au secours les troupes qui étoient dans la Romagne ; mais les Suisses de son armée se joignirent à ceux de l'armée de Ludovic, qui, avec ce renfort, prit facilement Novare. Le roi, résolu de châtier la révolte des Milanois, envoya la Trimouille avec une armée, et fit avancer jusqu'à Ast le cardinal d'Amboise, à qui il donna la qualité de son lieutenant-général, avec plein pouvoir, afin qu'ayant une autorité supérieure, il empêchât la division de nos généraux, qui avoit en partie été cause de la perte du Milanez.

La Trimouille alla d'abord assiéger Novare, où les Suisses de Ludovic lui firent la même trahison que ceux de d'Alègre lui avoient faite : leurs compatriotes qui étoient dans notre armée les débauchèrent, et Ludovic ayant aperçu parmi eux quelque commencement d'émeute, voulut les mener au combat, mais en vain ; ils lui dirent qu'ils ne vouloient point se battre avec leurs concitoyens.

Le duc, voyant que tout étoit désespéré, les pria avec larmes de vouloir bien le mener du moins en lieu de sûreté : tout ce qu'il put obtenir d'eux, fut de se déguiser, et de s'échapper comme il pourroit ; mais il ne put si bien se cacher, qu'il ne fût bientôt reconnu et pris : on le mena à Lyon au roi, qui avoit voulu seulement le voir ; il l'envoya à Loches, où il mourut dix ans après, assez mal traité. Telle fut la fin d'un prince qui avoit vécu avec tant de puissance et de grandeur : il auroit acquis une grande réputation, s'il ne l'avoit ternie par le meurtre de son neveu. Sa principale qualité étoit une grande prudence, mais il avoit la foiblesse de ne pouvoir souffrir qu'aucun autre que lui passât pour prudent.

Le cardinal Ascagne son frère s'enfuit aussitôt qu'il eut appris son malheur ; il fut pris par les Vénitiens, et le roi les ayant obligés de le remettre entre ses mains, il fut mis dans la tour de Bourges, où le roi avoit été lui-même longtemps détenu pendant qu'il étoit duc d'Orléans ; mais il fut bien mieux traité que son frère, et délivré deux ans après, par le moyen du cardinal d'Amboise, à la sollicitation de l'empereur. Aussitôt après la prise du duc, les Milanois implorèrent la miséricorde du roi.

Le cardinal d'Amboise, après avoir fait punir quelques-uns des plus séditieux, pardonna au reste des Milanois, les condamna toutefois à trois cent mille ducats, plutôt pour leur faire sentir leur crime, que pour les punir selon leur mérite : les autres villes rebelles furent taxées à proportion ; et le gouvernement de tout le duché fut donné à Chaumont, homme de mérite, neveu du cardinal d'Amboise.

La conquête étant achevée, les Suisses furent renvoyés ; les cantons voisins du Milanez surprirent en s'en allant Belinzone, place importante dans les montagnes, qui leur donnoit entrée dans ce duché. Le roi négligea de la recouvrer pour un peu d'argent qu'il lui eût coûté alors, et cette épargne dans la suite lui en coûta bien cher. Il restoit encore au roi d'obtenir de l'empereur l'investiture du duché : au lieu de la lui accorder, il traita le roi et les Vénitiens d'usurpateurs des droits de l'empire.

Le roi, craignant donc quelque grande guerre de ce côté, n'osa entreprendre celle de Naples qu'il avoit résolue, et se trouva obligé, selon les traités, à partager son armée : il en donna une partie au duc de Valentinois, pour achever la conquête de la Romagne, qu'il subjugua toute, à la réserve de Faënce, que la résistance des assiégés et le mauvais temps l'empêchèrent de prendre; à la fin pourtant il la réduisit à se rendre, mais ce ne fut que l'année suivante.

Il avoit eu beaucoup de peine à donner ses troupes au Pape, par le peu de secours qu'il en avoit tiré durant les affaires de Milan. Néanmoins, persuadé par le cardinal d'Amboise, qui portoit toujours les intérêts du Pape, il y consentit; et le Pape, pour récompenser le cardinal, le fit son légat *à latere*, dans toute la France. Louis donna le reste des troupes aux Florentins, quoique les Pisans et les Siennois lui offrissent beaucoup d'argent pour l'en détourner; mais le cardinal lui fit connoître combien il lui seroit honteux de ne pas tenir les traités. Pise fut assiégée avec un très-mauvais succès, que les généraux françois imputèrent aux Florentins; ce qui refroidit le roi envers cette république.

Ce prince songeoit toujours au dessein de Naples, et il faisoit tous ses efforts pour s'accommoder avec Maximilien; il n'en put jamais obtenir l'investiture; mais il fit une trêve où Frédéric, roi de Naples, ne fut pas compris : il avoit encore un ennemi à craindre dans la conquête de ce royaume, c'étoit Ferdinand, roi d'Espagne, qui, comme nous avons dit, étoit entré en traité avec Charles VIII pour le partager avec lui.

Quoique Louis fût en état d'achever l'entreprise de son chef, pour ne point trouver sur son chemin un tel ennemi, et expédier promptement l'affaire durant la trêve, il aima mieux continuer le traité que Ferdinand avoit commencé avec son prédécesseur, et se réservant Naples avec la Terre de Labour et l'Abruzze, il lui abandonna la Pouille et la Calabre, voisines de son royaume de Sicile. Les deux rois par le traité ne devoient ni s'entr'aider, ni se nuire; mais Louis faisoit la guerre tout ouvertement, et Ferdinand agissoit avec perfidie; car ayant caché son traité, pendant qu'il partageoit le royaume de son parent, il faisoit encore semblant de vouloir le protéger contre les François; il envoya en Sicile Gonsalve, qui, sous ce prétexte, se fit donner quelques places dans la Calabre pour sûreté.

Frédéric se comportoit de si bonne foi, qu'il le pressoit même d'entrer dans Gaëte; mais cette place étant du partage des François, il le refusa. Louis fit avancer en même temps sa flotte, commandée par Philippe de Clèves-Ravestein, et son armée de terre, sous la conduite d'Aubigny, du comte de Cajazze, et du duc de Valentinois.

Aubigny, qui avoit toute la confiance, assiégea Capoue, qu'il emporta en huit jours : Gaëte épouvantée se rendit, Naples ne fit point de résistance; et Gonsalve s'étant déclaré, Frédéric qui se vit accablé de toutes parts, et trahi par son protecteur, n'eut plus d'espérance qu'en la générosité de Louis; il livra aux François le château de Naples, avec ce qui étoit de leur partage; les Ursins, toujours fidèles à la France, furent puissamment protégés; et les Colonnes, qui l'avoient abandonnée, furent eux-mêmes abandonnés au Pape. Frédéric eut la liberté de se retirer à Ischia, où il fit un nouveau traité, par lequel le roi victorieux lui accorda le duché d'Anjou avec trente mille ducats de pension, en échange de son royaume.

En ce même temps, Louis, comte de Montpensier, ayant visité le lieu où étoit enterré son père, se mit dans l'esprit si vivement ce qu'il avoit souffert en ce pays, et en fut tellement saisi, qu'il en mourut de douleur sur son tombeau (1501), et fit lui-même regretter à tous les François la mort que son bon naturel lui avoit causée. Gonsalve prit aisément les places de la Pouille et de la Calabre, et ne trouva presque de résistance qu'à Tarente, où Frédéric avoit envoyé son fils Alphonse. Cette place se rendit enfin à composition, et Gonsalve, contre le serment qu'il avoit fait sur l'Eucharistie, au jeune prince, de le faire conduire où il voudroit en liberté, le retint pour l'envoyer en Espagne, où les traitemens magnifiques de Ferdinand couvrirent mal la trahison qu'il lui faisoit.

Après la conquête de Naples, on alla contre les Turcs, que Frédéric et Ludovic avoient appelés vainement à leur secours. Ces infidèles avoient fait une irruption fâcheuse dans le Frioul, et avoient enlevé quelques places aux Vénitiens dans le Péloponnèse. On résolut de se venger de ces insultes; mais Ferdinand ne voulut jamais donner ses vaisseaux, quoiqu'il fût entré dans la ligue. Les François et les Vénitiens assiégèrent Métclin, capitale de l'île de Lesbos; leur mésintelligence leur causa un mauvais succès, et les François, battus au retour par la tempête, trouvèrent dans les ports des Vénitiens un traitement aussi rude que celui qu'ils avoient éprouvé chez les Turcs. La négociation avec Maximilien avoit toujours été continuée, et pour y mettre fin, le cardinal d'Amboise l'alla trouver à Tarente avec un équipage magnifique.

On ne put convenir de l'affaire de l'investiture, parce que Maximilien ne voulut jamais l'accorder aux enfans mâles du roi, s'il en avoit, mais seulement aux filles qu'il avoit déjà. La maison d'Autriche sembloit avoir conçu le dessein de s'agrandir par des mariages. La grande puissance de Maximilien lui venoit d'avoir épousé l'héritière de Bourgogne, qui lui avoit apporté de si grandes terres. Il avoit fait épouser à son fils l'archiduc Philippe, Jeanne, fille de Ferdinand et d'Isabelle, et héritière de leurs royaumes; il vouloit encore avoir Claude, fille du roi, pour Charles son petit-fils, et fils de Philippe, dont le mariage avoit déjà été résolu avec cette jeune princesse : ainsi il ne vouloit accorder qu'aux filles de Louis l'investiture du duché, afin qu'il tombât encore dans sa maison. Le roi ne voulut point l'accepter à cette condition, et le cardinal se retira sans rien faire. Il fut parlé dans ces conférences de faire la guerre aux Vénitiens, dont l'ambition choquoit les deux princes, et de réformer l'Eglise, principalement dans son chef, qui troubloit l'Italie, et scandalisoit toute l'Eglise.

Outre l'affaire que le roi avoit avec l'empereur (1502), il lui en survint une autre de bien plus grande importance avec le roi d'Espagne. Ce prince avoit dessein de se rendre maître de tout le royaume de Naples, plutôt par surprise que par force. Il avoit un bon instrument de ses desseins en la personne de Gonsalve, aussi artificieux, qu'il étoit grand capitaine : celui-ci fit naître une difficulté dans le partage des terres, prétendant qu'un canton, nommé le Capitanat, étoit de la Pouille, plutôt que de l'Abruzze, comme les François le prétendoient. Ce pays étoit important, tant à cause d'une douane de grand revenu, qui y étoit établie pour le bétail, qu'à cause aussi que dans l'Abruzze il n'y avoit que cet endroit qui portât du blé.

La seule situation donnoit gain de cause aux François, puisque le pays contesté tenoit à l'Abruzze, et qu'il étoit séparé de la Pouille par la rivière d'Offente. Cependant le vice-roi, qui étoit Louis d'Armagnac, duc de Nemours, et Gonsalve, convinrent d'attendre la décision de leurs maîtres. Le roi s'étoit avancé à Ast, pour réprimer le duc de Valentinois, qui, appuyé de l'autorité de son père, et des armes de France entreprenoit sur tous ses voisins, et désoloit toute l'Italie par sa perfidie et ses cruautés, pour satisfaire son ambition. Il avoit même sous main soulevé des places aux Florentins, alliés du roi. Le gouverneur de Milan avoit fait connoître à Louis que ce duché, dans la suite, ne seroit pas en sûreté, s'il ne retenoit un homme si entreprenant. Aussi avoit-il déclaré, en sortant de France, qu'il alloit faire la guerre à Alexandre VI, et que cette guerre étoit plus sainte contre un si méchant pape, que contre le Turc.

Mais le duc de Valentinois, qui n'étoit pas moins artificieux que méchant, trouva moyen de l'apaiser; il fut aidé par le cardinal d'Amboise, toujours trop porté à favoriser le Pape, dans le dessein d'obtenir de lui les graces qui l'avançoient à la papauté, où il prétendoit. Quant aux affaires avec Ferdinand, Louis offrit, pour les terminer, ou de rétablir Frédéric, avec qui apparemment il avoit pris des mesures, ou de faire une trêve durant laquelle on termineroit à l'amiable le différend des limites.

Ferdinand, qui ne songeoit qu'à gagner du temps pour l'amuser et le surprendre, ne répondit rien; mais Louis commanda à ses troupes de marcher contre les Espagnols; ils perdirent la plus grande partie de leurs places, et Gonsalve, manquant de tout, se retira dans Barlette, où, sans l'assistance secrète des Vénitiens, il eût été sans ressource : avec tout leur secours, si on eût suivi le conseil d'Aubigny, la guerre eût été achevée.

Le duc de Nemours aima mieux partager ses troupes, et prendre les autres villes, au lieu de s'arrêter à Barlette, d'où dépendoit la décision; ce qui donna le loisir à Gonsalve de se reconnoître. Cependant le roi, se reposant sur la trêve qu'il avoit faite avec l'empereur, et croyant ses affaires très-assurées, résolut son retour en France ; il abandonna trop tôt une conquête encore mal affermie, et se fia trop à Maximilien, en qui il n'y avoit point de sûreté.

En partant il laissa des troupes au duc de Valentinois, et se chargea, en le protégeant, de la haine de ses entreprises : avant qu'il repassât les monts, ceux de Gênes l'ayant invité à venir dans leur ville, il y entra avec un grand appareil, et y demeura dix jours. Cependant le vice-roi agissoit dans la Pouille, et Aubigny dans la Calabre, où il prit Cosence, et remporta près de cette ville une victoire signalée sur les Espagnols (1503). Ferdinand, étonné, cherchoit des moyens d'amuser Louis, et d'arrêter ses progrès.

En ce même temps l'archiduc qui avoit passé de Flandre en Espagne, par la France, devoit retourner par le même chemin : il lui donna plein pouvoir de traiter la paix, et envoya avec lui deux ambassadeurs, pour lui servir de conseil. Le prince arrivé à Lyon auprès de Louis, fit l'accord à ces conditions, que le mariage de Charles, fils de l'archiduc, se feroit avec Claude, fille aînée du roi, à qui il donneroit en dot le royaume de Naples, et le duché de Milan ; qu'en attendant que le mariage pût s'accomplir, les deux rois jouiroient de leur partage, et que l'archiduc auroit l'administration de la part de son beau-père, qui devoit venir à Charles; que l'affaire des limites se traiteroit à l'amiable, et que cependant les pays contestés seroient séquestrés entre les mains du même archiduc.

Ces choses étant arrêtées et signées, tant par l'archiduc que par les ambassadeurs, on dépêcha en même temps à Ferdinand pour la ratification et aux deux généraux, pour leur porter de la part des princes, l'ordre de surseoir les hostilités. Le duc de Nemours obéit sans difficulté; mais il n'en fut pas de même de Gonsalve ; il lui étoit venu quelque renfort d'Espagne; et Maximilien, contre le traité, lui avoit envoyé deux mille hommes de secours, que les Vénitiens, aussi peu fidèles que lui, avoient laissés passer par leur golfe. Il voyoit le Pape et cette république aliénés des François; il prévoyoit aussi que nos gens se relâcheroient dans l'opinion de la paix, et déjà quatre mille hommes nouvellement venus de France s'étoient débandés, parce que les commissaires, qui croyoient que dorénavant on n'auroit plus besoin de soldats, avoient négligé de les payer. Lui donc, qui étoit résolu de profiter de cette occasion, et qui sentoit d'ailleurs les affaires d'Espagne en meilleur état, répondit aux ordres de Philippe, qu'il ne les reconnoissoit pas, et n'en recevoit que de son maître, soit qu'il en fût d'accord secrètement avec Ferdinand, ou qu'il le connût d'humeur à ne désavouer pas une fourberie dont le succès seroit heureux.

Le vice-roi voyant, contre son attente, Gonsalve résolu à faire la guerre, rappela en diligence les troupes dispersées par tout le royaume; mais elles se trouvèrent trop foibles contre un homme qui avoit pris toutes les mesures nécessaires pour les surprendre : le roi sentit aussitôt le changement qui alloit arriver dans les affaires. Pour le prévenir, il manda à ses généraux de tirer les affaires en longueur, et de se tenir seulement sur la défensive, jusqu'à ce qu'il eût envoyé le secours; mais Aubigny ayant cru pouvoir empêcher les Espagnols de passer une rivière à trois milles de Séminara, fut surpris; car pendant que leur avant-garde l'amusoit à l'opposite de la rivière, l'arrière-garde passa d'un autre côté, et prit en flanc notre armée, qui, s'en étant aperçue, prit aussitôt la fuite ; Aubigny se retira à Angitone, en même temps que Gonsalve sortoit de Barlette, pressé par la peste et par la famine.

Le vice-roi, craignant qu'il ne se joignît à l'armée victorieuse, résolut de lui couper le chemin; et comme les Espagnols marchoient à Cérignole, il les y suivit; mais Gonsalve y arriva le premier, et se retrancha. Le vice-roi, arrivé peu de temps après, attaqua aussitôt le retranchement : les Espagnols eurent peine à soutenir le premier choc, et furent d'abord ébranlés; mais sur la nuit, leur gendarmerie mit notre infanterie en désordre : le vice-roi fut tué, les ennemis reprirent cœur, et l'épouvante se mit parmi nos gens, qui prirent la fuite; il y eut peu de monde de tué, et les François perdirent tout leur bagage : ces deux défaites venues coup sur coup ruinèrent les affaires de France. Les Napolitains révoltés appelèrent Gonsalve, et les François se renfermèrent dans les châteaux de Naples. Averse et Capoue ouvrirent leurs portes, et Aubigny, assiégé dans Angitone, se rendit prisonnier de guerre. Cependant Yves d'Alègre jeta dans Gaëte ce qu'il put ramasser de la déroute de nos armées.

L'archiduc, après l'accord, avoit fait un petit voyage en Savoie, et ayant appris la conduite de Gonsalve, il revint sans hésiter en France, où il étoit assez embarrassé : car Ferdinand continuoit toujours à amuser Louis, et ne vouloit point se déclarer sur le procédé de Gonsalve, jusqu'à ce que son gendre lui mandât enfin résolument, qu'il ne partiroit point de France, qu'il ne se fût expliqué. Alors il répondit nettement qu'il ne pouvoit accepter la paix, et désavoua l'archiduc, qui avoit, disoit-il, passé son pouvoir. Sur cette déclaration, l'archiduc se plaignit hautement de son beau-père, qui avoit manqué de foi ; que loin d'avoir entrepris quelque chose contre ses ordres, il les avoit tellement suivis, que même les ambassadeurs que Ferdinand avoit chargés de l'affaire avoient signé avec lui. Louis avoit l'ame grande; et étant incapable de trahison, il crut aisément que Philippe avoit des sentimens semblables aux siens. Ainsi, le voyant agité de la crainte qu'il avoit qu'il ne se prît à lui de l'infidélité de Ferdinand, il l'assura qu'il n'y avoit rien à craindre pour lui; qu'il lui avoit donné sa parole, et que l'infidélité de Ferdinand ne l'obligeroit pas à en faire une autre; au reste, qu'il aimoit mieux perdre par cette surprise un royaume qu'il sauroit bien reconquérir, que de s'attirer, en manquant de foi, un reproche irréparable. Louis avoit raison de mépriser des conquêtes faites par une perfidie; mais il n'étoit pas excusable de s'être si aisément laissé surprendre.

Pour Ferdinand, à qui ses finesses avoient si bien réussi, il ne songeoit qu'à les continuer ; ainsi il fit faire diverses propositions, entre autres de rétablir Frédéric dans son royaume : la chose n'étoit plus en état, depuis le traité fait entre Louis et Philippe; mais Ferdinand le faisoit pour brouiller ensemble ces deux princes. Le roi offensé ne voulut plus rien écouter, et renvoya les ambassadeurs.

Cependant Gonsalve assiégea le château Neuf, qu'il prit par l'effet d'une mine chargée à poudre, que Pierre de Navarre fit jouer. C'étoit un soldat de fortune, qui avoit pris ce nom, parce qu'il étoit du royaume de Navarre. Il avoit vu quelque commencement de l'invention des mines, dans un siége des Génois; mais il l'avoit perfectionnée, et les François qui gardoient le château de Naples, furent les premiers qui en sentirent l'effet. Le château Neuf fut pris par la brèche, et les soldats furent tous prisonniers de guerre.

Après la prise du château Neuf (1504), Gonsalve envoya Prosper Colonne dans l'Abruzze, laissa Pierre de Navarre pour prendre le château de l'Œuf, et alla en personne assiéger Gaëte par mer et par terre. Pierre acheva son entreprise en trois semaines, par les mines, à quoi les François n'étoient point encore accoutumés; peu de jours après la prise, le marquis de Saluces, nouveau vice-roi, parut avec le secours que le roi avoit pu envoyer en diligence. Il préparoit de plus grandes choses, et il avoit résolu de faire les derniers efforts, pour faire sentir sa puissance au roi d'Espagne, qui s'étoit moqué de lui. Non content d'envoyer une grande armée de terre dans le royaume de Naples, sous la conduite de La Trimouille, il résolut d'attaquer l'Espagne par deux endroits.

Albret roi de Navarre, et le maréchal de Gié, devoient entrer par la Guyenne, et le maréchal de Rieux par le Roussillon ; une armée navale devoit croiser les mers de cette province et du royaume de Valence; mais il n'est pas si aisé de regagner un royaume que de le perdre. Le marquis de Saluces avec sa flotte, obligea bien Gonsalve à dégager le port de Gaëte, mais non à délivrer tout à fait la place, qu'il tenoit le plus qu'il pouvoit bloquée par terre. Pour La Trimouille, il se trouva fort embarrassé, en sortant du duché de Milan; les Suisses, qui devoient fournir huit mille hommes, voyant nos affaires en mauvais état, différoient de jour en jour.

Le Pape et le duc de Valentinois avoient suivi la fortune, et on avoit intercepté de leurs lettres, par lesquelles ils paroissoient être en grande intelligence avec Gonsalve. La |Trimouille n'osoit passer plus avant, sans s'assurer d'eux, et le Pape l'amusoit de propositions en propositions; mais toute cette négociation se termina par sa mort, arrivée d'une manière tout à fait tragique, et digne d'un si méchant homme. Il avoit formé le dessein avec son fils d'empoisonner le cardinal Adrien Cornet, qui avoit de grandes richesses, pour profiter de sa dépouille; pour cela il prépara dans une vigne, près de Rome, un festin, où il convia plusieurs cardinaux, et les plus grands seigneurs de Rome.

Le duc de Valentinois y envoya deux bouteilles empoisonnées, avec ordre de n'en donner que par son commandement exprès. Le Pape étant venu le premier, fort échauffé, demanda à boire : le sommelier se persuada que les bouteilles qu'on lui avoit données en garde, étoient quelque vin excellent, et jugeant que la défense n'étoit pas faite pour le Pape, il lui en donna : comme il achevoit de boire, le duc arriva, et en but aussi; ils furent tous deux empoisonnés, mais le Pape qui étoit fort vieux, en mourut peu de temps après, et le duc, jeune et vigoureux, fut sauvé à force de remèdes.

A la nouvelle de la mort du Pape, La Trimouille fit avancer l'armée aux portes de Rome, où il ne put aller lui-même, parce qu'il demeura malade à Parme. A la faveur de ces troupes, le cardinal d'Amboise crut qu'il pouvoit aisément se faire pape; mais le cardinal de Saint-Pierre-aux-Liens, qui aspiroit comme lui à la papauté, lui conseilloit d'éloigner les soldats, lui disant qu'en les retenant, il mettoit lui-même un obstacle à son élection; que quand il se seroit fait élire par force, son élection faite en cette sorte, lui seroit plus honteuse qu'honorable, et ne seroit pas reconnue par la plus grande partie de la chrétienté; ainsi qu'il n'avoit qu'à faire retirer les troupes, et en même temps il seroit élu tout d'une voix, sans s'attirer le reproche d'avoir violé la liberté du collége. Le cardinal d'Amboise crut ce conseil, et le cardinal de Saint-Pierre lui fit aussitôt après donner l'exclusion.

Les cardinaux estimoient le cardinal de Saint-Pierre, il étoit riche et libéral, et avoit la réputation d'homme de courage, et qui tenoit sa parole; mais comme sa partie n'étoit pas encore faite dans le conclave, il fit élire un vieux cardinal, qui apparemment laisseroit bientôt la papauté vacante : ce fut François Picolomini, qui prit le nom de Pie III. Il ne tint le siège que vingt-six jours, et le cardinal de Saint-Pierre, qui avoit les vœux de tout le collége, fut élu d'un commun consentement, dès le soir qu'on entra dans le conclave. L'ambition et la simplicité du cardinal d'Amboise furent la risée de toute l'Europe ; mais le roi ne sentit pas assez, combien mal à propos son autorité avoit été commise en cette occasion, où les mesures étoient si mal prises.

Le duc de Valentinois avoit concouru à l'élection de Jules II (c'est le nom que prit le Pape), parce qu'il avoit promis de lui faire recouvrer les places de la Romagne. Car, aussitôt après la mort d'Alexandre VI, les seigneurs étoient rentrés dans quelques-unes, et les Vénitiens en avoient envahi d'autres : mais Jules, au lieu de l'aider à les recouvrer, le fit arrêter, pour tirer de lui la cession de celles qui lui restoient.

Comme les gouverneurs firent peu d'état des ordres de leur maître, parce qu'il étoit prisonnier, le Pape fit semblant de vouloir le relâcher, et l'envoya à Ostie : les places furent rendues à Jules ; le duc ne fut délivré qu'en s'échappant de ses gardes, et en se réfugiant auprès de Gonsalve, qui lui envoya un sauf-conduit ; mais il le fit arrêter malgré la parole donnée, et l'envoya prisonnier en Espagne, d'où il se sauva encore ; et s'étant réfugié en Navarre, il fut tué dans une bataille, à la tête de quelques troupes du roi de Navarre, qui combattoient pour soumettre des rebelles qui s'étoient révoltés contre ce prince.

Cependant l'armée françoise avoit fait quelques progrès : durant la maladie de La Trimouille, le roi en avoit donné le commandement au marquis de Mantoue, étranger, Italien et ennemi réconcilié, qui pour ces raisons devoit être suspect. Au bruit de sa marche, Gonsalve abandonna les environs de Gaëte, et laissa cette place en liberté. Le marquis fit un pont sur le Gariglian, et à la faveur de son artillerie, passa cette rivière à la vue de Gonsalve, qui s'étoit vanté de l'empêcher : mais dès le jour même, il perdit la confiance des François, pour avoir, à ce qu'ils disoient, épargné l'ennemi qu'il pouvoit défaire ; et il arriva quelque temps après qu'il abandonna l'armée, et débaucha les Italiens, qui prirent parti dans les troupes des ennemis.

Le marquis de Saluces, vice-roi, prit le commandement de l'armée, et Gonsalve, pour l'empêcher d'entrer plus avant dans le royaume, se posta dans des marais, autrefois nommés les marais de Minturne. Il tint là l'armée de France, où elle se ruina par l'incommodité du lieu, par la rigueur de l'hiver, et par les friponneries des commissaires, qui retenoient la paie des soldats. Gonsalve de son côté souffroit beaucoup ; et comme on lui conseilloit de se retirer, il dit cette belle parole, qu'il aimoit mieux mourir en avançant un pas contre l'ennemi, que prolonger sa vie de cent ans, reculant seulement d'une brassée. C'est ainsi qu'il faisoit périr les François, n'étant pas en état de les forcer : mais il prit un chemin plus court, quand il se vit renforcé par la jonction d'Ursin, qui, dès le temps d'Alexandre VI, avoit abandonné le parti de France, rebuté par la protection que Louis donnoit au duc de Valentinois, son ennemi, qui en étoit si peu digne.

Gonsalve ayant attaqué les François inopinément avec ce secours, la terreur et le désordre se mit parmi eux. Le vice-roi fut obligé de se retirer à Gaëte, et sa retraite fut si précipitée, qu'il laissa à l'ennemi une partie de son canon. Pierre de Médicis, après avoir été longtemps le jouet de la fortune, périt enfin en cette occasion, dans un bateau qui enfonça, parce qu'il étoit trop chargé.

Gonsalve, sans perdre temps, alla assiéger Gaëte, que la famine contraignit de se rendre. Le vice-roi avoit mis dans les conditions que les prisonniers seroient mis en liberté ; mais Gonsalve, fécond en expédiens, pour éluder les traités, exclut de la capitulation les barons napolitains qui avoient servi le roi ; il acheva aisément de chasser les François du royaume, et de prendre le peu de places qui leur restoient. Les affaires n'allèrent pas mieux du côté de l'Espagne : en Guyenne la division s'étant mise entre Albret et Gié, ils se présentèrent vainement devant Fontarabie, et retournèrent sans rien faire : en Roussillon, le maréchal de Rieux assiégea Salces; mais après quarante jours d'attaque, Ferdinand, survenu en personne avec trente mille hommes, lui fit lever le siége. Ces tristes nouvelles affligèrent au dernier point toute la France, parce qu'elle aimoit son roi ; car au reste le bonheur des peuples au dedans du royaume étoit extrême.

Au milieu de tant de guerres, le roi donna si bon ordre à ses finances, que jamais il n'augmenta les impôts ; les gens de guerre ne faisoient aucun désordre ; le commerce étoit sûr et abondant ; tout le monde vivoit à son aise; et le roi étoit appelé le *Père de la patrie*, qui est le plus beau titre que puisse avoir un roi, pourvu que la flatterie n'y ait point de part : il avoit grand soin de la justice, et il vouloit que les magistrats préposés à la rendre, eussent non-seulement le savoir, mais encore la gravité convenable à une si grande charge. On remarque qu'étant entré dans un jeu de paume, il trouva des conseillers du parlement qui y jouoient ; et comme cet exercice paroissoit en ce temps plus propre aux gens de guerre qu'à ceux de robe, il leur dit qu'une autre fois, s'il les y trouvoit, il les mettroit dans ses gardes.

Quoique les affaires du dedans fussent en si bon état, et que le roi eût acquis beaucoup de gloire à gouverner si bien son royaume (1505), c'étoit une grande tache à sa réputation de laisser périr tant d'armées, et de perdre tant de conquêtes : il sentit alors ce que c'étoit que de se laisser gouverner, et résolut d'agir par lui-même; car, quoiqu'il y ait un ministre habile et bien intentionné, les affaires vont toujours mal, quand le prince s'en remet aux autres. Louis s'étoit reposé sur son ancienne réputation, et sur les conquêtes qu'il avoit faites au commencement de son règne, et il ne considéroit pas qu'il ne sert de rien d'acquérir, si l'on ne conserve.

Quand le malheur fut arrivé, il en eut une si grande mélancolie, qu'il tomba dangereusement malade, jusque-là qu'Anne sa femme, désespérant de sa vie, songeoit à sa retraite en Bretagne, et, toute prête à partir, elle y envoya d'avance son équipage. Depuis son mariage arrêté avec Maximilien, elle avoit toujours conservé beaucoup d'attachement aux princes d'Autriche, et avoit en leur faveur conçu des desseins contraires aux intérêts de la France : c'est pourquoi le maréchal de Gié se résolut d'arrêter ses gens sur le passage. La reine indignée qu'un homme, né son sujet, se fût opposé à ses desseins, ne voulut jamais lui pardonner, et persécuta tellement le roi, qu'il eut la foiblesse de faire faire le procès au maréchal, malgré le zèle qu'il avoit témoigné au bien de l'État, mais le parlement de Toulouse, à qui il fut renvoyé, malgré toute sa rigueur, ne trouva matière de le condamner qu'à se retirer de la Cour.

Après la convalescence de Louis, on tint des conférence pour traiter la paix entre lui et Ferdinand. Il s'étoit fait une trêve par le moyen de Frédéric que Ferdinand flattoit toujours de l'espérance de le faire rétablir dans son royaume; et en effet il mettoit son rétablissement en tête des propositions qu'il faisoit au roi; mais Louis s'étant aperçu qu'il ne le faisoit que pour le brouiller avec l'archiduc, rompit tout le traité avec lui, et fit la paix avec l'empereur; et par cette paix, on renouveloit les conditions du premier traité du mariage de Charles avec Claude, fille aînée du roi; et si elle venoit à décéder, on lui accordoit Renée, sa cadette, aux mêmes conditions. L'empereur consentit enfin de donner à Louis et à ses enfans, même aux mâles, s'il en avoit, l'investiture du duché de Milan, moyennant soixante mille ducats comptant, et soixante mille autres payables six mois après. Le roi devoit encore fournir cinq cents lances à l'empereur, quand il iroit se faire couronner, et lui donner tous les ans en reconnoissance une paire d'éperons d'or; il étoit permis au roi d'Espagne d'accepter la paix dans un certain temps; mais en cas qu'il la refusât, il n'étoit pas spécifié si le roi pourroit lui faire la guerre.

En ce temps arriva la mort de Frédéric, et, ce qui fut plus considérable, celle d'Isabelle, reine de Castille. Ce royaume revenoit à l'archiduc Philippe, du côté de Jeanne sa femme, comme héritière de sa mère; et Ferdinand étoit réduit à son ancien royaume d'Aragon; mais comme Isabelle lui avoit laissé par testament l'administration de la Castille, il se mit en état de la conserver, malgré son gendre, dont il commença à redouter la puissance.

Ce changement des affaires fit prendre de nouvelles mesures à Louis. Philippe, fils de l'empereur, seigneur des Pays-Bas, roi de Castille, successeur et gendre du roi d'Aragon, étoit redoutable par lui-même, et plus encore par son alliance avec Henri VII, roi d'Angleterre, dont le fils aîné, nommé Arthus, avoit épousé Catherine, sœur de sa femme. En cet état, Louis, qui n'avoit jamais pu trouver aucune sûreté avec l'empereur, avoit beaucoup à craindre du roi de Castille son fils; et en demeurant encore en guerre avec Ferdinand, il eût eu trop d'ennemis à combattre : ainsi il se résolut à faire la paix avec le dernier, qui avoit aussi ses raisons pour la souhaiter, et qui, désirant de se marier pour avoir des enfans mâles, fut bien aise d'épouser Germaine de Foix, nièce de Louis, fille de Marie sa sœur, et de Jean de Foix, vicomte de Narbonne.

En faveur de ce mariage, Louis donna à sa nièce sa part du royaume de Naples, qui devoit demeurer à Ferdinand, si Germaine mouroit devant lui sans enfans, et revenir à Louis, si Ferdinand mouroit devant elle. Ferdinand donnoit à Louis une grande somme pour les frais de la guerre, et s'engageoit à rétablir les barons napolitains qui avoient servi la France : il promettoit d'aider Gaston de Foix, neveu de Louis, et frère de Germaine, à recouvrer la Navarre sur Catherine de Foix, sa cousine, et son mari Jean d'Albret. Ces deux rois faisoient ensemble une ligue défensive, et le traité marquoit le secours qu'ils se devoient donner l'un à l'autre étant attaqués.

Cependant Philippe alla en son nouveau royaume avec la reine sa femme (1506); les Castillans s'attachèrent à leur princesse naturelle, et à son mari, jeune prince, agréable de corps et d'esprit, de sorte que Ferdinand fut contraint de lui abandonner la Castille. Aussitôt après il alla à Naples, où il soupçonnoit que Gonsalve vouloit se rendre le maître. Toute l'Italie lui envoya des ambassadeurs; et la haute opinion qu'on avoit conçue de sa prudence, en faisoit attendre à tout le monde de grands effets; mais ils ne répondirent pas à l'attente qu'on en avoit. Les peuples ne furent point soulagés, et la noblesse fut mécontente, parce que Ferdinand récompensa mal ceux qui l'avoient servi, et ne rétablit pas tout à fait, comme il s'y étoit obligé, ceux qui avoient servi la France.

Cependant le roi voyant la puissance de Maximilien devenue redoutable par celle de son fils, rechercha l'amitié du Pape, en lui proposant de se joindre à lui contre les Vénitiens, usurpateurs de la Romagne. Le Pape avoit mécontenté le roi, tant en disposant, sans sa participation, des bénéfices du Milanez, qu'en lui refusant le chapeau de cardinal pour deux évêques, l'un neveu du cardinal d'Amboise, et l'autre de La Trimouille; mais de plus grands intérêts les firent réconcilier, quoique l'effet de leur accord fût plusieurs fois suspendu. Selon que Louis craignoit plus ou moins, Maximilien donnoit plus ou moins de secours au Pape, en sorte qu'il ne pouvoit rien entreprendre contre les Vénitiens; et même Maximilien ayant fait savoir à Louis qu'il vouloit aller à Rome pour se faire couronner, et lui ayant demandé non-seulement les cinq cents lances promises par le traité, mais encore qu'il lui avançât les soixante mille ducats dont le terme n'étoit pas encore échu, il refusa le dernier, et en faisant l'autre, comme il y étoit obligé, il prit secrètement des mesures avec les Vénitiens, pour empêcher Maximilien d'entrer en Italie.

Ce qui arriva dans le même temps augmenta beaucoup l'aigreur des deux princes; car Louis fiança à François, comte d'Angoulême, héritier présomptif de la couronne, Claude, sa fille aînée, promise par tant de traités à Charles, fils du roi Philippe.

Toute la France avoit crié contre ce mariage, qui auroit transporté à la maison d'Autriche les droits de Claude sur les duchés de Bretagne et de Milan, et auroit peut-être donné à Charles une occasion de prétendre même à la couronne de France, prétention chimérique, à la vérité, dans un royaume où jamais fille n'a succédé, mais qui donnoit à un prince d'ailleurs si puissant, un prétexte éternel de faire la guerre. C'est pourquoi les grands du royaume, et les plus notables personnages, assemblés à Tours, supplièrent le roi de rompre un traité si ruineux à son Etat, et si peu sûr en la personne de Maximilien et de Ferdinand, qui l'avoient toujours trompé, et de donner la princesse à son successeur, pour tenir unis à la couronne les Etats dont elle héritoit. Louis se rendit à ces raisons, et passa par-dessus toutes considérations pour contenter ses sujets.

Le Pape jugeoit bien après cela que le roi, que cette rupture chargeoit de tant d'ennemis, ne songeroit pas à Venise. Mais il s'ennuyoit de ne rien faire, et il entreprit de réduire Pérouse et Bologne. Il fit tant valoir le secours de France, quoiqu'il en fût peu assuré, à Paul Baglione, seigneur de Pérouse, qu'il se rendit de pure frayeur. Après un si bon succès, il poursuivit chaudement Bentivoglie, seigneur de Bologne : il fut aidé par les François dans cette conquête.

Chaumont déclara à Bentivoglie qu'il avoit ordre de l'attaquer, et celui-ci, qui n'avoit jamais eu d'autre protecteur que le roi, quand il le vit contre lui, fut trop heureux de sauver, en abandonnant cette place, le reste de ses biens, et sa personne. Jules fit d'extrêmes largesses à Chaumont qui l'avoit si bien servi, et lui promit le chapeau pour son frère l'évêque d'Albi; ainsi en toutes façons il engageoit dans ses intérêts le cardinal d'Amboise, leur oncle. Mais pour l'obliger davantage, il s'expliqua sur les deux chapeaux demandés, dont il y en avoit un pour un autre neveu du cardinal; mais il s'expliquoit par degrés, et savoit ménager ses graces, car il promit d'abord les chapeaux, ensuite il en fit expédier les brefs, sans déclarer les personnes; enfin il acheva l'affaire en les nommant publiquement, et autant de pas qu'il faisoit, autant il tiroit de nouvelles faveurs de Louis, qui se laissoit mener par les plaisirs qu'on faisoit à son ministre. Jules lui accorda en même temps la disposition des bénéfices du Milanez.

Mais pendant qu'il le favorisoit en apparence, sous main il s'entendoit avec l'empereur (1507), pour lui susciter des affaires, et lui révolter les Génois. Cette révolte arriva à l'occasion des vieilles factions qui partageoient la ville, et principalement de la jalousie immortelle entre la noblesse et le peuple, sur le sujet du gouvernement; le peuple se souleva, et s'étant rendu le plus fort, après avoir massacré beaucoup de noblesse, il créa des magistrats à la mode de la lie du peuple. Ravestein, que le roi avoit laissé pour gouverneur, fut contraint de condescendre aux désirs de la populace victorieuse, qui, enflée de ce succès, secoua le joug tout à fait, et contraignit le gouverneur à se retirer. Les François qui étoient restés dans le château, furent tués avec leur commandant, et le peuple demeura le maître. Mais le roi ne laissa pas longtemps cet attentat impuni, et résolut de marcher à Gênes avec une puissante armée.

Le Pape fit ce qu'il put pour le détourner de cette entreprise, qui reculoit si loin celle qu'il désiroit tant contre les Vénitiens. Et les Génois ayant protesté d'abord que si le roi vouloit seulement autoriser le gouvernement établi, ils demeureroient soumis, l'affaire fut prête à s'accommoder; mais ces peuples séditieux ayant fait de nouvelles fautes, Louis, sans rien écouter, marcha contre eux. Sur cela le Pape irrité se mit dans l'esprit que le cardinal d'Amboise, résolu de l'empoisonner pour prendre sa place, faisoit avancer le roi pour ce dessein : il échauffa en même temps Maximilien déjà aigri, en lui écrivant que cet armement, et le voyage d'Italie, sous prétexte de châtier Gênes, tendoit en effet à faire Louis empereur.

Les Vénitiens lui ayant confirmé la même chose, Maximilien prit feu, et convoqua aussitôt une diète à Constance, où il éclata contre le roi en paroles fulminantes. Il traitoit le roi de rebelle à l'empire, et c'étoit à cause du duché de Milan, qui en relevoit. Il écrivoit au Pape et aux cardinaux, que comme avocat du saint Siége, il viendroit à leur secours, sans être appelé, avec une armée, à laquelle ni l'Italie ni la France liguées ensemble ne pourroient pas résister.

Cependant Louis s'avançoit à Gênes sans s'émouvoir. Les Génois firent quelque résistance; mais ils furent bientôt vaincus. Il fit son entrée dans la ville, monté sur un coursier tout noir, armé de toutes pièces, précédé et suivi d'une infinité de gens de guerre; tout le peuple alarmé étoit à ses pieds, les femmes et les enfans revêtus de blanc, crioient miséricorde. Ce prince bon et clément fut touché de ce spectacle, et après avoir châtié les plus coupables, il se contenta pour les autres de trois cents mille ducats, qu'on employa en partie à construire une forteresse pour tenir en bride ce peuple rebelle; aussi fut-elle appelée la Bride.

Il rétablit le gouvernement comme il étoit avant le tumulte; et sans rien ôter au peuple de ce qu'il avoit accordé quand il se donna à lui, il voulut seulement qu'ils eussent, à titre de privilége, ce qu'ils avoient auparavant par convention; ensuite, pour faire cesser les bruits que le Pape et Maximilien répandoient dans un temps où il étoit assez fort pour tout entreprendre, il résolut de s'en retourner tranquillement en France; et laissant Gênes paisible, et l'Italie en repos, il fit admirer à tout le monde sa vigueur, sa modération et sa clémence; mais son retour fut retardé de quelques jours, par l'entrevue proposée entre lui et Ferdinand.

Il avoit perdu depuis quelques mois le roi Philippe son gendre. Ce prince, selon les Mémoires de Du Bellay, donna en mourant une grande marque de la confiance qu'il avoit en Louis, en lui laissant l'éducation de son fils Charles, plutôt qu'à Maximilien et à Ferdinand, grands-pères de ce jeune prince. Jeanne, femme de Philippe, outrée de douleur, acheva de perdre l'esprit, qu'elle avoit déjà un peu foible : l'administration de la Castille revenant par ce moyen à Ferdinand, il s'en retourna en Espagne, et il vint en repassant visiter Louis, qui s'avança à Savone pour le recevoir.

On ne peut pas faire les honneurs de meilleure grace, ni avec plus de magnificence qu'il les fit. Ferdinand aussi n'avoit rien omis de ce qui pouvoit lui plaire, et même passant à Ostie, il ne voulut jamais voir le Pape, parce qu'il étoit brouillé avec Louis, à qui il ne vouloit point donner d'ombrage. Le jour qu'il devoit arriver, le roi se trouva au port, et aussitôt que la galère fut à bord, il y entra sans précaution, suivi seulement de deux hommes, témoignant une joie extrême de voir chez lui Ferdinand, et la reine sa nièce. A la descente, il la prit en croupe, selon la mode du temps, sur son cheval superbement harnaché, et les seigneurs de la Cour en firent autant aux dames.

Louis céda le château au roi d'Aragon, et donna la moitié de la ville pour le logement de sa suite, qui étoit de quatorze cents gentilshommes. Il lui fit prendre partout la première place, quoique Ferdinand n'oubliât rien pour s'en défendre, et répétât souvent au roi qu'il se sentoit obligé de lui céder. Il y eut un grand festin, où Louis fit l'honneur au grand capitaine de le faire mettre à table avec Ferdinand et Germaine, et lui donna des éloges, dont il ne fut guère moins touché que de ses victoires.

Ferdinand, de son côté, rendit visite à Aubigny, qui avoit la goutte ; et il sembloit que les deux rois se disputoient à l'envi l'un de l'autre, à qui honoreroit plus la vertu. Pour entretenir l'ordre, Louis défendit aux François, sous peine de la vie, de faire aucune querelle aux Espagnols ; il y eut durant trois jours plusieurs conférences des rois entre eux, et de Ferdinand avec le cardinal d'Amboise : ce qui parut du résultat fut que Ferdinand promit du secours à Louis contre l'empereur, en attendant qu'il les eût réconciliés, pour tous trois ensemble attaquer les Vénitiens, dont ils étoient également mal satisfaits.

Après que les deux rois eurent juré la paix sur l'Eucharistie, Louis prit le chemin de France par Milan, et Ferdinand alla en Espagne gouverner le royaume de son petit-fils ; ce jeune prince étoit dans les Pays-Bas, où il croissoit en vertu, sous la conduite de Philippe de Crouy, seigneur de Chèvres, que Louis lui avoit donné pour gouverneur.

La diète de Constance, que Maximilien avoit échauffée contre Louis, se ralentit quand elle le vit licencier ses troupes, et retourner dans son royaume ; elle promit cependant à Maximilien une armée assez considérable, et aussitôt après il tenta d'entrer en Italie pour faire la guerre, disoit-il, dans le Milanez (1508) ; mais le roi eut soin de munir et ce duché et la Bourgogne, et il envoya aussi quelques troupes aux Vénitiens.

Ceux-ci, qui dans l'entreprise de Maximilien craignoient pour eux-mêmes, lui offrirent le passage, pourvu qu'il entrât désarmé ; et sur le refus qu'il en fit, ils ne voulurent pas lui permettre de passer sur leurs terres. L'argent lui manqua bientôt, et les troupes de la diète s'assembloient si nonchalamment, qu'il ne vit jamais six mille hommes ensemble. Pour comble de malheur, les Vénitiens, avec le secours qui leur fut envoyé de France, le battirent dans le Frioul, et Alviane leur général, triompha de lui dans le Trévisan. Il fut sensible à cet affront, mais il n'avoit point assez de forces pour en tirer raison. Cependant les Vénitiens, assez contens d'avoir empêché son passage, firent une trêve d'un an avec lui, sans la participation du roi.

Il n'est pas croyable combien le roi fut touché de ce mépris, et dès lors il résolut non-seulement de les attaquer de toutes ses forces, mais encore de joindre contre eux toutes les puissances de l'Europe. La république de Venise avoit tous ses voisins pour ennemis, à cause des places qu'elle avoit usurpées sur leurs Etats ; elle en avoit du saint Siége, entre autres Ravenne ; elle en avoit du duché de Milan, que le roi, occupé à d'autres affaires, n'avoit pas encore jugé à propos de redemander ; elle en avoit dans le royaume de Naples, que le vieux Ferdinand avoit engagées. Maximilien vouloit ravoir celles qu'elle avoit ôtées à l'Empire et à la maison d'Autriche. On peut croire qu'une république qui s'étoit ainsi agrandie aux dépens de ses voisins, et qui alors ne songeoit encore qu'à continuer ses usurpations, leur devoit être fort odieuse.

Il lui étoit donc aisé de se venger des Vénitiens, et de leur susciter de puissans ennemis ; mais un grand intérêt s'opposoit à ce dessein, car Jules, Maximilien et Ferdinand avoient une éternelle jalousie de sa puissance, et ne songeoient qu'à le chasser d'Italie, où les Vénitiens l'eussent vu avec moins de peine, pourvu qu'il voulût bien ne les pas troubler.

Quoique Louis écoutât beaucoup son ressentiment, il mit pourtant selon sa coutume l'affaire en délibération dans son conseil ; mais comme il avoit déclaré son inclination, la délibération ne fut qu'une grimace, et chacun entra dans ses sentimens par complaisance. Le seul Etienne Poncher, évêque de Paris, soutint qu'il n'y avoit aucune apparence que le roi s'alliât à ses ennemis naturels, et rompît avec ceux dont il pouvoit faire de plus fidèles alliés. Louis ne s'offensa point de sa liberté, mais il conclut la ligue avec Maximilien.

L'assemblée pour la résoudre se tint à Cambray, sous prétexte d'accommoder la querelle entre Charles, roi de Castille, et le duc de Gueldre, que le roi avoit autorisé sous main. Là il fut arrêté que le Pape, l'empereur, le roi très-chrétien, et le roi catholique, feroient la guerre aux Vénitiens ; que Louis commenceroit l'attaque (car les François prenoient aisément ce partage) et que l'empereur agiroit quarante jours après ; que pour lui donner prétexte de rompre la trêve, le Pape le sommeroit de le secourir comme défenseur du saint Siége, contre les usurpations des Vénitiens, et les admonesteroit en même temps, sur peine d'excommunication, de rendre toutes les places qu'ils avoient prises au saint Siége et à l'empire; celles qui devoient être rendues à chaque prince étoient spécifiées, et la guerre devoit commencer le premier d'avril.

Outre cela l'empereur devoit donner à Louis, moyennant cent mille ducats, l'investiture du duché de Milan, pour lui, pour son successeur et ses descendans mâles. Voilà quel fut le traité de Cambray, qui fut tenu si secret, que les Vénitiens ne le savoient pas; et il n'en parut autre chose que la confirmation de la paix entre l'empereur et Louis. Le Pape et Ferdinand n'eurent point de part à la délibération; mais elle leur étoit si avantageuse, qu'on ne doutoit pas qu'ils ne l'approuvassent. Cependant le Pape hésita, par la répugnance qu'il avoit de se joindre avec Louis, et ne ratifia le traité qu'à l'extrémité, tâchant cependant de gagner les Vénitiens, qui furent assez fiers pour le refuser.

Au temps convenu, Louis, qui vouloit commander en personne son armée, s'approcha de Milan, et fit d'abord entrer Chaumont avec un petit corps dans les terres des Vénitiens, afin d'engager l'empereur : Chaumont, après avoir pris Trévi, vint rejoindre le roi à Milan, et le Pape envoya son monitoire aux Vénitiens pour la restitution des places, les chargeant de toutes sortes d'exécrations, s'ils refusoient d'obéir. Ils firent publier partout et dans Rome même, un appel de cette sentence au concile, et au défaut du concile, à Jésus-Christ même et à la vérité. Les papes exposent les excommunications à de grands mépris, quand ils les emploient à leurs intrigues et à leurs intérêts politiques, qui ne doivent guère être défendus par de telles armes.

A l'approche du roi avec son armée, les Vénitiens, contre l'avis d'Alviane, qui vouloit qu'on se contentât de lui empêcher le passage de l'Adde, résolurent de rassiéger Trévi. Quoique le roi se pressât pour le secourir, il y arriva trop tard; mais en récompense, il passa l'Adde sans aucun obstacle. Les généraux Vénitiens avoient ordre de ne point combattre, et le roi, pour les y forcer, gagnoit un poste où il pouvoit leur couper les vivres. Ce dessein obligea les Vénitiens à déloger pour le prévenir, et dans la marche le combat s'engagea auprès d'un village appelé Agnadel.

Alviane se crut posté avantageusement (1509), étant dans les vignes où notre cavalerie pouvoit à peine se développer, et en effet notre avant-garde plia. Si le roi ne fût survenu avec le corps de bataille, les affaires étoient perdues; elles furent rétablies à son arrivée, mais la victoire ne laissa pas d'être douteuse durant trois heures : à la fin les Vénitiens ne purent soutenir l'effort de la gendarmerie, animée de la présence d'un roi, qui faisoit tout ensemble le devoir de soldat et de capitaine; leur infanterie fut taillée en pièces; Alviane eut un œil crevé, l'armée en déroute porta la terreur et la consternation à Venise, et en quinze jours le roi reprit toutes les places qui lui appartenoient par le traité, à la réserve du château de Crémone, qui se rendit peu de temps après.

Il n'y eut point d'autre capitulation pour les nobles Vénitiens qui se trouvèrent dans les places prises, que de se rendre prisonniers de guerre, et il eût été aisé au roi de prendre les autres places réservées à l'empereur; mais il fut fidèle aux traités, jusqu'au point de lui renvoyer les magistrats de Vérone, qui lui apportèrent les clefs. A la faveur de ses armes, le Pape prit Ravenne, et quelques autres places de la Romagne, et les généraux de l'empereur, avec deux ou trois mille hommes qu'ils avoient, firent quelques progrès dans le Frioul. Dès lors les Vénitiens, accablés d'une si grande puissance, désespérèrent de conserver leurs Etats de terre ferme, et se réduisant à leurs îles, ils abandonnèrent leurs autres places, d'où même ils retirèrent leurs magistrats; ainsi Maximilien et Ferdinand n'eurent qu'à se remettre en possession de leurs pays; ce qui ne leur avoit coûté que la peine d'attendre.

Maximilien, selon sa coutume, s'étoit donné en Allemagne beaucoup de mouvement sans grand fruit; mais Ferdinand, qui voyoit de loin où les choses pouvoient aller, demeura en repos, et avec une petite flotte qu'il tenoit tranquillement dans ses ports, il profita des travaux et des victoires de Louis. Un peu après, les Pisans furent enfin reconquis par les Florentins, qui avoient mis dans leurs intérêts les rois de France et d'Aragon, par de grandes sommes données à eux et à leurs ministres.

Quand les conquêtes des confédérés furent presque achevées, Maximilien, pressé par le Pape, qui ne voyoit qu'à regret Louis seul armé en Italie, vint à Trente, et se mit à proposer de grands desseins. Il ne projetoit rien moins que de prendre Venise, et de renverser cette république par les fondemens; mais ce n'étoit pas l'intention du roi, qui, toujours porté à croire trop tôt les affaires faites, retourna en France avec son armée, pour se décharger de la dépense qu'elle lui faisoit en Italie.

Cependant Maximilien (1510), qui ne parloit que de prendre de nouvelles places, gardoit si mal celles qu'il avoit recouvrées, que les Vénitiens lui enlevèrent Padoue. Il résolut de la rassiéger, mais l'argent lui manquoit, et il n'avoit pas même assez de forces pour s'opposer aux paysans qui lui tuoient ses soldats. Ainsi le roi, qui avoit tant voulu éviter la dépense, y fut obligé plus que jamais; et pour ne point laisser tomber le parti, il fallut secourir Maximilien d'hommes et d'argent.

Avec ce secours il mit le siége devant Padoue; mais comme les Vénitiens avoient repris cœur, toute leur jeune noblesse se jeta dans la place, résolue ou de la sauver, ou de s'enterrer sous les ruines; en effet après la brèche faite, ils soutinrent l'assaut avec tant de vigueur, que Maximilien fut contraint de lever honteusement le siége. Maximilien, dans ce désordre de ses affaires, avoit plus que jamais besoin de secours, et d'autant plus qu'il n'étoit pas en bonne intelligence avec Ferdinand. Le sujet de leur division venoit de ce que Ferdinand ne lui donnoit pas, durant l'administration de la Castille, la moitié des revenus, comme ils en étoient convenus; mais le cardinal d'Amboise, toujours possédé de sa fantaisie de la papauté, et flatté de l'espérance que lui donnoit Ferdinand, de l'assister dans ce dessein, réconcilia ces deux princes, quoique leur désunion fût plus utile à son maître.

Cependant Maximilien, dans le besoin qu'il avoit d'argent, vendit à Louis les places reprises sur les Vénitiens; mais plus le crédit et la puissance de Louis augmentoient, plus la jalousie du Pape s'échauffoit contre lui; en sorte qu'il déclara assez hautement qu'il le chasseroit d'Italie. C'étoit une chose étrange de voir un Pape, qui avoit reçu, étant cardinal, une si grande protection de la France, se déclarer si ouvertement contre elle.

Ce Pape n'oublia rien pour lui susciter des ennemis; il reçut très-bien Matthieu Sehiner, évêque de Sion, et lui donna de l'argent pour animer les Suisses contre lui, comme il avoit déjà commencé par ses invectives sanglantes. Il excitoit aussi Henri VIII, roi d'Angleterre, jeune prince qui désiroit signaler son avènement à la couronne par quelque action d'éclat, et qui étoit déjà porté contre la France par Ferdinand, dont il avoit épousé la seconde fille nommée Catherine, veuve d'Artus son frère aîné. Enfin, pour rendre son parti plus fort, il donna l'absolution aux Vénitiens, et s'accorda avec eux, malgré Maximilien et Louis.

Cependant, par les artifices de l'évêque de Sion, les Suisses s'aigrissoient contre le roi; ils demandèrent une augmentation de leurs pensions ordinaires, qui en soi n'étoit pas considérable; mais l'arrogance avec laquelle ils faisoient cette demande, obligea le roi au refus, joint qu'il s'étoit allié avec les trois ligues des Grisons et ceux du Valais, pour moins dépendre des Suisses, qui devenoient importuns. Ce refus et l'argent du Pape donna moyen à l'évêque de Sion d'irriter ces peuples, et de leur faire jurer une ligue avec le Pape, sous le nom glorieux de défenseurs du saint Siége.

Ce fut alors que Jules, qui croyoit que tout le monde devoit trembler devant lui, devint plus fier que jamais; il avoit renoncé au traité de Cambray, et ne cherchoit qu'un prétexte de faire querelle au roi : il en prit une foible occasion d'un traité fait avec le duc de Ferrare, dans lequel ce prince lui donnoit le sel à meilleur marché que le Pape, pour son duché de Milan; Jules, sans autre raison, menaça le duc de l'excommunier, s'il ne rompoit son traité, et même lui défendit de faire du sel.

Sur son refus, il entra à main armée dans son pays, où il prit quelques places; mais il fallut bientôt rabattre de sa fierté, à cause de la hauteur avec laquelle l'empereur le traitoit, et plus encore parce que

Chaumont, non content d'avoir repris dans le Ferrarois ce que le Pape avoit gagné, étoit entré dans les terres des Vénitiens, et les avoit rejetés dans leurs premières terreurs. Tout réussissoit à Louis, à qui l'empereur engagea Vérone, place si importante pour le duché de Milan; et cependant il faisoit toujours des propositions équitables, que le Pape sembloit vouloir écouter.

En ce temps le cardinal d'Amboise mourut, très-regretté du roi et de toute la France : il étoit sans avarice, sans ostentation, sage, bon, équitable, assez modéré pour n'avoir jamais voulu qu'un seul bénéfice, qui fut l'archevêché de Rouen. Il eût été plus heureux, et eût passé pour plus grand homme, sans ce désir de la papauté qui le tourmenta toute sa vie, et lui fit montrer tant de foiblesses. Ceux qui l'excusent, assurent qu'il n'aspiroit à cette grande dignité que pour avancer en Italie les affaires de son maître, qui furent pourtant troublées par ses prétentions.

Comme on le croyoit le seul objet de l'aversion du Pape, on espéroit qu'après cette mort sa haine se ralentiroit; mais au contraire elle n'eut point de bornes après qu'il n'eut plus en tête un homme qu'il appréhendoit. Aussitôt après il donna à Ferdinand l'investiture du royaume de Naples, sans exiger les quatre cent mille écus que les rois de Naples avoient accoutumé de donner au saint Siége, en l'obligeant seulement à lui donner trois cents lances, quand il en auroit besoin. Il résolut de plus d'assiéger Gênes par mer et par terre, d'entrer de nouveau dans le Ferrarois, quoique le duc lui offrit de faire tout ce qu'il voudroit touchant le sel. Ce duc prit Modène, qu'il fut bientôt obligé d'abandonner.

A Gênes, ses intelligences lui ayant manqué, ses desseins s'évanouirent. Une seconde entreprise sur la même ville lui réussit aussi mal. Les Suisses, qui vouloient entrer dans le Milanez, furent arrêtés par Chaumont; et malgré ces mauvais succès, on voyoit le Pape, à l'âge de soixante et dix ans, s'opiniâtrer à la guerre, jusqu'à traiter d'espion et faire mettre à la question l'ambassadeur de Savoie, qui lui offroit la médiation de son maître.

Dans cette résolution, tout cassé qu'il étoit, il s'avança à Bologne, pour veiller de plus près à la guerre de Ferrare. Il commença par excommunier le duc; et Chaumont, quoiqu'il épargnât, selon les ordres du roi, les terres de l'Eglise, n'en eut pas meilleur marché. Cependant le Pape tomba malade, et jamais ne put être persuadé par les siens de retourner à Rome, ni même de relâcher tant soit peu de l'attention qu'il donnoit aux affaires de la guerre. Il disoit qu'il étoit destiné à délivrer l'Italie; c'est ainsi qu'il s'exprimoit, lorsqu'il parloit de chasser les François d'un pays où il les avoit introduits pour se délivrer de l'oppression où gémissoit sa patrie; mais alors il avoit besoin d'eux, et n'étoit pas en colère.

Il auroit eu tout loisir de se repentir de sa haine contre la France

(1511), si Chaumont avoit poursuivi un dessein qu'il avoit commencé : il marcha à Bologne dans le temps que le Pape s'y attendoit le moins, suivi des Bentivoglies, qui y avoient leurs intelligences, et espéroient faire révolter la ville. A son approche tout fut en alarme, excepté le Pape, qui, après avoir fait porter à Florence ce qu'il avoit de plus précieux, eut recours aux artifices ordinaires des plus foibles, et amusa Chaumont par une négociation : il est malaisé d'éviter ce piége, quand on a affaire à une puissance qu'on se croit obligé de ménager et de respecter.

Pendant les allées et les venues, le Pape introduisit dans Bologne un grand secours, composé en partie de Turcs à la solde des Vénitiens, et se moqua de Chaumont. Après sa retraite, le Pape, quoique sa maladie fût augmentée, reprit la guerre avec plus d'ardeur que jamais, assiégea la Mirandole au cœur de l'hiver, et se fit porter au siége pour avancer les travaux, tout accablé qu'il étoit d'années et de maladies : il se logea d'abord à la portée du canon, et l'impatience de prendre la place fit qu'il s'approcha plus près encore. La ville se rendit enfin, et le Pape ne rougit pas de se faire porter dedans par la brèche : quoique le roi n'oubliât rien pour le contenter, il demeura inflexible, et osa bien exiger qu'il lui fît rendre Ferrare, c'est-à-dire, qu'il ruinât un prince qui n'étoit alors dans la peine que parce qu'il avoit été de ses amis.

Le roi manda à Chaumont de ne plus rien ménager, et ce général marcha de nouveau vers Bologne, d'où il obligea le Pape de se retirer à Ravenne. Sur ces entrefaites Chaumont mourut, et dans les approches de la mort, effrayé de l'excommunication, il envoya demander l'absolution au Pape, qui la lui donna, et en tira grand avantage. C'est ce qu'ont de fâcheux les guerres qu'on a à soutenir contre l'Eglise ; elles font naître des scrupules, non-seulement dans les esprits foibles, mais même en certains momens dans les plus forts.

Louis avoit prévu cet inconvénient ; ce prince attaqué injustement par le Pape, avoit fait d'abord tout ce qu'il avoit pu pour avoir la paix : ensuite, pour rassurer ses peuples, il assembla à Tours les prélats de son royaume, pour les consulter sur ce qu'il pouvoit faire dans une occasion si fâcheuse, sans blesser sa conscience ; là il fut dit que le Pape, étant agresseur injuste, et même ayant violé un accord fait avec le roi, devoit être traité comme ennemi, et que le roi pouvoit non-seulement se défendre, mais même l'attaquer sans craindre l'excommunication : ne trouvant pas encore cela assez fort, il résolut d'assembler un concile contre le Pape.

Le concile général étoit désiré de toute l'Eglise, dès le temps de l'élection de Martin V au concile de Constance ; car encore que ce concile eût fait un grand bien, en mettant fin au schisme qui avoit duré quarante ans, il n'avoit pas achevé ce qu'il avoit projeté, qui étoit la réformation de l'Eglise dans son chef et dans ses membres ; mais pour faire un si saint ouvrage, il avoit ordonné en se séparant qu'il se tiendroit un nouveau concile.

En exécution de ce décret, le concile de Bâle avoit été assemblé ; mais le succès n'en avoit point été heureux : celui de Florence n'avoit travaillé qu'à la réunion des Grecs, sans parler de la discipline ecclésiastique. Cependant tous les gens de bien en déploroient le déréglement, qui consistoit principalement dans les abus de la cour de Rome ; et à chaque conclave, on obligeoit le Pape qui seroit élu à tenir le concile pour une œuvre si désirée.

Jules l'avoit promis comme les autres ; mais comme les autres il ne s'étoit point soucié de l'exécuter : sur ce prétexte le cardinal d'Amboise, toujours possédé de son désir de la papauté, avoit proposé de faire un concile pour y déposer le Pape, et se faire élire. Après sa mort, le roi avoit repris ce dessein, de concert avec l'empereur, pour humilier le Pape, et balancer son pouvoir ; le concile devoit se tenir à Pise, si le Pape refusoit des conditions équitables, et en ce cas, les deux princes s'étoient obligés par traité à se joindre contre lui.

Après la mort de Chaumont, le roi avoit donné le commandement de l'armée à Trivulce, maréchal de France ; mais il eut ordre de ne rien entreprendre, parce qu'on voulut auparavant tenter les voies de douceur : Ferdinand s'étoit entremis de l'accommodement, et à sa sollicitation Maximilien étoit convenu que les ministres des princes s'assembleroient à Mantoue. Louis y consentit avec peine, et envoya à Mantoue Poncher, évêque de Paris, pour se joindre à Matthieu Langer, ambassadeur de Maximilien.

Le fruit qu'attendoit le Pape de ces conférences, n'étoit autre que de détacher l'empereur d'avec le roi, et pour cela il attira auprès de lui l'évêque de Gurk, qu'il espéroit de gagner. Il avoit fait huit cardinaux, entre lesquels étoient l'évêque de Sion, et l'archevêque d'York, ambassadeur d'Angleterre ; il avoit réservé un neuvième chapeau, avec lequel il vouloit tenter l'évêque de Gurk ; il s'étoit même avancé jusqu'à Bologne, comme pour aller au-devant de lui.

L'évêque, à qui l'empereur avoit donné, avec la qualité d'ambassadeur, celle de son vicaire en Italie, le portoit fort haut, et malgré les civilités du Pape, dans la visite qu'il lui rendit, il le traita avec une fierté qui approchoit de l'arrogance : quand le Pape lui envoya des cardinaux pour parler d'affaires avec lui, il envoya de son côté quelques-uns de ses gentilshommes, et jamais ne parla lui-même qu'avec le Pape en personne ; il tint ferme pour l'union de son maître avec Louis, malgré les propositions que le Pape faisoit pour les diviser.

L'assemblée s'étant rompue sans rien faire, Trivulce eut ordre d'agir ; il prit Concorde, répandit la terreur dans Bologne, et obligea le Pape à prendre la fuite. Les amis des Bentivoglies soulevèrent le peuple ; le cardinal de Pavie, que Jules avoit laissé dans la place, fut contraint de se retirer ; le duc d'Urbin, neveu du Pape, et général de son armée, prit l'épouvante et s'enfuit. Trivulce chargea l'armée, prit le canon et le bagage, mit en déroute la gendarmerie vénitienne, et dissipa toute l'infanterie, tant des Vénitiens que du Pape.

A cette nouvelle, les Bolonois séditieux traînèrent les statues du Pape par leurs rues, et ouvrirent leurs portes. La citadelle, très-forte, mais mal munie, selon la coutume des places de l'Eglise, se rendit aussi. Le Pape, abattu de ces malheurs, reçut un nouveau chagrin par la mort cruelle de François Alédosi ; c'étoit le cardinal de Pavie, qui fut indignement assassiné par le duc d'Urbin, jaloux du trop grand crédit qu'il avoit sur l'esprit du Pape : pour comble de chagrin, il apprit l'indiction du nouveau concile, fait au nom de neuf cardinaux, pour le premier de septembre à Pise, en exécution, disoient-ils, du décret de Constance, et à la réquisition de l'empereur et du roi, qui l'avoient demandé par leurs procureurs.

Cependant Trivulce attendoit dans le Bolonois les ordres du roi sur la nouvelle de sa victoire ; Louis, toujours modéré, ne voulut jamais qu'on en fît des feux de joie, ni qu'on donnât aucune marque de réjouissance publique, jugeant bien que la victoire d'un fils contre son père, quoique injuste, devoit toujours être déplorée ; il fut même si respectueux envers le saint Siége, qu'il protesta que, quoique forcé à la guerre, il étoit prêt à en demander pardon au Pape, et à lui faire toute sorte de satisfactions. La piété de ce prince, qui devoit attendrir le Pape, et le faire rentrer en lui-même, ne servit qu'à l'enorgueillir. La terreur et le désespoir où l'eût mis le roi, s'il eût voulu poursuivre sa victoire, l'avoit d'abord disposé à se contenter de conditions équitables ; mais il changea de résolution quand il vit Louis, par sa bonté naturelle, et par les importunités de sa femme, trop scrupuleuse, se relâcher jusqu'au point de rappeler Trivulce dans le Milanez, loin de lui permettre d'entrer plus avant dans les terres de l'Eglise.

Tout cela obligea le roi à prendre sous sa protection les Bentivoglies, qu'il avoit rétablis dans Bologne, et à s'obstiner à ne point rendre cette place au Pape. Il pressa aussi l'assemblée du concile, qu'il étoit prêt auparavant à abandonner. Jules, pour le prévenir, indiqua celui de Latran, et conclut secrètement une ligue contre la France, entre lui, Ferdinand et les Vénitiens ; ils l'appelèrent *la Ligue sainte*, parce qu'elle avoit pour prétexte le recouvrement des places prises au saint Siége, et la ruine du concile de Pise, qu'ils appeloient schismatique. Le concile s'ouvrit à Pise avec peu de solennité, par les procureurs des cardinaux qui en avoient fait la convocation. Le Pape les avoit déposés, et avoit mis en interdit la ville de Pise, où il se devoit tenir, et même celle de Florence, à cause que les Florentins avoient donné Pise pour cette assemblée. Sur cela, les religieux ne voulurent pas se trouver à l'ouverture du concile ; les prêtres de l'église refusèrent les ornemens nécessaires. Le peuple s'émut, et les cardinaux étant arrivés, ne se trouvèrent point en sûreté, de sorte qu'après la première session, ils transportèrent le concile à Milan, où ils ne furent pas mieux reçus.

Gaston de Foix (1512), neveu du roi, à qui il avoit donné depuis peu le gouvernement du Milanez, put bien forcer le clergé à célébrer, et le peuple à se taire ; mais il ne put point les obliger à avoir pour le concile le respect que méritoit un si grand nom ; on n'y voyoit point paroître à l'ordinaire les légats du saint Siége ; à peine y avoit-il quinze ou seize prélats françois, l'empereur n'avoit pas eu le crédit ou la volonté d'y en envoyer un seul d'Allemagne ; en un mot, on ne voyoit rien dans cette assemblée qui sentît la majesté d'un concile général, et on savoit qu'elle se tenoit pour des intérêts politiques. L'empereur, qui paroissoit auparavant si uni avec le roi, commençoit à se ralentir ; durant un long temps il ne fit que se donner bien des mouvemens inutiles, quoique le roi, sans y être obligé, lui eût envoyé La Palice avec des troupes. Ses irrésolutions, et les nouvelles que le roi eut de la ligue, l'obligèrent à faire entrer Gaston de Foix dans la Romagne, avant que l'armée d'Espagne eût joint celle du Pape.

Il n'avoit que vingt-deux ans, et déjà il s'étoit signalé sous Trivulce, dans les guerres d'Italie, où il avoit fait des actions de grand éclat : il brûloit d'envie d'agir de son chef, mais il fut un peu retardé par les Suisses, qui s'assemblèrent, et menacèrent le Milanez d'une irruption. Le roi avoit négligé de les satisfaire, parce qu'il se croyoit assuré des rois d'Angleterre et d'Aragon, qui ne cessoient de lui faire dire qu'ils vouloient toujours vivre avec lui en bonne intelligence ; ainsi cette nation se croyant méprisée, conçut une haine mortelle contre la France, à qui elle devoit toute sa considération.

Gaston ayant appris qu'ils s'étoient assemblés en assez grand nombre, mais sans ordre, méprisa cette multitude confuse, et avec beaucoup moins de monde, il leur présenta la bataille, qu'ils n'osèrent accepter. Il se fit ensuite diverses propositions d'accommodement, et les Suisses, tantôt hautains et tantôt timides, se retirèrent enfin sans rien entreprendre.

Cependant l'armée ecclésiastique, celle des Espagnols et celle des Vénitiens s'étoient jointes, et toutes ensemble avoient assiégé Bologne durant le mois de janvier, malgré la rigueur de la saison. Leur canon avoit fait une grande brèche ; mais ils ne voulurent point donner l'assaut général, qu'ils n'eussent fait jouer une mine qui devoit ouvrir un plus grand passage : en effet, une partie considérable de la muraille sauta, mais elle retomba si droite, avec une chapelle qui y tenoit, qu'il ne parut point qu'elles eussent été enlevées.

Au dixième jour du siège, Gaston, qui avoit marché à grandes journées, arriva près de Bologne : l'obscurité étoit si grande, la neige tomboit si épaisse, et la place étoit d'ailleurs si mal assiégée, qu'il y entra avec toute son armée, sans que les ennemis s'en aperçussent ; ils le surent le lendemain assez tard, et levèrent aussitôt le siège : Gaston, ravi de leur retraite, apprit en même temps que les Vénitiens avoient été introduits dans la ville de Bresse par intelligence ; mais comme la citadelle étoit restée aux François, il ne crut point l'affaire sans remède : l'hiver ni deux rivières qu'il falloit passer, c'est-à-dire, le Pô et le Mincio, n'empêchèrent point sa marche. Il trouva en son chemin Paul Baglione, un des chefs des Vénitiens; il le battit, entra dans le château de Bresse, exhorta ses soldats, força les retranchemens que les ennemis avoient faits entre le château et la ville, et attaqua les ennemis en bataille, dans la place d'armes, dont il tua huit mille, et chassa les Vénitiens.

Au milieu de ces bons succès, le roi vit du changement dans les affaires. L'empereur commençoit à vaciller, et Ferdinand l'avoit obligé à une trêve avec les Vénitiens. Il avoit aussi tellement flatté le roi d'Angleterre son gendre, de recouvrer la Guyenne, qu'on le croyoit près d'entrer dans la ligue. Ainsi Louis, à la veille d'être attaqué de tant d'ennemis, manda à Gaston de donner bataille, et de marcher droit à Rome; il ne perdit pas un moment à exécuter ses ordres, et après avoir vainement tenté d'attirer ses ennemis au combat, il résolut d'assiéger Ravenne, jugeant bien qu'ils ne laisseroient pas sans secours une place de si grande importance : il ne se trompa pas dans sa pensée, et l'armée confédérée le suivit de près.

A peine Gaston eut-il vu une petite brèche dans la muraille, qu'il donna un furieux assaut; les bourgeois effrayés commencèrent le lendemain à parlementer à l'insu de la garnison. Sur cela les ennemis se résolurent de tenter le secours ; Gaston, pour les empêcher de rentrer dans la ville, entreprit de les attaquer dans leur camp, où ils s'étoient fort bien retranchés.

Le onzième d'avril, qui étoit le jour de Pâques, il passa à leur vue, moitié à gué, moitié sur un pont, la rivière de Ronco, dont ils étoient couverts d'un côté; et, résolu d'être partout, il choisit trente hommes d'armes pour l'accompagner. Il trouva les ennemis en bataille dans leurs logemens; mais Alphonse d'Este, duc de Ferrare, fit battre en flanc par le canon leur cavalerie, ce qui la mit en désordre. Raimond, comte de Cardonne, vice-roi de Naples, et le duc d'Urbin s'enfuirent d'abord; mais Pierre Navarre, général de l'infanterie espagnole, ayant de son côté renversé par son artillerie la fleur de l'infanterie gasconne, tint longtemps ferme, quoique la plus grande partie de ses gens eussent été tués ou mis en fuite.

A la fin les François l'emportèrent, animés par la vigueur de leur général; mais comme quatre mille Espagnols, après avoir combattu avec beaucoup de valeur, se retiroient en bon ordre, sous la conduite de Pierre Navarre, Gaston victorieux les poursuivit trop chaudement, et malgré toute sa valeur, il fut tué à coups de piques au milieu d'un bataillon qui l'enveloppa. Les François irrités tuèrent beaucoup d'Espagnols, et prirent Pierre Navarre; ils avoient déjà pris le cardinal de Médicis, légat du Pape, et plusieurs autres officiers généraux.

Quand on sut dans l'armée la mort de Gaston, on ne crut pas avoir gagné la bataille. La consternation de l'armée passa bientôt à la Cour, et le roi étoit inconsolable d'avoir perdu un neveu dont la vertu promettoit de si grandes choses. Mais ce qu'il y eut de plus fâcheux, c'est que les chefs, accoutumés à lui obéir, eurent peine à reconnoître La Palice; et pour comble de malheur, la division se mit entre lui et le cardinal de Saint-Séverin, légat du concile, qui partageoit avec lui le commandement.

Cette division fit perdre de précieux momens, et empêcha le fruit de la victoire; car après qu'on eut pris Ravenne, et que la Romagne se fut rendue aux vainqueurs, au lieu de marcher droit à Rome, où l'épouvante étoit extrême, La Palice, sous prétexte de quelque menace des Suisses, se retira vers le Milanez, et ne laissa au cardinal que fort peu de troupes.

Le roi le renvoya bientôt contre Rome; mais le Pape s'étoit déjà rassuré, et il arriva dans cette affaire des contretemps surprenans. Dans le premier effroi, Jules, pressé par les cardinaux, promit par écrit de faire la paix, à condition de ravoir Bologne, que le roi lui avoit offerte avant la bataille; mais après la victoire, Louis refusa assez longtemps de la rendre; et quand il se fut résolu à faire la paix à cette condition, le Pape à son tour ne le voulut plus, parce que le roi d'Angleterre s'étoit déclaré, et étoit entré dans la ligue.

Cependant les Suisses, envenimés contre la France, et irrités par ses succès, armèrent puissamment contre elle, et comme ils étoient irrésolus s'ils commenceroient à attaquer par le duché de Ferrare, ou par celui de Milan, une lettre interceptée de La Palice, qui marquoit la foiblesse extrême du dernier, les détermina à y entrer. La Palice y revint trop foible pour leur résister, parce qu'après la victoire de Ravenne, les trésoriers, trop confians et trop ménagers, avoient mal à propos réformé les troupes. En même temps l'empereur retira quatre mille hommes qu'il avoit donnés à Louis; et les François, contraints d'abandonner Pavie, perdirent leur arrière-garde par la rupture d'un pont : ainsi Trivulce et La Palice ne songèrent qu'à se retirer avec les foibles restes de l'armée.

Tout le Milanez fut livré aux Suisses, qui accouroient de toutes parts, par la contribution de toutes les villes; et il n'y resta à Louis que le château de Milan avec celui de Crémone; il perdit même le comté d'Ast, qu'il avoit reçu de ses pères. Gênes ne manqua pas de secouer le joug, les Bentivoglies abandonnèrent Bologne, et toute la Romagne retourna au Pape. Voilà les révolutions des choses humaines, et tel fut enfin le fruit de la victoire la plus signalée que les François eussent jamais remportée en Italie.

Les Suisses firent rétablir dans le duché Maximilien Sforce, fils de Ludovic, à qui ils firent présenter les clefs de Milan par le cardinal de

Sion, au nom de tout le corps helvétique; l'empereur se vantant de s'être enfin vengé de tous les affronts reçus de la France, entra publiquement dans la ligue, et adhéra au concile de Latran; alors le Pape y fit faire des décrets terribles : l'assemblée de Pise, qui avoit suspendu le pouvoir du Pape, et tous ceux qui lui adhéroient, furent condamnés comme schismatiques; le roi, les prélats de France, et les parlemens furent cités pour dire les raisons par lesquelles ils prétendoient empêcher l'abolition de la Pragmatique.

Après les affaires achevées, la division ne tarda pas à se mettre parmi les confédérés : chacun d'eux avoit ses prétentions, et en même temps que l'empereur entra dans la ligue, les Vénitiens en furent exclus pour avoir refusé de faire la paix avec lui aux conditions que le Pape proposoit : les affaires de France n'en alloient pas mieux; et six mille Anglois étoient déjà descendus à Fontarabie, dans le dessein d'entrer en Guyenne, avec les troupes que Ferdinand avoit promis de joindre : mais il avoit bien d'autres desseins, et il ne flattoit son gendre de la conquête de la Guyenne, que pour faire sous ce prétexte celle du royaume de Navarre : il envoya demander passage au roi Jean d'Albret, et sans attendre la réponse, il entra à main armée dans son royaume.

Ce prince, dépourvu de toutes choses, se retira en Béarn, et laissa son royaume en proie à Ferdinand, qui prit tout sans résistance. Ce malheur lui étoit arrivé pour avoir trop ménagé Ferdinand, qui le ruina; car comme il étoit parent et allié de Louis, il crut que s'il armoit, Ferdinand en prendroit de la jalousie, et de peur de lui donner un prétexte de le perdre, il se perdit en effet lui-même.

Quand la Navarre fut prise, les Anglois pressoient Ferdinand de faire avec eux le siége de Bayonne; mais il avoit fait son coup, et se soucioit peu de la prétention des Anglois, de sorte qu'il les payoit toujours de nouveaux délais, et les Anglois, voyant enfin qu'il se moquoit d'eux, repassèrent la mer. Alors Louis, qui ne craignoit plus pour la Guyenne, employa toutes ses forces à recouvrer la Navarre.

La division se mit entre Charles, duc de Bourbon, et le duc de Longueville, qui commandoient l'armée, de sorte que le roi fut obligé d'y envoyer François, duc d'Angoulême. L'autorité de ce jeune prince, héritier présomptif de la couronne, calma les dissensions; mais elle ne put pas réparer le temps perdu. On manqua l'occasion de couper les vivres au duc d'Albe, général de l'armée d'Espagne. Le siége de Pampelune, capitale de la Navarre, que les François méditoient, fut poussé trop avant dans l'hiver, et il fallut lever le siége. Ainsi le roi d'Aragon demeura maître de la Navarre, dont il se prétendit légitime possesseur, sous prétexte, à ce que disent les auteurs espagnols, que Jean d'Albret reconnoissoit le concile de Pise, dont le Pape avoit interdit et excommunié tous les adhérans; comme si l'autorité ecclésiastique pouvoit disposer des royaumes.

Ferdinand, content de ses exploits, ne songea plus qu'à faire la paix avec Louis; et Louis écoutoit tout, dans le dessein qu'il avoit de rétablir ses affaires en Italie. Il fit tous ses efforts pour gagner les Suisses; mais ce fut vainement. L'empereur, prince fécond en projets, lui offrit de renouveler l'alliance, s'il vouloit lui donner pour l'archiduc Charles, Renée sa seconde fille, avec ses prétentions sur le royaume de Naples et sur le duché de Milan; et quoique le roi eût toujours trouvé tant d'infidélité dans le procédé de l'empereur, cependant, pressé par la reine, il auroit conclu avec lui, si cette princesse ne s'étoit obstinée à vouloir terminer dès lors le mariage de sa fille, que Maximilien désiroit avoir aussitôt après le traité conclu.

Ce traité étant rompu, celui qui se négocioit secrètement avec la république de Venise, s'acheva à condition que les Vénitiens assisteroient le roi en Italie de dix mille hommes de pied et de quinze cents chevau-légers, et que le roi de son côté les assisteroit jusqu'à ce qu'ils eussent repris ce qu'ils possédoient avant le traité de Cambray.

Le Pape cependant ne méditoit que de grands desseins (1513); il croyoit accabler le duc de Ferrare : il avoit acheté de l'empereur l'Etat de Sienne pour le duc d'Urbin son neveu; il fulminoit contre la France dans le concile de Latran, et méditoit un décret pour transporter le royaume et le titre de *Très-Chrétien* au roi d'Angleterre, qu'il vouloit s'acquérir, il songeoit même aux moyens de chasser les Espagnols d'Italie, où il vouloit dominer tout seul, sous prétexte de l'affranchir du joug des Barbares : car c'est ainsi qu'il parloit des peuples de deçà les monts. Au milieu de ces grands desseins, la mort l'arrêta, et il fallut aller rendre compte de tant de guerres, que son humeur impérieuse et violente avoit excitées. Jean, cardinal de Médicis, fut élu en sa place, et prit le nom de Léon X. Il fut fait pape par la brigue des jeunes cardinaux, qui, après avoir vu sur le Siége de saint Pierre un vieillard si emporté, espérèrent qu'un jeune homme seroit peut-être plus retenu.

La mort d'un ennemi aussi fâcheux que Jules, releva les espérances de Louis. Dans le même temps, Ferdinand, sans la participation de ses alliés, fit une trêve avec la France, à condition toutefois que Louis n'entreprendroit rien sur la Navarre, et que l'empereur y pourroit entrer avec le roi d'Angleterre, si bon leur sembloit; mais ils avoient bien d'autres pensées, et ils venoient d'envoyer à Ferdinand, pour le sommer d'entrer en France avec eux, quand ils apprirent de lui qu'il avoit conclu cette trêve.

Le roi, sans perdre de temps, fit attaquer le Milanez, qu'il savoit entièrement dégarni : en effet, La Trimouille avoit à peine ramassé la moitié de ses troupes, que tout le duché et Milan même se rendirent, à la réserve de Côme et de Novare, pendant que les Adornes et les Fiesques, qui avoient des mécontentemens particuliers contre Janus Frégose, duc de Gênes, remirent cette place dans l'obéissance.

Aussitôt après, La Trimouille mit le siége devant Novare, où les

Suisses qui gardoient le Milanez s'étoient retirés; ils furent si fiers, qu'ils ne voulurent jamais qu'on fermât la porte du côté des assiégeans. La nouvelle d'un grand secours qui leur venoit, ayant obligé les François à lever le siége pour aller au-devant, ceux de dedans résolurent de les attaquer à deux milles de Novare, où ils étoient campés : ils partirent la nuit, et troublèrent nos gens par leur arrivée imprévue. Il y avoit eu quelque mésintelligence entre les chefs; La Trimouille avoit remarqué un poste avantageux que Trivulce devoit aller occuper; mais par esprit de contradiction, et pour épargner quelques terres qui étoient à lui, il aima mieux camper dans un lieu marécageux, où la cavalerie ne pouvoit agir : la résistance des François ne laissa pas d'être vigoureuse; mais les Suisses, profitant de leur avantage, taillèrent en pièces notre infanterie allemande et gasconne.

La Trimouille fut blessé dans ce combat, et se retira à Suse, d'où il repassa les monts avec sa gendarmerie; tout le Milanez retourna à l'obéissance de Sforce, qui prit bientôt les châteaux de Crémone et de Milan; les Adornes, à qui le roi avoit donné le gouvernement de Gênes, déclarèrent dans l'assemblée du peuple, qu'ils aimoient mieux renoncer au commandement, que de ruiner leur patrie : ainsi ils laissèrent la ville en liberté, et il ne demeura aux François que la lanterne du port.

Après cela les Vénitiens eurent beaucoup à souffrir, et Venise même fut canonnée par le vice-roi de Naples : mais Alviane, qui lui coupa les chemins, l'auroit fait périr sans combattre, s'il n'avoit mieux aimé l'attaquer. Les Espagnols eurent l'avantage, et assurèrent leur retraite.

En perdant le duché de Milan, le roi se vit en danger de perdre en même temps la Bourgogne et la Picardie. Les Suisses, croyant tout possible à leur nation, après la victoire de Novare, mirent le siége devant Dijon, que La Trimouille défendit durant six semaines; mais il ne put sauver cette place ni la province, qu'en promettant aux Suisses, avec six cent mille écus, une renonciation absolue du roi, au concile de Pise, et au duché de Milan.

Il fit ce traité sans ordre, et le roi ne le blâma pas d'avoir cédé à la nécessité; mais il ne put se résoudre à ratifier une renonciation si honteuse. Pour l'argent, il n'en fit point de difficulté, et c'est ce qui sauva la vie aux otages que La Trimouille avoit donnés aux Suisses : d'un autre côté, Maximilien, joint au roi d'Angleterre, avoit assiégé Térouanne avec cinquante mille hommes.

Louis, duc de Longueville, et Pienne, gouverneur de Picardie, trouvèrent moyen d'y jeter du secours : mais dans la retraite, le duc avec la jeunesse qui le suivoit, s'étant approché par bravade du camp des ennemis, fut coupé et fait prisonnier. Le reste prit la fuite en grand désordre, et c'est ce qui donna lieu d'appeler ce combat la journée des Eperons, parce que nos gens se servirent mieux de leurs éperons que de leurs épées. Ce malheur arriva près de Guinegate, lieu fatal aux

François. Louis en fut affligé, et blâma d'autant plus la témérité du duc de Longueville qu'il n'avoit défendu de rien hasarder; il ne se laissa pourtant pas abattre par tant de malheurs, et quoiqu'il eût la goutte, il se fit porter à Amiens, résolu de défendre en personne le passage de la Somme.

Son approche et les bons ordres que donna le duc d'Angoulême qu'il envoya à l'armée, ne purent sauver Térouanne, qui fut démolie par les Anglois. Ensuite ils prirent Tournay, où, arrêtés par l'hiver, ils résolurent de repasser en Angleterre. La plupart des François attribuoient ces malheurs au concile que le roi tenoit contre le Pape. Cette malheureuse assemblée, chassée de Pise à Milan, s'étoit sauvée à Lyon dans le temps que Milan fut pris par les Suisses, et elle y étoit fort méprisée. La reine se mit à la tête de ceux qui prioient le roi d'y renoncer; ce qu'il fit enfin au grand contentement de toute la France.

Il reconnut en même temps le concile de Latran, auquel il soumit l'affaire de la Pragmatique; ainsi le Pape leva les excommunications et les interdits : mais la reine ne survécut pas longtemps à la paix qu'elle avoit procurée; elle mourut à l'âge de trente-sept ans, le 9 janvier 1514; et la constance de Louis, invincible parmi tant de pertes, pensa succomber à celle-ci.

Peu après la mort de la reine, le mariage de François avec Claude sa fiancée, qui l'aimoit passionnément, s'accomplit. Anne de Bretagne toujours ennemie de Louise de Savoie, mère de François, et portée à favoriser la maison d'Autriche, n'y avoit jamais voulu donner son consentement : et le roi, qui avoit une peine extrême à mécontenter la reine, avoit mieux aimé différer la chose, dans l'espérance de la fléchir, que de l'achever malgré elle.

En ce même temps les affaires de France commençoient à reprendre un meilleur train. Louis, duc de Longueville, avoit une envie extrême de réparer par quelque service important la faute qu'il avoit faite à Guinegate. Il vit que le roi Henri étoit rebuté des tromperies de son beau-père Ferdinand, et des dépenses infinies qu'il lui falloit faire pour contenter Maximilien et les Allemands; il voyoit à la cour d'Angleterre, Marie, sœur du roi, jeune princesse parfaitement belle, et recherchée de tous les princes, mais que Henri, par des raisons d'Etat, ne vouloit donner à aucun; sur cela le duc se persuada qu'il n'auroit pas de répugnance à en faire le mariage avec Louis, et qu'étant d'ailleurs assez disposé à la paix, elle pourroit se faire par ce moyen. Il jeta quelques propos de mariage dans la cour d'Angleterre, et comme il ne se vit point rebuté, il en écrivit à Louis, qui, dans la perte qu'il venoit de faire de la reine, ne songeoit à rien moins qu'à se marier; ce que même ses médecins lui représentèrent comme contraire à sa santé, devenue depuis quelque temps assez foible; mais l'amour qu'il avoit pour son peuple, l'obligea à prendre ce parti; il agréa la proposition.

La paix fut conclue, et les deux princes firent alors une ligue offensive et défensive; il en coûta à la France beaucoup d'argent, et la ville de Tournay, que Henri retint; mais Louis n'achetoit pas trop l'espérance presque assurée de recouvrer le Milanez par cet accord; le duc d'Angoulême fut envoyé pour épouser la princesse au nom du roi. Il n'avoit que vingt ans, et il étoit fait comme il faut pour donner et recevoir de l'amour. Il en conçut pour la jeune reine; et la chose auroit pu aller trop avant pour lui, s'il n'eût été averti de retenir sa passion par son intérêt : la même raison lui fit prendre garde au duc de Suffolck, seigneur anglois, qui avoit grande part à l'amitié de Marie. Le mariage du roi ne fut pas de longue durée; il étoit depuis plusieurs années tourmenté de la goutte; la fièvre accompagnée d'une dyssenterie le prit et le conduisit au tombeau le premier janvier 1515.

Il mourut au milieu des pensées de guerres qu'un mariage fait par intérêt n'interrompit guère. Quoique ses entreprises hors du royaume aient été à la fin malheureuses, on doit le mettre au rang des rois les plus heureux, parce qu'il rendit heureux ses peuples, qu'il n'aimoit pas moins que ses enfans; c'est ce qui lui a mérité le titre glorieux de *Bon Roi* et de *Père du Peuple*.

LIVRE XV.

FRANÇOIS I (an 1515).

François, parvenu à la couronne, joignit le titre de duc de Milan à celui de roi de France, et continua les desseins de son prédécesseur. Pour reconquérir ce duché, Louis avoit résolu de donner le commandement de son armée à Charles, duc de Bourbon, second prince du sang, aussi illustre par sa valeur et par son habileté que par sa naissance. François le fit connétable, et songea en même temps aux moyens de commencer l'entreprise.

La première chose qu'il avoit à faire étoit de s'assurer, autant qu'il pouvoit, des princes voisins. Il renouvela la ligue avec les Vénitiens, et avec Henri, roi d'Angleterre. On avoit cru d'abord dans le conseil de François, qu'il se brouilleroit avec un prince si fier, en donnant comme il fit la reine Marie à son amant le duc de Suffolck; mais quand la chose fut faite, on obtint plus facilement qu'on ne pensoit, le consentement de Henri, qui étoit l'homme du monde sur qui l'amour pouvoit le plus, et il pardonna aisément une faute que cette passion avoit fait faire.

En même temps l'archiduc Charles faisoit proposer à François un accommodement. Ce prince n'avoit que quinze ans, et dès lors son gouverneur l'accoutumoit aux affaires; il lui faisoit lire toutes les dépêches, et dans les occasions pressantes, il interrompoit son sommeil pour lui porter les paquets. Il lui faisoit proposer les affaires en son conseil, prendre les voix, dire son avis; et quand il manquoit, il lui faisoit connoître ses fautes en particulier, et avec douceur. Enfin il n'oublioit rien pour le rendre capable de gouverner son Etat, et les royaumes d'Espagne, dont la succession lui alloit venir; car Ferdinand son aïeul défailloit visiblement, et s'attendoit à une mort prochaine.

Charles, que cette mort devoit obliger d'aller bientôt en Espagne, avoit intérêt durant ce temps de ne point avoir les François pour ennemis. Les Flamands étoient enclins à la révolte, et une guerre avec la France eût mis les Pays-Bas en proie. Une raison semblable obligea le roi à souhaiter d'être en paix avec Charles, dans le dessein qu'il avoit de regagner le Milanez, et de rétablir Jean d'Albret dans son royaume de Navarre.

Dans une conjoncture si favorable, Henri, comte de Nassau, envoyé de Charles, arriva en France, pour faire, au nom de l'archiduc, hommage au roi des comtés de Flandres et d'Artois, et des autres terres qu'il tenoit de la couronne. Il négocia la paix, et par le traité qui fut fait, Renée, seconde fille de Louis, alors âgée de quatre ans, étoit promise à l'archiduc, avec six cent mille ducats de dot, et le duché de Berry, province au cœur du royaume, qu'on ne craignoit point de lui donner, moyennant quoi elle renonçoit à toute succession directe et collatérale. Le roi devoit secourir Charles d'hommes et de vaisseaux pour son voyage d'Espagne. Charles s'obligeoit aussi à laisser faire le roi dans le duché de Milan, et à restituer la Navarre, quand il auroit recueilli la succession de Ferdinand. Tel fut le traité conclu entre François et l'archiduc.

Henri de Nassau, en négociant les affaires de son maître, fit aussi les siennes; et l'héritière d'Orange, qui étoit nourrie auprès de la reine, lui fut accordée en mariage. Cette paix étant faite, le roi tenta vainement de détacher l'empereur et le roi d'Aragon des intérêts des Sforce. Il ne réussit pas non plus auprès des Suisses, trop fiers de leurs victoires, et trop animés, tant par les harangues du cardinal de Sion, que par les promesses immenses de l'empereur et de Ferdinand.

A l'égard du Pape, François ne lui demandoit autre chose que d'attendre, pour se déclarer, l'événement de la guerre, et lui promettoit pour cela de grands avantages, tant pour le saint Siège que pour sa maison. Il le trouva trop engagé avec Maximilien et Ferdinand; mais il ne vouloit pas se déclarer, résolu de faire quelque temps encore le personnage de père commun. Ainsi il amusoit par diverses propositions le roi et Guillaume Budée, maître des requêtes, qu'il lui avoit envoyé pour ambassadeur.

Budée étoit le plus savant homme de son temps, surtout dans les belles-lettres grecques et latines. François les aimoit, et dans le dessein qu'il avoit de les rétablir, il élevoit les hommes savans. Le Pape avoit le même dessein, et il fut le restaurateur des belles-lettres en Italie, comme le roi le fut en France. Il s'y étoit lui-même appliqué, et prenoit plaisir d'en parler. Ainsi ayant auprès de lui un homme comme Budée, il avoit un beau moyen de mêler diverses choses à la négociation.

Mais pendant qu'il croyoit amuser le roi, il ne s'apercevoit pas que le connétable détachoit de son parti Octavien Frégose, duc de Gênes, son intime confident, qu'il avoit lui-même établi dans cette place. Il quitta le titre de duc, et commanda dans Gênes au nom du roi. Durant ces négociations, la cour de Rome et l'Italie demeuroient tranquilles, et ne s'attendoient pas que le roi dût sitôt commencer la guerre. On croyoit qu'il lui falloit pour le moins un an pour affermir son autorité au commencement de son règne, quoique Ferdinand, mieux instruit du naturel des François, mandât souvent au Pape qu'ils s'accoutumoient d'abord à leur prince naturel, et jamais à un étranger.

En effet, François ne songeoit qu'à lever des troupes, sous prétexte de s'opposer aux Suisses, qui menaçoient la Bourgogne, sans témoigner encore ses desseins sur le Milanez. Il fut question de trouver de l'argent, le roi en donna la charge à Antoine Duprat, qu'il avoit fait chancelier de France. Celui-ci ne trouva point d'autre expédient que de vendre les charges de judicature, comme Louis XII avoit vendu celles des finances. C'est ainsi que les choses vont toujours en augmentant, et ordinairement de mal en pis.

Pour avoir plus de quoi vendre, il multiplia les charges, et il créa une nouvelle chambre de vingt conseillers dans le parlement, qui obtint du roi que cette chambre ne seroit pas formée de tous ces officiers de nouvelle création, mais que dix seroient ajoutés à une des anciennes chambres, et que dix des anciens composeroient la nouvelle, avec dix nouveaux conseillers. Cette première création d'offices vénaux a donné lieu dans la suite à une infinité d'autres, et a rempli le royaume d'une multitude innombrable d'officiers inutiles.

Tout le monde se récria contre cette nouvelle institution, qui rendoit, disoit-on, la justice même vénale. Le parlement s'y opposa de toute sa force; mais à la fin il fallut céder à l'autorité du roi, et à la nécessité des temps; et tout ce qu'il put faire, fut d'avoir la permission de mettre dans ses registres qu'il ne passoit cette affaire que par le commandement absolu du roi. Aussitôt après le roi résolut son départ. Il avoit de belles troupes et d'excellens officiers, parmi lesquels étoit Pierre de Navarre, qui, voyant que son maître l'abandonnoit après de si grands services, jusqu'à lui refuser une somme médiocre pour le tirer de prison, fut contraint à la fin de prendre le parti de la France, où il se voyoit si bien traité.

Avec ces troupes, le roi alla à Lyon, d'où il fit partir en diligence son avant-garde, composée de vingt mille hommes, sous le commandement du connétable. Il donna l'arrière-garde au duc d'Alençon, et marcha avec le corps de bataille, après avoir déclaré sa mère régente. Au bruit de son départ, les Suisses jetèrent des troupes dans le passage des Alpes, et le Pape surpris, envoya quinze cents chevaux pour les soutenir, sous la conduite de Prosper Colonne. Ainsi il n'y avoit rien de plus difficile que le passage des Alpes, les Suisses ayant occupé les détroits du Mont-Cenis et du Mont-Genèvre, et même le Pas de Suse, où les deux chemins aboutissoient.

Comme on étoit dans cet embarras, sans y trouver aucune issue, un paysan découvrit un nouveau chemin qu'il avoit trouvé dans la roche nommée Epervière, ou la Roque-Sparvière. Ce chemin inconnu à tout le monde, quoique étroit et rude au dernier point, parut suffisant à passer des troupes, et même la cavalerie; on eut avis en passant que Prosper Colonne étoit tranquillement à Villefranche sans se défier des François, qu'il croyoit arrêtés au pied des Alpes. Le connétable envoya aussitôt La Palice, fait depuis peu maréchal de France, et connu sous le nom de maréchal de Chabannes, qui trouva, contre l'ordinaire, le Pô guéable.

A la vue de Villefranche, deux gendarmes coururent à bride abattue, et choquèrent si rudement contre la porte, qu'il y en eut un des deux qui fut renversé du coup dans le fossé : et l'autre ayant mis sa lance entre les battans de la porte, empêcha qu'on ne la fermât, et en même temps la cavalerie qui suivoit s'étant répandue dans la ville, Prosper Colonne fut surpris comme il dinoit, et fait prisonnier avec tout ce qu'il commandoit. Les Suisses en même temps abandonnèrent leur poste, et se retirèrent sous Milan, pour y assembler leur armée.

Le Pape effrayé vouloit s'accommoder avec la France; mais il en fut empêché par le cardinal de Médicis, son neveu, partisan de l'empereur et de Ferdinand. La division cependant s'étoit mise parmi les Suisses, dont quelques troupes vinrent à Novare, où ils parlèrent d'accommodement. L'empereur ni Ferdinand ne leur tenoient rien de ce qu'ils avoient promis; mais il leur vint de l'argent du roi d'Aragon. Ainsi le cardinal de Sion, qui avoit la qualité de général avec celle de légat du saint Siège, les obligea aisément à faire des demandes excessives. Elles furent méprisées par les députés du roi, et les Suisses ayant délogé de Novare, cette place se rendit à lui.

En même temps, Aimar de Prie surprit Alexandrie et Tortone, et se rendit maître de toutes les places du duché en deçà le Pô; le roi cependant passa le Tessin, et Pavie se rendit à lui. Il manda au duc de Savoie, son oncle maternel, qui se mêloit de l'accommodement, qu'il le conclût à quelque prix que ce fût, et qu'il accordât aux Suisses leurs prétentions, quoique iniques, disant qu'il étoit indigne d'un roi de France de prodiguer le sang de ses alliés et de ses sujets, quand il pouvoit l'épargner en donnant de l'argent. Ainsi l'accord fut fait avec les Suisses, et il fallut trouver des sommes immenses pour les contenter.

Le roi emprunta tout ce qu'il y avoit dans l'armée d'argent monnoyé et de vaisselle d'argent, qu'il leur envoya par Lautrec; mais les Suisses manquèrent de parole. D'autres troupes survinrent, qui leur firent rompre l'accord, et le cardinal de Sion leur persuada d'aller surprendre Lautrec avec son argent; il en fut averti, et se retira. Le roi, voyant qu'il n'y avoit plus de paix à espérer avec les Suisses, résolut de marcher contre eux. Il sut que Laurent de Médicis, avec l'armée ecclésiastique, et le vice-roi de Naples, avec celle de Ferdinand, devoient passer le Pô pour se joindre aux Suisses; d'un autre côté, Alviane étoit à Crémone avec l'armée vénitienne, pour se joindre à lui.

Ainsi il alla droit à Marignan, auprès de Milan, poste qui l'approchoit d'Alviane, et qui étoit avantageux pour empêcher la jonction de ses ennemis. Il eût pourtant eu peine à réussir dans ce dessein, si la mésintelligence des confédérés n'eût donné le loisir à Alviane de gagner Lodi. Aussitôt que le vice-roi en eut la nouvelle, il retourna promptement au delà du Pô, qu'il avoit passé, et les Suisses se virent réduits à combattre seuls, ou à se retirer.

Ce fut alors que le cardinal de Sion employa toute son éloquence, et les remplit tellement de la gloire qu'ils remporteroient à vaincre, sans le secours de leurs alliés, toutes les forces de France, avec leur roi à la tête, qu'ils se résolurent au combat; de sorte qu'on vint dire au roi qu'ils attaquoient l'avant-garde, avant qu'il eût su leur approche. Ce fut le 13 septembre, à deux heures après midi, qu'ils commencèrent l'attaque. Ils avoient cinquante mille hommes, et le roi n'en avoit pas moins. Mais les Suisses n'avoient de cavalerie que deux petits corps qui s'étoient détachés d'eux-mêmes de l'armée des confédérés, et qui avoient trouvé moyen de passer.

Le dessein de Rost, général des Suisses, étoit de se saisir de notre canon, et de le tourner contre nous. Ainsi tout l'effort tomba d'abord sur les lansquenets, qui gardoient l'artillerie; eux qui avoient tant ouï parler d'accommodement, et qui virent que l'ennemi laissoit la cavalerie pour venir à eux, s'imaginèrent qu'ils étoient trahis, et que les François les sacrifioient aux Suisses; ainsi ils reculèrent, tout prêts à se débander.

Le connétable connut leur erreur, et donna si ouvertement sur les Suisses, avec la gendarmerie, que les lansquenets eurent le temps de se rassurer. Claude de Guise, qui les commandoit, les ranima : le roi survint avec la bataille et les bandes noires. C'étoient de vieilles troupes allemandes, qui avoient quitté le service sous Louis XII, et que François avoit regagnées. A son arrivée le choc fut âpre et le combat opiniâtre; l'ami et l'ennemi étoient pêle-mêle, parce que les deux partis avoient une croix blanche à leur étendard, et les Suisses ne se reconnoissoient entre eux qu'à une clef de drap blanc, qu'ils avoient cousue devant leur pourpoint.

La nuit les surprit, et ne les sépara pas; ils demeuroient acharnés bataillon à bataillon, et homme à homme, jusqu'à ce qu'épuisés et n'en pouvant plus, ils s'arrêtèrent comme de concert. L'avantage étoit égal, et les François étant mêlés parmi les Suisses, le roi se trouva à cinquante pas du plus gros bataillon des ennemis. Son cheval avoit été blessé ; il avoit eu lui-même quelques contusions, et il se voyoit encore en péril d'être pris; car le mouvement qu'il eût fallu faire pour se retirer eût averti l'ennemi. Ainsi on se contenta d'éteindre les flambeaux autour de lui, et de parler bas. Il avoit une soif extrême ; on ne trouva pour tout breuvage que de l'eau teinte de sang, qu'on lui apporta dans un casque; il se coucha à plate terre, la tête appuyée sur l'affût d'un canon.

Dès la pointe du jour, les Suisses recommencèrent l'attaque avec plus de vigueur que jamais; ils firent reculer les bandes noires environ six vingts pas, sans pourtant qu'elles se rompissent. De notre côté les lansquenets, animés par le comte de Guise, tâchoient de réparer la faute du jour précédent ; mais ce jeune prince, en combattant avec une valeur extrême, fut abattu par vingt-deux plaies, et eût péri sans son écuyer, qui, le couvrant de son corps, donna le temps à la maison du roi de venir le dégager.

Cependant les Suisses ne cessoient de presser les bandes noires, sans avoir pu durant quatre heures rien gagner que du terrain. Au contraire, notre artillerie leur emportoit des files entières, où la cavalerie se jetoit et les mettoit en désordre; c'est ce qui les fit résoudre à laisser un peu en repos les bandes noires, et à venir prendre la cavalerie par derrière; mais ils furent bien reçus par l'arrière-garde et par le duc d'Alençon, qui soutint leur effort de front, et cependant Aimar de Prie les prit par le flanc : de sorte qu'ils furent contraints de se retirer avec beaucoup de désordre et de précipitation. Ils perdirent dans cette occasion, selon quelques-uns, quatorze mille hommes, et huit à dix mille hommes, selon d'autres.

Après la retraite survint Alviane, qui avoit marché avec une extrême diligence, au premier avis du combat. Il fut outré de le trouver achevé; de dépit il s'attacha à tailler en pièces deux compagnies qui se retiroient plus lentement que les autres. Elles firent une terrible résistance; et les efforts d'Alviane, joints à la douleur qu'il eut d'avoir si peu de part à une journée si glorieuse, lui causèrent la mort quelque temps après.

Voilà ce qui arriva à ce général, à qui quelques Italiens attribuèrent l'honneur de la victoire. La première chose que fit le roi, fut de rendre grâces à Dieu dans le champ de bataille, où il fit dire des messes durant trois jours, et il fit bâtir une chapelle pour marque de sa reconnoissance. Ensuite, sans perdre de temps, il envoya à la ville de Milan, qui se rendit, et se retira à Pavie, pendant qu'on assiégea le château : l'armée des Suisses se dissipa, le vice-roi retourna à Naples, et le Pape effrayé, quoi que lui pût dire son neveu, vit bien qu'il n'y avoit rien à faire pour lui qu'à se jeter entre les bras des François. Il fit son accommodement par l'entremise du duc de Savoie. Le Pape et le roi convinrent qu'ils se défendroient l'un l'autre, quand leurs Etats seroient attaqués. Le roi prit sous sa protection le saint Siége, les Florentins et les Médicis, à qui il fit de grands avantages, et le Pape promit de lui rendre Parme et Plaisance.

Cette paix ne fut pas plutôt conclue, que le Pape fut fâché de l'avoir faite si avantageuse à la France, et ne songea plus qu'à en altérer les conditions par des explications et par des délais. Il attendoit pour la ratifier ce qui arriveroit du château de Milan, dont on croyoit que le siége pourroit tirer en longueur. En effet, Pierre de Navarre, qui avoit promis de l'emporter en peu de temps, réussissoit peu avec ses mines, et pensa être accablé lui-même par la ruine d'une muraille; mais le connétable, qui voyoit que les affaires avançoient peu par la force, les finit bientôt par adresse. Il y avoit dans le château un de ses parens, de la maison de Gonzague, qui avoit beaucoup de crédit sur l'esprit du duc, et qui, désespérant des affaires du Milanez, étoit bien aise de trouver ses avantages avec la France.

Il le gagna, et par son moyen il fit offrir à Jérôme Moron, chancelier de Milan, avec sa charge de chancelier qui lui seroit conservée, une charge de maître des requêtes de l'hôtel du roi. Il n'y en avoit alors que quatre, et elles étoient fort considérables. Ces offres n'auroient rien fait, s'il n'eût vu la sédition et la révolte des Suisses qui étoient en garnison dans le château. Il eut peur qu'ils n'abandonnassent Maximilien, comme ils avoient fait son père Ludovic, et l'engagea à se rendre. On stipula pour le duc une grosse pension en France, avec le chapeau de cardinal, si le roi vouloit qu'il demeurât en Italie. Le duc sortit du château avec une gaieté surprenante, sans témoigner aucune douleur d'avoir perdu le duché, dont aussi tout le monde le jugeoit indigne.

L'entrée du roi dans Milan fut remarquable par sa mine haute et relevée, par les troupes qui le suivoient, et par la manière obligeante dont il recevoit tout le monde. Il écouta en même temps, par l'entremise de Laurent de Médicis, diverses demandes du Pape. Il se rendit facile à les accorder, à condition que le Pape et lui se verroient à Bologne, ce que le Pape accorda facilement. Ces deux princes espéroient de grands avantages de cette entrevue. François victorieux ne croyoit pas qu'on lui pût rien refuser en face, dans l'état où se trouvoient les affaires. Léon espéroit tout de la souplesse de son esprit (1516); et il comptoit pour beaucoup d'arrêter le roi, de peur qu'il ne se jetât sur le royaume de Naples, où tout étoit en frayeur. Il s'avança à Bologne pour y recevoir le roi, et envoya deux légats au-devant de lui jusqu'à Reggio.

Quand le roi fut arrivé à Bologne, la première chose qu'il fit fut de rendre en personne l'obédience au Pape, dans un consistoire public. Ils furent ensemble trois jours dans un même palais, vivant dans la dernière familiarité. Par le traité qui fut fait, le Pape devoit rendre Modène et Reggio au duc de Ferrare, et le roi abandonnoit François-Marie de La Rovère, duc d'Urbin, qui, après avoir obtenu sa protection, avoit servi la France, et dont le Pape destinoit l'Etat à son neveu.

On traita ensuite de la guerre de Naples, et le roi se contenta de la simple parole que le Pape lui donna, de l'aider dans cette conquête, après la mort du roi d'Aragon. Il n'y avoit que l'affaire de la Pragmatique, qui étoit la plus difficile. La cour de Rome en souhaitoit l'abolition avec ardeur, et le roi ne l'auroit jamais abandonnée, si le Pape, en abolissant les élections canoniques pour les bénéfices consistoriaux, n'en eût donné la nomination au roi et à ses successeurs. L'institution ou provision fut réservée au Pape, à qui le roi accorda un droit d'annates, que la France avoit toujours contesté jusqu'alors; mais François le fixa à un prix plus modéré que la cour de Rome ne le désiroit.

Voilà le principal article de ce fameux concordat entre Léon X et François I, par lequel les rois de France ont la conscience chargée d'un poids terrible, et le salut de leurs sujets est entre leurs mains; mais ils peuvent faire à eux-mêmes et à tout leur royaume un bien extrême, si, au lieu de regarder les prélatures comme une récompense temporelle, ils ne songent qu'à donner au peuple de dignes pasteurs.

Le concordat étant fait, pour l'autoriser davantage, le Pape le fit lire au concile de Latran, où il fut approuvé; mais en France la chose reçut de grandes difficultés par les oppositions du clergé, des universités et du parlement, que l'autorité absolue du roi fit enfin cesser au bout de deux ans. Il désiroit beaucoup de retourner en son royaume; mais il étoit bien aise auparavant de s'accorder avec les Suisses, qui avoient fait perdre aux François le duché de Milan sous Louis XII. La disposition étoit favorable, parce que les Suisses étoient rebutés, tant par leur défaite à Marignan, que par le peu de sûreté qu'ils avoient trouvée avec Ferdinand et Maximilien.

Mais le roi d'Angleterre, jaloux des progrès de la France, traversoit sous main cet accord, et faisoit de grandes offres aux Suisses, pour les obliger d'entrer en Bourgogne. Elles n'eurent d'autre effet que de donner moyen aux Suisses de se faire acheter plus cher par le roi, avec qui ils vouloient absolument renouveler l'alliance. Ils eurent tout l'argent qu'ils désiroient, et promirent de rendre les places qu'ils avoient usurpées sur le Milanez, à quoi néanmoins cinq des cantons qui s'en étoient emparés ne voulurent pas consentir; cela fait, le roi revint à Paris, et laissa le duc de Bourbon gouverneur dans le duché de Milan.

Aussitôt après son départ, le Pape se mit à chicaner sur chaque article de l'exécution du traité. Il ne craignoit plus tant les François, depuis que Ferdinand lui avoit mandé qu'il avoit pourvu à l'Italie, et que

François alloit avoir des affaires du côté de Maximilien et de Henri, roi d'Angleterre. En effet, il avoit donné beaucoup d'argent à Maximilien pour se jeter dans le Milanez, et Henri avoit promis en même temps d'entrer en Picardie ; mais la mort de Ferdinand donna moyen à François d'apaiser le roi d'Angleterre. Au contraire, Maximilien, qui espéroit que les Espagnols lui donneroient la régence des royaumes de son petit-fils, arma puissamment pour leur plaire, et nos gens le craignoient si peu, qu'il étoit arrivé à Trente avec une armée nombreuse avant qu'on eût eu avis de sa marche.

Les Vénitiens s'occupoient à recouvrer leurs Etats de terre ferme, et ils assiégeoient Vérone et Bresse, avec le secours des François. L'empereur leur fit lever le siége, et passa l'Oglio, malgré Lautrec, qui avoit promis de l'arrêter. Ainsi le connétable le vit tout à coup aux portes de Milan. Il fut contraint de mettre le feu aux faubourgs, et, se renfermant dans la ville, il résolut d'y périr plutôt que de se rendre. Il lui vint treize mille Suisses de secours, conduits par le colonel Albert de La Pierre, toujours affectionné à la France; mais quand ils surent que l'armée de l'empereur étoit pour la plus grande partie composée de leurs compatriotes, aucun d'eux ne voulut tirer l'épée, si ce n'est peut-être trois cents, qui demeurèrent auprès de leur colonel.

L'empereur ne fut pas mieux servi ; car s'imaginant que les François abandonneroient tout à son arrivée, et qu'il paieroit ses Suisses de l'argent qu'il trouveroit dans le Milanez, il n'en avoit point apporté ; mais l'affaire dura plus qu'il ne pensoit. Les Suisses voulurent avoir leur paie, et l'empereur demeura court. Le secours qui étoit venu aux François lui fit peur; il se défia de sa propre armée, qui se dissipa toute entière en un moment. Peu après le connétable, ayant eu quelque mécontement, quitta de lui-même son gouvernement. On croit qu'il appréhenda d'être abandonné de la Cour, et ne voulut pas s'exposer à perdre un duché si considérable.

Le gouvernement fut donné à Odet de Foix, seigneur de Lautrec, frère de la comtesse de Châteaubriant, que le roi aimoit. Ce nouveau gouverneur, peu après qu'il fut arrivé, assiégea Bresse avec les Vénitiens, à qui il la rendit quand elle fut prise. Il mit ensuite avec eux le siége devant Vérone; mais il alloit lentement, en attendant des nouvelles de l'accommodement qui se traitoit entre François et le nouveau roi d'Espagne.

Artus Gouffier, seigneur de Boissi, grand-maître de France, et Guillaume de Chièvre, étoient pour cela à Noyon. Ils avoient été tous deux gouverneurs de leurs maîtres, et tous deux ils avoient le principal crédit dans leurs conseils. L'alliance fut renouvelée par leur entremise, à condition que François donneroit à Charles, Louise sa fille, qui n'avoit pas un an, avec le droit qu'il avoit sur le royaume de Naples, et que, jusqu'à ce qu'elle fût en âge, Charles paieroit tous les ans cent mille écus pour son entretien. Que si la petite princesse venoit à mourir, et qu'elle n'eût point de sœur, Charles devoit épouser Renée, qui lui avoit été promise. Il s'obligeoit à rendre le royaume de Navarre dans six mois; et si les états de Castille l'en empêchoient, il étoit libre à François d'agir par la force, sans que la paix fût rompue par cette entreprise.

L'empereur avoit deux mois de temps pour entrer dans ce traité, et alors il devoit rendre la ville de Vérone, moyennant cent mille écus, pour être ensuite restituée aux Vénitiens. A ces conditions, il se fit une ligue défensive entre la France et l'Espagne, et François s'obligea à secourir Charles, pour se mettre en possession de ses royaumes. L'empereur, après avoir hésité assez longtemps, ratifia le traité; Vérone fut remise entre les mains de Lautrec, qui la rendit aux Vénitiens, et les treize cantons suisses, dont quelques-uns avoient refusé de renouveler l'alliance avec le roi, le firent d'un commun accord.

Le Pape avoit tâché de traverser ce traité, parce qu'il n'aimoit pas les Vénitiens, et qu'il étoit bien aise que la France eût des ennemis. Le roi le savoit, et étoit d'ailleurs très-mal satisfait du Pape, qui, loin de le secourir comme il y étoit obligé, s'opposoit autant qu'il pouvoit à ses desseins. Ainsi il laissa faire Lautrec, qui sous main facilita au duc d'Urbin les moyens de ramasser des troupes, par lesquelles il recouvra son Etat; mais au fond, il ne vouloit point de guerre avec le saint Siège, tellement que, sur les plaintes du Pape, il se fit un nouvel accord, où le secours que devoient se donner le Pape et le roi, fut spécifié plus expressément que jamais, mais avec aussi peu d'effet.

François s'appliqua plus utilement à gagner le roi d'Angleterre. Charles, en partant de l'Ecluse pour aller en Espagne, relâcha à Douvres, comme s'il y eût été jeté par la tempête : son dessein étoit de réveiller la jalousie de Henri; mais il ne trouva pas dans son esprit les dispositions qu'il souhaitoit. Ce prince, en le recevant magnifiquement, lui déclara qu'il ne vouloit rompre avec aucun de ses voisins. Ainsi Charles s'en alla sans rien faire; mais François, qui vit le temps favorable, songea à retirer Tournay des mains de Henri. Cette place lui étoit à charge par la grande dépense qu'elle lui faisoit : il avoit peine à la rendre, tant à cause qu'il l'avoit prise lui-même, et l'aimoit comme sa conquête, qu'à cause qu'il trouvoit honteux de l'abandonner. Bonnivet, amiral de France, frère de Boissi, qui négocioit en Angleterre, trouva moyen de vaincre cette difficulté.

Environ dans ce même temps le roi eut un Dauphin (1518), l'amiral proposa de le marier avec Marie, fille de Henri, et les Anglois ne crurent point se faire tort de donner Tournay en faveur de ce mariage, pour servir de dot à leur princesse. François promit une somme considérable pour que cette place lui fût cédée par avance; et comme il ne se trouva point d'argent dans les coffres, Henri se contenta qu'il lui donnât pour otages huit personnes des plus qualifiées de son royaume.

Le Dauphin fut tenu au nom du Pape par Laurent de Médicis, qui lui donna le nom de François. Ce fut une occasion au Pape d'obtenir de nouvelles graces pour son neveu. François lui fit épouser l'héritière de la maison de Boulogne, l'une des plus puissantes de France, et promit, foi de roi, de n'entrer jamais dans des intérêts contraires au Pape. Cétoit tout dire pour lui, car jamais prince ne fut plus religieux observateur de ses promesses; mais le Pape n'agissoit pas avec la même sincérité.

Cependant Maximilien songeoit à laisser l'empire dans sa maison, et à faire pour cela un roi des Romains; mais les constitutions de l'empire n'en permettoient l'élection qu'après que l'empereur avoit reçu la couronne par le Pape; ce que Maximilien n'avoit pas fait. C'est pourquoi il pria Léon de le faire couronner en Allemagne par un légat, quoique la chose fût sans exemple; aussi cette innovation ne plaisoit pas à la cour de Rome. Au reste, l'empereur étoit encore irrésolu sur celui de ses deux petits-fils qu'il feroit roi des Romains : son inclination le portoit pour Ferdinand; il prétendoit partager sa maison en deux branches, dont l'une auroit les royaumes d'Espagne et ce qui en dépendoit; et l'autre auroit l'empire avec les pays héréditaires et les Pays-Bas ; car son dessein étoit de les faire tomber à celui qu'il laisseroit empereur.

Par cet établissement, il regardoit sa maison comme la plus puissante et la plus solidement établie qui fût jamais. Comme il étoit dans ce dessein, la mort le surprit, et Charles songea à l'empire. Il eut un grand concurrent, à qui il ne s'attendoit pas; ce fut François, qui, aussitôt après la mort de Maximilien, envoya pour cela Bonnivet son favori à Francfort, où se fait ordinairement l'élection de l'empereur. Il fit représenter au Pape que la grande puissance de Charles en Italie lui donneroit le moyen de réveiller les anciennes prétentions des empereurs en ce pays, et que c'étoit pour cette raison que, dans les investitures que les papes accordoient aux rois de Naples, ils inséroient toujours la condition qu'ils ne seroient point empereurs : d'un autre côté il faisoit dire aux Allemands que s'ils élisoient des princes d'Autriche et les fils des empereurs, l'empire à la fin deviendroit héréditaire dans cette maison, qui, étant d'ailleurs si puissante en Allemagne, s'y pouvoit aisément rendre la maîtresse, au lieu qu'un roi de France n'ayant rien dans l'empire, on ne pouvoit attendre de lui que de la protection.

Charles au contraire faisoit remontrer par ses agens, qu'il étoit dangereux de mettre l'empire entre les mains des François, dont les rois, accoutumés à un commandement absolu, ne pourroient jamais s'accommoder aux tempéramens et à la douceur du gouvernement germanique; que la nation françoise regardoit l'empire comme un bien injustement arraché à la maison de Charlemagne, où il avoit été héréditaire, en sorte que les rois de France, si on les faisoit empereurs, croiroient rentrer dans les droits de leurs prédécesseurs, et dans leur possession anciennne, sans se mettre en peine de l'élection (1519). Ainsi qu'il valoit bien mieux donner l'empire à un prince accoutumé dès la naissance aux mœurs allemandes, et qui d'ailleurs, par la grandeur de ses Etats, étoit seul capable de résister à l'ennemi commun, dont les progrès étonnans menaçoient la chrétienté d'une prompte ruine, si on ne lui opposoit une puissance égale à la sienne. En effet, l'empereur Sélim, enflé de la conquête de l'Egypte, sembloit devoir bientôt attaquer la Hongrie, l'île de Corfou et les îles voisines, d'où le passage étoit si aisé en Italie.

Telles étoient les raisons des deux contendans, à quoi ils joignoient de grandes sommes d'argent, qu'ils distribuoient ou promettoient aux électeurs; et du reste la chose se passoit entre eux avec beaucoup d'honnêteté, sans qu'un intérêt si pressant leur fît rien dire d'offensant l'un contre l'autre. Au contraire, François déclara aux ambassadeurs de Charles qu'il ne savoit point mauvais gré à leur maître de prétendre à l'empire, et qu'il attendoit de lui les mêmes sentimens. Les villes libres d'Allemagne entrèrent dans les intérêts de Charles, et ne voulurent point souffrir que l'empire sortît d'Allemagne.

A l'égard des Suisses, ils eussent souhaité qu'on exclût les deux princes comme trop puissans; mais des deux ils préféroient Charles, dont la puissance plus dissipée leur paroissoit moins redoutable; et ils représentèrent cette raison aux électeurs. Le Pape, dont la recommandation étoit puissante, surtout auprès des électeurs ecclésiastiques, étoit dans les mêmes sentimens; mais il ne croyoit pas pouvoir donner l'exclusion à Charles, s'il ne fortifioit en apparence le parti de François, afin d'obliger les électeurs à élire un tiers, par la difficulté de prendre parti entre deux rois si puissans.

Au reste, comme il n'y avoit guère apparence que François pût réussir dans cette brigue, il lui fit proposer de s'unir avec lui, pour faire élire le marquis de Brandebourg, par où il auroit le contentement de donner du moins l'exclusion à son compétiteur; mais François se croyoit trop fort pour quitter la partie. En effet, quelques électeurs s'étoient déjà engagés à lui, et il avoit des amis qui lui promettoient les autres.

Bonnivet faisoit beaucoup de voyages, déguisé et pendant la nuit, et donnoit beaucoup d'argent pour gagner des voix; mais cependant les amis de François lui manquoient. Charles trouvoit moyen de les détacher: il avoit engagé dans ses intérêts le roi de Bohême son beau-frère, et l'un des électeurs; il en gagna trois autres, ou par argent, ou par crainte, car il fit faire quelque mouvement aux troupes qu'il avoit prêtées en Allemagne; ainsi il fut élu empereur, et Bonnivet revint en diligence, chargé de confusion.

Le Pape accepta aussitôt l'élection, contre la teneur de l'investiture qu'il avoit donnée à Charles pour le royaume de Naples. Ce fut une grande douleur à François, qu'un avantage si considérable remporté sur lui, fût la première action d'un prince de vingt ans ; et il ressentoit beaucoup de honte, après avoir fait tant de bruit, de n'avoir eu que deux voix. Il eut depuis ce temps une éternelle jalousie contre l'empereur, qui, de son côté, devenu fier par l'avantage qu'il venoit de remporter, s'en promettoit beaucoup d'autres.

Ce prince souhaitoit de pouvoir rompre le traité de Noyon, qu'il avoit fait, disoit-il, par une espèce de contrainte, dans l'appréhension où il étoit de trouver de la révolte en Espagne. Ainsi une guerre furieuse menaçoit la chrétienté sous deux princes si belliqueux, et si jaloux l'un de l'autre. Pour la prévenir, Boissi et Chièvre résolurent de s'aboucher à Montpellier ; ils avoient tous deux de bonnes intentions pour la paix, et le rang qu'ils tenoient dans les conseils de leurs princes, les rendoit comme maîtres de l'exécution; mais Boissi mourut sur ces entrefaites. Bonnivet qui succéda à la faveur, quoique avec moins d'autorité, ne songea qu'à se conserver les bonnes graces de son maître, en le flattant dans toutes ses inclinations.

Dans les jalousies qu'avoient les deux princes (1520), rien ne leur étoit plus important que de ménager le roi d'Angleterre. Ils y pensèrent tous deux en même temps ; François prévint l'empereur, et il se fit entre Ardres et Guines une entrevue des deux rois. On dressa au roi une tente magnifique, celle du roi d'Angleterre fut agréable et surprenante par la nouveauté de la décoration. Le premier jour de la conférence se passa sérieusement à parler d'affaires ; mais les deux rois, après les avoir ébauchées, les laissèrent discuter à leurs ministres, c'est-à-dire au chancelier Duprat, d'un côté, et au cardinal d'Yorck, de l'autre. Cependant ce n'étoit que jeux et tournois; les deux rois coururent souvent l'un contre l'autre, et les prix étoient donnés par les plus belles dames des deux nations, qui étoient venues à cette assemblée. Henri donna le premier festin, et François le rendit avec magnificence.

Comme ces princes vivoient avec une extrême familiarité, un matin François se rendit à la porte de Henri, et voulut lui donner sa chemise. Quelques-uns le blâmèrent de n'avoir pas assez ménagé sa dignité, et d'autres d'avoir trop exposé sa personne; mais François se sentoit si grand, que rien ne pouvoit le ravilir, et son cœur, incapable de supercherie, ne lui permettoit pas d'en soupçonner les autres : le mal fut qu'au milieu de ces divertissemens, et malgré ces apparences d'amitié sincère, les affaires ne se faisoient pas. Le roi d'Angleterre déclara à François qu'il vouloit demeurer neutre, c'est-à-dire qu'il vouloit attendre l'évènement pour se ranger à loisir au parti le plus fort. Ainsi cette entrevue, où François dépensa tant d'argent, fut inutile.

Charles fit ses affaires avec moins d'appareil, mais plus solidement. En venant d'Espagne en Allemagne, il passa en Angleterre, et étant arrivé à Kent, il eut une longue conférence avec le roi son oncle. Il ne lui parla pas de faire la guerre à François, ce prince y étoit peu disposé; mais en lui proposant le glorieux dessein d'entretenir la paix de l'Europe, il l'obligea à se rendre arbitre et médiateur entre les deux princes, et à déclarer la guerre à celui des deux qui ne voudroit pas en passer par son avis. Cette proposition, équitable en apparence, tendoit en effet à engager Henri contre François, qui, ayant deux royaumes à redemander à Charles, celui de Naples pour lui, et celui de Navarre pour son allié, n'avoit garde de mettre en compromis ce qui lui étoit dû par un traité. Charles après cela continua son voyage, et vint se faire couronner à Aix-la-Chapelle.

Le Pape cependant étoit dans un grand embarras, il lui étoit difficile de demeurer entre les deux rois. Il y voyoit cet inconvénient, que ces princes ayant déjà le tiers de l'Italie, se ligueroient ensemble pour en occuper le reste, ou que s'ils se faisoient la guerre, l'Italie seroit la proie du victorieux. Ainsi il falloit prendre parti, et son intention étoit de prendre celui du plus fort, mais c'est ce qui étoit difficile à décider; dans ce doute la liaison plus particulière qu'il avoit avec la France, et le prétexte que lui donnoit le royaume de Naples, que Charles ne devoit plus posséder étant empereur, le déterminèrent en faveur de François.

Il conclut donc avec lui un traité secret, par lequel il fut dit que la conquête de ce royaume se feroit entre eux à frais communs, que quelques provinces seroient réunies à l'Etat ecclésiastique, et que l'investiture du reste seroit donnée au second fils de France, qui seroit nourri à Naples, sous la tutelle d'un cardinal légat, jusqu'à ce qu'il eût quatorze ans.

Charles étoit occupé des affaires d'Allemagne, et il avoit assemblé une diète à Worms, pour les régler. Il y avoit de grands mouvemens dans l'empire, au sujet de Martin Luther, moine augustin, qui avoit commencé depuis environ trois ans à soulever le peuple contre le Pape et contre l'Eglise. Léon voyant la chrétienté si cruellement menacée par Sélim, empereur des Turcs, avoit, à l'exemple de Jules II son prédécesseur, donné par toute l'Eglise des indulgences en faveur de ceux qui contribueroient à lever des troupes contre le Turc. Les prédicateurs ignorans, et transportés d'un faux zèle, prêchoient ces indulgences d'une étrange sorte; et on eût dit qu'il ne falloit que donner de l'argent pour être sauvé.

Cependant on amassoit des sommes immenses, dont on faisoit des usages détestables, principalement en Allemagne et dans tout le Nord. Il étoit encore arrivé un autre inconvénient à Vittemberg en Saxe; on avoit fait prêcher les indulgences aux jacobins, à la place des augustins, à qui on avoit accoutumé de donner cette commission. Sur cela Luther se mit à prêcher premièrement contre les abus des indulgences, contre ceux de la cour de Rome et de l'ordre ecclésiastique, et enfin, contre la doctrine même de l'Eglise, et de l'autorité du saint Siège; car il s'échauffoit de plus en plus, à mesure qu'il se voyoit écouté. Son éloquence populaire et séditieuse étoit admirée; sa doctrine flattoit le peuple, qu'elle déchargeoit de jeûnes, d'abstinences et de confessions; ce qu'il couvroit pourtant d'une piété apparente.

Les princes entroient volontiers dans son parti, pour profiter du bien des églises, qu'ils regardoient déjà comme leur proie. Ainsi toute l'Allemagne étoit pleine de ses sectateurs, qui parloient de lui comme d'un nouveau prophète. Léon, au lieu de réformer les abus qui donnoient lieu à l'hérésie, ne songeoit qu'à perdre Luther. Si on s'y fût bien pris au commencement, on eût pu ou le gagner ou l'arrêter par la crainte; car il étoit intimidé, et ne demandoit qu'une issue qui ne lui fût pas tout à fait honteuse, mais on aima mieux le pousser.

Léon X anathématisa par une bulle solennelle sa personne et sa doctrine pernicieuse; et lui de son côté s'emporta à des insolences inouïes; car il fit censurer par l'université de Vittemberg les Décrétales, et les fit brûler publiquement, comme on avoit fait ses livres à Rome. Il ajouta à cet outrage qu'il fit au saint Siége, des railleries contre Léon, d'autant plus piquantes, qu'elles n'étoient pas éloignées de la vraisemblance; car il est certain entre autres choses qu'il avoit donné à sa sœur les revenus des indulgences, et que l'argent s'en levoit par ses ministres avec une avarice honteuse.

L'empereur dissimula quelque temps, et ne fut pas fâché de laisser un peu échauffer les choses; il voyoit qu'il en seroit toujours le maître, et il vouloit s'en faire un mérite auprès du saint Siége. Léon ne tarda pas de venir à lui; Manuel, son ambassadeur, auparavant méprisé à Rome, fut regardé de meilleur œil, et on croit que dès ce temps le Pape concerta avec lui, malgré les traités, les moyens de chasser François d'Italie.

Quoi qu'il en soit, l'empereur, sollicité par Léon, et pressé par sa conscience de remédier à un mal qui ne s'étoit que trop accru, après avoir ouï Luther à la diète de Worms, où il étoit venu sur la foi publique, le mit au ban de l'empire, lui et ses sectateurs, et le déclara soumis à toutes les peines décernées contre les criminels de lèse-majesté divine et humaine : mais l'électeur de Saxe son protecteur, lui donna retraite, et l'Allemagne se vit plus que jamais menacée de guerres sanglantes par cette hérésie.

L'Espagne n'étoit pas moins en trouble; Charles en donnoit toutes les charges aux Flamands, avec qui il avoit été nourri, et à qui il se fioit davantage qu'aux Espagnols ses nouveaux sujets. Après la mort du grand cardinal Ximénès, qui avoit si sagement présidé aux conseils de son aïeul Ferdinand et aux siens, il donna l'archevêché de Tolède au frère de Chièvre, et laissa à Chièvre lui-même le gouvernement des affaires durant son absence. Les grandes villes entrèrent dans le ressentiment de la nation, et aussitôt après le départ de Charles, toute l'Espagne se révolta.

Cependant les six mois dans lesquels Charles avoit promis de restituer la Navarre, étant accompli sans que la chose fût exécutée, François résolut, selon le traité de Noyon, de remettre Jean d'Albret en possession par la force : ainsi il leva une armée en Guyenne. André de Foix (1521), seigneur de l'Esparre, frère de Lautrec, en eut le commandement, et il conquit en quinze jours la Navarre, qu'il trouva toute dégarnie.

Il l'eût aisément conservée s'il en fût demeuré là ; mais il passa l'Ebre contre ses ordres, et assiégea une place dans la Castille ; à cette nouvelle les Espagnols se réveillèrent. Logrogne, qui fut la place assiégée, tint assez longtemps pour leur donner le loisir de se reconnoître. Les ministres de l'empereur leur représentèrent combien il seroit honteux à la nation que ses divisions intestines missent le royaume en proie. Il n'en fallut pas davantage pour les réunir, et le duc de Nocera se mit à la tête des troupes. Il trouva les nôtres ruinées : un des lieutenans-généraux, croyant l'affaire finie, avoit pris de l'argent de la plupart des soldats, pour leur donner leur congé. Le duc de Nocera tomba sur l'Esparre, qui combattit sans attendre le secours qui lui venoit. Il fut battu et pris, et la Navarre reconquise en aussi peu de temps qu'elle avoit été perdue.

François ne se rebuta pas, et, à vrai dire, les deux princes se regardoient secrètement comme ennemis. Charles ne songeoit à rendre ni la Navarre ni Naples ; et son mariage accordé avec une princesse d'un an, lui paroissoit une illusion : ainsi ils n'avoient tous deux que la guerre dans l'esprit, et la question étoit seulement à qui trouveroit une meilleure occasion de se déclarer.

Durant ces dispositions, et au milieu de la diète de Worms, Robert de La Marck, prince de Sedan et seigneur de Bouillon, eut une grande affaire avec l'empereur, qui avoit donné un relief d'appel à la chambre impériale de Spire, sur un jugement rendu par ses officiers de Bouillon ; il prétendoit que ce duché ne relevoit point de l'empire, et parce que Charles refusa de lui rendre justice sur cette entreprise, un si petit prince osa défier l'empereur en pleine diète par un héraut. En même temps il se mit sous la protection de la France, et fit assiéger Virton, place du Luxembourg, par Fleurange son fils aîné, grand homme de guerre, et qui avoit bien servi à la bataille de Marignan.

Quoique le roi fût irrité contre Robert, qui s'étoit attaché à Charles, dans l'affaire de son élection à l'empire, il reprit aisément ses premiers sentiments pour une maison qui avoit toujours été attachée aux rois de France, et qui ne s'en étoit séparée en cette occasion que par quelque mécontentement particulier. Quand le roi d'Angleterre vit ce commencement de division, il en prévit les conséquences, et se crut obligé par sa qualité de médiateur à les prévenir. Il fit faire à Robert des propositions équitables, et envoya en même temps le duc de Suffolk à François. Il le trouva dangereusement malade d'un coup qu'il avoit reçu en jouant ; car le comte de Saint-Pol ayant fait le jour des rois un roi de la fève, François l'alla attaquer dans une espèce de fort où il s'étoit renfermé, et pendant qu'on se jetoit de part et d'autre beaucoup de pelotes de neige, un étourdi jeta un tison qui blessa le roi à la tête.

Suffolk l'ayant trouvé en cet état, obtint de lui aisément qu'il fît commander à La Marck de lever le siége de Virton. Il fallut obéir, et François étant revenu en santé, fit dire au roi d'Angleterre que, puisqu'il avoit fait ce qu'il demandoit, il obligeât l'empereur à lui rendre les royaumes de Naples et de Navarre. Il savoit bien que l'empereur ne le feroit pas; mais il vouloit le mettre dans son tort, et cherchoit l'occasion d'exécuter le projet fait entre le Pape et lui pour le royaume de Naples. Il ne savoit pas encore que les choses étoient bien changées.

Manuel, ambassadeur de l'empereur, avoit fait avec Léon une ligue pour chasser les François d'Italie. Francisque Sforce, frère de Maximilien, devoit être duc de Milan; le Pape devoit avoir Parme et Plaisance; et l'empereur le devoit aider à déposséder le duc de Ferrare. Ce traité devoit être secret, jusqu'à ce que le Pape eût trouvé un prétexte de rompre avec François; car il étoit honteux de manquer si grossièrement de parole. Le roi ne laissa pas d'être assez tôt averti de son infidélité; on lui conseilloit de déclarer le traité à l'empereur, pour lui faire voir le peu de sûreté qu'il y avoit en la parole du Pape. Il ne le voulut jamais, parce qu'il avoit promis le secret, il dit qu'il ne vouloit point manquer de parole, même à ceux qui lui en manquoient.

Le Pape cependant fit une entreprise sur Gênes qui fut découverte. Il ne se ralentit pas pour cela, et conçut divers desseins sur le Milanez. Les affaires y alloient en grand désordre, et les François s'y étoient rendus fort odieux.

Sous Louis XII, qui aimoit l'ordre en tout, et dont les finances étoient réglées, les soldats étoient payés et soumis; mais il n'en étoit pas de même sous François : les dépenses étoient excessives et sans ordre; comme on ne payoit point les soldats, on ne savoit comment les retenir dans la discipline. Lautrec réussit à les réprimer pendant qu'il fut à Milan, car il étoit homme d'ordre et d'autorité; mais il eut congé de venir en France pour quelques affaires, et le roi envoya en sa place son jeune frère Lescun, un des plus braves hommes de son siècle, mais emporté et sans règle.

Ainsi la licence des soldats étoit extrême. Le gouverneur chassoit tous les jours quelques habitans de Milan, ou pour avoir leur bien dans la nécessité des affaires, ou parce qu'étant maltraités, ils complotoient contre le service, et le nombre des bannis égaloit presque celui des citoyens qui restoient dans la ville. Comme ils étoient dispersés en si grand nombre, le chancelier Moron s'en rendit le chef, et entreprit de les réunir. Il étoit sorti de Milan, gagné par le Pape, et mécontent de n'avoir pas eu la charge de maître des requêtes qui lui avoit été promise. On dit que le chancelier Duprat ne vouloit point d'un tel homme dans le conseil.

Moron ainsi retiré, persuada à Francisque Sforce de rentrer dans le duché de ses pères, qui avoit été perdu par la lâcheté de son frère Maximilien : il assembla les bannis, qui, soutenus par le Pape, firent une entreprise sur Crémone. Ils furent découverts, et comme Lescun, fait en ce temps maréchal de France, sous le nom de maréchal de Foix, alloit les tailler en pièces, François Guichardin (c'est l'historien) les sauva, en les recevant dans Regge, dont il étoit gouverneur, aussi bien que de Modène.

Le maréchal investit aussitôt la place pour les empêcher d'échapper, et pressoit le gouverneur de les rendre. Comme Lescun étoit en pourparler avec lui, entre la porte et le fossé, un bruit se répandit que les François vouloient surprendre la place : le peuple s'étant ému aussitôt, le maréchal fut en grand péril, et Guichardin eut peine à le sauver. Le Pape fut ravi de ce désordre, pour avoir occasion de se déclarer contre la France. Il assembla aussitôt le consistoire, où il se plaignit avec une extrême véhémence de l'ambition de François, qui s'emportoit, disoit-il, jusqu'à entreprendre contre les terres de l'Eglise; il déclara peu de temps après son traité avec l'empereur, comme s'il l'eût fait depuis peu de jours. Il donna le commadement de ses troupes à Frédéric de Gonzague, marquis de Mantoue : celles d'Espagne avoient pour général dom Fernando d'Avalos, marquis de Pescaire, et par-dessus eux, Prosper Colonne, qui étoit le généralissime de toute l'armée.

Les Florentins entrèrent dans la ligue, et tous ensemble résolurent d'attaquer le Milanez. A peu près dans le même temps, le comte de Nassau, celui à qui François avoit fait épouser l'héritière d'Orange, ravagea les terres de La Marck, et après lui avoir tout ôté, à la réserve de Sedan et de Jamets, il menaçoit la Champagne. Le roi, sans s'étonner de se voir attaqué par tant d'endroits, fit aller Bonnivet avec la flotte du côté d'Espagne, renvoya Lautrec en Italie, et marcha en personne du côté de Reims.

Ce fut avec regret que Lautrec retourna à Milan (1522); il voyoit le désordre des finances, et se défioit de Louise de Savoie, mère du roi, qu'on appeloit Madame, et à qui ce prince en laissoit la disposition. Louise haïssoit la comtesse de Châteaubriant, sœur de Lautrec, et ainsi, quelques promesses qu'elle lui fit, il auguroit mal de son voyage. A son arrivée à Milan, et le propre jour de Saint-Pierre, sur les six heures du soir, et dans un air fort serein, un grand feu tomba du ciel tout à coup, renversa une grosse tour qui étoit sur la porte du château, consuma beaucoup de poudre et d'autres munitions, et tua plus de cent cinquante hommes, avec le gouverneur du château.

Pendant que la guerre s'allumoit de tous côtés, le roi d'Angleterre ménagea une conférence à Calais, dans laquelle les esprits ne firent que s'aigrir; les envoyés de l'empereur y firent des propositions qui auroient paru exorbitantes, quand même leur maître auroit été victorieux ; car ils demandèrent le duché de Bourgogne, et la souveraineté des comtés de Flandre et d'Artois. Pendant la conférence, les impériaux commencèrent la guerre vers Tournay.

Un gentilhomme de Hainaut, nommé Léques, secouru des forces de l'empereur, sous prétexte d'une querelle particulière du cardinal de Bourbon, trouva le moyen de chasser tous les François du Tournaisis. Il prit Ardres, qu'il rasa, et en même temps le gouverneur de Flandres mit le siége devant Tournay. Ces heureux succès excitèrent le comte de Nassau à faire quelque entreprise ; il assiégea Mouson, et le roi, quoique assez proche avec son armée, ne put empêcher que l'épouvante ne se mit dans la place à un tel point, qu'elle se rendit sans résistance. Nassau trouva à Mézières une défense plus vigoureuse ; aussi cette place étoit-elle défendue par cet illustre chevalier Bayard, à qui sa valeur et sa fidélité ont donné tant de réputation dans nos histoires. Il n'avoit que deux cents chevaux, et deux mille hommes de pied de nouvelles levées, dont encore une grande partie se sauva. Cependant il ne laissa pas de soutenir trois assauts, et de ruiner l'armée impériale, qui fut contrainte à la fin de lever le siége.

Nassau se retira en colère le long de la Picardie, mit le feu partout où il passa, et donna lieu aux cruautés qui s'exercèrent de part et d'autre durant cette guerre. La valeur de Bayard fut récompensée sur-le-champ d'une compagnie de cent hommes d'armes, et du collier de Saint-Michel. L'empereur vint à son armée, qu'il trouva si affoiblie, qu'elle n'étoit plus en état d'être opposée à celle de France. Il s'alla poster entre Cambray et Valenciennes ; ainsi le comte de Saint-Pol, prince du sang, entra sans peine dans Mouson, que les ennemis abandonnèrent, et le roi, poursuivant les impériaux, prit en passant Bapaume et Landrecies, qui furent rasés.

Il eût pu tirer d'autres avantages du désordre de ses ennemis, si une intrigue de Cour ne l'en avoit empêché. Il n'avoit pas d'inclination pour le connétable, dont l'humeur grave et sévère ne s'accommodoit pas avec la sienne libre et enjouée : mais l'amour de la mère du roi lui fit plus de mal que l'aversion du roi même. Madame, c'est ainsi, comme on vient de le dire, qu'on appeloit cette princesse, avoit eu de la passion pour le connétable, dès qu'il avoit paru à la Cour, et lui avoit fait entendre qu'elle vouloit bien l'épouser. Refusée avec mépris, elle entra dans une colère implacable, dont elle lui fit sentir les tristes effets en diverses occasions ; mais en voici un des plus fâcheux.

Elle avoit donné sa fille Marguerite, depuis reine de Navarre, au duc d'Alençon, homme foible de corps et d'esprit, qui n'avoit rien de recommandable que la qualité de premier prince du sang. Il crut qu'elle suffisoit pour disputer le commandement de l'avant-garde au connétable, chose qui jusqu'alors n'avoit jamais été contestée à ceux qui avoient cette dignité. Quoique Madame l'estimât peu, elle appuya sa prétention pour faire déplaisir à son concurrent; le duc d'Alençon gagna sa cause, mais il fallut donner à ce général incapable, un lieutenant plus habile, qui eût toute la confiance; ce fut le maréchal de Châtillon. Le connétable souffrit cette injure au dedans avec un dépit extrême, et au dehors avec plus de prudence et de modération qu'on auroit cru; mais le roi se trouva mal de ce choix.

L'empereur averti qu'il avoit fait construire un pont sur l'Escaut, au-dessous de Bouchain, dans le dessein de le combattre, envoya douze mille lansquenets et quatre mille chevaux pour lui empêcher le passage. Ils trouvèrent nos gens déjà passés au nombre de seize cents hommes d'armes, et de vingt-six mille hommes de pied. La partie n'étoit pas égale, de sorte qu'ils se retirèrent en grand désordre.

Le maréchal de Châtillon n'étoit pas informé de leur marche, mais le connétable, qui avoit de meilleurs avis, vint trouver le roi, et lui remontra qu'on en auroit bon marché si on les chargeoit, parce qu'ils avoient à marcher en retraite dans une plaine de trois lieues, devant une armée beaucoup plus forte. Tous les officiers généraux étoient de même avis, et ne demandoient qu'à donner; mais le maréchal de Châtillon, sous prétexte d'un brouillard qui empêchoit de reconnoître l'ennemi, dit qu'il ne falloit point hasarder la personne du roi. Ainsi François manqua une occasion qu'il ne recouvra jamais, et l'empereur, qui crut son armée perdue, se retira avec cent chevaux. Durant ce temps Bonnivet assiégeoit Fontarabie, et la pressoit vivement. Tournay étoit aussi à l'extrémité, et il étoit temps d'aller au secours d'une place si importante.

Comme le roi se préparoit à passer la Scarpe dans ce dessein, il fut arrêté quelques jours par des propositions d'accommodement que lui firent les ambassadeurs du roi d'Angleterre. La conférence se continuoit à Calais, où l'on étoit tombé d'accord d'une suspension d'armes, pendant laquelle les rois conviendroient d'arbitres pour régler leurs différends. Les choses étoient disposées à la paix, mais la nouvelle de la prise de Fontarabie rompit toutes les mesures.

Bonnivet, jaloux de sa conquête, conseilla au roi de ne la pas rendre; et il y avoit d'ailleurs peu de sûreté avec Charles, qui ne différoit la guerre que pour prendre ses avantages. Ainsi se commença une guerre de trente-huit ans, pendant laquelle la chrétienté perdit presque tout ce qu'elle avoit dans la Grèce et dans les îles voisines. La saison étant avancée, les pluies continuelles empêchèrent le roi de passer la Scarpe, et l'obligèrent de se retirer vers l'Artois. Pendant cette retraite, le connétable surprit Hesdin; mais Tournay fut obligé de se rendre, après avoir tenu cinq mois.

En Italie la haine augmentoit contre les François. Manfroi Palavicin, parent du Pape, et allié de presque tous les potentats d'Italie, tâchant de surprendre Côme, fut surpris lui-même, et envoyé à Lautrec, qui lui fit couper la tête. Il fit plus, il donna sa confiscation à son frère le maréchal de Foix : action qui anima tellement les peuples contre lui, que tout étoit disposé à la révolte. Les confédérés se persuadèrent que cette disposition seroit favorable à leurs desseins, et Colonne vint assiéger Parme ; mais le maréchal de Foix se jeta dedans avec quatre cents lances et cinq mille fantassins, et pendant qu'il se défendoit avec vigueur, malgré la désertion des Italiens, qui s'enfuirent par une brèche, Lautrec ramassoit ses troupes pour le secourir.

Ce général avoit beaucoup de régimens suisses, auxquels l'armée des Vénitiens vint se joindre avec celle du duc de Ferrare ; il alla aux ennemis, et leur fit honteusement lever le siége. A cette nouvelle, le Pape consterné eut envie de se réconcilier avec la France ; mais François avoit retiré son ambassadeur, et Léon se rassura bientôt, ayant obtenu des Suisses la levée de douze mille hommes. Les cantons qui ne vouloient point donner de troupes contre le roi, accordèrent celles-ci, à condition de les employer seulement à la défense de l'Etat ecclésiastique ; le Pape accepta la condition dans l'espérance qu'il pourroit les pousser plus loin, quand ils seroient en Italie, étant assuré comme il étoit du cardinal de Sion, qui les devoit conduire.

Les confédérés passèrent le Pô du côté de Mantoue, pour se joindre plus facilement à ce cardinal, et tenir les Vénitiens en jalousie : en effet le sénat promit de retirer les troupes qu'il avoit avec les François, ce qui donna l'assurance aux confédérés, quoique foibles de s'engager un peu trop avant. Tous les historiens accusent Lautrec d'avoir manqué l'occasion de les ruiner, sans toutefois dire comment. Il est certain que tout d'un coup les affaires tournèrent mal, mais la cause en venoit de plus haut.

Le même jour que Lautrec partit de Paris, Madame détourna quatre cent mille écus que le roi avoit ordonnés pour le Milanez. De Beaune de Samblançay, trésorier de l'épargne, n'osa résister à cette princesse, qui voulut être payée de tous ses appointemens, et malgré les ordres du roi, lui donna cette somme ; ainsi Lautrec manqua d'argent, et par là de tout ; ses soldats désertoient tous les jours, et fortifioient l'armée ennemie où le cardinal de Médicis répandoit l'argent en abondance. Les cantons qui ne vouloient point se mêler dans cette guerre, commandèrent à leurs sujets des deux armées de se retirer ; mais le cardinal de Sion eut l'adresse de détourner les courriers qui apportoient cet ordre dans son camp.

Comme Lautrec n'avoit point d'argent à leur donner, il se vit abandonné tout d'un coup, et de vingt mille Suisses, à peine lui en resta-t-il quatre cents. Il est certain que pour peu d'argent il eût pu les retenir au moins durant un mois ; c'étoit assez pour obliger l'armée ennemie, plus foible que celle de France, à se retirer ; la seule saison l'y eût forcée, car on étoit au mois de novembre. Elle se seroit même bientôt débandée, parce que ce n'étoient que des troupes ramassées, et que le Pape, qui seul donnoit de l'argent, n'en pouvoit pas toujours fournir ;

mais par malheur pour la France, Lautrec en manqua le premier, et au lieu d'arrêter l'ennemi à l'Oglie, comme il avoit fait jusqu'alors, il fut trop heureux de pouvoir défendre l'Adde.

Quoiqu'il eût peu de troupes, il n'étoit pas aisé de passer cette rivière devant un homme aussi résolu que lui. Colonne l'amusa, et en faisant semblant de vouloir passer d'un côté, il passoit de l'autre. Lautrec en fut averti; mais il perdit beaucoup de temps à délibérer, et trouva les ennemis si bien retranchés, qu'il n'y eut plus moyen de les forcer. Il s'en retourna à Milan, où tout étoit disposé à la révolte, et il fit mourir plusieurs citoyens. Les peuples irrités envoyèrent dire à Moron que si Colonne s'avançoit, la ville se révolteroit.

Ce général marcha aussitôt, et le marquis de Pescaire, qui conduisoit l'avant-garde, trouva le rempart du faubourg abandonné par les Vénitiens. Il poussa plus loin, et la porte Romaine lui fut livrée avec si peu de bruit, que des fuyards trouvèrent Lautrec qui se promenoit désarmé devant le château. Il y jeta ce qu'il put de soldats, et il se retira à Côme, où ce qui lui restoit de Suisses, attirés par le voisinage de leur pays, l'abandonnèrent: Plaisance, Pavie, et plusieurs autres places se rendirent, Lautrec abandonna Parme pour se jeter dans Crémone, qui avoit appelé l'ennemi. Pescaire prit Côme à bonne composition; mais il ne tint pas parole.

A la nouvelle de la prise de Milan, le Pape fut transporté de joie, et quelques-uns attribuèrent à l'émotion que lui causa cette joie, la fièvre qui le prit en même temps. Elle fut petite d'abord, mais elle augmenta tellement, qu'elle l'emporta en peu de jours. On remarque plus sa constance que sa piété dans cette importante occasion. Il n'avoit que quarante-quatre ans, et on crut que ses jours lui avoient été avancés. Quelques historiens ont osé jeter du soupçon contre François, comme s'il l'avoit fait empoisonner; mais la magnanimité de ce prince le met au-dessus d'une telle accusation.

La mort du Pape laissa les affaires de la ligue en mauvais état. Il portoit la plus grande partie des frais de la guerre, et comme il avoit épuisé les finances de l'Eglise, l'armée dépérit beaucoup faute d'argent. On ne fut pas longtemps sans créer un nouveau Pape : l'empereur eut le crédit de faire élire tout d'une voix le cardinal Adrien, natif d'Utrecht, qui avoit été son précepteur. Il reçut la nouvelle de son exaltation en Biscaye où il commandoit, et prit le nom d'Adrien VI.

Tout étoit alors favorable à l'empereur; le roi d'Angleterre lui prêta deux cent cinquante mille écus. Il retint un peu de temps avec cet argent les troupes qui se débandoient, mais ce secours étoit foible pour ses besoins, et les confédérés furent obligés d'abandonner toutes leurs conquêtes, excepté la ville de Milan, celle de Novare, Pavie, et Alexandrie, où le peuple nourrissoit la garnison.

Cependant le roi, affligé des pertes qu'il avoit faites, songeoit à rétablir ses affaires. Il avoit obtenu des Suisses seize mille hommes pour recouvrer le Milanez. Colonne de son côté, renforcé de quatre mille Allemands que le peuple de Milan avoit levés à ses frais, mit le siége devant le château; et Lautrec s'étant joint aux Vénitiens et aux Suisses, l'assiégea lui-même dans son camp. Il s'y étoit fortifié d'une terrible manière, en fermant la place d'un double fossé pour empêcher les sorties de la garnison et le secours du dehors.

Durant tout ce temps il n'est pas croyable combien Moron aida à soutenir le parti; il persuada aux chefs de rétablir la maison Sforce, et que c'étoit le seul moyen de retenir le peuple dans une bonne disposition. Il fit donner le duché au jeune Francisque, homme sans vertu et sans mérite, qui jamais ne fit rien de considérable, et qui n'eut que le nom de duc. Aussi n'avoit-on besoin que d'un nom pour amuser le vulgaire.

Après cette nomination, Moron fit avancer le nouveau duc à Pavie, pour l'introduire à la première occasion dans Milan, qui le désiroit avec ardeur. Pour tirer de l'argent du peuple, il suscita un augustin, qui prêchoit contre les François, contre lesquels, disoit-il, la colère de Dieu étoit déclarée, et qu'il falloit tous exterminer. Ainsi mêlant la religion aux intérêts politiques, il tiroit tout ce qu'il vouloit.

Lautrec cependant incommodoit beaucoup la ville; il désespéra de forcer Colonne dans ses lignes qui étoient trop fortes; mais il brûloit les moulins, ravageoit la campagne, et empêchoit les convois : il coupa les canaux qui portoient de l'eau à la ville, et enfin elle avoit à craindre les dernières extrémités, car il n'étoit pas possible de fournir longtemps des vivres aux bourgeois et à l'armée; mais Moron durant ces misères ne s'oublia pas, il supposa des lettres interceptées sous le nom du roi, comme s'il eût écrit à Lautrec de prendre la ville à quelque prix que ce fût, et de n'y laisser pierre sur pierre. Ainsi le peuple effrayé se résolut à tout souffrir.

Cependant le maréchal de Foix revenoit de France avec quelques troupes et de l'argent. Il se résolut en passant d'assiéger Novare, espérant que le feu du château qui étoit à nous, jetteroit l'épouvante dans la place; il avoit fait une brèche, et il se préparoit à donner l'assaut; mais les Suisses refusèrent d'y aller, disant pour excuse qu'ils n'étoient pas faits pour les siéges. Le maréchal, sans s'étonner, fit descendre de cheval deux cents hommes d'armes qu'il avoit, il se mit à leur tête, força la muraille et passa tout au fil de l'épée. Il punit ainsi la rage d'un peuple qui avoit égorgé les François, et en avoit mangé le cœur.

Comme il approchoit de Milan, Lautrec fut obligé d'envoyer au-devant de lui une partie de l'armée pour l'escorter. Mais il ne put empêcher que le jeune Sforce, qui attendoit à Pavie, n'entrât de nuit à Milan. L'argent que le maréchal apportoit ne dura guère, et la plus grande partie tomba dans l'eau en passant un bac, où la cavalerie se jeta trop tôt.

Après l'entrée du duc, le peuple qui l'adoroit s'encouragea tellement à se défendre, qu'il n'y avoit non plus moyen de le lasser, que de forcer Colonne dans ses lignes; ainsi Lautrec leva le siège, et alla droit à Pavie. Le marquis de Mantoue qui y commandoit ne soupçonnoit rien, parce que Lautrec étoit au delà du Tessin. Cette rivière se trouva guéable, et la ville pensa être surprise : l'entreprise manqua par la faute d'un gentilhomme nommé Colombière, qui eut peur cette fois, quoiqu'on l'appelât *sans peur*. Nous perdîmes quatre cents hommes qui s'étoient trop avancés, et Lautrec ne laissa pas de former le siège; mais le Tessin s'étant débordé, les vivres ne venoient plus dans le camp, et il fallut se retirer.

Il venoit alors de l'argent de France, et comme Lautrec alloit au-devant pour faciliter le passage, les Suisses vouloient être payés sans attendre un seul moment, sinon ils protestoient de s'en retourner. Mais pour montrer que ce n'étoit pas la crainte qui les obligeoit à la retraite, ils prioient Lautrec de les mener sur-le-champ contre l'ennemi, et Albert de La Pierre, auteur du conseil, offroit d'aller à la tête. Depuis l'arrivée de Sforce à Milan, Colonne s'étoit mis en campagne, et il s'étoit retranché dans le jardin d'une ferme nommée la Bicoque.

Ce jardin, assez spacieux pour y mettre l'armée en bataille, étoit d'ailleurs agréable, et il avoit beaucoup d'eau. Les allées en étoient traversées de plusieurs petits canaux qui se jetoient dans un fossé à fond de cuve, dont le jardin étoit entouré, de sorte que ce lieu étoit fortifié par sa nature, et il ne falloit que le border d'artillerie pour le rendre inaccessible. Les Suisses ne laissèrent pas d'en vouloir faire l'attaque; on n'en étoit pas d'avis au conseil de guerre, au contraire on conseilloit à Lautrec de laisser aller les Suisses, et de jeter dans les places le reste des troupes; qu'au reste il n'y avoit rien à craindre des ennemis, et que la division se mettroit bientôt dans une armée toute composée de mercenaires, à qui il n'y avoit point d'argent à donner.

Malgré tous ces avis, Lautrec qui étoit d'un naturel impétueux, et d'ailleurs animé contre les Suisses, dit brusquement qu'il falloit combattre, parce que si ces téméraires gagnoient la victoire, les affaires du roi en iroient mieux, et s'ils étoient battus, ils seroient punis de leur défection et de leur témérité. Il partagea l'armée en trois, le maréchal de Foix en avoit une partie, où étoient les Italiens soudoyés par le roi. François-Marie de La Rovère, duc d'Urbin, qui avoit recouvré depuis peu son duché, commandoit les Vénitiens; Lautrec s'étoit réservé le reste de l'armée, où étoient presque tous les Suisses.

L'attaque commença par eux, et comme ils furent dans un vallon à la portée du mousquet, Anne de Montmorency qui les conduisoit, les pria d'attendre qu'une autre aile de notre armée et notre artillerie pussent agir en même temps. Ils s'obstinèrent à donner, sans vouloir différer un moment, et quoiqu'ils eussent perdu mille hommes, avant seulement que de pouvoir approcher du fossé, ils se jetèrent à corps perdu dans l'eau, qui passoit leurs piques ; ils en sortirent à la fin avec de grands efforts, et se mirent à grimper ; mais autant qu'il en paroissoit, autant y en avoit-il de tués. Les ennemis rioient en les tuant, et Albert de La Pierre, furieux de voir tant de braves gens à la boucherie, étoit encore plus outré de ce qu'on les tuoit en se moquant.

Cependant le maréchal de Foix, qui devoit se saisir du pont de la ferme, s'en étoit approché sans perte à la faveur d'un coteau ; mais il trouva la garde du pont plus forte qu'il ne l'avoit espéré. Il ne laissa pas de pénétrer assez avant dans le camp, là il fut abandonné des Italiens, et enveloppé par les ennemis, malgré lesquels il se dégagea et se retira en bon ordre. Au milieu de ce tumulte, le duc d'Urbin étoit en repos avec les Vénitiens, et s'étoit mis à couvert. On voyoit bien qu'on pouvoit espérer quelque chose du côté du pont ; mais les Suisses rebutés refusèrent même de demeurer en contenance de gens qui vouloient combattre.

Enfin après avoir vainement tenté la force, Lautrec vouloit expérimenter si la ruse réussiroit mieux. Il fit avancer des gens avec des écharpes rouges, comme s'ils venoient de Naples, envoyés par le vice-roi pour le secours de Colonne. Ils furent bientôt découverts, et il fallut abandonner l'entreprise. Les ennemis cependant n'eussent pas évité leur perte, si on avoit cru le maréchal de Chabannes, qui proposa de les bloquer. Il ne falloit que huit jours pour les faire périr de famine dans leur camp ; mais les Suisses, troublés de la mort d'un si grand nombre de leurs compagnons, ne voulurent rien entendre, et s'en allèrent.

Aussitôt après la retraite de nos gens, la sédition se mit dans le camp des ennemis. Les Allemands demandèrent à Colonne une montre, et le prix ordinaire de la victoire. Colonne disoit qu'il n'en devoit point, parce qu'il n'y avoit point eu de bataille. Sur cela ils se mutinèrent ; le général pensa périr dans cette sédition, et il eut une peine extrême à l'apaiser. Un peu après, il nous surprit quelques places, et s'approcha de Crémone, la plus forte et la mieux munie que l'Italie eût alors. Le maréchal de Foix s'y étoit jeté, et s'y défendoit avec sa vigueur ordinaire, attendant le secours de quatre cents lances et de dix mille hommes de pied que l'amiral amenoit.

Ce favori, enflé de sa conquête de Fontarabie, se croyoit capable de tout, et se fit donner le commandement d'Italie. Il n'eut pas sitôt quitté les côtes d'Espagne, que Fontarabie fut assiégée par le prince d'Orange. Le roi d'Angleterre, irrité contre François, à qui cette place avoit fait refuser la paix, consentit à payer la moitié des frais de ce siége ; mais le comte du Lude le soutint avec une vigueur qui fit bientôt perdre aux Espagnols l'espérance de le forcer ; de sorte qu'ils se réduisirent à le prendre par famine.

Pendant que l'amiral préparoit ce qui étoit nécessaire pour passer en Italie, et que le maréchal de Foix se défendoit à Crémone, Lautrec étoit sur le territoire de Bresse, où il eut le déplaisir d'apprendre qu'Arone, place importante, où il mettoit son argent, avoit été surprise par les ennemis. Ce qui lui restoit de troupes ne subsistoit plus que par les Vénitiens, qui se lassèrent enfin de les nourrir; et Lautrec, accusé en France de la perte du Milanez, s'y rendit pour se justifier. Il fut très-mal reçu du roi, qui ne daignoit le regarder, loin de vouloir l'entendre; mais le lendemain le connétable dit en plein conseil qu'il l'avoit entendu, et qu'il avoit de grandes raisons pour se justifier, et des avis importans à donner pour le service. Sur cela on le fit venir, et d'abord le roi lui reprocha qu'il lui avoit fait perdre le plus beau duché de la chrétienté. Lautrec, sans s'étonner, répondit que c'étoit un grand malheur, mais qu'il falloit voir par la faute de qui il étoit arrivé. Ensuite il raconta comment l'argent lui avoit toujours manqué, et que faute d'en avoir, il n'avoit pu retenir les troupes; qu'à la vérité si l'armée n'eût été composée que de François, il auroit pu leur persuader d'attendre, et qu'en effet la cavalerie avoit servi dix-huit mois sans paie; mais que les Suisses et les autres troupes n'avoient pas le même zèle pour le service, et se débandoient si on ne les payoit à point nommé.

Le roi parut étonné de cette réponse, et crut lui fermer la bouche, en lui disant qu'il avoit commandé qu'on lui envoyât à diverses fois de grandes sommes. Lautrec dit qu'il en avoit touché quelques-unes, mais toujours trop tard, et lorsque le mal étoit sans remède; qu'au reste le plus souvent il n'avoit reçu que des lettres, et des promesses sans effet. « Mais du moins, poursuivit le roi, vous avez touché les quatre cent mille écus que je défendis si expressément de détourner. » Il entra dans une extrême colère quand il sut que cette somme n'avoit pas été payée, et manda aussitôt Samblançay, trésorier de son épargne, pour lui en demander la raison. En attendant, il reprocha à Lautrec que Colonne, qui n'avoit pas eu plus d'argent que lui, avoit mieux fait ses affaires. Lautrec ne manqua pas de réplique; il répondit que Colonne avoit tout le pays pour lui, au lieu que le peuple maltraité par les François, par la nécessité où ils étoient, avoit pour eux une haine implacable. A ce coup, le roi avoit peine à se modérer, tant il étoit au désespoir de voir un duché si important perdu faute d'ordre. Il fut bien plus en colère, quand il apprit de Samblançay que dans le temps qu'il alloit envoyer l'argent, Madame étoit venue en personne demander toutes ses pensions et appointemens, le menaçant de le perdre s'il ne la payoit sur l'heure, encore qu'il lui remontrât qu'il n'y avoit dans les coffres que la partie destinée pour le Milanez, et qu'elle avoit pris sur elle de faire agréer la chose au roi; mais elle n'avoit eu garde de lui en parler, et le roi l'ayant mandée, elle fut bien étonnée d'entendre les reproches qu'il lui fit en plein conseil.

Elle ne s'en défendit qu'en rejetant la faute sur le malheureux Samblançay; elle ne nia pas ce qui étoit constant, qu'elle s'étoit fait payer de ses appointemens; mais elle soutint que Samblançay ne l'avoit point avertie que ce fût de l'argent du Milanez, et pressa le roi si violemment de le faire arrêter, qu'il en donna l'ordre sur-le-champ. En se levant il dit à Lautrec qu'il étoit homme d'honneur, mais négligent et trop opiniâtre. Pour Samblançay, le chancelier, dévoué à Madame, aigrit le roi contre lui; on lui fit son procès par commissaire, et le chancelier présida à ce jugement; il fut condamné à être pendu par les artifices de Gentil, un de ses juges, et exécuté publiquement. Le roi, qui connut quelques années après son innocence, put bien rendre l'honneur à sa mémoire, et faire mourir le juge inique par les artifices duquel il avoit été condamné; mais il ne put rendre la vie à l'innocent, ni effacer cette tache de son règne.

Les affaires du Milanez achevèrent bientôt de se ruiner. La division se mit dans la garnison de Crémone, faute d'argent, et les Italiens menacèrent de livrer une porte à l'ennemi. Le maréchal de Foix les en empêcha; mais ne pouvant plus se fier à eux, il fit sa composition, à condition cependant qu'il auroit trois mois pour attendre le secours d'une armée royale, après quoi il rendroit la ville, et toutes les autres places du Milanez, à la réserve des châteaux de Crémone, de Novare et de Milan. Colonne cependant assiégea Gênes, et le connétable fit résoudre qu'on enverroit au secours le jeune duc de Longueville, prince de grande espérance : il trouva les affaires en mauvais état; il y avoit une brèche qui obligea les assiégés à capituler. Pendant la capitulation la place fut surprise et pillée.

On désespéra en France de sauver le Milanez, et l'amiral qui étoit auprès d'Ast fut rappelé. Le maréchal de Foix abandonna les places au temps convenu, et revint en France. Dans les autres endroits la guerre ne fut pas si malheureuse pour la France; le comte du Lude tenoit ferme dans Fontarabie, et la garnison étoit résolue à périr, plutôt qu'à se rendre. Il y avoit déjà dix mois qu'il se défendoit, quand le roi ne voulant pas laisser mourir tant de braves gens, envoya le maréchal de Châtillon pour les dégager. Il mourut sur le chemin; Anne de Montmorency fut fait maréchal de France en sa place, et le commandement de cette armée fut donné au maréchal de Chabannes. Il força les lignes avec peu de perte, Lude fut rappelé pour recevoir la récompense de ses services, et on laissa le gouvernement à Franger, homme de réputation, mais au fond de peu de mérite.

Cependant le roi d'Angleterre déclara la guerre ouvertement; il y fut engagé par l'empereur, qui le vit en passant pour s'en retourner en Espagne. Les Anglois vinrent à Calais sous la conduite de Suffolk, mari de la veuve de Louis XII, et investirent Hesdin, avec Bure gouverneur des Pays-Bas. Le comte de Vendôme, qui commandoit notre armée sur cette frontière, ne se sentant pas assez fort pour leur résister en campagne, renforça la garnison, et jeta dans la place quelques officiers qui se défendirent quarante-deux jours. Cette défense donna le temps aux garnisons voisines de s'assembler, et d'assiéger les ennemis dans leur camp. Enfin les pluies survinrent, les maladies et la désertion des soldats obligèrent Suffolk à repasser en Angleterre.

Durant ces divisions des chrétiens, l'ennemi commun ne s'endormoit pas. Soliman II, empereur des Turcs (1523), prince entreprenant et belliqueux, se rendit maître de Belgrade en Hongrie; et la défense admirable du grand-maître Pierre de Villiers de l'Isle-Adam, ne l'empêcha pas d'emporter Rhodes, où étoient alors établis les chevaliers de Saint-Jean de Jérusalem. Depuis ce temps ils errèrent en divers lieux, jusqu'à ce que Charles V leur donnât Malte, chose qui ne lui fut pas moins utile que glorieuse, puisqu'elle lui servoit à mettre à couvert son royaume de Sicile. Il ne leur fit ce présent que cinq ou six ans après la perte de Rhodes, et leur première retraite fut à Rome, où le pape Adrien les fit recevoir.

Ce bon pape étoit arrivé à Rome avec de grands desseins pour la paix, et tout ce qu'il devoit à l'empereur ne l'empêcha pas de songer qu'il devoit encore plus à toute la chrétienté, dont il étoit le père commun. Occupé de cette pensée, il avoit refusé à l'empereur de l'attendre à Barcelonne, parce qu'il ne vouloit point se rendre suspect au roi. Cependant le duc de Sesse et milord Dudlei, ambassadeurs de l'empereur et du roi d'Angleterre, pressoient les Vénitiens de se joindre à eux, et le roi, pour les obliger à renouveler l'alliance, leur promettoit d'envoyer bientôt une grande armée en Italie.

Montmorency, et depuis l'évêque de Bayeux leur firent des propositions si avantageuses, qu'ils étoient ébranlés en faveur du roi, et les emportemens des ennemis sembloient les déterminer à ce parti, car ils vinrent audacieusement déclarer en plein sénat, que si dans trois jours pour tout délai on ne leur faisoit une réponse favorable, ils alloient se retirer. Le sénat, étonné d'une manière d'agir si hautaine, fut prêt à conclure avec les François; mais une lettre de Badouare, ambassadeur de la république en France, les fit tout d'un coup changer de dessein.

Cette lettre portoit que le roi, uniquement occupé à ses plaisirs, ne songeoit que par manière d'acquit aux affaires d'Italie et à la guerre; qu'au reste, quand il voudroit la soutenir, il n'étoit plus en état de le faire, par les dépenses excessives qui avoient épuisé ses finances; qu'il n'y avoit plus moyen de remplir ses coffres, qu'en recourant aux voies extraordinaires, qui feroient crier le peuple, et exciteroient quelque révolte; que la disposition y étoit déjà toute entière, et même que le connétable, irrité de la persécution que lui faisoit Madame, qui vouloit le dépouiller de ses biens, traitoit secrètement avec l'empereur; que la cabale étoit grande dans la Cour et dans tout le royaume, et que la France avoit à craindre une révolution universelle.

Ces raisons persuadèrent au sénat qu'il n'y avoit rien à espérer de François, en sorte qu'il conclut la ligue avec l'empereur et le roi d'Angleterre. Il est vrai que le connétable étoit étrangement persécuté de Madame, qui lui disputait les biens de la maison de Bourbon. Ce prince, quoique cadet de cette auguste maison, les avoit toujours prétendus en vertu d'une ancienne substitution par laquelle dès l'origine ils devoient passer de mâle en mâle : et néanmoins, pour éviter tout procès, il avoit été bien aise d'épouser Suzanne, unique héritière de Pierre, dernier duc de Bourbon, qu'Anne de France sa mère lui offrit. Le mariage avoit été célébré avec grande solennité sur la fin du règne de Louis XII, qui avoit signé au contrat, avec vingt-cinq ou trente princes, prélats ou seigneurs. Par ce contrat le duc étoit reconnu pour légitime héritier de la maison de Bourbon; et pour le surplus des biens qui pouvoient appartenir aux uns et aux autres, ils s'en faisoient une dotation mutuelle. Cette princesse mourut en couches en 1522, et ne laissa point d'enfans.

Madame, qui n'avoit pu éteindre par aucun effort la passion qu'elle avoit pour le connétable, sentit qu'elle revenoit plus que jamais avec l'espérance de l'épouser. Comme elle étoit dans cet état, le chancelier, sa créature, et ennemi particulier du connétable, qui lui avoit refusé quelque grace, vint la trouver pour lui dire qu'elle avoit de quoi réduire ce prince, et qu'il lui mettroit en main tous les biens de la maison de Bourbon, dont elle étoit, disoit-il, la seule héritière depuis la mort de Suzanne. En effet, à ne regarder que la proximité du sang, Madame excluoit le connétable; mais il avoit pour lui la substitution et la donation.

Le chancelier, qui trouvoit des remèdes à tout, lui promit de détruire ces deux moyens, et donna assez de couleur à l'affaire, pour obliger Madame à l'entreprendre. Elle espéroit tout de son crédit, et fut ravie de se sentir en pouvoir de réduire la fierté du connétable, ou de s'en venger. Elle voulut cependant auparavant tenter les voies de douceur; elle fit entendre au connétable les moyens qu'elle avoit de le ruiner, et celui qu'il avoit de se rendre heureux.

Bonnivet, qu'elle employa à cette négociation, y étoit peu propre, parce qu'il ne souhaitoit rien tant que la perte du connétable, par la disgrace duquel il s'assuroit le commandement absolu des armées; mais quand il eût agi dans toutes les intentions de Madame, il n'eût rien gagné sur le connétable, qui, outre son aversion ancienne pour cette princesse, espéroit d'épouser Renée de France, sœur de la reine, qu'elle-même lui avoit offerte; ainsi il refusa Madame avec dédain, et elle se résolut à commencer le procès.

L'affaire fut plaidée solennellement au parlement; les sollicitations de Madame et celles du chancelier, qui avoit tout crédit dans cette compagnie, dont il avoit été premier président, étoient les plus fortes pièces contre le connétable, et il désespéra de pouvoir maintenir son bon droit contre tant d'autorité et tant d'artifices. Madame fit pourtant appointer l'affaire, afin d'avoir le loisir de faire parler de nouveau au connétable. Les propositions furent reçues avec un pareil dédain, et le connétable demanda hautement au roi madame Renée.

Dans le refus qui lui en fut fait, il n'avoit pas sujet de se plaindre du roi, parce qu'on le fit refuser par la princesse elle-même, qui dit qu'elle ne vouloit point épouser un prince qu'on alloit dépouiller; mais le connétable, qui sentit d'où lui venoit le coup, entra dans un dépit extrême contre Madame, et dès lors résolut de traiter avec l'ennemi. On ne sait pas s'il avoit sollicité le premier l'empereur, ou si l'empereur, attentif à tout ce qui pouvoit servir ses affaires, l'avoit fait rechercher.

Quoi qu'il en soit, il eut assez longtemps dans sa maison Adrien de Croï, comte de Reux, premier gentilhomme de la chambre de l'empereur, et soit que l'ambassadeur de Venise en eût quelque avis certain, ou qu'il s'en doutât seulement par l'état où il voyoit les choses, il est certain que le premier mauvais effet que François ressentit du mécontentement de Bourbon, fut qu'il en perdit les Vénitiens. Ainsi il avoit contre lui tous les potentats d'Italie, excepté le Pape, qui persistoit toujours dans le dessein de faire la paix.

Le cardinal Soderini, son principal confident, et ami de la France, l'entretenoit dans la pensée d'unir plutôt les princes chrétiens contre les Turcs, que de prendre part dans leurs divisions. En lui donnant des conseils si conformes à son humeur, il s'insinua tellement dans ses bonnes graces, qu'il éloigna le cardinal de Médicis, à qui le Pape avoit d'abord donné sa confiance, comme à l'auteur de son exaltation. Par ses conseils le Pape envoya des légats à l'empereur et aux rois de France et d'Angleterre; mais les divers intérêts des princes rendirent sa médiation inutile.

François, à qui le mauvais état des affaires ne permettoit pas d'espérer une paix avantageuse, ne vouloit qu'une trêve; encore la vouloit-il de peu de durée. Par une raison contraire, l'empereur souhaitoit la paix, et non une trêve. Mais le roi d'Angleterre, poussé par les conseils ambitieux du cardinal Volsey, archevêque d'York, son principal ministre, ne vouloit ni trêve ni paix, s'étant persuadé que, dans ces divisions, il pourroit attaquer la France, ou du moins se rendre l'arbitre de la chrétienté.

Durant ces négociations, le roi attendoit avec impatience l'événement d'une conjuration qui se tramoit en Sicile. Le cardinal de Soderini étoit celui qui la ménageoit; mais le cardinal de Médicis, qui étoit piqué de jalousie de ce qu'il avoit pris sa place, l'observa de si près, qu'il découvrit ses desseins, et donna moyen au duc de Sesse de surprendre le courrier qui alloit en France avec ses paquets. On apprit en les ouvrant que la conjuration étoit en état d'éclater; les complices furent châtiés rigoureusement, et le Pape, irrité contre Soderini, qui l'avoit trompé, le fit mettre prisonnier au château Saint-Ange, où il fit faire son procès, pour avoir voulu livrer aux François un fief du saint Siége.

Pendant que le Pape étoit irrité, les Espagnols trouvèrent moyen de l'animer contre la France. On lui fit regarder le roi comme le seul obstacle à l'union de la chrétienté, et il entra dans la ligue avec tous les autres. Le roi étoit à Chambord, maison de plaisance qu'il avoit fait bâtir tout nouvellement. Il y apprit ces nouvelles, et il y prit une résolution digne de son courage, qui étoit d'aller en personne à la tête d'une grande armée en Italie, pour soutenir tant d'ennemis. En même temps il eut avis que Nicolas de Longueval, comte de Bossu, gouverneur de Guise, par une fausse intelligence avec le duc d'Arscot, gouverneur du Hainaut, dressoit une embuscade inévitable aux Flamands. Il promettoit à ce duc de lui livrer sa place; lui et Fiennes, gouverneur de Flandre, devoient s'avancer de plusieurs côtés pour s'en saisir.

En même temps les François avoient disposé des troupes pour envelopper les ennemis. Ils étoient prêts à se venir jeter d'eux-mêmes dans le piége que le comte leur avoit tendu; mais le roi voulut être de la partie, et vint en poste sur cette frontière : une marche si précipitée ne put être sans grand éclat, et fit penser à Fiennes, ou que le gouverneur le trompoit, ou que le roi avoit découvert la conjuration. Ainsi l'affaire manqua; et le roi, fâché d'en avoir été la cause, voulut couvrir sa faute en faisant ravitailler Térouanne, fort pressée par les ennemis. Fiennes s'étant mis en campagne, pour l'en empêcher, se présenta devant nos gens; une terreur panique se répandit dans son armée, qui prit la fuite fort vite, et Disne, capitaine de grande valeur, répara leur désordre, et favorisa sa retraite.

Fiennes put bien empêcher l'armée de périr; mais il ne put empêcher qu'elle se débandât quelques jours après. Ainsi la Flandre demeuroit ouverte, et François y auroit pu faire de grands progrès, s'il n'avoit eu dans l'esprit son entreprise d'Italie. Il prit le chemin de Lyon, où il avoit donné rendez-vous à toutes les troupes. Comme il étoit à Saint-Pierre-le-Moutiers, dans le Nivernois, deux gentilshommes normands demandèrent à lui parler, et d'abord ils se jetèrent à ses genoux : c'étoit Matignon et d'Argouges, domestiques du connétable, dont ils vinrent lui découvrir la conjuration. L'envoyé de l'empereur avoit traité avec lui au nom de son maître.

Par ce traité, qui ne fut que verbal, le connétable s'engageoit à fournir trois cents hommes d'armes, et cinq mille hommes de pied de ses terres, pour les joindre à douze mille impériaux qui devoient entrer en Bourgogne. L'empereur en même temps devoit passer les Pyrénées du côté du Languedoc; le connétable promettoit de s'y rendre, et de traverser avec lui tout le royaume, pour aller tous ensemble tomber sur le roi, qui seroit enveloppé par ce moyen, et devoit être livré entre les mains du connétable. Le roi d'Angleterre devoit aussi entrer dans la Picardie; ces trois princes avoient partagé entre eux le royaume de France. On composoit à Bourbon un nouveau royaume de Bourgogne, de ses provinces révoltées, du duché de Bourgogne, qu'Aimar de Prie avoit promis de lui livrer, et de la Franche-Comté, que l'empereur lui donnoit avec Éléonore sa sœur, veuve du roi de Portugal; et le traité étant conclu, le connétable, qui n'attendoit que le temps de commencer l'exécution, vint à Moulins, ville de sa dépendance, où il faisoit le malade, afin d'avoir un prétexte de s'absenter de la Cour.

Matignon et d'Argouges, qui le devoient suivre, étoient allés en leur pays pour donner ordre à leurs affaires. Là, pressés par le remords de leur conscience, ils se confessèrent à un curé d'être entrés dans une conspiration contre l'Etat. Ce confesseur leur déclara qu'il ne suffisoit pas de s'en retirer, mais qu'ils étoient obligés de la découvrir, et que pour leur en donner l'exemple, il alloit tout déclarer au sénéchal de Normandie.

Ces gentilshommes, voyant tout le dessein découvert, par où ils devoient le moins craindre qu'il le fût, appréhendèrent d'être prévenus; ils allèrent au roi, lui découvrirent les complices, et obtinrent leur grace. Il est malaisé d'expliquer l'embarras où il se trouva; il n'y avoit point d'apparence de passer en Italie, tant qu'il sentiroit dans le royaume un si grand commencement de révolte; de faire arrêter le connétable au milieu de ses provinces où il étoit adoré, c'étoit une chose impossible. Il résolut de l'aller trouver à Moulins, qui n'étoit pas éloigné de son chemin; il lui parla noblement, lui témoignant qu'il savoit que l'empereur l'avoit sollicité; mais qu'il ne vouloit pas croire qu'il eût rien fait contre son devoir.

Le connétable, qui le vit instruit, lui avoua ce qu'il ne put lui nier, et ajouta que s'il avoit écouté des propositions, il y avoit été poussé par les indignes traitemens que Madame lui avoit faits. A cela le roi lui répondit qu'il ne pouvoit empêcher sa mère de faire un procès; mais quel qu'en fût l'événement, il lui promettoit de lui rendre tous ses biens; cette promesse ne contenta guère Bourbon, qui ne vouloit pas être à la merci de Madame, ni réduit à n'attendre de soulagement que lorsqu'elle seroit morte. Il répondit pourtant au roi avec une profonde dissimulation; et ce prince sincère, qui croyoit aisément tout gagner par sa franchise, ne prit d'autres précautions, que d'ordonner au connétable de le suivre, ce qu'il lui promit aussitôt qu'il le pourroit. Il continua son voyage jusqu'à Lyon, d'où il ne tarda pas de faire partir l'amiral, avec ordre de l'attendre à Verceil avec l'armée.

A l'égard du connétable, quelque temps après le départ du roi, il prit le chemin de Lyon en litière, feignant toujours d'être malade. Sitôt qu'il fut arrivé à la Palice, il apprit que le parlement avoit mis en séquestre les terres de la maison de Bourbon; il fit semblant alors que son mal s'étoit augmenté, et qu'il ne pouvoit plus même supporter le mouvement de la litière; il dépêcha un gentilhomme pour faire ses excuses au roi, et s'en retourna à sa maison de Chantelle : il n'y fut pas plutôt, qu'il envoya Huraut, évêque d'Autun, pour assurer le roi que s'il lui plaisoit de casser l'arrêt du parlement, et de lui donner son abolition, il le serviroit plus fidèlement que jamais ; mais Madame, qui avoit de bons espions auprès du connétable, le prévint, et obtint du roi qu'il feroit arrêter l'évêque, et assiéger le connétable dans Chantelle.

Le maréchal de Chabannes, et le bâtard de Savoie, grand-maître de France, eurent ordre d'exécuter cette entreprise. Ils marchèrent en diligence avec quatre mille hommes qu'on leur donna, et ayant trouvé en chemin l'évêque d'Autun, ils l'arrêtèrent ; mais un de ses domestiques s'étant échappé, alla dire au connétable ce qui s'étoit passé : il ne douta plus qu'il ne fût perdu ; et quoique le château de Chantelle fût assez fort, il n'osa y attendre le siège. Il en partit en même temps, et alla par des chemins détournés à un autre château qu'il avoit en Auvergne, dont un gentilhomme nommé Arnauld étoit gouverneur.

On peut croire qu'il n'y passa pas une nuit tranquille. Environ sur le minuit, quand il crut que tous ses gens étoient profondément endormis, il se leva et éveilla Pomperan et Estanzane, deux gentilshommes à lui, dont l'un lui devoit la vie, et l'autre étoit un vieux gentilhomme en qui il s'assuroit absolument, quoiqu'il improuvât tous ses desseins, dont il lui avoit fait confidence. Il leur dit en deux mots qu'il alloit en Franche-Comté ; qu'il avoit besoin de l'un d'eux pour l'accompagner, et de l'autre pour couvrir sa fuite. On dit qu'il les fit tirer au sort, et qu'il échut à Pomperan de suivre son maître. Quelque temps après son départ, et deux heures avant le jour, Estanzane donna les ordres pour partir à tout l'équipage, comme s'il eût été le connétable, et marcha quelque temps en cet état. Comme il vit que le jour approchoit, et qu'il alloit être découvert, il se tourna vers les domestiques, et leur dit qu'ils avoient perdu leur maître, qu'il avoit été obligé de se retirer en diligence, et que le plus grand regret qu'il avoit eu étoit d'être parti sans leur avoir dit adieu ; il leur déclara qu'ils pouvoient prendre parti : pour lui il tourna vers la Franche-Comté, où son maître s'étoit rendu par de longs détours, en passant pour domestique de Pomperan, et après avoir fait ferrer ses chevaux à l'envers.

Il alla ensuite à Mantoue chez le duc de Gonzague son parent, et de là à Gênes, et enfin à Plaisance, pour conférer avec Lannoi, vice-roi de Naples, sur les affaires de la guerre : son intention étoit de passer en Espagne pour épouser la princesse que l'empereur lui avoit promise : mais l'empereur avoit bien d'autres pensées ; et il n'avoit garde de rien faire pour le connétable, avant d'avoir tiré de grands avantages de sa rébellion. Il envoya le comte de Reux pour lui dire qu'il pouvoit aller en Espagne, ou demeurer en Italie pour y commander l'armée ; mais ses ordres secrets portoient qu'à quelque prix que ce fût, il falloit l'obliger à prendre ce dernier parti.

Pour l'y engager, le comte lui représenta qu'il lui seroit honteux de paroître à la cour de l'empereur comme un prince dépouillé, et qu'il valoit mieux pour sa gloire qu'il eût auparavant exécuté quelque chose de considérable. Il l'exhorta donc à prendre le commandement de l'armée d'Italie, et d'envoyer cependant quelqu'un des siens pour soulever ses provinces, avec les troupes que l'empereur avoit dans la Franche-Comté. Il n'en fallut pas davantage pour persuader un homme qui se piquoit autant d'honneur que le connétable ; il demeura en Italie, et envoya La Motte des Noyers pour lever des troupes en Allemagne, avec lesquelles il devoit tenter d'exciter quelque mouvement dans le duché de Bourgogne ou dans les provinces voisines ; mais ses intelligences lui manquèrent.

Aimar de Prie et les autres conjurés furent arrêtés, et rien ne remua dans le royaume. On fit le procès au connétable ; il fut condamné à mort, sa charge lui fut ôtée, et ses biens furent confisqués, et le roi donna la vie à ses complices. On lui envoya redemander l'épée de connétable et le collier de l'Ordre, il dit qu'il avoit laissé le collier à Chantelle, sous son chevet, et que pour l'épée, on la lui avoit ôtée dès le temps qu'on avoit donné le commandement au duc d'Alençon, quoiqu'il n'y eût eu aucune révolte.

Comme il y avoit plusieurs personnes soupçonnées, le conseil du roi lui persuada de ne point quitter le royaume en cet état, et il envoya ordre à Bonnivet de marcher droit à Milan. L'armée étoit composée de quatorze à quinze mille hommes d'armes, de six mille Allemands, et de douze à quinze mille Suisses ; ce fut dans les premiers jours de septembre qu'il commença de passer les monts. Au bruit de cette marche, Colonne, tout affoibli qu'il étoit par son grand âge et par ses maladies, s'avança au bord du Tessin pour en disputer le passage aux François ; car Novare, Vigevano, et tout ce qui est en deçà de cette rivière, s'étoit déjà rendu sans résistance ; mais comme les eaux étoient basses, la vigilance de Colonne fut trompée, et pendant qu'il gardoit soigneusement un endroit, l'amiral passa par l'autre.

Colonne craignit alors pour Pavie, où il envoya Antoine de Lève avec des troupes, et pour lui il se retira à Milan avec le reste de l'armée. Il trouva la ville en désordre ; une longue négligence en avoit laissé ruiner toutes les défenses ; la bourgeoisie consternée refusa de prendre les armes ; on n'attendoit que le moment que Bonnivet arriveroit avec l'armée, et on étoit prêt à lui ouvrir les portes ; mais il fut amusé par des négociations inutiles, où il se laissa engager par Galéas Visconti, de l'ancienne famille des ducs de Milan, qui lui faisoit espérer contre toute apparence de faire chasser les impériaux par les Milanois.

Pendant qu'il écoutoit ces propositions, quatre ou cinq jours que l'armée passa sans rien faire aux bords du Tessin, donnèrent le temps à Colonne de rassurer les habitans, et de réparer les fortifications ; il fit plus, car il appela toutes les garnisons, hors celles de Crémone et de Pavie. Il ne se soucia point d'abandonner les autres places ; il ne s'agissoit que d'éviter la première impétuosité de l'armée françoise. Colonne, qui espéroit tout du temps et de l'hiver qui étoit proche, se contenta de munir Milan : ainsi quand l'amiral approcha, il trouva la place en bon état, et dix mille hommes de guerre dedans, sans les habitans : ainsi il fut réduit à faire seulement un blocus, et il écrivit au roi qu'il n'avoit pas voulu tenter la force, de peur d'exposer au pillage une ville qu'il falloit garder pour en tirer des contributions. Sa faveur fit passer ses raisons pour bonnes, et le roi espéroit de grands succès de sa conduite.

Environ dans ce temps le Pape mourut. A l'occasion de cette mort, le duc de Ferrare, assisté des François, tenta vainement de prendre Modène et Plaisance. Bayard fut plus heureux à surprendre Lodi, après quoi il secourut la citadelle de Crémone, assiégée depuis vingt-deux mois ; il n'y trouva plus que huit soldats, résolus de périr tous plutôt que de se rendre. Après avoir mis la citadelle en état, il assiégea à son tour la ville, que les pluies l'empêchèrent de prendre, et l'amiral le rappela pour presser de plus en plus le blocus de Milan.

La France cependant, qui faisoit de si grands efforts contre l'Italie, étoit elle-même pressée, et en grand péril par trois endroits. La Motte des Noyers entra en Champagne avec douze à quinze mille hommes, et y prit quelques petites places ; les Espagnols avoient trente mille hommes du côté de Guienne, et les Anglois, joints aux Impériaux, attaquèrent la Picardie en pareil nombre : ce qui restoit de troupes à la France étoit bien éloigné de ce qu'il en falloit pour résister à tant d'ennemis ; mais la valeur et l'habileté de ses chefs la sauvèrent. Claude de Guise, gouverneur de Champagne, tomba à l'improviste sur La Motte des Noyers avec sa cavalerie, l'enveloppa et le défit. Les Espagnols, qui croyoient enlever tout d'un coup la Guienne, entièrement dégarnie, furent arrêtés par Lautrec, gouverneur de cette province.

Ce seigneur, maltraité à la Cour depuis la perte du Milanez, s'étoit retiré dans son gouvernement, et quoiqu'il fût abandonné, il ne laissa pas de se soutenir. D'abord il ravitailla Fontarabie, et s'enferma dans Bayonne. Lorsqu'on alla l'assiéger, il y soutint un assaut terrible contre toute l'armée espagnole, quoiqu'il n'eût pour tous soldats que les bourgeois animés de sa présence. Les Espagnols, contraints de lever honteusement le siège, s'en vengèrent sur Fontarabie, que Frauget leur rendit d'abord, et fut quelque temps après, pour sa lâcheté, dégradé sur un échafaud, par le jugement du conseil de guerre.

La Picardie fut en plus grand péril que la Guienne, et La Trimouille eut besoin contre eux de toute sa prudence. Il avoit très-peu de monde ; mais il sut si bien s'en servir, que les ennemis le trouvoient toujours dans toutes les places d'où ils s'approchoient, en quoi il fut merveilleusement secondé par la vigilance incroyable et la valeur du brave

Créqui de Pontderémi, qui se signala dans cette guerre. A la fin pourtant les Anglois passèrent la Somme à Braye; ils prirent et brûlèrent Roye; Montdidier se rendit à eux trop facilement, et ils vinrent jusqu'à la rivière d'Oise, à onze lieues de Paris. En même temps le roi y envoya de Lyon le duc de Vendôme, avec quatre cents hommes d'armes. La saison étoit avancée; et les Anglois, qui croyoient engloutir la France, furent contraints de se retirer sans pouvoir rien conserver de ce qu'ils avoient pris dans la Picardie. Il étoit environ la Toussaint; et la même incommodité de la saison, qui avoit chassé les Anglois, fatiguoit beaucoup notre armée d'Italie.

Colonne avoit soutenu Milan par sa vigilance et son industrie; car pendant que l'amiral rompoit les moulins, et détournoit le canal, il fit faire dans la ville un si grand nombre de moulins à bras, qu'avec l'abondance de grain que le pays fournissoit, le pain ne manqua pas; mais l'argent manquoit tout à fait. Colonne, pour en avoir, s'étoit accordé avec le duc de Ferrare, à qui il avoit promis de livrer Modène, en donnant cinquante mille ducats. Le collége des cardinaux, qui gouvernoit pendant la vacance, empêcha que cette place ne fût enlevée au saint Siége : quoique cette affaire n'eût pas réussi, les assiégés ne laissoient pas de se défendre, et l'armée françoise dépérissoit tous les jours.

Il arriva encore un autre désordre dans les affaires. L'amiral craignit que les ennemis ne se saisissent du pont qu'il avoit fait à Vigevano, par où les vivres venoient dans son camp, et il rappela Bayard pour le garder. Il ne considéra pas que par ce moyen il abandonnoit Lodi, et laissoit les passages tellement ouverts, que Milan recevoit avec abondance tous les secours nécessaires. Alors il fallut quitter Milan, qu'il n'y avoit plus moyen d'affamer, et Bonnivet décampa pour s'aller loger à Biagrassa. Ce poste, éloigné de Milan de quatorze milles, lui parut avantageux, parce qu'il pouvoit de là fatiguer la ville, et qu'il n'avoit rien à y craindre étant le maître de tout le pays d'alentour.

Pendant qu'il se retiroit, Bourbon et les autres chefs pressoient Colonne de le poursuivre : il ne le voulut jamais, disant qu'il n'y avoit qu'à laisser faire l'amiral, qui achèveroit bien tout seul de ruiner son armée. Un peu après la retraite, le conclave, qui sembloit attendre le succès du siége pour élire un Pape, se détermina au cardinal de Médicis, qui prit le nom de Clément VII.

Colonne, après avoir délivré Milan, empêcha encore Bonnivet de prendre Arone, place d'importance; mais il ne jouit pas longtemps de la gloire qu'il s'étoit acquise; il mourut vers la fin de l'année, et ne quitta le commandement à Lannoy, que la veille de sa mort. Pescaire fut envoyé pour être son lieutenant, et Bourbon, à qui l'on avoit promis le commandement entier de l'armée, fut trop heureux de le partager avec Lannoy.

Cependant l'amiral ne laissoit pas d'incommoder le Milanez dans les postes qu'il avoit occupés ; mais le Pape, plus agissant que son prédécesseur, fit joindre ses troupes avec le vice-roi, en même temps que l'armée vénitienne et six mille lansquenets arrivèrent aussi à Milan. Quand ces troupes furent arrivées, les impériaux résolurent de se mettre en campagne, et se postèrent à cinq milles de Biagrassa.

L'amiral s'étoit retranché dans un logement très-fort, où il avoit pour deux mois de vivres, et espéroit que les ennemis se ruineroient par eux-mêmes. Ils prétendoient le faire périr de la même sorte (1524) ; et Bourbon, très-bien averti de ce qui se passoit dans le camp de Bonnivet, les empêcha de combattre ; car il savoit que l'argent' commençoit à lui manquer.

Les choses étant ainsi comme en suspens, le château de Crémone fut pris par famine, la maladie se mit dans notre camp, et l'amiral fut contraint de quitter son poste de Biagrassa, en y laissant garnison, pour défendre Vigevano que les ennemis alloient occuper. Il leur présenta la bataille qu'ils refusèrent ; Verceil, d'où lui venoit la plus grande partie de ses vivres, se révolta, et il commençoit à craindre ; mais un renfort qui lui vint releva ses espérances. Outre cela, Rence de Ceri, baron romain, capitaine célèbre en ce temps, avoit cinq mille Grisons dans le Bergamasque, qui devoient se joindre à la garnison de Lodi, ou faire une diversion dans les terres de Venise. Mais Jean de Médicis, à la tête des Vénitiens, prit des postes si avantageux, qu'il empêcha la jonction des Grisons, et les dissipa.

A son retour il fut averti par Bourbon que Biagrassa étoit en mauvais état, et le força en quatre jours. Il restoit encore une ressource à l'amiral, c'étoit le secours des Suisses, qui descendoient en grand nombre de leurs montagnes pour le joindre. Il les attendit quelque temps à Novare, et voyant que son armée dépérissoit tous les jours, il résolut d'aller au-devant d'eux. Ils étoient au nombre de huit mille sur les bords de la Sésia, qui les séparoit d'avec notre armée, et ils hésitoient à la passer, sur ce que le roi ne leur avoit pas envoyé quatre cents hommes d'armes qu'il leur avoit promis.

Bonnivet espéroit qu'en les joignant, il les détermineroit à agir ; mais il n'eut pas plutôt décampé, que les impériaux marchèrent après. Lannoy n'en étoit pas d'avis, et vouloit qu'on fît un large passage à l'ennemi qui se retiroit ; mais Bourbon, qui avoit avis du désordre de notre camp, représentoit qu'il étoit aisé de défaire des fugitifs, qui encore avoient à passer une rivière en leur présence, et il attira Pescaire à son sentiment. Ils résolurent de donner, et ils trouvèrent l'amiral en défense à la queue du dernier bataillon.

En cet état il lui arriva un nouveau malheur ; les Suisses qui étoient dans son armée se débandèrent pour joindre leurs compagnons à l'autre bord. L'amiral, sans perdre de temps, couvrit le désordre avec sa gendarmerie, et soutint vigoureusement le choc des ennemis ; mais étant blessé au bras droit d'une arquebusade, sa blessure et la crainte de tomber entre les mains de Bourbon son capital ennemi, lui fit remettre le commandement à Bayard ; car le maréchal de Montmorency, qui avoit toujours commandé l'avant-garde en cette campagne, étoit demeuré malade. Bayard, qui avoit souvent averti l'amiral de ses fautes, avec une liberté digne d'un aussi brave homme qu'il étoit, lui dit en acceptant le commandement, qu'il étoit bien tard pour le lui donner, et que les affaires étoient sans remède ; mais qu'il serviroit sa patrie jusqu'au bout, aux dépens de sa propre vie.

Il donna ensuite ses ordres, et se joignit avec Vandenesse, frère du maréchal de Chabannes. Par leur valeur et par leur conduite, l'armée passa toute entière. Il leur en coûta la vie à tous deux : Vandenesse tomba tout roide d'un coup au travers du corps ; et Bayard, mortellement blessé, après avoir vu la retraite heureusement achevée, se fit mettre au pied d'un arbre, le visage tourné vers les ennemis, attendant la mort avec un courage intrépide, et recommandant toujours son âme à Dieu.

Le hasard ayant conduit Bourbon au lieu où il étoit, il lui cria : « Pauvre chevalier Bayard, je te plains d'être en un état si pitoyable. — C'est vous, Monseigneur, repartit Bayard, c'est vous qui êtes à plaindre, vous qui servez contre votre roi et contre votre serment ; pour moi, je meurs en brave homme au service de ma patrie. » Il mourut un moment après, également regretté des ennemis et des François. Pescaire étant aussi accouru au lieu où il étoit, lui avoit fait dresser une tente, et après sa mort il fit embaumer son corps, et le renvoya avec un grand convoi.

Cependant l'armée continuoit sa retraite en bon ordre ; quand elle fut en sûreté, les Suisses se retirèrent dans leur pays, et Bonnivet marcha vers la France. Il trouva en son chemin les quatre cents lances qui devoient joindre les Suisses fort complètes et en bon état, mais venues trop tard, comme il arrivoit souvent en ces temps. Après cette retraite, il fut aisé aux impériaux de reprendre toutes les places du Milanez.

Cette nouvelle fut reçue en France avec une extrême douleur ; Bonnivet n'en parut pas avec moins de confiance à la Cour. Il comparoit sa retraite aux plus belles actions qui eussent jamais été faites à la guerre : toute la Cour se moquoit de lui ; mais il eut assez d'adresse pour ne point déplaire au roi. Il appréhendoit pourtant qu'après avoir ruiné une armée si considérable, on n'osât plus lui confier le commandement, et c'est ce qui l'obligea à persuader au roi d'aller en personne en Italie. Il ne fut point difficile de faire entrer dans ce sentiment un prince qui n'avoit rien tant à cœur que la gloire, et qui n'avoit été arrêté dans son royaume en ces dernières occasions que par des nécessités évidentes. Mais les ennemis étoient plus prêts que lui, et Bourbon les sollicitoit sans cesse de ne point laisser inutile une armée victorieuse; la saison leur étoit favorable, et la terre commençait à se couvrir de verdure.

Les Anglois étoient prêts à concourir avec eux à la ruine de la France, qu'ils croyaient à demi vaincue; Charles et Henri avoient fait un traité par lequel ils partageoient entre eux le royaume; Bourbon y avoit sa part, et on avoit déjà réglé que, malgré le nom de roi qu'on lui donnoit, il seroit tenu de faire hommage au roi d'Angleterre. Ce roi devoit donner à l'empereur des sommes immenses, ou entrer dans la Picardie avec une puissante armée, auquel cas l'empereur lui devoit donner des troupes, et fournir l'artillerie; mais dans de si grands objets, la principale espérance des deux princes étoit sur Bourbon.

Il étoit irrité qu'on eût fait sans sa participation un traité où l'on décidoit de sa fortune. Sa colère ne l'empêcha pas d'accepter le commandement, et si l'on eût suivi ses conseils, la France eût eu peine à éviter sa ruine. Il étoit d'avis de passer le Dauphiné, sans assiéger aucune place, et de descendre du côté de Lyon où il avoit ses intelligences. De là il vouloit entrer dans les provinces de son domaine, et répandre partout dans sa marche des manifestes contre le gouvernement, en promettant au peuple de le soulager de tous impôts, artifice ordinaire dont on flatte la multitude ignorante.

Comme il n'y avoit presque de troupes en France que les restes de l'armée d'Italie, tout étoit à craindre d'un tel conseil; mais le bonheur de la France voulut qu'il ne fût pas suivi : Moncade, que sa souplesse et son habileté à la guerre avoit mis en grand crédit auprès de l'empereur, lui représenta de quelle conséquence il étoit d'exposer toutes les forces de l'empire au milieu de la France, sous la conduite d'un rebelle, qui seroit ravi de faire sa paix avec son roi, aux dépens de l'empereur dont il étoit mécontent. Il trouvoit plus à propos d'assiéger une ville maritime, où la nécessité d'avoir une armée navale partageroit le pouvoir de Bourbon, et il espéroit d'avoir ce commandement. Il ne fut point trompé dans sa pensée.

L'empereur entra dans son sentiment, et ordonnant à Bourbon d'assiéger Marseille, il donna le commandement de l'armée navale à Moncade. Pour diminuer encore davantage le pouvoir de Bourbon, il voulut que les Espagnols fussent commandés par Pescaire, sous prétexte que cette nation ne se résoudroit jamais à obéir à un étranger. Quoique l'empereur envoyât ses ordres à Bourbon avec beaucoup d'excuses et de complimens, il ne se payoit point de tant de belles paroles, et il ne pouvoit digérer qu'on lui donnât tant de compagnons, ou plutôt tant de surveillans; mais il n'étoit plus temps de reculer, il n'y avoit qu'à obéir. Il partit donc avec cinq cents hommes d'armes, huit cents chevau-légers, et douze mille hommes de pied.

Comme il ne trouva point d'armée qui s'opposât à la sienne, il entra sans peine en Provence, et prit d'abord Toulon et Aix. Là il apprit la mort de la reine. Cette princesse étoit adorée de tous les François, et par son propre mérite, et par la mémoire toujours chérie du roi Louis XII son père.

Bourbon, qui voyoit les peuples assez mécontens, et encore aigris par ces bruits, se servit de cette occasion pour renouveler ses premiers desseins. Il représenta aux Espagnols la France sans armée, les peuples émus et prêts à se révolter, et enfin tout le royaume perdu, si on avoit le courage de l'attaquer. On le laissa raisonner, et Pescaire mit le siége devant Marseille, selon les ordres de l'empereur. Rence de Ceri étoit dedans avec deux cents lances, et trois mille vieux soldats, avec lesquels il se défendoit vigoureusement.

Le roi cependant ne s'endormoit pas; après avoir rétabli son armée, il envoya avec l'avant-garde le maréchal de Chabannes, résolu de le suivre de près. Les Espagnols n'avoient osé entrer dans Avignon, et quoique le Pape fût peu soigneux de leur donner le secours qu'il leur devoit par les traités, ils respectèrent son domaine; mais le maréchal qui n'avoit pas la même raison de l'épargner, entra dans la place, sous prétexte de la garder au Pape.

Quand les impériaux apprirent qu'il étoit si proche, le trouble se mit dans leur camp; d'ailleurs l'argent y manquoit; les Etats de Castille et des royaumes voisins, loin d'octroyer à l'empereur celui qu'il leur avoit demandé, ne lui avoient présenté que des requêtes pour leur décharge, de sorte qu'il n'avoit pu entrer en Guienne, comme il l'avoit projeté. Le roi d'Angleterre n'étoit point entré en Picardie : ces deux princes faisoient de grandes plaintes l'un de l'autre, et se reprochoient mutuellement de grands manquemens de parole; ils avoient raison tous deux; mais le roi d'Angleterre paroissoit le plus dégoûté. Le cardinal d'York, principal ministre, commençoit à s'incliner vers la France, et tournoit de ce côté l'esprit de son maître.

Dans cette bonne disposition, il reçut les envoyés de François, qui, n'ayant affaire qu'en Provence, vint avec toutes ses forces. A son approche le maréchal s'avança à Salon de Craux, qui n'étoit qu'à huit lieues de Marseille. La terreur redoubla dans le camp des ennemis, et ils furent contraints de lever le siége en grande hâte, après avoir perdu beaucoup de monde, et tout leur butin. Le roi ne se contenta pas de les avoir chassés de son royaume, il crut qu'en marchant droit à Milan, il réduiroit aisément tout le pays. L'importance étoit d'y arriver le premier; et ce prince, pour prévenir la diligence des ennemis, partit sans vouloir écouter personne que l'amiral qui le pressoit. Il évita la rencontre de sa mère, qui, voyant l'hiver approcher, car c'étoit la mi-octobre, venoit exprès de Lyon pour rompre son voyage; et il lui manda d'aller à Paris faire vérifier les lettres de régence qu'il lui laissoit.

Durant les premiers jours les deux armées firent presque une égale diligence. Mais Pescaire, qui connut de quelle conséquence il lui étoit de joindre promptement Lannoy, que les soldats qu'il avoit dans le Milanez avoient presque abandonné faute d'argent, tout d'un coup fit une marche de trente milles pour se jeter dans Pavie, où Lannoy le rencontra. Là ils délibérèrent de ce qu'ils avoient à faire, et le viceroi ayant laissé un grand renfort à Pavie, sous le commandement d'Antoine de Lève, résolut d'aller à Milan avec le reste de l'armée; mais Moron, qu'il y avoit envoyé quelques jours auparavant pour lui mander des nouvelles, l'empêcha d'entrer dans une ville que la peste avoit désolée; et loin d'y appeler du secours, il porta le duc Sforce à l'abandonner. Le roi ne tarda pas à s'en approcher; mais il n'y voulut jamais entrer. Il se contenta d'y envoyer La Trimouille, et d'y mettre une garnison capable de faire le siége du château.

Cela fait, il assembla le conseil de guerre; la fin du mois d'octobre approchoit, et il lui étoit d'une extrême importance de bien employer le temps. Jean Stuart, duc d'Albanie, les maréchaux de Chabannes et de Foix, avec tous les vieux officiers étoient d'avis que, sans s'arrêter à un siége, pas même à celui du château de Milan, on fit marcher La Trimouille avec toutes les troupes pour accabler les impériaux pendant qu'ils étoient en désordre; mais Bonnivet l'emporta sur tant de grands hommes, et contre la pluralité des avis, il fit entreprendre le siége de Pavie.

Alors les impériaux commencèrent à se rassurer. Ils étoient dispersés en divers endroits en grande crainte, et presque sans vivres; le Pape et les Florentins les amusoient de belles paroles : les Vénitiens n'en faisoient guère plus. Dans un si triste état, ce fut pour eux un coup de salut que de leur donner le temps de respirer. Le roi, qui croyoit emporter facilement Pavie, la fit battre avec tant de vivacité, qu'il y eut brèche au bout de deux jours. Comme on alloit à l'assaut, on découvrit du haut des ruines un nouveau fossé que Lève avoit fait creuser, garni d'arquebusiers, et hors d'état d'être forcé. Il fallut se retirer, et le maréchal de Foix fit une seconde tentative aussi inutile que la première : ainsi on résolut d'attaquer la ville d'une autre façon.

Un côté de murailles étoit défendu par un bras du Tessin, et parce qu'il n'étoit pas guéable, on n'avoit pas cru nécessaire de fortifier la ville de ce côté-là. On entreprit de le détourner, et on commença pour cela de grands travaux. Cependant le duc de Bourbon qui vit que le siége tiroit en longueur, crut qu'il auroit le loisir de faire des levées en Allemagne pour venir attaquer le roi avec plus de forces; il n'avoit point d'argent, et l'empereur n'étoit point en état d'en fournir; mais le duc de Savoie engagea jusqu'à ses pierreries pour lui en faire trouver. On ne sait pas par quel intérêt ce duc se laissa gagner contre sa sœur mère du roi, et, contre ce prince son neveu, qu'il avoit jusqu'alors tendrement aimé; on sait seulement que depuis qu'il eut épousé l'infante de Portugal, parente de l'empereur, il changea bientôt pour la France. Avec l'argent que Bourbon eut par son moyen, il se fit bientôt considérer en Allemagne, où il gagna aisément Fronsberg, luthérien emporté, qui ne demandoit qu'à passer en Italie pour avoir occasion de faire la guerre au Pape. Par le moyen de cet homme, qui avoit beaucoup de crédit, il levoit des troupes en grande hâte, craignant toujours que les Espagnols, qui manquoient d'argent, n'abandonnassent Pavie, ou que le roi ne fût contraint de se retirer avant son retour; mais les affaires du siége alloient lentement, et le roi ne s'opiniâtroit pas moins à le continuer.

On s'étoit tourmenté en vain durant trois semaines à détourner la rivière, qui, enflée des pluies et des neiges, emporta tout à coup l'ouvrage de trente mille pionniers. Cette lenteur du siége donna lieu à de grandes négociations; le Pape fit sonder les sentimens de Lannoy sur la trêve, et comme il ne l'en trouva pas éloigné, il le fit consentir lui et ses collègues qu'elle se feroit pour cinq ans, en laissant au roi les places de deçà l'Adde, excepté Lodi. Il n'y avoit rien de plus avantageux pour la France que cette trêve, qui dégageoit le roi honnêtement d'un siége aussi hasardeux que celui de Pavie, et lui laissoit la partie du Milanez la plus grande, la plus fertile, et la plus voisine de France; mais Bonnivet s'y opposa. Il ne cessoit de représenter au roi, qui n'étoit que trop aisé à piquer d'honneur, quelle gloire ce lui seroit de réduire une ville aussi importante. Ainsi, sans songer aux incommodités de la saison et au dépérissement des troupes, on ne pensa qu'aux moyens de continuer le siége. Tout ce que put faire le Pape, fut de s'accorder avec le roi, qu'il croyoit le plus fort, en faisant ligue offensive et défensive avec lui, à condition qu'il protégeroit le saint Siége, l'état de Florence, et la maison de Médicis. Le traité étoit fait pour la vie des deux contractans, et devoit être tenu secret, jusqu'à ce qu'il plût au Pape de le découvrir : le roi se tenant fort par cet accommodement, conçut de nouveaux desseins.

Quoiqu'il eût besoin de toutes ses troupes devant Pavie, il envoya le duc d'Albanie vers le royaume de Naples, avec six cents hommes d'armes et dix mille hommes de pied. Il prétendoit par là, ou prendre ce royaume au dépourvu, ou obliger Lannoy à lui abandonner le Milanez. En effet, il fut tenté de quitter tout pour aller au secours du royaume de Naples, qu'il appréhendoit de voir périr durant qu'il en étoit viceroi ; car le Pape, après avoir fait ce qu'il pouvoit pour détourner le roi de cette entreprise, avoit été obligé de donner passage à nos troupes, en s'excusant envers Lannoy le mieux qu'il put ; ce qui n'empêcha pas que Pescaire ne fît résoudre dans le conseil qu'on s'attacheroit à la défense du Milanez, comme à l'affaire capitale, en envoyant ordre aux gouverneurs dans le royaume de Naples de tenir le plus qu'ils pourroient.

Le même Pescaire fut cause qu'on refusa une trêve que le roi n'eût pu refuser. Elle lui laissoit les places qu'il avoit prises, et séquestroit celles que tenoient l'empereur et le duc Sforce, jusqu'à ce que par une paix on eût assuré le duché à un second ou troisième fils de François. Pescaire empêcha cet accord trop désavantageux aux affaires de son maître, et le Pape, à l'occasion de ce refus, déclara le traité qu'il avoit fait avec le roi.

Ce traité nous apporta de grands avantages. Les poudres nous ayant manqué, le duc de Ferrare en fournit avec toutes les munitions nésaires, et le convoi passa dans les terres du Pape, malgré les plaintes des impériaux. Il arriva encore au roi une chose heureuse ; Moncade, qui avoit pris Savone, et qui, s'étant rendu maître de la rivière de Gênes, empêchoit les secours de France tout préparés à Marseille, fut pris lui-même par André Doria, et sa flotte dissipée, après quoi Rence de Céri joignit le duc d'Albanie au delà de l'Apennin.

Cependant les impériaux n'étoient pas sans espérance (1525); malgré les rigueurs de l'hiver, le duc de Bourbon s'approchoit avec cinq cents chevaux et six mille hommes de pied, en attendant de plus grandes troupes. Lannoy s'avança à Lodi, et y assembla son armée, composée de dix-neuf à vingt mille hommes, entre autres de seize mille d'infanterie espagnole et allemande, des meilleures troupes du monde. Pour se donner le loisir d'attendre le duc de Bourbon, ils firent par adresse entrer dans la place quelques tonneaux pleins d'argent, et apaisèrent les lansquenets, qui commençoient à se mutiner.

Enfin Bourbon arriva avec ses Allemands, et aussitôt après les généraux résolurent d'attaquer les lignes. Ils prétendoient ou donner bataille, s'ils le pouvoient avec avantage, ou en tout cas forcer un passage, et rafraichir les assiégés. La difficulté étoit d'engager au combat des troupes à qui on n'avoit point d'argent à donner. Il fallut user d'artifice : Pescaire persuada aux Espagnols que les Allemands vouloient commencer l'attaque, et qu'il les falloit prévenir. Bourbon excita les Allemands par un discours semblable qu'il leur fit des Espagnols, et ces deux nations alloient au combat à l'envi l'une de l'autre. Pour profiter de leurs bonnes dispositions, les généraux résolurent de camper à Lodi. Ils prirent en passant le château Saint-Ange, poste important, qu'un Italien gagné leur abandonna, et vinrent se loger près de notre armée, qu'ils fatiguèrent durant quinze jours par des escarmouches continuelles.

Le roi commençoit à regretter les troupes du duc d'Albanie, qui ne faisoient qu'un bruit inutile. Il payoit à la vérité une grande armée ; mais par la négligence des officiers principaux, et l'avarice des autres, il s'en falloit beaucoup que ses troupes fussent complètes. Il fut contraint de rappeler La Trimouille, avec une partie de la garnison qu'il avoit à Milan : mais en même temps six mille Grisons le quitèrent, rappelés par leurs supérieurs, à qui la surprise d'une de leurs places donna l'alarme. Voilà à quoi on s'expose, quand on met sa confiance dans les étrangers.

Un peu après, le roi eut avis qu'un renfort de quatre mille hommes qui lui venoit de Savone avoit été défait dans l'Alexandrin par la cavalerie du duc de Milan. Après tant de fâcheuses nouvelles, La Trimouille, les généraux, tous les vieux officiers de l'armée et le Pape, conseilloient au roi de se retirer sans donner bataille, et sans attendre les ennemis qui étoient plus forts que lui : ils l'assuroient que cette retraite ne seroit pas pour longtemps, parce que l'armée ennemie, composée de tant d'étrangers, que l'argent seul amenoit, le voyant manquer sans ressource, se dissiperoit en quinze jours.

Le roi, qui avoit dit si souvent qu'à quelque prix que ce fût il prendroit Pavie, aima mieux hasarder toute son armée et sa propre personne, que de reculer. Bonnivet l'affermissoit dans cette résolution, disant que le moindre pas en arrière feroit tomber le courage aux François, accoutumés à craindre l'ennemi, si on ne les obligeoit à le chercher, ou du moins à l'attendre. Cependant il étoit vrai que l'argent manquoit aux impériaux, et qu'ils craignoient tous les jours que leurs troupes ne se débandassent. Pour empêcher ce malheur, ils crurent qu'il n'y avoit point de temps à perdre, et résolurent de donner pendant la nuit du 24 février, fête de saint Mathias, jour que les impériaux estimoient heureux, parce que c'étoit celui de la naissance et de l'élection de l'empereur.

Ils marchèrent contre notre armée, qui étoit avantageusement postée, retranchée de toutes parts de bons fossés, et défendue de forts vers les endroits les plus foibles. Le flanc droit avoit pour défense, avec de grands fossés, les murs du parc de Mirabel, maison de plaisance des ducs de Milan. Le roi étoit logé dans le parc, et tellement retranché, qu'il ne pouvoit être forcé : il avoit résolu dans le conseil de ne point hasarder sa personne, et sans sortir de son fort, d'envoyer de là tous les ordres où il seroit nécessaire; du reste on ne vouloit point en venir à une bataille, mais défendre seulement l'endroit que les ennemis voudroient forcer. Ils commencèrent à donner l'alarme par plusieurs feintes attaques dans les quartiers les plus éloignés de Mirabel, ayant des chemises blanches sur leurs armes pour se reconnoître.

A deux heures devant le jour, ils rompirent soixante brasses des murs du parc, et y entrèrent d'abord avec deux mille arquebusiers, et quelques compagnies de chevau-légers. Leur armée étoit partagée en quatre brigades, dont la quatrième faisoit le corps de réserve. Ils avoient trouvé moyen d'avertir Antoine de Lève de leur dessein, et ils lui donnèrent le signal dont on étoit convenu. Le choc commença par Ferrand de Castriot, marquis de Saint-Ange, qui, soutenu de trois bataillons, gagnoit le château de Mirabel, dont il vouloit se saisir, laissant à gauche le roi, trop fort pour être attaqué. Deux compagnies de gendarmes sortirent pour leur résister.

Comme ils avoient à passer à la tête de notre armée, et que notre artillerie les foudroyoit et leur emportoit des files entières, ils se couchoient sur le ventre, sans éviter le canon qui les voyoit d'une éminence, et ils couroient à la file pour gagner un vallon qui les eût mis à couvert. Cependant le marquis de Saint-Ange perdit son meilleur officier, et sa brigade parut ébranlée. Pescaire vint le soutenir; mais le maréchal de Chabannes qui commandoit l'avant-garde, étant sorti en même temps, poussa un gros d'Espagnols, dont il encloua le canon; la brigade du duc de Bourbon fut encore plus maltraitée par les bandes noires, qui, l'ayant autrefois extrêmement aimé, l'avoient en horreur depuis sa révolte. Notre canon faisoit de tous côtés un effet terrible; et Jacques de Genouillac, seigneur d'Assier, maître de l'artillerie, se promettoit lui seul de défaire les ennemis, quand le roi, qui les croyoit ébranlés, se persuada qu'en paroissant il rendroit la victoire indubitable.

Il sortit donc de son fort, et se mit malheureusement entre son artillerie et les ennemis. Ainsi le canon se tut; les impériaux rassurés tournèrent tête contre le roi; sa gendarmerie les poussa d'abord, et le marquis de Saint-Ange fut tué, quelques-uns disent de la main du roi; mais il n'a pas besoin d'éloges douteux. Alors la mêlée fut âpre, et au milieu du tumulte, Pescaire fit avancer deux mille arquebusiers choisis, qu'il avoit mis en croupe derrière la cavalerie espagnole; leur décharge fut furieuse, et les François virent à leur tour leurs rangs éclaircis. Lève sortit de sa place, et les prit par derrière; l'aile droite deux fois poussée, fut deux fois ralliée par le maréchal de Chabannes. Au troisième choc tout plia, le cheval du maréchal fut tué sous lui, et ce vieillard intrépide, abandonné des siens, se jetoit dans les bataillons suisses pour combattre à pied avec eux. Il fut pris par un Italien, à qui un Espagnol le vouloit ôter, et plutôt que de le laisser entre ses mains, il le tua.

En même temps le duc d'Alençon voyant l'aile droite défaite, se retira sans combattre, avec l'aile gauche qu'il commandoit, et alla mourir à Lyon de honte et de désespoir. Sa retraite perdit l'armée de France; les Suisses, qu'il devoit couvrir avec sa cavalerie, voyant qu'il tournoit le dos, se crurent trahis et prirent la fuite. Le roi, qui avoit perdu avec eux sa principale espérance, restoit avec les seuls lansquenets, au nombre de quatre ou cinq mille, avec lesquels il marcha tête baissée contre l'ennemi; ils furent bientôt accablés par la multitude.

Là périrent auprès du roi un grand nombre de seigneurs, parmi lesquels se trouva La Trimouille, ce grand capitaine, âgé de soixante et quinze ans, heureux en tant de combats. Le marquis de Saint-Séverin, grand écuyer, porté par terre d'un coup mortel, vit Langey qui venoit à lui pour le relever, et lui cria qu'il allât au roi, que pour lui il n'avoit plus besoin de rien. Le maréchal de Foix, blessé pareillement à mort, vouloit avant de mourir venger sur Bonnivet les malheurs de la France; mais les ennemis l'avoient prévenu, et l'amiral étoit tombé mort : tout le reste des seigneurs fut pris ou tué.

Le roi ayant eu son cheval tué sous lui, et étant blessé à la jambe, combattoit à pied avec une poignée de gens, et ne vouloit pas se rendre, jusqu'à ce que Pomperan l'ayant reconnu, malgré la poussière et le sang dont quelques blessures l'avoient couvert, il écarta la multitude qui l'entouroit, et fit approcher Lannoy, à qui le roi se rendit; le maréchal de Montmorency, envoyé la veille pour garder un poste, étoit retourné au bruit du canon pour servir son maître; il arriva trop tard pour combattre, et seulement assez tôt pour l'accompagner dans la prison. Parmi les prisonniers se trouvèrent le roi de Navarre, le comte de Saint-Pol, prince du sang, Fleurange, La Roche-du-Maine, Montpezat, et plusieurs autres qui s'étoient signalés dans le combat. Trivulce, qui commandoit à Milan, n'eut pas plutôt appris cette nouvelle, qu'il s'enfuit avec tous ses gens, et le propre jour de la victoire, le Milanez fut délivré de tous les François.

Un prisonnier de cette importance, tombé inopinément entre les mains des impériaux, étonnoit ceux qui l'avoient pris. Son malheur lui attiroit du respect; et les Espagnols, qui venoient avec empressement pour le regarder, regrettoient de n'avoir point un tel roi, et murmuroient contre l'empereur, qui parmi tant de guerres demeuroit tranquillement dans son royaume, se contentant de combattre par ses lieutenans.

Pescaire l'aborda avec beaucoup de soumission et de modestie, environné des principaux officiers. Le roi l'ayant reçu avec un air plein de douceur et de majesté, loua hautement sa valeur, quoique fatale à lui et aux siens, et dit qu'il croyoit qu'un si honnête homme porteroit l'empereur à user modérément de ses avantages. Il déclara que pour lui il n'envioit pas à ce prince les victoires que la fortune lui donnoit, mais l'occasion d'exercer sur un roi vaincu une générosité digne de deux si grands princes. Tout le monde étoit ravi de voir un roi de trente ans porter si constamment une si mauvaise fortune. On le traita toujours en roi, et lui aussi ne rabattit rien de sa grandeur. Le duc de Bourbon s'étant approché à genoux à un souper pour lui présenter la serviette, quelques-uns disent qu'il la reçut par politique; mais la plupart assurent qu'il la refusa avec un juste dédain, et le dernier est plus convenable à son humeur franche et à sa fierté naturelle.

Cependant le vice-roi étoit en peine où il renfermeroit son prisonnier; il eût bien souhaité qu'on eût pu le transporter à Naples ou en Espagne; mais il n'osoit l'y faire passer par mer, dans la crainte que les galères et les vaisseaux du roi ne l'enlevassent. Il lui paroissoit aussi dangereux de le laisser en Italie, où il prévoyoit qu'il se feroit bientôt de grandes cabales pour sa délivrance : il ne trouvoit pas même de sûreté à garder dans l'armée un prince dont l'abord gagnoit tout le monde, et l'espérance de sauver un si grand roi, dont la libéralité étoit si connue, pouvoit tenter les soldats mécontens faute d'être payés. Enfin il résolut de le faire promptement conduire à Pizzighitone, château fort du Milanez, en attendant les ordres de l'empereur, et les ouvertures que le temps pouvoit donner.

La nouvelle de la défaite et de la prise du roi vola bientôt de tous côtés; toute l'Italie en trembla, et craignit qu'une victoire si complète ne lui donnât bientôt un maître. Le duc d'Albanie s'arrêta tout court, et lui qui auparavant menaçoit Naples, ne songeoit plus qu'à la retraite.

Dans une si terrible conjoncture, les Vénitiens furent les premiers à prendre une vigoureuse résolution, et proposèrent au Pape de se joindre à eux, pour tomber promptement sur les impériaux, pendant que leurs troupes étoien affoiblies par le combat, et qu'étonnés eux-mêmes d'un si grand succès, ils ne savoient encore ce qu'ils avoient à faire pour en profiter. Le Pape, touché de leurs raisons, donna d'abord sa parole pour l'union qu'ils lui proposoient; mais l'archevêque de Capoue, son nonce, revint en même temps d'auprès de Lannoy, chargé de belles promesses; et le Pape, qui craignoit tout des victorieux, fut ravi de finir ses craintes par un accord. Il ne put persuader aux Vénitiens de s'engager aux conditions que le vice-roi leur proposoit; mais le reste de l'Italie suivit l'exemple du Pape, et même acheta la paix par de grandes sommes, que Lannoy employa à payer l'armée.

Toutes ces choses se firent bien vite, et furent presque rapportées en même temps à la régente, avec la prise du roi son fils. Il n'est pas besoin de dire quelle fut la consternation de toute la France, le roi pris, tous les chefs tués, la fleur de la noblesse et des troupes taillées en pièces, le royaume en alarme, épuisé d'hommes et d'argent, les vainqueurs puissans, l'Italie réduite à leur obéir, l'Angleterre unie avec eux, faisoient craindre à la régente une irruption, et mettoient l'Etat en péril.

A cela se joignoient les soins du dedans; elle n'étoit pas aimée, et le chancelier, sa créature, qui étoit haï au dernier point, rendoit le gouvernement odieux. Elle avoit mandé les princes du sang et les gouverneurs des principales provinces, entre autres Charles, duc de Vendôme, gouverneur de l'Ile-de-France et de Picardie, et premier prince du sang, par la mort du duc d'Alençon, et par la condamnation du duc de Bourbon.

Ce prince, passant à Paris pour se rendre à Lyon, fut sollicité par les principaux du parlement de la ville à prendre en main le gouvernement comme lui appartenant de droit : ils l'assuroient que Paris, qui donnoit le branle à toutes les villes, le reconnoîtroit; mais il vit les partialités qui naîtroient de cette entreprise, et déclara au contraire qu'il donneroit l'exemple à tout le monde d'obéir à la régente. Sa modération sauva l'Etat, et la régente, qui en reconnut le mérite, régla les affaires par ses conseils.

La première chose qu'il conseilla fut fâcheuse, mais nécessaire; ce fut d'augmenter les impôts, parce que les finances étoient épuisées. L'argent fut employé à lever de nouvelles troupes, dont la régente garnit les frontières; elle envoya en même temps des vaisseaux pour recevoir l'armée du duc d'Albanie, que l'Italie chassoit de tous côtés, et dépêcha en Angleterre, pour voir si la prodigieuse puissance de l'empereur ne donneroit point quelque ombrage à Henri. Tel fut l'ordre qu'on donna aux affaires du royaume.

En Espagne, on croyoit la France déjà conquise, et on ne parloit que de la monarchie universelle; mais plus les desseins de l'empereur étoient vastes, plus il témoigna de modération. Aussitôt qu'il sut la nouvelle, il alla en rendre grâces à Dieu, communia le lendemain, et fut en procession à l'église de Notre-Dame hors de Madrid; du reste il défendit toutes les marques de réjouissance, disant qu'on ne devoit se réjouir que des victoires remportées sur les infidèles. Il répondit dans le même sens aux complimens que lui faisoient les ambassadeurs : il reçut bien même ceux des Vénitiens, leur déclarant toutefois qu'il ne les croyoit pas sincères : enfin il témoignoit à tout le monde qu'il vouloit, en donnant la paix, rendre commune à toute la chrétienté la victoire qu'il avoit gagnée en particulier.

Les avis furent partagés dans son conseil sur ce qu'il devoit faire de la personne du roi; l'évêque d'Osma, son confesseur, lui conseilloit de gagner le roi en lui donnant sa liberté et sa sœur Eléonore en mariage : il lui représentoit la gloire immortelle qui suivroit une si belle action; au lieu que la rigueur qu'il tiendroit à son prisonnier mettroit toute l'Europe contre lui, et donneroit moyen aux luthériens d'infecter le reste de l'Allemagne. On dit que son secrétaire Gatinar lui conseilla au contraire de tenir le roi dans une perpétuelle prison, et de se rendre le seul maître de la chrétienté, pour opposer au Turc une plus grande puissance. Le duc d'Albe proposa un avis mitoyen, qui fut suivi par l'empereur; ce fut de faire amener le roi en Espagne, s'il se pouvoit, et de ne le relâcher qu'en tirant de lui quelques provinces, avec une grosse rançon, capable d'épuiser la France d'argent.

Sur cet avis, l'empereur fit partir le comte de Bure, fils du comte de Reux, pour visiter le roi de sa part, et lui proposer ces conditions : de lui céder la Bourgogne, de renoncer aux souverainetés de Flandre et d'Artois, et à toutes ses prétentions sur l'Italie, de donner la Provence au duc de Bourbon par-dessus son apanage, et de payer au roi d'Angleterre tout ce que l'empereur lui devoit. Voilà à quoi aboutit cette grande modération et ce grand désir de la paix que l'empereur avoit témoigné.

Le roi d'Angleterre avoit bien cru qu'il n'y auroit rien de modéré dans ses conseils; et aussitôt après la prise du roi, il avoit pris une secrète résolution de se tourner vers la France. Car, quoiqu'il eût témoigné d'abord de la joie, et publié qu'il alloit descendre en Picardie, il ne le fit que pour contenter ses peuples, et satisfaire en apparence à l'alliance qu'il avoit avec l'empereur. Le cardinal de Volsey n'étoit pas moins bien intentionné. L'empereur, qui jusqu'alors l'avoit extrêmement ménagé, jusqu'à lui écrire de sa main et à se qualifier son fils dans toutes ses lettres, changea tout à fait de style après la bataille de Pavie; ce qui piqua le cardinal, et le fortifia dans le dessein de servir la France. Ainsi l'envoyé de la régente fut bien reçu, et il se conclut entre les deux rois une alliance par laquelle le roi d'Angleterre fit exprimer qu'on ne pourroit démembrer aucune partie du royaume, sous prétexte de racheter le roi.

Depuis ce temps, il ne fit que chercher un prétexte de rompre avec l'empereur, en lui proposant de faire un partage du royaume de France entre eux; mais comme ce qu'il choisissoit pour lui étoit sans comparaison le meilleur, l'empereur comprit son dessein, et ne voulut rien conclure. Aussitôt le roi d'Angleterre licencia l'armée qu'il tenoit prête à descendre en France; et loin de demander aucun dédommagement à la régente, il s'obligea à l'assister d'hommes et d'argent.

Si la régente se fût avisée d'envoyer d'abord en Italie, elle eût pu empêcher le traité du Pape; mais son envoyé le trouva déjà engagé avec le vice-roi. L'affaire demeura pourtant en quelque façon en suspens, parce que l'empereur refusa de ratifier quelques articles; ce qui obligea le Pape à ne pas les ratifier de sa part.

A l'égard des Vénitiens, pendant qu'ils disputoient des conditions avec Lannoy, le jeune Selve, envoyé de France, fils du premier président, leur apprit le traité conclu avec l'Angleterre. Aussitôt ils reprirent cœur, et loin de s'engager, ils rappelèrent Pesaro, qui négocioit de leur part avec Lannoy.

Les affaires étoient en cet état, quand les propositions de l'empereur furent apportées à Pizzighitone. Le roi les rejeta avec une hauteur digne de lui, et répondit qu'il aimoit mieux mourir prisonnier, que de consentir à des propositions si honteuses. Il dit même qu'il s'étonnoit qu'on lui demandât des provinces, puisqu'outre qu'il n'avoit pas la volonté d'en céder aucune, il n'en avoit pas le pouvoir : que les rois de France étoient obligés, par le serment de leur sacre, à ne rien aliéner de leur couronne, et que de telles aliénations étoient nulles par les lois fondamentales du royaume. Au lieu de ces conditions, il offrit de rétablir le duc de Bourbon, et de lui donner sa sœur, veuve du duc d'Alençon, d'épouser la reine Éléonore, et de reconnoitre le duché de Bourgogne comme tenu en dot de cette princesse. L'ouverture de cette proposition fut fâcheuse, et donna lieu d'insister sur l'aliénation de la Bourgogne; le maréchal de Montmorency fut élargi, pour aller faire avec Bure ces propositions à l'empereur, à qui la régente les fit porter en même temps de la part du conseil de France.

Lannoy étoit cependant dans de grandes agitations sur ce qu'il feroit de son prisonnier. Il lui paroissoit impossible de le tenir plus longtemps dans le Milanez, et il ne savoit comment faire pour le transporter ailleurs. Il se défioit de Bourbon et de Pescaire, qu'il voyoit tous deux mécontens : l'un, parce que l'empereur n'avoit encore accompli aucun article de son traité; l'autre, parce qu'on lui avoit refusé le comté de Carpi après la bataille de Pavie, dans un temps où il croyoit qu'on ne pouvoit rien refuser à ses services. Ils se plaignoient hautement; et Lannoy qui les soupçonnoit de vouloir délivrer le roi, ne se fioit point aux soldats dont ils étoient maîtres, de sorte qu'il n'osoit pas même mener François à Naples, loin d'être en état de le conduire en Espagne.

Pour se tirer de cet embarras, il se servit d'un expédient dont un homme moins habile que lui ne se seroit jamais avisé; ce fut d'insinuer au roi que le moyen le plus court d'obtenir sa liberté étoit d'aller en personne pour la traiter en Espagne. Le roi goûta ce dessein ; et jugeant de l'empereur par lui-même, il crut qu'il lui persuaderoit un acte de générosité, s'il pouvoit le voir, et traiter avec lui, non de prince à prince, mais de cavalier à cavalier.

Quand Lannoy l'eut amené à son point, il lui proposa de prêter ses galères pour le voyage, parce que l'empereur n'en avoit pas assez; le roi accepta le parti avec joie, croyant sa liberté déjà assurée. Il fallut tromper Bourbon et Pescaire, et le roi entra encore dans la tromperie; il fit plus. André Doria, qui commandoit les galères, les ayant amenées selon ses ordres, se mit en état de le sauver. Sur cela Lannoy déclara qu'on se porteroit aux extrémités, et François parut pour empêcher ses gens de le délivrer. Ils furent contraints d'abandonner les galères aux Espagnols, après quoi François y entra, et un si grand roi se fit lui-même mener en triomphe à son ennemi, sur sa propre flotte.

Il partit au commencement du mois de juin, la navigation fut heureuse, et le roi arriva à Barcelone, avant que l'empereur eût nouvelle de son départ; mais pendant que Lannoy se réjouissoit d'avoir amené à son maître un tel prisonnier, il pensa le perdre. Ses soldats se mutinèrent, faute d'argent, jusqu'à tirer sur lui-même. Il étoit avec le roi à une fenêtre, et la balle donna à l'endroit où le roi étoit appuyé; mais Lannoy ne put s'échapper qu'en grimpant de maison en maison par les gouttières : ce fut le roi lui-même qui apaisa les soldats, tant par ses discours que par l'argent qu'il leur donna.

L'empereur témoigna plus de joie de son arrivée en Espagne, qu'il n'avoit fait de sa prise. Il le fit recevoir partout avec honneur; mais il résolut de le renfermer au château de Xativa, où les rois d'Aragon mettoient les prisonniers d'Etat. Le vice-roi fit changer un ordre si rigoureux; François fut amené dans le château de Madrid, avec permission d'aller de jour où il voudroit, environné de ses gardes.

L'empereur refusa de le voir jusqu'à ce qu'on fût convenu de tout; et François, qui étoit venu sur cette espérance, tomba dans une profonde mélancolie. Le maréchal de Montmorency, qu'il avoit envoyé à l'empereur, lui apporta pour consolation un passe-port de deux mois, pour Marguerite, duchesse d'Alençon, sa sœur, qui venoit traiter de sa délivrance, avec une suspension d'armes pour le reste de l'année.

Quand le bruit du départ du roi se répandit en Italie, on eut peine à croire une chose si surprenante. On ne pouvoit comprendre comment il s'étoit résolu à rendre lui-même sa prison plus sûre, et à rompre toutes les mesures que ses amis prenoient pour sa délivrance ; mais rien n'égala l'étonnement du duc de Bourbon et du marquis de Pescaire : ils ne pouvoient souffrir que Lannoy les eût trompés en leur enlevant le roi, et en rendant leur fidélité suspecte. Pescaire en fit ses plaintes à l'empereur, avec une véhémence, et une hardiesse extraordinaires. Il lui remontra combien il étoit injuste que Lannoy eût tout l'honneur d'une victoire à laquelle il n'avoit aucune part. Bourbon écrivit dans le même sens, et ajouta que le vice-roi avoit fait perdre tout le fruit de la victoire à l'empereur, en les empêchant, Pescaire et lui, de faire entrer l'armée victorieuse en France, pendant que tout y étoit en crainte et en confusion.

Charles répondit à l'un et à l'autre avec beaucoup d'honnêteté, et manda à Pescaire, entre autres choses, que le service que Lannoy lui avoit rendu en lui amenant le roi de France, ne l'empêchoit pas de reconnoître celui que Pescaire même avoit rendu par la victoire de Pavie dont Lannoy ne lui envioit pas la gloire. Il ajouta de grandes gratifications à ces paroles honnêtes ; mais il ne satisfit pas l'esprit ambitieux de Pescaire. Il étoit au désespoir de ce que les actions de son ennemi étoient approuvées, et il fit éclater son ressentiment dans toute l'Italie.

Moron, qui en fut bientôt instruit, conçut en même temps un grand dessein contre l'empereur, dans lequel il espéra de faire entrer Pescaire ; il vouloit lui persuader de tailler en pièces tous les Espagnols qui étoient dans le Milanez, et de se faire déclarer roi de Naples. Il proposa l'affaire au Pape et aux Vénitiens, de la part du duc de Milan, et de concert avec lui. Ils comprirent aisément que l'empereur vouloit se rendre maître de ce duché, ce qui leur étoit insupportable ; car ils n'y vouloient non plus les Espagnols que les François ; de sorte qu'ils consentirent aux propositions que Moron se chargea de faire au marquis.

Il l'aborda donc, en lui disant qu'il étoit né Italien, et qu'il lui étoit réservé d'affranchir sa patrie ; que si toute l'Italie avoit fait tant d'efforts pour chasser les François, ce n'étoit pas pour se mettre entre les mains des Espagnols, et que s'il vouloit les chasser, on lui donneroit les moyens de se faire roi de Naples. Pescaire écouta la proposition, et demanda seulement de quelle part on lui parloit, sur quoi Moron le fit assurer par les ministres du Pape et des Vénitiens, que leurs maîtres étoient du complot. Il lui fit voir ensuite que l'investiture de Naples, accordée à Charles par le saint Siége, étoit nulle, comme ayant été donnée à un empereur contre les lois fondamentales de l'inféodation ; et sur ce que Pescaire objectoit que, comme Napolitain, il avoit juré fidélité à l'empereur, on lui répondit qu'il devoit plutôt obéir au saint Siège, à qui appartenoit la souveraineté absolue, qu'à l'empereur, qui en relevoit.

Le marquis parut satisfait de ces réponses, et le traité fut résolu entre lui, le Pape, les Vénitiens, et Moron qui agissoit pour le duc Sforce. La chose fut donc portée en France à la duchesse d'Angoulême, qui entra dans la confédération, irritée des nouvelles difficultés que faisoit naitre l'empereur à la délivrance du roi son fils, depuis qu'il le tenoit en Espagne. Le duc de Milan étant tombé malade dans le même temps, l'exécution du traité fut différée, et Pescaire continuoit à tout écouter.

Le roi fut attaqué dans le même temps d'une maladie dangereuse, causée par le chagrin où le jetèrent ses espérances frustrées, et la dure persévérance de l'empereur à ne le point voir. L'extrémité où étoit le roi lui fit changer de résolution; l'empereur savoit la cause de son mal, et jugeant bien que sa présence en seroit le meilleur remède, il résolut de lui rendre une visite, tant il eut peur de le perdre sans pouvoir profiter de sa prise. Il vint donc en poste de Tolède à Madrid, et l'exhortant de songer à sa santé, il lui donna sa parole de lui rendre sa liberté aussitôt qu'il seroit guéri. Ce discours lui redonna la vie, et la duchesse d'Alençon sa sœur étant arrivée dans ce temps, elle aida beaucoup à le rétablir; mais à mesure que les forces lui revenoient, la négociation devenoit plus épineuse, et les ministres de l'empereur proposoient toujours de nouvelles difficultés. Cependant comme il s'agissoit de donner au roi la princesse qui étoit promise au duc de Bourbon, la bienséance ne permettoit pas à l'empereur d'aller plus avant sans la participation de ce prince; de sorte qu'il lui écrivit de sa propre main, pour l'inviter à venir en Espagne. Il partit aussitôt qu'il eut reçu cette lettre; et un peu après le duc de Milan, qui venoit de recouvrer sa santé, se vit en état de perdre entièrement son duché.

L'empereur avoit su la conspiration, et Pescaire lui-même lui en avoit donné l'avis; mais on doute s'il le fit de son bon gré, ou seulement parce qu'il apprit qu'il avoit été averti d'ailleurs. On dit que Lève, ayant pris du soupçon des entretiens fréquens de Moncade avec le marquis, trouva moyen d'arrêter Montebona, ministre du Pape, qui jamais ne fut vu depuis, et qu'il découvrit la conjuration par ses papiers qu'il surprit. On ajoute que la régente, troublée de ce que Senti, ministre des Vénitiens, qui remportoit les paquets, avoit été tué par des voleurs, donna ordre de tout déclarer à l'empereur, de peur que sous ce prétexte il ne traitât le roi plus rigoureusement, et que ce fut pour cette raison que Pescaire de son côté avertit son maître, craignant d'être prévenu.

Quoi qu'il en soit, l'empereur ou crut ou feignit de croire que Pescaire n'avoit écouté les propositions que pour tirer le secret des confédérés; et ce qui est assuré, c'est qu'il ne parut point qu'il eût diminué sa confiance; il agit au contraire comme obligé au marquis de ce qu'il lui donnoit le moyen de s'emparer des Etats du duc de Milan, qu'il convainquoit de félonie. Ainsi il lui commanda d'arrêter Moron, et lui envoya des patentes de gouverneur de Milan, avec ordre de s'en rendre maître. Il ne fut pas difficile de s'assurer du chancelier, qui ne se défioit de rien; il vint avec joie à Novare où Pescaire l'avoit mandé, sous prétexte de conclure le traité, et fut mis incontinent en prison. Après cela Pescaire surprit aisément toutes les places du Milanez, et étant entré dans Milan, il obligea tout le peuple à jurer fidélité à l'empereur. Il ne restoit au duc que le château de Crémone et celui de Milan, dans lequel il se renferma avec huit cents hommes seulement, mais avec une résolution que Pescaire n'attendoit pas. Toute l'Italie prit l'alarme d'une usurpation si ouverte; les Vénitiens, qui n'espéroient plus faire un accord solide avec la régente depuis que François s'étoit mis lui-même hors d'état de profiter de leur secours, étoient sur le point de s'accommoder avec l'empereur.

Cette invasion suspendit le traité, et le Pape même, malgré ses engagemens précédens, ne vouloit plus de paix avec l'empereur, s'il ne rétablissoit le duc Sforce. Cependant le duc de Bourbon arriva à la cour d'Espagne, où il fut bien traité de Charles; mais il fut en horreur à tous les grands, jusque-là que l'empereur ayant demandé à l'un d'eux sa maison pour le loger, il répondit que l'empereur pouvoit disposer de tout, mais qu'il mettroit le feu dans son logis aussitôt que le duc en seroit sorti, et n'y demeureroit jamais après qu'un traître y auroit logé.

La négociation pour la délivrance du roi se continuoit et n'avançoit pas. On lui demandoit toujours des provinces, et ce prince n'espérant plus aucune condition raisonnable, renvoya sa sœur, avec ordre de dire à sa mère qu'on ne pensât plus à lui, mais seulement au bien de l'Etat, et qu'on couronnât le Dauphin.

La duchesse partit quelque temps après avec une extrême diligence, secrètement avertie que l'empereur vouloit la surprendre, sur ce que le terme de son passe-port alloit expirer. On croit que ce fut le duc de Bourbon qui lui donna cet avis, touché d'amour pour cette belle princesse, que le roi proposoit de lui donner en mariage. Quoi qu'il en soit, elle se rendit en un jour dans les terres du roi de Navarre, à peu près dans le même temps que ce prince s'étoit sauvé d'entre les mains des Espagnols, laissant à sa place un de ses pages qu'il avoit mis dans son lit.

Par la retraite de la duchesse, les affaires demeurèrent entre les mains des ambassadeurs que la régente avoit envoyés avec elle. L'Italie cependant fut délivrée d'une grande crainte, par la mort de Pescaire, arrivée au commencement de décembre. Il donna ordre en mourant qu'on délivrât Moron, honteux d'avoir emprisonné un homme qui étoit venu sur sa parole. Il s'avisa trop tard de lui faire cette justice, et ses ordres demeurèrent sans exécution. Sitôt que l'empereur sut cette mort, il destina au duc de Bourbon le commandement de ses armées en Italie, et il fit mine de le vouloir faire duc de Milan. Voici ce qui le porta à ce dessein ou à cette feinte.

Il s'étoit embarrassé entre deux traités qu'on le pressoit de conclure : le Pape et les Italiens demandoient le rétablissement de Sforce, prêts à s'accorder avec la France s'il le refusoit. D'un autre côté les ambassadeurs de France s'étoient avancés jusqu'à céder la Bourgogne; il sembloit que le roi ne s'en souciât plus, disant hautement que si on vouloit qu'il tînt les conditions, on lui en fît d'équitables.

Ce discours fut rapporté à l'empereur, qui ne s'en mit guère en peine, parce qu'il crut avoir trouvé les moyens de tenir le roi obligé par de bons otages qu'il se feroit donner en le délivrant : ainsi la difficulté ne consistoit selon lui qu'à déterminer avec qui il lui convenoit le mieux de traiter. Les ministres espagnols étoient d'avis que ce fût avec les Italiens ; Lannoy et les Flamands, ravis de voir réunir en la personne de Charles toute la succession de la maison de Bourgogne, vouloient qu'il conclût avec le roi. Les uns et les autres soutenoient que leur sentiment étoit le meilleur pour rendre l'empereur maître de l'Italie. Les Espagnols prétendoient que, pourvu qu'il tînt le roi en prison, ni Sforce, ni le Pape, ni les Vénitiens ne lui seroient pas un grand obstacle : les Flamands disoient au contraire que, pourvu que le roi lui abandonnât l'Italie par un bon traité, elle ne lui feroit aucune peine à conquérir.

L'empereur se détermina au dernier parti, ne pouvant se résoudre à rétablir Sforce, par la crainte qu'il avoit d'être obligé de relâcher Moron en même temps. Il craignoit ce rusé vieillard, qui remuoit toute l'Italie, et il aima mieux encore délivrer le roi que lui ; mais auparavant il appela Bourbon, et lui dit qu'il avoit voulu le faire duc de Milan, du consentement des Italiens ; mais qu'ils s'obstinoient à conserver Sforce, et cependant que malgré eux, il lui donneroit ce riche duché. Pour être en état de le faire, il lui dit qu'il falloit délivrer le roi de France : et comme il ne le pouvoit qu'en lui donnant sa sœur en mariage, il lui en demanda son consentement.

Le duc l'accorda sans peine, et à cause de sa nouvelle inclination pour la duchesse d'Alençon : pour la cacher à l'empereur, il le pria seulement qu'il ne fût point présent aux fiançailles. L'empereur l'envoya en Italie, à la place de Pescaire, et peu de jours après il conclut avec les ambassadeurs de France.

Les conditions, arrêtées le 14 de février 1526, furent qu'il y auroit amitié perpétuelle entre les deux princes; que le roi seroit remis en liberté le dixième du mois de mars, et rendu sur les frontières de ses Etats; que le 20 avril suivant il consigneroit à l'Empereur le duché de Bourgogne, avec toutes ses dépendances, affranchi de la souveraineté de France; qu'au même moment que le roi seroit délivré, le Dauphin et le second fils de France, ou le Dauphin seul avec douze des principaux seigneurs du royaume, qui sont nommés par le traité, passeroient en Espagne pour servir d'otages; que le roi renonceroit à la souveraineté de Flandre et d'Artois, et à ses droits sur Naples, Milan, Gênes et quelques places des Pays-Bas, qui sont dénommées; que le mariage du roi avec Eléonore, sœur de l'empereur, se feroit en France, et que la fille de cette princesse et du roi de Portugal, seroit fiancée au Dauphin, quand ils auroient l'âge; que le roi abandonneroit Henri d'Albret, roi de Navarre, et ses autres alliés; qu'il y auroit ligue défensive entre les deux princes durant trois ans, et que quand l'empereur passeroit en Italie pour se faire couronner, le roi lui prêteroit et lui entretiendroit durant trois mois un certain nombre de vaisseaux; que le roi rendroit au duc de Bourbon tous ses Etats et tous ses biens confisqués, sans l'obliger à retourner en France; qu'il accorderoit l'amnistie à tous les François qui l'auroient suivi, et conviendroit avec lui d'arbitres dans quarante jours, pour juger des prétentions que ce prince avoit sur la Provence; qu'il acquitteroit l'empereur de cinq cent mille écus envers le roi d'Angleterre; et que les deux princes prieroient le Pape d'assembler un concile général, pour exterminer les hérésies, et unir les princes chrétiens contre les infidèles.

Le roi fut obligé de jurer qu'il retourneroit en prison, s'il manquoit à l'exécution de ces articles; mais personne ne crut en Espagne que des conditions si iniques pussent être accomplies; et Gatinara, chancelier de l'empereur, trouva ce traité de toutes façons si honteux à son maître, qu'il refusa de le signer et de le sceller, quelque ordre qu'il en reçût. Depuis ce traité, les deux princes étoient souvent et longtemps ensemble en particulier et en public. Ils allèrent ensemble plusieurs fois à la promenade, et chez la reine Eléonore. Les fiançailles furent célébrées avec la solennité convenable; du reste le roi demeura avec sa garde ordinaire, jusqu'au temps porté par le traité, et jusqu'à ce que la ratification de la régente fût arrivée.

Durant ce temps il négocioit avec le Pape, pour tâcher de lui faire agréer Bourbon pour duc de Milan, au cas que Sforce se trouvât coupable, ou qu'il vînt à mourir; mais le Pape ne voulut jamais d'un prince que sa révolte rendoit irréconciliable avec le roi, et absolument dépendant de l'empereur.

La régente n'eut pas plutôt appris la conclusion du traité, qu'elle partit avec ses deux petits-fils, pour aller recevoir le roi. Elle ne fut pas longtemps à se déterminer sur l'alternative qui lui étoit donnée pour les otages : car quelque tendresse qu'elle eût pour Henri, son second petit-fils, dont l'enjouement faisoit son plaisir, elle aima mieux le laisser que les douze seigneurs qui faisoient la force du royaume.

A la première nouvelle de son départ, le roi s'avança à Fontarabie. La régente arriva à Bayonne le 16 mars, deux jours avant que l'échange se dût faire. Enfin, au jour marqué, qui étoit le 18 de ce mois, Lautrec avec les deux princes se rendit sur le bord de la rivière d'Andaye. Le roi monta sur une barque, accompagné de Lannoy, et de huit hommes armés. En même temps on fit partir les deux princes avec pareil nombre d'hommes.

On avoit affermi au milieu de la rivière une barque vide, où de part et d'autre on devoit descendre en même temps. Le roi passa dans la barque où étoient les princes, et en même temps les princes passèrent dans celle où étoit le roi. Sitôt qu'il fut à bord, il monta sur un cheval turc, et courut sans s'arrêter jusqu'à Saint-Jean du Luz, d'où il arriva bientôt à Bayonne : il y fut reçu par la régente sa mère, et par toute la Cour, avec une joie qui ne peut s'exprimer.

La première chose qu'il y fit, fut d'écrire de sa main au roi d'Angleterre, pour lui donner avis de sa délivrance, qu'il croyoit devoir à ses soins, l'assurant que dorénavant il ne feroit rien que par ses conseils. Lannoy et les autres ambassadeurs de l'empereur eurent ordre de le suivre jusqu'à Bayonne, pour lui faire ratifier le traité en lieu libre. Il dit qu'il ne pouvoit démembrer aucune partie de son royaume sans les Etats-généraux, qui avoient plus d'intérêt à le conserver que lui, qui n'en avoit que l'usufruit : il ajouta qu'il falloit savoir encore plus particulièrement les sentimens de ses sujets de Bourgogne; qu'il tiendroit au plus tôt les assemblées nécessaires pour cela, et feroit savoir la réponse à l'empereur.

Il alla à Cognac, où il demeura quelque temps : il y trouva des envoyés du Pape et des Vénitiens, qui venoient se réjouir de sa liberté. Ceux du Pape avoient ordre, s'ils trouvoient le roi en doute de ce qu'il feroit, de lui insinuer les moyens de revenir contre son traité ; que s'il y étoit disposé de lui-même, d'écouter ce qu'on leur diroit. Les Vénitiens avoient donné une pareille instruction à leurs ministres, avec cette différence qu'ils devoient parler plus franchement.

Ils n'eurent pas de peine à découvrir les sentimens du roi ; il se plaignit hautement de l'inhumanité de l'empereur, et déclara que le serment auquel on l'avoit forcé dans sa prison ne pouvoit rompre celui qu'il avoit fait à son sacre, de ne jamais rien aliéner de sa Couronne; qu'il l'avoit bien dit à l'empereur, et qu'il s'étonnoit que ce prince, après la déclaration qu'il lui avoit faite, lui eût imposé des conditions non-seulement iniques, mais impossibles. Il proposa ensuite aux ministres du Pape et des Vénitiens, une ligue qui auroit pour fondement la délivrance de ses deux enfans, et l'expulsion des Espagnols hors d'Italie, leur ayant déclaré qu'il ne vouloit plus rien prétendre sur le duché de Milan, mais seulement y maintenir Sforce.

Lannoy vint le trouver à Cognac, de la part de l'empereur, pour savoir sa dernière résolution sur l'exécution du traité. Il avoit tenu, pour la forme, une assemblée de notables, qui lui avoient répondu qu'il n'étoit pas en son pouvoir de démembrer son royaume ; les Etats de Bourgogne avoient déclaré qu'ils ne vouloient point passer sous une domination étrangère, et que le roi ne pouvoit les y contraindre. Il fit cette réponse à Lannoy, et ajouta cependant que si l'empereur vouloit se contenter de deux millions d'or, au lieu de la Bourgogne, il étoit prêt d'accomplir le reste du traité.

Pendant que ces choses se négocioient, Antoine de Lève pressoit tellement le château de Milan, que Sforce fut obligé de déclarer au Pape et aux Vénitiens, que s'il n'étoit promptement secouru, il seroit contraint de se rendre. C'est ce qui obligea ces deux puissances à presser leur accord avec la France; et l'empereur ayant défendu aux Espagnols d'aller plaider à Rome, ce fut une nouvelle raison qui aigrit le Pape contre lui; mais le roi ne leur dissimula point qu'il attendoit encore une réponse de Charles.

C'est une chose étrange qu'il n'eût pas prévu celle de François, quoique son conseil d'Espagne lui eût souvent représenté que ce traité, qu'il croyoit si avantageux, n'étoit qu'une illusion. Il s'opiniâtra à vouloir absolument la Bourgogne, et entra dans un tel dépit de s'être abusé, que pour la première fois, il sacrifia son intérêt à sa vengeance. Il envoya Moncade, pour donner au Pape la carte blanche, avec ordre pourtant de passer en France, pour savoir si Lannoy perdoit toute espérance d'avoir la Bourgogne.

Sitôt qu'il eut appris qu'il n'y avoit plus rien à espérer, il alla faire sa commission envers le Pape, qu'il trouva résolu à conclure avec la France. Une lettre de Lève interceptée lui avoit persuadé que les affaires des impériaux étoient sans ressource. Ainsi Lannoy eut le déplaisir d'entendre publier la ligue entre le Pape, le roi et les Vénitiens, à condition de conserver Sforce, et de délivrer les enfans de France, avec une rançon, dont le roi d'Angleterre seroit l'arbitre. François ne se réserva en Italie que Gênes et le comté d'Ast, ancien patrimoine de ses ancêtres. Il devoit aider la ligue d'hommes et d'argent, et le royaume de Naples devoit demeurer à la disposition du Pape, avec quelques réserves pour le roi d'Angleterre et pour le cardinal de Volsey. En même temps on songea à faire lever le siége du château de Milan, et à reprendre la ville.

Les peuples, accablés d'exactions, étoient disposés à s'aider, et Moncade n'avoit pas calmé les soldats, pour le peu d'argent qu'il avoit distribué aux troupes; mais il falloit user de diligence, et les confédérés alloient lentement. Ils furent assez longtemps à ratifier l'accord, et le roi en attendant ne voulut rien faire. Le duc d'Urbin, nommé général par les Vénitiens, ne voulut point avancer qu'il n'eût du moins cinq mille Suisses de ceux que le Pape faisoit lever. Ces levées furent traversées par les ministres du roi, qui crurent qu'elles se faisoient pour l'empereur; car le Pape cachoit son nom, appréhendant que le roi ne le crût trop engagé, et négligeât de le satisfaire.

Durant ces retardemens, l'occasion de reprendre Milan échappa. Le peuple ne pouvant plus souffrir les violences des Espagnols, fit un nouvel effort pour s'en affranchir; mais, destitué de secours, il succomba et fut désarmé. Ceux de Lodi réussirent mieux dans le dessein de se rendre aux confédérés. Le duc d'Urbin et Guichardin l'historien, qui commandoient les troupes ecclésiastiques, se trouvèrent à propos devant cette place, où ils furent reçus sans difficulté. Enfin le duc d'Urbin, après beaucoup de délais, se résolut d'attaquer Milan par les faubourgs : il fut prévenu par le duc de Bourbon, qui se jeta dans la place avec huit cents fantassins espagnols. Ce prince, après avoir quitté la cour de l'empereur, s'étoit longtemps amusé à Barcelone, et le roi avoit promis que ses galères empêcheroient son passage. La ligue fit de grandes plaintes de ce qu'il n'avoit point tenu parole. On disoit hautement qu'il avoit un grand cœur et des pensées dignes de lui ; mais que les plaisirs lui faisoient souvent négliger les affaires, qui périssoient faute d'être pressées.

L'arrivée de Bourbon empêcha le succès de l'attaque que méditoit le duc d'Urbin ; il fit une seconde tentative, qui lui réussit aussi peu ; et cependant Sforce, qui n'avoit plus dans le château que pour un jour de vivres, fut contraint de capituler. Il n'y avoit guère d'apparence qu'il dût faire un traité supportable, dans l'extrémité où ses affaires étoient réduites ; mais Philippe Salo, qu'il envoya pour traiter, ayant reconnu que les impériaux craignoient les confédérés, fit une capitulation assez raisonnable. Il conserva son maître dans le château de Crémone, qui tenoit pour lui. On lui donna de l'argent pour entretenir ses troupes, et Côme pour sa retraite, jusqu'à ce que son procès fût achevé. Il fut aussi convenu que ce traité ne pourrait préjudicier aux droits de sa famille sur le duché de Milan. Cet accord fut fait le 23 juillet.

Sforce se prépara à aller à Côme ; mais il vouloit y être le maître. Les Espagnols n'ayant pas voulu en retirer leur garnison, il se retira à Lodi, où il ratifia la ligue. Tout le monde fut étonné de la joie que témoigna le duc d'Urbin de la reddition du château. Il exagéroit le danger qu'il y auroit à secourir une place si bien assiégée, quoique d'autres plus résolus ne trouvassent pas l'affaire si difficile. Il témoigna qu'il vouloit bloquer Milan, et en attendant les Suisses, il envoya quelques troupes mettre le siège devant la ville de Crémone : s'il agissoit mollement, le roi de son côté ne se pressoit pas. Il espéroit retirer ses enfans des mains des Espagnols, plutôt par un accord que par force.

Le Pape découragé lui faisoit offrir le duché de Milan, s'il envoyoit une armée contre le royaume de Naples. Le roi demandoit une permission de lever un décime sur le clergé de France ; pendant qu'on traitoit ces choses, rien ne s'avançoit. Il vint pourtant à la fin au duc d'Urbin treize mille Suisses, que François lui envoyoit. Il n'attaqua pas pour cela Milan, aisé à prendre cependant à cause que la garnison étoit affoiblie, et il mena toutes les troupes au siège de Crémone, qui jusque-là alloit fort mal.

Cependant l'armée navale de France, commandée par Pierre de Navarre, prit Savone, et se rendit maîtresse de toute la rivière du Ponent, puis s'étant jointe à celle des Vénitiens et à celle du Pape, elle ferma si bien par mer l'entrée de Gênes, que quatre mille hommes avancés par terre l'eussent réduite; mais le duc d'Urbin ne songeoit qu'au siége de Crémone, qui en effet fut contrainte de se rendre.

En ce même temps, le Pape se trouva dans un extrême embarras, par la trahison des Colonne. Ils étoient attachés à l'empereur, et l'aîné de cette maison étoit connétable héréditaire de Naples. Les ministres de ce prince soulevèrent cette puissante maison contre le Pape, qui se trouva le plus fort, mais qui ne put se garantir de la surprise. Vespasien Colonne, qui étoit le plus agréable de tous les hommes, et qui paroissoit le plus sincère, sut si bien persuader le Pape de ses bonnes intentions pour son service, qu'il lui fit congédier ses troupes. Lorsque les Colonne le virent dans une pleine sécurité, ils occupèrent tous les passages, et ayant empêché par ces moyens qu'il ne vînt à Rome aucune nouvelle, ils y arrivèrent durant la nuit, avec six mille hommes, qui se saisirent de trois portes, et entrèrent dans la ville, conduits par les agens de l'empereur, et par le cardinal Pompée Colonne.

Le Pape étonné ne vit d'abord autre chose à faire que de s'asseoir dans le siége de Saint-Pierre avec ses habits pontificaux, pour y attendre la mort, et eut peine à se rendre à la prière des cardinaux, qui le pressoient de se retirer au château Saint-Ange. Dans cette conjoncture, il fut aisé à Moncade d'obtenir de lui une trêve, en l'obligeant de rappeler ses armées de terre et de mer, et de pardonner aux Colonne.

Les affaires de l'empereur ne laissoient pas d'être en mauvais état. Les troupes, qui manquoient d'argent, poussoient à bout la patience des peuples par d'horribles inhumanités; ainsi il prêtoit l'oreille aux propositions de paix que faisoit le roi d'Angleterre; mais cependant il équipoit une grande flotte, que Lannoy devoit commander, et avec son secret aveu Fronsberg levoit quatorze mille Allemands : celui-ci disoit qu'il alloit secourir son fils, bloqué dans Milan; le roi d'Angleterre se laissoit amuser par des négociations; et François, qui se flattoit de l'espérance d'un accord, ne songeoit qu'à se divertir.

Le sultan Soliman, empereur des Turcs, ne fut point simple spectateur des divisions des chrétiens, sans en profiter : il trouva dans celles qui troubloient en particulier la Hongrie, une belle occasion de partager ce royaume. Le jeune roi Louis avoit péri dans une révolte, où la fleur de la noblesse fut tuée, et ensuite le plat pays ravagé par les Turcs. Pour comble de malheur, les Hongrois se partagèrent dans l'élection qu'il leur fallut faire d'un roi. Ferdinand, frère de l'empereur, qui prétendoit avoir droit sur le royaume du côté d'Anne sa femme, sœur du dernier roi, fut reconnu par une partie de la noblesse, et

Jean de Zapol, vaivode de Transylvanie, élu par l'autre, fut obligé par sa foiblesse à se mettre sous la protection du Turc ; ainsi ce malheureux royaume se vit en même temps déchiré par deux puissantes factions, et en proie à l'ennemi commun.

Le Pape ne savoit que faire parmi tant de désordres. Tantôt il lui prenoit envie d'aller trouver tous les princes chrétiens, pour les liguer contre les Turcs; tantôt il délibéroit de se jeter entre les bras de l'empereur; et puis entrant en défiance d'un prince qui conduisoit ses affaires avec une si profonde dissimulation, il demeuroit irrésolu. Les Colonne, qui se sentoient soutenus, l'inquiétoient dans le cœur de son pays, et remportoient sur lui divers avantages. Il y avoit peu de ressource dans les forces des confédérés : le marquis de Saluces, qui commandoit l'armée de France, n'avoit que très-peu de troupes. Le duc d'Urbin, général des Vénitiens, haïssoit autant les Médicis que le Pape, qui n'avoit songé qu'à le dépouiller; et il ne suivoit aucun dessein. Il commençoit à bloquer Milan, et puis il quittoit cette entreprise, sous prétexte de s'opposer aux Allemands, qui s'avançoient vers Mantoue.

Les choses allèrent ainsi jusque vers la fin de novembre, et rien n'empêcha les Allemands de joindre le duc de Bourbon dans le Milanez. Il venoit de délivrer Moron, condamné à perdre la tête, et qui s'étoit racheté de vingt mille ducats. Cet habile courtisan sut si bien s'insinuer auprès du duc de Bourbon, qu'il devint premièrement son conseiller le plus affidé, et ensuite son gouverneur absolu.

Le duc étoit alors recherché des deux côtés; l'empereur sembloit vouloir lui donner le duché de Milan; et le roi ne vouloit point consentir à une trêve, que l'empereur offroit aux confédérés, si Bourbon n'y entroit. Il y envoya secrètement un des aumôniers de sa mère, pour négocier avec lui; mais Moron lui représenta que ces deux princes le jouoient également; que la France le traiteroit toujours de rebelle, et que la mère du roi ne consentiroit jamais à lui rendre les terres dont elle l'avoit dépouillé; qu'il y avoit à la vérité de plus belles apparences, mais pas plus de solidité dans les offres de l'empereur, puisqu'en faisant semblant de le vouloir faire duc de Milan, il l'empêchoit en effet d'entrer le plus fort dans aucune place : bien plus, il le laissoit sans argent, contraint, pour en avoir, de faire des vexations insupportables, et exposé à la fureur de la populace accablée, ou du soldat mutiné.

Sur cela il lui ouvrit un moyen, qu'il disoit être le seul pour assurer sa fortune, c'étoit de gagner ses troupes et les Allemands, pour se rendre maître de Naples, où il ne trouveroit nulle résistance, et où toute l'Italie seroit ravie de le maintenir, pour se délivrer du joug des Espagnols. On dit que le duc, désespéré du mauvais état de ses affaires, prêta l'oreille à ces discours, et qu'il alla joindre les Allemands dans ce dessein. Ils étoient dans le Plaisantin, avec dessein de se rendre maître de Plaisance ; mais le duc d'Urbin étoit dans le pays, avec le marquis de Saluces, qui avoit jeté du monde dans la ville, de sorte que Bourbon la voyant si bien pourvue, n'osa l'attaquer.

Cependant le Pape et Lannoy mêloient aux négociations de continuelles entreprises l'une sur l'autre. Le comte de Vaudemont, de la maison de Lorraine, qui commandoit les troupes du Pape, s'empara des terres des Colonne (1527), et entra dans le royaume de Naples. Ses progrès furent arrêtés par une trêve. Quelque temps après, le vice-roi assiégea Frusinone, place forte dans les terres de l'Eglise. Le Pape promit cent cinquante mille écus, pour avoir une trêve de trois ans, pour lui et les Vénitiens. Pendant que l'on en portoit l'avis à Venise, et qu'on attendoit le consentement du sénat, Rence de Ceri, un des généraux des troupes ecclésiastiques, fit lever le siége au vice-roi.

Le Pape, ravi de ce succès, résolut avec Guillaume de Langey, officier général de l'armée de France, d'attaquer le royaume de Naples. Salerne se révolta ; Rence de Ceri prit Aquila, et quelques autres places de l'Abruzze ; Naples manquoit de vivres, et si François avoit fourni l'argent qu'il avoit promis sur la dîme que le Pape avoit accordée, tout ce royaume étoit en péril ; mais Rence de Ceri fut obligé, faute d'argent, d'abandonner l'entreprise, et de se retirer à Rome. Alors le Pape perdit tout à fait courage, et donna soixante mille écus à Lannoy, pour avoir une trêve de huit mois ; mais cela ne l'assuroit pas contre Bourbon, qui avoit ses desseins particuliers, et toutes les forces de l'empereur sous son commandement.

Son armée étoit de trente à quarante mille hommes bien aguerris. Les Allemands, qui n'avoient touché qu'un ducat par tête en leur pays, et deux ou trois tout au plus en Italie, ne laissoient pas de s'engager dans le pays, sous l'espérance du pillage. Bourbon, qui avoit épuisé tout ce qu'il pouvoit avoir d'argent, ou sur son crédit, ou par violence, leur avoit abandonné jusqu'à sa vaisselle d'argent, et fit marcher l'armée vers la Toscane, dans le dessein de piller ou Florence ou Rome même.

Le Pape cependant ne craignoit rien ; les actes d'hostilité avoient cessé du côté de Naples, et le vice-roi étoit venu à Rome, ce qui l'avoit tellement confirmé, qu'il congédia toutes ses troupes, à la réserve de deux cents chevaux, et de deux mille hommes de pied. Sur la nouvelle de la trêve, le duc d'Urbin avoit fait repasser le Pô aux troupes vénitiennes, et l'État ecclésiastique seroit demeuré sans défense, si Guichardin n'eût persuadé au marquis de Saluces de le garder avec le peu de troupes qu'il avoit.

Ce fut en vain qu'on signifia la trêve au duc de Bourbon, et qu'on lui promit de l'argent pour cesser les hostilités qu'il exerçoit pendant son voyage. Il étoit si peu maître de ses soldats, que les gentilshommes que lui envoya Langey purent à peine l'aborder. Lannoy vint en personne à Bologne, pour s'aboucher avec lui ; mais le duc manqua au rendez-vous qu'il lui avoit donné, et quoiqu'il promît au Pape d'accepter la trêve, il continua sa marche; pressé par la misère, et entraîné par ses soldats avides du pillage, il ne gardoit plus de mesures.

Il n'y avoit d'espérance qu'au duc d'Urbin, et Guichardin fit tout ce qu'il put pour obliger le Pape à lui donner satisfaction : il le trouva implacable; et le duc irrité, au lieu de devancer Bourbon, qu'il eût pu arrêter étant maître du pays, se contentoit de le suivre en queue : Bourbon alloit droit à Florence, sur l'avis qu'il eut que la ville s'étoit révoltée contre les Médicis, à qui le Pape l'avoit de nouveau soumise. La résolution que prirent les Florentins de secouer le joug, fit espérer au duc de Bourbon, qu'au milieu de ces divisions il pourroit surprendre la ville, pour la donner au pillage ; mais Langey averti de l'entreprise, en donna avis au marquis de Saluces, et lui marqua un chemin par lequel il pouvoit prévenir les impériaux. Le marquis obligea le duc d'Urbin de se joindre à lui, et ils arrivèrent tous deux aux environs de Florence, longtemps avant le duc de Bourbon.

Ce prince, désespéré d'avoir manqué son coup, ne trouva aucun moyen de consoler ses soldats, qu'en leur proposant le pillage de Rome. Cette proposition fut suivie des cris de joie de toute l'armée, et principalement du corps des Allemands que Fronsberg, luthérien déterminé, avoit composé de gens de sa secte.

Langey partit en même temps, pour avertir le Pape de ce dessein, et ne put jamais l'émouvoir, persuadé qu'il étoit que la trêve le mettoit en sûreté. Jamais Rence de Ceri ne put obtenir de lui qu'il levât des troupes, jusqu'à ce qu'il sût que Bourbon marchoit sans artillerie et sans bagage, avec une telle diligence, qu'il arrivoit toujours plus tôt qu'on ne l'attendoit; il ne resta plus au Pape autre chose à faire que de se renfermer au château Saint-Ange; et Rence de Ceri, aidé de Langey, leva à la hâte deux mille hommes de méchantes troupes, pour défendre la ville, en attendant le secours des confédérés : il se tenoit si assuré de gagner le temps nécessaire, qu'il ne voulut pas même qu'on rompît les ponts, et cependant le duc de Bourbon étant arrivé près de Rome, le 5 mai, fit sommer le Pape de lui donner passage dans la ville pour aller au royaume de Naples.

Le lendemain un cas imprévu l'obligea de donner l'assaut. Un enseigne de la garnison se voulut sauver par la brèche, et ayant dans sa fuite rencontré les ennemis, il retourna sur ses pas; il fut suivi, la brèche fut découverte, et le duc de Bourbon, résolu de forcer la ville par cet endroit, marcha à la tête des siens ; il fut jeté par terre à la première arquebusade, et expira; le prince d'Orange, qui étoit près de lui, fit couvrir son corps, pour ne point retarder l'ardeur des soldats. Sa trahison efface toutes ses vertus, et fait qu'on plaint moins ses malheurs.

Le Pape, qui étoit résolu de se sauver du château Saint-Ange, commença à respirer quand il sut la mort de Bourbon; mais ses affaires n'en allèrent pas mieux. Philibert de Châlons, prince d'Orange, prit le commandement des troupes, et le jour même la ville fut forcée; il n'y eut cruauté ni insolence que n'exerçassent les Allemands, et les Espagnols aussi emportés qu'eux, jusqu'à traîner par les rues les prélats et les cardinaux, même ceux de leur nation, revêtus de leurs habits de cérémonie, pour plus grande dérision. La perte causée par le pillage fut inestimable, et il n'y eut maux que Rome ne souffrît, à la réserve de l'incendie. Il vint du secours de Florence, mais trop tard; la ville étoit déjà prise. L'armée des confédérés s'avançoit, et le duc d'Urbin avoit ordre des Vénitiens de tout hasarder pour dégager le Pape; il n'en fit pas davantage pour cela, et se feignant trop foible, il se retira, sans même vouloir écouter le Pape, qui le prioit d'attendre quelques jours pour lui donner le moyen de capituler. Ainsi une armée de plus de quinze mille hommes de pied demeura inutile.

Le vice-roi vint à Rome à la prière du Pape, et croyant avoir le commandement, il trouva le prince d'Orange déjà établi par les soldats, mais sans autorité. On ne pouvoit les arracher du pillage, et le Pape resta plusieurs jours au château Saint-Ange en grande frayeur. Quelle horreur pour lui d'être exposé à la fureur des Allemands! Enfin il fit son accord : Rence de Ceri et Langey capitulèrent aussi, et sortirent avec armes et bagage; mais on imposa au Pape de dures conditions.

Ce fut de payer des sommes immenses à divers termes fort courts, et de rendre le château Saint-Ange, la forteresse d'Ostie, et plusieurs autres places pour sûreté à ses ennemis. Il devoit demeurer prisonnier au château Saint-Ange jusqu'au premier paiement, et après être transporté à Gaëte ou à Naples, pour y attendre la résolution de l'empereur. Le Pape n'ayant pu trouver l'argent qu'il avoit promis, il demeura au château Saint-Ange, à la garde du même Espagnol qui avoit gardé François dans sa prison. Les soldats continuoient cependant à saccager Rome, qui fut deux mois entiers à leur merci. La plupart des villes cédées par le Pape ne voulurent pas se rendre; les Vénitiens s'emparèrent de Ravenne et de quelques autres places au nom de la ligue.

A Florence, le cardinal de Cortone, qui y commandoit au nom du Pape, remit le gouvernement entre les mains du peuple, et se retira à Lucques. Les Florentins rétablirent les magistrats populaires, et rompirent les statues des Médicis. Quand l'empereur sut la nouvelle du sac de Rome, il usa de sa dissimulation ordinaire : il disoit que Bourbon et Frousberg avoient agi sans ses ordres, et faisoit faire en Espagne des processions solennelles pour la liberté du Pape; c'est ainsi qu'il amusoit le peuple, et cependant il tenoit de secrets conseils pour faire transporter le Pape en Espagne; mais les rois de France et d'Angleterre, qui avoient résolu d'agir contre l'empereur plus efficacement que jamais, après la détention du Pape, se liguèrent encore plus étroitement entre eux et avec les Vénitiens.

Le roi d'Angleterre s'obstina à vouloir que Lautrec fût déclaré général de la ligue, contre le sentiment de François, qui le regardoit comme un général aussi imprudent que malheureux, et contre celui de Lautrec même, qui n'espéroit aucun bon succès, parmi tant de profusions que faisoit François dans les choses inutiles. Pour concerter les moyens d'exécuter les desseins des deux rois, le cardinal d'York vint à Calais avec une suite plus que royale, et le roi s'étant rendu à Amiens, il fut arrêté qu'on enverroit de leur part offrir la paix à l'empereur, s'il rendoit les enfans du roi pour deux millions d'écus, s'il mettoit le Pape et ses pays en liberté, et l'Italie au même état qu'elle étoit avant que Charles VIII entrât dans le Milanez ; mais l'empereur refusa ces conditions, et la paix fut jurée entre les deux rois le 8 août.

Peu après, Lautrec, quoiqu'il n'eût que la moitié de ses troupes, entra en Italie, où il prit le Bosco, place forte du Milanez, auprès d'Alexandrie : un peu après, la ville de Gênes, incommodée par les prises continuelles que faisoient André Doria et les galères françoises, se remit sous la puissance du roi, et Lautrec, après l'y avoir reçue, prit Alexandrie, que les confédérés l'obligèrent de rendre au duc de Milan ; il lui rendit aussi Vigève, puis ayant passé le Tessin, il marcha droit à Milan ; mais ayant appris qu'il y étoit entré du secours, il tourna court à Pavie, qu'il assiégea du côté du château, et l'armée vénitienne de l'autre.

Les François, qui désiroient avec une ardeur excessive la prise de cette ville, pour effacer la honte de la bataille du Parc, précipitèrent l'attaque sans commandement, avant que la brèche fût raisonnable, et ils furent repoussés. Le lendemain la batterie ayant fait son effet, Lautrec emporta la ville d'assaut, et eut peine à empêcher qu'elle ne fût mise en cendres ; mais il ne put empêcher le pillage ni les cruautés que firent les soldats, en vengeance de la prise de François, et de la perte des plus grands hommes de la France.

En ce même temps, Alphonse, duc de Ferrare, entra dans la ligue. Lautrec le gagna, sous promesse de lui faire rendre tout ce qu'il avoit possédé, et de faire donner en mariage à Hercule d'Este, son fils aîné, Renée fille de Louis XII. En l'état où étoient les choses, il étoit aisé de rétablir Sforce dans tout le Milanez, et même de prendre Milan, réduit à l'extrémité, sans qu'Antoine de Lève, dénué d'hommes et d'argent, pût la secourir ; mais le légat du Pape vouloit qu'on quittât tout pour aller vers Rome délivrer son maître, et Lautrec résolut de répondre à ses empressemens. Sa marche et les menaces du roi d'Angleterre, qu se préparoit à entrer dans les Pays Bas, obligèrent enfin l'empereur à traiter de la délivrance du Pape, qui fut conclue le dernier octobre, à condition qu'il ne feroit jamais rien qui fût contraire aux intérêts de l'empereur : on exigea de lui plus de six cent mille ducats, et on l'obligea de donner des otages pour sûreté du paiement, avec quelques forteresses.

L'empereur fit semblant de ne point prendre part à cette honteuse résolution, de mettre à rançon le père commun de la chrétienté, arrêté au préjudice d'une trêve; et on disoit qu'on ne lui demandoit de si grandes sommes, que pour contenter l'armée. Moron conseilla au Pape de tout signer, pourvu qu'il se retirât du château Saint-Ange, où il étoit exposé à toutes sortes de maux, même à la peste, qui, ayant infecté la ville, ne tarda pas à incommoder le château; car, quoiqu'il eût donné des otages, on retenoit sa personne jusqu'à ce qu'il eût payé. A la fin les Espagnols ayant honte de sa longue détention, et craignant les approches de l'armée de France, qui s'avançoit vers le royaume de Naples, reçurent ordre de l'empereur de mettre le Pape en liberté : mais ce pontife, appréhendant de nouvelles difficultés de la part du général Moncade, se déguisa en marchand, et la cavalerie espagnole le conduisit à Orviète, où il entra sans aucune suite, la nuit du 9 décembre; il fallut payer sa rançon, dont les Espagnols profitèrent aussi bien que les Allemands, et pour faire trouver de l'argent, il consentit de vendre un chapeau de cardinal.

Aussitôt qu'il fut mis en liberté, Lautrec partit de Bologne, où il avoit perdu beaucoup de temps pour entrer dans le royaume de Naples, avec une armée de trente mille hommes. On traitoit durant tout ce temps de la paix générale, qui n'étoit plus arrêtée que parce que François vouloit qu'aussitôt qu'il auroit donné au roi d'Angleterre des otages pour la retraite de ses troupes hors d'Italie, l'empereur rendît ses enfans; au contraire, l'empereur vouloit que le roi retirât ses troupes, et il se chargeoit de donner des otages au roi d'Angleterre; rien ne put vaincre la méfiance de ces deux princes, et enfin les deux rois se résolurent à déclarer la guerre à l'empereur par un héraut (1528).

Ils rappelèrent leurs ambassadeurs : l'empereur retint en Espagne celui du roi, qui en fit autant à celui de l'empereur. La déclaration de la guerre fut faite le 21 janvier. Comme Lautrec faisoit des progrès extraordinaires dans le royaume de Naples, et que les villes se rendoient à lui dès qu'il en approchoit de vingt à trente milles, les impériaux marchèrent sous les ordres du prince d'Orange pour s'opposer à ses desseins, et Lautrec les poussoit toujours pour les obliger à un combat. Enfin ils se retirèrent partie dans Naples, partie dans Gaëte, qui furent les deux seules places qu'ils gardèrent dans tout le royaume; et on remarque que tous ces pillards, enrichis par tant de sacriléges, périrent presque tous en moins d'un an. La peste en emporta dans Rome plus des deux tiers, et il y en eut à peine deux cents qui réussirent à se sauver dans la suite de cette guerre. Au lieu de poursuivre les restes de cette malheureuse armée, Lautrec s'amusa à prendre Melphe, ville du royaume de Naples, dont le prince fut fait prisonnier.

Cependant l'empereur ayant relâché l'ambassadeur de France, François voulut aussi renvoyer Antoine Perrenot, appelé depuis le cardinal de Granvelle, ambassadeur de l'empereur. Avant de le congédier, il voulut s'éclaircir avec lui d'une manière éclatante, sur certains discours que l'empereur avoit tenus, se plaignant que le roi avoit manqué de parole, et qu'il n'avoit pas répondu à un appel qu'il lui avoit fait. Sur cela François assembla dans la grande salle du palais tous les ministres des princes étrangers, avec tous les princes et seigneurs, en présence desquels étant revêtu de ses habits royaux, il dit à l'ambassadeur que l'empereur n'avoit jamais eu de lui une parole qui pût valoir, puisque jamais il ne l'avoit ni vu ni trouvé en aucun combat; que s'il vouloit parler de sa prison, il déclaroit qu'un prisonnier gardé ne pouvoit être tenu à rien, et que jamais homme n'avoit été plus rigoureusement gardé que lui, puisqu'étant au lit de la mort, on le tenoit entre les mains de quatre ou cinq cents arquebusiers.

Comme l'empereur se glorifioit d'avoir fait un appel au roi, il déclara hautement qu'il n'en avoit nulle connoissance, et de peur que son procédé ne fût sujet à pareil reproche, il fit lire un cartel de défi qu'il faisoit à l'empereur, dont voici les termes principaux.

« Nous François, par la grâce de Dieu, roi de France et seigneur de Gênes, à vous Charles, par la même grâce, élu empereur de Rome et roi des Espagnes, savoir faisons : qu'étant avertis que vous vous vantez d'avoir notre foi et promesse, sous laquelle nous sommes sortis de votre puissance, encore qu'il soit notoire qu'un homme gardé n'a point de foi à obliger; nous ajoutons de plus qu'autant de fois que vous avez dit et direz que nous avons manqué de parole, ou fait chose indigne d'un gentilhomme aimant son honneur, vous avez menti par la gorge, et mentirez; sur quoi vous n'avez rien à nous écrire, mais seulement à nous assurer le camp où nous vous porterons les armes, protestant que tout ce que vous direz contre notre honneur, aussi bien que le délai du combat, tournera à votre honte. » Cet écrit est daté du 28 mars 1527. (C'est 1528, selon notre usage présent; mais alors en France l'année commençoit à Pâques.)

Après la lecture de l'écrit, le roi reprit son discours, et continua ses reproches contre l'empereur; premièrement sur la détention du Pape, où ce prince faisoit semblant de ne prendre aucune part; mais le roi fit voir que c'étoit trop grossièrement abuser le monde, puisque, loin de châtier ses gens qui avoient commis un tel attentat, il leur avoit permis de tirer rançon du vicaire de Jésus-Christ, et avoit réduit le saint Père à une telle extrémité, qu'il avoit été contraint de vendre jusqu'aux bénéfices, *chose horrible à dire, principalement en nos jours*, disoit François, *où il court tant d'hérésies*; il ajouta sur ses enfans, que l'empereur se vantoit de tenir en son pouvoir, que c'étoit là sa grande douleur, de les voir entre les mains d'un prince qui exigeoit pour leur délivrance de plus dures conditions que celles qu'avoient exigées les infidèles des rois ses prédécesseurs, lorsqu'ils avoient été leurs prisonniers; mais que le désir qu'il avoit de délivrer ses enfans ne l'obligeroit jamais de manquer à ses alliés; et parce que l'empereur reprochoit au roi d'empêcher les chrétiens de s'unir contre les Turcs, il répondit qu'encore qu'il n'eût point le Turc sur les bras, comme l'avoit l'empereur dans la Hongrie et sur les frontières d'Autriche, il seroit toujours plus prêt à repousser cet ennemi de la chrétienté, que ne seroit l'empereur. Ce prince dit ensuite quelque chose du roi d'Angleterre, qu'il appela toujours son bon frère et perpétuel allié; et l'ambassadeur ayant refusé de se charger d'aucune parole, sur ce qu'il étoit sans pouvoir, François envoya porter le défi à Charles par un héraut: l'empereur en renvoya un pour faire réponse, à peu près sur le même ton, mais sans rien conclure; de sorte que ces procédés n'aboutirent qu'à faire du bruit inutilement.

Lautrec continuoit à s'avancer dans le royaume de Naples, quoique l'argent lui manquât : il se plaignoit que les bâtimens et les plaisirs du roi épuisoient toutes les finances. Il amassoit des vivres de toutes parts pour nourrir une armée immense, mais dont les deux tiers étoient inutiles. Il étoit déjà maître de tout le pays et de toutes les places, et enfin le premier mai il arriva devant Naples, où il mit le siége; huit galères, commandées par le comte Philippin Doria, l'y vinrent joindre; elles furent détachées d'une armée navale que le roi avoit envoyée dans le même temps en Sicile, dans l'espérance que ce royaume lui seroit livré par intelligence.

André Doria, oncle de Philippin, et Rence de Ceri, commandoient la flotte qui s'approcha de la Sicile, selon le projet, dans le temps que Lautrec arriva à Naples; mais la tempête la jeta dans l'île de Corse, d'où elle passa en Sardaigne pour avoir des vivres. Le vice-roi s'y étant opposé, elle prit Sassari d'assaut; mais la maladie se mit dans l'armée, et la mésintelligence parmi les chefs. Rence de Ceri et Doria entrèrent dans d'extrèmes jalousies l'un contre l'autre; il fallut revenir à Gênes, d'où l'on envoya à Naples le comte Philippin, pour fermer le port du côté de la terre.

Lautrec ayant fortifié quelques postes principaux autour de la place, elle se trouva pressée. Le dessein étoit de la prendre par famine plutôt que par force, et les ennemis de leur côté n'oublioient rien pour s'ouvrir les passages par mer et par terre; repoussés à diverses fois devant les forts, ils espéroient de mieux réussir en attaquant les galères.

Le petit nombre que nous en avions donna lieu à cette espérance. Les Vénitiens, qui avoient promis d'y joindre les leurs, étoient occupés à prendre quelques villes maritimes qui leur étoient cédées par le traité. Ainsi Hugues de Moncade, vice-roi de Sicile, et qui après la mort de Lannoy l'étoit encore de Naples par provision, se crut assez fort pour battre Philippin, pourvu qu'il le pût surprendre. Il n'avoit que six galères et quatre autres moindres vaisseaux; mais pour intimider l'ennemi, il fit suivre quantité de bateaux de pêcheurs à vide. Tout le succès dépendoit du secret; mais Lautrec fut averti du dessein par les intelligences qu'il avoit à Naples; car il restoit dans cette ville beaucoup de bourgeois de la faction angevine, fort affectionnés à la France. Lautrec donna l'avis à Philippin, et lui envoya quatre ou cinq cents arquebusiers.

A l'abord de Moncade, Philippin fut surpris du grand nombre de vaisseaux, et l'attaque des ennemis fut vigoureuse; les arquebusiers la soutinrent, et Philippin ayant reconnu la tromperie, fondit avec cinq galères sur les ennemis; il en détacha trois autres pour les prendre en flanc, et arma une grande partie des forçats, promettant la liberté à tous ceux qui prendroient un ennemi pour mettre à leur place. Son artillerie fit un effet prodigieux. Moncade, ayant eu le bras percé d'un coup d'arquebuse, mourut pendant l'action; deux de ses galères furent coulées à fond, il y en eut deux de prises, une cinquième se rendit après le combat.

Les ennemis y perdirent l'élite de leur armée, le marquis du Gast fut pris avec beaucoup de gens de qualité, et après un tel malheur, il s'en fallut peu que Naples ne perdit courage. Les vivres commencèrent à y manquer, la peste suivit la famine, et la place étoit de tous côtés menacée de sa ruine. Lautrec, plein de confiance, commença à se négliger; il avoit intercepté une lettre du prince d'Orange, où il marquoit à l'empereur qu'il n'y avoit de vivres que pour six semaines, et que n'ayant point d'argent pour payer la montre courante, la révolte des Allemands étoit infaillible. Sur cette assurance, il dispersa la cavalerie en divers quartiers pour lui faciliter les moyens de vivre, il ne songea pas que les ennemis eurent par là occasion non-seulement d'en défaire un grand nombre, mais encore de faire entrer de petits convois dans la place, et même d'empêcher les vivres d'arriver dans notre camp; la maladie s'y mit aussi. Les ennemis infectèrent les fontaines et les citernes, et l'armée diminuoit tous les jours.

Cependant et l'empereur et le roi résolurent dans le même temps d'envoyer du secours à leurs gens. Le duc de Brunsvick amenoit en Italie douze mille lansquenets, avec six cents chevaux : François, comte de Saint-Pol, de la maison de Bourbon, devoit s'opposer à cette armée avec quatre cents lances, cinq cents chevaux, et neuf mille hommes de pied; mais le comte se préparoit encore à partir de France, quand les Allemands arrivèrent dans le Milanez. Ils y trouvèrent Antoine de Lève, plein de grandes espérances par la prise qu'il venoit de faire de Pavie. Ils se joignirent à lui pour assiéger Lodi, d'où ils furent repoussés, et ils s'en retournèrent en leur pays sans rien faire davantage. On dit que l'empereur les laissa exprès manquer d'argent, et qu'il s'étoit repenti d'avoir envoyé au secours de Naples le duc de Brunsvick, qui avoit des prétentions sur ce royaume du côté de son bisaïeul, comme donataire de la reine Jeanne sa femme. En même temps que les Allemands se retiroient, le comte de Saint-Pol entroit en Piémont, et la flotte vénitienne de vingt-deux galères, arriva au golfe de Naples, après avoir pris Brinde et Ottrante.

Pendant que les affaires paroissoient en si bonne disposition pour la France, elles changèrent tout d'un coup par la défection d'André Doria. Il avoit de grands mécontentemens, et dans ses démêlés avec Rence de Ceri, il avoit trouvé la Cour peu favorable; il ne plaisoit point aux favoris, dont il ne vouloit point dépendre. Ainsi ils étoient toujours à chercher des occasions de le faire passer dans l'esprit du roi pour un homme pointilleux et difficile. Au surplus, ils lui donnoient de grandes louanges, afin que le blâme fût moins suspect. Cependant, comme il n'y avoit rien de plus important pour les affaires d'Italie que de le maintenir dans le service, Lautrec envoya Langey, pour représenter au roi que c'étoit tout perdre que de mécontenter Doria, sans qui il n'y avoit rien à espérer du côté de Naples. On fit peu de cas de cet avis. Doria étoit touché des misères de son pays qu'on ruinoit; on faisoit accommoder le port de Savone pour y transporter le commerce, et l'ôter tout à fait à Gênes; on avoit aussi ôté à cette ville la gabelle du sel, qui faisoit un de ses meilleurs revenus.

Doria faisoit instance auprès du roi pour l'obliger à donner satisfaction à son pays; pour lui il demandoit seulement qu'on lui fît raison de la rançon de quelques prisonniers d'importance qu'il avoit faits, et de ce qui lui étoit dû pour l'entretien de ses galères. L'intérêt du maréchal de Montmorency, à qui le roi avoit donné l'impôt du sel à Savone, fit rejeter ses propositions. Le chancelier, ami du maréchal, les éluda toutes, et pendant qu'on le traitoit si mal à la Cour, le marquis du Gast, qu'il tenoit prisonnier, n'oublioit rien pour l'aigrir. Doria, sous prétexte qu'on lui avoit ôté ses prisonniers, s'étoit servi de ceux qu'on avoit pris à la dernière bataille navale, et entre autres du marquis, qui ne songeoit qu'à le détacher des intérêts de la France; les nouvelles qu'il eut de la Cour achevèrent de le déterminer.

Au lieu de le satisfaire, on nomma pour commander sur la mer de Levant, Barbezieux, cadet de la maison de La Rochefoucauld, homme de cœur, mais sans expérience et sans crédit parmi les troupes, à qui on donna des ordres secrets de se saisir non-seulement des galères de Doria, mais encore de sa personne, s'il le pouvoit. Ses ordres ne purent être si cachés, que Doria n'en eût l'avis; et il conclut aussitôt son traité avec l'empereur, par l'entremise du marquis du Gast, à condition que Gênes seroit remise en pleine liberté sous la protection de l'empereur, Savone rendue aux Génois, et lui entretenu avec douze galères, à soixante mille ducats de pension.

Quand Barbezieux arriva à Gênes, il tâcha vainement de surprendre Doria, trop averti de ses desseins; mais un peu après le comte Philippin, qui par ordre de son oncle laissoit entrer des vivres dans Naples, s'en retira tout à fait, et les galères de Venise, dépourvues de biscuit, furent obligées dans le même temps d'en aller charger vers la Calabre, de sorte que le port de Naples demeura libre. L'armée navale de France ne tarda pas à y aborder ; mais elle n'amena à Lautrec qu'un foible secours, et la place ravitaillée ne craignit plus de périr sitôt par la famine.

Cependant la maladie ravageoit l'armée de Lautrec ; lui-même fut frappé, et les affaires alloient tous les jours en dépérissant ; nos troupes, diminuées par la peste, achevoient de se ruiner par le travail prodigieux que demandoit la garde du camp. Le circuit en étoit si grand, qu'il falloit que toute l'armée, sans excepter les malades, fût toujours en armes. Les Vénitiens retournèrent si mal pourvus, qu'ils furent contraints de laisser le port dégarni pour aller chercher à vivre.

Au milieu de tant de maux, on ne put persuader à Lautrec de lever le blocus pour rafraichir ses troupes dans les pays voisins qui étoient à lui. Il s'étoit vanté au roi d'obliger la ville de se rendre à discrétion, et plutôt que de changer, il se flattoit de vaines espérances. De peur de l'accabler tout à fait pendant sa maladie, on n'osoit lui rapporter le triste état de l'armée. Enfin, comme il commença à se mieux porter, il força deux pages à lui dire ce qui se passoit. Il apprit que le camp n'étoit plus qu'un cimetière ; il en eut le cœur si serré, que son mal reprit sa force, et l'emporta.

Un grand nombre de seigneurs, et entre autres le comte de Vaudemont, périrent de la même sorte, et le marquis de Saluces prit la charge de ces troupes ruinées ; il ne fut pas longtemps sans tomber lui-même malade. La plupart des officiers l'étoient aussi ; il restoit à peine cent hommes d'armes, de huit cents qui avoient commencé le siége, et vingt-cinq mille hommes de pied se trouvoient réduits à quatre mille. Les ennemis cependant ne s'oublioient pas ; ils prirent Capoue et Nole, d'où les vivres venoient aux François. Il fallut enfin lever le siége. Pierre de Navarre, ayant été pris dans la retraite, mourut à Naples, et ce fut un grand bonheur au marquis de se retirer sans grande perte dans Averse. Il y fut bientôt assiégé, et contraint de se rendre à discrétion le 30 d'août, avec tous les officiers ; il fut transporté à Naples, où il mourut peu de temps après.

Les affaires alloient d'abord un peu mieux dans le Milanez. Le comte de Saint-Pol s'étoit joint avec le duc d'Urbin, et avoit repris Pavie ; mais la peste étoit si furieuse à Gênes, que la garnison l'avoit abandonnée, en sorte que Théodore Trivulce, qui en étoit gouverneur, fut contraint de se retirer au château.

Comme Doria étoit averti de ce qui s'y passoit, il ne tarda pas à s'y rendre, et y étant reçu sans résistance, il rendit le gouvernement à la noblesse, content de vivre en sa maison en simple particulier, après avoir mérité le titre de *Libérateur* de sa patrie. On dit que le désir qu'eut Trivulce de sauver son argent, l'obligea à rendre trop tôt le château, et il est certain d'ailleurs que le comte de Saint-Pol, dont l'armée diminuoit tous les jours, faute d'argent, n'osa approcher de Gênes. Tout ce qu'il fit, fut de jeter dans Savone quelque secours qui ne la défendit pas longtemps. Les Génois la prirent, comblèrent le port, et rasèrent les murailles.

L'hiver empêcha Saint-Pol de faire aucune entreprise (1529). Au printemps suivant les confédérés firent des projets inutiles sur Milan, et le comte de Saint-Pol tâcha de reprendre Gênes. Comme il marchoit dans ce dessein, le débordement d'un torrent, enflé d'une pluie soudaine, l'obligea à passer un jour à Landriane, où Antoine de Lève le vint surprendre. Il fut abandonné par les siens, et fait prisonnier; un petit reste de son armée se réfugia à Pavie. Les Espagnols, maîtres du pays, reprenoient tous les jours de nouvelles places, et les confédérés demeurèrent sans espérance.

Durant tout ce temps on faisoit de grandes négociations pour la paix. La duchesse d'Angoulême, et Marguerite d'Autriche, tante de l'empereur, gouvernante des Pays-Bas, s'étoient rendues à Cambray pour la traiter, vers la fin du mois de mai, et le Pape, qui voyoit les affaires des confédérés ruinées, travailloit de toute sa force à se concilier l'empereur, dont il prétendoit se servir pour établir à Florence la domination de sa maison : une conjoncture importante lui donna un puissant moyen de gagner ce prince.

Le roi d'Angleterre s'étoit dégoûté de Catherine d'Aragon sa femme, tante maternelle de l'empereur, et le cardinal de Volsey lui avoit mis dans l'esprit qu'il pouvoit faire dissoudre ce mariage. Sa raison étoit que Catherine, veuve d'Arthus, frère aîné de Henri, n'avoit pu devenir la femme du cadet, et que la dispense que le Pape avoit donnée pour ce mariage étoit nulle, comme accordée au préjudice des lois divines. Ce fondement est si faux, que même la loi de Dieu ordonne en certains cas à un frère d'épouser la veuve de son frère. Cependant le cardinal flattoit par cette raison la passion de son maître; il contentoit aussi la sienne propre, en prétendant marier avec Henri, Marguerite, sœur de François, et en obligeant le roi à se venger de l'empereur, qui avoit changé en mépris l'extrême considération qu'il avoit eue autrefois pour lui. Henri avoit d'autres pensées, et son dessein étoit d'épouser Anne de Boulen, fille d'honneur de sa femme, dont il étoit devenu éperdument amoureux; mais il se gardoit bien de découvrir d'abord cette pensée, qui auroit trop souffert de contradiction. Il faisoit semblant d'entrer dans les sentimens de son favori pour la France, et il pressa le Pape de lui donner des commissaires pour examiner la validité de son mariage.

Les affaires des confédérés étoient alors florissantes, et le Pape étoit disposé par cette raison à favoriser le roi d'Angleterre; ainsi il lui donna pour commissaire son propre ministre, le cardinal de Volsey, avec quelques autres prélats de son royaume. Il fit plus, il donna au cardinal Campége son légat, une bulle qu'il pourroit montrer au roi d'Angleterre pour dissoudre son mariage, avec défenses toutefois de la délivrer sans un nouvel ordre signé de la main du Pape; mais quand l'empereur eut repris le dessus, il changea bien de manière; il ordonna au cardinal de brûler la bulle, et évoqua l'affaire à Rome, résolu de favoriser l'empereur, autant que ce prince entreroit dans ses intérêts. C'est ainsi que ce Pape intéressé faisoit servir à la politique les affaires de la religion.

Cependant la passion du roi d'Angleterre pour Anne de Boulen s'augmentoit tous les jours. Cette maîtresse impérieuse l'aigrit contre le cardinal de Volsey, à qui il se prit de ce que la bulle avoit été brûlée; il le chassa de la Cour. Le chagrin que lui causa sa disgrace, lui fit perdre peu de temps après la vie, et l'Angleterre se réjouit de voir périr misérablement le plus superbe des favoris.

L'empereur, qui se regardoit comme insulté personnellement par le dessein que le roi d'Angleterre avoit formé contre la reine sa femme, prit le parti de rechercher l'amitié du Pape, dont l'autorité donnoit le branle aux affaires d'Italie : ce prince lui fit offrir des conditions fort avantageuses. Il promettoit de rétablir les Médicis dans Florence, et de donner Marguerite, sa fille naturelle, avec une grande dot à Alexandre, fils de Laurent de Médicis, à qui le Pape destinoit la puissance séculière de sa maison. Il s'engageoit aussi à faire rendre au saint Siége Ravenne, Modène, Regge, et quelques autres places importantes : en reconnoissance de quoi le Pape accorda l'investiture de Naples à l'empereur, et réduisit le cens annuel dû au saint Siége par les rois de Naples, à six mille ducats par an.

Pendant que ce traité se négocioit, la mère du roi et la tante de l'empereur avançoient en grand secret à Cambray les affaires de la paix. Marguerite se cachoit du Pape, avec qui son neveu traitoit, et la duchesse d'Angoulême avoit encore plus d'intérêt à se cacher des alliés, que le roi tâchoit de tenir en bonne disposition, en leur proposant toujours de nouveaux desseins de guerre. Enfin, après beaucoup de difficultés, la paix fut conclue par l'entremise du Pape. Le roi payoit à l'empereur deux millions d'or pour la rançon de ses enfans, et acquittoit l'empereur envers le roi d'Angleterre des grandes sommes que lui devoit la maison d'Autriche; il promettoit d'épouser Eléonore, sœur de l'empereur, et de donner le duché de Bourgogne au fils qui naîtroit de ce mariage. Il renonçoit à la souveraineté de Flandre et d'Artois, et à son droit sur Naples, sur Milan et sur Salins. La politique d'Espagne n'oublia pas les héritiers de Charles de Bourbon, à qui il fut stipulé qu'on rendroit les biens de ce prince.

François n'eut pas les mêmes égards pour les barons de Naples qui avoient suivi son parti; il n'en fit nulle mention dans le traité : il y comprit à la vérité les Vénitiens et les Florentins, à condition cependant qu'ils régleroient leurs différends avec l'empereur, ce qui au fond ne disoit rien; pour Sforce, il demeura abandonné. Voilà à quoi fut réduit un roi si puissant et si généreux, moins par le malheur de ses affaires, que par le désir de revoir ses enfans, qui étoient captifs depuis si longtemps.

Ce traité, signé vers la fin du mois de juillet, demeura secret, de concert entre les deux princesses, qui vouloient empêcher les nouveaux desseins que cette paix pourroit faire prendre aux intéressés. Les articles furent publiés le septième août, au grand déplaisir des confédérés, dont le roi durant quelques jours évitoit les ambassadeurs : il fit ce qu'il put pour les apaiser par des promesses en l'air, dont aussi ils parurent peu satisfaits, surtout le roi d'Angleterre, qu'on avoit grand intérêt de ménager; car on s'obligeoit par le traité à lui payer cinq cent mille écus, sans qu'on sût sur quoi les prendre, et le roi ne s'y étoit engagé que dans l'espérance que le roi d'Angleterre ne presseroit pas le paiement. C'étoit une chose assez difficile à obtenir, et Langey fut chargé d'une négociation si embarrassante : il y réussit pourtant, parce qu'il sut entrer avec lui dans l'affaire de son mariage.

Langey étoit homme de lettres; et le roi d'Angleterre savoit qu'il étoit considéré dans les universités de France, d'Italie et d'Allemagne. Il crut donc qu'il obtiendroit aisément par son moyen, des consultations favorables pour son affaire, d'autant plus que Langey lui en apportoit par avance, sous noms empruntés, qui furent à son gré, et le gagnèrent tellement, que non-seulement il donna terme de cinq ans pour le paiement, mais il fit encore présent à Henri d'Orléans son filleul, d'une fleur de lis d'or, que le père de l'empereur lui avoit engagée pour cinquante mille écus.

L'empereur s'étoit cependant rendu à Gênes. Il avoit un grand désir de recevoir la couronne impériale de la main du Pape, et de se montrer à l'Italie, où ses victoires l'avoient rendu si glorieux et si redoutable. Il crut que sa présence achèveroit d'y établir son autorité; ainsi il n'eut pas plutôt fait son accord avec le Pape, qu'il se résolut à partir.

Il reçut à Gênes une ambassade des Florentins, contre lesquels il avoit donné des ordres fâcheux au prince d'Orange, moins pour satisfaire le Pape, que pour ruiner les plus fidèles alliés de la France. Le prince devoit les assiéger avec toute l'armée impériale, et quoiqu'ils fussent résolus de se bien défendre, ils tâchèrent auparavant d'apaiser l'empereur; mais il refusa audience à leurs ambassadeurs, jusqu'à ce qu'ils eussent reçu la bénédiction du Pape. Le roi exécutoit ponctuellement le traité de Cambray, et faisoit rendre les villes de la Pouille, que Rence de Ceri tenoit encore.

Les Vénitiens virent bien alors qu'il n'y avoit plus rien à faire du côté de Naples, et ils retirèrent leur armée navale pour distribuer leurs troupes dans les villes de Lombardie. Ils tirèrent parole de Sforce, qu'il ne s'accorderoit pas sans eux ; mais le duc un peu après perdit Pavie, et demeura si foible, qu'à peine lui resta-t-il aucune espérance. Environ dans le même temps, Pérouse fut rendue au prince d'Orange.

Tout cédoit à l'empereur, et le fardeau de la guerre alloit tomber tout entier sur les Florentins. Ils furent assiégés par le prince d'Orange, et abandonnés par François, en qui ils avoient mis leurs espérances.

On croit qu'il y fut porté par le chancelier, qui en obtint du Pape pour sa récompense le chapeau de cardinal, qu'il avoit jusqu'alors inutilement poursuivi. L'empereur s'occupoit en Italie à négocier avec le Pape et avec les autres potentats, pendant que son frère Ferdinand perdoit les plus belles villes de la Hongrie, sous prétexte de secourir le roi Jean. Soliman s'étoit rendu maître de Cinq-Eglises, de Bude, d'Albe-Royale et d'Altembourg. Il assiégea Vienne en Autriche avec une armée immense, sans que l'empereur se remuât pour défendre ni le royaume de son frère, ni les pays héréditaires de sa maison. Il se fioit au bon état de la place, et à la valeur de Philippe, comte palatin du Rhin, qui la défendoit. Cette conjoncture servit au Pape et aux princes d'Italie à mieux ménager leurs intérêts, et la négociation étoit déjà fort avancée, quand on sut que Soliman, après un mois d'attaque opiniâtre, avoit été contraint de lever le siége avec perte de soixante mille hommes. Il menaçoit de retourner bientôt avec de plus grandes forces.

L'empereur, heureux partout, alla à Bologne, où le Pape le couronna avec la même solennité que s'il avoit été à Rome. Il fit la paix des Vénitiens et de Sforce. Ce malheureux duc fut obligé de se reconnoître coupable, et d'implorer à genoux la clémence de l'empereur, à qui il fallut promettre des sommes immenses, que les Milanois, tout épuisés qu'ils étoient, trouvèrent moyen de fournir, tant ils avoient en horreur la domination étrangère; ainsi il fut rétabli.

Les Vénitiens rendirent Ravenne et Cervie au saint Siége, et tous les ports de la Pouille à l'empereur, qui fit ligue avec eux, avec le Pape et avec le duc de Milan, pour la défense de l'Italie. Après cette paix conclue, il passa enfin en Allemagne, pour chercher quelque remède aux maux extrêmes dont la menaçoient et le Turc et l'hérésie de Luther, qui faisoit de si grands progrès qu'elle sembloit devoir bientôt être la maîtresse. Il laissa ordre en partant d'employer contre Florence toute son armée d'Italie, qui désormais n'avoit plus que cette affaire.

Les Florentins se défendoient au delà de toute espérance, et François, qui les avoit abandonnés, ne songeoit qu'à délivrer ses enfans. Il alla dans ce dessein à Bordeaux, avec la somme destinée à leur rançon, qu'il avoit ramassée avec une peine extrême. Le maréchal de Montmorency, grand-maître de France, se rendit à Bayonne le 10 mars 1530, pour faire l'échange des princes, qui à peu près dans le même temps avoient été amenés à Fontarabie; mais il y eut des difficultés qui durèrent près de quatre mois; enfin l'argent fut compté. On donna au connétable de Castille tous les papiers concernant les souverainetés de Flandre et d'Artois. Les princes furent échangés au milieu de la rivière de Bidassoa. La reine Eléonore fut amenée, et le roi l'épousa près Mont-Marsan, où il s'étoit avancé pour la recevoir.

En ce même temps, François et Henri firent quelques tentatives auprès de l'empereur, pour l'accommodement des Florentins. L'entremise de deux si grands rois leur fut inutile. Un grand secours qui leur venoit fut défait par le prince d'Orange ; mais il fut tué dans le combat, et Ferrand de Gonzague, marquis de Mantoue, eut ordre d'achever le siége. Le roi cependant jouissoit d'un repos qu'il n'avoit jamais goûté depuis le commencement de son règne ; car il n'avoit vu que des guerres presque toujours malheureuses, et sa prison, dont il n'avoit été délivré que par celle de ses enfans, lui avoit causé des chagrins qu'on peut aisément imaginer.

Il avoit le plaisir de revoir ces aimables princes, dont il avoit été privé durant quatre ans, et son nouveau mariage donnoit lieu à des magnificences extraordinaires. Il mêloit à ces plaisirs celui des belles-lettres qui lui étoit naturel ; car quoiqu'il n'eût pris dans sa jeunesse qu'une teinture assez légère des études, il avoit acquis depuis beaucoup de belles connoissances, par les discours des habiles gens à qui il donnoit grand accès auprès de sa personne, et qu'il prenoit plaisir d'élever : ainsi les sciences florirent de son temps. Il s'appliqua à les cultiver, principalement pendant la paix, en appelant de tous côtés les plus célèbres professeurs, à qui il donnoit des appointemens magnifiques, surtout à ceux de la langue sainte et de la langue grecque, les plus belles et les plus utiles de toutes les langues. Il enrichit aussi beaucoup sa bibliothèque : ses libéralités s'étendirent bien loin hors de son royaume ; tellement que tous les gens de lettres de l'Europe louoient à l'envi la générosité de François, qu'ils appeloient d'une commune voix *le père et le restaurateur des sciences* ; et à peine les victoires même l'auroient-elles rendu plus célèbre qu'il le fut parmi ses malheurs.

Il étoit malaisé que la paix fût stable entre les deux princes. Les vastes prétentions de Charles, son bonheur, sa puissance, sa profonde dissimulation ne laissoient guère de repos à François. Il ne pouvoit souffrir que l'empereur lui détachât tous les jours quelques-uns de ses alliés. Il avoit perdu le duc de Savoie, que le sang lui rendoit si proche, l'empereur ayant donné à ce duc le comté d'Ast pour sa récompense. François étoit indigné de voir entre les mains d'un ennemi presque déclaré l'héritage de ses enfans. Il voyoit de plus quelques-uns de leurs domestiques, qui les avoient servis pendant leur prison, retenus en galère, sans que l'empereur voulût les relâcher, et il n'ignoroit pas les pratiques que faisoit Ferdinand pour rompre l'alliance des Suisses avec la France ; de son côté il ne manquoit pas de moyens de nuire à l'empereur, et l'état des affaires d'Allemagne lui en fournissoit des occasions favorables.

Au sortir d'Italie, Charles s'étoit rendu à Augsbourg, où la diète de l'empire étoit convoquée. Les luthériens s'y trouvèrent en grand nombre : là fut présentée à l'empereur, au nom des princes et des villes de leur parti, leur confession de foi, appelée pour cette raison la Confession d'Augsbourg. Les zwingliens présentèrent aussi celle que Zwingle leur avoit dressée. Il avoit commencé à prêcher de nouveaux dogmes en Suisse, en même temps que Luther troubla l'Allemagne; mais il différoit d'avec lui sur le point de l'Eucharistie, où Zwingle croyait le corps de Jésus-Christ présent seulement en figure et en vertu, au lieu que Luther le tenoit présent réellement et en substance, niant seulement la transsubstantiation, c'est-à-dire, que le pain soit changé au corps de Jésus-Christ. Dieu permit cette division entre les ennemis de l'Eglise, pour affoiblir leur parti.

Carlostad, autrefois maître de Luther, et devenu son disciple depuis qu'il avoit dogmatisé, avoit abandonné son sentiment pour suivre celui de Zwingle, et il avoit eu plusieurs luthériens pour sectateurs; mais ceux de la Confession d'Augsbourg étoient demeurés sans comparaison les plus forts, et ils se rendoient tous les jours plus redoutables. Ils prirent le nom de protestans, parce qu'ils protestèrent contre les décrets d'une diète tenue à Spire.

Les catholiques, qui les voyoient s'agrandir, se liguèrent contre eux dans une assemblée faite à Nuremberg, et vers la fin de l'année, l'empereur commença à se déclarer sur le dessein qu'il avoit conçu de faire élire son frère Ferdinand, roi des Romains, afin d'avoir un autre lui-même en Allemagne, pendant que tant de royaumes qu'il avoit à gouverner l'appeloient ailleurs.

Tout cela fit trembler les protestans, qui s'assemblèrent aussitôt après à Smalcalde, où ils se liguèrent pour défendre leur religion, et empêcher, disoient-ils, les entreprises de l'empereur sur la liberté germanique. Cette ligue étoit composée des princes de Saxe, de Lunebourg, d'Anhalt et de Hesse, tous luthériens. Les villes de leur religion, des plus puissantes de l'empire, y étoient entrées, et les ducs de Bavière, quoique catholiques, y avoient été attirés par l'intérêt commun des princes de l'empire, persuadés qu'ils étoient que la maison d'Autriche les opprimeroit tous sans peine, en s'appropriant l'empire comme héréditaire, à quoi elle tendoit ouvertement.

Les princes n'eurent pas plutôt conclu leur ligue, qu'ils envoyèrent à François, pour lui demander sa protection, sans entrer avec lui dans l'affaire de la religion ; ils lui représentoient seulement qu'il étoit digne de lui de les aider à sauver les restes de la liberté de l'empire, et de s'opposer à un prince qui, s'établissant en Allemagne une puissance sans bornes, s'ouvroit manifestement le chemin à la monarchie universelle; mais parmi ces difficultés qu'on suscitoit à l'empereur, il ne laissoit pas d'avancer toujours ses desseins. Ce fut en vain que les princes de la ligue de Smalcalde écrivirent aux électeurs que pour faire un roi des Romains il falloit le consentement de tout l'empire.

Ils étoient déjà gagnés, et malgré les oppositions du duc de Saxe, l'élection de Ferdinand passa le 5 janvier, de l'avis de tous les autres électeurs.

Les princes sentirent bien qu'après une action si hardie (1531), l'empereur ne tarderoit pas à marcher contre eux, et ils sollicitèrent François de se déclarer. La formidable puissance de la maison d'Autriche fit qu'il écouta les propositions, résolu toutefois de ne rien faire contre le traité de Cambray; et afin de n'oublier rien pour entretenir la paix, il souffrit que la reine Eléonore sa femme, avec la duchesse d'Angoulême sa mère, négociassent secrètement une entrevue entre l'empereur et lui, où l'on chercheroit les moyens de les unir par une ferme alliance.

Le roi la désiroit plus qu'il ne l'espéroit, et à vrai dire, les deux princes ne songeoient qu'à s'amuser l'un l'autre par cette négociation, pendant que chacun de son côté tâchoit de se faire de nouveaux amis. Durant ce temps l'empereur se préparoit à aller à Ratisbonne tenir la diète qu'il y avoit indiquée; et comme les princes de la ligue voyoient bien qu'il y feroit prendre des résolutions extrêmes contre eux, ils pressèrent tellement le roi, qu'il se résolut à conclure. Il avoit un homme en Allemagne qui ménageoit cette affaire; mais il étoit trop uni avec le roi d'Angleterre pour la finir sans la participation de ce prince, à qui la ligue avoit aussi député; il le trouva disposé à faire plus qu'il ne vouloit.

Le roi d'Angleterre voyoit bien que l'empereur ne lui pardonneroit jamais l'affront qu'il lui faisoit, en répudiant sa tante; et quoiqu'il eût autrefois écrit contre Luther, il haïssoit un peu moins les luthériens, depuis les sujets de plaintes qu'il croyoit avoir contre le Pape. Ainsi il vouloit qu'on fît une ligue offensive et défensive avec les princes de Smalcalde, et on avoit peine à le réduire au sentiment de François, qui n'en vouloit faire qu'une défensive.

L'ambassadeur de l'empereur eut vent de cette menée, et en fit ses plaintes au roi, qui répondit qu'il garderoit inviolablement les traités; mais que pour prendre plaisir à obliger son maître, il lui en donnoit trop peu de sujet : ainsi il dépêcha Langey en Allemagne, avec ordre de déclarer aux princes qu'il étoit prêt de les secourir s'ils étoient attaqués, et qu'au reste il n'avoit tardé à s'expliquer avec eux que dans l'espérance d'attirer le roi d'Angleterre dans ses sentimens.

La liaison que François prenoit avec les princes de la ligue, invita Jean, roi de Hongrie, à rechercher, à leur exemple, la protection de la France, par une ambassade solennelle. François crut que, sans violer la paix de Cambray, et sans rompre avec la maison d'Autriche, il pouvoit faire le mariage de ce prince avec la sœur du roi de Navarre, et lui payer argent comptant une dot considérable, qu'il lui seroit libre d'employer à se défendre. Des affaires si importantes qui se tramoient contre l'empereur, l'obligèrent d'envoyer de Ratisbonne, où il tenoit la diète, le marquis de Balançon, pour prier François de prêter ses galères, sa gendarmerie, et de grandes sommes d'argent qui le missent en état de résister au Turc, dont les mouvemens menaçoient la Hongrie ; que la maison d'Autriche feroit le reste, et qu'elle espéroit opposer à Soliman une armée de gens de pied du moins aussi forte que la sienne.

Son intention étoit de rejeter sur François la haine de l'invasion du Turc, s'il refusoit ce secours, ou de l'épuiser d'hommes et d'argent s'il étoit assez facile pour l'accorder. François répondit avec hauteur, disant qu'il n'étoit pas banquier ni marchand, pour ne faire que fournir de l'argent, mais prince chrétien, qui dans une telle affaire vouloit bien avoir sa part dans le péril, pourvu qu'on lui en donnât dans la gloire ; que son armée de mer étoit destinée à garder ses côtes, et que pour sa gendarmerie, qui étoit la force de son royaume, qu'elle ne marchoit point qu'il ne fût lui-même à la tête ; qu'au reste, il voyoit bien par les discours de l'ambassadeur, que l'Allemagne, munie d'une armée aussi puissante que celle dont il lui avoit parlé, n'auroit pas besoin de secours ; de sorte qu'il valoit bien mieux garder l'Italie abandonnée, ce qu'il offroit de faire avec cinquante mille combattans, et de conduire encore de plus grandes forces partout où il seroit besoin, avec son bon frère le roi d'Angleterre.

Il savoit bien que l'empereur n'auroit garde d'accepter ses offres ; mais il voulut opposer artifice à artifice, et faire une réponse aussi captieuse que la proposition. L'empereur s'en servit pour persuader aux Allemands que le roi ne tenoit aucun compte de leurs périls, et ne songeoit au contraire qu'à s'en prévaloir, pour enlever à l'empire ce qui lui restoit en Italie.

Ce discours fit son effet, même sur les princes de la ligue, tellement que Langey, qui les vit ébranlés, ne tarda plus à conclure absolument le traité, par lequel il promettoit de les secourir, s'ils étoient attaqués contre les droits de l'empire. François eut nouvelle en même temps que le roi d'Angleterre consentoit à la ligue défensive, et promettoit de plus de contribuer de cinquante mille écus, à la conservation des libertés du Saint-Empire.

Ce traité, conclu dans la Bavière, fut apporté au roi comme il étoit en Bretagne, où François, dauphin, avoit été déclaré duc dans les Etats de cette province, à condition que venant à la couronne, la Bretagne y seroit réunie, et que les fils aînés de France porteroient, avec le titre de Dauphin, celui de duc de Bretagne, avec les armes de cette province, jointes à celles de France et de Dauphiné.

Aussitôt que le traité d'Angleterre eut été porté à Langey, l'union des deux rois avec la ligue fut conclue, et il fut arrêté entre tous les princes qu'ils ne pourraient faire aucun traité sans communication mutuelle. Le roi s'obligeoit de donner cent mille écus, qui ne pourraient être employés à aucune invasion, mais à la simple défense des droits de l'empire, et la somme fut déposée entre les mains des ducs de Bavière, à qui le roi se fioit de l'entier accomplissement de ses intentions.

Langey revint en France, glorieux d'avoir achevé une affaire si délicate, et passa en Angleterre, pour régler l'entrevue qui devoit se faire entre les deux rois. On parloit toujours de celle de l'empereur et du roi, qui laissoit faire sa mère et sa femme, jusqu'à ce que la mort de la première mit fin à tout cet amusement.

L'empereur, qui savoit profiter de tout, s'en étoit servi pour rendre suspect au Pape tout ce qu'on lui proposoit de la part du roi. Pour se l'acquérir tout à fait, il mit les Florentins sous la puissance de la maison de Médicis. Ils avoient soutenu toutes les incommodités d'un long siége, et trahis par leurs propres capitaines, ils avoient été contraints de se rendre à l'empereur, qu'ils supplioient de régler dans un certain temps le gouvernement de leur ville. Il leur ôta leur liberté, comme à des gens qui avoient pris les intérêts de la France contre l'empire, et leur donna pour prince absolu Alexandre de Médicis, révoquant ce qu'il leur laissoit de priviléges, aussitôt qu'ils attenteroient quelque chose contre l'autorité des Médicis.

Il se préparoit cependant des affaires plus importantes du côté d'Allemagne (1532). Soliman avoit traversé la Hongrie, et Charles, étant à la diète de Ratisbonne, apprit, par les lettres de son frère Ferdinand, que Vienne étoit menacée par une armée de six cent mille hommes. Sur ces nouvelles, les affaires de la religion, qui occupoient la diète, furent remises à une autre assemblée.

L'empereur demanda trente mille livres aux Etats de l'empire, ce qu'ils accordèrent sans peine. Le Pape promit quatre mille écus par mois, et envoya ses meilleures troupes sous le jeune cardinal Hippolyte de Médicis, qui ne respiroit que les armes. Pour la maison d'Autriche, jamais elle ne parut plus puissante, ayant levé à elle seule quatre-vingt-dix mille hommes de pied, et trente mille chevaux, qui attendirent sous le canon de Vienne Soliman qui s'approchoit : il mit le siége devant Lintz, qu'il leva au bout d'un mois, sous prétexte d'aller combattre l'empereur.

C'étoit un grand spectacle de voir en présence les deux plus puissans princes du monde : Charles d'un côté, Soliman de l'autre, avec deux armées si redoutables; mais ils ne firent que se regarder, et tous deux parurent craindre l'événement d'un combat, qui eût décidé de la fortune de deux grands empires.

Soliman se retira furieux, après avoir détaché deux partis de vingt mille chevaux chacun pour ravager les provinces héréditaires ; et Charles, qui le pouvoit forcer à combattre, fut plus circonspect que ses capitaines, qui le pressoient de donner. Il crut que, sans mettre tout au hasard, il devoit se contenter d'avoir rendu inutiles de si grands efforts du Turc ; mais il est malaisé d'entendre pourquoi il manqua l'occasion d'abattre en Hongrie le parti de Jean Sepusse. Soliman s'étoit retiré; des deux détachemens qu'il avoit faits, l'un avoit été taillé en pièces, et l'autre s'en retournoit chargé de butin : il n'y avoit, ce semble, qu'à se montrer aux Hongrois; Ferdinand le pressoit de ne l'abandonner pas; mais rien ne le put arrêter : il voulut repasser en Espagne, sans alléguer d'autre raison que le désir de revoir l'impératrice. Pour éviter le blâme qu'une retraite si soudaine lui attiroit, il laissa à Ferdinand une grande partie des troupes, mais en si mauvais ordre, qu'il n'en tira nulle utilité. On publia dans toute l'Europe qu'il étoit jaloux de son propre frère, et qu'il craignoit de le voir en état de se soutenir par lui-même en Allemagne.

Vers la fin du mois d'octobre, les rois de France et d'Angleterre se rendirent à Boulogne-sur-Mer. Ils publièrent qu'ils s'assembloient pour chercher les moyens de repousser le Turc. Le roi d'Angleterre faisoit de grandes plaintes du Pape, sur ce qu'il vouloit l'obliger de traiter à Rome l'affaire de son divorce, contre l'usage toujours observé d'envoyer des juges sur les lieux, pour entendre les parties, qui dans de telles affaires ne peuvent guère s'expliquer par procureur. Il se plaignoit aussi des grandes exactions que faisoit l'Eglise romaine sur le peuple et sur le clergé d'Angleterre. Il prétendoit porter ses plaintes au concile universel, et vouloit que François se joignît à lui pour sommer le Pape de l'assembler. S'il en eût été cru, on n'auroit pas épargné les menaces, mais le roi ne vouloit pas y aller si vite; c'étoit terriblement choquer le Pape que de lui parler de concile.

L'Eglise n'en avoit jamais eu plus de besoin; il n'y avoit que ce seul remède contre l'hérésie de Luther, et contre tant d'abus qui s'étoient glissés. Le scandale qu'ils causoient étoit le prétexte le plus plausible que les hérétiques pussent donner à leur séparation; ils n'avoient encore osé s'élever ouvertement contre l'autorité des conciles, et au contraire ils demandoient eux-mêmes qu'on en tînt un, faisant semblant de vouloir se soumettre à ses décisions; mais le Pape, occupé de la grandeur de sa famille, n'écoutoit point ces raisons. Il regardoit le concile comme un obstacle à ses desseins, craignant toujours que si l'on venoit à réformer l'Eglise, à la fin il ne fût tenu de réformer et lui-même et la cour de Rome. Ainsi, quoiqu'il eût promis un concile aux sollicitations de l'empereur, il ne manquoit jamais de prétextes spécieux pour en éluder la convocation.

François, qui connoissoit cette répugnance, croyoit qu'il falloit servir le roi d'Angleterre par des moyens plus conformes à l'humeur du Pape, On traitoit le mariage d'un des cadets de François, avec Catherine de Médicis, nièce du Pape, qu'on appeloit la duchesse d'Urbin. C'étoit le duc d'Albanie son oncle qui négocioit cette affaire, et le roi avoit tant de passion de détacher le Pape d'avec l'empereur, qu'il y étoit entré bien avant. Il croyoit que ce mariage le lieroit étroitement avec le Pape, et lui donneroit moyen d'agir utilement pour son ami.

Pendant que les deux rois étoient ensemble, la nouvelle leur vint que Charles, en retournant en Espagne, repassoit par l'Italie, et qu'il devoit revoir le Pape à Bologne. Cette nouvelle entrevue jeta de la défiance dans leurs esprits. Ils résolurent ensemble que les cardinaux de Tournon et de Grammont se trouveroient à Bologne-la-Grasse au temps que le Pape y arriveroit, sous prétexte de l'accompagner dans une cérémonie si considérable; mais en effet ils avoient ordre de parler au nom des deux rois : et comme ils présumoient que le Pape seroit plus fier par l'union qu'il paroissoit avoir avec l'empereur, ils crurent qu'il falloit agir avec un peu de hauteur.

Ainsi l'instruction des cardinaux les obligeoit à représenter combien le Pape avoit d'intérêt à ne point choquer deux si grands rois inséparablement unis. Ils devoient parler des conciles nationaux qu'ils pourroient assembler dans leurs royaumes pour remédier aux désordres, et du concile général qu'ils pourroient aussi lui proposer, sans donner lieu aux délais dont il amusoit le monde depuis si longtemps; qu'au reste il n'étoit plus de saison de les menacer de censures, qu'il avoit déjà assez d'affaires du côté de l'Allemagne et des Suisses; et qu'en cas qu'il les maltraitât, ils iroient à Rome si bien suivis, qu'il seroit trop heureux de révoquer ses sentences; qu'ainsi le plus court pour lui étoit de traiter plus doucement les affaires d'Angleterre, et de regarder ce qui arriveroit, s'il poussoit les choses à l'extrémité.

Ces paroles étoient dures; aussi l'intention de François n'étoit pas d'en venir aux effets, et les cardinaux avoient ordre à la fin d'adoucir le Pape, en lui proposant une conférence des deux rois avec lui à Nice, où les affaires s'accommoderoient à l'amiable. Les choses ayant été ainsi disposées, Henri et François se séparèrent, et celui-ci vint passer l'hiver à Paris; les cardinaux arrivèrent à Bologne-la-Grasse au commencement de l'année suivante. Il y avoit quelques jours que le Pape et l'empereur conféroient ensemble; il s'agissoit de continuer la ligue d'Italie, où l'empereur vouloit faire comprendre la seigneurie de Gênes, quoique la France n'y eût pas renoncé.

Le Pape inclinoit à ses sentimens, parce qu'il savoit les mauvaises dispositions du roi d'Angleterre, et qu'il vouloit se faire un appui contre un prince dont les intérêts seroient portés par François. Dans cette conjoncture les cardinaux jugèrent dangereux d'irriter le Pape, et craignirent qu'en le pressant de la part des rois, ils ne l'obligeassent d'autant plus à se livrer à l'empereur. Ainsi, laissant à part toutes les mesures dont on avoit chargé leurs instructions, ils remontrèrent au Pape que le roi le vouloit prendre pour juge du droit qu'il avoit sur Gênes; ils lui proposèrent une entrevue pour y traiter les affaires, surtout celles du mariage de Catherine de Médicis, duchesse d'Urbin, et le conjuroient en même temps, tant pour le bien de la chrétienté, que pour son intérêt particulier, de tenir tout en état en attendant. A ces paroles, le Pape commença à se rassurer de la crainte où il étoit de se voir réduit à dépendre tout à fait de l'empereur.

Ce prince, le trouvant plus froid, ne fut pas longtemps à découvrir la cause de ce changement, et il se mit à représenter au Pape que le roi ne vouloit que l'amuser en lui parlant d'un mariage qui avoit si peu d'apparence. Il lui proposa en même temps une affaire plus vraisemblable, qui étoit de donner sa nièce au duc Sforce; mais le Pape repartit que le moins qu'il pouvoit faire étoit d'écouter un roi de France, qui lui faisoit tant d'honneur, et qu'il ne falloit pas le choquer dans un temps où le roi d'Angleterre le sollicitoit à se séparer du saint Siége.

Cependant (1533), pour ménager toutes choses, il consentit à la continuation de la ligue d'Italie, en faisant toutefois entendre au roi qu'elle tourneroit à la fin à son avantage, puisqu'elle obligeoit l'empereur à licencier ses troupes si aguerries, qui lui avoient gagné tant de victoires : sur de si vaines apparences, François avançoit le mariage.

L'empereur, qui ne crut jamais qu'il voulût de bonne foi une alliance si inégale, déclara au Pape qu'il ne prétendoit point l'empêcher de procurer à sa nièce et à sa maison un avantage si considérable. Lui-même lui conseilla de demander aux cardinaux françois s'ils avoient pouvoir de conclure : ils ne l'avoient pas, mais ils offrirent de le faire venir, et ne demandoient que le temps qu'il falloit pour avoir réponse d'un courrier qu'ils dépêcheroient.

Quand le Pape vit la procuration en bonne forme, il ne fut pas moins surpris, que s'il eût vu un enchantement; et l'empereur étonné n'eut plus autre chose à faire, que de le prier d'insérer en sa faveur quelques conditions dans le traité qu'il feroit avec le roi : à quoi le Pape répondit que l'honneur que recevoit sa maison étoit si grand, que c'étoit au roi et non pas à lui, de faire des conditions. Il fut pourtant assez heureux, pour qu'une si haute alliance ne lui coûtât que des paroles.

Il sut persuader à François, que, pour ménager sa dignité, il ne falloit rien exiger de lui avec le mariage, et qu'ensuite il feroit si bien de lui-même, que le roi répareroit, par son union avec le saint Siége, les pertes que lui et son prédécesseur avoient faites pour n'y avoir pas été assez unis. Tels étoient les discours du Pape.

François, qui connoissoit combien étoit grand ce qu'il faisoit pour lui, crut qu'il auroit autant de reconnoissance, qu'il recevoit d'honneur, et donna son fils sur cette espérance, encore le bonheur du Pape voulut-il qu'on aimât mieux en France lui donner pour sa nièce le duc d'Orléans que le duc d'Angoulême son cadet.

On s'imagina qu'il procureroit tant d'élévation à celui des enfans de France qui deviendroit son neveu, qu'il y auroit de quoi donner de la jalousie à l'autre, et on crut qu'en préférant le duc d'Angoulême, on feroit au duc d'Orléans un tort qui mettroit une division éternelle entre les frères.

Un fondement si léger fit qu'on choisit pour Catherine le second fils de France, sans considérer combien il étoit proche de la couronne, que les temps suivans nous feront en effet voir sur sa tête. Pour achever le mariage, il fut résolu que le Pape et le roi se rendroient à Nice. Cette résolution fut tenue secrète, et l'empereur partit de Bologne sans en rien savoir. François en fit avertir le roi d'Angleterre, afin qu'il se trouvât à l'entrevue, et qu'il y sollicitât lui-même son divorce; mais les affaires avoient pris un autre cours.

Henri impatient avoit obtenu de Thomas Cranmer, archevêque de Cantorbéry, primat d'Angleterre, qui prenoit la qualité de légat né du saint Siége, qu'il déclarât nul son mariage avec Catherine d'Aragon, et le mariât avec Anne de Boulen. Il tenoit l'affaire secrète, en attendant le succès de l'entrevue, résolu de se séparer de l'Eglise romaine, si le Pape lui refusoit sa demande. Henri avoit fait dire ce secret à François, qui n'oublia rien pour lui obtenir des juges sur les lieux, avant qu'on vînt à savoir ce qui s'étoit passé en Angleterre; mais le Pape remettoit tout à la conférence de Nice.

Le temps destiné à la tenir s'approchoit, et le Pape n'attendoit que l'éloignement de l'empereur pour la déclarer. Aussitôt qu'il fut parti d'Italie, et qu'il eut pris le chemin d'Espagne, il la fit agréer aux cardinaux. Les empêchemens qu'y voulut mettre l'empereur furent inutiles, et le refus que fit le duc de Savoie de prêter Nice, fit résoudre le Pape à venir en France; mais avant le temps convenu, on sut à Rome et en Espagne la sentence donnée par Cranmer contre la reine d'Angleterre: les cardinaux, persuadés par diverses consultations de la validité de son mariage, et excités par les sollicitations de l'empereur, pressèrent tellement le Pape, qu'il prononça l'excommunication contre Henri, au cas que dans un certain temps il ne réparât l'attentat qu'il avoit commis.

Quoique le roi fût touché de cette sentence prononcée contre son ami, il ne désespéra pas d'y apporter du remède, parce qu'elle n'étoit que comminatoire, et qu'elle donnoit du temps au roi d'Angleterre; mais il lui vint en même temps de Milan une autre nouvelle qui lui causa bien plus d'émotion.

Le duc de Milan, accablé par la puissance de l'empereur, et n'espérant plus de liberté que par le support de la France, souhaita d'avoir auprès de lui un ministre du roi, mais si caché, que les Espagnols n'en pussent rien soupçonner. Il avoit demandé pour cet emploi François de Merveille, natif de Milan, écuyer d'écuries du roi, qui avoit fait grande fortune en France en dressant des chevaux, et en apprenant la jeune noblesse à les monter. Il avoit été connu du duc dans un voyage qu'il avoit fait en son pays, où il s'étoit signalé par ses libéralités. Le roi l'avoit renvoyé avec deux sortes de lettres au duc; les unes secrètes, où il paroissoit ministre du roi; les autres qu'on pouvoit montrer en cas de besoin, qui étoient de simples lettres de recommandation, afin qu'il fût favorisé dans ses affaires particulières. Cette finesse n'empêcha pas que l'empereur ne soupçonnât ce qui étoit : il fit de grandes menaces au duc de Milan, et ne se paya pas de l'excuse qu'il lui donnoit, que ce gentilhomme n'étoit à Milan que pour ses affaires, ni des lettres qui sembloient le faire voir. Il fallut venir à des preuves plus réelles, et Sforce, intimidé par l'empereur, résolut de sacrifier Merveille à sa jalousie.

Il lui suscita Castillon, seigneur milanois, qui lui fit une querelle, et quelque soin que prit Merveille pour l'apaiser, elle fut poussée si avant, qu'on en vint aux mains. Castillon prit mal ses mesures, il fut tué par les François. Le duc fit arrêter l'envoyé, ravi de pouvoir se justifier sans laisser aucun soupçon de sa conduite; après qu'il lui eut fait faire son procès avec une étrange précipitation, contre toutes les formalités observées dans le Milanez, il lui fit couper la tête dans la prison.

Il est aisé de juger combien le roi fut sensible à cet affront. Il en fit ses plaintes à tous les princes chrétiens, comme d'un attentat commis contre le droit des gens; mais surtout il en demandoit réparation à l'empereur, protestant de se la faire lui-même, si elle lui étoit refusée, et l'assurant toutefois que ce seroit sans renouveler ses prétentions sur le Milanez, qu'il ne vouloit point avoir par cette voie.

L'empereur fut ravi d'avoir rendu le duc irréconciliable avec le roi, et non content d'excuser son action, il lui donna aussitôt en mariage une fille de sa sœur et de Christiern, roi de Danemark. Le duc tenta vainement de se justifier auprès du roi, à qui il envoya son neveu, dont les raisons furent aussi mal reçues que la conduite de son oncle étoit mauvaise. Un peu après le Pape fut porté sur les galères de France à Marseille, qui avoit été choisie pour l'entrevue. Il logea le premier jour hors de la ville, et fit son entrée le lendemain avec beaucoup de magnificence, en habits pontificaux, porté dans une chaire sur les épaules de deux hommes.

Un jour après le roi vint lui rendre l'obédience, où Jean du Belley, frère de Langey, alors évêque de Bayonne, et depuis de Paris, commença à lui faire connoître son grand génie; car Guillaume Poyet, président au parlement, qui passoit pour un des plus éloquens hommes de son temps, ayant préparé une harangue latine, dont le sujet ne plut pas au Pape, à qui elle fut communiquée la veille de la cérémonie, le président n'osa entreprendre d'en faire une autre pour le lendemain, et l'évêque de Bayonne, qui prit sa place, fit admirer son éloquence.

On commença à traiter les affaires, et le roi étoit si persuadé des bonnes intentions du Pape, que sans rien exiger pour ses intérêts, il parla seulement de la conclusion du mariage. Il fut fait et consommé. Le Pape en fut quitte pour faire quatre cardinaux françois, et pour de belles paroles qu'il donna sur le Milanez. François fit bien plus d'insistance pour le roi d'Angleterre que pour lui-même. Il n'en obtint pas davantage; la chose fut remise à Rome, pour y être traitée en plein consistoire.

Le roi et le Pape se séparèrent le 20 novembre, après avoir été plus d'un mois ensemble, et avoir consumé un temps si considérable en cérémonies ou en vains discours. Au retour de Marseille, le roi reçut à Avignon le jeune duc de Wirtemberg, qui lui demandoit sa protection pour être rétabli dans ses Etats.

Son père Ulric en avoit été dépossédé par les princes de la ligue de Souabe, à cause de sa cruauté, et surtout pour avoir traité avec des violences inouïes sa femme Sabine, sœur des ducs de Bavière, qui étoient des principaux de la ligue. L'empereur avoit investi de ce duché Ferdinand son frère, qui en étoit en possession; mais le jeune prince Christophe ne fut pas plutôt arrivé à l'âge de dix-huit à vingt ans, que son mérite attira la compassion de tous les princes. Ses oncles les ducs de Bavière furent fâchés de lui voir porter l'iniquité de son père, qui sembloit de son côté s'être corrigé, et il y avoit une diète convoquée à Augsbourg, pour traiter de leur rétablissement.

En l'état où étoit le roi avec l'empereur, il fut aisé au jeune prince d'obtenir sa protection. Il envoya en Allemagne Guillaume du Belley, seigneur de Langey, qui y avoit déjà fait de si grandes et de si heureuses négociations. Il eut ordre non-seulement de solliciter les intérêts des princes dépossédés, mais encore de faire tous ses efforts pour rompre la ligue de Souabe, qui étoit toute à l'avantage de la maison d'Autriche.

En même temps qu'il partit pour l'Allemagne, son frère, Jean du Belley, évêque de Paris, fut dépêché en Angleterre (1534), pour empêcher Henri de rompre avec le saint Siége. Ce prélat, agréable au roi d'Angleterre, à cause de sa doctrine et de la beauté de son génie, lui persuada de fléchir le Pape par quelque soumission. Il s'offrit d'aller à Rome, et le roi promit de lui envoyer sa procuration pour se soumettre, en cas qu'il pût apaiser le Pape. Il partit sur cette parole, et trouva le Pape irrité contre Henri, qui sembloit ne se plus défendre qu'en menaçant de faire schisme.

L'évêque l'adoucit un peu, en lui promettant d'obtenir du roi d'Angleterre un ample pouvoir de traiter. Il convint d'un terme préfix, dans lequel il devoit recevoir réponse; le terme vint, et il n'eut aucune nouvelle. On étoit au cœur de l'hiver, et l'évêque crut que le courrier étoit retardé par le mauvais temps, mais les créatures de l'empereur firent tant de bruit, que le Pape ne put résister à leurs instances. Il renvoya l'affaire au consistoire, où ils étoient tout-puissans. Ce fut en vain que l'évêque se jeta aux pieds du Pape, pour obtenir seulement six jours de délai. La sentence définitive d'excommunication fut prononcée; le courrier vint deux jours après avec la procuration.

Le roi d'Angleterre offroit de se soumettre au saint Siége, pourvu seulement que quelques cardinaux suspects ne fussent point de ses juges, et qu'il plût au Pape de déléguer quelqu'un à Cambray, pour écouter les témoins qu'il produiroit. Il nommoit Cambray comme un lieu qui ne devoit pas être suspect, et où les témoins ne pourroient être forcés. Alors le Pape et les cardinaux se repentirent d'avoir tant hâté leur décision; mais l'affaire fut sans remède. Le roi d'Angleterre, indigné d'une telle précipitation, se retira de l'Eglise, qu'il avoit si bien défendue, et malgré les anciennes traditions, il se déclara lui-même chef de l'Eglise anglicane. Ainsi changea un royaume autrefois si catholique.

La passion d'un roi emporté le sépara du saint Siége, d'où la foi y étoit venue; et la sentence du Pape, juste dans le fond, mais précipitée dans la procédure, fut l'occasion d'un si grand malheur. La négociation de Guillaume de Langey eut un meilleur succès; les princes de la ligue furent persuadés par ses discours, qu'il n'étoit plus temps de s'unir pour soutenir la maison d'Autriche, dorénavant trop puissante; au contraire, qu'il valoit mieux diminuer un pouvoir capable de les accabler.

Ainsi la ligue de Souabe, qui avoit duré soixante-dix ans, fut rompue, et Ferdinand s'étant opposé au rétablissement des deux princes de Wirtemberg, les ducs de Bavière, le landgrave de Hesse, et leurs alliés, résolurent de l'entreprendre de force. Ils avoient besoin de l'argent du roi, qui ne vouloit point en prêter contre la maison d'Autriche, à cause du traité de Cambray. L'expédient qu'on trouva fut que le duc lui vendroit le comté de Montbéliard, à charge de rachat. Avec ce secours, les princes armèrent, et par une grande victoire ils reprirent le duché de Wirtemberg, où ils rétablirent Ulric. Il fit ensuite sa paix avec la maison d'Autriche, et retira son comté.

Le landgrave de Hesse, qui avoit conduit cette guerre, avoit promis par le traité fait avec Langey, qu'après qu'elle seroit achevée, il mèneroit les troupes dans le Milanez, pour venger la mort de Merveille. Il ne se vit point en état d'exécuter sa promesse, pour être trop exposé à la maison d'Autriche, qui ne manqueroit pas à le dépouiller pendant son absence; mais François ne laissa pas de persister dans son dessein : outre qu'il faisoit lever en Allemagne vingt enseignes de lansquenets, sous la conduite du comte Guillaume de Furstemberg, il ordonna qu'on formât sept légions, chacune de six mille hommes, et désigna les provinces où elles seroient levées. Ces légions furent divisées en six compagnies de mille hommes, qui avoient chacune un capitaine pour les commander. Il trouvoit belle cette imitation des anciens Romains. Avec ces forces, il se croyoit en état d'attaquer le Milanez; mais il ne falloit pas laisser derrière les terres du duc de Savoie, qui paroissoit ennemi, et même le plus sûr chemin étoit de les traverser.

Charles (c'étoit le nom du duc), quoique proche parent du roi, lui refusa le passage dans le Piémont, disant qu'il vouloit vivre dans une exacte neutralité. Le roi étoit déjà piqué contre lui : il avoit toujours sur le cœur l'argent qu'il avoit prêté au duc de Bourbon révolté pour lever des troupes contre son roi, et l'attachement qu'il avoit montré depuis si longtemps à favoriser l'empereur. Ainsi il se sentoit porté à lui faire la guerre; et afin d'en avoir une raison plus plausible, il résolut de demander dans le duché de Savoie la part qu'il prétendoit lui appartenir du chef de sa mère, pour le respect de laquelle il disoit avoir différé d'inquiéter sa maison.

Quoiqu'il espérât peu de secours du côté du Pape, il croyoit que le moins qu'il pouvoit faire étoit de demeurer neutre, et il comptoit pour quelque chose de n'avoir pas dans cette guerre le même obstacle du côté de Rome, qu'il avoit eu dans les autres. Mais pendant qu'il se préparoit à son entreprise, il apprit la mort de Clément. Il mourut le 5 de septembre, âgé de cinquante-six ans, au milieu de ses desseins ambitieux. Le cardinal du Prat, chancelier, aspira à la papauté, et s'en étant expliqué au roi, à qui il offrit des sommes immenses, pour avancer ce dessein, il fut premièrement méprisé, et ensuite chassé de la Cour. Le roi fit saisir ses biens, qu'il avoit étalés si hors de propos.

A Rome, les cardinaux, qui vouloient la paix, se hâtèrent d'élire un pape qui ne fût point partial, avant que les créatures de l'empereur et du roi fussent arrivées. Ils élurent unanimement Alexandre Farnèse, âgé de soixante-dix-sept ans, doyen du sacré collège, qui prit le nom de Paul III. Une des raisons de l'élire fut le zèle qu'il avoit toujours témoigné pour la tenue du concile, que tous les gens de bien désiroient.

Ce fut un peu après son exaltation que la secte luthérienne, après avoir renversé toute l'Allemagne, commença à troubler la France. De faux zélés de cette secte firent des affiches sacriléges contre la croyance de l'Eglise, et surtout contre le sacrifice la Messe. Après les avoir attachées à toutes les rues, ils eurent la hardiesse de les répandre dans la propre chambre du roi.

On avoit tenté divers moyens de le rendre favorable à la nouvelle doctrine : quand le roi d'Angleterre rompit avec le saint Siége, pour rendre sa vengeance plus illustre, il s'efforça d'entraîner François avec lui. La nouveauté avoit gagné quelques princesses de la maison royale. Le roi recevoit tous les jours de nouvelles attaques sur ce point par des moyens délicats et imperceptibles. Marguerite, sa sœur bien-aimée, connoissant son inclination pour les gens de lettres, s'en servit pour l'obliger à faire venir Mélanchthon, l'un des plus savans hommes et des plus polis de son temps, mais aussi un des chefs des luthériens.

Le cardinal de Tournon rompit ce coup : on dit qu'il entra dans la chambre du roi avec un livre sous son bras. Le roi qui aimoit les livres, ne manqua pas de lui demander ce que c'étoit, et le cardinal lui répondit que c'étoit un ancien évêque de l'Eglise gallicane ; le roi l'ouvrit aussitôt, et trouva les ouvrages de saint Irénée, évêque de Lyon et martyr, qui vivoit dans le deuxième siècle de l'Eglise. Il lui demanda aussitôt de quel avis il étoit sur les nouvelles doctrines ; et le cardinal qui avoit prévu cet effet de sa curiosité, lui lut des passages importans sur le point de l'Eucharistie, sur l'autorité de la tradition, et sur la prééminence de l'Eglise romaine, tenue dès les premiers temps pour le centre de la communion ecclésiastique. Il s'étendit ensuite à faire voir que Luther et ses sectateurs avoient renversé, avec les anciennes maximes de l'Eglise, les fondemens du christianisme, et fit tant d'impression sur l'esprit du roi, que depuis il n'écouta jamais les nouveautés sans horreur.

Il fit faire, le 19 janvier 1535, une procession solennelle, où il assista en personne. Là, dans un concours incroyable de peuple, il représenta les malheurs que l'hérésie avoit toujours causés dans les Etats. Il fit voir en particulier que, depuis que Luther et Zwingle s'étoient révoltés contre l'Eglise, il s'étoit répandu parmi les peuples des opinions séditieuses, qui avoient armé les sujets les uns contre les autres et contre leurs princes, et avoient sapé les fondemens de la tranquillité publique. De là étoient nées les fureurs des anabaptistes, qui venoient de faire encore nouvellement dans Munster des révoltes et des carnages infinis : il fit voir que ce n'étoit pas ainsi que la doctrine évangélique s'étoit établie, qu'elle n'avoit excité dans l'empire romain ni troubles, ni révoltes, ni séditions; mais qu'elle avoit au contraire augmenté la concorde des citoyens, et l'obéissance envers les princes, qui n'avoient point de meilleurs sujets que les premiers chrétiens : au lieu que ces docteurs nouveaux, qui se disoient réformateurs, suscitoient tous les jours mille fanatiques capables de tout entreprendre sous prétexte de piété; d'où il concluoit que ces nouveautés n'étoient pas moins pernicieuses à l'Etat qu'à la religion : et il exhorta ses sujets à persévérer aussi constamment dans la foi de leurs ancêtres, qu'il étoit résolu a suivre cette même foi, à l'exemple des rois ses prédécesseurs, parmi lesquels, depuis Clovis, il n'y en avoit pas un seul qui se fût séparé de l'Eglise.

A ce pieux et éloquent discours, il joignit de rigoureux édits, par lesquels il condamnoit au feu les hérétiques. Ces édits furent exécutés durant longtemps avec une sévérité excessive; mais l'expérience les lui fit tempérer, et lui apprit qu'il ne falloit pas donner à des entêtés une occasion de contrefaire les martyrs. L'empereur, qui faisoit tout servir à sa profonde politique, ne manqua pas à tirer avantage du zèle de François : il faisoit représenter sous main aux princes de la ligue de Smalcalde, combien peu ils devoient se fier à un prince qui faisoit brûler ceux de leur religion, et en même temps il disoit aux catholiques que l'amour que François témoignoit pour la religion, n'étoit que feinte ou politique, puisqu'en même temps qu'il persécutoit les hérétiques dans son royaume, il tâchoit d'introduire les Turcs au milieu de la chrétienté.

Ce qui donnoit sujet à ce reproche, c'est qu'il y avoit à la cour de France un ambassadeur du Grand Seigneur : savoir ce qu'il y traitoit, c'est une chose difficile; et sous prétexte d'ajuster les affaires de commerce, il n'y avoit rien que l'on ne pût mettre aisément sur le tapis.

La suite put donner quelque soupçon de ce qui se commençoit peut-être alors; mais comme il n'éclata rien dans ce temps qui marquât une grande liaison, Langey persuada aisément aux princes d'Allemagne, que son maître, en recevant bien l'ambassadeur du Grand Seigneur, avoit eu un dessein aussi innocent que le roi des Romains, lorsqu'il avoit fait à de semblables envoyés une pareille réception.

A l'égard des protestans, il fallut leur dire que ceux qui avoient été condamnés au feu étoient des séditieux, dont on ne pouvoit souffrir l'audace, à moins que de vouloir mettre la division dans tout le royaume. En effet, les hérétiques jetoient les esprits dans d'étranges dispositions, et il fallut avoir la main ferme pour empêcher que les désordres, que la foiblesse des règnes suivans fit éclater, ne commençassent dès lors : car ce fut en ce temps que Jean Calvin, natif de Noyon, publia en latin et en françois son livre de l'*Institution*, où il n'y avoit pas moins de malignité que d'éloquence.

Jamais homme ne couvrit mieux un orgueil indomptable, sous une modération apparente. Il ne se soucioit point des biens du monde, et la seule ambition qui le possédoit étoit celle d'exceller par les talens de l'esprit, et de dominer sur les autres hommes par le savoir et par l'éloquence. C'est ce qui le rendit à la fin insupportable à ses meilleurs amis. Il remplissoit ses écrits d'une aigreur extrême, qui passoit à ses lecteurs, par la véhémence de ses figures et les ornemens de son discours. Ainsi son *Institution* remua toute la France.

Le roi, qui prévit les suites d'un livre si pernicieux, ne put, avec tout son zèle, venir à bout de le supprimer. Le seul avantage qu'en tira l'Eglise, fut que Calvin combattant le sentiment de Luther sur l'Eucharistie, il augmenta les divisions qui étoient dans le parti protestant, en sorte que la divine Providence se servit du plus dangereux hérésiarque de son temps pour affoiblir l'hérésie. Pendant que les levées que le roi faisoit en Allemagne avançoient par l'adresse de Langey, il travailloit à mettre en état dans son royaume les légions dont il avoit délivré les commissions; il visita les provinces pour voir en quel état étoient les places, et pour faire la revue des troupes qu'on y levoit.

L'empereur faisoit aussi de grands préparatifs par mer et par terre, et comme il avoit déjà cinquante mille hommes sur pied, il résolut de les employer à une entreprise digne de lui. Le corsaire Barberousse, après avoir ôté le royaume de Tunis à deux frères qui se le disputoient, sous prétexte d'assister l'un d'eux, s'étoit rendu maître de la mer, et ravageoit les côtes du royaume de Naples et de l'Italie. Muley Assan, l'un des deux frères, se réfugia auprès de l'empereur, qui prit cette occasion de purger les mers. Il s'engagea dans cette entreprise, dans l'espérance qu'il eut de l'achever promptement, et avant que François fût prêt. En effet, s'étant embarqué au mois de juin, en trois mois de temps il prit la Goulette, place importante d'Afrique; il battit une flotte considérable de Barberousse ; il rétablit dans Tunis Muley Assan, et délivra gratuitement vingt mille esclaves chrétiens, de toutes les nations. Il fortifia la Goulette et la garda.

Durant ce temps, François négocioit avec le duc de Savoie. Outre le partage de sa mère qu'il demandoit, il lui fit voir par d'anciens titres que plusieurs villes de Savoie et de Piémont avoient été usurpées sur le Dauphiné ou sur la Provence, et que le comté de Nice n'appartenoit au duc que par un engagement des rois de Sicile de la maison d'Anjou. François, qui avoit leurs droits, y pouvoit rentrer, en remboursant quatorze mille écus, donnés par les ducs de Savoie, avec les intérêts depuis le temps de l'engagement.

Le président Poyet avoit donné tous ces mémoires, et commençoit à gagner la confiance du roi. Anne du Bourg, fait depuis peu chancelier de France, à la place de Du Prat, n'entroit guère dans ces affaires. Poyet, qui conduisoit tout, fut envoyé au duc de Savoie, chargé des instructions qu'il avoit lui-même dressées. Tant que l'empereur fut en Afrique, le duc, qui sentoit son protecteur éloigné, étoit contraint de temporiser ; mais il se trouva beaucoup plus embarrassé à son retour. L'empereur revint, à la vérité, chargé de gloire ; mais ses troupes étoient ruinées, et il lui falloit beaucoup de temps pour les rétablir. Celles du roi cependant se grossissoient tous les jours.

L'empereur, qui appréhendoit une soudaine irruption dans le Milanez, eut recours à ses artifices ordinaires. Il se mit à amuser par mille propositions Velly, ambassadeur de France, en lui parlant de divers mariages pour le Dauphin ; mais ce n'étoit pas ce que François prétendoit. Il vouloit qu'on le satisfît sur le Milanez, et il ordonna à Velly d'en faire la demande à l'empereur dans le temps qu'il étoit à Palerme, au retour d'Afrique : ce prince sut si bien dissimuler ses sentimens, sans néanmoins s'engager, que Velly conçut dès lors l'espérance, qu'il ne perdit jamais depuis, d'achever cette affaire à la satisfaction de son maître. Ses espérances augmentèrent par la mort de Sforce, arrivée vers la fin de cette année.

A la nouvelle de cette mort (1536), le roi fit redoubler ses instances, et l'empereur déclara que, Sforce étant mort sans enfants, le duché lui étoit dévolu ; il témoigna toutefois qu'étant en cet état d'en disposer de plein droit, il vouloit bien en gratifier, non le roi, car l'Italie ne pouvoit souffrir qu'il fût incorporé à la monarchie françoise, mais un de ses enfans puînés.

On demandoit en même temps au duc de Savoie une réponse précise ; et ce prince qui ne voyoit rien de prêt du côté de l'empereur, étoit résolu à rendre Nice. L'empereur le menaça, s'il le faisoit, de lui redemander Verceil et d'autres places qui étoient de l'ancienne dépendance du Milanez ; il lui fit même proposer un échange de la partie du Milanez qui étoit le plus à la bienséance du Piémont, contre ce qu'il possédoit en deçà des Alpes, c'est-à-dire la Bresse et la Savoie.

Par ce moyen il rompoit la communication de la France avec les Suisses, d'où elle tiroit sa meilleure infanterie ; et le roi, environné de tous côtés de la domination d'Autriche, étoit réduit à se soutenir par lui-même. Il vit bien la conséquence de ce projet, et il fit presser de nouveau l'empereur et le duc ; mais ils ne songeoient tous deux qu'à gagner du temps.

L'empereur amassoit de tous côtés de grandes forces, et il agissoit en attendant comme s'il eût de bonne foi voulu restituer le Milanez. Il sembloit qu'il n'y eût plus qu'une seule difficulté : c'est que l'empereur l'offroit à Charles, duc d'Angoulême, et que le roi s'obstinoit à le vouloir pour le duc d'Orléans. Il craignoit de mettre dans sa maison une source éternelle de division, s'il préféroit le cadet à son aîné, et renversoit l'ordre de la nature. Plus le roi appuyoit sur cette raison, plus l'empereur témoignoit qu'il vouloit gratifier le duc d'Angoulême. C'étoit, disoit-il, mettre de nouveau le feu dans l'Italie, que d'y établir le duc d'Orléans, avec les prétentions qu'il pouvoit avoir du chef de sa femme, sur les Etats de Florence et d'Urbin. De plus, il étoit marié, et l'empereur disoit qu'en faisant un présent si considérable à la maison de France, le moins qu'il pût faire pour la sienne, étoit de donner au prince une de ses nièces.

L'affaire demeura longtemps en cet état, et l'empereur, qui vouloit passer à Rome, s'avança à Naples, où les négociations continuèrent. L'empereur n'avoit d'autre dessein que d'amuser le roi par de belles paroles, afin de l'engager à rompre les mesures qu'il prenoit avec les Vénitiens. Il se mettoit en état de faire avec eux de nouvelles liaisons, il continuoit sourdement les préparatifs d'une grande guerre, où il ne prétendoit rien moins que d'envahir toute la France, et il reculoit la perte du duc de Savoie.

Ce duc, comme s'il n'eût pas eu assez d'affaires, avoit entrepris de soutenir Pierre de La Baume, évêque et prince de Genève, contre ses sujets révoltés. Il en étoit venu jusqu'à mettre le siége devant cette ville, sur laquelle il avoit des prétentions. François y jeta quelque secours ; mais ceux de Berne, leurs anciens alliés, agirent bien plus fortement. Ils firent dire au duc que s'il ne laissoit Genève en repos, ils marcheroient au secours avec toutes leurs forces, et qu'apparemment la France se mêleroit bien avant dans cette querelle.

Ces menaces ne furent pas vaines. Le duc, qui s'obstinoit à continuer le siége, se vit bientôt contraint de le lever par l'approche de douze mille Bernois : il n'en fut pas quitte pour si peu, les Bernois lui prirent Lausanne, d'où ils chassèrent l'évêque. Son Etat fut entamé de plusieurs autres côtés par ses voisins. Ceux de Genève, si bien secourus par les Bernois leurs amis, embrassèrent leur religion, et appelèrent Farel et Viret, disciples de Calvin, qui n'étoit pas éloigné des sentimens de Zwingle, qu'on suivoit à Berne ; ainsi le duc de Savoie, avec beaucoup d'autres pays, perdit encore ses espérances sur Genève.

Cependant, ou il ne voulut pas, ou il n'osa donner satisfaction à la France. Poyet l'écrivit au roi, qui déclara la guerre au commencement de février, et donna le commandement à Philippe de Chabot, comte de Brion, amiral de France. Pour détourner la tempête de dessus le Milanez, l'empereur se vit obligé de se déclarer en faveur du duc d'Orléans.

A l'entendre, il ne falloit plus que faire venir l'amiral, déjà avancé vers l'Italie, et qui devoit faire un voyage vers l'empereur, pour résoudre la forme de l'investiture; mais malgré ses belles paroles, le roi découvrit que l'empereur venoit de conclure une ligue défensive avec les Vénitiens, et qu'il pratiquoit contre lui le roi d'Angleterre. Il recevoit des avis qu'il paroissoit de tous côtés, dans les pays de l'empereur, de grands préparatifs de guerre : Doria étoit sur mer avec sa flotte, et le prétexte de l'entreprise d'Alger ne couvroit pas assez le vrai dessein d'attaquer la France; ainsi le roi se résolut d'entrer sans retardement dans la Savoie,

Cet Etat ne fit nulle résistance, non plus que la Bresse; Pignerol se rendit d'abord, et les troupes commencèrent à défiler dans le Piémont, environ le 6 de mars. Un peu après l'amiral passa la grande Doaire. Les ennemis, qui gardoient cette rivière, au nombre de quatre à cinq mille hommes, voyant avec quelle ardeur nos gens se jetoient dans l'eau, se retirèrent à Verceil.

Un des légionnaires passa la rivière à la nage pour aller quérir un bateau de l'autre côté, et l'amena au travers des arquebusades. L'amiral lui donna un anneau en présence de toute l'armée, suivant l'ordonnance du roi, qui avoit établi, à l'exemple des Romains, ces récompenses militaires. Cependant l'empereur avoit envoyé quelques troupes au duc son beau-frère, sous le commandement d'Antoine de Lève, qui, ayant jugé que Turin n'étoit pas en état de se défendre, obligea le duc à l'abandonner. La place se rendit le troisième d'avril, et Lève alla camper sous Verceil, avec douze mille hommes de pied et six cents chevaux.

L'amiral étoit plus fort, mais Velly, persuadé que la guerre de Savoie étoit un obstacle à l'affaire de Milan, fit tant auprès du roi, qu'il révoqua l'ordre donné à l'amiral, de ne plus rien ménager, et lui manda au contraire d'aller lentement. L'empereur, en partant de Naples s'étoit plaint aigrement à l'ambassadeur, de l'entreprise faite contre le duc son beau-frère et son vassal : et poursuivant son voyage à Rome, il lui fit dire que le roi pouvoit envoyer l'amiral pour conclure l'affaire du Milanez, comme entièrement accordée, pourvu seulement qu'il tirât ses troupes du Piémont.

Velly le crut bonnement, sans considérer combien d'incidens il y avoit à essuyer entre la promesse et l'exécution. En effet l'empereur, loin d'avoir envie de donner le Milanez à un des princes de France, avoit déclaré aux légats du Pape, qu'il ne souffriroit jamais que la

France eût un pied de terre en Italie, et lui-même il pressoit sous main les Vénitiens de s'opposer à l'investiture de toutes personnes étrangères.

Le roi savoit ces choses, et comme il espéroit peu de la négociation, il avoit de nouveau lâché la main à l'amiral, lui ordonnant de combattre les impériaux, s'il les trouvoit à son avantage dans les terres du duc de Savoie. Mais, afin de ne rien omettre, il résolut d'envoyer à Rome le cardinal de Lorraine, l'homme du monde le plus capable de traiter avec de grands princes, et de s'en faire considérer : dans le temps qu'il partit de France, l'empereur s'approchoit de Rome, où il fit son entrée le 5 d'avril.

Quelques-uns prirent à mauvais augure, que pour élargir les chemins sur son passage, il fallut abattre les restes du temple de la Paix. Il eut avec le Pape, le lendemain de son arrivée, une conférence de six à sept heures; après laquelle le Pape donna audience à Velly et à l'évêque de Mâcon, ambassadeurs de François auprès du saint Siége. Ils lui parlèrent avec grande précaution sur l'affaire du Milanez; car entre les autres discours dont l'empereur avoit amusé Velly, il lui avoit surtout recommandé le secret de l'affaire du Milanez, principalement avec le Pape, qui étoit, disoit-il, le plus opposé à l'établissement du duc d'Orléans.

La crédulité de l'ambassadeur fut si grande, qu'il demanda permission à l'empereur de rendre compte au Pape de ses bonnes dispositions, et le prier d'être favorable au roi, dans une affaire que l'empereur faisoit dépendre de Sa Sainteté ; l'empereur le permit. L'ambassadeur fit sa prière, et le Pape, après avoir fait, sur le sujet du duc d'Orléans, les mêmes difficultés que l'empereur, peut-être de concert avec lui, à la fin, pressé par Velly, comme si l'affaire n'eût dépendu que de lui seul, il lui dit qu'il craignoit bien que tous ces discours ne fussent qu'amusemens.

Velly eut peine à le croire, tant l'empereur et ses ministres l'avoient enchanté par leurs promesses flatteuses; mais son collègue, plus éclairé, lui ouvrit les yeux. Il sentit que l'empereur le jouoit, et il alla tout en colère lui faire ses plaintes. L'empereur ne demeura pas sans repartie : il avouoit d'avoir offert le duché au duc d'Orléans; mais il disoit que le roi n'avoit pas accepté ses offres, puisqu'au lieu d'envoyer l'amiral pour ratifier le traité, il l'avoit envoyé faire la guerre au duc de Savoie. Velly soutint au contraire que le roi avoit accepté par lettres expresses, et qu'il avoit eu raison de ne point laisser son armée sans chef, en envoyant l'amiral sur une espérance de paix incertaine; mais qu'il envoyoit le cardinal de Lorraine, pour aplanir les difficultés, afin que l'amiral n'eût plus qu'à ratifier.

Il ajoutoit que le roi avoit interrompu, pour l'amour de l'empereur, tous les traités commencés, et suspendu l'action de ses armes, pendant que l'empereur ne cherchoit que des prétextes pour ne point tenir sa parole, et se jouoit de la crédulité de son maître. Sur cela, l'empereur, ou las ou pressé, lui demanda s'il avoit pouvoir de conclure; ce n'étoit pas de quoi il s'agissoit, et Velly répondit que non.

L'empereur rompit là-dessus, disant qu'il n'avoit donc plus rien à traiter avec un homme sans pouvoir, et tourna le dos à Velly qui le suivit inutilement. Il ne se rebuta pas, et il retourna chez l'empereur, dès le lendemain, sous prétexte d'accompagner l'évêque de Mâcon, qui alloit saluer ce prince pour la première fois. Il fut ravi de les voir, parce qu'il vouloit les avoir pour témoins d'un discours qu'il méditoit contre le roi. Il devoit entrer dans le consistoire, où les cardinaux étoient déjà assemblés avec les ambassadeurs et tout ce qu'il y avoit de plus illustre dans Rome. L'empereur obligea nos ambassadeurs à le suivre dans cette auguste assemblée : on remarque qu'il prit un soin particulier de les faire entrer et placer.

Le Pape arriva un quartd'heure après, soit qu'il fût de sa dignité de se faire attendre, ou qu'il voulût laisser l'empereur recevoir quelque temps tous les respects. Aussitôt qu'il fut assis, l'empereur, le bonnet au poing, témoigna qu'il vouloit parler, et commença un long discours, qu'il prononça avec beaucoup de dignité et de véhémence. Il dit qu'il étoit venu à Rome pour deux raisons : l'une, pour baiser les pieds au Pape ; l'autre, pour exposer le désir qu'il avoit eu de tout temps d'être en amitié avec le roi de France, à quoi n'ayant pu réussir, il se voyoit contraint de rendre compte de ce qui s'étoit passé entre eux, afin que tout le monde pût juger qui avoit raison.

Là, il reprit tous les différends de la maison d'Autriche avec celle de France, dès le temps de Maximilien et de Louis XII. Il vint à son élection à l'empire, la première cause, disoit-il, de la jalousie que François avoit eue contre lui, et des guerres qu'il lui avoit suscitées. Il reprochoit à ce prince qu'il avoit violé tous les traités; premièrement celui de Madrid, et ensuite celui de Cambray; et n'avoit jamais voulu entrer dans les propositions que lui, empereur, lui avoit faites, tant contre les Turcs, que pour l'extirpation de l'hérésie; qu'il n'avoit néanmoins rien oublié pour le satisfaire, et qu'après la mort de Sforce, il lui avoit promis le duché de Milan pour son troisième fils, le duc d'Angoulême, ne jugeant pas expédient, pour le repos de l'Italie, de le donner au duc d'Orléans, qui avoit trop de prétextes pour la troubler, par les prétentions de sa femme.

Il ajouta, que pendant que François, contre sa promesse, lui suscitoit autant qu'il pouvoit d'ennemis en Allemagne et en Italie, qu'il attaquoit sans raison le duc de Savoie son allié, et sujet de l'empire, il n'avoit de son côté que trois partis à lui proposer : le premier étoit celui de la paix, pour laquelle il offroit Milan au duc d'Angoulême, à condition que le roi son père concourût à l'extirpation de l'hérésie, à la tenue d'un concile que le Pape lui avoit accordé, au repos de l'Italie, et à secourir la chrétienté contre le Turc.

Au refus d'un parti si raisonnable, il lui en offroit un second : c'étoit de vider entre eux deux leur querelle, par un combat de personne à personne, et d'éviter par ce moyen plus grande effusion de sang. Il laissoit le choix des armes au roi, et proposoit le combat ou dans une île, ou sur un pont, ou sur un bateau : car il descendit à ces particularités, comme si la chose eût dû se faire, et il vouloit pour condition nécessaire de ce combat, que le duché de Bourgogne fût mis en dépôt d'un côté, et celui de Milan de l'autre, pour être livré au vainqueur.

Le dernier parti qu'il offroit étoit la guerre; il dit qu'il voudroit pouvoir l'éviter, mais que s'il étoit contraint de prendre les armes, rien ne les lui feroit quitter, jusqu'à ce que lui ou son ennemi fût entièrement dépouillé; au reste, il ne doutoit pas que ce malheur ne regardât François, agresseur injuste, qui attaquoit la maison d'Autriche, dans le temps qu'elle étoit la plus puissante en hommes et en argent. Là, il se mit à vanter les victoires, le zèle et l'expérience de ses capitaines et de ses soldats, tellement supérieurs aux François, que s'il sentoit à son ennemi le même avantage, il iroit la corde au cou lui demander miséricorde. Il déclaroit cependant qu'il vouloit la paix par tous les moyens honnêtes. Il finit en disant, d'un ton plus haut, qu'il la conseilloit, qu'il la désiroit, qu'il la demandoit; et après une longue interruption, durant laquelle il jeta les yeux sur un écrit qu'il tenoit, il pria le Pape de juger lequel des deux avoit tort.

Le Pape en deux mots loua l'empereur de l'amour qu'il témoignoit pour la paix, à laquelle il espéroit que le roi ne seroit pas moins disposé; il détesta le combat qui feroit perdre à la chrétienté un de ses appuis; et après avoir déclaré qu'il étoit résolu de demeurer neutre, il conclut, en disant qu'il ne pourroit s'empêcher d'employer l'autorité de l'Eglise contre celui qui se montreroit déraisonnable.

Ce fut une chose étrange que la faiblesse des ambassadeurs de François : non-seulement ils laissèrent l'empereur déchirer tranquillement la réputation de leur maître; mais après qu'il se fut tu, l'évêque de Mâcon se contenta de dire un mot de la paix, et crut au surplus s'être assez acquitté de son devoir, en répondant qu'il n'entendoit pas la langue espagnole, dans laquelle l'empereur avoit parlé.

A l'égard de Velly, il s'approcha comme pour demander d'être ouï, et donna lieu à l'empereur de lui marquer plus de mépris, en lui répondant durement qu'il étoit las de paroles, et qu'il vouloit des effets : au reste, qu'il donneroit son discours par écrit à l'ambassadeur; et que pour l'heure il n'auroit point d'autre audience : cela dit, il se leva, et laissa la compagnie fort étonnée.

Le défi, dont l'effet étoit impossible, parut une vanterie peu digne d'un si grand prince; mais le peu de mesure qu'il avoit gardé dans son discours, fit croire qu'il avoit des forces capables d'accabler la France. Il s'en vantoit publiquement, et remplit toute l'Europe du bruit de ses prodigieux préparatifs. Il craignit cependant lui-même de s'être trop déclaré, et le lendemain il fit ce qu'il put pour adoucir sa harangue en présence du Pape, de toute la cour de Rome, et de Velly.

Le Pape même prit soin d'apaiser nos ambassadeurs, et leur fit promettre que pour le bien de la paix ils manderoient les choses au roi avec toute la douceur possible. Le crédule Velly tint parole, et touché des nouvelles promesses que l'empereur, partant de Rome, lui fit faire par ses ministres qu'il y laissa, il crut rendre service à son maître, de lui déguiser ce qu'il y avoit de plus piquant dans la harangue : surtout il se garda bien de lui mander les paroles méprisantes que l'empereur avoit dites contre les François, sachant bien que le roi ne souffriroit pas aisément cet affront fait à son royaume, et la foiblesse pitoyable qu'on lui reprochoit.

Pendant que l'empereur exagéroit sa puissance par des paroles, peu s'en fallut qu'il ne ressentit de fâcheux effets de celle de l'armée de France, plus forte alors que la sienne. L'amiral s'étant avancé sur les ordres qu'il avoit reçus, résolut de donner l'assaut à Verceil ; mais le cardinal de Lorraine, survenu dans le même temps, l'arrêta tout court. Il apprit, par une lettre de Velly, tout ce qui s'étoit passé dans le consistoire ; mais Velly diminuoit tout, le plus qu'il pouvoit, et il exhortoit le cardinal à ne se pas rebuter.

Il n'avoit pas besoin de ce conseil, car il se confioit tellement à son éloquence et à la force de son raisonnement, qu'il ne doutoit presque point qu'il ne persuadât l'empereur. Ainsi il fit cesser l'amiral, en vertu de l'ordre qu'il lui portoit de déférer à ses sentimens, et il conclut à une suspension d'armes avec Antoine de Lève, qui, étant encore plus foible de moitié que les François, fut ravi de sortir d'affaire d'une manière si avantageuse.

Le cardinal n'eut plus qu'à poursuivre son voyage auprès de l'empereur, qu'il joignit à Sienne. Il le trouva inflexible sur le sujet du duc d'Orléans. Il persistoit à proposer le duc d'Angoulême, en le mariant à une de ses nièces, et à condition qu'il tînt le duché, non comme un bien venu de ses ancêtres, mais par une nouvelle investiture, comme un fief échu à l'empire par la mort de Sforce, sans que le roi pût jamais se mêler de cet Etat.

C'est une chose surprenante qu'on ne l'ait pas pris au mot, il eût formé apparemment d'autres incidens ; mais du moins celui-là eût été fini, et on l'eût mis dans son tort ; mais on ne voulut jamais en France, que les enfans de France pussent espérer quelque bien, autrement que par leur père, et peut-être qu'on avoit déjà senti dans les deux frères ce fond de jalousie qui se déclara davantage dans la suite.

Quoi qu'il en soit, le cardinal ne parla que du duc d'Orléans, et l'empereur demeura ferme à ne vouloir entendre parler que du duc d'Angoulême. Une partie de ces conférences se passèrent en altercations, sur ce que l'empereur avoit promis ; il n'en convenoit pas, et parloit toujours plus haut, à mesure qu'il sentoit ses forces s'assembler. Enfin le cardinal désespéra de le pouvoir vaincre; il fallut mander au roi qu'il y avoit peu d'espérance à la paix, et à l'amiral, qu'il eût à se tenir sur ses gardes.

Il lui restoit à tenter ce qu'il pouvoit faire par la médiation du Pape : il fut à Rome, et le Pape lui avoua sans peine que l'empereur tendoit ouvertement à la guerre ; mais il n'y savoit aucun remède : seulement il envoya deux légats, pour concilier les deux princes, et il conseilla au roi de céder au temps, qu'il croyoit contraire à la France.

L'armée de Lève se fortifioit, et la nôtre, qui commençoit à être plus foible, ne songeoit qu'a tenir dans les places, en attendant que le roi eût envoyé du renfort. L'amiral le conjuroit d'amuser à son tour l'empereur autant qu'il pourroit, et du moins de gagner un mois, pour lui donner le loisir d'achever les fortifications de Turin ; et le roi vouloit au contraire qu'on tînt ferme dans le Piémont, pour lui donner le loisir de lever des troupes.

Cependant l'empereur fit montrer au roi par Leidekerque son ambassadeur, sa harangue au consistoire avec des adoucissemens. Leidekerque avoit défense d'en laisser copie ; mais le roi ne laissa pas de dicter lui-même une réponse adressée au Pape et aux cardinaux. Ce qu'il y avoit de plus remarquable étoit la manière dont il traitoit le duel, chose déjà proposée et reconnue pour impossible. C'est pourquoi il ne fit pas sur cela le brave, et ne répondit point sérieusement à un appel qu'on savoit bien qui n'auroit jamais d'effet : « Car, dit-il, nos épées sont trop courtes, pour nous combattre de si loin : mais si on s'approchoit dans quelque bataille où l'empereur et moi nous nous trouvassions, je me montrerois disposé à le satisfaire. »

C'étoit peu de bien répondre aux paroles, il falloit se préparer à des combats plus sanglans. L'empereur avoit trois armées : l'une de cinquante mille hommes, qu'il vouloit commander en personne, et avec laquelle il prétendoit faire une irruption en Provence ; l'autre, qui ne devoit pas être moindre, s'assembloit dans les Pays-Bas, sous le commandement du comte de Nassau, pour entrer dans la Picardie ; et une troisième en Espagne, qui menaçoit le Languedoc.

Avec de si grandes forces, il ne se proposoit rien moins que d'engloutir tout à coup la France, d'autant plus qu'il croyoit avoir empêché que François ne pût faire aucune levée ni en Suisse, ni en Allemagne ; il vouloit qu'en même temps qu'il entreroit en Provence, Nassau entrât en Picardie. Il avoit pour cela besoin d'un peu de temps, et il tâcha de le gagner, en continuant d'amuser Velly, qu'il engagea à écrire au roi d'envoyer l'amiral, afin de conclure l'affaire du Milanez.

Quand le roi apprit cette nouvelle, lui qui étoit averti que tout étoit en armes contre la France : « Quoi! dit-il, l'empereur nous veut encore flatter de quelque espérance? Sans doute il veut avoir mon général pour ambassadeur, afin de tomber à l'improviste sur l'armée?

Que ferons-nous à cet homme-ci? Si nous ne lui envoyons pas l'amiral, ce lui sera un sujet de plainte : et si nous l'envoyons, nous n'en tirerons aucun profit; mais arrive ce qui pourra, et ce que Dieu a résolu, faisons connoître de notre part à amis et ennemis, que nous avons fait tout le possible pour empêcher la guerre. »

Cela dit, il envoya à l'amiral tous les ordres nécessaires pour mettre le Piémont en état. Il lui commandoit de jeter dans les places ce qu'il y faudroit de monde, et après de se retirer, avec le reste de l'armée, en lieu sûr, vers la France, où il pût attendre de nouvelles forces. Il devoit laisser le commandement des troupes qui restoient en Italie à François, marquis de Saluces, homme entendu à la guerre, en qui le roi avoit une confiance particulière : et pour lui, il avoit ordre de se tenir prêt à aller vers l'empereur, si le cardinal de Lorraine le mandoit.

En même temps que le roi fit ces dépêches, il pourvut à la sûreté de la Picardie et de la Champagne, et fit lever des soldats de tous côtés avec une extrême diligence. Il envoya aussi le marquis d'Humières dans le Dauphiné, pour fortifier les places, et rassurer les peuples effrayés. Il donna quelques troupes au roi de Navarre, gouverneur de Guienne, pour tenir les Espagnols en crainte; et il fit partir Langey pour regagner la confiance des princes d'Allemagne, aliénés de la France, par les mauvaises impressions que l'empereur leur avoit données. Comme on leur avoit persuadé que le roi vouloit la guerre, et qu'il prétendoit ôter le Milanez à l'empire, Langey eut ordre, au contraire, de soumettre l'affaire qu'il avoit avec l'empereur, au jugement de la diète, parce que c'étoit à elle à connoître des prétentions de tous les vassaux de l'empire, tels que lui et ses enfans se reconnoissoient, à cause de ce duché.

Après avoir donné ses ordres, il délibéra dans son conseil de la manière de faire la guerre, et résolut d'abord d'aller avec toutes ses forces du côté où seroit l'empereur, jugeant bien que ce seroit là le grand effort. Il déclara toutefois qu'il ne vouloit point hasarder de bataille, mais seulement ruiner le plat pays, sur son passage, pour le consumer : et que pendant ce temps-là il viendroit tous les jours de nouvelles forces à l'armée de France, et celle de l'empereur se ruineroit d'elle-même : avec ces résolutions, il attendoit de pied ferme que l'emreur commençât : il n'eut pas longtemps à attendre. Antoine de Lève avoit déjà passé la Sésia, avec vingt mille hommes de pied et six cents chevaux. L'empereur le devoit suivre avec le reste de l'armée, et il lui fit assiéger Turin. L'amiral, en se retirant, selon les ordres du roi, y avoit laissé cent hommes d'armes, trois cents chevau-légers, et cent hommes de pied. Il y avoit d'autres troupes dans le Piémont, capables d'incommoder les impériaux; mais le marquis de Saluces, qui en avoit le commandement, trahissoit les intérêts du roi, et s'entendoit avec Lève.

Il avoit oublié que le roi lui avoit donné en pur don le marquisat de Saluces, fief du Dauphiné revenu à la couronne, et qu'encore depuis peu il l'avoit comblé de nouveaux bienfaits. Cependant il lui préféra l'empereur, ébloui des prédictions des astrologues, qui pronostiquoient à ce prince l'empire du monde, et des promesses encore plus vaines d'Antoine de Lève. Il fut assez lâche pour garder le commandement de l'armée, afin de tout perdre, s'il eût pu. Il vouloit d'abord qu'on abandonnât toutes les places, à la réserve de Turin. Sur la résistance qu'il trouva dans les capitaines françois, il fit semblant de vouloir défendre Fossan et Coni; mais il fit inutilement consumer les vivres qui étoient dans Fossan, et sous prétexte d'y faire transporter le canon et les munitions de Coni, il les fit conduire à Revel, une de ses places.

Il se déclara ensuite ouvertement pour l'empereur, et ne prévint que de peu de temps les ordres qu'on avoit donnés pour l'arrêter. Il dit, pour excuse de sa défection, que son marquisat relevoit naturellement de l'empire, et que c'étoit par usurpation que les Dauphins s'en étoient attribué l'hommage. En même temps, Antoine de Lève, qu'il avoit averti du mauvais état de Fossan, y vint mettre le siége et laissa seulement dix mille hommes pour continuer celui de Turin. Cette entreprise sauva la France : car le siége de Turin alla lentement, et Lève trouva dans Fossan une résistance inespérée.

Montpezat, qui y commandoit, étoit accompagné de Villebon et de la Roche-du-Maine, officiers expérimentés. Tous ensemble ils considérèrent de quelle importance il étoit d'arrêter les premiers progrès des armes de l'empereur, et de donner du temps au roi; ainsi ils résolurent de se défendre jusqu'à la dernière extrémité. Ils commencèrent par une sortie où Lève, qui avoit la goutte, se fit jeter dans un blé pour se sauver, et la terreur fut si grande, qu'on ne songea à l'en tirer que le lendemain.

Comme le marquis lui avoit donné un état des vivres de Fossan, il ne pressa pas le siége durant douze jours, et s'étonnoit que la place ne se rendît pas. Il étoit si persuadé que nos gens l'abandonneroient, qu'il leur avoit laissé un passage libre, pour se retirer dans Coni : ils s'en servirent pour se fournir d'eau; et au reste, par le grand ordre qu'on donna aux vivres, cette place, que Lève espéroit emporter d'abord, ne parloit pas encore de capituler au bout de vingt-six jours: car, encore qu'il y eût brèche, Lève appréhendoit de perdre trop de gens à l'assaut, et il invita Montpezat à traiter, par le moyen de la Roche-du-Maine, qui étoit de son ancienne connoissance. La plupart des officiers vouloient plutôt mourir que de se rendre; mais Villebon, qui ne cédoit à aucun autre ni en valeur ni en zèle, leur remontra que ce ne seroit pas bien servir le roi, que de lui faire perdre, dans une place qui ne pouvoit plus tenir, ce qu'il avoit de meilleures troupes. Son avis fut suivi, et la Roche-du-Maine agit si bien, que par la capitulation il gagna dix ou douze jours, qui étoient le reste du mois de juin, au bout duquel on devoit se rendre, s'il ne venoi point de secours.

Huit jours après qu'on eut composé, l'empereur vint visiter son camp; il y trouva la Roche-du-Maine, qui servoit d'otage, et il eut avec lui un entretien que les historiens ont jugé digne de remarque, particulièrement la réponse qu'il fit, lorsque interrogé par l'empereur combien de journées il pouvoit bien y avoir encore jusqu'à Paris, il lui dit que s'il prenoit journées pour batailles, il pouvoit bien y en avoir douze, si l'agresseur n'avoit la tête rompue dès la première. Il représentoit à l'empereur, que lui et son maître étoient trop puissans pour se ruiner l'un l'autre; et au surplus, il souhaitoit qu'une aussi belle armée que la sienne fût employée à une entreprise où elle pût espérer un meilleur succès.

L'empereur estima ce gentilhomme; mais il attribua ses réponses au zèle qu'il avoit pour son prince. Au reste, il n'y avoit rien qu'il craignît moins que les armes de François; c'est pourquoi, quand les deux légats lui parlèrent de la part du Pape, ils le trouvèrent peu disposé à entendre parler de la paix; mais comme ils avoient ordre de lui intimer, aussi bien qu'au roi, la convocation du concile général, indiqué à Mantoue pour l'année suivante, il répondit qu'il s'y trouveroit en personne, et qu'il n'y avoit que Dieu qui pût l'en empêcher (il croyoit qu'il seroit alors maître de la France); et pour la paix, il dit au légat qu'il y entendroit, lorsque le roi, après avoir rétabli le duc de Savoie, la lui feroit demander.

Charles V avoit continuellement devant les yeux une carte de Provence, que le marquis de Saluces lui avoit donnée, et fâché que Fossan eût arrêté si longtemps le cours de ses victoires, il résolut d'entrer dans cette province sans attendre qu'il eût réduit les autres places de Piémont : les plus sages de son conseil lui remontrèrent en vain le danger qu'il y avoit de laisser derrière tant de garnisons françoises, et de s'engager dans un pays où ils ne seroient pas longtemps sans manquer de vivres; il répondoit qu'il valoit bien mieux que la France servît de théâtre à la guerre que l'Italie; que François seroit attaqué de tant d'endroits, par mer et par terre, qu'il ne sauroit de quel côté se tourner, qu'il n'auroit ni Suisses, ni lansquenets, et qu'ainsi il seroit réduit à n'avoir pour toute infanterie que des François, méchans soldats à pied. Cependant, disoit-il, vaillant comme il est, il ne souffrira jamais d'être attaqué sans donner bataille, et il faudra qu'il succombe; ainsi il se promettoit une victoire non-seulement assurée, mais prompte et facile.

On dit que Lève, qui l'incitoit sous main à cette entreprise, faisoit semblant en public de l'en détourner, pour lui laisser la gloire d'avoir conçu seul une entreprise aussi incertaine que hardie. Chose étrange, que les prédictions des astrologues aient été en cette occasion une raison d'entreprendre! Lève se laissa flatter des grands succès qu'ils lui promettoient; mais l'empereur, pour faire les choses avec plus d'éclat, assembla l'armée, dont il vouloit, disoit-il, prendre les derniers conseils.

Il harangua ses soldats, qu'il appeloit ses compagnons, dont les François avoient tant de fois éprouvé la valeur. Il leur représentoit la France déjà vaincue, et leur insinuoit qu'outre la force il avoit des intelligences secrètes, par lesquelles il espéroit se voir obéir à Paris dans peu de jours; les soldats répondirent par des cris de joie, et l'empereur aussitôt fit marcher vers la Provence. Il partagea son armée en quatre, la moindre partie demeura pour continuer le siége de Turin, et conquérir le Piémont; le reste marcha en trois corps du côté de Nice. Le bagage et l'artillerie furent envoyés par mer sous la conduite d'André Doria, qui commandoit l'armée navale.

L'empereur prit à bon augure d'arriver à Saint-Laurent, première place de France, le 25 juillet, dédié à saint Jacques, patron d'Espagne, jour que d'ailleurs il tenoit heureux pour l'avantage qu'il avoit eu, l'année précédente, en pareil jour, en Afrique, sur les infidèles. Cette rencontre lui donna sujet de haranguer ses soldats encore une fois, et de leur dire qu'ils auroient affaire à un roi qui n'étoit chrétien que de nom, et qui avoit renoncé à la foi de ses ancêtres par l'alliance qu'il avoit faite avec les Turcs. Sa harangue fut longue et vigoureuse : il la conclut en assurant ses soldats qu'une seule bataille alloit les rendre maîtres de tout le royaume de France; ou plutôt qu'en se montrant seulement à des troupes déjà défaites par la terreur, ils feroient une aussi grande conquête. Dès là on ne parla plus dans l'armée de l'empereur que des dons qu'il feroit à ses serviteurs, des charges, des terres, et des gouvernemens de France. Il attendoit tous les jours des nouvelles du comte de Nassau, qui devoit entrer en Picardie, et qui passa en effet la rivière de Somme dans le même temps.

Le roi cependant étoit à Lyon, et prévoyant que l'empereur s'assureroit d'Avignon, pour avoir un passage sur le Rhône, il envoya le maréchal de Montmorency, grand-maître de France, avec ce qu'il avoit de troupes plus prêtes. Il lui ordonna seulement de ne rien hasarder, et de faire le dégât partout sur le passage de l'empereur.

Le grand-maître alla visiter les places de Provence, fortifia les bonnes et abandonna les foibles, entre autres Antibes et Aix, capitale de la province, et siége du parlement. On peut juger quelle étoit la consternation des peuples, et combien ce triste état des affaires enfloit le cœur aux ennemis. On ne songeoit pas même à les harceler sur les passages. Le roi avoit seulement partagé ses troupes en deux : une partie s'étoit avancée avec le grand-maître, qui la fit retrancher vers Cavaillon, entre le Rhône et la Durance. Lautrec campoit sous Valence, où le roi ne tarda pas à se rendre ; il y demeura ferme, afin que si l'armée du grand-maître étoit forcée, celle de Valence lui servît de retraite, et que l'empereur trouvât une seconde armée, aussi forte que la première, sur son passage.

On eut bien de la peine à tenir ainsi les François renfermés dans un camp, contre le génie de la nation; ils demandoient qu'on les menât à l'ennemi, surtout ceux qui en étoient le plus proche, et ils pressoient le grand-maître de marcher hardiment contre l'empereur, avant que toutes ses troupes fussent assemblées. Il les arrêta en leur remontrant que c'étoit hasarder le royaume que de hasarder une bataille : ainsi on se tint sur la défensive, et ceux qui faisoient le dégât devant l'armée de l'empereur, avoient ordre de se reculer à mesure qu'elle avanceroit, pour ne point lui donner de prise.

Il n'y eut que Montéjan, qui, à force d'importuner le grand-maître, obtint permission d'escarmoucher contre l'avant-garde ennemie, commandée par Ferrand de Gonzague. Boissy se joignit à lui; et comme ils avoient deux mille hommes sortis de Fossan, ils crurent qu'avec de si bonnes troupes, ils remporteroient quelques avantages, en attaquant l'ennemi dans des défilés sur les montagnes du côté de Grasse; mais ils furent surpris à Brignole, d'où faisant leur retraite par des chemins creux, ils eurent l'avantage, quoique plus faibles, jusqu'à ce qu'étant poussés en pleine campagne, ils succombèrent à la force. Montéjan et Boissy furent pris avec la plupart de leurs gens, et à peine se sauva-t-il trois hommes d'armes. Ç'a été de tout temps une adresse des Espagnols d'exagérer leurs avantages; ils publièrent qu'ils avoient taillé en pièces l'avant-garde du roi de France, et pris ses deux favoris, ce qu'ils firent sonner si haut, que plusieurs princes se déclarèrent pour eux, et qu'ils jetèrent l'effroi jusque dans notre armée.

Le grand-maître, après avoir mis ordre aux fortifications de la ville d'Arles, revint en diligence à Avignon, pour remettre les esprits. La manière ferme et agréable dont il agissoit, lui gagna le cœur de toute l'armée. Tous les matins, au soleil levant, après avoir ouï la messe (car on remarque qu'il commençoit par cet acte de piété), il ne manquoit pas à donner audience à tout le monde : il visitoit les fortifications, et pressoit tellement les travaux, qu'en peu de jours son camp fut presque imprenable : il eut un soin particulier, non-seulement qu'il fût fort, mais qu'il fût net, pour empêcher les maladies, et pour tenir les soldats en bonne humeur, par l'agréable disposition de leurs logemens.

On apprit en même temps que le comte de Nassau s'étoit rendu maître de Guise, par la lâcheté de la garnison et du gouverneur, qui ne firent nulle résistance. Cette nouvelle vint au roi le même jour que celle de la défaite de Montéjan. De si mauvais commencemens ne firent que le rendre plus attentif à ses affaires; mais il apprit peu de jours après une nouvelle bien plus fâcheuse; ce fut la mort du dauphin François, jeune prince dont la prudence étoit au-dessus de son âge, et qui avoit le cœur de toute la Cour. Il étoit demeuré malade pendant le voyage de Valence, et quatre jours après il mourut à Tournon avec des douleurs et des convulsions étranges ; ce qui fit soupçonner l'empoisonnement.

La douleur du roi fut extrême, et sa constance fut admirée de tout le monde. Il avoit de grandes foiblesses sur le sujet des femmes : mais Dieu par sa bonté n'avoit pas permis que cette passion étouffât tout à fait en lui les sentimens de la religion qui se réveilloient de temps en temps dans les occasions extraordinaires. A celle-ci on lui vit d'abord jeter de profonds soupirs ; mais tout d'un coup, après un peu de réflexion, il leva les mains et les yeux au ciel, se soumettant humblement aux ordres de Dieu, et reconnoissant que lui seul pouvoit lui donner la force nécessaire pour soutenir un si grand malheur.

Après qu'il se fut ainsi résigné à la volonté de Dieu, il se mit à consoler les autres, et ayant fait venir le duc d'Orléans, devenu Dauphin, il lui dit que c'étoit à lui de le consoler, en faisant revivre les vertus et les bonnes qualités de son frère, qu'il devoit non-seulement imiter, mais surpasser. Il se remit ensuite à travailler à ses affaires, et soulagea son affliction par le soin qu'il en prenoit. Jamais elles n'avoient été plus pressantes, et depuis la mort du Dauphin, tous les jours le roi apprenoit quelque nouvelle entreprise des ennemis. Après la prise de Guise, Nassau s'étoit avancé dans la Picardie. Il brûla toute la campagne, et jeta l'épouvante jusque dans Paris. Enfin le 12 d'août (ce fut à ce même jour que le roi perdit le Dauphin), il vint tomber sur Péronne, qu'il croyoit emporter d'abord, parce qu'il n'y avoit qu'une foible garnison.

En même temps l'empereur s'étoit emparé de Toulon, et avoit saccagé la ville d'Aix, d'où il partit le 15 août pour assiéger Marseille. Il pensa y être tué d'un coup de canon, allant reconnoitre la place avec le marquis du Guast. Il donna ordre aux affaires, et retourna à Aix, dont il avoit fait sa place d'armes. En partant, il envoya le marquis du Guast pour tenter la prise d'Arles, et il laissa au duc d'Albe le soin du siége de Marseille ; mais les choses n'alloient pas si vite qu'il s'étoit proposé.

Le maréchal de La Mark trouva moyen d'entrer dans Péronne, avec cent hommes d'armes et mille hommes de pied, ce qui la mit en état de défense. Pour Paris, le cardinal du Belley qui en étoit évêque, et que le roi avoit fait son lieutenant-général, donna si bon ordre à tout, qu'en peu de temps cette grande ville se trouva fournie de vivres pour un an. L'entreprise d'Arles manqua par la diligence incroyable que le grand-maitre avoit apportée à la fortifier ; elle se trouva en si bon état, qu'on n'osa l'attaquer. Marseille ne craignoit rien, forte par elle-même, et munie de chefs, de soldats, de vivres et de toutes sortes de provisions.

Les impériaux au contraire souffroient beaucoup ; en passant les montagnes, les paysans leur avoient tué beaucoup de gens, et la personne de l'empereur avoit été plusieurs fois en péril. Les garnisons de

Piémont les incommodoient extrêmement, en défaisant leurs convois, et en brûlant leurs magasins. Depuis qu'ils furent à Aix, ville éloignée de Toulon, d'où l'empereur faisoit amener ses vivres, ils manquèrent presque de pain, et on n'en voyoit qu'à la table des officiers généraux.

Dans cette disette, les soldats, principalement les Allemands, se soûloient des délicieux raisins que porte cette contrée, et périssoient de la dyssenterie. L'empereur avoit vainement tenté d'engager le Pape et les princes d'Italie à l'aider dans une guerre, qu'il disoit n'avoir entreprise que pour leur commun intérêt. Le Pape avoit répondu que le Turc seul tireroit avantage de cette guerre, et qu'il étoit bien éloigné d'entretenir un feu qu'il voudroit éteindre de son sang. Les potentats d'Italie s'étoient excusés par de semblables raisons.

Cependant les forces du roi croissoient tous les jours. Boisrigauld, son ambassadeur auprès des Suisses, malgré les violentes sollicitations des ministres de l'empereur, sut persuader aux cantons qu'ils se ruinoient eux-mêmes en laissant ruiner la France, et qu'ils perdroient non-seulement leurs grosses pensions qu'ils tiroient d'un si grand royaume, mais encore tous les moyens de défendre leur liberté contre la puissance d'Autriche. Touchés de ces raisons, ils permirent des levées considérables. Il est vrai qu'elles ne se firent pas ouvertement, les soldats venoient à la file, par des chemins détournés, joindre leurs camarades qui étoient déjà en grand nombre dans l'armée du roi. Il les reçut à Valence, et donna lui-même une chaîne d'or à chacun de leurs capitaines.

Ses forces étoient déjà presque égales à celles de l'empereur, et il attendoit encore de nouveaux renforts. Le comte Gui de Rangon avoit rassemblé en Italie dix mille hommes de pied, et six cents chevaux, que le roi lui avoit fait congédier, pour contenter l'empereur, un peu avant qu'on en fût venu à la force ouverte. Il envoya le Dauphin, avec titre de général, dans l'armée que commandoit le grand-maître. Il lui dit en partant qu'il l'envoyoit non pour commander, mais pour apprendre à commander, sous un si grand capitaine : « Allez, lui dit-il, conduisez-vous de telle sorte, que si vous n'étiez pas ce que vous êtes, on désirât que vous le fussiez. »

A l'arrivée du Dauphin, la jeunesse qui le suivoit ne parloit que de combattre, et accusoit le grand-maître de lâcheté. A les entendre, il n'y avoit rien de si facile que de faire lever le siége, et ils répondoient du succès; mais le grand-maître, qui savoit qu'une des plus grandes qualités d'un général étoit de ne pas se laisser émouvoir aux discours et aux reproches des siens, demeura ferme dans son dessein de ne rien hasarder. Il connoissoit le triste état des troupes de l'empereur, qui dépérissoient tous les jours; ainsi il se contentoit de leur donner des alarmes continuelles, de battre leurs fourrageurs, et de leur couper les vivres.

Ce n'étoit pas lui seulement qui les leur ôtoit; un convoi, que l'empereur avoit fait préparer à Toulon avec grand soin, fut défait en chemin par les paysans. Le duc d'Albe ne voyoit que famine et mortalité dans son camp. Le reste de l'armée, qui campoit aux environs d'Aix, n'étoit pas en meilleur état. Antoine de Lève y mourut de maladie, à quoi contribua beaucoup le chagrin qu'il eut du mauvais état des affaires que tout le monde imputoit à ses conseils.

Cependant Gui de Rangon fit, avec César Frégose, un des chefs de son armée, une entreprise sur Gênes; elle ne réussit pas, parce que l'artillerie leur manquoit. Ils prirent le chemin de Piémont pour ne point demeurer inutiles. A leur approche les impériaux quittèrent le siége de Turin, ce fut le 3 de septembre. Ces troupes victorieuses reprirent tout le marquisat de Saluces, et plusieurs places de Piémont, où il y avoit des vivres pour l'armée d'Aix; ainsi la misère y croissant tous les jours, l'empereur commençoit à songer à la retraite; et rien ne le retenoit, que la honte de retourner en arrière sans rien faire, après tant de bruit. A la fin, il fallut céder à la nécessité; car encore que sa flotte, conduite par André Doria, lui eût amené des vivres, il n'y en avoit pas assez pour achever son entreprise.

Il fit embarquer son artillerie, et pour couvrir sa retraite, il commanda à ses soldats de se tenir prêts à marcher, comme s'il eût eu quelque grand dessein. Le roi, qui ne pouvoit se persuader qu'il s'en retournât sans rien entreprendre, ne douta pas qu'il ne vînt attaquer le grand-maître; il accourut en diligence; mais aussitôt qu'il fut arrivé au camp, il apprit que l'empereur avoit repris le chemin d'Italie; partout où passoit son armée, elle laissoit tout le pays plein de morts ou de mourans, et de cinquante mille combattans, à peine en emmena-t-il vingt-cinq ou trente mille.

On blâma le grand-maître et le roi même, de n'avoir pas poursuivi une armée qui se retiroit en si mauvais état. Le conseil de ne point combattre ne paroissoit plus de saison, dans un temps où il n'y avoit rien à hasarder, et l'empereur lui-même a dit souvent depuis, qu'il devoit son salut à la circonspection du grand-maître; mais on fut si aise d'être délivré de la crainte qu'on avoit eue de tout perdre, qu'on ne songea pas à profiter d'une occasion si favorable. On prit pour prétexte qu'il falloit aller secourir Péronne, que l'on supposoit pressée. Elle n'avoit plus besoin de secours.

Le maréchal de La Mark, après avoir soutenu quatre furieux assauts, réduisit les ennemis à ne pouvoir rien entreprendre. Ainsi il fallut lever le siége, et le roi en apprit la nouvelle incontinent après la retraite de l'empereur, c'est-à-dire, environ le 15 de septembre. La levée du siége de Péronne ne donna pas moins de joie à toute la France, que celle du siége de Marseille; car comme le roi avoit opposé de grandes forces à l'empereur vers la Provence, il y avoit moins à craindre de ce côté-là; mais tout étoit en péril du côté de la Picardie, où Nassau n'avoit à combattre que les garnisons des places.

Langey fut cause en partie du bon succès de nos affaires, en détournant les troupes qui devoient venir d'Allemagne grossir les armées ennemies. Il étoit parti de France au commencement de juin, aussitôt qu'il avoit reçu ses ordres. Les traverses qu'il eut dans son voyage et dans ses négociations sont incroyables; car l'empereur, qui se souvenoit des grandes choses qu'il avoit faites contre lui en Allemagne, n'eut pas plus tôt appris que le roi l'y renvoyoit, qu'il résolut de tout remuer pour empêcher son passage; il avoit disposé des troupes sur les bords du Rhin, et ceux qui les commandoient avoient tous le portrait de Langey, qu'on avoit trouvé moyen de faire si ressemblant, qu'il étoit impossible de le méconnoître.

En effet, comme il étoit prêt à passer, si bien déguisé, qu'il croyoit pouvoir tromper les plus clairvoyans, il se vit tout d'un coup reconnu. Un officier qu'il ne connoissoit point, après l'avoir salué en françois par son nom, à basse voix, lui dit du même ton qu'il avoit deux mots à lui dire, dans une maison qu'il lui montra. Langey entra, et il apprit que ce gentilhomme, qui avoit ordre de l'arrêter, ne désiroit rien tant que de lui faire plaisir. C'étoit un officier allemand, qui avoit autrefois servi en France sous le comte de Furstemberg, et qui, dans une grande nécessité où il s'étoit trouvé par la perte de son bagage, avoit reçu de Langey quelque libéralité. Il s'étoit toujours souvenu combien il l'avoit obligé de bonne grace, et pour lui en témoigner sa reconnoissance, il lui montra ses ordres, et lui fit connoître combien d'officiers en avoient de semblables. Pour conclusion, il lui conseilloit de s'en retourner en France, et lui offroit pour cela toutes sortes de facilités; mais Langey lui répondit en peu de mots, selon sa coutume, que sa vie étoit à son pays, qu'il alloit pour servir son prince, et que rien, excepté la prison ou la mort, n'étoit capable de l'arrêter. Il se mit à raconter à ce gentilhomme le tort qu'on faisoit à son maître en Allemagne, et combien on y déguisoit ses bonnes intentions. Enfin il lui expliqua les ordres qu'il avoit de donner toute satisfaction au corps de l'empire, et fit tant par ses discours qu'un officier, qui étoit chargé de l'arrêter, crut servir son prince en facilitant son passage.

Ainsi Langey arriva dans les terres de Saxe où il étoit en sûreté, et passa de là à Munich auprès du duc de Bavière. Il n'eut pas moins de peine dans sa négociation, qu'il en avoit eu dans son passage. On avoit persuadé aux Allemands que le roi ne faisoit la guerre que pour faciliter au Turc l'entrée dans les pays chrétiens. On avoit fait mille fausses histoires des traitemens cruels qu'il faisoit en France aux marchands allemands, et même aux François qui avoient commerce en Allemagne; qu'il faisoit, disoit-on, mourir comme luthériens, sans écouter leurs défenses. On ne se contentoit pas de rendre le roi odieux, on le rendoit méprisable.

Les ministres de l'empereur avoient répandu une infinité de copies de la harangue que ce prince avoit faite dans le consistoire; mais ils l'avoient ajustée à leur mode, et ils y faisoient parler l'empereur avec tant de hauteur, qu'on eût dit que le roi de France n'étoit auprès de lui qu'un petit prince. On avoit même débité un cartel de défi qu'on disoit avoir été présenté au roi, environné de ses princes et de ses barons, par un héraut qui lui portoit une épée émaillée d'un côté de couleur de sang, et de l'autre en forme de flammes pour lui dénoncer la guerre à feu et à sang, s'il ne se désistoit de celle qu'il faisoit avec le Turc à la religion chrétienne.

Des choses si vaines avoient fait une si puissante impression sur l'esprit des peuples, qu'ils couroient à l'envi s'enrôler contre le roi, le regardant comme perdu, et la France comme leur proie. Langey au commencement n'étoit pas même écouté ; mais il fit imprimer tant de lettres et tant de mémoires en latin, en allemand et en françois, qu'à la fin plusieurs ouvrirent les yeux.

La protestation qu'il faisoit au nom du roi, de soumettre tous ses différends à la diète de l'empire, fit un grand effet; mais ce qui acheva de désabuser le peuple, ce fut les marchands qui arrivoient des foires de Lyon, et qui, au lieu de se plaindre d'aucun mauvais traitement, ne cessoient au contraire de se louer des offres magnifiques que le roi leur avoit faites pour faciliter le commerce, même en cas de rupture, s'engageant à leur fournir jusqu'à quatre et cinq cent mille écus, à rendre en France ou en Allemagne, après ou durant la guerre. Langey répondit de même sur tous les autres articles, et satisfit tellement les princes et les peuples, qu'au lieu de treize mille lansquenets qui devoient descendre en Champagne, à peine en demeura-t-il deux ou trois mille sous les étendards du roi des Romains. Il en envoya une partie en Italie, et l'autre au comte de Nassau; mais un si foible renfort n'eut aucun effet remarquable, et ainsi toutes les mesures de l'empereur furent inutiles.

Quoiqu'on eût résolu de ne pas poursuivre l'empereur en corps d'armée, on avoit détaché de la cavalerie après lui; elle lui tua beaucoup de monde, et il fut contraint d'abandonner une infinité de malades. Il eut une peine extrême à se tirer des montagnes ; mais enfin il gagna Gênes, où ses galères l'attendoient pour le ramener en Espagne. Il en vit périr deux devant le port de Gênes, et il en perdit six autres pendant le voyage. Il crut diminuer les pertes qu'il avoit faites par mer et par terre, en disant partout qu'il rentreroit bientôt en France avec tant de forces, qu'elle ne pourroit y résister.

A l'égard du roi, il retourna à Lyon, où on fit, durant son séjour, le procès à un Italien qui avoit empoisonné le Dauphin. Il s'appeloit Sébastien Montécuculli; on l'avoit arrêté sur des soupçons assez légers : on l'avoit vu seulement tourner autour d'un vaisseau où l'on portoit de l'eau fraîche à boire au Dauphin. Il confessa son crime à la question, et déclara de plus qu'il avoit été suborné par Antoine de Lève, et par Ferrand de Gonzague, ajoutant qu'il avoit promis de faire périr le roi et ses deux autres enfans par la même voie. Les impériaux se moquèrent d'une déclaration extorquée par force, et qui avoit si peu de vraisemblance. Ils attribuèrent la mort du jeune prince à des excès de jeunesse, qui n'étoient que trop véritables, et que le roi eût eu peine à réprimer. On supçonna depuis Catherine de Médicis, comme intéressée à une mort qui lui assuroit la couronne. Quoi qu'il en soit, le coupable fut tiré à quatre chevaux, et on fut bien aise à la Cour d'avoir imputé la mort du Dauphin aux impériaux.

François, parti de Lyon, rencontra le roi d'Ecosse sur le chemin de Paris. Au premier bruit de la guerre, ce prince avoit levé seize mille hommes dans ses Etats, il s'étoit embarqué avec eux pour venir au secours du roi, et quoique repoussé deux fois par la tempête, il ne s'étoit point ralenti, et avoit pris terre en Normandie avec une partie de ses troupes : il prit la poste pour se trouver à la bataille qu'on croyoit que l'empereur devoit donner : mais ayant appris sa retraite, il attendit le roi sur son passage, pour lui demander en mariage sa fille Madeleine, qu'il lui avoit fait espérer.

Après quelques difficultés, le mariage se fit à Blois avec grande satisfaction du roi d'Ecosse, qui se tint honoré par cette alliance (1537). Il y avoit une éternelle jalousie entre les rois d'Angleterre et les rois d'Ecosse; ainsi ce mariage donna du chagrin à Henri, et peu s'en fallut qu'il ne s'unît de nouveau avec l'empereur. Catherine, qui avoit été le sujet de la rupture, étoit morte un an après la sentence du Pape; elle avoit vu avant sa mort sa rivale odieuse au roi son mari. Il aima une autre maîtresse, et dans la suite il fit mourir Anne de Boulen pour ses impudicités.

L'empereur, ainsi déchargé de la protection qu'il devoit à sa tante, et délivré des mauvais offices que lui rendoit Anne son ennemie, invita Henri à rentrer avec lui dans leurs anciennes confédérations contre la France. Il y étoit disposé, et ne pouvoit pardonner à François le refus qu'il lui avoit fait de suivre ses emportemens contre le saint Siége; mais son schisme et les cruautés qu'il avoit exercées pour le maintenir, avoient brouillé tout son royaume.

Il avoit fait couper la tête à Thomas Morus son chancelier, et à Jean Fischer, évêque de Rochestre, que le Pape avoit fait cardinal dans la prison. C'étoient les deux plus grands hommes d'Angleterre, que le roi n'avoit jamais pu gagner. Ceux qui suivoient leurs sentimens, craignirent d'avoir le même sort, et comme ils étoient en grand nombre, ils firent un parti considérable. Henri, qui avoit eu peine à les apaiser, les appréhendoit, et n'osoit s'engager dans de nouvelles affaires. Mais François connoissoit son inconstance; il étoit d'ailleurs aigri contre l'empereur, qui, en l'amusant de belles promesses sur le Milanez, s'étoit presque mis en état de l'accabler tout à coup, et il songeoit combien il auroit à craindre, si le roi d'Angleterre se joignoit encore à un ennemi si puissant.

Ainsi ses défiances, ses jalousies et sa colère contre l'empereur, qui l'avoit traité avec tant de mépris, la honte d'avoir été trompé, et surtout l'ardente passion de recouvrer un si beau duché, l'ancien héritage de ses ancêtres, lui firent prendre un dessein qu'on n'auroit pas attendu de son courage. Ce fut de s'allier avec le Turc, et même de l'exciter contre la chrétienté; ceux qui veulent l'excuser disent qu'il ne tint pas à l'empereur qu'il ne se procurât un pareil appui, et l'accusent de ne s'être pas opposé, autant qu'il pouvoit, aux entreprises des Ottomans, pour tenir en bride les Etats d'Allemagne, et même son frère Ferdinand. Mais quoi qu'il en soit, celui qui réussit le mieux dans de pareilles entreprises est toujours le plus malheureux.

La chrétienté a reçu un grand exemple sur ce sujet dans Louis XIV, qui, se voyant attaqué par toute l'Europe, et même par l'empereur, et tous les Etats de l'empire, sans qu'il leur en eût donné aucun sujet, a été si éloigné de se servir du Turc, que le voyant résolu à faire la guerre ou à la Pologne ou à la Hongrie, il n'a pas même voulu le déterminer au parti qui étoit le plus convenable aux intérêts de la France.

Charles et Ferdinand avoient leurs gens à la Porte; et ils n'oublièrent rien pour empêcher La Forest, que François y avoit envoyé, d'avoir audience de Soliman; mais ce gentilhomme plein d'esprit trouva moyen d'être introduit, malgré les ministres que la maison d'Autriche avoit gagnés. Il fit connoître à Soliman, que l'empereur, qui venoit de perdre en France sa réputation et ses meilleures troupes, ne seroit pas en état de défendre ses Etats d'Italie, s'il y étoit attaqué de deux côtés; ainsi il l'invitoit à occuper les côtes de Naples avec une puissante flotte, pendant que le roi entreroit de son côté dans le Milanez. Soliman ne manqua pas à ses intérêts, et il promit à La Forest que sa flotte paroîtroit vers le printemps. Il fit plus, il rompit avec la république de Venise, sous prétexte que dans le traité qu'elle venoit de faire avec l'empereur, il y avoit un article par lequel elle se liguoit avec lui pour la défense de l'Italie. Soliman interpréta cet article contre lui, et saisit tous les vaisseaux de la Seigneurie, qui se trouvèrent dans ses ports. Voilà ce qui se préparoit de loin contre l'empereur.

En France, durant l'hiver, on faisoit de grands préparatifs pour la campagne prochaine; mais le roi, pour donner de l'éclat à ses entreprises, fit précéder les hostilités par les formalités de la justice. Il prit sa séance dans le parlement avec les princes de son sang, les pairs et les seigneurs de son royaume. Là son avocat général remontra que l'empereur, qui devoit fidélité au roi pour ses comtés de Flandre, d'Artois et de Charolois, avoit fait diverses rébellions contre son souverain seigneur; et il montroit l'inutilité des traités de Madrid et de Cambray, faits par le roi captif, ou pour tirer de captivité ses enfans laissés en otage, et concluoit que ces comtés fussent confisqués et réunis à la couronne.

On fit semblant de délibérer, et on prononça un arrêt par lequel le roi ordonnoit que l'empereur seroit ajourné sur la frontière, afin qu'il envoyât quelqu'un pour répondre aux conclusions du procureur général. La sommation fut faite par un héraut, et personne ne comparoissant à l'assignation, le roi, de l'avis de son parlement, adjugea au procureur général ce qu'il demandoit. Pour venir à l'exécution, après avoir fait ravitailler Térouanne, il se mit en campagne sur la fin de mars, avec une armée de vingt-cinq à vingt-six mille hommes.

Le grand-maître de Montmorency étoit son lieutenant général. Il assiégea le château de Hesdin; on fut trois semaines à saper la place inutilement, le roi ensuite désigna lui-même le lieu d'une batterie, et la brèche en trois jours fut de trois toises. Aussitôt la jeune noblesse courut à l'assaut sans ordre, et fut repoussée avec perte. Il fallut faire des défenses, sous peine de la vie, d'entreprendre rien de semblable; un peu après la place se rendit. Saint-Pol se rendit aussi avec quelques petites places, et voilà tout l'exploit de cette campagne.

Le roi demeura quelque temps après pour faire fortifier Saint-Pol, qu'un ingénieur italien lui promettoit de rendre imprenable. On y employa beaucoup de temps, et on y fit de grandes dépenses; mais le roi étant parti le 3 mai, un mois après, la place, attaquée par le comte de Bure, gouverneur des Pays-Bas, fut prise de force en moins de trois jours, avec le gouverneur, et une grosse garnison que le roi y avoit laissée : le comte fit raser la place, qu'il trouva commandée de trop d'endroits pour être fortifiée, après quoi il prit Montreuil sans peine, et mit le siége devant Térouanne.

Quand le roi se retira de Picardie, on crut qu'il alloit en Italie, en exécution du traité conclu avec Soliman. Barberousse avoit paru vers le mois de mai sur les côtes de Naples avec une flotte redoutable; car encore que Soliman n'eût point de vaisseaux, quand la négociation commença, il commanda qu'on en bâtît quatre-vingts en Egypte, et il étoit si bien obéi, qu'ils furent prêts dans le temps qu'il l'avoit promis. Il attendoit en Albanie que Barberousse prît quelques places sur la côte, pour entrer en Italie avec cent mille hommes, quand il apprit que le roi, au lieu d'attaquer le Milanez, faisoit la guerre en Picardie : il retourna à Constantinople, plein de colère et de dédain pour le roi; mais son intérêt l'empêcha de rompre. Barberousse, indigné que son maître eût fait inutilement un armement si considérable, tâcha de surprendre l'île de Corfou : il la trouva si bien munie, qu'il n'osa l'attaquer, et se contenta de piller quelques places de la côte, d'où il enleva quinze à seize mille prisonniers.

Le comte de Bure pressoit Térouanne, et comme, après douze jours de siége, elle manquoit de poudre et d'arquebusiers, Annebaut trouva moyen d'y en faire entrer la nuit quatre cents, avec chacun un sac de poudre; mais à son retour, quantité de jeune noblesse qui l'avoit suivi, voulut donner l'alarme aux ennemis : elle les trouva à cheval, et n'en fut pas bien reçue. Annebaut fut obligé de retourner sur ses pas pour dégager les siens ; mais il fut entouré et pris avec presque tous ses gens.

Cependant le Dauphin étoit avec le grand-maître autour d'Abbeville, où il ramassoit des troupes pour faire lever le siége. Le comte de Bure, n'espérant plus réussir dans son entreprise, fit proposer une suspension d'armes pour traiter de la paix : elle fut acceptée pour trois mois, et les affaires de Picardie finirent par là.

En Piémont, le marquis du Guast prit le château de Carmagnole, où François, marquis de Saluces, fut tué en reconnoissant la place. Les affaires de France étoient en mauvais état par la division des chefs, et par le manquement d'argent. Ainsi le marquis du Guast reprit aisément toutes les bonnes places de Piémont, excepté Turin et Pignerol ; il tenoit cette dernière place bloquée. Pour remédier à ces désordres, le roi envoya premièrement de l'argent avec une armée de trente-six mille hommes de pied, et de quatorze cents hommes d'armes. Il se rendit à Lyon le 6 d'octobre, et le 10, avant que toutes les troupes fussent assemblées, le Dauphin, accompagné du grand-maître, s'avança avec douze mille hommes de pied et deux cents chevaux, résolus de chasser du pas de Suse dix mille hommes que le marquis y avoit mis pour le garder. Le grand-maître ayant reconnu les hauteurs d'où l'on voyoit dans les retranchemens, les occupa, et chassa les impériaux à coups d'arquebuses ; le marquis, qui étoit campé à Rivole, y reçut ses gens, et délogeant aussitôt, laissa Pignerol en liberté : il ne demeura pas longtemps à Montcalier où il s'étoit retiré, et il abandonna au Dauphin tout le Piémont, qui se remit sous l'obéissance du roi, qui étoit arrivé en personne dans son armée.

On reprit tout le marquisat de Saluces, que du Guast avoit occupé ; le roi le donna à Gabriel, évêque d'Aix, frère du dernier marquis, et le seul qui restoit de la maison. Il en jouit le reste de sa vie, et étant mort au règne suivant, le marquisat fut réuni à la couronne. Le marquis du Guast, renfermé dans Ast, n'ayant pas de quoi résister à une si grosse puissance, crut le Milanez perdu, quand il vit hors de ses mains le Piémont, qui en étoit le rempart ; mais François se laissant flatter de l'espérance de la paix, consentit à une trêve de trois mois, semblable à celle qui avoit été faite pour la Picardie, à condition que chacun garderoit ce qu'il tenoit. Les armées se retirèrent de part et d'autre.

Montéjan fut fait gouverneur de Piémont, et Langey, qui retourné d'Allemagne avoit bien servi dans cette guerre, eut le gouvernement de Turin. Un peu après, le roi, qui ne voyoit rien au-dessus des services du grand-maître, l'éleva au comble des dignités, en lui donnant la charge de connétable, qu'il avoit si longtemps laissée vacante. Annebaut fut fait maréchal de France à sa place, et Montéjan eut celle du maréchal de La Mark, qui étoit mort peu de temps auparavant. Ce grand capitaine avoit reçu à la Cour, au retour du siége de Péronne, tout l'applaudissement que méritoit l'importance de ses services. Il apprit la mort de Robert de La Mark son père; et comme il alloit pour prendre possession de la principauté de Sedan et de ses autres Etats, il mourut lui-même dans le temps qu'il devoit attendre les plus grandes récompenses.

Environ dans ce même temps, le chancelier Anne du Bourg étant à Laon, la foule du peuple le fit tomber de sa mule; les blessures qu'il reçut en cette occasion lui causèrent la mort : le président Poyet fut mis à sa place. La trêve qui avoit été faite jusqu'à la fin de février, fut prolongée pour six mois. Cependant le temps parut favorable au Pape pour commencer le concile qu'il avoit une extrême envie de tenir; il crut qu'en assemblant les deux princes, il les feroit concourir à une œuvre si importante, et peut-être qu'il trouveroit les moyens de les mettre tout à fait d'accord; il leur fit dire à tous deux qu'il avoit un désir extrême de les voir ensemble. Il étoit facile d'attirer François, qui aimoit à se montrer, et qui croyoit toujours gagner tout le monde par son procédé noble et sincère. L'empereur se fit prier davantage; mais au fond il étoit bien aise d'avoir occasion d'amuser François : l'assemblée se fit à Nice, au commencement de juin.

Les deux princes ne se virent pas, et on ne sait pas bien pourquoi l'empereur ne voulut jamais cette entrevue; il craignit apparemment d'être pressé sur le Milanez en la présence d'un tiers si considérable : ainsi le Pape portoit les paroles de part et d'autre; mais comme ces conférences n'étoient que grimaces, il ne fit pas longtemps un si mauvais personnage.

Il négocia le mariage de deux enfans d'un fils bâtard qu'il avoit eu avant d'être pape (1538) : par l'un, il s'allioit avec la maison de France; et celui-là, quoique résolu, ne s'accomplit pas. Par l'autre, il avoit pour son petit-fils une fille naturelle de Charles-Quint. Au surplus, ne pouvant conclure la paix, il moyenna une trêve pour dix ans entre les deux princes, pendant lesquels il se promettoit non-seulement de tenir, mais d'achever le concile.

Comme on étoit sur le point de se séparer, l'empereur fit dire au roi secrètement qu'ils n'avoient pas besoin d'une si grande assemblée pour terminer leurs affaires, et qu'il le verroit à Aigues-Mortes en retournant en Espagne. Le roi s'y rendit, l'empereur y vint; il ne se parla d'aucune affaire : François entra sans précaution dans les vaisseaux de l'empereur, qui de son côté passa une nuit dans le logis de François. Les festins furent magnifiques, les démonstrations d'amitié furent merveilleuses : François, plein de l'espérance de faire une bonne paix, quoiqu'on n'en eût traité aucun article, promit à l'empereur de ne rien entreprendre contre ses intérêts. Il n'en vouloit pas davantage; il partit aussitôt après, et pour endormir toute l'Europe, il la remplit des nouvelles de la parfaite intelligence de lui et du roi. Il avoit soigneusement préparé cette entrevue par l'entremise de la reine Eléonore sa sœur, dans le besoin qu'il avoit de ménager le roi.

Ceux de Gand, toujours rebelles, avoient commencé de s'émouvoir dès l'an 1536, pour ne point payer leur part d'un impôt mis sur le pays. Le consentement de tous les ordres des Pays-Bas ne put jamais les obliger à céder; et l'empereur, qui prévoyoit qu'en les pressant comme il avoit résolu, ils s'appuieroient de la France, n'oublia rien pour s'assurer de ce côté-là. Le reste de cette année se passa tranquillement, et il n'y eut rien de remarquable qu'une dangereuse maladie du roi : on tâcha de couvrir du nom d'apostume un mal plus fâcheux ; mais les princes ne peuvent cacher ce qui regarde leur personne.

Le maréchal de Montéjan mourut, Langey lui succéda dans le gouvernement de Piémont, où le maréchal d'Annebaut fut envoyé pour commander les armées. En ce temps fut publiée l'ordonnance de faire dorénavant en langue françoise les actes publics, qui jusqu'alors s'étoient faits en latin. Le roi étoit à Compiègne quand il releva de maladie. Marie, reine de Hongrie, sœur de l'empereur, et gouvernante des Pays-Bas, vint le visiter : il lui rendit sa visite. La reine Eléonore, par une bonne intention qu'elle avoit pour la paix, ménageoit ces visites réciproques, et les deux reines tâchoient de tenir le roi en bonne disposition pour leur frère.

Un peu après, la révolte des Gantois éclata : ils offrirent de se donner au roi, qui, loin de les recevoir, fit avertir l'empereur de leurs desseins. Charles, craignant de trop commettre son autorité en les faisant châtier par ses lieutenans, voulut marcher en personne; mais il n'étoit pas assez assuré ni des Anglois pour aller par mer, ni des protestans pour passer l'Allemagne : ainsi dans la bonne disposition où il sentoit le roi, il lui demanda passage par la France; il promit tout ce qu'on voulut, et il s'engagea, entre autres choses, et de vive voix et par lettres, à donner le duché de Milan au duc d'Orléans.

Sur cette parole, le roi, non content de lui accorder ce qu'il demandoit, lui prépara des honneurs extraordinaires (1539), et envoya ses enfans au-devant de lui jusqu'à Bayonne. Le connétable les suivit, et s'étant avancé pour faire signer à l'empereur la concession du Milanez, ce prince, sans lui témoigner trop de répugnance, dit seulement qu'il n'étoit ni honorable pour lui, ni sûr pour le roi, de lui faire signer une grace qui paroîtroit forcée dans le besoin qu'il avoit de traverser la France. Le connétable, endormi des belles choses qu'il promettoit quand il seroit en pleine liberté, consentit à ce qu'il voulut, et l'empereur fit son entrée à Bayonne au mois de décembre.

Le roi l'attendoit à Châtelleraut avec toute la Cour, qui ne fut jamais plus superbe; personne aussi ne parut jamais plus adroit et plus poli que l'empereur. Il sut s'accommoder en un moment aux mœurs et aux façons de tous ceux avec qui il avoit affaire; mais dans une occasion si pressante, il déploya, plus que jamais, son adresse, et pour ne perdre aucun avantage, dès les premiers jours qu'il fut avec le roi, parmi les discours perpétuels qu'ils faisoient entre eux de la paix et des desseins qu'ils projetoient contre le Turc, il lui proposa d'envoyer ensemble un ambassadeur à Venise, pour détourner la république de la paix qu'elle méditoit avec le Turc, en lui promettant la protection des deux souverains.

Ce prince haïssoit les Vénitiens, qui étoient ses ennemis d'inclination, et ses alliés seulement par force; ainsi il étoit bien aise de les engager, sous l'espérance d'un puissant secours, dans une guerre ruineuse à leur république. Il espéroit par même moyen rompre l'alliance du roi avec le Grand-Seigneur, et éloigner tout à fait de lui le roi d'Angleterre, quand il le verroit uni si étroitement avec l'empereur. Tels étoient ses secrets desseins; mais il faisoit voir au roi la gloire qui lui reviendroit d'empêcher que Venise ne s'accordât avec le Turc aux dépens de la chrétienté, comme elle alloit faire, et relevant l'amitié qui étoit entre eux, il ne trouvoit rien de plus beau que de la faire éclater dans toute la terre par une si belle ambassade.

Le roi, sensible à la gloire et à l'amitié, donna dans ce piége. Il nomma le maréchal d'Annebaut pour ambassadeur. L'empereur nomma le marquis du Guast, et comme ils étoient tous deux en Italie, ils se joignirent bientôt pour aller ensemble à Venise. Le premier effet de cette ambassade fut conforme au projet de l'empereur; elle acheva d'aliéner de François l'esprit déjà aigri du roi d'Angleterre. Mais le sénat de Venise eut peu de foi aux promesses des deux princes, et aux discours qu'on lui faisoit de leur amitié réciproque, il en vouloit voir des effets; il demanda aux ambassadeurs si l'empereur s'étoit résolu à donner Milan. Comme ils n'eurent rien de positif à répondre, le sénat se hâta de faire la paix avec Soliman, en lui abandonnant ce qui restoit de places à la république dans le Péloponèse.

Pendant que l'empereur étoit en France, une puissante cabale, formée à la Cour, tâchoit de persuader au roi qu'il ne devoit point laisser sortir ce prince sans s'assurer le Milanez. On louoit la bonne foi dont il se piquoit; mais on lui représentoit qu'il n'étoit pas juste qu'il fût seul à tenir parole, qu'il devoit aussi obliger l'empereur à être fidèle. La duchesse d'Etampes, que le roi aimoit, lui parloit encore plus fortement, et ne cessoit de lui reprocher qu'il seroit la risée du monde, s'il se payoit de paroles dans un temps où il lui étoit si facile d'avoir des effets.

Elle étoit ravie d'avoir un prétexte de pousser le connétable, qu'elle haïssoit; mais Charles ne fut pas longtemps sans pénétrer ses intrigues. Il avoit auprès de lui des gentilshommes françois qui avoient été au service du duc de Bourbon : ceux-là se mêloient bien avant avec les courtisans, et découvrirent à l'empereur les desseins de la duchesse. Ce prince s'appliqua à la gagner; un jour qu'elle présentoit la serviette aux deux princes, l'empereur laissa tomber de son doigt, comme par mégarde, un de ses plus beaux diamans; la duchesse l'ayant relevé, le lui présenta aussitôt, mais il ne voulut point le recevoir ; pressé par la duchesse, il allégua une loi inviolable de l'empire, qui vouloit que ce qui tombe des mains de l'empereur appartînt à celui qui le recueilloit. Enfin il fit tant valoir cette loi, ingénieusement inventée, que le roi même obligea la duchesse à garder le diamant. Depuis ce temps, adoucie non tant par le présent, que par les manières galantes de l'empereur, elle lui fut toujours favorable : on arriva à Paris le premier janvier 1540.

L'empereur fut reçu et traité durant sept jours avec de nouvelles magnificences. Il fut à Chantilly, où le connétable souhaita de le régaler ; jamais il ne témoigna aucune impatience de sortir des mains du roi, persuadé que rien ne l'assuroit tant que l'assurance qu'il témoignoit. Le roi le conduisit jusqu'à Saint-Quentin, et envoya ses deux fils jusqu'à Valenciennes. Ce fut là qu'il commença à parler de Milan; il trouva mille moyens d'éluder : tantôt il falloit attendre le roi des Romains, pour autoriser la concession pleinement; tantôt il vouloit ériger les Pays-Bas en royaume en faveur du duc d'Orléans son prétendu gendre; enfin il dit nettement qu'il n'étoit engagé à rien, et ne laissa pas pourtant les envoyés du roi sans quelque espérance.

Au reste, la suite fit voir qu'il ne s'étoit pas trompé en se promettant un si grand effet de sa présence en Flandre. Il n'y fut pas plutôt arrivé, que les Gantois lui demandèrent pardon : ils payèrent ce qu'il ordonna, ils souffrirent une citadelle, leurs priviléges leur furent ôtés, et ils n'en retinrent que ce qu'il plut à la bonté de l'empereur de leur conserver. Le roi des Romains vint en Flandre joindre l'empereur, et ne tarda pas à retourner en Autriche. Pour le roi, on ne peut pas exprimer, ni combien il fut aigri contre l'empereur, qui avoit abusé si visiblement de sa trop facile croyance, ni combien il fut confus en lui-même de s'être laissé tromper : il ne s'en prit pas seulement au connétable, auteur du conseil, mais encore il se dégoûta de tous ses ministres et de tous ses favoris; il rappeloit en son esprit toutes leurs fautes passées ; mais celui qui ressentit le premier les effets de son dégoût fut l'amiral.

On ne sait s'il voulut commencer par là à abattre le connétable avec qui il étoit lié, ou s'il eut quelque jalousie de ce que l'amiral étoit aimé par la duchesse d'Etampes sa proche parente, ou si c'est qu'il eût toujours gardé sur le cœur le peu de succès des affaires de Piémont sous sa conduite, bien qu'il n'y eût pas de sa faute. Quoi qu'il en soit, il résolut de le mettre entre les mains de la justice : il s'en ouvrit au chancelier, qui lui donna les expédiens pour lui faire son procès. On en ôta la connoissance au parlement de Paris, juge naturel des officiers de la Couronne. Le chancelier fut mis à la tête de ses commissaires. L'amiral rejeta hardiment sur le roi même le retardement des affaires de Piémont. On l'accusa de malversations dans sa charge, et en effet, le plus grand crime dont on le chargea, fut d'avoir un peu trop étendu ses droits d'amiral. Ce crime et d'autres semblables le firent condamner à payer une amende qui le ruinoit, et à perdre ses gouvernemens et sa charge.

L'amitié de la duchesse ne servit qu'à faire revoir son procès deux ans après : il fut justifié et rétabli dans ses charges, mais il ne vécut pas assez pour voir dans la même année le chancelier, son ennemi, accusé et convaincu de malversations énormes, pour lesquelles il fut destitué de sa place, ce que tout le monde regarda comme un juste châtiment de l'injustice qu'il avoit commise contre l'amiral. Le connétable demeura encore quelque temps dans les affaires, mais il n'avoit qu'une apparence de crédit, et le chancelier avoit la principale autorité, plus par son habileté, que par l'inclination de François.

L'empereur passa dans les Pays-Bas le reste de l'année 1540, allant de pays en pays, et de ville en ville, et confirmant les peuples dans l'obéissance. Au commencement de l'année suivante (1541) il retourna par Metz en Allemagne, pour y tenir la diète qu'il avoit convoquée à Ratisbonne. Là, dans la crainte qu'il eut de François si justement irrité, et du Turc qui, entré dans la Hongrie, menaçoit l'Autriche, il ne se trouva pas en état de contraindre les protestans à se soumettre à l'Eglise, comme il l'avoit fait espérer au Pape : il leur accorda la liberté de conscience jusqu'au jugement du concile qu'il promettoit de procurer dans deux ans. Les troubles de la chrétienté n'avoient pas encore permis à Paul III d'en faire l'ouverture selon son désir. Les protestans ne demandoient que du temps pour s'affermir : ainsi, sur cette offre de l'empereur, non-seulement ils s'obligèrent à ne plus armer contre ses ordres, mais ils concoururent à l'envi avec les catholiques, à lui donner tout le secours qu'il souhaitoit.

Les affaires de Hongrie n'en allèrent pas mieux, l'armée de Ferdinand fut battue auprès de Bude par le bacha Mahomet. Soliman survint, et prit Bude; il relégua en Transilvanie le jeune roi, fils de Jean Sépus, et s'empara de tout le pays qu'il possédoit, quelque effort que fit Ferdinand pour le recouvrer. L'empereur apprit ces nouvelles en Italie, où il étoit allé aussitôt après la diète de Ratisbonne, dans un temps où l'on croyoit qu'il alloit marcher contre Soliman. Cela fit dire à toute l'Europe qu'il le fuyoit; il crut montrer qu'il ne craignoit pas, en prenant la résolution d'attaquer Alger en personne. Tout le monde et ses amis même eussent mieux aimé qu'il allât où le besoin étoit le plus grand, et où étoient avec Soliman toutes les forces ottomanes.

Avant de se mettre en mer, il eut une entrevue à Lucques avec le Pape; mais elle fut aussi inutile que les précédentes. La saison étoit avancée, et Doria lui représentoit que la navigation alloit être très-dangereuse, car on étoit assez avant dans le mois d'octobre. Le Pape fit tout ce qu'il put pour le détourner de son entreprise, mais inutilement : prêt à partir, il reçut une ambassade et des plaintes de François sur un attentat dont toute l'Europe étoit émue.

Dans le temps que Charles étoit en France, et qu'il faisoit sonner de toutes parts son étroite correspondance avec le roi, ce fut principalement à Constantinople qu'il fit publier cette union. Soliman en étoit entré en jalousie ; mais quand il sut l'ambassade de du Guast et d'Annebaut à Venise, il se mit en telle colère, qu'il pensa faire décapiter Rinçon notre ambassadeur. C'étoit un Espagnol disgracié, qui de dépit s'étoit donné à la France, homme actif, adroit et capable des plus délicates négociations. Il fit connoître à Soliman la politique de Charles ; et s'étant à peine retiré d'un si grand danger, il revint en France pour recevoir de nouvelles instructions.

Le roi ne tarda pas à le renvoyer pour négocier avec la Porte, et envoya en même temps César Frégose à Venise. Comme les affaires dont ces deux ambassadeurs étoient chargés avoient de la liaison, ils eurent ordre de partir ensemble, et Rinçon devoit passer à Venise. Arrivés en Piémont, d'où ils devoient continuer leur voyage sur le Pô, Langey, averti de tous côtés, les assura qu'ils étoient épiés sur leur passage, et que leur perte étoit assurée, s'ils ne prenoient un autre chemin qu'il leur indiquoit. Il avoit su que le marquis du Guast avoit aposté des gens pour les assassiner, et prendre leurs instructions. Par ce moyen il interrompoit une négociation qui étoit redoutée par le conseil d'Espagne, et il découvroit des secrets capables d'animer toute l'Allemagne contre la France.

Quoique les avis de Langey fussent précis et circonstanciés, les malheureux ambassadeurs les négligèrent. Ils tombèrent dans les embuscades qui leur étoient préparées : mais ceux qui les tuèrent cherchèrent vainement leurs papiers, Langey les avoit empêchés de les porter, et devoit les faire tenir à Venise. Cet assassinat fut commis vers le 3 juillet ; mais il fallut du temps pour établir la preuve du crime, au milieu des artifices du marquis du Guast. Langey néanmoins en vint à bout ; il fit voir et quels étoient les assassins, et de qui le marquis du Guast s'étoit servi pour les suborner, et où il les avoit renfermés après le meurtre, de peur qu'ils ne le divulguassent : il les tira des prisons où ils étoient resserrés, il mit en évidence toute la suite du crime, et afin que l'information ne fût pas suspecte, il la fit faire à Plaisance, qui étoit une ville neutre.

Quand la preuve fut tellement complète, qu'il n'y avoit plus de réplique, le roi en envoya des copies dans toutes les Cours, et fit demander justice à l'empereur en la présence du Pape. Il en sortit par des paroles générales, et s'embarqua pour son entreprise d'Alger. Le roi, résolu de pousser la chose par toutes sortes de voies, porta sa plainte aux Etats de l'empire ; les ministres de l'empereur les avoient déjà prévenus, en publiant de fausses instructions des ambassadeurs, pleines d'étranges propositions contre la chrétienté. Une invention si grossière trompa les Allemands.

Olivier, homme de mérite, pressa en vain qu'on montrât les originaux; et il demanda aussi comment il se pouvoit faire que les Espagnols, qui se disoient innocens du meurtre, eussent en main les papiers de ces ambassadeurs : il fallut revenir en France sans rien obtenir. Le marquis du Guast publia une apologie où il offroit le combat à la manière ancienne; Langey fit une réponse où il l'acceptoit. L'un exagéroit combien il étoit indigne d'un roi très-chrétien de se joindre avec les Turcs contre la chrétienté. L'autre représentoit combien il étoit indigne d'un empereur de faire le religieux, et de commettre des assassinats sur des ambassadeurs. Il remarquoit que l'empereur ne vouloit l'abaissement du Turc que comme il vouloit celui de tous les princes du monde, et principalement de ceux d'Allemagne. Voilà ce qu'on s'objectoit de part et d'autre; mais ce qui se disoit plus communément, c'est que l'intérêt et l'ambition causent d'étranges mouvemens dans les conseils des princes.

Le roi crut la trêve rompue par l'assassinat de ses ambassadeurs, et par le déni de justice; ainsi il se résolut à faire la guerre. L'occasion étoit favorable : l'empereur revenoit d'Alger, qu'il avoit inutilement assiégé; battu de la tempête qui lui fit perdre plus de cent vaisseaux, il ne ramena en Espagne que la moitié de ses troupes. François armoit puissamment, et il fit le projet de la guerre avec le chancelier Poyet entendu en tout; il ne laissa pas d'être disgracié, comme on a déjà dit. Le roi avoit commencé à prendre du dégoût de ce ministre, à cause des révoltes que la gabelle, imposée ou doublée par ses conseils en Guyenne et en Saintonge, y avoit causées ; mais la duchesse d'Etampes acheva de le perdre, pour avoir refusé (quoique avec raison) une grace que demandoit un homme qu'elle protégeoit, et l'avoir ensuite passée par commandement exprès du roi, non sans quelque plainte du crédit des dames. On l'accusoit d'être arrogant et insupportable. L'affaire fut poussée si avant, qu'on lui fit faire son procès, qui traîna longtemps. Il ne soutint pas dans la disgrace la hauteur et la fermeté qu'il avoit montrées dans sa bonne fortune. Les sceaux furent donnés à François de Montholon, célèbre avocat, et de rare probité.

Le connétable fut chassé quelque temps après de la Cour, où il avoit eu de continuels dégoûts depuis le passage de l'empereur. Sa chute étonna toute la France, qui l'avoit vu durant tant d'années maître de tout, et si respecté, que le parlement en corps, en lui écrivant, le traitoit de *Monseigneur*. Le roi se repentit de l'avoir souffert : on croit que l'attachement qu'il avoit au Dauphin, sur lequel il pouvoit tout, contribua à sa disgrace.

Le roi n'écoutoit plus guère le cardinal de Lorraine, irrité de ses profusions, qui l'obligeoient sans cesse à demander, et lui avoient fait accepter une pension de l'empereur sur l'archevêché de Tolède. Ainsi tout le conseil fut réduit au cardinal de Tournon et au maréchal d'Annebaut, tous deux d'un esprit médiocre, mais tous deux désintéressés et affectionnés au bien de l'Etat.

La disgrace du chancelier n'empêcha pas que le roi ne suivît les desseins qu'il avoit projetés avec lui. Trois grosses armées devoient attaquer en même temps, l'une le Roussillon, l'autre le Piémont, et la troisième le Luxembourg; une quatrième, moindre que les autres, devoit agir avec celle de Guillaume, duc de Clèves et de Juliers, que tous les ordres de Gueldres avoient reconnu après la mort de Charles d'Egmont, leur dernier duc; mais l'empereur lui refusoit l'investiture, et sur ce qu'il s'étoit jeté entre les bras de la France, il l'avoit fait mettre au ban de l'empire à la dernière diète de Ratisbonne.

Le roi s'étoit engagé à le soutenir, et lui avoit fait épouser la princesse de Navarre. Il avoit d'excellentes troupes, levées de l'argent de France. Le roi en joignit d'autres, sous la conduite de Nicolas de Bossu, seigneur de Longueval, qui, après avoir traversé et ravagé le Brabant, devoit se joindre à l'armée du Luxembourg.

Environ la mi-juin, les armées furent en campagne. Pour faire apprendre la guerre à ses deux enfans, le roi fit marcher le Dauphin avec Montpezat dans le Roussillon, et le duc d'Orléans dans le Luxembourg, avec Claude, duc de Guise; il suivit l'armée du Roussillon, parce que l'empereur étoit de ce côté-là, et s'arrêta à Montpellier, dans le voisinage.

Le maréchal d'Annebaut commandoit en Italie, où Langey, quoique affoibli et perclus par ses fatigues passées, entretenoit tant d'intelligences, et avoit fait de si beaux projets, qu'on pouvoit en espérer de grands avantages; mais Montpezat lui rompit toutes ses mesures, et obligea le roi à faire venir avec le Dauphin le maréchal d'Annebaut : Langey lui remontra qu'il faisoit bien à la vérité d'attaquer son ennemi par divers endroits; mais que le dessein du Roussillon ne pourroit avoir de succès, tant à cause que le pays étoit par sa propre situation le plus fort de tous ceux de l'empereur, qu'à cause qu'il y avoit ses meilleures troupes, qui étoient les Espagnols.

Les Pays-Bas et le Milanez, d'eux-mêmes plus accessibles, étoient de plus dégarnis, et lui paroissoient hors de défense, si le roi eût tourné toutes ses forces de ce côté-là. Il étoit touché de ces raisons; mais Montpezat le persécutoit pour le Roussillon, où il avoit des intelligences, et il fit tant qu'Annebaut, qui resta inutilement dans le Piémont durant deux mois, eut enfin ordre de rejoindre le Dauphin, qu'il trouva à Avignon.

Cependant le duc d'Orléans, étant entré dans le Luxembourg, avoit d'abord forcé Damviliers, pris Yvoy, la plus forte place de cette province, emporté Arlon en passant, et réduit en peu de temps Luxembourg avec Montmédy, en sorte qu'il ne restoit à l'empereur que Thionville. L'armée de Gueldres n'avoit guère moins bien réussi. Martin de Rossen, maréchal de Gueldres, capitaine expérimenté, et Longueval, qui commandoit la cavalerie, avoient pénétré dans le Brabant. Le prince d'Orange les avoit attaqués sur leur passage, et avoit été battu, de sorte que l'épouvante s'étoit mise dans tout le pays. René de Châlons, prince d'Orange, qui s'étoit sauvé à Anvers, eut peine à le rassurer, en y jetant du secours : Rossen l'assiégea, et se retira bientôt après, gagné (à ce que l'on dit) par l'argent des marchands de cette ville opulente. Louvain se racheta pour cinquante mille écus d'or, et l'armée, chargée de butin, vint joindre, selon ses ordres, le duc d'Orléans dans le Luxembourg. Par ce moyen il avoit plus de trente mille hommes. Mais sur la fin du mois de septembre il quitta cette belle armée, quoiqu'elle fût en chemin de faire de grands progrès.

Son frère le Dauphin tenoit Perpignan assiégé avec la plus belle armée qui fût encore sortie de France; car, depuis la jonction d'Annebaut, il avoit environ quarante mille hommes de pied, deux mille hommes d'armes et deux mille chevau-légers; mais Ferdinand de Tolède, duc d'Albe, avoit jeté du secours dans la place, qui étoit munie d'ailleurs de toutes choses, et surtout d'une prodigieuse quantité d'artillerie, dont tous ses remparts étoient garnis.

Par malheur pour l'armée de France, la place fut attaquée du côté le plus fort; un faux avis venu du dedans engagea nos chefs à cette attaque, et la saison fâcheuse avançant, l'empereur, sans se remuer, attendoit de jour en jour la levée du siége; il se répandit pourtant un bruit qu'il y auroit une bataille; et c'est ce qui fit venir le duc d'Orléans en poste à Montpellier.

Deux jours après son arrivée, on sut que les ennemis avoient repris Luxembourg, place alors de peu de défense, et que la seule diligence du duc de Guise avoit sauvé Montmédy. Le roi condamna l'ardeur inconsidérée de son fils, d'autant plus qu'il avoit déjà résolu de faire lever le siége : les pluies avoient commencé, et si l'on avoit tardé trois jours, il n'y eût pas eu moyen d'éviter les torrens qui se précipitoient du haut des montagnes.

Pendant que les armées agissoient, Charles, duc de Vendôme, gouverneur de Picardie, eut ordre de ramasser quelques garnisons, pour brûler plusieurs châteaux qui incommodoient. Langey de son côté, qui avoit à peine quatre mille hommes, et à qui la maladie n'avoit laissé de libre que la langue et l'esprit, ne laissa pas de surprendre Quiéras, avec quelques places voisines, et d'empêcher tous les progrès de du Guast, quoiqu'il eût quinze mille hommes, dont il lui en débaucha six mille.

Le roi, fâché d'avoir négligé le Piémont, y envoya Annebaut. Il fit quelques entreprises, contre l'avis de Langey, qui ne réussirent pas. Ce grand homme, dont les conseils étoient négligés, se crut inutile, et voulut retourner en France : mais il mourut en chemin. La pauvreté d'un serviteur si utile est une tache dans le règne de François I.

Le maréchal d'Annebaut ne tarda pas à repasser les monts, où il pensa être accablé des neiges. Il rencontra la Cour à Châtelleraut, d'où le roi alla à la Rochelle, pour y apaiser une sédition qui s'y étoit élevée au sujet de la gabelle, durant le siége de Perpignan. Il venoit, résolu d'en faire un exemple, et déjà un grand nombre de séditieux lui avoient été envoyés la corde au cou et les mains liées; mais en entrant dans la ville, il fut tellement ému par les larmes de tout le peuple, qu'il ne put retenir les siennes.

Il leur parla longtemps, les appela ses amis, leur représenta l'horreur de leur crime, non comme un juge qui veut châtier des criminels, mais comme un père qui veut empêcher ses enfans de tomber dans de pareilles fautes. Il loua même la fidélité de leurs ancêtres et la leur, jusqu'à ce jour malheureux; il s'étonnoit qu'ils se fussent si fort oubliés, et leur accordant leur pardon, il ne put s'empêcher de leur représenter la différence du traitement qu'ils recevoient, d'avec celui que recevoient les Gantois rebelles. Il finit en disant qu'il vouloit les cœurs. Toute la ville retentit des cris de *Vive le Roi!* Il leur rendit leurs prisonniers, les clefs de leur ville, leurs armes, leurs priviléges, et voulut ce jour-là demeurer à leur garde, assuré de l'effet que devoit faire dans tous les cœurs un si rare exemple de clémence.

Cependant les impériaux avoient repris tout le Luxembourg, excepté Yvoy et Montmédy, et François vit tous les efforts de cette campagne inutiles. Ces mauvais succès lui firent reprendre le dessein d'exciter le Turc contre l'empereur. Depuis la mort de Rinçon, la négociation alloit plus lentement; François, résolu de la réchauffer, fit aller Montluc à Venise, d'où il pourroit traiter de plus près, et en même temps chercher les moyens de détacher la république d'avec l'empereur,

C'étoit un homme de qualité, qui s'étoit fait jacobin, faute de bien, et s'étoit tiré de cet ordre par la protection de la reine de Navarre. Elle avoit goûté son esprit, poli naturellement et cultivé par les belles-lettres; mais ce qui l'avoit tout à fait gâté, c'est qu'il avoit donné dans les nouveautés du temps, en suivant les opinions de Calvin. Il n'avoit pas laissé d'accepter l'évêché de Valence, que la reine sa protectrice lui procura. Comme il avoit l'esprit vif et plein d'expédiens, il se fit admirer à Rome, où le roi l'avoit envoyé, et avoit encore mieux réussi en Angleterre, où il n'étoit pas obligé de déguiser ses sentimens. Un homme si pénétrant ne fut pas longtemps à Venise, sans connoître qu'il n'y feroit rien par la négociation. Il se rendit maître par intelligence de Maran, place importante sur le golfe, que l'empereur avoit fortifiée, pour donner de la jalousie à la république. Il la munit si bien, que les généraux de Ferdinand l'assiégèrent vainement; tantôt il l'offroit aux Vénitiens, et tantôt, s'il les trouvoit difficiles, il leur faisoit entrevoir qu'on pourroit bien la livrer au Turc.

Les affaires par ce moyen étant en état d'avancer à Constantinople, il conseilla au roi d'y envoyer Paulin, connu depuis sous le nom de baron de La Garde, homme d'une condition médiocre, mais d'une grande capacité, que Langey avoit déjà proposé pour cet emploi. Le roi connut bientôt qu'on ne pouvoit lui donner un meilleur conseil, que d'employer un tel homme (1543). Il fut d'abord rebuté par Soliman, qui reprochoit aux François d'avoir manqué de parole ; mais à la fin il réussit à se rendre agréable.

Soliman promit d'envoyer sa flotte, de concert avec le roi, et de former une ligne entre la France et la république ; en effet il envoya un chiaoux ; mais avant que d'arriver à Venise, il fut gagné par les impériaux, et la république ne s'engagea point. Il se faisoit de tous côtés de grands préparatifs de guerre. Les Etats d'Espagne avoient donné quatre millions à l'empereur ; le roi de Portugal, dont Philippe prince d'Espagne avoit épousé la fille, promettoit de grandes sommes ; et l'empereur n'en espéroit guère moins du roi d'Angleterre, qui s'étoit enfin ligué contre le roi depuis le refus qu'il avoit fait d'imiter sa révolte contre le saint Siége, et il s'étoit encore aigri depuis peu par la protection que François donnoit aux Ecossois, avec qui Henri étoit en guerre.

Au commencement du printemps, Antoine, devenu duc de Vendôme par la mort de Charles son père, rassembla un corps d'armée pour ravitailler Térouanne. L'empereur avoit dégarni cette frontière pour faire la guerre au duc de Gueldres, contre qui ses généraux venoient de perdre une bataille. Cette occasion parut favorable au duc de Vendôme, pour faire quelque entreprise ; mais le roi, qui se préparoit à se mettre lui-même en campagne, ne lui laissa que le loisir de prendre Lillers, petite place près de Béthune. Il fit partir, vers la fin de mai, le maréchal d'Annebaut, fait depuis amiral de France, par la mort du comte de Brion, avec ordre d'investir Avesne. Les avis qu'il eut sur le chemin le déterminèrent à attaquer Landrecy, où le roi ne tarda pas à le joindre. Les habitans n'étant pas en état de résister, ne voulurent cependant pas se rendre ; ils aimèrent mieux mettre le feu dans la ville, où ils brûlèrent pour plus d'un an de vivres, et se sauvèrent dans la forêt de Mormaux. Le roi fit fortifier cette place, et cependant le Dauphin prit quelques villes de Hainaut, qu'il abandonna ; il courut ensuite le pays jusqu'à Mons et Valenciennes, et fit beaucoup de butin.

En même temps la flotte du Turc, composée de cent vingt galères, et conduite par Barberousse, étoit arrivée à Marseille. Celle de François, composée de quarante vaisseaux, parmi lesquels il y avoit vingt-deux galères, étoit dans le même lieu, commandée par François de Bourbon, duc d'Enghien, frère du duc de Vendôme, jeune prince de vingt-deux ans, mais de grande espérance ; elle portoit huit mille soldats et des vivres en abondance, pour faire un grand siége.

Les François, que Barberousse avoit ordre de satisfaire, se déterminèrent à celui de Nice : elle ne tint pas longtemps ; le gouverneur, qui en sortit le 20 août, se retira dans le château, bâti sur le roc, qu'il résolut de défendre jusqu'à la dernière extrémité. L'empereur pendant ce temps faisoit puissamment la guerre au duché de Gueldres ; il étoit parti de Barcelone peu après que la flotte ottomane fut arrivée en France : il n'avoit fait que passer en Italie, où le Pape l'avoit obligé à une entrevue inutile ; de là il étoit venu en Allemagne, où il déclara aux princes qu'il vouloit faire un exemple du duc de Gueldres, rebelle à l'empire.

En effet il vint à Bonn, où il fit la revue de son armée ; elle se trouva d'environ quarante mille hommes ; de là, sans s'arrêter, il alla mettre le siège devant Duren, place du duc, sise sur la Dure, et très-bien fortifiée ; elle ne tint pourtant pas longtemps ; une batterie de quarante pièces de canon, et la mort de son gouverneur la déterminèrent à se rendre. L'empereur y entra le même jour que les François entrèrent dans Nice, et ne put la sauver du feu. Il continua la conquête des pays du duc, et laissa François agir dans le Luxembourg, pendant qu'il dépouilloit son allié. Luxembourg fut assiégé le 17 septembre par le duc d'Orléans qui avoit l'amiral pour conseil ; la place se rendit peu de jours après, quoiqu'il y eût une grosse garnison, composée de la meilleure infanterie de l'empereur.

Le roi s'opiniâtra à vouloir garder cette place, que la plupart des chefs ne jugeoient point tenable. Il y arriva le 25 septembre, et y apprit que le duché de Gueldres avoit été tout à fait réduit. Juliers, Ruremonde, Venlo, toute la Gueldre, tout le comté de Zutphen s'étoit rendu sans résistance. Ces deux pays avoient reconnu l'empereur pour seigneur ; le duc n'avoit sauvé le reste de ses Etats qu'en renonçant à ceux-ci, et aux alliances de France, de Suède et de Danemark.

Pour faire cette importante conquête, qui tenoit en crainte les vassaux de l'empire, qui décrioit les François comme de foibles alliés, et joignoit à ses provinces deux pays si considérables, l'empereur abandonna ses propres pays ; mais il espéroit de les recouvrer bientôt ; et en effet, ayant augmenté ses troupes de douze mille hommes, que le roi d'Angleterre lui envoya, il marcha avec toutes ses forces pour assiéger Landrecy.

En même temps, Ferrand de Gonzague, son lieutenant-général, assiégea Guise ; mais le roi ayant marché pour secourir Landrecy, il se retira, et le seigneur de Brissac lui défit une partie de ses gens dans sa retraite. L'empereur, qui étoit demeuré malade au Quesnoy, ne put arriver au camp avant le mois d'octobre. La place étoit battue de quarante-huit pièces de canon ; mais encore qu'il y eût brèche, il y avoit peu de sûreté à tenter l'assaut contre La Lande, gouverneur habile et résolu, qui avoit une bonne garnison. Quand les vivres commencèrent à lui manquer, il fit résoudre les soldats à se contenter d'eau, et d'un demi-pain par jour ; ainsi il donna le temps au roi d'approcher pour le secourir.

Ce prince étoit à Cateau-Cambrésis, près de la place assiégée, et le duc d'Enghien l'y vint trouver, sur la croyance qu'il eut que l'affaire de Landrecy engageroit à une bataille. L'approche de l'hiver, et celle d'André Doria, avec le manque de vivres, l'avoient obligé de lever le siége du château de Nice. Barberousse, indigné qu'il eût traîné si longtemps, reprochoit brutalement aux François leur lâcheté, et à ce prince sa jeunesse. Un peu après l'amiral tenta heureusement le secours de Landrecy.

Les quartiers des ennemis étoient séparés par la Sambre ; ainsi diverses attaques qu'on fit en même temps, ouvrirent à l'amiral l'entrée de la place ; il en renouvela la garnison, et Martin du Belley, frère de Langey, y jeta des vivres : le roi la voyant en sûreté, se retira vers Guise, avec le Dauphin, le 2 de novembre. L'empereur peu de jours après leva le siége ; les officiers de l'ancienne garnison furent dignement récompensés, et les soldats furent anoblis leur vie durant.

L'empereur alla à Cambray, où il fut reçu par l'évêque, de la maison de Croï, sa créature ; et pour s'assurer de cette place, qui n'étoit point du domaine des Pays-Bas, il y fit construire une citadelle, qui a été jusqu'à nos jours la terreur de la Picardie (1544). Boutière, à qui le duc d'Enghien avoit laissé le commandement dans le Piémont, n'y réussit pas. Mondevis fut pris sur lui, par composition ; mais du Guast, sans avoir égard au traité, maltraita les Suisses qui l'avoient bien défendu. Il s'empara de Carignan, pendant que Boutière le faisoit démanteler, et en fit rétablir les fortifications.

L'armée d'Italie avoit reçu un secours de dix à douze mille hommes françois, suisses et gruyers, peuples du comté de Gruyer, sujets des Grisons. Le roi voyant que Boutière n'étoit pas bien obéi, renvoya le duc d'Enghien. Ce prince trouva Boutière devant Ivrée, qu'il abandonna à sa venue, ne voulant pas lui laisser la gloire de la prise.

Barberousse passa l'hiver en Provence, et en partit au printemps, après y avoir laissé des marques de sa barbarie. Au commencement du printemps, le duc résolut de bloquer Carignan, et se saisit pour cela de tous les postes des environs, faisant bâtir des forts où il en falloit ; pour lui il vint camper à Carmagnole. Le marquis du Guast se préparoit à dégager une place qui donnoit le Montferrat aux François. Sur l'avis de sa marche, le duc demanda au roi la permission de le combattre, et il l'obtint aisément. Toute la jeune noblesse de la Cour se rendit en foule auprès de lui, tous donnèrent volontiers leur argent au prince, pour contenter son infanterie, et le roi en envoya d'Anet par du Belley, qui arriva au camp le vendredi saint.

La somme qu'il apportoit ne suffisoit pas pour payer un mois aux étrangers : il fallut user d'adresse, on commença le paiement, et on fit semblant de ne pouvoir l'achever, par la soudaine arrivée du marquis qu'on savoit proche : en effet le 10 avril, qui étoit le propre jour de Pâques, il étoit à une petite distance ; et ce jour-là même, le duc marchant au-devant de lui sut qu'il étoit à Cérisoles, et s'étant avancé sur une éminence, il la quitta bientôt à cause qu'il manquoit de vivres et de chariots pour en apporter ; ainsi, comme il gagnoit son camp de Carmagnole, du Guast, qui crut qu'il fuyoit, et qui se sentoit le plus fort (car il avoit dix mille hommes plus que lui), passa le Pô sur un pont, pour le suivre.

Son armée marchoit sur une ligne, divisée néanmoins en trois bataillons, qui avoient chacun leur aile de cavalerie; l'aile droite étoit de six mille vieux soldats allemands et espagnols, avec leur escadron de huit cents chevaux; le prince de Salerne faisoit l'aile gauche, avec dix mille Italiens, et huit cents chevaux florentins : le corps de bataille étoit formé par un bataillon de dix mille Allemands, et de huit cents chevaux de la même nation.

Le duc donna la même forme à son armée. Vis-à-vis des Italiens et du prince de Salerne, il mit un bataillon de trois mille hommes de vieilles bandes françoises, qui avoit à sa droite six cents chevau-légers, et à sa gauche quatre-vingts hommes d'armes : il opposa aux Espagnols quatre mille Gruyers et Italiens, soutenus des guidons et des archers de la gendarmerie. Le corps de l'armée étoit de trois mille Suisses, à côté desquels il devoit combattre avec la jeune noblesse. Boutière, bientôt revenu sur le bruit de la bataille, menoit l'avant-garde, et Terme commandoit la cavalerie légère. On détacha, sous la conduite du capitaine Montluc, sept ou huit cents arquebusiers, tant italiens que françois, qu'on mit à la tête des bataillons, comme enfans perdus. Caillac marchoit devant les Suisses avec huit pièces d'artillerie de campagne. Mailly en avoit autant devant les Gruyers, et du Belley avoit ordre d'aller partout, pour faire marcher les troupes, selon que l'ennemi agiroit. La description qu'il fait de cette bataille, est un grand ornement dans l'histoire qu'il a écrite de François I.

Comme le duc vit le marquis passé, il jugea qu'en reculant davantage il paroîtroit fuir, et jetteroit la terreur dans les troupes; ainsi il tourna face, et tâcha de regagner la hauteur qu'il avoit abandonnée; mais le marquis le prévint, et le duc ne laissa pas de marcher à lui, après avoir tellement disposé ses troupes, qu'elles ne pussent être offensées de l'artillerie ennemie. Ces mouvemens se firent la nuit qui précédoit le lundi de Pâques, et le jour commençoit, quand les armées se trouvèrent en cet état. On fut trois heures, de part et d'autre, à gagner le flanc de l'ennemi, et tout ce temps se passa à escarmoucher; enfin, entre onze heures et midi, les ennemis, qui se voyoient les plus forts, résolurent de commencer l'attaque : alors le seigneur de Taïs, qui commandoit les bandes françoises, tourna face pour charger les Italiens du prince de Salerne.

Ce prince ne branloit pas, et étoit encore assez loin; car il attendoit l'ordre de du Guast, qui l'avoit ainsi commandé. Du Belley, qui le voyoit immobile, et qui voyoit dans le même temps le gros bataillon allemand de dix mille hommes de pied fondre sur nos Suisses, qui n'étoient que quatre mille, manda à Taïs de les joindre. Le duc, qui devoit soutenir les Suisses, courut aux Gruyers, qui paroissoient étonnés ; mais Terme chargea brusquement la cavalerie florentine, qui prenoit de flanc les François, et la renversa sur le prince de Salerne ; en la poussant, il s'engagea si avant dans le bataillon, que son cheval étant tué sous lui, il fut pris. Par ce moyen, le prince, embarrassé de la cavalerie florentine et des nôtres, qui lui tomboient sur les bras, fut sans action.

Nos Suisses, joints aux François, donnèrent sur les Allemands sans être empêchés ; ils s'élargirent d'abord, et tirèrent de leur hauteur de quoi égaler le front des Allemands, qui les vouloient envelopper. Pendant que les uns et les autres combattoient opiniâtrément, Boutière fit agir si à propos et avec tant de vigueur ses quatre-vingts hommes d'armes, que les Allemands plièrent ; de sorte que le marquis, qui regardoit le combat d'une éminence, n'en voulut pas voir davantage, et se retira sans même envoyer ses ordres au prince de Salerne, qui les attendoit. Nos archers, qui avoient Dampierre à leur tête, rompirent aussi la cavalerie qui leur étoit opposée ; mais nos Gruyers et nos Italiens ne purent soutenir l'effort des Espagnols, et prirent la fuite. Les Espagnols et les Allemands, qui combattoient avec eux, les pressoient de sorte qu'il ne s'en seroit pas sauvé un seul, si le duc en même temps n'eût enfoncé par un coin le bataillon espagnol : mais lorsqu'il se retourna pour se rallier, il vit ses Gruyers en fuite. Il n'avoit aucune nouvelle des Suisses ni des François, qu'une colline lui cachoit ; et il voyoit tomber sur lui les Espagnols victorieux au nombre de quatre mille, auxquels il ne pouvoit opposer que cent chevaux qui l'accompagnoient. Il ne laissa pas de charger tantôt d'un côté, tantôt de l'autre, comme résolu de périr, quand il vit les Espagnols, sur la nouvelle de la défaite des leurs, prendre tout d'un coup la fuite. On les poursuivit dans les bois et dans les villages où ils tâchoient de se sauver, et presque tous furent tués ou pris.

Le prince couroit après témérairement, à l'exemple de Saint-André, qu'il voyoit aller devant lui ; et averti qu'il devoit craindre le même sort qu'eut Gaston de Foix à Ravenne, il répondit qu'on arrêtât donc Saint-André, si on vouloit l'arrêter lui-même. Le carnage fut horrible dans cette bataille ; les Suisses se ressouvinrent du traitement qu'on leur avoit fait à Mondevis, et ne donnèrent quartier à personne ; ainsi on compta parmi les ennemis douze à quinze mille morts : ils perdirent outre cela plus de trois mille prisonniers, quinze pièces de canon, toutes leurs armes et tout leur bagage, sans que nous y perdissions plus de deux cents hommes.

Le marquis du Guast, plein de confiance, avoit ordonné en passant à ceux d'Ast, de lui fermer les portes, s'il ne revenoit victorieux. Il fut mieux obéi qu'il ne vouloit, tout le pays fut en crainte. Carignan tint pourtant encore un mois, et tout le Montferrat se soumit, excepté Casal. Il n'y avoit dans le Milanez que Milan et Crémone qui pussent tenir. Le comte de Pétillane, Pierre Strossi, et autres Italiens qui étoient dans les intérêts de la France, aussitôt après la bataille, se jetèrent dans le Crémonois avec dix mille hommes, où ils attendoient tous les jours le duc; mais ils s'en retirèrent avec grande perte, le roi ayant ordonné à son armée de s'arrêter sur les nouvelles qu'il eut du côté du Rhin.

L'empereur y avoit paru avec une armée plus puissante que jamais. Les Etats de l'empire y avoient contribué, et avoient refusé toute audience aux ambassadeurs de François. Le comte de Bure attendoit dans les Pays-Bas, avec quatorze mille hommes, le roi d'Angleterre, qui venoit à Calais avec toutes ses forces. Les deux princes devoient marcher en même temps vers Paris, sans s'arrêter, pour partager entre eux le royaume, suivant le traité qu'ils en avoient fait. Au bruit de la bataille de Cérisoles, l'empereur crut le Milanez en proie, et hésita quelque temps s'il n'iroit pas au secours, ne voulant pas exposer une si belle province à une perte assurée, pour des conquêtes hasardeuses qu'il tentoit en France.

Quand il vit notre armée victorieuse s'amuser premièrement si longtemps au siége de Carignan, et ensuite s'arrêter tout court, il continua son voyage, et assiégea Luxembourg. Cette place ne fit pas la résistance que le roi avoit attendue: car il croyoit que ce siége lui donneroit le loisir d'assembler ses troupes, et si l'empereur eût marché droit à Paris, comme il l'avoit projeté, il n'y avoit encore rien de prêt à lui opposer; mais la facilité qu'il trouva à ce premier siége l'engagea à en faire d'autres. Il prit Commercy et Ligny, et le 8 juillet il mit le siége devant Saint-Dizier, place mal fortifiée, où il ne s'attendoit pas d'être si longtemps retenu.

A ces nouvelles le roi fit jeter cinq à six mille hommes dans Châlons, et ses troupes étant déjà rassemblées, il envoya le Dauphin avec quarante mille hommes, deux mille hommes d'armes, et deux mille chevau-légers. L'empereur étoit plus fort de près de la moitié; mais il perdoit le temps et des troupes au siége de Saint-Dizier, où le comte de Sancerre faisoit une défense étonnante, avec La Lande, qui avoit déjà défendu Landrecy. Il étoit aussi fort incommodé par François de Lorraine, comte d'Aumale, fils aîné du duc de Guise, qui faisoit des courses continuelles aux environs de Stenay, ville sur la Meuse, dont il étoit gouverneur. L'armée du Dauphin étoit assemblée, et s'étoit postée entre Epernay et Châlons, le long de la Marne, tant pour couper les vivres à l'empereur, que pour l'empêcher de passer outre. Il avoit auprès de lui l'amiral, pour lui servir de conseil.

Cependant le roi d'Angleterre avoit assiégé Boulogne par lui-même, et Montreuil par le comte de Norfolk. Il avoit négligé de s'approcher de Paris, aussi bien que l'empereur, et il s'attachoit à la Picardie, qu'il avoit trouvée sans défense. L'empereur le sollicita en vain de suivre le premier projet. Il ne voulut point quitter les siéges qu'il commençoit, ni l'empereur celui de Saint-Dizier. Ainsi par une aventure surprenante, Paris et le cœur de la France furent sauvés par le trop de facilité que trouvèrent les ennemis dans les frontières dégarnies.

L'empeur commençoit à craindre le même sort qu'en Provence, et il fit à tout hasard jeter des propos de paix, par un Jacobin de sa suite, de la maison de Guzman, qui en fit quelque ouverture au confesseur du roi. Il ne laissoit pas de presser violemment Saint-Dizier : la brèche étoit raisonnable, et deux tours avoient été renversées; mais leurs ruines avoient entassé tant de pierres l'une sur l'autre devant la brèche, qu'on ne pouvoit entrer que par escalade. Pour faciliter l'attaque, l'empereur voulut élever un cavalier qui voyoit par-dessus; aussitôt les assiégés en firent un semblable. La Lande fut emporté d'un coup de canon, au grand regret de Sancerre, et l'empereur eut à regretter René de Châlons, prince d'Orange, tué d'un éclat de pierre. Les Espagnols, indignés d'une si longue résistance, tentèrent d'eux-mêmes l'assaut : ils furent suivis des Italiens. L'empereur les fit soutenir en diligence par les Allemands : l'attaque dura tout un jour, et fut funeste aux assiégeans. Brissac ne réussit pas mieux en voulant mener des poudres et du secours à la place.

Cependant l'affaire tiroit en longueur, et l'empereur étoit réduit à commencer de nouveaux travaux. Sancerre ne songeoit qu'à continuer sa défense, quand il reçut une lettre sous le nom du duc de Guise, qui lui mandoit que le roi étoit content de sa résistance, et que dans l'extrémité où il étoit, faute de vivres et de poudres, il étoit temps qu'il fît une composition honorable. Cette lettre avoit été faite par les ennemis, qui avoient intercepté un paquet où étoit la clef du chiffre.

Le comte, persuadé que la lettre étoit véritable, consentit à capituler; mais il voulut avoir douze jours pour apprendre l'intention du roi par un homme exprès. L'empereur lui accorda tout ce qu'il voulut; tant il craignoit que le siége ne se prolongeât, et que le roi d'Angleterre ne se servît de ce prétexte pour abandonner tout à fait le premier dessein. Ainsi une place foible et de peu de considération arrêta près de deux mois, dans la plus belle saison de l'année, le plus puissant empereur qui eût été depuis Charlemagne.

Le roi, ayant consenti à la capitulation, manda en même temps au Dauphin qu'il serrât d'aussi près qu'il pourroit l'armée impériale, sans néanmoins hasarder de combat. Le Dauphin se servit de cette occasion pour demander le connétable, que le roi lui refusa avec indignation. Comme l'empereur ne s'attendoit plus à la jonction du roi d'Angleterre, il fit presser les propositions de paix, sans faire semblant de s'en mêler; elles allèrent si avant, qu'on nomma des députés de part et d'autre. Et cependant l'empereur, qui commençoit à manquer de vivres, s'avançoit assez lentement : mais un ordre mal exécuté lui ouvrit un pays qui n'avoit pas encore été fourragé. Un officier à qui le Dauphin avoit commandé de rompre le pont d'Epernay, le laissa surprendre. On crut qu'il y avoit de l'intelligence, et que l'empereur, averti secrètement du dessein, en prévint l'exécution.

Ses troupes, rafraîchies et encouragées, poussèrent jusqu'à Château-Thierry, et Paris fut en alarme, quoique le roi dût le rassurer par sa présence. Le Dauphin, après y avoir envoyé du monde, se mit sur le passage de l'empereur, qui, craignant de s'engager et de retomber dans sa première disette, tourna vers Soissons. La jalousie s'étoit mise dans son armée, et les Allemands, irrités de recevoir leurs vivres par les Espagnols, furent prêts plusieurs fois à décider leur querelle par les armes.

En ce même temps les députés convinrent des conditions de la paix. L'empereur devoit dans deux ans donner au duc d'Orléans, ou sa fille, avec les Pays-Bas, le comté de Bourgogne et le Charolois, ou sa nièce, fille du roi des Romains, avec le Milanez. Il réservoit les châteaux de Milan et de Crémone, jusqu'à ce qu'il y eût un mâle de ce mariage; et en remettant ces places au duc d'Orléans, le duc de Savoye devoit être rétabli dans le Piémont. Au surplus, on rendoit les places de part et d'autre, et le roi renonçoit à Naples. On ne peut croire combien le Dauphin souffrit impatiemment ces propositions. Il se plaignoit qu'on ne songeoit qu'au duc d'Orléans, aux avantages duquel on sacrifioit les intérêts de l'Etat, et ne pouvoit digérer qu'on rendît seize places importantes à l'empereur ou à ses amis, tant en Italie que dans les Pays-Bas, pour trois ou quatre petites qu'il ne pouvoit conserver.

Cette affaire fut agitée avec beaucoup de partialité; deux cabales depuis quelque temps divisoient la Cour. L'une étoit pour le Dauphin, et l'autre favorisoit le duc d'Orléans. Elle étoit la plus puissante, parce que la duchesse d'Etampes étoit à la tête, par la crainte qu'elle avoit de Diane de Poitiers son ennemie, passionnément aimée du Dauphin; elle se cherchoit un appui en son jeune frère, très-ardent pour ceux qui embrassoient ses intérêts; ainsi elle n'oublioit rien pour faire que cette guerre tournât à son avantage. Elle entretenoit avec l'empereur de secrètes correspondances, et on tenoit pour certain qu'elle l'avertissoit de tous les conseils; elle appuya la paix de tout son crédit auprès du roi, qui s'y laissa aisément porter par les mauvaises nouvelles qu'il recevoit de Picardie.

Vervin, gouverneur de Boulogne, manquoit de courage, et se rendit lâchement dans le temps qu'il alloit être secouru par le Dauphin; ce prince lui reprocha de s'être rendu pour faire plaisir au duc d'Orléans. Le maréchal de Biez, beau-père de Vervin, défendoit vigoureusement Montreuil; mais tout commençoit à lui manquer. La paix fut signée à Crespy en Laonnois; les troupes des Pays-Bas, qui étoient avec les Anglois, se retirèrent, et le Dauphin, s'étant approché de Montreuil, Norfolk fut obligé de lever le siége. Le roi d'Angleterre repassa la mer, et l'empereur sortit du royaume accompagné du duc d'Orléans.

Le Dauphin, après avoir fait une entreprise inutile sur Boulogne, chassé par les pluies et le mauvais temps, revint à la Cour, où sur la fin de l'année, peut-être du consentement du roi son père, il fit une solennelle protestation contre la paix, en présence des princes du sang, et de quelques autres seigneurs. Il avoit laissé les troupes au maréchal de Biez, qui voulut se saisir d'un poste à un quart de lieue de Boulogne, qui tenoit en sujétion le havre de cette place. Il s'y donna un combat, où la perte fut égale de part et d'autre; mais le maréchal fut contraint de se retirer.

Le roi s'appliquoit à rendre inutiles les efforts du roi d'Angleterre (1543), et pour lui susciter des affaires dans son île, il appuya les intérêts de la jeune reine d'Ecosse, fille du roi qui étoit mort depuis peu. Il résolut aussi de faire une puissante flotte pour descendre en Angleterre, et il envoya le baron de La Garde, nommé auparavant le capitaine Paulin, pour amener au Havre de Grace, par le détroit de Gibraltar, les galères qui étoient à Marseille : il préparoit en même temps une grande armée de terre pour faire, auprès de Boulogne, les travaux que le maréchal de Biez avoit vainement tentés, et il comptoit que cet ouvrage pouvoit être achevé dans le mois d'août, après quoi il devoit marcher en personne devant Guines, dont la prise affameroit Boulogne.

On vit enfin finir alors, après de longues procédures, le procès du chancelier Poyet, qui fut condamné, par arrêt du 23 avril, à cent mille livres d'amende, et à être tenu cinq ans en prison où il plairoit au roi; au surplus, déclaré incapable de tout office royal, pour avoir malversé dans sa charge, et fait des profits honteux. On lui avoit choisi des juges de tous les parlemens du royaume, auxquels il étoit odieux, pour avoir voulu porter trop haut l'autorité du conseil. Son arrêt lui fut prononcé publiquement à l'audience; il fut mis dans la tour de Bourges, d'où il ne sortit qu'en abandonnant tous ses biens, et fut réduit à reprendre dans le palais son ancienne profession d'avocat. François Olivier fut mis en sa place.

Le maréchal de Biez partit avec son armée pour travailler à la construction de son fort. Le roi alla au Havre de Grace, où il attendit ses galères. Ce fut un beau spectacle de les voir venir au nombre de vingt-cinq : elles étoient grandes et bien équipées, après une si longue navigation; la flotte se trouva, sans les galères, de cent cinquante gros vaisseaux, munis d'hommes, de vivres et d'artillerie; ce qui fait admirer l'économie de François I, qui, parmi tant d'autres dépenses que lui causoient de si grandes guerres, lui fournit encore les moyens de faire et d'entretenir une flotte si considérable.

On remarque en effet que dans ses dernières années il mit un tel ordre à ses finances, qu'elles suffirent à fortifier une infinité de places, à entretenir de grandes armées par mer et par terre, et à faire en divers endroits de superbes bâtimens, sans qu'il cessât pour cela d'être magnifique plus que tous les rois ses prédécesseurs dans sa dépense ordinaire. Le 6 juillet, il fit partir du Havre l'amiral avec la flotte, et vit brûler à ses yeux le plus beau vaisseau de la mer, qu'on appeloit le Grand-Caracon, où il faisoit préparer un festin aux dames. L'amiral fit sa descente en trois divers lieux d'Angleterre, où il fit quelque butin, et chassa les Anglois de l'île de Wight; mais il n'osa les poursuivre jusque dans Portsmouth, quoique plus fort qu'eux, à cause des difficultés du passage. Les Anglois crurent quelque temps que le vent leur alloit donner quelque avantage sur nous. Il tourna, et au lieu de nous attaquer, ils se retirèrent.

L'amiral se contenta de croiser les mers, pour empêcher l'ennemi de jeter du secours dans Boulogne. Enfin, vers le temps de la mi-août, comme les vivres lui manquoient, il revint en Normandie, sans avoir fait autre chose que d'occuper les Anglois dans leur île, et leur faire voir qu'ils pouvoient y être attaqués. On l'accusa d'avoir abandonné l'île de Wight, où il pouvoit faire un fort, et y mettre bonne garnison. Il crut apparemment l'affaire trop hasardeuse. Le roi le reçut à Arques, où il attendoit avec impatience les nouvelles du fort de Boulogne.

Le maréchal de Biez, trompé par un ingénieur italien, l'avoit fait construire en un autre lieu que celui qu'on avoit marqué, et si mal, qu'après six semaines de travail, il fallut combler les fossés, dont l'enceinte étoit trop petite. L'ouvrage qu'on recommença n'avançoit point, et François, qui s'en ennuyoit, s'approcha pour le presser; et pour le faciliter davantage, il vint à Forêt-Monstier, abbaye entre Abbeville et Montreuil, où le maréchal lui faisoit dire qu'il verroit dans huit jours l'ouvrage achevé. Le roi ne pouvoit se persuader qu'un homme de cette importance voulût le tromper. Cependant ces huit jours en attirèrent d'autres. François commençoit à croire que le maréchal étoit bien aise de faire durer le travail, pour avoir plus longtemps le commandement d'une si belle armée. Il y envoya coup sur coup des gens qui n'avançoient rien.

Un jour, le maréchal, pour n'être pas tout à fait sans action, fit semblant de vouloir combattre les Anglois, disant qu'il avoit reçu avis qu'ils étoient en marche pour attaquer notre camp : alors contre l'avis de tous les gens sages, il abandonna le travail, laissant seulement dans le fort ce qu'il falloit pour le défendre; mais cet avis n'étoit qu'une illusion, et la noblesse, qui accourut pour la bataille, reconnut qu'il n'y avoit aucune apparence que les Anglois, plus foibles que nous, songeassent à nous combattre.

La maladie se mit à Forêt-Monstier, et le 8 de septembre le roi y perdit le duc d'Orléans, à l'âge de vingt-trois ans. Cette mort l'affligea d'autant plus, qu'elle lui renouvela celle du dauphin François. Elle avoit encore cela de fâcheux, qu'elle sembloit devoir rompre le traité avec l'empereur. Le roi partit de Forêt-Monstier, et voulut qu'on mît fin, de façon ou autre, à l'affaire du fort.

Il y avoit alors de continuelles escarmouches, et on remarque un coup étrange que reçut le comte d'Aumale; il fut percé, entre le nez et l'œil, du fer d'une lance qui lui entra avec le bois près d'un demi-pied dans la tête, sans qu'il perdit ni la connoissance ni les arçons : il se laissa arracher le tronçon sans sourciller, et fut heureusement guéri, par ce grand chirurgien, Ambroise Paré, digne par son habileté d'être célébré dans toutes les histoires. Le roi apprit enfin qu'il ne falloit pas espérer que son fort pût être sitôt en état, et vit en même temps la belle saison écoulée; ainsi il ne pensa plus à l'entreprise de Guines, et se contenta d'envoyer le maréchal de Biez, pour ruiner les environs de Calais, d'où les vivres venoient à Boulogne. Les Anglois y perdirent beaucoup de monde en diverses rencontres; mais c'étoit une foible consolation, et le roi eut sujet de regretter de n'avoir pu seulement achever un fort avec une armée dont il espéroit la prise de Guines et de Boulogne.

Le roi, étant à Folembray, envoya le premier de novembre l'amiral Annebaut et le chancelier Olivier, pour confirmer les traités avec l'empereur, qui étoit alors à Bruges, où il faisoit de grands préparatifs de guerre contre les protestans d'Allemagne. On craignoit que la mort du duc d'Orléans ne lui donnât lieu de retenir le duché de Milan, promis à ce prince. En effet, il répondit qu'il ne se croyoit plus obligé à rien après la mort de celui pour qui il s'étoit engagé; et au sujet de la paix, il assura seulement qu'il ne seroit pas agresseur.

Cette réponse fit connoître au roi ce qu'il avoit à espérer. Il sembloit qu'il n'y eût rien d'impossible à l'empereur, après avoir fait la paix avec la France : il ne songeoit plus qu'à réduire les protestans, par la ruine desquels il vouloit parvenir à se rendre maître absolu de l'empire. Le roi commençoit à craindre qu'ayant exécuté ce dessein, il ne vînt à tomber sur la France avec toutes les forces de l'Allemagne réunies, jointes aux siennes. Ainsi il donna ses ordres pour fortifier la Champagne, et se préparoit lui-même à visiter ses provinces.

Le concile, si longtemps différé, fut alors ouvert à Trente, et la première session, quoiqu'il y eût encore peu de prélats, se tint sur la fin de décembre. Les François et les Anglois étoient continuellement aux mains, malgré l'hiver, dans les environs de Calais et de Boulogne, et les nôtres avoient presque toujours l'avantage (1546). Le maréchal de Biez, les ayant attaqués dans le temps qu'il venoit un convoi à un fort qui lui étoit important, demeura victorieux dans un grand combat. Un renfort de dix mille hommes de pied et de quatre mille chevaux, qui venoit d'Allemagne au roi d'Angleterre, fut dissipé dans le pays de Liége, faute d'argent. L'Angleterre en étoit épuisée aussi bien que de soldats. Boulogne étoit pressée; les forts bâtis autour en rendoient la défense difficile; par ces raisons, Henri étoit disposé à la paix, et François, qui craignoit l'empereur, n'en étoit pas éloigné.

L'empereur se mêla pourtant en vain de l'empêcher; car les ambassadeurs de la ligue de Smalcalde obtinrent que les deux rois nommassent des députés, qui s'étant assemblés entre Ardres et Guines, conclurent aisément la paix; elle fut signée au mois de juin. Le roi donnoit à Henri huit cent mille écus d'or, en huit ans; après quoi on devoit rendre à la France Boulogne avec le pays, et les places que les Anglois y avoient construites.

François employa le reste de l'année à visiter les frontières de son royaume : il commença par la Bourgogne, où il fortifia plusieurs places : il traversa la Champagne, où il visita en particulier les places de Meuse, entre autres Sedan, qui lui étoit assuré, et finit son voyage en Picardie. Cependant l'empereur avoit tenu une diète à Ratisbonne, durant laquelle il assembloit ses troupes de tous côtés. Le Pape et les princes d'Italie lui envoyoient un puissant secours. Les protestans sentirent bien que ces grands préparatifs les menaçoient, et la division étoit parmi eux.

Maurice de Saxe, cousin de l'électeur Jean Frédéric, et gendre du landgrave de Hesse, les deux chefs des protestans, avoit rompu avec eux, et faisoit la guerre à son parent. L'empereur ne cachoit pas trop le dessein qu'il avoit de les châtier, et sans parler de religion, il déclaroit qu'il vouloit mettre à la raison quelques rebelles, résolu pourtant de pardonner à leurs amis, s'ils rentroient promptement dans leur devoir. Sur cela l'électeur de Saxe et le landgrave rassemblèrent leurs troupes qui se trouvèrent, au mois de juillet, de soixante mille hommes de pied et de quinze mille chevaux, outre six mille pionniers, et six-vingts pièces de canon. Avec cette redoutable armée, ces deux princes se promettoient une victoire assurée, et l'empereur les ayant mis au ban de l'empire, comme rebelles et criminels de lèse-majesté, ils lui envoyèrent déclarer la guerre par un trompette. Toute l'Europe étoit en attente de ce qui arriveroit d'une guerre qui rendroit les protestans victorieux, ou l'empereur maître absolu de l'Allemagne, en état de tout entreprendre. L'Italie trembloit, et le Pape même, qui n'avoit pu refuser le secours contre les protestans, ne savoit que souhaiter.

Les conseils du cardinal de Tournon empêchèrent le roi de se mêler dans cette guerre, encore qu'on lui remontrât qu'il s'y agissoit plutôt des libertés de l'empire que de la religion, à laquelle l'empereur avoit déclaré qu'il n'en vouloit pas alors, et qu'il importoit à la France de tenir les affaires d'Allemagne dans une espèce de surséance. Deux morts, survenues dans l'espace d'une année, affligèrent François; l'une fut celle du duc d'Enghien, assommé, le 23 février 1546, d'un coffre jeté étourdiment dans un combat fait par jeu, entre la jeunesse qui composoit la cour du Dauphin : non-seulement toute la France, mais toute l'Europe regretta la mort malheureuse de ce jeune prince, que ses grandes actions et sa généreuse conduite rendoient également cher aux gens de guerre, françois et étrangers.

Un an après, vint la nouvelle de la mort de Henri VIII, qui avoit de grandes qualités, mais qui a noirci sa mémoire par ses amours, auxquelles il sacrifia sa religion. Il épousa six femmes, dont cinq par amour : il en répudia deux, deux eurent la tête coupée pour adultère, entre autres cette infâme Anne de Boulen, pour laquelle il avoit renversé tout son royaume et la religion de ses ancêtres. Il crut pourtant avoir peu changé, parce qu'il n'avoit touché qu'à l'autorité du saint Siège, sans considérer que par là il ouvroit la porte à la licence, et que c'étoit donner lieu à tout innover dans la religion, que de mépriser le Siège d'où elle étoit venue deux fois dans son île; au reste, il persécutoit également les catholiques et les luthériens : il mourut le 28 janvier 1547, haï des uns et des autres. Ce prince laissa son fils Edouard en bas âge, et après lequel il appeloit à la couronne Marie, fille de Catherine d'Aragon, et Elisabeth, fille d'Anne de Boulen.

François regarda cette mort comme un avertissement pour lui. Ces deux princes étoient d'un même âge, et d'une constitution assez semblable. Depuis cette nouvelle, on vit François extraordinairement mélancolique; et encore qu'il témoignât que le regret que lui apportoit la mort de Henri étoit fondé, tant sur leur ancienne amitié, que sur le dessein de lier avec lui une plus étroite correspondance, pour s'opposer, tous deux ensemble, aux vastes desseins de l'empereur, on pénétra qu'il y avoit une cause de tristesse plus intérieure.

Sa santé étoit mauvaise depuis longtemps, et il la sentoit diminuer. Il s'étourdissoit, le plus qu'il pouvoit, en s'appliquant aux affaires : surtout il étoit fort occupé de la prodigieuse puissance de Charles, dont les ennemis faisoient alors quelques progrès; mais la prudence, la bonne fortune, et les grandes forces de Charles, sa milice si aguerrie, et presque toujours victorieuse, sembloient lui promettre un heureux succès. François en voyoit les conséquences, et pour tempérer un peu les choses, il donna deux cents mille écus aux princes ligués, et promit de recevoir en France le fils aîné de l'électeur de Saxe. Il destina soigneusement les fonds nécessaires pour la fortification de la Champagne, et s'en faisoit rendre un compte exact.

Au milieu de ces soins, il fut surpris d'une fièvre lente, qu'il crut faire passer en chassant; ainsi il alla à la Muette, maison de plaisance, qu'il avoit nouvellement bâtie dans la forêt de Saint-Germain. Il ne fut pas longtemps sans s'y ennuyer; il alloit de lieu en lieu, toujours chassant, pour tâcher de dissiper son chagrin et sa fièvre. L'agrément des environs de Rambouillet l'y fit demeurer plus longtemps qu'il ne l'avoit résolu; sa fièvre s'y augmenta, et devint continue : il ne douta point de sa mort prochaine, et mit ordre aux affaires de sa conscience, en prince constant et chrétien. Il entretint son fils de celles du royaume, lui recommandant le soulagement de ses peuples, et l'avertissant de n'imiter pas ses vices. Il mourut enfin le dernier mars 1547, âgé de cinquante-trois ans, après avoir régné trente-trois ans, presque toujours malheureux, mais au-dessus de la fortune.

S'il se trouve dans sa vie des négligences fâcheuses, on lui voyoit aussi de grandes ressources aux occasions pressantes; et il ne falloit pas un moindre courage, ni une moindre vigueur, pour empêcher Charles V, appuyé de tant d'alliés, et maître de tant de royaumes, d'engloutir encore la France. Sa mort fut déplorée par les gens de lettres de toutes les nations; et la France, qui voit encore tant de marques de sa grandeur et de sa magnificence, ne cessera jamais de célébrer sa mémoire.

LIVRE XVI.

HENRI II (an 1547).

Dans les discours que François I fit en mourant à son fils, il lui recommanda par-dessus toutes choses de ne point rappeler le connétable, et de se servir des conseils du cardinal de Tournon et de l'amiral d'Annebaut. Il l'avertit aussi de se donner de garde de ceux de Guise, prévoyant qu'ils auroient un jour en main l'administration des affaires, et que, courageux et ambitieux comme ils étoient, ils pourroient porter leurs pensées jusqu'à l'autorité souveraine. Henri ne fut pas plutôt sur le trône, qu'il rappela le connétable; mais le comte d'Aumale et Charles son frère, archevêque de Reims, qui avoit grande part à la faveur, tâchèrent de s'en prévaloir, avant qu'il fût de retour. Ils obtinrent du roi que ceux qui posséderoient plusieurs charges seroient obligés d'opter.

Anne de Montmorency étoit tout ensemble et connétable et grand-maître, et le comte d'Aumale espéroit être gratifié de la dignité que le connétable quitteroit. Mais le roi, qui aimoit Montmorency, et qui l'appeloit son compère, lui conserva les deux charges, et le regarda comme son principal ministre. Il exécuta son règlement dans toute sa sévérité contre l'amiral, et en le chassant de la Cour, il l'obligea de quitter sa charge de maréchal de France, qu'il donna à Jacques d'Albon, seigneur de Saint-André, l'un des premiers barons de Dauphiné.

Les ministres ne voyoient pas volontiers à la Cour douze cardinaux; pour les écarter, on leur ordonna d'aller à Rome, sous prétexte de l'élection d'un nouveau Pape, que la caducité de Paul III rendoit prochaine. Il y en eut sept qui passèrent les monts, entre autres le cardinal de Tournon, exclu des conseils par un ordre exprès, et qui depuis ce temps fit son séjour ordinaire en Italie.

Pour remplir le nombre de quatre maréchaux de France, auquel le roi fixoit cette charge, il ajouta aux trois qui étoient déjà, Robert de La Marck, gendre de Diane de Poitiers. Elle avoit un absolu pouvoir, et on regarda comme une espèce d'enchantement l'amour aveugle qu'avoit un roi de vingt-neuf ans, pour une femme de quarante, qui étoit en réputation de ne lui être pas fidèle. Elle fit donner la charge de grand-maître de l'artillerie à Charles de Cossé de Brissac, celui de tous les seigneurs qu'elle aimoit le plus, et qui avoit aussi le plus d'agrément.

Le maréchal de Biez fut disgracié. Le roi voulut qu'on fit le procès à lui et à Vervin son gendre, à qui il ne put pardonner d'avoir si aisément rendu Boulogne, ni au maréchal les longueurs de la campagne de 1546, qui paroissoient affectées; ainsi dans un nouveau règne toute la Cour fut renouvelée. Le chancelier fut le seul des grands officiers de l'Etat qui fut conservé, encore lui ôta-t-on les sceaux quelque temps après, quoiqu'il fût homme de grande vertu, et Henri donna tout à ses favoris, sans garder aucune mesure pour la mémoire du roi son père.

L'économie pratiquée dans les dernières années, après avoir acquitté toutes les dettes de l'Etat, avoit encore laissé les coffres remplis. Henri, libéral par lui-même, excité par Diane, qui ne l'étoit pas moins, fit de grandes profusions, dont la plupart furent blâmées. Mais tout le monde loua le bien qu'il fit à Martin du Belley, digne d'être récompensé, et pour ses propres services, et pour ceux de Guillaume son frère, qui s'étoit ruinés en servant l'Etat.

Au commencement de ce règne, le Pape, qui appréhendoit l'empereur, voulut s'appuyer de la France, et envoya un légat pour faire par quelque traité une étroite liaison avec le roi. L'amitié avoit commencé par un mariage; Henri avoit promis une fille naturelle qu'il avoit eue de Diane, à Horace Farnèse, petit-fils du Pape. Il ne répondit rien sur le traité proposé, et il attendit à s'engager plus ou moins, selon la disposition des affaires.

La paix n'étoit pas sûre avec l'Angleterre, et sur quelque contestation pour les limites du Boulonnois, les Anglois s'étoient saisis les premiers des lieux qui étoient en dispute; mais ils en furent chassés, et on convint de garder ce qu'on tenoit de part et d'autre. Cependant le roi résolut de se conserver les Ecossois, et envoya Léon Strossi avec des troupes pour soutenir la reine d'Ecosse contre ses sujets révoltés.

Durant ces temps-là l'empereur avoit remporté de grands avantages sur les protestans. Le comte palatin s'étoit soumis; l'électeur de Brandebourg les avoit quittés; une partie de cette armée prodigieuse de l'électeur de Saxe et du landgrave s'étoit dissipée durant l'hiver, et l'empereur commençoit à être redoutable. La guerre s'étoit cependant continuée entre les deux cousins, et Maurice avoit perdu quelques places, entre autres Meissen sur l'Elbe, où l'électeur demeura quelques jours en attendant l'occasion de quelque entreprise. Il n'y fut pas long-temps sans apprendre que l'empereur approchoit. Comme il avoit peu de troupes, et que les autres étoient encore dispersées dans leurs quartiers, il passa promptement l'Elbe sur le pont de bois de la place, qu'il brûla après son passage. Il s'étoit réservé un pont de bateaux qu'il pouvoit rompre aisément, et s'en servoit pour aller au fourrage, ou pour quelque autre dessein. Il borda la rivière de troupes et de canons auprès de Mulberg, et pour défendre son pont de bateaux, et pour empêcher le passage à l'empereur. Cependant il continua son chemin vers Vittemberg, qui étoit sa ville capitale, où il n'avoit rien à craindre.

L'empereur arriva le 23 avril au bord de l'Elbe, vis-à-vis Mulberg; tout dépendoit de la diligence. Les Espagnols se jetèrent dans l'Elbe, et pendant que les Saxons rompoient leur pont, ils allèrent jusqu'à l'autre bord, d'où ils ramenèrent les bateaux à force de bras du côté où étoit leur armée. De ceux-là et de ceux qu'avoit l'empereur, on fit promptement un pont; mais comme le passage étoit trop long, l'empereur conduit par un paysan fit passer sa cavalerie, et passa lui-même au gué avec beaucoup de résolution. A trois lieues de là il rencontra l'électeur; il le battit, le prit, lui fit faire son procès, et le fit condamner à perdre la tête. L'électeur se racheta en abandonnant ses plus fortes places et l'électorat à Maurice son cousin, sans pour cela sortir de prison.

Le landgrave étonné, et n'ayant aucune ressource, fut contraint de faire un accord honteux et ambigu, que l'empereur interpréta à son avantage. Il fallut venir demander pardon, et sur l'équivoque d'un mot allemand qui ne décidoit pas bien si le landgrave seroit absolument exempt de prison, ou s'il seroit seulement exempt d'une prison perpétuelle, l'empereur le fit arrêter. Tout le parti fut abattu par une seule bataille; catholiques et protestans, tout plia. Ils furent taxés à de grandes sommes, les uns pour subvenir aux frais de la guerre, les autres pour châtiment de leur rébellion, et les comptes font foi que l'empereur amassa par ce moyen seize cent mille écus d'or. Ferdinand en leva davantage encore sur les Bohémiens, qui s'étoient mis du parti de l'électeur. Ces nouvelles fâchèrent la Cour de France : le roi écrivit aux princes et aux villes d'Allemagne, pour les exhorter à tenir ferme, et leur promit du secours.

Environ dans ce temps-là se fit son sacre, où le roi de Navarre, le duc de Vendôme, le duc de Guise, le duc de Nevers, le duc de Montpensier et le comte d'Aumale, représentèrent les six anciens pairs laïques; et on remarque que le duc de Montpensier, quoique prince du sang, représenta seulement le comte de Flandre, quatrième pair, précédé par les ducs de Guise et de Nevers, dont la pairie étoit plus ancienne. Le roi François les avoit érigées, et il avoit aussi établi (mais auparavant) celle du duc de Vendôme, premier prince du sang. Cet ordre a depuis été changé, et on a jugé avec raison, que même au sacre des rois, où les pairs sont dans leur plus noble fonction, les princes du sang ne devoient pas entrer en comparaison avec les autres seigneurs. Pour ce qui est du roi de Navarre, sa qualité de roi lui donna la préséance. Au sortir de cette auguste cérémonie, le roi visita les environs de Boulogne, et il fit bâtir un fort sur une colline qui commandoit son port, que les Anglois faisoient fortifier.

Lorsqu'il fut de retour à Saint-Germain, il donna un étrange spectacle à la Cour. Gui de Chabot de Jarnac, et François de Vivonne de la Châtaigneraie s'étoient querellés pour des intrigues de femmes, et la Châtaigneraie avoit reçu un démenti. Ils demandèrent au roi la permission de se battre, et ce prince, oubliant les lois divines et humaines, non-seulement l'accorda, mais voulut être présent. On prépara un camp pour le combat, et des galeries autour pour placer la Cour. Le roi, qui aimoit la Châtaigneraie, espéroit que son adresse lui donneroit la victoire. Il y avoit en effet beaucoup d'apparence, parce que Jarnac avoit la fièvre, mais il donna un coup de revers si à propos, que son ennemi déjà blessé tomba par terre; il ne voulut jamais demander la vie, mais tout le monde accourut pour séparer les combattans. Ce secours, qui sauva le vaincu des mains de son ennemi, ne le sauva pas de sa propre rage : la honte d'être battu dans une telle compagnie, et en présence du roi, lui rendoit la vie odieuse; jamais il ne voulut endurer qu'on bandât ses plaies, et il mourut désespéré. Un événement si tragique toucha tellement le roi, qu'il fit vœu de ne permettre jamais de duel, et eut peine à se pardonner à lui-même celui qu'il avoit permis.

Il se conclut environ ce temps une trêve entre la France et l'Angleterre; et celle de Charles V avec Soliman, qui se négocioit depuis six mois, fut arrêtée pour cinq ans entre les deux princes; mais Soliman voulut de lui-même y comprendre le roi, à qui il donna des titres plus illustres qu'à l'empereur. Le Pape reçut à Plaisance le plus grand de tous les outrages en la personne de Pierre-Louis Farnèse son fils. Il lui avoit donné, à titre de duché, cette place et celle de Parme; mais il étoit tellement haï pour ses violences et ses débauches énormes, que ses sujets révoltés le tuèrent. Ferdinand de Gonzague, que l'empereur avoit fait gouverneur de Milan à la place du marquis du Guast, nouvellement disgracié, fut appelé à Plaisance, dont on dit qu'il avoit lui-même excité la sédition, et retint la place au nom de l'empereur. La colère du Pape fut extrême; il pressa le roi de déclarer la guerre à l'empereur, et ne rougit pas de lui proposer d'inviter le Turc dans le Milanez; mais le roi ne s'y trouva pas disposé, et Plaisance demeura à l'empereur.

Ce prince avoit aussi des sujets de plainte contre le Pape, qui, après avoir ouvert le concile de Trente, de concert avec lui, tout d'un coup, sans lui en rien dire, l'avoit transféré à Boulogne. Il étoit bien aise que cette vénérable assemblée se tînt dans une place dont il fût le maître; et pour la tirer de Trente, on fit dire aux astrologues et aux médecins que la ville étoit menacée de peste; mais l'empereur, qui voyoit qu'un concile tenu loin de l'Allemagne n'y seroit jamais reçu, et deviendroit inutile à la réduction des protestans, fit déclarer au Pape, en plein consistoire, et aux Pères de Boulogne, qu'il seroit obligé de protester de nullité de tout ce qui se feroit hors de Trente.

Le cardinal de Guise, c'étoit l'archevêque de Reims, à qui le Pape avoit depuis peu envoyé le chapeau, aussi bien qu'au cardinal de Bourbon ; ce cardinal remontra, de la part du roi, de quelle importance il étoit de ne point mécontenter les Allemands dans une demande si raisonnable. Mais le Pape ne vouloit pas satisfaire l'empereur, jusqu'à ce qu'il lui eût fait raison de Plaisance, et ne craignit point de faire servir la religion à la politique.

Au milieu de ces dissensions, l'hérésie de Luther s'accroissoit (1548). Elle fit de grands progrès dans la France, et le roi pour l'empêcher en vint aux extrémités. On se voyoit à la veille d'une rupture avec l'empereur ; il avoit fait couper la tête à deux capitaines qui avoient mené des troupes d'Allemagne au roi, dans le temps qu'il fut sacré. L'empereur faisoit venir Philippe son fils unique en Allemagne, dans le dessein, s'il pouvoit, de le faire roi des Romains, et lui avoit ordonné de passer par Gênes. On craignit en France quelque entreprise sur le Piémont, peut-être avoit-on aussi quelque dessein sur le Milanez ; ainsi le roi résolut de faire un voyage en Italie. Tout ce qu'il y fit fut de donner ordre à la fortification des places de Piémont, et durant ce temps, presque toute la Guienne et les autres provinces voisines se soulevèrent au sujet de la gabelle que François I avoit établie dans cette province. Cet impôt nouveau dans ces pays choquoit tous les peuples ; mais les vexations qu'exerçoient les commis et les officiers en le levant le rendoient plus insupportable.

Ceux de Bordeaux s'emportèrent plus violemment que tous les autres. Ils massacrèrent Moneins, lieutenant de roi sous l'autorité du roi de Navarre, gouverneur de la province, et ils contraignirent les présidens et conseillers du parlement de se mettre à leur tête en habits de matelots. Cette révolte étoit d'autant plus dangereuse, qu'on avoit à craindre l'Angleterre, dont ces peuples n'avoient pas encore tout à fait oublié la domination ; ainsi on résolut de ne pousser pas les choses à l'extrémité, et on déclara d'abord qu'on ôteroit la gabelle. Mais c'étoit autoriser la révolte, que de ne pas châtier les séditieux ; et le parlement de Bordeaux, après avoir repris son autorité, en avoit puni quelques-uns. Pour réprimer les autres, le roi envoya d'un côté le connétable, et de l'autre le duc d'Aumale, chacun avec une armée de quatre à cinq mille hommes. Il ne se peut rien de plus opposé que fut la conduite de ces deux hommes ; le duc prenoit toutes les voies de douceur, et il sembloit quelquefois qu'il songeoit plutôt à gagner les peuples, qu'à les réprimer ; mais le connétable, sévère et orgueilleux par lui-même, étant de plus irrité par le massacre de Moneins, qui étoit son parent, vint à Bordeaux avec un esprit de rigueur. Il étoit gouverneur de Languedoc, et les troupes du duc d'Aumale l'ayant joint à Toulouse, il envoya de là une déclaration du roi à Bordeaux, par laquelle il pardonnoit à tous ceux qui poseroient les armes dans quatre jours. Aussitôt toute la ville fut apaisée; mais il falloit faire un exemple, et le connétable étoit d'humeur à le faire fort rigoureux. Il entra dans la ville par une brèche de trente toises qu'il fit faire dans la muraille. Il marcha en bataille par les rues avec le canon; il désarma les bourgeois, il les déclara séditieux et déchus de leurs priviléges, leur enjoignant de raser leur maison de ville, et de déterrer avec leurs ongles le corps du lieutenant de roi, pour lui faire des funérailles magnifiques; plus de cent bourgeois furent condamnés à la mort ou aux galères, et on obligea la ville à de grandes sommes pour les soldats. Mais le roi, suivant les conseils du duc d'Aumale, fit grace à la plupart des condamnés, rendit les priviléges aux bourgeois, et conserva l'hôtel de ville. Il revint ensuite à Lyon, et puis à Moulins, où Antoine de Bourbon, duc de Vendôme, épousa Jeanne d'Albret, fille de Henri, roi de Navarre.

La guerre étoit fort allumée entre l'Angleterre et l'Ecosse. Le roi tâchoit d'empêcher les progrès des Anglois par les troupes qu'il envoyoit en Ecosse; mais comme les Ecossois ne manquoient pas de braves soldats, il fut soigneux principalement de leur envoyer de bons chefs. Par leur valeur et par leur conduite, la jeune reine, qui n'avoit encore que six ans, fut mise entre les mains de Henri, pour être élevée à la cour de France. Les Anglois, qui la vouloient obstinément pour leur roi, furent frustrés de leur attente, et se ralentirent par les avantages que remportèrent nos troupes. Ce qui fut cause que les Ecossois demeurèrent fidèles alliés des François, et leur confièrent leur reine, ce fut la crainte qu'ils eurent d'altérer la religion en s'unissant avec les Anglois. Elle avoit souffert de grands changemens sous le règne du jeune Edouard; son tuteur Edouard Seimer, appelé protecteur d'Angleterre, étoit zuinglien, et fit appeler Pierre Martyr, ministre de Strasbourg, qui favorisoit ce sentiment. On abolit les règlemens de Henri VIII. L'archevêque de Cantorbéry, qui penchoit à l'hérésie de Luther, mêla dans la religion des pratiques et opinions luthériennes, et conserva l'épiscopat pour ne point priver son siége de la primatie.

Le roi arriva à Saint-Germain, où la reine accoucha le 3 de février 1549, d'un second fils nommé Louis. Ce que l'on remarque le plus dans cette naissance, ce furent les merveilleux pronostics des astrologues sur ce jeune prince. Catherine, qui croyoit à ces imposteurs, les avoit mis en vogue à la Cour, et ne s'en désabusa pas, quoique toutes leurs prédictions s'en fussent allées en fumée, par la mort de Louis dans le berceau. Le roi la fit couronner solennellement à Saint-Denis le 10 juin, et environ douze jours après, il fit son entrée dans Paris, où la reine ne différa guère à faire la sienne avec une pareille magnificence. On ne vit pendant quinze jours que tournois dans Paris; le roi se plaisoit à ces exercices, où il montroit autant d'adresse et de bonne grace qu'aucun de ses courtisans, dans tous les combats qui pouvoient se faire tant à pied qu'à cheval.

Ces divertissemens furent suivis de cérémonies pieuses. On fit une procession générale pour l'extirpation des hérésies. Le roi y assista en personne, et vit, en s'en retournant à son palais des Tournelles, le supplice de quelques luthériens qu'on brûloit à la Grève : spectacle peu digne de sa présence; mais il crut imprimer par là dans l'esprit des peuples la haine qu'il avoit pour l'hérésie. Il y avoit quelque temps que ces supplices duroient avec beaucoup de rigueur. Ils furent cause que quelques cantons, et des principaux, ne voulurent point renouveler l'alliance, comme firent les autres, avec les Grisons et les alliés des Suisses. Le procès du maréchal de Biez et de Jacques de Coucy son gendre, seigneur de Vervin, fut achevé. Le maréchal fut dégradé de sa dignité, et condamné à une prison perpétuelle; mais Vervin eut la tête tranchée, pour avoir lâchement rendu Boulogne. Le maréchal, vieillard vénérable, eut ensuite sa liberté ; mais il mourut de chagrin quelque temps après.

La guerre continuoit cependant entre l'Angleterre et l'Ecosse, et la division s'étant mise entre les Anglois, le roi envoya une armée vers Boulogne, pendant que Pierre Strozzi, avec douze galères, fermoit le passage au secours. Strozzi battit la flotte angloise, et le roi prit en personne quelques forts qui serroient la place de près; la saison trop avancée la sauva du siége. Au retour, le roi fit un règlement pour les gens de guerre, et empêcha les désordres qu'ils faisoient par tout le royaume, en doublant leur paie, et leur défendant de rien prendre sans payer.

Environ dans ce même temps le Pape mourut, et Octave son petit-fils, pour qui il travailloit tant, lui donna le coup de la mort. Comme son grand-père souhaitoit qu'il prît Camérino, au lieu de Parme qu'il vouloit rendre au saint Siége, cet emporté, non content d'avoir tâché de surprendre cette place, osa bien, après avoir manqué son coup, mander au Pape que s'il ne la lui donnoit, il s'accorderoit avec l'empereur. A la lecture de cette lettre le Pape s'évanouit, et mourut quelque temps après, avec un regret extrême de s'être tant tourmenté pour sa maison.

Le cardinal del Monte fut élu pape, et prit le nom de Jules III (1550). Par reconnoissance pour la mémoire de Paul, qui l'avoit fait cardinal, aussitôt après son exaltation, il donna Parme à Octave, avec de grandes pensions pour la garder, et lui conserva ses dignités. Au retour de Rome, Jean, cardinal de Lorraine, mourut, et le cardinal de Guise prit le nom de cardinal de Lorraine.

Claude son père, premier duc de Guise, étoit mort un peu auparavant, et on remarque que ses funérailles furent célébrées avec des cérémonies semblables à celles qu'on faisoit alors pour les rois. Cette maison croissoit tous les jours en dignité et en crédit. Le cardinal de

Lorraine s'élevoit en faisant la cour à Diane, duchesse de Valentinois, avec des soumissions indignes de son caractère. Ce fut lui qui lui conseilla de se rendre la maitresse des principales charges de l'Etat, en y mettant de ses créatures. Ensuite de ce conseil elle fit priver de sa charge le chancelier Olivier. On fit accroire à ce sage vieillard que sa vue qui baissoit le rendoit incapable de remplir ses devoirs, et on donna les sceaux à Bertrandi, premier président du parlement.

Les Anglois divisés entre eux faisoient la guerre foiblement contre la France, et désespérèrent de sauver Boulogne si incommodée de toutes parts. Ainsi ils firent la paix, et rendirent Boulogne à Henri, avec tous les forts et toutes les munitions, à condition qu'on leur donneroit quatre cent mille écus, dont le premier paiement se devroit faire en entrant dans la place. Ils rendirent aussi tout ce qu'ils tenoient en Ecosse ; ainsi la France eut dans cette paix tout ce qu'elle pouvoit désirer, en procurant également ses avantages et ceux de ses alliés.

A peine cette guerre fut-elle finie, que l'Italie donna matière à en commencer une nouvelle avec l'empereur. Il prétendoit que Parme et Plaisance étoient du duché de Milan ; et comme il avoit déjà occupé Plaisance, il avoit donné des ordres secrets à Ferdinand de Gonzague de chercher l'occasion de surprendre Parme, de sorte qu'il la tenoit comme bloquée. Octave, qui tenoit cette place du Pape, le pria d'augmenter l'argent qu'il lui donnoit pour la défendre, ou de lui accorder la permission d'avoir recours au roi de France, à qui la maison Farnèse étoit alliée par le mariage d'Horace, frère d'Octave, avec la fille du roi et de la duchesse de Valentinois. Le Pape, pour se décharger de la dépense, dit au duc qu'il pourvût à sa sûreté comme il pourroit. Cette parole ne fut pas plutôt lâchée, qu'il demanda du secours au roi, qui, ravi de traverser le dessein de l'empereur, s'engagea sans peine à aider Octave d'hommes et d'argent, à condition qu'ils ne pourroient pas faire leur accord l'un sans l'autre.

L'empereur, voyant ses desseins manqués (1551), et les François dans Parme, ne songea plus qu'à les en chasser. Il voulut pour cela se servir du Pape, et de Jean-Baptiste del Monte, son neveu, qui persuada facilement à son oncle qu'Octave n'avoit traité avec la France, que pour se rendre indépendant du saint Siège, de sorte que le Pape, à qui l'empereur promettoit toute assistance, sitôt qu'il auroit déclaré la guerre aux Farnèses, envoya Jean-Baptiste à Bologne pour la commencer. Il pria en même temps l'empereur, comme défenseur de l'Eglise, de le secourir dans cette guerre; c'est ce que l'empereur souhaitoit le plus, et il vouloit seulement qu'il ne parût pas qu'il entreprit de lui-même cette guerre. Il fit assiéger Parme par Gonzague, pendant que Jean-Baptiste partit de Bologne pour assiéger la Mirande, que Louis Pic, comte de Concorde, et seigneur de cette place, avoit mise aussi sous la protection du roi.

Pierre Strozzi avoit eu ordre de se jeter dans Parme avec l'élite de ses troupes, et il rassura par sa présence les habitans étonnés. Mais Louis Pic, et Paule de Terme qui défendit avec lui la Mirande, s'étant trop avancés dans une sortie, furent coupés et contraints de se retirer dans Parme. Le roi, ainsi engagé dans une guerre avec le Pape, fit défense de porter de l'argent à Rome, pour quelque chose que ce fût, et donna charge à Jacques Amiot, abbé de Bellosane, d'aller à Trente, où s'étoit recommencé le concile, pour y déclarer de sa part qu'étant empêché, par la guerre que le Pape lui faisoit, d'envoyer les prélats de son royaume en cette assemblée, il ne la reconnoissoit pas pour légitime. Aussi dans les lettres qu'il lui écrivoit, il ne lui donnoit pas le nom de concile, mais seulement celui d'assemblée de Trente.

La guerre n'étoit pas encore déclarée entre l'empereur et le roi; mais Henri, jeune et vigoureux, voyant l'empereur affoibli, même au-dessous de son âge, se promettoit sur lui de grands avantages. D'ailleurs il avoit un grand parti en Allemagne; les princes étoient jaloux de l'excessive puissance de l'empereur, qui tenoit depuis trois ans dans ses prisons deux des principaux princes de l'empire. Maurice surtout souffroit avec une extrême impatience la détention du landgrave son beau-père. Mais les obligations trop récentes qu'il avoit à l'empereur le portoient à dissimuler, ce qu'il faisoit avec tant d'adresse, que Charles lui confia le commandement de l'armée par laquelle il faisoit assiéger la ville de Magdebourg, toute luthérienne, qu'il avoit mise, pour ses révoltes, au ban de l'empire.

Cependant Maurice écoutoit les propositions de Henri, et trainoit en longueur le siége de Magdebourg, pour se donner le loisir de prendre toutes les mesures convenables. L'accord fut résolu et tenu secret; les princes abandonnoient au roi Metz, Toul, Verdun, Cambray et Strasbourg. Il devoit se joindre à eux pour défendre la liberté de l'empire, et obtenir celle des princes captifs; le roi fournissoit beaucoup d'argent; les confédérés ne pouvoient entendre à la paix les uns sans les autres; ils se donnoient réciproquement des otages, et ils devoient avec leur armée chercher l'empereur, quelque part qu'il fût. Il étoit encore à Augsbourg, où il tâchoit vainement de persuader à son frère de céder à son fils Philippe la qualité de roi des Romains.

Cette division domestique donnoit encore de l'espérance aux confédérés; ainsi le roi ne craignoit point la rupture. Il consentit qu'elle commençât par la prise de quelques vaisseaux, que le baron de la Garde et Léon Strozzi firent vers la Flandre et la Catalogne. Il se plaignoit de son côté que d'Andelot et Sipierre, officiers de son armée d'Italie, étoient retenus prisonniers dans le château de Milan. Les manifestes coururent de part et d'autre, et on en vint bientôt aux armes.

Brissac commandoit dans le Piémont, où il avoit été envoyé, à ce que disent quelques-uns, à la recommandation de la duchesse de

Valentinois, qui étoit bien aise de lui procurer un si bel emploi, et, selon quelques autres, par la jalousie que le roi avoit de l'affection que lui portoit cette duchesse. Quoi qu'il en soit, il commença dès lors à se signaler par des actions extraordinaires, étant par lui-même homme de grand mérite, et ayant avec lui plusieurs braves officiers, entre autres Blaise de Montluc, un des premiers hommes de son siècle. Les bons succès qu'eurent les François dans ce pays, obligèrent Gonzague à laisser au marquis de Marignan le soin du siége de Parme, où l'empereur envoya de nouvelles troupes.

La guerre ne tarda pas à s'allumer de toutes parts. Le duc de Vendôme, gouverneur de Picardie, et François de Clèves, duc de Nevers, gouverneur de Champagne, faisoient diverses entreprises du côté des Pays-Bas, et de la Lorraine, qui favorisoit l'empereur. Christine, fille de sa sœur, et de Christiern, roi de Danemark, avoit épousé le dernier duc, et Charles, qui régnoit alors, jeune enfant de neuf ans, étoit sorti de ce mariage.

Le Pape, qui commençoit à s'ennuyer de la guerre, envoyoit en vain des légats aux deux princes pour faire la paix. Les choses étoient déjà trop engagées; Parme, que Pierre Strozzi croyoit avoir délivrée par quelques avantages, se trouva tellement pressée par la faim, depuis son départ, que Marignan espéroit de la réduire bientôt; mais Henri se promettoit de plus grandes choses.

L'empereur sembloit ne penser qu'à avancer le concile et la prise de Magdebourg. Cette place se rendit enfin, et Maurice la traita si doucement, qu'on crut avec raison qu'elle se rendoit de concert. Elle faisoit en apparence de grandes soumissions à l'empereur; mais au fond sa liberté et sa religion lui étoient conservées entières. Maurice gagna ses habitans, et sut gagner tout ensemble l'armée qu'il commandoit depuis si longtemps. Il redemanda son beau-père à l'empereur; Albert de Brandebourg, le comte palatin, et les autres princes se joignirent à cette demande; on ne parloit en Allemagne que de la liberté des princes. Les confédérés joignirent des troupes à celles que Maurice avoit déjà, et il marcha ouvertement contre l'empereur. Augsbourg lui ayant ouvert ses portes, les prélats assemblés à Trente furent si épouvantés, qu'ils se retirèrent, et le concile fut suspendu.

Henri s'avança en Allemagne, où tout cédoit aux confédérés. Maurice tenta vainement les voies d'accommodement avec Ferdinand; leur conférence se rompit bientôt, mais on convint de se rendre quelque temps après à Passau pour y reprendre le traité. Cependant l'empereur ramassoit ses troupes au bas des Alpes, et fit occuper les passages par où l'électeur venoit à lui, mais ses troupes furent battues; Maurice, sans perdre de temps, prit Erberg, forteresse presque inaccessible. A la première nouvelle de cette prise imprévue, l'empereur, qui étoit à Inspruck avec son frère Ferdinand, tira de prison Jean Frédéric, et lui ordonna de le suivre. Il partit en même temps par un temps horrible; Maurice le serroit de près, et il entra dans Inspruck la même nuit que l'empereur en sortit avec tant de précipitation; sa retraite fut à Villac, petite place de la Carinthie. On ne sait comment un prince si prévoyant se laissa ainsi surprendre; sa grande puissance lui faisoit croire que tout étoit en sûreté. Il fut bien étonné quand il vit un peu après le roi en campagne se rendre maître en un moment de beaucoup de places, et mener aux confédérés une redoutable armée. Elle fut précédée d'un manifeste répandu par toute l'Allemagne, où le roi alloit, invité par un grand nombre de princes, pour la tirer de la servitude où la mettoit l'empereur, et pour délivrer les princes captifs.

Sur le point de partir, il envoya devant lui le connétable, qui augmentoit tous les jours en considération et en dignité. Le roi venoit d'ériger en duché et pairie sa terre de Montmorency; et c'est le premier gentilhomme qui ait eu en France un tel honneur. Le connétable avoit avec lui quinze mille hommes de pied, quinze cents gendarmes, deux mille chevau-légers, et autant d'arquebusiers à cheval. La ville de Toul lui ouvrit ses portes; le roi le suivoit de près, mais la maladie de la reine l'arrêta quelque temps à Joinville, où la mère du duc de Lorraine le vint saluer.

Cependant le connétable s'approcha de Metz, et le cardinal de Lenoncourt, évêque de cette ville, fit en sorte qu'on y résolut de recevoir le connétable avec deux compagnies de gens de pied. Il prit quinze cents hommes d'élite, dont il composa ces deux compagnies; les habitans s'avisèrent trop tard de fermer leurs portes, et toutes les troupes entrèrent. Un peu après (1552), le roi se rendit à Toul, et alla ensuite à Nancy; d'où il fit conduire le jeune duc auprès du Dauphin, qu'il avoit laissé à Reims. Christine sa mère fut renvoyée en Flandre, et Nicolas, comte de Vaudemont, son oncle, en qui le roi avoit beaucoup de confiance, fut laissé gouverneur de Lorraine.

Le roi vint à Metz, où il donna une pleine satisfaction aux habitans, et régla si bien les gens de guerre, qu'il n'y eut depuis aucune plainte. Comme il ne s'arrêtoit pas longtemps dans un endroit, l'Alsace le vit bientôt; mais on eut beau parler à ceux de Strasbourg de la liberté de l'empire, ils refusèrent honnêtement leurs portes. Les autres villes le reçurent, et il étoit prêt à entrer plus avant dans l'Allemagne, quand les princes, et ceux mêmes de son parti, jaloux de sa trop grande puissance, le prièrent de se porter à la paix. Ce fut là qu'il apprit que la protection qu'il donnoit au duc de Parme avoit eu un heureux succès. Le cardinal de Tournon obtint du Pape qu'il le laisseroit en repos, et que le siège de Parme seroit levé. Jean-Baptiste, neveu du Pape, fut tué dans une sortie devant la Mirande, périssant ainsi dans une guerre qu'il avoit lui-même excitée.

Durant que le roi étoit en Allemagne, la Champagne eut beaucoup à souffrir : le roi, qui voyoit que les princes de l'empire se ralentissoient, et que l'électeur Maurice renouoit le traité de paix avec Ferdinand, ne s'engagea pas davantage, et après avoir nommé un ambassadeur pour se trouver en son nom à l'assemblée de Passau, où devoit se traiter l'accommodement, il apprit que les impériaux, après s'être emparés de Stenay, faisoient des courses vers la Champagne, et même jusqu'à Châlons.

Il partagea son armée en trois, et ayant envoyé deux corps dans cette province, il repassa la Meuse avec le troisième. En passant il se rendit maître de Stenay, abandonné par les ennemis; il entra ensuite dans le Luxembourg, où il prit d'assaut le fort château de Roc-de-Mars, dans lequel la noblesse et les dames du pays s'étoient réfugiées. Ils n'attendoient plus que les dernières extrémités, quand l'ordre du roi survenu arrêta les soldats, qui commençoient le pillage. Damvilliers lui ouvrit ses portes; le comte de Mansfeld, abandonné des siens dans Yvoy, dont il étoit gouverneur, fut pris avec sa place. Montmédy se rendit, et le maréchal de La Marck, ayant obtenu du roi quelques troupes, reprit Bouillon, dont l'empereur avoit dépouillé sa maison trente ans auparavant, pour le donner à l'évêque de Liège, qui avoit des prétentions sur ce duché.

Le roi sut environ dans le même temps que le cardinal de Lorraine lui avoit soumis Verdun, ville de l'empire, aussi bien que Metz et Toul. Il commandoit dans ces villes à titre de protecteur, et on en fit une province qu'on appela les Trois-Évêchés. Le roi prit encore la ville et le château de Chimay, et retourna dans son royaume, d'où il avoit été absent trois mois et demi. Ces conquêtes coûtèrent cher à la France; outre les ravages que les impériaux avoient faits dans la Champagne, Van Rossem, maréchal de Clèves, étoit entré dans la Picardie et dans le Ponthieu, où il avoit saccagé beaucoup de villes, et ne pouvant en garder aucune, il y mettoit le feu; l'épouvante vint jusqu'à Paris, où l'on n'avoit point d'armée à lui opposer, parce que celle du roi étoit composée de toute l'élite des troupes.

Cependant l'électeur de Saxe n'oublioit rien pour faire sa paix. Il craignoit toujours que l'empereur ne s'accommodât avec son cousin Jean Frédéric, et cette raison ne le touchoit pas moins que la délivrance de son beau-père. On étoit assemblé à Passau, où le roi des Romains recevoit les propositions pour l'empereur; Maurice avoit obligé le roi à y envoyer un ambassadeur; c'étoit Jean du Fresne, évêque de Bayonne, homme véhément, qui parloit avec aigreur contre Charles, sur ce qu'il avoit rompu l'ancienne alliance entre les François et les Allemands, avantageuse aux deux nations. Les réponses de l'empereur n'étoient pas moins aigres; les traités de François avec les Turcs y étoient souvent répétés, et il y avoit peu d'apparence que la paix se conclût entre les deux rois.

Après beaucoup de difficultés, les affaires d'Allemagne s'ajustèrent. Les princes devoient poser les armes; le landgrave devoit être mis en liberté; l'empereur devoit convoquer une diète pour régler les différends de la religion, et il promettoit en attendant de n'inquiéter personne sur ce sujet. Pour ce qui étoit du roi, dont on ne vouloit pas mêler les intérêts avec ceux de l'Allemagne, il fut dit que s'il avoit quelque chose à prétendre de l'empereur, il pouvoit lui expliquer ses intentions par Maurice, qui lui en feroit le rapport.

Ce prince par ce moyen conservoit ses liaisons avec le roi, et fit connoître à l'évêque de Bayonne qu'il se pourroit faire dans quelque temps de nouveaux mouvemens dans l'Allemagne. Le landgrave fut mis en liberté; le duc Jean Frédéric, qui étoit toujours observé à la suite de la Cour, eut sa liberté toute entière, et se retira dans sa maison. Pour Albert de Brandebourg, dès qu'il vit que les affaires tendoient à la paix, il se sépara d'avec les princes, et continua avec plus de furie que jamais, la guerre qu'il faisoit aux catholiques, principalement aux évêques. Le roi, tout indigné qu'il étoit contre les princes, qui s'étoient accommodés sans lui, au préjudice des traités, ne laissa pas de leur envoyer généreusement leurs otages.

Environ ce temps il perdit Hesdin, qu'il ne tarda guère à reprendre; les troupes de l'empereur s'étoient assemblées de divers côtés, et outre que le duc d'Albe lui avoit amené ce qu'il avoit de meilleurs soldats, il grossit encore son armée de celle des princes. Il étoit outré de la perte de Metz, et il avoit résolu de faire les derniers efforts pour la réparer. Pendant qu'il se préparoit à cette entreprise, il eut des nouvelles fâcheuses d'Italie. Le roi avoit de grands desseins sur Naples, où il tâchoit d'attirer les Vénitiens et d'autres princes, et les Turcs avoient paru sur la côte pour les favoriser; mais il avoit besoin d'une place dans le cœur de l'Italie, et il n'y en avoit point qui lui fût plus propre que Sienne. Cette ville longtemps partagée en quatre grandes factions, étoit enfin tombée par ses divisions entre les mains des Espagnols; mais ce peuple inquiet ne demeura pas longtemps tranquille au milieu des mauvais traitemens qu'il en recevoit; et encore qu'ils eussent bâti une citadelle, les habitans ne laissèrent pas de se révolter. Le petit nombre des Espagnols leur en donna la pensée; la garnison eut peine à se sauver dans la citadelle; tout ce qu'il y avoit de François dans les environs vinrent au secours des Siennois, et demeurèrent les maîtres dans la place, dont la citadelle ne tint guère, et fut rasée. L'empereur n'étoit pas en état d'apporter du remède à ce mal; la révolte des princes lui avoit fait rappeler ses troupes d'Italie, et le dessein du siége de Metz ne lui permit pas de les renvoyer.

Le roi avoit pourvu à la sûreté de Metz, autant que le peu de temps avoit pu le permettre; il avoit envoyé le duc de Guise avec des troupes, mais la place étoit foible par beaucoup d'endroits; le duc fut obligé de ruiner les faubourgs de la ville, et l'abbaye de Saint-Arnoul, illustre par la sépulture de Louis le Débonnaire et de plusieurs autres princes de la maison de Charlemagne. On travailloit sans relâche aux fortifications: le duc portoit lui-même la hotte, et animoit les soldats et les habitans : le jeune duc d'Enghien, et le prince de Condé son frère, s'étoient jetés dans la place avec beaucoup de noblesse, et l'empereur y étoit attendu sans crainte. La saison étoit avancée ; il arriva à Strasbourg environ le 15 septembre, et ne put commencer le siège que le 22 d'octobre. Il demeura à Thionville, incommodé de la goutte, et laissa le commandement au duc d'Albe.

Le prince Albert de Brandebourg, secrètement d'accord avec l'empereur, tâcha de surprendre Metz, sous prétexte de s'accorder avec les François. Le duc de Guise découvrit bientôt ses artifices ; mais François, duc d'Aumale, croyant les surprendre, fut lui-même battu et pris. Un peu après, Albert se rendit au siège avec six mille hommes de pied et seize cents chevaux ; il eut son quartier séparé de l'armée impériale ; l'empereur se fit porter au siège le 20 de novembre ; la brèche fut faite en peu de jours, mais derrière le mur ruiné, le duc de Guise avoit élevé un nouveau rempart. Par le bon ordre qu'il avoit donné d'abord à la distribution des vivres, il ne craignit point d'en manquer, et il fit savoir au roi qu'il pouvoit employer où il lui plairoit les troupes destinées au secours de Metz, assuré que la place se soutiendroit toute seule. En effet, le roi envoya le duc de Vendôme mettre le siège devant Hesdin, qu'il reprit malgré l'hiver.

Les vivres manquoient à l'empereur, les continuelles sorties des assiégés avoient beaucoup diminué son armée, et les maladies survenues achevoient de la ruiner : il songeoit à lever le siège ; mais il ne put se résoudre à la retraite, sans avoir fait un dernier effort. Il mit son armée en bataille devant la brèche ; et contre l'avis de tous ses chefs, qui l'avertissoient qu'il alloit recevoir un grand affront, il commanda d'aller à l'assaut ; mais en même temps le duc de Guise parut sur la brèche la pique à la main, et toute la noblesse qui le suivoit fit si bonne contenance, que l'empereur ne put jamais faire marcher ses soldats. Il se plaignit en vain qu'il étoit abandonné dans l'occasion la plus importante de sa vie, il fallut peu après lever honteusement le siège. Les nôtres d'abord poursuivirent les ennemis, et en tuèrent quelques-uns ; mais ils furent touchés du spectacle de tant de malades et de mourans qu'ils trouvèrent répandus de toutes parts. Ils enterrèrent les morts, ils mirent les malades dans des bateaux, pour les envoyer à Thionville, et portèrent dans la ville ceux qui n'avoient pu souffrir la fatigue du chemin. Le duc de Guise en prit autant de soin qu'il eût fait de ses propres soldats, et il fit autant louer son humanité, qu'il avoit fait admirer sa valeur. On tient que l'empereur perdit trente mille hommes dans ce siège.

Le duc, comblé de gloire pour avoir ruiné une si puissante armée, et avoir arrêté un prince presque toujours victorieux, rendit à Dieu tout l'honneur d'un événement si glorieux, et en reconnoissance d'un si grand succès, il tourna tous ses soins à exterminer l'hérésie dans Metz. On ne parloit dans toute la France et parmi les étrangers que des vertus du duc de Guise. Avec tous les malheurs de cette campagne, l'empereur se vit encore à la veille de perdre le royaume de Naples ; la flotte qui avoit paru sous le corsaire Dragut, étoit de cent vingt-trois vaisseaux, et il avoit remporté quelque avantage sur André Doria. Le prince de Salerne, seigneur napolitain, qui avoit quitté l'empereur, devoit se joindre à lui avec trente-cinq galères qu'il amenoit de Marseille, il arriva un moment trop tard ; le corsaire perdit patience, et ne voulut jamais retourner vers Naples. Ce malentendu sauva la place, où le peuple étoit disposé au soulèvement ; le vice-roi n'y avoit trouvé d'autre remède que de défendre, sur peine de la vie, de prononcer seulement le nom du roi de France et du prince de Salerne. On connut la politique des Turcs, qui vouloient entretenir la guerre (1553), et amuser Henri, mais non pas le rendre puissant en Italie, d'où il auroit bientôt fait trembler la Grèce. Le corsaire promit de revenir l'année suivante, et passa l'hiver à Chio.

L'Allemagne étoit agitée par les ravages qu'y faisoit Albert ; et l'empereur, qui s'en servoit pour balancer la puissance de Maurice, ne répondit pas nettement aux plaintes qu'on faisoit contre lui ; mais Maurice lui-même lui déclara la guerre. Il y eut une sanglante bataille dans laquelle Maurice fut blessé ; la victoire lui demeura, il mourut peu après de ses blessures. Comme il n'avoit point d'enfans, Auguste son frère lui succéda suivant les conventions. L'empereur n'ayant plus rien à ménager en faveur d'Albert, l'abandonna aux rigueurs de la chambre de Spire, qui proscrivit ses biens et sa vie.

Environ dans ce même temps, Thérouanne, la plus forte place de Picardie, négligée par le roi, qui méprisoit alors l'empereur, fut assiégée et bientôt prise. On ne songeoit à la Cour qu'à se divertir, et ce ne fut qu'à l'extrémité qu'on envoya à Thérouanne, François de Montmorency, fils du connétable. Après s'être défendu autant que le permettoit le mauvais état de la place ; pendant qu'il parlementoit sans avoir pris ses sûretés, il se trouva tout d'un coup entre les mains des impériaux : la ville fut ruinée de fond en comble, et ne s'est jamais relevée.

A ce coup la Cour se réveilla ; Robert de La Marck, maréchal de France, courut à Hesdin, qui étoit menacé par les impériaux. Emmanuel Philibert, prince de Piémont, fit le siége ; le maréchal avoit avec lui l'élite de la noblesse, peu entendue, aussi bien que lui ; il capitula bientôt, mais comme on traitoit, le feu prit par hasard à une mine qu'il avoit faite sous les assiégeans ; ils firent aussitôt jouer les leurs, et se jetèrent par les brèches de tous côtés dans la place, avec tant d'impétuosité, que La Marck fut pris avec toute la noblesse ; toute la garnison fut taillée en pièces, et la place entièrement rasée. Les ennemis, enflés de tant de succès, croyoient emporter Dourlens avec la même facilité ; mais le connétable, qui avoit ramassé des troupes en diligence, les en empêcha, et attira le prince d'Arscot dans une embuscade, où il fut pris, après avoir perdu huit cents hommes. Le roi vint en personne à l'armée bientôt après; quoiqu'elle fût forte, elle ne fit aucun exploit, et le roi la ramena au mois de décembre.

En Italie, les François défendirent Sienne contre les négociations et les entreprises de Côme, duc de Florence, et Montalcino, contre les Espagnols qui l'assiégeoient. La flotte des Turcs obligea Garcias de Tolède à ramener ses troupes à Naples; mais Dragut apparemment n'en vouloit point à cette place, qui eût donné aux François trop d'avantage. On se jeta sur l'île de Corse, dont le roi se prétendoit maître, comme seigneur de Gênes, à qui cette île appartenoit; on prit la plupart des places de cette île. André Doria, âgé de quatre-vingt-un ans, étant survenu, en reprit quelques-unes des plus importantes, et le baron de La Garde, qui avoit assiégé Calvi, leva le siége. Voilà tout ce qu'opéra cette grande armée ottomane, à laquelle celle de France s'étoit jointe; c'étoit quelque chose d'occuper Doria, qui seroit tombé sur la Provence, ou se seroit tourné du côté de Sienne.

Cependant la mort d'Edouard, roi d'Angleterre, causa de grands troubles dans ce royaume. Il n'avoit que dix-sept ans quand il mourut, et Jean Dudley, duc de Northumberland, pouvoit tout dans le royaume. Il persuada au jeune roi qu'il devoit déshériter ses deux sœurs : Marie, comme fille de Catherine, répudiée; et Elisabeth, comme descendue d'Anne de Boulen, condamnée pour adultère. Il faisoit appeler à la succession Jeanne de Suffolk, sortie d'une sœur de Henri VIII. En effet, elle fut reconnue dans le parlement; mais il n'est pas aisé d'ôter le droit aux héritiers véritables.

Marie, avec une armée de quatre mille hommes, et l'autorité que lui donnoit sa naissance, se rendit maîtresse du royaume, et fit couper la tête à la malheureuse Jeanne de Suffolk, qui n'avoit fait d'autre crime que celui de s'être laissé couronner. Marie songea aussitôt à rétablir la religion catholique, et fit résoudre qu'on recevroit dans le royaume le cardinal Polus, légat du saint Siége. Il étoit du sang royal, et n'étoit point engagé dans les ordres; ainsi comme il s'agissoit de donner un mari à la reine, il prétendit à cet honneur; mais l'empereur l'avoit prévenue en faveur de son fils Philippe, à qui il donna le titre de roi de Naples, et la reine crut qu'elle seroit plus absolue en épousant un prince étranger, à qui en effet les Anglois imposèrent de dures conditions. Ainsi l'affaire fut conclue, et l'ambition d'avoir une nouvelle couronne, fit que l'empereur ne rougit pas de donner son fils unique, encore jeune, et qui n'avoit qu'un seul fils, à une reine âgée de près de quarante ans. La reine d'Angleterre s'entremit de la paix, et tâcha du moins d'obtenir une trêve; l'empereur, qui se sentoit affoibli, la souhaitoit; mais par la même raison le roi ne la vouloit pas, et il entra dans les Pays-Bas avec une puissante armée.

Le connétable prit Mariembourg, bâtie par Marie, reine de Hongrie, qui avoit été touchée de l'agrément de ce lieu propre à la chasse. Il fit fortifier en même temps Rocroy, pour faciliter le passage de cette place à celles de France. Bouvines fut enlevée d'assaut; ceux de Dinan payèrent bien cher une parole insolente et brutale qu'ils dirent contre le roi, qui leur demandoit seulement la neutralité. En même temps qu'ils capitulèrent, les Allemands entrèrent de force dans leur ville, et l'autorité du roi ne put les garantir tout à fait de leurs violences. Ces mauvais succès, et le peu de troupes que l'empereur avoit à nous opposer le jetèrent dans une profonde mélancolie; il forma le dessein d'abandonner Bruxelles et de se retirer dans Anvers. Par un meilleur conseil il se résolut de se mettre en campagne avec huit mille hommes, et de jeter du monde dans Namur; il sauva par là cette place que le roi avoit assiégée; mais comme son armée n'étoit pas égale à celle de France, Henri, maître de la campagne, prit et rasa quantité de villes et châteaux. Après avoir couru le Brabant, le Hainaut et le Cambrésis, il mit le siége devant Renty, place située dans un marécage, qui incommodoit tout le Boulonnois.

Cependant le grand duc de Toscane, se trouvant incommodé du voisinage des François, résolut d'employer toutes ses forces pour les chasser de Sienne. Il donna une de ses filles à Fabiano, neveu du Pape, pour n'être point traversé de ce côté-là, et il fit un traité avec l'empereur, par lequel il promettoit de lui rendre la place, en lui remboursant les frais qu'il auroit faits dans cette guerre. Le cardinal de Ferrare, qui faisoit les affaires du roi en ces pays, l'avertit des desseins de Côme, et le roi crut y pourvoir en envoyant Pierre Strozzi, fait depuis peu maréchal de France. Les Strozzi étoient ennemis jurés des Médicis; Côme avoit fait mourir le père de Pierre, et banni de Florence tous ceux de ce nom.

Lorsque Côme vit arriver un tel homme en Italie, il crut qu'on avoit de secrets desseins pour rétablir la liberté des Florentins, et s'échauffa encore davantage à cette guerre. Pierre de son côté fit tout avec passion contre l'ennemi de sa famille, et les affaires du roi n'en allèrent pas mieux. Il rendit pourtant d'abord un service considérable : il fit entendre au Pape que le roi ne prétendoit autre chose que de défendre la liberté qu'il avoit procurée à Sienne, et lui ôta tellement toute la jalousie des armes françoises, qu'il continua sans difficulté pour deux ans la trêve avec le roi.

Cependant Côme avoit donné la conduite de cette guerre à Jean de Médequin, marquis de Marignan. Il ne songeoit qu'à affamer la ville, et à lui couper les eaux, en occupant les collines, dont le pays est rempli, et en prenant les places des environs. Par ce moyen, la ville, quoique munie de toutes choses, se trouva peu à peu à l'étroit. La mésintelligence du cardinal de Ferrare avec Strozzi, obligea le roi à envoyer Blaise de Montluc, pour avoir soin des affaires pendant que Strozzi seroit obligé à être dehors. Il sortit pour occuper quelques postes, par où il espéroit fermer aux ennemis le chemin des vivres, et Marignan, pour l'attirer au combat, vint assiéger Marciano, petite place assez importante, auprès de laquelle il étoit campé. Strozzi qui étoit plus foible, résolut de se retirer; mais Montluc, qui apprit à Sienne qu'il vouloit faire sa retraite en plein jour, prévit qu'il seroit battu, et y prépara les Siennois. Il ne se trompa pas dans sa pensée : le marquis prit ses avantages, tailla en pièces quatre mille hommes, fit beaucoup de prisonniers, et remporta cent étendards. Strozzi fut blessé, et eut peine à se retirer avec les restes de ses troupes.

La prévoyance de Montluc fut cause que tous les Siennois apprirent cette nouvelle sans en être émus; mais il ne put en empêcher les suites fâcheuses. Il tomba dangereusement malade, et Lansac, qui se pressa de venir de Rome pour tenir sa place, fut pris en passant par les ennemis. Cette nouvelle arriva peu de jours après à l'empereur, pour le consoler d'une perte qu'il venoit de faire.

Pendant le siège de Renty, il s'étoit approché de notre armée, et se tenoit en sûreté dans son camp, en attendant un grand secours d'Allemagne. Avant qu'il fût arrivé, le roi souhaita d'en venir aux mains avec lui, et le connétable tâcha plusieurs fois de l'attirer au combat. Il vint enfin attaquer un bois qui couvroit notre armée, où le duc de Guise avoit jeté trois cents arquebusiers, choisis dans toutes les troupes; cependant ils furent chassés : les impériaux gagnèrent le bois, et mirent en fuite notre cavalerie légère. Ils s'en retournoient comme victorieux, assez négligemment, quand Gaspard de Saulx de Tavanes fondit tout d'un coup sur eux avec quelque gendarmerie; cette attaque imprévue les mit en désordre, ils perdirent plus de deux mille hommes, avec une partie de leurs canons; et les nôtres avec peu de perte recouvrèrent le bois perdu. Tavanes revenoit triomphant, l'épée encore sanglante à la main : le roi qui le vit en cet état l'embrassa, et s'ôta du coup le collier de l'ordre, pour en honorer un si vaillant homme.

On tient que Gonzague seul empêcha l'empereur de décamper : l'empereur l'avoit fait venir du Milanez, dont il avoit donné le gouvernement à Lopez Suarès de Figueroa. Les François firent sonner haut cet avantage; mais le roi ne laissa pas de lever le siège, faute de vivres. Il se donna une triste consolation, qui fut d'envoyer auparavant défier l'empereur, et de se tenir trois heures en bataille, au même lieu où le combat s'étoit donné, ensuite il se retira; l'empereur, pressé de la goutte, en fit autant un peu après. Le reste de la campagne se passa à brûler quelques villages de part et d'autre.

En Italie, Strozzi, un peu après sa défaite, malgré l'incommodité que lui causoit sa blessure, rassembla ses troupes, et fit entrer des vivres dans la ville, à travers les ennemis. Ce fut un foible secours contre la disette qui commençoit à y être extrême; car les ennemis étoient maîtres de presque toutes les places de l'Etat de Sienne, et coupoient les vivres de tous côtés. L'armée navale des Turcs s'étoit retirée de bonne heure, selon sa coutume, après avoir facilité à Terme la prise de toutes les places de l'île de Corse, excepté Calvi. Par cette retraite, les impériaux furent en liberté de donner du secours à Marignan, qui pressa de plus en plus la place.

Ce fut alors que Montluc eut besoin de toute sa vigueur, pour encourager les Siennois presque accablés : il les assembla, et avec son éloquence brusque et militaire, il les émut tellement, qu'ils jurèrent de souffrir plutôt les dernières extrémités de la faim, que de manquer à leur liberté ; la garnison prit une semblable résolution, et dès-lors Montluc commença à donner le pain par mesure, avec une grande épargne. Par ce moyen le siége tiroit en longueur ; et Côme, qui sentoit avec regret ses finances s'épuiser, pressa Marignan d'agir par force. Tandis qu'il disposoit ses batteries, la propre nuit de Noël il fit tenter l'escalade, et surprit une porte de la ville, avec une tour qui en étoit proche. Montluc averti soupçonna d'abord de l'intelligence, et pour empêcher ceux qui en étoient de remuer, il alloit criant par toutes les rues que l'ennemi étoit repoussé (1555). Ainsi tout fut paisible au dedans, et par la vigueur de Montluc, Marignan fut contraint de se retirer avec perte de six cents hommes ; Montluc en perdit à peine cinquante.

Cependant, le maréchal de Brissac, qui voyoit le Piémont en sûreté, et qui avoit en ce pays seize mille hommes des meilleures troupes de France, fit un dessein pour délivrer Sienne. La Cour ne l'agréa point. Le connétable n'aimoit pas Montluc, créature du duc de Guise, ni Brissac, qui avoit été mis dans le Piémont malgré lui, dans un temps qu'il songeoit à procurer ce gouvernement à Gaspard de Coligny son neveu. Ainsi le maréchal fut privé de la gloire qu'il espéroit ; mais il se rendit recommandable par la prise d'Ivrée. Il sut un peu après que le gouverneur du Milanez étoit dans Casal, où il faisoit le carnaval à la mode du pays, avec des réjouissances extraordinaires. Un des habitans lui découvrit un endroit secret, par où il pouvoit entrer dans la place. Il y vint, il la surprit : le gouverneur se jeta dans la citadelle ; mais il y fut pris en quatre jours, avec toute la noblesse qui l'accompagnoit.

Sienne dépérissoit tous les jours; Montluc étoit contraint de retrancher les vivres. A la fin il fallut traiter, mais Montluc ne voulut jamais être nommé dans la capitulation, ni qu'elle se fît au nom du roi. Les Siennois se mirent sous la protection de l'empire, à condition que l'empereur n'y pourroit faire bâtir de citadelle, et qu'en ordonnant du gouvernement de leur ville, il leur conserveroit leur liberté et leurs priviléges. Cela leur fut promis, mais mal exécuté par l'empereur. On accorda à Montluc et aux François tout ce qu'ils voulurent : et une grande partie des habitans, qui prévirent les malheurs de leur ville, en sortirent avec lui le 21 avril.

Un peu auparavant, le Pape étoit mort, Marcel Cervin, qui prit le nom de Marcel II, homme d'un rare mérite et d'une profonde érudition, ne tint ce siége que vingt-deux jours. Jean-Pierre Caraffe, gentilhomme napolitain, d'une maison qualifiée, fut élu, et prit le nom de Paul IV. Les Turcs étoient venus à leur ordinaire, et n'avoient pas empêché qu'André Doria obligeât Terme à lever le siége de Calvi. Ils regardoient froidement nos gens aller à l'assaut, sans se remuer, et après un certain temps ils se retiroient dans leurs ports. Le marquis de Marignan continua la conquête de l'Etat de Sienne, et en prenant Porto-Hercole, il nous ôta toute la communication par mer avec l'Italie, ce qui ruina sans ressource nos affaires de Toscane.

Celles de Piémont prospéroient tous les jours de plus en plus sous le maréchal de Brissac. Il prit entre autres places Saint-Sauveur et Valence dans le Milanez : il assiégeoit lentement Vulpian, place importante du Piémont, quand Alvarès de Tolède, duc d'Albe, après avoir rassemblé trente mille hommes de pied et six mille chevaux, entra dans cette province, d'où il se vantoit de chasser les François en trois semaines. Le maréchal n'étoit pas, de moitié près, si fort que lui ; aussi ne s'opiniâtra-t-il pas au siége qu'il avoit commencé ; mais il se résolut de laisser passer les premiers efforts du duc d'Albe, et de consumer ses forces : après quoi il se promettoit d'achever heureusement son entreprise. Le duc prit d'abord Frassinète, place sur le Pô, dont il fit pendre le gouverneur, tailler en pièces la garnison italienne, et mettre les François aux galères, pour avoir osé, étant trop foibles, résister à une armée si puissante. Ensuite il mit le siége devant Santia, et quoiqu'il y eût brèche, il n'osa jamais donner l'assaut. Ses troupes dépérirent devant cette place, que le maréchal de Brissac avoit pris soin de fortifier, et au bout de quinze jours il leva le siége. Brissac le voyant assez affoibli, pour n'oser rien entreprendre, commença à se remettre en campagne. Il assiégea de nouveau Vulpian, et l'obligea de se rendre, après avoir battu le secours que le duc d'Albe y envoya.

Le Piémont étoit dans ce temps l'école où la jeune noblesse de France alloit apprendre la guerre. Sur le bruit qui se répandit qu'il devoit y avoir une bataille, le duc d'Enghien et le prince de Condé, Montluc, et une infinité d'autres gentilshommes se rendirent auprès de Brissac : renforcé d'un tel secours, il assiégea Monte-Calvo, qu'il prit à la vue du duc d'Albe.

Il se tenoit cependant une conférence pour la paix, que la reine d'Angleterre et le cardinal Polus avoient procurée. La séance étoit magnifique : elle se tint sous des tentes, entre Gravelines et Ardres. Les premiers hommes de France et d'Espagne s'y trouvèrent. Le cardinal Polus représentoit la reine d'Angleterre, médiatrice ; mais le Pape, au lieu de travailler à la paix, faisoit proposer au roi la conquête du royaume de Naples. Le cardinal Caraffe son neveu lui mettoit cette pensée dans l'esprit, et se promettoit par ce moyen d'acquérir à sa maison quelque principauté considérable. L'affaire fut disputée dans le conseil ; le connétable remontroit le péril d'une telle guerre, et le peu de sûreté qu'on avoit trouvé dans de semblables entreprises avec les papes, qui sortoient toujours d'affaire quand ils vouloient. Il ajoutoit que, puisqu'on traitoit la paix dans une assemblée si solennelle, il falloit du moins attendre le succès de cette négociation, avant que de s'engager avec le Pape ; mais le cardinal de Lorraine, qui espéroit de grands établissemens pour sa famille dans le royaume de Naples, et qui vouloit, en tout cas, procurer à son frère un emploi considérable, faisoit voir l'entreprise infaillible. Le roi penchoit vers cette opinion, ce qui fit que le connétable la combattit foiblement : assez content d'ailleurs de voir les princes de Lorraine loin de la Cour, où ils faisoient ombrage à sa puissance, et espérant que le mauvais succès de cette entreprise tourneroit à leur ruine. Voilà comme, sous les princes trop faciles, les affaires se décident par des intérêts particuliers.

Le cardinal fut envoyé à Rome pour négocier cette affaire. Il conclut la ligue avec le Pape. Le royaume de Naples fut partagé entre lui et un des enfans puînés du roi. Les conditions de l'investiture furent marquées, et il fut arrêté entre autres choses, que le nouveau roi de Naples ne pourroit être ni empereur, ni roi de France, ni duc de Milan, sans renoncer à ce royaume. On devoit commencer la guerre par Côme de Médicis, et remettre les Florentins en liberté ; mais la saison étant avancée, et les troupes n'étant pas prêtes, on remit l'entreprise à l'année suivante.

Pendant que ces choses se traitoient, l'empereur donna à l'univers un grand spectacle ; quoiqu'il fût dans un âge où les hommes ont accoutumé de conserver beaucoup de forces, n'ayant encore que cinquante-six ans ; néanmoins par sa constitution naturelle, il se sentoit foible et incapable d'agir avec sa vigueur ordinaire. Il se voyoit en tête Henri II, ambitieux et guerrier, à la force de son âge, et en état de ne lui laisser aucun repos, ni dans les Pays-Bas, ni en Allemagne, ni en Italie. Les pertes considérables qu'il avoit faites de tous côtés l'avertissoient que la fortune l'abandonnoit avec la vigueur, et qu'il étoit temps de tourner ses soins à une autre vie. Touché de ces pensées, le 21 octobre il entra dans l'assemblée des états-généraux des Pays-Bas, qu'il avoit convoqués à Bruxelles, marchant entre Philippe son fils, et Marie, reine de Hongrie, sa sœur. Eléonore, reine de France, qui depuis la mort de François, s'étoit retirée vers son frère, et Maximilien, roi de Bohême, fils de Ferdinand, prirent leur séance avec lui. Le nombre des grands seigneurs et la foule du peuple étoit infinie ; là il fit déclarer par un de ses principaux conseillers, qu'après avoir infatigablement travaillé dès sa première jeunesse au bien de l'Eglise et de ses Etats, il étoit résolu de ne plus penser qu'à sa conscience, et de laisser le fardeau de tant de royaumes sur des épaules plus fortes. Ensuite il parla lui-même, et expliqua en peu de paroles le dessein qu'il avoit eu, il y avoit déjà longtemps, de se retirer, et qu'il n'en avoit été retenu que par la jeunesse de son fils. Il témoigna à ses peuples un regret extrême de ne leur point laisser la paix en les quittant; il en rejeta la faute sur le roi de France, et les assura qu'ils pouvoient bien espérer de cette guerre, pourvu qu'ils gardassent à leur nouveau roi la même fidélité qu'ils lui avoient toujours conservée.

Alors il se tourna vers son fils, à qui il recommanda en un mot la foi catholique, et le soin de ses sujets, particulièrement de ceux des Pays-Bas. A ces mots Philippe se prosterna à ses pieds; l'empereur, que la goutte empêchoit de se remuer, fit un effort pour l'embrasser, et le déclara prince des Pays-Bas; toute l'assemblée fondoit en larmes. Un mois après, l'empereur dans la même compagnie, se déposséda de tous ses royaumes : il se réserva l'empire quelque temps, dans l'espérance d'obtenir de son frère Ferdinand qu'il en assurât la succession à Philippe.

La reine de Hongrie quitta en même temps le gouvernement des Pays-Bas qu'elle avoit depuis vingt-cinq ans, et il fut donné à Emmanuel-Philibert, duc de Savoie. L'empereur n'attendoit plus qu'un temps plus commode, et la dernière réponse de son frère pour retourner en Espagne où il avoit choisi sa retraite, dans le monastère de Saint-Just, vers la frontière de Portugal.

En ce temps Henri d'Albret mourut (1556), et Antoine de Bourbon, qui avoit épousé sa fille unique, lui succéda tant au royaume de Navarre, qu'au gouvernement de Guyenne. Celui de Picardie, qu'il avoit auparavant, fut donné à Coligny, qui étoit déjà élevé à la charge d'amiral par la mort d'Annebaut.

La conférence pour la paix duroit encore, et la reine d'Angleterre, qui n'espéroit pas qu'on la pût conclure, se contenta de ménager une trêve de cinq ans. Elle ne dura pas longtemps; le Pape envoya en France le cardinal Caraffe son neveu, en apparence pour réconcilier le roi avec l'empereur, mais en effet pour rompre la trêve, comme contraire au traité fait pour le royaume de Naples. Sa présence et l'adresse qu'il eut de faire agir le duc de Guise de concert avec la duchesse de Valentinois, achevèrent de déterminer le roi à la guerre, malgré le traité qu'il venoit de jurer. Le cardinal, par son pouvoir de légat, le dispensa de son serment, et les intrigues de la Cour firent qu'il se contenta de cette illusion.

Le Pape, assuré des armes de France, commença à se déclarer en Italie, sous prétexte de se venger des Colonnes, ses ennemis; mais en fortifiant Palliano qu'il leur avoit enlevé, comme cette place avoisinoit Naples, il donna sujet au duc d'Albe de pénétrer ses desseins. Le duc eut ordre de se plaindre, et de prévenir le Pape par une attaque vigoureuse. Il obéit promptement, et ayant rempli de troupes toute la campagne de Rome, il jeta le trouble dans la ville même; la crainte qu'il eut que ses soldats ne se débandassent, l'empêcha de s'en saisir et de la piller. Il prit Ostie avec quelques autres places presque sans résistance, et la trêve, qui fut faite sur quelques propositions de paix, lui donna le temps de fortifier les places du royaume de Naples. La trêve étant expirée, le Pape reprit Ostie et les places qu'il avoit perdues ; mais il n'étoit pas en état de résister longtemps aux forces d'Espagne. Le roi songea à le secourir, et pendant que l'empereur étoit encore en Flandre, il envoya des ambassadeurs à ce prince et au roi Philippe, pour les prier de ne point inquiéter le Pape ni les siens. Les deux princes jugèrent bien que la guerre suivroit de près cette ambassade.

L'empereur, impatient d'exécuter son dessein, après avoir connu qu'il n'y avoit rien à espérer de son frère, envoya aux électeurs sa renonciation à l'empire, et partit vers la fin du mois de septembre, laissant à son fils à démêler les affaires qui se commençoient. Il arriva heureusement en Espagne, et vit en passant son petit-fils Charles, dont le mauvais naturel qui commençoit à se déclarer, lui donna peu d'espérance de ce jeune prince. Il se renferma ensuite dans Saint-Just, où, au lieu de tant de richesses, et d'une Cour si nombreuse, il ne s'étoit réservé que douze officiers, et cent mille écus, encore eut-il le déplaisir de voir les paiemens retardés. Il s'en plaignit modestement ; et c'est ce qui fit dire qu'il se repentit d'avoir cédé ses royaumes à un fils ingrat ; mais il est constant qu'il ne dit aucune parole, ni ne fit aucune action dans le reste de sa vie qui témoignât de l'inquiétude.

La guerre s'allumoit de tous côtés : le duc de Guise passa les Alpes, malgré l'hiver, pour s'opposer au duc d'Albe, et l'amiral eut ordre de se tenir prêt pour entrer à l'improviste dans la Flandre. Le commandement de l'armée destinée contre le royaume de Naples avoit été promis à Hercule d'Este, duc de Ferrare, qui étoit entré dans la ligue, et le duc de Guise son gendre, lui présenta à pied, de la part du roi, le bâton de commandement que ce prince reçut à cheval.

Le Milanez fut alors en grand péril (1557) ; le cardinal de Trente qui y commandoit n'avoit aucune provision, et le maréchal de Brissac étoit d'avis qu'on l'attaquât. L'intérêt du duc de Ferrare, qui ne vouloit point s'éloigner de son pays, le fit entrer dans ce sentiment ; mais les ordres du roi portoient qu'on marchât vers le royaume de Naples, et les princes de Lorraine eux-mêmes l'avoient ainsi souhaité, pour contenter les Caraffes, avec qui ils agissoient de concert. Cette résolution leur fit perdre les troupes du duc de Ferrare, qui avoit six mille hommes de pied et huit cents chevaux.

Dans le temps même que la guerre commença en Italie, l'amiral tâcha vainement de prendre Douay ; il prit Lens dans l'Artois, et la pilla. Les Espagnols se récrioient contre l'infidélité de Henri, qui violoit la trêve saintement jurée ; on s'excusoit comme on pouvoit, sous le vain prétexte de défendre le Pape, à quoi on joignoit des plaintes aussi frivoles contre les Espagnols.

Au reste, quoique Henri fût agresseur, il n'en avoit pas donné meilleur ordre à ses affaires. Tout ce qu'il y avoit de plus belles troupes passa en Italie avec le duc de Guise, sans compter celles qu'avoient Brissac en Piémont, et Montluc dans la Toscane; ainsi on étoit fort foible du côté des Pays-Bas. Mais quoique le duc de Guise eût l'élite de la milice de France, il ne trouva pas en Italie les facilités qu'il y avoit espérées; il fut à Rome saluer le Pape, dont les troupes joignirent les nôtres : tous ensemble prirent Campli de force, et y firent des désordres inouïs. Le duc mit le siége devant Civitelle, place forte de l'Abruzze, qu'il fut contraint d'abandonner par l'approche du duc d'Albe, plus fort que lui; là commencèrent les plaintes qu'il fit des Caraffes, qui ne lui avoient pas fourni les troupes qu'ils avoient promises : ainsi il se vit réduit à demeurer sans rien faire.

Montluc n'avançoit pas davantage dans la Toscane, et Brissac demeuroit en repos faute de troupes. Le duc de Ferrare, qui faisoit la guerre dans son voisinage, eut beaucoup à souffrir dans ses Etats, et du côté de l'Espagne, et du côté du grand-duc. Ce prince sut si bien profiter de la conjoncture, et se rendre nécessaire à Philippe, qu'il lui céda la ville de Sienne, dans la peur qu'il eut qu'il ne se joignit avec le Pape. Les Espagnols se réservèrent Porto-Hercole, Orbitelle, et quelques autres places.

La Picardie dénuée fut cependant sur le bord de sa ruine : avant que de l'attaquer, Philippe passa la mer, pour obliger la reine sa femme à lui donner du secours; elle s'y résolut, et quoique les Anglois fissent si peu d'état de Philippe, qu'au lieu de l'appeler leur roi, ils ne l'appeloient seulement que le mari de la reine, néanmoins la haine invétérée qu'ils avoient contre les François, les fit consentir à leur déclarer la guerre. Pour faire une diversion de ce côté-là, la régente d'Ecosse, sœur du duc de Guise, le porta à attaquer l'Angleterre. Elle eut peine à y obliger les Ecossois; et après les y avoir engagés, moins par autorité que par adresse, pour affoiblir l'autorité du conseil d'Etat, elle conclut le mariage de la jeune reine, qui étoit toujours en France, avec le Dauphin.

En même temps que l'Angleterre se fut déclarée, Philippe repassa dans les Pays-Bas, et fit marcher, sous la conduite du duc de Savoie, une armée de trente-cinq mille hommes de pied et de douze mille chevaux; on y attendoit encore huit mille Anglois, qui devoient débarquer au premier jour. Le duc fit semblant d'abord d'assiéger Rocroy, où il reçut quelque perte; ensuite, après avoir menacé plusieurs autres places, il vint tomber tout d'un coup sur Saint-Quentin, ville importante, mais en mauvais état, et dont la garnison étoit foible. L'amiral ne l'ignoroit pas, et c'est pourquoi, dès le premier vent qu'il eut de la marche des ennemis, il se jeta d'abord dans la place, avec ce qu'il put ramasser de troupes, quoique le duc de Savoie se fût déjà saisi d'un des faubourgs : il le reprit à son arrivée, et rassura les habitans. Comme il n'avoit point encore vu de siége, il voulut que les capitaines expérimentés lui dissent librement leurs avis, et il sut en profiter. Le connétable vint en diligence à l'armée, que commandoit le duc de Nevers, et s'approcha de Saint-Quentin : d'Andelot, frère de Coligny, tenta le secours par un endroit qui n'étoit pas encore occupé ; il y perdit la plupart de ses gens, et les Anglois survenus achevèrent de bloquer la place. On pouvoit pourtant encore y jeter du secours par le marais, où il y avoit de petits sentiers et divers canaux. Le connétable, après avoir reconnu ce passage, y amena toutes les troupes le jour de Saint-Laurent, et y fit conduire des bateaux. D'Andelot devoit commander le secours, et pour lui faciliter l'entrée de la place, on amusa l'ennemi par une fausse attaque, pendant laquelle le canon ne cessa de tirer ; il y avoit trop peu de bateaux, et les soldats s'y étant jetés en foule, en enfoncèrent quelques-uns dans l'eau et dans la boue, où ils périrent : d'Andelot ne laissa pas de passer, et de mener à la ville un rafraîchissement considérable.

Le connétable, ayant exécuté le dessein pour lequel il étoit venu, ne songeoit plus qu'à faire retraite, quand il se vit tout d'un coup coupé par les ennemis. Le comte d'Egmond, qui commandoit la cavalerie espagnole, tomba sur la nôtre, et la mit d'abord en fuite ; l'infanterie résista longtemps au duc de Savoie, quoique plus fort de moitié, mais enfin elle fut mise en déroute ; le connétable blessé dans la mêlée fut pris en donnant des ordres, et tâchant de se rallier : les ducs de Montpensier et de Longueville, le maréchal de Saint-André, et le rhingrave colonel des Allemands eurent le pareil sort : nous perdîmes deux mille cinq cents hommes, et les ennemis quatre-vingts ou cent tout au plus ; mais ce qui rendit notre perte considérable fut la mort de François de Bourbon, frère du prince de Condé, et de six cents gentilshommes. Le nombre des prisonniers fut infini, et la défaite si grande, que de douze mille hommes de pied, à peine en resta-t-il quatre mille, la plupart blessés et sans armes.

Au bruit d'une déroute si effroyable, la France se crut à la veille de sa perte ; le roi, qui s'étoit avancé à Compiègne, retourna en diligence à Paris, où l'on attendoit à toute heure l'ennemi victorieux, sans avoir aucune force à lui opposer. Le duc de Savoie et tous les chefs étoient d'avis d'y marcher ; on dit même que l'empereur, quand il apprit la défaite, demanda si son fils étoit à Paris. Mais les circonspections de Philippe ne lui permirent pas un tel dessein ; il dit qu'il ne falloit pas laisser Saint-Quentin derrière : il se contenta de se rendre au siège pour le hâter ; mais le temps qu'il y fallut mettre donna le temps à Henri de se reconnoître. Le duc de Nevers, qui commandoit l'armée, et le prince de Condé pourvurent à la sûreté de la frontière, avec le reste des troupes. Paris donna au roi trois cent mille livres, les autres villes suivirent son exemple : cinquante seigneurs s'offrirent à garder à leurs dépens cinquante places, et le roi éprouva que rien ne peut égaler le zèle des François pour leur prince et pour leur patrie. On rougit encore de penser que Henri se crut si dénué, qu'il demanda de l'argent même au Turc, qui le refusa, et lui promit des troupes pour l'année suivante. On avoit un secours plus présent, on leva quatorze mille Suisses et huit mille Allemands, tous les gentilshommes et tous les François qui avoient été officiers dans les dernières campagnes eurent ordre de se rendre à Laon.

Le duc de Guise fut mandé avec les troupes d'Italie. Toute la France, et le roi même, regardoient ce prince comme leur unique espérance ; le Pape n'en avoit pas moins affaire : ses généraux battus, et le duc d'Albe victorieux à la vue de Rome, l'avoit mis en état de tout craindre, et il venoit d'appeler le duc de Guise auprès de lui, quand il reçut ordre de revenir en France. Tout ce que put faire ce prince fut de lui conseiller de faire sa paix ; il y consentit après beaucoup de plaintes ; et les Espagnols qui trouvoient inutile d'être en guerre avec le saint Siége, lui rendirent toutes ses places, à condition de renoncer à ses traités avec la France.

Cependant Philippe pressoit Saint-Quentin, et quoique Coligny désespérât de le sauver, il faisoit les derniers efforts pour donner du temps au roi ; ses murailles étoient abattues par onze endroits, il n'avoit que huit cents hommes de guerre, qu'il distribua sur les brèches, et disposa le peuple aux autres quartiers des murailles, pour empêcher l'escalade. Enfin, après avoir donné à la place durant six jours des alarmes continuelles, les ennemis en vinrent le 27 août à un assaut général, et entrèrent par trois différens endroits ; tout fut mis au pillage, l'amiral fut pris en défendant une tour qui avoit été abandonnée : son frère d'Andelot ne laissa pas de résister longtemps dans son poste ; il fut pris à la fin avec tous les siens, mais il s'échappa bientôt de prison.

Il ne falloit plus songer à Paris, l'occasion en étoit perdue, et le roi l'avoit rassuré. Philippe prit le Catelet, Noyon et Chauny ; mais cependant son armée s'affoiblissoit ; les Anglois mécontens le quittèrent : les Allemands prirent parti parmi nos troupes, et Philippe s'en retourna à Bruxelles sans avancer davantage ; mais les Anglois prirent Ham. Cependant le duc de Guise avoit déjà passé les Alpes ; le premier effet de son approche fut de chasser de la Bresse le baron de Polleville, qui avoit fait une entreprise sur le Lyonnois, où il avoit quelque intelligence : il étoit déjà campé autour de Bourg, avec dix mille hommes de pied et douze cents chevaux. Le duc mit du monde dans la place, et distribua des troupes dans tout le pays, en sorte que Polleville n'eut autre parti à prendre que celui de se retirer en diligence ; ce bon succès redoubla l'impatience avec laquelle le roi et toute la Cour attendoient le duc de Guise.

Aussitôt qu'il fut arrivé, on tint un conseil, où ce prince proposa d'abord le siége de Calais ; c'étoit la seule prise qui pouvoit réparer toutes nos pertes, et le roi ne pouvoit rien faire ni de plus glorieux ni de plus utile, que de chasser les Anglois d'une place qui leur ouvroit le royaume. On savoit qu'elle étoit en mauvais état, et la grandeur du dessein donnoit lieu à la surprise : on suivit le projet qu'avoit dressé l'amiral avant sa prison, pour reprendre cette place que les Anglois tenoient depuis deux cents ans, sans qu'on eût jamais songé à la regarder depuis la folle entreprise de Philippe le Bon, duc de Bourgogne. Mais l'importance étoit d'agir si secrètement, que les ennemis ne songeassent point à y jeter du secours; pour cela on partagea l'armée en deux; le duc de Nevers fit une grande marche, comme s'il eût voulu entrer dans le Luxembourg, et aussitôt les ennemis y jetèrent la plupart de leurs troupes : l'autre partie de l'armée, conduite par le duc de Guise, se présenta sur les frontières de Picardie, comme pour fermer le passage au secours que les Espagnols pourroient amener dans leurs nouvelles conquêtes. Tout d'un coup le duc de Nevers lui envoya toutes ses troupes à Amiens; le duc de Guise s'avança vers Doullens, feignant d'y vouloir faire entrer un convoi; il passa de là dans le Boulonnois, comme pour en assurer les places; et enfin le premier de janvier 1558, il vint à l'improviste camper devant Calais.

Les Etats généraux du royaume se tenoient cependant à Paris, où le roi les avoit convoqués, pour leur demander quelque secours extraordinaire dans un besoin si pressant : la nouvelle du siége de Calais les remplit d'autant plus de joie, qu'en même temps qu'ils l'apprirent, ils surent que le duc de Guise avoit emporté un fort qui défendoit une levée, repoussé une sortie, et pris le Risban, forteresse qui commande au port. Il ne tarda pas à attaquer la citadelle, qui fut prise d'assaut, le jour même qu'on dressa les batteries : deux fois les ennemis firent leurs efforts pour la reprendre, et deux fois ils furent battus, de sorte que le gouverneur de la ville, désespérant de se pouvoir défendre, après la perte irrémédiable de la citadelle, demanda à capituler. La garnison avoit la liberté de se retirer en Angleterre; mais le gouverneur et cinquante des principaux habitans restoient prisonniers, et on laissoit dans la place toute l'artillerie, avec toutes les munitions, tant de bouche que de guerre. Ce traité fut fait le dix de janvier, et une place si importante fut réduite en très-peu de jours.

Un si grand succès porta les Etats à accorder au roi les trois millions qu'il demandoit, et il promit de son côté de soulager le peuple après la guerre. A peine Calais étoit-il rendu, qu'on vit paroître en mer un grand secours qui se retira, et le duc de Guise, sans perdre de temps, vint assiéger Guines : la ville fut prise du premier assaut; mais comme nos gens s'amusoient au pillage, les ennemis survenus la reprirent, y mirent le feu, et se retirèrent dans la citadelle : ils n'y tinrent pas longtemps, et le duc de Guise eut la gloire de chasser entièrement du royaume ces ennemis implacables en trois semaines. La douleur de la reine Marie fut telle, qu'elle en tomba malade.

Le roi, charmé de cette conquête, fut voir Calais avec le Dauphin. Il revint bientôt à Paris pour célébrer le mariage de ce jeune prince avec Marie Stuart, reine d'Ecosse : on demanda aux ambassadeurs écossois la couronne qu'on appeloit conjugale dans leur pays, et les autres marques de la royauté pour le Dauphin; ils n'avoient pas le pouvoir de les accorder; mais les ambassadeurs de France les obtinrent facilement du parlement d'Ecosse, et François fut appelé le roi Dauphin.

Ce mariage augmenta le lustre et le crédit de la maison de Lorraine, et le duc de Guise, ravi de voir sa nièce si élevée, eut encore la satisfaction de servir comme grand-maître dans cette cérémonie. Ce ne fut pas une petite mortification au connétable dans sa prison, de voir faire sa charge à son concurrent, dont la gloire et le pouvoir s'accroissoient pendant son absence. C'est ce qui lui fit concevoir le dessein de faire la paix à quelque prix que ce fût; il en jeta quelques propos dans les Pays-Bas, et il obtint permission d'en venir faire la proposition au roi, qui lui permit de suivre l'affaire, et lui témoigna au surplus les mêmes bontés. La duchesse de Valentinois, avec laquelle il s'unit par des mariages, entretenoit le roi dans cette bonne disposition pour lui.

Cependant le duc de Guise profitoit de sa prison pour se rendre de plus en plus nécessaire par ses services. Aussitôt que les troupes se furent rafraîchies, il alla dans le Luxembourg, où il assiégea Thionville. Le maréchal de Strozzi fut tué dans la tranchée, et son bâton fut donné à Paul de Termes, que le roi venoit de faire gouverneur de Calais. Thionville ne tint pas longtemps : cette place se rendit sur la fin de juin, et Montluc surprit le château d'Arlon. Dès le commencement du mois, le maréchal de Termes étoit entré dans la Flandre, où le duc devoit le suivre de près. Il avoit un petit corps de cinq mille hommes de pied, et de quinze cents chevaux, avec lequel, après avoir pris Mardick, il vint assiéger Dunkerque, laissant Gravelines et Bourbourg à dos; il prit cette place en quatre jours, et attiré par ce succès, il assiégea Berg-Saint-Vinox.

Cette entreprise lui réussit encore; mais comme le duc de Guise tarda plus longtemps qu'il ne pensoit dans le Luxembourg, le maréchal sentit bien qu'il s'étoit trop engagé. Le roi d'Espagne envoya le comte d'Egmont, à qui il donna douze mille hommes, avec ordre de se poster entre Dunkerque et Calais. Termes songea trop tard à se retirer; le comte d'Egmont, déjà redouté par nos gens depuis la bataille de Saint-Quentin, l'attaqua comme il marchoit le long de la mer : le maréchal, qui se vit environné dans le pays ennemi, tâcha vainement de s'échapper; il fallut en venir aux mains, l'infanterie gasconne soutint longtemps le combat, les Allemands étant demeurés spectateurs; malgré leur lâcheté, la victoire étoit encore incertaine, mais dix vaisseaux anglois qui passoient par hasard vers Gravelines, virent de loin le combat, et vinrent tirer sur nos gens, qui attaqués d'un côté d'où ils ne croyoient pas avoir rien à craindre, perdirent courage. Le maréchal, dangereusement blessé, fut pris avec tous les chefs, et toute l'armée périt; cette défaite rompit les desseins du duc de Guise sur la Flandre.

La flotte du Grand-Seigneur qui avoit paru vers Gênes avec la nôtre, faisoit trembler toute l'Italie : elle menaçoit Savone; mais les Génois détournèrent ce coup, par les présens qu'ils firent au bacha, et négocièrent si heureusement, qu'ils obtinrent la liberté du commerce dans le Levant. L'armée turque vint se rafraîchir en Provence, d'où elle alla avec la nôtre dans l'île de Minorque; elle y prit la citadelle, et s'en retourna vers le commencement d'août, sans rien entreprendre de plus.

Cependant le parti des huguenots se fortifioit en France; toute la maison de Coligny en étoit, jusqu'au cardinal Odet de Châtillon, frère de l'amiral, évêque de Beauvais. Comme ils étoient parens et créatures du connétable, par cette même raison ils étoient haïs de toute la maison de Guise. Le cardinal de Lorraine, assez porté de lui-même contre les huguenots par son caractère, et contre les Coligny par les intérêts de sa maison, fut échauffé dans ses sentimens par des conférences secrètes, qu'il eut avec Antoine Pérenot, évêque d'Arras, un des principaux ministres du roi d'Espagne.

Ce prélat étoit venu en France avec la duchesse de Lorraine, qui y avoit négocié le mariage de son fils avec Claude, fille du roi. Il eut souvent occasion dans ce voyage d'entretenir le cardinal de Lorraine, à qui il représenta qu'il devoit, autant pour sa conscience, que pour la gloire de sa maison, entreprendre la destruction de l'hérésie, où celle des Coligny se trouvoit enveloppée; que pour venir à bout de ce dessein, il falloit qu'il procurât la paix entre la France et l'Espagne, après quoi Philippe aideroit la maison de Guise à se rendre la plus puissante de France. C'est ainsi que cet habile ministre ménageoit les intérêts de son maître, et lui gagnoit des créatures pour lui procurer une paix avantageuse. Le cardinal écouta avec ardeur ces propositions, et on tient que ce fut alors que commença la liaison qui dans la suite fut si étroite entre les Guisards et l'Espagne; il ne fut pas malaisé au cardinal d'animer le roi contre les huguenots, dont il connoissoit les pernicieux desseins. Il se souvenoit que du temps de la défaite de Saint-Quentin, ils avoient voulu profiter du malheur public, et qu'ils avoient commencé de s'assembler dans Paris pour faire leur cène : ceux qui s'étoient trouvés dans cette assemblée furent condamnés rigoureusement; mais l'entremise des cantons protestans adoucit la colère du roi. Il nourrissoit cependant dans le cœur une aversion implacable contre ce parti, qui ne menaçoit pas moins l'Etat que l'Eglise.

Le cardinal de Lorraine ne manquoit pas d'exciter son zèle, et cherchoit l'occasion de l'aigrir contre la maison de Châtillon. D'Andelot étoit celui qui se déclaroit le plus huguenot; son humeur franche et guerrière ne lui permettoit pas de dissimuler, de sorte que le cardinal le rendit aisément suspect au roi. Mais le roi, pour s'éclaircir davantage, résolut de l'interroger lui-même; il n'avoit point dessein de le perdre, car il le considéroit comme un homme de service qui méritoit d'être ménagé; aussi le roi le fit-il avertir de répondre modestement, quand il lui demanderoit son sentiment sur la messe ; mais d'Andelot n'étoit pas d'humeur à se contraindre, et parla hautement selon les sentimens de Calvin. Le roi fut touché de voir un si brave gentilhomme, et qui avoit tant d'honneur, ainsi séduit par la nouveauté, et emporté d'un faux zèle ; il fut indigné de sa réponse jusqu'à l'emportement ; il l'envoya sur l'heure en prison, et lui ôta sa charge de colonel de l'infanterie, qui fut donnée à Montluc, créature de la maison de Guise. Ainsi le cardinal eut l'avantage de se défaire d'un ennemi, et de placer un ami fidèle. Quand les hommes ont commencé de se laisser prendre à l'appât de la nouveauté, les châtimens les excitent plutôt qu'ils ne les arrêtent.

Les huguenots, non contens de continuer leurs assemblées, les firent plus publiques que jamais ; on leur entendoit chanter des psaumes en françois, et beaucoup parmi le peuple se joignoient à eux. La reine de Navarre, séduite depuis longtemps, eut le crédit d'entraîner son mari à ces assemblées qui durèrent plusieurs jours, et que le roi ne put empêcher qu'en les défendant sur peine de la vie.

Un peu après il se rendit à son armée des Pays-Bas, une des plus belles et des plus nombreuses qui fût jamais sortie de France. Celle que le roi d'Espagne lui opposa n'étoit pas moindre, et il y étoit en personne, mais on n'entreprenoit rien de part ni d'autre ; le connétable et le maréchal de Saint-André travailloient toujours à la paix, dont ils étoient secrètement d'accord avec les Espagnols, à qui ils faisoient de grands avantages ; mais il falloit beaucoup de ménagemens pour y faire venir le roi. Le connétable ne voulut point se charger seul de l'affaire, et fit nommer plusieurs députés, parmi lesquels étoit le cardinal de Lorraine.

L'assemblée se tenoit à l'abbaye de Cercamp, dans le Cambrésis. Le duc et la duchesse de Lorraine étoient reconnus pour médiateurs, et portoient les paroles de part et d'autre ; comme on voyoit les affaires assez disposées, les deux rois congédièrent leurs troupes, et d'un consentement tacite, il y eut une espèce de suspension d'armes. Il ne se faisoit rien non plus en Italie, où Brissac, laissé sans argent, perdoit son crédit ; le duc de Savoie espéroit un prompt rétablissement, et dans cette espérance, il travailloit, autant qu'il pouvoit, à l'avancement de la paix.

Durant qu'elle se traitoit, Charles-Quint mourut dans sa retraite de Saint-Just, où il avoit passé environ deux ans en grande tranquillité, occupé de la mort et du soin de son salut. Il mêloit à ses pensées sérieuses quelques divertissemens innocens. Un peu avant sa mort, à l'occasion de l'anniversaire de la reine Jeanne sa mère, il eut la pensée de célébrer ses propres funérailles. Il se regardoit déjà comme mort au monde ; une comète avoit paru, et il l'avoit prise pour un pronostic de sa mort prochaine. Les princes auront toujours cette vanité de croire que leur destinée doive être marquée dans les astres ; et l'ignorance humaine ne cessera jamais de chercher des mystères politiques, même dans le cours de la nature.

Charles V avoit un pronostic plus proche et plus certain de sa mort, c'étoient ses infirmités qui redoubloient tous les jours. Il fit donc faire son service mortuaire, et y assista avec une contenance qui fit bien voir qu'il étoit accoutumé à la pensée de la mort. Quelque temps après une fièvre lui survint, et il mourut le 21 septembre, âgé de cinquante-neuf ans. Il n'eut pas la consolation de voir la paix conclue ; l'affaire de Calais en faisoit la principale difficulté : ni le roi ne vouloit la rendre, ni la reine d'Angleterre la relâcher. Sa mort, arrivée le 13 novembre, leva cet obstacle ; elle finit tristement ses jours, outrée de la perte de cette place, et accablée du chagrin que lui causoient les dédains du roi son mari. Par sa mort les espérances de rétablir en Angleterre la foi catholique se perdirent ; sa sœur Elisabeth, qui lui succéda, fut déterminée par son intérêt à embrasser la religion protestante.

La reine dauphine prit le titre de reine d'Angleterre, par ordre de son beau-père. On soutenoit en France qu'Elisabeth n'étoit pas légitime, étant sortie d'un mariage réprouvé par l'Eglise. Le Pape entra dans ce sentiment, et traita Elisabeth comme illégitime ; ainsi, pour défendre sa naissance, elle persista dans le schisme, et commença son règne en cassant ce qui s'étoit fait en faveur de la religion dans le précédent. Philippe songea à l'épouser, ou à la faire épouser à son cousin Maximilien, fils de l'empereur. L'affaire ne réussit pas ; et les Anglois, rebutés des étrangers, avoient obligé leur reine par serment à n'en prendre aucun pour mari.

La mort de la reine Marie interrompit pour quelque temps la négociation de la paix ; on étoit pourtant convenu de continuer la suspension d'armes, et les députés se rassemblèrent au commencement de février 1559. Les deux rois souhaitoient ardemment la paix, et une des raisons qui les y portoit, étoit le désir d'abattre les protestans : ils avoient commencé à troubler les Pays-Bas ; Philippe, pour s'opposer à ce parti, avoit obtenu du Pape l'érection de plusieurs nouveaux évêchés et archevêchés. Cambray, ville épiscopale, fut soustraite à l'archevêché de Reims, et érigée en métropole, à laquelle on avoit soumis les évêchés d'Arras et de Tournay, pareillement démembrés de Reims. On dit que le cardinal de Lorraine, par la secrète union qu'il avoit avec l'Espagne, laissa faire cette érection sans s'y opposer. Ces nouveaux établissemens firent un effet étrange ; les peuples s'imaginèrent qu'on vouloit établir l'inquisition, comme on avoit tenté depuis peu à Naples, où la crainte de ce nouveau joug avoit causé une sédition furieuse. Comme on avoit pris des abbayes pour fonder ces nouveaux évêchés, les abbés irrités entretenoient les peuples en mauvaise humeur, et les protestans se mêlèrent secrètement dans ces désordres pour les fomenter ; ainsi Philippe étoit à la veille de voir naître la guerre civile dans ces pays naturellement disposés à la révolte.

Henri ne craignoit pas moins les huguenots, et l'intérêt qu'avoient les deux princes à détruire un parti qui menaçoit leur autorité, les portoit à s'unir ensemble. Philippe agissoit auprès de l'empereur, pour l'obliger à se rendre facile; déjà l'affaire des trois évêchés étoit secrètement accordée; et Ferdinand, qui les redemandoit pour la forme, avoit fait dire à l'oreille à nos ambassadeurs que cette prétention n'empêcheroit pas la paix avec l'empire. Elisabeth de son côté étoit bien aise d'être en repos au commencement de son règne, et de mettre fin aux prétentions de la reine dauphine, qui, appuyées par la France, pouvoient troubler l'Angleterre encore assez agitée; ainsi elle consentit à laisser Calais pour huit ans au roi, qui s'obligeoit au bout de ce temps de rendre cette ville, sous peine de payer cinq cent mille écus à l'Angleterre.

La paix d'Angleterre étant faite, celle d'Espagne n'eut plus de difficulté. Pour ravoir Saint-Quentin, le Catelet et Ham, le roi rendit Mariembourg, Damvilliers, Yvoy, Montmédy dans le Luxembourg, Valence, et plusieurs châteaux dans le Milanez, Hesdin dans l'Artois: toutes les places qu'il avoit dans la Toscane et dans l'île de Corse; toute la Bresse, toute la Savoie, tout le Piémont, excepté quatre ou cinq villes, parmi lesquelles étoient Turin et Pignerol, qu'il se réservoit, jusqu'à ce qu'on lui eût fait raison de la succession de sa grand'mère. Enfin, il donna environ deux cents places pour trois; voilà ce que lui coûta son favori, et il n'eut pas honte de le racheter à ce prix; le château de Bouillon, que Robert de La Mark avoit repris sur l'évêque de Liége, fut rendu à l'évêché. Cette paix fut conclue le troisième d'avril, et le roi promit sa fille Isabelle âgée de onze ans, au roi d'Espagne, et sa sœur Marguerite, qui en avoit trente-un, au duc de Savoie.

Environ ce temps, la contestation pour la préséance étoit fort échauffée à Venise entre les ambassadeurs de France et d'Espagne. Jamais les Espagnols n'avoient songé à la disputer à la France; mais comme Charles V étoit tout ensemble empereur et roi d'Espagne, ses ambassadeurs avoient le pas sans difficulté, et ceux de France n'avoient aucune occasion d'exercer la prééminence qui appartient naturellement au plus noble et au plus ancien de tous les royaumes chrétiens. Après la retraite de Charles, Philippe tâcha de continuer par adresse sa possession, et laissa à Venise le même ambassadeur qui avoit servi sous son père; on lui conserva même le titre d'ambassadeur de l'empereur, encore que Charles eût déjà fait sa renonciation; mais l'ambassadeur de France sut bien remarquer cet artifice, et déclara au sénat qu'il ne prétendoit plus céder. On craignoit que cette querelle ne se décidât par la force ouverte; et le sénat, qui étoit bien aise de n'en point venir à une décision, de peur de mécontenter l'un des deux rois, empêcha longtemps leurs ambassadeurs de se trouver aux cérémonies. Il espéroit que le Pape décideroit la chose, et il ne cherchoit qu'à gagner du temps; mais l'ambassadeur de France eut ordre de déclarer à la république qu'il alloit se retirer, si on ne lui faisoit justice, et que le roi son maître sauroit bien maintenir son rang. Alors le sénat pressé consulta ses registres, où la préséance des rois très-chrétiens étoit établie sans aucun doute, comme étant les souverains du royaume le plus ancien de la chrétienté ; ainsi il prononça en leur faveur.

Après que la paix fut conclue, toute la Cour se tournoit aux plaisirs et à la mollesse. Le connétable qui avoit soixante-dix ans, et à qui la guerre avoit presque toujours été malheureuse, ne songeoit plus qu'au repos. Pour le roi, il étoit touché de la gloire, mais celle dont il se piquoit, d'amant parfait, étouffoit tous les autres sentimens, et les périls où il avoit vu son royaume, quoiqu'il en fût heureusement sorti, lui faisoient craindre de nouvelles guerres. On prit alors dans le conseil deux grandes résolutions : l'une d'abandonner les affaires d'Italie, toujours funestes à la France ; et l'autre de renoncer à l'alliance du Turc, honteuse par elle-même, et en effet peu utile. Le roi fit déclarer publiquement à la diète d'Augsbourg ses sentimens sur les Turcs. Soliman en fut étonné, mais sa politique ne lui permit pas de témoigner tout le mécontentement qu'il en avoit, et il ne laissa pas de lui-même, dans le traité qu'il fit avec Ferdinand, de l'obliger à demeurer ami de la France.

Le royaume étant ainsi tranquille, et n'ayant rien à craindre du dehors, le roi songeoit à prévenir les partis qui pouvoient se former au dedans. Il avoit toujours craint les protestans, qu'il voyoit hardis, opiniâtres, et capables de tout entreprendre, s'ils en trouvoient l'occasion. Il résolut de les exterminer, et il étoit confirmé dans sa résolution par la duchesse de Valentinois, soit qu'elle se piquât, au milieu des désordres de sa vie, de donner quelques marques de religion ; ou soit, comme on le disoit alors, qu'elle eût intérêt à perdre les protestans, dont elle avoit obtenu la confiscation. Il y en avoit dans le parlement, et le roi, qui les souffroit avec une extrême impatience, résolut de commencer par eux le châtiment exemplaire qu'il vouloit faire des autres. On préparoit le palais pour les noces de la princesse Elisabeth, et le parlement se tenoit aux Augustins.

Ce fut là qu'on délibéra sur les ordres que le roi avoit envoyés de punir sévèrement ces sectaires, en commençant par les conseillers qui seroient convaincus d'hérésie. Comme on alloit opiner, le roi, qui vouloit connoître ceux qui étoient hérétiques, et voir lui-même de quelle sorte chacun se conduiroit dans cette affaire, vint tout à coup prendre sa séance. Plusieurs ne laissèrent pas de soutenir en sa présence qu'il falloit adoucir les peines contre les hérétiques, jusqu'à ce qu'on eût terminé les affaires de la religion par un concile général. Ils ne purent s'empêcher de faire connoître leur pente pour leurs nouvelles opinions, et le roi les ayant ouïs, déclara tout haut qu'il voyoit bien que les rapports qu'on lui avoit faits étoient véritables, et qu'il y en avoit dans son Parlement qui méprisoient l'autorité du Pape et la sienne ; qu'il avoit sujet de se réjouir que le nombre en fût petit, mais que leur désobéissance leur seroit funeste; ayant dit ces mots, il se leva, et donna ordre au connétable de faire arrêter ceux dont il lui mit la liste en main. Gilles le Maître, premier président, en avoit présenté le mémoire au roi; Gabriel de Montgomery, l'un des capitaines des gardes, les fit conduire à la Bastille, et le roi nomma des commissaires pour les juger.

Le premier à qui on fit le procès, fut Anne du Bourg, conseiller clerc, qui fut déclaré hérétique par l'évêque de Paris, dégradé du caractère de diacre, et livré au bras séculier. Il différa son supplice par l'appel qu'il interjeta à l'archevêque de Sens et à l'archevêque de Lyon, comme primats. Les princes de Lorraine étoient ceux qui se déclaroient le plus haut pour le supplice des hérétiques. On remarquoit dans leur zèle de l'ostentation, et un désir de gagner l'amour des peuples, comme catholiques zélés.

Le jour destiné pour la célébration du mariage approchoit; toute la France étoit en joie, tant pour la paix, que pour les noces qui se préparoient avec une magnificence digne des deux plus grands rois de l'univers. Ce fut le 27 juin que le duc d'Albe épousa, au nom de son maître, dans Notre-Dame de Paris, selon la coutume, la jeune princesse qui attiroit les yeux et l'admiration de tout le monde par sa bonne grace; ce jour et les deux suivans devoient se passer dans des jeux et des carrousels, on ne parloit que de tournois, les lices étoient préparées vers le palais royal des Tournelles, et le roi, très-adroit dans cet exercice, devoit courre en présence de toutes les dames et de tout le peuple. Il avoit rompu plusieurs lances, et avoit fait admirer son adresse.

Le dernier jour du tournoi, qui fut le 29 juin, quoiqu'il eût déjà couru plusieurs fois, et que tout le monde le priât de se donner du repos, il voulut encore rompre une lance, la visière ouverte, contre le comte de Montgomery, le plus adroit seigneur de la Cour. Il fallut un commandement absolu pour obliger le comte à cette course. A la fin il monte à cheval à regret; les chevaliers partent avec une vitesse et une vigueur incroyable, et le comte ayant rompu sa lance contre le plastron du roi, l'atteignit au-dessus de l'œil droit du tronçon qui lui restoit à la main. On voit en même temps le roi chanceler sur son cheval, les siens accourent pour le soutenir; la reine et toute la Cour s'approchent avec frayeur: on le trouva sans parole et sans connoissance, et on l'emporta en cet état au palais des Tournelles. Les médecins le condamnèrent d'abord; Philippe, qui étoit à Bruxelles, lui envoya le sien en diligence, l'un des plus habiles de son temps: il fut de l'avis des autres, et jugea tous les remèdes inutiles; alors toute la Cour commença à se remuer, et à se remplir de sourdes pratiques.

La reine Catherine s'attiroit peu à peu toute l'autorité, par le pouvoir qu'elle avoit sur son fils, toujours infirme, et qui n'avoit que seize ans. Elle ne s'étoit mêlée jusque-là d'aucune affaire, et n'avoit conservé une apparence de crédit que par l'extrême complaisance, ou plutôt par la soumission qu'elle avoit pour la duchesse de Valentinois. Elle couvroit par ces belles apparences la haine implacable qu'elle avoit contre elle; mais l'état où étoit le roi lui fit prendre d'autres pensées.

Les princes de Guise ne s'oublioient pas; ils ménageoient le jeune prince par la reine Dauphine, sa femme, agréable et insinuante. Ils tâchoient aussi de gagner Catherine par toutes sortes de soumissions; elle avoit besoin de s'appuyer contre les princes du sang, mais elle balançoit entre ceux de Guise et le connétable; elle les haïssoit les uns et les autres, comme amis et alliés de sa rivale. Les princes de Guise lui promirent de l'abandonner, et le connétable, qui n'avoit point de telles souplesses, succomba bientôt : outre cela elle trouvoit les princes de Guise déjà établis par le moyen de leur nièce, et elle avoit des sujets particuliers de chagrin contre le connétable, qui avoit souvent conseillé au roi de la répudier, avant qu'elle eût des enfans; ainsi après les protestations des princes de Guise, qui l'assuroient d'une entière obéissance, elle fit avec eux une étroite liaison.

Le connétable eut recours au roi de Navarre, premier prince du sang, qui demeuroit ordinairement dans le Béarn, ou dans son gouvernement de Guyenne. Mécontent de la Cour, qui avoit conclu la paix avec l'Espagne, sans songer à lui faire rendre aucune justice sur son royaume qu'on lui usurpoit, il n'étoit occupé que des soins de s'y rétablir. Aussitôt après la blessure du roi, il reçut un courrier du connétable, qui le pressoit de venir promptement prendre sa place dans les conseils. Louis, prince de Condé, frère de ce roi, étoit à la Cour, résolu de tout tenter pour maintenir l'autorité des princes du sang; mais il avoit besoin de son aîné pour agir, et il l'attendoit avec impatience.

Durant tous ces mouvemens, chacun attendoit pour se déclarer que le roi eût rendu le dernier soupir. Le malheureux prince étoit dans son lit comme mort, sans connoissance et presque sans mouvement. On se hâta avant qu'il mourût de faire sans cérémonie le mariage du duc de Savoie avec sa sœur; enfin, après avoir été onze jours dans cet état déplorable, sans que durant tout ce temps on pût trouver un moment pour le faire penser à lui, il expira au commencement de sa quarante-unième année, et la douzième d'un règne qu'une fin si tragique rendit funeste.

Aussitôt après sa mort, le duc de Guise, accompagné de quelques autres princes, fut rendre son hommage au nouveau roi qu'il emmena avec la reine sa mère au château du Louvre, laissant le connétable aux Tournelles, pour faire les honneurs du corps. Ils étoient bien aises de l'attacher à un emploi qui demandoit une extrême assiduité, pour avoir le loisir de s'affermir, et de faire toutes leurs intrigues loin de ses yeux.

Henri II laissoit quatre fils dans une extrême jeunesse : François, qui lui succéda; Charles, duc d'Orléans; Henri, duc d'Anjou; et François, duc d'Alençon. De trois filles qu'il avoit, Elisabeth venoit d'épouser le roi d'Espagne, à qui on la devoit bientôt conduire; Claude avoit épousé Charles III duc de Lorraine; Marguerite, la plus jeune, mais qui n'étoit pas la moins accomplie, restoit seule sous la conduite de la reine sa mère. On remarqua que ce prince qui avoit permis un duel à son avénement à la couronne, périt dans un duel de divertissement. On vanta aussi beaucoup la prédiction d'un astrologue, qui avoit dit, à ce qu'on prétend, qu'il seroit tué en duel. Mais les gens sages se moquent de ces pronostics, qui ne réussissent que par hasard, ou qu'on invente après coup.

Il est constant qu'il avoit l'esprit agréable, une douce conversation, une facilité merveilleuse, de la bonté pour ses domestiques, et de la libéralité. Il n'étoit pas sans quelque amour pour les belles-lettres, et son règne fut fertile en poëtes françois, pour lesquels il témoignoit de l'estime; mais toutes les poésies ne chantoient que les plaisirs et l'amour, qu'on célébroit comme la seule vertu héroïque. Ainsi la jeunesse se corrompoit par cette lecture, et négligeoit les belles études; les filles mêmes perdoient la honte, et s'accoutumoient à la licence. C'étoit une des maximes de la Cour qu'il n'y avoit point de politesse sans cette passion, et qu'il falloit nécessairement servir une dame pour être honnête homme. Les dames se piquoient aussi d'avoir des amans, et tout tendoit à la corruption et à la mollesse.

FRANÇOIS II (an 1559).

Tout ce qui fait appréhender de grands troubles dans un Etat, se trouvoit ensemble sous le règne de François II. Quoiqu'il fût majeur selon les lois du royaume, non-seulement il n'étoit pas capable de gouverner, mais il donnoit peu d'espérance de le devenir, accablé qu'il étoit de maladies, et aussi foible d'esprit que de corps. Ainsi on voyoit commencer une espèce de minorité, qui devoit apparemment être fort longue sous une princesse étrangère, dans une Cour factieuse, et parmi un peuple plein d'une infinité de mécontens.

Les troupes licenciées remplissoient le royaume de gens sans emploi, et épuisés par la guerre; mais ce qu'il y avoit le plus à craindre, étoit le parti protestant, hardi, entreprenant, et aigri par les supplices, qui sembloit n'attendre qu'un chef pour se déclarer. Il y avoit apparence qu'il n'en manqueroit pas; Gaspard de Coligny, amiral de France, gouverneur de l'Ile de France et de Picardie, capitaine renommé et accrédité parmi les troupes, étoit de ce parti; et outre l'intérêt de sa religion, il pouvoit être poussé par ses intérêts particuliers, voyant les princes de Lorraine, ennemis de sa maison, maîtres de tout, et son oncle le connétable absolument décrédité.

Avec son mérite personnel, il avoit ses deux frères : l'un grand homme de guerre, aussi bien que lui, à qui les facilités ordinaires dans les nouveaux règnes avoient fait rendre sa charge de colonel de l'infanterie ; l'autre habile et hardi, qui malgré sa pourpre et son caractère, étoit plus disposé à quitter sa religion, qu'à se désunir de ses frères.

Le parti protestant avoit encore d'autres espérances : il se promettoit beaucoup du roi de Navarre, dont la femme, attachée aux nouvelles opinions, pouvoit y engager son mari, déjà irrité par lui-même contre la Cour. Il y avoit encore plus à craindre de Louis son frère, prince de Condé ; il étoit homme de grand courage et de grande ambition, à qui le mauvais état de ses affaires, et surtout la jalousie contre ceux de Guise, pouvoit inspirer des desseins de brouillerie, que l'amiral de Coligny, son allié et son ami particulier, étoit capable de fomenter.

A l'âge où étoit le connétable, il n'y avoit point d'apparence qu'il remuât, et de plus, comme il se glorifioit d'être le premier baron chrétien, l'honneur de sa maison l'obligeoit à demeurer dans l'Eglise catholique ; mais sa grande autorité ne laissoit pas de servir d'appui à ses neveux, et de leur donner des moyens d'entreprendre.

D'un autre côté, les princes lorrains, qui s'étoient fait un honneur de passer pour les protecteurs de la foi catholique, étoient disposés à ne garder aucune mesure avec les protestans, de sorte que de toutes parts les choses sembloient portées aux dernières extrémités. Le connétable en avertit la reine-mère ; il quitta un peu de temps le corps du feu roi pour venir au Louvre saluer son nouveau maître, et il demanda audience à cette princesse. Là il lui représenta les malheurs où alloit tomber la France, si elle n'accoutumoit de bonne heure le roi son fils à un gouvernement qui pût être approuvé de tous les ordres du royaume ; qu'elle ne devoit pas le laisser entrer dans les partis de la Cour, mais au contraire, l'obliger à renfermer chacun dans les fonctions de sa charge ; que c'étoit le seul moyen d'avoir la paix, et d'entretenir le bon ordre ; pour conclusion, il l'avertissoit qu'elle commandoit à un peuple qui ne se lassoit jamais de servir ses rois, mais qui étoit incapable de s'accoutumer au gouvernement des étrangers.

Par ces paroles, non-seulement il taxoit les princes lorrains, mais encore la reine elle-même ; elle écouta ces remontrances comme le discours d'un vieillard qui n'étoit plus à la mode, et le renvoya aux Tournelles achever les cérémonies. Aussitôt toute la Cour changea de face ; la duchesse de Valentinois fut honteusement chassée ; le duc d'Aumale son gendre s'y opposa quelque temps ; à la fin il céda aux sentimens de ses frères, et se laissa entraîner aux intérêts de sa maison ; ainsi cette femme, auparavant maîtresse de tout le royaume, demeura tout d'un coup sans protection, et abandonnée de sa propre famille ; on lui ôta jusqu'aux meubles et aux pierreries que le roi lui avoit donnés. Elle fut contrainte de céder à la reine-mère sa belle maison de Chenonceaux sur le Cher, pour une terre qu'on lui donna en échange.

Tous ses amis furent éloignés de la Cour, et le cardinal de Lorraine ne fut pas moins soigneux d'écarter ceux du connétable, pour mettre ses amis à leur place.

Pour donner de la réputation au nouveau gouvernement, en ôtant les sceaux au cardinal Jean Bertrandi, que la duchesse avoit établi, on rappela le chancelier François Olivier, que son intégrité et son savoir faisoient respecter par tout le royaume. Pendant que les princes de Lorraine tâchoient de remplir de leurs créatures les grandes places de l'Etat, la reine pour avoir quelqu'un qui pût être attaché à elle, fit revenir le cardinal de Tournon, homme désintéressé et de grande expérience dans les affaires.

Tout le reste de la Cour s'attachoit aux princes de Guise, qu'on voyoit tout-puissans. Le maréchal de Saint-André, qui dans le règne passé s'étoit soutenu par lui-même indépendant des uns et des autres, vit bien qu'à ce coup il falloit plier, et offrit au duc de Guise, pour un de ses fils, sa fille unique, avec tous ses biens, dont il se réservoit seulement l'usufruit. Il se sauva par ce moyen des mains de ses créanciers, et de ceux qu'il avoit injustement dépouillés pour s'enrichir.

Il falloit encore aux princes lorrains quelque chose de plus éclatant pour affermir leur pouvoir. Ils obligèrent le roi à déclarer aux députés du parlement, qui vinrent le saluer à son avénement à la couronne, que par le conseil de la reine sa mère, il avoit choisi le duc de Guise et le cardinal de Lorraine, ses oncles, pour mettre le gouvernement des affaires entre leurs mains; il leur ordonnoit de s'adresser à eux, et donnoit au duc de Guise le soin de la guerre, et celui des finances au cardinal.

Il n'y avoit plus rien qui pût changer les affaires, que l'arrivée du roi de Navarre; mais ce prince, lent de son naturel, et d'ailleurs peu satisfait du connétable, auteur de la paix dont il se plaignoit, ne se pressoit pas de venir. Le prince de Condé son frère, qui voyoit que sa lenteur affermissoit le pouvoir de la maison de Lorraine, alla au-devant de lui avec le prince de la Roche-sur-Yon, son cousin, pour tâcher de l'échauffer; d'Andelot étoit avec eux, et le prince de Condé l'avoit réconcilié depuis avec le prince de la Roche-sur-Yon, au grand déplaisir du duc de Guise, qui aimoit à entretenir la division entre les grands de la Cour.

Ils trouvèrent le roi de Navarre à Vendôme, plus tranquille que ne demandoit l'état des affaires. Les deux princes lui représentèrent l'abaissement déplorable de la maison royale, avec laquelle les princes lorrains ne gardoient plus de mesures; ils lui apprirent ce qui étoit arrivé la première fois que le roi avoit paru avec sa robe de deuil; l'ordre étoit que les princes du sang seuls portassent la queue, et le duc de Guise s'étant jeté entre les princes de Condé et de la Roche-sur-Yon, l'avoit portée avec eux. Ils exagéroient l'insolence de cette action, par laquelle des étrangers avoient osé s'égaler à eux, comme s'il ne leur eût pas suffi d'avoir emporté tout le pouvoir sur les princes du sang, sans leur ôter encore les honneurs, de sorte qu'il ne restoit aux Guise que de monter sur le trône.

Ni les discours des deux princes, ni les raisonnemens forts et vigoureux d'Andelot n'émurent le roi de Navarre ; il ne s'en pressa pas davantage, et ils furent obligés de retourner à la Cour sans rien faire ; ils trouvèrent les obsèques de Henri achevées, et les princes lorrains avoient déjà amené le roi à Saint-Germain, pour le gouverner plus à leur aise. Le connétable l'y vint trouver, et le roi bien instruit par ceux de Guise, ne lui fit pas bon visage : on remarque que le connétable ne lui parla que de ses neveux de Chatillon, dont il lui recommanda les intérêts avec beaucoup de chaleur ; mais le roi, sans lui répondre sur cette demande, lui dit assez froidement, que, pour épargner sa vieillesse, après tant de services et de travaux, il avoit chargé les princes de Guise ses oncles des affaires de l'Etat, et qu'il lui avoit conservé une place honorable dans son conseil, quand sa santé lui permettroit d'y assister. La réponse du connétable fut fière : il dit qu'il n'étoit pas de sa dignité d'obéir à ceux à qui il avoit commandé toute sa vie, et qu'au reste, quand le roi auroit besoin de son service, il le trouveroit encore vigoureux de corps et d'esprit. Après cette conférence il ne voulut plus demeurer à la Cour, et se retira à Chantilly.

Le duc de Guise fut ravi de le voir parti avant l'arrivée du roi de Navarre ; et afin que ce prince ne trouvât personne capable de l'exciter, les princes de Condé et de la Roche-sur-Yon furent envoyés en Espagne, l'un pour jurer la paix, et l'autre pour porter le collier de l'ordre à Philippe. On vivoit dans une parfaite intelligence avec ce prince ; la paix s'exécutoit de bonne foi, et on lui rendoit toutes ses places. Depuis qu'il n'avoit plus de guerre dans les Pays-Bas, il n'y avoit pas cru sa présence si nécessaire ; et après avoir laissé le gouvernement de ces provinces à Marguerite, duchesse de Parme, sa sœur naturelle, il étoit repassé en Espagne, où il se plaisoit davantage.

Quand le prince de Condé fut prêt à partir, le cardinal de Lorraine n'eut point de honte de lui faire donner mille écus pour son voyage, comme s'il eût voulu insulter à sa pauvreté. Un peu après on eut nouvelle que le roi de Navarre approchoit, et seroit bientôt à la Cour ; il falloit l'écarter aussi bien que les autres, et c'est ce que les princes lorrains surent bien faire par les dégoûts qu'ils lui donnèrent. Quand les personnes de ce rang arrivoient à la Cour, les grands seigneurs alloient au-devant, et cet honneur sembloit dû principalement au premier prince du sang ; mais le duc de Guise affecta de n'y point aller : il occupoit le principal logement dans le château, et on s'attendoit qu'il le céderoit au roi de Navarre ; il dit hautement qu'il regardoit l'honneur que le roi lui faisoit de le lui donner, comme une juste récompense de ses services, et qu'il mourroit plutôt que de le quitter.

Le roi de Navarre, piqué d'un tel mépris, fut prêt à s'en retourner ; le maréchal de Saint-André prit soin de l'apaiser, et lui offrit sa maison, dont il fallut qu'il se contentât. La plupart des grands le pressoient de prendre l'administration des affaires, mais ses principaux officiers, gagnés par le cardinal de Lorraine, l'en détournoient. Il fit quelques foibles tentatives, et trouva tout dans la dépendance de ses ennemis ; ils avoient gagné le clergé par le zèle qu'ils témoignoient pour la religion : la noblesse épuisée ne regardoit qu'eux : les principaux du parlement étoient à leur dévotion, et le roi de Navarre étoit trop foible pour relever son parti.

Avec toute sa foiblesse on ne le voyoit pas volontiers à la Cour, et la reine, toujours favorable aux princes lorrains, trouva moyen de hâter son retour en Guyenne. Elle écrivit au roi d'Espagne, et implora son secours pour le roi son fils. Ce prince ravi d'étaler sa puissance, fit une réponse pleine d'ostentation, déclarant qu'il emploieroit ses armes contre tous ceux qui refuseroient d'obéir au roi son beau-frère, et à ceux qu'il avoit chargés du soin de ses affaires. On affecta de lire cette lettre en présence du roi de Navarre, et les princes lorrains surent lui faire entendre par leurs émissaires que ces menaces regardoient le Béarn. Il en entra en inquiétude ; et comme la reine, pour lui donner un prétexte de se retirer, le pria de vouloir conduire la jeune reine d'Espagne à son mari, il embrassa cette occasion avec joie, d'autant plus qu'on lui fit espérer de négocier en même temps avec l'Espagne la restitution de la Navarre ; ainsi on trouva moyen d'occuper trois princes du sang de trois fonctions qu'un seul auroit faites avec dignité. Le roi de Navarre n'attendoit pour partir que le sacre du roi, qui devoit se faire au mois de septembre.

Durant le voyage de Reims, le duc de Guise, qui ne perdoit point de temps pour avancer ses intérêts, travailla à rompre l'union de l'amiral avec le prince de Condé, qui ne faisoit que revenir de son voyage d'Espagne. Nanteuil, maison du duc de Guise, est sur le passage, et ce prince y reçut la Cour magnifiquement. Ce fut là qu'il dit à l'amiral, par une espèce de confidence, que le prince de Condé demandoit le gouvernement de Picardie. L'amiral se mit d'abord en colère, mais il s'expliqua avec ce prince, qui lui donna une pleine satisfaction, et de concert avec lui, il fit sa démission du gouvernement de Picardie, que le prince devoit demander ; car il vit bien que d'en garder deux n'étoit pas chose possible, en l'état où se trouvoient ses affaires. Il donna sa démission, le prince fit sa demande, mais il fut refusé ; et ceux de Guise firent donner le gouvernement au maréchal de Brissac, également ravis, et d'avoir exclu leur ennemi, et d'avoir mis dans leurs intérêts un homme de cette importance.

Le roi arriva à Reims, et le 20 septembre, il fut sacré par le cardinal de Lorraine, archevêque de cette ville. Cette cérémonie fut accompagnée d'une création de chevaliers de Saint-Michel, plus nombreuse que toutes celles qui s'étoient faites depuis Louis XI. On reprocha aux princes lorrains de s'être fait des créatures au préjudice de la dignité de l'ordre, qui commença en ce temps à se ravilir.

Le duc de Guise avoit une extrême envie d'avoir la charge de grand-maître, et la reine vouloit bien la demander au connétable; il répondit que François son fils aîné en avoit obtenu la survivance, dans le temps qu'il épousa la fille du roi défunt, et qu'il lui seroit honteux de le dépouiller de son principal établissement. La reine ne se rebuta pas, et lui promit pour François, la dignité de maréchal de France, plus convenable à son âge; elle mêloit quelques menaces à ces promesses, et le connétable, qui craignit qu'on ne fît la chose par autorité, conseilla à son fils de céder. Il fut fait maréchal de France, et le duc de Guise fut fait grand-maître, avec un chagrin extrême de toute la noblesse de France; il voulut que le chef de sa maison se ressentît de son pouvoir, et le roi, au retour de Reims, en passant à Bar, donna la souveraineté de ce duché au duc de Lorraine, qui étoit venu à son sacre.

On maudissoit en France le gouvernement des étrangers, qui agrandissoient leur maison aux dépens de la couronne. Cette haine étoit fomentée, et en partie excitée par les protestans, qui n'oublioient rien de ce qui pouvoit aigrir les esprits contre le gouvernement : aussi on les traitoit avec une extrême rigueur ; tous les jours on en voyoit traîner quelques-uns en prison; leurs biens étoient vendus, leurs enfans abandonnés; on se servoit de toutes sortes de moyens, même de la calomnie, pour les rendre odieux, et ils avoient encore plus à craindre de la haine des peuples, que de la rigueur des magistrats.

Ils commencèrent à faire courir des libelles séditieux, et il en parut un entre autres qui attaquoit directement la loi qui déclare les rois majeurs à quatorze ans : on y soutenoit que le roi devoit être encore en tutèle, et n'avoit pu donner à sa mère l'administration : que par les lois du royaume, les femmes, exclues de la succession, l'étoient aussi du gouvernement, qui étoit dû au premier prince du sang, et qu'il falloit assembler les états-généraux, selon l'ancienne coutume, pour régler le pouvoir du régent, et donner une forme aux affaires.

On s'élevoit principalement contre les princes lorrains, qu'on n'accusoit de rien moins que de vouloir usurper la couronne : on remarquoit leurs prétentions sur l'Anjou et sur la Provence, et même sur tout le royaume, sur lequel on les taxoit de s'attribuer un droit ancien du côté des Carlovingiens, dont ils se disoient descendus ; ce qui leur faisoit regarder les Capets comme usurpateurs. Leurs liaisons avec le Pape étoient rapportées comme un moyen pour établir leur domination ; on déploroit la misère de la France, donnée en proie aux étrangers, et du roi, qui avoit pour tuteurs ceux qui croyoient avoir droit de le dépouiller.

Ces libelles, répandus par toute la France, étoient des avant-coureurs de la sédition, et les esprits étoient tellement préoccupés, qu'une réponse de Jean du Tillet, greffier au parlement, qui fut admirée dans un meilleur temps, ne put être supportée alors. La santé du roi mal affermie augmentoit l'audace des esprits turbulens, dont le royaume étoit plein : à peine fut-il guéri d'une fièvre quarte, qui l'avoit fatigué longtemps, qu'on vit son visage naturellement pâle et livide, tout à coup couvert de rougeurs : les médecins n'y trouvèrent d'autre remède que de le faire changer d'air; il fut mené à Blois, où sa santé ne fut pas meilleure.

On fit courir le bruit qu'il étoit ladre, et qu'on faisoit enlever des enfans pour lui faire un bain de sang. Les protestans accusoient les princes lorrains d'avoir répandu ces bruits pour rendre la famille royale odieuse. Ces princes au contraire en rejetoient la faute sur les protestans, ennemis de la royauté, et toutes ces dissensions augmentoient les aigreurs et rendoient les partis irréconciliables.

On continuoit cependant le procès d'Anne du Bourg, qui éludoit, autant qu'il pouvoit, le jugement, par des réponses ambiguës sur le sujet de la religion, et par de continuelles appellations; car il appela comme d'abus au parlement, de la sentence de l'évêque de Paris ; renvoyé à son évêché, il appela à l'archevêque de Sens, comme métropolitain; de là encore au parlement, et enfin à l'archevêque de Lyon, comme primat. Il fut condamné partout, et son évêque le livra au bras séculier, après l'avoir dégradé de son ordre de diacre.

Alors il commença à se déclarer, et reconnut qu'il suivoit la confession de foi dressée par Calvin. Conduit au parlement, il parla avec une fermeté extraordinaire, et comme il avoit récusé un président (c'étoit le président Minard), qui ne voulut point se déporter du jugement, il osa lui dire qu'il en seroit empêché par une autre voie. Quelques zélés du parti prirent soin d'accomplir sa prophétie, et peu de jours après, le président fut assassiné; on accusa de ce meurtre Robert Stuart, parent de la reine; et il est constant que deux présidens, ennemis jurés de la nouvelle religion, eussent eu un pareil sort, s'ils fussent sortis ce jour-là de leur maison. C'est ainsi qu'agissoient ces prétendus imitateurs de l'ancienne Eglise.

Cette action sanguinaire fit hâter la condamnation d'Anne du Bourg; il fut étranglé en Grève, et puis brûlé ; il souffrit la mort sans s'émouvoir, et fit voir que l'erreur pouvoit avoir ses martyrs. Son supplice ne servit qu'à irriter les hérétiques, et à faire chanceler la foi des catholiques ignorans. Les conseillers qui s'étoient rendus suspects, lorsque Henri II fut au parlement, furent obligés de se rétracter, et un peu après on les rétablit dans leurs charges.

Bourdin, procureur général, eut ordre de continuer les poursuites contre les sectaires, et fit arrêter Robert Stuart, accusé d'avoir voulu mettre le feu dans Paris. Tout sembloit disposé à la sédition; le nombre des mécontens étoit infini; les protestans n'oublioient rien pour les aigrir ; les princes lorrains ne croyoient pas leur personne en sûreté, et ceux qui accouroient de tous côtés à la Cour, pour demander ou le paiement de leurs avances, ou la récompense de leurs services, leur devinrent tellement suspects, qu'ils conseillèrent au roi de faire crier à son de trompe que s'ils ne se retiroient de la Cour dans vingt-quatre heures, ils seroient pendus à une potence qu'on avoit dressée exprès. Un conseil si violent les rendit encore plus odieux, principalement aux gens de guerre; tout le monde réclamoit les Etats pour s'opposer à leur tyrannie, et ceux qui en parloient étoient traités de séditieux.

Au commencement du mois de décembre, la reine Elisabeth partit pour l'Espagne; François et Catherine la conduisirent jusqu'à Poitiers : le roi de Navarre, qui après le sacre étoit retourné en son gouvernement, reçut cette princesse à Bordeaux, et la mena sur les frontières des deux royaumes. Il entama dans le même temps quelques négociations pour ses intérêts ; Philippe l'amusoit de belles propositions, de concert avec la reine Catherine, et finalement se moquoit de lui.

Sur la fin de l'année. Jean-Ange de Médequin, frère du marquis de Marignan, fut élu pape à la place de Paul IV, mort trois mois auparavant, et prit le nom de Pie IV. Au premier jour de janvier (1560) fut publié un édit mémorable pour régler les juridictions du royaume, et empêcher la vénalité des offices. Les charges vacantes devoient être remplies par élection : il étoit ordonné que les officiers des compagnies présenteroient trois hommes qu'ils estimeroient les plus capables, dont le roi en retiendroit un. Cet édit fut l'ouvrage du chancelier Olivier, qui songeoit sérieusement à la réformation du royaume et de la justice ; les intrigues et l'avarice des courtisans, qui vouloient ou avancer leurs créatures, ou profiter des vacances, rendirent inutile une ordonnance si salutaire.

Le prince de Condé se lassoit d'être exclu des affaires, et de vivre dans l'indépendance des princes lorrains : comme il les voyoit haïs, et le royaume plein de mécontens, il crut qu'il pourroit aisément faire un parti ; il assembla à la Fère ses principaux amis, qui étoient les deux Coligny, et le vidame de Chartres, homme de grande naissance, et qui le portoit aussi haut que les princes. Comme on délibéroit dans ce petit conseil de ce qu'il y avoit à faire pour ruiner les princes lorrains et relever la maison royale, l'amiral prit cette occasion de former le parti protestant; il représenta au prince, que le duc de Guise s'étant rendu le chef des catholiques, il n'avoit point de parti à lui opposer que celui des réformés; qu'au reste, il n'y avoit que le zèle de la religion qui pût lui assurer les esprits contre l'autorité royale, dont ses ennemis se prévaloient; que le parti dont il vouloit se rendre chef étoit plein de braves gens qui étoient au désespoir, et que si le prince vouloit se mettre à leur tête, au lieu de ce qu'il auroit à souffrir, il se verroit bientôt en état de faire la loi. Il ne fut pas malaisé à persuader; son ambition ne pouvoit compatir avec l'état où il se trouvoit ; et la religion de ses ancêtres fut un foible obstacle pour le retenir. Il ne fut donc plus question que de chercher les moyens d'engager les protestans ; l'amiral se promit de lever tous les scrupules qu'ils pourroient avoir de se soulever contre le roi, il ne falloit pour cela qu'avoir l'avis des principaux théologiens et jurisconsultes de leur parti, et l'amiral les avoit trop pratiqués pour ne pas connoître leur disposition.

Un brouillon, appelé La Renaudie, gentilhomme du Périgord, fut choisi pour l'exécution de ce dessein ; il avoit été banni du royaume pour une fausseté ; et comme il alloit errant en divers pays, il avoit contracté de grandes habitudes avec les protestans, tant en Allemagne qu'en France. On résolut de le faire aller par les provinces, et il eut ordre de dire aux principaux que quand le parti seroit formé, le prince se mettroit à la tête ; jusque-là on le devoit ménager, et ne le faire paroître que bien à propos. Les autres seigneurs ne devoient non plus se découvrir ; car ni l'amiral ni son frère, quoique zélés défenseurs de la nouvelle religion, ne s'étoient pas encore ouvertement séparés de l'Eglise.

Il vint une consultation d'Allemagne, où, sur l'état qu'on exposoit des affaires de France, les ministres consultés si on ne pouvoit pas se saisir du cardinal de Lorraine et de son frère pour leur faire rendre compte, répondoient qu'on le pouvoit, pourvu qu'on fût appuyé de l'autorité d'un prince du sang. On avoit mis exprès cette condition, parce qu'on étoit assuré du prince de Condé. Les ministres de France souscrivirent à cette délibération, et la Renaudie sut si bien la faire valoir, qu'en peu de temps il fit signer une conjuration à un nombre infini de personnes de toutes les provinces.

Pour digérer davantage tout le dessein, il donna rendez-vous à Nantes aux principaux chefs, et ils résolurent que des gens d'élite seroient distribués aux environs de Blois, où étoit la Cour ; qu'une partie se glisseroient dans la ville ; que les choses étant ainsi disposées, une grande multitude de gens sans armes présenteroient au roi une requête pour obtenir la liberté de conscience, et des temples pour exercer leur religion. Ils s'attendoient bien à un refus, et alors ces supplians devoient être soutenus par les gens de guerre qui seroient répandus de toutes parts ; une partie devoit se saisir des portes du château, les autres devoient y entrer pour enlever le duc et le cardinal, ou les tuer, si on ne pouvoit les prendre vivans. Cela fait, on devoit s'assurer de la personne du roi, chasser la reine sa mère, ou l'éloigner des affaires, et donner la régence aux princes ; car pour le roi de Navarre, ils le croyoient trop foible pour le mettre dans une telle affaire.

Le rendez-vous fut donné au 5 mars, et les conjurés arrivèrent de toutes les provinces du royaume avec un secret si profond, que les premiers avis de la conspiration vinrent à la Cour des pays étrangers.

Sur cette nouvelle, les princes lorrains menèrent le roi à Amboise, dont le château étoit plus fort que celui de Blois ; et d'ailleurs le lieu étant plus petit, on y pouvoit plus aisément remarquer ceux qui arrivoient du dehors. Ils n'y furent pas plutôt arrivés, qu'ils reçurent des avis plus certains de l'entreprise qu'ils ne savoient jusqu'alors que confusément. La Renaudie étoit venu à Paris, où il avoit été contraint de se découvrir à un avocat protestant, chez qui il logeoit ; celui-ci, de meilleure conscience que lui, se crut obligé d'en donner avis, et fut envoyé à Amboise au cardinal de Lorraine. Il étoit naturellement timide, et n'épargnoit pas les moyens violens pour s'assurer, ainsi il conclut d'abord à envoyer sans délai aux gouverneurs des ordres de courir sus à ceux qu'on trouveroit en armes sur le chemin.

Son frère, plus circonspect et plus modéré, soutint au contraire qu'il falloit dissimuler jusqu'à ce que la conjuration se découvrît d'elle-même, et n'employer les remèdes extrêmes, que quand ils seroient reconnus nécessaires. La reine fut de cet avis ; mais pour éviter les surprises, le duc manda secrètement ce qu'il avoit d'amis dans les provinces ; la reine fit venir les Coligny, en apparence pour prendre leur conseil sur quelqu'affaire importante, en effet pour s'assurer d'eux.

La Renaudie cependant, sur l'avis de la retraite de la Cour, ne fit que changer les rendez-vous, et marcha à Amboise dans le même ordre qu'il devoit faire à Blois : il sut même quelque temps après que la conjuration étoit découverte, et ne continua pas moins l'entreprise, espérant de prendre la Cour au dépourvu. Le prince de Condé, pour ne point donner de défiance, fut obligé de se rendre aussi à la Cour ; toute la France étoit en attente de quelque chose d'extraordinaire.

Il y avoit déjà cinq cents chevaux des conjurés dans le voisinage d'Amboise ; soixante gentilshommes étoient cachés dans la ville ; mais sur le point de l'exécution, un des chefs des conjurés, nommé Lignière, demanda à parler à la reine, et lui découvrit tout l'ordre de la conjuration ; elle apprit de lui que l'heure étoit prise pour le lendemain sur le dîner, et qu'on n'attendoit à la campagne que le signal qu'on devoit donner du château.

Alors, après avoir posé des gardes en quelques endroits, et avoir muré quelques portes, le duc de Guise envoya tout ce qu'il y avoit de gens auprès du roi, avec ordre de saisir ou de tuer ceux qu'on trouveroit en armes sur le chemin de la Cour. On prit trois ou quatre des principaux chefs ; la plupart des autres conjurés furent taillés en pièces dans la forêt ; on en pendit un grand nombre ; tous les jours on faisoit de nouvelles prises et de nouvelles exécutions. Le duc de Guise affecta de venir au roi comme alarmé, pour lui raconter ce qui se passoit ; et dans la frayeur qu'il donna à ce jeune prince, il obtint, sans la participation de la reine, d'être déclaré lieutenant-général du royaume. Elle fut étonnée de ce coup ; mais comme elle ne pouvoit y apporter de remède, elle obligea elle-même le chancelier à sceller les lettres qu'il refusoit obstinément.

Quoique La Renaudie vît ses affaires comme ruinées, il ne perdit pas courage ; il étoit sorti de Vendôme, où étoit son principal rendez-vous, et rôdoit autour d'Amboise pour rallier ses gens qui arrivoient tous les jours. Il rencontra Pardaillan dans la forêt ; comme il vit qu'il alloit être attaqué, il marcha fièrement à lui, et le tua d'un coup d'épée ; mais en même temps un page de Pardaillan le jeta à terre d'un coup de pistolet. Il n'évita pas après sa mort la honte du supplice qu'il méritoit de souffrir en vie ; il fut pendu par les pieds avec cette inscription : *Au chef. des rebelles*, ensuite mis en quartiers, et attaché à des poteaux en divers endroits pour servir d'exemple. Mais les conjurés ne furent ralentis ni par la mort de leur chef, ni par le supplice de leurs compagnons, et un grand nombre demeuroient cachés autour d'Amboise, n'attendant que l'occasion d'exécuter leur dessein.

La Cour n'ignoroit pas qu'il se tramoit encore quelque chose : et l'amiral, sans approuver ce qui se faisoit, disoit tout haut qu'aussi poussoit-on trop loin ceux de la nouvelle religion. Il étoit temps, disoit-il, de mettre fin aux supplices qui désespéroient tant de braves gens ; le chancelier étoit de même avis ; on l'accusoit d'être favorable aux protestans : ce n'est pas qu'il fût de leur croyance, mais les désordres étoient si excessifs dans l'Eglise, que le seul nom de réformation, que les protestans prenoient pour prétexte, leur gagnoit une grande partie des gens de bien, et ceux mêmes qui condamnoient les extrémités où ils se portoient, espéroient qu'il en naîtroit à la fin quelque tempérament utile.

On résolut dans le conseil de publier un édit pour surseoir les supplices des protestans, jusqu'à ce que les matières de religion fussent décidées par un concile. Le roi pardonnoit à tous ceux qui avoient pris les armes, pourvu qu'ils les posassent dans vingt-quatre heures, en exceptant toutefois les prédicateurs, et tous ceux qui avoient attenté contre la famille royale, les princes et les ministres de l'Etat. Cependant on faisoit le procès aux chefs des conjurés, et à un domestique de La Renaudie, qui savoit tout le secret de son maître ; celui-ci, interrogé sur le prince de Condé, que son ambition et sa haine déclarée contre les princes lorrains avoit déjà rendu suspect, dit qu'il n'étoit pas de l'entreprise, mais qu'il avoit ouï dire qu'il devoit se déclarer, si elle réussissoit ; il n'en fallut pas davantage pour lui faire donner des gardes.

On redoubloit aussi les précautions, et on pressoit le procès des prisonniers ; mais pendant que le chancelier différoit autant qu'il pouvoit, un reste des conjurés fit un effort contre la ville, et il auroit réussi si quelques-uns des chefs n'étoient arrivés trop tard. Tous ces mauvais succès n'empêchèrent pas que le jeune Maligni n'entreprît de tuer publiquement le duc de Guise, au hasard de sa propre vie, sans le prince de Condé qui l'en empêcha. La nouvelle entreprise fit révoquer la grace qui avoit été accordée, et parce qu'on avoit honte de faire mourir tant de monde aux yeux du public, on donna ordre de n'en plus prendre dans les bois, mais de les tuer sur l'heure; ce qui fit périr, avec quelques coupables, un grand nombre de voyageurs innocens.

En ce temps, on établit une nouvelle garde de mousquetaires à cheval, et le premier qui en eut le commandement, fut Antoine du Plessis de Richelieu. Les supplices recommencèrent; la rivière étoit couverte des corps de ceux qu'on noyoit; les places remplies de gibets, et les rues pleines de sang; ces malheureux alloient à la mort aussi déterminément qu'ils avoient commencé leur entreprise; un zèle aveugle leur persuadoit qu'ils étoient innocens, parce qu'ils avoient épargné la vie du roi; et un d'eux, prêt à être exécuté, trempa ses mains dans le sang de ceux qu'on venoit de faire mourir, puis les levant toutes sanglantes vers le ciel : « Voilà, dit-il, ô grand Dieu, le sang innocent des tiens que tu ne laisseras pas sans vengeance! » Ce n'étoit pas ainsi que faisoient les anciens Chrétiens, dont les derniers vœux étoient pour les empereurs qui les condamnoient injustement, et pour les bourreaux qui exécutoient la sentence.

On voyoit paroitre à des fenêtres la reine avec ses enfans, dans la place où se faisoient les exécutions, et on gémissoit qu'elle accoutumât au sang de jeunes princes qu'on ne sauroit trop former à la douceur. Il y eut plusieurs dépositions contre le prince de Condé, semblables à celle du domestique de La Renaudie; on fit ce qu'on put pour envelopper le roi de Navarre dans le crime; mais il ne se trouva rien contre lui; au contraire, quand on envoya les ordres aux gouverneurs, pour détruire dans les provinces les restes de la rebellion, ce prince fut un de ceux qui montra le plus de zèle; il tailla en pièces deux mille des conjurés qui soulevoient l'Agénois.

A l'égard du prince de Condé, plus il se sentoit coupable, et plus les soupçons étoient violens, plus il parloit hautement de sa fidélité inviolable. Le roi fut obligé de lui donner audience en plein conseil, où après qu'il eut exposé avec beaucoup de force et d'éloquence les raisons par lesquelles il se justifioit, il finit en disant que si quelqu'un osoit encore l'accuser, il étoit prêt à défendre son innocence par les armes. Aussitôt le duc de Guise s'offrit à être son second : le roi déclara qu'il le tenoit pour sujet fidèle; mais malgré de si belles démonstrations, ses amis ne lui conseillèrent pas de demeurer plus longtemps à la Cour, de sorte qu'il pensa sérieusement à son départ.

Le chancelier, que tant de désordres et tant de supplices plongèrent dans une profonde mélancolie, en tomba malade, et mourut quelque temps après. Alors la reine songea à se faire une créature, et appela à cette grande chárge Michel de L'Hôpital, homme d'un profond savoir, et d'une intégrité connue, qu'elle crut d'humeur à vivre indépendant des princes lorrains, s'il étoit soutenu. Il étoit pourtant de leurs amis, et ils consentirent à son établissement, quand ils virent qu'ils ne pouvoient mettre dans la charge Jean de Morviliers, évêque d'Orléans, leur confident particulier.

On trouva à propos dans le conseil, d'informer le parlement de ce qui s'étoit passé à Amboise ; cette commission fut donnée au connétable, qui fit en pleine assemblée l'éloge des princes lorrains, mais d'une manière qui ne leur plut guère ; il dit que c'étoit avec raison que le roi n'avoit pu souffrir que des séditieux attaquassent de ses principaux officiers jusque dans sa maison, et en sa présence : il ajouta qu'un particulier ne souffriroit point qu'on fît une telle insulte à ses amis, et prit grand soin de faire entendre que les conjurés n'avoient eu aucun dessein contre les personnes royales. Ce n'étoit pas ce que vouloient les princes lorrains, et il falloit, pour leur plaire, publier que leurs ennemis en vouloient au roi. Les flatteries du parlement en cette occasion furent excessives ; ils écrivirent au duc de Guise, contre la coutume, aussi bien qu'au roi, et lui donnèrent le titre de *Conservateur de la patrie*.

Dans la lettre que le roi écrivit aux gouverneurs pour le même sujet, il chargeoit les conjurés d'avoir attenté contre sa personne. Il parut bientôt une réponse qui rejetoit tout sur les princes lorrains, qu'on menaçoit des Etats-généraux, où ils rendroient compte de leurs insolences et de leurs excès ; c'étoit ainsi qu'on parloit, et l'écrit étoit si fort, que le cardinal de Lorraine ne voulut jamais permettre aux députés du parlement de Rouen de le présenter au roi, quoique ce ne fût que pour s'en plaindre ; mais il regarda ces plaintes comme un moyen indirect de publier des choses qu'il étoit bien aise de tenir cachées. Pour le parlement de Paris, à qui on avoit adressé, aussi bien qu'au parlement de Rouen, une copie de cet écrit, il l'envoya au cardinal de Lorraine ; mais il parut peu de temps après contre lui un autre écrit encore plus piquant. Quelques restes des conjurés s'étoient sauvés de prison ; on adressa au cardinal une lettre par laquelle on lui promettoit qu'ils se rendroient bientôt auprès de lui en meilleure compagnie que jamais ; il fut intimidé de cette menace, et il parut plus doux envers les protestans.

On s'appliquoit à étouffer les restes de la rébellion par tout le royaume, et on envoya dans les provinces des personnes affidées. L'amiral, qui avoit allumé le feu, eut ordre de l'aller éteindre en Normandie ; ce n'est pas qu'il ne fût suspect aux princes lorrains, mais ils étoient bien aises, sous prétexte de confiance, de l'éloigner d'auprès de la reine, à qui il parloit librement, et qui l'écoutoit. L'amiral de son côté ne fut pas fâché d'avoir une occasion de se retirer de la Cour, où ses ennemis étoient tout-puissans. Au reste, comme il voyoit bien que la conspiration ne pouvoit plus produire l'effet qu'il en avoit espéré, il se fit un mérite auprès de la reine de réprimer les séditieux, d'autant plus qu'il savoit qu'on avoit pourvu d'ailleurs secrètement à la sûreté de la province.

Au mois de mai il parut un édit mémorable sur le sujet de la religion ; par le premier chef de l'édit, la connoissance du crime d'hérésie étoit ôtée à la justice royale, et attribuée aux évêques. Le chancelier fit cet édit pour éviter l'inquisition, que les princes de Guise vouloient introduire. Le second chef de l'édit portoit défense de tenir des conventicules pour y parler de religion, et d'assembler des gens en armes ; on autorisoit les justices subalternes à condamner les coupables, dont la confiscation étoit donnée aux délateurs, et les faux accusateurs étoient condamnés à la peine du talion. Malgré la rigueur de ces édits, le cardinal de Lorraine affectoit toujours de se radoucir ; il souffroit que les protestans l'approchassent, il se rendoit facile à les écouter, et afin de se disculper des désordres de l'Etat, il conseilla à la reine de tenir une assemblée pour y remédier. Elle fut indiquée à Fontainebleau, et la Cour se disposa à y aller ; le roi résolut de passer à Tours, pour rassurer cette ville, suspecte par le grand nombre d'hérétiques qui y étoient. Ce fut là et environ dans le même temps, qu'on leur donna le nom de huguenots.

La reine crut alors devoir les ménager pour ses intérêts, et tâcher de se concilier l'affection d'un parti dont elle voyoit croître la puissance. Elle manda quelques ministres qui ne voulurent jamais se fier à elle, mais ils lui firent tenir un écrit contre les princes de Guise, qu'elle fut contrainte de leur remettre entre les mains, parce que la reine sa belle-fille s'étoit aperçue qu'on le lui donnoit. Le parti étoit fécond en tels écrits, et les meilleures plumes du royaume s'y employoient ; ainsi l'hérésie et la rébellion s'insinuoient tout ensemble avec la satire et les agrémens du discours. Il fallut avoir recours aux derniers supplices contre les imprimeurs, et encore ne pouvoit-on réprimer ni la demangeaison des écrivains, ni la curiosité des lecteurs. La Cour étoit fort impatiente de sortir d'une province où il étoit arrivé de si grands désordres. Le prince de Condé partit tout d'un coup pendant le voyage, et renouvela les appréhensions qu'on avoit conçues de sa conduite ; on sut qu'il alloit vers le roi son frère, et que Damville, fils puîné du connétable, s'étoit abouché avec lui sur le chemin. Cet entretien redoubla les inquiétudes de la Cour, qui craignoit tout.

Mais le prince durant ce temps étoit en peine lui-même des lettres qu'il recevoit du roi son frère ; il lui témoignoit à la vérité un grand désir de le voir, mais il souhaitoit en même temps qu'il demeurât à la Cour, du moins quelque temps, pour y confirmer l'opinion de son innocence. D'Escars, son principal confident, gagné par le cardinal de Lorraine, lui inspiroit ces sentimens ; mais le prince n'étoit pas de même avis, et il crut ne pouvoir trop tôt mettre sa personne en sûreté ; ainsi il se rendit en poste à Nérac, où étoit le roi de Navarre.

Toute la noblesse des pays voisins s'y assembla auprès d'eux. Les protestans se multiplioient sans nombre ; outre l'amour de la nouveauté, chacun vouloit être d'un parti où on voyoit des gens si déterminés, et des chefs si considérables. On se piquoit de s'unir aux princes du sang contre les étrangers, et il n'y avoit que la lenteur du connétable qui empêchât qu'il ne se fît quelque grand éclat. Cependant les princes lorrains affectoient de lui donner toutes sortes de dégoûts, jusque dans les moindres choses, soit qu'ils voulussent ou le décréditer tout à fait, ou le pousser à la révolte. Il ne laissa pas de se trouver à l'assemblée de Fontainebleau, où l'amiral vint aussi; mais pour le roi de Navarre ni pour le prince de Condé, on ne put jamais les y attirer. La Sague, secrétaire du prince, fut envoyé en apparence pour faire leurs excuses, en effet pour observer ce qui se passoit, et achever de lier les intrigues.

Après que le roi, la reine et le chancelier eurent proposé le sujet de l'assemblée, qui étoit le soulagement du peuple, et la réformation des désordres de l'Etat, le duc de Guise et le cardinal rendirent compte, l'un de la guerre, et l'autre des finances, et le cardinal fit voir que les charges du royaume surpassoient les revenus de près de trois millions; les profusions de Henri II avoient réduit l'épargne en cette disette. Comme les conseillers d'Etat se préparoient à opiner, et que Jean de Montluc, évêque de Valence, avoit déjà la bouche ouverte, l'amiral surprit toute l'assemblée, en se mettant à genoux devant le roi, et lui présentant deux requêtes; il dit qu'elles lui avoient été mises en mains en Normandie par un grand nombre de personnes; on en fit la lecture à sa prière : elles étoient des huguenots qui demandoient qu'on cessât de les persécuter, et qu'on leur permit l'exercice de leur religion, jusqu'à ce que leur cause eût été légitimement examinée. Ils se servoient ordinairement de ce style pour gagner du temps, et réclamoient le concile, bien résolus, quand ils seroient assez forts, de n'en reconnoître aucun qui ne décidât à leur fantaisie.

Les requêtes étoient conçues en termes modestes; mais l'amiral dit en opinant, qu'ayant pressé ceux qui les présentoient de les souscrire, ils avoient répondu que si on vouloit, elles seroient signées de cinquante mille hommes; le cardinal de Lorraine releva cette parole, et l'insolence de ceux qui osoient ainsi menacer le roi; la chose se poussa si loin entre lui et l'amiral, que le roi fut obligé de leur imposer silence.

Il y eut un autre démêlé entre l'amiral et le duc de Guise : l'amiral avoit témoigné qu'il trouvoit étrange qu'on eût redoublé la garde du roi; qu'il n'y avoit rien de plus pernicieux que d'accoutumer un jeune prince à craindre ses sujets et à en être craint; que leur amour devoit être sa seule garde. Le duc de Guise fit voir la nécessité de garder la personne sacrée du roi, au milieu de tant d'attentats, et que ceux qui vouloient le voir sans gardes se rendoient suspects; ainsi les disputes s'échauffoient, et il n'y avoit guère d'utilité à espérer de l'assemblée. Tous les avis allèrent à convoquer les Etats-généraux pour régler les affaires de l'Etat, et à demander au Pape le concile œcuménique pour finir celles de la religion, faute de quoi on les termineroit en France par un concile national : en attendant on proposoit une surséance aux supplices des hérétiques, sans néanmoins y comprendre les séditieux, et le roi l'ordonna ainsi.

L'évêque de Valence se signala dans cette assemblée par ses invectives contre les abus de la cour de Rome, et contre tout le clergé. C'étoit sa coutume de les faire violentes, et d'y mêler beaucoup de choses favorables à la nouvelle religion, à laquelle il devoit le commencement de sa fortune; mais cet homme, si zélé pour la discipline, l'avoit lui-même violée dans un de ses chefs principaux, n'ayant point rougi de se marier étant évêque, chose détestée par tous les canons, et dont il n'y a dans toute l'histoire de l'Eglise aucun exemple approuvé. Ce mariage, quoique fait secrètement, étoit ignoré de peu de personnes, et il avoit été publiquement reproché à ce prélat; mais son savoir et son éloquence lui donnoient beaucoup de crédit, et sa grande habileté à manier les affaires lui avoit acquis l'estime et la confiance de la reine.

Durant tout le temps de l'assemblée, le cardinal de Lorraine et le duc de Guise faisoient soigneusement observer toutes les démarches de La Sague. Ce secrétaire, discoureur pour le malheur de son maître, trouva à la Cour un camarade avec qui il avoit servi dans les guerres de Piémont, sous le maréchal de Brissac. Il lui parloit souvent des desseins du prince de Condé, et celui-ci ne manqua pas d'en rendre compte au maréchal, qui étoit revenu auprès du roi après la restitution des places d'Italie. Les princes de Guise, avertis par ce moyen, firent arrêter La Sague, qui, présenté à la question, déclara tout ce qu'il savoit des desseins du roi de Navarre et de son frère; il dit qu'ils se préparoient à venir à la Cour avec une suite nombreuse de noblesse; qu'ils avoient pris des mesures pour s'emparer en passant de Tours, de Poitiers et d'Orléans, qui devoit être leur place d'armes; que le connétable leur répondoit de Paris, dont son fils étoit gouverneur. Ils avoient des intelligences en Picardie, en Bretagne, en Provence, et en beaucoup d'autres provinces, où les protestans devoient exciter de grands mouvemens. On vit en effet en même temps des soulèvemens presque partout; à Valence, les protestans se rendirent maîtres de l'église des Cordeliers, et ne se laissèrent apaiser qu'à peine par les promesses de leur évêque. Deux frères, nommés les Mouvans, qui s'étoient soulevés dès le temps de La Renaudie, continuoient à troubler toute la Provence; le jeune Maligni, quoiqu'il eût reçu ordre du roi de Navarre de différer une entreprise qu'il avoit faite sur Lyon, ne put s'empêcher de la faire éclater, parce qu'il fut découvert, et le prévôt des marchands ne le chassa pas sans péril.

Tant de mouvemens ne justifioient que trop les dépositions de La Sague, ce qui fit résoudre d'arrêter tous ceux qui avoient quelque intelligence avec les princes. Les lettres du connétable et du vidame, dont La Sague se trouva chargé, ne disoient rien de précis; mais il découvrit que le secret étoit écrit dans l'enveloppe de celle du vidame, et qu'on le pourroit lire en la trempant dans l'eau. On n'y trouva autre chose, sinon que le connétable devoit se servir de l'autorité des Etats, pour éloigner des affaires les princes lorrains, et le secrétaire ajoutoit du sien qu'il valoit encore mieux employer les armes. Le vidame fut arrêté, et fut relâché un peu après, après s'être justifié devant les chevaliers de l'Ordre, qui lui furent donnés pour juges, selon sa demande et les priviléges de l'Ordre.

A peu près dans ce même temps, Bouchard, chancelier du roi de Navarre, et l'un de ses confidens, pour se faire valoir à la Cour, dit des choses à peu près semblables à celles que La Sague avoit découvertes. On distribua les troupes dans les provinces, on y envoya des seigneurs pour s'en assurer, et châtier les rebelles, et on manda aux princes de se rendre promptement à la Cour, pour accompagner le roi aux Etats. La lettre portoit qu'il y avoit contre eux des accusations auxquelles le roi n'ajoutoit aucune croyance, mais dont il étoit à propos qu'ils se justifiassent ; on les vouloit avoir tous deux à la Cour, afin de les arrêter ensemble. La reine avoit bien compris la conséquence d'une telle résolution, qui mettoit toute la puissance entre les mains des princes lorrains, et l'assujettissoit elle-même à leur volonté ; mais elle n'avoit pu résister à l'autorité absolue que les Guises s'étoient acquise sur l'esprit du roi ; cet ordre, reçu de la Cour, mit le prince de Condé dans de grandes défiances.

La douairière de Royc, sa belle-mère, femme d'un courage haut et d'un grand esprit, n'oublia rien pour l'empêcher de faire le voyage, et afin de dégoûter la Cour de le faire venir, elle écrivit à la reine, que si son gendre étoit mandé, il obéiroit, mais qu'ayant tant d'ennemis, il ne pourroit s'empêcher de marcher bien accompagné. La reine répondit, comme elle devoit, qu'il ne falloit approcher du roi qu'avec sa suite ordinaire, et dans le respect ; mais que si le prince venoit avec une grande suite, il en trouveroit encore une plus grande auprès du roi. Cette réponse augmentoit les inquiétudes du prince, qui jamais ne se seroit résolu à se mettre entre les mains de ses ennemis, sans les foiblesses du roi son frère ; mais d'Escars et le chancelier Bouchard, et tous ceux que le cardinal de Lorraine avoit gagnés dans sa maison, ne cessoient de lui représenter le péril qu'il y avoit à désobéir, et disoient hautement au prince qu'il falloit ou suivre son frère, ou rompre avec lui.

A la Cour, on craignoit tant de les manquer, qu'on leur détachoit tous leurs amis et leurs parens les uns après les autres, pour les attirer par de belles paroles. Antoine, comte de Crussol, alla le premier ; le cardinal de Bourbon, frère des deux princes, suivit après ; tous deux étoient si bien trompés, qu'ils trompèrent aisément les autres. Ils ne leur parloient que des bonnes dispositions de la Cour, et du désir qu'on avoit de les voir pour les satisfaire, de sorte que les sages, qui étoient d'avis de demeurer, non-seulement n'étoient pas écoutés, mais ils étoient même traités de brouillons ou de visionnaires. Ils partirent donc de Nérac, et à mesure qu'ils s'avançoient, le maréchal de Termes les suivoit de loin avec des troupes; ils trouvèrent sur le chemin le cardinal d'Armagnac leur parent, qui, trompé comme les autres, les remplit d'espérance.

L'archevêque de Vienne, un des principaux du conseil, écrivit à la duchesse de Montpensier, très-étroitement unie et d'intérêt et d'amitié avec les princes, ce qui se tramoit contre eux; et lui conseilloit de leur mander, que du moins ils se saisissent des enfans du duc de Guise, pour leur servir d'otages. Tous ces avis furent inutiles : les princes étoient comme enchantés, et continuoient à marcher vers Orléans, où les Etats devoient se tenir; la Cour y étoit déjà. Après que le duc de Guise eut rassemblé les troupes qui lui venoient d'Ecosse et de Piémont, il mena le roi à Paris, et de là à Orléans. Il y fit son entrée le dix-huitième d'octobre; tout le monde remarqua qu'il entra en armes, contre l'ordinaire des rois ses prédécesseurs, les gens de guerre rangés dans les places et dans les rues.

Un spectacle si nouveau alors remplit toute la ville de frayeur. Les Etats, qui faisoient la crainte et l'aversion des derniers rois, étoient désirés à la Cour, non-seulement à cause du secours d'argent qu'on en espéroit dans de si pressantes nécessités, mais encore dans le dessein d'autoriser par leur présence ce qu'on méditoit contre les princes. Les Guise avoient pris grand soin de s'assurer des députés, et le roi étant si bien armé, on ne doutoit pas que ceux qui seroient d'humeur à résister, ne fussent contraints de céder à la force. Les Etats furent commencés par une confession de foi solennelle, dressée par la Sorbonne; le cardinal de Tournon, secondé des maréchaux de Saint-André et de Brissac, fit ordonner qu'elle fût jurée de tous les députés, sous peine de la vie.

Les princes, attendus avec une extrême impatience, arrivèrent enfin le dernier d'octobre, sans que personne allât au-devant d'eux que ceux de leur maison; ce fut la première marque de disgrace qu'ils eurent à leur arrivée : ensuite le roi de Navarre voulant, selon la coutume de ceux de son rang, entrer à cheval chez le roi, fut arrêté à la porte, et introduit par le guichet. Ils commencèrent à augurer mal de leurs affaires; la froide réception que leur fit le roi acheva de les confondre; et on fut étonné que les Guise, qui étoient dans la chambre auprès de lui, ne daignassent pas quitter leur place, ni faire un pas pour les recevoir.

A peine étoient-ils entrés, que le roi les mena dans la chambre de la reine sa mère, devant laquelle il dit sèchement au prince de Condé qu'il désiroit qu'il se justifiât de quelques accusations auxquelles il vouloit bien n'avoir pas de croyance; ils crurent voir tomber quelques larmes des yeux de la reine. Pendant qu'ils se préparoient à parler, le roi coupa court et les renvoya; le prince fut arrêté au sortir de la chambre, se plaignant en vain de son frère le cardinal de Bourbon, et de ses amis, qui l'avoient trompé. Comme le roi de Navarre vit qu'on le faisoit prisonnier, il demanda qu'on le mît en sa garde; mais loin de l'écouter, on lui donna des gardes à lui-même, après lui avoir ôté tous ses gens. Le même jour on arrêta Groslot, bailli d'Orléans, qui étoit de l'intelligence du prince, et on envoya des ordres pour arrêter en Picardie la douairière de Roye sa belle-mère; on s'assura aussi du vidame, qui ne sortit plus de sa prison, où le chagrin le fit mourir peu de temps après.

L'amiral, quoique caressé à la Cour, étoit en crainte, et d'Andelot plus défiant s'étoit retiré; le connétable venoit lentement, sous prétexte d'indisposition, et s'arrêta à Paris. Bouchard, qui avoit trahi son maître, n'évita pas la prison; et on l'arrêta contre son attente, pour être confronté au prince, à qui on donna des commissaires. Le chancelier devoit présider au jugement, et la résolution prise dans le conseil de lui faire son procès, étoit signée de tous les seigneurs qui le composoient, à la réserve des princes lorrains; ils crurent en s'excusant éviter la haine d'une action si hardie.

Le chancelier vint interroger le prince, qui refusa de répondre, alléguant le privilége de sa naissance, qui ne permettoit pas qu'il fût jugé autre part que dans la cour des pairs, tous les pairs appelés, et le roi présent; ainsi avoit-il été pratiqué au procès du duc d'Alençon, sous Charles VII, et à celui du connétable de Bourbon. Il ne fut point écouté, et son opposition, souvent réitérée en présence du chancelier et des commissaires, fut rejetée par plusieurs arrêts du conseil secret. Tout le monde étoit étonné d'une si grande contravention aux lois du royaume, faite à la face des Etats, et qu'on refusât à un si grand prince d'être jugé en plein parlement, ce qu'on n'avoit pas encore dénié au moindre conseiller; enfin il fallut répondre aux commissaires, et le prince se contenta de protester que c'étoit par violence.

La princesse de Condé sa femme obtint qu'on lui donneroit un conseil; mais on lui refusa la liberté de communiquer avec elle, avec ses frères et ses amis, même en présence de témoins choisis par le roi.

Malgré les murmures de la Cour et de tout le peuple, les Lorrains faisoient poursuivre le procès avec une précipitation inouïe, et déjà les preuves étoient si considérables, qu'ils tenoient la perte du prince assurée; mais ils croyoient n'avoir rien fait, s'ils n'enveloppoient le roi de Navarre dans la même condamnation : car quelle apparence de perdre le prince, en lui laissant un vengeur dont le nom seul étoit capable de faire remuer toute la France? Cependant il n'y avoit contre lui que de foibles soupçons. On dit que les Lorrains conçurent alors le dessein de le faire poignarder en la présence du roi, et que sur le point de l'exécution, le jeune prince n'en osa donner l'ordre, au grand déplaisir du duc de Guise; mais la chose, pour son importance, demanderoit de plus grandes preuves. Pour le prince, il se voyoit à la veille d'être condamné, sans toutefois montrer la moindre crainte, soit que, ferme naturellement, il eût mis en cette occasion dans sa fermeté sa principale défense, soit qu'en effet il n'ait jamais cru qu'on osât venir aux extrémités, ni exciter, en versant son sang, l'indignation de toute la France ; on ne laissoit pas de poursuivre son procès avec chaleur, et déjà la condamnation de Groslot servoit de préjugé à la sienne.

La reine tâchoit cependant d'exciter le chancelier à s'opposer aux desseins des princes lorrains. Leur autorité étoit si grande, qu'il n'osa jamais rien entreprendre ; mais il survint d'autres obstacles auxquels on ne pensoit pas. Le 16 de novembre, le roi étant allé à la chasse, pour n'être pas présent au supplice de Groslot, fut saisi inopinément de douleurs extraordinaires ; un abcès formé dans son cerveau lui avoit pourri l'oreille. Les princes lorrains publièrent que ce n'étoit rien, et pressèrent avec une précipitation inouïe le jugement du prince, la reine n'osant parler, tant que la santé du roi ne fut pas tout à fait désespérée. L'arrêt de mort fut prononcé, le chancelier refusa de le signer ; on obligea le roi, tout malade qu'il étoit, à mander la plupart des seigneurs pour les y faire souscrire, et de tous ceux qui furent mandés, Louis du Beiil, comte de Sancerre, fut le seul qui ne se laissa jamais fléchir, et le roi admira sa constance ; le jour destiné à l'exécution étoit venu, quand les médecins déclarèrent que le mal du roi étoit sans remède.

Les Lorrains, auparavant si absolus, tournèrent leur orgueil en flatterie, et supplièrent la reine avec des soumissions extraordinaires, de se défaire d'un seul coup de deux ennemis. Ils l'avoient déjà résolue à confiner le roi de Navarre dans une prison perpétuelle : maintenant ils vouloient sa mort, et déjà la reine commençoit à craindre un prince qui pouvoit lui disputer la régence qu'elle espéroit durant le bas âge de Charles son second fils, qui n'avoit que onze ans. Le chancelier la trouva irrésolue, et lui représenta les inconvéniens où elle alloit se précipiter ; qu'elle alloit soulever contre elle toute la noblesse et tous les peuples, qui respectoient naturellement le sang royal, et ne le verroient répandre qu'avec horreur : mais de plus que feroit-elle du roi de Navarre ? le laisseroit-elle en vie, afin que son frère eût un vengeur implacable et puissant ? d'entreprendre de le faire mourir, quelle apparence ? Il n'y avoit rien à lui reprocher que les fautes et le malheur de son frère ; que craignoit-elle, habile comme elle étoit, autorisée et ayant sa maison pleine de rois ? Ces considérations étoient puissantes ; mais le roi de Navarre avoit besoin que la duchesse de Montpensier achevât de la guérir des soupçons qu'elle avoit conçus contre lui. Cette princesse, aimée de la reine, n'avoit cessé de lui dire qu'elle se perdroit elle-même en perdant les princes, et qu'il ne lui restoit plus que de se livrer tout à fait aux Lorrains, quand elle auroit ôté le seul contrepoids de leur pouvoir; mais ce qu'elle fit de plus essentiel, fut de lui dire qu'elle lui répondoit du roi de Navarre, qui s'uniroit sincèrement à ses intérêts.

Cette parole fit tout l'effet qu'elle en attendoit; mais la reine, pour s'assurer davantage, voulut elle-même parler à ce prince. François de Montpensier, dauphin d'Auvergne, fils de la duchesse, fut chargé de l'introduire secrètement chez la reine. Elle sut bien entrer dans les sentimens du roi de Navarre contre les princes lorrains, qu'elle promit d'éloigner avec le temps, et rejeta sur eux tout ce qui s'étoit entrepris contre les Bourbons : sans s'expliquer davantage dans ce premier entretien, elle renvoya le roi de Navarre content de son procédé; et résolu de la satisfaire, il lui en donna sa parole. Il obtint aisément le retour du connétable, que la reine souhaitoit autant que lui, et sans insister beaucoup sur la liberté de son frère, il la vit assez assurée par la conjoncture des affaires; mais la reine vouloit dans le temps faire valoir au roi de Navarre cette délivrance.

François mourut le 5 de décembre, âgé de dix-huit ans. On remarqua que le cardinal de Lorraine, qui l'assistoit à la mort, lui recommanda hautement de prier Dieu qu'il lui pardonnât ses fautes, et ne lui imputât pas celles de ses ministres. C'est en effet ce qu'avoit à craindre un prince qui n'avoit jamais agi de son mouvement. Les courtisans ne manquèrent pas à tourner cette parole du cardinal contre lui-même.

On ne put empêcher le peuple de soupçonner du poison dans la maladie survenue au roi, et le bruit s'en répandit dans les pays étrangers, sans qu'il eût d'autre fondement que l'inclination qu'ont les hommes à chercher des causes extraordinaires à la mort des princes. Les continuelles infirmités de François II ne lui promettoient pas une plus longue vie, et servirent seules d'excuse à la foiblesse pitoyable qu'il fit paroître durant tout son règne.

LIVRE XVII.

CHARLES IX (an 1560).

Aussitôt que François II fut mort, et que tout le monde eut rendu hommage à Charles IX, son successeur, la reine manda le connétable, qui depuis la maladie du roi s'avançoit à petites journées vers Orléans, attendant quelle seroit la suite des affaires. Elle lui écrivit qu'il étoit temps qu'il vînt reprendre sa place à la Cour et dans les conseils, où le roi vouloit lui donner la principale autorité, à l'exemple du roi son père et du roi son aïeul; qu'au reste il n'auroit plus à craindre d'être soumis aux étrangers; que la noblesse de France rentreroit dans sa première considération, et que le roi vouloit dorénavant que chacun fît sa charge. Elle songeoit à gagner ce sage vieillard, seul capable d'entrer dans les tempéramens nécessaires; elle étoit en grande inquiétude de ce qu'elle feroit des princes lorrains, qui l'avoient si indignement traitée dans le règne précédent; mais une autre passion l'empêchoit de songer à la vengeance, et il s'agissoit d'établir son autorité.

Les princes lorrains dans la décadence apparente de leur fortune, n'avoient pas perdu courage; ils crurent qu'ils se maintiendroient aisément avec une princesse ambitieuse, s'ils trouvoient moyen de lui faire croire qu'ils lui étoient nécessaires; ainsi ils fortifièrent leur parti, en y attachant, par de différens intérêts, le cardinal de Tournon, le duc de Nemours, les maréchaux de Saint-André et de Brissac, qui depuis la mort de Henri II étoient devenus de leurs amis, et qu'ils prirent soin d'unir à eux encore plus étroitement; et plusieurs autres personnes de grande considération.

Avec un si puissant parti, et les amis qu'ils avoient, tant dans les provinces que dans les Etats, ils crurent qu'ils se pourroient faire craindre de la reine, et firent en effet si bonne mine, qu'elle les crut encore plus puissans qu'ils n'étoient. Elle n'en fut pas fâchée; car quelques mesures qu'elle eût prises avec le roi de Navarre, elle vit bien que jamais elle ne pourroit s'assurer ni du prince de Condé, ni des Coligny qui le gouvernoient. D'ailleurs elle n'ignoroit pas que les Etats n'inclinassent à forcer le roi de Navarre d'accepter la régence, à laquelle ils le croyoient appelé par les lois fondamentales du royaume; ainsi elle demeura convaincue qu'elle ne pouvoit maintenir son autorité qu'en s'assurant d'un parti qu'elle pût opposer aux princes de Bourbon; et ce lui étoit un grand soutien de voir les princes lorrains irréconciliables avec eux.

Comme elle étoit dans ces pensées, et disposée à les rechercher, elle fut ravie de voir qu'ils la recherchoient; le maréchal de Saint-André se rendit le médiateur de leur accommodement, et l'assura de la soumission de ces princes. Il leur porta aussi les assurances de la protection de la reine; mais l'accord devoit être secret, jusqu'à ce qu'on eût consommé l'affaire de la régence. La duchesse de Montpensier portoit le roi de Navarre à lui céder; elle lui représentoit qu'il lui seroit glorieux de faire ce sacrifice au bien de l'Etat, et la reine lui faisoit insinuer qu'il y avoit peu d'apparence de faire régent du royaume le frère d'un criminel d'Etat, et que lui-même n'étoit pas hors de soupçon; les Coligny mêmes entrèrent dans les sentimens de la reine, et ils crurent qu'ils pourroient mieux prendre leurs sûretés avec elle qu'avec le roi de Navarre, toujours incertain et irrésolu.

Les choses étoient en cet état, quand le connétable arriva à la Cour, où on l'attendoit pour prendre une dernière résolution. En entrant à Orléans il parut étonné de voir des gardes aux portes, et il demanda pour quel usage elles y étoient au milieu du royaume. En même temps il leur commanda de se retirer, en disant qu'il sauroit bien sans cela pourvoir à la sûreté du roi, et qu'il établiroit si bien son autorité, qu'avec un seul huissier il le feroit obéir par tout le royaume comme avec des armées.

Après avoir donné d'abord cette marque de sa puissance, il entra chez le roi avec beaucoup de dignité; il ne put s'empêcher de verser des larmes à la vue de ce jeune prince, se souvenant des graces qu'il avoit reçues de son père et de son grand-père. La reine le tira à part, et lui dit qu'elle mettoit en lui toute sa confiance; que deux partis opiniâtres partageoient la Cour, et détruisoient l'autorité royale; qu'elle n'ignoroit pas les liaisons qu'il avoit avec celui des princes du sang, mais qu'elle savoit aussi qu'il préféroit le bien de l'Etat et le service de son maître à toute autre considération : ainsi qu'elle se remettoit entre ses bras, et lui recommandoit son pupille. Il fut attendri par ces paroles, et promit à la reine une fidèle obéissance; elle fut bientôt après déclarée régente. Le roi de Navarre céda, à condition qu'il seroit chef de tous les conseils, et lieutenant-général du royaume; les finances furent laissées au cardinal de Lorraine; on établit la forme des conseils, et toute la Cour obéit à la régente.

Il restoit encore à la reine une grande appréhension : elle ne pouvoit s'empêcher de délivrer le prince de Condé; mais comme elle connoissoit son esprit hautain, elle craignoit qu'il ne brouillât les affaires, et vouloit gagner du temps pour les affermir. Depuis la mort du roi, ce prince n'étoit gardé que pour la forme; mais il ne voulut jamais sortir de prison qu'il ne fût justifié, et demandoit qu'on lui nommât ses accusateurs. La reine lui faisoit dire qu'elle souhaitoit de le voir promptement dans les conseils, et d'autre part elle avoit des personnes affidées, qui lui remontroient que s'il ne se purgeoit dans les formes, on croiroit qu'il devroit sa délivrance à la faveur plutôt qu'à la justice; cette pensée, conforme à l'humeur du prince, entra si avant dans son esprit, qu'il abandonna toute autre affaire. Pour éviter l'ennui de la prison, il demanda la permission de se retirer dans une des maisons du roi son frère; elle lui fut accordée sans peine, et cependant on résolut de faire l'ouverture des Etats.

Le chancelier de l'Hôpital représenta les malheurs d'où le royaume venoit de sortir; il exhorta tous les ordres à y chercher des remèdes, dont le principal, disoit-il, étoit la tenue de cette assemblée. Il appuya beaucoup sur l'utilité des Etats-généraux, dont il parla comme du soutien de la royauté, se plaignit de la licence de ceux qui vouloient régler la religion à leur mode, et du faux zèle des autres, qui croyoient les réprimer par des supplices; il montra la nécessité de les adoucir, et que le salut de l'Etat consistoit dans l'obéissance que tous les ordres rendroient à la reine : la première séance finit par cette harangue ; elle flattoit les états pour les faire concourir au bien public, elle donnoit de l'espérance aux huguenots, elle établissoit l'autorité de la régente. Tant de choses considérables se passèrent huit jours après la mort du roi ; quelques-uns des députés, qui n'espéroient pas grande utilité des Etats, les vouloient rompre, sous prétexte que leur pouvoir étoit expiré par cette mort ; on les satisfit par cette maxime qu'en France le roi ne mouroit jamais ; mais on ne se pressa pas de tenir la seconde séance ; elle fut remise à l'année suivante.

(1561). Le cardinal de Lorraine, dès le vivant du feu roi, s'étoit préparé à porter la parole au nom des trois ordres, chose si inouïe jusqu'alors, qu'on avoit différé de le lui accorder : il eut aisément le suffrage du clergé, où il avoit tout pouvoir, et à qui la proposition étoit honorable ; la noblesse y trouva peu de difficulté, mais le tiers-état s'opposa avec vigueur à cette nouveauté ; outre qu'il étoit résolu à avoir son orateur particulier, selon la coutume, il déclara qu'il n'avoit garde de confier ses intérêts à celui dont il avoit résolu de se plaindre. Le cardinal refusé dédaigna de parler au nom du clergé, de peur de se mettre en égalité avec les députés des autres ordres ; les harangues de la noblesse et du tiers-état ne furent remplies que de la nécessité de soulager les peuples, et de remédier aux désordres du clergé ; le député de la noblesse demanda au nom de son ordre, des temples pour les huguenots ; celui du clergé traita cette proposition de séditieuse, et en parlant contre ceux qui se chargeoient des requêtes des hérétiques, on lui vit jeter les yeux sur l'amiral, qui l'obligea à lui faire réparation.

Le cardinal de Lorraine et le duc de Guise se plaignirent que dans les harangues on ne les avoit pas traités de princes ; les députés de Bourgogne et le Dauphiné, provinces dont le duc de Guise et le duc d'Aumale étoient gouverneurs, appuyèrent leurs plaintes dans les Etats : presque toute la noblesse s'éleva contre eux ; on se souvint du comte de Saint-Pol, prince du sang, qui, sous le règne de François I, dit à Claude, comte de Guise, comme il se vantoit d'être prince, qu'il parloit allemand en France. Il n'est pas croyable combien les princes lorrains furent touchés de cette opposition ; ils passèrent jusqu'à dire que ceux qui leur refusoient dans les Etats une qualité si bien due à leur naissance, étoient des séditieux. Les Etats irrités de cette parole, en portèrent leur plainte à la reine, qui interpréta la pensée des princes lorrains, et assura qu'ils ne regardoient comme séditieux que ceux qui manquoient d'obéissance pour le roi et pour elle. La noblesse ne laissa pas de demeurer offensée de leur procédé, qui causa une grande aliénation dans tous les esprits.

On eut nouvelle en ce temps que le Pape s'étoit enfin résolu à rassembler le concile : il y avoit été obligé par les propositions qu'on avoit faites de tenir en France un concile national. Côme de Médicis, qui s'étoit acquis sur lui un grand pouvoir, le reconnoissant pour être de sa maison, après lui avoir inspiré un conseil si nécessaire, le détermina encore à continuer le concile de Trente, plutôt qu'à en convoquer un nouveau; il nomma des légats pour y présider. Le roi donna ordre aux prélats de se tenir prêts pour se rendre à Trente; mais les affaires n'alloient pas si vite du côté de Rome.

Les Etats travailloient à leurs cahiers, et préparoient leurs demandes. Elles étoient si délicates, que la reine eût trop hasardé, si elle les eût ou accordées ou refusées; et d'ailleurs ayant tiré des Etats les services qu'elle en espéroit, qui étoit la reconnoissance de son autorité, elle les congédia à condition de se rassembler au mois de mai.

Le 28 de janvier elle publia un édit par lequel les prisonniers pour la religion étoient rétablis: il portoit des défenses de violenter personne sur ce sujet; il fallut donner cette satisfaction au roi de Navarre, qui, quoiqu'il ne fût pas de ce parti dans le cœur, cependant l'appuyoit à la considération de sa femme, et pour se faire des créatures. Le chancelier, ennemi des supplices, et d'ailleurs assez favorable aux protestans, dont il espéroit tirer quelque bien pour la réformation de l'Eglise, conseilloit cette douceur à la reine; elle y inclinoit d'elle-même, dans le dessein qu'elle avoit d'entretenir deux partis dans le royaume, au milieu desquels elle prétendoit établir plus sûrement sa domination.

Le cardinal de Lorraine et le duc de Guise s'élevèrent contre l'édit; le roi de Navarre le défendoit; chacun alloit à ses intérêts sous prétexte de la religion, et les partialités s'entretenoient à la Cour sous les noms de catholiques et de huguenots. Le roi de Navarre, qui voyoit les finances épuisées, après avoir proposé le retranchement des gages et des pensions, proposa encore à la reine de faire rendre à l'épargne les gratifications qu'on avoit reçues dans les derniers règnes, et il offroit d'en donner l'exemple: il espéroit par ce moyen réduire le connétable, qui avoit le principal intérêt à ce règlement, à se jeter entre ses bras; mais au contraire il ne fit que l'éloigner, et lui donner la pensée de chercher d'autres liaisons.

La Cour partit d'Orléans pour aller à Fontainebleau, et en même temps la reine écrivit au prince de Condé qu'il pouvoit venir travailler à sa justification. Il partit accompagné d'un grand nombre de ses amis; mais approchant de la Cour, pour ne point donner d'ombrage, il ne retint auprès de lui que le comte de La Rochefoucauld, qui s'étoit fait huguenot pour épouser la sœur de sa femme; il lui fut aisé de se justifier, quand il n'eut plus de partie: il demanda au chancelier en plein conseil quelles charges il y avoit contre lui; le chancelier répondit qu'il n'y en avoit aucune; ainsi il fut reconnu pour innocent dans le conseil; mais il fallut essuyer de plus longues procédures au parlement, auquel il souhaita d'être renvoyé, pour être justifié dans toutes les formes. Il ne fut pas plutôt à la Cour, que le roi de Navarre parut plus inquiet qu'auparavant ; il ne cessoit de se plaindre de la faveur de ceux de Guise, et ne sachant par où commencer à les quereller, il prétendit que les clefs du château où le roi logeoit, qu'on portoit durant la nuit au duc de Guise, comme grand-maître, devoient lui être apportées à lui, comme lieutenant-général du royaume, et chargé de la personne du roi. La reine disoit au contraire, qu'on les avoit toujours portées au connétable, tant qu'il avoit eu la charge de grand-maître, et ne pouvoit se résoudre à faire tort au duc de Guise, qu'elle vouloit ménager ; mais le roi de Navarre le prit avec elle d'un ton si haut, qu'elle n'osa le refuser tout à fait, et chercha un tempérament, qui fut de se faire apporter les clefs à elle-même ; ainsi elle accordoit au roi de Navarre une partie de ce qu'il demandoit, c'est-à-dire, l'exclusion de son ennemi : mais elle voulut en même temps lui faire connoître que ce n'étoit pas une chose qui dût être contestée au duc de Guise ; elle se fondoit sur l'exemple du connétable, et le roi de Navarre soutint au contraire qu'on l'avoit considéré comme chef des armées, quand on lui avoit rendu cette déférence ; ils s'échauffèrent tellement sur cette vaine dispute, qu'ils ne se séparèrent que bien avant dans la nuit, et le roi de Navarre, qui cherchoit querelle, ne se voulut jamais laisser apaiser par toutes les condescendances de la reine : on le vit sortir tout ému du cabinet.

Le lendemain il parut botté, comme un homme qui alloit quitter la Cour ; il avoit envoyé devant lui son équipage : tous les princes du sang se mirent en état de le suivre. Le duc de Montpensier le faisoit avec regret, et contre les conseils de sa femme, auxquels on remarque qu'il s'opposa pour la première fois dans cette rencontre. Pour le connétable et l'amiral, ils n'avoient garde d'abandonner le roi de Navarre : la plupart des grands seigneurs suivoient leur exemple. On affectoit de laisser le roi et la reine seuls avec les Lorrains, afin qu'ils parussent tout à fait livrés entre les mains des étrangers, qui par ce moyen demeuroient chargés de la haine publique ; les amis des princes du sang publioient qu'ils s'en alloient à Paris, que là on traiteroit dans le parlement de l'administration du royaume, et qu'on feroit bien voir à la reine qu'il n'étoit pas au pouvoir du roi de Navarre de lui céder la régence. Jamais l'autorité de cette princesse n'avoit été en si grand péril ; mais elle sut trouver un prompt remède à un si grand mal. Elle s'avisa de mander au connétable que le roi vouloit lui parler : le cardinal de Tournon fut chargé de lui porter cet ordre, et quelques-uns pour cette raison le crurent auteur du conseil. Il le trouva prêt à partir, mais il n'osa désobéir à un commandement si exprès ; il trouva le roi enfermé dans sa chambre avec les quatre secrétaires d'Etat, en présence desquels il lui dit que le bien de son service demandant la présence du premier officier de la couronne, il lui défendoit absolument de sortir de la Cour. En même temps, il commanda aux quatre secrétaires d'Etat de retenir par écrit l'ordre qu'il donnoit au connétable, et lui parla si fort en maître, quoiqu'il eût à peine douze ans, que le connétable comprit que s'il lui désobéissoit, il s'en souviendroit toute sa vie; ainsi il promit d'obéir. Il ne fut pas au pouvoir des princes ni de ses neveux de le faire changer de résolution; ils furent déconcertés par sa résistance, et ils conseillèrent au roi de Navarre de perdre la pensée de quitter la Cour; mais la reine ne fut pas tout à coup guérie de son appréhension.

Les Etats particuliers étoient assemblés à Paris pour députer aux Etats-généraux. On parloit hardiment dans cette assemblée du gouvernement de l'Etat, et on vouloit charger les députés de proposer la régence pour le roi de Navarre; on ne doutoit point que l'exemple de la ville capitale ne donnât le branle à tout le royaume; tellement que la reine fut obligée à s'accommoder de nouveau avec le roi de Navarre, qui lui céda à la vérité encore une fois le nom de régente, mais à condition qu'elle ne feroit rien sans son avis. Le maréchal de Montmorency, gouverneur de l'Ile de France, apaisa l'assemblée de Paris, où il ne se parla plus d'affaires d'Etat. Mais la reine ne se fioit pas à ces paix plâtrées; elle vit bien que jamais elle n'auroit qu'une autorité empruntée, tant que le roi de Navarre seroit uni au connétable; ainsi elle s'appliqua à rompre cette union : l'amiral et ses frères en étoient le lien, mais il y avoit dans la maison du connétable une brigue puissante contre eux.

Il y avoit longtemps que Madeleine de Savoie sa femme les haïssoit, parce qu'ils possédoient toute l'affection de leur oncle, ce qui lui avoit fait mépriser les frères de sa femme, pour lesquels il n'avoit jamais voulu demander aucune grace à la Cour; elle étoit d'ailleurs zélée pour la religion catholique, et ne cessoit de représenter à son mari qu'il en devoit être le protecteur, lui qui étoit le premier baron chrétien. Par ces discours, l'amiral et ses frères, opiniâtres défenseurs du calvinisme, commençoient à lui être moins agréables; il avoit aussi moins d'aversion pour les Lorrains, depuis que la duchesse de Valentinois, depuis peu réconciliée avec eux, s'étoit servie de l'ascendant qu'elle avoit toujours eu sur lui pour les mettre mieux dans son esprit. Le maréchal de Saint-André, très-propre à semer des divisions, lui fit entendre que son neveu l'amiral se moquoit de lui, et qu'il avoit dit à la reine, que pour le rendre inutile, elle n'avoit qu'à contenter le roi de Navarre; ce qu'elle pouvoit sans peine, en accordant aux huguenots la liberté de conscience.

En ce temps, on avoit renouvelé dans l'assemblée de Paris la proposition faite par le roi de Navarre, d'obliger les favoris des règnes passés à restituer les graces qu'ils avoient reçues. On assura au connétable que l'amiral, pour se rendre agréable au peuple, avoit réveillé les esprits sur ce sujet; ces choses lui étoient rapportées avec tant d'adresse et de vraisemblance, que tout accoutumé qu'il étoit aux intrigues de

Cour, il avoit peine à s'en défendre; et sa femme qui savoit choisir les momens de les lui remettre devant les yeux, les faisoit entrer profondément dans son esprit. La reine n'ignoroit pas ses dispositions, et faisoit jouer une partie de ces ressorts; mais elle cherchoit l'occasion de parler elle-même au connétable : le roi de Navarre ne tarda pas à la lui donner.

Ce prince avoit fait un grand festin à l'ambassadeur du roi de Danemark, qui étoit venu, comme plusieurs autres, faire les complimens de condoléance sur la mort de François II. On y parla beaucoup de religion, et quoique le roi de Navarre n'eût pu être persuadé par la reine sa femme d'embrasser le calvinisme, la complaisance qu'il avoit pour elle, ou un vain désir de montrer son autorité, lui fit dire qu'on verroit bientôt le culte de Dieu purifié dans tout le royaume. L'ambassadeur de Danemark releva cette parole indiscrète, et après s'être réjoui avec le roi de ce qu'il favorisoit l'Evangile (c'étoit ainsi que les luthériens nommoient la nouvelle religion), il l'exhorta à suivre plutôt les sentimens de Luther que ceux de Calvin, nés pour troubler les Etats. Sur cela le roi de Navarre avoit répondu que les luthériens et les calvinistes, unis contre le Pape en quarante articles, ne devoient pas être empêchés par deux ou trois points d'attaquer l'ennemi commun, et après de chercher entre eux les moyens de s'accorder.

Ce discours fit grand bruit dans toute la Cour, et ne fut pas plutôt venu aux oreilles de la reine, qu'elle résolut de s'en servir pour son dessein. Après avoir raconté au connétable tout ce qu'avoit dit le roi de Navarre, elle lui exagéra les pernicieux desseins de ce prince, et lui témoigna en même temps la douleur qu'elle ressentoit de ne pouvoir s'y opposer ouvertement, étant obligée de le ménager pour les intérêts du roi son fils; c'étoit, disoit-elle, au connétable, le premier baron chrétien, à se déclarer pour la religion de ses ancêtres, et à se rendre le chef du bon parti. Ces paroles émurent le connétable; il se mit à faire réflexion sur toute la conduite des princes de Bourbon, et ne fut pas longtemps sans demeurer convaincu que les brouilleries qu'ils faisoient dans la religion tendoient à la subversion entière de l'Etat. Les bienfaits dont Henri II l'avoit comblé, lui revenoient dans l'esprit; il se laissoit attendrir en considérant les périls où étoient dans leur bas âge ses enfans, qu'il appeloit ses petits maîtres; dès ce moment, il ne cessa de crier contre les innovations qui se faisoient tous les jours dans la religion. Tout retentissoit dans sa maison de ce nom de premier baron chrétien, dont il étoit si touché; il se plaignoit hautement du prince de Condé, qui faisoit faire le prêche dans son appartement; il n'épargnoit pas l'amiral son neveu, qui en avoit fait autant dans le sien, et traitoit d'attentat la hardiesse qu'il avoit eue de faire prêcher contre la religion de leur maître dans sa propre maison.

Cependant la reine, qui continuoit dans ses dissimulations ordinaires, faisoit elle-même monter en chaire publiquement, et en présence du roi, un homme plus dangereux que tous les ministres ; c'étoit l'évêque de Valence, qui, avec un extérieur ecclésiastique, et sous prétexte de reprendre les abus de la cour de Rome et du clergé, ne manquoit jamais d'attaquer indirectement à son ordinaire la doctrine de l'Eglise; dès son premier sermon, il choqua tous les catholiques. Le duc de Guise et le connétable protestèrent de n'aller jamais à des prédications si scandaleuses; mais le dernier poussa son mécontentement jusqu'à la reine : il considéra que ce prélat étoit dans sa confiance particulière, et ne douta point que la reine, qui le faisoit prêcher, ne fût de son sentiment : les complaisances qu'elle avoit pour les huguenots ne lui parurent plus un effet du ménagement politique qu'elle lui avoit montré ; il la crut gagnée de bonne foi à ce parti, et intimément liée avec les princes du sang. Selon lui, l'évêque de Valence étoit le lien de leur union; il se dégoûta de la reine, et résolut de se séparer non-seulement du roi de Navarre, comme elle l'avoit souhaité, mais encore d'elle-même; toute sa famille et tous ses amis l'entretenoient dans cette disposition, excepté le maréchal de Montmorency, qui étoit étroitement uni avec les princes, et croyoit que les intérêts de son père l'obligeoient du moins à ne point rompre avec eux; car pourquoi se déclarer entre deux partis, lui que son âge et ses services faisoient respecter des uns et des autres : ne devoit-il pas plutôt les laisser s'échauffer, pour ensuite s'en rendre l'arbitre par l'autorité de sa charge ?

Ce conseil paroissoit sage; mais le connétable avoit déjà pris sa résolution, et ne pouvoit plus souffrir ni le roi de Navarre, ni la reine même. Il n'écouta non plus ses neveux de Châtillon, quoiqu'ils lui témoignassent toutes sortes de soumissions à ses volontés, et un grand zèle pour le bien de l'Etat; mais après s'être éloigné de ses anciens amis, pour ne pas demeurer seul, il s'unit avec le duc de Guise, sur le fondement de soutenir de concert le parti catholique. Le maréchal de Saint-André moyenna cette réconciliation, et tous trois, unis ensemble, composèrent ce qui depuis fut appelé par les protestans le triumvirat, et ce qui donna prétexte à tous les mouvemens du royaume. Pour ne point effaroucher la reine, ils prirent soigneusement garde de ne point faire éclater leurs liaisons; mais elle étoit trop attentive à ses affaires, pour ne point pénétrer un secret si important, et voyant que par ses finesses elle avoit poussé le connétable plus loin qu'elle ne vouloit, elle se résolut, plus que jamais, à ménager l'amiral et les huguenots.

Cependant, dans les périls qu'elle prévoyoit, pour attirer de plus en plus au roi son fils la vénération de tous les peuples, elle résolut de faire la cérémonie de son sacre; il y arriva une grande contestation entre les princes du sang et le duc de Guise, qui prétendit, comme plus ancien pair, précéder le duc de Montpensier. Cette prétention souleva presque toute la Cour contre lui : on disoit hautement qu'il vouloit abattre peu à peu les princes du sang et abaisser la maison royale, pour profiter de la première occasion de s'établir sur le trône; mais lui, qui étoit fondé en possession, et qui avoit joui de cette prééminence dans le sacre des deux derniers rois, ne voulut jamais se relâcher, et soutenoit que dans une cérémonie où les pairs font leur principale fonction, la seule pairie devoit décider. La reine n'étoit pas fâchée de mortifier les princes du sang, et craignoit de choquer le duc de Guise; ainsi elle prononça en sa faveur : mais elle fit une nouveauté à l'égard du roi de Navarre, qui fut précédé, contre la coutume, par Alexandre, frère du roi, depuis appelé Henri : jusque-là on avoit donné la préséance à la qualité de roi; cette décision fut de grand éclat, et releva beaucoup le crédit du duc de Guise. Le sacre fut fait par le cardinal de Lorraine, archevêque de Reims, avec les solennités ordinaires.

Le prince de Condé ne se trouva pas à cette cérémonie : la religion qu'il professoit ne l'en auroit pas empêché, mais il étoit occupé de sa justification, qu'il poursuivoit au parlement. Après une longue procédure, sur la déclaration que donnèrent les quatre secrétaires d'Etat, qu'il n'y avoit aucune charge contre lui, il fut renvoyé absous, et par le même arrêt, la douairière de Roye, sa belle-mère, fut déclarée innocente, avec tous les autres accusés. On justifia aussi la mémoire du malheureux vidame; l'arrêt fut solennellement prononcé en robes rouges le 13 de juin, en présence des princes du sang et des pairs, même du duc de Guise, qui se mit sans contestation au-dessous des princes. Au milieu des troubles de l'Etat, et parmi les divisions des grands, les esprits des peuples s'aigrissoient aussi sous les noms de papistes et de huguenots : les dissensions allèrent dans plusieurs villes jusqu'à la sédition; principalement à Beauvais, où le peuple pensa piller la maison du cardinal de Châtillon, son évêque, qui avoit fait à Pâques la cène à la mode des huguenots, dans la chapelle du palais épiscopal.

La reine se résolut à publier un édit pour défendre les noms de secte, et empêcher les supplices, à condition toutefois que les huguenots vivroient dorénavant à la catholique, c'est-à-dire, qu'ils en seroient quittes pour dissimuler; et moyennant cette feinte, l'édit les rétablissoit dans leurs biens, et rappeloit d'exil ceux qui avoient été chassés pour la religion dès le temps de François I. On n'osa pas adresser cet édit au parlement, où on savoit qu'il ne seroit pas reçu; ainsi l'adresse en fut faite contre la forme, aux gouverneurs des provinces; mais le parlement en empêcha la publication à Paris, et ensuite obtint du roi qu'elle n'y fût pas faite. Mais comme l'édit fut exécuté dans la plus grande partie du royaume, on vit revenir de toutes parts des gens qui avoient pris en Allemagne et à Genève des sentimens opposés à la monarchie. Les salles les plus spacieuses ne suffisoient plus pour les prêches; les huguenots s'assembloient en pleine campagne, prêts à demander les églises mêmes pour y faire leur exercice; leur insolence devenoit de plus en plus insupportable. Le cardinal de Lorraine s'en plaignit à diverses fois à la reine et dans le conseil ; mais comme il ne fut pas écouté, il remua tout le clergé, déjà assez irrité ; et à la tête de tout ce corps, il représenta à la reine les inconvéniens de son édit avec tant de force, qu'elle ne put pas résister. Elle résolut de mener le roi en parlement, pour aviser aux moyens de remédier aux désordres que causoit la diversité des religions : il y eut trois avis, et celui qui fut suivi, défendoit tout exercice de la nouvelle religion : les peines étoient réduites au bannissement ; et il n'y avoit que les séditieux qui fussent punis de mort ; tout cela fut ainsi arrêté, jusqu'à ce que le concile général ou national y eût pourvu : voilà ce qui s'appela l'édit de juillet.

Dans le même temps que le cardinal de Lorraine harangua avec tant de force contre les protestans, il proposa à la reine une conférence, par laquelle il espéroit, dans la plus grande chaleur des esprits, de les ramener à l'amiable. L'amiral et tout le parti acceptèrent la proposition avec joie ; outre qu'ils avoient grande confiance au savoir et à l'éloquence de leurs ministres, ce leur étoit un grand avantage de traiter en quelque sorte d'égal avec les prélats, en entrant avec eux dans une conférence réglée. Parmi les catholiques, le cardinal de Lorraine étoit seul de son sentiment sur ce sujet ; ses amis lui représentoient qu'il se commettoit beaucoup en disputant avec des gens versés dans les langues, exercés dans les controverses et puissans en invectives ; mais le cardinal de Tournon étoit contraire à la conférence par des considérations plus hautes : il songeoit non-seulement que le cardinal se commettoit, mais qu'il commettoit en sa personne la cause de l'Eglise, qui, quoique plus forte et bien défendue, pourroit être révoquée en doute par les esprits foibles, dès qu'elle paroîtroit mise en dispute. Quelle apparence de souffrir une conférence où les ennemis de l'Eglise pourroient tout dire contre elle et ses ministres, en présence du roi et de toute la Cour ? car c'est ainsi que la conférence avoit été proposée. N'étoit-ce pas exposer ce jeune prince et ses frères, aussi bien que les courtisans, que de leur faire voir les artificieux discours des hérétiques ? falloit-il donner la liberté de parler dans une assemblée si auguste, à des moines apostats, tels qu'étoient la plupart des ministres, et à des gens bannis par les lois ? Il n'étoit pas aisé de fermer la bouche à des opiniâtres, ni de confondre des esprits subtils, qui avoient mille moyens de s'échapper, joint que l'extérieur de piété qu'ils affectoient imposoit au peuple, et qu'ils ne manqueroient pas de publier leurs victoires, dont le bruit se répandroit dans toute l'Europe, par une infinité d'éloquens écrits que les ministres sauroient faire, de sorte qu'ils sortiroient de la conférence avec plus d'avantage, ou du moins avec plus d'orgueil, qu'ils n'y seroient entrés.

Les raisons du cardinal de Tournon persuadoient tout le monde, excepté le cardinal de Lorraine ; il s'étoit figuré que son éloquence confondroit les ministres ; et occupé de la gloire qu'il se promettoit de la conférence, il n'en considéroit pas les inconvéniens : d'ailleurs de la manière qu'il avoit fait son projet, il croyoit que les ministres ne pourroient éviter de tomber dans un grand désordre; car il faisoit venir des théologiens de la Confession d'Augsbourg, zélés défenseurs de la réalité, qui ne manqueroient point de disputer fortement sur cet article, contre les calvinistes, leurs irréconciliables ennemis. Le cardinal espéroit de là l'un de ces deux avantages, ou que les huguenots seroient confondus par les luthériens, ou que du moins quelque division scandaleuse qui paroîtroit entre eux, feroit voir aux catholiques la vanité et la confusion de ces nouveaux réformateurs. Sur ces raisons le cardinal persista dans sa pensée, et la conférence fut résolue pour le mois d'août à Poissy : les Etats, après diverses remises, furent convoqués à peu près pour le même temps.

Cependant le connétable engagea la Cour à faire l'accommodement entre le prince de Condé et le duc de Guise; ce duc arrivoit de Calais, où il avoit accompagné la reine Marie Stuart, qui, mécontente de sa belle-mère, et rappelée par les affaires de son royaume, s'étoit embarquée pour y repasser. Le roi manda le prince et le duc qui vinrent à Saint-Germain, où étoit la Cour, suivis de tous leurs amis; là, en présence de la reine et de tous les grands assemblés, le roi, bien instruit par la reine, leur commanda de vivre en bons amis et en bons parens; car ils étoient cousins germains; ils se le promirent solennellement, et il en fut dressé un acte par les secrétaires d'Etat.

Depuis ce temps, le connétable, qui, par respect pour le prince de Condé, usoit de quelque réserve avec le duc, s'unit tout à fait à lui; le prince fut blâmé dans son parti de lui avoir donné ce prétexte de prendre ouvertement des liaisons avec les ennemis des princes du sang, et d'avoir rompu par ce moyen les mesures de bienséance qu'il gardoit encore avec eux.

Les Etats s'assemblèrent d'abord à Pontoise, où l'affaire de la régence fut de nouveau agitée avec beaucoup de chaleur; on s'obstinoit principalement dans le tiers-état à la donner au roi de Navarre qui l'avoit cédée; la plupart des députés de cet ordre étoient favorables à la nouvelle religion, et dépendoient de l'amiral; ainsi la reine connut de plus en plus le besoin qu'elle avoit de lui. Il s'appliqua de son côté à profiter de la conjoncture, pour faire déclarer ouvertement une princesse dont tout l'artifice étoit de gagner du temps, et tenir les choses toujours dans l'incertitude. Elle fut si vivement pressée, qu'elle n'eut point de honte de promettre à l'amiral de se faire calviniste, et d'instruire le roi dans cette croyance; mais il falloit, disoit-elle que la résolution des Etats précédât sa déclaration, qui sans cela eût paru forcée. La conférence de Poissy venoit à propos; elle promettoit alors de céder comme convaincue, afin que sa déclaration, faite avec connoissance de cause, fût de plus grand poids. L'amiral se rendit à ces raisons; il détermina ses amis à se déclarer pour la reine. Le cardinal de Lorraine lui assura le clergé ; le duc de Guise lui ménagea la plus grande partie de la noblesse : ainsi cette affaire n'eut point de suite.

Incontinent après, les Etats furent transférés à Saint-Germain, où l'ouverture se fit en présence du roi et de la reine. Les cardinaux disputèrent la préséance aux princes du sang, et perdirent leur procès; le cardinal de Tournon, doyen, se retira de l'assemblée avec le cardinal de Guise, irrités contre les cardinaux de Châtillon et d'Armagnac, qui cédèrent; pour le cardinal de Bourbon, il prit sa place ordinaire avec les princes du sang, au-dessus du prince de Condé son cadet.

Les harangues de la noblesse et du tiers-état furent pleines d'invectives contre le clergé, selon la mode du temps. Cet ordre, menacé de tous côtés, accorda au roi des décimes; le peuple fut déchargé par ce moyen ; les Etats furent renvoyés, et la reine délivrée des embarras que lui causa cette assemblée. Pour contenter l'amiral, à qui elle étoit obligée de la plus grande partie d'un si bon succès, elle avoit de continuels entretiens avec Soubise, homme de grande qualité, dévoué au parti huguenot, et bien instruit de la nouvelle doctrine, qui faisoit tout espérer à l'amiral. Pour le flatter davantage, la reine écrivit une lettre au Pape, où elle parloit d'une manière avantageuse en faveur des huguenots; elle traitoit d'indifférentes la plupart des questions qu'ils agitoient, et ne craignoit point de renverser des choses que les conciles généraux et la tradition perpétuelle de l'Eglise avoient établies. L'évêque de Valence avoit dicté cette lettre, qu'il finissoit par la demande du concile, comme du seul remède à tous les maux.

Le temps de la conférence approchoit, les prélats s'étoient assemblés à Poissy au nombre de quarante, sans compter les théologiens, parmi lesquels Claude Despence et Claude de Saintes étoient les plus renommés. Les protestans avoient aussi député leurs principaux ministres ; Théodore de Bèze étoit à la tête, et devoit porter la parole ; il fit le prêche dans l'appartement du prince de Condé avec un concours infini d'auditeurs ; la reine voulut le voir dans l'appartement du roi de Navarre ; c'étoit la mode à la Cour de favoriser la nouvelle religion. Toutes les dames s'en mêloient, et travailloient à gagner les courtisans, entre autres la comtesse de Crussol, que son esprit et ses agrémens avoient fait succéder à la faveur de la duchesse de Montpensier, qui venoit de mourir protestante.

Quelques jours après, on commença le fameux colloque de Poissy. Le roi en fit l'ouverture avec sa hardiesse et sa bonne grace ordinaires; le chancelier expliqua plus au long ses intentions, et exhorta les deux parties à la douceur. Le cardinal de Tournon prit ensuite la parole, et comme le chancelier avoit parlé d'une manière qui tendoit à affoiblir l'autorité des conciles, il demanda que sa harangue fût mise par écrit ; mais comme cette proposition ne tendoit qu'à des querelles, le chancelier y résista, et le roi commanda à Bèze de parler. Aussitôt lui et ses confrères se mirent tous ensemble à genoux, et Bèze fit une prière à haute voix ; il falloit donner ce spectacle de piété à la Cour ; le discours de ce ministre fut long, éloquent et plein d'invectives ; il parcourut tous les points de la religion, et lorsqu'il fut venu au saint Sacrement, il attaqua la réalité, jusqu'à dire que le corps de Jésus-Christ en étoit autant éloigné, que le ciel l'est de la terre ; cette proposition fit horreur à toute l'assemblée, les huguenots mêmes, qui la croyoient dans le fond, ne vouloient pas qu'on l'avançât si nue et si dure ; il s'éleva un murmure qui pensa rompre la conférence ; mais la reine trop engagée fit continuer. Bèze reprit sans s'émouvoir, et acheva son discours, comme il l'avoit commencé, avec beaucoup d'aigreur.

Le cardinal de Tournon l'avoit écouté avec indignation, et Bèze n'eut pas plutôt fini, qu'il adressa la parole au roi, lui disant que tout ce qu'ils étoient de prélats dans cette assemblée n'y assistoient qu'à regret, et ne se seroient jamais résolus à écouter les blasphèmes de ces nouveaux évangélistes, sans un commandement exprès ; la reine, piquée de cette parole, dit qu'elle n'avoit rien fait que de l'avis du conseil et du parlement, dans la vue d'assoupir les troubles, et de ramener à l'ancienne religion ceux qui s'en étoient séparés. Les catholiques demandèrent du temps pour répondre, et la conférence fut remise à un autre jour.

Cependant Bèze, fâché d'avoir parlé si durement de l'Eucharistie, fit une longue requête, où il tâchoit d'adoucir ses propositions ; mais les expositions qu'il apportoit ne consistoient qu'en termes équivoques. Le jour de la conférence arriva, et le cardinal de Lorraine fit cette belle harangue méditée depuis si longtemps ; on crut que l'envie de la prononcer avoit été cause qu'il avoit pressé ce colloque : il y réfuta le chancelier, qui avoit donné aux princes le droit de présider dans les conciles ; il attaqua la doctrine de Bèze sur l'Eucharistie, défendit l'autorité de l'Eglise, et montra que les ministres, qui n'avoient ni mission ni succession, ne devoient pas même être écoutés. Sa doctrine étoit établie sur des passages de la sainte Ecriture et des Pères : les catholiques lui applaudirent. Bèze, accoutumé à parler, demanda à répliquer sur-le-champ ; mais le roi remit à une autre fois.

Les ministres publièrent qu'on avoit voulu donner au cardinal l'avantage de triompher seul dans cette journée. La reine commença à connoître qu'il n'arriveroit aucun bien de la conférence, au contraire que les esprits en sortiroient plus aigris ; elle l'auroit rompue sans l'évêque de Valence, qui lui fit voir qu'elle se condamneroit elle-même en s'arrêtant au commencement de son entreprise. Bèze, qui vouloit parler, demandoit avec instance qu'on se rassemblât ; la reine y consentit ; mais comme elle vit les catholiques scandalisés que l'on fît des disputes de religion devant le roi, elle ne voulut plus qu'il y allât, et y assista toute seule.

Bèze, attaqué sur la mission, répondit par des invectives contre les prélats, qu'il accusa d'être simoniaques, et marqua si distinctement le cardinal de Lorraine, qui avoit eu tant de bénéfices par la faveur de la duchesse de Valentinois, que tout le monde jetoit les yeux sur lui : il s'en mit dans une telle colère, qu'il ne se posséda plus dans la réplique, et discourut presque sans ordre, jusqu'à ce que la parole lui manquât. Despence prit la place. De Saintes parla après lui; et comme tous deux ne disoient que la même chose, le cardinal revint à l'Eucharistie : il eût tiré alors un grand secours des docteurs luthériens qu'il avoit mandés, s'ils eussent pu se rendre à Poissy; mais, quoique la maladie les eût retenus à Paris, il n'embarrassa pas peu les calvinistes, quand il leur demanda s'ils vouloient signer l'article de la confession d'Augsbourg, où la matière de la cène étoit expliquée; car ils ménageoient les luthériens, et ils cachoient au peuple, le plus qu'il leur étoit possible, la contrariété qui étoit entre eux : aussi Bèze employa-t-il toute son adresse à éluder la proposition, tantôt en demandant qu'on lui rapportât cette confession toute entière, et non pas un seul article détaché du reste, tantôt en demandant à son tour au cardinal si les catholiques la vouloient signer; mais le cardinal le pressoit de déclarer ses sentimens particuliers, et comme la conférence se tournoit en cris confus, sans qu'on pût presque s'entendre, on espéra de mieux réussir en donnant une nouvelle forme au colloque. On nomma des députés de part et d'autre, pour dresser l'article de l'Eucharistie d'une manière dont on pût convenir; mais après beaucoup de propositions et de disputes, on se sépara sans rien faire.

Les ministres se vantèrent d'avoir triomphé : ce leur étoit en effet une espèce de victoire d'avoir soutenu leur croyance dans une assemblée si solennelle, sans qu'on pût les obliger de s'en départir; mais ils ne se contentèrent pas de cet avantage, ils publièrent qu'ils avoient confondu les catholiques; ce que leurs discours éloquens, leur cabale et l'amour de la nouveauté, firent croire à beaucoup de monde. Il n'y eut que le roi de Navarre que la conférence dégoûta des calvinistes, parce qu'il reconnut les divisions qui étoient entre eux, et qu'il fut scandalisé de les voir si opposés aux luthériens, qui de leur aveu avoient commencé la réforme : tout le reste du parti devint plus insolent que jamais, et s'accroissoit tous les jours.

La reine avoit peine à se défendre des reproches que lui faisoient tous les catholiques d'avoir trahi la cause de la religion, en la mettant en compromis : un jésuite, envoyé au colloque par le cardinal d'Este, légat en France, lui avoit dit en pleine assemblée qu'elle entreprenoit sur les droits du Pape. Beaucoup de catholiques zélés, qui voyoient favoriser les hérétiques, eurent secrètement recours au roi d'Espagne, durant le temps du colloque. Un prêtre fut trouvé chargé d'une requête à ce prince, par laquelle on le prioit d'assister la religion trahie par la reine, et de prendre soin de la France, où l'hérésie devenoit maîtresse sous le règne d'un enfant. Il alloit en Espagne, où il devoit se dire envoyé du clergé de France; on crut qu'il étoit avoué de plusieurs docteurs, de quelques prélats, et du cardinal de Lorraine. Quoi qu'il en soit, on n'osa jamais approfondir l'affaire, à cause de ceux qui s'y trouvoient enveloppés, et on se contenta de châtier légèrement ce faux zélé.

Cependant le roi d'Espagne parloit hautement contre la reine, et parut si scandalisé des colloques qu'elle avoit permis, qu'il fallut pour se justifier lui envoyer des ambassadeurs, qui eurent peine à avoir audience, tant il affectoit de paroître irrité. Enfin ils furent reçus par l'entremise de la reine Isabelle; mais Philippe ne daignant pas les entretenir lui-même, les renvoya au duc d'Albe, qui parla durement contre la reine, et leur déclara que le roi d'Espagne à la fin seroit obligé de donner aux bons catholiques de France le secours qu'ils lui demandoient pour exterminer l'hérésie.

Les ambassadeurs avoient ordre de parler de la restitution du royaume de Navarre; mais on se moqua de leurs demandes, et on dit qu'on écouteroit le roi de Navarre, quand il auroit commencé la guerre aux hérétiques, à commencer par le prince de Condé son frère, et par les Coligny ses bons amis; c'est ainsi que les Espagnols abusoient de la foiblesse du gouvernement de France, et tâchoient d'exciter la guerre civile dans le royaume. Les dispositions y étoient grandes, la reine s'étoit trop avancée avec l'amiral pour ne lui rien accorder, et le parti catholique, animé par les princes lorrains, ne paroissoit pas résolu à les souffrir.

En ce temps Pie IV, pressé par les continuelles sollicitations de l'empereur et de la France, dans l'appréhension qu'il eut du concile national, dont on continuoit de le menacer, publia sa bulle pour recommencer celui de Trente. Elle fut reçue en France avec des sentimens fort différens. Le chancelier qui n'espéroit pas que le concile de Trente apportât les véritables remèdes aux maux du royaume, pressoit l'assemblée du concile national, et quoique les protestans fussent disposés à ne déférer ni à l'un ni à l'autre, ils espéroient davantage d'un concile fait dans le royaume, où ils auroient leur cabale, que de celui de toute l'Eglise. Au contraire, les princes lorrains empêchoient de toutes leurs forces le concile national, ou parce qu'ils le croyoient dangereux, ou parce qu'ils avoient dessein de plaire à Rome. Là commencèrent les deux partis des politiques et des catholiques zélés; le premier, soutenu par le chancelier, entraînoit tout le parlement, joint aux protestans, que le roi de Navarre favorisoit, quoique avec moins d'ardeur qu'auparavant; il étoit sans comparaison le plus fort : le second, plus foible au dedans, tâcha de se faire appuyer par l'Espagne. Philippe, qui étoit uni très-étroitement avec le Pape, entra aisément dans le dessein de traverser le concile national, que toute la cour de Rome appréhendoit. Il envoya en France Antoine de Tolède, qui étant mort en chemin, Jean Manrique lui fut donné pour successeur; il ne cessoit d'exciter la reine à exterminer les hérétiques, et la détournoit du concile national, par des raisons dont elle étoit satisfaite, dans la crainte qu'elle avoit qu'une si grande assemblée ne diminuât son autorité; mais elle n'osoit répondre sur une affaire dont elle n'étoit pas maîtresse, il falloit auparavant s'assurer du roi de Navarre. Le duc de Guise, qui voyoit qu'il commençoit à se dégoûter des calvinistes, ne désespéra pas de l'en détacher tout à fait; il en donna les moyens à l'ambassadeur d'Espagne.

Ce roi étoit gouverné par deux personnes d'une humeur bien différente : l'une étoit l'évêque d'Auxerre, homme affectionné à son maître, et incapable d'être corrompu, mais foible, crédule, ignorant et très-aisé à tromper; l'autre étoit d'Escars : c'étoit un homme habile et entendu, mais attaché à ses intérêts, et ne cherchant que l'occasion de profiter de sa faveur. Manrique les gagna tous deux par une conduite proportionnée à leurs inclinations; on n'épargna à d'Escars ni l'argent ni les promesses; pour le bon prélat, on lui disoit qu'on donneroit au roi de Navarre le royaume de Sardaigne, qu'on lui faisoit abondant en toutes sortes de biens. On ajoutoit que si ce prince vouloit répudier sa femme, on lui feroit épouser la reine d'Ecosse, mariage que le duc de Guise faisoit extraordinairement valoir, et ne promettoit rien moins à celui qui l'épouseroit que le royaume d'Angleterre. Le cardinal de Ferrare entra dans cette négociation, et promettoit de la part du Pape de déclarer Elisabeth, comme bâtarde et hérétique, incapable de posséder ce royaume. Une pareille déclaration devoit priver la reine Jeanne d'Albret, tant de la principauté de Béarn, que de ce qui lui restoit du royaume de Navarre, que le Pape devoit donner au roi son mari. D'Escars par intérêt, et l'évêque par simplicité, exagéroient ces promesses. Le roi ne voulut point entendre parler de répudier sa femme, à cause du fils qu'il en avoit, jeune prince de grande espérance, et cher à son père; mais il étoit las de servir d'appui aux protestans, dont aussi bien il n'étoit le chef que de nom, et où son frère avoit avec l'amiral le pouvoir effectif; il voyoit même que d'être le chef d'un parti rebelle pouvoit donner fondement à l'exclure de la couronne, lui et sa famille : ces raisons et l'espérance du royaume de Sardaigne le touchoient, et déjà aliéné des protestans, il entra dans les sentimens du duc de Guise; le connétable et le maréchal de Saint-André entrèrent dans cette union, et tous ensemble jurèrent de défendre le parti catholique.

La reine, qui vit leur accord, n'avoit plus d'espérance qu'aux huguenots : ils le sentirent bientôt, et comme ils s'étoient déjà disposés à tout entreprendre, ils ne gardoient plus de mesures. Non contens de s'assembler publiquement contre les défenses, ils occupèrent les églises, ils en chassèrent les catholiques, ils en pillèrent les vases sacrés et les ornemens. Au milieu de tant de désordres, le conseil de la reine étoit incertain; le chancelier proposa d'assembler des députés de tous les parlemens, pour chercher d'un commun consentement des remèdes à de si grands maux; l'assemblée se tint à Saint-Germain, et presque tous les députés concouroient à relâcher quelque chose de la rigueur des premiers édits.

Les princes lorrains qui le prévirent, et qui se crurent les plus forts, principalement depuis qu'ils se sentoient appuyés du roi de Navarre, pour témoigner davantage leurs mécontentemens, se retirèrent de la Cour (1562); le cardinal se rendit à Reims, et le duc alla en Lorraine, tous deux résolus de passer en Allemagne, où ils avoient lié une conférence avec le duc de Wirtemberg; leur dessein étoit d'empêcher ce prince et les autres luthériens d'assister les calvinistes. Le lieu de leur entrevue fut choisi à Saverne, où le duc de Wirtemberg devoit se rendre sous d'autres prétextes, aussitôt que ces deux princes y arriveroient.

Durant ce temps on forma la résolution de publier le nouvel édit qui cassoit celui de juillet; car les huguenots avoient la liberté de s'assembler sans armes pour faire leur prêche; les synodes et les consistoires leur furent permis, à condition que les magistrats des lieux y assisteroient; ils devoient observer les fêtes, et restituer les églises aux catholiques, avec tout ce qu'ils y avoient enlevé. Voilà ce que contenoit ce fameux édit de janvier, qui causa tant de troubles dans tout le royaume; le parlement de Paris refusa de le vérifier, il fallut jussion sur jussion pour l'obliger à le recevoir, encore ajouta-t-il qu'il le faisoit par le commandement exprès du roi, manière de prononcer qui marque une extrême répugnance, et sans approuver la nouvelle religion.

Il fut aisé aux princes lorrains de juger qu'un édit qui passoit avec une telle résistance, ne subsisteroit pas longtemps, et pour ne point trouver d'obstacle au dessein qu'ils avoient de le renverser, ils pressèrent leur conférence avec le duc de Wirtemberg; toute leur adresse consistoit à ne lui témoigner aucune aversion pour les protestans d'Allemagne; le cardinal de Lorraine lui représenta tous les efforts qu'il avoit faits au colloque de Poissy, pour faire signer aux calvinistes la confession d'Augsbourg; il disoit qu'on n'en vouloit en France qu'à la religion zwinglienne, qui nourrissoit les esprits brouillons et séditieux, nés pour renverser les Etats, et que les luthériens n'avoient point d'inrêt de les soutenir, puisqu'ils étoient si contraires à leur croyance. Le duc de Wirtemberg avoit avec lui deux docteurs ennemis des zwingliens, qui trouvèrent les sentimens des princes lorrains assez raisonnables; et le duc de Wirtemberg promit de faire agréer, autant qu'il pourroit, à son parti, les propositions des deux frères, pourvu qu'ils n'empêchassent point la Réforme.

Au retour de la conférence, le cardinal de Lorraine retourna à Reims, et le duc de Guise passa à sa maison de Joinville; le roi de Navarre ne l'y laissa pas longtemps. Depuis qu'il s'étoit lié avec le duc de Guise et ses deux amis, il affectoit de n'être guère à la Cour, et demeuroit à Paris, où le peuple, ennemi des huguenots, étoit ravi de le voir détaché de ce parti; il crut avoir besoin du duc de Guise, pour s'affermir contre la reine. Il lui écrivit donc de revenir à Paris; son chemin étoit de passer par Vassy, petite ville auprès de Joinville, où les huguenots tenoient leur prêche, avec un concours incroyable de tous les environs.

Antoinette de Bourbon, mère du duc, et tante des princes de Bourbon, très-zélée pour la religion catholique, se plaignoit souvent au duc des scandales que causoit cette assemblée, et l'affaire fit tant de bruit dans sa maison, que ceux de sa suite, parmi lesquels il y avoit beaucoup de gens de guerre, passant dans ce lieu, ne purent voir le prêche tranquillement : les huguenots n'étoient pas souffrans, et la querelle s'échauffoit, lorsque Anne, femme du duc, que sa mère, Renée de France, duchesse de Ferrare, avoit élevée dans des sentimens favorables à la nouvelle religion, le pria d'apaiser le tumulte. En approchant du temple, il fut frappé au visage d'un coup de pierre; quoique la blessure fut légère, le sang que ses gens virent couler les anima tellement, qu'ils blessèrent deux cents hommes et en laissèrent soixante morts sur la place, sans que le duc pût y apporter aucun remède; il appela l'official de l'évêque, à qui il fit des reproches de ce qu'il souffroit ces assemblées, et celui-ci s'étant excusé sur l'édit de janvier, on dit que le duc mit la main sur son épée, avec protestation de s'en servir pour en empêcher l'effet.

Cette parole, soit fausse, soit véritable, répandue par toute la France, fut regardée par les huguenots comme le signal de la guerre; le duc fit faire des informations par lesquelles le commencement de la sédition étoit attribué aux protestans, et il prit soin de l'écrire ainsi au duc de Wirtemberg. Mais le prince de Condé et les huguenots faisoient un bruit étrange à la Cour; ils n'y parloient que du massacre de Vassy, et le prince disoit à la reine que si elle ne vouloit être cause d'une infinité de meurtres, elle devoit défendre l'entrée de Paris à celui qui avoit tant répandu de sang innocent, et qui ne manqueroit pas de porter encore le carnage dans cette grande ville.

Elle ne savoit à quoi se résoudre; mais l'union qu'elle voyoit si étroite entre le roi de Navarre et le duc de Guise, la détermina à satisfaire le prince de Condé. Ainsi, après avoir écrit au roi de Navarre qu'il donnât ordre qu'il ne se fît rien à Paris au préjudice de l'autorité royale, elle fit défense au duc de Guise d'y aller, et lui manda de se rendre avec peu de monde à Monceaux où étoit la Cour : il étoit à Nanteuil, occupé à recevoir ses amis, qui y accouroient de toutes parts. Il se servit de ce vain prétexte pour s'excuser d'aller à Monceaux selon l'ordre de la reine. Elle ne fut pas mieux obéie par le maréchal de Saint-André, à qui elle commanda d'aller à Lyon, dont il étoit gouverneur; il répondit qu'il ne pouvoit quitter le roi dans de si grands besoins de l'Etat, et qu'il étoit plus nécessaire auprès de sa personne que dans son gouvernement.

Un peu après, la reine manda au duc de Guise qu'il feroit bien de se retirer dans son gouvernement de Dauphiné, pour ne point donner prétexte à la guerre civile, et que le roi le souhaitoit ainsi ; mais le duc avoit bien d'autres pensées dans l'esprit. Le connétable alla le prendre à Nanteuil avec le maréchal de Saint-André, pour l'amener à Paris, contre la défense de la reine ; il y fut reçu d'une manière qui sentoit plus un souverain qu'un particulier ; tout le peuple y accourut en faisant des cris semblables à ceux qu'on a accoutumé de faire à l'entrée des rois : ce ne fut pas seulement le peuple qui lui rendit des honneurs extraordinaires ; le prévôt des marchands et les échevins furent au-devant de lui et le haranguèrent ; les ennemis remarquèrent qu'il entra par la porte Saint-Denis, par laquelle les rois font leur entrée solennelle au retour de leur sacre ; mais plus ils s'efforçoient de le décrier, plus le peuple de Paris publioit ses louanges. Le siége de Metz soutenu contre un empereur toujours victorieux, la France sauvée après la bataille de Saint-Quentin, Calais enlevé aux Anglois, et les autres victoires de ce prince étoient dans la bouche de tout le monde ; on regardoit déjà les huguenots abattus par sa valeur, et le roi, qui les haïssoit, croyoit avoir besoin d'un tel défenseur contre le prince de Condé.

Ce prince étoit venu dans la ville pour y donner vigueur à son parti, qui, quoique plus foible en nombre, ne laissoit pas d'être redoutable par la hardiesse de ceux qui le soutenoient : l'amiral n'étoit pas alors auprès de lui ; aussitôt après le désordre de Vassy, lui et d'Andelot son frère étoient allés ramasser leurs gens, et déjà on avoit avis que leurs troupes n'étoient pas à mépriser ; la Cour alla à Melun où elle crut être plus en sûreté ; la ville pouvoit tenir quelques jours, et donner le loisir à l'un des partis de venir secourir la reine, si l'autre l'assiégeoit, et d'ailleurs la commodité de la rivière lui facilitoit les moyens de s'échapper, quand elle seroit pressée : tous les jours il se tenoit à Paris des conseils chez le connétable, où le roi de Navarre étoit logé : là se régloient les affaires d'Etat sans la participation de la reine ; ils prenoient le nom de conseil royal.

Quoique le prince de Condé en fût exclu, il étoit considéré à Paris à cause du maréchal de Montmorency, gouverneur de cette ville, qui étoit tout à fait dans ses intérêts ; son père fut d'avis qu'on lui ôtât le gouvernement, qui fut donné au cardinal de Bourbon. On se préparoit des deux côtés à la guerre, et tout sembloit consister à se rendre maître de la personne du roi, parce que le parti où il seroit déclareroit l'autre rebelle ; pour l'attirer à Paris, le roi de Navarre fit en sorte que le prévôt des marchands allât à Melun, pour représenter à la reine le besoin extrême qu'avoit cette grande ville d'être rassurée par sa présence contre le prince de Condé et les hérétiques ; il demanda en même temps qu'on rendît au peuple les armes qu'on lui avoit ôtées à l'occasion de quelque tumulte. La reine accorda ce dernier point, et fit espérer le retour du roi dans peu de temps : cependant elle résolut de quitter Melun, où elle ne pouvoit plus être sans donner trop de soupçon, et elle mena le roi à Fontainebleau ; les Parisiens armés menaçoient tous les jours les huguenots, et pour être encore plus forts, ils reçurent quinze cents hommes de garnison.

Le prince de Condé sentit alors qu'il n'y avoit plus moyen de demeurer dans une ville si animée contre son parti ; mais afin que sa retraite ne parût point une fuite, il dit à son frère le cardinal de Bourbon, que pour éviter les troubles qui se préparoient dans Paris, il étoit prêt à s'en retirer, pourvu que le roi de Navarre et les trois amis en sortissent en même temps ; ils acceptèrent le parti, parce qu'ils étoient alors résolus d'aller à la Cour, pour obliger la reine à retourner incontinent avec eux dans Paris. Ils avoient déjà tenu divers conseils pour aviser à ce qu'ils feroient de cette princesse, protectrice trop déclarée des huguenots, et le maréchal de Saint-André avoit osé dire qu'il n'y avoit qu'à la jeter dans la rivière : les autres eurent horreur de cette proposition, et la reine conserva toute sa vie beaucoup de reconnoissance pour le duc de Guise qui s'y étoit opposé ; mais, quoiqu'il détestât une si étrange extrémité, il n'en fut pas moins d'avis de l'obliger de gré ou de force à ramener le roi à la ville capitale.

Pour exécuter ce dessein, le roi de Navarre alla à Fontainebleau, et les trois autres le suivirent ; ils affectèrent d'y paroitre bien accompagnés pour faire peur à la reine ; car alors la garde étoit foible, et les troupes dépendoient moins d'elle que du roi de Navarre, du duc de Guise et du connétable : elle connut d'abord leur dessein, et dit elle-même au roi de Navarre qu'elle voyoit bien qu'il étoit venu à la Cour pour la forcer à régler ses conseils suivant les intérêts et les passions des particuliers, plutôt que selon le bien de l'Etat ; que le service du roi demandoit non qu'on poussât les huguenots au désespoir, mais qu'on gagnât du temps pour laisser affermir l'autorité royale, et ralentir la fureur de ces frénétiques ; que cette seule raison l'avoit obligée à faire l'édit de janvier, et à se tenir éloignée de Paris, où on auroit pris trop aisément contre eux des conseils extrêmes ; que renverser cet édit, c'étoit les pousser à une rébellion manifeste, et que du moins il falloit le faire avec un peu de temps ; mais que rompre tout à coup, c'étoit vouloir ouvertement la guerre civile, qui n'étoit bonne qu'aux désespérés : ces raisons touchoient déjà le roi de Navarre et le connétable ; mais le duc de Guise, plus habile et plus ferme, avoit pris le dessus dans les conseils.

Aussitôt qu'ils se furent retirés d'auprès de la reine, il fit connoître au roi de Navarre que s'il ne se dépêchoit de s'assurer du roi, il seroit prévenu par le prince de Condé et par l'amiral ; en effet ce prince avoit assemblé ses troupes à la Ferté-sur-Marne, ville de son domaine où il s'étoit retiré depuis sa sortie de Paris ; son armée étoit petite, mais composée de braves gens. Outre la noblesse huguenote, d'Andelot lui avoit attiré la fleur de l'infanterie françoise, ravie en cette occasion de suivre la fortune de son général ; la reine ne cessoit de l'inviter à s'approcher de la Cour avec ses troupes ; il avoit marché à Meaux, et de là en tournoyant autour de Paris, pour voir s'il trouveroit l'occasion de quelque surprise, il étoit venu à Saint-Cloud : Paris en prit l'épouvante, on courut aux armes, et le prince n'osa approcher.

La reine cependant l'attendoit toujours, résolue à se mettre entre ses mains, et, ce qui passe toute croyance, se déclarer huguenote, si elle eût trouvé le parti puissant; mais Dieu ne permit pas qu'un jeune roi innocent fût fait hérétique par une mère ambitieuse, ni que l'hérésie s'emparât du trône de Charlemagne et de saint Louis. La reine interrogea ceux que le prince avoit laissés autour d'elle ; mais comme ils la trouvèrent peu instruite des forces et des desseins de leurs chefs, ils crurent qu'on les lui cachoit à dessein, et leurs réponses ambiguës la laissèrent en suspens ; ainsi elle n'osa jamais aller à Orléans, où le prince lui promettoit de se rendre aisément le maître.

Les choses étant en cet état, il fut aisé au duc de Guise de faire voir au roi de Navarre qu'il n'y avoit plus de temps à perdre ; on fit un dernier effort pour persuader la reine, en lui envoyant le maréchal de Saint-André, qui tâcha de lui faire peur du Pape et du roi d'Espagne. Comme elle parut peu touchée de ces raisons, le roi de Navarre vint déclarer que la présence du roi étoit nécessaire à Paris, que le prévôt des marchands pressoit extraordinairement son retour; ainsi qu'elle pourroit faire ce qu'il lui plairoit, mais que pour lui il alloit emmener le roi. Elle étoit accoutumée à plier son esprit selon les événemens ; ainsi, sans paroître étonnée, elle dit au roi de Navarre que si le bien de l'Etat demandoit que le roi allât à Paris, elle étoit prête à l'y mener; cela dit, elle se prépare à monter à cheval avec ses enfans (en ce temps on n'alloit guère autrement); ce ne fut pas sans écrire au prince, qu'elle étoit contrainte de suivre les triumvirs à Paris, et qu'elle espéroit qu'il ne les laisseroit pas longtemps le roi et elle, captifs entre les mains de leurs ennemis. Cette lettre lui coûta cher dans la suite, et donna lieu aux huguenots non-seulement de soulever toute la France, mais encore d'exciter les étrangers.

Cependant la Cour partit de Fontainebleau, et on vit le jeune roi pleurer pendant le voyage autant de dépit que de tristesse; tant la reine l'avoit persuadé qu'on lui faisoit violence. Quand le prince eut reçu sa lettre, il n'est pas croyable combien il se reprocha à lui-même de s'être laissé prévenir par ses ennemis, et tromper par une femme : il est pourtant véritable qu'elle n'avoit pas tant eu dessein de le tromper, qu'elle étoit elle-même irrésolue, et le prince étoit averti par Soubise que cette princesse, incapable d'embrasser leur parti d'elle-même, ne seroit pas fâchée d'y être déterminée par la force; mais il ne put se résoudre à lui faire cette violence. Pour réparer le mieux qu'il pouvoit la faute qu'il avoit faite, il résolut de se déclarer ouvertement, et de marcher vers Orléans, où il avoit déjà envoyé d'Andelot : les huguenots étoient puissans dans cette ville; le gouverneur, qui avoit tenu une conduite ambiguë durant tout le temps que la reine avoit paru incertaine, résolut de suivre le parti pour lequel elle se déclaroit.

Au milieu de tant d'irrésolutions, les huguenots, attentifs à profiter des conjonctures, s'étoient mis en état de se rendre maîtres à Orléans; le gouverneur n'eut pas plutôt vu la reine à Paris, qu'il songea à se précautionner contre eux, mais trop tard. A l'arrivée de d'Andelot, ils avoient pris de nouvelles forces, et il n'y avoit nul doute que le prince n'y fût bientôt le maître, s'il se hâtoit de s'y rendre. La reine l'amusa un peu de temps par des propositions spécieuses d'accommodement, mais qui n'aboutirent à rien : et cependant, pour rassurer cette place, elle envoyoit secrètement par d'autres chemins, d'Estrées, gentilhomme huguenot, mais fidèle au roi, qui blâmoit ceux de sa religion qui soutenoient leur réforme en prenant les armes : il eût rompu les mesures du prince, si celui-ci n'eût été dans le même temps pressé par un courrier de d'Andelot, qui lui mandoit qu'il perdoit tout, s'il retardoit un seul moment son arrivée.

Le prince partit aussitôt avec deux mille chevaux qui couroient à bride abattue se renversant les uns sur les autres sans s'arrêter ; et les passans qui voyoient une telle précipitation, les prenoient pour des insensés. Ils entrèrent plus tranquillement dans la ville, avertis à la porte que d'Andelot s'en étoit assuré; ils permirent au gouverneur et à d'Estrées de se retirer; et ainsi ce parti, encore foible, acquit une place qui, par sa situation et son importance, devint le siége de la guerre, et l'aida à soulever toutes les autres. Le peuple de Paris n'eut pas plutôt su la résolution de la reine, qu'il attaqua les huguenots dans un temple où ils étoient assemblés hors de la ville; il n'y eut point de sang répandu, mais ils connurent qu'il n'y avoit point de sûreté pour eux dans Paris.

Le lendemain que le roi y fut arrivé, on tint conseil au Louvre, où l'on proposa la guerre contre le prince de Condé. Le chancelier, qui voulut s'y opposer, fut maltraité par le connétable, qui dit qu'un homme de sa robe n'avoit que faire dans de tels conseils, et l'obligea à se retirer : le conseil fut composé de quelques créatures du roi de Navarre, et de personnes affidées au connétable et au duc de Guise. Le prince de son côté fit publier un manifeste pour montrer qu'il n'avoit pris les armes que pour mettre le roi en liberté, pour maintenir l'édit de janvier, et pour empêcher qu'on ne détournât les sommes que les Etats avoient destinées à acquitter les dettes du royaume : il parloit respectueusement du roi son frère, et offroit de désarmer, pourvu que les trois ligués en fissent autant; il écrivit en même temps aux églises prétendues réformées, pour les exhorter à le secourir d'hommes et d'argent, dans le dessein où il étoit de maintenir la pure religion, et de leur assurer la liberté de conscience que l'édit de janvier leur avoit donnée : il fallut beaucoup exagérer la captivité du roi et de la reine, afin qu'on ne s'étonnât pas des ordres qu'on recevroit de la Cour : les lettres que la reine lui avoit écrites lui donnèrent le prétexte le plus spécieux qu'il pût avoir. Par le conseil du prince palatin qui se déclara pour lui, il en envoya des copies aux princes protestans, et remplit toute l'Allemagne des bruits d'une fausse ligue que les triumvirs avoient faite avec le Pape et le roi d'Espagne pour exterminer les protestans, laquelle, quoique éloignée de toute apparence, n'en passa pas moins pour véritable parmi ces peuples crédules, et dans tout le Nord.

Les principaux du parti ne tardèrent pas à se rendre à Orléans auprès du prince; ils le nommèrent protecteur du royaume, et lui firent un serment par lequel ils promettoient de lui obéir comme à leur chef, et à celui qu'il nommeroit pour lieutenant, à condition qu'il mettroit le roi et la reine en liberté, et feroit conserver l'édit de janvier, jusqu'à ce que le roi majeur en eût ordonné autrement. La révolte du prince causa un soulèvement presque général, et environ dans le même temps qu'il se rendit maître d'Orléans, les huguenots occupèrent Rouen, Dieppe, le Havre de Grace, presque toute la Normandie; Angers, Blois, Poitiers, Tours, Valence et la plus grande partie du Dauphiné, Lyon, toute la Gascogne et tout le Languedoc, à la réserve de Bordeaux et de Toulouse. La Cour ne fut pas autant alarmée de toutes ces pertes, qu'il paroissoit qu'elle le dût être, parce qu'on ne croyoit pas les huguenots en état de se maintenir en tant d'endroits, et qu'ils avoient envahi plus de places qu'ils ne sembloient en pouvoir garder. Le maréchal de Tavanes les empêcha d'occuper les villes de Bourgogne, où il maintint la religion et l'autorité royale.

Partout où ils furent les maîtres, ils firent des désordres inouïs; ils brisèrent les images, pillèrent et ruinèrent les églises, brûlèrent les reliques des saints, et jetèrent au vent leurs cendres sacrées : celles de saint Martin, respectées depuis tant de siècles dans toute l'Eglise, n'échappèrent pas à leur fureur; l'autorité du prince ne put empêcher qu'Orléans ne fût exposé aux mêmes désordres : ils ôtèrent l'exercice de la religion aux catholiques, et exercèrent sur eux d'horribles inhumanités; ils ne furent pas mieux traités où les catholiques demeurèrent les maîtres, de sorte que tout le royaume étoit plein de meurtres et de carnage. Pour ramener les rebelles et empêcher la rébellion de s'étendre davantage, la régente fit publier le septième avril une déclaration qui portoit que ce qu'on disoit de la captivité du roi et de la sienne n'étoit qu'un prétexte grossier pour exciter les peuples à la sédition; qu'au reste le roi pardonnoit à tous ceux qui reviendroient de bonne foi à l'obéissance, laissoit aux protestans un plein exercice de leur religion, selon la discipline de Genève, à la réserve de Paris et de la banlieue, et ne feroit la guerre qu'aux séditieux.

Cette déclaration fit peu d'effet, parce que les ministres et les princes firent entendre aux peuples que les triumvirs ne les traitoient doucement en apparence que jusqu'à ce qu'ils se fussent rendus les maîtres, et qu'alors les supplices recommenceroient avec plus d'inhumanité que jamais. Le prince cependant, à qui les écrits qu'on faisoit continuellement dans le parti avoient été si utiles, ne cessoit d'en faire répandre de tous côtés, où il rejetoit tous les maux sur l'ambition des princes lorrains et de leurs amis : il publioit partout qu'il ne demandoit que l'exécution de l'édit de janvier, et le châtiment des insultes faites aux protestans. Mais comme il n'espéroit, disoit-il, aucune tranquillité, ni aucun ordre tant que les trois ligués demeureroient dans les affaires, il demandoit leur éloignement, jusqu'à ce que le roi, majeur, dût prendre connoissance de leur conduite.

A cette condition il promettoit de poser les armes, et offroit ses enfans pour otages : on lui répondit que le roi feroit observer l'édit de janvier, et en puniroit les infractions ; mais qu'il ne pouvoit pas chasser de la Cour des gens qui l'avoient bien servi ; qu'eux néanmoins, pour montrer qu'ils ne souhaitoient que la paix, offroient volontairement de se retirer, après que ceux qui étoient en armes à Orléans les auroient posées, et qu'on auroit remis sous l'obéissance du roi toutes les places surprises, en se soumettant au roi de Navarre pour tous les ordres de la guerre. La même réponse invitoit le prince de Condé à venir reprendre à la Cour et dans les conseils la place qui étoit due à sa naissance ; pour les autres seigneurs du parti, on leur ordonnoit de se retirer dans leurs maisons. Le même jour qu'on fit cette réponse, le duc de Guise, le connétable et le maréchal de Saint-André présentèrent au roi une requête fort concertée, où ils exposoient les services qu'ils avoient rendus sous les derniers rois, offrant toutefois de se retirer non-seulement de la Cour, mais encore du royaume, pourvu que les protestans désarmassent, et qu'on ne souffrît que la seule religion catholique. Au reste, ils n'exigeoient autre chose du prince de Condé, sinon qu'il revînt auprès du roi ; sa réplique fut pleine d'injures, et il concluoit en disant qu'il viendroit en effet bientôt à la Cour, en état d'examiner si un étranger et deux fripons feroient la loi à un prince du sang. Il envoyoit ses réponses à tous les parlemens, principalement à celui de Paris, afin, disoit-il, que dans un âge plus mûr le roi pût connoître son innocence, et la violence de ses ennemis.

La sédition et la révolte se répandoient de plus en plus avec ces écrits dans toutes les provinces. Le parlement, indigné de l'insolence des huguenots et de leurs sacriléges, donna un arrêt pour les chasser de Paris, et leur faire courir sus par tout le royaume. Les deux partis étoient en armes, et se faisoient une guerre cruelle. Celui des chefs des huguenots qui se signaloit le plus étoit le baron des Adrets, vaillant, hardi, vigilant, enfin grand homme de guerre, mais haï dans son parti même, pour les cruautés qu'il exerçoit sur les catholiques ; il faisoit tous les jours de nouveaux progrès dans le Dauphiné, où il prit Gondrin, lieutenant de roi de cette province sous le duc de Guise, et le fit pendre. La haine qu'il avoit contre le duc, qui ne fit pas assez de cas de lui dans le tumulte d'Amboise, où il lui offrit ses services, ne l'avoit pas seulement jeté dans le parti huguenot, mais lui faisoit faire la guerre avec toute la fureur que peut inspirer la vengeance. D'autre côté le parti royal se soutenoit dans la Normandie par l'adresse et par la valeur de Matignon, que la reine, qui se fioit à lui, avoit envoyé dans cette province, parce que La Marck, duc de Bouillon, qui en étoit gouverneur, étoit soupçonné de favoriser les huguenots. Le comte de Tende les appuyoit en Provence, où il commandoit; on lui opposa Sommerive son propre fils, que la défection de son père n'empêcha pas de servir le roi fidèlement.

Les autres provinces n'étoient guère moins agitées. Pierre Ronsard, gentilhomme vendomois, célèbre pour ses poésies, qui s'étoit fait ecclésiastique après avoir porté les armes, les reprit en cette occasion, et fut choisi chef de la noblesse catholique de son pays. Pendant tous ces mouvemens du dedans, on travailloit de part et d'autre à s'assurer du secours du côté des étrangers; le prince en envoya demander à la reine d'Angleterre, et sollicitoit aussi les princes protestans d'Allemagne, dont la Cour tâchoit d'obtenir du moins une neutralité par le moyen de Jacques d'Angennes de Rambouillet, ambassadeur auprès de ces princes, qui avoit ordre de les amuser en leur proposant de presser, conjointement avec le roi, la réformation de l'Eglise, dans le concile de Trente qu'on alloit reprendre. On faisoit en même temps des deux côtés des levées en Allemagne; mais celles du parti royal étoient plus grandes et plus promptes, et on y attendoit un secours considérable du roi d'Espagne.

Cependant le roi de Navarre sortit de Paris, accompagné des trois ligués, et marcha vers Châteaudun, avec une armée d'environ sept mille hommes; en même temps le prince sortit d'Orléans avec huit mille hommes, suivi de l'amiral, et campa à quatre lieues de cette ville; on se lassoit de part et d'autre de ne faire la guerre que par des écrits. La reine voyant les armées en campagne, craignit une décision, et tâcha de renouer les traités; elle fit proposer une entrevue au prince, qui ne put la refuser; elle se fit à Touri, le premier de juin, sans aucun succès. Le prince demandoit toujours l'éloignement des triumvirs, et l'exécution de l'édit de janvier; la reine refusa le premier article comme déraisonnable, et répondit sur le second, qu'elle craignoit de n'en être pas la maîtresse, après que les protestans avoient poussé les choses à de si grandes extrémités. Le roi de Navarre le prit encore d'un ton plus haut; et comme s'il eût voulu se justifier de son ancienne facilité, il affecta de faire paroître beaucoup de dureté à l'égard de son frère, de sorte qu'ils se séparèrent mal satisfaits l'un de l'autre. On ne songeoit plus qu'à la guerre : l'un des partis avoit pour lui le nom, et l'autre l'autorité du roi, celle de la reine et du roi de Navarre, l'épargne, quoique épuisée, la faveur du peuple, et le parlement de Paris. Mais le prince avoit de meilleures troupes, et une grande partie de la noblesse s'attachoit à lui, ou parce qu'elle penchoit vers la doctrine protestante, ou parce qu'elle croyoit que la reine favorisoit secrètement ce parti, ou enfin par l'aversion qu'on avoit conçue contre la maison de Lorraine.

Comme les armées étoient à deux lieues l'une de l'autre, les négociations recommencèrent par une lettre du roi de Navarre au prince son frère; elle étoit d'un style bien différent des discours qu'il avoit tenus à Touri : il l'invitoit à une nouvelle conférence avec des paroles tendres, et lui demandoit Beaugency pour la tenir, lui promettant de le rendre, si la paix ne se faisoit pas. Au reste il offroit au prince de faire retirer de la Cour les trois ligués, pourvu qu'il voulût bien sur sa parole se rendre auprès de l'armée, comme otage de tout son parti.

La reine avoit engagé le roi de Navarre à écrire cette lettre : elle-même avoit obtenu du duc de Guise et de ses deux amis qu'ils se retirassent de la Cour, pour ôter tout prétexte au prince; et en même temps pour s'assurer de tous côtés, elle employoit l'évêque de Valence son intime confident, à engager le prince à la conférence; elle avoit voulu que ce prélat entretint toujours une secrète correspondance avec lui, de sorte qu'il lui donnoit avis de ce qui se passoit dans le conseil où il assistoit; il composoit une partie des écrits qu'il répandoit dans le public, et lui-même faisoit aussi beaucoup de réponses de la Cour. Il porta aisément le prince à accepter la conférence; car outre qu'il ne fut jamais éloigné des propositions d'accommodement, il eût été blâmé dans son parti, s'il les avoit rejetées, surtout depuis que les trois ligués eurent effectivement quitté la Cour, quoiqu'ils ne s'en fussent pas fort éloignés; mais c'étoit assez pour tromper les peuples.

Le prince étant donc résolu de se rendre auprès de la reine, l'évêque obtint encore de lui quelque chose de plus considérable : il représenta au prince qu'il ne devoit rien épargner pour mettre ses ennemis dans leur tort, et pour s'attirer toute la gloire d'avoir sauvé le royaume; après une si belle préparation il coula insensiblement qu'en offrant de se retirer du royaume il banniroit éternellement ses ennemis de la Cour, où il reviendroit, peu de temps après, plus puissant et plus glorieux que jamais. Le prince fut ébloui de cette proposition, et l'évêque de Valence s'en retourna satisfait d'avoir procuré à la reine l'éloignement de tous ceux qui pouvoient diminuer son autorité; mais il étoit difficile que des sentimens où l'on entroit par surprise eussent un effet durable. Le prince ne manqua pas d'aller trouver le roi de Navarre à Beaugency qu'il lui avoit livré, et de là il passa à Talsy où étoit la reine; elle lui fit beaucoup de caresses à son ordinaire; mais pendant qu'elle songeoit à le piquer d'honneur, pour l'engager à lui faire l'ouverture de se retirer, comme il en étoit convenu avec l'évêque de Valence, elle vit tout d'un coup arriver les principaux du parti avec l'amiral : ils avoient suivi le prince de près, sur l'avis qu'on avoit eu que les trois amis, qui ne s'étoient retirés que pour la forme, étoient demeurés à Châteaudun, dans le voisinage de la Cour, où ils s'attendoient de revenir bientôt. L'amiral avoit aussi intercepté une lettre du duc de Guise au cardinal de Lorraine, qui étoit alors à Reims, se préparant d'aller à Trente, où il lui marquoit obscurément une grande entreprise qui se méditoit ; c'est ce qui les obligea à se rendre en diligence auprès du prince.

La reine, qui les vit entrer assez brusquement au lieu où elle étoit avec lui, n'en parut pas étonnée ; au contraire elle leur parla avec un visage ouvert, leur disant que le roi et elle ne tenoient que d'eux ce qu'ils avoient de repos et de liberté ; mais elle leur représenta que le parti des catholiques étant sans comparaison le plus fort, on ne pouvoit éviter que le premier article de la paix ne fût qu'il n'y auroit qu'une seule religion dans le royaume ; elle s'étoit bien attendue que le prince ne manqueroit pas de s'échauffer à ce discours : en effet il répondit que jamais il ne subiroit de si dures conditions, et que lui et ses amis rachèteroient plutôt la sûreté de leur religion et le repos de l'Etat par un exil volontaire, mais qu'ils ne vouloient point partir tout seuls ; et qu'enfin si elle vouloit obliger les trois ligués à sortir du royaume, dont ils causoient tous les malheurs, ils s'offroient tous à les imiter ; il réitéra plusieurs fois cette offre, et la reine bien instruite par l'évêque de Valence des dispositions où il l'avoit mis, en l'appelant plusieurs fois son cher cousin, et élevant jusqu'au ciel une si extraordinaire générosité, lui dit qu'il n'y avoit que ce moyen de sauver l'Etat, et le prit au mot.

L'étonnement que témoignèrent les amis du prince fut extrême ; la reine qui s'en aperçut adoucit la chose, en les assurant que cette absence ne seroit pas longue, et qu'au reste parmi les cabales qui se faisoient dans la Cour contre le service du roi, elle vouloit se remettre absolument entre leurs mains : ainsi finit la conversation. L'amiral et les seigneurs du parti ne furent pas plutôt en liberté, qu'ils se mirent à exagérer la simplicité du prince, et lui déclarèrent qu'il n'avoit pas pu disposer ainsi ni d'eux ni de lui-même, après les engagemens précédens. Le prince n'eut pas de peine à entrer dans leurs sentimens, il vit la reine encore une fois avec assez de froideur, et il retourna à son armée, où il trouva tous ses soldats indignés de tant de négociations : ils murmuroient de ce qu'on ne les menoit pas plutôt contre l'ennemi : les chefs disoient qu'un parti comme le leur, qui avoit à combattre le nom du roi et l'autorité établie, devoit en venir d'abord à un combat ; que leurs troupes n'étant composées que de volontaires qui s'étoient épuisés pour joindre l'armée, et de soldats auxquels on n'avoit point d'argent à donner, ils n'avoient pas le moyen d'attendre, de sorte qu'il leur falloit une prompte décision.

Pour profiter de leur ardeur, le prince résolut de partir le soir même; il espéroit que marchant une partie de la nuit il tomberoit à l'improviste sur l'armée catholique avant que les trois ligués qui en faisoient toute la force y fussent arrivés. Le roi de Navarre les avoit mandés, et la reine, à qui ses finesses avoient si mal réussi, avoit été obligée de donner les mains à leur retour. On partit donc, comme le prince l'avoit projeté, à l'entrée de la nuit, et la marche se fit avec une extrême diligence; mais le bonheur des catholiques voulut que les huguenots, après avoir marché toute la nuit, se trouvèrent à la pointe du jour à une petite lieue de leur camp; leur guide les avoit égarés. Damville, qui étoit en parti, les découvrit, et donna l'alarme à l'armée catholique; le prince, irrité d'avoir manqué son coup, se jeta sur Beaugency, que le roi de Navarre lui avoit retenu contre la parole donnée, et après l'avoir prise de force, il la donna au pillage : là périt tout à fait cette belle discipline de l'armée protestante, que l'amiral et d'Andelot avoient établie avec tant de soin : le pillage d'une seule ville y fit régner la licence. En même temps le duc de Guise, qui étoit arrivé au camp, marcha vers Blois que les protestans avoient occupé. Leur garnison se retira à sa venue; mais quoiqu'il fût entré dans la ville sans aucune résistance, il ne l'abandonna pas moins à la fureur des soldats.

Environ ce temps on eut nouvelle à la Cour que le duc de Montpensier avoit réduit à l'obéissance du roi la ville et le château d'Angers, et que La Rochelle, que les protestans tâchoient d'occuper, lui avoit ouvert les portes; le maire, d'intelligence avec ce prince, avoit introduit des gens qui se mêlant avec les huguenots, et criant comme eux, *Vive l'Evangile* (car c'étoit le cri ordinaire dont ils se servoient lors même qu'ils faisoient les plus grands désordres), se rendirent les plus forts. Ces nouvelles inspirèrent aux catholiques le courage de faire de nouvelles entreprises.

Au commencement du mois de juin, le duc de Guise s'avança vers Tours qui se rendit; on y exerça de grandes cruautés, selon la malheureuse coutume des guerres civiles; mais le duc tâchoit toujours de les modérer : Chinon et Châtellerault se soumirent. Le Mans, qui avoit chassé son évêque, fut obligé de le recevoir, et il chassa à son tour les huguenots; ces misérables qui se voyoient en exécration partout, à cause de la profanation des églises, quand ils ne pouvoient pas porter les armes, se réfugioient dans les châteaux, où ils croyoient avoir de la protection. Ceux du voisinage de Montargis s'y retirèrent, et y étoient soutenus par l'autorité de Renée de France, duchesse de Ferrare, qui y faisoit sa demeure : le duc de Guise, sous prétexte de garder sa belle-mère, et en effet pour s'assurer de cette ville, y envoya Malicorne, qui somma le château de se rendre; mais la princesse parut elle-même, et parla avec tant de hauteur, qu'il n'osa jamais passer outre. L'armée royale se fortifioit, ce qui donna lieu aux trois ligués de persuader au roi de Navarre d'y faire venir le roi, afin qu'on cessât de l'appeler l'armée du Navarrois ou des Guisards et des triumvirs; la reine qui commençoit à s'attacher au parti catholique, qu'elle voyoit le plus fort, ne manqua pas de mener le roi à Chartres. Il s'y tint un conseil de guerre où on résolut de partager les troupes; une partie fut donnée au maréchal de Saint-André, pour soumettre le Poitou, et l'autre au duc de Guise, qui devoit marcher vers Bourges.

Le prince perdit l'espérance de décider l'affaire par un combat, comme tous ses gens le souhaitoient : et parce qu'il les voyoit fatigués de ce que la guerre tiroit en longueur, pour empêcher leur désertion, il renvoya une grande partie de la noblesse, et renferma dans Orléans l'amiral et le reste de l'armée; ce fut alors qu'il envoya Jean d'Angest, seigneur d'Yvoy, à Bourges menacé de siége; le comte de La Rochefoucauld, chez lui, en Angoumois, pour commander dans cette province et dans la Saintonge; Soubise à Lyon, que le baron des Adrets venoit d'assurer au parti; mais l'humeur bouillante, et la cruauté de cet homme, plus soldat que politique, ne fut pas jugée propre au gouvernement d'une si grande ville; il ne le céda qu'à peine à Soubise, et on tient qu'il commença dès lors à se dégoûter du parti; mais comme le prince avoit plus d'espérance aux étrangers qu'aux François, ce qu'il fit avec plus de soin fut d'envoyer d'Andelot en Allemagne, vers les princes protestans, et d'écrire en Angleterre pour avancer le traité commencé avec la reine Elisabeth.

Le vidame de Chartres, qui en étoit chargé, la pressoit de donner de l'argent et des soldats : mais cette princesse artificieuse, qui vouloit avoir des places, répondit qu'à la vérité elle étoit touchée des maux de ses frères; mais qu'elle étoit obligée de faire voir à ses sujets que les sommes qu'elle donnoit étoient employées utilement pour le royaume. Quoique le vidame eût le pouvoir de lui donner Dieppe ou le Havre, il étoit bien aise de sauver à son parti la haine d'avoir fait rentrer les Anglois dans le royaume, et surtout il ne leur vouloit céder qu'à l'extrémité le Havre, qui étoit à l'embouchure de la Seine, et une des clefs du commerce de Paris; ainsi il se contenta d'abord d'offrir Dieppe; mais la reine, qui prévoyoit que les besoins des protestans les obligeroient bientôt à donner le Havre, différa jusqu'à ce qu'ils fussent plus pressés; elle ne fut pas longtemps à attendre. Cinq ou six mille Allemands étoient prêts à joindre l'armée royale; quand la reine sut qu'ils approchoient, elle écrivit au prince de Condé qu'il n'y avoit plus moyen de refuser les secours des étrangers, ni d'empêcher le parlement de déclarer rebelle tout le parti huguenot; la réponse du prince étoit pleine d'invectives contre les secours étrangers, que lui-même sollicitoit de tous côtés; et pour éloigner l'arrêt dont on le menaçoit, il envoya des récusations contre la plupart des officiers du parlement; on ne laissa pas de déclarer l'amiral et tous ceux du parti criminels de lèse-majesté, à la réserve du prince, qu'on excepta comme retenu malgré lui par ses confédérés : il se moqua de cette exception, et éclata contre la reine, qui depuis ce temps entra de bonne foi dans les desseins des trois ligués contre les huguenots.

Cependant les Allemands joignirent l'armée royale dans le même temps qu'il y vint un renfort de six mille Suisses. Le maréchal de Saint-André, après avoir pris Poitiers, se rendit au siége de Bourges que le duc de Guise avoit commencé; Yvoy y faisoit une vigoureuse résistance : on n'avoit pas plutôt fait une brèche, qu'on la trouvoit réparée; en une seule nuit les assiégés faisoient des retranchemens plus hauts que les murailles que le canon avoit renversées; la reine mena le roi au camp, et ne craignoit point d'aller en personne, même aux endroits hasardeux, pour exciter les soldats et presser les attaques. Cependant le siége tiroit en longueur; le duc de Guise fut obligé de faire venir du canon et des munitions; mais l'amiral sortit d'Orléans avec l'élite de ses troupes, battit le convoi, laissa le canon encloué, et poursuivit ceux qui l'escortoient jusqu'auprès de Chartres, dont il eût pu se rendre maître, s'il eût su l'épouvante que sa victoire y avoit jetée. Cette défaite fit douter au duc de Guise du succès qu'il avoit espéré du siége.

On eut recours à la négociation, que la présence et l'adresse de la reine rendoit facile et avantageuse. Yvoy ne savoit rien de la victoire remportée par l'amiral; et comme il n'étoit pas content de ses soldats peu obéissans, les grandes offres qu'on lui fit l'obligèrent à capituler; il quitta le parti du prince, où il dit qu'il n'étoit entré que dans la pensée qu'on prenoit les armes pour le service du roi. Le prince dont il voulut prendre congé refusa de le voir; de sorte qu'après s'être présenté à Orléans, il se retira dans sa maison, chargé de la haine et des reproches de tout le parti, qui l'accusoit d'avoir lâchement rendu une de leurs places des plus importantes, qu'il pouvoit encore défendre longtemps. Le duc de Guise gagna quelques-uns des chefs et des plus braves soldats, qui prirent parti dans l'armée royale. La générosité de ce duc, et la clémence dont il usoit en modérant, autant qu'il pouvoit, les rigueurs qui se pratiquoient dans cette guerre, le faisoient estimer des ennemis mêmes, et sa conduite ne donnoit pas moins de réputation aux armes du roi, que sa valeur.

Un peu après la prise de Bourges, qui se rendit le 29 d'août, la nouvelle vint à la Cour que Sommerive avoit achevé de chasser de Provence le comte de Tende son père, et les protestans, en prenant Sisteron, où toute la noblesse huguenote du pays s'étoit renfermée : le siége avoit duré près de deux mois, les femmes s'y étoient signalées; mais le baron des Adrets, de qui seul Mouvans, gouverneur de la place, pouvoit être secouru, quoiqu'il lui eût fait espérer de venir bientôt à lui, s'attacha à une autre entreprise; soit que déjà rebuté du parti depuis l'affaire de Lyon, il ne servit plus avec le même cœur, ou qu'il crût avoir le loisir d'exécuter ce qu'il projetoit avant que la place fût forcée. Mouvans tint autant qu'il put, et réduit à la dernière extrémité, plutôt que de se rendre, il se fit un chemin au travers de l'armée de Sommerive.

Après la prise de Sisteron, la reine crut que Lyon n'oseroit plus se défendre, et un reste de confiance qu'elle avoit en Soubise, lui fit espérer qu'il se rendroit, si elle lui en envoyoit l'ordre; il étoit comme bloqué depuis longtemps par le comte de Tavannes; mais les habitans soutenoient toutes les incommodités avec beaucoup de patience, et le secours que leur avoit envoyé le canton de Berne, joint aux troupes que Soubise y avoit amenées, les mettoit en état de se défendre longtemps. Ainsi Soubise répondit avec fermeté à l'ordre qui lui fut porté de la part de la reine, et dit qu'il ne rendroit qu'au roi majeur la place qu'il conservoit pour son service; la reine, irritée de cette réponse, consentit à la proposition que lui fit le duc de Guise d'envoyer le duc de Nemours pour assiéger cette ville.

Tavannes se retira, témoignant qu'il ne pouvoit se résoudre à servir sous un autre, dans une armée qu'il avoit si longtemps commandée avec tant d'heureux succès, mais on crut qu'il étoit bien aise d'avoir ce prétexte de quitter une entreprise où il prévoyoit qu'on ne pourroit pas réussir. En effet le duc de Nemours désespéra bientôt de prendre Lyon; mais pour ne pas demeurer inutile, il alla à Vienne, qu'il emporta d'abord par la lâcheté du gouverneur, et releva par cette conquête les affaires du roi dans le Dauphiné. Montluc les soutenoit en Guyenne, et commençoit à prendre le dessus sur Symphorien de Duras qui y commandoit pour le prince de Condé : tant d'heureuses nouvelles, qui venoient en même temps à la Cour, firent juger au maréchal de Saint-André que le parti étoit à bas, et qu'il ne falloit plus que l'attaquer dans le cœur en assiégeant Orléans : il regardoit cette ville comme affoiblie et intimidée par la prise de Bourges qui n'en étoit qu'à vingt lieues, de sorte qu'il soutenoit qu'on la prendroit aisément, et qu'on finiroit la guerre par un seul coup; mais le duc de Guise jugea cette entreprise impossible, à cause du grand nombre de braves gens qui étoient à Orléans avec le prince et l'amiral; et pour ne pas perdre le temps qui restoit, il proposa un siége qu'il ne croyoit pas moins important, et qu'il croyoit plus facile. C'étoit celui de Rouen, qui non-seulement soumettoit au roi toute la Normandie, mais rendoit à Paris toutes les commodités que lui apportoit une ville d'un si grand commerce, avant qu'elle fût entre les mains des ennemis. Ce qui fit suivre son sentiment fut l'avis qu'on eut que les huguenots étoient prêts à donner le Hâvre à la reine Elisabeth, de sorte qu'il n'y avoit rien de plus nécessaire que d'arrêter dans la Normandie les Anglois qui alloient s'y rendre. En effet, après la perte de Bourges, de Sisteron et de Vienne, le vidame eut ordre de conclure, à quelque prix que ce fût, et ne put plus refuser de donner le Havre aux Anglois pour place de sûreté, sans préjudice de leurs prétentions sur Calais : le prince et tout le parti promettoient de les aider à soumettre cette place.

A cette condition, Elisabeth leur promit cent quarante mille écus, et six mille hommes entretenus, dont trois mille devoient demeurer dans le Hâvre même pour le garder, et les autres devoient aller où le prince leur ordonneroit; voilà ce qui fut conclu à Hamptoncourt le 20 septembre 1562. Elisabeth paya l'ambassadeur de France de mauvaises excuses; mais l'affaire étoit sans remède, et tout ce qu'on put faire à la Cour, fut de publier partout ce traité des huguenots, qui les rendit si odieux par tout le royaume, qu'ils ne savoient eux-mêmes comment se défendre, de sorte que ceux d'entre eux qui avoient le plus de conscience quittoient la guerre.

Il y en avoit un grand nombre parmi eux qui trouvoient la Réforme dont ils faisoient profession, incompatible avec les troubles qu'ils causoient dans le royaume, et avec l'esprit de révolte qui les faisoit soulever contre leur roi : pour les rassurer, le comte de La Rochefoucauld fit tenir dans ce même temps deux synodes, dans lesquels il fut déclaré que la guerre qu'ils faisoient étoit juste et nécessaire. L'armée marchoit cependant à Rouen, sous la conduite du roi de Navarre, qui avoit l'honneur du commandement; mais le duc de Guise faisoit en effet la charge de général; le siège fut formé le vingt-sixième de septembre, et le même jour que Montluc assiégea Lectoure, après que Pierre de Montluc son fils eut pris Tarbes. Le maréchal de Saint-André étoit allé en Champagne avec un grand détachement, pour s'opposer au passage des troupes allemandes que d'Andelot avoit levées : il avoit été longtemps sans les pouvoir mettre sur pied, quoique le prince lui eût envoyé, pour l'appuyer dans ses négociations, Spifame, autrefois évêque de Nevers, qui avoit renoncé à sa foi et à son évêché pour épouser une boulangère. Il eut ordre de partir de Genève où il étoit ministre, et d'aller à la diète convoquée pour faire roi des Romains Maximilien, fils de l'empereur; mais ses instructions l'obligeoient principalement à justifier le procédé du prince et à aider d'Andelot. Les fortes oppositions que Rambouillet et les autres ministres du roi faisoient à leurs desseins, les eussent empêchés d'y réussir, sans le landgrave de Hesse, qui les assista de son autorité et de son argent; ainsi d'Andelot revint avec un corps considérable.

Au commencement du siége de Rouen, le duc de Guise apprit qu'il étoit prêt à se jeter dans la Lorraine et dans la Champagne; il intercepta aussi des lettres que le prince écrivoit à Montgommery, gouverneur de la place, qui y étoit revenu depuis peu de jours avec quelques Anglois : ces lettres portoient qu'il seroit bientôt secouru, et qu'on n'attendoit pour aller à lui que l'arrivée des Allemands que d'Andelot alloit amener. Ces avis obligèrent le duc à presser le siége; il avoit des intelligences dans la place, qui lui facilitoient les attaques, et il ne cessoit d'animer les officiers et les soldats plus encore par ses exemples que par ses discours; il fit attaquer en même temps les forts de Sainte-Catherine, et il choisit l'heure où il savoit que ceux de dedans avoient accoutumé d'aller se rafraîchir dans la ville. Ils se rassemblèrent au bruit de son approche, et firent une défense extraordinairement vigoureuse; l'attaque le fut encore davantage, de sorte que les forts furent emportés l'épée à la main.

La France perdit de part et d'autre tout ce qu'elle avoit de plus braves soldats; et le duc de Guise ne pouvoit se consoler de voir périr des deux côtés tant de vaillans hommes qui l'avoient aidé à prendre Calais. On blâma la reine d'avoir mené le roi dans ces forts encore tout couverts de morts, comme pour l'accoutumer au sang. Les assiégés reçurent alors un secours de cinq cents Anglois, qui n'empêcha pas le duc de Guise de repousser leurs continuelles sorties, et d'emporter le rempart de Saint-Hilaire. Les belles actions de ce prince donnoient beaucoup d'émulation au roi de Navarre, qui étoit naturellement plein de valeur : comme il s'exposoit beaucoup, il fut dangereusement blessé, ce qui fit différer au lendemain l'assaut qu'on devoit donner le même jour. Il se fit des propositions d'accommodement qui le reculèrent encore; les ministres, dont on s'obstinoit à vouloir le bannissement, en empêchèrent le succès; enfin le vingt-sixième d'octobre le duc de Guise alla lui-même reconnoître une tour qui défendoit la porte de Saint-Hilaire, et disposa si bien son attaque, que la place fut prise de force; Montgommery se sauva au Hâvre avec les Anglois : les cruautés qui furent exercées dans la ville sont incroyables, et on ne cessoit de louer le duc de Guise des soins qu'il prenoit pour les modérer; ceux qu'il prit des soldats blessés ne lui gagnèrent pas moins le cœur de toute l'armée.

Le roi de Navarre eut la vanité de vouloir entrer dans la ville par la brèche comme victorieux, au bruit des tambours et des trompettes, et porté sur les épaules des Suisses, malgré le mauvais état de sa blessure. Il vouloit croire qu'il étoit guéri, contre l'opinion des médecins, parce que son mal tiroit en longueur, et qu'il lui donnoit quelque relâche; ainsi il ne songeoit qu'à se divertir dans la conversation des femmes et il avoit toujours auprès de lui une des filles de la reine, dont elle se servoit depuis quelque temps pour gouverner ce prince voluptueux : c'étoit l'artifice le plus ordinaire qu'elle employoit à gagner ceux dont elle croyoit avoir besoin. Dieppe et Caen se rendirent aussitôt après la prise de Rouen. La reine fit publier une déclaration du roi par laquelle il pardonnoit à tous ceux qui avoient pris les armes, pourvu qu'ils se retirassent paisiblement dans leurs maisons, et y vécussent en bons catholiques. Cela fait, la Cour reprit le chemin de Paris. Un peu après, le roi de Navarre, dont le mal augmentoit de jour en jour, se fit descendre en bateau par la rivière, dans la résolution de séjourner à Saint-Maur-des-Fossés, maison agréable de son domaine, auprès de Paris, dont l'air lui étoit bon, et dont la situation lui plaisoit.

Le prince de Condé et ceux du parti étoient à Orléans dans une grande affliction, à cause des tristes nouvelles qui leur venoient coup sur coup. Durant le siége de Rouen, le baron des Adrets, qui tâcha deux fois de reprendre Vienne, fut battu deux fois par le duc de Nemours : ses pertes ne l'empêchèrent pas de faire une troisième entreprise, elle lui réussit mal; mais par l'avantage du poste qu'il occupa, il donna moyen à Soubise de mettre des vivres dans Lyon, qui commençoit à manquer de tout. En Guyenne les affaires du parti alloient encore plus mal; Montluc avoit pris Lectoure, qui le rendoit maître de toute la haute Gascogne, où la reine de Navarre soutenoit sous main le parti.

Il avoit ensuite marché contre Duras, sur lequel Burie et lui, avec des troupes qui leur étoient venues d'Espagne, remportèrent une si grande victoire, que de huit mille hommes qu'il devoit mener à Orléans, à peine put-il en conduire dix-huit cents. Le duc de Montpensier, maître en Guyenne par la victoire de Montluc, se crut en état de mettre le siége devant Montauban, et tout ensemble d'envoyer à l'armée royale un renfort considérable : les royalistes étoient les plus forts dans le Dauphiné, et ils assiégeoient Grenoble, place foible, qui se défendoit avec plus d'obstination que d'espérance. Le baron des Adrets, qui étoit dans cette province le seul soutien du parti, s'en dégoûtoit tous les jours, et il étoit entré dans une longue négociation avec le duc de Nemours; ce prince prétendoit ou le gagner, ou l'amuser, et le rendre suspect dans son parti, en quoi il réussit plus qu'il n'avoit espéré. Ainsi les huguenots étoient sur le point de perdre un de leurs meilleurs chefs : une infinité de braves gens quittoient, et alloient jouir dans leurs maisons du pardon que la reine venoit de leur accorder : tous ces avantages de la Cour n'empêchèrent pas qu'elle ne terminât avec la Savoie un traité honteux qui se négocioit depuis longtemps. Marguerite, duchesse de Savoie, étoit très-étroitement unie avec la reine sa belle-sœur, qui étoit bien aise de se ménager l'amitié de cette princesse, et une retraite en Piémont, si les affaires de France réussissoient mal : la duchesse trouvoit indigne d'une fille de François I d'avoir un mari dépouillé de ses places les plus importantes, et même de la capitale, et ne le regardoit pas comme souverain, tant que ses Etats seroient entre les mains des François; le roi d'Espagne, qui ne les voyoit qu'à regret en Italie, et auprès du Milanez, pressoit la reine de contenter la duchesse.

Ses offices étoient de grand poids, à cause des secours qu'il donnoit et qu'il promettoit d'augmenter : on faisoit craindre au conseil du roi que le duc de Savoie ne profitât des troubles du Lyonnois et du Dauphiné pour s'emparer des terres de son voisinage; sur ce fondement on conclut de lui rendre Turin et d'autres places réservées dans le Piémont à la France par le traité de Cateau-Cambrésis; mais la France retint Pignerol, Savillan et Pérouse. Les François qui étoient dans le pays ne purent souffrir un traité si honteux; il fut sur le point d'être rompu par le refus que fit Bourdillon de rendre ces places dont il étoit gouverneur; mais le cardinal de Lorraine, étant prêt à partir pour aller à Trente, fit résoudre dans le conseil que l'on contraindroit le gouverneur à obéir. Le cardinal fut bien aise de faire plaisir au roi d'Espagne, dont il crut avoir besoin dans les desseins qu'il se proposoit pour le concile; la reine envoya donc les derniers ordres, qui achevèrent l'affaire, au grand mécontentement des François.

Cependant d'Andelot avoit traversé la Lorraine; la fièvre-quarte, qui lui avoit pris dans les montagnes, ne lui fit pas relâcher un seul moment de sa vigilance ordinaire; il se répandit comme un torrent dans la Champagne; et le maréchal de Saint-André ne put l'empêcher d'arriver à Orléans, avec neuf mille hommes des mieux faits et des mieux armés qui fussent jamais sortis d'Allemagne : d'Andelot les avoit choisis lui-même.

Ils ne furent pas plutôt arrivés à Orléans, qu'ils pensèrent à se mutiner faute d'argent : on ne trouva pas de meilleur moyen de les apaiser, que de les mettre en campagne, et de leur faire espérer le pillage de quelque grande ville qu'on attaqueroit. On mit en délibération dans le conseil du parti quelle entreprise on feroit avec ce nouveau renfort; le courage du prince le détermina au siége de Paris, il y marcha, mais au lieu d'aller droit à cette grande ville, pendant que les troupes catholiques n'y étoient pas encore arrivées, il s'amusa à attaquer de petites villes, entre autres Corbeil, où il trouva plus de résistance qu'il ne croyoit ; comme l'armée royale n'étoit pas encore rassemblée, la reine, pour se donner tout le loisir nécessaire, remit à son ordinaire les négociations sur le tapis.

On venoit d'apprendre la mort du roi de Navarre, dont la maladie augmenta sur la rivière, et l'obligea de se faire descendre à Andely, où il rendit le dernier soupir le 17 novembre. On ne sait dans quelle religion il mourut; aussitôt qu'il vit sa mort assurée, il se confessa et reçut à l'extérieur, avec tous les sentimens catholiques, la communion. Depuis, persécuté par un médecin huguenot qu'il avoit auprès de lui, il lui dit que s'il en revenoit, il embrasseroit la confession d'Augsbourg. Le délire le prit aussitôt après, et on crut qu'il y étoit déjà entré, quand il fit cette réponse; il revint pourtant dans son bon sens un moment avant sa mort, et ne dit autre chose sinon qu'il recommandoit à sa femme de demeurer fidèle au roi, et de nourrir son fils dans les mêmes sentimens; au surplus qu'elle ne vînt point à la Cour, et qu'elle fortifiât ses places.

Il mourut dans sa quarante-deuxième année, et laissa son fils Henri âgé de neuf ans ; cette mort donna sujet à la reine de faire espérer au prince un accommodement avantageux. Il se laissa flatter par l'espérance qu'elle lui donnoit qu'il auroit la charge et toute l'autorité du roi son frère : toutes ces belles propositions qui se faisoient en général, se trouvoient toujours sans effet par les difficultés qui naissoient dans les articles particuliers. On rompit et on renoua plusieurs fois ; il se donnoit quelques combats, où le prince avoit toujours du désavantage ; et la reine en même temps proposoit des entrevues qui n'aboutissoient à rien qu'à gagner du temps. Celle de l'amiral avec son oncle le connétable fut longue et célèbre, mais aussi inutile que les autres ; il crut avoir épuisé toutes les finesses de la reine, en ne donnant pas dans les piéges qu'elle lui tendoit, et il ne s'aperçut pas qu'elle avoit tout l'avantage qu'elle prétendoit, puisque les troupes avoient le loisir de venir de tous côtés à l'armée royale.

Le prince abandonna à la fin le siége de Corbeil, mais ce fut pour attaquer Paris, où les deux armées marchoient vis-à-vis l'une de l'autre, la rivière de la Seine entre deux : l'amiral donna une chaude alarme au faubourg Saint-Victor ; elle ne produisit autre chose que la mort du premier président le Maitre, causée par une extrême frayeur. Christophe de Thou, homme célèbre en son temps, et père de l'historien, fut mis à sa place ; au reste, on n'interrompit ni la justice ni les exercices des écoles. Les conférences recommencèrent, et les troupes de Guyenne, que le duc de Montpensier envoyoit au roi, eurent le temps de joindre l'armée : environ dans le même temps trois mille Espagnols y arrivèrent.

Le prince, qui désespéroit de rien avancer à Paris, résolut de se retirer ; mais il voulut auparavant faire un dernier effort contre le faubourg Saint-Marceau : l'entreprise manqua par la retraite de Genlis à qui on l'avoit cachée ; il étoit devenu suspect depuis que son frère Yvoy avoit perdu Bourges ; mais le prince lui dit sans y penser tout ce qu'on avoit voulu lui dissimuler ; il quitta le parti, où il vit bien qu'il avoit perdu toute croyance, et se rendit à Paris ; mais, sans rien découvrir du dessein, il garda une inviolable fidélité à ceux qu'il abandonnoit : comme ils ne le crurent pas si fidèle, ils ne doutèrent point qu'il n'eût tout dit, et décampèrent sans rien entreprendre.

L'amiral fit résoudre qu'en faisant semblant d'en vouloir à Chartres, tout d'un coup ils tourneroient vers la Normandie pour joindre au Hâvre le secours que la reine Elisabeth leur avoit envoyé. Ils jugèrent bien que l'armée royale ne manqueroit pas de les suivre, et comme elle étoit de beaucoup plus forte que la leur, tout leur salut consistoit à profiter par leur diligence de quelques jours d'avance qu'ils avoient sur le connétable. Le maréchal de Saint-André commandoit sous lui ; le duc de Guise suivoit à la tête de sa compagnie de gendarmes sans autre commandement, parce qu'il ne vouloit pas être sous le connétable ; mais quoiqu'il ne commandât pas, il avoit toute croyance dans l'armée. Le prince vit le péril où il étoit, ayant à marcher dans un pays ennemi, poussé par une armée plus forte que la sienne, devant laquelle il faudroit enfin passer la Seine, s'il vouloit entrer au Hâvre : ces pensées lui firent proposer de retourner tout d'un coup à Paris, qu'il trouveroit dépourvu de toutes choses ; il représentoit qu'il n'y avoit plus de chefs, plus de soldats, que l'armée royale ne s'attentoit pas à ce retour, et qu'il espéroit se rendre maître de quelque faubourg avant qu'elle fût arrivée pour la défendre. Il n'y avoit rien qu'il ne se promît de la confusion qu'il s'imaginoit de voir naître dans une attaque si imprévue, où la présence du roi et de la reine ne feroit qu'augmenter l'alarme. L'amiral lui représenta les inconvéniens de ce dessein, lequel, quand même les ennemis les laisseroient agir, ne serviroit qu'à les faire périr en peu de jours faute de vivres, et à occasionner la désertion des Allemands, qui avoient déjà pensé plusieurs fois les abandonner. Sur cet avis, tous les chefs conclurent qu'il falloit, sans s'arrêter un moment, marcher vers le Hâvre.

Lorsqu'ils furent auprès de Dreux, Bobigny, fils d'un riche bourgeois de Paris, qui ayant pris l'épée s'étoit attaché au maréchal de Saint-André, et depuis peu s'étoit fait huguenot, en haine des indignes traitemens qu'il en avoit reçus, vint offrir au prince et à l'amiral une maison qu'il avoit aux portes de Dreux, où ils pourroient cacher du monde, et par ce moyen surprendre la place. Cette proposition les tenta, mais l'entreprise ne réussit pas, et ne servit qu'à leur faire perdre un jour; le lendemain, un désordre qui arriva dans leur marche leur en fit perdre encore un autre. A peine eurent-ils passé la rivière d'Eure, qu'ils surent que le connétable étoit sur le bord qu'ils venoient de quitter. Ils négligèrent de prendre quelques postes avantageux dont il profita : ils s'arrêtèrent la nuit tranquillement, sans songer à l'ennemi qui les poursuivoit, ni aux gués qui étoient en divers endroits de la rivière : ils furent même assez malheureux pour prendre la route la plus longue, et donnèrent le moyen à l'armée royale, nonseulement de passer la rivière durant la nuit avec toute l'artillerie, mais encore de leur couper le chemin.

Armand de Gontault de Biron, homme infatigable, avoit mis les choses en cet état, et vint rapporter au connétable que les ennemis ne pouvoient plus éviter de combattre. L'amiral ne crut jamais qu'il voulût les y obliger, ni perdre l'avantage que lui donnoit, sans rien hasarder, le pays dont il étoit maître; mais le prince, sur la foi d'un songe qu'il avoit fait la nuit précédente, fut persuadé qu'on se battroit. Il s'étoit vu donnant trois combats, en chacun desquels un des triumvirs périssoit; dans un quatrième combat il se vit lui-même expirant sur un tas de morts : sur ce songe il ne put s'ôter de l'esprit qu'il ne se donnât le lendemain une bataille sanglante. L'amiral, irrité qu'on s'amusât à des rêveries et à des songes, s'en alla tout chagrin à son quartier, assez éloigné de celui du prince, sans vouloir seulement songer à la bataille. Pour le prince, le lendemain 19 de décembre, il s'étoit levé dès la pointe du jour pour donner ses ordres, et pour signer ses dépêches.

Mais parmi tant de vigilance, il ne songea pas seulement à avoir des nouvelles de l'armée royale. On remarque, dans toutes ces guerres, que les huguenots avoient joint une extrême négligence à la confiance trop ordinaire à la nation. Le duc de Guise étoit levé d'aussi bonne heure que le prince; le maréchal de Saint-André le trouva dès le matin sortant de l'église, d'où il venoit de faire ses dévotions; il eut regret de n'en avoir pas fait autant; tous deux furent à la tente du connétable, où le maréchal reçut ordre d'aller mettre l'armée en bataille; il le fit, et il ne s'étoit jamais vu des troupes mieux disposées.

La bataille, où devoit être le connétable, avoit la rivière d'Eure derrière. Le duc de Guise avec l'aile droite, et le maréchal avec la gauche, étoient postés dans deux villages nommés Epinay et Blainville; le duc de Guise étoit près de ce dernier, couvert par des arbres et par les maisons du village, de sorte que les ennemis ne pouvoient le voir, et ne découvroient qu'une partie de l'armée : il y avoit entre les deux villages un espace assez resserré, que l'artillerie du connétable enfiloit, et où il falloit que les ennemis passassent nécessairement pour continuer leur marche. On vint enfin avertir le prince de l'état où étoit l'armée ennemie; il manda l'amiral en diligence, et il vint si peu persuadé du combat, qu'il n'avoit pas même voulu mettre ses armes; la cavalerie qui le suivit vint à son exemple; ils furent tous deux reconnoître l'armée; d'Andelot les accompagna, quoique ce fût son jour de fièvre, et en reconnut mieux qu'eux la disposition. On résolut par son avis de passer si l'on pouvoit sans combattre, et aussitôt on marcha vers un village nommé Tréon; il fallut essuyer la décharge de l'artillerie, qui emporta des files entières, et incommoda beaucoup la cavalerie allemande; elle se retira pourtant en bon ordre dans un vallon où elle étoit à couvert. Le connétable crut trop tôt que la confusion s'étoit mise dans l'armée ennemie, et s'avança dans l'espace qui étoit entre les deux ailes, comme pour suivre des fuyards, mais il trouva l'ennemi en meilleur état qu'il ne pensoit : le prince et l'amiral marchèrent à lui, et l'attaquèrent par deux endroits; l'infanterie, sur laquelle le prince donna d'abord, fut ébranlée dès le premier choc, à la réserve des Suisses, qui soutinrent sept attaques vigoureuses, souvent enfoncés, et aussitôt après ralliés, quoiqu'ils eussent perdu leur colonel et treize capitaines. Damville et son frère Montberon, le plus fier et le mieux fait des enfans du connétable, vinrent les soutenir avec quelque cavalerie; elle fut mise en fuite, Montberon fut tué par un écuyer du prince qu'il avoit maltraité, et qui avoit juré de se venger la première fois qu'il le trouveroit avec armes égales. Tout ce que l'amiral avoit en tête avoit ployé; le connétable, blessé au visage et tombé sous son cheval, avoit été pris; le duc d'Aumale, porté par terre, pensa périr sous les pieds des chevaux. Le duc de Nevers fut tué par son écuyer d'un coup de pistolet qui se débanda dans le temps qu'il l'avertissoit d'y prendre garde; l'écuyer désespéré alla se faire tuer au milieu des ennemis.

Cependant l'amiral, après avoir rallié la cavalerie qui revenoit du pillage, vint tomber sur les Suisses; ils continuoient à se défendre avec leurs piques à demi rompues, et à la fin ils se retirèrent vers le corps de réserve où étoit le duc de Guise, en se défendant à coups de pierres. Les officiers, ramassés autour de l'amiral, commençoient à se réjouir avec lui de sa victoire, quand il vit paroître le duc de Guise qui n'avoit pas encore combattu, non plus que le maréchal de Saint-André : il dit alors qu'il voyoit un nuage qui alloit bientôt crever sur eux : en effet, le duc et le maréchal s'avancèrent avec une contenance ferme, et défirent d'abord tout ce qui se présenta devant eux. Le duc de Guise, avec Damville, mit en déroute la cavalerie; le maréchal, suivi de l'infanterie espagnole et gasconne, fit une cruelle boucherie de l'infanterie allemande; elle prit la fuite avec tant d'impétuosité, qu'elle entraîna les François, et le prince même qui étoit blessé à la main; son cheval se renversa sur lui, et Damville, qui combattoit en désespéré depuis la prise de son père, le fit prisonnier. D'Andelot étoit encore à Blainville, où il tâchoit vainement de ramener les Allemands au combat. L'amiral en rallia une petite partie, pendant que le duc de Guise forçoit le corps de réserve qui se défendoit dans des masures : sitôt que le maréchal vit revenir l'amiral à la charge avec le peu de cavalerie et l'infanterie qu'il avoit pu rassembler, il tomba dessus avant qu'ils se fussent mis tout à fait en ordre, espérant qu'après les avoir rompus il pourroit aller à ceux qui emmenoient le connétable.

Le duc de Guise, qui avoit achevé de défaire le corps de réserve, ne tarda pas à le joindre; mais le maréchal tomba sous son cheval, et pendant qu'un gentilhomme huguenot, à qui il s'étoit rendu, l'emmenoit, Bobigny, arrivant par derrière, lui cassa la tête d'un coup de pistolet. L'amiral, accompagné du prince de Porcien et du comte de La Rochefoucauld, pressoit si vivement la cavalerie du duc de Guise, qu'elle ne pouvoit plus soutenir; mais le duc avoit réservé deux mille fantassins conduits par le prince de Martigue, dont la décharge arrêta l'amiral. Il tenta vainement trois et quatre fois de les rompre, sa cavalerie manquoit de lances, et ils virent revenir le duc de Guise qui avoit rallié la sienne derrière ce bataillon; alors après l'avoir considéré quelque temps, il vit bien qu'il falloit céder, et il se retira en bon ordre avec son bagage et son artillerie, dont il laissa seulement quatre pièces au duc.

Sa retraite fut à la Neuville, petit village fort proche du lieu où s'étoit donnée la bataille; il y trouva son frère d'Andelot, qui n'avoit pu donner du courage aux fuyards, n'ayant plus songé qu'à se sauver lui-même; il avoit fait semblant d'être du parti catholique, et prenant des huguenots comme s'il les eût voulu emmener prisonniers, il avoit trompé la cavalerie qui le poursuivoit. L'amiral ne fut pas plutôt arrivé à la Neuville, qu'il conçut le dessein d'aller dès le lendemain attaquer l'armée royale; il se proposoit non-seulement de reprendre ses quatre pièces de canon, et le peu d'étendards qu'on lui avoit enlevés, mais encore d'emporter un avantage entier; il proposa son dessein au conseil de guerre; il fit voir que la surprise où seroient les ennemis, qui se croyant victorieux ne songeoient qu'à se reposer, causeroit leur défaite inévitable. Tous les François s'offrirent à le suivre, et s'il n'eût point trouvé les Allemands tout à fait découragés, il auroit apparemment fait la plus belle action que jamais entreprit un capitaine.

Le duc de Guise ne s'attendoit à rien moins qu'à être attaqué ; il avoit passé un moment sur le champ de bataille, seulement pour montrer qu'il en étoit demeuré le maître, et il avoit ensuite dispersé ses troupes dans les villages voisins. Tout le monde étoit attentif au traitement qu'il feroit au prince de Condé; jamais il n'y eut rien de plus généreux; il prit soin de lui faire éviter de faux zélés qui auroient pu attenter contre sa personne, et non content de lui donner sa chambre, il le coucha avec lui dans le même lit; on eût dit à les voir que c'étoient deux amis intimes, et non pas deux hommes qui avoient voulu plusieurs fois se faire périr l'un l'autre.

La négociation qui se faisoit avec des Adrets, finit à peu près dans le temps de la bataille de Dreux, d'une manière fâcheuse pour lui. Il y avoit longtemps que ceux qui avoient la confiance du prince dans ces pays étoient d'avis de l'arrêter; c'étoit le sentiment du cardinal de Châtillon, qui depuis peu avoit pris le nom de comte de Beauvais en se mariant: les parens d'une demoiselle de bonne maison avec laquelle il fut surpris, le pressèrent tant qu'il l'épousa; depuis ce temps-là il ne portoit plus l'habit de cardinal, mais il retint son évêché, et parce que cet évêché est comté et pairie, il s'appeloit le comte de Beauvais. Le duc de Nemours intercepta des lettres de l'amiral à son frère, où les mauvais desseins que le parti avoit contre des Adrets, paroissoient assez. Quoiqu'il eût vu ces lettres, il ne voulut jamais rien conclure sans la participation du prince de Condé; il tâchoit de ménager une trêve, dont l'armée huguenote du Dauphiné, beaucoup plus foible que celle du duc de Nemours, avoit besoin : pendant que la négociation traînoit en longueur, les chefs du parti prirent leur dernière résolution, et le baron fut arrêté. La bataille s'étant donnée durant ce temps, le prince ne retira aucun secours de cette province. A la Cour on crut un jour entier la bataille perdue; ceux qui avoient pris la fuite dans le premier choc, allèrent à Paris, où ils rapportèrent que les huguenots avoient pris le connétable, et défait toute l'armée; on crut d'autant plus facilement cette fâcheuse nouvelle, qu'on vit parmi les fuyards d'Aussun, qu'on appeloit le Hardi, à cause de son extraordinaire valeur : la honte qu'il eut de sa frayeur, fit qu'il ne put plus supporter la vie, et se laissa mourir à Chartres, faute de manger.

On sut le lendemain que le duc de Guise avoit remporté la victoire, et la duchesse sa femme, qui la veille s'étoit vue abandonnée, reçut les complimens de toute la Cour : il s'y répandit un bruit, que le duc de Guise avoit exprès laissé prendre le connétable, et périr le corps de bataille, pour se donner tout l'honneur de la victoire : l'amiral le justifia de ce reproche, en disant que s'il étoit sorti de son poste, il n'auroit pu éviter le désordre où l'eût mis la déroute du connétable. La reine donna le bâton du maréchal de Saint-André à Bourdillon, et fut obligée d'envoyer le commandement de l'armée au victorieux. Il résolut dès lors, plutôt que de poursuivre les vaincus, d'assiéger Orléans, croyant que le plus grand fruit qu'il pût remporter de sa victoire, c'étoit d'ôter aux huguenots avec cette place le siége principal de la rébellion, et les communications avec tout le reste du royaume.

La nouvelle de la victoire vola bientôt dans toute l'Europe ; elle ne fut reçue nulle part avec plus de joie qu'à Trente, où le cardinal de Lorraine venoit d'arriver avec les prélats françois. Le roi, par une lettre écrite de Chartres, donna avis aux Pères du concile de la victoire de Dreux. Les propositions que le cardinal de Lorraine portoit au concile pour la réformation de la discipline, n'en furent pas mieux reçues, quoiqu'elles fussent appuyées par les ambassadeurs de l'empereur. Le cardinal en allant à Trente l'avoit visité à Inspruck, où, après de longues conférences qu'il eut avec lui et le roi des Romains son fils, ils résolurent tous ensemble d'agir de concert dans le concile. L'empereur ne songeoit alors qu'à ramener avec douceur les protestans, avec lesquels il vivoit en grande concorde. Ce concert et l'autorité du cardinal firent trembler Rome, qui craignoit qu'on n'entreprit de la réformer plus qu'elle ne vouloit. Le cardinal vint à Trente avec des desseins dignes d'un si grand prélat; il présenta les propositions tirées pour la plupart de l'ancienne discipline de l'Eglise; elles ne furent pas reçues, à cause de la disposition, soit des temps, soit des personnes, et parce que le cardinal se laissa gagner par les flatteries de la cour de Rome.

Cependant l'amiral étoit allé avec ses troupes en Berry, où il prit quelques petites places; il étoit bien aise d'éloigner ses Allemands, à qui il n'avoit point d'argent à donner, du voisinage de l'armée royale, où ils pouvoient être attirés par leurs compatriotes, et par les libéralités du duc de Guise. Il ne demeura pas longtemps dans ce pays, les affaires de Normandie le rappelèrent; les huguenots de Caen avoient introduit les chefs de leur parti dans la ville, et ils tenoient le marquis d'Elbeuf assiégé dans le château. La reine d'Angleterre avoit envoyé de nouveaux secours, huit remberges étoient arrivées au Hâvre, chargées de munitions et d'artillerie. Toutes ces considérations obligèrent l'amiral à retourner dans cette province. Ainsi, après avoir envoyé d'Andelot son frère à Orléans avec l'élite des troupes, et avoir payé en partie les Allemands de l'argent des reliquaires changés en monnoie, il repassa la Loire à Beaugency, et rien ne l'empêcha de se rendre devant le château de Caen, qui capitula aussitôt. Le duc de Guise méprisa tous ces avantages, dont il espéroit que les ennemis ne jouiroient pas longtemps s'il leur prenoit Orléans. Il pria seulement la reine d'envoyer le maréchal de Brissac en Normandie, plutôt pour observer l'ennemi que pour le combattre; pour lui il alla le 5 de février 1563 camper au bourg d'Olivet auprès d'Orléans, et le lendemain il forma le siége de la place. Dans le même temps, la reine pourvut à la sûreté du prince de Condé, et alla avec le roi auprès du camp, pour donner chaleur au siége. On ne peut exprimer la joie que témoignoit ce jeune prince quand on le menoit à la guerre.

Les huguenots, qui avoient huit mille vieux soldats, ne craignoient guère l'armée royale, qu'ils se promettoient de ruiner; mais le siége avança beaucoup en peu de temps. Le duc emporta d'abord le faubourg de Portereau, où l'infanterie huguenote s'étoit retranchée; une terreur panique qui prit aux Allemands, rendit inutile toute la résistance des François; les catholiques, en poursuivant les fuyards, seroient entrés avec eux pêle-mêle dans la ville, si d'Andelot n'étoit accouru, quoiqu'il eût alors son accès. Il fut contraint de sacrifier une infinité de braves gens, qui ne purent pas rentrer assez vite, et à qui il fallut fermer la porte; peu de jours après, deux soldats de l'armée royale donnèrent une telle épouvante au fort des Tourelles, que quarante soldats qui le gardoient l'abandonnèrent; et d'Andelot, qui ce jour-là avoit encore la fièvre, empêcha le duc de Guise d'emporter les îles, d'où la perte de la ville s'en seroit ensuivie. Les huguenots revinrent alors de la profonde tranquillité où les avoit mis la trop bonne opinion qu'ils avoient de leurs troupes, et se défendirent dans la suite avec plus de précaution. Ils avoient besoin d'une extrême vigilance contre le prince qui les attaquoit; toutes les nuits le duc de Guise visitoit les quartiers, sans que personne en sût rien, qu'un petit nombre de gens dont il se faisoit suivre; le soir il faisoit semblant de se coucher, et se relevoit aussitôt pour aller inconnu partout où il le croyoit nécessaire. Une nuit il se trouva près de deux soldats, dont l'un s'emportoit contre lui, jusqu'à dire qu'il étoit résolu de le tuer; il le fit arrêter, et lui demanda quel mal il lui avoit fait, pour l'obliger à entreprendre contre sa vie : le soldat, qui étoit huguenot, lui répondit qu'il vouloit délivrer son parti de son plus redoutable ennemi. Le duc, sans s'émouvoir, lui dit ces propres mots : « Si ta religion t'oblige à me tuer, la mienne m'oblige à te pardonner : » il joignit les paroles aux effets, et donna la liberté au soldat d'aller à l'armée de l'amiral, ou de demeurer dans la sienne, où il seroit en pleine sûreté.

Ce soldat n'étoit pas le seul qui eût conçu un tel dessein; Jean de Méré, qu'on appeloit Poltrot, gentilhomme huguenot, domestique de Soubise, et l'un de ses confidens, s'étoit vanté plusieurs fois qu'il tueroit le duc de Guise. Aubeterre, ennemi juré de ce prince et de sa maison, l'avoit donné à Soubise : son maître l'avoit envoyé au lieu où se faisoient les négociations entre le duc de Nemours et des Adrets, pour lui rendre compte de ce qui s'y passeroit. Là, en présence de plusieurs personnes des deux partis, comme on parloit de la mort du roi de Navarre, et de l'avantage qui en revenoit aux huguenots, il reprit plusieurs fois que ce n'étoit pas celui-là qui leur nuisoit, et que c'étoit le duc de Guise dont il falloit se défaire; alors se tenant le bras, il jura que jamais il ne mourroit que de cette main. Soubise l'avoit ouï souvent tenir de pareils discours, qu'il faisoit semblant de ne pas écouter, comme n'ayant rien de sérieux. Après la bataille de Dreux, il l'envoya à l'amiral, sous prétexte de s'informer des particularités et des suites de cette action, et l'amiral lui donna ordre d'aller à Orléans auprès de d'Andelot; il obéit, et comme il vit la ville pressée, il vint se rendre au duc de Guise, en lui témoignant qu'il vouloit quitter l'hérésie et la rébellion. Le duc, qui ne savoit pas les mauvais desseins qu'il machinoit contre lui, le reçut à bras ouverts, l'assura de son amitié, et lui donna la même liberté dans sa maison que s'il eût été son domestique; le traître le suivoit partout, et observoit tous les lieux où il avoit accoutumé d'aller : il remarqua que ce prince ne manquoit pas toutes les nuits de visiter le quartier du Portereau, et de revenir par un petit bois accompagné ordinairement d'un seul gentilhomme; il l'épia sur ce passage, dans un temps où il jugeoit qu'il se préparoit à une attaque générale, à laquelle les assiégés n'étoient pas en état de résister, et lui tira de six ou sept pas un coup de pistolet par derrière; le duc dit au gentilhomme qui le suivoit que ce n'étoit rien, et continua son chemin. L'assassin, assuré de l'avoir blessé à mort, se sauva sur un coureur que l'amiral lui avoit donné ; mais après avoir tournoyé toute la nuit, il se trouva au matin près du lieu d'où il étoit parti, et fut arrêté.

Les chirurgiens déclarèrent au duc que sa blessure étoit mortelle : aussitôt il se prépara à la mort en chrétien, il recommanda à sa femme d'élever leurs enfans dans la religion catholique, dans la piété et dans le service du roi; il fit venir l'aîné qui avoit treize ans, et l'exhorta à ne point chercher l'établissement de sa fortune ni par une fausse réputation de valeur, ni par des cabales, ni par le moyen des femmes, qui étoient alors les voies ordinaires par lesquelles on s'élevoit : il parla du massacre de Vassy avec beaucoup de regret, et jura qu'il en étoit innocent; il fit dire à la reine qu'il lui conseilloit de faire la paix, et que c'étoit être son ennemi et celui de l'Etat que de ne la pas souhaiter : il vécut cinq ou six jours, pendant lesquels on interrogea Poltrot en présence de la reine, qui s'étoit approchée du camp. Il déclara qu'il avoit entrepris ce meurtre, sollicité par l'amiral, qui s'étoit servi de Bèze et d'un autre ministre qu'il ne nomma pas, pour le confirmer dans son dessein ; il dit beaucoup de particularités, et il avertit la reine de prendre garde à sa personne.

On crut que le duc de Guise avoit soupçonné l'amiral; lorsqu'après avoir dit qu'il pardonnoit à l'assassin, il ajouta : « Et vous qui êtes l'auteur de l'attentat, je vous le pardonne aussi. » Il expira dans ces sentimens, et après s'être signalé par tant de victoires, il laissa encore en mourant un exemple mémorable de piété et de constance. Il fut regretté de tout le parti catholique, excepté de la reine, à qui sa réputation et son autorité donnoient de l'ombrage; elle témoigna pourtant qu'elle se souvenoit du service qu'il lui avoit rendu, en empêchant les violens desseins que le maréchal de Saint-André avoit eus contre elle. Cette considération, autant que celle des services qu'il avoit rendus à la religion et à l'Etat, obligea la reine à conserver toutes ses charges et ses gouvernemens à son fils.

Aussitôt après la blessure du duc, elle avoit pensé à la paix, parce qu'elle ne voyoit personne capable de soutenir les desseins de ce prince; outre que l'argent ne venoit point des provinces occupées en partie par les rebelles, et que le royaume étoit en proie aux étrangers. La négociation commença par le désir qu'elle témoigna de voir la princesse de Condé; celui qu'avoit la princesse de délivrer son mari, lui fit accepter la conférence; là, après quelques reproches que lui fit la reine contre les emportemens du prince, qui avoit allumé la guerre civile en s'emparant d'Orléans, elle dit qu'elle n'avoit pas perdu pour cela l'inclination qu'elle avoit pour lui, et fit entendre à la princesse que s'il se remettoit en son devoir, elle lui feroit donner la lieutenance générale de l'Etat, avec la même autorité dont jouissoit le feu roi de Navarre. La princesse se chargea de faire la proposition à son mari, qu'elle alla trouver dans sa prison, et on résolut une entrevue entre la reine, le prince et le connétable, pour traiter de l'accommodement.

Cependant on fit le procès à Poltrot, qui, sur le point d'être tenaillé, troublé de l'horreur de son supplice, varia dans ses réponses, mais pourtant accusa presque toujours l'amiral; comme il étoit déjà attaché aux quatre chevaux qui le devoient démembrer, il demanda encore à parler, et non content d'avoir chargé de nouveau l'amiral, il ajouta que d'Andelot étoit du complot. Une entreprise si noire attira d'autant plus la haine aux huguenots, que la reine, un peu avant l'assassinat du duc de Guise, leur avoit donné un exemple contraire, en renvoyant à d'Andelot un capitaine qui lui avoit offert de lui soumettre Orléans en le tuant. Il parut des apologies de l'amiral, de Soubise et de Bèze, qui ne servirent qu'à augmenter les soupçons qu'on avoit contre eux, par la joie qu'ils témoignoient tous de la mort du duc de Guise, et par la contrariété des faits qu'ils avançoient pour se justifier.

Le public ne fut pas plus satisfait de la demande que fit l'amiral, qu'on différât le supplice du coupable jusqu'à ce qu'il lui pût être confronté. On savoit bien que jamais il ne conviendroit d'une juridiction où son procès lui fût fait, et cette discussion ne convenoit pas avec les desseins de la reine qui vouloit la paix. Elle pensa se rompre dès la première conférence; la reine avoit espéré que le connétable y apporteroit beaucoup de facilité pour se tirer de prison, et par la même raison pour laquelle il avoit fait si aisément celle de Cateau-Cambrésis : elle se trompa dans sa conjecture.

Le prince n'eut pas plutôt nommé l'édit de janvier, que le connétable s'emporta et contre l'édit et contre le chancelier qui l'avoit fait, disant qu'il aimoit mieux souffrir non-seulement mille prisons, mais mille morts, que de consentir à le rétablir. Le prince, qui n'osoit se départir du moindre article de l'édit, répliqua avec la même force qu'il falloit donc se résoudre à une guerre éternelle : dans cette disposition la rupture étoit inévitable, si la reine, après avoir fait un signe secret au prince, n'eût dit que le connétable avoit raison, et que l'édit ne pouvoit passer en la forme où il étoit. Le prince vit bien que la reine avoit voulu lui confirmer toutes ses promesses, pourvu qu'il consentît à quelque modification raisonnable; mais comme il avoit affaire à un parti soupçonneux, et à des ministres zélés jusqu'à l'emportement, il n'osa rien proposer de lui-même : conférer avec l'amiral et avec ceux qui étoient en Normandie, ce n'étoit pas le plus court moyen d'avancer la paix qu'il souhaitoit; ils étoient trop flattés des progrès qu'ils avoient faits dans cette province : il crut que ceux qui étoient assiégés dans Orléans seroient de meilleure composition, et il proposa à la reine de lui permettre d'y entrer, en lui offrant d'emmener avec elle le connétable; la chose fut acceptée, le connétable suivit la reine, et le prince alla à Orléans.

Les ministres étoient ceux dont il se défioit le plus; et comme il n'espéroit pas de les amener à son point, il usa avec eux d'un grand artifice : après les avoir assemblés, il leur demanda s'il pouvoit en conscience, en cas qu'il ne pût pas obliger la reine à l'entière exécution de l'édit, écouter les propositions qu'elle auroit à faire pour y apporter quelque modification innocente qui pût mettre fin aux troubles de l'Etat. Il leur fut aisé de comprendre par ce discours qu'il avoit dessein de se relâcher; aussitôt ils se récrièrent contre les modifications, et répondirent qu'il falloit périr plutôt que d'en souffrir aucune. Le prince les assura qu'il n'engageroit point sa conscience dans une chose qu'ils condamneroient; mais il leur ordonna de délibérer plus amplement sur sa proposition. Ils firent une assemblée de soixante-douze personnes, où, non contens de résoudre qu'il falloit soutenir jusqu'au moindre article de l'édit, ils demandoient qu'on leur fit justice de toutes les violences exercées contre eux, entre autres du massacre de Vassy, comme s'ils ne les avoient pas imitées ou surpassées; et ils faisoient des propositions si insolentes et si insupportables, qu'on n'eût pas dû les attendre d'eux, quand même ils eussent été victorieux. Le prince sut profiter de leur insolence, et il fit voir à la noblesse que les ministres et les habitans des villes vouloient leur faire la loi.

Le prince, dans le peu de temps qu'il avoit été avec la reine, reprit le goût des plaisirs de la Cour : les belles dames, dont cette princesse se faisoient ordinairement accompagner, l'avoient touché; son ambition étoit flattée par les grandes promesses qu'on lui faisoit; à quelque prix que ce fût il vouloit la paix, et parla si fortement à la noblesse, que tous, d'un commun accord, résolurent de n'écouter plus les ministres, qui vouloient les exposer à des périls dont ils étoient exempts. L'amiral n'eut pas plutôt entendu parler des propositions de paix qu'il partit de Normandie pour les venir rompre. Il fut prévenu par la diligence de la reine, et il trouva la paix déjà signée. On accordoit aux huguenots, qui avoient la haute justice, l'exercice public de leur religion dans leurs châteaux; les autres gentilshommes qui relevoient immédiatement du roi, l'avoient en particulier pour leur famille seulement; en chaque bailliage on établissoit un lieu d'exercice, ou dans quelque bourg ou aux faubourgs de quelque ville; et on le conservoit dans les villes où ils en étoient en possession. La prévôté de Paris en étoit exceptée; l'amiral eut beau se plaindre que le prince s'attribuoit trop d'autorité dans le parti, il fallut qu'il se rangeât à l'avis des autres. Un nouvel édit fut expédié à Amboise le 19 mars, et il portoit expressément que le roi oublioit tout ce qui s'étoit passé.

On prévoyoit de grandes difficultés du côté des parlemens. Celui de Paris céda aux ordres absolus du roi, après plusieurs jussions réitérées; il fallut souffrir que le parlement de Toulouse y apportât encore d'autres restrictions; le parlement de Dijon refusa absolument de le publier. On interpréta par un autre édit que les terres qui relevoient des ecclésiastiques, ou qu'ils avoient depuis peu été obligés d'aliéner pour subvenir à la guerre, seroient exemptes de l'exercice de la nouvelle religion, et que tous ceux qui voudroient habiter dans la prévôté de Paris ne pourroient aller au prêche en quelque lieu que ce fût. Ainsi fut terminée la guerre civile. Le siége de Montauban et celui de Grenoble, réitérés plusieurs fois, finirent avec elle, et on ne songeoit plus qu'à ôter aux Anglois le Havre de Grace.

La reine Elisabeth prétendoit retenir cette place au lieu de Calais, qui par le traité de Cateau-Cambrésis devoit être rendu aux Anglois après huit ans, si on ne lui payoit de grandes sommes que l'épargne n'étoit point en état de fournir; mais comme par le traité même il étoit porté que les deux nations demeureroient en paix durant ce temps, on prit en France, pour une infraction, le secours qu'Elisabeth avoit donné aux rebelles, et les troupes qu'elle avoit jetées dans le Havre. On lui envoya redemander cette place dans les formes : pendant qu'on négocioit et qu'on faisoit les préparatifs nécessaires pour le siége, la reine étoit occupée à gagner le prince de Condé : on ne lui refusoit aucune chose; non-seulement il eut pour lui le gouvernement de Picardie, mais encore il obtenoit tout ce qu'il vouloit pour ses amis. La reine lui faisoit entendre que dans le renouvellement de leur amitié et de leur correspondance mutuelle, tout lui étoit possible, pourvu qu'il ne s'exclût pas lui-même des graces en irritant les catholiques.

Comme elle craignoit qu'il ne la pressât sur la lieutenance générale, qui lui avoit été promise, elle savoit lui insinuer qu'il falloit attendre le temps, et qu'elle aigriroit trop ceux qui étoient demeurés avec le roi, si, en sortant de la guerre civile, elle remettoit tout l'Etat au chef du parti contraire ; mais pour l'amuser ou le gagner plus sûrement, il fallut encore y mêler l'amour. Il étoit devenu passionnément amoureux d'une des filles d'honneur de la reine, qu'elle prenoit soin d'instruire de ce qu'elle avoit à faire pour engager son amant. La princesse de Condé, qui s'aperçut bientôt de cet amour, en fut outrée, et mourut de déplaisir : alors la reine pensa à faire le mariage du prince avec sa nouvelle maîtresse. La maréchale de Saint-André conçut aussi le dessein de l'épouser ; ni l'une ni l'autre ne réussit. La trop grande facilité de la demoiselle la rendit indigne d'épouser ce prince, et la fit chasser de la Cour ; pour la maréchale, le prince reçut d'elle la belle terre de Valery en Bourgogne, dont elle lui fit présent, mais il ne voulut jamais l'épouser ; et quelque temps après, par les remontrances de l'amiral, qui lui reprochoit ses débauches, peu convenables au chef du parti qui se disoit réformé, il se maria avec une princesse de la maison de Longueville, à qui la Cour fit un présent considérable en faveur de ce mariage ; mais, malgré tous ces artifices, la reine ne put jamais réussir à le détacher de l'amiral.

Coligny et ses frères demeuroient éloignés de la Cour et de Paris, où le meurtre du duc de Guise les avoit rendus extraordinairement odieux. Toute la maison de Lorraine vint en grand appareil se jeter aux pieds du roi, et lui demander justice de l'amiral ; Antoinette de Bourbon mère du duc, et Anne d'Este sa veuve, menoient les trois fils de ce prince, Henri duc de Guise, Louis, destiné à l'Eglise, et Charles, marquis de Mayenne : ces trois jeunes princes réservés à donner un jour au monde un si grand spectacle, attiroient les yeux de toute la Cour et de tout le peuple. Les Parisiens, qui déjà commençoient à attacher leur affection au jeune duc de Guise, le suivoient en foule, et demandoient avec de grands cris la vengeance d'une mort si fâcheuse à toute la France ; tous désignoient ouvertement l'amiral comme le meurtrier ; mais le prince de Condé prit hautement son parti, répondit de son innocence, et soutint dans le conseil et partout ailleurs qu'on ne pouvoit rien entreprendre contre lui sans violer l'édit de pacification ; au reste qu'il n'empêchoit pas qu'on le poursuivît dans les formes devant des juges non suspects ; mais qu'il déclaroit à tous ceux qui voudroient l'attaquer par d'autres voies, qu'ils s'attaquoient à lui-même, et qu'il défendroit contre tout le monde un gentilhomme de mérite, qui avoit si bien servi le roi et l'Etat.

Le maréchal de Montmorency fit une pareille déclaration, et quoiqu'il ajoutât qu'il sauroit bien séparer la cause de la religion d'avec celle de son cousin, il ne laissa pas d'être soupçonné de favoriser les huguenots, ce qui lui fit perdre non-seulement l'amour du peuple de

Paris, dont jusqu'alors il avoit été les délices, mais encore la plupart des amis qu'il avoit parmi la noblesse catholique. La reine vit bien qu'entreprendre de faire le procès à l'amiral, c'étoit recommencer la guerre civile; ainsi elle fit évoquer l'affaire au roi, qui la renvoya au grand conseil, où l'on savoit bien que le parlement ne la laisseroit pas juger sans former de grands incidens.

Cependant la reine d'Angleterre ayant dit qu'elle ne rendroit pas le Havre, on lui déclara la guerre ; le maréchal de Brissac fut envoyé pour commencer le siège, et le connétable le suivit quinze jours après; le comte de Varvick défendoit la place avec trois mille hommes, mais elle fut battue avec tant de violence, qu'il ne tarda pas à capituler : comme il contestoit sur quelques articles, il aperçut un capitaine huguenot; étonné de le voir, il lui demanda si les huguenots étoient au siège; le capitaine répondit que la paix étant faite entre les François, ils se réunissoient tous contre l'étranger. En effet tous les huguenots et même le prince de Condé, pour se délivrer de la haine d'avoir attiré les Anglois dans le royaume, agissoient au siège avec autant d'ardeur que les catholiques. Cette réponse étourdit le gouverneur, qui se rendit le 27 juillet : le lendemain il parut un secours de dix-huit cents Anglois, qu'une flotte de soixante vaisseaux devoit bientôt suivre.

La Cour reçut la nouvelle d'un si heureux succès à Gaillon, où elle s'étoit avancée durant le siège. Quand la reine vit les affaires paisibles au dedans et au dehors, elle songea à exécuter trois choses qu'elle méditoit depuis longtemps : la première d'augmenter la garde du roi, en faisant un régiment d'infanterie composé des dix meilleures enseignes des troupes françoises; elle en donna le commandement à Charri, homme renommé par sa valeur, et qui s'étoit signalé dans les guerres de Piémont sous le maréchal de Brissac; la seconde fut d'affermir le crédit du chancelier de L'Hôpital, sa créature, dont la sagesse, la probité et le grand savoir étoient nécessaires au conseil du roi; mais elle avoit un troisième dessein plus important que tous les autres : pour affermir l'autorité royale, et se délivrer des importunités du prince de Condé, qui la pressoit sur la lieutenance générale de l'Etat, il lui étoit d'une extrême conséquence d'avancer la majorité du roi.

Il venoit d'entrer dans sa quatorzième année [1], à la fin de laquelle, selon l'ordonnance de Charles V, il devoit être déclaré majeur; mais attendre une année, c'étoit un long terme parmi tant de semences de divisions. Dans cette importante conjoncture, le chancelier lui donna

---

[1] Charles IX, né le 27 juin 1550, *venoit d'entrer dans sa quatorzième année*, c'est-à-dire, qu'il avoit treize ans et un mois, lorsque le Havre se rendit le 27 juillet 1563. *Selon l'ordonnance de Charles V*, c'étoit *à la fin de sa quatorzième année qu'il devoit être déclaré majeur*, mais le chancelier de L'Hôpital prétendit que l'an commencé devoit être pris pour l'an révolu. En conséquence *Charles IX fut déclaré majeur le 17 août* : et c'est depuis ce temps que *les rois de France sont reconnus majeurs à treize ans et un jour*. (Edit. de Paris.)

une interprétation qui depuis a toujours été suivie. Elle étoit fondée sur cette maxime de droit, que dans les choses favorables l'an commencé devoit être pris pour l'an révolu ; sur ce fondement on résolut de déclarer le roi majeur. Mais il y avoit encore deux grandes difficultés : on doutoit que le parlement de Paris pût être porté à reconnoître la majorité avant le terme ; mais ce qui donnoit le plus d'inquiétude à la reine, c'est que par les arrêts de ce parlement, les édits de pacification ne devoient durer que jusqu'à la majorité du roi, ce qui lui faisoit appréhender de voir la France replongée dans les guerres civiles. Le chancelier la tira encore de cet embarras, en lui disant que *l'autorité du roi n'étoit pas restreinte au parlement de Paris,* et qu'il pouvoit se faire déclarer majeur en tel autre parlement qu'il lui plairoit ; on choisit celui de Rouen, qui, flatté de la prérogative qu'on lui donnoit, ne manqua pas d'entrer dans tous les sentimens de la Cour.

Le 17 d'août, le roi entra dans ce parlement, accompagné de la reine sa mère, et de tous les princes du sang, même du jeune prince de Navarre, que la reine Jeanne avoit envoyé à cette cérémonie, et dont la vivacité donnoit beaucoup d'espérance. La séance fut magnifique ; le jeune roi en fit l'ouverture par un discours qu'il prononça avec un agrément merveilleux, et avec une gravité peu ordinaire à son âge ; il remercia Dieu de la grace qu'il lui avoit faite de mettre fin à la guerre civile, de reprendre le Havre et d'être parvenu à l'âge de majorité. Il remarqua avec force qu'on s'étoit donné la liberté de désobéir à la reine régente sa mère ; qu'il pardonnoit le passé ; mais qu'on prît garde à l'avenir de demeurer dans le devoir ; qu'il vouloit la paix et l'observation du dernier édit, jusqu'à ce que le concile de Trente eût décidé les matières ; qu'il défendoit de prendre les armes et de faire aucun traité avec les étrangers ; il finit en promettant qu'il feroit rendre la justice avec beaucoup d'exactitude, et il exhorta le monde à observer les lois. Le chancelier ensuite s'étendit sur les mêmes choses, et loua la sagesse du gouvernement de France, qui, après avoir ôté toutes les difficultés qui pouvoient naître dans la succession, avoit encore abrégé le temps de minorité, et remis, le plus tôt qu'il étoit possible, l'administration entre les mains du roi.

Quand la harangue fut finie, la reine s'approcha du trône du roi, et vouloit se mettre à genoux pour se démettre entre ses mains du gouvernement de l'Etat ; mais il la prévint, et lui dit en l'embrassant qu'il ne recevroit sa démission que dans l'espérance qu'elle lui continueroit ses bons conseils. Il reçut en même temps les hommages de tous les grands, qui lui prêtèrent le serment de fidélité, en cet ordre : son frère le duc d'Orléans fut le premier, ensuite le prince de Navarre, le cardinal de Bourbon, le prince de Condé, le duc de Montpensier, le dauphin d'Auvergne son fils aîné, le prince de la Roche-sur-Yon, les cardinaux de Châtillon et de Guise, le duc de Longueville, le connétable, le chancelier, les maréchaux de Brissac, de Montmorency et de Bourdillon, et le seigneur de Boissy, grand écuyer. On prévit que le parlement de Paris auroit de la peine à reconnoître la majorité déclarée au parlement de Rouen contre la coutume, et que sa résistance tiendroit la plupart des provinces en suspens. On envoya à Paris Louis de Saint-Gelais de Lansac, pour tirer le consentement de cette compagnie ; mais au lieu de ce qu'on souhaitoit, on ne reçut que des remontrances fondées sur ce que le parlement de Paris étoit le vrai parlement du royaume, d'où tous les autres avoient été démembrés, la cour des pairs, le lieu naturel de la séance des rois, où se devoient faire les grandes actions d'Etat. A cette plainte, le parlement en joignoit encore une autre contre l'édit publié en faveur des huguenots ; que c'étoit ouvrir la porte à toutes sortes de sectes, et renverser avec la religion les lois fondamentales de la monarchie.

Le jeune roi, instruit par sa mère, répondit qu'il suivoit la coutume de ses ancêtres, en écoutant volontiers ce qu'ils avoient à lui remontrer ; mais qu'après cela ils devoient aussi se mettre dans leur devoir en obéissant. A l'égard de sa majorité, qu'il étoit maître de la faire déclarer où il lui plairoit ; et pour les huguenots, qu'il ne leur avoit rien accordé que pour le bien de son Etat, et de l'avis de la reine sa mère, des princes de son sang et de tout son conseil ; il ajouta qu'encore qu'il ne leur dût point rendre raison de ce qu'il faisoit, il vouloit bien leur faire entendre le témoignage de toute l'assistance.

Le cardinal de Bourbon, à qui il fit signe de parler, confirma ce que le roi venoit de dire ; tous les autres parlèrent de même, et le roi finit en leur disant qu'il avoit bien voulu leur faire entendre les avis de son conseil ; mais que dorénavant il ne vouloit plus qu'ils se mêlassent d'autres affaires que de celles des particuliers ; qu'ils devoient se défaire de la vieille erreur où ils étoient qu'ils fussent les tuteurs des rois, les défenseurs de l'Etat, et les gardiens de la ville de Paris ; qu'ils pouvoient députer pour lui faire leurs remontrances, quand il leur enverroit des édits à vérifier ; mais qu'après ils s'accoutumassent à obéir sans réplique.

Il prononça ces paroles, principalement les dernières, avec un air de sévérité qui fit connoître qu'il seroit dangereux de le fâcher, et même qu'il prenoit plaisir à dire des choses dures. Mais le parlement, sans s'émouvoir, ne laissa pas de délibérer de ce qu'il y auroit à faire sur cette réponse ; les avis furent partagés, les uns disant qu'il falloit obéir, et les autres qu'il falloit faire de nouvelles remontrances.

La reine fut avertie des cabales qui avoient causé cette diversité d'opinions, et pour ne mettre pas plus longtemps l'autorité du roi en compromis, elle fit donner un arrêt du conseil d'Etat qui portoit que le parlement enregistreroit l'édit purement et simplement ; que tous les officiers seroient obligés d'assister à l'assemblée où se feroit l'enregistrement, sur peine d'interdiction, à moins que d'en être empêchés par la maladie : le roi leur faisoit défense d'user à l'avenir de pareils délais après les premières remontrances, et ordonna que le dernier arrêt seroit tiré des registres et déchiré, avec commandement au greffier de mettre en la place l'arrêt du conseil.

A ce coup d'autorité suprême il fallut que le parlement cédât, et tout le royaume fut en paix. Les parlemens intimidés suivirent l'exemple de celui de Paris; mais il se fit à Toulouse, environ dans le même temps, une ligue de quelques seigneurs catholiques, à la tête desquels étoit le cardinal d'Armagnac, archevêque de cette ville. Ils s'unissoient tous ensemble pour la défense de la religion de leurs ancêtres contre les sectaires rebelles, pour laquelle il se feroit dans chaque sénéchaussée un état de ceux qui étoient capables de porter les armes. Cette ligue fut communiquée au seigneur de Joyeuse, qui commandoit dans la province, et au procureur général du parlement de Toulouse, qui en fit faire l'enregistrement sous le bon plaisir du roi. La reine n'osa s'opposer à cette union, quoique la conséquence en fût extrêmement dangereuse; en effet elle servit de modèle à la grande ligue, qui pensa depuis ruiner l'Etat. Durant le calme qui suivit la paix, le chancelier s'occupa à faire des règlemens utiles au bien du royaume.

La maison de Lorraine crut devoir renouveler au commencement de la majorité les plaintes qu'elle avoit faites contre l'amiral; mais la reine, en renvoyant l'affaire au parlement de Paris, fit ordonner par le roi une surséance de trois ans, qui mit la Cour en repos; ce repos fut un peu troublé par la querelle de d'Andelot et de Charri, maître de camp du régiment des gardes. Celui-ci ne voulut point recevoir les ordres du premier, quoiqu'il fût colonel de l'infanterie, disant qu'étant chargé de la garde de la personne du roi, il n'avoit à répondre qu'au roi même; d'Andelot disoit au contraire que le régiment des gardes non-seulement faisoit partie de l'infanterie dont il étoit colonel, mais encore qu'il avoit été composé des compagnies qui étoient sous sa charge; l'affaire portée au conseil du roi, les opinions se trouvèrent différentes, et la reine ne voulut rien régler d'abord; mais d'Andelot, homme ardent et entreprenant, ayant regardé lui-même dans le Louvre si Charri avoit des armes sous ses habits, celui-ci se plaignit si hautement de ce qu'on avoit voulu le visiter, que la reine ne put s'empêcher de faire une réprimande à d'Andelot; quoiqu'elle fût assez douce, il sentit bien que Charri étoit appuyé, et qu'on le vouloit rendre indépendant. Aussitôt il résolut de le perdre : il aposta Chatelier, qui avoit eu autrefois querelle avec Charri, mais qui s'étoit depuis réconcilié avec lui; quelques-uns des chefs principaux du parti huguenot, entre autres Briesnaut et Mouvans, se joignirent à ce gentilhomme, et tous ensemble, suivis de quelques domestiques de l'amiral, assassinèrent Charri; il parut que les Châtillon vouloient faire voir qu'on ne pouvoit les choquer impunément. L'amiral se trouva présent chez la reine, quand on y parla de cet assassinat, et ne changea jamais de couleur; mais d'Andelot, qui étoit présent aussi, tout audacieux qu'il étoit, fut déconcerté, et prit un prétexte pour se retirer. La reine, outrée de leur insolence, sentit bien ce qu'elle avoit à craindre d'eux, et tourna en haine implacable l'ancienne inclination qu'elle avoit pour cette maison ; mais les temps l'obligeoient à dissimuler : elle donna la charge de Charri à Philippe Strozzi son parent, fils du maréchal de ce nom. Un peu après arriva la mort du maréchal de Brissac, un des plus estimés capitaines de son temps, et celui qui étoit en réputation de savoir mieux la guerre, et de maintenir le mieux la discipline militaire. Son bâton fut donné à Henri de Montmorency, qu'on nommoit Damville.

Environ dans le même temps le concile de Trente finit. On en fut peu content en France ; les Espagnols y avoient été trop favorisés dans la prétention qu'ils avoient eue de la préséance dans les congrégations particulières où se traitoient les affaires du concile. Les légats avoient fait donner une chaire hors de rang à l'ambassadeur d'Espagne, afin qu'il ne fût pas au-dessous de ceux de France. Le roi trouva mauvais que ses ambassadeurs l'eussent souffert, et en fit faire ses plaintes au Pape, qui rejeta la faute sur nos ambassadeurs, qu'il accusoit de n'avoir pas su maintenir les droits de leur maître ; et pour montrer qu'il n'avoit point eu de part à l'injure dont le roi se plaignoit, il promit à de l'Isle notre ambassadeur qui étoit à Rome, de lui donner la préséance la première fois qu'il tiendroit chapelle. Il le fit en effet le jour de la Pentecôte, malgré les plaintes de l'ambassadeur d'Espagne, qui fit hautement et en présence du Pape une protestation non-seulement déraisonnable, mais encore injurieuse au Pape même. Le Pape, content d'avoir fait justice, crut qu'il falloit le laisser parler.

Les Espagnols n'ont pas accoutumé de se rebuter ni de lâcher prise pour les refus ; ils crurent en cette occasion qu'à force d'importuner et de se plaindre ils obtiendroient quelque chose ; ainsi Vargas leur ambassadeur menaça de se retirer, et puis faisant semblant de s'adoucir, il fit dire au Pape que s'il donnoit à Trente quelque satisfaction à son maître, il feroit taire les évêques espagnols qui portoient dans le concile l'autorité des évêques plus haut que Rome ne vouloit. Le Pape ne négligea pas cette occasion ; mais il ne savoit que faire en faveur des Espagnols, qui dans les conciles précédens n'avoient jamais fait difficulté de céder à la France ; faire agir le concile de Trente autrement que n'avoient fait les autres conciles, c'étoit faire tort au concile même, et le Pape n'eût pu soutenir le reproche d'avoir dépouillé un roi pupille d'un droit qui n'avoit jamais été contesté à ses prédécesseurs ; mais le désir qu'il avoit de profiter de l'ambition des Espagnols, fit que n'osant leur adjuger la préséance, il leur accorda l'égalité. Il envoya à ses légats des ordres secrets, en vertu desquels tout le concile étant assemblé pour entendre la messe solennelle le jour de Saint-Pierre, on vit tout d'un coup passer un fauteuil, qu'on plaça entre le dernier des cardinaux et le premier des patriarches, et en même temps le comte de Luna, ambassadeur d'Espagne, s'y vint asseoir. Il n'avoit point encore pris cette place ni aucune autre dans la session publique.

Le cardinal de Lorraine se plaignit de ce qu'on faisoit de telles nouveautés sans l'avertir ; mais Ferrier, un de nos ambassadeurs, appela le maitre des cérémonies, en lui demandant raison de ce qu'il faisoit; il apprit de lui ce qu'il avoit encore à faire, qui étoit de préparer deux encensoirs et deux patènes, pour donner en même temps l'encens et la paix aux deux ambassadeurs ; ce que dit alors Ferrier, non point contre les légats, qui n'étoient qu'exécuteurs, mais contre le Pape, qu'il n'appela plus qu'Ange Médequin, fut si extrême, que les légats, qui craignoient de l'échauffer davantage en lui répondant, trouvèrent plus à propos de faire semblant de ne pas entendre. Toute l'église fut en rumeur, la messe fut interrompue ; et enfin nos ambassadeurs, de l'avis du cardinal de Lorraine, et par l'entremise de l'ambassadeur de Pologne, de peur de perdre tout à fait leur cause, convinrent pour cette fois qu'on ne donneroit ni encens ni paix.

Cette condescendance parut une lâcheté au conseil du roi ; mais ce n'étoit pas le seul mécontentement qu'on y eût du Pape. Il avoit donné charge à l'inquisition de citer à Rome et de juger jusqu'à déposition le cardinal de Châtillon, avec quelques évêques de France qui avoient embrassé publiquement le calvinisme, et même l'évêque de Valence qui le favorisoit, sans toutefois rompre la communion. Le roi se plaignit de cette entreprise, qui renversoit les libertés de l'Eglise gallicane, selon lesquelles les évêques de France devoient être jugés premièrement dans leurs provinces, et en cas d'appel, par des commissaires du Pape pris sur les lieux. On se fâcha d'autant plus en France qu'ils fussent cités à Rome, qu'aucun sujet du roi ne le peut être; mais pendant que le roi se plaignoit à Rome de cet attentat, il en apprit un plus grand.

Le Pape, qui avoit fait citer les évêques, cita encore la reine de Navarre, sur peine, si elle ne comparoissoit et ne renonçoit à son hérésie, d'être privée de ses Etats. Cette injure ne fut pas seulement regardée en France comme faite à une reine, proche parente du roi, et alliée de France, mais encore comme faite à la royauté. Durant que ces choses se passoient, le cardinal de Lorraine avoit eu permission d'aller à Rome où le Pape l'appeloit pour le gagner ; nos ambassadeurs avoient reçu ordre de presser le concile, de délibérer sur les articles de la réformation qu'ils avoient proposés de la part du roi, et de protester contre le concile en cas de refus : ils le firent avec aigreur, et se retirèrent à Venise durant l'absence du cardinal, et à peu près dans le même temps que la reine de Navarre fut citée; mais les évêques de France eurent ordre de demeurer au concile, pour y procurer, le plus qu'ils pourroient, la réformation de l'Eglise. Le cardinal de Lorraine revint adouci par la promesse du Pape, et le concile finit peu de temps après. On trouva mauvais en France que ce cardinal, archevêque d'un grand siége, eût fait les proclamations que les diacres avoient accoutumé de faire dans les conciles précédens, et encore plus qu'il n'y eût compris le roi qu'en général avec tous les rois chrétiens. Ainsi finit le concile de Trente, où la doctrine catholique fut expliquée d'une manière aussi solide et aussi exacte qu'elle eût jamais été dans aucun concile, et où il se fit de si grandes choses pour la réformation, qu'il n'y falloit guère ajouter pour la rendre parfaite.

(1564) L'affaire des évêques ne fut pas poussée plus avant, et le désordre étoit si grand, qu'on ne put jamais convenir de la forme de les déposer, quoiqu'ils fussent ouvertement hérétiques, et quelques-uns mariés contre les canons. Pour la citation de la reine de Navarre, elle ne fut pas seulement sursise, à la poursuite de l'ambassadeur de France, mais encore entièrement supprimée. Au retour du concile, le cardinal de Lorraine en proposa la réception au conseil du roi; on ne faisoit aucune difficulté de recevoir tout ce qui regardoit la foi ; mais pour la réformation de la discipline, le chancelier s'y opposa avec tant d'ardeur, qu'il n'y eut pas moyen de lui résister. Le cardinal de Lorraine et lui s'emportèrent l'un contre l'autre dans le conseil jusqu'à des reproches personnels, qui obligèrent le roi à leur imposer silence d'autorité. Depuis ce temps-là, le cardinal demeura toujours ennemi irréconciliable du chancelier ; il ne chercha que l'occasion de lui faire ôter les sceaux ; et les choses trop fortes qu'il dit contre les papes ne furent pas oubliées.

La reine, sollicitée non-seulement par le Pape, mais encore par le roi d'Espagne, de recevoir le concile, s'excusa par plusieurs raisons de le conseiller au roi; mais principalement par la peine que cette réception feroit aux huguenots, qu'elle obligeroit à reprendre les armes. En Allemagne, l'empereur Ferdinand avoit promis au Pape de faire recevoir le concile ; mais il ne voulut pas hasarder la chose dans une diète, où les protestans y auroient fait naître de trop fortes oppositions. Ainsi il se contenta de réduire les princes et les villes catholiques à le recevoir en particulier, et il le reçut lui-même pour ses pays héréditaires ; mais comme il étoit persuadé que le concile n'avoit pas pris les vrais moyens pour ramener les hérétiques, il commença une nouvelle négociation avec le Pape. Il avoit toujours cru que la plupart des luthériens reviendroient, si on accordoit la communion sous les deux espèces, et le mariage des prêtres. C'est pourquoi il avoit fait de grandes instances pour obtenir du concile ces deux articles, et la France s'étoit jointe à lui pour le premier. Il est à croire que le concile y eût consenti, s'il en eût espéré le même fruit que l'empereur et la France s'en promettoient.

L'exemple du concile de Bâle où on l'avoit accordée aux Bohémiens, en reconnoissant toutefois qu'elle n'étoit pas nécessaire, faisoit voir ce que l'on pouvoit accorder aux Allemands ; mais le concile soupçonna que l'esprit de contradiction qui régnoit parmi les protestans les empêcheroit de profiter de cette condescendance, dont au contraire ils abuseroient pour faire croire au peuple ignorant que l'Eglise romaine auroit enfin reconnu son erreur, et renoncé à son infaillibilité. C'est ce qui avoit obligé le concile à remettre l'affaire au Pape, pour en user selon sa prudence, et profiter des conjonctures. L'empereur, qui crut en avoir trouvé de favorables, pressa le Pape d'accorder pour l'Allemagne la communion sous les deux espèces, aux mêmes conditions qu'on avoit accordées aux Bohémiens; et le Pape, persuadé que les choses de discipline pouvoient être changées pour un plus grand bien de l'Eglise, y donna les mains. Quand l'empereur eut reçu le bref qui portoit cette concession, il fit délibérer dans son conseil sur les moyens de s'en servir, et on trouva que les protestans étoient plus disposés à abuser qu'à profiter de ce remède, tellement que la chose demeura sans exécution.

Un peu après, Ferdinand tomba malade, et mourut sur la fin du mois de juillet. Maximilien II, son fils, renouvela les instances pour le mariage des prêtres; mais comme le concile n'y avoit jamais voulu entendre, le Pape demeura ferme à le refuser. Pour le roi d'Espagne, il fit publier le concile par tous ses Etats, sans se mettre beaucoup en peine s'il y seroit observé; il vouloit seulement contenter le Pape, et obtenir quelque chose sur la prétention de la préséance avec la France. Le Pape lui fit connoître qu'il ne pouvoit rien changer aux anciens ordres; et depuis, les ambassadeurs d'Espagne ont toujours été obligés de céder la préséance aux nôtres.

Durant ce temps, la reine avoit fait résoudre au conseil qu'on mèneroit le roi par toutes les provinces du royaume pour le faire voir au peuple, et étouffer les principes des guerres civiles, qui ne paroissoient que trop grands par tout le royaume. Les huguenots n'étoient pas bien apaisés, et comme les catholiques les harceloient de tous côtés, ils paroissoient disposés à reprendre les armes : d'autre côté, plusieurs catholiques trop ardens faisoient des ligues entre eux, et prenoient plaisir d'exagérer le grand zèle du roi d'Espagne pour défendre la pureté de la foi. Dans ces divers mouvemens, rien ne paroissoit plus nécessaire que de faire sentir au peuple l'autorité présente, et d'ailleurs la minorité et les longues guerres civiles avoient causé beaucoup de désordres qu'il étoit bon de connoître pour y remédier. A cela se joignit encore le dessein qu'avoit la reine de voir la reine d'Espagne sa fille, et peut-être sous ce prétexte, de négocier quelque chose avec les Espagnols; ainsi le voyage fut résolu. Avant que de partir, la reine fit démolir le palais des Tournelles, en apparence pour ruiner une maison funeste au roi son mari; mais en effet parce que ses astrologues lui avoient prédit qu'il devoit lui arriver à elle-même quelque sinistre accident dans ce palais. C'étoit l'erreur du siècle, et la reine fondoit souvent sa politique sur de vains présages.

Le voyage commença par la Champagne et la Bourgogne. Le roi apprit à Troyes, le 11 d'avril, la conclusion du traité qui se négocioit depuis quelques mois avec la reine Elisabeth, par lequel les deux couronnes demeuroient en paix, sans préjudice de leurs droits respectifs, et l'on n'y fit aucune mention de la restitution de Calais. En passant à Lyon, vers la fin du mois de juillet, le roi ordonna qu'on y bâtît un château pour contenir cette ville, qui avoit donné tant de peine dans la dernière guerre : la peste chassa la Cour de Lyon. Elle vint à Roussillon, petite ville appartenant à la maison de Tournon, où le roi reçut des plaintes de tous les côtés du royaume, tant de la part des catholiques que de celle des protestans; pour les régler, il fit un édit, de l'avis du chancelier, appelé l'édit de Roussillon, où, en interprétation de l'édit de pacification, il fut dit que les prêches accordés à la noblesse ne seroient que pour chaque seigneur, pour sa maison et pour ses vassaux; que les huguenots ne pourroient s'assembler sous prétexte de tenir des synodes, ni faire aucune levée d'argent sur eux-mêmes, pour quelque raison que ce fût; les moines et les prêtres apostats étoient obligés de quitter leurs femmes, et les religieuses mariées, de se séparer de leurs maris, à peine des galères pour les uns, et de prison perpétuelle pour les autres. Il y eut d'autres règlemens faits environ dans le même temps, qui n'étoient pas moins fâcheux aux huguenots : il leur étoit défendu de tenir des écoles, et on envoya des ordres par tout le royaume pour détruire les forteresses qu'ils avoient bâties dans les lieux où ils s'étoient rendus les maîtres. On fit une citadelle à Orléans pour tenir cette ville en bride. Par ces moyens, le chancelier, qui empêchoit qu'on ne les attaquât ouvertement, les affoiblissoit peu à peu, afin qu'ils ne pussent rien remuer.

Le prince de Condé et l'amiral étoient cependant retirés dans leurs maisons, où ils voyoient avec déplaisir ce qui se faisoit contre leur parti. Il fut jugé à propos que le prince écrivît à la reine pour se plaindre des infractions qui se faisoient à l'édit, et de la mort, disoit-il, de plus de cent personnes que les catholiques séditieux avoient tuées en divers endroits du royaume, sans que l'on eût pu en avoir justice. Le roi lui répondit honnêtement, dans la crainte que les protestans ne prissent occasion de son absence pour entreprendre quelque chose dans les provinces d'où il étoit éloigné; mais afin de lui faire sentir qu'il avoit affaire à son maître, il ajoutoit qu'il ne croyoit pas que le prince voulût régler ses volontés. Toutefois pour faire cesser autant qu'on pouvoit les plaintes des huguenots, le roi publia un nouvel édit, où il déclaroit qu'il vouloit entretenir la paix, et défendoit sous de grandes peines de la troubler; mais quoi que pussent dire les protestans, l'autorité du connétable empêcha qu'on ne leur fît aucune raison des mauvais traitemens qu'ils recevoient du maréchal Damville, en Languedoc. Ils n'étoient pas mieux traités en Guyenne, où le comte de Candale avoit assemblé dans sa maison de Cadillac les plus grands seigneurs du pays, entre autres Montluc, avec lesquels il s'étoit ligué contre les protestans; le maréchal de Bourdillon fut envoyé en ce pays pour empêcher la guerre de s'y rallumer. En effet, il calma d'abord un peu les choses; mais dans la suite les protestans ne se plaignirent pas moins de lui que du comte de Candale. Le roi cependant continuoit son voyage, et les neiges l'arrêtèrent quelques jours à Carcassonne : il y apprit la querelle qui s'étoit émue à Paris entre le cardinal de Lorraine et le maréchal de Montmorency.

Dès le temps que ce cardinal étoit revenu du concile (1565), il avoit représenté au roi que la religion lui avoit attiré une infinité d'ennemis; il demanda sous ce prétexte qu'il lui fût permis d'avoir des gardes. Le gouvernement étoit si foible, qu'on lui accorda une permission si contraire à l'autorité du roi, et aux derniers édits, qui défendoient si sévèrement à tous les particuliers de marcher armés. Durant le voyage de la Cour il étoit allé en son archevêché, et ensuite à Joinville visiter la duchesse sa mère; de là il revenoit à Paris avec un grand équipage et suivi de ses gardes. Le maréchal de Montmorency ne le voyoit pas volontiers en cet état, surtout dans son gouvernement, croyant que le cardinal vouloit le braver d'y entrer armé, sans lui montrer le pouvoir qu'il en avoit. Il alla au parlement, où il se plaignit qu'au préjudice des édits du roi qui défendoient d'aller en armes, quelques personnes s'attroupoient autour de Paris, et se faisoient accompagner de gens de guerre. Il exhortoit le parlement à faire ce qui dépendoit de son ministère, et pour lui il déclara qu'il feroit sa charge. Il savoit bien que c'étoit suffisamment avertir le cardinal, qui avoit tant de créatures dans le parlement, et il espéroit qu'il lui enverroit ses pouvoirs; mais le cardinal crut que ce seroit rabaisser la maison de Lorraine devant la maison de Montmorency, et s'obstina à n'en rien faire. Cependant, pour ne pas abuser des graces du roi durant son absence en entrant trop accompagné dans Paris, il donna une partie de ses troupes au duc d'Aumale son frère, et continua son chemin avec le reste : il rencontra le prévôt des maréchaux, qui lui ordonna de s'arrêter, et il se moqua de ses ordres; mais étant déjà auprès des Saints-Innocents, il ne put résister au maréchal, qui le chargea, et mit ses gens en déroute, en sorte que le cardinal fut contraint de s'enfuir avec son neveu dans une hôtellerie d'où il n'osa sortir qu'à la nuit.

Il y eut depuis de grandes négociations où le maréchal se soutint avec beaucoup de fierté, que les médiateurs dissimuloient le plus qu'ils pouvoient au cardinal de Lorraine. Il fallut enfin qu'il consentit qu'on portât, mais non de sa part, une copie de sa permission au maréchal, et il obtint par ce moyen de pouvoir sortir de Paris avec ses gardes; mais le duc d'Aumale demeurant armé aux environs de cette ville, le maréchal fit venir l'amiral, qui ayant pris sa séance dans le parlement, lui offrit son secours, comme s'il eût été un souverain. Les ordres de la Cour vinrent, et les choses furent apaisées, sans que le roi blâmât ni l'un ni l'autre.

En même temps un autre démêlé d'une nature bien différente partagea tous les esprits. Ce fut celui de l'université et des jésuites, que le recteur de l'université voulut empêcher d'ouvrir leur collége dans Paris. L'affaire se plaida au parlement; on reprit dès l'origine l'institution de cette société, la blessure de saint Ignace de Loyola, gentilhomme navarrois, au siége de Pampelune sous François I, sa conversion, ses études commencées à l'âge de trente ans dans l'université de Paris, son dessein de former une compagnie pour l'instruction des peuples et la propagation de la foi, dans le temps que Luther commença son schisme, les grands fruits que firent ses premiers compagnons au dedans et au dehors de la chrétienté, et principalement saint François Xavier, apôtre des Indes. Cette compagnie fut reçue en France, comme ont accoutumé les établissemens extraordinaires, avec beaucoup de zèle d'un côté, et beaucoup de contradiction de l'autre. Guillaume Duprat, évêque de Clermont, fils du chancelier, leur donna le collége de Clermont, et l'université s'y étant opposée, le parlement prit l'avis de l'évêque de Paris et celui de la faculté de théologie; ils ne furent pas favorables, et l'affaire parut rompue; mais les jésuites la reprirent du temps de François II, où la maison de Lorraine, qui les protégeoit, étoit toute-puissante.

On ne put pourtant obtenir que le parlement les reçût; mais pour ne les pas condamner, il prit le parti de les renvoyer au concile général, qu'on parloit de recommencer, ou à l'assemblée de l'Eglise gallicane. Ils se servirent de l'occasion du colloque de Poissy, où tous les prélats étoient assemblés pour se faire approuver: là, pour satisfaire à l'objection tirée de leurs priviléges, ils y renoncèrent, et, non contens de déclarer qu'ils se soumettoient aux évêques et à tous les ordres du royaume, ils promirent de n'avoir jamais recours à Rome pourse faire relever de leurs promesses, et pour obtenir de nouvelles exemptions. Le cardinal de Tournon, touché de la doctrine et du zèle avec lequel ils combattoient les hérétiques, appuya leurs intérêts dans l'assemblée, où ils furent reçus aux conditions qu'ils proposèrent; mais les oppositions et le crédit tant de l'évêque de Paris que de l'université ayant retardé l'ouverture de leur collége, l'affaire traina longtemps, et fu enfin plaidée durant le voyage avec une chaleur extraordinaire, par les deux plus fameux avocats du parlement, qui étoient Etienne Pasquier pour l'université, et Jean Versoris pour les jésuites. Les conclusions du procureur général leur furent contraires; mais le parlement, pour éviter de donner un arrêt absolument définitif, appointa l'affaire, et cependant permit aux jésuites de faire leurs leçons, qui étoit ce qu'ils demandoient. Rien ne leur servit tant que la haine que les hérétiques témoignoient pour eux; ils appelèrent à leur collége tant d'habiles gens, et servirent si utilement le public, qu'on ne se repentit pas de la grace qu'on leur avoit faite: la Cour, qui étoit encore à Carcassonne, fut bien aise que le parlement leur eût donné satisfaction.

Le roi alla de là à Toulouse, où les Etats étoient mandés. Là les frères du roi changèrent de nom : Alexandre, duc d'Anjou, fut appelé Henri; Hercule, duc d'Alençon, qu'on avoit laissé à Vincennes durant le voyage, fut nommé François. On voulut leur faire quitter ces noms profanes, et leur en donner d'autres auxquels les oreilles françoises fussent plus accoutumées. Les protestans renouvelèrent leurs plaintes contre Montluc leur ennemi capital, qui dissipa tout par sa présence, et conduisit la Cour à Bordeaux, où elle fut plus magnifiquement reçue qu'en aucune autre ville. La présence du roi n'obligea pas le parlement à vérifier une déclaration favorable aux huguenots : apparemment aussi qu'on ne se soucia pas beaucoup de les appuyer; mais pour ne les pas fâcher tout à fait, on renvoya la déclaration, contre la coutume, au gouverneur de la province, qui étoit le prince de Navarre, dont l'autorité n'étoit guère considérable durant son bas âge.

Le roi apprit à Bordeaux que la reine d'Espagne sa sœur, qu'il avoit fait inviter à venir sur la frontière, s'avançoit vers Bayonne. Il partit en même temps pour s'y rendre, et sur le chemin il intercepta des lettres du duc d'Aumale au marquis d'Elbeuf son frère, où il paroissoit que beaucoup de grands seigneurs, à la tête desquels étoit le duc de Montpensier, s'étoient ligués contre les Montmorency et les Coligny. Le roi parla dans son conseil avec beaucoup de menaces et d'autorité contre des cabales si préjudiciables à son service, et fit jurer à tous les seigneurs qu'ils n'y entreroient jamais, ce qui fut interprété à foiblesse, aussi bien que la précaution qu'on prit de leur faire signer leur déclaration, comme si l'autorité royale et le serment de fidélité qu'ils avoient prêté n'étoient pas un lien assez ferme pour les attacher à leur devoir.

Quand le roi fut arrivé à Bayonne, il fit partir le duc d'Anjou pour aller au-devant de la reine d'Espagne, qu'il rencontra au delà de Saint-Sébastien, et qu'il accompagna dans cette place, où le duc d'Albe la joignit avec un équipage magnifique. On fit de grandes réflexions sur ce qu'un si grand ministre et un si grand capitaine, le plus renommé qu'eût alors l'Espagne, avoit été envoyé à une entrevue qui ne sembloit être que d'amitié et de plaisir; et le prétexte d'apporter la Toison d'or au roi ne parut pas assez puissant pour y attirer un homme de cette importance. La reine d'Espagne arriva vers le milieu du mois de juin sur les bords de la rivière; la reine sa mère l'avoit passée en bateau, dans l'impatience qu'elle avoit d'embrasser sa fille. Pour le roi son frère, elle le vit qui l'attendoit en deçà, et il lui donna la main quand elle descendit à terre. Elle entra dans Bayonne, environnée de Henri, duc d'Anjou son frère, et du cardinal de Bourbon. Tout le temps de l'entrevue se passa en tournois, en festins et en danses : il n'y avoit rien de plus magnifique que la cour de France; la reine avoit témoigné qu'on feroit plaisir au roi et à elle de paroître avec éclat. Elle fut blâmée d'avoir par ce moyen achevé de ruiner par des dépenses superflues la noblesse déjà épuisée par celles de la guerre. Elle disoit au contraire qu'il falloit soutenir la réputation du royaume, du moins par les apparences, puisque le fonds manquoit.

Le bruit de cette entrevue se répandit bientôt par toute l'Europe, et personne ne voulut croire qu'elle n'eût qu'un pur divertissement pour objet; au contraire plus on y voyoit de jeux et de plaisirs, plus on crut qu'ils cachoient quelque chose de sérieux. Les longues conférences que la reine Catherine avoit en particulier avec le duc d'Albe, dans l'appartement de la reine sa fille, où elle alloit toutes les nuits après que tout le monde s'étoit retiré, firent juger qu'il se traitoit quelque affaire très-importante. Les huguenots ne se trouvèrent point à l'entrevue, prenant pour prétexte que les Espagnols ne pourroient seulement souffrir leur vue. Mais leurs amis les avertissoient de ce qui se passoit, et ils ne doutèrent point qu'on ne conjurât leur ruine : outre qu'ils étoient déjà dans la défiance, ils savoient que le roi d'Espagne ne les craignoit pas moins que le roi de France.

Les troubles des Pays-Bas, dont leur religion étoit la cause principale, s'augmentoient de jour en jour. La haine que tous les ordres témoignoient pour le cardinal de Granvelle avoit obligé Philippe à le retirer de ces provinces, et sur ce que les factieux faisoient courir le bruit qu'il alloit revenir bientôt, il avoit été fait vice-roi de Naples. Les peuples ne s'apaisoient pas pour cela, et les rigueurs de l'inquisition avoient tellement porté les esprits à la révolte, qu'il étoit aisé de juger qu'on n'en viendroit à bout que par la force. Les catholiques n'en avoient pas moins d'aversion que les huguenots; ils craignoient que sous le prétexte de la religion, les Espagnols n'en voulussent à la liberté du pays. Le comte d'Egmont, un des principaux seigneurs catholiques, étoit à la cour d'Espagne, pour demander, entre autres choses, au nom des états, que l'inquisition fût supprimée. Les huguenots de France qui se servoient de ceux des Pays-Bas pour fomenter les troubles, voyoient bien l'intérêt qu'avoient les deux rois de s'unir contre un parti qui leur étoit également odieux : et si cette raison les avoit portés à finir une grande guerre par la paix de Cateau-Cambrésis, il y avoit bien plus d'apparence qu'ils s'uniroient dans un temps où ils n'avoient rien qui les animât l'un contre l'autre.

Au sortir de la conférence, le roi vint à Tarbes, où il donna audience à un envoyé du Grand-Seigneur. On ne voulut point le recevoir durant l'entrevue, pour ne point trop donner à discourir aux Espagnols, surtout dans un temps où les Turcs faisoient de si grands efforts contre la chrétienté. Il y avoit plus d'un mois que Soliman tenoit Malte assiégée avec toutes les forces de son empire : le grand-maître de La Valette la défendoit avec autant de valeur que Pierre d'Aubusson en avoit autrefois montré à Rhodes. Il vint à Tarbes un courrier du duc de Lorraine, pour apprendre les volontés du roi sur la guerre qu'on appeloit cardinale. Le cardinal de Lorraine, évêque de Metz, avoit assiégé dans Vic Salcède sa créature, qui l'avoit empêché de publier dans Metz des lettres de sauvegarde qu'il avoit obtenues de l'empereur, parce qu'il prétendoit que c'étoit offenser le roi, d'avoir recours à l'autorité impériale. Le duc d'Aumale vint au secours de son frère avec des troupes; mais le duc de Lorraine ne voulut pas y joindre les siennes, jusqu'à ce qu'il sût si le roi le trouveroit bon. La Cour n'approuva pas la conduite du cardinal; mais cependant Vic fut pris, et Salcède perdit tous ses biens.

En retournant vers Paris, le roi rétablit à Nérac l'exercice de la religion catholique, que la reine de Navarre en avoit ôté, et reçut à Angoulême une célèbre députation des huguenots, qui se plaignoient des contraventions qu'on faisoit de tous côtés aux édits. Le cardinal de Lorraine étoit toujours le prétexte de leurs plaintes; mais il n'étoit pas malaisé d'entendre à qui ils en vouloient, car ils menacèrent la Cour presque ouvertement, et eurent l'audace de dire que si on les mettoit au désespoir, on les contraindroit de se porter à d'étranges extrémités.

Environ ce temps on reçut avis de la levée du siége de Malte; le secours que le roi d'Espagne y envoya de Sicile, vint si tard, qu'il fut inutile, et la délivrance de l'île ne fut due qu'à la seule valeur des chevaliers. Soliman, pour se venger de l'affront que ses armes avoient reçu, descendit en personne dans la Hongrie, malgré son grand âge, et y mourut d'apoplexie pendant le siége de Sigest. On cacha sa mort aux soldats, jusqu'à ce que la ville eût été prise, et qu'on eût nouvelle que son fils Sélim avoit été couronné à Constantinople.

Le roi continuoit son voyage, et recevoit partout des plaintes des huguenots, qu'on payoit de belles paroles : quand le roi fut arrivé à Blois où il devoit hiverner, il donna congé aux grands qui l'avoient suivi avec ordre de se rendre au commencement de l'année suivante à Moulins, où il avoit indiqué une assemblée solennelle, pour remédier aux abus qu'il avoit remarqués pendant son voyage. Il passa l'hiver à Blois, où il apprit au mois de décembre la mort du pape Pie IV.

Pie V, Jacobin, fut bientôt élu en sa place (1566), homme de basse naissance, mais de grand mérite, qui gouverna les affaires de l'Eglise d'une manière bien différente de ses derniers prédécesseurs, et en qui on crut voir revivre la piété des anciens Papes : aussi avoit-il été élevé au pontificat par les soins du cardinal Charles Borromée, neveu du Pape défunt, qui, après avoir donné un si saint Pape à l'Eglise, s'en alla travailler à son archevêché de Milan, où il fit voir par le zèle qu'il eut pour la discipline, et par les soins qu'il prit de son troupeau, que les derniers siècles avoient des évêques comparables à ceux des premiers temps.

Dans ce même temps ceux qui avoient ordre de se trouver à Moulins s'y rendoient de toutes parts. Tous les grands du royaume, et les présidens les plus habiles de tous les parlemens y étoient mandés; le roi y parla à son ordinaire avec beaucoup de grace et de gravité. Le chancelier fit de grandes plaintes de la mauvaise administration de la justice, qu'il attribua à la multiplicité des lois mal digérées et contraires entre elles, à la vénalité des offices, et au nombre prodigieux des officiers, qui étoient à charge à l'Etat en toutes façons. Pour remédier aux abus dont le mal étoit le plus apparent, on fit une ordonnance qui contenoit quatre-vingt-six articles, qui, après quelques objections, passèrent d'un commun consentement. Mais cette réformation n'étoit que le prétexte de l'assemblée; le véritable sujet étoit le dessein de réconcilier les chefs des partis, dont on craignoit que les divisions ne rejetassent le royaume dans les guerres civiles.

Sippière, gouverneur du roi, lui avoit dit en mourant que la querelle des princes lorrains, des Montmorency et des Châtillon, deviendroit la querelle de tout l'Etat, si on ne se hâtoit d'y remédier. Pour profiter de ce conseil, le roi fit venir d'un côté le cardinal de Lorraine et la veuve du feu duc de Guise, et de l'autre l'amiral avec ses frères, à qui il fit faire serment qu'il n'avoit point eu de part à l'assassinat de ce prince; sur cela le roi leur commanda d'oublier tout le passé, et fit embrasser le cardinal et l'amiral. Le jeune duc de Guise étoit présent, tout fier de la gloire qu'il avoit acquise en Hongrie, où il venoit de montrer beaucoup de valeur, et du crédit qu'il commençoit à avoir en France parmi la noblesse et parmi les peuples. Comme il avoit à peine seize ans, on le traita comme un enfant, quoiqu'il fût bien plus avancé qu'on n'a coutume de l'être à son âge, et on ne songea pas seulement à lui demander sa parole. Ainsi il fut simple spectateur de l'accommodement, et se contenta d'y assister avec un air qui fit connoître qu'il ne se tenoit pas obligé.

Les princes de sa maison ne furent pas fâchés de se réserver un moyen de reprendre une poursuite dont ils ne se désistoient qu'en apparence. Il fut plus aisé d'accommoder le cardinal de Lorraine avec le maréchal de Montmorency, dont l'humeur sincère et généreuse ne laissoit craindre aucun déguisement. La duchesse de Guise crut avoir satisfait à ses devoirs par cet accommodement, et épousa le duc de Nemours, quoiqu'il eût déjà promis mariage à une fille de la maison de Rohan. Mais comme elle étoit huguenote, elle ne fut point favorisée à la cour de France, et encore moins à la cour de Rome, où elle fit des poursuites. Ainsi le prince le plus accompli qui fût alors dans le royaume, posséda la princesse la plus spirituelle de son temps.

Après l'assemblée de Moulins, il se répandit un bruit que la reine avoit eu dessein d'y attirer les chefs huguenots pour s'en défaire, et que ce qui l'avoit empêché d'éclater, c'est qu'ils n'y étoient pas en assez grand nombre. Ce bruit eut pour fondement une parole du duc d'Albe, qui dit qu'il ne s'étoit rien exécuté à Moulins, parce que dans de telles entreprises il falloit prendre les gros saumons et non les grenouilles. Il est pourtant véritable que le prince de Condé et les Châtillon se trouvèrent à l'assemblée sans qu'il parût rien contre eux; de sorte qu'il est vraisemblable que les huguenots inventèrent eux-mêmes ce discours pour disposer le parti à prendre les armes, ou que le duc d'Albe le dit exprès pour leur donner de la défiance. En effet, il est certain que les Espagnols n'oublièrent rien pour leur en inspirer; ils ne vouloient pas que la France fût en paix pendant que leurs affaires se brouilloient dans les Pays-Bas : Philippe n'avoit rien voulu rabattre de la sévérité des édits, ni des rigueurs de l'inquisition.

Comme on n'espéroit plus de remède par les remontrances, on songea à s'en garantir par la force. Neuf gentilshommes signèrent une ligue contre l'inquisition, qu'on faisoit servir, disoient-ils, à envahir les biens des bons citoyens, sous prétexte de religion, et jurèrent de demeurer unis pour le service de Dieu et du roi, et pour la liberté du pays. Plusieurs autres se joignirent à eux ouvertement; mais les plus dangereux étoient ceux qui se tenoient cachés, du nombre desquels étoit le prince d'Orange, mécontent depuis longtemps, et ne méditant que des desseins de rébellion.

On vint dire à Marguerite, duchesse de Parme, qui, depuis le temps que Philippe s'étoit retiré en Espagne, étoit demeurée gouvernante des Pays-Bas, que quatre cents gentilshommes venoient à Bruxelles pour lui présenter une requête. On trouva bon dans le conseil qu'elle leur donnât audience, pourvu qu'ils vinssent sans armes et avec respect : ils parurent aussitôt, ayant à leur tête Henri de Brederode, gentilhomme hollandois de la plus illustre maison de ce pays. La gouvernante répondit, sur le sujet de l'inquisition, qu'elle avoit été établie par l'empereur Charles V son père, et qu'elle s'étonnoit qu'on osât trouver à redire aux ordonnances d'un si grand prince. Elle ajouta toutefois, pour gagner du temps, et pour ne les point porter à l'extrémité, qu'elle en écriroit au roi, dont il falloit attendre les ordres. Un peu après, les conjurés, dans un festin que leur fit Brederode, se mirent à discourir du nom qu'ils donneroient à leur ligue. Comme plusieurs proposoient des titres ambitieux, un de la compagnie s'avisa qu'à la première fois qu'ils s'étoient présentés à la gouvernante, les seigneurs qui l'accompagnoient avoient dit par mépris que ce n'étoient que 'des gueux. Ce mot de *gueux* réjouit toute la compagnie, et tous s'écrièrent en buvant à la mode du pays, *Vivent les gueux!* Ce cri se répandit dans toute la ville; un peu après on les vit paroître avec des écuelles de bois et une besace; ils y joignirent des bourdons de pèlerins, voulant faire entendre à la gouvernante qu'ils étoient prêts à abandonner le pays, si elle ne leur faisoit justice.

Après s'être plaints souvent de ses longs délais, ils allèrent à Anvers, où Brederode fit accroire au peuple que les chevaliers de la Toison d'Or s'étoient ligués avec eux. Quoique cela ne fût pas véritable, il n'en fallut pas davantage pour émouvoir une populace déjà disposée à la révolte. On reçut dans la ville toutes sortes d'hérétiques, anabaptistes, luthériens, calvinistes; tous prêchoient et faisoient la cène à leur mode : mais les derniers étoient les plus forts, et il s'y mêla des émissaires du prince de Condé et des Châtillon pour les animer. Ainsi ils se mirent tout à coup à renverser les images, à piller les églises et à brûler les reliques ; cet exemple fut suivi en plusieurs villes, et la rébellion se répandoit dans tout le pays. Le prince d'Orange, que la gouvernante avoit envoyé à Anvers pour y commander, sur la promesse qu'il fit d'apaiser le peuple qui le demandoit, mit fin au pillage, et retint un peu les peuples dans le devoir ; mais la gouvernante fut obligée de permettre le prêche en divers endroits.

On reçut réponse du roi, qui approuva la résolution qu'elle avoit prise d'adoucir les rigueurs de l'inquisition. Cette condescendance, résolue trop tard, anima plutôt les rebelles qu'elle ne les apaisa, et il fallut en venir à la force contre Valenciennes. Cette ville, déclarée rebelle au conseil de la gouvernante, fut bloquée sur la fin du mois de décembre. Des troupes détachées de devant la place mirent Lille et Douay à la raison : Valenciennes n'étoit guère plus en état de résister ; mais au commencement de janvier il vint à la gouvernante des lettres d'Espagne, où le roi témoignoit que, puisqu'elle s'étoit engagée à faire ce siége, elle pouvoit le continuer, doucement toutefois et avec lenteur, parce qu'il étoit de sa clémence de ménager le sang de ses sujets : qu'ainsi on tâchât plutôt de réduire Valenciennes par la crainte, que de la forcer ouvertement, et qu'on ne vînt à l'attaque qu'à l'extrémité. La gouvernante fut souvent embarrassée par ces contretemps du conseil d'Espagne ; mais elle rectifioit tout par sa prudence. Après qu'elle eut donné, suivant ces ordres, quelques délais aux rebelles, qui profitèrent de sa patience pour s'affermir, elle fit battre la place ; ils capitulèrent dès le premier jour, et se rendirent enfin à discrétion : leurs priviléges leur furent ôtés, et trente-six des plus coupables, condamnés à mort, s'en sauvèrent par la fuite. Ceux de Maëstricht, étonnés de ce bon succès, ouvrirent leurs portes ; Bois-le-Duc suivit cet exemple, et Anvers même fut obligé de s'abandonner à la discrétion de la gouvernante.

Le prince d'Orange désespéré avoit quitté le pays depuis quelques jours, et attendoit en Allemagne une conjoncture plus favorable à ses desseins ambitieux ; ainsi tout obéit à la gouvernante. Elle réserva au roi le châtiment et le pardon, contente d'obliger les villes rebelles à recevoir garnison, et à payer l'argent qu'elle exigea pour la subsistance des troupes. Cela fait, elle pressa le roi comme elle avoit toujours fait, mais plus vivement que jamais, de venir donner le repos à ses provinces, au moins de lui envoyer un plein pouvoir de mettre fin aux affaires, ou en châtiant ou en pardonnant. Sur cette proposition les avis furent différens au conseil d'Espagne (1567) ; celui du duc d'Albe, plus conforme à l'humeur du roi et à la politique d'Espagne, l'emporta. Il soutenoit que le repos procuré par la gouvernante n'étoit qu'un amusement ; que la rébellion, comme un feu couvert sous la cendre, se rallumeroit bientôt plus violent que jamais, et qu'elle ne seroit jamais éteinte que par la rigueur et par le sang des rebelles. Les principaux du conseil, et entre autres le confesseur du roi, représentèrent en vain que les rigueurs ne feroient qu'aigrir et pousser à l'extrémité un peuple qui s'étoit remis à son devoir. Philippe avoit pris sa résolution, il déclara qu'il vouloit aller lui-même aux Pays-Bas, et faire marcher devant lui le duc d'Albe avec une puissante armée. En effet, il fit amasser des troupes de toutes parts, et le duc se prépara à partir; mais le roi, qui ne vouloit qu'amuser les peuples, ne songeoit guère à le suivre.

Ce grand armement du duc d'Albe fit trembler les huguenots de France, qui étoient déjà en inquiétude. Il passoit pour constant que les deux rois étoient convenus à Bayonne de s'unir contre eux; ils crurent voir l'effet de cette union dans les grands apprêts que faisoit le roi d'Espagne pour les Pays-Bas, et ils songeoient à se procurer du secours de tous côtés. La reine d'Angleterre, autrefois leur protectrice, étoit irritée contre eux depuis le siège du Havre; mais ils crurent que son intérêt l'emporteroit sur son ressentiment : ils ne se trompèrent pas dans leur pensée; elle résolut de les assister, mais elle ne s'ouvrit point d'abord : elle envoya seulement des ambassadeurs pour redemander Calais, en vertu du traité fait avec Henri II. On traita leur demande d'insolence, et on s'étonnoit que les Anglois, après avoir fait la guerre au roi en faveur des rebelles, osassent parler d'un traité qui les obligeoit à vivre en paix avec la France. Elisabeth s'étant attendue à cette réponse, et ne voulant point encore se déclarer, se contenta d'appeler auprès d'elle le cardinal de Châtillon pour tenir la cour de France en jalousie, et entretenir les huguenots dans l'espérance de sa protection.

Au milieu de ces affaires il étoit venu un ambassadeur de la part de Marie Stuart, reine d'Ecosse. Cette malheureuse princesse avoit eu de continuelles traverses depuis qu'elle étoit dans son royaume; sa conduite avoit augmenté la haine que ses sujets, pour la plupart hérétiques, avoient déjà pour la religion : comme elle étoit accoutumée à la magnificence de la cour de France, elle faisoit des dépenses que la pauvreté de son royaume ne pouvoit souffrir. Pour diminuer le crédit de Jacques, comte de Murray, son frère bâtard, chef des calvinistes, elle épousa Henri Stuart son parent, qu'elle fit couronner roi; mais elle le méprisa bientôt après, et éleva si haut un musicien, que non-seulement les grands du royaume, mais le roi lui-même en devint jaloux; il lui fit tuer à ses yeux son musicien, qui étoit devenu son secrétaire et son principal ministre. Elle fit semblant de lui pardonner; mais quelque temps après ce jeune roi fut étranglé dans son lit, et la chambre où il couchoit sauta en même temps par une mine. Le comte de Botwel fut l'auteur de cet attentat, et incontinent après il osa demander la reine en mariage; elle se laissa forcer à l'épouser, après qu'il eut été justifié presque sans procédures. On connut assez que la reine ne haïssoit pas ce meurtrier; la haine de ses sujets s'accrut sans mesure, et on se moqua en France de l'ambassade qu'elle envoya pour justifier sa conduite.

Le duc d'Albe partit d'Espagne, et fit passer ses troupes dans les Pays-Bas par la Suisse, par la Franche-Comté et par la Lorraine. Ce ne fut pas sans donner beaucoup de jalousie à Genève et aux autres pays qu'il côtoyoit; mais il passoit si vite qu'il dissipa bientôt leur crainte : celle des huguenots de France étoit extrême, quand ils virent approcher dix mille hommes des meilleures troupes d'Espagne sous un général si renommé. Le prince de Condé représenta à la reine qu'elle devoit armer de son côté, et ne pas laisser le royaume dépourvu; son dessein étoit d'obtenir le commandement des armées, et de se faire déclarer lieutenant-général, comme la reine le lui avoit autrefois promis. Elle fit semblant de profiter de ses avis, et en même temps on donna ordre de faire des levées par tout le royaume, et d'amener six mille Suisses. Le prince poursuivoit sa pointe, et pour parvenir à la charge qu'il demandoit, il obtint le consentement du connétable qui le lui accorda, soit qu'il crût que la reine s'opposeroit assez aux desseins du prince, soit qu'il cédât aux importunités de son fils le maréchal de Montmorency, et de ses neveux de Châtillon, qui commençoient à regagner ses bonnes graces.

La reine, étonnée qu'un homme si jaloux de son autorité eût donné les mains à une proposition si désavantageuse à sa charge, ne trouva rien à opposer au prince que le duc d'Anjou, second fils de France. Quelque jeune qu'il fût, il montroit beaucoup de courage, et plus doux que le roi son frère, il gagnoit déjà tous les cœurs. La reine sa mère le piqua d'honneur, en lui disant qu'il étoit temps qu'il commençât à acquérir de la gloire par les armes, et que le prince de Condé, qui demandoit le commandement des armées, lui alloit ôter tous les moyens de signaler son courage : il n'en fallut pas davantage pour réveiller le jeune duc. Il devoit un soir à un festin tirer à part le prince de Condé, lui parler avec vivacité, laisser échapper tout haut des paroles de menace et de hauteur; le prince fit paroître une contenance pleine de respect et de soumission; il s'agissoit de la charge que le duc lui déclaroit qu'il vouloit avoir, et qu'il sauroit bien se venger du prince s'il avoit l'audace de la prétendre. La fierté du prince de Condé souffrit beaucoup dans cet entretien; il sentit bientôt d'où lui venoit le coup, et après avoir promis au duc tout ce qu'il voulut, il sortit plein de fureur contre la reine; il ne demeura à la Cour qu'autant qu'il falloit pour cacher son indignation; après il alla à Noyers, et l'amiral se retira chez lui, après avoir rempli toute la Cour des plaintes qu'il faisoit des injustices que les huguenots avoient à souffrir.

Cependant le duc d'Albe arriva dans les Pays-Bas; il présenta ses lettres à la gouvernante sur la fin d'août ; elle vit bien qu'il n'y avoit plus rien à faire pour elle dans ces provinces, et que le duc y alloit avoir toute l'autorité ; elle écrivit pourtant au roi son frère sans se plaindre, et se contenta de lui marquer doucement, comme elle avoit toujours fait, qu'elle craignoit que l'appréhension d'un si grand armement ne poussât les peuples au désespoir.

Le prince et l'amiral crurent qu'ils alloient voir éclater quelque chose de funeste contre leur parti ; les avis qu'ils recevoient de la Cour les confirmoient dans cette pensée ; ils assemblèrent leurs amis, et après qu'on eut proposé divers conseils, d'Andelot, bien concerté avec le prince et l'amiral, dit qu'ils avoient toujours perdu toutes leurs affaires pour n'avoir jamais été à la source du mal ; que dans la dernière guerre, si au lieu de s'emparer d'Orléans, ils s'étoient saisis de la personne du roi, ils seroient demeurés les maîtres, et ne se verroient pas à la veille d'être opprimés ; qu'ainsi il ne falloit plus retomber dans la même faute, à moins que de vouloir périr sans ressource : tout le monde fut de son avis. La Cour étant à Monceaux peu accompagnée, il leur étoit aisé d'assembler promptement quinze cents chevaux, avec lesquels ils espéroient de surprendre le roi. On se moqua des scrupules de La Noue, qui remontroit que c'étoit décréditer leur religion que de la défendre par de telles voies.

Le rendez-vous fut donné pour le 28 de septembre à Rosoy en Brie, assez près de Monceaux ; et tous leurs gens s'y rendirent en grand secret par divers chemins. La reine n'eut aucun avis de cette entreprise ; elle se défioit à la vérité des huguenots, et principalement de l'amiral, dont elle connoissoit les desseins profonds et artificieux ; ainsi elle le faisoit observer, et un peu avant le jour du rendez-vous, comme elle avoit eu le vent qu'il se tramoit quelque chose, elle lui avoit envoyé un homme de confiance à Châtillon-sur-Loin, où il étoit ; il le trouva grimpé sur un arbre qu'il ébranchoit, la serpe à la main, avec une vieille casaque dont il étoit revêtu. Il ne put croire qu'un homme qui paroissoit si tranquille et si occupé des innocens travaux de la vie champêtre, méditât rien d'important ni de dangereux ; et le rapport qu'il fit à la reine lui mit l'esprit absolument en repos.

Cette princesse fut sans crainte jusqu'au vingt-huitième de septembre, qu'on lui vint dire de tous côtés et en grande hâte, qu'une grosse troupe de cavaliers armés s'avançoient par le chemin de Rosoy. Elle ne douta point que ce ne fussent les huguenots ; et la première chose qu'elle fit fut d'aller promptement à Meaux, où la Cour seroit plus à couvert de l'insulte. Là, comme il vint des avis certains que le prince et l'amiral commandoient ces troupes, et qu'ils marchoient en bon ordre vers le lieu où étoit le roi, on envoya pour les amuser le maréchal de Montmorency, leur ami particulier, pendant qu'on délibéroit de ce qu'il y avoit à faire. Par bonheur les six mille Suisses nouvellement levés retournoient de dessus la frontière où on les avoit envoyés pour observer la marche du duc d'Albe, et venoient d'arriver à Meaux, fatigués d'une longue marche.

Le connétable étoit d'avis qu'il falloit demeurer en cette ville, où l'on pouvoit aisément se défendre avec ce secours, en attendant qu'on mandât le reste des troupes. Le chancelier appuya cette opinion de toute sa force, et ne vouloit pas qu'on exposât le roi à être attaqué par ses sujets, prévoyant qu'après ce malheur, la colère d'un prince si fier et la fureur des rebelles n'auroient point de bornes. Les autres trouvoient dangereux de renfermer le roi dans une place si foible et si dépourvue, qu'on verroit tout d'un coup environnée de tout le parti huguenot, et concluoient qu'il falloit aller à Paris où l'on n'auroit rien à craindre.

La reine, d'abord résolue à demeurer, changea d'avis, et le duc de Nemours, auteur du conseil, eut charge d'aller dire aux Suisses que le roi leur faisoit l'honneur de se remettre entre leurs mains; mais qu'il falloit partir sur l'heure. A cette proposition personne ne se trouva las; les Suisses, trop heureux de sauver le roi et la reine dans un si grand péril, furent prêts en deux ou trois heures; ils formèrent un gros bataillon. Le roi et la reine avec le conseil, les dames et tout ce qu'il y avoit de personnes incapables de porter les armes, furent placés au milieu; le chancelier s'y rangea avec les autres, déplorant le sort de la France, et un dessein qui alloit porter les affaires à l'extrémité de part et d'autre. On marcha en cet équipage sous les ordres du connétable, trois ou quatre heures de nuit, et à la pointe du jour le bataillon se trouva à quatre lieues de Meaux, sans que l'ennemi parût.

Le maréchal de Montmorency avoit occupé longtemps le prince de Condé et l'amiral, leur représentant tantôt l'indignité, tantôt les inconvéniens de leur entreprise, leur proposant des expédiens, les pressant à en proposer, appelant à son secours tantôt la prudence de l'amiral, qui s'engageoit à un dessein impossible, tantôt le bon cœur et la fidélité du prince qui commettoit un tel attentat contre la majesté royale; lui que sa naissance obligeoit à en être le défenseur. Pendant qu'ils se défendoient sur les violences et les artifices dont on usoit envers eux, sur les infractions des édits, sur les manquemens de paroles et le peu de sûreté qu'il y avoit pour eux à négocier, ils apprirent que le roi étoit en chemin, et ne l'atteignirent qu'au moment que le jour venoit de paroître; ils s'avancèrent pour couper le bataillon, sous prétexte de vouloir parler au roi, et lui présenter une requête. On leur répondit fièrement que ce n'en étoit ni le lieu ni le temps, et on les remit à Paris; en même temps ils virent les Suisses baiser la terre, action par laquelle ils commencent ordinairement le combat, comme pour demander pardon à Dieu. Ils se relevèrent aussitôt, présentèrent les armes avec une contenance qui fit perdre au prince et à l'amiral l'espérance de les forcer, de sorte qu'ils se mirent à suivre en queue le bataillon, afin de profiter du premier désordre. Le connétable vit leur dessein, et pour mettre en sûreté le roi et la reine, il détacha deux cents chevaux qui se trouvèrent à la suite de la Cour, avec lesquels il les fit partir, pendant qu'il amusoit à la queue les ennemis par des escarmouches ; ainsi le roi arriva le soir à Paris sans avoir mangé, piqué au vif d'avoir été obligé de fuir devant ses sujets, et plein d'une fureur implacable contre ceux qui lui faisoient un tel affront. Les huguenots tournoient inutilement de tous côtés pour tâcher d'ouvrir le bataillon, quand tout à coup on vint dire au prince que le roi avoit pris le devant.

Il cessa de poursuivre les Suisses quand il vit sa proie échappée ; mais il espéra la ravoir bientôt par une autre voie. Il écrivit dans toutes les provinces ; le monde commençoit à lui venir, et tout foible qu'il étoit encore, il conçut le hardi dessein d'affamer Paris ; il se saisit de Saint-Denis au commencement du mois d'octobre, il brûla tous les moulins qui étoient autour de la ville, et occupa autant qu'il put les passages de la rivière. La reine eut recours aux négociations : le prince et les autres chefs, quoique souvent amusés par cet artifice, ne pouvoient l'éviter, parce qu'il falloit se montrer disposés à faire la paix, et ils n'auroient pu autrement se délivrer des reproches de tout le parti, qui les eût accusés de faire la guerre pour leur intérêt. Leurs premières propositions furent extraordinairement insolentes : non contens de demander le licenciement des étrangers, la liberté de conscience sans aucune modification, et le libre accès à toutes les charges, ils demandèrent encore qu'on assemblât les États, que le peuple fût soulagé, et qu'on chassât tous les Italiens dont on se servoit pour les tourmenter.

La reine, attaquée trop clairement par cet article, fit résoudre que pour toute réponse on les enverroit sommer par un héraut de mettre bas les armes, sur peine d'être déclarés rebelles : à cette fière réponse, ils commencèrent à apercevoir qu'ils s'étoient trop avancés. Ce que les ministres du roi disoient de plus fort aux princes protestans pour les détourner de secourir les huguenots, c'est qu'ils en vouloient au gouvernement, et que la religion n'étoit que le prétexte de leur révolte. Leurs derniers articles autorisoient visiblement ce reproche ; ainsi ils se départirent de tout ce qui regardoit l'État en général, et se renfermèrent dans les intérêts de leur religion. Sur ce fondement les conférences se renouèrent ; mais elles furent bientôt rompues par le connétable, qui ne put jamais souffrir la liberté de conscience pure et simple. Il accusa plusieurs fois ses neveux d'être cause de la ruine de l'Etat : il soutint que les édits n'étoient faits que pour un temps, et conclut en disant, avec une gravité digne de son âge, qu'il valoit mieux avoir la guerre civile pour un temps, que d'autoriser dans le royaume une division perpétuelle ; ainsi on se prépara de part et d'autre à la guerre. Comme il venoit au prince des troupes de Guyenne, et qu'Orléans lui étoit nécessaire pour faciliter la jonction des troupes, il envoya La Noue pour occuper cette place, dont en effet il se rendit maître avec le secours de la bourgeoisie, et en cinq jours de temps, quoiqu'il eût à peine trois cents soldats, il contraignit la citadelle de capituler, tant elle étoit mal pourvue. Cependant d'Andelot se saisit du poste de Poissy avec cinq cents chevaux, et Montgommery, envoyé pour prendre celui de Pontoise, en fut empêché par Strozzi, qui se trouva là par hasard en revenant de dessus la frontière avec quelques compagnies des gardes, au bruit de l'entreprise de Meaux.

Paris commençoit à souffrir, et on s'y plaignoit hautement de ce que le connétable avoit laissé occuper les avenues par une armée qui avoit à peine quatre mille hommes de pied, et deux mille chevaux, lui qui, sans compter la bourgeoisie, avoit trois mille chevaux et seize mille hommes de pied des meilleures troupes de France. Son intention n'étoit pas de les attaquer, mais de les faire périr, en rompant, comme il fit, la communication de leurs quartiers. Il lui fut aisé d'ouvrir quelques-uns des passages pour faire entrer des vivres; mais comme le peuple se lassoit d'être renfermé, et continuoit de murmurer contre le connétable, jusqu'à l'accuser d'intelligence avec l'ennemi, il fit sortir de la ville le 9 de novembre une partie des troupes, avec ordre de harceler les ennemis tout le long du jour et la nuit suivante. Le lendemain il sortit lui-même avec le reste de l'armée, en disant tout haut que cette journée alloit faire voir ce qu'il pensoit des huguenots, puisqu'il ne rentreroit dans Paris que mort ou victorieux : cela dit, il commença à mettre son armée en bataille.

Le prince n'avoit que quinze cents chevaux et douze cents hommes de pied, avec lesquels il gardoit Saint-Denis, Aubervilliers et Saint-Ouen : le reste des troupes étoit distribué dans les autres postes, ou suivoit d'Andelot et Montgommery. Le connétable avoit su leur départ, et après avoir donné ordre qu'on enfonçât tous les bacs pour leur empêcher le retour, il prit ce temps pour combattre. Pendant qu'il se mettoit en bataille dans la plaine de Saint-Denis, le prince et l'amiral, quoique sans canon et presque sans armes, se préparoient à une vigoureuse résistance : non-seulement ils ne voulurent jamais écouter ceux qui conseilloient la retraite ; mais ils rejetèrent ceux qui vouloient qu'on abandonnât Saint-Ouen et Aubervilliers. Au contraire plus ils étoient en petit nombre, plus ils jugèrent nécessaire de s'étendre, de peur d'être tout à coup enveloppés; au surplus ils résolurent d'attaquer les premiers, et de payer de courage, espérant que dans une saison où les jours étoient courts et si obscurs, pourvu qu'ils pussent tenir quelques heures, la nuit les sépareroit avant que le grand nombre les pût accabler. Le connétable ne crut jamais qu'ils osassent combattre, et prétendoit seulement les chasser d'Aubervilliers et de Saint-Ouen pour les enfermer dans Saint-Denis.

Environ sur le midi il fit battre Aubervilliers par son artillerie.

Henri du Bec de Vardes, qui gardoit ce poste avec Genlis, alla droit aux arquebusiers qui défendoient le canon dont il étoit fort incommodé, et les renversa. Genlis le vint soutenir, et tous deux furent poussés par la cavalerie du maréchal de Cossé. Ils firent leur retraite par un fossé qu'ils avoient creusé exprès, et qu'ils avoient bordé de l'élite de leurs arquebusiers. Le maréchal de Cossé se trouvoit en péril par le ravage que leur décharge avoit fait dans ses troupes, quand les ducs de Longueville et de Nemours d'un côté, et les gendarmes catholiques d'un autre, vinrent le dégager. L'amiral, qui vit que Genlis ne pouvoit éviter sa perte, marcha contre eux avec une contenance ferme, mais lentement, pour donner moyen à ses arquebusiers de suivre la cavalerie. Là se commença un combat si opiniâtre et si furieux, que la bataille de Dreux n'avoit rien vu de semblable.

Le maréchal de Cossé et ceux qui le soutenoient, obligés de tourner le dos, se renversèrent sur un régiment que la ville de Paris avoit richement armé et vêtu; mais elle ne leur avoit pas donné du courage, aussi prirent-ils la fuite sans qu'on les pût jamais rallier. L'amiral, sans s'amuser à les poursuivre, donna sur le bataillon des Suisses où étoit le connétable son oncle, et l'ouvrit par plusieurs endroits; il fut aussitôt suivi du prince de Condé, et tous deux ayant jugé que le gain de la bataille dépendoit de l'avantage qu'ils remporteroient sur le connétable, s'attachèrent à lui; mais le prince fit marcher sa cavalerie avec tant d'ardeur, qu'il laissa en chemin les arquebusiers qui devoient combattre avec elle. Le maréchal de Montmorency qui accouroit au secours de son père, se mit entre deux sans perdre de temps; mais le prince ne quitta pas pour cela son premier dessein, il laissa une partie de sa cavalerie pour faire tête au maréchal, et alla fondre avec l'autre sur le connétable, qu'il voyoit presque abandonné des siens, et tout couvert de blessures.

L'infanterie, qui n'étoit pas soutenue, ne résista pas, et la cavalerie ne tint guère davantage; ainsi le maréchal étoit en état de dégager bientôt son père, mais il venoit d'être porté par terre; car pendant qu'il combattoit à l'âge de quatre-vingts ans, avec autant d'ardeur que dans sa première jeunesse, et qu'il ne songeoit plus qu'à finir sa vie par une mort glorieuse, Robert Stuart lui avoit lâché par derrière, à bout portant, un coup de pistolet dans l'épaule, et lui avoit donné un coup mortel. Le vieillard se retourna en même temps contre lui, et avec le pommeau de son épée, qu'il venoit de rompre dans le corps d'un cavalier, il lui brisa la mâchoire. Il tomba de sa blessure et de l'effort qu'il venoit de faire, et en même temps, à six pas de lui, le prince fut renversé sous son cheval.

La chute des généraux mit les deux partis en désordre; les catholiques ne songèrent plus qu'à délivrer le connétable, et les huguenots à retirer le prince; mais dans cette confusion il fut aisé à ceux des catholiques qui n'avoient point encore combattu de prendre un grand avantage. Le maréchal de Damville se fit jour à travers les huguenots, et en fit un grand carnage : l'amiral qui les soutenoit, emporté par son cheval au milieu des catholiques, disparut un peu après; mais il tomba entre les mains d'un de ses amis qu'on ne nomme point, qui pour en ôter la connoissance à ses soldats, lui arracha son écharpe blanche sous prétexte de la donner. Les huguenots se trouvant destitués de la présence d'un chef si considérable, le prince n'en pouvant plus, un grand nombre de leurs gens et des plus qualifiés ayant été tués, et les autres étant épuisés par le travail, malgré les catholiques qui les accabloient, se retirèrent dans leurs premiers logemens à la faveur de la nuit.

On courut au connétable, qui revenu d'un évanouissement demanda d'abord à ceux qui l'environnoient en quel état étoient les affaires. On lui montra les ennemis qui se retiroient, et il répondit aussitôt pourquoi donc on s'amusoit autour de lui, et pourquoi on ne les poursuivoit pas : il fut longtemps sans vouloir souffrir qu'on l'emportât, disant qu'il n'avoit plus rien à désirer, puisque son maître avoit remporté la victoire, et que pour lui il vouloit mourir au champ de bataille. Après avoir résisté aux prières de ses enfans, il se rendit aux raisons d'un ecclésiastique, qui lui dit qu'il devoit se faire porter à Paris pour y recevoir les sacremens.

L'amiral fut aussi conduit dans cette ville; mais il fut relâché durant la nuit par celui qui l'avoit pris, et arriva à Saint-Denis à peu près dans le même temps que d'Andelot et Montgommery y revinrent, l'un de Poissy et l'autre de Pontoise. Les huguenots reprirent cœur à leur arrivée, et dès le lendemain ils parurent en bataille dans la plaine de Saint-Denis, à la vue de l'armée royale. Après s'être ainsi montrés pour soutenir leur réputation, ils songèrent à leur sûreté, et résolurent de se retirer de Saint-Denis, d'où il eût été trop aisé de les chasser après la perte qu'ils avoient faite; mais de peur que leur retraite ne parût forcée, ils publièrent dans leur camp qu'ils alloient au-devant du prince Casimir, fils de l'électeur palatin, qui en effet devoit venir à leur secours par la Lorraine. Ils ne voulurent pourtant point partir sans donner l'alarme à Paris, et d'Andelot brûla quelques moulins auprès des faubourgs : les catholiques ne songèrent pas à profiter de leur avantage.

La perte avoit été presque égale, à ne regarder que le nombre; mais outre que les huguenots avoient perdu beaucoup plus de personnes de marque, la perte se remarquoit plus dans une si petite armée. Celle du roi ne regrettoit que peu de personnes considérables; mais le connétable lui seul en valoit beaucoup. On le vit tourner à la mort dès le lendemain de la bataille; le roi et la reine le visitèrent; et il ne leur parla que de la joie qu'il avoit de mourir pour la religion et pour leur service; il accomplit tous les devoirs d'un chrétien avec beaucoup de foi et de constance.

Le roi le fit enterrer comme on fait les plus grands princes. On se souvenoit que la France, attaquée autrefois par Charles-Quint du côté de la Provence, lui devoit son salut. La paix de Cateau-Cambrésis étoit une tache dans sa vie; mais il sembloit l'avoir effacée par les services qu'il avoit rendus à la religion et à l'Etat dans ses dernières années : et quoique presque toujours malheureux, il passa pour un des plus grands hommes de son siècle.

La Cour fut occupée durant quelques jours du soin de remplir sa place. La reine pensa au duc d'Anjou, malgré sa grande jeunesse; la tendresse qu'elle avoit pour lui, et le désir de donner un contre-poids à l'autorité royale, pour maintenir son crédit, fit qu'elle le proposa au roi pour le faire connétable. Elle connut à sa contenance que cette proposition l'avoit mortellement offensé; elle lui représenta pourtant qu'il n'avoit que ce moyen d'éviter la jalousie des grands de la Cour, qui ne céderoient jamais un si grand emploi qu'à un fils de France; mais celle que le roi avoit pour son frère l'empêcha de se rendre. La reine en sortit par un expédient, et fit trouver bon au roi de déclarer le duc d'Anjou son lieutenant-général.

Toute la France étoit en mouvement à cause des places qui se déclaroient, et des troupes qui venoient de tous côtés fortifier les deux partis. Parmi les villes qui s'unirent aux huguenots, Nîmes, Montpellier, Sisteron, Valence, Auxerre et Mâcon furent les principales. Ils espéroient d'avoir bientôt La Rochelle, par le moyen d'un nommé Truchart, qui devoit être maire l'année suivante : les environs de Lyon étoient à eux, et les troupes huguenotes, commandées par d'Acier, Mouvans et Ponsenas, tenoient cette place bloquée, en attendant que ceux de la même religion, qui y étoient en grand nombre, trouvassent l'occasion de s'y rendre les maîtres.

Les protestans d'Allemagne demeurèrent quelque temps en suspens. Lansac leur avoit presque persuadé que les huguenots n'étoient que des séditieux, qui ne combattoient pas pour leur religion dont ils avoient l'exercice, mais pour satisfaire leur ambition, et par des intérêts particuliers. Ainsi Jean Guillaume, duc de Saxe, et Charles, marquis de Bade, loin d'envoyer du secours au parti, en avoient promis au roi, et l'électeur palatin avoit mandé à son fils de s'arrêter jusqu'à ce qu'un de ses ministres eût passé à l'armée du prince, pour connoître par quel motif elle agissoit. Comme cet envoyé étoit protestant, il fut aisé de lui persuader ce qui étoit utile au parti, et le prince Casimir ne fut pas longtemps sans recevoir l'ordre de continuer sa marche.

Cependant l'armée catholique croissant tous les jours, la réputation du jeune duc d'Anjou, et la tendresse déclarée de la reine sa mère y attiroient toute la noblesse. Aussitôt après la nouvelle de l'entreprise de Meaux, Montluc envoya de Guyenne beaucoup de troupes. Le secours du duc de Saxe et du marquis de Bade étoit de trois mille chevaux : on manda au duc de Nevers, qui commandoit une armée dans le Lyonnois et le Dauphiné, de se rendre auprès du duc; et comme il faisoit difficulté d'obéir à cet ordre, de peur de laisser ces provinces en proie au duc de Savoie, on s'assura de ce prince, dont le Pape et le roi d'Espagne se rendirent caution : si bien qu'on espéroit bientôt d'avoir ces troupes, composées de la plus belle milice du royaume, et fortifiées des nouvelles levées que le duc avoit faites de l'argent du Pape. Le duc d'Albe fut invité par le roi à lui donner quelques troupes, suivant la convention faite à Bayonne; non-seulement il les accorda, mais il offrit de les mener lui-même; on aima mieux en France se passer d'un tel conducteur, et le comte d'Aremberg amena au duc d'Anjou quinze cents chevaux qui étoient l'élite des troupes d'Espagne.

Les affaires des Pays-Bas paroissoient alors assez tranquilles; le nouveau général avoit jeté tant de terreur dans les esprits, que personne n'osoit remuer. Il attaqua d'abord les plus grands seigneurs, et dans une assemblée qu'il tint à Bruxelles, presque aussitôt après son arrivée, sous prétexte de pourvoir au gouvernement, il fit arrêter les comtes d'Egmont et de Horn, l'un entièrement détaché du parti séditieux, depuis qu'il en avoit connu les mauvais desseins, et l'autre capable de s'y attacher par la disposition de son esprit, mais jusqu'alors sans liaison, du moins apparente avec eux. Le duc s'étant persuadé qu'il falloit répandre du sang, et un sang illustre pour épouvanter les rebelles, il fit faire le procès à ces deux seigneurs; mais le plus dangereux de tous lui étoit échappé. On dit que le cardinal de Granvelle, quand la nouvelle de cet emprisonnement fut portée à Rome, demanda si le duc avoit arrêté le *Taciturne*, il entendoit par là le prince d'Orange; et comme on lui eut répondu que non, *Il ne tient donc rien*, dit-il, et se moqua de ses précautions.

Ces choses furent exécutées sans prendre l'avis de la duchesse de Parme, quoiqu'elle eût encore le titre de gouvernante; elle ne se paya pas des excuses du duc d'Albe, qui vint lui dire avec beaucoup de respect, qu'on avoit voulu lui sauver la haine de cette action. Elle fut néanmoins plus fâchée des suites qu'elle en prévoyoit, que du mépris qu'on faisoit d'elle; et sous prétexte de ses indispositions, elle demanda son congé. Elle ne fut pas longtemps sans recevoir une réponse du roi d'Espagne, qui marquoit qu'il préféroit la satisfaction de sa sœur à l'intérêt de ses provinces : cette lettre lui fut rendue à peu près dans le même temps que le secours vint en France, et la duchesse se prépara à repasser en Italie au commencement de l'année suivante.

Cependant l'armée huguenote reçut un grand renfort par la jonction des troupes d'au delà de la Loire : elles avoient pris sur leur passage le fort château de Lusignan; et la seule vigilance de Gui Daillon, comte du Lude, avoit sauvé Poitiers de leurs mains. Le prince de Condé sut en même temps que Casimir marchoit vers la Lorraine : pour l'y aller recevoir, il falloit passer la Seine, les troupes de Champagne se préparoient à lui disputer ce passage; le jeune duc de Guise, gouverneur de cette province, les avoit rassemblées à Troyes, et faisoit observer soigneusement les huguenots. Pour l'amuser, l'amiral fit semblant d'en vouloir à Sens; le jeune duc se jeta dedans pour sauver une place de cette importance, nécessaire pour entretenir la communication avec la Bourgogne; mais l'amiral, qui ne songeoit qu'à passer la Seine, tourna tout à coup à Bray et à Nogent, où il exécuta son dessein sans trouver de résistance.

Quand il ne vit plus de rivière devant lui, et que d'ailleurs il ne se sentit pressé par aucunes troupes, il proposa de nouveaux desseins; son génie le portoit toujours à ce qui étoit de plus grande réputation; il trouvoit que sa marche vers la Lorraine, après l'affaire de Saint-Denis, tenoit quelque chose de la fuite; et pour s'éloigner moins, il étoit d'avis qu'on demeurât aux environs d'Epernay. Il se voyoit par ce moyen plus en état d'empêcher les catholiques de faire le siège d'Orléans, auquel ils sembloient se préparer. Mais le vidame de Chartres, qui avoit beaucoup de crédit parmi les officiers, soutint, au contraire, qu'à la guerre les conseils les plus utiles étoient toujours les plus honorables, et que celui-là ne fuyoit pas qui alloit au-devant de ses troupes; que le prince Casimir trouveroit qu'on auroit changé de sentiment avec trop de légèreté, et qu'il falloit craindre ou qu'il ne se crût méprisé, ou qu'il ne trouvât les passages fermés; enfin, qu'on reviendroit bientôt avec plus de forces, et qu'en si peu de temps les catholiques ne feroient pas de si grands progrès devant Orléans, quand même ils se résoudroient à l'attaquer.

Cet avis l'emporta sur celui de l'amiral; rien ne retarda la marche, que les négociations toujours continuées par la reine, et que le prince n'évitoit pas, ou parce qu'il craignoit la haine publique, ou parce qu'il aimoit naturellement la Cour et les plaisirs, ou parce que sa naissance lui inspiroit de meilleurs sentimens qu'aux autres, pour empêcher que le royaume ne fût en proie aux étrangers. Pour la reine, outre l'intérêt et l'inclination qui la portoient toujours à négocier, elle souhaitoit en cette occasion de donner au duc d'Anjou le temps de se fortifier, et aux ducs d'Aumale et de Guise, celui de fatiguer, avec les troupes du duc de Lorraine, celles du prince Casimir, avant qu'elles fussent jointes au gros de l'armée huguenote.

Cependant le duc de Nevers avec quatorze mille hommes battit Ponsenac, fit lever à d'Acier le blocus de Lyon, et mit le siège devant Mâcon que sa seule hardiesse lui fit emporter; les autres places se préparoient à lui ouvrir les portes, quand il reçut des ordres réitérés de se rendre promptement auprès du duc d'Anjou. Il battit tous les partis qu'il rencontra en son chemin, et joignit l'armée royale à Vitry, où ce prince avoit son principal quartier.

On lui avoit donné pour lieutenant et pour conseil le maréchal de Cossé et Carnavalet son gouverneur; il ne respiroit que de grands desseins, et toute la noblesse qui l'environnoit se sentit animée par son exemple. Le roi, jaloux de sa gloire, le vit partir à regret; mais la reine sa mère, à qui il n'osoit encore résister, lui disoit que sa personne étoit trop importante pour être exposée.

Le duc n'eut pas plutôt reçu ce renfort, qu'il se mit à poursuivre les ennemis (1568), pendant qu'on tâchoit à les amuser par des négociations. Téligny, du parti huguenot, mais guère moins agréable à la Cour qu'à l'amiral, qui depuis en fit son gendre, étoit chargé de faire les propositions, et de rapporter les réponses. Il y avoit une espèce de trêve, et les huguenots s'endormoient parmi les belles propositions de la reine : le jeune Timoléon de Cossé, fils du maréchal de Brissac, et héritier de sa valeur, les réveilla trop tôt; il leur battit un grand parti au faubourg de Châlons, et par là il diligenta leur marche plus que ne le souhaitoit le duc d'Anjou qui avoit dessein de les surprendre. Dès lors on cessa de les poursuivre; le maréchal de Cossé et Carnavalet, accusés de les favoriser, perdirent presque toute croyance. Quand le prince de Condé fut arrivé à Pont-à-Mousson, il eut de grandes inquiétudes, sur ce qu'il n'apprenoit aucune nouvelle de Jean Casimir ni des Allemands : la sédition se mit dans l'armée; les Gascons menaçoient hautement de déserter. Le prince par ses manières agréables, et l'amiral par ses remontrances sérieuses, n'en pouvoient plus venir à bout; enfin, après cinq jours d'une extrême inquiétude, ils surent que Casimir arrivoit avec douze mille hommes, dont les deux tiers étoient de cavalerie. Toute l'armée étoit en joie; mais on retomba bientôt dans un nouvel embarras.

On avoit promis aux Allemands cent mille écus à leur arrivée; le prince n'avoit point d'argent, lui et l'amiral donnèrent tout ce qu'ils avoient, jusqu'aux bagues qu'ils portoient aux doigts. Les officiers eurent honte de ne pas suivre leur exemple; l'ardeur de donner passa jusqu'aux soldats, chacun apportoit à l'envi ce qu'il avoit pillé sur la route et aux environs de Paris. On fit à peine trente mille écus, dont Casimir se contenta, par l'espérance qu'on lui donna de prendre bientôt Paris, dont on lui promit le pillage.

En effet, aussitôt après, le prince retourna sur ses pas; il apprit que la négociation, où la reine et le roi même étoient entrés, avoit été enfin rompue par les propositions hautaines que le cardinal de Châtillon, invité par la reine à la conférence, avoit eu ordre de faire. L'amiral, ravi de voir ces amusemens finis, en marchoit avec plus de gaieté, et on ne parloit dans toute l'armée que du siége de Paris. La marche fut difficile dans un pays ennemi, où ils étoient sans argent, sans provision, sans bagage, serrés de près par les catholiques, qui ne leur permettoient pas de s'écarter, même pour aller à la petite guerre; ils marchoient avec précaution, par des chemins détournés. Pour passer la Marne et la Seine, il leur fallut remonter jusqu'à la source de ces rivières; mais enfin, après avoir saccagé quelques petites places, ils arrivèrent à Orléans.

Peu de jours auparavant, d'Acier, Mouvans, et les troupes de Ponsenac s'y étoient rendues ; elles pleuroient encore la perte de leur capitaine, qui, après avoir battu un parti catholique, avoit été tué par les gens de ses camarades, dans une rencontre de nuit, où ils n'étoient pas reconnus.

La Rochelle s'étoit déclarée pour les huguenots. Truchard, que Jarnac gouverneur avoit fait maire, ou par surprise ou par connivence, leur avoit assuré cette place importante, et ils avoient pris toutes les autres places maritimes du voisinage; mais Montluc, gouverneur de Guienne, après les avoir chassés de sa province, quoique mécontent de la Cour, qui avoit donné le gouvernement de Bordeaux à Henri de Foix de Candale, ne laissa pas de reprendre toutes ces places, à la réserve de La Rochelle; qui est depuis toujours demeurée le principal soutien du parti. Tavannes les avoit entièrement abattus dans la Bourgogne : Sipierre, fils du comte de Tende, les soutenoit dans la Provence : des Adrets, qui s'étoit fait catholique, les inquiétoit dans le Dauphiné, et leur avoit pris Saint-Andrieu, auprès de Vienne.

Quand le prince eut reconnu ses troupes à Orléans, il se crut en état de tout entreprendre. Le parti n'avoit jamais perdu le dessein de se rendre maître de Paris, et comme ils jetoient les yeux sur quelque place où ils pussent faire leurs magasins pour une si grande entreprise, Chartres leur parut la plus propre ; mais il falloit la surprendre, et le prince, pour l'investir avant que les catholiques y pussent jeter du secours, fit vingt lieues tout d'une traite. Il ne put pourtant empêcher qu'il n'y entrât beaucoup de monde, et Lignières, qui en étoit gouverneur, promettoit de la bien défendre. Dans une grande sortie, il brûla deux faubourgs et deux églises, où les ennemis s'étoient déjà postés. Au bout de cinq ou six jours, il y eut une brèche raisonnable ; mais elle étoit couverte par un boulevard qui rendoit l'assaut difficile : le boulevard fut emporté, et les ennemis s'y logeoient, quand un sergent de la garnison s'y présenta avec des Gascons, à qui il avoit fait prendre des écharpes blanches, et y étant reçu comme un huguenot qui amenoit du renfort, il tua tout ce qui y étoit entré.

Le duc d'Anjou s'étoit avancé sur les bords de la rivière de Seine, qu'il fit passer à Jean de Nogaret de La Valette, qui commandoit la cavalerie légère sous le duc de Nemours ; il incommodoit beaucoup les assiégeans par les courses continuelles qu'il faisoit autour du camp : il fut poussé par l'amiral, et après avoir perdu quelques Italiens, qui furent surpris, il fit une glorieuse retraite jusqu'à la rivière, qu'il passa à la vue de l'ennemi, par le secours du duc d'Anjou, qui étoit à l'autre bord. Le siége tiroit en longueur, et les négociations recommencèrent.

La reine ne croyoit pas pouvoir retenir le duc d'Anjou, que l'ardeur de la jeunesse et le désir de la gloire ne laisseroient pas en repos : tout sembloit se disposer à une bataille. Cette princesse craignoit toujours les décisions, et craignoit de plus, en cette occasion, d'exposer la vie d'un fils qui lui étoit si cher. Ainsi, après avoir préparé les choses à une conférence, elle fit nommer, de la part du roi, Armand de Gontaut de Biron, maréchal de camp, aussi renommé par son habileté que par sa valeur, et Henri de Mesme, maître des requêtes. Le cardinal de Châtillon traitoit pour les huguenots, bien d'accord avec son frère, que les accommodemens étoient la ruine d'un parti que l'autorité royale et les finesses de la reine accableroient tôt ou tard en le divisant ; mais il fallut par nécessité, non-seulement écouter les propositions, mais encore les accepter.

La reine fit répandre dans tout le camp des huguenots que le roi leur accorderoit la liberté de conscience. Ils se disoient les uns aux autres : Pourquoi exposer nos vies, puisque notre religion est à couvert ? Faut-il que nous achetions par notre sang des bienfaits et des dignités à nos chefs ? Ils se représentoient l'un à l'autre leurs périls, leur pauvreté, dans un parti qui manquoit de tout ; leurs fatigues continuelles, les besoins de leurs familles abandonnées. Par de tels et semblables discours, la sédition se mit bientôt parmi les troupes, qui désertoient en plein jour, même celles de Saintonge et du Poitou, toujours jusqu'alors les plus zélées. Les chefs ne savoient que faire, et furent bien étonnés, quand ils virent les Allemands encore plus ébranlés que les François. D'un côté le duc d'Anjou, en reprenant toutes les villes des environs, leur avoit fermé le passage, et de l'autre, le roi leur faisoit offrir de leur payer tout l'argent qui leur étoit dû. A ce coup il fallut céder : la paix fut conclue ; les huguenots promirent de remettre toutes les places. Il n'en coûta au roi que de promettre l'exécution de l'édit d'Amboise, et d'en lever toutes les modifications, qu'il sauroit bien rétablir, quand on auroit désarmé : au reste, le nouvel édit, qui fut dressé le 27 mars, n'étoit pas limité à un certain temps, comme les autres, mais devoit durer jusqu'à ce qu'il eût plu à Dieu de réunir les François dans une même religion : le roi devoit licencier les étrangers, quand les places seroient rendues, et que les Allemands seroient hors du royaume. Il leur fit avancer l'argent de leur paie, à condition de le reprendre sur les huguenots, et Jean Casimir retourna à Heidelberg, auprès de l'électeur son père. Le prince et l'amiral avoient promis de faire passer une partie de leurs troupes dans celles du prince d'Orange, qui venoit de rallumer la guerre dans les Pays-Bas.

Depuis le départ de la duchesse de Parme, tout s'étoit tourné à la cruauté, et à des exécutions sanglantes. Le gouverneur avoit fait un conseil de douze personnes, que le peuple appeloit le conseil du sang ; il y présidoit ; et il fit d'abord ajourner Guillaume, comte de Nassau, prince d'Orange, Louis de Nassau, son frère, et les autres seigneurs du parti qui avoient quitté le pays. Ils furent déclarés criminels de lèse-majesté par contumace, leurs biens furent confisqués : le gouverneur prit Bréda, place du prince d'Orange, et son fils âgé de treize ans à Louvain, où il étudioit pour l'envoyer en Espagne : il ne pardonna à aucun de ceux qui avoient eu part à la dernière conjuration. Ainsi tout étoit plein d'échafauds et de supplices dans Bruxelles.

Cependant les confédérés n'étoient pas sans espérance, parce que le prince d'Espagne, dom Carlos, leur faisoit espérer de venir bientôt se mettre à leur tête. Ce prince, farouche et mal né, n'avoit que du mépris pour le roi son père. Il se plaisoit à élever Charles V son aïeul, non tant dans le dessein de l'imiter, que dans celui de rabaisser Philippe II. On dit qu'il avoit toujours aimé la reine Isabelle sa belle-mère, qui lui avoit été destinée; et il est certain que par son naturel ambitieux, ou fatigué par les traitemens sévères de son père, il ne songeoit qu'à secouer le joug. Les troubles des Pays-Bas en offroient une occasion favorable : il s'en ouvrit à dom Juan d'Autriche, son oncle maternel, qui découvrit ses desseins au roi; et comme on sut qu'il devoit partir le lendemain, il fut arrêté la nuit.

On fit courir le bruit dans toute l'Espagne qu'il avoit eu de secrètes communications avec les hérétiques. Philippe, voyant bien le bruit que feroit toute l'Europe d'une si étrange résolution, témoignoit dans les lettres qu'il écrivit pour en rendre raison, que pour le bien de son fils et de ses Etats, encore qu'il ne fût coupable d'aucune rébellion, il avoit été obligé de le faire arrêter, et que, quelque amour qu'il eût pour lui, il en devoit encore davantage à la religion et à ses peuples. En même temps il fit arrêter Florent de Montmorency, seigneur de Montigny, frère du comte de Horn, qui étoit à la cour d'Espagne, député des Pays-Bas, et redoubla les ordres qu'il avoit donnés au duc d'Albe de procéder en toute rigueur contre les protestans. Il le fit de l'avis de l'inquisition, qu'il avoit consultée avant que d'arrêter dom Carlos.

Le prince d'Orange, poussé à bout, et persuadé que les rigueurs d'Espagne soulèveroient tous le pays, remua toute l'Allemagne, pour lever des troupes; et quand la paix se fit en France, il songea à profiter des débris de l'armée huguenote. En effet, trois colonels de cette armée marchèrent vers les Pays-Bas, avec des ordres secrets du prince et de l'amiral : l'ambassadeur d'Espagne s'en étant plaint, le prince n'osa les avouer, de peur d'être accusé de commencer les contraventions. Aussitôt après son désaveu, le maréchal de Cossé eut ordre d'attaquer les trois colonels. Il les renferma dans Saint-Valery, où la plupart de leurs soldats furent taillés en pièces; eux et leurs officiers furent contraints de se rendre à discrétion, et eurent tous la tête tranchée.

Peu après, le prince d'Aremberg avec les quinze cents chevaux qu'il avoit ramenés de France, et quelques autres troupes, donna auprès de Winschot, village de Frise, un combat contre Louis de Nassau, dans lequel il en vint aux mains avec Adolphe, frère de Louis : il lui donna plusieurs coups mortels, et blessé à son tour par son ennemi, il tomba mort sur lui, en l'achevant ; les Espagnols furent mis en fuite. Louis leur prit leur canon, et vengea la mort de son frère sur quelques officiers qu'il fit mourir. Le duc d'Albe irrité fit achever le procès des comtes de Horn et d'Egmont : ils furent pleurés de tout le peuple, principalement le comte d'Egmont, que son innocence ni ses services ne purent sauver. La cruelle politique du gouverneur tenoit les peuples en crainte par de tels spectacles : mais de peur que les rebelles ne tirassent avantage de leur victoire, il ne tarda pas à marcher contre le comte de Nassau, qu'il défit à Guemingue, village sur l'Ems, et lui prit tout son bagage, avec son canon, parmi lequel il trouva celui qu'il avoit perdu dans la journée de Winschot. Il falloit encore réduire le prince d'Orange, qui se préparoit à passer le Rhin avec une grande armée d'Allemands soudoyés par l'électeur palatin, par le duc de Wirtemberg, par la ville de Strasbourg, et par lui-même. Le prince Jean Casimir étoit encore avec eux ; le prince d'Orange n'espéroit rien moins qu'une révolte universelle dans le Brabant.

La nouvelle de la fin tragique du prince d'Espagne avoit mis tous les peuples au désespoir ; son père, impitoyable, l'avoit fait mourir. La reine Isabelle ne lui survécut pas longtemps. Catherine prétendit avoir la preuve qu'elle avoit été empoisonnée par son mari, quoique grosse, et toute l'Europe crut qu'il y avoit eu de la jalousie. Les protestans des Pays-Bas connurent ce qu'ils pourroient attendre d'un prince qui n'avoit pas épargné son fils unique : ainsi ils avoient tous la rébellion dans le cœur ; mais la terreur que leur inspiroit le duc d'Albe fut la plus forte, et rien ne remuoit. Il n'en étoit pas ainsi en France ; aucun des deux partis n'avoit fait la paix de bonne foi.

Les catholiques accusoient la reine d'entretenir le parti huguenot, pour se rendre nécessaire, et les huguenots ne se plaignoient pas moins de leurs chefs, qu'ils soupçonnoient de faire la paix et la guerre pour leurs intérêts particuliers ; mais ni les uns ni les autres n'alloient au fond de l'affaire, et la vérité étoit que la reine n'avoit fait la paix que pour chercher des moyens plus sûrs de ruiner les chefs du parti, après avoir recouvré les places, et dissipé les armées. Pour l'amiral, comme il n'avoit consenti au traité que par force, il ne cherchoit que les moyens de le rompre ; il fit aisément entrer le prince de Condé dans ses sentimens, quand l'expérience lui eut fait voir combien étoient vaines les espérances que la Cour lui donnoit. Ainsi en rendant quelques places, et entre autres Orléans, qu'il ne pouvoit pas garder, sans se déclarer trop ouvertement, il mandoit secrètement aux autres qu'elles tinssent fermes, malgré tous les ordres qu'elles recevroient de la Cour, ou de lui-même ; il fallut envoyer Biron pour en soumettre une partie.

Les autres se défendirent, principalement La Rochelle, qui, sous prétexte de ses anciens priviléges obtenus durant les guerres des Anglois, commença alors à prendre une forme de république. Comme les places ne se rendoient pas, le roi ne licencioit pas les troupes étrangères, et les huguenots désarmés se voyoient en état d'être accablés en un moment. On ne leur faisoit nulle raison des violences que les peuples exerçoient sur eux. Sipierre fut tué à Fréjus par la populace, sans qu'on en fît aucune justice. Le prince de Condé lui-même n'étoit point en sûreté. Une entreprise secrète faite sur Noyers, où il s'étoit retiré, fut découverte.

On publia un édit, par lequel le roi ordonnoit que l'argent avancé par les huguenots aux Allemands, seroit imposé au plus tôt, non sur eux en général, mais seulement sur ceux du pays qui avoient pris les armes. On espéroit par là les diviser, mais on ne réussit pas ; au contraire, plus on faisoit paroître de rigueur, plus ils se réunissoient. Comme on entreprenoit sans cesse sur eux, ils ne demeuroient pas aussi sans rien entreprendre, et les choses alloient à une telle aigreur, que le roi se crut obligé de dire à la reine qu'il falloit mettre fin à ce désordre : elle ne fit pas tant de réflexion sur ce qu'il lui disoit, que sur la part d'où l'avis lui étoit venu ; car quoique ce prince eût beaucoup de pénétration, elle l'avoit tellement accoutumé à se reposer sur elle, qu'elle ne put voir sans étonnement qu'il la pressât sur les affaires. Elle jugea aussitôt que quelqu'un lui avoit parlé, et ne put soupçonner que le chancelier, homme libre et capable de représenter au roi le véritable état des choses. Le temps lui fit connoître qu'elle ne s'étoit pas trompée dans ses conjectures : toutes les pensées qui viennent aux ambitieux lui passèrent alors dans l'esprit. Elle crut aussitôt que le chancelier, las de lui obéir, vouloit s'emparer de l'esprit du roi ; et résolue de le prévenir, elle lui tendit un piége, qu'il ne pouvoit éviter.

Il étoit venu une permission du Pape pour aliéner des biens de l'Eglise. On en avoit déjà obtenu beaucoup de semblables, sous prétexte des guerres des hérétiques, où les ecclésiastiques sembloient obligés à contribuer plus que tous les autres ; mais à cette fois le Pape avoit mis dans sa bulle une clause extraordinaire. Il n'accordoit cette aliénation qu'à condition de faire la guerre sans relâche aux hérétiques, jusqu'à ce qu'ils fussent tout à fait exterminés ou soumis à l'Eglise romaine. Le cardinal de Lorraine étoit porteur de la bulle, et peut-être avoit-il fait insérer cette clause dans le dessein de renouveler la guerre. Quand l'affaire fut mise en délibération dans le conseil, le chancelier représenta que publier cette bulle, c'étoit rendre la guerre civile immortelle, et obliger les huguenots à combattre en désespérés ; il ne manqua pas de parler hautement contre la politique des Papes, et contre les prétentions de la cour de Rome, en mêlant, selon sa coutume, quelque chose qui attaquoit indirectement l'autorité du saint Siége. La reine l'avoit bien prévu, et comme elle avoit préparé le roi en lui disant qu'il falloit prendre garde au chancelier, comme à un homme qui étoit un huguenot caché, il lui fut aisé de l'aigrir, à l'occasion du discours qu'il venoit d'entendre.

Le conseil ne fut pas plutôt fini, qu'elle exagéra au roi l'ardeur avec laquelle le chancelier parloit toujours contre le Pape : et ajouta que tous ses raisonnemens tendoient à appuyer l'hérésie, en s'opposant au seul moyen qu'on avoit pour la mettre à la raison. Quelque temps auparavant, le chancelier s'étoit opposé dans le conseil à ceux qui vouloient qu'on forçât La Rochelle, et les autres villes qui refusoient de se rendre, soutenant que le vrai intérêt du roi étoit de les conserver, quoique désobéissantes, dans l'espérance de les réduire par la douceur, plutôt que de les ruiner tout d'un coup en les assiégeant. Ce discours et tous les autres de même nature, que le chancelier tenoit tous les jours, étoient empoisonnés par la reine.

Le cardinal de Lorraine, qui avoit toujours gardé sur le cœur les reproches que le chancelier lui avoit faits dans le conseil, où il fut parlé de la réception du concile, se joignit à la reine en cette occasion. Il n'avoit pas alors beaucoup de crédit; mais on en a toujours assez pour nuire. Le cardinal fit valoir la mauvaise opinion que le public avoit du chancelier, sur ce que toute sa famille faisoit profession du calvinisme, et disoit que s'il se cachoit, ce n'étoit que pour mieux servir le parti rebelle. Le roi ne put résister à des raisons si plausibles. La froideur avec laquelle il traita le chancelier dégoûta ce sage ministre, qui se voyant suspect, se crut inutile. Il se retira de lui-même en sa maison, où bientôt après on lui envoya demander les sceaux, pour les donner à Morvilliers, évêque d'Orléans, grand ami des princes lorrains, homme qui n'avoit pas moins d'intégrité que le chancelier, mais qui avoit moins de pénétration et moins de vigueur. Sa retraite hâta la rupture qu'il tâchoit toujours d'empêcher.

Le cardinal de Bourbon, et les deux maréchaux de Montmorency, qui proposoient des conseils plus modérés, étoient traités de politiques. On entendoit par ce mot des gens qui sacrifioient la religion à de vaines raisons d'Etat. La reine ne s'appliqua plus qu'à prendre le prince de Condé; Tavannes, qui avoit déjà tâché de le surprendre à Noyers, eut ordre de faire une nouvelle tentative, et de se mettre en état de le forcer. On avoit assemblé en divers endroits des troupes qu'on destinoit contre La Rochelle; il y en avoit beaucoup en Bourgogne. Pendant que Téligny alloit et venoit, et qu'il rapportoit au prince des lettres de la Cour pleines de bienveillance, Tavannes ramassoit avec la noblesse de la province, ce qu'il y avoit de plus leste dans la cavalerie; mais il est malaisé de cacher ses desseins, dans une guerre civile, où l'on ne peut éviter que les deux partis n'aient entre eux de secrètes correspondances.

Le prince ayant été averti des mouvemens que faisoit Tavannes, l'amiral s'approcha de lui : ils amusèrent la Cour par des plaintes; et cependant ayant ramassé tout ce qu'ils purent de leurs amis, ils partirent le vingt-troisième d'août pour aller à La Rochelle. Tavannes, qui les poursuivit avec une extrême diligence, arriva sur les bords de la rivière de la Loire comme ils venoient de la passer : elle étoit guéable, et Tavannes, beaucoup plus fort qu'eux, croyoit déjà les tenir, quand la crue prodigieuse des eaux lui ferma tout d'un coup le passage. Les amis du prince le joignirent les uns après les autres : il arriva à Vertueil, chez le comte de La Rochefoucauld, où il fit accroire au maréchal de la Vieilleville, qui commandoit à Poitiers, qu'il alloit chercher seulement sa sûreté, en attendant la réponse d'une lettre qu'il avoit écrite au roi en partant ; enfin il entra dans La Rochelle le 19 de septembre.

Les peuples et les magistrats le reçurent comme un homme descendu du ciel : il leur parla d'une manière touchante du triste état de la France et de la maison royale, que les Lorrains vouloient opprimer, pour ensuite monter sur le trône ; il leur présenta sa femme et ses enfans, et leur dit qu'il remettoit ce précieux dépôt entre leurs mains. La reine de Navarre se rendit à La Rochelle avec ses enfans, presque en même temps que le prince. Le jeune Henri, prince de Béarn, son fils aîné, avoit quatorze à quinze ans, et ne respiroit que la guerre. Cette princesse étoit suivie de beaucoup de troupes, qui furent toujours depuis l'un des principaux soutiens du parti. Elle abandonna son pays, qu'elle ne crut pas pouvoir défendre contre Montluc, jugeant que, quelque malheur qu'il lui arrivât, elle se feroit bien rendre ce qu'elle auroit perdu, pourvu que le parti subsistât.

En même temps on vit courir des lettres de cette reine et du prince, qui continuoient à charger le cardinal de Lorraine et sa maison de tous les désordres de l'Etat, comme s'ils y eussent eu encore le même crédit que du vivant du feu duc de Guise. Les troupes venoient de tous côtés à La Rochelle. D'Andelot y arriva avec les Bretons et ceux des provinces voisines. Le duc de Montpensier, qui commandoit dans ces quartiers, en attendant le duc d'Anjou, en voulant leur disputer le passage, se mit lui-même en un péril, d'où il ne se seroit jamais dégagé sans son extrême valeur. L'amiral fut au-devant de son frère, que Jeanne de Montmorency, duchesse de la Trimouille, avoit reçu à Thouars. Tous deux ensemble ils prirent Niort et Parthenay ; Angoulême ne leur résista pas longtemps. Saint-Jean-d'Angely leur ouvrit ses portes ; et ils se virent, sans combattre, maîtres des trois provinces de Saintonge, d'Aunis et d'Angoumois ; la seule capitale resta au roi dans le Poitou : ils attendoient encore vingt-trois mille hommes, qui leur venoient de Languedoc, de Dauphiné et de Provence, sous la conduite de d'Acier ; et ils se trouvèrent si forts, qu'ils eurent des troupes à donner au prince d'Orange.

Ce prince avoit passé le Rhin avec une puissante armée. Le duc d'Albe s'étoit avancé à Maestricht, vers le milieu du mois d'octobre, pour lui disputer le passage de la Meuse ; mais les eaux étoient si basses, qu'elle se trouva guéable partout. Quoique le duc d'Albe eût les meilleures troupes de l'Europe, et les mieux disciplinées, il ne vouloit point hasarder une bataille, à moins que d'avoir un grand avantage. Il se contentoit de retenir le pays dans le devoir, et d'ôter les vivres aux ennemis, qu'il espéroit voir bientôt se dissiper d'eux-mêmes, faute d'argent. En effet, ils commençoient à souffrir beaucoup, lorsque Genlis, envoyé par le prince de Condé, leur amena un secours de trois mille hommes de pied, et de cinq cents chevaux. Le prince d'Orange résolut de les aller joindre à Tillemont, où ils l'attendoient. Il n'y avoit plus entre deux que la petite rivière de Gète; pendant qu'il la passoit, le duc d'Albe, qui le suivoit en queue, crut avoir trouvé le moment qu'il attendoit, et chargea ce qui n'étoit pas encore passé.

Le désordre fut grand parmi les ennemis, et le duc leur tua deux mille hommes. Le prince d'Orange ne laissa pas de joindre les François; mais la disette s'accrut avec le nombre des soldats. Le Brabant, où le prince d'Orange avoit espéré une révolte universelle, n'osa remuer; et ce prince désespéré ne trouva point d'autre ressource à ses malheurs, que d'entrer en France. Le roi lui envoya Gaspard de Schomberg, qui, quoique protestant, venoit de se détacher d'avec les rebelles: il débaucha la plupart des Allemands du prince d'Orange, qui en ramena seulement une petite partie vers la frontière d'Allemagne, où ils achevèrent de se dissiper. Quoique l'argent manquât au prince d'Orange, il aima mieux engager son bien, que de les renvoyer sans les payer; ainsi il conserva son crédit parmi eux, et attendit en Allemagne une conjoncture plus favorable.

Pendant que l'amiral suivoit le prince de Condé à La Rochelle, et que d'Andelot s'y rendoit par une autre voie, le cardinal de Châtillon leur frère, se sauva en Angleterre, d'où il espéroit envoyer du secours à son parti : il y trouva la Cour intriguée des affaires de Marie Stuart, reine d'Ecosse. Depuis son malheureux mariage, ses sujets l'avoient réduite à l'extrémité. Le comte de Botwel, son nouveau mari, avoit été chassé, et il erroit de pays en pays, et de Cour en Cour, sans trouver aucune ressource : elle avoit été elle-même enfermée dans un château, d'où elle n'étoit sortie qu'en renonçant au royaume en faveur de Jacques son fils, qui étoit encore dans le berceau. Le comte de Murray, son frère bâtard, qui avoit suscité tous les troubles, se fit déclarer régent, et tenoit la reine dans un état pitoyable.

Elisabeth fit semblant d'être touchée des outrages faits à Marie, pour l'intérêt commun de la royauté, et à cause de la parenté qui étoit entre elles; elle voulut sous ce prétexte se rendre arbitre de ce différend. Marie, poussée à bout en Ecosse, crut trouver un asile en Angleterre. Le comte de Murray l'y suivit bientôt, et gagna tellement Elisabeth, qu'elle prit ouvertement son parti. Marie s'en plaignit, et on intercepta de ses lettres, où elle reprochoit à Elisabeth son manquement de parole; sous ce prétexte elle la fit observer de près, et la tint dans une espèce de prison, malgré les représentations que faisoit en sa faveur l'ambassadeur de France. C'est tout ce que Charles put faire pour elle, en l'état où étoient ses affaires.

Les huguenots, non contens de se cantonner dans les provinces, envoyoient au prince des troupes, qui, lorsqu'elles seroient assemblées, devoient composer une armée redoutable. La Cour ne savoit quel remède apporter aux mouvemens excités de toutes parts. Les édits contraires qu'on publia coup sur coup, tantôt en promettant l'impunité aux huguenots qui ne prendroient pas les armes, tantôt en défendant par tout le royaume la nouvelle religion, et en obligeant ceux qui en étoient à se démettre de leurs charges, ne servirent qu'à faire voir l'embarras où l'on étoit dans le conseil du roi. Au surplus, les huguenots se moquèrent également des artifices par lesquels on les vouloit désunir, et des menaces par lesquelles on espéroit les intimider. D'Acier continuoit sa marche, et Gorde, qui commandoit dans le Lyonnois, se trouva trop foible pour l'empêcher de passer le Rhône.

Mouvans étoit demeuré derrière, avec Pérégourde son intime ami, occupé à apaiser les troubles que causoit dans le parti un ministre qui prêchoit qu'il ne leur étoit pas permis de prendre les armes contre leur prince, et qu'en vain ils se vantoient de réformer la religion chrétienne, en se servant de moyens si contraires à ceux que Jésus-Christ et ses apôtres avoient pratiqués. Ce ministre, qui étoit savant et sans reproche, appuyoit cette doctrine avec tant de force, et mettoit tant de scrupule dans les consciences, que Mouvans, zélé pour le parti, craignit qu'il ne défit tout d'un coup plus de troupes protestantes, que ne pourroient faire Montluc ni Brissac.

Il n'osa néanmoins lui faire aucun mal, de peur de l'accréditer davantage; mais, après avoir rassuré les peuples crédules, en faisant condamner sa doctrine par les ministres voisins, il continua son chemin vers le Rhône. Gorde crut l'arrêter, en couvrant toute la rivière de bateaux pleins d'hommes armés. Mouvans n'en avoit qu'un seul pour passer sept mille hommes qu'il conduisoit; mais en se promenant durant plusieurs jours le long du Rhône, tantôt d'un côté, tantôt d'un autre, pour amuser Gorde, il bâtit un fort, d'où il fit passer durant une nuit quatre ou cinq cents hommes, cinq ou six à chaque fois. Aussitôt qu'ils furent passés, ils construisirent un autre fort, vis-à-vis de celui-là, à l'autre bord, avec une extrême diligence, sans que Gorde s'en aperçût. Il fit grand feu de ces deux forts, à la faveur duquel il passa sans aucune perte, et rejoignit bientôt le gros de l'armée.

Le duc de Montpensier se rendit dans le Périgord, en même temps qu'eux; mais trop foible pour leur empêcher le passage, ils avoient déjà échappé tous les périls, et n'étoient éloignés du prince que de quelques journées, quand une fâcheuse division se mit parmi eux. Mouvans, qui étoit d'une humeur altière, et croyoit que tout étoit dû à ses services, se piqua contre Baudiné, frère de d'Acier, homme de peu de mérite, et pour lequel il avoit un mépris extrême, qui lui avoit été préféré dans un logement; de dépit il passa outre avec Pérégourde, qui ne voulut pas l'abandonner, et laissant d'Acier à Saint-Astier, où il s'étoit logé, il alla prendre son logement à Mansignac, village situé à deux lieues au delà.

Brissac, toujours attentif à ce qui se passoit dans le camp ennemi, fut bientôt averti de ce désordre, et pour en profiter, le jeune duc de Guise et lui allèrent demander au général quelques troupes, pour attaquer cette brigade séparée des autres. On lui donna l'élite de la cavalerie, avec deux vieilles enseignes de l'infanterie françoise : ils marchèrent à Mansignac en nombre à peu près égal aux ennemis, pendant que le reste de l'armée se posta entre Mouvans et d'Acier, qu'elle amusa par des escarmouches. D'Acier, expérimenté dans toutes les ruses de la guerre, connut bientôt leur dessein, et envoya dire à Mouvans de se renfermer tout le jour dans Mansignac, l'assurant que Montpensier seroit obligé de se retirer le lendemain, faute de vivres, et qu'aussitôt il ne manqueroit pas de les rejoindre; ainsi Guise et Brissac trouvèrent leurs ennemis préparés et retranchés dans le village, hors d'état d'être forcés; mais Brissac, qui ne pouvoit se résoudre à laisser échapper sa proie, après avoir tenté diverses avenues, s'avisa de faire sonner la retraite, et se cacha derrière un coteau voisin, afin que Mouvans, dont il connoissoit l'humeur bouillante, ne craignît pas de passer. Sa ruse lui réussit. Malgré la résistance et les prières de Pérégourde, Mouvans, présumant toujours de sa bonne fortune et de sa valeur, se piqua d'honneur de joindre le prince avant d'Acier, dont il se croyoit si maltraité, et s'obstina à sortir. Aussitôt les deux jeunes chefs, plus forts en cavalerie, tombèrent sur eux. Pérégourde, poussé dans un bois, malgré toute sa résistance, porta la peine de la témérité de son ami, et fut tué. Le duc de Guise réduisit Mouvans à se retirer dans le même bois : on le vit de loin se donner de la tête contre les arbres. Brissac, de retour de la défaite de Pérégourde, acheva de l'accabler, et il périt avec les siens qu'il avoit exposés si mal à propos. D'Acier n'eut pas plutôt su cette nouvelle, qu'il fit une grande marche, sans s'arrêter, jusqu'à Aubeterre, où le prince vint le recevoir le premier de novembre.

Le duc de Montpensier, qui avoit peu de troupes; vint attendre à Châtellerant le duc d'Anjou qui conduisoit douze mille hommes de pied, sans compter les Suisses, et quatre mille chevaux. Les deux armées, devenues redoutables par la jonction des troupes qu'elles attendoient, marchoient toujours l'une proche de l'autre. Celle du prince qui manquoit d'argent, et qui étoit incommodée pour les vivres, ne demandoit qu'à combattre, et celle du duc d'Anjou espéroit toujours de ruiner l'ennemi sans rien hasarder. Durant ce temps il y eut diverses rencontres, sans grand avantage, et il arriva une aventure bizarre. Le duc d'Anjou avoit partagé ses troupes entre Saussay et Jasseneuil, deux villages à une lieue l'un de l'autre ; en sorte que le plus grand nombre étoit au dernier : le prince toujours résolu à un combat général, partit à la pointe du jour avec l'amiral, et marcha droit à l'ennemi : l'amiral menoit l'avant-garde, où étoit la force des troupes, et le prince l'arrière-garde, avec moins de monde ; un brouillard épais les déroba l'un à l'autre, et au lieu qu'ils devoient se rejoindre pour convenir ensemble du lieu par où ils commenceroient l'attaque, ils marchèrent longtemps séparés, de sorte qu'ils arrivèrent par des chemins différens, l'un à Saussay, et l'autre à Jasseneuil.

Le hasard voulut que l'amiral vînt au quartier le plus foible de l'armée royale : il connut bientôt son avantage, et vit la victoire assurée ; mais en même temps il entendit le canon du duc d'Anjou, qui tiroit du côté de Jasseneuil, et il ne douta pas que le prince n'eût été conduit à ce village par la même erreur qui l'avoit mené à l'autre : en même temps il retourna sur ses pas, et apprit par un courrier du prince, qui venoit le rappeler en diligence, qu'il ne s'étoit point trompé dans sa pensée. Toute la journée se passa en petites escarmouches, dans des haies et des buissons, dont le pays est coupé, tantôt à couvert, et tantôt à découvert, et avec un avantage presque égal.

Vers la nuit, le prince détacha quatre compagnies de cavalerie, pour aller chercher le bagage, qui s'étoit égaré dans l'obscurité : elles approchèrent d'un bois où elles entendirent un grand bruit, et virent des feux allumés : elles s'arrêtèrent, craignant que ce ne fût l'armée royale qui eût changé de poste ; quelques-uns se détachèrent pour reconnoître, et entendirent leurs valets qui se réjouissoient, en attendant des nouvelles de leurs maîtres. Ils en donnèrent avis : on s'approcha, les valets tirèrent, croyant que c'étoit l'ennemi. Enfin on se rejoignit, et l'affaire tourna en risée. Elle s'augmenta, quand on sut que l'armée royale étonnée de ce même bruit des goujats avoit passé toute la nuit sous les armes, et qu'un si petit sujet avoit causé tant de frayeur des deux côtés.

Le reste de l'année se passa en diverses entreprises qui ne réussirent pas. Le prince leva le siége de Saumur, où il espéroit s'assurer un passage sur la Loire, et le duc d'Anjou manqua Loudun. Il y eut de petites places prises de part et d'autre, où on exerça de grandes cruautés. Les armées furent en présence quatre jours durant, auprès de Loudun, sans qu'il y eût rien entre deux ; mais le froid extrême, qui permettoit à peine aux soldats de se remuer, empêcha qu'on n'en vînt à un combat : la gelée étoit si rude, qu'il ne se faisoit presque point de chute qui ne fût mortelle. Il n'y eut que la présence des chefs qui pût retenir les soldats sous les étendards ; quoiqu'on fût réduit à l'extrémité des deux côtés, chacun s'opiniâtroit à ne quitter pas le premier : on admiroit le courage du duc d'Anjou, toujours appliqué et infatigable. Son exemple et ses discours obligeans soutenoient le soldat, qui n'en pouvoit plus. Enfin l'excès du froid l'emporta sur la patience. Les deux armées se mirent en quartiers d'hiver, comme d'un commun accord ; celle du prince dans le bas Poitou, et la royale à Chinon et aux environs ; mais en se mettant à couvert du froid, ils n'échappèrent pas les maladies qu'il avoit causées, qui firent un si grand ravage dans les deux partis, qu'il y périt huit mille hommes.

Durant ce temps il vint à La Rochelle quelques vaisseaux, où il y avoit six grosses pièces de canon, et de l'argent que le cardinal de Châtillon avoit obtenus de la reine d'Angleterre. L'ambassadeur de France s'en plaignit inutilement. L'espérance de ravoir Calais fit qu'Elisabeth méprisa ses remontrances ; sous prétexte de soutenir sa religion, elle reçut dans ses ports les vaisseaux que les Rochelois avoient équipés, qui faisoient de grandes prises, même sur les Flamands : les Anglois en profitoient, et se mêloient sourdement dans cette guerre. Les Rochelois, qui s'y enrichissoient, contribuoient volontiers à la subsistance de l'armée du prince. Il vendit des biens ecclésiastiques, et il amassa par ce moyen des sommes considérables, mais toujours trop foibles pour entretenir un si grand corps ; de sorte que la disette d'argent faisoit que les pilleries, malgré les beaux règlemens que d'Andelot faisoit pour la discipline, étoient impunies dans le camp du prince.

Le duc d'Aumale étoit cependant sur les frontières de Lorraine et d'Allemagne, pour recevoir les troupes allemandes qui venoient au secours du roi, et empêcher celles qui venoient au secours du prince. Il défit un capitaine du parti huguenot, qui ravageoit l'Alsace, ne pouvant entrer en France. Les Rochelois prirent Saint-Michel en L'Herm, où ils tuèrent tout indifféremment, sans distinction de sexe ni d'âge.

Les catholiques n'eurent pas le même succès au siége de Sancerre (1569), qu'ils levèrent après cinq semaines ; mais le château de Lusignan, presque pris par les huguenots, fut défendu par la résolution de la femme du gouverneur, qui empêcha la surprise et fut tuée. Le grand froid commençoit à se relâcher, et les troupes se remirent en campagne de part et d'autre au commencement de mars.

Il venoit au prince du côté de Guyenne un renfort de six mille hommes, sous la conduite des vicomtes de Bourniquet, de Monclas-Paulin, et de Gourdon ; c'est ce que l'on appeloit les troupes des trois vicomtes, que ni d'Acier, ni les autres chefs, ni tous les ordres du prince, n'avoient pu obliger jusqu'alors à joindre le gros de l'armée ; ils prenoient pour excuse qu'il falloit défendre Montauban contre Montluc qui le menaçoit : le prince se persuada que Piles qu'il y envoya trouveroit moyen de les amener, et en effet il revenoit avec eux. On avoit résolu dans l'armée du prince de s'avancer pour les joindre, et de marcher ensuite vers la rivière de Loire, pour y recevoir le duc des Deux-Ponts, qui étoit en marche, dès les derniers jours de février, avec l'armée allemande que les protestans envoyoient à leur secours.

En attendant cette jonction, le conseil de guerre jugeoit périlleux de combattre le duc d'Anjou, qui venoit d'être renforcé de trois mille hommes du comte de Tende, de deux mille deux cents chevaux allemands, conduits par le rhingrave Philippe et par Christophe de Bassompierre, seigneur lorrain, et de quelques autres troupes ramassées de divers endroits. Par une raison contraire le duc d'Anjou en vouloit venir à une bataille avant que Piles et les trois vicomtes eussent joint, et comme entre lui et le prince il n'y avoit que la Charente, il ne songeoit plus qu'à la passer. Alors il ne doutoit pas qu'en assiégeant Cognac, place si importante aux huguenots, il ne les attirât à une bataille ; toute la difficulté étoit de passer la rivière. Le prince étoit maître de Châteauneuf et de Jarnac, où il y avoit des ponts, et l'armée royale, qui s'étoit emparée de Jarnac, n'avoit pu le garder. Elle avoit pris Châteauneuf à composition ; mais l'amiral avoit fait rompre le pont, et avoit laissé quelques régimens pour garder ce passage ; cependant il s'étoit logé à Bassac, où il élargit ses quartiers. Le prince qui s'étoit avancé à Jarnac s'y étoit aussi logé à son aise, et tous deux ne craignoient rien moins que d'être attaqués, se croyant à couvert par la rivière.

Mais le duc d'Anjou avoit mis à Châteauneuf un homme trop vigilant pour les laisser en repos ; c'étoit Biron, maréchal de camp, qui étant soupçonné depuis longtemps de favoriser les huguenots, parce qu'au commencement il s'étoit laissé surprendre à leur doctrine, brûloit d'impatience d'effacer par quelque grande action un reproche qui nuisoit tant à sa fortune : il avoit même promis au duc d'Anjou de le mettre bientôt aux mains avec l'ennemi ; et en effet la nuit du 12 au 13 mars, après avoir rétabli le pont avec une diligence incroyable, il observa le temps que les huguenots, commis à la garde de ce passage, s'étoient relâchés par trop de sécurité, et il fit filer les troupes avec un silence et un ordre merveilleux. Ce fut un peu après minuit qu'il commença l'entreprise, si bien qu'avant le soleil levé les deux tiers de l'armée royale avoient pris place dans les prés au delà de l'eau.

Montgommery, Soubise et La Noue qui commandoient cette garde ne songeoient encore à rien ; La Noue fut le premier qui aperçut un gros de cavalerie avec le grand étendard bleu, et Martigue à la tête, qui venoit au galop aux chevau-légers huguenots ; ils ne tinrent pas longtemps, et La Noue qui vint à leur place, eut à soutenir un rude choc. Le secours que lui amena d'Andelot, le soutint un peu de temps : on lui vit lever de la main gauche la visière d'un homme qui l'attaquoit, et de l'autre il lui donna un coup de pistolet dans la tête : ses gens encouragés par cette action, chassèrent Martigue hors du village de Triac dont il s'étoit emparé ; mais Brissac étant accouru, fit si grand feu, qu'il poussa d'Andelot, prit La Noue, et se logea dans Triac avec Martigue. Pendant ce temps le duc de Montpensier eut le loisir de mettre en bataille au delà de l'eau l'avant-garde qu'il commandoit. L'amiral, averti du passage de l'armée royale, ramassa ce qu'il put de troupes, et vint soutenir les siens, en attendant l'arrivée du prince qu'il avoit mandé en diligence : l'officier que l'amiral avoit dépêché lui exposa le péril où étoit l'arrière-garde : il connut la faute qu'on avoit faite en ne gardant pas assez bien les ponts, et il dit, sans s'émouvoir, que l'arrière-garde avoit fait un faux pas, mais qu'il falloit la relever ou périr avec elle : aussitôt il fit volte-face, et ordonna à sa cavalerie de marcher avec toute la diligence qu'elle pouvoit faire sans se mettre hors d'haleine ; l'amiral soutenoit cependant avec des efforts incroyables les catholiques, qui s'accroissoient à chaque moment, à mesure qu'ils passoient la rivière.

Quand le prince fut approché, il demanda son casque, et en le prenant, un coup de pied d'un cheval du comte de La Rochefoucauld son beau-frère, lui cassa la jambe. Il ne laissa pas de poursuivre sans se plaindre; et tout en marchant, « Souviens-toi, dit-il, noblesse françoise, en quel état Louis de Bourbon entre aujourd'hui au combat, pour sa religion, pour ton salut et pour celui de toute la France. » Il donne en même temps tête baissée, et quoique l'armée royale fût toute passée quand il arriva, il ne laissa pas de dégager son arrière-garde ; mais il fut en même temps accablé de tant de côtés, qu'il ne put plus résister ; son cheval fut tué sous lui, et pendant que, malgré sa chute ; il se défendoit un genou en terre, il se vit enveloppé de toutes parts. Le peu de monde qui restoit autour de lui combattoit avec une opiniâtreté qui n'avoit point encore eu d'exemple : on vit un vieillard, nommé la Vergne, faire des prodiges au milieu de vingt-cinq de ses neveux, dont quinze tombèrent avec lui dans un monceau, et les autres furent prisonniers.

Cependant le monde se rassembloit autour du prince : comme il se vit seul au milieu des ennemis, il tendit le gantelet à deux gentilshommes qui prirent sa parole, et le placèrent auprès d'un buisson, où il vit venir tout d'un coup un cavalier qui paroissoit emporté et comme furieux ; c'étoit Montesquiou, capitaine des gardes du duc d'Anjou, qui crut faire plaisir à son maître de le défaire du prince, et le jeta mort par terre d'un coup de pistolet qu'il lui donna dans la tête par derrière.

Le grand nombre des catholiques qui accabloient les huguenots, n'empêcha pas qu'ils ne se retirassent en bon ordre. L'amiral et d'Andelot se rendirent à Saint-Jean-d'Angely avec la cavalerie; l'infanterie passa par Jarnac, où elle rompit le pont, et soutenue par d'Acier avec six mille hommes qui n'avoient pas eu le loisir de se rassembler pour combattre, elle arriva à Cognac, que le duc d'Anjou devoit apparemment bientôt attaquer. Pour les vicomtes, quand ils surent la perte de la bataille, ils retournèrent en Guyenne.

La perte des huguenots fut considérable, plus par la qualité des personnes que par le nombre; parmi sept cents hommes qui furent tués, la plupart étoient officiers ou gentilshommes ; la mort de Chastelier fut remarquée. Après qu'il se fut rendu, quelques soldats de Charri qui le reconnurent pour l'assassin de leur capitaine, le tuèrent de sang-froid. Le nombre des prisonniers fut beaucoup plus grand que celui des morts.

Aussitôt après la bataille, Villars ayant aperçu Robert Stuart parmi les prisonniers, se jeta aux pieds du duc d'Anjou, et le conjura de lui permettre de venger sur cet étranger la mort du connétable son beau-frère. A peine donna-t-il au duc d'Anjou le temps de répondre, et interprétant au désir de sa vengeance quelques signes ambigus, il tua Robert presque en la présence du duc. Mais parmi tant de pertes les huguenots ne sentirent vivement que celle de Condé : les catholiques même les plus zélés ne purent s'empêcher de regretter un prince d'un si grand mérite, que les cabales de la Cour et sa mauvaise fortune, plutôt que ses mauvaises inclinations, avoient jeté dans un parti indigne de sa naissance.

A l'égard du duc d'Anjou, tout dissimulé qu'il étoit dans ses premières années, il ne put s'empêcher de faire paroître une maligne joie à la mort du prince. Il voulut faire bâtir, en actions de graces de sa victoire, une chapelle à l'endroit où le prince avoit été tué. Carnavalet son gouverneur l'en empêcha, en lui remontrant qu'il alloit confirmer par là l'opinion répandue dans les deux armées, que Montesquiou n'avoit rien fait que par ses ordres. Le corps du prince fut porté sur une ânesse, ou par dérision ou par hasard, à Jarnac, où le duc d'Anjou alla coucher. Il y fut exposé en vue à tout le peuple, et rendu quelque temps après à la reine de Navarre sa belle-sœur, qui le fit porter à Vendôme.

La Cour étoit à Metz pour favoriser la jonction des Allemands, conduits par le marquis de Bade, et pour empêcher l'entrée du duc des Deux-Ponts, qui joint au prince d'Orange et à Louis de Nassau son frère, menoit treize à quatorze mille hommes aux huguenots. Quand la nouvelle de la victoire de Jarnac et de la mort du prince fut arrivée, la joie fut si grande, qu'on éveilla le roi au milieu de la nuit ; il se leva à l'instant, et sans attendre le jour, il fit chanter le *Te Deum* dans l'église cathédrale. On publioit que le parti huguenot étoit abattu par la perte de son chef et d'une si grande bataille ; mais la reine, et ceux qui connoissoient les ressources de l'esprit et du cœur de l'amiral, eurent bien d'autres pensées. En effet le parti se trouva plus fort que jamais, par les soins de ce capitaine ; il manda de tous côtés la mort du prince, principalement au duc des Deux-Ponts, afin qu'il se hâtât de venir à son secours ; de peur que la mort de Stuart n'intimidât ses gens, il la vengea sur Ingrande et sur Prugne, deux gentilshommes qualifiés qu'il avoit pris prisonniers, et qui furent sacrifiés à la politique du parti.

La reine de Navarre, femme courageuse, vint à Cognac et raffermit les esprits ébranlés, en montrant à la noblesse et aux soldats, comme un soutien assuré, le prince de Béarn son fils, et le jeune Henri, son neveu, fils du prince de Condé. Un peu après on alla à Saintes, où les deux princes furent déclarés chefs, et l'amiral leur lieutenant-général, comme il l'avoit été sous le défunt prince de Condé. Ainsi il ne donna de jalousie à personne, parce qu'il ne paroissoit pas plus élevé qu'auparavant, et il eut en effet toute l'autorité. Le bon ordre qu'il donna à toutes choses empêcha le duc d'Anjou de profiter de sa victoire; ce prince assiégea Cognac, mais il y trouva sept mille hommes qui l'obligèrent à lever le siège; il ne réussit pas mieux à Angoulême : Montgommery y fut envoyé avec huit cents chevaux, et mit la place en sûreté. Par sa négligence il perdit pourtant auprès de la ville la moitié de sa cavalerie, que Brissac lui enleva.

Quand on vint rapporter à l'amiral cette défaite; il dit, sans s'émouvoir, qu'il étoit bien aise que Brissac fût si entreprenant, parce que sa hardiesse le feroit bientôt périr. En effet, il eut bientôt nouvelle que ce jeune capitaine, qui à l'âge de vingt-six ans sembloit déjà égaler son père, avoit été tué devant Mucidan, place du Périgord, que le duc d'Anjou avoit fait assiéger. Peu de jours auparavant, Pompadour avoit été tué devant cette place ; et la mort de ces deux jeunes seigneurs causa tant d'indignation à tous les soldats, qu'ils mirent tout à feu et à sang dans la place, malgré la capitulation qu'on lui avoit accordée. L'amiral de son côté eut à regretter son frère de d'Andelot, et Genlis dont le frère Yvoy prit le nom ; Strozzi fut fait par le roi colonel de l'infanterie à la place de Brissac, et d'Acier eut la même charge parmi les huguenots au lieu de d'Andelot.

Cependant les Allemands s'étoient avancés du côté de la Bourgogne. Le duc d'Aumale, désespérant de pouvoir les empêcher d'entrer en France, s'étoit contenté de les suivre jusqu'aux environs de Citeaux, et de là avoit pris le devant pour leur disputer le passage de la Loire ; la Cour étoit aussi partie de Metz où elle n'étoit plus nécessaire, et étoit allée à Limoges pour être plus proche de l'armée.

Les Allemands passèrent la Loire plus vite que l'on n'avoit pensé, et avant que le duc d'Anjou se fût joint au duc d'Aumale pour les arrêter : ils ne se contentèrent pas de passer à gué; mais pour s'assurer un passage commode en toutes saisons, ils attaquèrent la Charité, que le gouverneur abandonna, sous prétexte d'aller demander du secours au duc d'Anjou. Les huguenots qui étoient en grand nombre dans cette place, engagèrent une entrevue pour capituler, et pendant que d'un côté on faisoit la capitulation, ils introduisirent les Allemands de l'autre. Cette prise arriva le 20 de mai, et la Cour commença à craindre que tant de troupes jointes ensemble ne devinssent invincibles.

On avoit tenté tout ce que l'on avoit pu pour faire une diversion. Comme les troupes de la reine de Navarre étoient les meilleures de l'armée de l'amiral, la Cour avoit tâché d'obliger cette princesse à les renvoyer pour défendre son pays, que Terride, capitaine expérimenté, avoit eu ordre d'attaquer; mais le zèle de cette princesse pour le parti fut si grand, que plutôt que de diminuer l'armée de l'amiral, elle laissa perdre tout le Béarn, et tout ce qu'elle avoit dans la Navarre, à la réserve de Navarins, place forte et bien munie, que Terride tenoit assiégée. Les huguenots laissèrent faire à ce général toutes ses conquêtes, et ne songeoient qu'à joindre le duc des Deux-Ponts, qui de son côté marchoit à eux à grandes journées : ils défirent quelques troupes, que le duc d'Anjou avoit postées sur le bord de la Vienne, pour en défendre le passage, et firent leur jonction le septième juin. Quelques jours auparavant le duc des Deux-Ponts étoit mort de travail, après une fièvre qui le fatiguoit depuis longtemps. Il y eut peu après une rencontre à Roche-la-Belle, assez près de la rivière de Loire, où Strozzi perdit beaucoup de monde, et fut pris en combattant avec une valeur incomparable. Il seroit demeuré dans le combat, si les huguenots, qui ne donnèrent aucun quartier à ses soldats, ne l'avoient épargné seul, et n'avoient voulu le prendre vif pour le changer avec La Noue. Le comte du Lude fut obligé à lever le siége de Niort. Châtellerault se rendit aux huguenots; ils prirent quelques autres places, et Guerchi, qu'ils avoient laissé pour gouverneur dans la Charité, la défendit avec tant de vigueur, que Lansac qui l'assiégeoit ne put l'emporter.

Après tant de succès, il ne leur restoit que de délivrer Navarins. Montgommery s'étoit chargé d'un si grand dessein ; les vicomtes, divisés entre eux, l'avoient demandé pour chef, et il étoit parti de La Rochelle avec onze cavaliers seulement ; mais il fut bientôt fortifié par les garnisons voisines, et après qu'il eut joint les vicomtes, à mesure qu'ils avançoient vers le Béarn, son armée se grossissoit tous les jours par le concours de la noblesse huguenote; il défit en passant un parti catholique, et marcha vers Tarbes avec tant de diligence, qu'il ne donna pas le loisir aux catholiques de la mettre en état de défense.

Après l'avoir forcée, il entra aussitôt dans le Béarn : Terride, quoique plus fort, prit l'épouvante, et leva le siége de Navarins; mais il ne sauva pas pour cela ses troupes des mains de Montgommery : il l'assiégea dans le château d'Orthès, où il s'étoit renfermé avec la fleur de son armée. Il eût trouvé beaucoup de résistance dans ce château, où il y avoit tant de vaillans hommes, si Sérillac, frère de Terride, qui servoit dans les troupes de Montgommery, n'eût su tellement intimider les assiégés et son frère, qu'il fit, peu de jours après, un traité honteux. Montgommery reçut ordre de la reine Jeanne de faire mourir, comme traîtres, quatre barons de Béarn qui s'étoient joints aux catholiques. Elle se plaisoit à faire la souveraine dans le Béarn, quoique ce pays relevât de la couronne de France ; mais nos rois avoient eu beaucoup d'indulgence pour les rois de Navarre, et leur laissoient dans le Béarn plus d'autorité qu'il ne leur en appartenoit, pour les consoler de leur royaume, que leur alliance avec la France leur avoit fait perdre.

Après tant de victoires, Montgommery eût été en péril, si le maréchal Damville, qui fut envoyé dans ce pays, et Montluc, qui y commandoit une armée, se fussent entendus; mais il étoit impossible de s'accorder avec Montluc, à moins de lui céder le commandement. La jalousie qu'il avoit eue contre Terride, l'avoit obligé à le laisser agir seul, ce qui retarda l'exécution de ses desseins, et donna le temps aux huguenots de les venir ruiner. Il s'accommoda encore moins de l'humeur fière et impérieuse du maréchal Damville, ni ne put se résoudre à rien concerter avec lui, si bien que Montgommery s'affermit sans peine dans le Béarn : ainsi tout réussissoit sans peine aux huguenots; ils ne demandoient qu'à donner une bataille générale, pendant que leurs troupes étoient encore entières : mais le roi avoit pris une autre résolution ; il prévoyoit que les troupes mal payées se diminueroient avec le temps, et au lieu de hasarder un combat, qui auroit mis la France en péril, il espéra de les ruiner, en les empêchant de rien entreprendre.

Un peu après la jonction du duc des Deux-Ponts avec l'amiral, le duc d'Anjou, quoique fortifié des troupes de Flandre, commandées par Ernest de Mansfeld, un des officiers du duc d'Albe, et de quatre mille Italiens que le Pape lui avoit envoyés, sous la conduite du comte de Santa-Fiore, de la maison de Sforce, avoit eu ordre de distribuer ses troupes dans les places, et de renvoyer la noblesse pour se rafraîchir jusqu'à la mi-août. L'amiral devenu par là maître de la campagne, et après avoir considéré que tirer en longueur étoit la ruine de son parti, résolut de se saisir de Saumur, place sur la Loire, qui pouvoit être rendue très-forte, et d'aller de là aux environs de Paris, dans l'espérance qu'il eut qu'en faisant crier cette grande ville, et en affamant son peuple innombrable, il obligeroit le roi à leur accorder une paix avantageuse.

Rien ne paroissoit plus aisé ni plus profitable au parti que l'exécution de ce dessein; mais la prise de Lusignan, qui fut forcée vers ce même temps, et la grande quantité de canons qu'on y trouva, firent changer de pensée à l'amiral; il avoit peine à laisser Poitiers entre les mains des catholiques, et comme il ne leur restoit que cette place dans la province, il trouvoit beaucoup d'avantage à s'en rendre maître. L'entreprise lui parut aisée, parce que cette grande ville, mal peuplée et mal fortifiée, étoit en effet difficile à garder; mais il ne considéroit pas que le comte du Lude y avoit une garnison de six à sept mille hommes des plus braves soldats du royaume, outre beaucoup de noblesse qui s'y étoit jetée à la suite du duc de Guise et du marquis de Maycune. Ces deux frères étant arrivés trop tard au secours de Lusignan, se consolèrent de ce malheur, dans l'espérance de défendre Poitiers.

L'amiral y vint mettre le siége le 25 de juillet, contre l'avis de tous les officiers de son armée; il ne fut pas longtemps sans faire une brèche du côté de la rivière de Clain, et déjà l'on délibéroit de faire retirer le duc de Guise avec son frère, pour ne point trop exposer ces deux jeunes princes, qui étoient regardés comme le rempart du parti catholique. Le comte du Lude craignoit que leur sortie n'intimidât le peuple et la garnison ; mais il ne fut pas en peine d'empêcher un si grand mal, car ces princes répondirent déterminément qu'ils n'étoient pas entrés dans la place pour en sortir avant que d'en avoir repoussé les ennemis. En disant ces paroles, ils marchèrent droit à la brèche, et animant tout le monde par leur exemple, ils rappelèrent dans les esprits la levée du siége de Metz : on espéra du fils un événement aussi heureux que celui qu'on avoit vu autrefois procuré par la valeur du père ; chacun se mit au travail à l'exemple du duc de Guise, qui portoit lui-même la hotte : on creusa un nouveau fossé au delà du retranchement qu'on avoit déjà fait derrière la brèche ; l'assaut, donné le dixième d'août, fut vigoureusement repoussé, et le pont, bâti sur le Clain par les huguenots, fut renversé la nuit suivante.

Ils furent longtemps à ramasser des matériaux pour le refaire ; en attendant ils firent une nouvelle brèche, et le pont fut relevé avec beaucoup de peine ; mais un officier de justice trouva le moyen d'inonder toute la campagne, et de rendre la brèche inaccessible. L'amiral changea à diverses fois la batterie ; les assiégés se défendoient partout, et par le travail assidu des habitans, les murailles abattues furent bientôt relevées plus fortes qu'auparavant. La dyssenterie s'étant mise dans le camp, l'amiral en fut dangereusement malade, et la diminution de ses troupes fit juger au roi, qui s'étoit avancé à Tours, qu'il étoit temps de tenter le secours. L'armée du duc d'Anjou s'étoit déjà rassemblée ; mais l'amiral n'avoit pas accoutumé de se relâcher aisément, et s'obstinoit d'autant plus à ce siége, qu'il l'avoit entrepris lui seul, contre l'avis de tout le monde. Il fit donner un dernier assaut le 3 septembre, où Piles, qui le commandoit, perdit les deux tiers de ses gens.

La retraite fut honteuse ; l'amiral, pour l'excuser et ne point intimider l'armée, dit qu'il les avoit rappelés parce qu'ils avoient combattu sans son ordre. Cependant le duc d'Anjou avoit commencé le siége de Châtelleraut pour obliger l'amiral à quitter celui de Poitiers ; il ne considéra pas qu'il sauvoit à son ennemi la plus grande partie de la honte, en lui donnant un prétexte de lever un siége qu'il ne pouvoit plus continuer. L'amiral dit tout haut qu'il ne falloit pas laisser perdre Châtelleraut, et quitta Poitiers environ le 7 septembre, après y avoir perdu beaucoup de monde, et six semaines de temps. Il marcha vers Châtelleraut, et le duc d'Anjou qui ne demandoit qu'à le tirer de Poitiers, leva le siége à son tour : ce qu'avoit fait le duc de Guise pour la défense de cette place, non-seulement augmenta l'amour des peuples pour ce jeune prince, et sa réputation parmi les gens de guerre, mais lui attira encore des marques particulières de l'estime du roi. Il fit un tour à la Cour, où il fut reçu avec de grands témoignages d'amitié, et admis au conseil secret, établi depuis peu pour y traiter des affaires des huguenots.

Cependant Montluc, pour ne demeurer point inutile dans le Béarn, avoit assiégé Mont-de-Marsan : pendant qu'on capituloit avec lui, il entra d'un autre côté dans la place, où il fit égorger toute la noblesse huguenote, en vengeance des catholiques que Montgommery avoit fait périr après le siége d'Orthès ; ce fut le seul exploit qu'il fit. Les divisions entre le maréchal Damville et lui rendirent les autres projets inutiles, et ce maréchal n'espérant plus rien de l'humeur insupportable de Montluc, se retira dans le Languedoc, sous prétexte de défendre les environs de Montauban contre les vicomtes.

Après la levée des siéges de Poitiers et de Châtellerault, les deux armées marchèrent quelque temps assez près l'une de l'autre, sans rien entreprendre, et seulement pour chercher à vivre ; à la fin elles se mirent, comme d'un commun accord, dans des quartiers de rafraîchissement, le duc d'Anjou évitant toujours de combattre, et ne songeant qu'à consumer lentement l'armée huguenote. L'amiral étoit logé à Faye-la-Vineuse, où il n'étoit pas sans inquiétude : le parlement de Paris, non content de l'avoir condamné à mort et de l'avoir fait exécuter en effigie, avoit mis sa tête à prix, et l'hôtel de ville de Paris s'étoit rendu caution de cinquante mille écus d'or, qu'on promettoit à celui qui le tueroit. Il auroit pu s'élever au-dessus de cette crainte, s'il ne se fût vu dans le même temps trahi par le plus affidé de ses domestiques, qui, après des conférences secrètes avec un officier du duc d'Anjou, avoit entrepris de l'empoisonner. Le supplice de ce misérable ne mettoit pas l'amiral à couvert ; il se voyoit attaqué de tous côtés, et par toutes sortes de voies, par des ennemis implacables ; privé de sa charge d'amiral, qui avoit été donnée à Villars ; à la tête d'un parti où il n'y avoit ni discipline ni obéissance, qui manquoit de tout, et qui ne subsistoit que par les secours des étrangers ; il ne les obtenoit qu'avec une peine extrême, et quand ils étoient venus, il n'en étoit plus le maître, parce qu'il n'avoit point d'argent à leur donner. Le prince d'Orange étoit allé en Allemagne après la bataille de Jarnac, et il ne doutoit pas qu'il n'en ramenât des troupes ; mais comme il n'avoit pas de quoi les payer, il appréhendoit de nouveaux désordres et de nouvelles révoltes.

Les François n'étoient pas plus dociles : la noblesse des provinces éloignées, qui l'environnoit, se lassoit de consumer tout le temps dans une guerre de chicane, où elle se ruinoit sans avancer les affaires du parti, et pressoit l'amiral de terminer la querelle par une bataille ; mais il n'étoit pas sûr de la donner, parce que l'armée catholique, outre qu'elle étoit de beaucoup plus forte que la sienne, recevoit des paiemens réglés, et qu'elle étoit accoutumée à l'obéissance sous un empire légitime. Tout autre que l'amiral auroit succombé sous de telles difficultés; mais c'étoit dans ces rencontres que son courage se relevoit le plus; la nécessité régla ses desseins, et de peur d'être forcé par les siens à combattre, il résolut de le faire comme de lui-même, quoiqu'il vît bien que le mieux étoit de ne l'entreprendre qu'après avoir ramassé tout ce qu'il avoit de troupes, surtout celles de Montgommery, qui n'avoit plus rien à faire dans le Béarn. Dans ce dessein il décampa pour aller aux environs de Montcontour, où il y avoit des plaines plus propres à étendre sa cavalerie.

Les sentimens étoient partagés dans l'armée du duc d'Anjou. Le maréchal de Cossé et les vieux officiers persistoient dans le premier dessein de ruiner l'armée protestante par ses propres nécessités et par ses propres désobéissances. Mais le duc s'ennuyoit de cette guerre, et après un mois de temps qu'il avoit passé à ne faire qu'observer l'ennemi, il vouloit finir la campagne par quelque chose de plus glorieux. La Cour étoit entrée dans ses sentimens; elle voyoit venir, en faveur des huguenots, de grosses armées d'Allemands, auxquels elle ne pouvoit résister qu'en appelant des troupes de même nation; ainsi la France se remplissoit d'étrangers dont elle pouvoit devenir la proie, s'ils s'avisoient de se réunir contre elle, quand elle se seroit épuisée par de continuels combats. Il falloit donc tâcher de profiter de l'occasion, et d'accabler l'amiral pendant qu'il étoit plus foible.

Tavannes, officier de grande considération, qui faisoit la charge de maréchal de camp, appuyoit cette opinion, et représentoit au duc d'Anjou que l'amiral étoit dans le pire état où il se pût jamais trouver, que Montgommery le joindroit bientôt, que le prince d'Orange ne tarderoit pas à ramener un renfort d'Allemands, que l'armée royale étoit d'un tiers plus forte que l'armée ennemie, et que jamais le roi n'auroit tant d'avantage sur les rebelles. Toute la jeunesse applaudissoit, et le combat fut résolu au conseil de guerre, de l'avis même du maréchal de Cossé, soit qu'il flattât l'inclination du duc d'Anjou, ou que l'état des affaires le fît revenir à son sentiment.

On étoit dans ce dessein, quand on sut que l'amiral étoit en marche. Biron, maréchal de camp, toujours attentif à le suivre et à l'observer, rencontra aux champs de Saint-Clair son arrière-garde commandée par Mouy. L'amiral lui-même avec l'avant-garde, et Louis, comte de Nassau, avec la bataille, avoient déjà gagné le devant. On vint rapporter à Mouy qu'il paroissoit un parti de l'armée royale, détaché pour la petite guerre: il ne s'en émut pas, et continua tranquillement sa marche; mais il étoit encore éloigné de Montcontour, et le duc de Montpensier, qui commandoit l'avant-garde catholique, étant averti par Biron, tomba sur lui à l'improviste; ce ne fut pas sans avoir auparavant mandé au duc d'Anjou de le venir soutenir. Mouy, quoique surpris, ne perdit pas la présence d'esprit, et tourna face; les mousquetaires qu'il plaça à droite et à gauche, arrêtèrent quelque temps le duc de Montpensier; mais enfin il les poussa, et Mouy fut contraint à se couvrir d'un petit ruisseau. Les huguenots publièrent depuis que si Montpensier l'eût traversé, comme il le pouvoit, et qu'il eût continué son attaque, leur arrière-garde se seroit mise en déroute, et y auroit mis le reste de l'armée ; mais le duc demeura tout court, sans qu'on sache bien pourquoi.

On crut qu'il avoit jugé la retraite des huguenots trop facile : quoi qu'il en soit, il perdit cette occasion. L'amiral, averti de l'état des choses, se persuada aisément que la crainte l'avoit arrêté; sur ce fondement il crut avoir bon marché des catholiques; ainsi il repassa le ruisseau, et déjà Montpensier étoit ébranlé, quand le duc d'Anjou survint, et contraignit l'amiral à prendre la fuite en désordre, sans s'arrêter jusqu'à une lieue et demie de là, d'où, après trois heures de repos, il arriva le lendemain à Montcontour. La perte fut légère, mais l'épouvante fut grande; la nature du pays, coupé de petits vallons, et la nuit venue, sauva l'armée. Le duc d'Anjou campa sur le champ de bataille, pour marque de victoire, et le lendemain il résolut de poursuivre l'ennemi, pour le forcer au combat.

Il arriva en bataille près de Montcontour, presque en même temps que l'amiral. La petite rivière de Dive séparoit les deux camps; le duc d'Anjou la passa à sa source, d'où il la remonta durant la nuit, et le lendemain, 3 d'octobre, il parut à la vue de l'ennemi. Deux cavaliers, détachés de son armée, avoient fait dire à l'amiral le soir précédent par une de ses sentinelles, qu'il se gardât bien de combattre, que les catholiques étoient trop forts et résolus, et qu'il ne pouvoit se sauver que par une prompte retraite. Il étoit disposé à profiter de l'avis, qu'il connoissoit véritable, mais il n'étoit pas maître de son armée; les lansquenets s'étoient mutinés et demandoient de l'argent, et il avoit fallu faire venir les princes au camp pour les apaiser. On en vint à bout à force de promesses, et en représentant combien il étoit honteux de quitter l'armée à la veille d'une bataille, dont l'événement décideroit de la fortune du parti; mais le temps qu'il fallut perdre à les persuader rendit la retraite impossible, et il n'y avoit plus de parti à prendre que celui de combattre courageusement.

Tavannes, qui s'étoit avancé pour reconnoître, trouva une grosse troupe qui se retiroit sur le chemin de Parthenay, petite ville à sept ou huit lieues de Montcontour. C'étoient les deux jeunes princes qui retournoient à Parthenay, non sans avoir versé beaucoup de larmes, et que l'amiral, qui ne vouloit pas les hasarder, renvoyoit malgré eux avec une grande escorte : leur retraite, quoique nécessaire, étoit de mauvais augure pour l'armée protestante, que leur suite nombreuse affoiblissoit. Tavannes, qui savoit profiter de tout, revint à l'armée catholique avec un visage gai, disant qu'il avoit rencontré les huguenots en déroute, et que la victoire étoit assurée. Toute l'armée fut encouragée par cette parole et par la contenance de Tavannes; l'artillerie tonna des deux côtés.

Martigue la fit taire en commençant le combat avec sa cavalerie, à la suite des enfans perdus, et poussa les premiers escadrons de l'avant-garde ennemie, commandée par l'amiral en personne. Tavannes, qui veilloit à tout, s'aperçut alors d'un mouvement que fit l'amiral pour s'élargir sur la droite, et pour gagner du terrain : sur cela il pressa le duc d'Anjou de faire combattre son avant-garde, que le duc de Montpensier conduisoit; ce duc faisant semblant de suivre Martigue et les enfans perdus, tout d'un coup tomba sur Mouy, que ses reitres abandonnèrent. Autricourt prit sa place, et Martigue fut repoussé avec violence sur le duc de Montpensier : chacun soutint les siens à propos; ainsi ce duc dégagé, par le secours du duc de Guise, revenoit fondre sur l'amiral, et l'accabloit par le nombre. Comme l'amiral vit ses rangs éclaircis, il crut qu'il étoit temps de faire agir l'arrière-garde, dont il avoit donné le commandement au comte Louis de Nassau, et lui manda de lui envoyer trois cents hommes de cheval.

Le comte les mena lui-même, contre les ordres qu'il avoit reçus, et laissa l'arrière-garde sans chef. Tavannes ayant aperçu ce désordre, ne manqua pas d'en profiter; il courut à toute bride à l'arrière-garde, où étoit le duc d'Anjou avec toute la force de l'armée, pour l'avertir de donner sur l'arrière-garde ennemie, pendant que le chef étoit éloigné. Le duc partit à l'instant avec sa cavalerie, et laissa à côté quatre mille Suisses qui la couvroient. Alors l'arrière-garde huguenote, qui ne savoit par où elle alloit être attaquée, s'avança vers l'amiral, pour être à couvert du moins de ce côté-là, et durant qu'elle résistoit, le comte Louis retourna aux siens. Les reitres de l'armée royale alloient tomber sur l'amiral, et le rhingrave qui les commandoit s'étant avancé trente pas au-devant des siens, l'amiral fit une pareille démarche. Ils tirèrent tous deux l'un sur l'autre, presque en même temps.

L'amiral eut quelques dents cassées par le coup que lui tira le rhingrave; mais le rhingrave tomba mort de celui que lui tira l'amiral; sa blessure ne lui permit pas de profiter de cet avantage. Il surmonta sa douleur, jusqu'à ce que le sang l'étouffant, il se laissa emmener; à sa retraite on vit s'ébranler tout ce qui étoit de ce côté-là; mais le comte Louis de Nassau, et le comte Volrad de Mansfeld, soutinrent l'effort des catholiques. Le premier, à la tête de sa cavalerie, tua de sa main le marquis de Bade, qui commandoit les reitres de l'armée royale; et le second poussoit devant lui tout ce qu'il rencontroit avec une telle impétuosité, que les huguenots commençoient à crier victoire. Le maréchal de Cossé les arrêta, et reprit l'avantage que le comte Louis de Nassau alloit encore faire perdre aux catholiques, quand le duc d'Anjou fit avancer ses quatre mille Suisses.

L'infanterie allemande qui leur étoit opposée en pareil nombre, eut à soutenir leur choc; il sembloit que ces deux belliqueuses nations, qui se disputoient depuis tant de siècles la gloire de la valeur, avoient entrepris de vider cette ancienne querelle, tant on les voyoit acharnés l'une contre l'autre. Les choses étant ainsi en balance, tant par l'opiniâtreté des soldats, que par la vigilance des chefs, il n'y avoit que le nombre qui pût décider. L'amiral étoit trop foible pour avoir un corps de réserve; Tavannes et Biron étoient continuellement attentifs pour faire agir à propos celui que le duc d'Anjou avoit formé de l'élite de toutes les troupes. Quand ils virent l'âpre combat des Suisses et des lansquenets, ils crurent que le moment étoit venu, et comme tout sembloit dépendre de l'effort que le maréchal de Cossé faisoit contre Nassau, ils donnèrent de ce côté-là. Leur attaque fut suivie d'un prompt succès; tout s'ébranla dans l'armée huguenote; l'infanterie françoise de ce parti, après avoir longtemps soutenu l'infanterie françoise de l'armée royale, succomba, et leurs adversaires irrités de ce qu'ils leur avoient refusé quartier à la rencontre de Roche-la-Belle, alloient tout passer au fil de l'épée, quand le duc d'Anjou vint crier : *Sauve les François !*

Ce mot arrêta l'ardeur des siens, et ce qui restoit de fantassins françois furent faits prisonniers. Ce prince passa de là aux Suisses, qui avoient fait une horrible boucherie des lansquenets, quoiqu'ils eussent mis les armes bas; mais le duc d'Anjou trouva les Suisses attachés sur eux avec une telle furie, qu'à peine en put-il sauver deux cents. Les reîtres huguenots, qui s'étoient renversés sur eux, les avoient beaucoup incommodés, et étoient allés tomber entre les mains des troupes du duc d'Albe, qui, n'ayant point encore combattu, les mirent bientôt en déroute.

Cependant les escadrons et les bataillons catholiques se rallioient derrière les Suisses et le corps de réserve. Les huguenots, qui voyoient fondre sur eux de tous côtés tant de troupes fraîches, et tant d'escadrons ralliés, ne purent plus résister. Les comtes de Nassau et de Mansfeld virent quelques escadrons qui se défendoient encore; ils se mirent à leur tête, et firent leur retraite avec eux en combattant : ils se rendirent à Parthenay avec l'amiral, par Airvaut, passage important, que le général avoit eu la précaution de faire garder en cas de malheur. Les autres se retirèrent à Niort, et les plus timides s'enfuirent jusqu'à Roche-la-Belle et à Angoulême, remplissant d'épouvante toutes les villes du parti. Les catholiques ne perdirent que six cents hommes, et eurent presque autant de blessés; mais la perte des huguenots fut de six mille hommes, sans compter les valets, qui combattirent presque aussi opiniâtrément que leurs maîtres, et dont le carnage fut effroyable. Tout le canon et tout le bagage des Allemands fut pris; le bagage des François avoit été envoyé un peu avant la bataille à Parthenay et à Niort : le nombre des prisonniers fut grand, parmi eux se trouvèrent La Noue et d'Acier; le dernier fut pris par Santa-Fiore.

On dit que le Pape fut fâché contre lui, de ce qu'il n'avoit point défait les catholiques d'un homme de cette importance, capable de succéder à l'amiral s'il manquoit; mais il le fit relâcher libéralement, pour montrer qu'il en vouloit seulement à la religion et non aux personnes. Fontenay, Lusignan, Châtelleraut, et presque toutes les places que les huguenots tenoient en Poitou se rendirent sans résistance, ou furent abandonnées. L'amiral laissa Parthenay aux victorieux, et après avoir laissé Mouy à Niort pour les amuser, il se retira à La Rochelle. Sa blessure, plus incommode que dangereuse, ne l'empêcha pas d'écrire en Allemagne et en Angleterre, dès le jour même de la bataille. Il le fit avec un tel artifice, qu'en diminuant un peu sa perte, pour ne point décourager ses alliés, il leur fit entendre qu'il avoit tout à craindre sans un prompt secours.

Mouy se préparoit à défendre Niort contre le duc d'Anjou, qui l'assiégea deux jours après la bataille ; mais il fut blessé par derrière, au retour d'une vigoureuse sortie, où les catholiques avoient eu peine à le repousser. Louviers-Montrevel, homme scélérat (il n'étoit pas de l'illustre maison de Montrevel de La Baume), Louviers, dis-je, fit ce mauvais coup. Il étoit venu dans l'armée huguenote dans le dessein de gagner, en tuant l'amiral, les cinquante mille écus mis sur sa tête ; mais désespérant de réussir, pour ne point revenir sans avoir rien fait, il tua Mouy, quoiqu'il fît semblant d'être son ami : après ce coup, il s'enfuit à Chandenier, où le duc d'Anjou fit connoître, par la manière dont il le reçut, qu'il n'approuvoit pas une si lâche trahison. Niort perdit courage par la blessure de son brave défenseur, qui en mourut quelque temps après, et se rendit : toute la Cour y vint, et ce fut là qu'on délibéra de ce qu'il y avoit à faire. La résolution qu'on y prit fit voir combien il est rare de savoir bien user d'une victoire. La plupart des vieux officiers disoient qu'il falloit poursuivre l'ennemi durant que tout étoit consterné, sans lui donner aucun relâche ; qu'on n'avoit déjà que trop perdu de temps, et qu'il falloit ou contraindre l'amiral à une cinquième bataille, dans laquelle sa perte étoit assurée, ou l'assiéger dans la place où il se renfermeroit, telle qu'elle fût. On opposa à cet avis cette vieille maxime de guerre, qu'il ne falloit point laisser de place derrière soi, sans considérer qu'il y a certains avantages qui rendent un parti tellement supérieur, qu'il peut, sans rien hasarder, s'affranchir des règles communes. Il fut conclu qu'on suivroit ce dernier avis, soit que les principaux chefs voulussent tirer la guerre en longueur pour se rendre nécessaires, ou que par un aveuglement assez ordinaire à la prudence humaine après les grands événemens, on comptât trop sur la réussite de tout ce qu'on entreprendroit ; ainsi on résolut le siége de Saint-Jean-d'Angely, quoique le cardinal de Lorraine appuyât l'avis contraire de toute sa force, et que tout le monde criât qu'on alloit faire une plus grande faute que celle de l'amiral, quand il alla consumer ses forces devant Poitiers.

Le siége fut commencé le 16 octobre. La Cour se flattoit d'un prompt succès ; mais on ne songeoit pas qu'il y avoit dans la place deux mille des plus braves hommes du parti, grand nombre de noblesse, et plus que tout cela le brave Piles, un des plus vaillans et des plus sages capitaines des huguenots. Ses premières sorties firent bien connoître que sa défense seroit longue; dans la première il ruina le faubourg, et coupa les arbres qui pouvoient couvrir les assiégeans : il fit plus à la seconde, il enleva un quartier du duc d'Anjou. On commença à sentir que l'entreprise seroit difficile; mais le roi étoit au siége, et il ne falloit pas qu'il y reçût un affront.

Cependant l'amiral ne s'endormoit pas : il pourvut, autant qu'il put, à toutes les places. Sa seule fermeté empêcha le parti de désespérer, et les restes de l'armée de se rendre au roi. Après avoir raffermi les siens, il attendit à La Rochelle ce que feroit l'armée royale. Dès qu'il la vit attachée à un siége, comme il se promettoit que la résistance de Piles lui donneroit un temps considérable, afin de l'employer utilement, il résolut d'aller lui-même ramasser ses troupes, et ensuite de passer en Bourgogne, pour y attendre le secours qui lui venoit d'Allemagne, et s'approcher de Paris.

Pour exécuter ce dessein, dès le 18 d'octobre, deux jours après que le siége de Saint-Jean-d'Angely fut formé, il partit de La Rochelle avec trois mille chevaux, tant allemands que françois, qui lui restoient, et tourna vers la Guyenne, où les troupes de Montgommery l'attendoient en bon état. Il laissa La Noue auprès de la reine de Navarre dans La Rochelle, qui étoit bloquée par mer et par terre; mais pour encourager ses soldats, et donner de la réputation à sa marche, il mena avec lui les princes, qu'il étoit bien aise d'accoutumer au commandement et aux travaux de la guerre. Les garnisons qui étoient sorties des places de Poitou, ne demeuroient pas inutiles; elles allèrent se jeter en diverses places du parti, qu'elles aidèrent à se défendre; les uns à Aurillac en Auvergne, les autres à Vézelay en Bourgogne, et la plupart dans la Charité, d'où elles se répandoient de tous côtés, et troubloient la communication des grands chemins de Lyon, d'Orléans et de Paris, par les postes qu'elles occupèrent.

Pendant qu'on battoit Saint-Jean-d'Angely, on faisoit en même temps des propositions d'accommodement. Le roi souhaitoit la paix, autant pour mettre fin aux victoires de son frère, que pour le bien de son Etat. Quoique les propositions n'eussent aucun succès, la Cour ne laissoit pas de publier la paix faite, pour ralentir les étrangers qui se préparoient à donner du secours aux princes. Quand il y eut une brèche raisonnable, on se prépara à l'assaut. Piles, qui désespéra de garder la place, fit faire lui-même une autre brèche à l'extrémité la plus éloignée de celle qu'avoient faite les catholiques, par où il espéroit s'échapper avec sa garnison, si l'assaut réussissoit mal, et pendant que les catholiques pilleroient la ville; mais le feu des assiégés fit qu'on n'osa s'approcher d'abord.

Biron ne vouloit rien hasarder dans un siége où le roi étoit, et il différoit l'attaque. Sa précaution ne put empêcher qu'il n'arrivât un malheur des plus grands qui puissent arriver à la guerre, c'est qu'on combattit sans en avoir ordre, et aussi fut-on repoussé avec perte. Une seconde attaque, faite avec une pareille précipitation, fut suivie du même succès. Les assiégés chantoient victoire; mais Piles, qui ne se laissoit pas éblouir par les apparences, ne tira pas grand avantage d'avoir repoussé deux assauts donnés en confusion, et vit bien qu'il ne résisteroit pas à une attaque plus régulière; ainsi il résolut d'employer la tromperie, où la force lui manquoit. Il fit une capitulation par laquelle on convenoit d'une suspension d'armes durant vingt jours, et il promettoit de se rendre, si les princes et l'amiral, qu'il devoit avertir durant ce temps, ne lui envoyoient pas du secours dix jours après.

Ils avoient pris un long détour pour aller en Guyenne, ou pour ramasser leurs gens, ou pour dépayser ceux qui s'opposeroient à leur marche. En côtoyant l'Auvergne, l'amiral délivra Aurillac, que Saint-Hérem assiégeoit. Après avoir séjourné quelque temps autour de Montauban, il alloit à Aiguillon, où il avoit dessein de faire un pont sur la Garonne, afin que Montgommery, qui devoit l'attendre à Condom, le pût venir joindre. Ce n'étoit pas l'intention de Piles de rendre sa place, mais de gagner du temps pour rafraîchir ses soldats, et pour réparer ses brèches. Au lieu d'envoyer à l'amiral, il pria Saint-Mesme, qui commandoit dans Angoulême, de lui envoyer du renfort. Celui-ci, qui craignoit d'être assiégé, ne lui donna que quarante hommes. Piles ne laissa pas d'appeler secours le peu de monde qu'il avoit reçu : et après le terme expiré, il n'eut pas honte de rompre sa capitulation. Les catholiques crièrent, avec raison, à la perfidie; mais il fallut recommencer les batteries et les attaques : ils profitèrent pourtant de la trêve en prenant Saintes, qui se rendit sans résistance. Cognac se défendit mieux, et demeura au parti, avec Angoulême et La Rochelle; car les huguenots ne comptoient presque plus Saint-Jean-d'Angely, qu'ils ne pouvoient tenir longtemps.

La fin du siége fut funeste aux catholiques, par la mort de Martigue, qui fut tué à une attaque : ils perdirent beaucoup de braves gens, par les fréquentes sorties de Piles, qui ne tâchoit qu'à gagner du temps, sur ce qu'il savoit que la noblesse protestante de Poitou, de Saintonge et d'Angoumois, s'assembloit secrètement pour venir à son secours. En effet, Saint-Auban avoit ramassé cinq ou six mille soldats choisis; mais il ne put tenir sa marche si secrète, que les catholiques avertis ne lui coupassent le chemin, et ne le prissent prisonnier. Cette nouvelle, rapportée à Piles, lui fit perdre toute espérance, de sorte qu'il demanda tout de bon à capituler; le roi et toute l'armée, ennuyés d'un siége qui avoit duré plus de six semaines, et où il avoit perdu six mille hommes, écoutèrent la proposition avec joie; mais les soldats de Martigue, indignés de la perte de leur capitaine, au préjudice de la capitulation, et malgré leurs officiers, tuèrent une partie des gens de Piles;

ce qui lui donna prétexte de manquer à la parole qu'il avoit donnée de ne point servir de quatre mois.

Pendant le siége de Saint-Jean-d'Angely, La Noue avoit entrepris de dégager La Rochelle (1570), qui étoit bloquée par mer et par terre, et d'y faire entrer par intelligence les huguenots bannis de Nimes. On s'étoit aperçu qu'on pouvoit y introduire du monde par un aqueduc, qui étoit fermé en dehors avec des barres de fer. Un artisan s'attacha à en limer quelques-unes : il ne pouvoit travailler que la nuit, et durant le peu de temps qu'un soldat, avec qui il s'entendoit, étoit en faction, parce qu'autrement il auroit été découvert. Ce soldat l'avertissoit quand quelqu'un venoit ; l'artisan étoit dans la boue jusqu'aux genoux, et il persévéra durant trois semaines dans ce long et pénible travail. A la fin, il vint à bout d'ouvrir un passage, par où on fit entrer durant une nuit obscure trois cents soldats, qui avec les huguenots de la ville firent une tuerie effroyable des catholiques. Elle ne fut arrêtée que par Saint-Romain, envoyé de la part des princes ; le château se défendit trois mois durant, après quoi il fut contraint de capituler, et les huguenots demeurèrent absolument maîtres d'une ville si considérable.

L'amiral étoit arrivé à Aiguillon, qui s'étoit rendu à lui ; il construisit un pont sur la Garonne, qui n'est pas éloignée de cette ville, pour faire passer Montgommery, qui lui amenoit près de trois mille hommes de troupes fraîches et bien équipées : il espéroit avec ce renfort se saisir de quelques places de Guienne et de Languedoc ; la mésintelligence du maréchal Damville et de Montluc lui donnoit cette espérance, et il avoit même quelque dessein sur Bordeaux ; mais tout étoit retardé par la lenteur de Montgommery, qui avoit peine à quitter des postes avantageux, où ses troupes s'enrichissoient. Aussi Montluc lui reprochoit qu'il n'avoit pas su profiter de ses avantages : il se fit attendre quinze jours par l'amiral, et cependant Montluc renversa le pont, en abandonnant au courant de l'eau quelques moulins qui l'emportèrent ; de sorte que Montgommery fut contraint de passer sur des bateaux avec beaucoup d'incommodité et de lenteur.

L'amiral, qui ne put jamais raccommoder son pont, abandonna ses desseins de Guyenne, et tourna vers le Languedoc, avec les troupes de Montgommery. Aussitôt qu'ils furent éloignés, Montluc se prépara, selon l'ordre qu'il en avoit, à entrer dans le Béarn, où il restoit peu de monde. L'armée des princes s'arrêta aux environs de Toulouse, et brûla les maisons des conseillers, pour venger sur eux la mort de Rapin qu'ils avoient fait mourir malgré son sauf-conduit, sans que le maréchal Damville se mit en devoir de les chasser, parce qu'il n'avoit que des troupes nouvelles, qu'il n'osa jamais opposer aux vieux soldats de l'amiral. Le peuple ne laissa pas de l'accuser de s'entendre avec les huguenots.

La négociation de la paix s'étoit toujours continuée depuis le siége de Saint-Jean-d'Angely, et pour l'avancer davantage, le roi, qui étoit venu à Angers au commencement de janvier, envoya le maréchal de Cossé à La Rochelle, pour traiter avec la reine de Navarre. Il la trouva plus difficile qu'on ne l'espéroit à la Cour, où l'on s'étoit persuadé que la bataille de Montcontour feroit prendre aux huguenots un ton humble. Le maréchal leur ôta d'abord toute espérance d'obtenir des assemblées publiques; mais il eut beau parler haut, on ne l'écouta pas, jusqu'à ce qu'il se fût un peu radouci, et qu'il eût laissé espérer qu'en envoyant au roi, on pouvoit obtenir qu'il se relâchât. Beauvais-la-Nocle et Téligny furent députés à Angers de la part des princes; on leur accorda la liberté de conscience, et deux lieux d'exercice dans tout le royaume : ils se récrièrent à cette proposition, et la Cour, de son côté, remplit non-seulement tout le royaume, mais encore toute l'Europe, des plaintes de leur orgueil, que tant de victoires ne pouvoient réduire. On pressoit en même temps le roi d'Espagne de faire un effort pour accabler un parti, qui à la fin iroit fortifier les rebelles des Pays-Bas. On l'excitoit par l'exemple de la reine Elisabeth, qui avoit envoyé de l'argent pour faire subsister l'armée des princes, et avoit animé par là les protestans d'Allemagne, à leur donner un pareil secours.

Cependant, non-seulement on faisoit durer la négociation, mais encore on faisoit courir le bruit que la paix alloit se conclure, parce que l'expérience faisoit voir que cette considération ralentissoit les Allemands; et pour donner plus d'apparence à ce bruit, on envoya aux princes et à l'amiral, Biron, qu'on avoit fait depuis peu grand-maître de l'artillerie, et Henri de Mesme, maître des requêtes. Ils trouvèrent les princes à trois lieues de Carcassonne, où ils étoient arrivés, après avoir reçu quelques troupes aux environs de Castres, et avoir renvoyé quelques compagnies de voleurs, accoutumées à voler dans les Pyrénées, qui leur vinrent offrir leurs services; mais quelque besoin que l'amiral eût de soldats, il ne voulut point se charger de telles gens, qu'il crut incapables de servir, et capables seulement d'augmenter le brigandage dans ses troupes, déjà si licencieuses. Les lettres que Biron et de Mesme rendirent aux princes et à l'amiral, étoient pleines d'honnêteté : il y en avoit du roi, de la reine et du duc d'Anjou; ils remportèrent des réponses respectueuses, qui témoignoient un grand désir de la paix, pourvu qu'on leur accordât le plein exercice de la religion. Ils envoyèrent ensuite des députés à Château-Briant, où étoit le roi, et partirent sur la fin de mars, pour aller à Narbonne, d'où ils passèrent dans le Vivarois, et y joignirent les troupes que Montbrun y rassembloit.

Durant ces grands détours, ils prenoient et ils pilloient beaucoup de petites places : ils en rançonnoient d'autres, et ils subsistoient par ce moyen, au grand déplaisir de l'amiral, que la seule nécessité forçoit à cette façon de vivre. La longue marche qu'il faisoit, l'obligea à donner des chevaux à l'infanterie, qu'il ne put plus après lui faire quitter. Ils augmentoient par là leurs pilleries, et le chagrin de leur général, qui ne pouvoit plus presque souffrir une milice si déréglée. Le marquis de Gordes voulut empêcher Montbrun et quelques autres capitaines de passer le Rhône, pour faire des levées dans le Dauphiné, et attaqua leur canon, qu'ils avoient fait passer devant ; mais Montbrun se servit si bien d'un poste qu'il avoit sur cette rivière, et la traversa si vite, qu'il prévint la diligence de Gordes, qui fut repoussé avec grande perte des siens.

Nassau lui fit, un peu après, lever le siége d'un fort qu'il attaqua : ils demeurèrent quelque temps dans le pays à se rafraîchir, et entrèrent ensuite dans le Forez sur la fin de mai ; ils y reçurent quelque renfort du côté de Genève ; mais ils pensèrent tout perdre avec l'amiral, qui eut une malheureuse maladie. L'armée apprit à connoître ce que lui valoit un tel général, et on voyoit grande différence entre lui et Louis de Nassau, qu'on jugeoit, malgré sa jeunesse, le plus capable de lui succéder. Comme il fut revenu de sa maladie, il écouta Biron et de Mesme, qui venoient encore négocier. La paix fut impossible, parce que la Cour persistoit à refuser l'entier exercice ; l'amiral rejeta la trêve que la Cour demandoit avec instance. A voir comme il tenoit ferme, on eût dit qu'il eût été le vainqueur, et qu'il eût eu une grande armée, lui qui ne menoit que des troupes quatre fois vaincues, ruinées par une marche de quatre cents lieues, et que la désertion, jointe aux continuels combats qu'il avoit fallu donner contre les garnisons et les paysans, avoient réduites à deux mille cinq cents mousquetaires, et à deux mille chevaux, dont la moitié, à la vérité, étoit de noblesse françoise, très-bien équipée ; mais l'autre étoit d'Allemands, qui avoient perdu leurs armes sur les chemins, ou les avoient eux-mêmes jetées de découragement et de lassitude. En cet état il traversa le Nivernois, et entra en Bourgogne, où il se saisit du poste d'Arnay-le-Duc, dans le dessein d'aller bientôt porter la guerre aux environs de Paris, persuadé qu'il étoit que la Cour ne feroit la paix que quand cette grande ville souffriroit.

Le roi étoit retourné à Saint-Germain, et les nouvelles qui venoient de l'amiral y causoient beaucoup d'étonnement. On voyoit ce général, qu'on croyoit entièrement abattu par tant de défaites, traverser tout le royaume, et être encore en état de se faire craindre : il étoit temps de lui opposer une armée, puisque la saison nouvelle lui donnoit lieu d'exécuter ses projets, après s'être un peu reposé. Le duc d'Anjou étoit malade, et sa maladie, quoique légère, vint à propos, pour servir de prétexte au roi de ne l'envoyer pas contre l'amiral ; il ne pouvoit plus souffrir la gloire de son frère, et la reine n'osoit combattre une jalousie si violente. Le maréchal de Cossé, à qui on donna dix-sept mille hommes, eut ordre de partir au commencement de juin, et de combattre l'armée des princes, plutôt que de souffrir qu'elle s'approchât de Paris. L'amiral l'attendoit de pied ferme, et au défaut de monde, il se préparoit à se défendre par la résolution et par l'avantage du poste.

Il y avoit auprès d'Arnay-le-Duc deux coteaux couverts de bois séparés d'un petit vallon, où couloit un ruisseau; l'amiral occupa un de ces coteaux qui étoit défendu d'un étang par l'un des côtés : il eut soin d'occuper tous les postes avantageux, et il laissa quelque monde dans Arnay-le-Duc, pour y assurer sa retraite; il mit le comte Louis de Nassau auprès du prince de Béarn; le marquis de Renel prenoit soin du prince de Condé : ils attendoient en cet état l'armée royale. Le maréchal de Cossé, qui croyoit la victoire aisée, voulut passer le ruisseau : il trouva plus de résistance qu'il n'en avoit attendu de troupes si délabrées et en si petit nombre. Saint-Jean, frère de Montgommery, ne défendit pas avec moins de valeur la chaussée de l'étang, et repoussa plusieurs fois La Valette, qui l'attaquoit. Durant l'ardeur du combat, le maréchal faisoit couler quelques troupes vers Arnay-le-Duc. L'amiral, qui s'en aperçut, leur fit couper le chemin : l'escarmouche dura sept heures, sans que l'armée royale eût rien avancé, et l'amiral, qui ne voulut pas se laisser engager à un combat général, fit sonner la retraite.

Le lendemain il se présenta fièrement en bataille devant l'ennemi; mais le maréchal appréhenda de trop hasarder, s'il le poussoit. Pour l'amiral, il demeura quelques jours dans le même poste, pour montrer qu'il ne craignoit rien, et ensuite il délogea pour s'aller camper au milieu de trois villes de son parti, Vézelay, Sancerre et la Charité. Il ne pouvoit se mieux poster qu'en un lieu où il trouvoit tout ensemble la sûreté et la subsistance. La Cour fut étonnée de voir qu'avec tant de forces on ne pût venir à bout de ce capitaine, ni d'une poignée de gens qu'il conduisoit; et la reine, qui le crut invincible dans la guerre, ne trouva plus de moyen de le perdre que par la paix. Elle résolut de la faire à quelque prix que ce fût, et l'amiral, par bonheur pour elle, se trouva dans la même disposition; car quoiqu'il sentît croître tous les jours son crédit et sa réputation, tant parmi les siens que parmi les étrangers, il ne pouvoit se résoudre à mener toujours des troupes sans, discipline, sans obéissance, où les désertions étoient si fréquentes, et qu'il ne pouvoit entretenir que par de continuelles pilleries. Le chagrin qu'il en avoit, fit qu'il envoya les députés des princes à la Cour, avec ordre de faciliter le traité de paix par toutes les propositions les plus équitables. On fit d'abord une trêve, mais qui n'étoit pas pour les provinces éloignées.

Montluc continua à subjuguer le Béarn et la Navarre, où il ne lui restoit plus à prendre que Navarins. Il n'y eut que le château de Ravestein qui tint quelque temps, car la ville ouvrit ses portes. Montluc reçut au château une blessure qui lui défiguroit tellement le visage, qu'il fut contraint de porter un masque le reste de sa vie, les soldats irrités entrèrent de furie dans le château, et passèrent tout au fil de l'épée. Puigaillard, lieutenant dans le Poitou, sous l'autorité du comte du Lude, avoit de nouveau bloqué La Rochelle avec douze mille hommes; mais il fut surpris par La Noue qu'il croyoit surprendre, et battu auprès de Luçon, qu'il avoit fortifié. Il perdit cinq cents hommes, presque tous officiers, avec beaucoup de drapeaux, et les huguenots se vantoient de s'être vengés de la journée de Montcontour. Pour rabattre leur orgueil, on envoya le prince dauphin avec une armée. La Noue ne laissa pas de prendre Fontenay à composition : il y perdit un bras, et le bras de fer qu'il se mit, lui donna depuis le nom de Bras-de-Fer. Brouage, et les îles de Marennes, après avoir été prises et reprises, demeurèrent enfin à La Noue; ainsi la guerre s'échauffoit dans la Saintonge et dans le Poitou.

Paris étoit menacé par l'armée des princes, qui avoit passé la Loire, et s'étoit logée entre Montargis, Bleneau et Châtillon-sur-Loing : celle du roi s'étoit mise sur le chemin, dans la vallée d'Aillan; mais pendant que de part et d'autre, on se préparoit à quelque grande entreprise, tout fut fini par la paix. Quoique l'amiral y fût disposé, pour l'y porter davantage, et l'attacher à la Cour par des espérances, on lui fit entendre qu'on feroit la guerre d'Espagne dans les Pays-Bas, et qu'on lui donneroit ce commandement.

L'orgueilleuse et dure conduite du duc d'Albe avoit aigri les esprits au dernier point. Enflé de ses victoires, il avoit fait faire des inscriptions, où il se donnoit des titres superbes, qui l'avoient rendu odieux, non-seulement dans les Pays-Bas, mais encore dans la cour d'Espagne, et au roi même, qui en conçut de la jalousie : un nouvel impôt qu'il établit eut de dangereux effets dans les provinces, principalement dans la Hollande et dans la Zélande, plus franches que toutes les autres. Il avoit fait publier un acte par lequel le roi pardonnoit toutes les fautes passées; mais il le fit d'une manière qui donna plus de crainte que d'espérance. Toutes ces choses donnoient beau jeu au prince d'Orange, qui répandoit sous main des bruits capables d'exciter les peuples, déjà émus par eux-mêmes. L'amiral, à qui la maison d'Orange avoit donné de grands secours, brûloit d'envie d'en témoigner sa reconnoissance : il crut aisément que la France se résoudroit facilement à porter la guerre au dehors, quand elle seroit paisible au dedans.

La paix fut conclue le 15 août : outre la restitution de tous les particuliers dans leurs charges, et l'amnistie générale accordée à tout le parti, comme dans les autres traités, le nouvel édit qu'on fit alors, accordoit deux lieux d'exercice libre dans toutes les provinces, au delà de ceux qui avoient déjà été accordés; Paris et la Cour demeurèrent exceptés. On régla plusieurs choses pour les procès, toutes avantageuses aux protestans; entre autres, qu'ils ne pourroient être contraints de plaider au parlement de Toulouse, qui leur étoit trop contraire : on leur donna pour juges les requêtes de l'hôtel, avec attribution de juridiction souveraine. Ils furent admis aux colléges, aux hôpitaux et aux charges, en réduisant pourtant à un certain nombre ceux qui devoient entrer dans les parlemens : et ce qui passoit de bien loin tout ce qu'ils avoient osé prétendre dans les traités précédens, on leur laissa La Rochelle, Montauban, la Charité et Cognac, comme places de sûreté ; à condition de les rendre au bout de deux ans ; à quoi les principaux du parti s'obligèrent en leur propre et privé nom. Ainsi l'amiral, qu'on croyoit à bas par tant de défaites, fit une paix plus avantageuse qu'il ne l'avoit osé espérer dans les meilleurs temps.

Le Pape et le roi d'Espagne lents à donner du secours, après avoir rappelé leurs troupes un peu après la bataille de Montcontour, quand ils virent la paix sur le point d'être conclue, firent de magnifiques promesses pour l'empêcher. Le roi avoit pris d'autres mesures avec la reine sa mère ; il voyoit qu'il ne pouvoit abattre les huguenots par la force, sans épuiser son Etat, et hasarder la victoire : il s'étoit déterminé à la paix, pendant laquelle il pouvoit, en les rassemblant à la Cour sous mille prétextes plausibles, trouver des moyens plus sûrs de les perdre. La chose étoit résolue, quoique la manière de l'exécuter fût peut-être encore indécise : il n'y avoit que le roi, la reine, le duc d'Anjou, le cardinal de Lorraine, et Albert de Gondi, comte de Retz, Florentin, intime confident de la reine, qui fussent de ce secret ; on se défioit de tous les autres.

La reine étoit persuadée que la plupart des grands seigneurs, même catholiques, favorisoient secrètement les huguenots ; l'affaire d'Arnay-le-Duc, où le maréchal de Cossé, si fort supérieur en force, s'étoit arrêté tout court, le rendit suspect, et l'avoit fait accuser de connivence avec l'amiral. On croyoit que la maison de Montmorency s'entendoit avec ce chef du parti huguenot, avec laquelle il avoit de si étroites liaisons, et que généralement tous les grands du royaume étoient bien aises de faire traîner la guerre, durant laquelle ils étoient plus considérés, et l'autorité royale moins absolue : toutes ces raisons déterminèrent à la paix. Les plaisirs mêmes eurent leur part à une affaire si sérieuse ; la reine, qui menoit toujours avec elle une nombreuse suite de dames, pour entretenir le divertissement de la Cour, voyoit bien qu'une longue guerre ne les laisseroit pas durer. Le duc d'Anjou croyoit avoir acquis assez de gloire et ne songeoit plus qu'aux plaisirs ; le commandement lui sembloit une chose délicate et difficile à soutenir parmi les effroyables jalousies du roi son frère, qui s'augmentoient avec l'âge, et eussent éclaté sans la paix.

Après qu'elle fut conclue, la reine de Navarre, avec les deux princes, l'amiral, les chefs et presque toute la noblesse du parti, les députés des provinces, plusieurs ministres, demeurèrent assemblés à La Rochelle, sous prétexte de chercher les moyens de satisfaire les Allemands. La Cour n'étoit pas sans ombrage de cette assemblée, et des grandes levées d'argent qui se faisoient sous ce prétexte ; elle étoit d'ailleurs fatiguée des demandes exorbitantes que faisoit faire l'amiral, comme pour sonder la bonne disposition du roi, qui de son côté, quelque répugnance qu'il eût à donner des marques de sa bienveillance à des gens qu'il haïssoit au dernier point, depuis l'audace qu'ils eurent de le vouloir enlever, savoit fort bien se contraindre. Ainsi, il accordoit presque tout avec une si grande facilité, qu'on s'étonne que les huguenots n'en aient point eu de défiance.

Il étoit temps de marier le roi, qui avoit vingt ans ; la reine sa mère, toujours pleine de vastes desseins, avoit songé à Marie, reine d'Ecosse, encore assez jeune pour lui plaire, et même à Elisabeth, reine d'Angleterre ; mais les malheurs de la reine d'Ecosse mirent bientôt fin aux pensées qu'on avoit pour elle, et la reine Elisabeth avoit répondu que le roi étoit trop grand et trop petit ; elle vouloit dire qu'il étoit trop jeune pour elle, qui avoit trente-huit ans, et d'ailleurs trop grand roi pour venir demeurer en Angleterre ; ainsi on se détermina à Isabelle, fille de l'empereur Maximilien, dont le roi d'Espagne venoit d'épouser l'aînée.

Il y avoit quelques années que la reine avoit commencé de faire traiter ce mariage avec l'empereur, qui voulant tirer avantage des troubles de la France, fit des propositions extraordinaires ; elles furent rejetées bien loin, et le mariage ne se conclut qu'en ce temps. Il fut célébré sur la fin de novembre, et le roi alla recevoir à Mézières sa nouvelle épouse, qui avoit environ seize ans ; ses noces furent accompagnées de la magnificence ordinaire en ce temps. Mais la reine Catherine ne quitta point le dessein de gagner ou d'amuser la reine d'Angleterre, à qui elle fit proposer son fils d'Anjou par le cardinal de Châtillon, toujours en grand crédit dans cette Cour. Si elle ne pouvoit pas faire réussir ce mariage, elle espéroit du moins rompre celui que cette princesse pouvoit faire avec le prince de Navarre ; et quoiqu'elle ne découvrît pas ce secret au cardinal de Châtillon, elle étoit bien aise de lui donner quelque marque de confiance, pour endormir d'autant plus les huguenots, qu'ils verroient leurs chefs employés dans les plus grandes affaires de l'Etat.

Durant ces négociations la chrétienté étoit attaquée avec une terrible violence par Sélim, empereur des Turcs. Ce prince, plus enclin aux ouvrages de la paix qu'aux exercices de la guerre, voulut faire bâtir quelques mosquées, et fonder quelques hôpitaux ; mais son mufti lui répondit que la loi ne lui permettoit de construire de tels édifices que des dépouilles des chrétiens. Les Turcs, voyant la mollesse qui commençoit à s'introduire dans la maison ottomane, se servirent apparemment de ce moyen pour exciter leur empereur à se jeter dans la guerre, comme avoient fait ses ancêtres. Ce dessein leur réussit, et l'île de Chypre fut attaquée avec toutes les forces de l'empire ; les Vénitiens qui en étoient maîtres, perdirent d'abord Nicosie. Le pape Pie V ne manqua ni à son devoir ni à la chrétienté dans cette occasion importante : il excita de toute sa force le zèle des princes chrétiens. La

France, épuisée par les guerres civiles, n'étoit pas en état d'agir; Philippe, dont les Etats étoient florissans, fit d'abord semblant de vouloir se remuer, et désespéra les Vénitiens par des promesses qui furent longtemps inutiles. A la fin il se conclut une ligue entre le Pape, le roi d'Espagne, et les Vénitiens, et on assembla une flotte formidable, pendant que Marc-Antoine Bragadin défendoit Famagouste contre les Barbares.

Le roi étoit revenu à Paris (1571), et pour entretenir d'espérances l'amiral et ses amis, il avoit visité en passant le maréchal de Montmorency, dans sa belle maison de Chantilly. Les huguenots étoient toujours assemblés à La Rochelle, et comme la longueur de cette assemblée devenoit de plus en plus suspecte au roi, il y envoya le maréchal de Cossé, avec un maître des requêtes, pour terminer leurs affaires et les séparer : ils s'excusoient toujours, sous prétexte des grandes sommes qu'ils devoient aux Allemands. Les conférences se passèrent en plaintes réciproques; mais le maréchal avoit ordre de traiter tout avec douceur : l'assemblée envoya ses députés à la Cour, pour solliciter l'entière exécution du dernier édit. Cependant les huguenots eurent la permission de tenir leur synode national à La Rochelle, à condition qu'il y assisteroit un commissaire du roi, pour empêcher qu'il ne s'y passât rien contre son service. La reine de Navarre y invita Théodore de Bèze, qui craignit les ressentimens de la maison de Lorraine, trop puissante alors, et trop déterminée à venger sur lui l'assassinat du duc de Guise.

On renouveloit souvent les propos de la guerre des Pays-Bas; les affaires du prince d'Orange devenoient tous les jours meilleures; la Hollande et la Zélande avoient commencé à se rendre puissantes par mer, et avoient remporté quelque avantage sur le duc d'Albe. Dordrecht, Flessingue et plusieurs autres places importantes quittèrent les Espagnols. Cependant la cour de France ne paroissoit occupée que des réjouissances qui n'avoient point discontinué depuis le mariage du roi; il fit son entrée solennelle dans Paris, avec la reine sa femme, qui fut ensuite couronnée à Saint-Denis. Le roi entra au parlement, où il fit avec sa gravité ordinaire un long discours sur la réformation de la justice, et sur l'obéissance ponctuelle qu'il vouloit qu'on lui rendit, quand il enverroit des édits à vérifier.

En ce temps il arriva une sédition à Paris, au sujet d'une pyramide élevée, il y avoit déjà longtemps, à la place de la maison d'une nommé Gastine. Cet homme, pour avoir prêté son logis aux huguenots qui y avoient fait leur cène, fut condamné à mort avec son frère et son beau-frère : leurs biens furent confisqués, leur maison fut rasée, et la pyramide érigée expliquoit la cause de cette condamnation. Comme cette inscription notoit les huguenots comme séditieux et ennemis de l'Etat, ils crurent être bien fondés à demander la démolition de la pyramide en faveur de la paix, et le roi l'avoit jugé raisonnable; mais quoiqu'on eût pris la nuit pour exécuter ses ordres, tout le voisinage s'émut. Le maréchal de Montmorency fut obligé de faire pendre sur l'heure un des séditieux, après en avoir fait tuer quelques autres, et il acheva d'attirer sur lui la haine du peuple. Les huguenots, satisfaits de la justice qu'on leur avoit faite, le furent beaucoup davantage des belles promesses que leurs députés leur rapportèrent.

On n'avoit rien oublié pour contenter la reine de Navarre et l'amiral; mais Biron arriva quelques jours après avec des offres beaucoup plus considérables; il disoit que le roi, fatigué des guerres civiles qui ruinoient son Etat et le donnoient en proie aux étrangers, vouloit couper jusqu'à la racine des dissensions; qu'il avoit enfin compris qu'il ne pouvoit déraciner un si grand mal sans se réconcilier de bonne foi avec les huguenots, principalement avec la reine de Navarre; et qu'afin de faire avec elle une solide alliance, il destinoit la princesse Marguerite sa sœur au prince de Béarn, fils de cette reine : ceci se disoit également de la part du roi et de la reine sa mère. Mais Biron avoit ordre d'insinuer qu'à l'âge où étoit le roi, et se sentant capable d'affaires, il étoit las d'être gouverné; que la reine mère faisoit trop valoir le duc d'Anjou, qu'elle vouloit établir au préjudice du roi, et aux dépens de sa réputation, et qu'une des raisons qui le portoient à faire un accord sincère avec les huguenots, c'est qu'il espéroit par cette union et par les conseils de l'amiral trouver les moyens de s'affranchir. La guerre de Flandre, ajoutée à tant de motifs, avoit un tel charme pour l'amiral, qu'on pouvoit tout obtenir de lui par ce moyen.

La princesse Marguerite étoit en ce temps les délices de la Cour, tant par sa beauté que par son esprit et ses agrémens; elle avoit paru aimer tendrement le duc de Guise; et n'avoit pu s'empêcher de témoigner qu'elle étoit touchée de la gloire qu'il s'acquéroit autant dans les combats que dans les tournois. Ce prince avoit eu envie de répondre à la passion de la princesse; mais sitôt qu'il eut aperçu qu'il offenseroit mortellement par ce moyen le duc d'Anjou qui l'aimoit, et le roi qui le considéroit beaucoup, il résolut en habile courtisan de faire céder son amour à son ambition, et pour ôter tout prétexte à ses ennemis, il se maria dans le même temps avec tant de précipitation, qu'on sut plus tôt l'accomplissement que la proposition de ce mariage. Il épousa Catherine de Clèves, veuve du prince de Portian; Marguerite ne laissoit pas de l'aimer encore, quand elle fut destinée contre son inclination au prince de Béarn.

Quoique la reine de Navarre fût touchée comme elle le devoit de cette alliance, elle ne répondit pas sur-le-champ, et voulut prendre quelque temps, pour voir si elle pourroit réussir dans un dessein plus avantageux. La reine d'Angleterre amusoit tous les princes de l'Europe de l'espérance de l'épouser, et pour engager d'autant plus les huguenots, elle avoit témoigné quelque inclination pour le prince de Béarn. Ainsi la reine sa mère résolut d'attendre quelque temps avant que de conclure avec Marguerite; et cependant, pour ne point fâcher le roi, elle répondit qu'elle se sentoit extraordinairement honorée du mariage qu'il lui faisoit proposer ; mais qu'elle étoit obligée de consulter avec ses théologiens si elle pouvoit en conscience donner à son fils une princesse de religion contraire : aussi bien le prince n'étoit-il pas alors à La Rochelle. La reine sa mère l'avoit envoyé visiter ses places, et étoit bien aise de le montrer à ses sujets : elle faisoit cependant sonder à fond les intentions de la reine d'Angleterre, ce qu'elle pouvoit aisément par le cardinal de Châtillon ; elle sut que les espérances que donnoit cette princesse n'étoient qu'artifice, et qu'elle ne se résoudroit que très-difficilement à se donner un maître. Ainsi la reine de Navarre ne tarda pas à faire réponse au roi ; le mariage fut résolu, et il ne falloit plus, pour l'accomplir, que la dispense du Pape.

Environ dans le même temps, Marie de Clèves, sœur des duchesses de Nevers et de Guise, élevée dans la religion protestante auprès de la reine de Navarre, fut promise au prince de Condé. L'amiral, qui avoit perdu, quatre ans auparavant, Charlotte de Laval, se remaria à Jacqueline d'Entremont, Savoyarde de grande maison, et puissamment riche, que la grande réputation de ce capitaine en avoit rendue amoureuse ; elle le vint trouver à La Rochelle, et le roi lui fit rendre son bien, que le duc de Savoie avoit confisqué. Téligny épousa aussi la fille de l'amiral, que son seul mérite lui obtint ; car il n'avoit aucun bien, et quoiqu'il fût gentilhomme, sa naissance n'étoit pas proportionnée à la dignité ni à la considération de l'amiral.

Les réjouissances, causées par tant de mariages mêlés ensemble, furent troublées par la mort du cardinal de Châtillon. Il mourut subitement en partant d'Angleterre pour revenir en France, et on ne sut que deux ans après qu'il avoit été empoisonné par son valet de chambre. Il étoit né avec de grandes qualités pour le monde et pour la Cour ; mais encore qu'il eût été cardinal presque dès son enfance, il n'avoit jamais eu de goût pour l'état ecclésiastique. Les intérêts de sa maison, auxquels il sacrifia sa religion, le jetèrent dans l'hérésie : il ne laissa pas de garder quelque forme d'ecclésiastique pour conserver les revenus de ses bénéfices, et comme il étoit retenu par là de prendre ouvertement les armes, il s'étoit mis dans la négociation, où beaucoup d'adresse et beaucoup d'esprit, joint avec beaucoup de franchise, du moins apparente, lui donnoient de grands avantages. L'amiral sentit vivement cette perte, et se voyant seul de trois frères qui lui étoient d'un si grand secours, il chercha de nouvelles ressources dans son esprit et dans son courage.

Le roi désiroit avec ardeur de l'attirer à la Cour, et pour le faire avec plus de facilité, il s'avança jusqu'à Blois : c'est là qu'on dit que se tint ce fameux conseil où le carnage des protestans fut résolu. Un peu après arriva l'assassinat de Lignerolles, qui étonna toute la Cour. C'étoit le favori du duc d'Anjou : cependant le vicomte de La Guerche, qui avoit avec lui de vieilles inimitiés, se fit assister des principaux de la Cour pour le tuer; la confiance de son maitre lui coûta la vie : il lui avoit dit le secret du meurtre des huguenots, et ce jeune homme, ou par imprudence ou par vanité, avoit fait sentir au roi qu'il le savoit; il ne le porta pas loin. On se servit de La Guerche pour le tuer, et pour amuser le monde on mêla dans son aventure quelques histoires de femmes, afin qu'on l'attribuât à la jalousie; mais comme il étoit malaisé de tromper l'amiral, le roi s'appliqua plus que jamais à l'attirer. Le meilleur moyen qu'on en put trouver, étoit de lui proposer des desseins de guerre, et surtout dans les Pays-Bas; il en fut alors parlé plus ouvertement et plus à fond que jamais.

Louis, comte de Nassau, étoit auprès de lui à La Rochelle. Le roi donnoit tant d'espérance de la guerre, que l'amiral résolut d'envoyer ce comte avec La Noue, pour découvrir de plus près ce qui en étoit; ils revinrent persuadés que le roi souhaitoit cette guerre de bonne foi, et qu'il n'attendoit, pour la commencer, que l'arrivée de l'amiral, à qui il en vouloit donner la conduite. Ils le trouvèrent occupé de grands desseins à son ordinaire : sa charge lui donnoit de puissans moyens pour les entreprendre : durant les intervalles des guerres civiles, il avoit envoyé dans le nouveau monde pour y établir des habitations, et même durant la guerre il n'abandonnoit pas tout à fait ce dessein; il y entroit quelque chose des intérêts de sa religion, qu'il se faisoit honneur d'étendre; mais tout le monde avouoit que la grandeur du royaume, qu'il avoit toujours à cœur, faisoit un de ses principaux motifs. Le peu de part que prenoit la Cour à ses entreprises, le firent mal réussir; et toutefois on lui doit les commencemens de l'établissement que les François ont fait dans le Canada et dans les îles.

Depuis la dernière paix il avoit renvoyé en Amérique pour reconnoître les ports. Une nouvelle raison s'étoit jointe à toutes les autres, c'étoit le désir de nuire aux Espagnols; et comme il espéroit leur faire bientôt la guerre dans la Flandre, il songeoit en même temps à les traverser dans le nouveau monde, d'où ils tiroient leurs richesses. Les mauvais succès dont il venoit d'apprendre la nouvelle, loin de le rebuter, le faisoient penser aux moyens de réparer ce dommage. C'est ce qui l'occupoit dans le temps que Louis de Nassau lui vint rapporter les réponses et les intentions du roi; il lui conseilloit d'aller à la Cour sans différer davantage. Le maréchal de Cossé, qui le trouva ébranlé, lui donna encore plus de confiance, en lui portant la permission de se faire accompagner de cinquante hommes d'armes, pour la sûreté de sa personne, et le maréchal de Montmorency, dont les conseils ne lui étoient point suspects, acheva de le déterminer.

Un tiers parti, qu'on appeloit le parti des Politiques, commençoit à se former à la Cour; ce parti, sans parler de religion, devoit seulement proposer la réformation des abus, et l'assemblée des Etats-généraux. Le duc d'Alençon faisoit espérer de se mettre bientôt à leur tête : à mesure que ce jeune prince croissoit, on découvroit tous les jours en lui un mauvais fond et un grand désir de brouiller : en attendant, les deux maréchaux étoient les chefs du parti, c'est ce qui leur fit souhaiter de voir à la Cour et auprès du roi un homme de la force de l'amiral, seul capable de ruiner le crédit des Italiens, odieux à tout le monde, excepté à la reine mère qu'ils gouvernoient, et de balancer le pouvoir de la maison de Lorraine, maîtresse absolue des peuples, que la forte inclination du duc d'Anjou pour le duc de Guise rendoit tous les jours plus puissante.

L'amiral donnoit beaucoup à ses amis et aux marques de considération qui lui venoient de la Cour; ainsi il se rendit auprès du roi, qui le reçut encore mieux qu'il ne l'avoit fait espérer. Comme il se fut jeté à genoux devant le roi, il le releva, l'embrassant et l'appelant son père, et lui dit qu'il ne verroit jamais de plus heureuse journée que celle-ci, qui mettoit le dernier sceau à la paix. L'amiral, François jusqu'au fond du cœur, et que le seul esprit de sa religion avoit jeté dans les intérêts contraires au bien de l'Etat, ne pouvoit retenir ses larmes.

Les caresses du roi furent suivies de ses libéralités; il donna cent mille livres à l'amiral pour le dédommager du pillage de sa maison durant les guerres; il fut même libéral envers lui aux dépens de l'Eglise, en lui accordant une année des revenus des bénéfices de son frère le cardinal, et même quelques-uns de ses bénéfices; il lui rendit encore sa place dans le conseil, où il tenoit le milieu entre les maréchaux de France; mais ce qui paroissoit le plus solide, c'est qu'il traitoit à fond avec lui les plus grandes affaires de l'Etat, qui paroissoient être l'alliance qu'il projetoit avec la reine d'Angleterre et avec les protestans d'Allemagne, pour en venir incontinent après à la guerre de Flandre, tant souhaitée par l'amiral. Il en résolut avec lui tous les moyens, comme avec celui à qui il en vouloit donner la charge. L'amiral eut permission de passer quelque temps à sa maison; le roi continuoit à traiter par lettres avec lui, ce qu'il avoit commencé de vive voix; le duc de Guise, quoique averti, ne savoit que croire de ces marques de confiance, et se retira de la Cour presque autant par crainte que par dissimulation : le fort génie de l'amiral faisoit craindre qu'il ne changeât l'esprit du roi.

La reine mère et le duc d'Anjou, qui devoient faire semblant d'entrer en jalousie, n'en étoient pas tout à fait exempts, et le crédit de l'amiral faisoit crier tout le monde, excepté les Montmorency et leurs amis. Guillaume de Montmorency, seigneur de Thoré, un des frères du maréchal, et le plus remuant de tous, travailloit secrètement à lui unir le duc d'Alençon. Ce prince témoignoit un grand attachement pour l'amiral; et dans l'estime qu'il affectoit de lui faire paroître, ceux qui regardoient les choses de près, remarquèrent que de toutes ses qualités, celle qu'il prisoit le plus étoit l'adresse qu'il avoit de se rendre maître d'un parti.

L'affaire du mariage, quoique résolue, tiroit en longueur, parce que le Pape ne vouloit point accorder les dispenses. Pour rompre ce mariage, il fit demander la princesse Marguerite par le roi de Portugal : il envoya un légat pour appuyer la demande de ce prince, et tout ensemble pour obliger le roi à entrer dans la ligue contre le Turc. Le roi répondit civilement au roi de Portugal; mais il dit que le bien de son Etat lui avoit fait prendre d'autres engagemens. Pour la ligue, il répondit que les divisions de son royaume ne lui permettoient pas de prendre part aux affaires étrangères. Un peu après se donna la fameuse bataille de Lépante.

Dom Juan d'Autriche avoit été déclaré général de la ligue; comme il venoit d'achever en Espagne la guerre contre les Maures révoltés, que leur opiniâtreté avoit rendue difficile et dangereuse : son autorité empêcha les divisions qui s'étoient mises entre les chefs; il vint en Italie, et partit de Naples vers la mi-août, après avoir reçu du cardinal de Granvelle vice-roi, les marques du commandement que le Pape lui avoit envoyées; il tint conseil à Messine au commencement de septembre, et il apprit, quelque temps après, que les Turcs qui ne croyoient plus qu'il y eût rien à entreprendre, la saison étant déjà si avancée, avoient renvoyé soixante vaisseaux, que leurs plus fameux corsaires avoient joints à leur flotte. Le reste étoit demeuré vers le golfe de Corinthe. L'armée chrétienne partit de Corfou vers la fin de septembre, pour aller au secours de Famagouste; elle apprit en chemin que la valeur admirable de Bragadin n'avoit pu la sauver. Le bacha, irrité contre ce brave homme, qui lui avoit fait périr tant de monde, malgré la capitulation, le fit expirer parmi les tourmens, qu'il souffrit avec autant de piété, qu'il avoit montré de valeur dans la défense de sa place. C'est ainsi que ces conquérans brutaux insultent à la vertu qu'ils sont incapables de connoître, et qu'ils mettent dans une fierté insolente.

La nouvelle de la perte de Famagouste n'empêcha pas les chrétiens d'aller aux Turcs, quoiqu'une grande partie de la flotte vénitienne se fût dissipée. Ils trouvèrent l'ennemi au golfe de Lépante, contrée déjà fameuse par la bataille d'Actium. Là se donna un combat naval, le septième d'octobre : les infidèles furent défaits, cent dix-sept de leurs galères furent prises, et plus de vingt coulées à fond ; il y eut vingt-cinq à trente mille hommes abimés, et quatre mille pris : tous les chefs furent noyés ou tués, à la réserve d'un seul: tout l'empire ottoman trembla de cette défaite, et sa puissance depuis ce temps-là ne s'est jamais remise sur la mer.

Les témoignages de confiance que le roi donnoit à l'amiral continuoient; les traités avec l'Angleterre et les princes protestans s'avançoient beaucoup ; en même temps l'évêque de Valence faisoit agir son fils Balagni en Pologne, pour ménager cette couronne au duc d'Anjou. Le roi Sigismond-Auguste n'avoit point d'enfans, et sa mort paroissoit prochaine, à cause de ses infirmités et de son grand âge. L'affaire se traitoit fort secrètement, mais le roi en laissa exprès échapper quelque chose; rien ne donna plus de confiance aux huguenots. Ils regardoient le duc d'Anjou comme leur ennemi le plus déclaré et le plus à craindre, et ses victoires lui étoient un engagement contre le parti protestant; ils pénétrèrent aisément que le roi, si jaloux de son frère, ne songeoit pas tant à l'élever qu'à l'éloigner. La reine de Navarre vint à la Cour: les articles du mariage furent signés le onzième d'avril, et la manière dont on convint pour le célébrer n'étoit pas fort éloignée de celle dont on usoit dans l'Eglise. Le 19, l'alliance fut conclue avec la reine d'Angleterre, et avec obligation de se défendre mutuellement contre tous les ennemis sans distinction. Le maréchal de Montmorency avoit négocié cette affaire auprès d'Elisabeth; mais le mariage du duc d'Anjou avec cette princesse fut absolument rompu. Elle fut ravie d'avoir pour prétexte son zèle pour sa religion, et de refuser au duc d'Anjou l'exercice de la sienne, qu'il demandoit pour toute l'Angleterre.

En même temps, le roi fit partir Gaspard de Schomberg (1572), pour traiter une ligue offensive et défensive avec les princes protestans d'Allemagne, et n'oublia rien pour engager dans ses intérêts le prince palatin et ses enfans. Il envoya aussi au grand duc, c'étoit Côme de Médicis, à qui le Pape avoit donné cette qualité, et qui se l'étoit conservée, quoique l'empereur le trouvât mauvais. Ce prince avoit conçu de grandes jalousies du roi d'Espagne, qui depuis peu s'étoit saisi de Final, place qui relevoit de l'empire, et avoit fait peu d'état des plaintes de l'empereur. Toute l'Italie fut émue de cette entreprise, mais principalement le grand duc, que cette conquête menaçoit plus que les autres, et qui se persuada aisément que Philippe avoit des desseins sur Sienne. Le roi voulut profiter de la conjoncture pour engager Côme contre l'Espagne; et comme il étoit fort riche, on lui demanda une grande somme d'argent à emprunter.

Tous ces grands préparatifs, qu'on faisoit en tant d'endroits contre le roi d'Espagne, persuadèrent à l'amiral qu'on vouloit tout de bon lui faire la guerre; il n'écouta point les Rochelois, qui lui écrivoient lettres sur lettres, pour l'avertir de prendre garde à lui. Strozzi armoit des vaisseaux dans leur voisinage, et quoiqu'on publiât que c'étoit à dessein de passer en Flandre, les Rochelois étoient alarmés de cet armement; mais l'amiral les exhortoit à bannir ces vaines terreurs, et les assuroit que le roi avoit bien d'autres desseins que celui d'attaquer les protestans. Il attribuoit les bruits qu'on faisoit courir parmi eux, des mauvais desseins de la Cour, aux ennemis de l'Etat; et loin de prendre, comme ses amis l'y exhortoient, de nouvelles précautions, il obligea les huguenots à rendre les places de sûreté deux mois avant le temps porté par l'édit. Ceux de La Rochelle furent les seuls qui ne déférèrent point à ses sentimens; les autres furent loués publiquement par des lettres patentes du roi, qui recommandoient religieusement l'exécution de l'édit.

Le pape Pie V mourut le premier de mai, affligé de ce que les divisions des confédérés les avoient empêchés de profiter de la victoire de Lépante, et de ce que les Vénitiens n'avoient pu sauver leur royaume de Chypre. Grégoire XIII son successeur ne fut pas si difficile que lui pour la dispense du mariage, et il devoit se célébrer le premier de juin ; mais quelque difficulté que le cardinal de Bourbon trouva dans la forme de la dispense, fit différer jusqu'au mois d'août. Ce délai priva la reine de Navarre de la consolation de le voir accompli : elle mourut le 4 de juin, âgée de quarante-quatre ans, à Paris, où elle étoit venue pour faire les apprêts de la cérémonie. Comme elle étoit fort active, on dit qu'elle s'échauffa par les soins qu'elle se donna pour faire tout magnifiquement à son ordinaire ; d'autres croient qu'elle mourut empoisonnée par des gants parfumés, et il est constant que celui qui les lui vendit étoit capable d'une noire action ; mais on ne vit rien de certain touchant ce crime : on peut croire aisément que les protestans furent inconsolables de sa perte. Sans sa religion, son grand esprit, soutenu par un grand courage, l'auroit fait regretter même par les catholiques.

Environ dans le même temps le prince d'Orange ayant surpris Mons, l'amiral pressa le roi de se servir de cette conjoncture, et de déclarer la guerre au roi d'Espagne, pendant que tout le pays étoit ému de la prise de cette place : le roi ne pensoit à rien moins alors qu'à faire la guerre ; mais comme il craignoit plus que toute chose que l'amiral ne pénétrât ses intentions, il n'osa pas le refuser ouvertement : l'expédient qu'il prit pour gagner du temps fut de lui mander de mettre son avis par écrit, afin de le faire examiner dans son conseil. Sur cela l'amiral écrivit un long discours ; mais il se fioit principalement aux raisons qu'il avoit dites au roi en particulier, dont la principale étoit que s'il ne protégeoit pas les Hollandois, ils seroient contraints de se jeter entre les bras de la reine Elisabeth, qui, devenue maîtresse dans les Pays-Bas, réveilleroit avec autant de puissance, et d'aussi près que jamais, les anciennes animosités des Anglois contre la France.

Pendant que le garde des sceaux Morvilliers répondoit à l'écrit de l'amiral, les choses tiroient en longueur, et le roi consentit que le comte de Nassau et Genlis menassent sous main quelque secours au prince d'Orange pour défendre Mons, que le duc d'Albe menaçoit. Ce duc commençoit à ne rien connoître dans les desseins de la France ; il ne pouvoit croire que Charles se pût réconcilier de bonne foi avec les huguenots, ni abandonner le dessein de les perdre, tant de fois résolu entre les deux rois ; il voyoit bien qu'un tel dessein ne pouvoit pas compatir avec la guerre d'Espagne, et il soupçonnoit quelque chose de ce qui étoit ; mais c'étoit pousser la dissimulation bien avant, que d'envoyer des troupes contre lui, et en tout cas il étoit de sa prudence de ne pas se laisser surprendre ; ainsi il marcha contre Genlis, et le battit.

A voir comme le roi reçut cette nouvelle, il n'y eut personne qui ne crût qu'il en étoit sensiblement touché : ainsi l'amiral vint à Paris plein de confiance, contre l'avis de tous ses amis ; il croyoit sa présence nécessaire auprès du roi dans cette conjoncture. A son arrivée, on renouvela les défenses de porter des armes et de faire aucune émotion. Il crut qu'on vouloit pourvoir par là à la sûreté de sa personne, et arrêter la fureur du peuple, qui le haïssoit, tant à cause de sa religion que pour l'amour du duc de Guise. Le roi lui accorda tout ce qu'il voulut, et lui permit de lever autant de troupes sur la frontière, qu'il le jugeroit nécessaire, pour soutenir le prince d'Orange dans le dessein de secourir Mons, que le duc d'Albe avoit assiégé.

Cependant le temps du mariage approchoit. Le prince de Navarre, devenu roi par la mort de sa mère, étoit arrivé avec son cousin le prince de Condé, dont les noces venoient d'être célébrées avec la princesse de Clèves en présence du nouveau roi. Tous les seigneurs protestans suivoient les deux princes : l'exemple de l'amiral les avoit rassurés, ils ne croyoient presque plus qu'il y eût à craindre dans une occasion où un homme de sa prudence marchoit avec tant de sécurité. Les seigneurs catholiques se rendoient aussi auprès du roi, entre autres le duc de Guise qui, voyant tous les huguenots s'assembler dans Paris avec l'amiral, ne douta point que le temps de sa vengeance n'approchât, et vint suivi d'une infinité de gentilshommes catholiques de ses amis.

La dispense vint telle qu'on la pouvoit désirer, et le mariage se fit le 20 d'août, dans l'église de Notre-Dame de Paris ; les fiançailles avoient été faites la veille dans la chapelle du Louvre ; on remarqua dans la célébration du mariage, que la princesse Marguerite, qui n'épousoit qu'à regret le roi de Navarre, parut toujours avec un visage chagrin. On dit même que jamais elle ne prononça le *oui* nécessaire, et que, lorsqu'on lui demanda, selon la coutume, si elle ne prenoit pas Henri de Bourbon, roi de Navarre, et premier prince du sang, pour son mari, comme elle tardoit à répondre, le duc d'Anjou son frère lui baissa la tête par derrière ; ce qui fut pris pour consentement. Le nouveau marié et les huguenots se retirèrent dans l'évêché pendant la Messe ; mais pendant qu'ils étoient à l'église on les vit regarder souvent avec douleur les étendards pris sur eux dans les batailles de Jarnac et de Montcontour, et on entendit l'amiral qui disoit au maréchal Damville que bientôt on mettroit d'autres étendards plus agréables à voir, à la place de ceux-là, tant il étoit occupé des victoires qu'il espéroit remporter dans la guerre des Pays-Bas.

Il ne savoit pas que, pendant qu'il se nourrissoit de cette espérance et au milieu des réjouissances de la noce, on tenoit des conseils secrets pour le perdre avec tous ses amis. Le maréchal de Montmorency, plus défiant que lui, s'en douta, et sous prétexte de quelque indisposition qui lui restoit, disoit-il, de son voyage d'Angleterre, d'où il revenoit, il se retira à Chantilly. Un peu après on eut nouvelle de la mort du roi de Pologne, avec lequel périt la famille des Jagellons ; l'évêque de Valence fut envoyé en Pologne pour y achever ce que son fils Balagni y avoit commencé par ses instructions, et procurer l'élection du duc d'Anjou; ni le duc ni la reine mère ne souhaitoient le succès de cette entreprise. Le duc regardoit son élection dans un pays si éloigné comme un bannissement honorable, et la reine ne pouvoit se résoudre à éloigner d'auprès d'elle un fils qui lui étoit si cher. Mais l'évêque, qui savoit combien la chose étoit agréable au roi, étoit résolu d'y travailler de toute sa force.

La reine étoit occupée du dessein de faire périr les uns par les autres, tous ceux qui lui donnoient de l'ombrage. Elle prétendoit que ceux de Guise la déferoient de l'amiral, des Montmorency et des huguenots, pour ensuite périr eux-mêmes accablés par les troupes, après qu'ils se seroient épuisés en ruinant leurs ennemis. Dans ce dessein, voici l'ordre qu'elle méditoit pour l'exécution; elle vouloit commencer par l'amiral, et donner au duc de Guise son ennemi la charge de le faire assassiner, à quoi il s'étoit offert. Elle ne doutoit point que les huguenots et les Montmorency ne prissent les armes pour le venger ; c'étoit un prétexte pour les perdre tous ensemble, car les Guises et les catholiques de Paris joints à eux, étoient sans comparaison plus forts que ces deux partis réunis; mais comme ils ne l'étoient pas assez pour les défaire, sans qu'il en coutât beaucoup, et que de si braves gens ne manqueroient pas de vendre bien cher leur vie, elle espéroit avoir bon marché des Guises affoiblis dans ce combat.

La chose ne fut pas proposée au roi dans toute son étendue : on lui parloit seulement de l'amiral et des huguenots, dans la ruine desquels le peuple pourroit bien envelopper les Montmorency, que leur liaison avec l'amiral avoit rendus odieux. On lui disoit que jamais il n'auroit ni autorité ni repos, qu'il n'eût délivré son royaume de ces chefs de parti; que s'il ne pouvoit pas achever tout le dessein en un seul coup, ce seroit toujours un grand avantage de se défaire de l'amiral, qui faisoit à son gré la paix ou la guerre, en rejetant la haine de l'action sur les princes de Lorraine, ses ennemis déclarés; qu'au reste le roi feroit tout ce qu'il voudroit des huguenots, dont il auroit abattu le chef principal, et tiendroit tous les autres entre ses mains ; que les Montmorency ne se pourroient pas soutenir tout seuls ; et qu'enfin les princes lorrains seroient absolument au pouvoir du roi, quand toutes les forces du royaume seroient réunies, tellement que l'autorité royale reprendroit toute sa vigueur.

Le roi, tout cruel qu'il étoit, n'entroit qu'à regret dans un tel dessein, car il avoit un fond de droiture qui répugnoit à ces noires actions; mais on l'avoit gâté par de mauvaises maximes, et on lui avoit tant répété qu'il y alloit de sa couronne et de sa vie à faire périr l'amiral, qu'il donna ordre au duc de Guise de chercher un assassin; il ne fallut pas le chercher bien loin. Montrevel, qui avoit déjà assassiné Mouy, s'étoit retiré ensuite dans les terres du duc, qui le réservoit pour ce dernier coup. Ce méchant alla lui-même choisir, dans la maison d'un confident du duc de Guise, une fenêtre qui donnoit sur la rue par où l'amiral passoit toujours allant du Louvre chez lui. Le 22 d'août, sur les onze heures du matin, Montrevel le voyant passer à pied assez lentement, parce qu'il lisoit une lettre, lui tira un coup d'une arquebuse chargée de deux balles, dont l'une le blessa au bras gauche; et l'autre lui rompit un doigt de la main droite. Le coup fut entendu au jeu de paume, où le roi jouoit avec le duc de Guise : on lui vint dire ce qui s'étoit passé; il jeta aussitôt sa raquette à terre, et sortit tout furieux, jurant qu'il feroit justice d'un attentat qui regardoit plus sa personne que celle de l'amiral; il parla de la même force au roi de Navarre et au prince de Condé, qui vinrent lui demander permission de se retirer; l'ardeur avec laquelle il leur témoigna qu'il vouloit venger cet assassinat, leur mit presque l'esprit en repos.

On chercha en vain l'assassin; il s'étoit sauvé sur un cheval qu'un des gens du duc de Guise lui avoit mené. Les huguenots ne prirent pas feu comme on l'avoit espéré; la tranquillité de l'amiral les empêcha de s'émouvoir, il ne s'emporta jamais contre personne; mais comme on discouroit de l'auteur du meurtre, il marqua le duc de Guise par un petit mot, sans toutefois le nommer. Pour ce qui est du roi, l'amiral étoit bien éloigné de l'en soupçonner : il souffrit son mal et les incisions qu'il lui fallut faire, avec une constance admirable : le jour même qu'il fut blessé, quoiqu'il ne fût pas sans péril, et qu'on craignit la gangrène à la main, il vit et entretint tous les seigneurs de la Cour avec une fermeté qui les étonnoit, témoignant une entière indifférence pour la vie et pour la mort, et assurant qu'il mourroit content, pourvu qu'il pût dire au roi un mot important pour sa gloire et pour le bien de son Etat. Il ajouta que la chose étoit de telle nature, que personne ne se chargeroit de la rapporter, et qu'il falloit qu'il parlât lui-même. On le dit au roi, qui un peu après vint voir le blessé avec la reine sa mère, le duc d'Anjou et quelques seigneurs, parmi lesquels étoit le duc de Guise.

Dans l'entretien particulier qu'il eut avec le roi, il ne s'arrêta pas à lui faire des plaintes, et ne lui parla de lui-même que pour l'assurer du zèle qu'il avoit pour son service : son discours roula presque tout sur la guerre de Flandre, à laquelle il exhortoit le roi avec toute l'ardeur possible; il l'avertit gravement du peu de secret qui étoit dans son conseil, où rien ne se disoit qui ne fût aussitôt porté au duc d'Albe; il se plaignit des rigueurs inouïes dont ce duc usoit envers trois cents gentilshommes françois qu'il avoit pris dans la dernière rencontre, et paroissoit étonné que le roi n'en eût témoigné aucun ressentiment; il finit en lui recommandant instamment l'exécution des édits, comme le seul moyen de conserver le royaume.

La conversation dura si longtemps, que la reine mère qui voyoit parler l'amiral avec action, et le roi en apparence prendre goût à ce qu'il disoit, en entra en inquiétude. Elle craignoit qu'un homme si fort en raisonnement, n'émût le roi; mais ce prince se leva sans rien décider sur la guerre des Pays-Bas, et pour éviter de répondre, il se mit à faire plusieurs questions sur le coup qu'avoit reçu l'amiral, et sur l'état de sa santé. Durant tout l'entretien il l'appela toujours son père, avec une si profonde dissimulation, qu'il n'y eut personne qui ne crût qu'il étoit touché. Comme il juroit souvent qu'il feroit justice des auteurs de l'assassinat, l'amiral lui dit doucement qu'il ne falloit pas un grand temps pour les découvrir : après que le roi se fut retiré, la reine mère inquiète s'approcha pour lui demander ce que l'amiral lui disoit avec tant d'ardeur : il étoit rude de son naturel, et il commençoit depuis quelque temps à parler assez sèchement à cette princesse; l'action qu'il méditoit l'effarouchoit encore davantage, de sorte qu'il répondit en jurant, selon sa coutume, que l'amiral lui avoit conseillé de régner par lui-même; on jugea bien à son air qu'il inventoit ce discours, et parloit ainsi à la reine pour lui donner à penser.

Les huguenots cependant s'assemblèrent chez l'amiral, fort alarmés; le vidame de Chartres dit sans hésiter que la blessure de l'amiral n'étoit que le commencement de la tragédie, et qu'ils en feroient bientôt tous la sanglante conclusion, s'ils ne sortoient promptement de Paris. Chacun rapportoit tout ce qu'il avoit ramassé sur ce sujet : les uns racontoient qu'on avoit ouï dire qu'il y auroit plus de sang que de vin répandu dans cette noce; les autres se ressouvenoient qu'à Notre-Dame, pendant qu'ils se retiroient après la célébration du mariage, pour ne point assister à la Messe, un bruit confus s'étoit élevé pour leur dire qu'ils seroient bientôt forcés de l'entendre. Un président avoit averti un seigneur protestant de ses amis qu'il feroit bien d'aller passer quelques jours à la campagne. Mais il n'y eut rien de plus remarquable que ce qu'avoit dit l'évêque de Valence en partant pour la Pologne. Quoique la reine mère, qui le connoissoit pour affectionné au parti, se fût bien gardée de lui rien dire, il étoit bien malaisé de cacher tout à un homme si pénétrant, et qui connoissoit parfaitement l'intérieur de la Cour. Ainsi on faisoit grand fond sur l'avis qu'il avoit donné au comte de la Rochefoucauld, de se retirer le plus tôt qu'il pourroit lui et ses amis.

Il n'y eut que Téligny qui ne connut point le péril : loin d'écouter le vidame, il s'emportoit contre lui de ce qu'il doutoit seulement de la bonne volonté du roi, et il s'opiniâtra tellement qu'il n'y eut pas moyen de le vaincre. Pour l'amiral, soit qu'en effet il ne vit pas ce qui se préparoit, ou qu'il ne voulût pas le voir, ou qu'il aimât mieux la mort que de replonger sa patrie dans les maux d'où elle sortoit, et de mener la vie qu'il menoit à la tête d'un parti rebelle, ou plutôt que par une hauteur de courage qui lui étoit naturelle, il se mit au-dessus de tout, il laissa faire son gendre, et attendit en repos l'événement. Ses amis sans y penser avancèrent sa perte. Comme ils craignoient que le peuple ne s'émût contre eux à son ordinaire, et ne se jetât sur l'amiral, ils supplièrent le roi de faire garder sa maison ; ce fut au roi un beau prétexte pour s'assurer de sa personne, et acheminer ses desseins ; en même temps il fit mettre une compagnie des gardes devant le logis de l'amiral, et pour ôter tout soupçon, il y mêla quelques Suisses de la garde du roi de Navarre, mais en petit nombre; il ordonna aux gentilshommes protestans de venir loger autour de l'amiral, et leur fit marquer des logis; il défendit tout haut d'en laisser approcher aucun catholique à peine de la vie : en même temps les magistrats firent prendre les noms de tous les huguenots, sous prétexte de les loger.

Le roi parut craindre que le duc de Guise ne causât quelque mouvement, et feignit de vouloir assurer la vie du roi de Navarre, en l'invitant, aussi bien que le prince de Condé, à se renfermer dans le Louvre, avec ce qu'ils avoient de plus braves gens : ainsi tous les protestans se trouvèrent en sa main, sans qu'aucun pût échapper.

Le vidame se confirma dans l'opinion qu'il avoit conçue qu'on les vouloit perdre. Comme l'amiral se trouva en état d'être porté dans un brancard, il insista de nouveau à la retraite ; mais le charme étoit trop fort, ou la dissimulation du roi trop grande et trop profonde. Téligny demeura dans son aveuglement; mais quelques-uns du parti, entre autres Montgommery, qui étoit de l'opinion du vidame, quand ils virent qu'ils ne gagnoient rien, se retirèrent dans le faubourg Saint-Germain, où ceux de leur religion se logeoient pour la plupart. Tout ce que dit le vidame fut rapporté aussitôt à la reine, c'étoit le 23 août, veille de Saint-Barthélemy ; on craignit que les véritables raisons ne l'emportassent à la fin, et sur l'heure on résolut de faire périr sans retardement tout ce qu'il y avoit de huguenots à Paris. On n'osoit d'abord proposer au roi un si grand carnage, et on ne lui parloit que des principaux, mais il répondit en jurant que, puisqu'il falloit tuer, il ne vouloit pas qu'il restât un seul huguenot, pour lui reprocher le meurtre des autres : ainsi on conclut un massacre universel, et on résolut d'en faire faire autant dans tout le royaume. Le roi de Navarre fut excepté, et ne dut pas tant son salut à sa dignité, ni à sa naissance, ni à sa nouvelle alliance, qu'à l'impossibilité qu'on vit d'attribuer sa mort comme celle de l'amiral au duc de Guise : ce n'est pas que le roi ne l'aimât, mais cette inclination n'étoit pas assez forte pour le sauver, si on l'eût pressé. Pour le prince de Condé, que la mémoire de son père rendoit odieux, sa sentence étoit prononcée, et il étoit mort, si son beau-frère le duc de Nevers n'eût rompu le coup, en répondant de sa soumission : la nuit suivante fut choisie pour l'exécution.

Le tocsin sonné au palais par la grosse cloche dont on ne se sert que dans les grandes cérémonies, devoit servir de signal. Le duc de Guise ne rougit pas de se charger d'une si horrible exécution; le premier crime qu'il avoit commis, en faisant assassiner l'amiral, lui fut un engagement pour tout le reste. On donna secrètement les ordres qu'il falloit pour le faire obéir par les gens de guerre et dans la ville. Cependant le roi affectoit de le traiter avec froideur : on arrêta un de ses valets pour l'assassinat de l'amiral; le duc s'en plaignit, et on fit semblant de le rebuter; il disoit qu'il se vouloit retirer, et cependant il se tenoit prêt : on fit porter des armes au Louvre, avec autant de secret qu'il fut possible ; Téligny en eut avis, aussi bien que du mouvement qu'on voyoit faire sourdement aux gens de guerre. Le roi l'avoit averti que tout se faisoit par son ordre, et qu'il falloit tenir dans le devoir le peuple, que ceux de Guise tâchoient d'émouvoir; ainsi Téligny demeura en repos, et empêcha même qu'on avertît son beau-père; la nuit étoit déjà assez avancée, quand le duc de Guise commença à donner ses ordres, il commanda au prévôt des marchands et aux échevins, qu'on avoit déjà préparés, sans leur expliquer le détail, qu'ils tinssent leurs gens prêts, et qu'ils se rendissent à l'hôtel de ville, pour apprendre ce qu'ils auroient à faire.

Le prévôt des marchands, à qui la Cour avoit affecté de donner du crédit dans la populace, par l'accès qu'il avoit au Louvre, déclara aux gens qu'il avoit apostés, que le roi avoit résolu de se défaire cette nuit de tous les huguenots qui étoient alors à Paris, et qu'il avoit donné ordre en même temps qu'on fît à ceux de leur religion un pareil traitement par tout son royaume ; ainsi qu'on ne manquât pas de faire main basse au signal. Il leur fit mettre une manche de chemise au bras gauche, et une croix blanche sur leur chapeau pour se reconnoître entre eux, et ordonna qu'à une certaine heure on allumât des lanternes à toutes les fenêtres. L'heure de minuit approchoit; et la reine, qui avoit laissé le roi encore trop irrésolu à son gré, quoique les ordres fussent déjà envoyés par les provinces, vint pour frapper le dernier coup. Comme elle le vit pâlir, et une sueur froide lui couvrir le front, elle lui dit en lui reprochant son peu de courage : « Pourquoi n'avoir pas la force de se défaire de gens qui ont si peu ménagé votre autorité et votre personne? » Il fut piqué à ce mot, et il dit qu'on commençât donc. La reine mère part en même temps pour ne le point laisser refroidir, et donna les derniers ordres.

Il commençoit à se faire un grand tumulte autour du Louvre. Les lanternes étoient allumées; les huguenots étonnés, demandoient ce que c'étoit; on leur répondit que c'étoit une réjouissance qu'on faisoit au Louvre. Quelques-uns d'eux y allèrent, et furent chargés au corps de garde, pendant que le roi, effrayé de l'ordre qu'il avoit donné, et du sang qu'on alloit répandre, commandoit qu'on sursît encore. A ce moment on entendit quelques coups de pistolet au corps de garde; on dit au roi qu'il n'y avoit plus à délibérer, et qu'on ne pouvoit plus contenir le peuple. Le tocsin sonna à Saint-Germain-l'Auxerrois, paroisse voisine du Louvre, parce qu'on ne se donna pas le loisir d'aller au Palais; et le duc de Guise marcha avec une grande suite chez l'amiral. Il s'étoit éveillé au bruit; la première pensée qui lui vint, fut que le duc de Guise avoit ému le peuple; quelques coups qu'il entendit tirer dans sa cour, lui firent juger que c'étoit à lui qu'on en vouloit, et que ses gardes étoient de l'intelligence. Il se leva de son lit, fit sa prière, dit aux siens, sans paroître ému, qu'il voyoit bien qu'il falloit mourir, et qu'ils se sauvassent comme ils pourroient, que pour lui il n'avoit plus besoin de secours humain.

A peine eut-il achevé ce mot, qu'il vit entrer l'épée à la main un homme qui lui demanda s'il étoit l'amiral. *Oui,* dit-il, et lui montrant ses cheveux gris: *Jeune homme,* poursuivit-il, *tu devrois respecter mon âge; mais achève, tu ne m'ôteras que peu de momens.* L'assassin lui passa l'épée au travers du corps, et le perça de plusieurs coups: on entendit l'amiral, en rendant les derniers soupirs, plaindre son sort de ce que du moins il ne mouroit pas de la main de quelque honnête homme, *mais d'un valet,* disoit-il. Le duc de Guise demanda si c'en étoit fait, et pour s'assurer par ses propres yeux, il voulut voir le corps mort; on le lui jeta par la fenêtre. Téligny fut tué en même temps, et revint à peine de sa profonde sécurité par le dernier coup. Le duc de Guise sortit à l'instant, et dit à ses gens qu'ils avoient bien commencé, mais qu'il falloit continuer de même.

En même temps ils se jetèrent dans toutes les maisons voisines, qu'ils remplirent de carnage; tout le quartier ruisseloit de sang; le comte de la Rochefoucauld, le marquis de Renel, et les autres gens de qualité furent les premiers égorgés. Dans le Louvre on arrachoit de leurs chambres les huguenots qui y logeoient, et après les avoir assommés, on les jetoit par les fenêtres. La cour étoit pleine de corps morts, que le roi et la reine regardoient non-seulement sans horreur, mais avec plaisir; toutes les rues de la ville n'étoient plus que boucheries; on n'épargnoit ni vieillards, ni enfans, ni femmes grosses; chacun exerçoit ses vengeances particulières sous prétexte de religion; et un grand nombre de catholiques furent tués comme huguenots: c'est par là que Salcède fut immolé au cardinal de Lorraine.

Pierre de La Ramée, professeur célèbre, fut jeté à bas d'une tour du collége de Beauvais, où il enseignoit; la jalousie de Charpentier, autre professeur, lui causa la mort. Ils s'étoient échauffés, Charpentier à soutenir Aristote, et La Ramée à l'attaquer; de sorte que ce malheureux périt plus encore comme ennemi de la philosophie péripatéticienne, que comme ennemi de la doctrine de l'Eglise. Denys Lambin, autre professeur, nullement huguenot, mais haï de Charpentier comme La Ramée, craignit un destin semblable, et quoique son ennemi l'eût épargné, la frayeur le fit mourir. Plusieurs de ceux que le roi avoit proscrits échappèrent; malgré lui, le duc de Guise sauva d'Acier et quelques autres, pour se décharger d'une partie de la haine, et montrer qu'il n'en vouloit qu'à l'amiral son ennemi.

Trois Montmorency échappèrent, quoique compris dans la liste, parce que le maréchal de Montmorency leur aîné ne put être tué avec eux, étant absent; c'étoit assez d'être ami de l'amiral pour être traité en huguenot. Le maréchal de Cossé, parce qu'il étoit des Politiques, étoit destiné à la mort, et fut sauvé par le crédit d'une parente, dont le duc d'Anjou étoit amoureux. Biron, qu'on ne tenoit pas assez ennemi des huguenots, eût péri comme les autres, si sa charge de grand-maître de l'artillerie ne lui eût donné le moyen de se mettre à couvert dans l'arsenal, où on n'osa l'attaquer; il y retira plusieurs des proscrits, et entre autres Jacques de Caumont de Nompart, jeune enfant de dix ans, qui s'étoit sauvé en se cachant sous les corps de son père et de son frère aîné qu'on venoit d'assassiner à ses yeux. Pour le vidame et Montgommery, quand ils ouïrent le bruit de la ville, ils voulurent passer la rivière avec ceux qui les avoient suivis dans le faubourg Saint-Germain pour voir ce que c'étoit; chose étrange, ils aperçurent le roi qui les tiroit par les fenêtres du Louvre : ils se sauvèrent en diligence.

Le massacre dura plusieurs jours; les deux ou trois premiers furent d'une effroyable violence : dès la première nuit, le roi fit venir le roi de Navarre avec le prince de Condé, pour leur commander à tous deux d'abjurer leur hérésie; le cardinal de Bourbon et quelques ecclésiastiques travaillèrent à les instruire. Le roi de Navarre résista peu; le prince de Condé répondit d'abord avec fermeté, qu'on ne devoit pas le forcer dans sa conscience, et qu'il ne pouvoit se persuader que le roi pût manquer à la foi donnée; mais il changea de langage, quand il vit le roi en personne lui dire en jurant, et d'un ton terrible ces trois mots, *Messe, mort, ou Bastille pour toute la vie,* le cardinal de Bourbon reçut, quelques jours après, l'abjuration de ces deux princes, et on les obligea d'écrire au Pape. Le dessein de la Cour étoit de rejeter toute la haine du massacre sur ceux de Guise; mais le duc n'étoit pas résolu à s'en charger, ni à laisser un si beau prétexte de le perdre dans un autre temps.

Il parla si haut, que la reine mère n'osa pousser ce dessein, quoiqu'elle y fût entrée d'abord. Elle fut la première à dire au roi que sa dissimulation alloit allumer une guerre plus dangereuse que les précédentes; que le maréchal de Montmorency avoit juré de venger l'amiral; que tous les huguenots se joindroient à lui; que le duc de Guise soutenu du duc de Montpensier et des catholiques armeroit aussitôt pour se défendre; que le seul moyen qu'eût le roi d'arrêter tous ces desseins de vengeance, c'étoit de se déclarer; que les prétextes ne manqueroient pas, et qu'après tout une exécution si hardie feroit trembler les plus assurés, au lieu que dissimuler plus longtemps une chose claire, paroîtroit un effet de crainte.

Il n'en falloit pas davantage pour un prince qui aimoit à se faire craindre, et qui appréhendoit moins la haine que le mépris. Après qu'on eut résolu dans le conseil ce qu'il falloit dire au parlement, le roi y alla le troisième jour du massacre, accompagné de la reine sa mère, de ses frères, des princes du sang et de toute la Cour. Là il déclara que l'amiral et d'autres scélérats comme lui avoient conjuré sa perte, celle de la reine sa mère, de ses frères et même du roi de Navarre, pour donner la couronne au jeune prince de Condé; qu'ils le devoient ensuite tuer lui-même, afin que ne restant plus personne de la maison royale, ils pussent partager le royaume; que cette conjuration avoit été découverte sur le point qu'elle alloit éclater, et qu'il n'y avoit point trouvé de remède que le massacre de ceux qui troubloient l'Etat depuis si longtemps, et par tant de guerres sanglantes sous la conduite de l'amiral; qu'ainsi il déclaroit que la chose s'étoit faite par son ordre, afin que personne n'en doutât, ajoutant qu'il n'en vouloit point à la religion huguenote, mais qu'il vouloit au contraire que les édits fussent observés plus que jamais. Le premier président loua en public la sagesse du roi, qui avoit pu cacher un si grand dessein, et le couvrit le mieux qu'il put; mais en particulier il remontra fortement au roi que si cette conspiration étoit véritable, il falloit commencer par en faire convaincre les auteurs, pour ensuite les punir par les formes, et non pas mettre les armes, comme on avoit fait, entre les mains de furieux, ni faire un si grand carnage où se trouvoient enveloppés indifféremment les innocens avec les coupables.

Le roi commanda qu'on fit cesser le massacre; mais il ne fut pas possible d'arrêter tout à coup un peuple acharné. Son ardeur se ralentit peu à peu comme celle d'un grand embrasement, et il y eut encore beaucoup de meurtres quatre ou cinq jours après la défense. Il périt durant sept jours plus de six mille personnes, parmi lesquelles il y eut cinq à six cents gentilshommes qui se laissèrent égorger comme on auroit fait des animaux sans courage; tant ils furent étonnés et interdits, par une violence si étrange et si imprévue; il n'y eut que le seul Guerchy qui mourut l'épée à la main: de six à sept cents maisons qu'on pilla dans le désordre, il n'y en eut aussi qu'une seule qui fit de la résistance.

Pour confirmer le bruit qu'on vouloit répandre de la conjuration de l'amiral, on lui fit faire son procès; la reine mère fit chercher parmi ses papiers quelque chose qui diminuât l'horreur qu'un tel meurtre devoit causer dans les pays étrangers. On n'y trouva que des mémoires pour la guerre de Flandre, et des avis qu'il donnoit au roi pour le bon gouvernement de son Etat. Il l'avertissoit entre autres choses de ne point donner trop de crédit ou de trop puissans apanages à ses frères, et d'empêcher de tout son pouvoir que les Anglois n'acquissent dans les Pays-Bas révoltés, un pouvoir qui deviendroit fatal à la France. La Cour affecta de communiquer ces mémoires au duc d'Alençon et à la reine d'Angleterre; on représentoit à l'un et à l'autre, la manière dont les traitoit un homme qu'ils estimoient tant. La réponse fut honorable pour l'amiral; ils dirent qu'ils pouvoient peut-être se plaindre de lui, mais que le roi du moins s'en devoit louer, et que des avis si solides et si désintéressés ne pouvoient venir que d'un fidèle serviteur.

Ainsi tout ce qu'on employoit pour décrier l'amiral ne servoit qu'à illustrer sa mémoire; elle fut pourtant condamnée par un arrêt solennel, qui eût pu être juste dans un autre temps, et pour un autre sujet; mais rien ne parut plus vain ni plus mal fondé que la conjuration dont on l'accusoit alors. On ne laissa pas d'exécuter l'arrêt dans la Grève, en présence du roi et de la reine, et au défaut de son corps, que le peuple avoit déchiré, on décapita son fantôme, qui fut ensuite traîné sur une claie à Montfaucon. C'est le lieu où on expose les corps des voleurs de grands chemins et des scélérats. Le vidame et Montgommery furent effigiés en même temps, mais le supplice de quelques autres que l'on condamna avec eux fut effectif.

Pour imprimer davantage la conspiration dans les esprits, on rendit à Dieu des actions de graces publiques sur la prétendue découverte. Ces grimaces n'imposèrent à personne, et l'action qu'on venoit de faire fut d'autant plus détestée par les gens de bien, qu'on ne put trouver un prétexte qui eût la moindre apparence; l'horreur en augmentoit tous les jours par les nouvelles qu'on recevoit des provinces. Car encore qu'on eût publié la déclaration que le roi avoit faite au parlement, et des défenses d'inquiéter les huguenots; comme les ordres expédiés pour les massacres avoient couru par toute la France, ils firent d'étranges effets, principalement à Rouen, à Lyon et à Toulouse. Cinq conseillers du parlement de cette dernière ville furent pendus en robe rouge; vingt-cinq à trente mille hommes furent égorgés en divers endroits, et on voyoit les rivières traîner avec les corps morts l'horreur et l'infection dans tous les pays qu'elles arrosoient. Le roi désavoua tout, comme fait contre ses ordres; il y eut des provinces exemptes de ce carnage, et ce fut principalement celles dont les gouverneurs étoient amis de la maison de Montmorency. Le comte de Tende, qui en étoit allié, sauva la Provence; Gorde et Saint-Hérem, attachés à cette maison, empêchèrent le désordre. Alençon et Bayonne furent délivrés par les soins de Matignon, et du vicomte d'Orthez leurs gouverneurs. Les bons ordres que donna Chabot en Bourgogne furent cause qu'il n'y périt qu'un seul homme : tous ces gouverneurs répondirent qu'ils ne croyoient point que le roi commandât tant de meurtres, et qu'ils attendroient de nouveaux ordres.

Les nouvelles du massacre, portées dans les pays étrangers, causèrent de l'horreur presque partout; la haine de l'hérésie les fit recevoir agréablement à Rome; on se réjouit aussi en Espagne, parce qu'elles y firent cesser l'appréhension qu'on y avoit de la guerre de France. Aussitôt qu'elles furent venues dans les Pays-Bas, le prince d'Orange perdit courage, et n'osa plus entreprendre de faire lever au duc d'Albe le siège de Mons : ainsi cette place fut bientôt rendue, et le duc d'lAbe reprit toutes les places que le prince d'Orange avoit. En France, les huguenots ne savoient à quoi se résoudre ; ils ne songèrent d'abord qu'à prendre la fuite, étonnés de la perte de leurs chefs et d'un si grand nombre de leurs compagnons; la plupart quittoient leurs maisons, et même un grand nombre alla à la messe, et si le roi eût eu une armée prête, ils ne se seroient jamais relevés ; mais il les crut abattus, et d'ailleurs il répugnoit à lever des troupes, de peur d'augmenter la gloire de son frère, qui les devoit commander comme lieutenant-général ; ainsi il laissa reprendre cœur aux huguenots. Nîmes, Montauban, et les autres villes où ils étoient les plus forts, principalement La Rochelle, se mirent en état de défense, et reçurent tous ceux de leur religion, qui, ne voyant plus de salut que dans la guerre, résolurent à la faire plus déterminément que jamais.

Le roi, irrité de les trouver plus forts qu'il n'avoit pensé, leva trois armées, par lesquelles il espéroit de les accabler tout d'un coup. La première assiégea Sancerre, où un grand nombre de huguenots s'étoient réfugiés de tous les endroits du royaume. Les habitans de la ville, plus soigneux de leur propre conservation que de celle de leurs compagnons, ne vouloient pas s'exposer pour eux, et avoient délibéré de les chasser. Les ministres crièrent tant, et les effrayèrent tellement par le carnage de la Saint-Barthélemy, qu'ils conclurent d'un commun accord que, puisque la Cour avoit conjuré leur perte par des moyens si barbares, il falloit se défendre jusqu'à la dernière extrémité ; ainsi La Châtre qui les assiégeoit avançoit peu. Villars, à qui on avoit donné la seconde armée, avec la charge de l'amiral, ne réussissoit pas mieux dans la Gascogne : la fureur et le désespoir rendoient les huguenots invincibles : en quelques endroits on les attaqua mollement. Le maréchal Damville, qu'on avoit renvoyé de Paris en Languedoc, avec la troisième armée, voyant qu'on en vouloit à sa maison, ne pressa pas Nîmes, qu'il avoit promis de prendre ; et perdit son temps et ses troupes devant Sommières, petite place qu'il ne prit que longtemps après.

La prodigieuse difficulté du siége de La Rochelle, fut cause que le roi tenta toutes les voies d'accommodement, avant que d'en venir à la force. On choisit pour négocier, Biron, qui n'étoit pas regardé comme fort contraire aux huguenots; le péril qu'il avoit couru à la Saint-Barthélemy, sembloit le lier à leurs intérêts. Il vint à Saint-Jean-d'Angély, d'où il envoyoit aux Rochelois des propositions assez recevables ; mais quand les choses sembloient près de la conclusion, il venoit quelque nouvelle fâcheuse qui rompoit toutes les mesures. Une fois on rapporta que les troupes du roi, reçues à Castres, sur la parole qu'on avoit donnée qu'elles n'y feroient aucun désordre, avoient tout pillé : un peu après on sut qu'à Bordeaux, un prédicateur séditieux avoit tant animé le peuple à imiter le zèle des Parisiens, qu'il les avoit portés à un massacre semblable à celui de la Saint-Barthélemy : ces nouvelles, venues à contre-temps, rendoient inutiles toutes les belles paroles et toutes les lettres pleines de douceur que Biron portoit de la part de la Cour; mais un des plus grands obstacles à la négociation venoit, à ce qu'on crut, de Biron lui-même. Ce n'est pas qu'il eût dessein de favoriser les huguenots; mais il voyoit croître avec peine le crédit du duc de Guise parmi les catholiques et à la Cour. Dans la nécessité où l'on étoit d'abattre le parti protestant, il jugeoit que le roi seroit comme forcé de se servir de ce prince, qui en étoit l'ennemi le plus déclaré et le plus irréconciliable; ainsi celui qu'on vouloit charger de la haine du massacre lui paroissoit le seul qui en profitât.

Biron, qui s'étoit vu si près d'y périr, regardoit avec horreur un prince dont les ordres avoient tout fait; et craignant que si ce massacre avoit des suites heureuses, le succès n'en rendît son ennemi trop considérable, il ne souhaitoit pas beaucoup que les Rochelois se soumissent. Dans la situation où ils étoient, il n'étoit pas malaisé de leur donner de la défiance; ils attendoient des réponses de Montgommery et du vidame, qui étoient en Angleterre, et tâchoient de leur ménager du secours; l'espérance qu'ils en conçurent leur fit rejeter les propositions d'accommodement. Biron eut ordre de les traiter de rebelles, et d'investir la place avec Strozzi, ce qu'il fit plus volontiers qu'il ne travailloit à les réconcilier avec la Cour; mais la reine conseilloit au roi de tenter encore les voies de douceur.

La Noue, quoique huguenot, fut jugé propre pour ce dessein, parce qu'il étoit persuadé dès le commencement que les affaires de la religion ne devoient pas être établies par des révoltes. Il n'étoit entré dans les guerres civiles qu'avec répugnance; il s'étoit sauvé du massacre par la commission que le roi lui avoit donnée d'aller défendre Mons avec le comte Louis de Nassau. Après la capitulation de cette place, il vint à la Cour, où il fut bien reçu : il se chargea volontiers de moyenner l'accord des Rochelois à des conditions équitables; mais il déclara au roi que s'il ne pouvoit les obliger par ses raisons à les accepter, il n'étoit pas résolu à les trahir; au contraire qu'il leur donneroit les moyens de se défendre, sans pourtant perdre la pensée de leur inspirer dans l'occasion de bons sentimens pour la paix. On s'en fia à sa bonne foi, qui étoit connue : il vint à La Rochelle, dont les habitans le firent leur chef : il n'y fut pas longtemps sans connoître leur mauvaise disposition, et quand il eut désespéré de les persuader, il en donna avis à la Cour. Aussitôt on fit marcher une quatrième armée plus grande que les trois autres ensemble, et le duc d'Anjou, destiné à la commander, partit au commencement de février 1573.

Quand le roi se vit engagé à une guerre civile qui paroissoit ne devoir être guère moins fâcheuse que celle qu'il avoit soutenue, il ne jugea rien de plus nécessaire que de s'assurer autant qu'il pourroit des étrangers. Il fit dire au roi d'Espagne qu'il n'avoit jamais eu dessein de faire la guerre aux Pays-Bas, et que tout le semblant qu'il en avoit fait, n'étoit que pour amuser l'amiral. On le crut facilement, et ce n'étoit pas aussi en cette cour que la négociation étoit le plus difficile.

La Saint-Barthélemy avoit fait d'étranges effets en Allemagne et en Angleterre. Le roi ne s'en excusoit que sur la soudaine découverte de cette prétendue conspiration ; mais un légat, arrivé depuis en France, avoit bien parlé d'une autre sorte ; car en se réjouissant avec le roi au nom du Pape, de l'action qu'il venoit de faire, il la loua comme méditée de longtemps, et conduite avec une prudence admirable pour le bien de la religion et de l'Etat. Ce discours déconcertoit les conseils du roi, et découvroit ce qu'il vouloit tenir caché. Pour empêcher les mauvais effets qu'il faisoit parmi les princes protestans, il fallut choisir les hommes les plus adroits et les plus habiles qui fussent en France.

Le comte de Retz, envoyé à la reine Elisabeth, employa toute la souplesse de son esprit pour apaiser cette princesse : il commença par la prier au nom du roi de tenir une fille qu'il avoit eue depuis peu. La chose se passa agréablement de part et d'autre ; le comte ménagea avec une extrême délicatesse l'esprit de la reine d'Angleterre et de ses ministres. D'abord il parla si haut, qu'elle n'osa secourir ouvertement La Rochelle, de peur de rompre avec la France : c'étoit sous le nom de Montgommery qu'on préparoit secrètement du secours, mais beaucoup moins que si l'Angleterre se fût déclarée : il n'y eut pas moyen de parer ce coup. La reine disoit qu'elle ne pouvoit empêcher le zèle de ses sujets pour leurs frères assiégés ; mais le comte répandit de l'argent si à propos, et fit si adroitement naître des affaires en Angleterre, qu'insensiblement le temps s'écouloit, et que la flotte qu'on préparoit ne se hâtoit pas. Il revint ensuite au siège, quand il eut mis les affaires en la meilleure disposition où elles pouvoient être dans la conjoncture du temps.

Schomberg, qui fut envoyé aux protestans d'Allemagne, n'agit pas avec moins d'adresse. Il avoit deux choses à faire : l'une, d'empêcher les secours des protestans, que les discours du légat avoient extraordinairement aigris ; l'autre, de les obliger à favoriser, ou du moins à ne traverser pas l'élection du duc d'Anjou pour la couronne de Pologne. Il avoit trois concurrens, dont le principal étoit Ernest, fils de l'empereur ; le prince de Moscovie, qui avoit un foible parti ; et enfin, le roi de Suède, qui présentoit son fils, quoiqu'il n'eût que huit ans. Plusieurs palatins vouloient qu'on en exclût tous les étrangers, et qu'on élût un seigneur du pays ; les protestans étoient forts dans la diète, et ils étoient tous opposés au duc d'Anjou, à qui ils attribuoient le massacre de la Saint-Barthélemy : les protestans d'Allemagne étoient dans le même sentiment. Les catholiques zélés les confirmoient dans cette pensée par les louanges qu'ils lui donnoient.

On attribua à des ordres secrets de l'empereur, les panégyriques qu'on lui fit à Ingolstad, où, sous prétexte de le louer pour cette action, on le rendoit odieux par toute l'Allemagne. L'électeur palatin étoit le plus animé contre la France et contre le duc ; et le prince Casimir son fils, grand protecteur des huguenots, avoit beaucoup de pouvoir auprès de son père. Schomberg, pour gagner ces princes, leur alla dire avec un grand secret, et avec toute l'apparence d'une confiance particulière, qu'il avoit à leur découvrir une affaire de grande importance; que le Pape avoit eu avis d'un complot fait entre l'électeur de Saxe et celui de Brandebourg, pour ôter l'empire à la maison d'Autriche, et faire empereur un prince protestant; que la colère du Pape étoit extrême, surtout depuis qu'il avoit appris que l'électeur de Mayence étoit entré dans ce dessein, et qu'il alloit venir un décret de Rome, pour destituer les électeurs, les déclarer déchus du droit d'élire, et l'attribuer au saint Siége; que c'étoit peu d'un décret, mais que le roi d'Espagne étoit prêt à le soutenir avec une puissante armée; qu'il leur laissoit à penser s'il étoit à propos, dans cet état, qu'ils rompissent avec son maître. Cette histoire, que Schomberg avoit lui-même composée, fut racontée à ces princes si sérieusement, qu'elle fit une profonde impression dans leurs esprits. Casimir s'employa efficacement auprès de son père et des autres princes. Schomberg leur fit voir combien ils avoient à craindre pour leur liberté, en ajoutant le royaume de Pologne aux pays que possédoit déjà la maison d'Autriche; ainsi il obtint des uns de puissantes recommandations pour des personnes principales de Pologne, et reçut des autres des avis très-importans, qu'il donna à l'évêque de Valence : et quoiqu'il y eût des princes qu'il ne put jamais détacher de la maison d'Autriche, comme les électeurs de Saxe et de Brandebourg, il ménagea si heureusement toutes choses, qu'il ne se fit rien de considérable en Allemagne contre les intérêts du roi.

Au milieu de ces bons succès des affaires étrangères, celles du dedans alloient mal, par la vigoureuse résistance des Rochelois; nulle attaque ne les étonnoit; les femmes mêmes s'y signaloient à l'envi des hommes. Montgommery parut avec une flotte angloise, mais bien tard, et trop foible pour rien entreprendre. Cependant les magistrats mirent si bon ordre aux vivres, quoique la ville fût fort pressée et qu'il n'entrât rien du dehors, que les besoins étoient supportables; la mer même sembloit aider les assiégés, en jetant sur leurs bords une infinité de coquillages qui servirent à la nourriture des pauvres : au contraire, il n'y avoit aucune police dans le camp, tout y manquoit, et la maladie s'y mit bientôt. Le duc d'Alençon, le roi de Navarre, le prince de Condé, le duc de Guise, le duc de Nevers, le maréchal de Cossé, et enfin tous les princes et tous les seigneurs y étoient par ordre du roi, qui craignoit qu'ils ne remuassent ailleurs; tant de grands seigneurs ne servoient qu'à mettre la cherté dans le camp; mais ce qu'il y avoit de pis, c'est qu'on ne s'y entendoit pas. Une grande partie de l'armée étoit composée de huguenots qui avoient quitté leur religion par crainte, et d'autres qui y étant demeurés, s'étoient attachés au duc d'Anjou par divers intérêts; tous ceux-là souhaitoient avec passion que le siége réussit mal. La noblesse catholique n'étoit pas mieux affectionnée : on haïssoit le gouvernement de la reine, qu'on accusoit de fomenter les divisions de l'Etat, pour maintenir son autorité, et de laisser enrichir trois ou quatre étrangers, aux dépens de tout le royaume.

Les grands étoient encore plus partagés; le parti des Politiques se formoit peu à peu par le crédit du maréchal de Cossé. Le roi de Navarre et le prince de Condé, qui n'étoient catholiques que par considération, s'y engagèrent secrètement, et ne demandoient qu'une occasion de se retirer de la Cour : le duc d'Alençon sembloit prêt à se déclarer, et on craignoit qu'il ne s'échappât tout d'un coup; Thoré le gouvernoit, et avoit mis dans sa confiance un fils de sa sœur, instrument très-propre à de tels négoces. Ce fut Henri de la Tour d'Auvergne, vicomte de Turenne, jeune seigneur plein d'esprit et de courage, mais d'une ambition inquiète, avide d'une prompte élévation, et incapable de souffrir les lenteurs des voies ordinaires. Celui-ci, quoique catholique, ne faisoit point de scrupule de favoriser les huguenots : il étoit industrieux à entretenir les mécontentemens, et par des haines secrètes, il savoit lier les mécontens de la Cour. Ils étoient, lui et son oncle, dans une étroite correspondance avec La Noue, qui, souvent maltraité par les Rochelois qu'il portoit à la paix, ne put demeurer avec eux : un ministre emporté lui avoit donné un soufflet; il lui avoit pardonné; mais pour ne s'exposer plus à de telles insolences, il se rendit au camp dans une sortie. Il y fit plus de tort au service du roi qu'il n'eût fait, s'il fût demeuré parmi ses ennemis; car il prit, par le moyen des Politiques, de très-étroites liaisons avec le duc d'Alençon, qu'il engagea à se rendre protecteur des huguenots. Le roi, averti de la mauvaise conduite de son frère, crut qu'il le retiendroit dans son devoir en le menaçant, et lui envoya défendre de désemparer du camp, sous peine d'encourir son indignation; mais il répondit, sans s'étonner, au secrétaire d'Etat qui lui portoit l'ordre, qu'il eût à le lui faire voir par écrit; il ne l'avoit pas, et le duc fit une réponse ambiguë, qui acheva d'alarmer la Cour. Le roi manda au duc d'Anjou de prendre la place à quelque prix que ce fût, et de se rendre aussitôt près de sa personne avec les troupes; ainsi on donna assaut sur assaut mal à propos et sans mesure. Les Rochelois en soutinrent jusqu'à trente, dont il y en eut huit ou neuf de très-violens, mais toujours funestes aux assiégeans : ils ne perdoient pas moins de monde par les continuelles sorties des assiégés; le duc d'Aumale y périt avec une infinité de personnes qualifiées.

Les huguenots ne laissoient pas d'être embarrassés; après tant de remises du côté de l'Angleterre, ils n'attendoient plus aucun secours : ils voyoient bien qu'on s'obstinoit à les prendre, et craignoient le duc d'Anjou, tant de fois victorieux. Quand La Noue les avoit quittés, il avoit été suivi de la plus grande partie des gentilshommes; ce qui leur en restoit leur étoit suspect : ils savoient que les gentilshommes n'obéissoient qu'à contre-cœur à des magistrats populaires et à des ministres insolens, et ne songeoient tous qu'à faire un accommodement avantageux avec la Cour, à leurs dépens; en effet, tous les jours il s'en détachoit quelques-uns. Le parti, décrédité et affoibli par leur retraite, avoit besoin de la paix pour ne succomber pas tout à fait. En cet état on s'opiniâtroit de part et d'autre, et de part et d'autre on souhaitoit quelque occasion de finir la guerre, sans que l'un des deux parût en avoir le démenti.

Les choses en étoient là quand on apprit l'élection du duc d'Anjou. L'évêque de Valence, et les autres ambassadeurs françois avoient pris le dessus dans la diète, non-seulement par la préséance, qui leur fut adjugée sur les Espagnols, mais encore par l'inclination que la plupart des palatins témoignoient pour eux. Ils remontrèrent si vivement ce que la Pologne avoit à craindre pour sa liberté, de la redoutable puissance des Autrichiens, qu'ils firent donner l'exclusion à la maison d'Autriche, en quoi ils s'aidèrent des protestans, qui ne pouvoient s'y fier : ils ne craignoient guère moins le duc d'Anjou; mais l'évêque de Valence leur persuada que ce prince, accoutumé à vaincre les huguenots en bataille rangée, avoit toujours détesté les moyens honteux dont on s'étoit servi pour les perdre; ensuite il représentoit avec beaucoup d'éloquence la douceur, l'honnêteté et la clémence du duc, et toutes ses autres vertus, sa bonne mine, sa haute naissance, la plus auguste de l'univers. Il vantoit surtout sa valeur, son humeur guerrière, ses grandes victoires, le soin qu'il avoit de récompenser les braves soldats, et tout ce qui pouvoit le rendre digne d'être le chef d'une nation aussi belliqueuse que les Polonois. Par là il gagnoit tous les esprits; mais pour achever de s'acquérir les protestans, lui et ses collègues s'engagèrent à faire accorder une composition honnête aux Rochelois et aux villes huguenotes. Une chose contribua encore à faciliter l'élection du duc d'Anjou; c'est que la France étoit en correspondance avec les Turcs, contre lesquels les Polonois ne vouloient point alors d'affaire ; ainsi il fut élu roi avec une joie extrême de la noblesse polonoise, ravie de mettre à sa tête, contre les Tartares, les Moscovites et les Turcs, s'il en étoit besoin, un prince dont la réputation étoit si grande dès sa première jeunesse. L'élection se fit le premier de mai en pleine campagne, selon la coutume. De trente-cinq mille vocaux, il n'y en eut que cinq cents d'avis contraire; mais ils furent bientôt obligés de se ranger à l'avis des autres. L'archevêque de Gnesne, primat du royaume, qui étoit tout françois, ne tarda pas à faire la proclamation.

Cette nouvelle, portée au camp de La Rochelle, fournit aux deux partis le prétexte qu'ils souhaitoient pour faire la paix. Le duc d'Anjou, appelé à un royaume, pouvoit promptement quitter le siége, et le traité fait en Pologne l'obligeoit à offrir aux Rochelois une capitulation honorable : ils furent ravis de l'avoir obtenue par la médiation des Polonois de leur croyance, et que leur paix eût fait un des points d'une affaire si importante. L'exercice de leur religion leur fut permis;

ils obtinrent la même grace pour Nîmes et pour Montauban ; mais le roi n'accorda aux autres villes que la seule liberté de conscience. Ils firent tous leurs efforts pour sauver Sancerre : il y avoit huit mois que cette place avoit à combattre, non plus les soldats, mais la disette et la faim extrême. On y avoit mangé, après les herbes et les animaux les plus immondes, jusqu'aux cuirs et jusqu'aux ordures qui font horreur. Le roi, résolu d'en faire un exemple, ne leur voulut accorder aucune capitulation ; ainsi il fallut se rendre à discrétion, et la ville fut presque entièrement démolie. L'auteur de la révolte fut jeté secrètement dans un puits.

Quelques jours après, Harlem, ville de la Hollande, révoltée, comme Sancerre, pour la religion, assiégée dans le même temps, et défendue comme elle huit mois durant, au milieu des mêmes extrémités, et avec une pareille obstination, eut un sort semblable, et fut contrainte de se remettre à la volonté du duc d'Albe ; mais il en usa avec plus de rigueur que ne fit La Châtre contre Sancerre, et fit répandre beaucoup de sang : aussi ses habitans avoient-ils été extraordinairement insolens ; mais les cruautés du duc d'Albe ne servirent dans la suite qu'à rendre les autres villes plus obstinées. Une maladie l'avoit obligé de remettre la conduite de ce siège à Frédéric de Tolède, son fils aîné, qui, rebuté par la difficulté et par la longueur de cette entreprise, songeoit à se retirer, quand il reçut de son père une lettre pleine de reproches, où il lui disoit que s'il n'agissoit en homme de courage, il se feroit lui-même porter au siège, malgré sa maladie. Ce fut le dernier exploit qui se fit par les ordres du duc d'Albe. Le roi d'Espagne lui donna un peu après pour successeur, le comte de Requescens, homme de grande valeur, mais dont la douceur faisoit craindre aux personnes sages des Pays-Bas, tous les maux qui ont coutume d'arriver, quand on passe d'une extrême sévérité à un extrême relâchement. Sancerre et Harlem furent rendus dans le mois d'août.

Les ambassadeurs polonois étoient déjà en France au nombre de douze : ils avoient à leur tête l'évêque de Posnanie. Le nouveau roi de Pologne, après avoir été reçu en roi dans toutes les villes de son passage, par les ordres du roi son frère, s'étoit rendu à Paris, où les ambassadeurs arrivèrent un peu après. Si leur entrée fut superbe, la réception qu'on leur fit le fut encore davantage ; le roi étoit habillé à la royale, environné des princes de son sang, et de tous les grands du royaume : on lui avoit élevé un trône dans la grande salle du palais ; là fut entendue la harangue de l'évêque de Posnanie, après laquelle, lui et ses collègues présentèrent au nouveau roi, dans une cassette d'argent, le décret de son élection, auquel cent dix sceaux étoient attachés. Après qu'il eut accepté le royaume qu'on lui offroit, il reçut les embrassemens du roi, et embrassa le duc d'Alençon et le roi de Navarre : il fit aux autres qui le saluèrent des honneurs proportionnés à leur qualité. Cette magnifique cérémonie se fit le dixième de septembre.

Le roi s'étoit pressé de la faire, dans l'extrême désir qu'il avoit de voir bientôt partir son frère. Un sentiment opposé faisoit chercher au roi de Pologne des prétextes pour différer son départ ; il n'étoit pas seulement retenu par le regret de quitter la France, où il étoit si considéré, et la reine sa mère, de qui il étoit aimé si tendrement ; il avoit une violente passion pour la princesse de Condé, dont le duc de Guise, beau-frère de cette princesse, lui faisoit espérer les bonnes graces. Ainsi le duc étoit dans un commerce continuel avec ce prince, et s'insinua si avant dans son amitié, qu'il n'y eut jamais de favori plus chéri. Il conseilloit à Henri de ne pas s'éloigner, et lui offroit des troupes contre le roi, s'il l'y vouloit obliger. Henri put connoître par de telles offres, ce qu'il y avoit à craindre d'un tel favori.

La reine mère ne pouvoit se consoler de se voir séparée d'un fils qui avoit non-seulement toute sa tendresse, mais encore toute sa confiance, et qu'elle regardoit comme son unique appui, tant contre le caractère dur et brusque du roi, que contre les inconstances et les bizarreries du duc d'Alençon. Dans cette pensée, elle avoit fait ce qu'elle avoit pu pour obtenir du prince d'Orange qu'il donnât au roi de Pologne le commandement de l'armée des Provinces-Unies, et ce prince ne s'en éloignoit pas, dans l'espérance qu'il avoit conçue que la reine ne leur voudroit pas donner son fils, sans leur procurer en même temps de grands secours. Schomberg, envoyé du roi en Allemagne, traitoit cette affaire avec Louis, comte de Nassau, et s'entendoit secrètement avec la reine pour cette négociation ; mais il n'y avoit aucune apparence d'y faire jamais entrer le roi.

Il dit à son frère que tout étoit prêt pour son départ, qu'un plus long délai passeroit pour mépris dans l'esprit des Polonois, et qu'il ne falloit pas mécontenter des peuples qui lui avoient témoigné tant d'affection ; qu'au reste, tous les passages lui étoient ouverts en Allemagne, et qu'il en avoit reçu toutes les assurances possibles de la part de l'empereur et des princes. Il avoit pris en effet un soin particulier de tout ce qui pouvoit faciliter un voyage qu'il souhaitoit avec passion, et il croyoit qu'il ne seroit roi, que quand son frère seroit éloigné ; ainsi le moindre retardement lui étoit insupportable. Comme il soupçonnoit la reine sa mère de favoriser ces délais, il lui demanda un jour durement ce que faisoit donc son frère si longtemps en France : et il ajouta, en jurant, qu'il falloit que l'un des deux sortît bientôt du royaume. Après ces rudes paroles, il n'y eut plus moyen de reculer.

Le roi se mit en état d'accompagner son frère jusques à la frontière, en apparence pour lui faire honneur, mais en effet pour hâter son voyage, et de peur qu'en chemin faisant il ne se cantonnât dans quelque province. Lorsqu'ils furent à Villers-Cotterets, les huguenots du Languedoc et de Guienne présentèrent une requête qui fit voir que, malgré la paix, l'esprit de rébellion n'étoit pas éteint dans leur cœur.

Ils avoient été extraordinairement enorgueillis de ce que les protestans de Pologne s'étoient entremis pour eux, et ils étoient irrités du peu de cas qu'on avoit fait de leurs remontrances ; car sur la demande qu'ils firent qu'on adoucît la rigueur des édits, et que, selon les promesses de Montluc, on leur fît un traitement favorable, le roi ne leur avoit donné que des paroles générales, avec lesquelles il leur avoit fallu partir ; mais les huguenots n'étoient pas d'humeur à s'en contenter : ils demandoient par leur requête le libre exercice par tout le royaume, des garnisons pour ceux de leur religion, entretenues par le roi, dans les trois villes qu'on laissoit à leur garde, et encore deux villes dans chaque province, protestant qu'après la boucherie de la Saint-Barthélemy, que le roi lui-même avoit avouée, ils ne pouvoient se tenir assurés à moins.

L'insolence de leurs demandes fit dire à la reine que le prince de Condé, s'il étoit au monde, avec cinquante mille hommes au cœur du royaume, ne parleroit pas de moitié si haut ; ils ne s'étonnèrent point de cette parole, résolus d'augmenter plutôt leurs demandes, que d'en rien rabattre. En même temps les députés de Dauphiné et de Provence vinrent se plaindre avec la même hauteur de ce qu'on les accabloit d'impôts, contre leurs priviléges : quoique la députation se fît au nom des provinces, les huguenots y agissoient sourdement, excités par Montbrun, qui durant le siége de La Rochelle, et depuis encore, n'avoit cessé de jeter dans les esprits des semences de guerres civiles. Le roi ne s'attendoit à rien moins qu'à des députations séditieuses : il y répondit pourtant plus doucement que son humeur impérieuse ne portoit ; il promit de soulager à l'avenir la Provence et le Dauphiné, et justifia le passé, tant par les dépenses des guerres civiles, que par les charges excessives de l'Etat. Pour les huguenots de Languedoc, il crut s'être défait de leurs poursuites insolentes en les renvoyant à Damville, gouverneur de la province : mais le contraire arriva ; car Damville leur ayant permis de s'assembler pour régler leurs demandes, au lieu de les modérer, ils en ajoutèrent de nouvelles, et plus fièrement que jamais, de sorte que tout sembloit se disposer à la guerre : les écrits séditieux qui en sont ordinairement les avant-coureurs, voloient par tout le royaume.

Le départ du roi de Pologne enfloit le courage des huguenots : ils se crurent plus forts par l'éloignement d'un prince qui les avoit tant de fois battus ; ils connoissoient l'humeur inquiète et brouillonne du duc d'Alençon ; ses liaisons avec La Noue et les Politiques, s'augmentoient plutôt que de diminuer ; ils voyoient bien qu'il ne manqueroit pas de prétendre à la charge de lieutenant-général, que son frère laissoit vacante. La lui refuser, c'étoit lui donner un prétexte de faire la guerre ; et la lui donner, c'étoit mettre à la tête des armées un prince favorable à leur parti. Le voyage continuoit, et quoique le roi fût tombé malade, il ne laissoit pas de vouloir marcher, poussé par la défiance qu'il avoit de sa mère et de son frère le roi de Pologne ; mais lorsqu'il fut à Vitry, le mal s'accrut, de sorte qu'il ne lui fut pas possible de passer outre ; ainsi il revint à Saint-Germain.

On remarqua que son mal lui avoit pris peu de jours après la dure réponse qu'il fit à la reine : il n'y avoit rien qu'on ne la crût capable d'entreprendre pour maintenir son pouvoir, qu'elle voyoit chanceler. Le roi prenoit goût aux affaires, et commençoit à se retirer des vices auxquels on l'avoit exprès abandonné ; il devenoit redoutable par la fermeté avec laquelle il parloit. Le pouvoir qu'on lui voyoit avoir sur lui-même, faisoit juger aux favoris qu'on ne le gouverneroit pas long-temps ; pour avoir remarqué une seule fois les extravagances où le vin l'avoit porté, il prit la résolution de n'en plus boire, et la tint. Dans une grande jeunesse il s'étoit retiré de l'amour des femmes, où il sentoit affoiblir et son esprit et son courage : il n'y avoit que la passion de la chasse, qui ne se ralentissoit pas en lui ; non-seulement il y consumoit tout son temps, mais il s'y tourmentoit de sorte que sa santé ne pouvoit manquer d'en être altérée, et c'étoit une des causes de sa maladie ; mais tout le monde vouloit qu'il y eût du poison mêlé, et le soupçon tomboit sur la reine.

Cette princesse accompagna le roi de Pologne, suivie du duc d'Alençon et du roi de Navarre. Le comte de Louis de Nassau se rendit en Lorraine, où il eut de longs entretiens avec la reine mère, sur la négociation commencée par Schomberg pour le commandement des Pays-Bas : elle ne pouvoit renoncer au dessein de rapprocher le roi de Pologne, mais le comte étoit recherché pour la même chose par le duc d'Alençon, qui lui en parla en secret, et à qui il donnoit de grandes espérances ; car il étoit aisé de juger que le roi entreroit dans ce dessein, et ne seroit pas fâché d'éloigner le duc d'Alençon sous un prétexte honorable, comme il avoit fait le roi de Pologne. Ainsi, sans en rien dire à la reine, et sans faire part à la Cour du traité commencé avec elle, il prenoit des liaisons plus particulières avec le duc. La séparation de la mère et du fils se fit à Blamont ; leurs embrassemens furent accompagnés de beaucoup de larmes de part et d'autre : ils ne s'entretinrent que des moyens de se réunir bientôt ; et on entendit la reine dire au nouveau roi, en le quittant, qu'il ne seroit pas longtemps en Pologne. Cette parole, que quelques-uns crurent échappée indiscrètement, fut regardée par les plus fins comme dite avec dessein, pour conserver le crédit du roi de Pologne en France : au reste elle fut bien recueillie, et n'augmenta pas peu le soupçon de l'empoisonnement du roi.

En partant, le roi de Pologne ne recommanda rien si fortement à la reine que le duc de Guise et toute la maison de Lorraine. Plusieurs princes de cette maison le suivirent dans son voyage, et grand nombre d'autres seigneurs ; le roi avoit nommé des ambassadeurs pour l'accompagner jusqu'en Pologne ; et le comte de Retz, fait depuis peu maréchal de France, avoit eu ordre d'aller avec lui en Allemagne. Mais son voyage n'étoit pas une simple cérémonie, il portoit beaucoup d'argent, et alloit poursuivre la négociation commencée avec les Nassau. La reine revint auprès du roi. La mort du chancelier de l'Hôpital arriva un peu après; cette grande charge fut donnée à René de Birague, étranger, dont toute la recommandation fut d'être dévoué à la reine mère : Morvilliers, garde des sceaux, demeura sous lui avec beaucoup de crédit dans le conseil.

Le roi de Pologne continuoit toujours son voyage : son passage en Allemagne lui fut glorieux, par l'empressement qu'eurent la plupart des princes et électeurs à le bien recevoir ; mais fâcheux par les reproches qu'il eut à essuyer sur la Saint-Barthélemy dans les cours des princes protestans. L'électeur palatin le promenant dans une galerie pleine des portraits des hommes illustres de ce siècle, pendant que le roi étoit occupé à les regarder, et discouroit sur leurs actions, fit tout à coup tirer un rideau qui couvroit celui de l'amiral, lui disant que parmi tant de grands hommes l'amiral étoit celui qu'il estimoit davantage, le plus zélé pour son maître, et le plus indignement traité : le roi de Pologne eut bien de la peine à cacher sa confusion. Il se rendit dans son royaume sur la fin du mois de janvier, et aussitôt se prépara pour son couronnement.

Tous les seigneurs étant assemblés (1574), l'archevêque de Gnesne qui devoit faire la cérémonie étoit revêtu de ses habits ; mais il arriva un grand désordre. Le palatin de Cracovie, un des protestans, et celui qui avoit exigé, pour ceux de la religion, tant en France qu'en Pologne, des conditions avantageuses, irrité du mépris qu'on faisoit de ses demandes, s'éleva au milieu de la cérémonie avec ceux de sa cabale, et se mit à dire qu'on les avoit trop méprisés, et que, puisque le roi n'avoit tenu compte des promesses qu'on leur avoit faites, il s'opposoit à son couronnement. Ces paroles furent suivies d'un bruit confus des factieux, qui disoient qu'on les traitoit en esclaves. Le roi, accoutumé à un empire plus absolu, ne savoit que faire dans un tel désordre, et n'osoit pas même parler : l'un des ambassadeurs de France le tira de cet embarras ; car, après s'être approché du roi comme pour recevoir ses ordres, et après lui avoir parlé à l'oreille, il dit tout à coup d'un ton de maître, que le roi ordonnoit à l'archevêque de passer outre, et qu'ensuite il pourvoiroit à tout par l'avis de l'assemblée. Tout le monde applaudit; la cérémonie fut achevée avec beaucoup d'ordre, et sans que les mutins osassent parler. Le palatin de Cracovie mourut peu de jours après de dépit, à ce que l'on croit.

Jamais prince ne fut tant aimé de ses sujets que Henri le fut : sa bonne mine, la gloire qu'il s'étoit acquise par les armes, sa libéralité et son honnêteté lui avoient gagné tous les cœurs ; mais il se souvenoit trop de la Cour de France, et il étoit si attentif à ce qui s'y passoit, qu'il en négligeoit les affaires de son royaume ; ainsi, dégoûté des Polonois, il se renfermoit avec trois ou quatre François, qui seuls avoient part à sa confiance. Les grands seigneurs du royaume n'auroient pu longtemps estimer un prince dont ils se croyoient méprisés, et si sa réputation ne l'eût soutenu, il auroit vu de grands troubles dès le commencement de son règne. Il n'avoit plus de secours à espérer de la France, où tout étoit en confusion. Les huguenots se remuoient par tout le royaume ; une entreprise secrète qui se fit sur La Rochelle, quoique le roi la désavouât, leur donna l'alarme ; les Politiques, autrement nommés les Mécontens, leur prêtoient la main, sous prétexte de réformer les abus, et ne parloient que des Etats-généraux. Les Guise et les Montmorency partageoient toute la noblesse ; il se formoit divers partis auxquels on n'avoit personne de confiance à opposer. Le mal du roi s'augmentoit, et le gouvernement s'affoiblissoit avec sa santé ; il n'y avoit plus de duc d'Anjou pour mettre à la tête des troupes, et le duc d'Alençon, qui prétendoit succéder, n'avoit que des desseins pernicieux ; quoiqu'il eût souhaité d'abord le commandement des Pays-Bas, il ne voulut plus l'occuper quand il lui fut offert. Il crut qu'il feroit trop de plaisir au roi de se laisser chasser comme son frère, sous un prétexte honorable, et il trouvoit plus digne de lui d'avoir un parti dans le royaume ; ainsi il écoutoit plus volontiers les huguenots de France, et promettoit tout à La Noue, qui l'assuroit de lui fournir des troupes autant qu'il voudroit.

Le duc de Bouillon lui offrit Sedan pour sa retraite. Le roi de Navarre, le prince de Condé, Thoré et Turenne le devoient joindre par divers chemins, et ensuite se répandre en plusieurs endroits du royaume, où ils avoient leurs intelligences. Ils prévoyoient que le roi ne pouvoit donner le commandement des armées qu'au maréchal de Cossé, qui n'avoit point d'envie de les pousser : ils avoient la même opinion du maréchal Damville, trop haï de la Cour pour s'y fier, et la bien servir ; ainsi leur partie leur paroissoit sûre, pourvu que le duc d'Alençon ne leur manquât pas.

La reine mère eût pu l'apaiser, du moins pour un temps, en lui faisant donner la charge de lieutenant-général du royaume ; mais comme elle l'avoit toujours maltraité, elle appréhendoit tout de lui, et craignoit sur toute chose que le mettant à la tête des armées, elle ne lui donnât le moyen de s'emparer de la couronne au préjudice du roi de Pologne, si le roi venoit à manquer ; ainsi ce prince n'aspiroit plus à la charge, et ne songeoit qu'à se mettre à la tête des huguenots. Thoré et Turenne l'aigrissoient contre la Cour ; et il se seroit déclaré, si la Mole, son confident, ne l'avoit poussé à prendre conseil du maréchal de Montmorency.

Il étoit dans une étroite liaison avec le duc et les Politiques, dont il prétendoit se faire un appui contre les persécutions qu'on faisoit à sa maison : elle avoit plus à craindre que jamais, parce que la reine mère, par les pressantes instances du roi de Pologne, se déclaroit contre lui et les siens pour ceux de Guise; mais, quelque maltraité qu'il fût, et quelque besoin qu'il eût du duc d'Alençon, il ne vouloit point l'employer contre le bien de l'Etat : aussi les Politiques qui le connoissoient ne lui proposoient leurs desseins que par l'endroit spécieux, c'est-à-dire, la réformation des abus et des Etats-généraux ; le reste lui eût fait horreur. Ainsi quand le duc d'Alençon lui parla de ses liaisons avec les huguenots, il se mit à lui représenter ce qu'il auroit à souffrir dans un parti toujours divisé, et la honte que ce seroit à un fils de France de n'être plus, comme l'amiral, qu'un chef de rebelles. La Mole appuyoit ses raisons, non par une bonne intention qu'il eût pour l'Etat, mais parce que les mesures n'étant pas encore assez bien prises à son avis, il croyoit qu'il falloit différer de se déclarer.

Cependant le duc, toujours emporté, ne se seroit rendu à aucune raison, si le maréchal ne lui eût ouvert des voies plus honnêtes de satisfaire son ambition. Il lui offrit de demander pour lui au roi la charge de lieutenant-général, et se promettoit de l'obtenir : il prit en effet si bien son temps, que le roi se résolut de donner ce contentement à son frère, malgré les oppositions de la reine, et c'étoit peut-être une des raisons qui l'y portoient. Mais cette princesse artificieuse trouva mille moyens de retarder l'exécution de la parole du roi, en lui donnant de justes défiances de son frère, et fit si bien, qu'elle empêcha qu'il ne lui fût expédié des provisions, et qu'elle engagea le roi à dire qu'il vouloit que son frère se contentât de sa parole et des lettres de cachet qu'on envoya en quelques provinces pour l'y faire reconnoître par les gouverneurs.

La reine travailloit cependant à faire donner la charge au duc de Lorraine son gendre, bien plus capable de l'exercer que le duc d'Alençon, et dont le roi n'avoit rien à craindre. Le duc d'Alençon pressoit de son côté ses provisions, et ne vouloit rien moins que ce qu'avoit eu le roi de Pologne. Au milieu de ces mouvemens, le roi, déjà chagrin de sa maladie, étoit dans un extrême embarras; un accident survenu l'augmenta encore. Ventebrune, qui avoit été domestique de Thoré, et depuis s'étoit donné au duc de Guise, s'en étoit séparé ensuite avec de si grands mécontentemens du duc, qu'il lui défendit de se trouver jamais en sa présence. Il arriva qu'il rencontra Ventebrune sur le degré du roi, et s'oublia si fort, qu'il mit l'épée à la main pour le tuer; le bruit en vint aussitôt au roi, qui fut extraordinairement irrité de l'insolence du duc. La reine, toujours attentive à faire servir à ses desseins les rencontres les plus imprévues, vint dire au roi que le duc n'avoit fait que se défendre, et que Ventebrune, suborné par les Montmorency, l'avoit voulu assassiner. Elle fit si bien, que ce gentilhomme confirma la même chose : elle se mit à exagérer la violence des Montmorency, qui n'en vouloient pas, disoit-elle, aux Guise, mais à l'Etat, et au roi même, et qui ne s'attachoient au duc d'Alençon, que parce qu'ils trouvoient en lui un instrument propre à brouiller ; que c'étoit pour cette raison que le maréchal de Montmorency avoit tant pressé le roi en faveur de ce prince, et que l'Etat n'avoit jamais été en plus grand péril. Par ce moyen elle apaisa la colère que le roi avoit conçue contre le duc de Guise ; elle augmentoit son aigreur contre les Montmorency, et tout ensemble elle lui rendoit suspectes la personne et les liaisons du duc d'Alençon. Cette conjoncture lui parut favorable pour achever l'affaire du duc de Lorraine, qu'elle manda secrètement. Ventebrune fut arrêté, on le laissa échapper un peu après, à condition qu'il s'éloigneroit, et ne feroit point de bruit.

Cependant on négocia une réconciliation entre les maisons de Guise et de Montmorency ; mais elle fut rompue, et le roi ne savoit de qui il avoit le plus à craindre, ou de son frère, ou des Montmorency, ou des Guise, ou de la reine sa mère, en sorte qu'il ne pouvoit se résoudre à rien. Le duc d'Alençon n'étoit pas moins agité que lui ; les huguenots avoient pris les armes en divers endroits, et attendoient à chaque moment que le duc se déclarât. Mais La Noue, qui connoissoit l'irrésolution de ce prince, autant hardi à promettre que timide à exécuter, crut qu'il falloit le déterminer par quelque coup décisif. Il fit assembler deux cents chevaux, les plus braves et les mieux équipés du parti, dont il donna le commandement à Jean de Chaumont de Guitry, homme de grande réputation pour la guerre ; il les envoya aux environs de Saint-Germain, persuadé qu'il étoit que le duc n'attendoit que l'occasion de s'échapper, et ne la manqueroit pas, pourvu qu'il le pût faire en sûreté ; mais encore que dans le peu de monde qu'il y avoit alors à la Cour, ces deux cents chevaux fussent plus que suffisans pour l'en tirer sans aucun péril, si peu qu'il eût voulu s'aider, il n'osa jamais tenter sa retraite. Guitry s'en retourna après avoir eu un secret entretien avec le roi de Navarre, qu'il alla trouver à Saint-Prix, où il s'étoit rendu, sous prétexte d'un voyage de chasse. Personne de la Cour ne s'en étoit aperçu ; mais la Mole, jugeant bien que son arrivée et l'approche des deux cents chevaux découvriroit le dessein, de peur d'être prévenu, alla en donner avis à la reine.

Cette princesse fut ravie d'avoir ce prétexte d'exécuter ce qu'elle méditoit il y avoit longtemps, et de s'assurer des princes, dont elle craignoit les complots ; elle commença par donner l'alarme au roi, lui faisant accroire qu'on avoit entrepris contre sa personne. Sur ce fondement, elle fit faire perquisition dans tout le château, et mit toute la Cour en frayeur, comme si on avoit une armée de cinquante mille hommes sur les bras. En même temps le roi partit de Saint-Germain, fit suivre le duc d'Alençon, le roi de Navarre, et le prince de Condé, qu'on observoit par son ordre, sans les arrêter, vint coucher à Paris chez le comte de Retz, comme se défiant de tout le reste de ses courtisans, et alla de là à Vincennes. Le parlement eut ordre d'informer contre les auteurs de la conspiration ; beaucoup de gens furent arrêtés, entre autres la Mole, et Coconas, que la Mole avoit mis dans la confidence du duc. Thoré et Turenne n'évitèrent la prison que par une fuite précipitée.

Les huguenots cependant s'étoient déclarés ouvertement ; leurs synodes assemblés avoient décidé de nouveau qu'ils étoient obligés de prendre les armes pour la défense de leur religion et de leurs personnes. La Noue, que La Rochelle avoit fait son chef, avoit surpris quelques places des environs, et dans le Poitou : Montgommery s'étoit jeté dans la Normandie, et y avoit pris Carentan, avec quelques villes voisines où il s'étoit cantonné. Montbrun brouilloit dans le Dauphiné et dans la Provence ; Nimes et Montauban tenoient en échec la Guienne et le Languedoc. La Cour, qui se défioit du maréchal Damville, craignoit beaucoup pour cette dernière province.

Le printemps commençoit, et le mal du roi s'étoit augmenté, dans une saison où les humeurs ont accoutumé de se remuer : il ne laissoit pas de s'appliquer beaucoup aux affaires ; mais après les avoir résolues, il en laissoit l'exécution à la reine sa mère, à qui il recommandoit sur toutes choses la sévérité et la diligence. Elle donna deux armées au duc de Montpensier et au prince dauphin son fils, pour agir dans le Poitou, dans le Languedoc, et dans les provinces voisines ; Matignon en eut une troisième en Normandie, dont il étoit lieutenant de roi. Avant que le prince dauphin entrât dans le Languedoc, Jacques de Crussol, ennemi particulier de la maison de Montmorency et du maréchal Damville, y fut envoyé avec des ordres secrets de la Cour contre lui ; il étoit devenu duc d'Uzès par la mort d'Antoine son frère, et avoit renoncé au parti protestant. Le maréchal s'en défia, et se saisit de Montpellier : la Cour envoya Martinengue pour soutenir le duc d'Uzès, et prendre l'occasion d'ôter l'autorité au maréchal, pendant que Villeroi, secrétaire d'Etat, qui lui fut aussi envoyé en même temps, négocioit avec lui ; mais il n'étoit pas aisé de le surprendre ni de l'abattre, parce que, tout éloigné qu'il étoit de se déclarer pour les huguenots, il s'en servoit pour se maintenir.

Cependant on travailloit avec chaleur au procès de Coconas et de la Mole, et on poussa la chose jusqu'à interroger dans les formes le duc d'Alençon et le roi de Navarre. Le prince de Condé s'étoit sauvé dans son gouvernement de Picardie, et attendoit à Amiens quel seroit l'événement de cette affaire. Le duc d'Alençon répondit dans son interrogatoire avec une foiblesse pitoyable, se chargeant lui-même aussi bien que ses amis, et en avouant plus qu'on ne vouloit ; mais le roi de Navarre tint bien une autre conduite, et en confessant ce qui étoit vrai, il parut plutôt accusateur qu'accusé. Il s'étendit sur les mauvais traitemens qu'il avoit reçus de la reine mère en toutes rencontres, et sur l'insolence de ceux de Guise, qui l'aigrissoient contre lui ; il les traita d'ennemis publics, et se plaignit que le roi de Pologne, à son départ de Blamont, n'avoit pas daigné dire un mot de lui à la reine, pendant qu'il lui avoit recommandé avec affection tout ce qu'il y avoit de gens à sa suite, et que la reine l'avoit aussi toujours regardé de mauvais œil depuis ce temps-là ; qu'on lui refusoit honteusement les portes des cabinets, sans aucun égard à sa naissance ; et qu'enfin, ne pouvant souffrir tant de traitemens indignes, il avoit eu dessein de se retirer, non pour rien entreprendre contre le roi, pour lequel il s'estimeroit heureux de donner sa vie, mais pour mettre sa personne à couvert.

La Mole et Coconas furent punis de mort, comme rebelles et auteurs des mauvais conseils. Des images de cire trouvées chez la Mole, et qu'il avoit souvent percées à l'endroit du cœur, firent dire qu'il avoit voulu attenter à la vie du roi par enchantement ; mais il espéroit seulement inspirer de l'amour à une fille dont il étoit épris. La reine avoit mis en vogue ces illusions, et fit sauver l'imposteur qui avoit donné à la Mole ce moyen de gagner le cœur de sa maîtresse. Pour Coconas, il mourut en avertissant plusieurs fois qu'on prît garde à la vie du roi, et qu'elle étoit attaquée par divers endroits.

Tous ces avis chagrinoient ce malheureux prince, déjà affligé par le triste état de sa santé, et par les brouilleries du royaume. Il s'entretenoit pourtant de belles idées de réformation : la justice, l'ordre des finances, le soulagement de ses peuples faisoient ses entretiens les plus ordinaires. Sa mauvaise éducation le remplissoit de dédain contre la reine sa mère ; il ne lui pouvoit pardonner l'affaire de la Saint-Barthélemy, ni tant de sang répandu qui lui causoit de l'horreur. La résolution étoit prise de l'éloigner des affaires, et de la faire sortir du royaume pour quelque temps : le prétexte étoit tout trouvé ; il devoit dire à sa mère qu'il falloit qu'elle allât voir le roi de Pologne, et l'aider à établir son autorité ; mais ces desseins n'empêchoient pas que la reine n'eût tout pouvoir, et que par la profonde connoissance qu'elle avoit de l'esprit du roi, elle ne lui persuadât tout ce qu'elle vouloit.

Les maréchaux de Cossé et de Montmorency sentirent des effets de son crédit. Dans le dessein qu'elle avoit de se faire déclarer régente, elle ne craignoit d'obstacles que de leur côté ; mais comme Coconas et la Mole les avoient souvent mêlés dans leurs interrogatoires, elle sut bien profiter de leurs dépositions. Il n'étoit pas malaisé d'irriter le roi, qui par son humeur et par sa maladie ne prenoit feu que trop aisément ; les deux maréchaux furent mandés : loin de résister à cet ordre, eux-mêmes, sur le bruit qui avoit couru qu'on les accusoit, venoient à la Cour pour se justifier, se fiant à leur innocence ; mais elle n'empêcha pas que la reine ne s'assurât d'eux : on leur marqua leur logement dans le donjon, d'où ils ne sortoient pas sans être suivis et observés ; ces précautions n'étoient pas nécessaires, puisqu'ils ne songeoient pas à s'échapper, et le maréchal de Montmorency rejeta bien loin tous les moyens que ses amis lui en donnoient.

Cependant, après quelques jours, la reine inquiète les fit conduire à la Bastille; en même temps on donna des gardes au duc d'Alençon et au roi de Navarre : il n'étoit pas malaisé de porter le roi à de semblables résolutions; mais on ne l'apaisoit pas avec la même facilité, quand il étoit en colère. On a vu plus haut que dans le temps que la Cour étoit encore à Saint-Germain, le duc de Guise avoit voulu tuer Ventebrune, à qui ce duc avoit défendu de se trouver où il seroit. La colère où le roi entra à ce récit fut si extrême, qu'elle parut même venir de plus haut, et se déclarer seulement à cette occasion. En effet, l'humeur de ce duc, et ses liaisons particulières avec le roi de Pologne, et l'affectation de se rendre chef du parti catholique, et le nombre des créatures qu'il acquéroit tous les jours, l'avoient rendu si suspect et si odieux roi, qu'il ne croyoit pas pouvoir être maître dans son Etat sans le perdre. Il se laissa néanmoins fléchir pour cette fois par le duc de Lorraine ; le duc de Guise demanda pardon à genoux avec toute la soumission possible; mais le roi céda, de sorte qu'on vit bien qu'il gardoit toujours une profonde indignation dans le cœur, et qu'il n'attendoit, pour la faire paroître, qu'une meilleure santé.

En même temps qu'on s'assura des deux maréchaux et des deux princes, on envoya à Amiens pour arrêter le prince de Condé. Il avoit prévenu ce coup, et Thoré, qui pensoit à tout, le conduisit à Strasbourg, où il abjura publiquement la religion catholique, et se déclara protecteur de la protestante; il écrivit en même temps aux huguenots qu'il étoit résolu, à l'exemple de son père, d'exposer sa vie pour les défendre, et qu'il espéroit bientôt leur mener un grand secours d'Allemands, à quoi il travailloit en effet sérieusement. Ces nouvelles enflèrent le courage des huguenots; les mauvaises voies dont on se servoit pour les perdre les portoient au désespoir. Deux fois on avoit tenté d'assassiner La Noue, et Louviers-Montrevel fut encore un des assassins; au surplus l'état des affaires étoit fort douteux.

Le duc de Montpensier qui assiégeoit Fontenay n'avançoit guère, et la reine lui manda de quitter ce siége. Biron tenta vainement diverses places dans le même pays; mais Matignon, soutenu puissamment dans la Normandie par la reine, qui se faisoit un honneur d'avoir Montgommery en sa puissance, et de venger son mari tué malheureusement par ses mains, le pressa de telle sorte dans Saint-Lô, et ensuite dans Domfront, qu'il fut enfin obligé de se rendre à lui avec une capitulation ambiguë. Matignon eût bien souhaité de l'interpréter favorablement pour lui; mais la reine ne voulut jamais y entendre, et Vassé, parent de Montgommery, qui l'avoit porté à se contenter de paroles vagues, eut ordre de le mener à Paris, pour y être bientôt immolé à la vengeance de la reine. Par sa prise la Normandie fut entièrement réduite. La nouvelle de cette prise, portée au roi par la reine avec une démonstration extraordinaire de joie, en fut reçue assez indifféremment, soit qu'il prît peu de part à la vengeance de sa mère, et qu'il connût que l'Etat, affligé par tant d'endroits, avoit besoin d'autres remèdes, ou que l'accablement où il se trouvoit par sa maladie, le rendît moins sensible aux affaires.

Il demeura pourtant toujours fort jaloux de son autorité : tant qu'il eut un peu de force, jamais la reine ne put obtenir qu'il la déclarât régente. Il envoya seulement ses ordres dans les provinces, afin qu'on lui obéît durant sa maladie ; ce ne fut qu'à l'extrémité, et quand il sentit qu'il n'en pouvoit plus, qu'il fit expédier les lettres de régence. Elles portoient que le roi déclaroit sa mère régente, jusqu'à ce qu'il eût plu à Dieu de lui renvoyer sa santé ; et en cas qu'il fût appelé à une meilleure vie, jusqu'au retour du roi de Pologne son frère et son successeur. Afin que la chose fût plus authentique, on y appela les ducs d'Alençon et le roi de Navarre, qui ne manquèrent pas de prier la reine d'accepter cette qualité ; ce qui fut inséré dans la déclaration. Elle fut faite le 30 mai, qui étoit le jour de la Pentecôte ; et le même jour le roi mourut, après avoir embrassé avec une grande démonstration de respect et de tendresse la reine sa mère, à qui il recommanda la reine sa femme, qu'il avoit toujours aimée, et sa fille : elle ne lui survécut pas longtemps. Il laissa un fils bâtard nommé Charles comme lui, qui fut grand prieur de France, comte d'Auvergne, et enfin duc d'Angoulême. Il témoigna de la joie de ne point laisser de fils capable de lui succéder, de peur qu'une minorité n'achevât de ruiner la France, dont les divisions, disoit-il, avoient besoin de l'autorité d'un homme fait. Ce n'est pas qu'il espérât beaucoup de son frère : il avoit dit souvent que quand il seroit en place, le foible de ce prince paroîtroit, et qu'on verroit évanouir cette grande gloire ; mais ceux qui se laissoient éblouir par les apparences, attribuèrent ce jugement à sa jalousie.

La manière dont il mourut fut étrange : il eut des convulsions qui causoient de l'horreur, et les pores s'étant ouverts par des mouvemens si violens, le sang lui sortoit de toutes parts. On ne manqua pas de remarquer que c'étoit avec justice qu'on voyoit nager dans son propre sang un prince qui avoit si cruellement répandu celui de ses sujets. Telle fut la fin de Charles IX, dans sa vingt-cinquième année. Quoiqu'il fût d'un naturel dur et féroce, plusieurs marques d'honnêteté, et même de politesse qu'il donna, et l'ardeur qu'il témoigna sur la fin de ses jours pour bien régner, firent croire que son humeur pouvoit être non-seulement adoucie et corrigée, mais encore tournée en grandeur d'ame. Ainsi il peut servir d'exemple aux princes, pour leur apprendre combien une bonne éducation leur est nécessaire, et combien ils doivent craindre de prendre trop tard de bonnes résolutions.

FIN DU VINGT-CINQUIÈME VOLUME.

TABLE GÉNÉRALE

DES MATIÈRES CONTENUES DANS LE VINGT-CINQUIÈME VOLUME.

A

ABDÉRAME, gouverneur des Sarrasins d'Espagne, s'empare de l'Aquitaine : il est battu par Charles-Martel. 16.

ADRETS (le baron des), chef des huguenots, se fait haïr dans son parti même, pour ses cruautés envers les catholiques. 523, 524. Il se fait catholique et inquiète les protestans dans le Dauphiné. 528.

ADRIEN VI est élu pape par le crédit de Charles-Quint. 331. Il s'occupe de rétablir la paix entre l'empereur et le roi de France. 337.

ÆGIDIUS ou GILLON, élu roi par les François, en la place de Childéric I, est chassé du trône par l'intrigue de Guyeman. 3.

AÉTIUS, général des Romains, enlève aux François une partie des Gaules. Fait avec eux un traité de paix. 2. Il est tué par les ordres de Valentinien III, *Ibid.*

ALBRET (Jeanne d'), reine de Navarre, abandonne son pays qu'elle ne pouvoit défendre. 582. Amène son fils à l'armée des protestans. 590. Sa mort. 617.

ALEXANDRE VI, pape. Ses vices. 252. Il met tout en œuvre pour s'opposer à la conquête des Deux-Siciles par les François. 253 et suiv. Sa mort tragique. 287.

AMBOISE (Georges d') est fait cardinal. 277. Légat *à latere* dans toute la France. 281. Il est porté à favoriser le Pape, pour parvenir à la papauté. 283. Son ambition et sa simplicité font la risée de l'Europe. 287. Sa mort. 299. Ses qualités. *Ibid.*

AMIOT (Jacques) est envoyé au concile de Trente par Henri II. Objet de sa commission. 452.

ANDELOT (d'), frère de Coligny, est envoyé par les protestans en Allemagne, pour y solliciter du secours. Il amène un renfort considérable. 534. Il est accusé du meurtre du duc de Guise. 543.

ANGLETERRE. Troubles violens qu'elle éprouve. 153 et suiv. 162, 183, 186, 189, 207, 453.

ARC (Jeanne d'), dite la Pucelle d'Orléans : récit de ses actions. 174 et suiv. Sa mort. 176.

ARNOUL de Carinthie, empereur d'Allemagne, de la race de Charlemagne, est élu roi de Germanie après la déposition de Charles le Gros. 87. Arnoul est sacré empereur par le pape Formose. *Ibid.* Sa mort. *Ibid.*

AUGSBOURG, ville d'Allemagne. La confession de foi des Luthériens et des Zwingliens y est présentée à Charles-Quint. 385.

B

BAJAZET, empereur des Turcs, porte la guerre en Hongrie, défait les François. 150. Discours impies de ce prince. Sa triste fin. 152.

BALUE (Jean de la) porte au parlement les lettres du Pape relatives à l'abolition de la Pragmatique-Sanction. 203. Il est fait évêque d'Evreux et cardinal. *Ibid.* Trahit son maître, et est enfermé dans une cage de fer. 206.

BARTHÉLEMY (massacre de la Saint-). Récit des scènes d'horreurs qui s'y passèrent. 424 et suiv. Elles se renouvellent dans quelques provinces du royaume. 428 et suiv.

BASINE, femme du roi de Thuringe, épouse Childéric, du vivant de son premier mari. 3.

BATHILDE (sainte), femme de Clovis II, gouverne avec sagesse pendant la minorité de ses fils. Soupçonnée sur ses mœurs, elle se retire dans un monastère, 9, 10.

BAUDOUIN, comte de Flandre, enlève Judith, fille de Charles le Chauve, et l'épouse malgré son père. Il a inutilement recours au Pape, pour se délivrer de l'excommunication lancée contre lui par les évêques. 32.

BAYARD (Pierre du Terrail, chevalier) défend courageusement Mézières. 328. Surprend Lodi. 344. Reçoit le commandement de l'armée, quand tout sembloit perdu, sauve ses troupes, et meurt de ses blessures. 347. Ses dernières paroles : il est également regretté des ennemis et des François. *Ibid.*

BLANCHE de Castille, reine de France, est nommée tutrice de Louis IX, son fils : son activité à déjouer les entreprises de ses ennemis, son adresse à les diviser. 66 et suiv. Soin qu'elle prenoit de former son fils à la vertu. 67.

BONIFACE VIII, pape. Comment il parvient au souverain pontificat. Ses démêlés avec Philippe le Bel. 90.

BONNIVET (Guillaume Goufier, dit l'amiral), s'empare de Fontarabie, obtient le principal commandement des armées d'Italie. 334 et suiv. Ses mauvais conseils mettent la France à deux doigts de sa perte. *Ibid.* Sa mort. 354.

BOSON, favori de Charles le Chauve, se fait roi de Bourgogne. Vaincu à différentes reprises, il fait sa soumission, et conserve à ce prix ses Etats, 36.

BOURBON (Antoine de), roi de Navarre, dispute la régence du royaume de France pendant la minorité de Charles IX. 501. Les protestans jettent les yeux sur lui pour le mettre à la tête de leur parti. Son irrésolution fait échouer leurs projets. Le colloque de Poissy le dégoûte des calvinistes : il s'unit avec les chefs du parti catholique. 514. Sa mort. 534.

BOURBON (Charles duc de) est fait connétable. 310. S'empare par adresse du château de Milan. 316. Les injustices qu'il éprouve l'engagent à se jeter dans le parti de l'empereur. 337. La principale espérance des ennemis de la France repose sur lui. 343. Désespéré du mauvais état de ses affaires, il tente de se rendre maître de Naples. 369, 370. Il s'attache ses troupes par l'espérance du pillage ; il conduit son armée contre Rome : sa mort. 371.

BOURGOGNE. *Voy.* JEAN, dit Sans Peur, LOUIS XI.

BRANDEBOURG (Albert de) fait avec furie la guerre aux catholiques. 456. Il est abandonné par l'empereur à la chambre de Spire. 458.

BRISSAC (le maréchal de), un des plus estimés capitaines de son temps. 551. Il obtient divers commandements dans les armées. *Voy.* FRANÇOIS I, HENRI II et CHARLES IX.

BRUNEHAUT, femme de Sigebert. 6. Sa mort malheureuse. 8.

C

CALVIN (Jean) publie son livre de l'*Institution*. 398. Portrait de cet hérésiarque. *Ibid*. Sa secte fait de grands progrès en France. 448. Guerres qui se préparent entre les catholiques et les calvinistes. 516, 517. Quelle en fut l'occasion. 516. Ils commettent des désordres inouis. 522.

CARLOMAN, fils de Charles-Martel. Ses victoires sur différens peuples. Dégoûté du monde il se retire dans un monastère. 17.

CARLOMAN, fils de Louis II, roi de Neustrie, réunit sous sa domination la France entière, par la mort de son frère. 36. Sa mort. *Ibid*.

CARROUGE (Jean), se bat en duel contre Jacques le Gris. 139. Le sujet de ce combat est remarquable. *Ibid*.

CHARLES-MARTEL est fait prince d'Austrasie. Il se fait élire maire de palais en Neustrie. Il va réduire les Saxons, après avoir pacifié la France. 12, 14. Il défait les Sarrasins devant Tours. Il est fait duc des François. *Ibid*. Sa mort. 17.

CHARLES I, dit Charlemagne, réunit à son domaine le royaume de Carloman, son frère; ses victoires. 20. Il est déclaré patrice de Rome, roi des Lombards, et peu après empereur d'Occident. 21 et suiv. Il tâche d'assurer la couronne à ses enfans, en les faisant couronner de son vivant. *Ibid*. Sa conduite généreuse envers les papes. 22, 23. Il déclare la guerre aux Saxons, dans le dessein d'établir la religion parmi eux. 24. Sa sévérité à leur égard. 25. Considération que lui attirent de la part des princes infidèles, ses hauts exploits. 26. Des malheurs domestiques troublent une longue suite de prospérités. 27. Ses admirables qualités. *Ibid*.

CHARLES II, dit le Chauve, s'unit à son frère Louis, roi de Germanie, contre Lothaire, et bientôt après à Lothaire contre Louis. 31 et suiv. Son attention à profiter des circonstances pour agrandir ses Etats. 33. Il se fait couronner empereur. Sa mort. Jugement sur son règne. 34.

CHARLES III, dit le Gros. Des actions honteuses ternissent l'éclat de ses bonnes qualités. Son royaume lui est ôté par les seigneurs, et il meurt dans la plus affreuse misère. 26, 27.

CHARLES IV, dit le Simple, éprouve la révolte de ses sujets. Chassé du trône il le recouvre bientôt après : il meurt misérablement, victime de la fourberie de ses ennemis. 38.

CHARLES IV, dit le Bel, gouverne son royaume avec beaucoup de prudence et de vertu. 96, 97. Reproches qu'il sembla mériter. *Ibid*.

CHARLES V, dit le Sage, est régent du royaume pendant la captivité du roi Jean. 110. Il balance à recevoir les conditions imposées pour la liberté du roi. 112. Prend les plus sages mesures pour recouvrer les provinces cédées aux Anglois; leur déclare la guerre; ses moyens pour en assurer le succès. 117 et suiv. Il fixe la majorité des rois de France à quatorze ans. 121. Il poursuit avec vigueur ses projets. 122. Instruit de sa prochaine mort, il met ordre aux affaires de sa conscience et de son Etat. 127. Regrets que sa mort cause aux François. Grands biens que la France reçoit de son administration. 127, 128. Il obtient de ses ennemis cet éloge, que jamais roi n'avoit fait de si grandes choses. 120.

CHARLES VI. Troubles arrivés dans plusieurs royaumes sous son règne : quelles en furent les différentes causes. 130. Donne du secours au comte de Flandre contre ses sujets révoltés. 132. Châtiment qu'il exerce contre ses sujets qui s'étoient soulevés. 136. Epouse la fille du duc de Bavière. 138. Veut porter la guerre en Angleterre : ses préparatifs deviennent inutiles. 138, 139. Il s'occupe du soulagement des maux qui pèsent sur le peuple. 144. Reçoit l'hommage du comté de Foix. *Ibid.* Triste accident qui lui fait perdre la raison. 147, 148. Sa santé étant rétablie, il envoie des secours à la Hongrie contre les Turcs; s'occupe de mettre fin au schisme qui désole l'Eglise. 152. La foiblesse de sa raison livre le royaume au déchirement des factions. 153 et suiv. Il déshérite son fils, et déclare le roi d'Angleterre régent du royaume. 170 et suiv. Mort de ce prince. Cris douloureux que les bons François entendent à ses funérailles. 172.

CHARLES VII. N'étant encore que dauphin, il est déclaré par son père déchu du droit à la couronne. 170. Il monte sur le trône. Triste état de la France dans ces conjonctures. 172. Moyens presque miraculeux par lesquels il relève ses affaires. 174 et suiv. Fait la paix avec le duc de Bourgogne; se rend maître de Paris. 179. Son autorité rétablie par le succès de ses armes, est presque ruinée par les divisions domestiques. *Ibid.* Il impose la taille. 180. Continue avec succès la guerre contre les Anglois. *Ibid.* et suiv. Réflexions sur la rapidité de ses conquêtes, et sur ses causes. 185. Chagrins que lui donne la conduite de son fils. 194. Sa mort. *Ibid.*

CHARLES VIII. Division des princes au commencement de son règne. 243 et suiv. Elles donnent lieu à quelques petites guerres. 244 et suiv. Il épouse Anne de Bretagne. 250. S'occupe de la conquête du royaume de Naples. 251. Etat de l'Italie en ce temps-là. 252. Crainte que la nouvelle de son expédition répand dans les esprits sages. 255. Embarras où il se trouve. 256 et suiv. Ses succès lui attirent de nouveaux ennemis. 258, 263 et suiv. Ses revers. 269 et suiv. Il repasse en France, où il reçoit la nouvelle de la défection des principales villes d'Italie. 271. Le mauvais état des affaires se fait sentir de plus en plus. 273. Il perd tout ce qu'il avoit acquis par les armes, en Italie. 274. Il s'occupe d'y porter de nouveau la guerre. Il meurt pendant les préparatifs. 275.

CHARLES IX. Intrigues causées par sa minorité. 500 et suiv. Le besoin de remédier aux maux du royaume lui fait assembler les états-généraux. 502. Il est déclaré majeur avant l'âge requis par les lois. 547. Le commencement de son règne décèle sa dissimulation et sa rigidité. 548 et suiv. Diverses mesures qu'il prend pour détruire la religion protestante. 554, 555. Triste état des affaires du royaume. 584. Son mariage avec Isabelle, seconde fille de l'empereur Maximilien. 609. Il forme le projet de la Saint-Barthélemy. 613. Tout cruel qu'il étoit, il entre avec regret dans ce dessein. On lui en cache l'étendue et l'atrocité. 619. Profonde dissimulation de ce prince dans l'accomplissement de ses projets. 621. Les remords qu'il éprouve au moment de l'exécution sont étouffés par les remontrances de sa mère. 623. Il tire lui-même sur les protestans, par les fenêtres du Louvre. 625. Il déclare au parlement les motifs qui l'avoient engagé au massacre de ses sujets. 626. Horreur qu'il inspire à tous les gens de bien. 627. La guerre se continue plus furieuse que jamais. 629. Il s'assure des étrangers. *Ibid.* Il tombe malade. 637. Soupçons qu'il a été empoisonné. *Ibid.* Le gouvernement s'affoiblit avec sa santé. 641. Extrême embarras qu'il éprouve. *Ibid.* Il déclare sa mère régente du royaume. 645. Mort horrible de ce prince. *Ibid.*

CHARLES-QUINT, soutient ses prétentions à l'empire contre François I. 321. Il l'emporte sur son compétiteur. *Ibid.* Ses ménagemens pour Luther mettent en feu toute l'Allemagne. 323. Maître de la personne de François I, il lui propose, pour recouvrer sa liberté, des conditions tyranniques, que son prisonnier refuse avec hauteur. 358. Sa conduite pleine de dissimulation et de fausseté. 372 et suiv. Entreprend de purger les mers des pirates Turcs. 398. Il amuse François I par de belles paroles, tandis qu'il fait des préparatifs pour la guerre. 400 et suiv. Sa téméraire confiance de réduire la France. 409 et suiv. Il est obligé de sortir de ce royaume, n'emportant que la honte d'avoir fait bien du bruit, sans réussir en rien. 414. Embarras qu'il éprouve dans sa retraite. 417. Il obtient le passage de ses armées par la France pour aller soumettre les Gantois. 422. Il fait en sorte de rompre l'alliance de François I avec divers Etats. 423. Il élude les promesses qu'il a faites. 424. Echoue dans son entreprise contre Alger. 427. Il fait avec le roi d'Angleterre un traité par lequel ils devoient se partager la France. 436. Il songe à réduire les protestans. 441. Malgré quelques revers, sa prudence, sa bonne fortune, ses grandes forces, sa milice si aguerrie, semblent lui promettre un heureux succès. 443, 445 et suiv. Il donne à l'univers un grand spectacle, en abdiquant l'Empire. 464. Il meurt dans sa retraite de Saint-Just, après y avoir passé deux ans en grande tranquillité, occupé de la mort et de son salut. 474.

CHARLES BORROMÉE (saint), archevêque de Milan, montre que les derniers siècles avoient des évêques comparables à ceux des premiers temps. 560.

CHATILLON (le cardinal de) suit les opinions de Calvin. Il fait la cène à la mode des Calvinistes. 508. Il se marie, et retient son évêché de Beauvais. 539. Il est cité à Rome pour y répondre sur le crime de l'hérésie et de son mariage. Il passe en Angleterre, avec la commission d'y ménager l'alliance de la reine Elisabeth avec les protestans. 612. Il meurt empoisonné. *Ibid.*

CHÉREBERT, roi de Paris, laisse par sa mort son royaume à Chilpéric. 7.

CHILDEBERT I, fils de Clovis, obtient Paris pour son partage. 6. Il consent au meurtre de ses neveux, dont il partage la succession avec Clotaire son frère, leur meurtrier. *Ibid.*

CHILDEBERT II, roi d'Austrasie, laisse deux fils, Théodebert, roi d'Austrasie, et Théodoric, roi de Bourgogne. 8.

CHILDEBERT III, succède à Clovis III, son frère. 12.

CHILDÉRIC I. Ses qualités et ses vices. Il est chassé par les François, et rétabli par les soins de Guyeman, son confident. Ses conquêtes. 3.

CHILDÉRIC II. Loi qu'il porte touchant les maires du palais, rendue inutile. Il meurt assassiné. 11.

CHILDÉRIC III, le dernier des rois fainéans, est mis sur le trône par les fils de Charles-Martel, et abandonné de ses sujets. 17.

CHILPÉRIC I, roi de Soissons, épouse Frédégonde. Ses démêlés avec Sigebert. Il est tué en revenant de la chasse. 6, 7.

CHILPERIC II, est mis sur le trône par Reinfroi. Vaincu par Charles-Martel, il s'enfuit en Aquitaine, d'où Charles le rappelle pour lui donner le royaume de Neustrie. 13. Il meurt. 14.

CLEMENT VII, pape, fait servir à la politique et à ses intérêts les affaires de la religion. 380, 381. Sa précipitation cause la séparation de l'Angleterre de l'Eglise romaine. 394. Il meurt au milieu de ses desseins ambitieux. 396.

CLISSON (Olivier), est désigné connétable par Charles V. 127. Est fait prisonnier du duc de Bretagne, par trahison. 141. Rendu à la liberté, il demande au roi la réparation de cet outrage. En butte à la jalousie, il est banni du royaume, privé de sa charge. 147 et suiv. Il va au secours de la Hongrie menacée par Bajazet, est fait prisonnier avec les autres principaux seigneurs de sa suite. Sa mort. 151.

CLODION le Chevelu. Ses conquêtes. Sa mort. 2.

CLODOMIR, fils de Clovis, et roi d'Orléans, est tué à la guerre contre les Bourguignons. Mort malheureuse de ses enfans. 6.

CLOTAIRE I, fils de Clovis, et roi de Soissons, égorge les enfans de son frère Clodomir, dont il envahit le royaume. Il soumet par la force son fils, qui s'étoit révolté contre lui, et il le fait brûler avec sa femme et ses enfans. 6. Sa pénitence et sa mort. *Ibid.*

CLOTAIRE II, fils de Chilpéric, recueille la succession de tous ses parens, et règne ainsi sur toute la France. Sa cruauté envers les enfans de Childebert. 7, 8. Il gouverne son royaume mieux qu'il ne l'avoit acquis. *Ibid.*

CLOTAIRE III, fils de Clovis II, meurt sans laisser de postérité. Sa mort donne lieu à quelques différends. 10.

CLOTILDE (sainte). Ses précieuses qualités. Elle épouse Clovis, roi des François. Ses efforts pour attirer son époux à la religion catholique. 4, 5.

CLOVIS I. Quels furent les exercices de sa jeunesse. 3. Il défie à une bataille Syagrius. Celui-ci est défait et livré à Clovis, qui le fait mourir. Conquêtes de Clovis. 4. Il recherche et obtient la main de Clotilde. Avantages qui doivent résulter de ce mariage pour le Roi et pour la nation. 4. Il fait vœu d'embrasser le christianisme, s'il sort victorieux d'un combat qu'il alloit livrer. 5. Le bruit de ses exploits engage l'empereur Anastase à le nommer consul. *Ibid.* Les revers qu'il essuya le rendirent barbare sur la fin de sa vie. *Ibid.*

CLOVIS II, fils de Dagobert, réunit l'Austrasie à la France. 9.

CLOVIS III, meurt après un règne de quatre ans. 12.

COLIGNY (Gaspard de), amiral de France, forme le parti protestant. 486. Le meurtre du duc de Guise, dont il est accusé d'être l'instigateur, le rend extraordinairement odieux. 546. Ses ressources et son grand cœur relèvent le parti des protestans, abattu par la mort de Condé. 591. Vives inquiétudes qu'il éprouve. 595. Tout autre y eût succombé, mais c'étoit dans ces rencontres que son courage se relevoit le plus. 596. Après la bataille de Moncontour, sa seule fermeté empêche le parti de désespérer, et les restes de l'armée de se rendre au roi. 601. Sa fierté lui fait refuser des conditions avantageuses, et la trêve que le roi demande. 605. Admiration que cause sa conduite. 606. La reine qui le croit invincible dans la guerre, ne trouve plus le moyen de le perdre que par la paix. *Ibid.* Avantage que cette paix procure aux protestans. 607. Il est attiré à la Cour par les propositions favorables de Charles IX. 614. Son entrevue avec ce prince. *Ibid.* Assassiné par son ordre, il demande à lui révéler un secret important pour l'Etat 620. Sa mort. 624.

COLOMB (Christophe) découvre le Nouveau-Monde, et le soumet au roi d'Espagne. 250.

CONDÉ (Louis de Bourbon, prince de). Le mauvais état de ses affaires, et surtout sa jalousie contre la maison de Guise, font craindre qu'il ne se mette à la tête des protestans. 480. Il est attiré à la Cour, et retenu prisonnier. 497. A la veille d'être condamné, il ne montre pas la moindre crainte. 498. Il refuse de sortir de prison, qu'il ne soit justifié. 501. Il se déclare ouvertement chef des huguenots, et s'empare d'Orléans. 520, 521. Raisons qu'il emploie pour fortifier son parti. 522. Proposition insidieuse qui lui est faite de sortir du royaume. 526. Il se met en campagne. Le pillage d'une seule ville fait régner la licence dans son armée. 527. Le traité qu'il fait avec l'Angleterre, rend son parti odieux à tout le royaume. 531. Suite de revers qu'il éprouve. *Ibid.* et suiv. Il est fait prisonnier. 538. Il consent à un traité de paix. 545. Ses débauches peu convenables au chef du parti qui se disoit réformé. 546. Sur l'appréhension des maux qui menacent son parti, il tente de se saisir de la personne du Roi. 567. Il recommence la guerre. 568. Il se fortifie de l'alliance des princes allemands. 573. Il perd la bataille de Jarnac et la vie. 589. Réflexions sur sa conduite. 590.

CONSTANTINOPLE. Translation de l'empire de Constantinople entre les mains des François. 62 et suiv. Cette ville tombe au pouvoir des Turcs. (*Voy.* MAHOMET II.)

D

DAGOBERT I. Contrariétés de sa conduite. 8. Il bâtit le monastère de Saint-Denis. 9.

DAGOBERT II, est envoyé en Irlande par la perfidie de Grimoalde. 10. Il en est rappelé et mis sur le trône. 11.

DAGOBERT III, lève une armée à la sollicitation des seigneurs du royaume, avec laquelle il défait les Austrasiens. Sa victoire ne lui fut d'aucun fruit. 12.

DUNOIS (Jean d'Orléans, comte de), rend par ses victoires la France à ses rois légitimes. 174 et suiv. *Voy.* CHARLES VII.

E

EBROIN, maire du palais sous Clovis II, élève sur le trône Thierry. Il est pris et renfermé dans un couvent. 10, 11. Il en sort. Moyen qu'il prend pour soumettre Thierry à ses volontés. *Ibid.* Est tué par Hermenfroy. 12.

EDOUARD III, roi d'Angleterre, forme des prétentions sur le royaume de France. 97. Rend hommage à Philippe de Valois. 98. Lui déclare la guerre, attire dans son parti différens princes. 99 et suiv. Gagne les batailles de l'Ecluse, et de Crécy; pénètre dans la Bretagne et la Normandie; se rend maître de Calais. 100, 106.

ELISABETH, reine d'Angleterre, est déterminée par son intérêt à embrasser la religion protestante. 474. Envoie du secours aux protestans de France. 595.

ENGHIEN (François de Bourbon, duc d'), gagne la bataille de Cérisoles. 433 et suiv. Mort malheureuse de ce jeune prince. Ses grandes qualités le rendoient également cher aux François et aux étrangers. 442.

ETIENNE II, pape, sacre Pépin, Bertrude et leurs fils pour régner sur la France. 19. Appelle à son secours Pépin contre Astolphe, roi des Lombards.

EUDES, duc d'Aquitaine, appelle à son secours les Sarrasins contre Charles-Martel. 16. Il est obligé d'implorer le secours de ce dernier contre Abdérame, qui s'étoit emparé de ses Etats. *Ibid.*

EUDES (le comte), fils de Robert le Fort, est élu roi des François. Il partage avec Charles, fils de Louis le Bègue, son royaume. 38. En mourant, il le lui rend en entier. *Ibid.*

EUSTACHE DE SAINT-PIERRE se dévoue à la mort pour le salut de Calais, sa patrie. 105.

F

FLANDRE. Cette province est déchirée par des factions. Quelle en fut la cause. 124 et suiv. 129 et suiv. 138, 363 et suiv.

FOIX. *Voy.* GASTON.

FOULQUES de Neuilly reçoit du pape Innocent III l'ordre de prêcher la croisade. 62.

FRANÇOIS I, roi de France, poursuit les projets de Louis XII contre l'Italie. 310. Ses négociations à cet effet. *Ibid.* Le besoin d'argent l'engage à vendre les charges de judicature. 312. Il s'avance vers l'Italie, passe les Alpes, fait un accord avec les Suisses; leur infidélité à leurs promesses le rend inutile. 314. Gagne contre eux la bataille de Marignan. *Ibid.* Fait son entrée dans Milan; conclut le Concordat avec le Pape. 316 et suiv. Causes des longs démêlés qu'il devoit avoir avec Charles V. 320, 322. Il arme contre ce prince. 324. Ses affaires se dérangent en Italie. 326. Attaqué par cent endroits différens, il soutient la partie avec des succès mêlés de quelques revers. 327 et suiv. Embarras qu'il éprouve à la nouvelle de la défection du connétable de Bourbon. 341. Il fait passer une armée en Italie, et se trouve en grand péril dans plusieurs parties de la France. 344. Il se détermine à passer lui-même en Italie. 347. Sa confiance lui fait perdre la bataille de Pavie et la liberté. 354. Consternation que ce malheur répand en France; mesures qu'on prend pour garantir le royaume des dangers qui le menacent. 356. Rendu à la liberté, ce prince proteste contre les conditions injustes qui lui étoient imposées, et forme une nouvelle ligue contre l'Empereur. 365, 372. De nouvelles tentatives en Italie, à la fin malheureuses. 378. Il est réduit, moins par le malheur de ses affaires que par le désir de revoir ses enfans laissés en otage à la cour d'Espagne, d'abandonner ses alliés. 381, 382. Il se joint au roi d'Angleterre et aux princes luthériens contre l'Empereur. 386. S'oppose avec vigueur au progrès de l'hérésie de Luther en France. 397. Il est engagé dans une nouvelle guerre contre l'Empereur. 399 et suiv. Chagrin qu'il éprouve. 411. Sages mesures qu'il prend pour s'opposer aux entreprises de ses ennemis contre la France. 412. Il prend un parti qu'on n'auroit pas attendu de son courage. 418. Les plaintes qu'il porte contre l'empereur n'ayant pas été écoutées, il lui déclare la guerre. Il reprend le dessein d'exciter les Turcs contre ce prince. 430. Il soutient la guerre contre l'Empereur et le roi d'Angleterre. 436. La paix avec l'Empereur, lui fait tourner ses projets contre l'Angleterre. 439. Des nouvelles affligeantes altèrent sa santé. 443. Il meurt, après un règne de trente-trois ans Jugement sur ce prince. *Ibid.*

FRANÇOIS II. Tout ce qui fait appréhender de grands troubles dans un Etat, se trouve ensemble sous son règne. 479. Sa mort à l'âge de dix-huit ans. 499.

FRÉDÉGONDE épouse Chilpéric. Ses cruautés. 6. Elle gouverne le royaume pendant la minorité de son fils. 7.

G

GASTON de Foix, duc de Nemours, reçoit le commandement des armées françoises en Italie. 303. Ses succès. 304 et suiv. Sa mort. *Ibid.*

GASTON PHŒBUS, comte de Foix, est visité par Charles VI, attiré par sa grande réputation. 144. Malheurs qu'il éprouve dans sa famille. 145.

GERSON (Jean), chancelier de l'Université de Paris, prononce l'oraison funèbre du duc d'Orléans. 162.

GODEFROY de Bouillon, obtient le commandement de deux armées envoyées contre les Sarrasins. 48. Ses victoires. *Ibid*. Elu roi de Jérusalem, il refuse d'être couronné en roi, où son maître avoit été couronné d'épines. *Ibid*. Il étoit seul capable de soutenir les affaires des chrétiens de la Palestine. 49.

GONSALVE, dit le Grand Capitaine, reçoit le commandement des armées de Ferdinand en Italie. 273.

GRIS (Jacques le). *Voy*. CARROUGE.

GUESCLIN (Bertrand du) défait les Gascons, perd la bataille d'Auray, est fait deux fois prisonnier. 114, 115 et suiv. Il obtient sa liberté par adresse. 116. Est fait connétable. 119. Détruit insensiblement l'armée des Anglois. *Ibid*. Soumet le Poitou et la Bretagne. 121. Il meurt peu après, et il est enterré à Saint-Denis auprès des rois. 127.

GUILLAUME le Conquérant se rend maître de l'Angleterre. 47. Cause de la guerre qu'il porte en France. *Ibid*.

GUISE (François, duc de), se charge de défendre Metz contre l'empereur Charles V. 457. Il fait autant louer son humanité, qu'admirer sa valeur. *Ibid*. Toute la France, et le roi même, regardent ce prince comme leur unique espérance. 469. Il prend Calais, en peu de jours. 470. Il s'empare de toutes les dignités de l'Etat. 481 et suiv. Haine qu'il s'attire de la part des François. 494 et suiv. Il obtient d'être déclaré lieutenant-général du royaume. 488. Reçoit le titre de *Conservateur de la Patrie*. 491. Il sollicite la mort du roi de Navarre et du prince de Condé. 497. Se réconcilie avec Condé, et attire à son parti le roi de Navarre. 514. Une de ses paroles devient pour les huguenots le signal de la guerre. 517. Il est reçu dans Paris avec des honneurs qu'on ne rend qu'au souverain. 518. Se retire de la Cour, pour obliger Condé à déposer les armes. 523 et suiv. Il commence la guerre contre les protestans. 527. Sa conduite ne donne pas moins de réputation aux armes du roi. que sa valeur. 529. Conseille le siége de Rouen, qu'il prend de force. *Ibid*. Gagne sur Condé la bataille de Dreux, et le fait prisonnier. 530. Paroles mémorables de ce prince. 541. Il meurt assassiné, et laisse en mourant un exemple mémorable de piété et de constance. 542. Haine que cet assassinat attire aux huguenots. 543.

H

HENRI I. roi de France, est forcé par ses frères de se réfugier en Normandie. 46. Il soumet ses ennemis, et règne assez paisiblement. Sa mort. 47.

HENRI II. Intrigues de cour qui signalent le commencement de son règne. 444. Il en vient aux extrémités pour s'opposer aux progrès de la secte de Luther. 448 et suiv. Révolte de la Guyenne et des provinces voisines. 448. Il soutient l'Ecosse contre les Anglois, et procure également les avantages de la France, et ceux de ses alliés. 451. S'engage à la guerre contre l'Empereur. 452. Ses conquêtes coûtent cher à la France. 455 et suiv. Il poursuit ses projets en Italie. 466, 467. Dans le pressant danger qui le menace, ce prince éprouve que rien ne peut égaler le zèle des François pour leur roi et pour leur patrie. 471 et 474. Il prend deux grandes résolutions. 476. Le royaume n'ayant rien à craindre au dehors, il songe à prévenir les partis qui pouvoient se former au dedans. 477. Son premier acte de sévérité contre les protestans. *Ibid.* Sa mort malheureuse remue toute la Cour, et la remplit de sourdes pratiques. 477 et 478. Jugement sur le règne et les qualités de ce prince. 479.

HENRI III. Etant encore duc d'Anjou, il gagne tous les cœurs. 564. Cause de vives alarmes au parti protestant par son intrépidité. *Ibid.* Ses discours obligeans et ses exemples soutiennent les soldats. 586. Bat le prince de Condé à Jarnac. 589. Joie que cause cette victoire. *Ibid.* Défait les huguenots à Moncontour. 598. Fruits de cette victoire rendus inutiles. 600. Il croit avoir acquis assez de gloire, et ne songe plus qu'aux plaisirs. 609. Il est élu roi de Pologne. 633. Raisons qui lui font différer d'aller prendre possession de son royaume. 635. Son départ de la France enfle le courage des huguenots. 636. Il gagne le cœur de ses sujets. 638. Il perd insensiblement l'estime des grands seigneurs du royaume. 639. Charles IX avoit souvent dit que quand il seroit en place, le foible de ce prince paroîtroit, et qu'on verroit évanouir sa gloire. 645.

HENRI IV ; n'étant encore que prince de Navarre, sa vivacité donne beaucoup d'espérance. 548. Il est déclaré chef de l'armée protestante. 591. Epouse la princesse Marguerite. 618. Abjure la religion protestante, par crainte de la mort. 625.

HENRI V, roi d'Angleterre, fait demande à Charles VI de toutes les terres que les Anglois avoient possédées en France. 163. Gagne contre les François la bataille d'Azincourt. *Ibid.* Poursuit ses succès; est fait régent du royaume de France, et reconnu successeur de Charles VI. Sa mort. 170.

HENRI VI se fait couronner roi de France. 177. Guerre malheureuse qu'il est obligé de soutenir contre le duc d'Yorck. 186. Il se retire en Ecosse, d'où il est ramené prisonnier pour la seconde fois. 196.

HENRI VIII tente de faire dissoudre son mariage avec Catherine d'Arragon. 380. Les sujets de plainte qu'il croit avoir contre le Pape lui rendent les Luthériens moins odieux. 386. Il fait déclarer nul son mariage avec Catherine, et épouse Anne de Boulen. 392. Il se sépare de l'Eglise. 394, 395. Son schisme, et ses cruautés pour le maintenir, brouillent tout son royaume. 417. Se joint avec l'Empereur contre la France. Sa mort. 442. Jugement sur ce prince. *Ibid.*

HOPITAL (Michel de l') est fait chancelier de France. 490. Détourne Catherine de Médicis de consentir à l'arrêt de mort contre le roi de Navarre et le prince de Condé. 498. Veut qu'on use de douceur envers les protestans. 503. Sa sagesse, sa probité, son grand savoir sont nécessaires au roi, et servent à affermir son crédit. 547. Il s'occupe à faire des règlemens utiles au bien du royaume. 550. Desservi dans l'esprit du roi, il se retire des affaires. 581. Sa mort.

HUGUES le Grand reçoit en souveraineté le pays situé entre la Seine et la Loire. 37. Fait et défait les rois à son gré. Sa puissance se soutient contre les efforts faits pour la détruire. 41, 42.

HUGUES (surnommé Capet), fils du précédent, surpasse son père en richesse et en puissance. 42. Sa victoire sur Othon, roi d'Allemagne. 43. Il est fait roi de France, à l'exclusion de Charles, frère de Lothaire. *Ibid.* Observations sur l'élévation de Hugues-Capet au trône. 44. Il soutient son autorité plutôt par adresse et par prudence que par force et par empire. 45. Il meurt après dix ans de règne. *Ibid.*

HUMBERT, dauphin du Viennois, donne le Dauphiné au roi de France. 106.

I

INQUISITION. Elle est établie dans les Pays-Bas, et y cause des troubles fâcheux. 562 et suiv.

J

JACQUERIE (la). Faction des paysans qui désolent la France : ils sont dissipés. 111 et suiv.

JEAN I meurt après huit jours de règne. 95.

JEAN II perd, par une téméraire confiance, la bataille de Poitiers. 108. Est fait prisonnier. 109. Achète sa liberté par la cession de plusieurs provinces. 113. Repasse et meurt en Angleterre. 114. Parole admirable de ce prince. 115.

JEAN, dit Sans-Peur, duc de Bourgogne. Son caractère. 155. Il s'oppose au duc d'Orléans. 156. Le fait assassiner. 157. Veut justifier son attentat. *Ibid.* et suiv. Son accommodement. 158. Il est poursuivi de nouveau. 162. On lui fait la guerre. 163. Il veut se rendre maître du roi et des affaires. 166. Il entre à Paris. 168. Il est assassiné. 170.

JÉSUITES. Leurs démêlés avec l'Université sont soumis au parlement. Cette compagnie est reçue en France, comme ont accoutumé les établissemens extraordinaires, avec beaucoup de zèle d'un côté, et de contradiction de l'autre. 557.

JUIFS. Ils sont vivement persécutés sous le règne de Philippe V. 95, 96.

JULES II, pape. Par quels moyens il obtient la papauté. 287. Sa conduite pour recouvrer quelques villes. 288, 292, 295 et suiv. Il n'oublie rien pour susciter des ennemis à la France. 297. Il prend lui-même les armes : s'étant rendu maître d'une ville, il y entre par la brèche. 300. Chagrins qu'il éprouve. 302. Pressé par les François, il forme une ligue contre eux, et s'occupe de rendre nul le projet de sa déposition. *Ibid.* Sa conduite dans le concile de Latran. 306. Il formoit les plus vastes desseins quand la mort l'arrêta. 307.

L

LANGEY (Guillaume du Bellay, seigneur de) rend les services les plus importans à la France, par son habileté dans les négociations dont il est chargé, et par la sagesse de ses conseils. (*Voy.* le règne de François I.) La pauvreté d'un serviteur si utile est une tache dans le règne de ce prince. 429.

LEON X est fait pape par la brigue des jeunes cardinaux. 307. Se repent des conditions auxquelles il a fait la paix avec François I. 316. Il a avec ce roi une entrevue : avantages qu'il en espère. 317. Il fait un traité avec lui contre l'empereur Charles V. 323. Recherche les occasions de le rompre. 327. Il se ligue avec les ennemis de François I. Sa mort laisse les affaires de la ligue en mauvais état. 331.

LOIS SALIQUES, ainsi nommées du nom des Saliens. Ce qu'elles régloient touchant les successions. 1. Elles furent corrigées par Clovis, en ce qui étoit contraire à la religion chrétienne, et rédigées en un seul corps sous le règne de ses fils. 5, 6.

LORRAINE (le cardinal de) est employé dans diverses négociations, et occupe, avec le duc de Guise, les premières dignités de l'Etat. (*Voy.* les règnes de François II et Charles IX.) Il propose une conférence, par laquelle il espéroit ramener les protestans à l'amiable. 509. Les gens sages désapprouvent ce dessein : par quels motifs. *Ibid.* Il va au concile de Trente avec des desseins dignes d'un si grand prélat. 540.

LOTHAIRE, fils de Louis I, est associé par son père à l'empire. 29. Il arme contre son père. Suites de sa révolte. *Ibid.* Il perd contre ses frères la bataille de Fontenai, et une partie de ses Etats. 31. Il se retire dans un monastère. 32.

LOTHAIRE, fils de Louis IV, est mis sur le trône par Hugues-le-Grand. Sa mort. 42.

LOUIS I, dit le Débonnaire, associe son fils Lothaire à l'empire. 28. Moyen qu'il prend pour entretenir la concorde entre ses enfans. 29. Poursuivi par Lothaire révolté contre lui, il entre dans un monastère, qu'il quitte bientôt pour remonter sur le trône. *Ibid.* Il meurt tandis qu'il est dans la malheureuse occupation de réduire ses enfans révoltés. 29, 30.

LOUIS II, dit le Bègue, meurt empoisonné après un règne de deux ans. 35.

LOUIS III est nommé et reconnu pour roi par les seigneurs, au détriment du véritable successeur de Louis II. 35. Il s'oppose aux Normands qu'il met en déroute. Sa mort. 36.

LOUIS IV est appelé au trône par Hugues le Grand. Il tombe au pouvoir des Normands. Sa mort. 41, 42.

LOUIS V est reconnu roi par les grands de l'Etat, et meurt empoisonné après un règne fort court. 43, 44.

LOUIS VI, dit le Gros. Ses démêlés avec le roi d'Angleterre. Il soutient ses prétentions par les armes : jugement sur ce prince. Sa mort. 50, 51.

LOUIS VII, dit le Jeune, affranchit les communes. Avantages qu'il en espère. 51. Il prend la résolution d'aller secourir les Chrétiens de la Palestine. 52. Mauvais succès de son entreprise. *Ibid.* Il répudie sa femme. *Ibid.* Fâcheuses suites de cette répudiation. Ses qualités. Sa mort. 53.

LOUIS VIII ordonne au roi d'Angleterre de quitter les pays qu'il possède en France. Ses conquêtes, ses belles qualités. Sa mort. 65 et suiv.

LOUIS IX (saint) est mis sous la tutelle de Blanche, sa mère. 65. Preuve qu'il donne de son courage étant encore enfant. 66. Son horreur pour le péché. Son attention à maintenir le respect dû à la religion, et à rendre la justice. 69. Sa grande sagesse, sa douceur, sa fermeté. *Ibid.* Il refuse l'offre qui est faite de l'empire à son frère Robert : paroles nobles qu'il prononce à ce sujet. *Ibid.* Obligé à la guerre, sa valeur imprime de la crainte à ses ennemis, et les réduit à la soumission. 71. Il fait vœu de porter les armes contre les Sarrasins. *Ibid.* Ses premiers efforts sont couronnés des plus heureux succès. Son attention à en attribuer à Dieu toute la gloire. 73. Il se trouve réduit à la dernière extrémité par les divers fléaux qui affligent son armée, et obligé de se constituer prisonnier des Sarrasins. 74. Sa fermeté et sa résignation dans ses malheurs. *Ibid.* Il retourne en France, il allie la pratique des vertus chrétiennes avec les devoirs et les convenances de la royauté. 77. Son zèle pour la religion. *Ibid.* Franchise de sa politique. *Ibid.* L'amour de la paix le porte à négocier avec le roi d'Angleterre. 78. Après avoir pourvu à la tranquillité de ses Etats, il porte la guerre en Afrique. Sa mort. *Ibid.* Tableau des vertus de ce saint roi; préceptes admirables qu'il laisse à ses enfans. 79 et suiv.

LOUIS X, dit Hutin, meurt après deux ans de règne. 94, 95.

LOUIS XI, n'étant encore que dauphin, se révolte contre son père. 179. Il rentre dans le devoir. 180. Il se retire auprès du duc de Bourgogne. 190. Commencement de son règne. Il songe à retirer les places cédées par divers traités. 196. Il excite le mécontentement de ses principaux seigneurs. 198. Moyens divers qu'il prend pour résister à ses ennemis. 198 et suiv. Obligé de consentir à des conditions peu favorables, il profite habilement des circonstances. 202 et suiv. Il est arrêté prisonnier par le duc de Bourgogne. 204. Rachète sa liberté par un traité honteux. Déclare la guerre à ce prince. 205 et suiv. Il est accusé d'avoir empoisonné son frère. Ses différentes négociations avec ses ennemis. 209 et suiv. Ses inquiétudes. 214. Il détourne par son adresse les maux qui le menacent. 215 et suiv. Il établit dans son royaume les postes, si utiles au bien public. 227. Il songe à se rendre maître de tous les Etats de la maison de Bourgogne. 228. Moyens qu'il emploie à cet effet. 229 et suiv. Il s'occupe d'abréger les formalités dans les procès, et à établir l'uniformité des poids et mesures dans son royaume. 235. Il donne à son fils de sages conseils. 236. Etrange conduite qu'il tient dans sa maladie. 237 et suiv. Il attire auprès de lui saint François de Paule, espérant recouvrer la santé par ses prières. 239. Circonstances intéressantes qui précédèrent sa mort. 241 et suiv. Jugement sur ce prince. 242.

LOUIS XII, n'étant encore que duc d'Orléans, cherche à soulever le peuple contre Charles VIII. 243. Se retire en Bretagne. 244. Est fait prisonnier. 247. Obtient le commandement de la flotte dans l'expédition d'Italie. (*Voy.* Charles VIII.) La mort du dauphin lui ouvre le chemin du trône. 271. Parole mémorable de ce prince quand il y fut parvenu. 276. Il s'occupe du soulagement de ses peuples. Moyens qu'il met en œuvre. *Ibid.* Il songe à recouvrer le royaume de Naples. 277. S'empare du duché de Milan. 279. Obtient le royaume de Naples par échange avec le duché d'Anjou. 282. Difficultés qu'il éprouve au sujet de l'investiture de ce royaume, avec l'empereur. *Ibid.* Différends plus considérables avec le roi d'Espagne. 283. Il forme une ligue contre les Vénitiens. 295. Obligé à la guerre contre le Pape, il tente tous les moyens d'y mettre fin. 302. Il perd en un moment tout ce qu'il avoit possédé en Italie. 305. Quelques provinces de France sont menacées. 308. Il se marie dans sa vieillesse, et meurt au milieu des pensées de guerre. 310. L'amour qu'il avoit pour son peuple lui mérite le nom de Père de la Patrie, de Bon Roi, et de Père du Peuple. 289, 310.

LOUIS, duc d'Orléans, frère de Charles VI, veut gouverner l'Etat : se brouille avec le duc de Bourgogne. 155. Il fait la guerre en Guyenne. 156. Il est assassiné. 157. *Voy.* Jean dit Sans-Peur.

LOUIS, roi de Germanie, se ligue avec Charles le Chauve contre Lothaire. 30. Causes de leur désunion 31.

LUTHER (Martin), moine Augustin, cause de grands mouvemens en Allemagne. 323. Quelle en fut l'occasion. *Ibid.* L'Allemagne se voit menacée de guerres sanglantes par sa secte. 324.

M

MAHOMET. Tableau de la religion qu'il établit. Ses succès. 13.

MAHOMET II s'empare de Constantinople, et y établit le siége de son empire. 189. Reçoit un échec devant Rhodes. 233.

MAURES. Ils sont chassés d'Espagne. 250.

MARIE STUART, reine d'Ecosse, s'attire la haine de ses sujets. 564. Elle est réduite à l'extrémité. 583.

MÉDICIS (Catherine de), reine de France, croit devoir ménager les protestans, et tâcher de se concilier leur affection. 492. La mort de François II, et le besoin de s'assurer la régence, la porte à favoriser les Guises. 500 et suiv. Elle flotte de nouveau, selon les circonstances, entre les deux partis. 510. Reproches que sa conduite lui attire. 513. Embarras qu'elle éprouve. 519. Elle entre de bonne foi dans les desseins des Guises contre les huguenots. 530. Trois projets qu'elle médite. 547. Elle propose le massacre de la Saint-Barthélemy, et met fin aux irrésolutions de son fils. 619. Est accusée de l'avoir empoisonné. 637. S'assure de la personne de ses principaux ennemis. 643.

MÉROVÉE, fils de Clodion, s'unit avec Aétius, et Théodoric roi des Visigoths, contre Attila. 2. Il affermit sa domination dans la Germanie et la Belgique. Sa mort. 3.

MONFORT (Simon, comte de), est nommé chef de la croisade contre les Albigeois. Ses victoires, sa mort. 61. Paroles admirables qui font connoître la vivacité de sa foi. 78.

MONTGOMMERY (Gabriel de Lorge, comte de). Il cause la mort de Henri II, dans un tournois. 477. Est appelé par les protestans du Béarn, pour s'opposer à Terride, chef des catholiques. 592. Il réduit en peu de jours ce pays. 593. Echappé au massacre de la Saint-Barthélemy, il passe en Angleterre pour y solliciter du secours. 629. Est sacrifié à la vengeance de Catherine de Médicis, qui ne lui pardonne pas d'avoir été la cause de la mort de son époux. 644.

MONTLUC (Jean de), d'abord Jacobin, quitte son ordre, accepte l'évêché de Valence, quoiqu'il suivît les opinions de Calvin. 430. Il est chargé de quelques négociations. *Ibid.* Il se signale par ses invectives contre Rome et le clergé, et ne rougit point de se marier étant évêque. *Ibid.* Il négocie avec succès en Pologne, dont il assure la couronne au duc d'Anjou. 633.

MONTMORENCY (Anne de), connétable de France, est le premier gentilhomme qui ait eu l'honneur de l'érection de sa terre en duché et pairie. 454. Obtient divers commandemens dans les armées. (*Voy.* les règnes de François I et suiv.) Meurt en combattant contre les protestans. 571. Quoique presque toujours malheureux, il passe pour un des plus grands hommes de son siècle. *Ibid.*

N

NORMANDS. Leurs ravages en France. 32, 36, 38.

O

ORANGE (le prince d'). Persécuté pour cause de religion, remue toute l'Allemagne. 578.

ORLÉANS, *voy.* Louis.

P

PARISIENS (les) se mutinent contre le Dauphin, pendant la captivité du roi Jean. 110. Leur soumission. *Ibid.* Ils se révoltent de rechef. 134 et suiv.

PAUL III, de la maison de Farnèse, est élu pape. 396. Une des raisons de l'élire est le zèle qu'il avoit toujours témoigné pour la tenue d'un concile. 396. Il meurt avec un regret extrême de s'être tant tourmenté pour sa maison. 450.

PEPIN, maire du palais. Après la mort de Dagobert, gouverne la France sous le nom de prince. 12.

PÉPIN, dit le Bref, fils de Charles-Martel, veut se faire roi de France : il avoit à combattre l'amour naturel des François pour leurs rois. Moyens qu'il met en usage pour parvenir au trône. 18. Action courageuse par laquelle il se concilie les esprits. *Ibid.* Portrait de ce prince. 19, 20.

PETIT (Jean), docteur en théologie de Paris, entreprend de justifier l'assassinat du duc d'Orléans. 157.

PHARAMOND, fils de Marcomir, élu premier roi des François. 1.

PHILIPPE I, roi de France. Malheurs qu'une raillerie de ce prince contre Guillaume le Conquérant attire sur la France. 47, 48. Vices de ce prince. Sa mort. 49, 50.

PHILIPPE II, surnommé Auguste. Heureux commencemens de son règne. 53, 54. Il se ligue avec Richard, roi d'Angleterre, et le roi de Castille, pour l'expédition des croisades. *Ibid.* Il retourne en France après quelques succès. 55. Cause des longues guerres qu'il soutint contre l'Angleterre. *Ibid.* Fierté de sa conduite envers le roi d'Angleterre. 56 et suiv. Il réunit le duché de Normandie à la couronne, avec quelques autres provinces. *Ibid.* Il gagne sur Othon la bataille de Bouvines. 60. Refuse l'offre qui lui est faite des villes conquises sur les Albigeois. 62. Sa mort; ses qualités. *Ibid.*

PHILIPPE III, dit le Hardi, passe d'Afrique en France, après avoir pourvu aux intérêts des Chrétiens. 82. Il porte la guerre en Espagne; quel en fut le motif. 83, 86. Sa mort. 87.

PHILIPPE IV, dit le Bel, entreprend la guerre contre le roi d'Angleterre. 87. Ses succès en Guyenne et en Flandre. 88, 89. Ses démêlés avec Boniface VIII. Fierté de sa conduite. 90, 91. Il provoque la condamnation des Templiers. 92, 93. Motifs des séditions et des révoltes qu'il éprouve de la part de ses sujets. 93. Sa mort. 94.

PHILIPPE V, dit le Long, fait la paix avec les Flamands. 94. Une peste horrible ravage la France sous son règne. 95.

PHILIPPE VI, de Valois, reçoit l'hommage du roi d'Angleterre : se prépare à une expédition contre les Infidèles. 98 et suiv. Son règne est la première époque des plus grands dangers qui aient menacé la monarchie. Quelles en furent les causes et les suites. 99 et suiv. Sa mort. 105, 107.

PIE V (saint) est élevé à la papauté par les soins de saint Charles Borromée. 560. Il excite de toute sa force le zèle des princes chrétiens contre les Turcs. 609. Sa mort. 617.

PIERRE l'Hermite prêche la Croisade; conduit une armée, qui est taillée en pièces par les Sarrasins. 47, 48.

PILES, l'un des plus vaillans et des plus sages capitaines des huguenots, défend avec vigueur Saint-Jean-d'Angély contre l'armée royale. 601. Il emploie la fourberie où la force lui manque. 602.

POISSY. Colloque tenu dans cette ville entre les catholiques et les protestans. (*Voy.* LORRAINE.) Son ouverture: circonstances qui l'accompagnèrent. 511 et suiv.)

POLUS (le cardinal) est reçu en Angleterre en qualité de légat du saint Siége. 459.

PRAGMATIQUE-SANCTION, procurée par Charles VII, est cassée par Louis XI. 195. Les gens de bien la regardoient comme le fondement de la discipline de l'Eglise gallicane. *Ibid.* Elle n'est pas entièrement abolie. *Ibid.* Difficultés à ce sujet, de la part des divers corps. 203.

PROTESTANS (les) se liguent pour défendre leur religion. Ils attirent divers princes à leur parti. 385. Après avoir renversé toute l'Allemagne, ils commencent à troubler la France. 396. Obtiennent de Charles V liberté de conscience, jusqu'au jugement rendu par un concile général. 425. Succès de leurs armes contre l'Empereur. 453. Ils veulent profiter des malheurs de la France, pour professer librement leur religion. 473. Ils troublent les Pays-Bas. 475. Ils semblent n'attendre qu'un chef pour se déclarer. 479. Le seul nom de Réformation, qu'ils prennent pour prétexte, leur gagne une grande partie des gens de bien. 489. Ils réclament le concile, bien résolus de n'en reconnoître aucun qui ne décidât à leur fantaisie. *Voy.* Charles IX, Coligny, Condé, Guise, Henri II, Médicis.

PUCELLE d'Orléans, *voy.* Arc.

R

RAOUL, duc de Bourgogne, est élevé à la royauté. 39. Principaux événements de son règne. 40, 41.

RENÉ, duc de Lorraine, obtient le duché de Bar. 244. Est appelé par les Siciliens pour être leur roi. 248.

REINFROI, maire du palais en Neustrie, écarte du trône Thierri, et y place Chilpéric II. 13. Il se ligue avec Chilpéric contre Charles-Martel. *Ibid.* D'abord victorieux, il est ensuite défait, et obligé de fuir. 14.

REMI (saint), baptise Clovis. 5.

RICHARD I, roi d'Angleterre, entreprend avec Philippe-Auguste une expédition contre les Sarrasins. 54. Ses prodigieux succès. 55. Il est fait prisonnier à son retour. 56. Sa mort. *Ibid.*

ROBERT, frère d'Eudes, est élevé sur le trône par les seigneurs françois. Sa mort. 38.

ROBERT, fils de Hugues-Capet, est excommunié, et se soumet avec peine. 45. Il s'empare de la Bourgogne, affoiblit la puissance des seigneurs. 46. Ses qualités. Sa mort. *Ibid.*

RODRIGUE, roi d'Espagne. Son incontinence est cause de l'entrée des Sarrasins en Espagne. (*Voy.* Sarrasins.) Il est défait par eux et meurt dans sa fuite. 13, 14.

ROIS de France. Leur foi toujours pure leur a mérité l'honneur d'être appelés Très-Chrétiens et Fils ainés de l'Eglise ; et comme ils ont été les premiers à recevoir la foi catholique, ils l'ont toujours fidèlement conservée. 5.

ROLLON, duc de Normandie, se convertit à la foi chrétienne. 39

RONSARD, gentilhomme vendomois, célèbre par ses poésies, est fait chef de la noblesse catholique dans son pays contre les huguenots. 524.

S

SARRASINS. Commencement de leur empire. 14. A quelle occasion ils se répandirent en Espagne. 15. Entrés en France, ils sont vaincus par Charles-Martel, 16.

SAVONAROLE, célèbre prédicateur, annonce l'arrivée des François en Italie; se joint aux Florentins pour demander à Charles VIII la restitution de la ville de Pise. 259, 265. Est pendu comme un faux prophète et un imposteur. 276.

SELIM, empereur des Turcs, attaque la chrétienté avec une terrible violence. Il perd par ses généraux la bataille de Lépante. 615. Tout l'empire Ottoman trembla de cette défaite. *Ibid.*

SICILE. Cause des grands mouvemens qu'elle éprouve. 84.

SIGEBERT, fils de Dagobert, recommande en mourant son fils à Grimoalde, maire du palais. 9, 10.

SIGEBERT, roi de Metz, est assassiné par l'ordre de Frédégonde. 7.

SIGISMOND, empereur, travaille à mettre fin au schisme. 165.

SOLIMAN II s'empare de Belgrade et de l'île de Rhodes. Des plus belles villes de la Hongrie. 337, 383. Lève le siége de Vienne en Autriche. *Ibid.* Y revient avec une armée formidable et se retire sans combattre. 388. Il s'unit avec François I contre l'empereur. Sa mort. 560.

SUGER, abbé de Saint-Denis, gouverne le royaume pendant l'expédition de Louis VII contre les Sarrasins. 52.

T

TERRIDE (le vicomte de) est envoyé dans le Béarn, dans le dessein de diviser les forces des protestans. 591, 592. Ses succès. 593. Il est obligé de fuir. *Ibid.*

THIERRI I, fils de Clovis, et né d'une concubine, est désigné roi de Metz. 6.

THIERRI II, fils de Clovis II, est porté sur le trône par les intrigues d'Ebroin; en est renversé, et obligé de se faire moine. 11. Il est rétabli, dépouillé une seconde fois, et enfin maître de toute la monarchie françoise. *Ibid.*

THIERRI IV. Est mis sur le trône par Charles-Martel. 14, 16.

TRENTE (le Concile de). Est sollicité comme le seul remède aux maux de l'Eglise et de l'Etat; explique la doctrine catholique d'une manière aussi solide et aussi exacte qu'elle eût jamais été dans aucun concile; il s'y fait de grandes choses pour la réformation. 553. Il n'est pas reçu en France dans ce qui concerne la réformation de la discipline. *Ibid.*

U

URBAIN II, pape, anime, dans le concile de Clermont, les princes et les peuples à se croiser contre les Sarrasins. 48.

V

VASSY. Le massacre des huguenots dans cette ville devient le signal de la guerre entre eux et les catholiques. 517.

VITIKIND, roi des Saxons, se fait chrétien, étant touché de la générosité de Charlemagne. 24, 25.

Z

ZACHARIE, pape, conseille aux François d'obéir à Pépin, et d'abandonner Childéric. 17

TABLE.

REMARQUES HISTORIQUES..	I
LIVRE PREMIER	1
Pharamond	1
Clodion le Chevelu	2
Mérovée	2
Childéric I	3
Clovis I	3
Thierri, Childebert I, Clotaire I, Clodomir.	6
Chilpéric I, Cherebert, Gontran, Sigebert	6
Clotaire II	7
Dagobert I	8
Sigebert, Clovis II	9
Clotaire III	10
Childéric II	11
Thierri III, Dagobert II	11
Pepin, maire du palais	12
Clovis III, Childebert III	12
Dagobert III	12
Daniel, ou Chilpéric II	13
Thierri IV, dit de Chelles	14
Childéric III	17
LIVRE SECOND	18
Pepin le Bref	18
Charles I, dit Charlemagne	20
Louis I	28
Lothaire, empereur; Louis, roi de Germanie; Charles II, dit le Chauve, empereur	30
Louis II, dit le Bègue	35
LIVRE TROISIÈME	35
Louis III et Carloman	35
Charles III, dit le Gros	36
Eudes	37
Charles IV, dit le Simple	38
Robert	38
Raoul	39
Louis IV, d'Outremer	41
Lothaire	42
Louis V, dit le Fainéant	43
LIVRE QUATRIÈME	44
Hugues Capet	44
Robert	45

Henri I.	46
Philippe I.	47
Louis VI, dit le Gros	50
Louis VII, dit le Jeune.	51
Philippe II.	53
Louis VIII.	56
LIVRE CINQUIÈME.	66
Saint Louis IX	66
LIVRE SIXIÈME.	82
Philippe III, dit le Hardi.	82
Philippe IV, dit le Bel.	87
Louis X, dit le Hutin.	94
Jean I.	95
Philippe V, dit le Long	95
Charles IV, dit le Bel.	96
LIVRE SEPTIÈME.	98
Philippe VI, de Valois.	98
Jean II.	107
LIVRE HUITIÈME.	114
Charles V, dit le Sage.	114
LIVRE NEUVIÈME.	128
Charles VI.	128
LIVRE DIXIÈME.	143
Suite du règne de Charles VI	143
LIVRE ONZIÈME.	172
Charles VII.	172
LIVRE DOUZIÈME.	194
Louis XI	194
LIVRE TREIZIÈME.	243
Charles VIII	243
LIVRE QUATORZIÈME.	276
Louis XII.	276
LIVRE QUINZIÈME.	310
François I.	310
LIVRE SEIZIÈME.	444
Henri II.	444
François II.	479
LIVRE DIX-SEPTIÈME.	499
Charles IX.	499
TABLE DES MATIÈRES.	647

FIN DE LA TABLE DU VINGT-CINQUIÈME VOLUME.

BESANÇON. — IMPRIMERIE D'OUTHENIN CHALANDRE FILS.

A LA MÊME LIBRAIRIE

Œuvres de Jacques Machant, comprenant : *la Trompette sacerdotale*, traité des sept péchés capitaux ; *le Candélabre mystique*, traité des sept sacrements ; *la Verge d'Aaron*, ou direction de la vie sacerdotale ; *la Pastorale*, méthode de catéchisme, œuvres mêlées ; *Cas de conscience* ; traduites en français pour la première fois, avec le texte latin au bas des pages, par M. l'abbé Ant. Ricard, licencié en théologie. — 5 vol. in-8°. Prix net : 25 fr.

Les personnes qui possèdent déjà nos 4 volumes du *Jardin des Pasteurs*, obtiendront seules, au prix de 20 fr., les cinq volumes, dont nous annonçons la traduction. — Trois volumes paraîtront en février 1864, et l'ouvrage sera terminé en juillet.

Histoire des mystères et des fêtes de Notre-Seigneur et de sa sainte Mère, par le pape Benoît XIV, traduite en français par l'abbé Pascal. — 2 vol. in-8°. Prix net : 7 fr.

Œuvres complètes de Louis de Grenade, traduites intégralement pour la première fois en français par MM. Bareille, T. Duval, A. Crampon, J. Boucher et C. Berton. — Environ 20 volumes in-8° de 550 à 600 pages. Papier vergé anglais à la colle animale, prix : 140 fr. ; papier vélin satiné, 100 fr.

Huit volumes ont paru ; deux autres paraîtront en février 1864.

Histoire générale de l'Eglise, depuis la création jusqu'à nos jours, par M. l'abbé J.-E. Daras, chanoine honoraire d'Ajaccio et de Quimper. — Environ 20 vol. in-8°, de 600 à 650 pages, sur papier vélin satiné. Prix de chaque volume : 5 fr.

Trois volumes ont paru ; le quatrième paraîtra en février 1864. — Cet ouvrage a été tellement apprécié du public, que les 2 premiers volumes, quoique tirés à un nombre considérable d'exemplaires, sont épuisés en ce moment ; ils seront réimprimés dans le courant de 1864.

Œuvres complètes de S. François de Sales, évêque et prince de Genève, publiées d'après les manuscrits et les éditions les plus correctes, avec un grand nombre de pièces inédites ; précédées de sa Vie, par M. de Sales, et ornées de son portrait et d'un *fac-simile* de son écriture. — Deuxième édition. — 14 beaux volumes in-8°, papier vélin satiné. Prix : 70 fr.

Cette deuxième édition est imprimée avec même caractère et sur même papier que la première, dont le succès a été tel qu'elle s'est trouvée épuisée en même temps que terminée.

Opuscules théologiques et philosophiques de saint Thomas d'Aquin, traduits intégralement en français, avec le texte latin, par M. Bandel, chanoine de Limoges, et MM. Védrine et Fournet, prêtres du même diocèse. — 7 volumes in-8°. Prix : 35 fr.

Les Vies des Pères des déserts d'Orient, leur doctrine spirituelle et leur discipline monastique, nouvelle édition d'après le R. P. Michel-Ange Marin, de l'ordre des Minimes, avec introduction, notes et éclaircissements historiques par M. Eugène Veuillot. — 6 beaux volumes in-8°, ornés de 60 gravures par M. Céroni. Prix net : 35 fr.

Trois volumes paraîtront en février 1864, et l'ouvrage sera terminé en juillet.

Memoriale prædicatorum, seu Index generalis rerum et verborum memorabilium quæ in commentariis Cornelii a Lapide continentur, cui accedunt indices duo, scilicet locorum sacræ Scripturæ unus ; alter vero materiarum moralium ex evangeliis, per dominicas, festosque dies totius anni, auctore Jos.-Max. Péronne. — Deux forts volumes format du *Cornélius*. Prix net : 24 fr.

Ces deux volumes renferment la matière de 10 beaux volumes in-8°, et seront livrés en février 1864.

www.ingramcontent.com/pod-product-compliance
Lightning Source LLC
Chambersburg PA
CBHW050314240426
43673CB00042B/1407